U0725914

人一生要读的经典

明月生◎ 主编

北京联合出版公司
Beijing United Publishing Co.,Ltd.

图书在版编目（CIP）数据

人一生要读的经典 / 明月生主编 . — 北京：北京联合出版公司，2015.5（2024.1 重印）

ISBN 978-7-5502-4719-2

Ⅰ . ①人… Ⅱ . ①明… Ⅲ . ①推荐书目 – 世界 Ⅳ . ① Z835

中国版本图书馆 CIP 数据核字（2015）第 031750 号

人一生要读的经典

主　　编：明月生
出 品 人：赵红仕
责任编辑：孙志文
封面设计：施凌云
内文排版：刘欣梅

北京联合出版公司出版
（北京市西城区德外大街 83 号楼 9 层　100088）
河北松源印刷有限公司印刷　新华书店经销
字数 948 千字　720 毫米 ×1020 毫米　1/16　40 印张
2015 年 5 月第 1 版　2024 年 1 月第 4 次印刷
ISBN 978-7-5502-4719-2
定价：78.00 元

前言

经典是那些每次重读都像初读那样带来新发现的文章，经典是那些我们初读也好像是在重温的作品，经典是你经常听人家说“我正在重读”而不是“我正在读”的著作。经典是常读常新的，是我们连接过去、走向未来的桥梁。于个人来说，不同阶段的成长，读经典，揉进了不同的人生经历，就有了不同的感情；于整个历史来讲，不同的历史时期，解读经典，都带着时代的痕迹。

我们为什么要读经典呢？古人云：取法于上，仅得为中，取法于中，故为其下。也就是说，取法上等的为准则，充其量也只能有中等的水平；取法中等的为准则，就没有效果可言了。所以，我们读书，就应该挑最好的读，而最好的书就是经典。对于现今生活在都市中的人们来讲，生活越来越远离自然，人们似乎也缺少沟通，而经典作品能使人心情更加宁静，对待生活更加从容，更加真诚。

读书可以经世致用，也可以修身怡心，而阅读经典，是人生修养所应追求的一种境界。经典带来的影响，不只是停留在某个时代，而是会穿越时空渗透到我们的灵魂中去。真正的经典都是一种强大的精神力量，指引我们的为人处世。正如“读一本好书，就是和许多高尚的人谈话”一样，读名家名作就是和大师的心灵在晤谈。

阅读经典是继承文明的一种必要方式。就个人的修养而言，阅读经典是使阅读者经历一番文化濡化的过程，它可以改变人的气质。经典是文化的积淀，接触多了，势必使一个人的气质发生潜移默化的变化。很多人都发生气质的变化，一个时代的社会风气就会随之发生变化。所以阅读经典，在个人可以变化气质，于社会可以转移风气。

一个人在其一生中，阅读一些立意深远、具有丰富哲学思考的作品，不仅可以开阔视野，重新认识历史、社会、人生和自然，获得思想上的盎然新意和艺术熏陶，而且还可以学习中外名家高超而成熟的创作技巧。

然而人生匆匆，一个人要想在短暂的一生中，穷经皓首式的遍阅大师们的所有佳作，既不现实，也不经济。在一切讲求快节奏的今天，每个人都希望能在短时间内获得更多的知识，为了帮助广大读者朋友寻找一种省时且有效的方式，去阅读那些能经受住时间考验的、许多人都从中得到过特别启迪的作品，我们在参考诸多名家推荐的必读书目的基础上，组织编写了这本《人一生要读的经典》，收录世界上最经典的散文、最美的诗歌、最犀利的杂文、最精彩的演讲词、最好的小说近300篇。本书选文多为名家名作，思想性、艺术性俱佳，有的字字珠玑，给人以语言之美；有的博大深沉，给人以思想之美；有的感人肺腑，给人以情感之美；有的立意隽永，给人以意境之美。这些经典之作曾经是一代又一代人的路标，了解并阅读这些经典作品必将给每一位读者以智慧的启迪。值得一提的是，为了尊重作者原文和保持原文风貌，对于一些作者在20世纪二三十年代写成或翻译的作品，其中个别用字和当今现代汉语语法不统一的现象，我们都没有做改动。

在体例编排上，本书通过入选理由、作者简介、作品赏析等栏目多角度解析名作，引导读者准确、透彻地把握作品的思想内涵，从中汲取丰富的人生营养。入选理由点明每篇作品入选的理由，让读者在阅读前对其有个初步的认识。作者简介以简练的文字对作者的生平、求学经历、文学成就和影响等作了扼要的介绍，使读者对作者有一个清晰概括的了解。作品赏析以凝练的文字，对原文的写作背景、语言特色、创作技巧、思想哲理等进行精当到位的解析，使读者从深层次上去拒绝原文，以达到曲终韵留、余味缭绕之效。

英国著名诗人拜伦曾经说过："一滴墨水可以引发千万人的思考。一本好书可以改变无数人的命运。"选择一本好书，不仅可以品味一时，更可以受益一生。我们诚挚地期望，通过本书，能够引领读者登堂入室，管中窥豹，领略中外散文、诗歌、杂文、演讲词和小说的真貌，同时启迪心智，陶冶性情，进而提高个人的审美意识、文学素养、写作水平、鉴赏能力、人生品位，为自己的人生添上光彩亮丽的一笔。

目录

第一卷
最经典的散文

第二卷

最美的诗歌

第三卷

最犀利的杂文

第四卷

最精彩的演讲词

第五卷

最好的小说

第一卷

最经典的散文

雪 / 鲁迅

入选理由

解读鲁迅真实的自然情感和审美气质的契机

冷峻凄美的笔调

近现代知识分子精神世界的真实写照

暖国的雨，向来没有变过冰冷的坚硬的灿烂的雪花。博识的人们觉得他单调，他自己也以为不幸否耶？江南的雪，可是滋润美艳之至了；那是还在隐约着的青春的消息，是极壮健的处子的皮肤。雪野中有血红的宝珠山茶，白中隐青的单瓣梅花，深黄的磬口的蜡梅花；雪下面还有冷绿的杂草。蝴蝶确乎没有；蜜蜂是否来采山茶花和梅花的蜜，我可记不真切了。但我的眼前仿佛看见冬花开在雪野中，有许多蜜蜂们忙碌地飞着，也听得他们嗡嗡地闹着。

孩子们呵着冻得通红，像紫芽姜一般的小手，七八个一齐来塑雪罗汉。因为不成功，谁的父亲也来帮忙了。罗汉就塑得比孩子们高得多，虽然不过是上小下大的一堆，终于分不清是壶卢还是罗汉；然而很洁白，很明艳，以自身的滋润相粘结，整个地闪闪地生光。孩子们用龙眼核给他做眼珠，又从谁的母亲的脂粉奁中偷得胭脂来涂在嘴唇上。这回确是一个大阿罗汉了。他也就目光灼灼地嘴唇通红地坐在雪地里。

第二天还有几个孩子来访问他；对了他拍手，点头，嘻笑。但他终于独自坐着了。晴天又来消释他的皮肤，寒夜又使他结一层冰，化作不透明的水晶模样；连续的晴天又使他成为不知道算什么，而嘴上的胭脂也褪尽了。

但是，朔方的雪花在纷飞之后，却永远如粉，如沙，他们决不粘连，撒在屋上，地上，枯草上，就是这样。屋上的雪是早已就有消化了的，因为屋里居人的火的温热。别的，在晴天之下，旋风忽来，便蓬勃地奋飞，在日光中灿灿地生光，如包藏火焰的大雾，旋转而且升腾，弥漫太空，使太空旋转而且升腾地闪烁。

在无边的旷野上，在凛冽的天宇下，闪闪地旋转升腾着的是雨的精魂……

是的，那是孤独的雪，是死掉的雨，是雨的精魂。

一九二五年一月十八日。

·作者简介·

鲁迅（1881~1936），中国文学家、思想家和革命家。原名周树人，字豫才，浙江绍兴人。出身于破落封建家庭。青年时代受进化论、尼采超人哲学和托尔斯泰博爱思想的影响。1902年去日本留学，原在仙台医学院学医，后从事文艺工作，企图用以改变国民精神。1909年，回国任教。1918年5月，首次用“鲁迅”的笔名，发表中国现代文学史上第一篇白话小说《狂人日记》，奠定了新文学运动的基石。1919年，成为五四新文化运动的主将。1921年12月发表的中篇小说《阿Q正传》，是中国现代文学史上的不朽杰作。1930年起，先后参加中国自由运动大同盟、中国左翼作家联盟和中国民权保障同盟，反抗国民党政府的独裁统治和政治迫害。1936年10月19日因肺结核病逝于上海，葬于虹桥万国公墓。

鲁迅像

⊙作品赏析

在中国现代文学史上，鲁迅是一位以最激烈的方式向黑暗蒙昧开战的先锋人物。他的气质冷峻、忧郁，但是这些并不妨碍鲁迅在文学作品中对世界保持自然情感和审美体验的真实流露。

《雪》中写了家乡江南和朔方的雪。江南的雪是作者所钟爱的，但最后也只会是孤独地在一片喧嚣中独自消逝。那么，即使亲切、明艳如故乡，雪依然难以挽留，身为异乡的“朔方”又能如何？雪不过如粉如沙一样“弥散太空”罢了。鲁迅在这篇短小的文字里，充分融入了自己的精神体验和对宇宙人生的感悟。孤独、无常、凄美是文中“雪”特有的审美的特征。所以，鲁迅笔下的雪，既是写实的，又是写意的；既是真实的描绘，又是高度的象征。它是一种无着无落，无所依傍的生存现象的幻化，是人类精神世界深度孤独和寒冷体验的写照。它几乎反映了鲁迅当时的灵魂世界。

从百草园到三味书屋 / 鲁迅

鲁迅的散文代表作之一

中国现代文学史上描写童年趣事的典范之作

入选中学语文教材

我家的后面有一个很大的园，相传叫作百草园。现在是早已并屋子一起卖给朱文公的子孙了，连那最末次的相见也已经隔了七八年，其中似乎确凿只有一些野草；但那时却是我的乐园。

不必说碧绿的菜畦，光滑的石井栏，高大的皂荚树，紫红的桑椹；也不必说鸣蝉在树叶里长吟，肥胖的黄蜂伏在菜花上，轻捷的叫天子（云雀）忽然从草间直窜向云霄里去了。单是周围的短短的泥墙根一带，就有无限趣味。油蛉在这里低唱，蟋蟀们在这里弹琴。翻开断砖来，有时会遇见蜈蚣；还有斑蝥，倘若用手指按住它的脊梁，便会拍的一声，从后窍喷出一阵烟雾。何首乌藤和木莲藤缠络着，木莲有莲房一般的果实，何首乌有臃肿的根。有人说，何首乌根是有像人形的，吃了便可以成仙，我于是常常拔它起来，牵连不断地拔起来，也曾因此弄坏了泥墙，却从来没有见过有一块根像人样。如果不怕刺，还可以摘到覆盆子，像小珊瑚珠攒成的小球，又酸又甜，色味都比桑椹要好得远。

长的草里是不去的，因为相传这园里有一条很大的赤练蛇。

长妈妈曾经讲给我一个故事听：先前，有一个读书人住在古庙里用功，晚间，在院子里纳凉的时候，突然听到有人在叫他。答应着，四面看时，却见一个美女的脸露在墙头上，向他一笑，隐去了。他很高兴；但竟给那走来夜谈的老和尚识破了机关。说他脸上有些妖气，一定遇见“美女蛇”了；这是人首蛇身的怪物，能唤人名，倘一答应，夜间便要来吃这人的肉的。他自然吓得要死，而那老和尚却道无妨，给他一个小盒子，说只要放在枕边，便可高枕而卧。他虽然照样办，却总是睡不着，——当然睡不着的。到半夜，果然来了，沙沙沙！门外像是风雨声。他正抖作一团时，却听得豁的一声，一道金光从枕边飞出，外面便什么声音也没有了，那金光也就飞回来，敛在盒子里。后来呢？后来，老和尚说，这是飞蜈蚣，它能吸蛇的脑髓，美女蛇就被它治死了。

结末的教训是：所以倘有陌生的声音叫你的名字，你万不可答应他。

这故事很使我觉得做人之险，夏夜乘凉，往往有些担心，不敢去看墙上，而且极想得到一盒老和尚那样的飞蜈蚣。走到百草园的草丛旁边时，也常常这样想。但直到现在，总还是没有得到，但也没有遇见过赤练蛇和美女蛇。叫我名字的陌生声音自然是常有的，然而都不是美女蛇。

冬天的百草园比较的无味；雪一下，可就两样了。拍雪人（将自己的全形印在雪上）和塑雪罗汉需要人们鉴赏，这是荒园，人迹罕至，所以不相宜，只好来捕鸟。薄薄的雪，是不行的；总须积雪盖了地面一两天，鸟雀们久已无处觅食的时候才好。扫开一块雪，露出地面，用一支短棒支起一面大的竹筛来，下面撒些秕谷，棒上系一条长绳，人远远地牵着，看鸟雀下来啄食，走到竹筛底下的时候，将绳子一拉，便罩住了。但所得的是麻雀居多，也有白颊的“张飞鸟”，性子很躁，养不过夜的。

这是闰土的父亲所传授的方法，我却不大能用。明明见它们进去了，拉了绳，跑去一看，却什么都没有，费了半天力，捉住的不过三四只。闰土的父亲是小半天便能捕获几十只，装在叉袋里叫着撞着的。我曾经问他得失的缘由，他只静静地笑道：你太性急，来不及等它走到中间去。

我不知道为什么家里的人要将我送进书塾里去了，而且还是全城中称为最严厉的书塾。也许是因为拔何首乌毁了泥墙罢，也许是因为将砖头抛到间壁的梁家去了罢，也许是因为站在石井栏上跳了下来罢，……都无从知道。总而言之：我将不能常到百草园了。Ade，我的蟋蟀们！Ade，我的覆盆子们和木莲们！……

出门向东，不上半里，走过一道石桥，便是我的先生的家了。从一扇黑油的竹门进去，第三间是书房。中间挂着一块匾道：三味书屋；匾下面是一幅画，画着一只很肥大的梅花鹿伏在古树下。没有孔子牌位，我们便对着那匾和鹿行礼。第一次算是拜孔子，第二次算是拜先生。 第二次行礼时，先生便和蔼地在一旁答礼。他是一个高而瘦的老人，须发都花白了，还戴着大眼镜。我对他很恭敬，因为我早听到，他是本城中极方正，质朴，博学的人。

不知从那里听来的，东方朔也很渊博，他认识一种虫，名曰“怪哉”，冤气所化，用酒一浇，就消释了。我很想详细地知道这故事，但阿长是不知道的，因为她毕竟不渊博。现在得到机会了，可以问先生。

“先生，‘怪哉’这虫，是怎么一回事？……”我上了生书，将要退下来的时候，赶忙问。

“不知道！”他似乎很不高兴，脸上还有怒色了。

我才知道做学生是不应该问这些事的，只要读书，因为他是渊博的宿儒，决不至于不知道，所谓不知道者，乃是不愿意说。年纪比我大的人，往往如此，我遇见过好几回了。

我就只读书，正午习字，晚上对课。先生最初这几天对我很严厉，后来却好起来了，不过给我读的书渐渐加多，对课也渐渐地加上字去，从三言到五言，终于到七言。

三味书屋后面也有一个园，虽然小，但在那里也可以爬上花坛去折腊梅花，在地上或桂花树上寻蝉蜕。最好的工作是捉了苍蝇喂蚂蚁，静悄悄地没有声音。然而同窗们到园里的太多，太久，可就不行了，先生在书房里便大叫起来：

“人都到那里去了？！”

人们便一个一个陆续走回去；一同回去，也不行的。他有一条戒尺，但是不常用，也有罚跪的规则，但也不常用，普通总不过瞪几眼，大声道：

“读书！”

于是大家放开喉咙读一阵书，真是人声鼎沸。有念“仁远乎哉我欲仁斯仁至矣”的，有念“笑人齿缺曰狗窦大开”的，有念“上九潜龙勿用”的，有念“厥土下上上错厥贡苞茅橘柚”的……先生自己也念书。后来，我们的声音便低下去，静下去了，只有他还大声朗读着：

“铁如意，指挥倜傥，一座皆惊呢……；金叵罗，颠倒淋漓噫，千杯未醉嗬……”

我疑心这是极好的文章，因为读到这里，他总是微笑起来，而且将头仰起，摇着，向后面拗过去，拗过去。

先生读书入神的时候，于我们是很相宜的。有几个便用纸糊的盔甲套在指甲上做戏。我是画画儿，用一种叫作“荆川纸”的，蒙在小说的绣像上一个个描下来，像习字时候的影写一样。读的书多起来，画的画也多起来；书没有读成，画的成绩却不少了，最成片段的是《荡寇志》和《西游记》的绣像，都有一大本。后来，因为要钱用，卖给一个有钱的同窗了。他的父亲是开锡箔店的；听说现在自己已经做了店主，而且快要升到绅士的地位了。这东西早已没有了罢。

⊙作品赏析

《从百草园到三味书屋》写于1926年，后收入《朝花夕拾》。这是一篇追忆作者童年时代妙趣生活的文章。全文描述了色调不同、情韵各异的两大场景：百草园和三味书屋。作者写百草园，以“乐”为中心，采用白描手法，以简约生动的文字，描绘了一个奇趣无穷的儿童乐园，其间穿插“美女蛇”的传说和冬天雪地捕鸟的故事，动静结合，详略得当，趣味无穷。三味书屋则是一个完全不同的世界。作者逼真地写出了三味书屋的陈腐味，说它是“全城最严厉的书塾”，儿童在那里受到规矩的束缚。但作者并未将三味书屋写得死气沉沉，而是通过课间学生溜到后园嬉耍、老私塾先生在课堂上入神读书学生乘机偷乐两个小故事的叙述，使三味书屋充满了谐趣，表现了儿童不可压抑的快乐天性。

我的母亲 / 胡适

入选理由
- 胡适的散文代表作
- 中国散文史上追思母亲的散文名篇
- 文笔流畅，脉络清晰，感人至深

我小时候身体弱，不能跟着野蛮的孩子们一块儿玩。我母亲也不准我和他们乱跑乱跳。小时不曾养成活泼游戏习惯，无论在什么地方，我总是文绉绉地。所以家乡老辈都说我“像个先生样子”，遂叫我做“麇先生”。这个绰号叫出去之后，人都知道三先生的小儿子叫做麇先生了。即有“先生”之名，我不能不装出点“先生”样子，更不能跟着顽童们“野”了。有一天，我在我家八字门口和一班孩子“掷铜钱”，一位老辈走过，见了我，笑道：“麇先生也掷铜钱吗？”我听了羞愧的面红耳热，觉得太失了“先生”身份！

大人们鼓励我装先生样子，我也没有嬉戏的能力和习惯，又因为我确是喜欢看书，故我一生可算是不曾享过儿童游戏的生活。每年秋天，我的庶祖母同我到田里去“监割”（顶好的田，水旱无忧，收成最好，佃户每约田主来监割，打下谷子，两家平分），我总是坐在小树下看小说。十一二岁时，我稍活泼一点，居然和一群同学组织了一个戏剧班，做了一些木刀竹枪，借得了几副假胡须，就在村口田里做戏。我做的往往是诸葛亮，刘备一类的文角儿；只有一次我做史文恭，被花荣一箭从椅子上射倒下去，这算是我最活泼的玩艺儿了。

我在这九年（一八九五至一九〇四）之中，只学得了读书写字两件事。在文字和思想的方面，不能不算是打了一点底子。但别的方面都没有发展的机会。有一次我们村“当朋”（八都凡五村，称为“五朋”，每年一村轮着做太子会，名为“当朋”）筹备太子会，有人提议要派我加入前村的昆腔队里学习吹笙或吹笛。族里长辈反对，说我年纪太小，不能跟着太子会走遍五朋。于是我便失掉了学习音乐的唯一机会。三十年来，我不曾拿过乐器，也全不懂音乐；究竟我有没有一点学音乐的天资，我至今不知道。至于学图画，更是不可能的事。我常常用竹纸蒙在小说书的石印绘像上，摹画书上的英雄美人。有一天，被先生看见了，挨了一顿大骂，抽屉里的图画都被搜出撕毁了。于是我又失掉了学做画家的机会。

但这九年的生活，除了读书看书之外，究竟给了我一点做人的训练。在这一点上，我的恩师便是我的慈母。

每天天刚亮时，我母亲便把我喊醒，叫我披衣坐起。我从不知道她醒来坐了多久了。她看我清醒了，便对我说昨天我做错了什么事，说错了什么话，要我认错，要我用功读书。有时候她对我说父亲的种种好处，她说：“你总要踏上你老子的脚步。我一生只晓得这一个完全的人，你要学他，不要跌他的股。”（跌股便是丢脸出丑。）她说到伤心处，往往掉下泪来。到天大明时，她才把我的衣服穿好，催我去上早学。学堂门上的锁匙放在先生家里；我先到学堂门口一望，便跑到先生家里去敲门。先生家里有人把锁匙从门缝里递出来，我拿了跑回去，开了门，坐下念生书，十天之中，总有八九天我是第一个去开学堂门的。等到先生来了，我背了生书，才回家吃早饭。

我母亲管束我最严，她是慈母兼任严父。但她从来不在别人面前骂我一句，打我一下，我做错了事，她只对我一望，我看见了她的严厉眼光，便吓住了。犯的事小，她等到第二天早晨我眠醒时才教训我。犯的事大，她等到晚上人静时，关了房门，先责备我，然后行罚，或罚跪，或拧我的肉。无论怎样重罚，总不许我哭出声音来，她教训儿子不是借此出气叫别人听的。

有一个初秋的傍晚，我吃了晚饭，在门口玩，身上只穿着一件单背心。这时候我母亲的妹子玉英姨母在我家住，她怕我冷了，拿了一件小衫出来叫我穿上。我不肯穿，她说：“穿上吧，凉了。”我随口回答：“娘（凉）什么！老子都不老子呀。”我刚说了这句话，一抬头，看见母亲从家里走出，我赶快把小衫穿上。但她已听见这句轻薄的话了。晚上人静后，她罚我跪下，重重的责罚了一顿。她说：“你没了老子，是多么得意的事！好用来说嘴！”她气得坐着发抖，也不许我上床去睡。我跪着哭，用手擦眼泪，不知擦进了什么微菌，后来足足害了一年多的翳病。医来医去，总医不好。我母亲心里又悔又急，听说眼翳可以用舌头舔去，有一夜她把我叫醒，她真用舌头舔我的病眼。这是我的严师，我的慈母。

我母亲二十三岁做了寡妇，又是当家的后母。这种生活的痛苦，我的笨笔写不出一万分之一二。家中财政本不宽裕，全靠二哥在上海经营调度。大哥从小便是败子，吸鸦片烟、赌博，钱到手就光，光了便回家打主意，见了香炉便拿出去卖，捞着锡茶壶便拿出押。我母亲几次邀了本家长辈来，给他定下每月用费的数目。但他总不够用，到处都欠下烟债赌债。每年除夕我家中总有一大群讨债的，每人一盏灯笼，坐在大厅上不肯去。大哥早已避出去了。大厅的两排椅子上满满的都是灯笼和债主。我母亲走进走出，料理年夜饭，谢灶神，压岁钱等事，只当做不曾看见这一群人。到了近半夜，快要“封门”了，我母亲才走后门出去，央一位邻居本家到我家来，每一家债户开发一点钱。做好做歹的，这一群讨债的才一个一个提着灯笼走出去。一会儿，大哥敲门回来了。我母亲从不骂他一句。并且因为是新年，她脸上从不露出一点怒色。这样的过年，我过了六七次。

大嫂是个最无能而又最不懂事的人，二嫂是个能干而气量很窄小的人。她们常常闹意见，只因为我母亲的和气榜样，她们还不曾有公然相骂相打的事。她们闹气时，只是不说话，不答话，把脸放下来，叫人难看；二嫂生气时，脸色变青，更是怕人。她们对我母亲闹气时，也是如此，我起初全不懂得这一套，后来也渐渐懂得看人的脸色了。我渐渐明白，世间最可厌恶的事莫如一张生气的脸；世间最下流的事莫如把生气的脸摆给旁人看，这比打骂还难受。

我母亲的气量大，性子好，又因为做了后母后婆，她更事事留心，事事格外容忍。大哥的女儿比我只小一岁，她的饮食衣服总是和我的一样。我和她有小争执，总是我吃亏，母亲总是责备我，要我事事让她。后来大嫂二嫂都生了儿子了，她们生气时便打骂孩子来出气，一面打，一面用尖刻有刺的话骂给别人听。我母亲只装做不听见。有时候，她实在忍不住了，便悄悄走出门去，或到左邻立大嫂家去坐一会，或走后门到后邻度嫂家去闲谈。她从不和两个嫂子吵一句嘴。

每个嫂子一生气，往往十天半个月不歇，天天走进走出，板着脸，咬着嘴，打骂小孩子出气。我母亲只忍耐着，到实在不可再忍的一天，她也有她的法子。这一天的天明时，她便不起床，轻轻的哭一场。她不骂一个人，只哭她的丈夫，哭她自己苦命，留不住她丈夫来照管她。她先哭时，声音很低，渐渐哭出声来。我醒了起来劝她，她不肯住。这时候，我总听得见前堂（二嫂住前堂东房）或后堂（大嫂住后堂西房）有一扇房门开了，一个嫂子走出房向厨房走去。不多一会，那位嫂子来敲我们的房门了。我开了房门，她走进来，捧着一碗热茶，送到我母亲床前，劝她止哭，请她喝口热茶。我母亲慢慢停住哭声，伸手接了茶碗。那位嫂子站着劝一会，才退出去。没有一句话提到什么人，也没有一个字提到这十天半个月来的气脸，然而各人心里明白，泡茶进来的嫂子总是那十天半个月来闹气的人。奇怪的很，这一哭之后，至少有一两个月的太平清静日子。

我母亲待人最仁慈，最温和，从来没有一句伤人感情的话；但她有时候也很有刚气，不受一点人格上的侮辱。我家五叔是个无正业的浪人，有一天在烟馆里发牢骚，说我母亲家中有事总请某人帮忙，大概总有什么好处给他。这句话传到了我母亲耳朵里，她气得大哭，请了几位本家来，把五叔喊来，她当面质问他，她给了某人什么好处。直到五叔当众认错赔罪，她才

·作者简介·

胡适（1891~1962），字适之，安徽绩溪人，中国现代著名学者、文学家。1910年起先后在美国康奈尔大学、哥伦比亚大学求学。1917年回国后任北京大学教授，以倡导五四新文化运动而著名。1928年后历任中国公学校长、北京大学文学院院长、北京大学校长。1948年赴美，后迁居台湾。1957年任台湾“中央研究院”院长。主要作品有诗集《尝试集》，论著《中国哲学史大纲》、《白话文学史》。

胡适像

罢休。

我在我母亲的教训之下住了九年，受了她的极大极深的影响。我十四岁（其实只有十二零两三个月）便离开她了，在这广漠的人海里独自混了二十多年，没有一个人管束过我。如果我学得了一丝一毫的好脾气，如果我学得了一点点待人接物的和气，如果我能宽恕人，体谅人——我都得感谢我的慈母。

⊙作品赏析

胡适幼年丧父，其母23岁时就守寡，承担起操持家庭和抚育子女的重担。这篇文章写的就是胡适与其母亲相依为命的童年经历。作者在开篇并未直接写母亲，而是写自己童年九年中的几件小事，看似无意，实则是为下文写母亲作铺垫。接着作者顺势转入正题，选取几个与母亲有关的重点事例作陈述，以委婉平实的语言叙述了母亲的爱子情深、教子有方、气量大、性子好、待人仁慈、温和又不失刚气的情怀与个性，将一个中国传统的农村社会中典型的寡妇形象生动地展现在读者面前。篇末点明母亲是影响自己的性格及人生道路的第一人。全文脉络清晰，层次分明，文笔流畅，文字明白如话，娓娓道来，感人至深。

银杏 / 郭沫若

郭沫若的散文代表作之一

形象刻画了中华民族自强不息、从不屈服的精神风貌

笔调亲切，语言明朗，富于诗意

银杏，我思念你，我不知道你为什么又叫公孙树。但一般人叫你是白果，那是容易了解的。

我知道，你的特征并不专在乎你有这和杏相仿的果实，核皮是纯白如银，核仁是富于营养——这不用说已经就足以为你的特征了。

但一般人并不知道你是有花植物中最古的先进，你的花粉和胚珠具有着动物般的性态，你是完全由人力保存了下来的奇珍。

自然界中已经是不能有你的存在了，但你依然挺立着，在太空中高唱着人间胜利的凯歌。你这东方的圣者，你这中国人文的有生命的纪念塔，你是只有中国才有呀，一般人似乎也并不知道。

我到过日本，日本也有你，但你分明是日本的华侨，你侨居在日本大约已有中国的文化侨居在日本的那样久远了吧。

你是真应该称为中国的国树的呀，我是喜欢你，我特别的喜欢你。

但也并不是因为你是中国的特产，我才是特别的喜欢，是因为你美，你真，你善。

你的株干是多么的端直，你的枝条是多么的蓬勃，你那折扇形的叶片是多么的青翠，多么的莹洁，多么的精巧呀！

在暑天你为多少的庙宇戴上了巍峨的云冠，你也为多少的劳苦人撑出了清凉的华盖。

梧桐虽有你的端直而没有你的坚牢；白杨虽有你的葱茏而没有你的庄重。

熏风会媚妩你，群鸟时来为你欢歌；上帝百神——假如是有上帝百神，我相信每当皓月流空，他们会在你脚下来聚会。

秋天到来，蝴蝶已经死了的时候，你的碧叶要翻成金黄，而且又会飞出满园的蝴蝶。

·作者简介·

郭沫若（1892~1978），原名郭开贞，四川乐山人，中国现代诗人、剧作家、历史学家、考古学家、古文字学家。1914年留学日本。1921年出版第一本诗集《女神》，以崭新的内容和形式，开一代诗风，成为中国新诗的奠基人。同年与成仿吾等人发起成立创造社，是创造社的骨干成员。后又发表诗集《星空》、《恢复》等。抗战期间写了《屈原》、《虎符》、《棠棣之花》等历史剧及大量诗文。1949年后，郭沫若历任中国科学院院长、中国科学院哲学社会科学部主任、历史研究所第一所所长等职。先后出版诗集《新华颂》、《潮汐集》、《东风集》等，历史剧《蔡文姬》、《武则天》等，学术专著《石鼓文研究》等。

郭沫若像

在文学的各种体裁、翻译、史学、文字学等各方面郭沫若都有建树，是少有的全能型文人。

你不是一位巧妙的魔术师吗？但你丝毫也没有令人掩鼻的那种的江湖气息。

当你那解脱了一切，你那槎枒的枝干挺撑在太空中的时候，你对于寒风霜雪毫不避易。

那是多么的嶙峋而又洒脱呀，恐怕自有佛法以来再也不曾产生过像你这样的高僧。

你没有丝毫依阿取容的姿态，但你也并不荒伧；你的美德像音乐一样洋溢八荒，但你也并不骄傲；你的名讳似乎就是“超然”，你超在乎一切的草木之上，你超在乎一切之上，但你并不隐遁。

你的果实不是可以滋养人，你的木质不是坚实的器材，就是你的落叶不也是绝好的引火的燃料吗？

可是我真有点奇怪了：奇怪的是中国人似乎大家都忘记了你，而且忘记得很久远，似乎是从古以来。

我在中国的经典中找不出你的名字，我很少看到中国的诗人咏赞你的诗，也很少看到中国的画家描写你的画。

这究竟是怎么一回事呀，你是随中国文化以俱来的亘古的证人，你不也是以为奇怪吗？

银杏，中国人是忘记了你呀，大家虽然都在吃你的白果，都喜欢吃你的白果，但的确是忘记了你呀。

世间上也尽有不辨菽麦的人，但把你忘记得这样普遍，这样久远的例子，从来也不曾有过。

真的啦，陪都不是首善之区吗？但我就很少看见你的影子；为什么遍街都是洋槐，满园都是幽加里树呢？

我是怎样的思念你呀，银杏！我可希望你不要把中国忘记吧。

这事情是有点危险的，我怕你一不高兴，会从中国的地面上隐遁下去。

在中国的领空中会永远听不着你赞美生命的欢歌。

银杏，我真希望呀，希望中国人单为能更多吃你的白果，总有能更加爱慕你的一天。

⊙作品赏析

这是一篇托物言志的散文。文章综合运用赋、比、兴、拟人、象征手法，赋予银杏一种特殊的象征意义，即象征着整个中华民族自强不息、从不屈服的精神风貌。文章以饱含诗意的笔调讴歌了银杏的“真”、“善”、“美”，赞颂它是“东方的圣者”，“中国人文的有生命的纪念塔”，含蓄地抒发了作者坚信抗战必胜的信念，鞭挞了国民党倒行逆施的抗战举措，激励人们要像银杏一样不畏强暴、刚直不阿，争取抗战的胜利。文章大量运用短小段落，笔调亲切，热情洋溢，语言明朗洗练，富于激情和诗意。

落花生 / 许地山

许地山的散文代表作
中国现代散文史上短小精悍的散文代表作之一
平淡中蕴蓄着深刻的哲理

我们屋后有半亩隙地。母亲说："让它荒芜着怪可惜，既然你们那么爱吃花生，就辟来做花生园吧。"我们几姊弟和几个小丫头都很喜欢——买种的买种，动土的动土，灌园的灌园；过不了几个月，居然收获了！

妈妈说："今晚我们可以做一个收获节，也请你们爹爹来尝尝我们的新花生，如何？"我们都答应了。母亲把花生做成好几样的食品，还吩咐这节期要在园里的茅亭举行。

那晚上的天色不大好，可是爹爹也到来，实在很难得！爹爹说："你们爱吃花生么？"

我们都争着答应："爱！"

"谁能把花生的好处说出来？"

姊姊说："花生的气味很美。"

哥哥说："花生可以制油。"

我说："无论何等人都可以用贱价买它来吃；都喜欢吃它。这就是它的好处。"

爹爹说："花生的用处固然很多；但有一样是很可贵的。这小小的豆不像那好看的苹果、桃子、石榴，把它们的果实悬在枝上，鲜红嫩绿的颜色，令人一望而发生羡慕的心。它只把果子埋在地底，等到成熟，才容人把它挖出来。你们偶然看见一棵花生瑟缩地长在地上，不能立刻辨出它有没有果实，非得等到你接触它才能知道。"

我们都说："是的。"母亲也点点头。爹爹接下去说："所以你们要像花生，因为它是有用的，不是伟大、好看的东西。"我说："那么，人要做有用的人，不要做伟大、体面的人了。"爹爹说："这是我对于你们的希望。"

我们谈到夜阑才散，所有花生食品虽然没有了，然而父亲的话现在还印在我的心版上。

·作者简介·

许地山(1893~1941)，笔名落华生，中国现代作家。生于台湾，后定居福建漳州。1917年入燕京大学学习。1921年与茅盾等人发起成立文学研究会。1923年起先后在美国哥伦比亚大学、英国牛津大学研究宗教学。1927年回国后先后在燕京大学、北京大学、清华大学、香港大学执教。抗日战争开始后，任中华全国文艺界抗敌协会香港分会常务理事，为抗日救国事业奔走呼号，展开各项组织和教育工作。后终因劳累过度而病逝。

许地山像

许地山于1921年发表第一篇小说《命命鸟》，接着又发表了前期代表作小说《缀网劳蛛》和散文名篇《落花生》。他的早期小说取材独特，情节奇特，想象丰富，充满浪漫气息，呈现出浓郁的南国风味和异域情调。20世纪20年代末以后他所写的小说，转向对群众切实的描写和对黑暗现实的批判。他的创作并不丰硕，但在文坛上却独树一帜。小说诗歌文学作品结集出版的有短篇小说集《缀网劳蛛》、《危巢坠简》，散文集《空山灵雨》，小说、剧本集《解放者》、《杂感集》，论著《印度文学》、《道教史》（上），以及《许地山选集》、《许地山文集》等。

⊙作品赏析

《落花生》是一篇托物言志的写实散文。文章乍看平淡无奇，但平淡中却蕴蓄一番深刻的哲理。作者从种花生写起，接着写收花生、吃花生、议花生，层层推进，最后由物及人，说明做人应像花生那样，不事张扬，默默奉献，“要做有用的人，不要做伟大、体面的人”。作者没有写花生园的景物、种花生的艰辛、收花生的喜悦，而是重点详写议花生的场面，详略得当，结构严谨，语言浅白凝练，文笔清新流畅，于平淡之中抒发了作者不求闻达、踏实做人、切实益世的人生态度。读来令人备感亲切，回味绵长。这一切使得这篇不足千字的小品文得以成为一篇脍炙人口、广为流传，并将一直流传下去的绝妙美文。

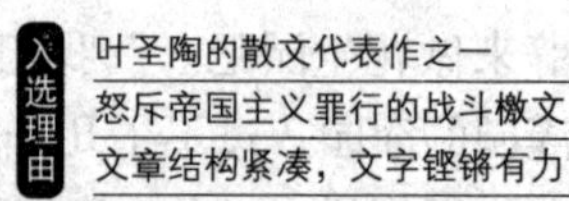

五月卅一日急雨中 / 叶圣陶

从车上跨下，急雨如恶魔的乱箭，立刻湿了我的长衫。满腔的愤怒，头颅似乎戴着紧紧的铁箍，我走，我奋疾地走。路人少极了，店铺里仿佛也很少见人影。那里去了！那里去了！怕听昨天那样的排枪声，怕吃昨天那样的急射弹，所以如小鼠如蜗牛般，蜷伏在家里，躲藏在柜台底下么？这有什么用！你蜷伏，你躲藏，枪声会来找你的耳朵，子弹会来找你的肉体，你看有什么用？

猛兽似的张着巨眼的汽车冲驰而过，水泥溅污我的衣服，也溅及我的项颈，我满腔的愤怒。

一口气赶到“老闸捕房”的门前，我想参拜我们的伙伴的血迹，我想用舌头舐尽所有的血迹，咽入肚里。但是，没有了，一点儿没有了！已给仇人的水机冲得光光，已给腐心的人们践得光光，更给恶魔的乱箭似的急雨洗得光光！

不要紧，我想。血总是曾经淌在这地方的，总有渗入这块土的吧。那就行了。这块土是血的土，血是我们的伙伴的血，还不够是一课严重的功课么？血灌溉着，血湿润着，将会见血的花开在这里，血的果结在这里。

我注视这块土，全神地注视着，其余什么都不见了，仿佛已把整个儿躯体融化在里头。

抬起眼睛，那边站着两个巡捕；手枪在他们的腰间；泛红的脸肉，深深的纹刻在嘴围，黄的睫毛下闪着绿光，似乎在那里狞笑。

手枪，是你么？似乎在那里狞笑的，是你么？

是的，是的，什么都是，你便怎样！我仿佛看见无量数的手枪点头，听见无量数的狞笑的开口。

我吻着嘴唇咽下去，把看见的听见的一齐咽下去，如同咽一块糙石，一块热铁。我满腔的愤怒。

雨越来越急，风吹着把我的身体卷住，全身湿透了，伞全然不中用。我回身走才来的路，路上有人了。三四个，六七个，显然可见是青布大褂的队伍，虽然中间也有穿洋服的，也有穿各色衫子的断发的女子。他们有的张着伞，大部分却直任狂雨乱淋。

我开始惊异于他们的脸，从来没有看见过，这么严肃的脸，有如昆仑的耸峙，这么郁怒的脸，有如雷电之将作；青年的柔秀的颜色退隐了，换上了壮士的北地人的苍劲。他们的眼睛冒得出焚烧掉一切的火。吻紧的嘴唇里藏着咬得死生物的牙齿，鼻头不怕闻血腥与死人的尸臭，耳朵不怕听大炮与猛兽的咆哮，而皮肤简直是百炼的铁甲。

佩弦的诗道，“笑将不复在我们唇上！”用以歌咏这许多的脸，正是适合。他们不复笑，永远不复笑！他们有的是严肃与郁怒，永远是严肃与郁怒！

似乎店铺里人脸多起来了，从家里才跑来呢，从柜台底下才探出来呢，我没有工夫想。这些人脸而且露出在店门首了，他们惊讶地望着路上那些严肃的郁怒的脸。

青布大褂的队伍便纷纷投入各家店铺，我也跟着一队跨进一家，记得是布匹庄。我听见他们开口了，差不多掬示整个的心，涌起满腔的血，这样真挚地热烈地讲说着。他们讲及民族的命运，他们讲及群众的力量，他们讲及反抗的必要；他们不惮郑重叮咛的是“咱们一伙儿”！我感动，我心酸，酸得痛快。

店伙的脸比较地严肃了；没有说话，暗暗点头。

我跨出布匹庄，“中国人不会齐心呀！如果齐心，吓，怕什么！”这句带有尖刺的话传来，我回头去看。

是一个三十左右的男子，粗布的短衫露着胸，苍黯的肤色标记他是露天出卖劳力的，眼睛里放射出英雄的光。

·作者简介·

叶圣陶(1894~1988)，原名叶绍钧，生于江苏苏州。1907年考入草桥中学，毕业后任小学教员。1914年被排挤出学校，开始在《礼拜六》等杂志上发表文言小说。1915年秋到上海商务印书馆附设的尚公学校教国文，并为商务印书馆编小学国文课本。1917年应聘到吴县、直县立第五高等小学任教。1919年参加北京大学学生组织的新潮社，并在《新潮》上发表小说和论文。1921年与郑振铎、茅盾等人组织发起文学研究会，并在《小说月报》和《文学旬刊》上发表作品。1923~1930年，在上海商务印书馆当编辑。1927年5月开始主编《小说月报》。1930年中转到开明书店当编辑。抗日战争期间举家内迁，曾在乐山任武汉大学中文系教授。后到成都主持开明书店编务。1946年返回上海。新中国成立后，曾任出版总署署长、教育部副部长兼人民教育出版社社长、中央文史研究馆馆长、全国政协副主席等。

叶圣陶像

不错呀，我想，露胸的朋友，你喊出这样简要精炼的话来，你伟大！你刚强！你是具有解放的优先权者！我虔敬地向他点头。

但是，恍惚有蓝袍玄褂小髭须的影子在我眼前晃过，玩世地微笑，又仿佛鼻子里发出轻轻的一声“嗤”。接着又晃过一个袖手的，漂亮的嘴脸，漂亮的衣着，在那里低吟，依稀是“可怜无补费精神”！袖手的幻灭了，抖抖地，显现一个瘠瘦的中年人，如鼠的觳觫的眼睛，如兔的颤动的嘴，含在喉际，欲吐又不敢吐的是一声“怕……”

我倒楣，我如受奇辱，看见这样等等的魔影！我愤怒地张大眼睛，什么魔影都没有了，只见满街恶魔的乱箭似的急雨。

微笑的魔影，漂亮的魔影，惶恐的魔影，我咒诅你们：你们灭绝！你们销亡！你们是拦路的荆棘！你们是伙伴的牵累！你们灭绝，你们销亡，永远不存一丝儿痕迹，永远不存一丝儿痕迹于这块土！

有淌在路上的血，有严肃的郁怒的脸，有露胸朋友那样的意思，“咱们一伙儿”，有救，一定有救——岂但有救而已！

我满腔的愤怒。再有露胸朋友那样的话在路上吧？我向前走去。

依然是满街恶魔的乱箭似的急雨。

⊙作品赏析

1925年5月30日，英国士兵在上海租界枪杀中国工人，制造了震惊中外的“五卅”惨案。当时正在商务印书馆做编辑的叶圣陶闻讯后，怒不可遏，次日挥笔写下了《五月卅一日急雨中》一文。这篇文章一反叶圣陶平日平和、严谨的行文风格，以慷慨激昂的笔调，怒斥了帝国主义制造“五卅”惨案的罪行。文中运用大量的比喻句，一而再、再而三地表露出作者“满腔的愤怒”。其核心的比喻是“急雨”，它是“恶魔”，象征着制造惨案的帝国主义，也是“乱箭”，暗示着惨案对大众心灵的伤害。文章结构紧凑，句句铿锵有力，一气呵成，读后令人义愤填膺，在心底产生强烈的震撼。

风景谈 / 茅盾

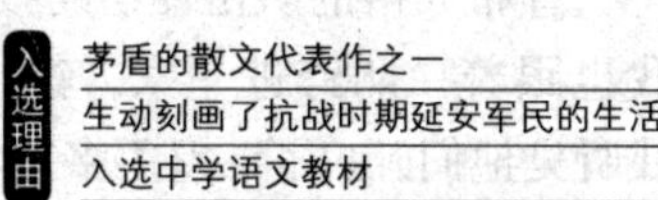

前夜看了《塞上风云》的预告片，便又回忆起星星峡外的沙漠来了。那还不能被称为“戈壁”，那在普通地图上，还不过是无名的小点，但是人类的肉眼已经不能望到它的边际，如果在中午阳光正射的时候，那单纯而强烈的返光会使你的眼睛不舒服？没有隆起的沙丘，也不见有半间泥房，四顾只是茫茫一片，那样的平坦，连一个“坎儿井”也找不到；那样的纯然一色，即使偶尔有些驼马的枯骨，它那微小的白光，也早溶入了周围的苍茫，又是那样的寂静，似乎只有热空气在作哄哄的火响。然而，你不能说，这里就没有“风景”。当地平线上出现了第一个黑点，当更多的黑点成为线，成为队，而且当微风把铃铛的柔声，丁当，丁当，送到你的耳鼓，而最后，当那些昂然高步的骆驼，排成整齐的方阵，安详然而坚定地愈行愈近，当骆驼队中领队驼所掌的那一杆长方形猩红大旗耀入你眼帘，而且大小丁当的谐和的合奏充满了你耳管，——这时间，也许你不出声，但是你的心里会涌上了这样的感想的：多么庄严，多么妩媚呀！这里是大自然的最单调最平板的一面，然而加上了人的活动，就完全改观，难道这不是“风景”吗？自然是伟大的，然而人类更伟大。

于是我又回忆起另一个画面，这就在所谓“黄土高原”！那边的山多数是秃顶的，然而层层的梯田，将秃顶装扮成稀稀落落有些黄毛的癞头，特别是那些高秆植物颀长而整齐，等待检阅的队伍似的，在晚风中摇曳，别有一种惹人怜爱的姿态。可是更妙的是三五月明之夜，天是那样的蓝，几乎透明似的，月亮离山顶，似乎不过几尺，远看山顶的谷子丛密挺立，宛如人头上的怒发，这时候忽然从山脊上长出两支牛角来，随即牛的全身也出现，掮着犁的人形也出现，并不多，只有三两个，也许还跟着个小孩，他们姗姗而下，在蓝的天，黑的山，银色的月光的背景上，成就了一幅剪影，如果给田园诗人见了，必将赞叹为绝妙的题材。可是没有完。这几位晚归的种地人，还把他们那粗朴的短歌，用愉快的旋律，从山顶上飘下来，直到他们没入了山坳，依旧只有蓝天明月黑魆魆的山，歌声可是缭绕不散。

另一个时间。另一个场面。夕阳在山，干坼的黄土正吐出它在一天内所吸收的热，河水汤汤急流，似乎能把浅浅河床中的鹅卵石都冲走了似的。这时候，沿河的山坳里有一队人，从“生产”归来，兴奋的谈话中，至少有七八种不同的方音。忽然间，他们又用同一的音调，唱起雄壮的歌曲来了，他们的爽朗的笑声，落到水上，使得河水也似在笑。看他们的手，这是惯拿调色板的，那是昨天还拉着提琴的弓子伴奏着《生产曲》的，这是经常不离木刻刀的，那又是洋洋洒洒下笔如有神的，但现在，一律都被锄锹的木柄磨起了老茧了。他们在山坡下，被另一群所迎住。这里正燃起熊熊的野火，多少曾调朱弄粉的手儿，已经将金黄的小米饭，翠绿的油菜，准备齐全。这时候，太阳已经下山，却将它的余辉幻成了满天的彩霞，河水喧哗得更响了，跌在石上的便喷出了雪白的泡沫，人们把沾着黄土的脚伸在水里，任它冲刷，或者掬起水来，洗一把脸。在背山面水这样一个所在，静穆的自然和弥满着生命力的人，就织成了美妙的图画。

·作者简介·

茅盾（1896～1981），原名沈德鸿，字雁冰，浙江桐乡人，中国现代作家。1916年毕业于北京大学预科班。1916年后历任上海商务印务馆编辑、《小说月报》主编、《民国日报》主编，为文学研究会发起人之一。1928年赴日本，1930年回国，加入左翼作家联盟。新中国成立后历任文化部长、中国作协主席等职。主要作品有长篇小说《子夜》，中篇小说《蚀》（三部曲），短篇小说《春蚕》、《林家铺子》等。

茅盾像

在这里，蓝天明月，秃顶的山，单调的黄土，浅濑的水，似乎都是最恰当不过的背景，无可更换。自然是伟大的，人类是伟大的，然而充满了崇高精神的人类的活动，乃是伟大中之尤其伟大者！

我们都曾见过西装革履烫发旗袍高跟鞋的一对儿，在公园的角落，绿荫下长椅上，悄悄儿说话，但是试想一想，如果在一个下雨天，你经过一边是黄褐色的浊水，一边是怪石峭壁的崖岸，马蹄很小心地探入泥浆里，有时还不免打了一下跌撞，四面是静寂灰黄，没有一般所谓的生动鲜艳，然而，你忽然抬头看见高高的山壁上有几个天然的石洞，三层楼的亭子间似的，一对人儿促膝而坐，只凭剪发式样的不同，你方能辨认出一个是女的，他们被雨赶到了那里，大概聊天也聊够了，现在是摊开着一本札记簿，头凑在一处，一同在看，——试想一想，这样一个场面到了你眼前时，总该和在什么公园里看见了长椅上有一对儿在偎倚低语，颇有点味儿不同罢！如果在公园时你一眼瞥见，首先第一会是“这里有一对恋人”，那么，此时此际，倒是先感到那样一个沉闷的雨天，寂寞的荒山，原始的石洞，安上这么两个人，是一个“奇迹”，使大自然顿时生色！他们之是否恋人，落在问题之外。你所见的，是两个生命力旺盛的人，是两个清楚明白生活意义的人，在任何情形之下，他们不倦怠，也不会百无聊赖，更不至于从胡闹中求刺激，他们能够在任何情况之下，拿出他们那一套来，怡然自得。但是什么能使他们这样呢？

不过仍旧回到“风景”罢；在这里，人依然是“风景”的构成者，没有了人，还有什么可以称道的？再者，如果不是内生活极其充满的人作为这里的主宰，那又有什么值得怀念？

再有一个例子：如果你同意，二三十棵桃树可以称为林，那么这里要说的，正是这样一个桃林。花时已过，现在绿叶满株，却没有一个桃子。半爿旧石磨，是最漂亮的圆桌面，几尺断碑，或是一截旧阶石，那又是难得的几案。现成的大小石块作为凳子，——而这样的石凳也还是以奢侈品的姿态出现。这些怪样的家具之所以成为必要，是因为这里有一个茶社。桃林前面，有老百姓种的荞麦，也有大麻和玉米这一类高秆植物。荞麦正当开花，远望去就像一张粉红色的地毯，大麻和玉米就像是屏风，靠着地毯的边缘。太阳光从树叶的空隙落下来，在泥地上，石家具上，一抹一抹的金黄色。偶尔也听得有草虫在叫，带住在林边树上的马儿伸长了脖子就树干搔痒，也许是乐了，便长嘶起来。“这就不坏！”你也许要这样说。可不是，这里是有一般所谓“风景”的一些条件的！然而，未必尽然。在高原的强烈阳光下，人们喜欢把这一片树荫作为户外的休息地点，因而添上了什么茶社，这是这个“风景区”成立的因缘，但如果把那二三十棵桃树，半爿磨石，几尺断碣，还有荞麦和大麻玉米，这些其实到处可遇的东西，看成了此所谓风景区的主要条件，那或者是会贻笑大方的。中国之大，比这美得多的所谓风景区，数也数不完，这个值得什么？所以应当从另一方面去看。现在请你坐下，来一杯清茶，两毛钱的枣子，也作一次桃园的茶客罢。如果你愿意先看女的，好，那边就有三四个，大概其中有一位刚接到家里寄给她的一点钱，今天来请请同伴。那边又有几位，也围着一个石桌子，但只把随身带来的书籍代替了枣子和茶了。更有两位虎头虎脑的青年，他们走过“天下最难走的路”，现在却静静地坐着，温雅得和闺女一般。男女混合的一群，有坐的，也有蹲的，争论着一个哲学上的问题，时时哗然大笑，就在他们近边，长石条上躺着一位，一本书掩住了脸。这就够了，不用再多看。总之，这里有特别的氛围，但并不古怪。人们来这里，只为恢复工作后的疲劳，随便喝点，要是袋里有钱；或不喝，随便谈谈天；在有闲的只想找一点什么来消磨时间的人们看来，这里坐的不舒服，吃的喝的也太粗糙简单，也没有什么可以供赏玩，至多来一次，第二次保管厌倦。但是不知道消磨时间为何物的人们却把这一片简陋的绿荫看得很可爱，因此，这桃林就很出名了。

因此，这里的“风景”也就值得留恋，人类的高贵精神的辐射，填补了自然界的贫乏，增添了景色，形式的和内容的。人创造了第二自然！

最后一段回忆是五月的北国。清晨，窗纸微微透白，万籁俱静，嘹亮的喇叭声，破空而来。我忽然想起了白天在一本贴照簿上所见的第一张，银白色的背景前一个淡黑的侧影，一个号兵举起了喇叭在吹，严肃、坚决、勇敢和高度的警觉，都表现在小号兵的挺直的胸膛和高高的眉棱上边。我赞美这摄影家的艺术，我回味着，我从当前的喇叭声中也听出了严肃、坚决、勇敢和高度的警觉来，于是我披衣出去，打算看一看。空气非常清冽，朝霞笼住了左面的山，我看见山峰上的小号兵了。霞光射住他，只觉得他的额角异常发亮，然而，使我惊叹叫出声来的，是离他不远有一位荷枪的战士，面向着东方，严肃地站在那里，犹如雕像一般。晨风吹着喇叭的红绸子，只这是动的，战士枪尖的刺刀闪着寒光，在粉红的霞色中，只这是刚性的。我看得呆了，我仿佛看见了民族的精神化身而为他们两个。

如果你也当它是“风景”，那便是真的风景，是伟大中之最伟大者！

⊙作品赏析

《风景谈》是一篇意境优美的散文，文章表达了作者在黄土高原的见闻。文章开篇不凡，从一部抗日影片《塞上风云》谈起，将读者带入抗日战争的氛围。接着作者独具匠心地运用类似电影蒙太奇手法，不断转换角度，一连推出了黄土高原上充满诗情画意的镜头与画面，先是高原“月夜下山”

与“生产归来”两幅晚归图，接着是延安“石洞避雨”和“桃园小憩”两幅风情画，最后是照片中“号兵吹号”和自己亲眼所见的“哨兵放哨”两个镜头的叠加。每组画面之间，用“自然是伟大的，然而人类更伟大”这一类似的句子作联缀，使所有的风景构成了一个和谐的有机整体，毫无散漫之感，同时深化了主题：名为“谈风景”，实为“赞人类”，讴歌那些在黄土高原上劳动和战斗着的人们。

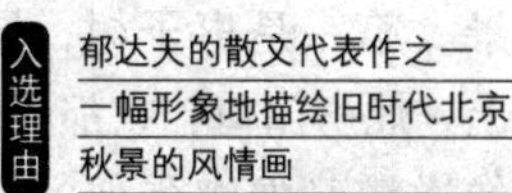

故都的秋 / 郁达夫

秋天，无论在什么地方的秋天，总是好的；可是啊，北国的秋，却特别地来得清，来得静，来得悲凉。我的不远千里，要从杭州赶上青岛，更要从青岛赶上北平来的理由，也不过想饱尝一尝这“秋”，这故都的秋味。

江南，秋当然也是有的；但草木凋得慢，空气来得润，天的颜色显得淡，并且又时常多雨而少风；一个人夹在苏州上海杭州，或厦门香港广州的市民中间，浑浑沌沌地过去，只能感到一点点清凉，秋的味，秋的色，秋的意境与姿态，总看不饱，尝不透，赏玩不到十足。秋并不是名花，也并不是美酒，那一种半开，半醉的状态，在领略秋的过程上，是不合适的。

不逢北国之秋，已将近十余年了。在南方每年到了秋天，总要想起陶然亭的芦花，钓鱼台的柳影，西山的虫唱，玉泉的夜月，潭柘寺的钟声。在北平即使不出门去罢，就是在皇城人海之中，租人家一椽破屋来住着，早晨起来，泡一碗浓茶，向院子一坐，你也能看得到很高很高的碧绿的天色，听得到青天下驯鸽的飞声。从槐树叶底，朝东细数着一丝一丝漏下来的日光，或在破壁腰中，静对着像喇叭似的牵牛花（朝荣）的蓝朵，自然而然地也能够感觉到十分的秋意。说到了牵牛花，我以为以蓝色或白色者为佳，紫黑色次之，淡红色最下。最好，还要在牵牛花底，教长着几根疏疏落落的尖细且长的秋草，使作陪衬。

北国的槐树，也是一种能使人联想起秋来的点缀。像花而又不是花的那一种落蕊，早晨起来，会铺得满地。脚踏上去，声音也没有，气味也没有，只能感出一点点极微细极柔软的触觉。扫街的在树影下一阵扫后，灰土上留下来的一条条扫帚的丝纹，看起来既觉得细腻，又觉得清闲，潜意识下并且还觉得有点儿落寞，古人所说的梧桐一叶而天下知秋的遥想，大约也就在这些深沉的地方。

秋蝉的衰弱的残声，更是北国的特产；因为北平处处全长着树，屋子又低，所以无论在什么地方，都听得见它们的啼唱。在南方是非要上郊外或山上去才听得到的。这秋蝉的嘶叫，在北平可和蟋蟀耗子一样，简直像是家家户户都养在家里的家虫。

还有秋雨哩，北方的秋雨，也似乎比南方的下得奇，下得有味，下得更像样。

在灰沉沉的天底下，忽而来一阵凉风，便息列索落地下起雨来了。一层雨过，云渐渐地卷向了西去，天又青了，太阳又露出脸来了；著着很厚的青布单衣或夹袄的都市闲人，咬着烟管，在雨后的斜桥影里，上桥头树底下去一立，遇见熟人，便会用了缓慢悠闲的声调，微叹着互答着的说：

“唉，天可真凉了——”（这了字念得很高，拖得很长。）

“可不是么？一层秋雨一层凉了！”

北方人念阵字，总老像是层字，平平仄仄起来，这念错的歧韵，倒来得正好。

北方的果树，到秋来，也是一种奇景。第一是枣子树；屋角，墙头，茅房边上，灶房门口，它都会一株株地长大起来。像橄榄又像鸽蛋似的这枣子颗儿，在小椭圆形的细叶中间，显出淡绿微黄的颜色的时候，正是秋的全盛时期；等枣树叶落，枣子红完，西北风就要起来了，北方便是尘沙灰土的世界，只有这枣子、柿子、葡萄，成熟到八九分的七八月之交，是北国的清秋的佳日，是一年之中最好也没有的Golden Days。

·作者简介·

郁达夫（1896～1945），原名郁文，浙江富阳人，中国现代作家。1913年赴日留学。1921年与郭沫若等人在日本发起成立创造社。回国后先后在北京大学、武昌大学、中山大学任教，并编辑刊物。1927年定居上海，曾参加“左联”。1933年迁居杭州。抗战期间，在南洋从事抗日救亡活动。1945年被日本宪兵秘密杀害于苏门答腊。主要作品有小说《沉沦》、《她是一个弱女子》，散文集《达夫游记》等。

郁达夫像

有些批评家说，中国的文人学士，尤其是诗人，都带着很浓厚的颓废色彩，所以中国的诗文里，颂赞秋的文字特别的多。但外国的诗人，又何尝不然？我虽则外国诗文念得不多，也不想开出账来，做一篇秋的诗歌散文钞，但你若去一翻英德法意等诗人的集子，或各国的诗文的An-thology来，总能够看到许多关于秋的歌颂与悲啼。各著名的大诗人的长篇田园诗或四季诗里，也总以关于秋的部分，写得最出色而最有味。足见有感觉的动物，有情趣的人类，对于秋，总是一样的能特别引起深沉，幽远，严厉，萧索的感触来的。不单是诗人，就是被关闭在牢狱里的囚犯，到了秋天，我想也一定会感到一种不能自已的深情；秋之于人，何尝有国别，更何尝有人种阶级的区别呢？不过在中国，文字里有一个“秋士”的成语，读本里又有着很普遍的欧阳子的《秋声》与苏东坡的《赤壁赋》等，就觉得中国的文人，与秋的关系特别深了。可是这秋的深味，尤其是中国的秋的深味，非要在北方，才感受得到底。

南国之秋，当然是也有它的特异的地方的，比如廿四桥的明月，钱塘江的秋潮，普陀山的凉雾，荔枝湾的残荷等等，可是色彩不浓，回味不永。比起北国的秋来，正像是黄酒之与白干，稀饭之与馍馍，鲈鱼之与大蟹，黄犬之与骆驼。

秋天，这北国的秋天，若留得住的话，我愿把寿命的三分之二折去，换得一个三分之一的零头。

⊙作品赏析

《故都的秋》写于1934年8月。郁达夫对北京的秋有一种浓厚的情结，他写作此文时，特地从杭州赶到北京（当时称北平），以饱览一番“特别地来得清，来得静，来得悲凉”的故都北平的秋味。

在《故都的秋》中，作者用一系列富有诗情画意的词语：芦花、柳影、虫唱、夜月、钟声、天色、驯鸽飞声、日光、牵牛花、槐树、秋蝉、秋雨、都市闲人、枣树、枣子、柿子、葡萄等，清晰形象地勾勒出了故都秋的景象、色调、意境和味道。作者交替运用总写、分写，描写、叙述，议论、抒情，直接、间接等手法，淋漓尽致、神韵活现地构织了一幅“故都的秋”的水墨风情画，使人回味无穷，浮想联翩，堪称一篇写秋的千古妙文！

我所知道的康桥 / 徐志摩

入选理由
徐志摩的散文代表作
一首饱含深情、充满诗情画意的
康桥回忆梦幻曲

一

我这一生的周折，大都寻得出感情的线索。不论别的，单说求学。我到英国是为要从罗素。罗素来中国时，我已经在美国。他那不确的死耗传到的时候，我真的出眼泪不够，还做悼诗来了。他没有死，我自然高兴。我摆脱了哥伦比亚大学博士衔的引诱，买船票漂过大西洋，想跟这位二十世纪的福禄泰尔认真念一点书去。谁知一到英国才知道事情变样了：一为他在战时主张和平，二为他离婚，罗素叫康桥给除名了，他原来是 Trinity College 的 Fellow，这一来他的 Fellowship 也给取消了。他回英国后就在伦敦住下，夫妻两人卖文章过日子。因此我也不曾遂我从学的始愿。我在伦敦政治经济学院里混了半年，正感着闷想换路走的时候，我认识了狄更生先生。狄更生——Galsworthy Lowes Dickinson——是一个有名的作者，他的《一个中国人通信》（Letters From John Chinaman）与《一个现代聚餐谈话》（A Modern Symposium）两本小册子早得了我的景仰。我第一次会着他是在伦敦国际联盟协会席上，那天林宗孟先生演说，他做主席；第二次是宗孟寓里吃茶，有他，以后我常到他家里去。他看出我的烦闷，劝我到康桥去，他自己是王家学院（King's College）的 Fellow。我就写信去问两个学院，回信都说学额早满了，随后还是狄更生先生替我去在他的学院里说好了，给我一个特别生的资格，随意选科听讲。从此黑方巾，黑披袍的风光也被我占着了。初起我在离康桥六英里的乡下叫沙士顿地方租了几间小屋住下，同居的有我从前的夫人张幼仪女士与郭虞裳君。每天一早我坐街车（有时骑自行车）上学，到晚回家。这样的生活过了一个春，但我在康桥还只是个陌生人，谁都不认识，康桥的生活，可以说完全不曾尝着，我知道的只是一个图书馆，几个课室，和三两个吃便宜饭的茶食铺子。狄更生常在伦敦或是大陆上，所以也不常见他。那年的秋季我一个人回到康桥，整整有一学年，那时我才有机会接近真正的康桥生活，同时我也慢慢的"发见"了康桥。我不曾知道过更大的愉快。

二

"单独"是一个耐寻味的现象。我有时想它是任何发见的第一个条件。你要发见你的朋友的"真"，你得有与他单独的机会。你要发见你自己的真，你得给你自己一个单独的机会。你要发见一个地方（地方一样有灵性），你也得有单独玩的机会。我们这一辈子，认真说，能认识几个人？能认识几个地方？我们都是太匆忙，太没有单独的机会。说实话，我连我的本乡都没有什么了解。康桥我要算是有相当交情的，再次许只有新认识的翡冷翠了。啊，那些清晨，那些黄昏，我一个人发痴似的在康桥！绝对的单独。

但一个人要写他最心爱的对象，不论是人是地，是多么使他为难的一个工作？你怕，你怕描坏了它，你怕说过分了恼了它，你怕说太谨慎了辜负了它。我现在想写康桥，也正是这样的心理，我不曾写，我就知道这回是写不好的——况且又是临时逼出来的事情。但我却不能不写，上期预告已经出去了。我想勉强分两节写，一是我所知道的康桥的天然景色；一是我所知道的康桥的学生生活。我今晚只能极简的写些，等以后有兴会时再补。

三

康桥的灵性全在一条河上；康河，我敢说，是全世界最秀丽的一条水。河的名字是葛兰大（Granta），也有叫康河（Kiver Cam）的，许有上下流的区别，我不甚清楚。河身多的是曲折，上游是有名的拜伦潭——“Byron’s Pool”——当年拜伦常在那里玩的；有一个老村子叫格兰骞斯德，有一个果子园，你可以躺在累累的桃李树荫下吃茶，花果会掉入你的茶杯，小雀子会到你桌上来啄食，那真是别有一番天地。这是上游；下游是从骞斯德顿下去，河面展开，那是春夏间竞舟的场所。上下河分界处有一个坝筑，水流急得很，在星光下听水声，听近村晚钟声，听河畔倦牛刍草声，是我康桥经验中最神秘的一种：大自然的优美，宁静，调谐在这星光与波光的默契中不期然的淹入了你的性灵。

但康河的精华是在它的中游，著名的“Backs”，这两岸是几个最蜚声的学院的建筑。从上面下来是Pembroke，St. Katharine’s，King’s，Clare，Trinity，St. John’s。最令人留连的一节是克莱亚与王家学院的毗连处，克莱亚的秀丽紧邻着王家教堂（King’s Chapel）的宏伟。别的地方尽有更美更庄严的建筑，例如巴黎赛因河的罗浮宫一带，威尼斯的利阿尔多大桥的两岸，翡冷翠维基乌大桥的周遭；但康桥的“Backs”自有它的特长，这不容易用一二个状词来概括，它那脱尽尘埃气的一种清澈秀逸的意境可说是超出了画图而化生了音乐的神味。再没有比这一群建筑更调谐更匀称的了！论画，可比的许只有柯罗（Corot）的田野；论音乐，可比的许只有萧班（Chopin）的夜曲。就这也不能给你依稀的印象，它给你的美感简直是神灵性的一种。

假如你站在王家学院桥边的那棵大椈树荫下眺望，右侧面，隔着一大方浅草坪，是我们的校友居（Fellows Building），那年代并不早，但它的妩媚也是不可掩的，它那苍白的石壁上春夏间满缀着艳色的蔷薇在和风中摇颤，更移左是那教堂，森林似的尖阁不可浼的永远直指着天空；更左是克莱亚，啊！那不可信的玲珑的方庭，谁说这不是圣克莱亚（St. Clare）的化身，哪一块石上不闪耀着她当年圣洁的精神？在克莱亚后背隐约可辨的是康桥最华贵最骄纵的三清学院（Trinity），它那临河的图书楼上坐镇着拜伦神采惊人的雕像。

但这时你的注意早已叫克莱亚的三环洞桥魔术似的摄住。你见过西湖白堤上的

·作者简介·

徐志摩（1896~1931），浙江海宁人，中国现代著名诗人、散文家。1918年赴美，先后在克拉克大学、哥伦比亚大学学习。1920年赴英，次年入剑桥大学学习。1922年回国后先后在北大、清华、南京中央大学任教。1923年参与发起成立新月社，为“新月派”主要诗人，先后主编北京《晨报》副刊和上海《新月》月刊。1931年11月19日因飞机失事遇难。其主要作品有诗集《志摩的诗》、《翡冷翠的一夜》，散文《翡冷翠山居闲话》、《我所知道的康桥》等。

徐志摩像

西泠断桥不是？（可怜它们早已叫代表近代丑恶精神的汽车公司给踩平了，现在它们跟着苍凉的雷峰永远辞别了人间。）你忘不了那桥上斑驳的苍苔，木栅的古色，与那桥拱下泄露的湖光与山色不是？克莱亚并没有那样体面的衬托，它也不比庐山栖贤寺旁的观音桥，上瞰五老的奇峰，下临深潭与飞瀑；它只是怯伶伶的一座三环洞的小桥，它那桥洞间也只掩映着细纹的波鳞与婆娑的树影，它那桥上栉比的小穿阑与阑节顶上双双的白石球，也只是村姑子头上不夸张的香草与野花一类的装饰；但你凝神的看着，更凝神的看着，你再反省你的心境，看还有一丝屑的俗念沾滞不？只要你审美的本能不曾汩灭时，这是你的机会实现纯粹美感的神奇！

但你还得选你赏鉴的时辰。英国的天时与气候是走极端的。冬天是荒谬的坏，逢着连绵的雾盲天你一定不迟疑的甘愿进地狱本身去试试；春天（英国是几乎没有夏天的）是更荒谬的可爱，尤其是它那四五月间最渐缓最艳丽的黄昏，那才真是寸寸黄金。在康河边上过一个黄昏是一服灵魂的补剂。啊！我那时蜜甜的单独，那时蜜甜的闲暇。一晚又一晚的，只见我出神似的倚在桥阑上向西天凝望：

看一回凝静的桥影，
数一数螺钿的波纹：
我倚暖了石阑的青苔，
青苔凉透了我的心坎；……

还有几句更笨重的怎能仿佛那游丝似轻妙的情景：

难忘七月的黄昏，远树凝寂，
像墨泼的山形，衬出轻柔暝色，
密稠稠，七分鹅黄，三分橘绿，
那妙意只可去秋梦边缘捕捉；……

四

这河身的两岸都是四季常青最葱翠的草坪。从校友居的楼上望去，对岸草场上，不论早晚，永远有十数匹黄牛与白马，胫蹄没在恣蔓的草丛中，从容的在咬嚼，星星的黄花在风中动荡，应和着它们尾鬃的扫拂。桥的两端有斜倚的垂柳与荫护住。水是澈底的清澄，深不足四尺，匀匀的长着长条的水草。这岸边的草坪又是我的爱宠，在清明，在傍晚，我常去这天然的织锦上坐地，有时读书，有时看水；有时仰卧着看天空的行云，有时反仆着搂抱大地的温软。

但河上的风流还不止两岸的秀丽。你得买船去玩。船不止一种：有普通的双桨划船，有轻快的薄皮舟（Canoe），有最别致的长形撑篙船（Punt）。最末的一种是别处不常有的：约莫有二丈长，三尺宽，你站直在船梢上用长竿撑着走的。这撑是一种技术。我手脚太蠢，始终不曾学会。你初起手尝试时，容易把船身横住在河中，东颠西撞的狼狈。英国人是不轻易开口笑人的，但是小心他们不出声的皱眉！也不知有多少次河中本来优闲的秩序叫我这莽撞的外行给捣乱了。我真的始终不曾学会；每回我不服输跑去租船再试的时候，有一个白胡子的船家往往带讥讽的对我说："先生，这撑船费劲，天热累人，还是拿个薄皮舟溜溜吧！”我哪里肯听，长篙子一点就把船撑了开去，结果还是把河身一段段的腰斩了去！

你站在桥上去看人家撑，那多不费劲，多美！尤其在礼拜天有几个专家的女郎，穿一身缟素衣服，裙裾在风前悠悠的飘着，戴一顶宽边的薄纱帽，帽影在水草间颤动，你看她们出桥洞时的姿态，捻起一根竟像没有分量的长竿，只轻轻的，不经心的往波心里一点，身子微微的一蹲，这船身便波的转出了桥影，翠条鱼似的向前滑了去。她们那敏捷，那闲暇，那轻盈，真是值得歌咏的。

在初夏阳光渐暖时你去买一只小船，划去桥边荫下躺着念你的书或是做你的梦，槐花香在水面上飘浮，鱼群的唼喋声在你的耳边挑逗。或是在初秋的黄昏，近着新月的寒光，望上流僻静处远去。爱热闹的少年们携着他们的女友，在船沿上支着双双的东洋彩纸灯，带着话匣子，船心里用软垫铺着，也开向无人迹处去享他们的野福——谁不爱听那水底翻的音乐在静定的河上描写梦意与春光！

住惯城市的人不易知道季候的变迁。看见叶子掉知道是秋，看见叶子绿知道是春；天冷了装炉子，天热了拆炉子；脱下棉袍，换上夹袍，脱下夹袍，穿上单袍，不过如此罢了。天上星斗的消息，地下泥土里的消息，空中风吹的消息，都不关我们的事。忙着哪，这样那样事情多着，谁耐烦管星星的移转，花草的消长，风云的变幻？同时我们抱怨我们的生活，苦痛，烦闷，拘束，枯燥，谁肯承认做人是快乐？谁不多少间咒诅人生？

但不满意的生活大都是由于自取的。我是一个生命的信仰者，我信生活决不是我们大多数人仅仅从自身经验推得的那样暗惨。我们的病根是在“忘本”。人是自然的产儿，就比枝头的花与鸟是自然的产儿；但我们不幸是文明人，入世深似一天，离自然远似一天。离开了泥土的花草，离开了水的鱼，能快活吗？能生存吗？从大自然，我们取得我们的生命；从大自然，我们应分取得我们继续的资养。哪一株婆娑的大木没有盘错的根柢深入在无尽藏的地里？我们是永远不能独立的。有幸福是永远不离母亲抚育的孩子，有健康是永远接近自然的人们。不必一定与鹿豕游，不必一定回“洞府”去；为医治我们当前生活的枯窘，只要“不完全遗忘自然”一张轻淡的药方，我们的病象就有缓和的希望。在青草里打几个滚，到海水里洗几次浴，到高处去看几次朝霞与晚照——你肩背上的负担就会轻松了去的。

这是极肤浅的道理，当然。但我要没有过过康桥的日子，我就不会有这样的自信。我这一辈子就只那一春，说也可怜，算是不曾虚度。就只那一春，我的生活是自然的，是真愉快的！（虽则碰巧那也是我最感受人生痛苦的时期。）我那时有的是闲暇，有的是自由，有的是绝对单独的机会。说也奇怪，竟像是第一次，我辨认了星月的光明，草的青，花的香，流水的殷勤。我能忘记那初春的睥睨吗？曾经有多少个清晨我独自冒着冷薄霜铺地的林子里闲步—为听鸟语，为盼朝阳，为寻泥土里渐次苏醒的花草，为体会最微细最神妙的春信。啊，那是新来的画眉在那边凋不尽的青枝上试它的新声！啊，这是第一朵小雪球花挣出了半冻的地面！啊，这不是新来的潮润沾上了寂寞的柳条？

静极了，这朝来水溶溶的大道，只远处牛奶车的铃声，点缀这周遭的沉默。顺着这大道走去，走到尽头，再转入林子里的小径，往烟雾浓密处走去，头顶是交枝的榆荫，透露着漠楞楞的曙色；再往前走去，走尽这林子，当前是平坦的原野，望见了村舍，初青的麦田，更远三两个馒形的小山掩住了一条通道。天边是雾茫茫的，尖尖的黑影是近村的教寺。听，那晓钟和缓的清音。这一带是此邦中部的平原，地形像是海里的轻波，默沉沉的起伏；山岭是望不见的，有的是常青的草原与沃腴的田壤。登那土阜上望去，康桥只是一带茂林，拥戴着几处娉婷的尖阁。妩媚的康河也望不见踪迹，你只能循着那锦带似的林木想像那一流清浅。村舍与树林是这地盘上的棋子，有村舍处有佳荫，有佳荫处有村舍。这早起是看炊烟的时辰：朝雾渐渐的升起，揭开了这灰苍苍的天幕（最好是微霰后的光景），远近的炊烟，成丝的，成缕的，成卷的，轻快的，迟重的，浓灰的，淡青的，惨白的，在静定的朝气里渐渐的上腾，渐渐的不见，仿佛是朝来人们的祈祷，参差的翳入了天听。朝阳是难得见的，这初春的天气。但它来时是起早人莫大的愉快。顷刻间这田野添深了颜色，一层轻纱似的金粉糁上了这草，这树，这通道，这庄舍。顷刻间这周遭弥漫了清晨富丽的温柔。顷刻间你的心怀也分润了白天诞生的光荣。“春！”这胜利的晴空仿佛在你的耳边私语。“春！”你那快活的灵魂也仿佛在那里回响。

伺候着河上的风光，这春来一天有一天的消息。关心石上的苔痕，关心败草里的花鲜，关心这水流的缓急，关心水草的滋长，关心天上的云霞，关心新来的鸟语。怯伶伶的小雪球是探春信的小使。铃兰与香草是欢喜的初声。窈窕的莲馨，玲珑的石水仙，爱热闹的克罗克斯，耐辛苦的蒲公英与雏菊——这时候春光已是烂缦在人间，更不须殷勤问讯。

瑰丽的春放。这是你野游的时期。可爱的路政，这里不比中国，哪一处不是坦荡荡的大道？徒步是一个愉快，但骑自转车是一个更大的愉快。在康桥骑车是普遍的技术；妇人，稚子，老翁，一致享受这双轮舞的快乐。（在康桥听说自转车是不怕人偷的，就为人人都自己有车，没人要偷）。任你选一个方向，任你上一条通道，顺着这带草味的和风，放轮远去，保管你这半天的逍遥是你性灵的补剂。这道上有的是清荫与美草，随地都可以供你休憩。你如爱花，这里多的是锦绣似的草原。你如爱鸟，这里多的是巧啭的鸣禽。你如爱儿童，这乡间到处是可亲的稚子。你如爱人情，这里多的是不嫌远客的乡人，你到处可以“挂单”借宿，有酪浆与嫩薯供你饱餐，有夺目的果鲜恣你尝新。你如爱酒，这乡间每“望”都为你储有上好的新酿，黑啤如太浓，苹果酒，姜酒都是供你解渴润肺的……带一卷书，走十里路，选一块清静地，看天，听鸟，读书，倦了时，和身在草绵绵处寻梦去——你能想像更适情更适性的消遣吗？

陆放翁有一联诗句：“传呼快马迎新月，却上轻舆趁晚凉。”这是做地方官的风流。我在康桥时虽没马骑，没轿子坐，却也有我的风流：我常常在夕阳西晒时骑了车迎着天边扁大的日头直追。日头是追不到的，我没有夸父的荒诞，但晚景的温存却被我这样偷尝了不少。有三两幅画图似的经验至今还是栩栩的留着。只说看夕阳，我们平常只知道登山或是临海，但实际只须辽阔的天际，平地上的晚霞有时也是一样的神奇。有一次我赶到一个地方，手把着一家村庄的篱笆，隔着一大田的麦浪，看西天的变幻。有一次是正冲着一条宽广的大道，过来一大群羊，放草归来的，偌大的太阳在它们后背放射着万缕的金辉，天上却是乌青青的，只剩这不可逼视的威光中的一条大路，一群生物！我心头顿时感着神异性的压迫，我真的跪下了，对着这冉冉渐翳的金光。再有一次是更不可忘的奇景，那是临着一大片望不到头的草原，满开着艳红的罂粟，在青草里亭亭的像是万盏的金灯，阳光从褐色云里斜着过来，幻成一种异样的紫色，透明似的不可逼视，刹那间在我迷眩了的视觉中，这草田变成了……不说也罢，说来你们也是不信的！

一别二年多了，康桥，谁知我这思乡的隐忧？也不想别的，我只要那晚钟撼动的黄昏，没遮拦的田野，独自斜倚在软草里，看第一个大星在天边出现！

⊙作品赏析

康桥（即剑桥）是徐志摩一生中最难忘的地方。1918年他赴美国克拉克大学攻读社会学。1920年他到伦敦，次年入英国剑桥大学，住在康桥。康桥美妙的自然风光，成全了徐志摩的诗人气质，奠定了他以后作为一位诗人的文学道路基础。因此，徐志摩对康桥有着特殊的感情、难忘的眷恋，并将这种情绪发之于诗文，佳作迭出。《我所知道的康桥》即是作者初别康桥后的回忆性散文，文章写于1926年1月。在文章中，作者用诗一般的语言谱写了关于康桥的回忆梦幻曲——富有灵性的康河、堂皇典丽的学院建筑、超凡脱俗的克莱亚三环洞桥、风情万种的康河之春……全文恣肆汪洋，散漫无羁，如同“跑野马”，但形散而神不散，丝毫不显杂乱无章。文章文采华丽，用词丽而不俗，长短句交替运用，时而开门见山，时而回廊九曲，时而腾达，时而沉落，富于强烈的节奏感和韵律感，把遥不可及的康桥活灵活现、神韵毕足地展现在读者面前。这充分显示了作者的诗人气质，驾驭语言的天分才华。

匆匆 / 朱自清

入选理由：朱自清的散文代表作之一；文字优美，极具哲学意味，发人深思

燕子去了，有再来的时候；杨柳枯了，有再青的时候；桃花谢了，有再开的时候。但是，聪明的，你告诉我，我们的日子为什么一去不复返呢？——是有人偷了他们罢：那是谁？又藏在何处呢？是他们自己逃走了罢：现在又到了哪里呢？

我不知道他们给了我多少日子；但我的手确乎是渐渐空虚了。在默默里算着，八千多日子已经从我手中溜去；像针尖上一滴水滴在大海里，我的日子滴在时间的流里，没有声音，也没有影子。我不禁头涔涔而泪潸潸了。

去的尽管去了，来的尽管来着；去来的中间，又怎样地匆匆呢？早上我起来的时候，小屋里射进两三方斜斜的太阳。太阳他有脚啊，轻轻悄悄地挪移了；我也茫茫然跟着旋转。于是——洗手的时候，日子从水盆里过去；吃饭的时候，日子从饭碗里过去；默默时，便从凝然的双眼前过去。我觉察他去的匆匆了，伸出手遮挽时，他又从遮挽着的手边过去，天黑时，我躺在床上，他便伶伶俐俐地从我身上跨过，

·作者简介·

朱自清（1898~1948），字佩弦，江苏扬州人，中国现代作家、学者。原名自华，字佩弦，号秋实，祖籍浙江绍兴，生于江苏扬州。1916年在北京大学哲学系学习。1922年，他同俞平伯、叶圣陶等创办《诗》月刊，这是“五四”以来最早的一个诗刊。1931年到英国留学，并漫游欧洲数国。1932年回国主持清华大学文学系。在我国现代散文作家中，朱自清的散文结构缜密，脉络清晰，婉转曲折的思绪中有种温柔敦厚的气蕴；文字清秀、朴素而又精妙，最具有我国散文的传统美学风范。主要作品有长诗《毁灭》，散文《绿》、《春》、《桨声灯影里的秦淮河》、《荷塘月色》，散文集《欧游杂记》、《伦敦杂记》等。

朱自清像

从我脚边飞去了。等我睁开眼和太阳再见，这算又溜走了一日。我掩着面叹息。但是新来的日子的影儿又开始在叹息里闪过了。

在逃去如飞的日子里，在千门万户的世界里的我能做些什么呢？只有徘徊罢了，只有匆匆罢了；在八千多日的匆匆里，除徘徊外，又剩些什么呢？过去的日子如轻烟，被微风吹散了，如薄雾，被初阳蒸融了；我留着些什么痕迹呢？我何曾留着像游丝样的痕迹呢？我赤裸裸来到这世界，转眼间也将赤裸裸的回去罢？但不能平的，为什么偏要白白走这一遭啊？

聪明的，你告诉我，我们的日子为什么一去不复返呢？

⊙作品赏析

《匆匆》写于1922年3月。其时五四运动已转入低潮，作者思想十分苦闷，他徘徊于人生的十字路口，彷徨惆怅，但又不愿虚度年华。《匆匆》抒写的就是作者的这种心境。

在文中，作者先用“燕子”、“杨柳”、“桃花”等一系列物象作比衬，反复咏叹，表达出一种对时光流逝的无限留恋、伤感。接着作者运用比喻、拟人手法，充分展开想象，借“洗手”、“吃饭”、“默想”、“睡觉”等人们习焉不察的生活情景，将抽象的时间物化为一个个形象的具体画面，营造出一种独特的意境，给读者带来一种强烈的情感冲击。最后作者通过一系列的反问，表达了自己不甘虚度年华的心情，使文章在美的意境层面上，上升到理性哲思的高度，发人深思。

荷塘月色 / 朱自清

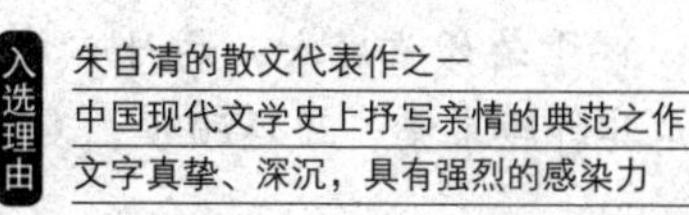

这几天心里颇不宁静。今晚在院子里坐着乘凉，忽然想起日日走过的荷塘，在这满月的夜里，总该另有一番样子吧。月亮渐渐地升高了，墙外马路上孩子们的欢笑，已经听不见了；妻在屋里拍着闰儿，迷迷糊糊地哼着眠歌。我悄悄地披了大衫，带上门出去。

沿着荷塘，是一条曲折的小煤屑路。这是一条幽僻的路；白天也少人走，夜晚更加寂寞。荷塘四面，长着许多树，蓊蓊郁郁的。路的一旁，是些杨柳，和一些不知道名字的树。没有月光的晚上，这路上阴森森的，有些怕人。今晚却很好，虽然月光也还是淡淡的。

路上只我一个人，背着手踱着。这一片天地好像是我的；我也像超出了平常的自己，到了另一世界里。我爱热闹，也爱冷静；爱群居，也爱独处。像今晚上，一个人在这苍茫的月下，什么都可以想，什么都可以不想，便觉是个自由的人。白天里一定要做的事，一定要说的话，现在都可不理。这是独处的妙处，我且受用这无边的荷香月色好了。

曲曲折折的荷塘上面，弥望的是田田的叶子。叶子出水很高，像亭亭的舞女的裙。层层的叶子中间，零星地点缀着些白花，有袅娜地开着的，有羞涩地打着朵儿的；正如一粒粒的明珠，又如碧天里的星星，又如刚出浴的美人。微风过处，送来缕缕清香，仿佛远处高楼上渺茫的歌声似的。这时候叶子与花也有一丝的颤动，像闪电般，霎时传过荷塘的那边去了。叶子本是肩并肩密密地挨着，这便宛然有了一道凝碧的波痕。叶子底下是脉脉的流水，遮住了，不能见一些颜色；而叶子却更见风致了。

月光如流水一般，静静地泻在这一片叶子和花上。薄薄的青雾浮起在荷塘里。叶子和花仿佛在牛乳中洗过一样；又像笼着轻纱的梦。虽然是满月，天上却有一层淡淡的云，所以不能朗照；但我以为这恰是到了好处——酣眠固不可少，小睡也别有风味的。月光是隔了树照过来的，高处丛生的灌木，落下参差的斑驳的黑影，峭楞楞如鬼一般；弯弯的杨柳的稀疏的倩影，却又像是画在荷叶上。塘中的月色并不均匀；但光与影有着和谐的旋律，如梵婀玲上奏着的名曲。

荷塘的四面，远远近近，高高低低都是树，而杨柳最多。这些树将一片荷塘重重围住；只在小路一旁，漏着几段空隙，像是特为月光留下的。树色一例是阴阴的，乍看像一团烟雾；但杨柳的丰姿，便在烟雾里也辨得出。树梢上隐隐约约的是一带远山，只有些大意罢了。树缝里也漏着一两点路灯光，没精打采的，是渴睡人的眼。这时候最热闹的，要数树上的蝉声与水里的蛙声；但热闹是它们的，我什么也没有。

忽然想起采莲的事情来了。采莲是江南的旧俗，似乎很早就有，而六朝时为盛；从诗歌里可以约略知道。采莲的是少年的女子，她们是荡着小船，唱着艳歌去的。采莲人不用说很多，还有看采莲的人。那是一个热闹的季节，也是一个风流的季节。梁元帝《采莲赋》里说得好：

于是妖童媛女，荡舟心许；鹢首徐回，兼传羽杯；棹将移而藻挂，船欲动而萍开。尔其纤腰束素，迁延顾步；夏始春余，叶嫩花初，恐沾裳而浅笑，畏倾船而敛裾。

可见当时嬉游的光景了。这真是有趣的事，可惜我们现在早已无福消受了。于是又记起《西洲曲》里的句子：

采莲南塘秋，莲花过人头；
低头弄莲子，莲子清如水。

今晚若有采莲人，这儿的莲花也算得“过人头”了；只不见一些流水的影子，是不行的。这令我到底惦着江南了。——这样想着，猛一抬头，不觉已是自己的门前；轻轻地推门进去，什么声息也没有，妻已睡熟好久了。

⊙作品赏析

文章以优美的笔调描摹了诗情画意般的荷塘月色，抒发了作者对社会现实的不满，及囿于个人生活小圈子的矛盾复杂的心理所产生出来的偷得片刻宁静的淡淡情趣。

作者从不同的角度，巧用比喻、拟人手法，融入自己的情感，充分运用想象，对荷塘月色进行了细腻入微的刻画。作者从平观到俯视，从细察到鸟瞰，由远及近、从上到下、从里到外，勾勒出了一幅立体、动态、诗意的荷塘月色图。有动有静、有虚有实、有浓有淡、有疏有密，层层递进，步步深化，使读者如临其境，仿佛跟着作者也做了一回心旷神怡的月下夜游。文章语言自然清新，意境含蓄，情景交融，巧用典故，体现了古典文与白话文风格的成功融合，在当时被看作是娴熟使用白话文字的典范，其艺术魅力一直影响至今。

渐 / 丰子恺

入选理由

丰子恺的散文代表作

与朱自清的《匆匆》共同被誉为议谈时间的“散文双璧”

平淡洗炼，入渐知微

使人生圆滑进行的微妙的要素，莫如“渐”；造物主骗人的手段，也莫如“渐”。在不知不觉之中，天真烂漫的孩子“渐渐”变成野心勃勃的青年；慷慨豪侠的青年“渐渐”变成冷酷的成人；血气旺盛的成人“渐渐”变成顽固的老头子。因为其变更是渐进的，一年一年地、一月一月地、一日一日地、一时一时地、一分一分地、一秒一秒地渐进，犹如从斜度极缓的长远的山坡上走下来，使人不察其递降的痕迹，不见其各阶段的境界，而似乎觉得常在同样的地位，恒久不变，又无时不有生的意趣与价值，于是人生就被确实肯定，而圆滑进行了。假使人生的进行不像山坡而像风琴的键板，由 do 忽然移到 re，即如昨夜的孩子今朝忽然变成青年；或者像旋律的“接离进行”地由 do 忽然跳到 mi，即如朝为青年而夕暮忽成老人，人一定要惊讶、感慨、悲伤，或痛感人生的无常，而不乐为人了。故可知人生是由“渐”维持的。这在女人恐怕尤为必要：歌剧中，舞台上的如花的少女，就是将来火炉旁边的老婆子，这句话，骤听使人不能相信，少女也不肯承认，实则现在的老婆子都是由如花的少女“渐渐”变成的。

人之能堪受境遇的变衰，也全靠这“渐”的助力。巨富的纨袴子弟因屡次破产而“渐渐”荡尽其家产，变为贫者；贫者只得做佣工，佣工往往变为奴隶，奴隶容易变为无赖，无赖与乞丐相去甚近，乞丐不妨做偷儿……这样的例，在小说中，在实际上，均多得很。因为其变衰是延长为十年二十年而一步一步地“渐渐”地达到的，在本人不感到什么强烈的刺激。故虽到了饥寒病苦刑笞交迫的地步，仍是熙熙然贪恋着目前的生的欢喜。假如一位千金之子忽然变了乞丐或偷儿，这人一定愤不欲生了。

这真是大自然的神秘的原则，造物主的微妙的工夫！阴阳潜移，春秋代序，以及物类的衰荣生杀，无不暗合于这法则。由萌芽的春“渐渐”变成绿荫的夏，由凋零的秋“渐渐”变成枯寂的冬。我们虽已经历数十寒暑，但在围炉拥衾的冬夜仍是难于想像饮冰挥扇的夏日的心情；反之亦然。然而由冬一天一天地、一时一时地、一分一分地、一秒一秒地移向夏，由夏一天一天地、一时一时地、一分一分地、一秒一秒地移向冬，其间实在没有显著的痕迹可寻。昼夜也是如此：傍晚坐在窗下看书，书页上“渐渐”地黑起来，倘不断地看下去（目力能因了光的渐弱而渐渐加强），几乎永远可以认识书页上的字迹，即不觉昼之已变为夜。黎明凭窗，不瞬目地注视东天，也不辨自夜向昼的推移的痕迹。儿女渐渐长大起来，在朝夕相见的父母全不觉得，难得见面的远亲就相见不相识了。往年除夕，我们曾在红蜡烛底下守候水仙花的开放，真是痴态！倘水仙花果真当面开放给我们看，便是大自然的原则的破坏，宇宙的根本的摇动，世界人类的末日临到了！

“渐”的作用，就是用每步相差极微极缓的方法来隐蔽时间的过去与事物的变迁的痕迹，使人误认其为恒久不变。这真是造物主骗人的一大诡计！这有一件比喻的故事：某农夫每天朝晨抱了犊而跳过一沟，到田里去工作，夕暮又抱了它跳过沟回家。每日如此，未尝间断。过了一年，犊已渐大，渐重，差不多变成大牛，但农夫全不觉得，仍是抱了它跳沟。有一天他因事停止工作，次日再就不能抱了这牛而跳沟了。造物的骗人，使人留连于其每日每时的生的欢喜而不觉其变迁与辛苦，就是用这个方法的。人们每日在抱了日重一日的牛而跳沟，不准停止。自己误以为是不变的，其实每日在增加其苦劳！

·作者简介·

丰子恺（1898～1975），原名丰润，浙江桐乡人，中国现代散文家、画家。早年就读于浙江第一师范学校。后游学日本。1922年归国，先后在上海、浙江等地任教，并开始创作漫画。抗战期间在广西、贵州、重庆等地任教。1949年定居上海。新中国后任上海中国画院院长、上海市美协主席、市文联主席等职。主要作品有《缘缘堂随笔》、《缘缘堂再笔》，另有艺术论著、画集多种。

丰子恺像

我觉得时辰钟是人生的最好的象征了。时辰钟的针，平常一看总觉得是“不动”的；其实人造物中最常动的无过于时辰钟的针了。日常生活中的人生也如此，刻刻觉得我是我，似乎这“我”永远不变，实则与时辰钟的针一样的无常！一息尚存，总觉得我仍是我，我没有变，还是留连着我的生，可怜受尽“渐”的欺骗！

“渐”的本质是“时间”。时间我觉得比空间更为不可思议，犹之时间艺术的音乐比空间艺术的绘画更为神秘。因为空间姑且不追究它如何广大或无限，我们总可以把握其一端，认定其一点。时间则全然无从把握，不可挽留，只有过去与未来在渺茫之中不绝地相追逐而已。性质上既已渺茫不可思议，分量上在人生也似乎太多。因为一般人对于时间的悟性，似乎只够支配搭船乘车的短时间；对于百年的长期间的寿命，他们不能胜任，往往迷于局部而不能顾及全体。试看乘火车的旅客中，常有明达的人，有的宁牺牲暂时的安乐而让其座位于老弱者，以求心的太平（或博暂时的美誉）；有的见众人争先下车，而退在后面，或高呼“勿要轧，总有得下去的！”“大家都要下去的！”然而在乘“社会”或“世界”的大火车的“人生”的长期的旅客中，就少有这样的明达之人。所以我觉得百年的寿命，定得太长。像现在的世界上的人，倘定他们搭船乘车的期间的寿命，也许在人类社会上可减少许多凶险残惨的争斗，而与火车中一样的谦让，和平，也未可知。

然人类中也有几个能胜任百年的或千古的寿命的人。那是“大人格”，“大人生”。他们能不为“渐”所迷，不为造物所欺，而收缩无限的时间并空间于方寸的心中。故佛家能纳须弥于芥子。中国古诗人（白居易）说：“蜗牛角上争何事？石火光中寄此身。”英国诗人（Blake）也说：“一粒沙里见世界，一朵花里见天国；手掌里盛住无限，一刹那便是永劫。”

⊙作品赏析

《渐》是丰子恺的散文集《缘缘堂随笔》的开卷首篇，在丰子恺所有的散文选本中都是必录的首选。就是在这一篇里，丰子恺为自己平生所作的文章定下了基调，入渐知微，这就是丰子恺全部文字的格调和品貌。

在《渐》中，作者选取生活中人们常见的生活例子，将“渐”这个抽象的概念变得具体化、生活化，认为“渐”的作用，“就是用每步相差极微极缓的方法来隐蔽时间的过去与事物的变迁的痕迹，使人误认其为恒久不变”，“‘渐’的本质是时间……时间则全然无从把握，不可挽留，只有过去与未来在渺茫之中不绝地相追逐而已”。这样就把陌生的事理通俗化了，难释的问题变为切实的生活感受。同是写“时间”，朱自清的《匆匆》一文委婉清丽，而丰子恺的《渐》则平淡洗练，两者可谓有异曲同工之妙。

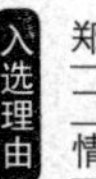

郑振铎的散文代表作

一篇抒写海外游子思念故国之情的散文佳作

情挚意深，笔法细腻，意境优美

海燕 / 郑振铎

乌黑的一身羽毛，光滑漂亮，积伶积俐，加上一双剪刀似的尾巴，一对劲俊轻快的翅膀，凑成了那样可爱的活泼的一只小燕子。当春间二三月，轻飔微微的吹拂着，如毛的细雨无因的由天上洒落着，千条万条的柔柳，齐舒了它们的黄绿的眼，红的白的黄的花，绿的草，绿的树叶，皆如赶赴市集者似的奔聚而来，形成了烂熳无比的春天时，那些小燕子，那么伶俐可爱的小燕子，便也由南方飞来。加入了这个隽妙无比的春景的图画中，为春光平添了许多的生趣。小燕子带了它的双剪似的尾，在微风细雨中，或在阳光满地时，斜飞于旷亮无比的天空之上，唧的一声，已由这里稻田上，飞到了那边的高柳之下了。再几只却隽逸的在粼粼如縠纹的湖面横掠着，小燕子的剪尾或翼尖，偶沾了水面一下，那小圆晕便一圈一圈的荡漾了开去。那边还有飞倦了的几对，闲散的憩息于纤细的电线上，——嫩蓝的春天，几支木杆，几痕细线连于杆与杆之间，线上是停着几个粗而有致的小黑点，那便是燕子，是多么有趣的一幅图画呀！还有一家家的快乐家庭，他们还特为我们的小燕子备了一个两个小巢，放在厅梁的最高处，假如这家有了一个匾额，那匾后便是小燕子最好的安巢之所。第一年，小燕子来住了，第二年，我们的小燕子，就是去年的一对，它们还要来住。

“燕子归来寻旧垒。”

还是去年的主，还是去年的宾，他们宾主间是如何的融融泄泄呀！偶然的有几家，小燕子却不来光顾，那便很使主人忧戚，他们邀召不到那么隽逸的嘉宾，每以为自己运命的蹇劣呢。

这便是我们故乡的小燕子，可爱的活泼的小燕子，曾使几多的孩子们欢呼着，注意着，沉醉着；曾使几多的农人们市民们忧戚着，或舒怀的指点着，且曾平添了几多的春色，几多的生趣于我们的春天的小燕子！

如今，离家是几千里！离国是几千里！托身于浮宅之上，奔驰于万顷海涛之间，不料却见着我们的小燕子。

这小燕子，便是我们故乡的那一对，两对么？便是我们今春在故乡所见的那一对，两对么？

见了它们，游子们能不引起了，至少是轻烟似的，一缕两缕的乡愁么？

·作者简介·

郑振铎（1898～1958），原籍福建长乐，生于浙江永嘉，中国现代作家、文学评论家、考古学家。1917年入北京铁路管理学校学习。五四运动时期参与创办文学研究会。曾任上海商务印书馆编辑、《公理日报》主编及燕京大学、清华大学、暨南大学教授。新中国成立后历任文物局局长、考古研究所所长、文化部副部长等职。1958年10月因飞机失事遇难。主要著作有短篇小说集《家庭的故事》、《桂公塘》，专著《文学大纲》等。

郑振铎像

海水是皎洁无比的蔚蓝色，海波是平稳得如春晨的西湖一样，偶有微风，只吹起了绝细绝细的千万个粼粼的小皱纹，这更使照晒于初夏之太阳光之下的、金光烂灿的水面显得温秀可喜。我没有见过那么美的海！天上也是皎洁无比的蔚蓝色，只有几片薄纱似的轻云，平贴于空中，就如一个女郎，穿了绝美的蓝色夏衣，而颈间却围绕了一段绝细绝轻的白纱巾。我没有见过那么美的天空！我们倚在青色的船栏上，默默的望着这绝美的海天；我们一点杂念也没有，我们是被沉醉了，我们是被带入晶天中了。

就在这时，我们的小燕子，二只，三只，四只，在海上出现了。它们仍是隽逸的从容的在海面上斜掠着，如在小湖面上一样；海水被它的似剪的尾与翼尖一打，也仍是连漾了好几圈圆晕。小小的燕子，浩莽的大海，飞着飞着，不会觉得倦么？不会遇着暴风疾雨么？我们真替它们担心呢！

小燕子却从容的憩着了。它们展开了双翼，身子一落，落在海面上了，双翼如浮圈似的支持着体重，活是一只乌黑的小水禽，在随波上下的浮着，又安闲，又舒适。海是它们那么安好的家，我们真是想不到。

在故乡，我们还会想像得到我们的小燕子是这样的一个海上英雄么？

海水仍是平贴无波，许多绝小绝小的海鱼，为我们的船所惊动，群向远处窜去；随了它们飞窜着，水面起了一条条的长痕，正如我们当孩子时之用瓦片打水镖在水面所划起的长痕。这小鱼是我们小燕子的粮食么？

小燕子在海面上斜掠着，浮憩着。它们果是我们故乡的小燕子么？

啊，乡愁呀，如轻烟似的乡愁呀！

⊙作品赏析

20世纪20年代末，郑振铎一度旅居巴黎。远居国外的郑振铎深深地思念着自己的祖国，挥笔写下了《海燕》一文，抒发了自己对故国故土的眷念之情。

文章开篇以细腻的笔调，描绘了一幅“燕子嬉春图”，一下子将读者带入一个如诗如画的意境中，说明了故乡的可爱。接着作者转移视线，将镜头对准自己所处的环境，描述了国外海面上燕子翩翩翻飞的情景。在作者的眼中，异国的燕子仿佛就是从故乡飞来的，它带来了故乡的讯息，引发了作者幽幽的乡愁。文章贯穿着一明一暗两条线索，明写海燕，实抒乡愁，表露了作者爱恋祖国、爱恋故乡的深厚感情。文章情挚意深，节奏舒缓，笔法细腻，意境优美，读来令人心思神驰，回味绵长。

老舍的散文代表作之一

一幅诗意盎然、清新淡雅的济南冬天的水墨画

入选语文教材

济南的冬天 / 老舍

对于一个在北平住惯的人，像我，冬天要是不刮风，便觉得是奇迹；济南的冬天是没有风声的。对于一个刚由伦敦回来的人，像我，冬天要能看得见日光，便觉得是怪事；济南的冬天是响晴的。自然，在热带的地方，日光是永远那么毒，响亮的天气，反有点叫人害怕。可是，在北中国的冬天，而能有温晴的天气，济南真得算个宝地。

设若单单是有阳光，那也算不了出奇。请闭上眼睛想：一个老城，有山有水，全在天底下晒着阳光，暖和安适地睡着，只等春风来把它们唤醒，这是不是个理想的境界？

小山整把济南围了个圈儿，只有北边缺着点口儿。这一圈小山在冬天特别可爱，好像是把济南放在一个小摇篮里，它们安静不动地低声地说："你们放心吧，这儿准保暖和。"真的，济南的人们在冬天是面上含笑的。他们一看那些小山，心中便觉得有了着落，有了依靠。他们由天上看到山上，便不知不觉地想起："明天也许就是春天了吧？这样的温暖，今天夜里山草也许就绿起来了吧？"就是这点幻想不能一时实现，他们也并不着急，因为有这样慈善的冬天，干啥还希望别的呢！

最妙的是下点小雪呀。看吧，山上的矮松越发的青黑，树尖上顶着一髻儿白花，好像日本看护妇。山尖全白了，给蓝天镶上一道银边。山坡上，有的地方雪厚点，有的地方草色还露着；这样，一道儿白，一道儿暗黄，给山们穿上一件带水纹的花衣；看着看着，这件花衣好像被风儿吹动，叫你希望看见一点更美的山的肌肤。等到快日落的时候，微黄的阳光斜射在山腰上，那点薄雪好像忽然害了羞，微微露出点粉色。就是下小雪吧，济南是受不住大雪的，那些小山太秀气！

古老的济南，城里那么狭窄，城外又那么宽敞，山坡上卧着些小村庄，小村庄的房顶上卧着点雪，对，这是张小水墨画，或者是唐代的名手画的吧。

那水呢，不但不结冰，倒反在绿萍上冒着点热气，水藻真绿，把终年贮蓄的绿色全拿出来了。天儿越晴，水藻越绿，就凭这些绿的精神，水也不忍得冻上；况且那些长枝的垂柳还要在水里照个影儿呢！看吧，由澄清的河水慢慢往上看吧，空中，半空中，天上，自上而下全是那么清亮，那么蓝汪汪的，整个的是块空灵的蓝水晶。这块水晶里，包着红屋顶，黄草山，像地毯上的小团花的小灰色树影；这就是冬天的济南。

·作者简介·

老舍（1899～1966），原名舒庆春，字舍予，满族人，生于北京，中国现代作家。1918年毕业于北京师范学校。曾任小学校长、中学教员、英国伦敦大学东方学院讲师、山东齐鲁大学和山东大学教授。1946年赴美讲学。1949年回国后历任北京市文联主席、中国作协和中国文联副主席。主要作品有小说《骆驼祥子》、《四世同堂》，话剧《茶馆》，散文《济南的冬天》等。

老舍像

⊙作品赏析

老舍于1929年离英回国，1930年后先后在济南齐鲁大学和青岛山东大学任教达7年之久，对山东有着深厚的感情。《济南的冬天》是作者于1931年春在济南齐鲁大学任教时写成的。作者独辟蹊径，选取济南的天气、山、雪、水为描写对象，既有整体的勾勒渲染，又有局部的工笔细描，情景交融，把无风、响晴、温暖的济南的冬天十分传神地展示给了读者。作者运用大量的比喻和拟人手法，用词贴切形象，字字珠玑，赋予济南的山水以人性化，极其形象生动地刻画出了济南山水的情态、意蕴。文章虽不足千字，但却十分精致秀气，读后令人赏心悦目、回味悠长。

寄小读者 / 冰心

入选理由

冰心的散文代表作之一

笔调轻盈灵活，文字清新隽丽，感情细腻清澄

兼具白话文的通俗晓畅和文言文的凝练含蓄

亲爱的小朋友：

八月十七日的下午，约克逊号邮船无数的窗眼里，飞出五色飘扬的纸带，远远的抛到岸上，任凭送别的人牵住的时候，我的心是如何的飞扬而凄恻！

痴绝的无数的送别者，在最远的江岸，仅仅牵着这终于断绝的纸条儿，放这庞然大物，载着最重的离愁，飘然西去！

船上生活，是如何的清新而活泼。除了三餐外，只是随意游戏散步。海上的头三日，我竟完全回到小孩子的境地中去了，套圈子，抛沙袋，乐此不疲，过后又绝然不玩了。后来自己回想很奇怪，无他，海唤起了我童年的回忆，海波声中，童心和游伴都跳跃到我脑中来。我十分的恨这次舟中没有几个小孩子，使我童心来复的三天中，有无猜畅好的游戏！

我自少住在海滨，却没有看见过海平如镜。这次出了吴淞口，一天的航程，一望无际尽是粼粼的微波。凉风习习，舟如在冰上行……海水竟似湖光。蓝极绿极，凝成一片。斜阳的金光，长蛇般自天边直接到阑旁人立处。上自穹苍，下至船前的水，自浅红至于深翠，幻成几十色，一层层，一片片的漾开了来……小朋友，恨我不能画，文字竟是世界上最无用的东西，写不出这空灵的妙景！

八月十八日夜，正是双星渡河之夕。晚餐后独倚阑旁，凉风吹衣。银河一片星光，照到深黑的海上。远远听得楼阑下人声笑语，忽然感到家乡渐远。繁星闪烁着，海波吟啸着，凝立悄然，只有惆怅。

十九日黄昏，已近神户，两岸青山，不时的有渔舟往来。日本的小山多半是圆扁的，大家说笑，便道是“馒头山”。这馒头山沿途点缀，直到夜里，远望灯光灿然，已抵神户。船徐徐停住，便有许多人上岸去。我因太晚，只自己又到最高层上，初次看见这般璀璨的世界，天上微月的光，和星光，岸上的灯光，无声相映。不时的还有一串光明从山上横飞过，想是火车周行……舟中寂然，今夜没有海潮音，静极心绪忽起：“倘若此时母亲也在这里……”我极清晰的忆起北京来。小朋友，恕我，不能往下再写了。

一九二三年八月二十日，神户

朝阳下转过一碧无际的草坡，穿过深林，已觉得湖上风来，湖波不是昨夜欲睡如醉的样子了——悄然的坐在湖岸上，伸开纸，拿起笔，抬起头来，四围红叶中，四面水声里，我要开始写信给我久违的小朋友。小朋友猜我的心情是怎样的呢？

水面闪烁着点点的银光，对岸意大利花园里亭亭层列的松树，都证明我已在万里外。小朋友，到此已逾一月了，便是在日本也未曾寄过一字，说是对不起呢，我又不愿！

我平时写作，喜在人静的时候。船上却处处是公共的地方，舱面阑边，人人可以来到。海景极好，心胸却难得清平。我只能在晨间绝早，船面无人时，随意写几个字，堆积至今，

总不能整理，也不愿草草整理，便迟延到了今日。我是尊重小朋友的，想小朋友也能尊重原谅我！

许多话不知从哪里说起，而一声声打击湖岸的微波，一层层的没上杂立的潮石，直到我蔽膝的毡边来，似乎要求我将她介绍给我的小朋友。小朋友，我真不知如何的形容介绍她！她现在横在我的眼前。湖上的月明和落日，湖上的浓阴和微雨，我都见过了，真是仪态万千。小朋友，我的亲爱的人都不在这里，便只有她——海的女儿，能慰安我了。Lake Waban，谐音会意，我便唤她做"慰冰"。每日黄昏的游泛，舟轻如羽，水柔如不胜桨。岸上四围的树叶，绿的，红的，黄的，白的，一丛一丛的倒影到水中来，覆盖了半湖秋水。夕阳下极其艳冶，极其柔媚。将落的金光，到了树梢，散在湖面。我在湖上光雾中，低低的嘱咐它，带我的爱和慰安，一同和它到远东去。

·作者简介·

冰心（1900～1999），现当代女作家，儿童文学作家。原名谢婉莹，笔名冰心、男士等。原籍福建长乐，生于福州，幼年时代就广泛接触了中国古典小说和译作。1918年入协和女子大学预科，积极参加五四运动。1921年加入文学研究会。1923年毕业于燕京大学文科。同年赴美国威尔斯利女子大学学习英国文学。1926年，获文学硕士学位后回国，执教于燕京大学和清华大学等校。抗日战争期间在昆明、重庆等地从事创作和文化救亡活动。1946年赴日本，曾任东京大学教授。1951年回国，先后任《人民文学》编委、中国作家协会理事、中国文联副主席等职。

冰心像

小朋友！海上半月，湖上也过半月了，若问我爱哪一个更甚，这却难说——海好像我的母亲，湖是我的朋友。我和海亲近在童年，和湖亲近是现在。海是深阔无际，不着一字，她的爱是神秘而伟大的，我对她的爱是归心低首的。湖是红叶绿枝，有许多衬托，她的爱是温和妩媚的，我对她的爱是清淡相照的。这也许太抽象，然而我没有别的话来形容了！

小朋友，两月之别，你们自己写了多少，母亲怀中的乐趣，可以说来让我听听么——这便算是沿途书信的小序。此后仍将那写好的信，按序寄上，日月和地方，都因其旧，"弱游"的我，如何自太平洋东岸的上海绕到大西洋东岸的波士顿来，这些信中说得很清楚，请在那里看罢！

不知这几百个字，何时方达到你们那里，世界真是太大了！

一九二三年十月十四日，慰冰湖畔，威尔斯利

⊙作品赏析

1923年8月，冰心从燕京大学毕业后，赴美留学，专事文学研究。期间她将在旅途和异国的见闻感受，用通讯的形式写成系列散文《寄小读者》（共29篇），在《晨报·儿童世界》专栏发表。本篇选自《寄小读者》中的《通讯七》。

文章写的是作者从上海到美国威尔斯利的旅途见闻。作者通过对太平洋的空灵美景和慰冰湖的柔媚夕照的描摹，抒发了自己远离祖国，眷念故乡和母亲的情怀。文章构思精巧，动静结合，浑然一体。对话式的语气，增加了文章的亲切感，给人以柔情似水的温馨感。冰心的散文笔调轻盈灵活，文字清新隽丽，感情细腻清澄，兼具白话文通俗晓畅的特点和文言文凝练含蓄的长处。《寄小读者》即是明显一例。

小橘灯 / 冰心

塑造了一位在艰难的生活逆境中渴望光明的善良坚强的少女形象
入选语文教材

这是十几年以前的事了。

在一个春节前一天的下午，我到重庆郊外去看一位朋友。她住在那个乡村的乡公所楼上。走上一段阴暗的仄仄的楼梯，进到一间有一张方桌和几张竹凳、墙上装着一架电话的屋子，再进去就是我的朋友的房间，和外间只隔一幅布帘。她不在家，窗前桌上留着一张条子，说是她临时有事出去，叫我等着她。

我在她桌前坐下，随手拿起一张报纸来看，忽然听见外屋板门吱地一声开了。过了一会，又听见有人在挪动那竹凳子。我掀开帘子，看见一个小姑娘，只有八九岁光景，瘦瘦的苍白的脸，冻得发紫的嘴唇，头发很短，穿一身很破旧的衣裤，光脚穿一双草鞋，正在登上竹凳想去摘墙上的听话器，看见我似乎吃了一惊，把手缩了回来。我问她："你要打电话吗？"她一面爬下竹凳，一面点头说："我要 ×× 医院，找胡大夫，我妈妈刚才吐了许多血！"我问："你知道 ×× 医院的电话号码吗？"她摇了摇头说："我正想问电话局……"我赶紧从机旁的电话本子里找到医院的号码，就又问她："找到了大夫，我请他到谁家去呢？"她说："你只要说王春林家里病了，他就会来的。"

我把电话打通了，她感激地谢了我，回头就走。我拉住她问："你的家远吗？"她指着窗外说："就在山窝那棵大黄果树下面，一下子就走到的。"说着就登、登、登地下楼去了。

我又回到里屋去，把报纸前前后后都看完了，又拿起一本《唐诗三百首》来，看了一半，天色越发阴沉了，我的朋友还不回来。我无聊地站了起来，望着窗外浓雾里迷茫的山景，看到那棵黄果树下面的小屋，忽然想去探望那个小姑娘和她生病的妈妈。我下楼在门口买了几个大红橘子，塞在手提袋里，顺着歪斜不平的石板路，走到那小屋的门口。

我轻轻地叩着板门，刚才那个小姑娘出来开了门，抬头看了我，先愣了一下，后来就微笑了，招手叫我进去。这屋子很小很黑，靠墙的板铺上，她的妈妈闭着眼平躺着，大约是睡着了，被头上有斑斑的血痕，她的脸向里侧着，只看见她脸上的乱发，和脑后的一个大髻。门边一个小炭炉，上面放着一个小沙锅，微微地冒着热气。这小姑娘把炉前的小凳子让我坐了，她自己就蹲在我旁边，不住地打量我。我轻轻地问："大夫来过了吗？"她说："来过了，给妈妈打了一针……她现在很好。"她又像安慰我似地说："你放心，大夫明早还要来的。"我问："她吃过东西吗？这锅里是什么？"她笑说："红薯稀饭——我们的年夜饭。"我想起了我带来的橘子，就拿出来放在床边的小矮桌上。她没有作声，只伸手拿过一个最大的橘子来，用小刀削去上面的一段皮，又用两只手把底下的一大半轻轻地揉捏着。

我低声问："你家还有什么人？"她说："现在没有什么人，我爸爸到外面去了……"她没有说下去，只慢慢地从橘皮里掏出一瓤一瓤的橘瓣来，放在她妈妈的枕头边。

炉火的微光，渐渐地暗了下去，外面更黑了。我站起来要走，她拉住我，一面极其敏捷地拿过穿着麻线的大针，把那小橘碗四周相对地穿起来，像一个小筐似的，用一根小竹棍挑着，又从窗台上拿了一段短短的洋蜡头，放在里面点起来，递给我说："天黑了，路滑，这盏小橘灯照你上山吧！"

我赞赏地接过，谢了她，她送我出到门外，我不知道说什么好，她又像安慰我似地说："不久，我爸爸一定会回来的。那时我妈妈就会好了。"她用小手在面前画一个圆圈，最后按到我手上："我们大家也都好了！"显然地，这"大家"也包括我在内。

我提着这灵巧的小橘灯慢慢地在黑暗潮湿的山路上走着。这朦胧的橘红的光，实在照不了多远，但这小姑娘的镇定、勇敢、乐观的精神鼓舞了我，我似乎觉得眼前有无限光明！

我的朋友已经回来了，看见我提着小橘灯，便问我从哪里来。我说："从……从王春林家来。"她惊异地说："王春林，那个木匠，你怎么认得他？去年山下医学院里，有几个学生，被当做共产党抓走了，以后王春林也失踪了，据说他常替那些学生送信……"

当夜，我就离开那山村，再也没有听见那小姑娘和她母亲的消息。

但是从那时起，每逢春节，我就想起那盏小橘灯。十二年过去了，那小姑娘的爸爸一定早回来了。她妈妈也一定好了吧？因为我们"大家"都"好"了！

⊙作品赏析

这是一篇优美的回忆性叙事散文，文章形象地刻画了一位在艰难的生活逆境中渴望光明的善良坚强的农家少女的形象。作者从小处着手，选取了小姑娘打电话、照看妈妈、与"我"攀谈、做小橘灯送"我"这几件平凡的事情，由表及里，由浅入深，层层推进，将一个早熟、坚强、勇敢、乐观、善良、富于内在美的乡村贫苦少女的形象描绘得有血有肉、惟妙惟肖。作者在叙事之后所写的一段抒情文字，是全篇的点睛之笔，它深化了主题，揭示了小橘灯的象征意义——象征着蕴藏在人民心中的希望和火种，象征着光明和胜利之灯。

桨声灯影里的秦淮河 / 俞平伯

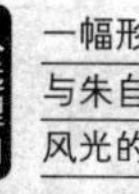

一幅形象地描绘六朝金粉之地秦淮河的水墨画
与朱自清的同名散文一起被誉为描摹秦淮河风光的"散文双璧"

我们消受得秦淮河上的灯影，当圆月犹皎的仲夏之夜。

在茶店里吃了一盘豆腐干丝，两个烧饼之后，以歪歪的脚步踅上夫子庙前停泊着的画舫，就懒洋洋躺到藤椅上去了。好郁蒸的江南，傍晚也还是热的。"快开船罢！"桨声响了。

小的灯舫初次在河中荡漾；于我，情景是颇朦胧，滋味是怪羞涩的。我要错认它作七里的山塘；可是，河房里明窗洞启，映着玲珑入画的曲栏杆，顿然省得身在何处了。佩弦呢，他已是重来，很应当消释一些迷惘的。但看他太频繁地摇着我的黑纸扇。胖子是这个样怯热的吗？

又早是夕阳西下，河上妆成一抹胭脂的薄媚。是被青溪的姊妹们所熏染的吗？还是匀得她们脸上的残脂呢？寂寂的河水，随双桨打它，终是没言语。密匝匝的绮恨逐老去的年华，已都如蜜饧似的融在流波的心窝里，连呜咽也将嫌它多事，更哪里论到哀嘶。心头，宛转的凄怀；口内，徘徊的低唱；留在夜夜的秦淮河上。

在利涉桥边买了一匣烟，荡过东关头，渐荡出大中桥了。船儿悄悄地穿出连环着的三个壮阔的涵洞，青溪夏夜的韶华已如巨幅的画豁然而抖落。哦！凄厉而繁的弦索，颤岔而涩的歌喉，杂着吓哈的笑语声，劈拍的竹牌响，更能把诸楼船上的华灯彩绘，显出火样的鲜明，火样的温煦了。小船儿载着我们，在大船缝里挤着，挨着，抹着走。它忘了自己也是今宵河上的一星灯火。

既踏进所谓“六朝金粉气”的销金锅，谁不笑笑呢！今天的一晚，且默了滔滔的言说，且舒了恻恻的情怀，暂且学着，姑且学着我们平时认为在醉里梦里的他们的憨痴笑语。看！初上的灯儿们一点点掠剪柔腻的波心，梭织地往来，把河水都皴得微明了。纸薄的心旌，我的，尽无休息地跟着它们飘荡，以至于怦怦而内热。这还好说什么的！如此说，诱惑是诚然有的，且于我已留下不易磨灭的印记。至于对榻的那一位先生，自认曾经一度摆脱了纠缠的他，其辩解又在何处？这实在非我所知。

我们，醉不以涩味的酒，以微漾着，轻晕着的夜的风华。不是什么欣悦，不是什么慰藉，只感到一种怪陌生，怪异样的朦胧。朦胧之中似乎胎孕着一个如花的笑——这么淡，那么淡的倩笑。淡到已不可说，已不可拟，且已不可想；但我们终久是眩晕在它离合的神光之下的。我们没法使人信它是有，我们不信它是没有。勉强哲学地说，这或近于佛家的所谓“空”，既不当鲁莽说它是“无”，也不能径直说它是“有”。或者说“有”是有的，只因无可比拟形容那“有”的光景；故从表面看，与“没有”似不生分别。若定要我再说得具体些：譬如东风初劲时，直上高翔的纸鸢，牵线的那人儿自然远得很了，知她是哪一家呢？但凭那鸢尾一缕飘绵的彩线，便容易揣知下面的人寰中，必有微红的一双素手，卷起轻绡的广袖，牢担荷小纸鸢儿的命根的。飘翔岂不是东风的力，又岂不是纸鸢的含德；但其根株却将另有所寄。请问，这和纸鸢的省悟与否有何关系？故我们不能认笑是非有，也不能认朦胧即是笑。我们定应当如此说，朦胧里胎孕着一个如花的幻笑，和朦胧又互相混融着的；因它本来是淡极了，淡极了这么一个。

漫提那些纷烦的话，船儿已将泊在灯火的丛中去了。对岸有盏跳动的汽油灯，佩弦便硬说它远不如微黄的火。我简直没法和他分证那是非。

时有小小的艇子急忙忙打桨，向灯影的密流里横冲直撞。冷静孤独的油灯映见黯淡久的画船头上，秦淮河姑娘们的靓妆。茉莉的香，白兰花的香，脂粉的香，纱衣裳的香……微波泛滥出甜的暗香，随着她们那些船儿荡，随着我们这船儿荡，随着大大小小一切的船儿荡。有的互相笑语，有的默然不响，有的衬着胡琴亮着嗓子唱。

·作者简介·

俞平伯(1900～1990),浙江德清人，中国现代诗人、散文家、著名红学家。1919年毕业于北京大学，次年到杭州第一师范学院执教。“五四”时期先后加入新潮社、文学研究会、语丝社等新文学团体。1922年与朱自清等人创办《诗》月刊。曾先后任教于上海大学、燕京大学、北京大学。新中国成立后任北大教授。1952年任中国社会科学院文学研究所研究员。主要著作有诗集《冬夜》，散文集《燕知草》、《杂拌儿》，文学论集《红楼梦研究》等。

俞平伯像

一个，三两个，五六七个，比肩坐在船头的两旁，也无非多添些淡薄的影儿葬在我们的心上——太过火了，不至于罢，早消失在我们的眼皮上。谁都是这样急忙忙的打着桨，谁都是这样向灯影的密流里冲着撞；又何况久沉沦的她们，又何况漂泊惯的我们俩。当时浅浅的醉，今朝空空的惆怅；老实说，咱们萍泛的绮思不过如此而已，至多也不过如此而已。你且别讲，你且别想！这无非是梦中的电光，这无非是无明的幻相，这无非是以零星的火种微炎在大欲的根苗上。扮戏的咱们，散了场一个样，然而，上场锣，下场锣，天天忙，人人忙。看！吓！载送女郎的艇子才过去，货郎担的小船不是又来了？一盏小煤油灯，一舱的什物，他也忙得来像手里的摇铃，这样丁冬而郎当。

杨枝绿影下有条华灯璀璨的彩舫在那边停泊。我们那船不禁也依傍短柳的腰肢，欹侧地歇了。游客们的大船，歌女们的艇子，靠着。唱的拉着嗓子；听的歪着头；斜着眼，有的甚至于跳过她们的船头。如那时有严重些的声音，必然说："这哪里是什么旖旎风光！"咱们真是不知道，只模糊地觉着在秦淮河船上板起方正的脸是怪不好意思的。咱们本是在旅馆里，为什么不早早入睡，掂着牙儿，领略那"卧后清宵细细长"；而偏这样急急忙忙跑到河上来无聊浪荡？

还说那时的话，从杨柳枝的乱鬓里所得的境界，照规矩，外带三分风华的。况且今宵此地，动荡着有灯火的明姿。况且今宵此地，又是圆月欲缺未缺，欲上未上的黄昏时候。叮当的小锣，伊轧的胡琴，沉填的大鼓……弦吹声腾沸遍了三里的秦淮河。喳喳嚷嚷的一片，分不出谁是谁，分不出哪儿是哪儿，只有整个的繁喧来把我们包填。仿佛都抢着说笑，这儿夜夜尽是如此的，不过初上城的乡下佬是第一次呢。真是乡下人，真是第一次。

穿花蝴蝶样的小艇子多到不和我们相干。货郎担式的船，曾以一瓶汽水之故而拢近来，这是真的。至于她们呢，即使偶然灯影相偎而切掠过去，也无非瞧见我们微红的脸罢了，不见得有什么别的。可是，夸口早哩！——来了，竟向我们来了！不但是近，且拢着了。船头傍着，船尾也傍着；这不但是拢着，且并着了。厮并着倒还不很要紧，且有人扑冬地跨上我们的船头了。这岂不大吃一惊！幸而来的不是姑娘们，还好。（她们正冷冰冰地在那船头上。）来人年纪并不大，神气倒怪狡猾，把一扣破烂的手折，摊在我们眼前，让细瞧那些戏目，好好儿点个唱。他说："先生，这是小意思。"诸君，读者，怎么办？

好，自命为超然派的来看榜样！两船挨着，灯光愈皎，见佩弦的脸又红起来了。那时的我是否也这样？这当转问他。（我希望我的镜子不要过于给我下不去。）老是红着脸终久不能打发人家走路的，所以想个法子在当时是很必要。说来也好笑，我的老调是一味的默，或干脆说个"不"，或者摇摇头，摆摆手表示"决不"。如今都已使尽了。佩弦便进了一步，他嫌我的方术太冷漠了，又未必中用，摆脱纠缠的正当道路惟有辩解。好吗！听他说："你不知道？这事我们是不能做的。"这是诸辩解中最简洁，最漂亮的一个。可惜他所说的"不知道"来人倒真有些"不知道"！辜负了这二十分聪明的反语。他想得有理由，你们为什么不能做这事呢？因这"为什么"，佩弦又有进一层的曲解。那知道更坏事，竟只博得那些船上人的一哂而去。他们平常虽不以聪明名家，但今晚却又怪聪明，如洞彻我们的肺肝一样的。这故事即我情愿讲给诸君听，怕有人未必愿意哩。"算了罢，就是这样算了罢"，恕我不再写下了，以外的让他自己说。

叙述只是如此，其实那时连翩而来的，我记得至少也有三五次。我们把它们一个一个的打发走路。但走的是走了，来的还正来。我们可以使它们走，我们不能禁止它们来。我们虽不轻被摇撼，但已有一点杌陧了。况且小艇上总载去一半的失望和一半的轻蔑，在桨声里仿佛狠狠地说："都是呆子，都是吝啬鬼！"还有我们的船家（姑娘们卖个唱，他可以赚几个子的佣金）。眼看她们一个一个的去远了，呆呆的蹲踞着，怪无聊赖似的。碰着了这种外缘，无怒亦无哀，惟有一种情意的紧张，使我们从颓弛中体会出挣扎来。这味道倒许很真切的，只恐怕不易为倦鸦似的人们所喜。

曾游过秦淮河的到底乖些。佩弦告船家："我们多给你酒钱，把船摇开，别让他们来啰嗦。"自此以后，桨声复响，还我以平静了，我们俩又渐渐无拘无束舒服起来，又滔滔不断地来谈谈方才的经过。今儿是算怎么一回事？我们齐声说，欲的胎动无可疑的。正如水见波痕轻婉已极，与未波时究不相类。微醉的我们，洪醉的他们，深浅虽不同，却同为一醉。接着来了第二问，既自认有欲的微炎，为什么艇子来时又羞涩地躲了呢？在这儿，答语参差着。佩弦说他的是一种暗昧的道德意味，我说是一种似较深沉的眷爱。我只背诵岂君的几句诗给佩弦听，望他曲喻我的心胸。可恨他今天似乎有些发钝，反而追着问我。

前面已是复成桥。青溪之东，暗碧的树梢上面微耀着一桁的清光。我们的船就缚在枯柳桩边待月。其时河心里晃荡着的，河岸头歇泊着的各式灯船，望去，少说点也有十廿来只。惟不觉繁喧，只添我们以幽甜。虽同是灯船，虽同是秦淮，虽同是我们；却是灯影淡了，河水静了，我们倦了，——况且月儿将上了。灯影里的昏黄，和月下灯影里的昏黄原是不相似的，又何况入倦的眼中所见的昏黄呢。灯光所以映她的秾姿，月华所以洗她的秀骨，以蓬腾的心焰跳舞，她的盛年，以饧涩的眼波供养她的迟暮。必如此，才会有圆足的醉，圆足的恋，圆足的颓弛，成熟了我们的心田。

犹未下弦，一丸鹅蛋似的月，被纤柔的云丝们簇拥上了一碧的遥天。冉冉地行来，冷冷地照着秦淮。我们已打桨而徐归了。归途的感念，这一个黄昏里，心和境的交萦互染，其繁密殊超我们的言说。主心主物的哲思，依我外行人看，实在把事情说得太嫌简单，太嫌容易，太嫌分明了。实有的只是浑然之感。就论这一次秦淮夜泛罢，从来处来，从去处去，分析其间的成因自然亦是可能；不过求得圆满足尽的解析，使片段的因子们合拢来代替刹那间所体验的实有，这个我觉得有点不可能，至少于现在的我们是如此的。凡上所叙，请读者们只看作我归来后，回忆中所偶然留下的千百分之一二，微薄的残影。若所谓"当时之感"，我决不敢望诸君能在此中窥得。即我自己虽正在这儿执笔构思，实在也无从重新体验出那时的情景。说老实话，我所有的只是忆。我告诸君的只是忆中的秦淮夜泛。至于说到那"当时之感"，这应当去请教当时的我。而他久飞升了，无所存在。

……

凉月凉风之下，我们背着秦淮河走去，悄默是当然的事了。如回头，河中的繁灯想定是依然。我们却早已走得远，"灯火未阑人散"；佩弦，诸君，我记得这就是在南京四日的酣嬉，将分手时的前夜。

⊙作品赏析

1922年8月，俞平伯与朱自清共同畅游了秦淮河，之后两人同以秦淮河为主题，写下了题目相同的两篇散文，风采与风格不同，但内容都很精彩、优美，成为中国现代散文史上的一段佳话。

十里秦淮，曾为六朝金粉之地，当年很是喧闹繁华过一阵子。在这篇文章中，作者以桨声灯影为切入点，作为夜游秦淮、品味秦淮的独特角度，以细腻传神的笔调，为我们展示了秦淮的桨声灯影、旖旎风光、绮靡声色。文章的前半部分描绘了"桨声"中的、喧闹的、歌声笑语的秦淮河，后半部分描绘了"灯影"中的、优雅的、"此时无声胜有声"的秦淮河。"两条"秦淮构架了一个立体的秦淮世界——诗意的、历史的，又是现实的、尘俗的秦淮世界。细腻、洒脱的字里行间，透露出一种空灵朦胧的意境美：水朦胧、灯朦胧、人朦胧、月朦胧、心朦胧。

桃源与沅州 / 沈从文

沈从文的散文代表作之一

真实反映了旧时湘西一带挣扎在底层的人们的艰辛生活

全中国的读书人，大概从唐朝以来，命运中注定了应读一篇《桃花源记》，因此把桃源当成一个洞天福地。人人皆知道那地方是武陵渔人发现的，有桃花夹岸，芳草鲜美。远客来到，乡下人就杀鸡温酒，表示欢迎。乡下人都是避秦隐居的遗民，不知有汉朝，更无论魏晋了。千余年来读书人对于桃源的印象，既不怎么改变，所以每当国体衰弱发生变乱时，想做遗民的必多，这文章也就增加了许多人的幻想，增加了许多人的酒量。至于住在那儿的人呢，却无人自以为是遗民或神仙，也从不曾有人遇着遗民或神仙。

桃源洞离桃源县二十五里。从桃源乡坐小船沿沅水上行，船到白马渡时，上南岸走去，忘路之远近乱走一阵，桃花源就在眼前了。那地方桃花虽不如何动人，竹林却很有意思。如椽如柱的大竹子，随处皆可发现前人用小刀刻划留下的诗歌。新派学生不甘自弃，也多刻下英文字母的题名。竹林里间或潜伏一二翦径壮士，待机会霍地从路旁跃出，仿照《水浒传》上英雄好汉行为，向游客发个利市，使人来个措手不及，不免吃点小惊。桃源县城则与长江中部各小县城差不多，一入城门最触目的是推行印花税与某种公债的布告。城中有棺材铺官药铺，有茶馆酒馆，有米行脚行，有和尚道士，有经纪媒婆。庙宇祠堂多数为军队驻防，门外必有个武装同志站岗。土栈烟馆既照章纳税，就受当地军警保护。代表本地的出产，边街上有几十家玉器作，用珉石染红着绿，琢成酒杯笔架等物，货物品质平平常常，价钱却不轻贱。另外还有个名为"后江"的地方，住下无数公私不分的妓女，很认真经营她们的职业。有些人家在一个菜园平房里，有些却又住在空船上，地方虽脏一点倒富有诗意。这些妇女使用她们的下体，安慰军政各界，且征服了往还沅水流域的烟贩，木商，船主，以及种种因公出差过路人。挖空了每个顾客的钱包，维持许多人生活，促进地方的繁荣。一县之长照例是个读书人，从史籍上早知道这是人类一种最古的职业，没有郡县以前就有了它们，取缔既与"风俗"不合，且影响到若干人生活，因此就很正当的定下一些规章制度，向这些人来抽收一种捐税（并采取了个美丽名词叫作"花捐"），把这笔款项用来补充地方行政，保安，或城乡教育经费。

桃源既是个有名地方，每年自然就有许多"风雅"人，心慕古桃源之名，二三月里携了《陶靖节集》与《诗韵集成》等参考资料和文房四宝，来到桃源县访幽探胜。这些人往桃源洞赋诗前后，必尚有机会过后江走走，由朋友或专家引导，这家那家坐坐，烧匣烟，喝杯茶。看中意某一个女人时，问问行市，花个三元五元，便在那龌龊不堪万人用过的花板床上，压着那可怜妇人胸膛放荡一夜。于是纪游诗上多了几首无题艳遇诗，“巫峡神女”、“汉皋解佩”、“刘阮天台”等等典故，一律被引用到诗上去。看过了桃源洞，这人平常若是很谨慎的，自会觉得应当即早过医生处走走，于是匆匆的回家了。至于接待过这种外路“风雅”人的神女呢，前一夜也许陆续接待过了三个麻阳船水手，后一夜又得陪伴两个贵州省牛皮商人。这些妇人照例说不定还被一个散兵游勇，一个县公署执达吏，一个公安局书记，或一个当地小流氓，长时期包定占有，客来时那人往烟馆过夜，客去后再回到妇人身边来烧烟。

·作者简介·

沈从文（1902～1988），原名沈岳焕，湖南凤凰人，中国现当代作家、学者。1918年小学毕业后随本乡部队到沅水流域各地。1923年到上海任教。1931年先后在青岛大学、昆明西南联大、北京大学任教，曾主编《大公报》文艺副刊。新中国成立后任中国社科院历史研究员，从事古代服装和其他史学研究。主要著作有小说《边城》、《长河》，散文集《湘行散记》等。

沈从文像

妓女的数目占城中人口比例数不小。因此仿佛有各种原因，她们的年龄都比其他大都市更无限制。有些人年在五十以上，还不甘自弃，同十六七岁孙女辈前来参加这种生活斗争，每日轮流接待水手同军营中火夫。也有年纪不过十四五岁，乳臭尚未脱尽，便在那儿服侍客人过夜的。

她们的技艺是烧烧鸦片烟，唱点流行小曲，若来客是粮子上跑四方人物，还得唱唱军歌党歌，和时下电影明星的新歌，应酬应酬，增加兴趣。她们的收入有些一次可得洋钱二十三十，有些一整夜又只得一块八毛。这些人有病本不算一回事。实在病重了，不能作生意挣饭吃，间或就上街走到西药房去打针，六零六三零三扎那么几下，或请走方郎中配副药，朱砂茯苓乱吃一阵，只要支持得下去，总不会坐下来吃白饭。直到病倒了，毫无希望可言了，就叫毛伙用门板抬到那类住在空船中孤身过日子的老妇人身边去，尽她咽最后那一口气。死去时亲人呼天抢地哭一阵，罄所有请和尚安魂念经，再托人赊购副四合头棺木，或借“大加一”买副薄薄板片，土里一埋也就完事了。

桃源地方已有公路，直达号称湘西咽喉的武陵（常德），每日都有八辆十辆新式载客汽车，按照一定时刻在公路上奔驰，距常德约九十里，车票价钱一元零。这公路从常德且直达湖南省会长沙，汽车路程约四小时，车票价约六元。公路通车时，有人说这条公路在湘省经济上具有极大意义，意思是对于黔省出口特货运输可方便不少。这人似乎不知道特货过境每次必三百担五百担，公路上一天不过十几辆汽车来回，若非特货再加以精制，每天能运输特货多少？关于特货的精制，在各省严厉禁烟宣传中，平民谁还有胆量来作这种非法勾当。假若在桃源县某种铺子里，居然有人能够设法购买一点黄色粉末药物，作为谈天口气，随便问问，就会弄明白那货物的来源是有来头的。信不信由你，大股东中大头脑有什么“龄”字辈“子”字辈，还有沿江之督办，上海之闻人。且明白出产地并不是桃源县城，沿江上行六十里，有二十部机器日夜加工，运输出口时或用轮船直往汉口，却不需借公路汽车转运长沙。

真可称为桃源名产值得引人注意却照例不及注意的，是家鸡同鸡卵，街头巷尾无处不可以发现这种冠赤如火庞大庄严的生物，经常有重达一二十斤的。凡过路人初见这地方鸡卵，必以为鸭卵或鹅卵。其次，桃源有一种小划子，轻捷，稳当，干净，在沅水中可称首屈一指。一个外省旅行者，若想从湘西的永绥、乾城、凤凰研究湘边苗族的分布状况，或想从湘西往四川的酉阳、秀山调查桐油的生产，往贵州的铜仁调查朱砂水银的生产，往玉屏调查竹料种类，注意造箫制纸的手工业生产情况，皆可在桃源县魁星阁下边，雇妥那么一只小船，沿沅水溯流而上，直达目的地，到地时取行李上岸落店，毫无何等困难。

一只桃源小划子上只能装载一二客人。照例要个舵手，管理后梢，调动船只左右。张挂风帆，松紧帆索，捕捉河面山谷中的微风。放缆拉船，量渡河面宽窄与河流水势，伸缩竹缆。另外还要个拦头工人，上滩下滩时看水认容口，出事前提醒舵手躲避石头、恶浪与洑流，出事后点篙子需要准确，稳重。这种人还要有胆量，有气力，有经验。张帆落帆都得很敏捷的即时拉桅下绳索。走风船行如箭时，便蹲坐在船头上叫喝呼啸，嘲笑同行落后的船只。自己船只落后被人嘲骂时，还要回骂；人家唱歌也得用歌声作答。两船相碰说理时，不让别人占便宜。动手打架时，先把篙子抽出拿在手上。船只逼入急流乱石中，不问冬夏，都得敏捷而勇敢的脱光衣裤，向急流中跑去，在水里尽肩背之力使船只离开险境。掌舵的因事故不能尽职，就从船顶爬过船尾去，作个临时舵手。船上若有小水手，还应事事照料小水手，指点小水手。更有一份不可推却的职务，便是在一切过失上，应与掌舵的各据小船一头，相互辱宗骂祖，继续使船前进，小船除此两人以外，尚需要个小水手居于杂务地位，淘米，烧饭，切菜，洗碗，无事不作。行船时应荡桨就帮同荡桨，应点篙就帮同持篙。这种小水手大都在学习期间，应处处留心，取得经验同本领。除了学习看水，看风，记石头，使用篙桨以外，也学习挨打挨骂。尽各种古怪稀奇字眼儿成天在耳边反复响着，好好的保留在记忆里，将来长大时再用它来辱骂旁人。上行无风吹，一个人还负了纤板，曳着一段竹缆，在荒凉河岸小路上拉船前进。小船停泊码头边时，又得规规矩矩守船。关于他们的经济情势，舵手多为船家长年雇工，平均算来合八分到一角钱一天。拦头工有长年雇定的，人若年富力强多经验，待遇同掌舵的差不多。若只是短期包来回，上行平均每天可得一毛或一毛五分钱，下行则尽义务吃白饭而已。至于小水手，学习期限看年龄同本事来，有些人每天可得两分钱作零用，有些人在船上三年五载吃白饭。上滩时一个不小心，闪不知被自己手中竹篙弹入乱石激流中，泅水技术又不在行，在水中淹死了，船主方面写得有字据，生死家长不能过问。掌舵的把死者剩余的一点衣服交给亲长说明白落水情形后，烧几百钱纸，手续便清楚了。

一只桃源划子，有了这样三个水手，再加上一个需要赶路，有耐心，不嫌孤独，能花个二十三十的乘客，这船便在一条清明透澈的沅水上下游移动起来了。在这条河里在这种小船上作乘客，最先见于记载的一人，应当是那疯疯癫癫的楚逐臣屈原。在他自己的文章里，他就说道："朝发汪渚兮，夕宿辰阳。"若果他那文章还值得称引，我们尚可以就"沅有芷兮澧有兰"与"乘舲上沅"这些话，估想他当年或许就坐了这种小船，溯流而上，到过出产香草香花的沅州。沅州上游不远有个白燕溪，小溪谷里生长芷草，到如今还随处可见。这种兰科植物生根在悬崖罅隙间，或蔓延到松树枝椏上，长叶飘拂，花朵下垂成一长串，风致楚楚。花叶形体较建兰柔和，香味较建兰淡远。游白燕溪的可坐小船去，船上人若伸手可及，多随意伸手摘花，顷刻就成一束。若崖石过高，还可以用竹篙将花打下，尽它堕入清溪洄流里，再用手去清溪里把花捞起。除了兰芷以外，还有不少香草香花，在溪边崖下繁殖。那种黛色无际的崖石，那种一丛丛幽香眩目的奇葩，那种小小洄旋的溪流，合成一个如何不可言说迷人心目的圣境！若没有这种地方，屈原便再疯一点，据我想来，他文章未必就能写得那么美丽。

什么人看了我这个记载，若神往于香草香花的沅州，居然从桃源包了小船，过沅州去，希望实地研究解决《楚辞》上几个草木问题。到了沅州南门城边，也许无意中会一眼瞥见城门上有一片触目黑色。因好奇想明白它，一时可无从向谁去询问。他所见到的只是一片新的血迹，并非什么古迹。大约在清党前后，有个晃州姓唐的青年，北京农科大学毕业生，在沅州晃州两县，用党务特派员资格，率领了两万以上四乡农民和一些青年学生，肩持各种农具，上城请愿。守城兵先已得到长官命令，不许请愿群众进城。于是双方自然而然发生了冲突。一面是旗帜，木棒，呼喊与愤怒，一面是居高临下，一尊机关枪同十枝步枪。街道既那么窄，结果站在最前线上的特派员同四十多个青年学生与农民，便全在城门边牺牲了。其余农民一看情形不对，抛下农具四散跑了。那个特派员的尸体，于是被兵士用刺刀钉在城门木板上示众三天，三天过后，便连同其他牺牲者，一齐抛入屈原所称赞的清流里喂鱼吃了。几年来本地人在内战反复中被派捐拉夫，在应付差役中把日子混过去，大致把这件事也慢慢的忘掉了。

桃源小船载到沅州府，舵手把客人行李扛上岸，讨得酒钱回船时，这些水手必乘兴过南门外皮匠街走走。那地方同桃源的后江差不多，住下不少经营最古职业的人物，地方既非商埠，价钱可公道一些。花五角钱关一次门，上船时还可以得一包黄油油的上净烟丝，那是十年前的规矩。照目前百物昂贵情形想来，一切当然已不同了，出钱的花费也许得多一点，收钱的待客也许早已改用“美丽牌”代替“上净丝”了。

或有人在皮匠街蓦然间遇见水手，对水手发问：“弄船的，‘肥水不落外人田’，家里有的你让别人用，用别人的你还得花钱，这上算吗？”

那水手一定会拍着腰间麂皮抱兜，笑眯眯的回答说：“大爷，‘羊毛出在羊身上’，这钱不是我桃源人的钱，上算的。”

他回答的只是后半截，前半截却不必提。本人正在沅州，离桃源远过六七百里，桃源那一个他管不着。

便因为这点哲学，水手们的生活，比起“风雅人”来似乎也洒脱多了。

若说话不犯忌讳，无人疑心我“袒护无产阶级”，我还想说，他们的行为，比起那些读了些“子曰”，带了《五百家香艳诗》去桃源寻幽访胜，过后江讨经验的“风雅人”来，也实在还道德的多。

⊙作品赏析

《桃源与沅州》写于1935年，记叙了桃源与沅州地区的景况、人物、出产、风俗与民情等。作者在开篇将陶渊明《桃花源记》中所描述的桃花源与现实中的桃花源相对照，为全文定下基调：

“住在那儿的人呢，却无人自以为是遗民或神仙，也从不曾有人遇着遗民或神仙。”接着作者以从桃源坐船沿沅水上游为线索，对那里的风情人物极事铺陈。在作者笔下，那里是一个美丽、封闭、自给的世界，那里的人们卑微、愚浑而纯朴。作者着重描述了桃源妓女和沅水水手这两类人物，反映了妓女们性格中柔弱而坚强的一面，水手们在困境中勇敢、乐观生活的精神，对他们的凄苦悲惨生活寄予了深深的同情，同时对虚伪的“风雅人”进行了辛辣的嘲讽。文章结构舒展，笔调沉郁，在平静的叙述中为人们展示了一幅浪漫中和着严肃、美丽中缠着残忍的桃源沅州风情画。

西湖的雪景 / 钟敬文

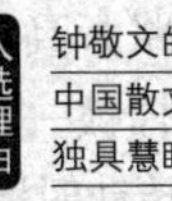

钟敬文的散文代表作之一
中国散文史上描绘西湖雪景的名篇
独具慧眼，笔调细腻

从来谈论西湖之胜景的，大抵注目于春夏两季；而各地游客，也多于此时翩然来临。——秋季游人已渐少，入冬后，则更形疏落了。这当中自然有以致其然的道理。春夏之间，气温和暖，湖上风物，应时佳胜，或“杂花生树，群莺乱飞”，或“浴晴鸥鹭争飞，拂袂荷风荐爽”，都是要教人眷眷不易忘情的。于此时节，往来湖上，沉醉于柔媚芳馨的情味中，谁说不应该呢？但是春花固可爱，秋月不是也要使人销魂么？四时的烟景不同，而真赏者各能得其佳趣；不过，这未易以论于一般人罢了。高深父先生曾告诉过我们：“若能高朗其怀，旷达其意，超尘脱俗，别具天眼，揽景会心，便得真趣。”我们虽不成材，但对于先贤这种深于体验的话，也忍只当做全无关系的耳边风么？

自宋朝以来，平章西湖风景的，有所谓“西湖十景”，“钱塘十景”之说，虽里面也曾列入“断桥残雪”，“孤山霁雪”两个名目，但实际上，真的会去赏玩这种清寒不很近情的景致的，怕没有多少人吧。《四时幽赏录》的著者，在“冬时幽赏”门中，言及雪景的，几占十分的七八，其名目有“雪霁策蹇寻梅”，“三茅山顶望江天雪霁”，“西溪道中玩雪”，“扫雪烹茶玩画”，“雪夜煨芋谈禅”，“山窗听雪敲竹”，“雪后镇海楼观晚炊”等。其中大半所述景色，读了不禁移人神思，固不徒文字粹美而已。但他是一位潇洒出尘的名士，所以能够有此独具心眼的幽赏；我们一方面自然佩服他心情的深湛，另方面却也可以证出能领略此中奥味者之所以稀少的必然了。

西湖的雪景，我共玩了两次。第一次是在此间初下雪的第三天。我于午前十点钟时才出去。一个人从校门乘黄包车到湖滨下车，徒步走出钱塘门。经白堤，旋转入孤山路。沿孤山西行，到西泠桥，折由大道回来。此次雪本不大，加以出去时间太迟，山野上盖着的，大都已消去，所以没有什么动人之处。现在我要细述的，是第二次的重游。

那天是一月念四日。因为在床上感到意外冰冷之故，清晨初醒来时，我便预知昨宵是下了雪。果然，当我打开房门一看时，对面房屋的瓦上全变成白色了，天井中一株木樨花的枝叶上，也粘缀着一小堆一小堆的白粉。详细的看去，觉得比日前两三回所下的都来得大些。因为以前的，虽然也铺盖了屋顶，但有些瓦沟上却仍然是黑色，这天却一色地白着，绝少铺不匀的地方了。并且都厚厚的，约莫有一两寸高的程度。日前的雪，虽然铺满了屋顶，但于木樨花树，却好像全无关系似的，此回它可不免受影响了，这也是雪落得比较大些的明证。

老李照例是起得很迟的，有时我上了两课下来，才看见他在房里穿衣服，预备上办公厅去。这天，我起来跑到他的房里，把他叫醒之后，他犹带着几分睡意的问我："老钟，今天外面有没有下雪？"我回答他说："不但有呢，并且颇大。"他起初怀疑着，直待我把窗内的白布幔拉开，让他望见了屋顶才肯相信。"老钟，我们今天到灵隐去耍子吧？"他很高兴的说。我"哼"的应了一声，便回到自己的房里来了。

我们在校门上车时，大约已九点钟左右了。时小雨霏霏，冷风拂人如泼水。从车帘两旁缺处望出去，路旁高起之地，和所有一切高低不平的屋顶，都撒着白面粉似的，又如铺陈着新打好的棉被一般。街上的已大半变成雪泥，车子在上面碾过，不绝的发出唧唧的声音，与车轮转动时磨擦着中间横木的音响相杂。

我们到了湖滨，便换登汽车。往时这条路线的搭客是颇热闹的，现在却很零落了。同车的不到十个人，为遨游而来的客人还怕没有一半。当车驶过白堤时，我们向车外眺望内外湖风景，但见一片迷蒙的水气弥漫着，对面的山峰，只有一个几乎辨不清楚的薄影。葛岭、宝石山这边，因为距离比较密迩的缘故，山上的积雪和树木，大略可以看得出来；但地位较高的保俶塔，便陷于朦胧中了。到西泠桥前近时，再回望湖中，见湖心亭四围枯秃的树干，好似怯寒般的在那里呆立着，我不禁联想起《陶庵梦忆》中一段情词俱幽绝的文字来：

崇祯五年（1632年）十二月，余住西湖。大雪三日，湖中人鸟声俱绝。是日更定矣，余拿一小舟，拥毳衣炉火，独往湖心亭。天与云与水上下一白。湖上影子，惟长堤一痕，湖心亭一点，与余舟一芥，舟中人两三粒而已。到亭上，有两人铺毡对坐，一童子烧酒，炉正沸。见余大喜，曰："湖中焉得更有此人！"拉余同饮，余强饮三大白而别。问其姓氏，是金陵人，客此。及下船，舟子喃喃曰："莫说相公痴，更有痴似相公者！"（《湖心亭看雪》）

不知这时的湖心亭上，尚有此种痴人否？心里不觉漠然了一会。车过西泠桥以后，车暂驶行于两边山岭林木连接着的野道中。所有的山上，都堆积着很厚的雪块，虽然不能如瓦屋上那样铺填得均匀普遍，那一片片清白的光彩，却尽够使我感到宇宙的清寒、壮旷与纯洁！常绿树的枝叶后所堆着的雪，和枯树上的，很有差别。前者因为有叶子衬托着之故，雪上特别堆积得大块点，远远望去，如开满了白的山茶花，或吾乡的水锦花。后者，则只有一小小块的雪片能够在上面粘着不堕落下去，与刚著花的梅李树绝地相似。实在，我初头几乎把那些近在路旁的几株错认了。野上半

·作者简介·

钟敬文（1903～2002），广东海丰人，中国现代散文家、民俗学家。1922年毕业于陆安师范学院，后到岭南大学、中山大学、浙江大学任教。1934年到日本早稻田大学学习。两年后回国，在杭州、桂林等地从事教学和研究工作。1940年在中山大学任教。新中国成立后执教于北京师范大学，曾任中国民间文艺家协会主席、中国民俗学会理事长。著有散文集《荔枝小品》、《西湖漫话》，诗集《海滨的二月》，以及多种民俗研究著作。

钟敬文像

黄或全赤了的枯草，多压在两三寸厚的雪褥下面；有些枝条软弱的树，也被压抑得敧敧倒倒的。路上行人很稀少。道旁野人的屋里，时见有衣饰破旧而笨重的老人、童子，在围着火炉取暖。看了那种古朴清贫的情况，仿佛令我忘怀了我们所处时代的纷扰、繁遽了。

到了灵隐山门，我们便下车了。一走进去，空气怪清冷的，不但没有游客，往时那些卖念珠、古钱、天竺筷子的小贩子也不见了。石道上铺积着颇深的雪泥。飞来峰疏疏落落的着了许多雪块，清冷亭及其它建筑物的顶面，一例的密盖着纯白色的毡毯。一个拍照的，当我们刚进门时，便紧紧的跟在后面。因为老李的高兴，我们便在清冷亭旁照了两个影。

好奇心打动着我，使我感觉到眼前所看到的之不满足，而更向处境较幽深的韬光庵去。我幽悄地尽移着步向前走，老李也不声张的跟着我。从灵隐寺到韬光庵的这条山径，实际上虽不见怎样的长；但颇深曲而饶于风致。这里的雪，要比城中和湖上各处的都大些。在径上的雪块，大约有半尺来厚，两旁树上的积雪，也比来路上所见的浓重。曾来游玩过的人，该不会忘记的吧，这条路上两旁是怎样的繁植着高高的绿竹。这时，竹枝和竹叶上，大都着满了雪，向下低低地垂着。《四时幽赏录》“山窗听雪敲竹”条云：“飞雪有声，惟在竹间最雅。山窗寒夜：时听雪洒竹林；淅沥萧萧，连翩瑟瑟，声韵悠然，逸我清听。忽尔回风交急，折竹一声，使我寒毡增冷。”这种风味，可惜我没有福分消受。

在冬天，本来是游客冷落的时候，何况这样雨雪清冷的日子呢？所以当我们跑到庵里时，别的游人一个都没有，——这在我们上山时看山径上的足迹便可以晓得的——而僧人的眼色里，并且也有一种觉得怪异的表示。我们一直跑上最后的观海亭。那里石阶上下都厚厚地堆满了水沫似的雪，亭前的树上，雪着得很重，在雪的下层并结了冰块。旁边有几株山茶花，正在艳开着粉红色的花朵。那花朵有些堕下来的，半掩在雪花里，红白相映，色彩灿然，使我们感到华而不俗，清而不寒；因而联忆起那“天寒翠袖薄，日暮倚修竹”的美人儿来。

登上这亭，在平日是可以近瞰西湖，远望浙江，甚而至于缥缈的沧海的，可是此刻却不能了。离庵不远的山岭、僧房、竹树，尚勉强可见，稍远则封锁在茫漠的烟雾里了。

空斋蹋壁卧，忽梦溪山好。朝骑秃尾驴，来寻雪中道。石壁引孤松，长空没飞鸟。不见远山横，寒烟起林抄。（《雪中登黄山》）

我倚着亭柱，默默地在咀嚼着王渔洋这首五言诗的清妙；尤其是结尾两句，更道破了雪景的三昧。但说不定许多没有经验的人，要妄笑它是无味的诗句呢。文艺的真赏鉴，本来是件不容易的事，这又何必咄咄见怪？自己解说了一番，心里也就释然了。

本来拟在僧房里吃素面的，不知为什么，竟跑到山门前的酒楼喝酒了。老李不能多喝，我一个人也就无多兴致干杯了。在那里，我把在山径上带下来的一团冷雪，放进在酒杯里混着喝。堂倌看了说：“这是顶上的冰淇淋呢。”

半因为等不到汽车，半因为想多玩一点雪景，我们决意步行到岳坟才叫划子去游湖。一路上，虽然走的是来时汽车经过的故道，但在徒步观赏中，不免觉得更有情味了。我们的革履，踏着一两寸厚的雪泥前进，频频地发出一种清脆的声音。有时路旁树枝上的雪块，忽然掉了下来，着在我们的外套上，正前人所谓“玉堕冰柯，沾衣生湿”的情景。

我迟回着我的步履，旷展着我的视域，油然有一脉浓重而灵秘的诗情，浮上我的心头来，使我幽然意远，漠然神凝。郑綮答人家自己的诗思，在灞桥雪中，驴背上，真是怪懂得趣儿的说法！

当我们在岳王庙前登舟时，雪又纷纷的下起来了。湖里除了我们的一只小划子以外，再看不到别的舟楫。平湖漠漠，一切都沉默无哗。舟穿过西泠桥，缓泛里西湖中，孤山和对面诸山及上下的楼亭、房屋，都白了头，在风雪中兀立着。山径上，望不见一个人影；湖面连水鸟都没有踪迹，只有乱飘的雪花堕下时，微起些涟漪而已。柳宗元诗云："千山鸟飞绝，万径人踪灭。孤舟蓑笠翁，独钓寒江雪。"我想这时如果有一个渔翁在垂钓，它很可以借来说明眼前的景物呢。

舟将驶近断桥的时候，雪花飞飘得更其凌乱。我们向北一面的外套，差不多大半白而且湿了。风也似乎吹得格外紧劲些，我的脸不能向它吹来的方面望去。因为革履渗进了雪水的缘故，双足尤冰冻得难忍。这时，从来不多开过口的舟子，忽然问我们说："你们觉得此处比较寒冷么？"我们问他什么缘故。据说是宝石山一带的雪山风吹过来的原因。我于是默默的兴想到知识的范围和它的获得等重大的问题上去了。

我们到湖滨登岸时，已是下午三点余钟了。公园中各处都堆满了雪，有些已变成泥泞。除了极少数在待生意的舟子和别的苦力之外，平日朝夕在此间舒舒地来往着的少男少女、老爷太太，此时大都密藏在"销金帐中，低斟浅酌，饮羊羔美酒"，——至少也靠在腾着血焰的火炉旁，陪伴家人或挚友，无忧虑地在大谈其闲天。——以享乐着他们幸福的时光，再不愿来风狂雪乱的水涯，消受贫穷人所应受的寒冷了！这次的薄游，虽然也给了我些牢骚和别的苦味，但我要用良心做担保的说，它所给予我的心灵深处的欢悦，是无穷地深远的！可惜我的诗笔是钝秃了。否则，我将如何超越了一切古诗人的狂热地歌咏了它呢！

好吧，容我在这儿诚心沥情地说一声，谢谢雪的西湖，谢谢西湖的雪！

⊙作品赏析

文章以游踪为线索，采取移步换景的手法，从白堤、西泠桥，到灵隐寺、韬光庵，最后泛舟过断桥，直至登岸，从不同的角度，以多变的笔法细致地勾勒出各个景点雪景的不同情态，将西湖的雪景写得气象万千、丰富多彩。作者独具慧眼，以细腻的笔调挖掘出远处的、眼前的、树上的、湖面的、漫飘的、堆积的等形态各异的雪景，惟妙惟肖地刻画出了西湖雪的色彩之美、朦胧之美，使人仿佛身临其境，如同亲临现场"幽赏"一般。文中多处引用了古诗文佳句，使文章平添许多光彩。

雅舍 / 梁实秋

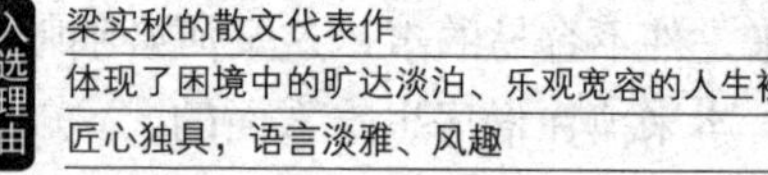

到四川来，觉得此地人建造房屋最是经济。火烧过的砖，常常用来做柱子，孤零零的砌起四根砖柱，上面盖上一个木头架子，看上去瘦骨嶙嶙，单薄得可怜；但是顶上铺了瓦，四面编了竹篦墙，墙上敷了泥灰，远远的看过去，没有人能说不像是座房子。我现在住的"雅舍"正是这样一座典型的房子。不消说，这房子有砖柱，有竹篦墙，一切特点都应有尽有。讲到住房，我的经验不算少，什么“上支下摘”，“前廊后厦”，“一楼一底”，“三上三下”，“亭子间”，“茆草棚”，“琼楼玉宇”和“摩天大厦”，各式各样，我都尝试过。我不论住在那里，只要住得稍久，对那房子便发生感情，非不得已我还舍不得搬。这“雅舍”，我初来时仅求其能蔽风雨，并不敢存奢望，现在住了两个多月，我的好感油然而生。虽然我已渐渐感觉它是并不能蔽风雨，因为有窗而无玻璃，风来则洞若凉亭；有瓦而空隙不少，雨来则渗如滴漏。纵然不能蔽风雨，“雅舍”还是自有它的个性。有个性就可爱。

·作者简介·

梁实秋（1903～1987），原名梁治华，字秋实，一度以秋郎、子佳为笔名。祖籍浙江杭县，生于北京。1923年留学美国。1926年回国，任教于东南大学，并主编《新月》等刊物。1949年迁居台湾。著作甚丰，主要有文学评论集《浪漫的与古典的》、《秋室杂文》，散文集《雅舍小品》，译著《莎士比亚全集》，百万言著作《英国文学史》等。

梁实秋像

“雅舍”的位置在半山腰，下距马路约有七八十层的土阶。前面是阡陌螺旋的稻田。再远望过去是几抹葱翠的远山，旁边有高粱地，有竹林，有水池，有粪坑，后面是荒僻的榛莽未除的土山坡。若说地点荒凉，则月明之夕，或风雨之日，亦常有客到，大抵好友不嫌路远，路远乃见情谊。客来则先爬几十级的土阶，进得屋来仍须上坡，因为屋内地板乃依山势而铺，一面高，一面低，坡度甚大，客来无不惊叹，我则久而安之，每日由书房走到饭厅是上坡，饭后鼓腹而出是下坡，亦不觉有大不便处。

“雅舍”共是六间，我居其二。篦墙不固，门窗不严，故我与邻人彼此均可互通声息。邻人轰饮作乐，咿唔诗章，喁喁细语，以及鼾声，喷嚏声，吮汤声，撕纸声，脱皮鞋声，均随时由门窗户壁的隙处荡漾而来，破我岑寂。入夜则鼠子瞰灯，才一合眼，鼠子便自由行动，或搬核桃在地板上顺坡而下，或吸灯油而推翻烛台，或攀援而上帐顶，或在门框桌脚上磨牙，使人不得安枕。但是对于鼠子，我很惭愧的承认，我“没有法子”。“没有法子”一语是被外国人常常引用着的，以为这话最足代表中国人的懒惰隐忍的态度。其实我的对付鼠子并不懒惰。窗上糊纸，纸一戳就破；门户关紧，而相鼠有牙，一阵咬便是一个洞洞。试问还有什么法子？洋鬼子住到“雅舍”里，不也是“没有法子”？比鼠子更骚扰的是蚊子。“雅舍”的蚊风之盛，是我前所未见的。“聚蚊成雷”真有其事！每当黄昏的时候，满屋里磕头碰脑的全是蚊子，又黑又大，骨骼都像是硬的。在别处蚊子早已肃清的时候，在“雅舍”则格外猖獗，来客偶不留心，则两腿伤处累累隆起如玉蜀黍，但是我仍安之。冬天一到，蚊子自然绝迹，明年夏天——谁知道我还是住在“雅舍”！

“雅舍”最宜月夜——地势较高，得月较先。看山头吐月，红盘乍涌，一霎间，清光四射，天空皎洁，四野无声，微闻犬吠，坐客无不悄然！舍前有两株梨树，等到月升中天，清光从树间筛洒而下，地下阴影斑斓，此时尤为幽绝。直到兴阑人散，归房就寝，月光仍然逼进窗来，助我凄凉。细雨蒙蒙之际，“雅舍”亦复有趣。推窗展望，俨然米氏章法，若云若雾，一片弥漫。但若大雨滂沱，我就又惶悚不安了，屋顶湿印到处都有，起初如碗大，俄而扩大如盆，继则滴水乃不绝，终乃屋顶灰泥突然崩裂，如奇葩初绽，砉然一声而泥水下注，此刻满室狼藉，抢救无及。此种经验，已数见不鲜。

“雅舍”之陈设，只当得简朴二字，但洒扫拂拭，不使有纤尘。我非显要，故名公巨卿之照片不得入我室；我非牙医，故无博士文凭张挂壁间；我不业理发，故丝织西湖十景以及电影明星之照片亦均不能张我四壁。我有一几一椅一榻，酣睡写读，均已有着，我亦不复他求。但是陈设虽简，我却喜欢翻新布置。西人常常讥笑妇人喜欢变更桌椅位置，以为这是妇人天性喜变之一征。诬否且不论，我是喜欢改变的，中国旧式家庭，陈设千篇一律，正厅上是一条案，前面一张八仙桌，一边一把靠椅，两旁是两把靠椅夹一只茶几。我以为陈设宜求疏落参差之致，最忌排偶。“雅舍”所有，毫无新奇，但一物一事之安排布置惧不从俗。人入我室，即知此是我室。笠翁闲情偶寄之所论，正合我意。

“雅舍”非我所有，我仅是房客之一。但思“天地者万物之逆旅”，人生本来如寄，我住“雅舍”一日，“雅舍”即一日为我所有。即使此一日亦不能算是我有，至少此一日“雅舍”所能给予之苦辣酸甜，我实躬受亲尝。刘克庄词：“客里似家家似寄。”我此时此刻卜居“雅舍”，“雅舍”即似我家。其实似家似寄，我亦分辨不深。

长日无俚，写作自遣，随想随写，不拘篇章，冠以“雅舍小品”四字，以示写作所在，且志因缘。

⊙作品赏析

《雅舍》主要描写了作者抗战期间在四川乡间“雅舍”里生活的种种情状，抒发了作者躬身亲尝种种酸甜苦辣的情趣。“雅舍”是一种幽默的称谓，它实际上是一间简陋破败的四川土房。统观全文，作者写的几乎都是雅舍的“敝”、“陋”、“噪”，对雅舍的“雅”、“美”很少着笔。但在字里行间，人们并不感到雅舍的丑陋，反觉得其极可爱、可亲，这显示了作者独特的艺术匠心。在淡雅、简练、风趣的语言叙述中，透射着作者在任何环境中都能甘于淡泊、怡然自乐的处世态度和人生襟怀。

风雨中忆萧红 / 丁玲

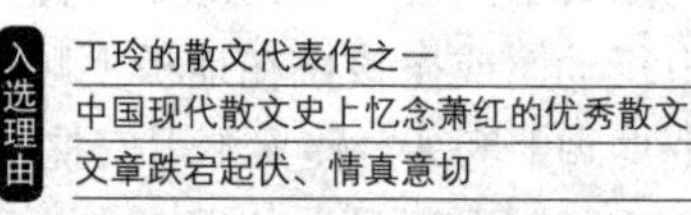

本来就没有什么地方可去，一下雨便更觉得闷在窑洞里的日子太长。要是有更大的风雨也好，要是有更汹涌的河水也好，可是仿佛要来一阵骇人的风雨似的，那么一块肮脏的云成天盖在头上，而水声也是那么不断地哗啦哗啦在耳旁响，微微地下着一点看不见的细雨，打湿了地面，那轻柔的柳絮和蒲公英都飘舞不起而沾在泥土上了。这会使人有遐想，想到随风而倒的桃李，和在风雨中更迅速迸出的苞芽。即使是很小的风雨和浪潮，都更能显出百物的凋谢和生长，丑陋和美丽。

世界上什么是最可怕的呢，决不是艰难险阻，决不是洪水猛兽，也决不是荒凉寂寞。而难于忍耐的却是阴沉和絮聒；人的伟大也不是能乘风而起，青云直上，也不只是能抵抗横逆之来，而是能在阴霾的气压下，打开局面，指示光明。

时代已经非复少年时代了，谁还有悠闲的心情在闷人的风雨中煮酒烹茶与琴诗为侣呢？或者是温习着一些细腻的情致，重读着那些曾经被迷醉过被感动过的小说，或者低徊冥思那些天涯的故人，流着一点温柔的泪？那些天真、那些纯洁、那些无疵的赤子之心，那些轻微的感伤，那些精神上的享受都飞逝了，早已飞逝得找不到影子了。这个飞逝得很好，但现在是什么呢？是听着不断的水的絮聒，看着脏布也似的云块，痛感着阴霾，连寂寞的宁静也没有，然而却需要阿底拉斯的力背负着宇宙的时代所给予的创伤，毫不动摇的存在着，存在便是一种大声疾呼，便是一种骄傲，便是给絮聒以回答。

·作者简介·

丁玲（1904～1986），现当代女作家，原名蒋冰之，湖南临澧人。1927年毕业于上海大学中文系，同年发表小说《莎菲女士的日记》。1930年参加中国左翼作家联盟，主编左联机关刊物《北斗》月刊。这时期她创作了《水》、《母亲》等多个作品，是其走向文学创作道路的丰收时期。1936年去陕北，在解放区写的小说分别收录在《一颗未出膛的子弹》、《我在霞村的时候》等集子中。1948年写成了她创作道路上具有里程碑意义的长篇小说《太阳照在桑干河上》。

丁玲像

然而我决不会麻木的，我的头成天膨胀着要爆炸，它装得太多，需要呕吐。于是我写着，在白天，在夜晚，有关节炎的手臂因为放在桌子上太久而疼痛，患沙眼的眼睛因为在微小的灯光下而模糊。但幸好并没有激动，也没有感慨，我决不缺乏冷静，而且很富有宽恕，我很愉快，因为我感到我身体内有东西在冲撞；它支持了我的疲倦，它使我会看到将来，它使我跨过现在，它会使我更冷静，它包括了真理和智慧，它是我生命中的力量，比少年时代的那种无愁的青春更可爱呵！

但我仍会想起天涯的故人的，那些死去的或是正受着难的。前天我想起了雪峰，在我的知友中他是最没有自己的了。他工作着，他一切为了党，他受埋怨过，然而他没有感伤过，他对于名誉和地位是那样的无睹，那样不会趋炎附势，培植党羽，装腔作势，投机取巧。昨天我又苦苦地想起秋白，在政治生活中过了那么久，却还不能彻底地变更自己，他那种二重的生活使他在临死时还不能免于有所申诉。我常常责怪他申诉的“多余”，然而当我去体味他内心的战斗历史时，却也不能不感动，哪怕那在整体中，是很渺小的。今天我想起了刚逝世不久的萧红，明天，我也许会想到更多的谁，人人都与这社会有关系，因为这社会，我更不能忘怀于一切了。

萧红和我认识的时候，是在一九三八年春初。那时山西还很冷，很久生活在军旅之中，习惯于粗犷的我，骤睹着她的苍白的脸，紧紧闭着的嘴唇，敏捷的动作和神经质的笑声，使我觉得很特别，而唤起许多回忆，但她的说话是很自然而真率的。我很奇怪作为一个作家的她，为什么会那样少于世故，大概女人都容易保有纯洁和幻想，或者也就同时显得有些稚嫩和软弱的缘故吧。但我们都很亲切，彼此并不感觉到有什么孤僻的性格。我们都尽情地在一块儿唱歌，每夜谈到很晚才睡觉。当然我们之中在思想上，在情感上，在性格上都不是没有差异，然而彼此都能理解，并不会因为不同意见或不同嗜好而争吵，而揶揄。接着是她随同我们一道去西安，我们在西安住完了一个春天，我们也痛饮过，我们也同度过风雨之夕，我们也互相倾诉。然而现在想来，我们谈得是多么地少啊！我们似乎从没有一次谈到过自己，尤其是我。然而我却以为她从没有一句话之中是失去了自己的，因为我们实在都太真实，太爱在朋友的面前赤裸自己的精神，因为我们又实在觉得是很亲近的。但我仍会觉得我们是谈得太少的，因为，像这样的能无妨嫌、无拘束、不需警惕着谈话的对手是太少了啊！

那时候我很希望她能来延安，平静地住一时期之后而致全力于著作。抗战开始后，短时期的劳累奔波似乎使她感到不知在什么地方能安排生活。她或许比我适于幽美平静。延安虽不够作为一个写作的百年长计之处，然在抗战中，的确可以使一个人少顾虑于日常琐碎，而策划于较远大的。并且这里有一种朝气，或者会使她能更健康些。但萧红却南去了。至今我还很后悔那时我对于她生活方式所参与的意见是太少了，这或许由于我们相交太浅，和我的生活方式离她太远的缘故，但徒劳的热情虽然常常于事无补，然在个人仍可得到一种心安。

我们分手后，就没有通过一封信。端木曾来过几次信，在最后的一封信上（香港失陷约一星期前收到）告诉我，萧红因病始由皇后医院迁出。不知为什么我就有一种预感，觉得有种可怕的东西会来似的。有一次我同白朗说："萧红决不会长寿的。"当我说这话的时候，我是曾把眼睛扫遍了中国我所认识的或知道的女性朋友，而感到一种无言的寂寞，能够耐苦的，不依赖于别的力量，有才智、有气节而从事于写作的女友，是如此其寥寥呵！

不幸的是我的杞忧竟成了现实，当我昂头望着天的那边，或低头细数脚底的泥沙，我都不能压制我丧去一个真实的同伴的叹息。在这样的世界中生活下去，多一个真实的同伴，便多一份力量，我们的责任还不只于打开局面，指示光明，而还是创造光明和美丽；人的灵魂假如只能拘泥于个体的偏狭之中，便只能陶醉于自我的小小成就。我们要使所有的人，连仇敌也在内都能有崇高的享受，和为这享受而做出伟大牺牲。

生在现在的这个世界上，活着固然能给整个事业添一份力量，而死对于自己也是莫大的损失。因为这世界上有的是戮尸的遗法，从此你的话语和文学将更被歪曲，被侮辱；听说连未死的胡风都有人证明他是汉奸，那么对于已死的人，当然更不必贿买这种无耻的人证了。鲁迅先生的"阿 Q"曾被那批御用的文人歪曲地诠释，那么《生死场》的命运也就难免于这种灾难。在活着的时候，你不能不被逼走到香港；死去，却还有各种污蔑在等着，而你还不会知道；那些与你一起的脱险回国的朋友们还将有被监视或被处分的前途。我完全不懂得到底要把这批人逼到什么地步才算够？猫在吃老鼠之前，必先玩弄它以娱乐自己的得意。这种残酷是比一切屠戮都更恶毒，更需要毁灭的。

只要我活着，朋友的死耗一定将陆续地压住我沉闷的呼吸。尤其是在这风雨的日子里，我会更感到我的重荷。我的工作已经够消磨我的一生，何况再加上你们的屈死，和你们未完的事业，但我一定可以支持下去的。我要借这风雨，寄语你们，死去的，未死的朋友们，我将压榨我生命所有的余剩，为着你们的安慰和光荣。哪怕就仅仅为着你们也好，因为你们是受苦难的劳动者，你们的理想就是真理。

风雨已停，朦胧的月亮浮在西边的山头上，明天将有一个晴天。我为着明天的胜利而微笑，为着永生而休息。我吹熄了灯，平静地躺到床上。

⊙作品赏析

《风雨中忆萧红》写于1942年4月，距萧红在香港去世约3个月。当时在延安工作的丁玲心情极为烦闷，于是思念故友，发而为文，以遣释心中的愁绪。在本文中，丁玲怀着痛惜之情，追忆了自己与萧红的一段短暂的交往。作者以四月延安的雨夜为背景，追忆了萧红的为人处世、自然直率的性格和悲惨的结局。文章写得跌宕起伏、情真意切，在准确刻画了萧红的音容笑貌的同时，也真实描摹了作者的内心世界，给人以良多的感慨和回味。

入选理由

巴金的散文代表作之一

文章绮丽流畅，短小精悍，景物描写惟妙惟肖

入选中学语文教材

海上的日出 / 巴金

为了看日出，我常常早起。那时天还没有大亮，周围非常清静，船上只有机器的响声。

天空还是一片浅蓝，颜色很浅。转眼间天边出现了一道红霞，慢慢地在扩大它的范围，加强它的亮光。我知道太阳要从天边升起来了，便不转眼地望着那里。

果然过了一会儿，在那个地方出现了太阳的小半边脸，红是真红，却没有亮光。这个太阳好像负着重荷似地一步一步、慢慢地努力上升，到了最后，终于冲破了云霞，完全跳出了海面，颜色红得非常可爱。一刹那间，这个深红的圆东西，忽然发出了夺目的亮光，射得人眼睛发痛，它旁边的云片也突然有了光彩。

有时太阳走进了云堆中，它的光线却从云里射下来，直射到水面上。这时候要分辨出哪里是水，哪里是天，倒也不容易，因为我就只看见一片灿烂的亮光。

有时天边有黑云，而且云片很厚，太阳出来，人眼还看不见。然而太阳在黑云里放射的光芒，透过黑云的重围，替黑云镶了一道发光的金边。后来太阳才慢慢地冲出重围，出现在天空，甚至把黑云也染成了紫色或者红色。这时候发亮的不仅是太阳、云和海水，连我自己也成了明亮的了。

这不是很伟大的奇观么？

·作者简介·

巴金（1904～2005），现当代作家。原名李尧棠、字芾甘，笔名佩竿、余一、王文慧等。四川成都人。1920年入成都外国语专门学校。1923年从封建家庭出走，就读于上海和南京的中学。1927年初赴法国留学，写成了处女作长篇小说《灭亡》，发表时始用巴金的笔名。1928年底回到上海，从事创作和翻译。从1929年到1937年中，任文化生活出版社总编辑，主编有《文季月刊》等刊物和《文学丛刊》等从书。

巴金像

抗日战争爆发后，巴金在各地致力于抗日救亡文化活动，编辑《呐喊》、《救亡日报》等报刊。在抗战后期和抗战结束后，巴金创作转向对国统区黑暗现实的批判，对行将崩溃的旧制度作出有力的控诉和抨击。

中华人民共和国成立后，巴金曾任全国文联副主席、中国作家协会主席、中国笔会中心主席、全国政协副主席等职，并主编《收获》杂志。他热情关注和支持旨在繁荣文学创作的各项活动，多次出国参加国际文学交流活动，首倡建立中国现代文学馆。

⊙作品赏析

《海上的日出》是一篇优美的写景散文。文章写于1927年1月，后收入《海行杂记》。

作者通过细致入微的观察，从不同的角度准确传神地勾画了海上日出的壮观景象。作者在文中用“浅蓝”、“红霞”、“亮光”、“小半边脸”、“一步一步、慢慢地努力上升”、“冲破了云霞”、“跳出了海面”、“深红的圆东西”等一系列形象的词语，生动地描摹了海上日出的全过程。

文章巧用拟人手法，“负”、“冲”、“跳”、“走”、“镶”、“染”等充满人性化词语的运用，使文章充满生气而富于诗情画意，笼罩着动态的意境美。读者读着文章，恍若身临其境，随同作者一同在海边观赏日出，全身心都溶入美丽的自然风光里。文章绮丽流畅，短小精悍，区区500余字将海上日出描绘得惟妙惟肖，显示了作者得心应手的驾驭文字的功力。

入选理由
陆蠡的散文代表作之一
托物言志的精品
构思精巧，文笔清新

囚绿记 / 陆蠡

这是去年夏间的事情。

我住在北平的一家公寓里。我占据着高广不过一丈的小房间，砖铺的潮湿的地面，纸糊的墙壁和天花板，两扇木格子嵌玻璃的窗，窗上有很灵巧的纸卷帘，这在南方是少见的。

窗是朝东的。北方的夏季天亮得快，早晨五点钟左右太阳便照进我的小屋，把可畏的光线射个满室，直到十一点半才退出，令人感到炎热。这公寓里还有几间空房子，我原有选择的自由的，但我终于选定了这朝东房间，我怀着喜悦而满足的心情占有它，那是有一个小小理由。

这房间靠南的墙壁上，有一个小圆窗，直径一尺左右。窗是圆的，却嵌着一块六角形的玻璃，并且左下角是打碎了，留下一个大孔隙，手可以随意伸进伸出。圆窗外面长着常春藤。当太阳照过它繁密的枝叶，透到我房里来的时候，便有一片绿影。我便是欢喜这片绿影才选定这房间的。当公寓里的伙计替我提了随身小提箱，领我到这房间来的时候，我瞥见这绿影，感觉到一种喜悦，便毫不犹疑地决定下来，这样了截爽直使公寓里伙计都惊奇了。

绿色是多宝贵的啊！它是生命，它是希望，它是慰安，它是快乐。我怀念着绿色把我的心等焦了。我欢喜看水白，我欢喜看草绿。我疲累于灰暗的都市的天空和黄漠的平原，我怀念着绿色，如同涸辙的鱼盼等着雨水！我急不暇择的心情即使一枝之绿也视同至宝。当我在这小房中安顿下来，我移徙小台子到圆窗下，让我的面朝墙壁和小窗。门虽是常开着，可没人来打扰我，因为在这古城中我是孤独而陌生。但我并不感到孤独。我忘记了困倦的旅程和已往的许多不快的记忆。我望着这小圆洞，绿叶和我对语。我了解自然无声的语言，正如它了解我的语言一样。

我快活地坐在我的窗前。度过了一个月，两个月，我留恋于这片绿色。我开始了解渡越沙漠者望见绿洲的欢喜，我开始了解航海的冒险家望见海面飘来花草的茎叶的欢喜。人是在自然中生长的，绿是自然的颜色。

我天天望着窗口常春藤的生长。看它

·作者简介·

陆蠡（1908～1942），笔名陆敏、六角等，浙江天台人，中国现代散文家、翻译家。早年毕业于上海劳动大学，后在杭州中学等校任教。1932年起任上海文化生活出版社编辑。1938年创办《少年读物》杂志。抗战期间，留守上海坚持工作。1942年惨遭日军杀害。主要作品有散文集《海星》、《竹刀》、《囚绿记》等，另有译著多部。

陆蠡像

怎样伸开柔软的卷须，攀住一根缘引它的绳索，或一茎枯枝；看它怎样舒开折叠着的嫩叶，渐渐变青，渐渐变老，我细细观赏它纤细的脉络，嫩芽，我以揠苗助长的心情，巴不得它长得快，长得茂绿。下雨的时候，我爱它淅沥的声音，婆娑的摆舞。

忽然有一种自私的念头触动了我。我从破碎的窗口伸出手去，把两枝浆液丰富的柔条牵进我的屋子里来，教它伸长到我的书案上，让绿色和我更接近，更亲密。我拿绿色来装饰我这简陋的房间，装饰我过于抑郁的心情。我要借绿色来比喻葱茏的爱和幸福，我要借绿色来比喻猗郁的年华。我囚住这绿色如同幽囚一只小鸟，要它为我作无声的歌唱。

绿的枝条悬垂在我的案前了，它依旧伸长，依旧攀缘，依旧舒放，并且比在外边长得更快。我好像发现了一种“生的欢喜”，超过了任何种的喜悦。从前我有个时候，住在乡间的一所草屋里，地面是新铺的泥土，未除净的草根在我的床下茁出嫩绿的芽苗，蕈菌在地角上生长，我不忍加以剪除。后来一个友人一边说一边笑，替我拔去这些野草，我心里还引为可惜，倒怪他多事似的。

可是每天早晨，我起来观看这被幽囚的“绿友”时，它的尖端总朝着窗外的方向。甚至于一枚细叶，一茎卷须，都朝原来的方向。植物是多固执啊！它不了解我对它的爱抚，我对它的善意。我为了这永远向着阳光生长的植物不快，因为它损害了我的自尊心。可是我囚系住它，仍旧让柔弱的枝叶垂在我的案前。

它渐渐失去了青苍的颜色，变得柔绿，变成嫩黄；枝条变成细瘦，变成娇弱，好像病了的孩子。我渐渐不能原谅我自己的过失，把天空底下的植物移锁到暗黑的室内；我渐渐为这病损的枝叶可怜，虽则我恼怒它的固执，无亲热，我仍旧不放走它。魔念在我心中生长了。

我原是打算七月尾就回南方去的。我计算着我的归期，计算这“绿囚”出牢的日子。在我离开的时候，便是它恢复自由的时候。

卢沟桥事件发生了。担心我的朋友电催我赶速南归。我不得不变更我的计划，在七月中旬，不能再留连于烽烟四逼中的旧都，火车已经断了数天，我每日须得留心开车的消息。终于在一天早晨候到了。临行时我珍重地开释了这永不屈服于黑暗的囚人。我把瘦黄的枝叶放在原来的位置上，向它致诚意的祝福，愿它繁茂苍绿。

离开北平一年了。我怀念着我的圆窗和绿友。有一天，得重和它们见面的时候，会和我面生么？

⊙作品赏析

《囚绿记》作于1938年，当时正是外族侵凌，“祖国蒙受极大耻辱的时候”（陆蠡语）。作者困居“孤岛”上海，怀念起一年前住在北平公寓的生活，借公寓窗外的一株常春藤，抒发自己热爱自由、向往光明、仇恨敌寇的感情。作者在文中以“绿”为主题，以“恋绿—囚绿—释绿—念绿”为线索行文，描绘了常春藤在自由生长时的活脱可爱和被幽囚后的倔强不屈，委婉、含蓄地抒发了自己对生活的热爱和对光明的追求，赞美永不屈服的民族精神。文章运用象征和拟人手法，构思精巧，文笔清新流丽，充满诗意的韵律美。

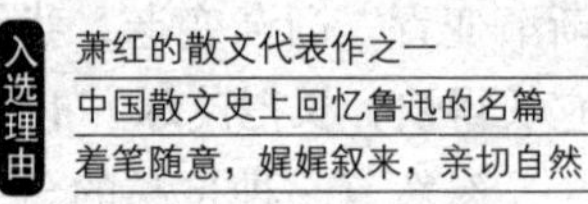

鲁迅先生记（一）/ 萧红

鲁迅先生家里的花瓶，好像画上所见的西洋女子用以取水的瓶子，灰蓝色，有点从瓷釉而自然堆起的纹痕，瓶口的两边，还有两个瓶耳，瓶里种的是几棵万年青。

我第一次看到这花的时候，我就问过：

“这叫什么名字？屋里不生火炉，也不冻死？”

第一次，走进鲁迅家里去，那是近黄昏的时节，而且是个冬天，所以那楼下室稍微有一点暗，同时鲁迅先生的纸烟，当它离开嘴边而停在桌角的地方，那烟纹的卷痕一直升腾到他有一些白丝的发梢那么高。而且再升腾就看不见了。

“这花，叫‘万年青’，永久这样！”他在花瓶旁边的烟灰盒中，抖掉了纸烟上的灰烬，那红的烟火，就越红了，好像一朵小红花似的和他的袖口相距离着。

“这花不怕冻？”以后，我又问过，记不得是在什么时候了。

许先生说：“不怕的，最耐久！”而且她还拿着瓶口给我摇着。

我还看到了那花瓶的底边是一些圆石子，以后，因为熟识了的缘故，我就自己动手看过一两次，又加上这花瓶是常常摆在客厅的黑色长桌上；又加上自己是来在寒带的北方，对于这在四季里都不凋零的植物，总带着一点惊奇。

而现在这“万年青”依旧活着，每次到许先生家去，看到那花，有时仍站在那黑色的长桌子上，有时站在鲁迅先生照像的前面。

花瓶是换了，用一个玻璃瓶装着，看得到淡黄色的须根，站在瓶底。

有时候许先生一面和我们谈论着，一面检查着房中所有的花草。看一看叶子是不是黄了？该剪掉的剪掉；该洒水的洒水，因为不停地动作是她的习惯。有时候就检查着这“万年青”，有时候就谈鲁迅先生，就在他的照像前面谈着，但那感觉，却像谈着古人那么悠远了。

至于那花瓶呢？站在墓地的青草上面去了，而且瓶底已经丢失，虽然丢失了也就让它空空地站在墓边。我所看到的是从春天一直站到秋天；它一直站到邻旁墓头的石榴树开了花而后结成了石榴。

从开炮以后，只有许先生绕道去过一次，别人就没有去过。当然那墓草是长得很高了，而且荒了，还说什么花瓶，恐怕鲁迅先生的瓷半身像也要被荒了的草埋没到他的胸口。

我们在这边，只能写纪念鲁迅先生的文章，而谁去努力剪齐墓上的荒草？我们

·作者简介·

萧红（1911～1942），原名张乃莹，黑龙江呼兰人，中国现代女作家。幼年丧母。1929年入哈尔滨第一女子中学学习，接触“五四”新文学。1930年反对家庭包办婚姻，离家出走，几经颠沛。1932年与萧军同居。1936年赴日本。1940年与端木蕻良同抵香港。1942年在香港病逝。主要作品有小说《生死场》、《呼兰河传》，散文集《鲁迅先生记》、《回忆鲁迅先生》等。

萧红像

是越去越远了，但无论多少远，那荒草是总要记在心上的。

⊙作品赏析

萧红曾与鲁迅有过一段难忘的交往经历。鲁迅对萧红的生活、创作都给予了慈父、师长般的关怀，曾为萧红的小说《生死场》作了序言，因此萧红对鲁迅的尊敬、景仰之情是不言而喻的。1938年，即鲁迅逝世后两年，萧红写了两篇怀念鲁迅的文章《鲁迅先生记》（一）、（二）。本文选的是（一）。文章通过忆写鲁迅生活的零星片段，展示了鲁迅的言谈笑貌、品性气质和人格精神，寄托了作者对鲁迅的浓浓思念之情。作者以小显大，紧扣常人不注意的“花瓶”和“万年青”展开内容，通过自己与鲁迅、许广平的简单对话，寥寥数语即使鲁迅的形象跃然纸上。文章巧用象征、拟人手法，以“万年青”象征鲁迅的精神，生动而形象。文章虽然篇幅短小，却蕴含有很重的思想、感情分量。文章着笔随意，娓娓叙来，亲切自然，悠悠思念之情充溢字里行间，具有很强的感染力。

八十述怀 / 季羡林

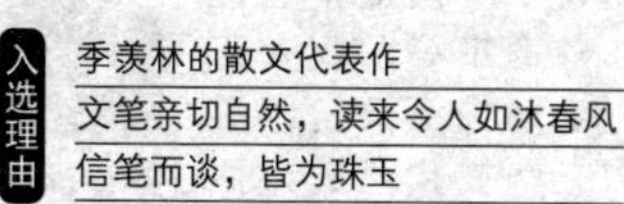

我从来没有想到，我能活到八十岁；如今竟然活到了八十岁，然而又一点也没有八十岁的感觉，岂非咄咄怪事！

我向无大志，包括自己活的年龄在内。我的父母都没能活过五十；因此，我自己的原定计划是活到五十。这样已经超过了父母，很不错了。不知怎么一来，宛如一场春梦，我活到了五十岁。那时正值所谓三年自然灾害。我流年不利，颇挨了一阵子饿。但是，我是“曾经沧海难为水”，在二次世界大战时，我正在德国，我经受了而今难以想象的饥饿的考验，以致失去了饱的感觉。我们那一点灾害，同德国比起来，真如小巫见大巫；我从而顺利地度过了那一场灾难，而且我当时的精神面貌是我一生最好的时期，一点苦也没有感觉，于不知不觉中冲破了我原定的年龄计划，渡过了五十岁大关。

五十一过，只仿佛一场春梦似的，一下子就到了古稀之年，不容我反思，不容我踟蹰。其间跨越了一个十年。我当然是在劫难逃，被送进牛棚。我现在不知道应当感谢哪一路神灵：佛祖、上帝、安拉；由于一个万分偶然的机缘，我没有走上绝路，活下来了。活下来了，我不但没有感到特别高兴，反而时有悔愧之感在咬我的心。活下来了，也许还是有点好处的。这一生写作翻译的高潮，恰恰出现在这个期间。原因并不神秘：我获得了余裕和时间。在此期间，我被打得一佛出世，二佛升天。后来不打不骂了，我变成了“不可接触者”。在很长时间内，我被分配挖大粪，看门房，守电话，发信件。没有以前的会议，没有以前的发言。没有人敢来找我，很少人有勇气同我说上几句话。一两年内，没收到一封信。我服从任何人的调遣与指挥。只敢规规矩矩，不敢乱说乱动。然而我的脑筋还在，我的思想还在，我的感情还在，我的理智还在。我不甘心成为行尸走肉，我必须干点事情。二百多万字的印度大史诗《罗摩衍那》，就是在这时候译完的。“雪夜闭门写禁文”，自谓此乐不减羲皇上人。

又仿佛是一场缥缈的春梦，一下子就活到了今天，行年八十矣，是古人称之为耄耋之年了。倒退二三十年，我这个在寿命上胸无大志的人，偶尔也想到耄耋之年的情况：手拄拐杖，白须飘胸，步履维艰，老态龙钟。自谓这种事情与自己无关，所以想得不深

·作者简介·

季羡林（1911~2009），山东临清人，中国当代语言学家、文学翻译家，精通多国语言。1934年毕业于清华大学外语系。次年赴德国哥廷根大学学习，获哲学博士学位。1946年回国后任教于北京大学，曾任北大副校长、南亚研究所所长、中国史学会常务理事等职。在印度和中亚语言、历史和文化研究方面取得成就。主要著作有评论集《中印文化关系史论丛》，译著《五卷书》、《罗摩衍那》等。

季羡林像

也不多。哪里知道，自己今天就到了这个年龄了。今天是新年元旦。从夜里零时想，自己已是不折不扣的八十老翁了。然而这老景却真如古人诗中所说的“青霭入看无”，我看不到什么老景。看一看自己的身体，平平常常，同过去一样。看一看周围的环境，平平常常，同过去一样。金色的朝阳从窗子里流了进来，平平常常，同过去一样。楼前的白杨，确实粗了一点，但看上去也是平平常常，同过去一样。时令正是冬天，叶子落尽了；但是我相信，它们正蜷缩在土里，做着春天的梦。水塘里的荷花只剩下残叶，“留得残荷听雨声”，现在雨没有了，下面只有白皑皑的残雪。我相信，荷花们也蜷缩在淤泥中，做着春天的梦。总之，我还是我，依然故我；周围的一切也依然是过去的一切……

我是不是也在做着春天的梦呢？我想，是的。我现在也处在严寒中，我也梦着春天的到来。我相信英国诗人雪莱的两句话：“既然冬天已经到了，春天还会远吗？”我梦着楼前的白杨重新长出了浓密的绿叶；我梦着池塘里的荷花重新冒出了淡绿的大叶子；我梦着春天又回到了大地上。

可是我万万没有想到，“八十”这个数目字竟有这样大的威力，一种神秘的威力。“自己已经八十岁了！”我吃惊地暗自思忖。它逼迫着我向前看一看，又回头看一看。向前看，灰濛濛的一团，路不清楚，但也不是很长。确实没有什么好看的地方。不看也罢。

而回头看呢，则在灰濛濛的一团中，清晰地看到了一条路，路极长，是我一步一步地走过来的，这条路的顶端是在清平县的官庄。我看到了一片灰黄的土房，中间闪着苇塘里的水光，还有我大奶奶和母亲的面影。这条路延伸出去，我看到了泉城的大明湖。这条路又延伸出去，我看到了水木清华，接着又看到德国小城哥廷根斑斓的秋色，上面飘动着我那母亲似的女房东和祖父似的老教授的面影。路陡然又从万里之外折回到神州大地，我看到了红楼，看到了燕园的湖光塔影。令人泄气而且大煞风景的是，我竟又看到了牛棚的牢头禁子那一副面孔。再看下去，路就缩住了，一直缩到我的脚下。

在这一条十分漫长的路上，我走过阳关大道，也走过独木小桥。路旁有深山大泽，也有平坡直入；有杏花春雨，也有塞北秋风；有山重水复，也有柳暗花明；有迷途知返，也有绝处逢生。路太长了，时间太久了，影子太多了，回忆太重了。我真正感觉到，我负担不了，也忍受不了，我想摆脱掉这一切，还我一个自由自在身。

回头看既然这样沉重，能不能向前看呢？我上面已经说到，向前看，路不是很长，没有什么好看的地方。我现在正像鲁迅的散文诗《过客》中的那一个过客。他不知道是从什么地方走来的，终于走到了老翁和小女孩的土屋前面，讨了点水喝。老翁看他已经疲惫不堪，劝他休息一下。他说：“从我还能记得的时候起，我就在这么走，要走到一个地方去，这地方就在前面。我单记得走了许多路，现在来到这里了。我接着就要走向那边去……况且还有声音在前面催促我，叫唤我，使我息不下。”那边，西边是什么地方呢？老人说：“前面，是坟。”小女孩说：“不，不，不的。那里有许多野百合，野蔷薇，我常常去玩，去看他们的。”

我理解这个过客的心情，我自己也是一个过客。但是却从来没有什么声音催着我走，而是同世界上任何人一样，我是非走不行的，不用催促，也是非走不行的。走到什么地方去呢？走到西边的坟那里，这是一切人的归宿。我记得屠格涅夫的一首散文诗里，也讲了这个意思。我并不怕坟，只是在走了这么长的路以后，我真想停下来休息片刻。然而我不能，不管你愿意不愿意，反正是非走不行。聊以自慰的是，我同那个老翁还不一样，有的地方颇像那个小女孩，我既看到了坟，也看到野百合和野蔷薇。

我面前还有多少路呢？我说不出，也没有仔细想过。冯友兰先生说：“何止于米？相期以茶。”“米”是八十八岁，“茶”是一百零八岁。我没有这样的雄心壮志，我是“相期以米”。这算不算是立大志呢？我是没有大志的人，我觉得这已经算是大志了。

我从前对穷通寿夭也是颇有一些想法的。后来，我成了陶渊明的志同道合者。他的一首诗，我很欣赏：

纵浪大化中，
不喜亦不惧。
应尽便须尽，
无复独多虑。

我现在就是抱着这种精神，昂然走上前去。只要有可能，我一定做一些对别人有益的事，决不想成为行尸走肉。我知道，未来的路也不会比过去的更笔直，更平坦。但是我并不恐惧。我眼前还闪动着野百合和野蔷薇的影子。

⊙作品赏析

《八十述怀》写于1991年1月1日，作者在文中回顾了自己80岁以前走过的人生历程，表露了自己的人生观、学术观和生死观。作者起笔不落俗套，以幽默调侃的笔调直接点题，一个坦率、质朴、乐观、自信的老人形象立时展现在读者面前。接着作者以轻松的笔调，对自己过去的人生之路进行大检阅，作者交替使用“宛如一场春梦”等几个类似的句子，使各段之间环环相扣，错落有致。过去的已经过去了，未来的时间仿佛也不多，作者固然觉得惋惜、感伤，但并不消沉。作者用冬天的杨树叶和水塘的荷花“做春梦”自喻，表明了向学术冲刺的决心；对于未来，作者化用鲁迅《过客》一文中的内容，说自己“既看到了坟，也看到了野百合和野蔷薇”。最后作者引用陶渊明的诗句，表明了自己豁达的生死观。文章信笔而谈，毫不隐讳，无拘无束，笔之所至皆成珠玉，内心独白、与读者交心的表达方式，亲切自然，读来令人如沐春风。

雨前 / 何其芳

入选理由
何其芳的散文代表作
文章深邃而明丽，委婉而浓郁
明暗线索互相渗透，相得益彰

最后的鸽群带着低弱的笛声在微风里划一个圈子后，也消失了。也许是误认这灰暗的凄冷的天空为夜色的来袭，或是也预感到风雨的将至，遂过早地飞回它们温暖的木舍。

几天的阳光在柳条上撒下的一抹嫩绿，被尘土埋掩得有憔悴色了，是需要一次洗涤。还有干裂的大地和树根也早已期待着雨。雨却迟疑着。

我怀想着故乡的雷声和雨声。那隆隆的有力的搏击，从山谷返响到山谷，仿佛春之芽就从冻土里震动，惊醒，而怒茁出来。细草样柔的雨声又以温存之手抚摩它，使它簇生油绿的枝叶而开出红色的花。这些怀想如乡愁一样萦绕得使我忧郁了。我心里的气候也和这北方大陆一样缺少雨量，一滴温柔的泪在我枯涩的眼里，如迟疑在这阴沉的天空里的雨点，久不落下。

白色的鸭也似有一点烦躁了，有不洁的颜色的都市的河沟里传出它们焦急的叫声。有的还未厌倦那船一样的徐徐的划行。有的却倒插它们的长颈在水里，红色的蹼趾伸在尾后，不停地扑击着水以支持身体的平衡。不知是在寻找沟底的细微的食物，还是贪那深深的水里的寒冷。

有几个已上岸了。在柳树下来回地作绅士的散步，舒息划行的疲劳。然后参差地站着，用嘴细细抚理它们遍体白色的羽毛，间或又摇动身子或扑展着阔翅，使那缀在羽毛间的水珠坠落。一个已修饰完毕的，弯曲它的颈到背上，长长的红嘴藏没在翅膀里，静静合上它白色的茸毛间的小黑睛，仿佛准备睡眠。可怜的小动物，你就是这样做你的梦吗?

我想起故乡放雏鸭的人了。一大群鹅黄色的雏鸭游牧在溪流间。清浅的水，两岸青青的草，一根长长的竹竿在牧人的手里。他的小队伍是多么欢欣地发出啁啾声，又多么驯服地随着他的竿头越过一个田野又一个山坡！夜来了，帐幕似的竹篷撑在地上，就是他的家。但这是怎样辽远的想像啊！在这多尘土的国土里，我仅只希望听见一点树叶上的雨声。一点雨声的幽凉滴到我憔悴的梦，也许会长成一树圆圆的绿阴来覆荫我自己。

我仰起头。天空低垂如灰色的雾幕，落下一些寒冷的碎屑到我脸上。一只远来的鹰隼仿佛带着怒愤，对这沉重的天色的怒愤，平张的双翅不动地从天空斜插下，几乎触到河沟对岸的土阜，而又鼓扑着双翅，作出猛烈的声响腾上了。那样巨大的翅使我惊异。我看见了它两肋间斑白的羽毛。

·作者简介·

何其芳（1912～1977），原名何永芳，四川万县（现为重庆市万州区）人，中国现代诗人、散文家、文学研究家。1929年后先后在上海中国公学、清华大学、北京大学求学。1935年毕业后在天津、山东等地从事教育工作。1938年赴延安，任鲁迅艺术学院文学系主任。1947年任中共四川省委宣传部副部长、《新华日报》社副社长。新中国成立后任中国作家协会书记处书记，中国社会科学院文学研究所所长等职。主要著作有诗集《预言》，散文集《还乡杂记》等。

何其芳像

接着听见了它有力的鸣声，如同一个巨大的心的呼号，或是在黑暗里寻找伴侣的叫唤。

然而雨还是没有来。

⊙作品赏析

《雨前》写于1933年春，正在北京大学求学的何其芳，对祖国的未来充满希望，但面对斑驳灰暗的社会现实，他又感到困惑、苦闷、寂寞。《雨前》的内容就是作者当时心境的流露。《雨前》着重描绘了三组动物图：惊惶的鸽子、烦躁的鸭群、愤怒的鹰隼，其间穿插了两组故乡风情画：草木迎春、雏鸭嬉水。在这些图画背后作者巧妙安排了两条线索：一条是憔悴的北国和秀丽的故乡景物的对比，一条是作者热切的企盼和灰暗的现实世界的对比，两条线索互相渗透，相得益彰。文章写得深邃而明丽，委婉而浓郁，真切地表明了作者内心烦闷而焦渴的情绪，也为读者带来丰富的想象空间。

孙犁的散文代表作之一

一曲反映抗战时期白洋淀人民团结御侮、不屈不挠的英雄精神的赞歌

采蒲台的苇 / 孙犁

我到了白洋淀，第一个印象，是水养活了苇草，人们依靠苇生活。这里到处是苇，人和苇结合的是那么紧。人好像寄生在苇里的鸟儿，整天不停地在苇里穿来穿去。

我渐渐知道，苇也因为性质的软硬、坚固和脆弱，各有各的用途。其中，大白皮和大头栽因为色白、高大，多用来织小花边的炕席；正草因为有骨性，则多用来铺房、填房碱；白毛子只有漂亮的外形，却只能当柴烧；假皮织篮捉鱼用。

我来的早，淀里的凌还没有完全融化。苇子的根还埋在冰冷的泥里，看不见大苇形成的海。我走在淀边上，想像假如是五月，那会是苇的世界。

在村里是一垛垛打下来的苇，它们柔顺地在妇女们的手里翻动，远处的炮声还不断传来，人民的创伤并没有完全平复。关于苇塘，就不只是一种风景，它充满火药的气息，和无数英雄的血液的记忆。如果单纯是苇，如果单纯是好看，那就不成为冀中的名胜。

这里的英雄事迹很多，不能一一记述。每一片苇塘，都有英雄的传说。敌人的炮火，曾经摧残它们，它们无数次被火烧光，人民的血液保持了它们的清白。

最好的苇出在采蒲台。一次，在采蒲台，十几个干部和全村男女被敌人包围。那是冬天，人们被围在冰上，面对着等待收割的大苇塘。

敌人要搜。干部们有的带着枪，认为是最后战斗流血的时候到来了。妇女们却偷偷地把怀里的孩子递过去，告诉他们把枪支插在孩子的裤裆里。搜查的时候，干部又顺手把孩子递给女人……十二个女人

·作者简介·

孙犁（1913~2002），中国现当代作家。河北安平人。早年毕业于保定育德中学。1936年到安新县小学教书，后任教于冀中抗战学院和华北联大，任晋察冀通讯社和《晋察冀日报》编辑。1944年赴延安，在鲁迅艺术文学院工作。1945年回冀中农村。1949年起主编《天津日报》的《文艺周刊》。曾任中国作家协会理事和天津作协副主席等职。主要作品有小说《芦花荡》、《荷花淀》和《铁木前传》，散文集《晚华集》、《耕堂散文》等。

孙犁像

不约而同地这样做了。仇恨是一个，爱是一个，智慧是一个。

枪掩护过去了，闯过了一关。这时，一个四十多岁的人，从苇塘打苇回来，被敌人捉住。敌人问他："你是八路？""不是！""你村里有干部？""没有！"敌人砍断他半边脖子，又问："你的八路？"他歪着头，血流在胸膛上，说："不是！""你村的八路大大的！""没有！"

妇女们忍不住，她们一齐沙着嗓子喊："没有！没有！"

敌人杀死他，他倒在冰上。血冻结了，血是坚定的，死是刚强！

"没有！没有！"

这声音将永远响在苇塘附近，永远响在白洋淀人民的耳朵旁边，甚至应该一代代传给我们的子孙。永远记住这两名简短有力的话吧！

⊙作品赏析

《采蒲台的苇》是孙犁的散文名篇。文章以抗战时期白洋淀地区为背景，以诗意的笔调叙述了发生在这一地区一个真实感人的军民抗日的故事。文章的前半部分写"苇"，在作者眼中，苇不是单纯的自然物，而是英勇无畏的白洋淀人民的化身，是白洋淀军民团结御侮、宁死不屈的伟大精神的象征。文章后半部分以白描手法，叙述了采蒲台的妇女们面对日寇，机智勇敢掩护干部和一中年打苇人宁死不屈的故事，刻画了白洋淀人民大智大勇、铮铮铁骨的英雄形象。文章朴实无华，语言凝练清新，情感炽烈，生动表现了采蒲台人、白洋淀人，乃至中华儿女不屈不挠、英勇斗争的民族精神。

荔枝蜜 / 杨朔

杨朔的散文代表作之一

以诗的语言讴歌了我国广大劳动者的勤劳精神

入选中学语文教材

花鸟草虫，凡是上得画的，那原物往往也叫人喜爱。蜜蜂是画家的爱物，我却总不大喜欢。说起来可笑，孩子时候有一回上树掐海棠花，不想叫蜜蜂蜇了一下，痛得我差点儿跌下来。大人告诉我说：蜜蜂轻易不蜇人，准是误以为你要伤害它，才蜇。一蜇，它自已就耗尽了生命，也活不久了。我听了，觉得那蜜蜂可怜，原谅它了。可是从此以后，每逢看见蜜蜂，感情上疙疙瘩瘩的，总不怎么舒服。

今年四月，我到广东从化温泉小住了几天。那里四围是山，环抱着一潭春水，那又浓又翠的景色，简直是一幅青绿山水画。刚去的当晚是个阴天，偶尔倚着楼窗一望，奇怪啊，怎么楼前凭空涌起那么多黑黝黝的小山，一重一重的，起伏不断？记得楼前是一片比较平坦的园林，不是山。这到底是什么幻景呢？赶到天明一看，忍不住笑了。原来是满野的荔枝树，一棵连一棵，每棵的叶子都密得不透缝，黑夜看去，可不就像小山似的！

荔枝也许是世上最鲜最美的水果。苏东坡写过这样的诗句："日啖荔枝三百颗，不辞长作岭南人。"可见荔枝的妙处。偏偏我来得不是时候，满树刚开着浅黄色的小花，并不出众。新发的嫩叶，颜色淡红，比花倒还中看些。从开花到果子成熟，大约得三个月，看来我是等不及在从化温泉吃鲜荔枝了。

吃鲜荔枝蜜，倒是时候。有人也许没听说这稀罕物儿吧？从化的荔枝树多得像汪洋大海，开花时节，满野嘤嘤嗡嗡，忙得那蜜蜂忘记早晚，有时趁着月色还采花酿蜜。荔

·作者简介·

杨朔（1913～1968），山东蓬莱人，中国当代作家。早年丧父，1929年随舅父到哈尔滨。1937年赴延安参加革命，曾辗转于西北各地和华北抗日根据地，从事文艺工作。解放战争期间，以新华社记者身份赴前线工作。抗美援朝战争时期，赴朝鲜前线采访。之后主要从事外事工作。主要作品有散文《荔枝蜜》、《雪浪花》、《茶花赋》和长篇小说《三千里江山》。

杨朔像

枝蜜的特点是成色纯，养分大。住在温泉的人多半喜欢吃这种蜜，滋养精神。热心肠的同志为我也弄到两瓶。一开瓶子塞儿，就是那么一股甜香；调上半杯一喝，甜香里带着股清气，很有点鲜荔枝味儿。喝着这样好的蜜，你会觉得生活都是甜的呢。

我不觉动了情，想去看看自己一向不大喜欢的蜜蜂。

荔枝林深处，隐隐露出一角白屋，那是温泉公社的养蜂场，却起了个有趣的名儿，叫“养蜂大厦”。正当十分春色，花开得正闹。一走近“大厦”，只见成群结队的蜜蜂出出进进，飞去飞来，那沸沸扬扬的情景，会使你想：说不定蜜蜂也在赶着建设什么新生活呢。

养蜂员老梁领我走进“大厦”。叫他老梁，其实是个青年人，举动很精细。大概是老梁想叫我深入一下蜜蜂的生活，他小小心心地揭开一个木头蜂箱，箱里隔着一排板，板上满是蜜蜂，蠕蠕地爬动。蜂王是黑褐色的，身量特别长，每只蜜蜂都愿意用采来的花精来供养它。

老梁赞叹似的轻轻说：“你瞧这群小东西，多听话！”

我就问道：“像这样一窝蜂，一年能割多少蜜？”

老梁说：“能割几十斤。蜜蜂这东西，最爱劳动。广东天气好，花又多，蜜蜂一年四季都不闲着。酿的蜜多，自己吃的可有限。每回割蜜，留下一点点，够它们吃的就行了。它们从来不争，也不计较什么，还是继续劳动，继续酿蜜，整日整月不辞辛苦……”

我又问道：“这样好蜜，不怕什么东西来糟蹋么？”

老梁说：“怎么不怕？你得提防虫子爬进来，还得提防大黄蜂。大黄蜂这贼最恶，常常落在蜜蜂窝洞口，专干坏事。”

我不觉笑道：“噢！自然界也有侵略者。该怎么对付大黄蜂呢？”

老梁说：“赶！赶不走就打死它。要让它呆在那儿，会咬死蜜蜂的。”

我想起一个问题，就问：“一只蜜蜂能活多久？”

老梁回答说：“蜂王可以活三年，一只工蜂最多能活六个月。”

我说：“原来寿命这样短。你不是总得往蜂房外边打扫死蜜蜂么？”

老梁摇一摇头说：“从来不用。蜜蜂是很懂事的，活到限数，自己便悄悄死在外边，再也不回来了。”

我的心不禁一颤：多可爱的小生灵啊，对人无所求，给人的却是极好的东西。蜜蜂是在酿蜜，又是在酿造生活；不是为自己，而是在为人类酿造最甜的生活。蜜蜂是渺小的，蜜蜂却又多么高尚啊！

透过荔枝树林，我沉吟地望着远远的田野，那儿正有农民立在水田里，辛辛勤勤地分秧插秧。他们正用劳力建设自己的生活，实际也是在酿蜜——为自己，为别人，也为后世子孙酿造着生活的蜜。

这天夜里，我做了个奇怪的梦，梦见自己变成一只小蜜蜂。

⊙作品赏析

《荔枝蜜》写于1960年，收入中学课本。本文是一篇构思精巧、寓意深刻、意境优美的抒情散文。作者以生活中常见的小动物蜜蜂为描写对象，借蜜蜂酿蜜的可贵精神，赞颂了劳动人民勤奋不息地为别人、为子孙后代酿造生活之“蜜”的高尚品质。纵观全篇，语言精致，优美深邃的意境次第展开，含意步步加深，感情层层叠起，读来有如平地登山，愈高天地愈广，既获得深刻的哲理启示，也得到美的享受。

昆明的雨 / 汪曾祺

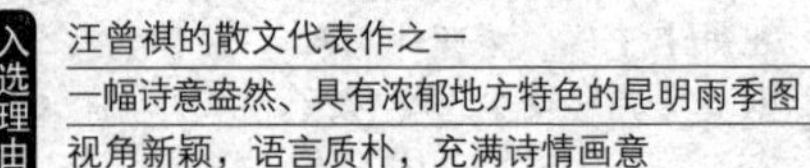

宁坤要我给他画一张画，要有昆明的特点。我想了一些时候，画了一幅：右上角画了一片倒挂着的浓绿的仙人掌，末端开出一朵金黄色的花；左下画了几朵青头菌和牛肝菌。题了这样几行字：

昆明人家常于门头挂仙人掌一片以辟邪，仙人掌悬空倒挂，尚能存活开花。于此可见仙人掌生命之顽强，亦可见昆明雨季空气之湿润。雨季则有青头菌，牛肝菌，味极鲜腴。

我想念昆明的雨。

我以前不知道有所谓雨季。“雨季”，是到昆明以后才有了具体感受的。

我不记得昆明的雨季有多长，从几月到几月，好像是相当长的。但是并不使人厌烦。因为是下下停停、停停下下，不是连绵不断，下起来没完。而且并不使人气闷。我觉得昆明雨季气压不低，人很舒服。

昆明的雨季是明亮的、丰满的，使人动情的。城春草木深，孟夏草木长。昆明的雨季，是浓绿的。草木的枝叶里的水分都到了饱和状态，显示出过分的、近于夸张的旺盛。

我的那张画是写实的。我确实亲眼看见过倒挂着还能开花的仙人掌。旧日昆明人家门头上用以辟邪的多是这样一些东西：一面小镜子，周围画着八卦，下面便是一片仙人掌——在仙人掌上扎一个洞，用麻线穿了，挂在钉子上。昆明仙人掌多，且极肥大。有些人家在菜园的周围种了一圈仙人掌以代替篱笆——种了仙人掌，猪羊便不敢进园吃菜了。仙人掌有刺，猪和羊怕扎。

昆明菌子极多。雨季逛菜市场，随时可以看到各种菌子。最多，也最便宜的是牛肝菌。牛肝菌下来的时候，家家饭馆卖炒牛肝菌，连西南联大食堂的桌子上都可以有一碗。牛肝菌色如牛肝，滑，嫩，鲜，香，很好吃。炒牛肝菌须多放蒜，否则容易使人晕倒。青头菌比牛肝菌略贵。这种菌子炒熟了也还是浅绿色的，格调比牛肝菌高。菌中之王是鸡㙡，味道鲜浓，无可方比。鸡㙡是名贵的山珍，但并不真的贵得惊人。一盘红烧鸡㙡的价钱和一碗黄焖鸡不相上下，因为这东西在云南并不难得。有一个笑话：有人从昆明坐火车到呈贡，在车上看到地上有一棵鸡㙡，他跳下去把鸡㙡捡了，紧赶两步，还能爬上火车。这笑话用意在说明昆明到呈贡的火车之慢，但也说明鸡枞随处可见。有一种菌子，中吃不中看，叫做干巴菌。乍一看那样子，真叫人怀疑：这种东西也能吃！颜色深褐带绿，有点像一堆半干的牛粪或一个被踩破了的马蜂窝。里头还有许多草茎、松毛，乱七八糟！可是下点功夫，把草茎松毛择净，撕成蟹腿肉粗细的丝，和青辣椒同炒，入口便会使你张目结舌：这东西这么好吃？！还有一种菌子，中看不中吃，叫鸡油菌。都是一般大小，有一块银圆那样大，滴溜圆，颜色浅黄，恰似鸡油一样。这种菌子只能做菜时配色用，没甚味道。

·作者简介·

汪曾祺（1920～1997），江苏高邮人，中国当代作家。1943年从昆明西南联合大学中文系毕业后，在昆明、上海任中学国文教员和历史博物馆职员。新中国成立后先后在北京文联、中国民间文学研究会、北京京剧院工作，并执编《北京文艺》、《民间文学》等刊物。主要作品有小说集《邂逅集》、《汪曾祺短篇小说选》，散文集《蒲桥集》、《汪曾祺自选集》及一些京剧剧本。

汪曾祺像

雨季的果子，是杨梅。卖杨梅的都是苗族女孩子，戴一顶小花帽子，穿着扳尖的绣了满帮花的鞋，坐在人家阶石的一角，不时吆唤一声："卖杨梅——"声音娇娇的。她们的声音使得昆明雨季的空气更加柔和了。昆明的杨梅很大，有一个乒乓球那样大，颜色黑红黑红的，叫做"火炭梅"。这个名字起得真好，真是像一球烧得炽红的火炭！一点都不酸！我吃过苏州洞庭山的杨梅、井冈山的杨梅，好像都比不上昆明的火炭梅。

雨季的花是缅桂花。缅桂花即白兰花，北京叫做"把儿兰"（这个名字真不好听）。云南把这种花叫做缅桂花，可能最初这种花是从缅甸传入的，而花的香味又有点像桂花，其实这跟桂花实在没有什么关系。不过话又说回来，别处叫它白兰、把儿兰，它和兰花也挨不上呀，也不过是因为它很香，香得像兰花。我在家乡看到的白兰多是一人高，昆明的缅桂是大树！我在若园巷二号住过，院里有一棵大缅桂，密密的叶子，把四周房间都映绿了。缅桂盛开的时候，房东（是一个五十多岁的寡妇）就和她的一个养女，搭了梯子上去摘，每天要摘下来好些，拿到花市上去卖。她大概是怕房客们乱摘她的花，时常给各家送去一些。有时送来一个七寸盘子，里面摆得满满的缅桂花！带着雨珠的缅桂花使我的心软软的，不是怀人，不是思乡。

雨，有时是会引起人一点淡淡的乡愁的。李商隐的《夜雨寄北》是为许多久客的游子而写的。我有一天在积雨少住的早晨和德熙从联大新校舍到莲花池去。看了池里的满池清水，看了作比丘尼装的陈圆圆的石像（传说陈圆圆随吴三桂到云南后出家，暮年投莲花池而死），雨又下起来了。莲花池边有一条小街，有一个小酒店，我们走进去，要了一碟猪头肉，半市斤酒（装在上了绿釉的土磁杯里），坐了下来。雨下大了。酒店有几只鸡，都把脑袋反插在翅膀下面，一只脚着地，一动也不动地在檐下站着。酒店院子里有一架大木香花。昆明木香花很多。有的小河沿岸都是木香。但是这样大的木香却不多见。一棵木香，爬在架上，把院子遮得严严的。密匝匝的细碎的绿叶，数不清的半开的白花和饱涨的花骨朵，都被雨水淋得湿透了。我们走不了，就这样一直坐到午后。四十年后，我还忘不了那天的情味，写了一首诗：

莲花池外少行人，
野店苔痕一寸深。
浊酒一杯天过午，
木香花湿雨沉沉。

我想念昆明的雨。

⊙作品赏析

《昆明的雨》是一篇情韵别致的写景散文，文章抒写了作者在昆明期间对雨季的见闻感受。文章开首不落俗套，视角新颖，以素朴的寥寥数笔清晰地勾画出了昆明雨季的形象：明亮、丰满、浓绿，下下停停、停停下下，不使人气闷。接着作者仍不直接写雨，而是写昆明雨季中的菌子、杨梅、缅桂花，看似与雨无关，实是以此作衬托，将昆明的雨季写得饱满、切实而形象，将昆明的雨季立体、现实地展示在读者面前。作者篇末引用典故，直抒胸臆，深化了文章的意境。文章语言质朴，行文自然如流水，信笔所至，无拘无束，看似平平淡淡，却充满诗情画意，趣味盎然。

西湖漫笔 / 宗璞

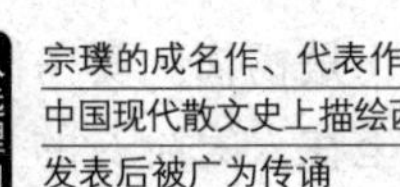

入选理由
宗璞的成名作、代表作
中国现代散文史上描绘西湖风光的优秀作品之一
发表后被广为传诵

平生最喜欢游山逛水。这几年来，很改了不少闲情逸致，只在这山水上头，却还依旧。那五百里滇池粼粼的水波，那兴安岭上起伏不断的绿沉沉的林海，那开满了各色无名的花儿的广阔的呼伦贝尔草原，以及那举手可以接天的险峻的华山……曾给人多少有趣的思想，曾激发起多少变幻的感情。一到这些名山大川异地胜景，总会有一种奇怪的力量震荡着我，几乎忍不住要呼喊起来："这是我的伟大的、亲爱的祖国——"

然而在足迹所到的地方，也有经过很长久的时间，我才能理解、欣赏的。正像看达·芬奇的名画《永远的微笑》，我曾看过多少遍，看不出她美在哪里；在看过多少遍之后，一次又拿来把玩，忽然发现那温柔的微笑，那嘴角的线条，那手的表情，是这样无以名状的美，只觉得眼泪直涌上来。山水，也是这样的，去上一次两次，可能不会了解它的性情，直到去过三次四次，才恍然有所悟。

我要说的地方，是多少人说过写过的杭州。六月间，我第四次去到西子湖畔，距第一次来，已经有九年了。这九年间，我竟没有说过西湖一句好话。发议论说，论秀媚，西湖比不上长湖，天真自然，楚楚有致；论宏伟，比不上太湖，烟霞万顷，气象万千。好在到过的名湖不多，不然，不知还有多少谬论。

奇怪得很，这次却有着迥乎不同的印象。六月，并不是好时候，没有花，没有雪，没有春光，也没有秋意。那几天，有的是满湖烟雨，山光水色，俱是一片迷蒙。西湖，仿佛在半醒半睡。空气中，弥漫着经了雨的栀子花的甜香。记起东坡诗句："水光潋滟晴方好，山色空蒙雨亦奇。"便想，东坡自是最了解西湖的人，实在应该仔细观赏、领略才是。

正像每次一样，匆匆地来，又匆匆地去。几天中我领略了两个字，一个是"绿"，只凭这一点，已使我留连忘返。雨中去访灵隐，一下车，只觉得绿意扑眼而来。道旁古木参天，苍翠欲滴，似乎飘着的雨丝儿也都是绿的，飞来峰上层层叠叠的树木，有的绿得发黑，深极了，浓极了；有的绿得发蓝，浅极了，亮极了。峰下蜿蜒的小径，布满青苔，直绿到了石头缝里。在冷泉亭上小坐，直觉得遍体生凉，心旷神怡。亭旁溪水铮琮，说是溪水，其实表达不出那奔流的气势，平稳处也是碧澄澄的，流得急了，水花飞溅，如飞珠滚玉一般，在这一片绿色的影中显得分外好看。

·作者简介·

宗璞（1928～　），原名冯钟璞，河南唐河人，生于北京，中国当代女作家。1951年毕业于清华大学外文系。历任政务院宗教事务处、中国文联干部，《文艺报》、《世界文学》编辑部编辑。之后调中国社会科学院外国文学研究所工作，1988年退休。她勤于文学创作，尤以散文见长。主要作品有短篇小说《红豆》、《我是谁》，长篇小说《南渡记》，散文《西湖漫笔》等。

宗璞像

西湖胜景很多，各处有不同的好处，即便一个绿色，也各有不同。黄龙洞绿得幽，屏风山绿得野，九曲十八涧绿得闲……不能一一去说。漫步苏堤，两边都是湖水，远水如烟，近水着了微雨，也泛起一层银灰的颜色。走着走着，忽见路旁的树十分古怪，一棵棵树身虽然离得较远，却给人一种莽莽苍苍的感觉，似乎是从树梢一直绿到了地下。走近看时，原来是树身上布满了绿茸茸的青苔，那样鲜嫩，那样可爱，使得绿荫荫的苏堤，更加绿了几分。有的青苔，形状也很有趣，如耕牛，如牧人，如树木，如云霞；有的整片看来，布局宛然，如同一幅青绿山水。这种绿苔，给我的印象是坚忍不拔，不知当初苏公对它们印象怎样。

在花港观鱼，看到了又一种绿。那是满池的新荷，圆圆的绿叶，或亭亭立于水上，或宛转靠在水面，只觉得一种蓬勃的生机，跳跃满池。绿色，本来是生命的颜色。我最爱看初春的杨柳嫩枝，那样鲜，那样亮，柳枝儿一摆，似乎蹬着脚告诉你，春天来了。荷叶，则要持重一些，初夏，则更成熟一些，但那透过活泼的绿色表现出来的茁壮的生命力，是一样的。再加上叶面上的水珠儿滴溜溜滚着，简直好像满池荷叶都要裙袂飞扬，翩然起舞了。

从花港乘船而回，雨已停了。远山青中带紫，如同凝住了一段云霞。波平如镜，船儿在水面上滑行，只有浆声欸乃，愈增加了一湖幽静。一会儿摇船的姑娘歇了桨，喝了杯茶，靠在船舷，只见她向水中一摸，顺手便带上一条欢蹦乱跳的大鲤鱼。她自己只微笑着，一声不出，把鱼甩在船板上，同船的朋友看得入迷，连连说，这怎么可能！上岸时，又回头看那在浓重暮色中变得无边无际的白茫茫的湖水，惊叹道："真是个神奇的湖！"

我们整个的国家，不是也可以说是神奇的么？我这次来领略到的另一个字，就是"变"。和全国任何地方一样，隔些时候去，总会看到变化，变得快，变得好，变得神奇。都锦生织锦厂在我印象中，是一个窄狭的旧式的厂子。这次去，走进一个花木葱茏的大院子，我还以为找错了地方。技术上、管理上的改进和发展就不用说了。我看到织就的西湖风景，当然羡慕其织工精细，但却想，怎么可能把祖国的锦绣河山织出来呢？不可能的。因为河山在变，在飞跃！最初到花港时，印象中只是个小巧曲折的园子，四周是一片荒芜。这次却见变得开展了，加上好几处绿草坪，种了许多叫不上名字来的花和树，顿觉天地广阔了许多，丰富了许多。那在新鲜的活水中游来游去的金鱼们，一定会知道得更清楚吧。据说，这一处观赏地带原来只有二亩，现在已有二百一十亩。我和数字是没有什么缘分的，可是这次我却深深地记住了。这种修葺，是建设中极次要的一部分，从它，可以看出更多的东西……

更何况西湖连性情也变得活泼热闹了，星期天，游人泛舟湖上，真是满湖的笑，满湖的歌！西湖的度量，原也是容得了活泼热闹的。两三人寻幽访韵固然好，许多人畅谈畅游也极佳。见公共汽车往来运载游人，忽又想起东坡在密州出猎时写的一首《江城子》："老夫聊发少年狂。左牵黄，右擎苍。锦帽貂裘，千骑卷平冈。"形容他在密州出猎时的景象。想来他在杭州兴修水利，吟诗问禅之余，当有更盛的情景吧？那时是"倾城随太守"，这时是每个人在公余之暇，来休息身心，享山水之乐。这热闹，不更千百倍地有意思么？

希腊画家亚伯尔曾把自己的画放在街上，自己躲在画后，听取意见。有个鞋匠说人物的鞋子画得不对，他马上改了。这鞋匠又批评别的部分，他忍不住从画后跑出来说，你还是只谈鞋子好了。因为对西湖的印象究竟只是浮光掠影，这篇小文，很可能是鞋匠的议论，然而心到神知，想西湖不会怪我唐突吧？

⊙作品赏析

《西湖漫笔》写于1961年，是宗璞的散文成名作。这篇散文发表后受到广泛赞誉，使宗璞第一次在散文界获得了承认，从此享誉文坛。

文中最主要的部分，是六月烟雨中西湖的"绿"，这也是文中最精彩的部分。作者运用直接的写实手法，描绘了西湖丰富多姿的"绿"：道旁古木苍翠欲滴；飞来峰上层叠的树木，有的绿得发黑，有的绿得发蓝；蜿蜒的小径布满青苔，直绿到石头缝里；黄龙洞绿得幽，屏风山绿得野，九曲十八涧绿得闲……将人们带进一个铺天盖地的绿色世界中。文章层次丰富，描摹真切，文字极为简约，却传神尽意，且富于韵律感，显示了作者非凡的才分和细致入微的观察力。

听听那冷雨 / 余光中

入选理由
- 余光中的散文代表作
- 中国当代诗化散文的典范作品
- 开拓了中国散文的新领域

惊蛰一过，春寒加剧。先是料料峭峭，继而雨季开始，时而淋淋漓漓，时而淅淅沥沥，天潮潮地湿湿，即连在梦里，也似乎把伞撑着。而就凭一把伞，躲过一阵潇潇的冷雨，也躲不过整个雨季。连思想也都是潮润润的。每天回家，曲折穿过金门街到厦门街迷宫式的长巷短巷，雨里风里，走入霏霏令人更想入非非。想这样子的台北凄凄切切完全是黑白片的味道，想整个中国整部中国的历史无非是一张黑白片子，片头到片尾，一直是这样下着雨的。这种感觉，不知道是不是从安东尼奥尼那里来的。不过那一块土地是久违了，二十五年，四分之一的世纪，即使有雨，也隔着千山万水，千伞万伞。二十五年，一切都断了，只有气候，只有气象报告还牵连在一起。大寒流从那块土地上弥天卷来，这种酷冷吾与古大陆分担。不能扑进她怀里，被她的裙边扫一扫吧，也算是安慰孺慕之情。

这样想时，严寒里竟有一点温暖的感觉了。这样想时，他希望这些狭长的巷子永远延伸下去，他的思路也可以延伸下去，不是金门街到厦门街，而是金门到厦门。他是厦门人，至少是广义的厦门人，二十年来，不住在厦门，住在厦门街，算是嘲弄吧，也算是安慰。

不过说到广义，他同样也是广义的江南人，常州人，南京人，川娃儿，五陵少年。杏花春雨江南，那是他的少年时代了。再过半个月就是清明。安东尼奥尼的镜头摇过去，摇过去又摇过来。残山剩水犹如是。皇天后土犹如是。纭纭黔首纷纷黎民从北到南犹如是。那里面是中国吗？那里面当然还是中国永远是中国。只是杏花春雨已不再，牧童遥指已不再，剑门细雨渭城轻尘也都已不再。然则他日思夜梦的那片土地，究竟在哪里呢？

在报纸的头条标题里吗？还是香港的谣言里？还是傅聪的黑键白键、马思聪的跳弓拨弦？还是安东尼奥尼的镜底勒马洲的望中？还是呢，故宫博物院的壁头和玻璃橱内，京戏的锣鼓声中，太白和东坡的韵里？

杏花。春雨。江南。六个方块字，或许那片土就在那里面。而无论赤县也好神州也好中国也好，变来变去，只要仓颉的灵感不灭、美丽的中文不老，那形象，那磁石一般的向心力当必然长在。因为一个方块字是一个天地。太初有字，于是汉族的心灵、祖先的回忆和希望便有了寄托。譬如凭空写一个“雨”字，点点滴滴，滂滂沱沱，淅沥淅沥淅沥，一切云情雨意，就宛然其中了。视觉上的这种美感，岂是什么 rain 也好 pluie 也好所能满足？翻开一部《辞源》或《辞海》，金木水火土，各成世界，而一入“雨”部，古神州的天颜千变万化，便悉在望中，美丽的霜雪云霞，骇人的雷电霹雹，展露的无非是神的好脾气与坏脾气，气象台百读不厌、门外汉百思不解的百科全书。

·作者简介·

余光中（1928～2017），中国台湾当代诗人，祖籍福建永春，生于南京。1947年后就读于金陵大学、厦门大学。1949年后在台湾大学求学。1956年到东吴大学、台湾师范大学兼课，并主编《蓝星》诗刊。之后赴美进修，获硕士学位。返台后相继任台湾师范大学副教授、教授，台湾政治大学西语系主任。1974年任香港中文大学教授，后兼任中文大学联合书院中文系主任。余光中一生从事诗歌、散文、评论、翻译创作，自称为自己写作的“四度空间”。他的散文具有汪洋恣肆、突兀峥嵘的想象力和排山倒海、阅兵方阵般驾驭文字的能力，既雄健豪放，又不乏柔丽之情。主要著作有诗集《舟子的悲歌》、《五陵少年》、《天国的夜市》、《敲打案》、《在冷战的年代》等，散文集《左手的缪斯》、《逍遥游》、《焚鹤人》、《青青边愁》等，评论集有《掌上雨》等。

余光中像

听听，那冷雨。看看，那冷雨。嗅嗅闻闻，那冷雨。舔舔吧，那冷雨。雨在他的伞上、这城市百万人的伞上、雨衣上、屋上、天线上。雨下在基隆港、在防波堤、在海峡的船上，清明这季雨。雨是女性，应该最富于感性。雨气空濛而迷幻，细细嗅嗅，清清爽爽新新，有一点点薄荷的香味，浓的时候，竟发出草和树沐发后特有的淡淡土腥气，也许那竟是蚯蚓和蜗牛的腥气吧，毕竟是惊蛰了啊。也许地上的地下的生命、也许古中国层层叠叠的记忆皆蠢蠢而蠕，也许是植物的潜意识和梦吧，那腥气。

第三次去美国，在高高的丹佛他山居了两年。美国的西部，多山多沙漠，千里干旱。天，蓝似安格罗·萨克逊人的眼睛；地，红如印地安人的肌肤；云，却是罕见的白鸟。落基山簇簇耀目的雪峰上，很少飘云牵雾。一来高，二来干，三来森林线以上，杉柏也止步，中国诗词里“荡胸生层云”，或是“商略黄昏雨”的意趣，是落基山上难睹的景象。落基山岭之胜，在石，在雪。那些奇岩怪石，相叠互倚，砌一场惊心动魄的雕塑展览，给太阳和千里的风看。那雪，白得虚虚幻幻，冷得清清醒醒，那股皑皑不绝一仰难尽的气势，压得人呼吸困难，心寒眸酸。不过要领略"白云回望合，青霭入看无"的境界，仍须回来中国。台湾湿度很高，最饶云气氤氲雨意迷离的情调。两度夜宿溪头，树香沁鼻，宵寒袭肘，枕着润碧湿翠、苍苍交叠的山影和万籁都歇的岑寂，仙人一样睡去。山中一夜饱雨，次晨醒来，在旭日未升的原始幽静中，冲着隔夜的寒气，踏着满地的断柯折枝和仍在流泻的细股雨水，一径探入森林的秘密，曲曲弯弯，步上山去。溪头的山，树密雾浓，蓊郁的水气从谷底冉冉升起，时稠时稀，蒸腾多姿，幻化无定，只能从雾破云开的空处，窥见乍现即隐的一峰半壑，要纵览全貌，几乎是不可能的。至少入山两次，只能在白茫茫里和溪头诸峰玩捉迷藏的游戏，回到台北，世人问起，除了笑而不答心自闲，故作神秘之外，实际的印象，也无非山在虚无之间罢了。云缭烟绕，山隐水迢的中国风景，由来予人宋画的韵味。那天下也许是赵家的天下，那山水却是米家的山水。而究竟，是米氏父子下笔像中国的山水，还是中国的山水上纸像宋画。恐怕是谁也说不清楚了吧？

雨不但可嗅，可观，更可以听。听听那冷雨。听雨，只要不是石破天惊的台风暴雨，在听觉上总是一种美感，大陆上的秋天，无论是疏雨滴梧桐，或是骤雨打荷叶，听去总有一点凄凉，凄清，凄楚。于今在岛上回味，则在凄楚之外，更笼上一层凄迷了。饶你多少豪情侠气，怕也经不起三番五次的风吹雨打。一打少年听雨，红烛昏沉。二打中年听雨，客舟中，江阔云低。三打白头听雨在僧庐下，这便是亡宋之痛，一颗敏感心灵的一生：楼上，江上，庙里，用冷冷的雨珠子串成。十年前，他曾在一场摧心折骨的鬼雨中迷失了自己。雨，该是一滴湿漓漓的灵魂，在窗外喊谁。

雨打在树上和瓦上，韵律都清脆可听。尤其是铿铿敲在屋瓦上，那古老的音乐，属于中国。王禹偁在黄冈，破如椽的大竹为屋瓦。据说住在竹楼上面，急雨声如瀑布，密雪声比碎玉。而无论鼓琴，咏诗，下棋，投壶，共鸣的效果都特别好。这样岂不像住在竹筒里面，任何细脆的声响，怕都会加倍夸大，反而令人耳朵过敏吧。

雨天的屋瓦，浮漾湿湿的流光，灰而温柔，迎光则微明，背光则幽黯，对于视觉，是一种低觉的安慰。至于雨敲在鳞鳞千瓣的瓦上，由远而近，轻轻重重轻轻，夹着一股股的细流沿瓦槽与屋檐潺潺泻下，各种敲击音与滑音密织成网，谁的千指百指在按摩耳轮。"下雨了"，温柔的灰美人来了，她冰冰的纤手在屋顶拂弄着无数的黑键啊灰键，把晌午一下子奏成了黄昏。

在古老的大陆上，千屋万户是如此。二十多年前，初来这岛上，日式的瓦屋亦是如此。先是天黯了下来，城市像罩在一块巨幅的毛玻璃里，阴影在户内延长复加深。然后凉凉的水意弥漫在空间，风自每一个角落里旋起，感觉得到，每一个屋顶上呼吸沉重都覆着灰云。雨来了，最轻的敲打乐敲打这城市，苍茫的屋顶，远远近近，一张张敲过去，古老的琴，那细细密密的节奏，单调里自有一种柔婉与亲切，滴滴点点滴滴，似幻似真，若孩时在摇篮里，一曲耳熟的童谣摇摇欲睡，母亲吟哦鼻音与喉音。或是在江南的泽国水乡，一大筐绿油油的桑叶被啮于千百头蚕，细细琐琐屑屑，口器与口器咀咀嚼嚼。雨来了，雨来的时候瓦这么说，一片瓦说千亿片瓦说，说轻轻地奏吧沉沉地弹，徐徐地叩吧挞挞地打，间间歇歇敲一个雨季，即兴演奏从惊蛰到清明，在零落的坟上冷冷奏挽歌，一片瓦吟千亿片瓦吟。

在日式的古屋里听雨，听四月，霏霏不绝的黄梅雨，朝夕不断，旬月绵延，湿粘粘的苔藓从石阶下一直侵到他舌底，心底。到七月，听台风台雨在古屋顶上一夜盲奏，千寻海底的热浪沸沸被狂风挟来，掀翻整个太平洋只为向他的矮屋檐重重压下，整个海在他的蜗壳上哗哗泻过。不然便是雷雨夜，白烟一般的纱帐里听羯鼓一通又一通，滔天的暴雨滂滂沛沛扑来，强劲的电琵琶忐忐忑忑忐忑忑，弹动屋瓦的惊悸腾腾欲掀起。不然便是斜斜的西北雨斜斜，刷在窗玻璃上，鞭在墙上打在阔大的芭蕉叶上，一阵寒濑泻过，秋意便弥漫日式的庭院了。

在日式的古屋里听雨，春雨绵绵听到秋雨潇潇，从少年听到中年，听听那冷雨。雨是一种单调而耐听的音乐是室内乐是室外乐，户内听听，户外听听，冷冷，那音乐。雨是一种回忆的音乐，听听那冷雨，回忆江南的雨下得满地是江湖下在桥上和船上，也下在四川在秧田和蛙塘，下肥了嘉陵江下湿布谷咕咕的啼声。雨是潮潮润润的音乐下在渴望的唇上舔舔那冷雨。

因为雨是最最原始的敲打乐从记忆的彼端敲起。瓦是最最低沉的乐器灰蒙蒙的温柔覆盖着听雨的人，瓦是音乐的雨伞撑起。但不久公寓的时代来临，台北，你怎么一下子长高了，瓦的音乐竟成了绝响。千片万片的瓦翩翩，美丽的灰蝴蝶纷纷飞走，飞入历史的记忆。现在雨下下来，下在水泥的屋顶和墙上，没有音韵的雨季。树也砍光了，那月桂，那枫树，柳树和擎天的巨椰，雨来的时候不再有丛叶嘈嘈切切，闪动湿湿的绿光迎接。鸟声减了啾啾，蛙声沉了阁阁，秋天的虫吟也减了唧唧。七十年代的台北不需要这些，一个乐队接一个乐队便遣散尽了。要听鸡叫，只有去《诗经》的韵里寻找。现在只剩下一张黑白片，黑白的默片。

正如马车的时代去后，三轮车的时代也去了。曾经在雨夜，三轮车的油布篷挂起，送她回家的途中，篷里的世界小得多可爱，而且躲在警察的辖区以外。雨衣的口袋越大越好，盛得下他的一只手里握一只纤纤的手。台湾的雨季这么长，该有人发明一种宽宽的双人雨衣，一人分穿一只袖子，此外的部分就不必分得太苛。而无论工业如何发达，一时似乎还废不了雨伞。只要雨不倾盆，风不横吹，撑一把伞在雨中仍不失古典的韵味。任雨点敲在黑布伞或是透明的塑胶伞上，将骨柄一旋，雨珠向四方喷溅，伞缘便旋成了一圈飞檐。跟女友共一把雨伞，该是一种美丽的合作吧。最好是初恋，有点兴奋，更有点不好意思，若即若离之间，雨不妨下大一点。真正初恋，恐怕是兴奋得不需要伞的，手牵手在雨中狂奔而去，把年轻的长发和肌肤交给漫天的淋淋漓漓，然后向对方的唇上颊上尝凉凉甜甜的雨水。不过那要非常年轻且激情，同时，也只能发生在法国的新潮片里吧。

大多数的雨伞想不会为约会张开。上班下班，上学放学，菜市来回的途中，现实的伞，灰色的星期三。握着雨伞，他听那冷雨打在伞上。索性更冷一些就好了，他想。索性把湿湿的灰雨冻成干干爽爽的白雨，六角形的结晶体在无风的空中回回旋旋地降下来，等须眉和肩头白尽时，伸手一拂就落了。二十五年，没有受故乡白雨的祝福，或许发上下一点白霜是一种变相的自我补偿吧。一位英雄，经得起多少次雨季？他的额头是水成岩削成还是火成岩？他的心底究竟有多厚的苔藓？厦门街的雨巷走了二十年与记忆等长，一座无瓦的公寓在巷底等他，一盏灯在楼上的雨窗子里，等他回去，向晚餐后的沉思冥想去整理青苔深深的记忆。前尘隔海。古屋不再。听听那冷雨。

⊙作品赏析

余光中是一位享誉海峡两岸的“乡愁”诗人，他的散文创作也极为丰富，是诗文双绝的作家。余光中1949年随父母去台湾定居，直到1992年他才回访大陆。《听听那冷雨》写于1974年春，此时离作者离开大陆已经整整25年了。

在文中，作者出色地运用了移步换景的手法，不断变换视角，描摹了不同地点听冷雨的意境、情趣、感受，并创造性地展示了丰富而又奇特的感觉，将雨描绘成糅合了听觉、触觉、嗅觉、视觉、味觉的一种全方位的感性存在，这种感性存在蕴含了人物交互感应所产生的全部情感类型——乡情、友情、爱情、亲情，从而给读者带来了多维的审美体验。文章意象博大深沉，结构舒缓而不散漫，叠词叠句交错运用，极富音乐美。古诗文典故的巧妙运用，使文章的意境得到了拓展。

苏州赋 / 王蒙

入选理由：王蒙的散文代表作之一；讴歌苏州自然风光与人文风貌的优秀新赋体散文

左边是园，右边是园。

是塔是桥，是寺是河，是诗是画，是石径是帆船是假山。

左边的园修复了，右边的园开放了。有客自海上来，有客自异乡来。塔更挺拔，桥更洗练，寺更幽凝，河更闹热，石径好吟诗，帆船应入画。而重重叠叠的假山，传至今天还要继续传下去的是你的匠心真情，是你的参差坎坷的魅力。

这是苏州。人间天上无双不二的苏州。中国的苏州。

苏州已经建城2500年。她已老态龙钟。无怪乎七年前初次造访的时候它是那样疲劳，那样忧伤，那样强颜欢笑。失修的名胜与失修的城市，以及市民的失修的心灵似乎都在怀疑苏州自身的存在。苏州，还是苏州吗？

苏州终于起步，苏州终于腾飞。为外乡小儿也熟知的江苏四大名旦香雪海冰箱、春花吸尘器、孔雀电视机、长城电风扇全都来自苏州。人们曾经担心工业的浪潮会把苏州的历史文化与生活情趣淹没。看来，这个问题已经受到了苏州人民的关注。还不知道有哪个城市近几年修复了复原了这么多古建筑古园林。在庆祝苏州建城2500年的生日的时候，1986年，苏州迎来了再生的青春。1500年前的盘门修复了，是全国唯一的精美完整的水陆城门。环秀山庄后面盖起的“革文化之命”的楼房拆除了，秀美的山庄复原，应令它的建造者的在天之灵欣慰，更令今天的游客流连忘返，赞叹不已。戏曲博物馆，民俗博物馆，刺绣博物馆……纷纷建成。寒山寺的钟声悠扬，虎丘塔的雄姿牢固，唐伯虎的新坟落成，苏州又回来了！苏州更加苏州。

当我看到观前街、太监巷前熙熙攘攘的人群，看到辉煌的彩灯装饰的得月楼、松鹤楼的姿影，看到那些办喜事的新人和他们的亲友，听到他们的欢声笑语，闻到闻名海内外的苏州佳肴的清香的时候，不禁为她的太平盛景而万分感动。当然还有许许多多的麻烦、冲撞、紧迫、危机与危机的意识，然而今天的苏州，得来是容易的吗？会有人甘心再失去吗？

不，我不能再在苏州停留。她的小巷使我神往，这样的小巷不应该出现在我的脚下而只能出现在陆文夫的小说里，梦里，弹词开篇的歌声里。弹词、苏昆、苏剧、吴语吴歌的珠圆玉润使我迷失，我真怕听这些听久了便不能再听懂别的方言与别的旋律。也许会因此不再喜欢不再会讲已经法定了推广了许多年的普通话——国语。那迷人的庭园，每一棵树与它身后的墙都使我倾倒，使我怀疑苏州人究竟是生活在亚洲、中国、硬邦邦的地球上还是生活在自己营造编织的神话里。这神话的世界比真的世界要小也要美得多。她太小巧，太娇嫩，太优雅，她会使见过严酷的世界，手掌和心上都长着老茧的人不忍心去摸她碰她亲近她。

·作者简介·

王蒙（1934～ ），祖籍河北南皮，生于北京，中国当代作家。1940年入北京师范学校附小学习。1945年入私立平民中学学习。历任北京东四区团委副书记、《新疆文学》编辑、《人民文学》主编、中国作家协会副主席、文化部部长等职。在小说创作上取得较大成功，主要作品有长篇小说《青春万岁》、《活动变人形》，小说集《坚硬的稀饭》、《冬雨》等。

王蒙像

一双饱经忧患的眼睛见到苏州的园林还能保持自己的威严与老练吗？他会不会觉得应该给自己的眼睛换上纯洁的水晶？他会不会因秀美与巨大这两个审美范畴的撕扯而折裂自己的灵魂？他会不会觉得自己和这个世界已经或者正在或者将要可能成为苏州的留园、愚园、拙政园的对立面呢？他会不会产生消灭自己或者消灭苏州这样一种疯狂的奇想呢？

更不要说苏绣乃至苏州的佳肴美点了。看到那一个个刺绣女工的惊人的技艺和耐心，优雅和美丽，我还能写作和滔滔不绝地发言吗？能不感到不好意思吗？还有勇气或者有涵养去倾听那些一知半解的牛皮清谈、草率无涯的胡说八道吗？在苏州呆久了，还能承受那些乏味、枯燥与粗野的事情吗？

苏州的刺绣，沉静的创造。苏州的菜肴，明亮的喜悦。苏州的歌曲，不设防的温柔。苏州的园林，恬美的诗情。苏州的街道，宁静的幻梦。而苏州的企业和企业家，温雅的外表下包含着洋溢的聪明生气。这一切都是怎么发生怎么留存的？她怎么样经历了那大起大落大轰大嗡多灾多难的时代！

苏州是一种诱惑，是一种挑战，是一种补充。在我们的生活里，苏州式的古老、沉静、温柔已经变得越来越陌生。而大言欺世、大闹盗名、大轰趋时的“反苏州”却又太多了。苏州更是一种文化历史现实未来的混合体。苏州是一种珍惜，是一种保护，对于一切美善，对于一切建设创造和生活本身的珍惜与保护。也是一种反抗，是对一切恶的破坏的无声的反抗。虽然，恶也是一种时髦，而破坏又常常披上革命的或忽而又披上现代意识的虎皮。我真高兴，七年以后，我有缘再访苏州。我们终于能够平静下来，保护苏州，复原苏州，欣赏苏州，爱恋苏州了。我们终于能珍重苏州的美，开始懂得不应该去做那些亵渎美毁灭美的事情。在历史的惊涛骇浪和汹涌大潮当中，在一个又一个神圣的豪情与偏狂的争闹之中，在不断时髦转眼更替的巨轮与浪头之中，苏州保留下来了，苏州复原了，苏州在发展。苏州是永远的。比许多雷霆万钧的炮声更永远。

⊙作品赏析

《苏州赋》仿照古代赋体的形式，描绘了改革开放以来古城苏州的巨大变化，抒发了作者对美丽苏州的赞慕之情。作者借用赋体，放纵思绪，放纵笔墨，肆意挥洒，对苏州作全面描摹。园林、寺塔、河桥、假山，盘门、山庄、大街、小巷，弹词、苏昆、苏剧、吴歌，冰箱、吸尘器、电视机、风扇，苏绣、佳肴、美点……一一落入作者的笔下，联缀成一幅犹如《清明上河图》似的壮丽的苏州长轴画，将“人间天上无双不二”的苏州风光勾画得淋漓尽致、声色俱佳。文中运用了大量的工整对仗的骈句、气势磅礴的排比句，以及一气呵成的长句、散句，使文章的语言富于张力，呈现一种骤起骤落、抑扬多变的节奏和韵律。阅读此文，有一种身临其境神游古城的感觉，浮想联翩，愉悦无限。

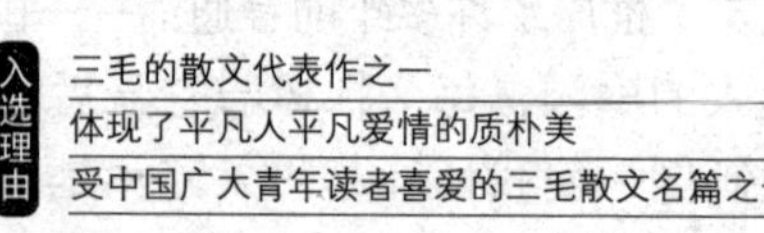

梦里花落知多少 / 三毛

那一年的冬天，我们正要从丹娜丽芙岛搬家回到大加那利岛自己的房子里去。

一年的工作已经结束，美丽无比的人造海滩引进了澄蓝平静的海水。

荷西与我坐在完工的堤边，看也看不厌地面对着那份成绩欣赏，静观工程的快乐是不同凡响的。

我们自黄昏一直在海边坐到子夜，正是除夕，一朵朵怒放的烟火，在漆黑的天空里如梦如幻地亮灭在我们仰着的脸上。

滨海大道上挤满着快乐的人群。钟敲十二响的时候，荷西将我抱在手臂里，说：“快许十二个愿望。”我便在心里重复着十二句同样的话：“但愿人长久，但愿人长久，但愿人长久，但愿人长久——”送走了去年，新的一年来了。

荷西由堤防上先跳下了地，伸手接过跳落在他手臂中的我。

我们十指交缠，面对面地凝望了一会儿，在烟火起落的五色光影下，微笑着说：“新年快乐！”然后轻轻一吻。

我突然有些泪湿，赖在他的怀里不肯举步。

新年总是使人惆怅，这一年又更是来得如真如幻。许了愿的下一句对夫妻来说并不太吉利，说完了才回过意来，竟是心慌。

“你许了什么愿。”我轻轻问他。

“不能说出来的，说了就不灵了。”

我勾住他的脖子不放手，荷西知我怕冷，将我卷进他的大夹克里去。我再看他，他的眸光炯炯如星，里面反映着我的脸。

“好啦！回去装行李，明天清早回家去啰！”

他轻拍了我一下背，我失声喊起来：“但愿永远这样下去，不要有明天了！”

“当然要永远下去，可是我们得先回家，来，不要这个样子。”

一路上走回租来的公寓去，我们的手紧紧交握着，好像要将彼此的生命握进永恒。

而我的心，却是悲伤的，在一个新年刚刚来临的第一个时辰里，因为幸福满溢，我怕得悲伤。

不肯在租来的地方多留一分一秒，收拾了零杂东西，塞满了一车子。清晨六时的码头上，一辆小白车在等渡轮。

新年没有旅行的人，可是我们急着要回到自己的房子里去。

关了一年的家，野草齐膝，灰尘满室，对着那片荒凉，竟是焦急心痛，顾不得新年不新年，两人马上动手清扫起来。

不过静了两个多月的家居生活，那日上午在院中给花洒水，送电报的朋友在木栅门外喊着："Echo，一封给荷西的电报呢！"

我匆匆跑过去，心里扑扑地乱跳起来，不要是马德里的家人出了什么事吧！电报总使人心慌意乱。

"乱撕什么嘛！先给签个字。"朋友在摩托车上说。

我胡乱签了个名，一面回身喊车房内的荷西。

"你先不要怕嘛！给我看。"荷西一把抢了过去。

原来是新工作来了，要他火速去拉芭玛岛报到。

只不过几小时的光景，我从机场一个人回来，荷西走了。

离岛不算远，螺旋桨飞机过去也得四十五分钟，那儿正在建新机场、新港口。只因没有什么人去那最外的荒寂之岛，大的渡轮也就不去那边了。

虽然知道荷西能够照顾自己的衣食起居，看他每一度提着小箱子离家，仍然使我不舍而辛酸。

家里失了荷西便失了生命，再好也是枉然。

过了一星期漫长的等待，那边电报来了。

"租不到房子，你先来，我们住旅馆。"

刚刚整理的家又给锁了起来，邻居们一再地对我建议："你住家里，荷西周末回来一天半，他那边住单身宿舍，不是经济些嘛！"

我怎么能肯。匆忙去打听货船的航道，将杂物、一笼金丝雀和汽车托运过去，自己推着一只衣箱上机走了。

当飞机着陆在静静小小的荒凉机场时，又看见了重沉沉的大火山，那两座黑里带火蓝的大山。

我的喉咙突然卡住了，心里一阵郁闷，说不出的闷，压倒了重聚的欢乐和期待。

荷西一只手提着箱子，另一只手搭在我的肩上向机场外面走去。

"这个岛不对劲！"我闷闷地说。

"上次我们来玩的时候你不是很喜欢的吗？"

"不晓得，心里怪怪的，看见它，一阵想哭似的感觉。"我的手拉住他皮带上的绊扣不放。

"不要乱想，风景好的地方太多了，刚刚赶上看杏花呢！"他轻轻摸了一下我

·作者简介·

三毛（1944～1991），原名陈平，祖籍浙江定海，生于重庆，中国台湾当代女作家。幼年随父母到台湾。12岁入台北第一女子中学，但只读了一年半，之后在家闭门独居7年。20岁入台湾文化大学学习。两年后到西班牙、德国、美国学习。后回台任教。之后赴撒哈拉，与西班牙人荷西结婚。6年后荷西溺水身亡。三毛返台任教于文化大学。主要作品有散文集《雨季不再来》、《撒哈拉的故事》及多部剧本、译作等。

三毛像

的头发又安慰似的亲了我一下。

只有两万人居住的小城里租不到房子。我们搬进了一房一厅连一小厨房的公寓旅馆。收入的一大半付给了这份固执相守。

安置好新家的第三日，家中已经开始请客了，婚后几年来，荷西第一回做了小组长，这里另外四个同事没有带家眷，有两个还依然单身。我们的家，伙食总比外边的好些，为着荷西爱朋友的真心，为着他热切期望将他温馨的家让朋友分享，我晓得，在他内心深处，亦是因为有了我而骄傲，这份感激当然是全心全意地在家事上回报了他。

岛上的日子岁月悠长，我们看不到外地的报纸，本岛的那份又编得有若乡情。久而久之，世外的消息对我们已不很重要，只是守着海，守着家，守着彼此。每听见荷西下工回来时那急促的脚步声上楼，我的心便是欢喜。

六年了，回家时的他，怎么仍是一样跑着来的，不能慢慢地走吗？六年一瞬，结婚好似昨天的事情，而两人已共过了多少悲欢岁月。

小地方人情温暖，住上不久，便是深山里农家讨杯水喝，拿出来的必是自酿的葡萄酒，再送一满怀的鲜花。

我们也是记恩的人，马铃薯成熟的季节，星期天的田里，总有两人的身影弯腰帮忙收获。做热了，跳进蓄水池里游个泳，趴在荷西的肩上浮沉，大喊大叫，就是不肯松手。

⊙作品赏析

三毛旅居撒哈拉期间，与西班牙人荷西结婚，两人度过了一段快乐幸福的时光。不幸的是，不久荷西溺水而亡，三毛孤身一人回到台湾。之后她写下一组深切悼念荷西的文章《梦里花落知多少》，本文为其中的首篇。

本文叙述了在一次迁居中三毛与荷西从分手到重聚的事情。作者着眼于生活中的平凡琐事，以个人的情感为线索，抒写了自己与荷西之间亲密无间、情深似海的夫妻之情。文章语言朴素、纯净，直抒胸臆，毫无雕饰之感，任性俏皮的三毛与诚实钟情的荷西形象跃然纸上。文中洋溢着一种至清至纯的人性美、人情美，真情写实之句俯拾皆是，读后给人以一种甜美、温馨、轻松的享受。

三毛性格率真，敢爱敢恨。她曾说过："我不求深刻，但求简单。"三毛的文章风格，一如她的为人，单纯明澈、坦率真挚。

热爱生命 /［法国］蒙田

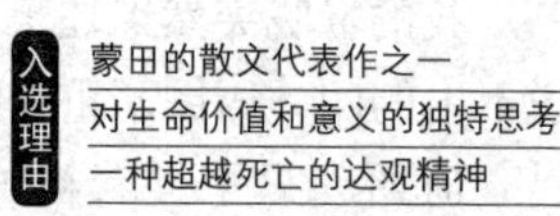

我对某些词语赋予特殊的含义，拿"度日"来说吧，天色不佳，令人不快的时候，我将"度日"看做是"消磨光阴"，而风和日丽的时候，我却不愿意去"度"，这时我是在慢慢赏玩、领略美好的时光。坏日子，要飞快去"度"，好日子，要停下来细细品尝。"度日"、"消磨时光"的常用语令人想起那些"哲人"的习气。他们以为生命的利用不外乎在于将它打发、消磨，并且尽量回避它，无视它的存在，仿佛这是一件苦事、一件贱物似的。至于我，我却认为生命不是这个样的，我觉得它值得称颂，富有乐趣，即便我自己到了垂暮之年也还是如此。我们的生命受到自然的厚赐，它是优越无比的，如果我们觉得不堪生之重压或是白白虚度此生，那也只能怪我们自己。

"糊涂人的一生枯燥无味，躁动不安，却将全部希望寄托于来世。"

不过，我却随时准备告别人生，毫不惋惜。这倒不是因生之艰辛或苦恼所致，而是由于生之本质在于死。因此只有乐于生的人才能真正不感到死之苦恼。享受生活要讲究方法。我比别人多享受到一倍的生活，因为生活乐趣的大小是随我们对生活的关心程度而定的。尤其在此刻，我眼看生命的时光无多，我就愈想增加生命的分量。我想靠迅速抓紧时间，去留住稍纵即逝的日子；我想凭时间的有效利用去弥补狡猾流逝的光阴。剩下的生命愈是短暂，我愈要使之过得丰盈饱满。

⊙作品赏析

《热爱生命》是一篇短小精悍的散文，文章表达了作者对生命价值和意义的独特思考。文章开篇从截然相反的两种"度日"方式写起，接着以"哲人"对待生命的消极方法为反衬，指出人的生命是大自然的厚赐，具有无与伦比的优越性，因此人们应当珍惜生命，不能虚度光阴。接着作者话锋一转，指出生命虽然可贵，但死亡亦不可避免，"生之本质在于死"，人应有一种超越死亡的达观精神，既乐生又不惧死。所以人们要珍惜生活，享受生活，并采用适当的方法享受生活，"因为生活乐趣的大小是随我们对生活的关心程度而定的"。文章虽仅五百余字，却将一种极其智慧和达观的生命态度，表达得淋漓透彻，鲜活自然，发人深思。

要生活得写意 /［法国］蒙田

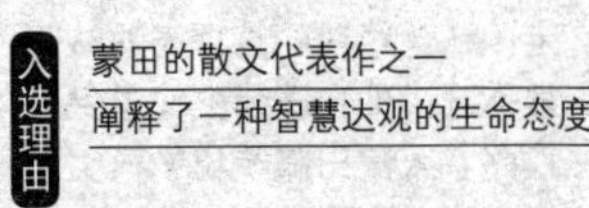

跳舞的时候我便跳舞，睡觉的时候我就睡觉。即便我一人在幽美的花园中散步，倘若我的思绪一时转到与散步无关的事物上去，我也会很快将思绪收回，令其想想花园，寻味独处的愉悦，思量一下我自己。天性促使我们为保证自身需要而进行活动，这种活动也就给我们带来愉快。慈母般的天性是顾及这一点的。它推动我们去满足理性与欲望的需要。打破它的规矩就违背情理了。

我知道恺撒与亚历山大就在活动最繁忙的时候，仍然充分享受自然的、也就是必需的、正当的生活乐趣。我想指出，这不是要使精神松懈，而是使之增强，因为要让激烈的活动、艰苦的思索服从于日常生活习惯，那是需要有极大的勇气的。他们认为，享受生活乐趣是自己正常的活动，而战事才是非常的活动。他们持这种看法是明智的。我们倒是些大傻瓜。我们说："他一辈子一事无成。"或者说："我今天什么事也没有做……"怎么！您不是生活过来了吗？这不仅是最基本的活动，而且也是我们的诸活动中最有光彩的。"如果我能够处理重大的事情，我本可以表现出我的才能。"您懂得考虑自己的生活，懂得去安排它吗？那您就做了最重要的事情了。天性的表露与发挥作用，无需异常的境遇。它在各个方面乃至在暗中也都表现出来，无异于在不设幕的舞台上一样。

我们的责任是调整我们的生活习惯，而不是去编书；是使我们的举止井然有致，而不是去打仗，去扩张领地。我们最豪迈、最光荣的事业乃是生活得写意，一切其他事情，执政、致富、建造产业，充其量也只不过是这一事业的点缀和从属品。实施这一箴言。从色诺芬的著作中，可知苏格拉底也曾一步步地证明这一点。无论哪一门学问，惟有入其门径的人才会洞察其中的难点和未知领域，因为要具备一定程度的学识才有可能察觉

·作者简介·

蒙田（1533～1592），欧洲文艺复兴时期法国著名的思想家、散文家。出身贵族家庭。早年学习拉丁文，在波尔多市念中学。后在相当长的时期内深居简出，闭门读书思考。之后担任过法院顾问、波尔多市市长等职，曾游历瑞士、意大利等地。主要作品有《蒙田随笔集》3卷。书的卷首写道“我本人就是这部书的材料”，它介绍了作者的思想和生活，结构松散自然，又彼此连贯。蒙田把渊博的知识和丰富的个人经验结合起来，形成了独特的思想意境和艺术风格。书中的思想是趋于中庸的，他对当时的迷信、偏见、巫术和破坏进行否定，认为绝对的真理无法认识，只能探索部分的寻常真理。他在政治上又是保守的，尊重现存社会和秩序。《蒙田随笔集》行文旁征博引，语言平易流畅，对弗兰西斯·培根及17、18世纪欧洲一些思想家、文学家影响很大。

蒙田像

自己的无知。要去尝试开门才知道我们面前的大门尚未开启。柏拉图的一点精辟见解就是由此而来的：有知的人用不着去求知，因为他们已经是有知者；无知的人更不会去求知，因为要求知，首先得知道自己所求的是什么。

因此，在追求自知之明的方面，大家之所以自信不疑，心满意足，自以为精通于此，那是因为：谁也没有真正弄懂什么。正像在色诺芬的书中，苏格拉底对欧迪德姆（Euthydeme）指出的那样。

我自己没有什么奢望。我觉得这一箴言包含着无限深奥、无比丰富的哲理。我愈学愈感到自己还有许多要学的东西。这也就是我的学习成果。我常常感到自己的不足，我生性谦逊的原因就在于此。

阿里斯塔克说：“从前全世界仅有七位智者，而当前要找七个自知无知的人也不容易。”今天我们不是比他更有理由这样说吗？自以为是与固执己见是愚蠢的鲜明标志。

我凭自己的切身经验谴责人类的无知。我认为，认识自己的无知是认识世界的最可靠的方法。那些既已看到自己或别人的虚浮的榜样还不愿意承认自己无知的人，就请他们听听苏格拉底的训诫去认识这一点吧。苏格拉底是众师之师。

⊙作品赏析

《要生活得写意》是蒙田的散文集《蒙田随笔集》中的名篇之一。文章表达了作者对生活及求知的见解和态度。文章开宗明义，直抒胸臆，使读者明确感受到作者写作此文的意图。接着作者以恺撒和亚历山大为例，指出“享受生活乐趣是自己正常的活动”，并以人们对生活的偏见作比衬，得出结论：“我们最豪迈、最光荣的事业乃是生活得写意，一切其他事情，执政、致富、建造产业，充其量也只不过是这一事业的点缀和从属品。”作者由此生发开去，旁征博引，点明对求知应采取的正确态度。文章行文自如，文笔简朴自然，读来朗朗上口，既给人以轻松的愉悦享受，又给人以深刻的哲理启示。

论求知 /［英国］培根

培根的散文代表作之一

文字洗练，层次分明，不事铺张，说理透彻

文章充满名言警句，给人以启迪，催人奋进

求知可以作为消遣，可以作为装饰，也可以增长才干。

当你孤独寂寞时，阅读可以消遣。当你高谈阔论时，知识可供装饰。当你处世行事时，正确运用知识意味着力量。懂得事物因果的人是幸福的。有实际经验的人虽能够办理个别性的事务，但若要综观整体，运筹全局，却惟有掌握知识方能办到。

求知太慢会弛惰，为装潢而求知是自欺欺人，完全照书本条条办事会变成偏执的书呆子。

求知可以改进人的天性，而实验又可以改进知识本身。人的天性犹如野生的花草，求知学习好比修剪移栽。实习尝试则可检验修正知识本身的真伪。

狡诈者轻鄙学问，愚鲁者羡慕学问，唯聪明者善于运用学问。知识本身并没有告诉人怎样运用它，运用的方法乃在书本之外。这是一门技艺，不经实验就不能学到。不可专为挑剔辩驳去读书，但也不可轻易相信书本。求知的目的不是为了吹嘘炫耀，而应该是为了寻找真理，启迪智慧。

·作者简介·

培根（1561～1652），17世纪英国著名的政治家、哲学家、科学家、史学家。出身于伦敦一个高级官员家庭。12岁入剑桥大学“三一学院”学习。1576年毕业后出使法国。1579年回国后任女王的法律顾问。曾任司法部次长、法务部长、掌玺大臣、大法官等职。1621年被控受贿免职。

培根像

有的知识只须浅尝，有的知识只要粗知。只有少数专门知识需要深入钻研，仔细揣摩。所以，有的书只要读其中一部分，有的书只须知其中梗概即可，而对于少数好书，则要精读，细读，反复地读。有的书可以请人代读，然后看他的笔记摘要就行了。但这只限于质量粗劣的书。否则一本好书将像已被蒸馏过的水，变得淡而无味了！

读书使人的头脑充实，讨论使人明辨是非，作笔记则能使知识精确。

因此，如果一个人不愿做笔记，他的记忆力就必须强而可靠。如果一个人只愿孤独探索，他的头脑就必须格外锐利。如果有人不读书又想冒充博学多知，他就必定很狡黠，才能掩饰他的无知。

读史使人明智，读诗使人聪慧，演算使人精密，哲理使人深刻，伦理学使人有修养，逻辑修辞使人善辩。总之，“知识能塑造人的性格”。

不仅如此，精神上的各种缺陷，都可以通过求知来改善——正如身体上的缺陷，可以通过运动来改善一样。例如打球有利于腰肾，射箭可扩胸利肺，散步则有助于消化，骑术使人反应敏捷，等等。同样，一个思维不集中的人，他可以研习数学，因为数学稍不仔细就会出错。缺乏分析判断力的人，他可以研习经院哲学，因为这门学问最讲究烦琐辩证。不善于推理的人，可以研习法律学，如此等等。这种种头脑上的缺陷，可都以通过求知来疗治。

⊙作品赏析

《论求知》是培根散文集《论人生》中众多脍炙人口的名篇之一。本文集中论述了科学的求知方法。全文分三大部分。第一部分论述求知的正确目的。作者开首连用三个排比句，提出了三种不同类型的求知目的，接着对其展开具体论述，提出求知的目的“不是为了吹嘘炫耀，而应该是为了寻找真理，启迪智慧”。第二部分论述了求知的正确方法，指出对好书、一般的书、粗糙的书应采取不同的读法，提倡多读、讨论、做笔记。第三部分论述知识的作用，认为知识能塑造人的性格和弥补人精神上的各种缺陷，鼓励人们去求知。文章文字洗练，层次分明，不事铺张，说理透彻，排比、比喻修辞手法的运用，使文章语气贯通，生动晓畅，节奏和谐。文章充满名言警句，给人启迪，催人奋进。

生活在大自然的怀抱里 / ［法国］卢梭

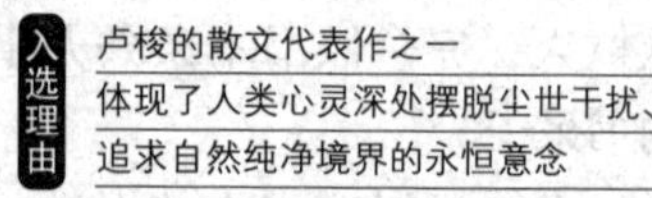

为了到花园里看日出，我比太阳起得更早；如果这是一个晴天，我最殷切的期望是不要有信件或来访扰乱这一天的清宁。我用上午的时间做各种杂事。每件事都是我乐意完成的，因为这都不是非立即处理不可的急事，然后我匆忙用膳，为的是躲避那些不受欢迎的来访者，并且使自己有一个充裕的下午。即使最炎热的日子，在中午一时前我就顶着烈日带着芳夏特出发了。由于担心不速之客会使我不能脱身，我加紧了步伐。可是，一旦绕过一个拐角，我觉得自己得救了，就激动而愉快地松了口气，自言自语说：“今天下午我是自己的主宰了！”从此，我迈着平静的步伐，到树林中去寻觅一个荒野的角落，一个人迹不至因而没有任何奴役和统治印记的荒野的角落，一个我相信在我之前从未有人到过的幽静的角落，那儿不会有令人厌恶的第三者跑来横隔在大自然和我之间。那儿，大自然在我眼前展开一幅永远清新的华丽的图景。金色的燃料木、紫红的欧石南非常繁茂，给我深刻的印象，使我欣悦；我头上树木的宏伟、我四周灌木的纤丽、我脚下花草的惊人的纷繁使我目不暇给，不知道应该观赏还是赞叹；这么多美好的东西争相吸引我的注意力，使我眼花缭乱，使我在每件东西面前留连，从而助长我懒惰和爱空想的习气，使我常常想：“不，全身辉煌的所罗门也无法同它们当中任何一个相比。”

我的想象不会让如此美好的土地长久渺无人烟。我按自己的意愿在那儿立即安排了居民，我把舆论、偏见和所有虚假的感情远远驱走，使那些配享受如此佳境的人迁进这大自然的乐园。我将把他们组成一个亲切的社会，而我相信自己并非其中不相称的成员。我按照自己的喜好建造一个黄金的世纪，并用那些我经历过的给我留下甜美记忆的情景和我的心灵还在憧憬的情境充实这美好的生活，我多么神往人类真正的快乐，如此甜美、如此纯洁、但如今已经远离人类的快乐。甚至每当念及此，我的眼泪就夺眶而出！啊！这个时刻，如果有关巴黎、我的世纪、我这个作家的卑微的虚荣心的念头来扰乱我的遐想，我就怀着无比的轻蔑立即将它们赶走，使我能够专心陶醉于这些充溢我心灵的美妙的感情！然而，在遐想中，我承认，我幻想的虚无有时会突然使我的心灵感到痛苦。甚至即使我所有的梦想变成现实，我也不会感到满足：我还会有新的梦想、新的期望、新的憧憬。我觉得我身上有一种没有什么东西能够填满的无法解释的空虚，有一种虽然我无法阐明、但我感到需要的对某种其他快乐的向往。然而，先生，甚至这种向往也是一种快乐，因为我从而充满一种强烈的感情和一种迷人的感伤——而这都是我不愿意舍弃的东西。

我立即将我的思想从低处升高，转向自然界所有的生命，转向事物普遍的体系，转向主宰一切的不可思议的上帝。此刻我的心灵迷失在大千世界里，我停止思维，我停止冥想，我停止哲学的推理；我怀着快感，感到肩负着宇宙的重压，我陶醉于这些伟大观念的混杂，我喜欢任由我的想像在空间驰骋；我禁锢在生命的疆界内的心灵感到这儿过分狭窄，我在天地间感到窒息，我希望投身到一个无限的世界中去。我相信，如果我能够洞悉大自然所有的奥秘，我也许不会体会这种令人惊异的心醉神迷，而处在一种没有那么甜美的状态里；我的心灵所沉湎的这种出神入化的佳境使我在亢奋激动中有时高声呼唤："啊，伟大的上帝呀！啊，伟大的上帝呀！"但除此之外，我不能讲出也不能思考任何别的东西。

·作者简介·

卢梭（1712～1778），18世纪法国著名的启蒙思想家、文学家。早年丧母，未受过正规教育。14岁时外出谋生，当过学徒、仆人、家庭教师、乐谱抄写员等。30岁时到巴黎，为《百科全书》撰稿。后受法国当局通缉，流亡瑞士等地。晚年独居巴黎。主要著作有《社会契约论》、《爱弥儿》、《忏悔录》等。在这些著作中他提出了天赋人权、自由平等、主权在民等思想，对法国大革命产生了深远的影响。

卢梭像

遗忘，但他们肯定不会把我忘却；不过，这又有什么关系？反正他们没有任何办法来搅乱我的安宁。摆脱了纷繁的社会生活所形成的种种尘世的情欲，我的灵魂就经常神游于这一氛围之上，提前跟天使们亲切交谈，并希望不久就将进入这一行列。我知道，人们将竭力避免把这样一处甘美的退隐之所交还给我，他们早就不愿让我呆在那里。但是他们却阻止不了我每天振想象之翼飞到那里，一连几个小时重尝我住在那里时的喜悦。我还可以做一件更美妙的事，那就是我可以尽情想象。假如我设想我现在就在岛上，我不是同样可以遐想吗？我甚至还可以更进一步，在抽象的、单调的遐想的魅力之外，再添上一些可爱的形象，使得这一遐想更为生动活泼。在我心醉神迷时这些形象所代表的究竟是什么，连我的感官也时常是不甚清楚的；现在遐想越来越深入，它们也就被勾画得越来越清晰了。跟我当年真在那里时相比，我现在时常是更融洽地生活在这些形象之中，心情也更加舒畅。不幸的是，随着想像力的衰退，这些形象也就越来越难以映上脑际，而且也不能长时间地停留。唉！正在一个人开始摆脱他的躯壳时，他的视线却被他的躯壳阻挡得最厉害！

⊙作品赏析

《生活在大自然的怀抱里》是一篇意境优美的散文。文章表达了作者热爱自然、崇尚个性、蔑视世俗观念的思想。文章一开始用简洁的笔调表述了自己在一天里如何摆脱来访者，接着又饱含激情地描述了他所看到的自然极其清新华丽、生机无限。置身于自然这个甜美、纯洁的世外桃源，卢梭陶醉了，忘却了尘世的纷繁、偏见，充满了梦想、憧憬。

文章采用内心独白式的表述方式，亲切自然，感情真挚，全文流畅隽永，情景交融，充满诗情画意，熔人文精神与理性精神于一炉，给读者以深刻的艺术享受。

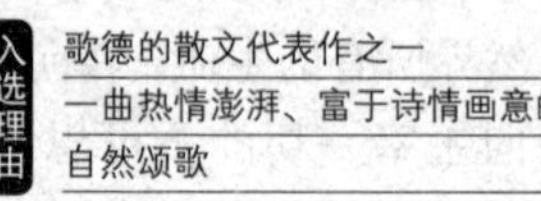

自然（片断）/［德国］歌德

自然！她环绕着我们，围抱着我们——我们不能越出她的范围，也不能深入她的秘府。不问也不告诉我们，她便把我们卷进她的旋涡圈里，挟着我们奔驰直到倦了，我们脱出她的怀抱。

她永远创造新的形体；现在有的，从前不曾有过；曾经出现的，将永远不再来；万象皆新，又终古如斯。

我们活在她怀里，对于她又永远是生客。她不断地对我们说话，又始终不把她的秘密宣示给我们。我们不断地影响她，又不能对她有丝毫把握。

她里面的一切都仿佛是为产生个人而设的，她对于个人又漠不关怀。她永远建设，永远破坏，她的工场却永远不可即。

她在无数儿女的身上活着，但是她，那母亲，在哪里呢？她是至上无二的艺术家：把极单纯的原料化为种种极宏伟的对照，毫不着力便达到极端的美满和极准确的精密，永远用一种柔和的轻妙描画出来。她每件作品都各具心裁，每个现象的构思都一空倚傍，可是这万象只是一体。

她给我们一出戏看：她自己也看见吗？我们不知道；可是她正是为我们表演的，为了站在一隅的我们。

她里面永远有着生命，变化，流动，可是她毫不见进展。她永远迁化，没有顷刻间歇。她不知有静止，她咒诅固定。她是灵活的。她的步履安详，她的例外希有，她的律法万古不易。

她自始就在思索而且无时不在沉思，并不照人类的想法而照自然的想法。她为自己保留了一种特殊而普遍的思维秘诀，这秘诀是没有人能窥探的。

一切人都在她里面，她也在一切人里面。她和各人都很友善地游戏：你胜她，她也越欢喜。她对许多人动作得那么神秘，他们还不曾发觉，她已经做完了。

即反自然也是自然。谁不到处看见她，便无处可以清清楚楚地看见她。

她爱自己，而且借无数的心和眼永远黏附着自己。她尽量发展她的潜力以享受自己。不断地，她诞生无数新的爱侣，永无餍足地去表达自己。

她在幻影里得着快乐。谁在自己和别人身上把她打碎，她就责罚他如暴君；谁安心追随她，她就把他像婴儿般偎搂在怀里。

·作者简介·

歌德（1749～1832），18世纪后期19世纪初德国著名诗人、欧洲启蒙运动后期最伟大的作家、德国狂飙突进运动的主将。生于法兰克福一个富裕市民家庭。先后在莱比锡大学、斯特拉斯堡大学学法律。1775年后到魏玛做官。1786年到意大利专心研究自然科学，从事绘画和文学创作。1788年回魏玛任剧院监督。主要作品有书信体小说《少年维特之烦恼》、长篇小说《威廉·迈斯特》、诗剧《浮士德》、长篇叙事诗《赫尔曼与窦绿台》等。

歌德像

她有无数的儿女。无论对谁她都不会吝啬；可是她有些骄子，对他们她特别慷慨而且牺牲极大。一切伟大的，她都用爱护来荫庇他。

她使她的生物从空虚中溅涌出来，但不对它们说从哪里来或往哪里去。它们尽管走就得了。只有她认得路。

她行事有许多方法，可是没有一条是用旧了的，它们永远奏效而且变幻多端。

她所演的戏永远是新的，因为她永远创造新的观众。生是她最美妙的发明，死是她用以获得无数的生的技术。

她用黑暗的幕裹住人，却不断地推他向光明走，她把他坠向地面，使他变成懒惰和沉重，又不断地摇他使他站起来。

她给我们许多需要，因为她爱动。那真是奇迹：用这么少的东西便可以产生这不息的动。一切需要都是恩惠：很快满足，立刻又再起来。她再给一个吗？那又是一个快乐的新源泉，但很快她又恢复均衡了。

她刻刻都在奔赴最远的途程，又刻刻都达到目标。

她是一切虚幻中之虚幻，可是并非对我们；对我们，她把自己变成了一切要素中之要素。

她任每个儿童把她打扮，每个疯子把她批判。万千个漠不关心的人一无所见地把她践踏，无论什么都使她快乐，无论谁都使她满足。

你违背她的律法时在服从她；企图反抗她时也在和她合作。

无论她给什么都是恩惠，因为她先使之变为必需的。她故意延迟，使人渴望她；特别赶快，使人不讨厌她。

她没有语言也没有文字，可是她创造无数的语言和心，借以感受和说话。

她的王冕是爱；单是由爱你可以接近她。她在众生中树起无数的藩篱，又把它们全数吸收在一起。你只要在爱怀里啜一口，她便慰解了你充满着忧愁的一生。

她是万有。她自赏自罚，自乐又自苦。她粗暴而温和，可爱又可怕，无力却又全能。一切都永远在那里，在她身上。她不知有过去和未来。现在对于她是永久。她是慈善的。我赞美她的一切事功。她是明慧而蕴藉的。除非她甘心情愿，你不能从她那里强取一些儿解释，或剥夺一件礼物。她是机巧的，可是全出于善意；最好你不要发觉她的机巧。

她是整体却又始终不完成。她对每个人都带着一副特殊的形相出现。她躲在万千个名字和称呼底下，却又始终是一样。

她把我放在这世界里；她可以把我从这里带走。她要我怎么样便怎么样。她决不会憎恶她手造的生物。解说她的并不是我。不，无论真假，一切都是她说的，一切功过都归她。

⊙作品赏析

《自然》是一篇意韵隽永的脍炙人口的散文，文章抒发了作者对自然的崇敬、赞誉之情，阐发了自然中蕴蓄的许多带有普遍性的哲理。作者以丰富的想象力，以第三人称写法，采用拟人、比喻、象征手法，将抽象的自然物化为具体的实在，对自然进行全力描摹，从多元化的角度将一个万有、自赏自罚、自乐自苦、粗暴而温和、可爱又可怕、无力又全能、慈善、明慧蕴藉的自然描绘得神韵毕现，阐释了生活中无处不在、常人又习焉不察的自然规则。文章恣肆汪洋，热情洋溢，想象宏诡，文笔清新流畅，富于韵律感，佳句迭出，给读者以文学和思想上的双重享受。

悼念乔治·桑 /［法国］雨果

入选理由
雨果的散文代表作之一
悼念乔治·桑的名篇佳作
文字凝练隽永，铿锵有力，富于韵律美

我哀悼一位逝去的女性，向一位不朽的女子致敬。

我以往热爱她，赞赏她，尊敬她；今天，在死亡的宁静肃穆中，我瞻仰她。

我称赞她，因为她的创造是伟大的，而且我感谢她，因为她的创造是美好的。我记忆犹新，有一天，我曾经给她写信说："我感谢您心灵如此伟大。"

难道我们失去她了吗？

没有。

高大的形象不见了，但是并没有销声匿迹。远非如此；几乎可以说，这些形象发展了。它们变成了无形，却在另一种形式下变得清晰可见。这是崇高的变形。

人形有隐蔽作用，它遮住了真正神圣的面孔，这面孔就是思想。乔治·桑是一种思想；这思想如今离开了肉体，获得了自由；她辞世了，而思想却活着。

乔治·桑在我们的时代享有独一无二的位置。其他伟人都是男人，她却是伟大的女性。

本世纪以完成法国革命和开始人类革命为其法则；在这个世纪里，由于性别的平等属于人类平等的范围内，因此一个伟大的女性是必不可少的。妇女必须证明，她可以拥有我们男性的所有禀赋，而又不失去女性天使般的品质；强大有力而又始终温柔可爱。

乔治·桑就是这种证明。

既然有那么多的人给法国蒙上耻辱，就必须有人给它带来荣耀。乔治·桑将是我们的世纪和法国值得骄傲的人物之一。这个誉满全球的女性完美无缺。她像巴尔贝斯一样有一颗伟大的心灵，像巴尔扎克一样有伟大的头脑，像拉马丁一样有崇高的心胸。她身上有诗才。在加里波第创造了奇迹的时代，她写出了杰作。

用不着一一列举这些杰作。何必把大家记得的事再鹦鹉学舌一遍呢？标志这些杰作力量所在之特点的，是善良。乔治·桑

·作者简介·

雨果像

雨果（1802～1885），19世纪法国著名的资产阶级民主作家、积极浪漫主义文学运动领袖。生于法国东部贝藏松，父亲是拿破仑手下的一个将军。幼年时曾随父亲行军到意大利等地，11岁时随母亲返回巴黎。他热情支持法国大革命，在法国复辟王朝时期被迫流亡19年。1827年发表诗剧《克伦威尔》，在序言中提出浪漫主义的文学，主张美丑对比等原则，从此成为法国浪漫主义文学运动的领袖。1830年剧本《欧那尼》上演成功，标志着浪漫主义对古典主义的胜利。他的小说主要有长篇小说《巴黎圣母院》、《悲惨世界》、《海上劳工》、《笑面人》和《九三年》等，还著有《新颂歌集》、《东方吟》、《秋叶集》、《心声集》、《凶年集》、《惩罚集》等诗集，剧本还有历史剧《城堡里的公爵》、《逍遥王》、《昂杰罗》等。这些作品的基本主题是歌颂真善美，鞭挞黑暗、丑恶和残暴，充满丰富的想象力和巧妙的音乐性，具有优雅精美、雄伟朴实的艺术风格。雨果是法国浪漫主义文学运动的领袖，他长达60年的创作生涯，见证了19世纪法国的历史进程和文学进程。

是善良的。因此，她受到憎恨。受人赞美有个替身，就是遭人嫉恨，热情有一个反面，就是侮辱。嫉恨和侮辱既是表明赞成，又想表明反对。后人会将嘲骂看作得到荣耀的喧闹声。凡是戴上桂冠的人都要受到抨击。这是一个规律，侮辱的卑劣要以欢呼的大小作为测度。

像乔治·桑那样的人都是为公众谋福利的。他们进去了，他们一旦逝去，在他们本来那个显得空荡荡的位置上，便可以看到实现了新的进步。

每当这样一个杰出人物去世，我们便仿佛听到翅膀拍击的巨大响声；既有东西逝去，就有别的东西继续存在。

大地像天空一样，也有隐没的时候；但是，人间像上天一样，重新显现，跟随在消失之后：一个男人或者一个女人，就像火炬一样以这种形式熄灭了，却以思想的形式重新放光。于是人们看到，原来以为熄灭的东西是无法熄灭的。这支火炬越发光芒四射；从此以后，它属于文明的一部分；它进入了人类广大的光明之中；它增加了光明；因为把假光熄灭了的神秘的气息，给真正的光提供了燃料。

劳动者离开了，可是他的劳动成果留了下来。

埃德加·基内去世了，但是从他的坟墓里冒出了至高无上的哲学，而他又从坟墓的上方给人们提出劝告。米什莱谢世了，但是在他身后耸立着一部历史，勾画出未来的历程。乔治·桑长辞了，但是她给我们留下妇女展露女性天才的权利。变化就是这样完成的。让我们哭悼死者吧，但是要看到接踵而至的现象；留存下来的是确定无疑的事实；由于有了这些令人自豪的思想先驱，一切真理和一切正义都迎我们而来，而这正是我们所听到的翅膀拍击的声音。

请接受我们逝去的名人在离开我们的时候，给予我们的东西吧。让我们面向未来，平静而充满沉思，向伟人的离去给我们预示的光辉前景的到来致敬吧。

⊙作品赏析

《悼念乔治·桑》是雨果为悼念法国著名的现实主义小说家乔治·桑而写的悼文。乔治·桑逝于1876年6月8日，10日法国诺昂举行的葬礼上宣读了雨果撰写的这篇悼文。文章开篇点题，直抒胸臆，同时说明悼念乔治·桑的原因。接着作者不从正面去描写乔治·桑，而是采用比衬的方法，以男人、名人作比照，以对手的憎恨、攻击作反衬，以火炬作比喻，突出了乔治·桑的形象伟大、思想崇高、心灵善良。最后作者劝告人们要化悲痛为力量，“面向未来，去迎接光辉的前景”，使文章的主题得到了升华。综观全文，激情多于感伤，气势磅礴，热情洋溢，文字凝练隽永，铿锵有力，富于韵律美，充分展示了一代浪漫主义文豪雨果的语言风格。

冬天之美 / [法国] 乔治·桑

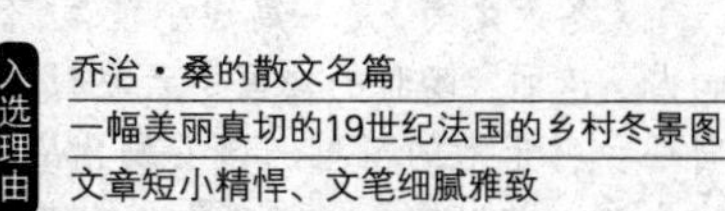

我从来热爱乡村的冬天。我无法理解富翁们的情趣，他们在一年当中最不适于举行舞会、讲究穿着和奢侈挥霍的季节，将巴黎当作狂欢的场所。大自然在冬天邀请我们到火炉边去享受天伦之乐，而且正是在乡村才能领略这个季节罕见的明朗的阳光。在我国的大都市里，臭气熏天和冻结的烂泥几乎永无干燥之日，看见就令人恶心。在乡下，一片阳光或者刮几小时风就使空气变得清新，使地面干爽。可怜的城市工人对此十分了解，他们滞留在这个垃圾场里，实在是由于无可奈何。我们的富翁们所过的人为的、悖谬的生活，违背大自然的安排，结果毫无生气。英国人比较明智，他们到乡下别墅里去过冬。

在巴黎，人们想像大自然有六个月毫无生机，可是小麦从秋天就开始发芽，而冬天惨淡的阳光——大家惯于这样描写它——是一年之中最灿烂、最辉煌的。当太阳拨开云雾，当它在严冬傍晚披上闪烁发光的紫红色长袍坠落时，人们几乎无法忍受它那令人眩目的光芒。即使在我们严寒却偏偏不恰当地称为温带的国家里，自然界万物永远不会除掉盛装和失去盎然的生机，广阔的麦田铺上了鲜艳的地毯，而天际低矮的太阳在上面投下了绿宝石的光辉。地面披上了美丽的苔藓。华丽的常春藤涂上了大理石般的鲜红和金色的斑纹。报春花、紫罗兰和孟加拉玫瑰躲在雪层下面微笑。由于地势的起伏，由于偶然的机缘，还有其他几种花儿躲过严寒幸存下来，而随时使你感到意想不到的欢愉。虽然百灵鸟不见踪影，但有多少喧闹而美丽的鸟儿路过这儿，在河边栖息和休憩！当地面的白雪像璀璨的钻石在阳光下闪闪发光，或者当挂在树梢的冰凌组成神奇的连拱和无法描绘的水晶的花彩时，有什么东西比白雪更加美丽呢？在乡村的漫漫长夜里，大家亲切地聚集一堂，甚至时间似乎也听从我们使唤。由于人们能够沉静下来思索，精神生活变得异常丰富。这样的夜晚，同家人围炉而坐，难道不是极大的乐事吗？

·作者简介·

乔治·桑（1804～1876），19世纪法国著名的批判现实主义女作家。生于巴黎，幼年丧父，由祖母抚养，18岁时嫁给杜德望男爵，但她对婚姻并不满意，1831年到巴黎，开始独立生活，从事文学创作。她的小说创作大致可分四阶段：早期作品称为激情小说，代表作有《安蒂亚娜》、《华伦蒂娜》等，描写爱情上不幸的女性不懈地追求独立与自由，充满了青春的热情与反抗的意志。第二阶段作品是空想社会主义小说，代表作有《木工小史》、《康素爱萝》等，提出了资本主义社会中妇女的命运问题，攻击资本主义的财产制度和婚姻制度，进而提出空想社会主义的理想。第三阶段作品为田园小说，代表作有《魔沼》、《弃儿弗朗索瓦》等，以抒情见长，善于描绘绮丽的自然风光，渲染农村的静谧气氛，具有浓郁的浪漫色彩。第四阶段作品为传奇小说，代表作为《金色树林的美男子》。乔治·桑是最早反映工人和农民生活的欧洲作家之一。

乔治·桑像

⊙作品赏析

《冬天之美》是一篇短小精悍、优美雅致的写景抒情散文。文章以细腻的笔调，勾勒出一个静谧、和谐、清丽、幽雅的法国冬天农村的自然风光。作者开篇点题，直抒胸臆，抒发了自己热爱自然、向往乡村生活的情思。接着别出心裁，宕开一笔，描述巴黎冬天的不美，突出其脏乱、浮靡悖谬的生活，并以空气“清新”、“地面干爽”的乡村生活与之相对照，以此反衬乡村的美丽。接着作者以浓墨重彩之笔，运用比喻、拟人手法，倾力描绘乡村的冬景，将原本普通平常的景物渲染得有声有色，生机盎然。文章既流露了作者热爱自然、憧憬乡村生活的思想感情，也嘲讽了上流社会的奢侈生活，表达了对下层人民的同情，反映了作者厌恶“城市化”工业文明、崇尚回归自然的生活态度。

乡村 /［俄国］屠格涅夫

入选理由
屠格涅夫的散文代表作之一
以诗的语言勾勒了19世纪俄罗斯的乡村美景
语言清新，结构精妙，情景交融

六月里最后的一天。周围是俄罗斯千里幅员——亲爱的家乡。

整个天空一片蔚蓝。天上只有一朵云彩，似乎是在飘动，似乎是在消散。没有风，天气暖和……空气里仿佛弥漫着鲜牛奶似的东西！

云雀在鸣啭，大脖子鸽群咕咕叫着，燕子无声地飞翔，马儿打着响鼻、嚼着草，狗儿没有吠叫，温驯地摇尾站着。

空气里蒸腾着一种烟味，还有草香，并且混杂一点儿松焦油和皮革的气味。大麻已经长得很茂盛，散发出它那浓郁的、好闻的气味。

一条坡度和缓的深谷。山谷两侧各栽植数行柳树，它们的树冠连成一片，下面的树干已经龟裂。一条小溪在山谷中流淌。透过清澈的涟漪，溪底的碎石子仿佛在颤动。远处，天地相交的地方，依稀可见一条大河的碧波。

沿着山谷，一侧是整齐的小粮库、紧闭门户的小仓房；另一侧，散落着五六家薄板屋顶的松木农舍。家家屋顶上，竖着一根装上椋鸟巢的长竿子；家家门檐上，饰着一匹铁铸的扬鬃奔马。粗糙不平的窗玻璃，辉映出彩虹的颜色。护窗板上，涂画着插有花束的陶罐。家家农舍前，端端正正摆着一条结实的长凳。猫儿警惕地竖起透明的耳朵，在土台上蜷缩成一团。高高的门槛后面，清凉的前室里一片幽暗。

我把毛毯铺开，躺在山谷的边缘。周围是整堆整堆刚刚割下、香得使人困倦的干草。机灵的农民，把干草铺散在木屋前面：只要再稍稍晒干一点，就可藏到草棚里去！这样，将来睡在上面有多舒服！

孩子们长着卷发的小脑袋，从每一堆干草后面钻出来。母鸡晃着鸡冠，在干草里寻觅种种小虫。白唇的小狗，在乱草堆里翻滚。

留着淡褐色卷发的小伙子们，穿着下摆束上腰带的干净衬衣，登着沉重的镶边皮靴，胸脯靠在卸掉了牲口的牛车上，彼此兴致勃勃地谈天、逗笑。

圆脸的少妇从窗子里探出身来。不知是由于听到了小伙子们说的话，还是因为看到了干草堆上孩子们的嬉闹，她笑了。

另一个少妇伸出粗壮的胳膊，从井里提上一只湿淋淋的大桶……水桶在绳子上抖动着、摇晃着，滴下一滴滴闪光的水珠。

我面前站着一个年老的农妇，她穿着新的方格子布裙子，登着新鞋子。

在她黝黑、精瘦的脖子上，绕着三圈空心的大串珠。花白头发上系着一条带小

·作者简介·

屠格涅夫（1818～1883），19世纪俄国批判现实主义作家。早年就读于莫斯科大学、彼得堡大学，后到德国柏林大学学习。1843年发表叙事长诗《巴拉莎》，开始文学生涯。19世纪60年代后，大部分时间在西欧度过，曾参加巴黎国际文学大会，被选为副主席。主要作品有《猎人笔记》，长篇小说《罗亭》、《贵族之家》、《父与子》，中篇小说《阿霞》、《彼士什科夫》，散文诗集《散文诗》等。

屠格涅夫像

红点儿的黄头巾，头巾一直遮到已失去神采的眼睛上面。

但老人的眼睛有礼貌地笑着，布满皱纹的脸上也堆着笑意。也许，老妇已有六十多岁年纪了……就是现在也可以看得出来：当年她可是个美人呵！

她张开晒黑的右手五指，托着一罐刚从地窖里拿出来的、没有脱脂的冷牛奶，罐壁上蒙着许多玻璃珠子似的水汽；左手掌心里，老妇拿给我一大块还冒着热气的面包。她说："为了健康，吃吧，远方来的客人！"

雄鸡忽然啼鸣起来，忙碌地拍打着翅膀；拴在圈里的小牛犊和它呼应着，不慌不忙地发出哞哞的叫声。

"瞧这片燕麦！"传来我的马车夫的声音。

啊，俄罗斯自由之乡的满足，安逸，富饶！啊，宁静和美好！

于是我想到：皇城里圣索菲娅教堂圆顶上的十字架以及我们城里人正孜孜以求的一切，算得了什么？

⊙作品赏析

《乡村》一文是屠格涅夫晚年的作品散文诗集《散文诗》中脍炙人口的名篇，文章以诗一般的语言勾画了一幅美丽如画的俄罗斯乡村风光。文章开篇以寥寥数语即将乡村天空的景象描绘得惟妙惟肖。接着作者以浓墨重彩之笔描绘乡村静谧和平的生活和淳朴善良的村民，那里有坡度和缓的山谷、成行的柳树、汩汩流淌的小溪、整齐的小粮库、薄板屋顶的松木农舍、香得使人困倦的干草，农民在晾草、孩子们在嬉耍，小伙子们在谈天、少妇们在打水，年老的农妇拿面包招待客人……在作者平静清新的叙述中，人们仿佛随着作者一道走进了19世纪中叶的俄罗斯乡村，领略它那安逸富饶的生活和宁静美丽的风光。文章语言清新，结构精妙，色彩瑰丽，动静结合，情景交融，具有很强的感染力。

海边幻想 / [美国] 惠特曼

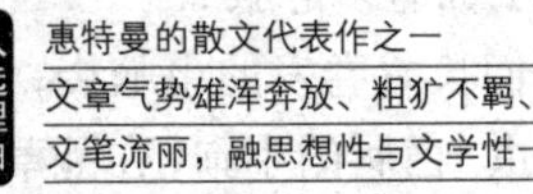

我小时候就有过幻想，有过希望，想写点什么，也许是一首诗吧，写海岸——那使人产生联想和起划分作用的一条线，那接合点，那汇合处，固态与液态紧紧相连之处——那奇妙而潜伏的某种东西（每一客观形态最后无疑都要适合主观精神的）。虽然浩瀚，却比第一眼看它时更加意味深长，将真实与理想合而为一，真实里有理想，理想里有真实。我年轻时和刚成年时在长岛，常常去罗卡威的海边和康尼岛的海边，或是往东远至汉普顿和蒙托克，一去就是几个钟头，几天。有一次，去了汉普顿和蒙托克（是在一座灯塔旁边，就目所能及，一眼望去，四周一无所有，只有大海的动荡）。我记得很清楚，有朝一日一定要写一本描绘这关于液态的、奥妙的主题。结果呢？我记得不是什么特别的抒情诗、史诗、文学方面的愿望，而竟是这海岸成了我写作的一种看不见的影响，一种作用广泛的尺度和符契。（我在这里向年轻的作家们提供一点线索。我也说不准，不过，除了海和岸之外，我也不知不觉地按这同样的标准对待其他的自然力量——避免追求用诗去写它们；太伟大，不宜按一定的格式去处理——如果我能间接地表现我同它们相遇而且相融了，即便只有一次也已足够，我就非常心满意足了——我和它们是真正地互相吸收了，互相了解了。）

多年来，一种梦想，也可以说是一种图景时时（有时是间或，不过到时候总会再来）悄悄地出现在我眼前。尽管这是想象，但我确实相信这梦想已大部分进入了我的实际生活——当然也进入了我的作品，使我的作品成形，给了我的作品以色彩。那不是别的，正是这一片无垠的白黄白黄的沙地；它坚硬，平坦，宽阔；气势雄伟的大海永远不停地向它滚滚打来，缓缓冲激，哗啦作响，溅起泡沫，像低音鼓吟声阵阵。这情景，这画面，多年来一直在我眼前浮现。我有时在夜晚醒来，也能清楚地听见它，看见它。

·作者简介·

惠特曼（1819～1892），19世纪美国著名诗人。生于长岛。5岁时全家迁至布鲁克林。由于家庭贫困，惠特曼只读了5年小学。之后他当过信差、木匠、乡村教师、排字工人。1838年惠特曼主编《长岛人》，传播民主思想，与此同时开始诗歌创作，1855年出版《草叶集》，收诗383首。以“草叶”命名诗集体现了诗人的民主思想，因为它赋予最普通的遭人践踏的小东西以崇高的地位与尊严。草叶也是包括诗人在内的具有强大生命力的美国“新人”形象，它象征独特的美国精神和性格。其中著名的诗歌有《哦，船长，我的船长》、《自己之歌》等。这部诗集的自由体，豪迈奔放而又不失其音乐美感，在英语诗歌中独树一帜，从根本上动摇了传统格律诗几世纪以来的垄断地位，开了英诗自由体在20世纪迅猛发展的先河，并对中国五四运动以后的新诗创作产生了很大影响。

惠特曼像

⊙作品赏析

《海边幻想》是惠特曼的散文名篇。作者想象奇诡，将海岸线比做一道分界线，分界线的一边是代表固体的、生硬的、短暂的物质世界的大陆，另一边是代表液体的、流动的、永恒的精神世界；前者是客观形式，是现实，后者是主观精神，是理想，客观形式要和主观精神相符合。接着作者重点论述了自己文学创作的理念：现实——坚硬、平坦、宽阔的沙地，要与理想——气势雄伟的大海相融合，经受大海的“冲激”，才能产生奇迹。文章气势雄浑奔放、粗犷不羁、意境宏阔、文笔流丽，融思想性与文学性一炉，既给人以艺术的享受，也给人以理性的思考。

贝多芬百年祭 /［英国］萧伯纳

入选理由

萧伯纳的散文代表作之一

既是一篇纪念性散文，也是一篇音乐评论

语言精练，行文自如，论述精辟，富于感染力

一百年前，一位虽还听得见雷声但已聋得听不见大型交响乐队演奏自己的乐曲的五十七岁的倔强的单身老人最后一次举拳向着咆哮的天空，然后逝去了，还是和他生前一直那样地唐突神灵，蔑视天地。他是反抗性的化身；他甚至在街上遇上一位大公和他的随从时也总不免把帽子向下按得紧紧地，然后从他们正中间大踏步地直穿而过。他有一架不听话的蒸汽轧路机的风度（大多数轧路机还恭顺地听使唤和不那么调皮呢）；他穿衣服之不讲究尤甚于田间的稻草人：事实上有一次他竟被当做流浪汉给抓了起来，因为警察不肯相信穿得这样破破烂烂的人竟会是一位大作曲家，更不能相信这副躯体竟能容得下纯音响世界最奔腾澎湃的灵魂。他的灵魂是伟大的；但是如果我使用了最伟大的这种字眼，那就是说比汉德尔的灵魂还要伟大，贝多芬自己就会责怪我；而且谁又能自负为灵魂比巴哈的还伟大呢？但是说贝多芬的灵魂是最奔腾澎湃的那可没有一点问题。

他的狂风怒涛一般的力量他自己能很容易控制住，可是常常并不愿去控制，这个和他狂呼大笑的滑稽诙谐之处是在别的作曲家作品里都找不到的。毛头小伙子们现在一提起切分音就好像是一种使音乐节奏成为最强而有力的新方法；但是在听过贝多芬的第三里昂诺拉前奏曲之后，最狂热的爵士乐听起来也像“少女的祈祷”那样温和了，可以肯定地说我听的任何黑人的集体狂欢都不会像贝多芬的第七交响乐最后的乐章那样可以引起最黑最黑的舞蹈家拚了命地跳下去，而也没有另外哪一个作曲家可以先以他的乐曲的阴柔之美使得听众完全溶化在缠绵悱恻的境界里，而后突然以铜号的猛烈声音吹向他们，带着嘲讽似地使他们觉得自己是真傻。除了贝多芬之外谁也管不住贝多芬；而疯劲上来之后，他总有意不去管住自己，于是也就成为管不住的了。

这样奔腾澎湃，这种有意的散乱无章，这种嘲讽，这样无顾忌的骄纵的不理睬传统的风尚——这些就是使得贝多芬不同于十七和十八世纪谨守法度的其他音乐天才的地方。他是造成法国革命的精神风暴中的一个巨浪。他不认任何人为师，他同行里的先辈莫扎特从小起就是梳洗干净，穿着华丽，在王公贵族面前举止大方的。莫扎特小时候曾为了彭巴杜夫人发脾气说：“这个女人是谁，也不来亲亲我，连皇后都亲亲我呢。”这种事在贝多芬是不可想象的，因为甚至在他已老到像一头苍熊时，他仍然是一只未经驯服的熊崽子。莫扎特天性文雅，与当时的传统和社会很合拍，但也有灵魂的孤独。莫扎特和格鲁克之文雅就犹如路易十四宫廷之文雅。海顿之文雅就犹如他同时的最有教养的乡绅之文雅。和他们比起来，从社会地位上说贝多芬就是个不羁的艺术家，一个不穿紧腿裤的激进共和主义者。海顿从不知道什么是嫉妒，曾称赞比他年青的莫扎特是有史以来最伟大的作曲家，可他就是吃不消贝多芬。莫扎特是更有远见的，他听了贝多芬的演奏后说：“有一天他是要出名的，”但是即使莫扎特活得长些，这两个人恐也难以相处下去。贝多芬对莫扎特有一种出于道德原因的恐怖。莫扎特在他的音乐中给贵族中的浪子唐璜加上了一圈迷人的圣光，然后像一个天生的戏剧家那样运用道德的灵活性又回过来给莎拉斯特罗加上了神人的光辉，给他口中的歌词谱上了前所未有的就是出自上帝口中都不会显得不相称的乐调。

贝多芬不是戏剧家；赋予道德以灵活性对他来说就是一种可厌恶的玩世不恭。他仍然认为莫扎特是大师中的大师（这不是一顶空洞的高帽子，它的的确确就是说莫扎特是个为作曲家们欣赏的作曲家，而远远不是流行作曲家）；可是他是穿紧腿裤的宫廷侍从，而贝多芬却是个穿散腿裤的激进共和主义者；同样地海顿也是穿传统制服的侍从。在贝多芬和他们之间隔着一场法国大革命，划分开了十八世纪和十九世纪。但对贝多芬来说莫扎特可不如海顿，因为他把道德当儿戏，用迷人的音乐把罪恶谱成了像德行那样奇妙。如同每一个真正激进共和主义者都具有的，贝多芬身上的清教徒性格使他反对莫扎特，固然莫扎特曾向他启示了十九世纪音乐的各种创新的可能。因此贝多芬上溯到汉德尔，一位和贝多芬同样倔强的老单身汉，把他做为英雄。汉德尔瞧不上莫扎特崇拜的英雄格鲁克，虽然在汉德尔的《弥赛亚》里的田园乐是极为接近格鲁克在他的歌剧《奥菲阿》里那些向我们展示出天堂的原野的各个场面的。

因为有了无线电广播，成百万对音乐还接触不多的人在他百年祭的今年将第一次听到贝多芬的音乐。充满着照例不加选择地加在大音乐家身上的颂扬话的成百篇的纪念文

·作者简介·

萧伯纳（1856～1950），19世纪末20世纪上半叶英国著名剧作家、散文家、社会活动家。生于都柏林。14岁中学毕业后因家境贫困辍学。1876年移居伦敦。1879年开始文学创作。1884年加入费边社，为该社的重要成员。1925年获诺贝尔文学奖。一生著作甚丰，代表作有《鳏夫的房产》、《华伦夫人的职业》、《巴巴拉少校》，此外还有音乐、美术评论，文学和社会、政治论著多种。

萧伯纳像

章将使人们抱有通常少有的期望。像贝多芬同时的人一样，虽然他们可以懂得格鲁克和海顿和莫扎特，但从贝多芬那里得到的不但是一种使他们困惑不解的意想不到的音乐，而且有时候简直是听不出是音乐的由管弦乐器发出来的杂乱音响。要解释这也不难。十八世纪的音乐都是舞蹈音乐。舞蹈是由动作起来令人愉快的步子组成的对称样式：舞蹈音乐是不跳舞也听起来令人愉快的由声音组成的对称的样式。因此这些乐式虽然起初不过是像棋盘那样简单，但被展开了，复杂化了，用和声丰富起来了，最后变得类似波斯地毯；而设计像波斯地毯那种乐式的作曲家也就不再期望人们跟着这种音乐跳舞了。要有神巫打旋子的本领才能跟着莫扎特的交响乐跳舞。有一回我还真请了两位训练有素的青年舞蹈家跟着莫扎特的一阕前奏曲跳了一次，结果差点没把他们累垮。就是音乐上原来使用的有关舞蹈的名词也慢慢地不用了，人们不再使用包括萨拉班德舞，巴万宫廷舞，加伏特舞和快步舞等等在内的组曲形式，而把自己的音乐创作表现为奏鸣曲和交响乐，里面所包含的各部分也干脆叫做乐章，每一章都用意大利文记上速度，如快板、柔板、谐谑曲板、急板等等。但在任何时候，从巴哈的序曲到莫扎特的《天神交响乐》，音乐总呈现出一种对称的音响样式给我们以一种舞蹈的乐趣来作为乐曲的形式和基础。

可是音乐的作用并不止于创造悦耳的乐式。它还能表达感情。你能去津津有味地欣赏一张波斯地毯或者听一曲巴哈的序曲，但乐趣只止于此；可是你听了《唐璜》前奏曲之后却不可能不发生一种复杂的心情，它使你心理有准备去面对将淹没那种精致但又是魔鬼式的欢乐的一场可怖的末日悲剧。听莫扎特的《天神交响乐》最后一章时你会觉得那和贝多芬的第七交响乐的最后乐章一样，都是狂欢的音乐；它用响亮的鼓声奏出如醉如狂的旋律，而从头到尾又交织着一开始就有的具有一种不寻常的悲伤之美的乐调，因之更加沁人心脾。莫扎特的这一乐章又自始至终是乐式设计的杰作。

但是贝多芬所做到了的一点，也是使得某些与他同时的伟人不得不把他当做一个疯人，有时清醒就出些洋相或者显示出格调不高的一点，在于他把音乐完全用做了表现心情的手段，并且完全不把设计乐式本身作为目的。不错，他一生非常保守地（顺便说一句，这也是激进共和主义者的特点）使用着旧的乐式；但是他加给它们以惊人的活力和激情，包括产生于思想高度的那种最高的激情，使得产生于感觉的激情显得仅仅是感官上的享受，于是他不仅打乱了旧乐式的对称，而且常常使人听不出在感情的风暴之下竟还有什么样式存在着了。他的《英雄交响乐》一开始使用了一个乐式（这是从莫扎特幼年时一个前奏曲里借来的），跟着又用了另外几个很漂亮的乐式；这些乐式被赋予了巨大的内在力量，所以到了乐章的中段，这些乐式就全被不客气的打散了；于是，从只追求乐式的音乐家看来，贝多芬是发了疯了，他抛出了同时使用音阶上所有单音的可怖的和弦。他这么做只是因为他觉得非如此不可，而且还要求你也觉得非如此不可呢。

以上就是贝多芬之谜的全部。他有能力设计最好的乐式；他能写出使你终身享受不尽的美丽的乐曲；他能挑出那些最干燥无味的旋律，把他们展开得那样引人，使你听上一百次也每回都能发现新东西：一句话，你可以拿所有用来形容以乐式见长的作曲家的话来形容他；但是他的病征，也就是不同于别人之处在于他那激动人的品质，他能使我们激动，并把他那奔放的感情笼罩着我们。当贝里奥滋听到一位法国作曲家因为贝多芬的音乐使他听了很不舒服而说“我爱听了能使我入睡的音乐”时，他非常生气。贝多芬的音乐是使你清醒的音乐；而当你想独自一个静一会儿的时候，你就怕听他的音乐。

懂了这个，你就从十八世纪前进了一步，也从旧式的跳舞乐队前进了一步（爵士乐，附带说一句，就是贝多芬化了的老式跳舞乐队），不但能懂得贝多芬的音乐而且也能懂得贝多芬以后的最有深度的音乐了。

⊙作品赏析

《贝多芬百年祭》是英国大文豪萧伯纳为纪念德国古典音乐大师贝多芬而写的一篇纪念性散文，也是一篇音乐评论。在文中，萧伯纳凭借自己细腻入微的洞察力和深湛的艺术修养，对贝多芬的个性、音乐创作进行了入木三分的分析和切实中肯的评价。文章没有对贝多芬坎坷的一生作全面铺陈，只是从贝多芬的临终时刻和一件最足表现其性格的逸事写起，简练而含蓄地刻画出贝多芬蔑视权贵、睥睨世俗、桀骜不驯的张扬个性。接着作者将贝多芬与莫扎特、海顿放在一起比较，从多方面展示了贝多芬音乐创作思想和音乐作品的风格。文章语言精练，行文自如，纵捭横阖，左右逢源，论述精辟，读后给人以一气呵成、畅酣淋漓之感，富于感染力，充分显示了萧伯纳精湛的语言功力。

美 /［印度］泰戈尔

入选理由
泰戈尔的散文代表作之一
以优美隽永的语言阐明了科学看待美的态度
风格质朴，节奏和谐，深蕴哲理

夕阳坠入地平线，西天燃烧着鲜红的霞光，一片宁静轻轻落在梵学书院娑罗树的枝梢上，晚风的吹拂也便弛缓起来。一种博大的美悄然充溢我的心头。对我来说，此时此刻，已失落其界限。今日的黄昏延伸着，延伸着，融入无数时代前的邈远的一个黄昏。在印度的历史上，那时确实存在隐士的修道院，每日喷薄而出的旭日，唤醒一座座净修林中的鸟啼和《娑摩吠陀》的颂歌。白日流逝，晚霞鲜艳的恬静的黄昏，召唤终年为祭火提供酥油的牛群，从芳草萋萋的河滨和山麓归返牛棚。在印度那纯朴的生活，肃穆修行的时光，在今日静谧的暮天清晰地映现。

我忽然想起，我们的雅利安祖先，一天也不曾忽视一望无际的恒河平原上日出和日落的壮丽景象。他们从未冷漠地送别晨夕和晚祷。每位瑜珈行者和每家的主人，都在心中热烈欢迎迷人的景色。他们把自然之美迎进了祭神的庙宇，以虔诚的目光注望美中涌溢的欢乐。他们抑制着激动，稳定着心绪，将朝霞和暮色溶入他们无限的遐想。我认为，他们在河流的交汇处，在海滩，在山峰上欣赏自然美景的地方，不曾营造自己享受的乐园；在他们开辟的圣地和留下的名胜古迹中，人与神浑然一体。

暮空中萦绕着我内心的祈祷：愿我以纯洁的目光瞻仰这美的伟大形象，不以享乐思想去黯淡和去贬低世界的美，要学会以虔诚使之愈加真切和神圣。换句话说，要弃绝占有它的妄想，心中油然萌发为它献身的决心。

我又觉得，认识到真实是美，美是崇伟，不是件容易的事。我们摈弃许多东西，把厌烦的许多东西推得远远的，对许多矛盾视而不见，在合乎心意的狭小范围内，把美当做时髦的奢侈品。我们妄图让世界艺术女神沦为女婢，羞辱她，失去了她，同时也丧失了我们的福祉。

撇开人的好恶去观察，世界本性并不复杂，很容易窥见其中的美和神灵。将察看局部发现的矛盾和形变，掺入整体之中，就不难看到一种恢宏的和谐。

然而，我们不能像对待自然那样对人。周围的每个人离我们太近，我们以特别挑剔的目光夸大地看待他的小疵。他短时的微不足道的缺点，在我们的感情中往往变成非常严重的过错。贪欲、愤怒、恐惧妨碍我们全面地看人，而让我们在他人的小毛病中摇摆不定。所以我们很容易在寥廓的暮空发现美，而在俗人的世界却不容易发现。

·作者简介·

泰戈尔（1861～1941），印度现代著名诗人、散文家。出身加尔各答市的望族，没有受过正规的学校教育，但在父兄的教导下，掌握了丰富的历史、文学知识。14岁时就有诗作发表。1878年赴英留学，学习英国文学和西方音乐。1880年回国后专门从事文学活动。1913年获诺贝尔文学奖，此后出访了欧洲很多国家及中国、日本和苏联等。他在诗歌方面的主要作品有抒情诗集《暮歌》、《晨歌》、《金帆船》、《缤纷集》、《园丁集》、《收获集》、《渡口》、《吉檀迦利》和哲理短诗集《微思集》、《故事诗集》等。在小说方面的代表作有长篇小说《沉船》、《戈拉》、《家庭与世界》，中篇小说《两姊妹》、《四个人》，短篇小说《河边的台阶》、《饥饿的石头》等。另外，还有戏剧《国王》、《邮局》等。

泰戈尔像

今日黄昏，不费一点力气，我们见到了宇宙的美妙形象。宇宙的拥有者亲手把完整的美捧到我们的眼前。如果我们仔细剖析，进入它的内部，扑面而来的是数不清的奇迹。此刻，无垠的暮空的繁星间飞驰着火焰的风暴，若容我们目睹其一部分，必定目瞪口呆。用显微镜观察我们前面那株姿态优美的斜倚星空的大树，我们能看清许多脉络，许多虬须，树皮的层层褶皱，枝桠的某些部位干枯，腐烂，成了虫豸的巢穴。站在暮空俯瞰人世，映入眼帘的一切，都有不完美和不正常之处。然而，不扬弃一切，广收博纳，卑微的，受挫的，变态的，全部拥抱着，世界坦荡地展示自己的美。整体即美，美不是荆棘包围的窄圈里的东西，造物主能在静寂的夜空毫不费力地向世人昭示。

强大的自然力的游戏惊心动魄，可我们在暮空却看到它是那样宁静，那样绚丽。同样，伟人一生经受的巨大痛苦，在我们眼里也是美好的，高尚的，我们在完满的真实中看到的痛苦，其实不是痛苦，而是欢乐。

我曾说过，认识美需要克制和艰苦的探索，空虚的欲望宣扬的美，是海市蜃楼。

当我们完美地认识真理时，我们才真正地懂得美。完美地认识了真理，人的目光才纯净，心灵才圣洁，才能不受阻挠地看见世界各地蕴藏的欢乐。

⊙作品赏析

《美》一文通过对黄昏美景的描绘，表达了作者对美的犀利而辩证的看法。作者运用类似中国古文中“兴”的写作手法，开篇为人们描绘了一幅壮观静谧的黄昏美景图，然而作者的本意不在赞扬黄昏日落之美，而是藉此表达自己对美的真正内涵的看法。作者指出，美即真实、崇伟、整体，但认识美又不是件容易的事，现实生活中许多人只凭自己的好恶、感情，片面挑剔地看待世界和人，因而难以窥见世界和人身上的“美和神灵”。作者由此进一步指出，世间的人和事都有不完美和不正常之处，应“扬弃一切，广收博纳”，才能形成真正的“整体”美。文章风格质朴，清新自然，节奏和谐，深蕴哲理，读后给人以莫大的精神享受和思想启示。

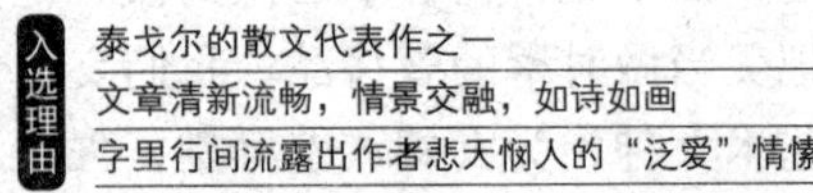

孟加拉风光 /［印度］泰戈尔

一只又一只的船到达这个码头，过了一年的作客生涯，从遥远的工作地点回家来过节日，他们的箱子、篮子和包袱里装满了礼物。我注意到有一个人，他在船靠岸的时候，换上一条整齐地叠好的绉麻拖地，在布衣上面套上一件中国丝绸的外衣，整理好他颈上的仔细围好的领巾，高撑着伞，走向村里去。

潺潺的波浪流经稻田。芒果和枣椰的树梢耸入天空，树外的天边是毛绒绒的云彩。棕榈的叶梢在微风中摇曳。沙岸上的芦苇正要开花。这一切都是悦目爽心的画面。

刚回到家的人的心情，在企望着他的家人的热切的期待，这秋日的天空，这个世界，这温煦的晓风，以及树梢、枝头和河上的微波普遍地反应的颤动，一起用说不出来的哀乐，来感动这个从船窗里向外凝望的青年人。

从路旁窗子里所接受到的一瞥的世界，带来了新的愿望，或者毋宁说是，旧的愿望改了新的形式。前天，当我坐在船窗前面的时候，一只小小的渔船漂过，渔夫唱着一支歌——调子并不太好听。但这使我想起许多年前我小时候的一个夜晚。我们在巴特马河的船上。有一夜我在两点钟时候醒来，在我推开船窗伸出头去的时候，我看见平静无波的河水在月下发光，一个年轻人独自划着一只渔舟，唱着走过，呵，唱得那么柔美——这样柔美的歌声我从来也没有听见过。

一个愿望突然来到我心上，我想回到我听见歌声的那一天，让我再来一次活生生的尝试，这一次我不让它空虚地没有满足地过去，我要用一首我唇上的诗人的诗歌，在涨潮的浪花上到处浮游；对世人歌唱，去安抚他们的心；用我自己的眼睛去看，在世界的什么地方有什么东西；让世人认识我，也让我认识他们；像热切吹扬的和风一样，在生命和青春里涌过全世界；然后回到一个圆满充实的晚年，以诗人的生活方式把它度过。

这算是一个很崇高的理想吗？为使世界受到好处，理想无疑地还要崇高些；但是像我这么一个人，从来也没有过这样的抱负。我不能下定决心，在自制的饥荒之下，去牺牲这生命里珍贵的礼物，用绝食和默想和不断的争论，来使世界和人心失望。我认为，像个人似地活着、死去、爱着、信任着这世界，也就够了，我不能把它当作是创世者的一个骗局，或是魔王的一个圈套。我是不会拼命地想飘到天使般的虚空里去的。

⊙作品赏析

本文为泰戈尔著名的系列散文《孟加拉风光》中的第十九篇，写于孟加拉“春节”前夕。文章以细腻的笔调，娓娓叙述了远方游子回家过节的热闹场景，并借此抒发了作者的万千感慨。作者用他那特有的大手笔，为人们展示了一幅幅色彩斑斓、充满浓郁的印度式东方情韵的风光写意图：码头上风尘仆仆的游子、波浪翻滚的稻田、高耸的芒果树和枣椰树、微风中摇曳的棕榈叶、沙岸上开花的芦苇、月光下驾舟放歌的浪子……作者借景生情，抒发了自己的理想：“用一首我唇上的诗人的诗歌”，“对世人歌唱，去安抚他们的心”。文章清新流畅，情景交融，如诗如画，字里行间流露出作者悲天悯人的“泛爱”情愫。

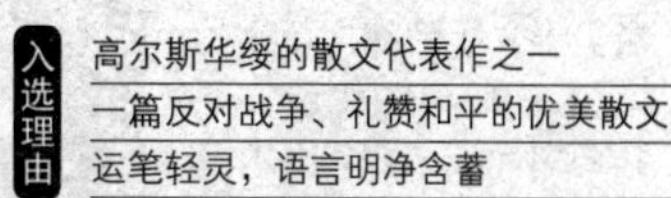

远处的青山 /［英国］高尔斯华绥

不仅仅是在这刚刚过去的三月里（但已恍同隔世），在一个充满痛苦的日子——德国发动它最后一次总攻后的那个星期天，我还登上过这座青山吗？正是那个阳光和煦的美好天气，南坡上的野茴香浓郁扑鼻，远处的海面一片金黄。我俯身草上，暖着面颊，一边因为那新的恐怖而寻找安慰，这进攻发生在连续四年的战祸之后，益发显得酷烈出奇。

“但愿这一切快些结束吧！”我自言自语道，“那时我就又能到这里来，到一切我熟悉的可爱的地方来，而不致这么伤神揪心，不致随着我的表针的每下滴答，就又有一批生灵惨遭涂炭。啊，但愿我又能——难道这事便永无完结了吗？”

现在总算有了完结，于是我又一次登上了这座青山，头顶上沐浴着十二月的阳光，远处的海面一片金黄。这时心头不再感到痉挛，身上也不再有毒氛侵袭。和平了！仍然有些难以相信。不过再不用过度紧张地去谛听那永无休止的隆隆炮火，或去观看那倒毙的人们，张裂的伤口与死亡。和平了，真是和平了！战争继续了这么长久，我们不少人似乎已经忘记了一九一四年八月战争全面爆发之初的那种盛怒与惊愕之感。但是我却没有，而且永远不会。

在我们一些人中——我以为实际在相当多的人中，只不过他们表达不出罢了——这场战争主要会给他们留下这种感觉：“但愿我能找到这样一个国家，那里人们所关心的不再是我们一向所关心的那些，而是美，是自然，是彼此仁爱相待。但愿我能找到那座远处的青山！”关于忒俄克里托斯的诗篇，关于圣弗兰西斯的高风，在当今的各个国家里，正如东风里草上的露珠那样，早已渺不可见。即或过去我们的想法不同，现在我们的幻想也已破灭。不过和平终归已经到来，那些新近被屠杀掉的人们的幽魂总不致再随着我们的呼吸而充塞在我们的胸臆。

和平之感在我们思想上正一天天变得愈益真实和愈益与幸福相连。此刻我已能在这座青山之上为自己还能活在这样一个美好的世界而赞美造物。我能在这温暖阳光的覆盖之下安然睡去，而不会醒后又是过去的那种恹恹欲绝。我甚至能心情欢快地去作梦，不致醒后好梦打破，而且即使作了恶梦，睁开眼睛后也就一切消失。我可以抬头仰望那碧蓝的晴空而不会突然瞥见那里拖曳着一长串狰狞可怖的幻想，或者人对人所干出的种种伤天害理的惨景。我终于能够一动不动地凝视着晴空，那么澄澈而蔚蓝，而不会时刻受着悲愁的拘牵，或者俯视那光滟的远海，而不至担心波面上再会浮起屠杀的血污。

·作者简介·

高尔斯华绥（1867～1933），英国现代著名作家。生于律师家庭。1890年毕业于牛津大学法律系，获律师资格。1891～1893年游历欧洲，1895年开始创作，早年受屠格涅夫影响较大。1906年发表的长篇小说《有产业的人》和第一个剧本《银盒》确立了他在文坛上的地位。他一生共创作了17部小说、26个剧本及短篇小说、散文等若干。主要作品有长篇小说《福尔赛世家》三部曲：《有产业的人》、《骑虎》、《出租》；《现代喜剧》三部曲：《白猿》、《钥匙》、《天鹅之歌》；以及戏剧作品：《银盒》、《鸽子》和《忠诚》等。他的小说在真实的描绘中透露作者的褒贬，注意塑造典型性格，文笔自然流畅，故事情节跌宕有致。1932年获诺贝尔文学奖。

高尔斯华绥像

天空中各种禽鸟的飞翔，海鸥、白嘴鸭以及那往来徘徊于白垩坑边的棕色小东西对我都是欣慰，它们是那样自由自在，不受拘束。一只画眉正鸣啭在黑莓丛中，那里叶间还晨露未干。轻如蝉翼的新月依然隐浮在天际；远方不时传来熟悉的声籁；而阳光正暖着我的脸颊。这一切都是多么愉快。这里见不到凶猛可怕的苍鹰飞扑而下，把那快乐的小鸟攫去。这里不再有歉仄不安的良心把我从这逸乐之中唤走。到处都是无限欢欣，完美无瑕。这时张目四望，不管你看看眼前的蜗牛甲壳，雕镂刻画得那般精致，恍如童话里小精灵头上的细角，而且角端作蔷薇色；还是俯瞰从此处至海上的一带平芜，它浮游于午后阳光的微笑之下，几乎活了起来，这里没有树篱，一片空旷，但有许多炯炯有神的树木，还有那银白的海鸥，翱翔在色如蘑菇的耕地或青葱翠绿的田野之间；不管你凝视的是这株小小的粉红雏菊，而且慨叹它的生不适时，还是注目那棕红灰褐的满谷林木，上面乳白色的流云低低悬垂，暗影浮动——一切都是那么美好，这是只有大自然在一个风和日丽的天气，而且那观赏大自然的人的心情也分外悠闲的时候，才能见得到的。

在这座青山之上，我对战争与和平的区别也认识得比往常更加透彻。在我们的一般生活当中，一切几乎没有发生多大改变——我们并没有领得更多的奶油或更多的汽油，战争的外衣与装备还笼罩着我们，报刊杂志上还充溢着敌意仇恨；但是在精神情绪上我们确已感到了巨大差别，那久病之后逐渐死去还是逐渐恢复的巨大差别。

据说，此次战争爆发之初，曾有一位艺术家闭门不出，把自己关在家中和花园里面，不订报纸，不会宾客，耳不闻杀伐之声，目不睹战争之形，每日惟以作画赏花自娱——只不知他这样继续了多久。难道他这样做法便是聪明，还是他所感受到的痛苦比那些不知躲避的人更加厉害？难道一个人连自己头顶上的苍穹也能躲得开吗？连自己同类的普遍灾难也能无动于衷吗？

整个世界的逐渐恢复——生命这株伟大花朵的慢慢重放——在人的感觉与印象上的确是再美不过的事了。我把手掌狠狠地压在草叶上面，然后把手拿开，再看那草叶慢慢直了过来，脱去它的损伤。我们自己的情形也正是如此，而且永远如此。战争的创伤已深深侵入我们的身心，正如严霜侵入土地那样。在为了杀人流血这桩事情而在战斗、护理、宣传、文字、工事，以及计数不清的各个方面而竭尽努力的人们当中，很少人是出于对战争的真正热忱才去做的。但是，说来奇怪，这四年来写得最优美的一篇诗歌，亦即朱利安·克伦菲尔的《投入战斗！》竟是纵情讴歌战争之作！但是如果我们能把自那第一声战斗号角之后一切男女对战争所发出的深切诅咒全部聚集起来，那些哀歌之多恐怕连笼罩地面的高空也盛装不下。

然而那美与仁爱所在的“青山”离开我们还很遥远。什么时候它会更近一些？人们甚至在我所偃卧的这座青山也打过仗。根据在这里白垩与草地上的工事的痕迹，这里还曾宿过士兵。白昼与夜晚的美好，云雀的欢歌，香花与芳草，健美的欢畅，空气的澄鲜，星辰的庄严，阳光的和煦，还有那清歌与曼舞，淳朴的友情，这一切都是人们渴求不餍的。但是我们却偏偏要去追逐那浊流一般的命运。所以战争能永远终止吗？……

这是四年零四个月以来我再没有领略过的快乐，现在我躺在草上，听任思想自由飞翔，那安详如海面上轻轻袭来的和风，那幸福如这座青山上的晴光。

⊙作品赏析

《远处的青山》一文叙述了作者在历时四年之久的第一次世界大战之后，重登一座青山上的见闻和感受，抒发了作者憎恶战争，热爱和平、自然和生命的感情。作者以远处的一座青山为落笔点，纵情放飞自己的想象之鸟。战争期间作者曾登上这座青山，那时他是“为那新的恐怖而寻找安慰”，等战争结束后作者再次登上青山，心境自然大为不同，在作者眼中，青山是美、仁爱、和平的化身，这里的一切都无限欢欣、完美无瑕。随着作者的情绪流动，我们仿佛与作者一道，来到那美丽壮阔的远处的青山，亲身享受洋溢四野的和平之光。文章运笔轻灵，语言明净含蓄，感性而细腻，全文浸透着作者深刻的生命体验、丰厚的人生蕴涵和浓浓的人道主义情怀，读来让人赏心悦目、回味悠长。

海燕 /［苏联］高尔基

高尔基的散文代表作
塑造了一个搏击风雨雷电的勇敢无畏的革命者形象
短小精悍，饱含激情，脍炙人口

在苍茫的大海上，狂风卷集着乌云。在乌云和大海之间，海燕像黑色的闪电，在高傲地飞翔。

一会儿翅膀碰着波浪，一会儿箭一般地直冲向乌云，它叫喊着，——就在这鸟儿勇敢的叫喊声里，乌云听出了欢乐。

在这叫喊声里——充满着对暴风雨的渴望！在这叫喊声里，乌云感到了愤怒的力量、热情的火焰和胜利的信心。

海鸥在暴风雨来临之前呻吟着，——呻吟着，在大海上面飞窜，想把自己对暴风雨的恐惧，掩藏到大海深处。

海鸭也呻吟着，——这些海鸭呀，享受不了生活的战斗的欢乐：轰隆隆的雷声就把它们吓坏了。

蠢笨的企鹅，胆怯地把肥胖的身体躲藏在悬崖底下……只有那高傲的海燕，勇敢地，自由自在地，在泛起白沫的大海上面飞翔！

乌云越来越暗，越来越低，向海面压下来，而波浪一边歌唱，一边冲向高空，去迎接那雷声。

雷声轰隆，波浪在愤怒的飞沫中呼叫着，跟狂风争吼。看吧，狂风紧紧抱起一层层巨浪，恶狠狠地将它们甩到悬崖上，把这些大块的翡翠摔成尘雾和碎沫。

海燕在叫喊着，飞翔着，像黑色的闪电，箭一般地穿过乌云，翅膀掠起波浪的飞沫。

看吧，它飞舞着，像个精灵——高傲的、黑色的暴风雨的精灵，——它一边大笑，它一边号叫……它笑那些乌云，它为欢乐而号叫！

从雷声的震怒里——这个敏感的精灵，——它早就听出了困乏，它深信，乌云遮不住太阳，——是的，遮不住的！

狂风吼叫……雷声轰轰……

一堆堆乌云，像青色的火焰，在无底的大海上燃烧。大海抓住闪电的箭光，把它们熄灭在自己的深渊里。闪电的影子，这些像一条条火蛇，在大海里蜿蜒游动，一晃就消失了。

"暴风雨！暴风雨就要来啦！"

这是勇敢的海燕在怒吼的大海上，在闪电中间，高傲地飞翔；这是胜利的预言家在叫喊：

"让暴风雨来得更猛烈些吧！"

·作者简介·

高尔基（1868～1936），苏联无产阶级作家、社会主义现实文学的奠基人。父亲是一个木匠，幼年丧父，11岁就开始走上社会，做过报童、搬运工、跑堂等。1884年起定居喀山，同时开始参加革命活动。他依靠自学开始文学创作，早期作品如《伊吉尔老婆子》、《鹰之歌》等有浪漫主义特色，但一些以流浪汉为题材的小说也很成功，如《玛莉娃》等。1899年发表的长篇小说《福马·高尔杰耶夫》标志着他的现实主义创作进入了成熟阶段。此后至十月革命前，他的主要作品是《母亲》、自传体三部曲的前两部《童年》、《在人间》，还有剧本《底层》、《小市民》等。苏维埃时期，他一方面主持了很多社会活动，一方面坚持创作，长篇小说《阿尔达莫诺夫家的事业》通过阿尔达莫诺夫一家三代的兴衰变化，概括了俄国资产阶级的命运。1934年，高尔基主持了第一次全苏联作家代表大会，并担任作家协会第一任主席，为苏维埃文学事业的发展起了十分重要的推动作用。著名作家巴乌斯托夫斯基曾这样评价高尔基："在高尔基身上体现着俄罗斯。如同没有伏尔加河我不能想象俄罗斯一样，我也不能想象没有高尔基。"

高尔基像

⊙作品赏析

《海燕》写于1901年，为高尔基的短篇小说《春天的旋律》的末尾一章。这是一篇饱含激情、短小精悍、脍炙人口的散文诗。作者运用象征手法，赋予海燕（象征无产阶级革命者）、大海（象征俄国广大革命群众）、暴风雨（象征俄国人民的革命斗争）、风云雷电（象征沙皇统治势力）、海鸥、海鸭、企鹅（象征俄国资产阶级政客）等特定的象征意义，并综合运用比喻、拟人、排比、对比、烘托、反复等手法，生动刻画出了海燕在暴风雨来临前矫健、迅疾、勇敢无畏地飞行于云里浪尖的英姿，塑造了一个大智大勇的革命者形象，抒发了自己对于革命的强烈期盼及乐观浪漫的政治热情。《海燕》发表后，在当时的俄国产生了巨大的社会影响，文章曾受到列宁的热情称赞。

我的梦中城市 /［美国］德莱塞

德莱塞的散文代表作之一

一幅20世纪初的纽约都市世俗图

入选多国散文选本

它是沉默的，我的梦中城市，清冷的、肃穆的，大概由于我实际上对于群众、贫穷及像灰沙一般刮过人生道途的那些缺憾的风波风暴都一无所知的缘故。这是一个可惊可愕的城市，这么的大气魄，这么的美丽，这么的死寂。有跨过高空的铁轨，有像峡谷的街道，有大规模攀上壮伟广市的楼梯，有下通深处的踏道，而那里所有的，却奇怪得很，是下界的沉默。又有公园、花卉、河流。而过了二十年之后，它竟然在这里了，和我的梦差不多一般可惊可愕，只不过当我醒时，它是罩在生活的骚动底下的。它具有角逐、梦想、热情、欢乐、恐怖、失望等等的哗鸣。通过它的道路、峡谷、广场、地道，是奔跑着、沸腾着、闪烁着、朦胧着，一大堆的存在，都是我的梦中城市从来不知道的。

关于纽约，其实也可说关于任何大城市，不过说纽约更加确切，因为它曾经是而且仍旧是大到这么与众不同的，在从前也如在现在，那使我感着兴味的东西，就是它显示于迟钝和乖巧，强壮和薄弱，富有和贫穷，聪明和愚昧之间的那种十分鲜明而同时又无限广泛的对照。这之中，大概数量和机会上的理由比任何别的理由都占得多些，因为别处地方的人类当然也并无两样。不过在这里，所得从中挑选的人类是这么的多，因而强壮的或那种根本支配着人的，是这么这么的强壮，而薄弱的是那么那么的薄弱——又那么那么的多。

我有一次看见一个可怜的、一半失了神的而且打皱得很厉害的小小缝衣妇，住在冷街上一所分租房子厅堂角落的夹板房里，用着一个放在柜子上的火酒炉子在做饭。在那间房的四周，她有着充分空间可以大大地跨三步。

“我宁可住在纽约这种夹板房里，不情愿住乡下那种十五间房的屋子。”她有一次发过这样的议论，当时她那双可怜的没有颜色的小眼睛，包含着那么的光彩和活气，是我在她身上从来不曾看见过，也从来不再见到的。她有一种方法贴补她的缝纫的收入，就是替那些和她自己一般下等的人在纸牌、茶叶、咖啡渣之类里面望运气，告诉许多人说要有恋爱和财气了，其实这两项东西都是他们永远不会见到的。原来那个城市的色彩、声音和光耀，就只叫她见识见识，也就足够赔补她一切的不幸了。

而我自己也不曾感觉到过那种炫耀吗？现在不也还是感觉到吗？百老汇路，当四十二条街口，在这些始终如一的夜晚，城市是被从西部来的如云的游览闲人所拥挤。所有的店门都开着，差不多所有酒店的窗户都张得大大，让那种太没事干的过路人可以看望。这里就是这个大城市，而它是醉态的，梦态的。一个五月或是六月的月亮将要像擦亮的银盘一般高高挂在高墙间，一百乃至一千面电灯招牌将在那里霎眼。穿着夏衣戴着漂亮帽子的市民和游人的潮水；载着无穷货品震荡着去尽无足重轻的使命的街车；像嵌宝石的苍蝇一般飞来飞去的出租汽车和私人汽车。就是那轧士林也贡献了一种特异的香气。生活在发泡，在闪耀；漂亮的言谈，散漫的材料。百老汇路就是这样的。

·作者简介·

德莱塞（1871～1945），美国现代小说家。生于印第安纳州特雷浩特镇。童年在困苦生活中度过。中学没毕业就去芝加哥谋生。曾上过一年大学。1892年受聘为记者和编辑，走访了芝加哥和纽约等城市，广泛接触和了解了社会生活。德莱塞的创作可分前后两个时期，俄国十月革命是他思想和创作的转折点。他的代表作有长篇小说《嘉莉妹妹》、《珍妮姑娘》、《欲望三部曲》、《“天才”》和《美国的悲剧》等。这些作品基本是批判现实主义的，揭露了资本主义社会繁荣表面下的罪恶和社会的贫富对立。尤其以真人真事为原型的《美国的悲剧》，写一个穷教士的儿子为追逐权力和金钱而成为杀人犯的故事，揭露了利己主义和金钱至上的观念对人的腐蚀。另外，他在创作中较早使用了弗洛伊德学说的一些理论来塑造典型形象，如潜意识、幻觉、梦境和性的压抑与升华等。

德莱塞像

还有那五马路，那条歌唱的水晶的街，在一个有市面的下午，无论春夏秋冬，总是一般热闹。当正二三月间，春来欢迎你的时候，那条街的窗口都拥塞着精美无遮的薄绸以及各色各样缥缈玲珑的饰品，还再有什么能一样分明地报告你春的到来吗？十一月一开头，它便歌唱起棕榈机、新开港以及热带和暖海的大大小小的快乐。及到十二月，那末同是这条马路上又将皮货、地毯，跳舞和宴会的时候，陈列得多么傲慢，对你大喊着风雪快要来了，其实你那时从山上或海边回来还不到十天哩。你看见这么一幅图画，看见那些划开了上层的住宅，总以为全世界都是非常的繁荣、独出而快乐的了。然而，你倘使知道那个俗艳的社会的矮丛，那个介于成功的高树之间的徒然生长的乱莽和丛簇，你就觉得这些无边的巨厦里面并没有一桩社会的事件是完美而沉默的了！

我常常想到那庞大数量的下层人，那些除开自己的青春和志向之外再没有东西推荐他们的男孩子和女孩子，日日时时将他们的面孔朝着纽约，侦察着那个城市能够给他们怎样的财富或名誉，不然就是未来的位置和舒适，再不然就是他们将可收获的无论什么。啊，他们的青春的眼睛是沉醉在它的希望里了！于是，我又想到全世界一切有力的和半有力的男男女女们，在纽约以外的什么地方勤劳着这样那样的工作——一爿店铺，一个矿场，一家银行，一种职业，——惟一的志向就是要去达到一个地位，可以靠他们的财富进入而留居纽约，支配着大众，而在他们认为是奢侈的里面奢侈着。

你就想想这里面的幻觉吧，真是深刻而动人的催眠术哩！强者和弱者，聪明人和愚蠢人，心的贪馋者和眼的贪馋者，都怎样的向那庞大的东西寻求忘忧草，寻求迷魂汤。我每次看见人似乎愿意拿出任何的代价——拿出那样的代价——去求一啜这口毒酒，总觉得十分惊奇。他们是展示着怎样一种刺人的颤抖的热心。怎样的，美愿意出卖它的花，德行出卖它的最后的残片，力量出卖它所能支配的范围里面一个几乎是高利贷的部分，名誉和权力出卖它们的尊严和存在，老年出卖它的疲乏的时间，以求获得这一切之中的不过一个小部分，以求赏一赏它的颤动的存在和它造成的图画。你几乎不能听见他们唱它的赞美歌吗?

⊙作品赏析

《我的梦中城市》选自德莱塞的散文集《一个大城市的色彩》。文章通过对20世纪初美国垄断资本主义时期的纽约的城市生活的描写，揭示了美国社会表面繁荣的背后所隐伏的深刻的社会危机。文章通篇贯穿对比的手法，以互相对立的两组事物或现象之间所产生的的强烈反差，准确生动地展示了纽约城市生活的内在实质：梦中城市的清冷、静穆，现实城市的沸腾、朦胧；缝衣女工的贫困生活，纽约城的喧嚣、繁华等。文章语言凝练，笔调沉郁，行文流畅自然，凸显了美国城市日常生活里潜藏的不易为人察觉的社会危机，告诫人们不要沉湎于浮华的城市生活，要看到在表面的繁华下潜伏于整个社会中的深刻精神危机。

入选理由
茨威格的散文代表作之一
反映了一代文豪托尔斯泰的平凡而伟大的人格

世间最美的坟墓 / [奥地利] 茨威格

我在俄国见到的景物再没有比托尔斯泰墓更宏伟、更感人的了。这将被后代怀着敬畏之情朝拜的尊严圣地，远离尘嚣，孤零零地躺在林荫里。顺着一条羊肠小路信步走去，穿过林间空地和灌木丛，便到了墓冢前；这只是一个长方形的土堆而已，无人守护，无人管理，只有几株大树荫庇。他的外孙女给我讲，这些高大挺拔，在初秋的风中微微摇动的树木是托尔斯泰亲手栽种的。小的时候，他的哥哥尼古莱和他听保姆或村妇讲过一个古老传说，提到亲手种树的地方会变成幸福所在。于是他们俩就在自己庄园的某块地上栽了几株树苗，这个儿童游戏不久也被忘掉了。托尔斯泰晚年才想起这桩儿时往事和关于幸福的奇妙许诺，饱经忧患的老人突然从中获得了一个新的、更美好的启示。他当即表示愿意将来埋骨于那些他亲手栽种的树木之下。

·作者简介·

茨威格（1881～1942），奥地利现代著名作家。青年时代在维也纳和柏林攻读哲学和文学。后去世界各地游历。第一次世界大战时从事反战工作，1934年遭纳粹驱逐，先后流亡英国、巴西。1942年在孤寂与感觉理想破灭中在里约热内卢近郊的寓所内与妻子双双自杀。代表作有小说《最初的经历》、《月光小巷》、《一个陌生女人的来信》、《象棋的故事》等；传记《三位大师》等。

茨威格像

后来就这样办了，完全按照托尔斯泰的愿望；他的坟墓成了世间最美的，给人印象最深刻的、最感人的坟墓。它只是树林中的一个小小的长方形土丘，上面开满鲜花——nulla crux,nulla coroma——没有十字架，没有墓碑，没有墓志铭，连托尔斯泰这个名字也没有。这个比谁都感到受自己的声名所累的伟人，就像偶尔被发现的流浪汉，不为人知的士兵一般，不留名姓地被人埋葬了。谁都可以踏进他最后的安息地，围在四周稀疏的木栅栏是不关闭的——保护列夫·托尔斯泰得以安息的没有任何别的东西，唯有人们的敬意；而通常，人们却总是怀着好奇，去破坏伟人墓地的宁静。这里，逼人的朴素禁锢住任何一种观赏的闲情，并且不容许你大声说话。风儿在俯临这座无名者之墓的树木之间飒飒响着，和暖的阳光在坟头嬉戏；冬天，白雪温柔地覆盖这片幽暗的土地。无论你在夏天或冬天经过这儿，你都想像不到，这个小小的，隆起的长方形包容着当代最伟大的人物当中的一个。然而，恰恰是不留姓名，比所有挖空心思置办的大理石和奢华装饰更扣人心弦：在今天这个特殊的日子里，成百上千到他的安息地来的人中间没有一个有勇气，哪怕仅仅从这幽暗的土丘上摘下一朵花留作纪念。人们重新感到，这个世界上再没有比这最后留下的，纪念碑式的朴素更打动人心的了。残废者大教堂大理石穹隆底下拿破仑的墓穴，魏玛公侯之墓中歌德的灵寝，西敏司寺里莎士比亚的石棺，看上去都不像树林中的这个只有风儿低吟，甚至全无人语声，庄严肃穆，感人至深的无名墓冢那样能剧烈震撼每一个人内心深藏着的感情。

⊙作品赏析

1928年，茨威格访问了苏联，期间他拜谒了托尔斯泰墓。之后他写下了感人至深的《世间最美的坟墓》一文。文章以朴素深沉的笔调，运用反复、比衬、白描的手法，层层深入地勾勒出托尔斯泰墓给人留下的深刻印象：宁静、平凡、朴素、伟大，从一个侧面揭示了文学巨匠托尔斯泰朴素平易的伟大人格。文章结构紧凑，文字简洁，富于哲理。作者着意描写的是托尔斯泰墓地的朴素，而文笔也极为朴素，通篇没有溢美之辞，没有雕琢和修饰，没有空泛议论，形式和内容达到了完美的统一，读来撼人心魄，回味绵长。

入选理由
川端康成的散文代表作之一
文章意境优美灵动，文字含蓄凝练
字里行间渗透着不露声色的感染力

我的伊豆 /［日本］川端康成

伊豆是诗的故乡，世上的人这么说。

伊豆是日本历史的缩影，一个历史学家这么说。

伊豆是南国的楷模，我要再加上一句。

伊豆是所有的山色海景的画廊，还可以这么说。

整个伊豆半岛是一座大花园，一所大游乐场。就是说，伊豆半岛到处都具有大自然的惠赠，都富有美丽的变化。

如今，伊豆有三个入口：下田，三岛修善寺，热海。不管从哪里进去，首先迎迓你的，是堪称伊豆的乳汁和肌体的温泉。然而，由于选择的入口不同，你定会感到有三个各不相同的伊豆呢。

北面的修善寺和南面的下田这两条通道，在天城山口相会合。山北称外伊豆，属田方郡，山南称内伊豆，属贺茂郡。南北两面不仅植物种类和花期各异，而且山南的天空和海色，都洋溢着南国的气息。天城火山脉东西约四十四公里，南北约二十四公里，占据着半岛的三分之一。海面的黑潮从三面包围着半岛。这山，这海，便是给伊豆增添光彩的两大要素。倘若把茶花当作海岸边的花，那么，石棉花就是天城山上的花。山谷幽邃，原生林木森严茂密，使你很难想像这原是个小小的半岛。天城山是闻名的狩鹿的场所，只有翻过这座山峦，才能尝到伊豆旅情的滋味。

开往热海的火车时髦得很，称为“罗曼车”。情死是热海的名产。热海是伊豆的都会，它是在关东温泉之乡中富有现代特征的城市。倘若把修善寺称为历史上的温泉，那么，热海便是地理上的温泉。修善寺附近，清静，幽寂；热海附近，热烈，俏丽。伊豆到伊东一带的海岸线，令人想起南欧来，这里显示着伊豆明朗的容颜。同是南国风韵，伊豆的海岸线多像一曲素朴的牧歌啊。

伊豆有热海、伊东、修善寺和长冈四大温泉，共有二三十个喷口，仅伊东就有数百处泉流。这些都是玄岳火山、天城火山、猫越火山、达磨火山的遗迹。伊豆，是男性火山之国的代表。此外，热海的间歇泉，下加茂峰的吹上温泉，拍击着半岛南端的石廊崎的巨涛，狩野川的洪水，海岸线的岩壁，茂盛的植物……所有这些，都带着男性的威力。

然而，各处涌流的泉水，使人联想起女乳的温暖和丰足，这种女性般的温暖与丰足，正是伊豆的生命。尽管田地极少，但这里有合作村，有无税町，有山珍海味，

·作者简介·

川端康成（1899～1972），日本现代派文学先驱、小说家。童年时父母、祖母、姐姐和祖父相继去世，26岁时未婚妻与他分手，这些苦难经历使他饱尝世态炎凉，对他的创作生涯产生了重大影响。1924年创办《文艺时代》杂志，成为日本“新感觉派”作家的代表。1968年获诺贝尔文学奖。1972年自杀。主要作品有小说《雪国》、《古都》、《千只鹤》，散文集《我在美丽的日本》等。

川端康成像

有饱享黑潮和日光馈赠、呈现着麦青肤色的温淑的女子。

铁路只有热海线和修善寺线，而且只通到伊豆的入口，在丹那线和伊豆环行线建成之前，这里的交通很是不便。代之而起的是四通八达的公共汽车。走在伊豆的旅途上，随时可以听到马车的笛韵和江湖艺人的歌唱。

主干道随着海滨和河畔延伸。有的由热海通向伊东，有的由下田通向东海岸，有的沿西海岸绵延开去，有的顺着狩野川畔直上天城山，再沿着海津川和逆川南下……温泉就散缀在这些公路的两旁。此外，由箱根到热海的山道，猫越的松崎道，由修善寺通向伊东的山道，所有这些山道，也都把伊豆当成了旅途中的乐园和画廊。

伊豆半岛西起骏河湾，东至相模湾，南北约五十九公里，东西最宽处约三十六公里，面积约四百零六平方公里，占静冈县的五分之一。面积虽小，但海岸线比起骏河、远江两地的总和还长。火山重叠，地形复杂，致使伊豆的风物极富于变化。

现在，人们都那么说，伊豆的长津吕是全日本气候最宜人的地方，整个半岛就像一个大花园。然而在奈良时代，这里却是可怕的流放地。到源赖朝举兵时，才开始兴旺发达起来。幕府末期，曾一度有外国黑船侵入。这里的史迹不可胜数，其中有范赖、赖家遭受禁闭的修善寺，有掘越御所的遗址，有北条早云的韭山城等。

请不要忘记，自古以来，伊豆在日本造船史上，发挥着重大的作用，这正因为伊豆是大海和森林的故乡啊。

⊙作品赏析

《我的伊豆》是川端康成的散文集《我在美丽的日本》中的名篇，文章描写了伊豆半岛的风景，抒发了作者热爱自然的情怀。文章开始以一组排比句，形象地点明伊豆在日本的历史地位、景色的异常美丽。接着作者将视野放在进入伊豆的三个入口处，从不同角度以清逸幽雅的笔调，对伊豆的山形水色倾情渲染。作者想象丰富，将无生命的静默的自然情境生发为有声有色的艺术情境。文中穿插了有关热海男女殉情风俗和伊豆历史的描写，使文章轻笼一种幽婉感伤的古典情韵。文章意境优美灵动，文字含蓄凝练，字里行间渗透着一种难以名状的美感和不露声色的感染力。

归来的温馨 / ［智利］聂鲁达

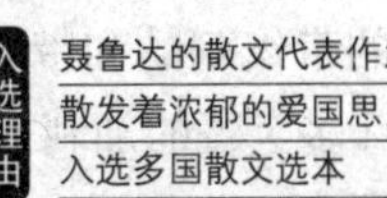

我的住所幽深，院内树木繁茂。久别之后，房子的许多去处吸引我躲进去尽情享受归来的温馨。花园里长起神奇的灌木丛，发出我从未领受过的芬芳。我种在花园深处的杨树，原来是那么细弱，那么不起眼，现在竟长成了大树。它直插云天，表皮上有了智慧的皱纹，梢头不停地颤动着新叶。

最后认出我的是栗树。当我走近时，它们光裸干枯的、高耸纷敏的枝条，显出莫测高深和满怀敌意的神态，而在它们躯干周围正萌动着无孔不入的智利的春天。我每日都去看望它们，因为我心里明白，它们需要我去巡礼，在清晨的寒冷中，我凝然伫立在没有叶子的枝条下，直到有一天，一个羞怯的绿芽从树梢高处远远地探出来看，随后出来了更多的绿芽。我出现的消息就这样传遍了那棵大栗树所有躲藏着的满怀疑虑的树叶；现在，它们骄傲地向我致意，并且已经习惯了我的归来。

·作者简介·

聂鲁达（1904～1973），智利现代著名诗人、散文家、社会活动家。生于铁路工人家庭。早年在圣地亚哥智利教育学院学习。1927年进入外交界，历任南美、亚洲、欧洲多国领事。1945年当选国会议员并加入智利共产党。1948年后流亡海外。1952年回国。1957年任智利作家协会主席。1971年获诺贝尔文学奖。主要作品有诗集《霞光》、《二十首情诗和一支绝望的歌》、《漫歌》，回忆录《我承认，我曾历尽沧桑》等。

聂鲁达像

鸟儿在枝头重新开始往日的啼鸣，仿佛树叶下什么变化也未曾发生。

书房里等待我的是冬天和残冬的浓烈气息。在我的住所中，书房最深刻地反映了我离家的迹象。

封存的书籍有一股亡魂的气味，直冲鼻子和心灵深处，因为这是遗忘——业已湮灭的记忆——所产生的气味。

在那古老的窗子旁边，面对着安第斯山顶上白色和蓝色的天空，在我的背后，我感到了正在与这些书籍进行搏斗的春天的芬芳。书籍不愿摆脱长期被人抛弃的状态，依然散发一阵阵遗忘的气息。春天身披新装，带着忍冬的香气，正在进入各个房间。

在我离家期间，书籍给弄得散乱不堪。这不是说书籍短缺了，而是它们的位置给挪动了。在一卷十七世纪的严肃的培根著作旁边，我看到艾·萨尔加里的《尤卡坦旗舰》；尽管如此，它们倒还能够和睦相处。然而，一册拜伦诗集却散开了，我拿起来的时候，书皮像信天翁的黑翅膀那样掉落下来。我费力地把书脊和书皮缝上，事前我先饱览了那冷漠的浪漫主义。

海螺是我住所里最沉默的居民。从前海螺连年在大海里度过，养成了极深的沉默。如今，近几年的时光又给它增添了岁月和尘埃。可是，它那珍珠般冷冷的闪光，它那哥特式的同心椭圆形，或是它那张开的壳瓣，都使我记起远处的海岸和事件。这种闪着红光的珍贵海螺叫 Rostellaria，是古巴的软体动物学家——深海的魔术师——卡洛斯·德拉托雷有一次把它当作海底勋章赠给我的。这些加利福尼亚海里的黑“橄榄”，以及同一处来的带红刺的和带黑珍珠的牡蛎，都已经有点儿褪色，而且盖满尘埃了。从前，就在有这么多宝藏的加利福尼亚海上，我们险些遇难。

还有一些新居民，就是从封存了很久的大木箱里取出的书籍和物品。这些松木箱来自法国，箱子板上有地中海的气味，打开盖子时发出嘎吱嘎吱的歌声，随即箱内出现金光，露出维克多·雨果著作的红色书皮。旧版的《悲惨世界》便把形形色色令人心碎的生命，在我家的几堵墙壁之内安顿下来。

不过，从这口灵柩般的大木箱里我找出了一张妇女的可亲的脸，木头做的高耸的乳房，一双浸透音乐和盐水的手。我给她取名叫“天堂里的玛丽亚”，因为她带来了失踪船只的秘密。我在巴黎一家旧货店里发现她光彩照人，当时她因为被人抛弃而面目全非，混在一堆废弃的金属器具里，埋在郊区阴郁的破布堆下面。现在，她被放置在高处，再次焕发着活泼、鲜艳的神采出航。每天清晨，她的双颊又将挂满神秘的露珠，或是水手的泪水。

玫瑰花在匆匆开放。从前，我对玫瑰很反感，因为她没完没了地附丽于文学，因为她太高傲。可是，眼看她们赤身裸体顶着严冬冒出来，当她在坚韧多刺的枝条间露出雪白的胸脯，或是露出紫红的火团的时候，我心中渐渐充满柔情，赞叹她们骏马一样的体魄，赞叹她们含着挑战意味发出的浪涛般神秘的芳香与光彩；而这是她们适时从黑色土地里尽情吸取之后，像是责任心创造奇迹，在露天地里表露的爱。而现在，玫瑰带着动人的严肃神情挺立在每个角落，这种严肃与我正相符，因为她们和我都摆脱了奢侈与轻浮，各自尽力发出自己的一份光。

可是，四面八方吹来的风使花朵轻微起伏、颤动，飘来阵阵沁人心脾的芳香。青年时代的记忆涌来，令人陶醉：已经忘却的美好名字和美好时光，那轻轻抚摩过的纤手、高傲的琥珀色双眸以及随着时光流逝已不再梳理的发辫，一起涌上心头。

这是忍冬的芳香，这是春天的第一个吻。

⊙作品赏析

《归来的温馨》一文叙述了作者久别故园之后回到家中时的百感交集之情。作者开首直接点题，直抒胸臆，接着作者尽情铺陈，以庭院里的景物和房间内的物件为感情倾诉对象，运用拟人手法，细腻描绘了一幅幅让人备感温馨的意象：花园里的灌木丛“发出我从未领受过的芬芳”；昔日亲手栽种的小杨树已长成参天大树；“鸟儿在枝头重新开始往日的啼鸣”；散乱的书籍和沉默的海螺撩起我青年时代的回忆；连“我”一向反感的玫瑰花，也因她的“匆匆开放”，“发出波涛般神秘的芳香与光彩”，而使“我心中渐渐充满柔情”。文章笔调细腻，饱含真情，情景交融，充满诗情画意，极富艺术感染力。

日落 / ［法国］列维·斯特劳斯

入选理由

关于落日的恢宏而深沉宁静的画卷

一次不同寻常的美的体验

融深邃的哲理性的议论及绚丽的描写为一体

科学家把黎明和黄昏看成同一种现象，古希腊人亦是如此，所以他们用同一个字来表示早晨和晚上。这种混淆充分反映出他们的主要兴趣在于理论的思辩，而极为忽视事物的具体面貌。由于一种不可分割的运动所致，地球上的某一点会运动于阳光照射的地区与阳光照不见或即将照见的地区之间。但事实上，晨昏之间的差异是很大的。太阳初升是前奏曲，而太阳坠落则是序曲，犹如老式歌剧中出现于结尾而非开始的序曲。太阳的面貌可以预示未来的天气如何，如果清晨将下雨，太阳阴暗而灰白；如果是晴空万里，太阳则是粉红的，呈现一种轻盈、被雾气笼罩的面貌。但对一整天的天气情况，曙光并不能做出准确的预告，它只标明一天天气进程的开始，宣布将会下雨，或者将是晴天。至于日落，则完全不同。日落是一场完整的演出，既有开始和中间过程，也有结尾，它是过去 12 个小时之内所发生的战斗、胜利和失败的缩影。黎明是一天的开始，黄昏是一天的重演。

·作者简介·

列维·斯特劳斯（1908～2009），法国著名人类学家，结构主义人类学的创立者。此文是作者的一篇航海札记。

这就是人们为什么更多地注意日落而较少注意日出的原因。黎明给予人们的只是温度计和晴雨表之外的辅助信息，对于那些处于低等文明之中的人们来说，只是月相、候鸟的飞向和潮汐涨落之外的辅助信息。日落则把人类身体难以摆脱的风、寒、热、雨种种现象组合在一起，组成神秘的结构，使人精神升华。人类的意识活动也可以从那遥远的天际反映出来。当落日的光辉照亮了天空的时候（如同剧院里宣布开演时并非是传统的3下锤声，而是突然大放光明的脚灯），正在乡间小路上行走的农民停止脚步，渔夫也拉紧他的小船，坐在即将熄灭的火堆旁的野主人，会朝天空眨眨眼睛。回忆是人的一大快乐之一，但回忆并非都是快乐，因为很少有人愿意再经历一次他们所津津乐道的疲倦和痛苦。记忆就是生命，但是另外一种性质的生命。所以，当太阳如天上某种吝啬的神灵扔下的施舍一般，落向平静的水面时，或者当那圆圆的落日把山脊勾勒成如同一片有锯齿的硬叶时，人们便在短暂的幻景中得到那些神秘的力量以及雾气和闪电的启示，它们在人们心灵深处所发生的冲突已经持续了一整天了。

因此，人们的心灵深处肯定进行过激烈的斗争，否则，外观现象的平淡无奇不足以说明气候为何有如此壮观激烈的变化。今天这一整天，似乎没有发生什么可书可记之事。将近下午4点，正是一天中太阳开始失去清晰度而却光辉不减的时候，也正是仿佛有意为掩饰某种准备工作而在天地之间聚集起一片金光的时候，“梦多姹”号改变了航向。船身随着微微起伏的波涛摇动，每一次轻摇，人们都会更加感受到天气的炎热，不过船行的弧度极不易觉察，人们很容易把方向的改变误认为是船体横摇轻微的加剧。实际上，没有人注意航向已经改变，大海航行，无异于几何移位。没有任何风景告诉人们已经沿着纬度线缓缓地走到了什么地方，穿越了多少等温线和多少雨量曲线。在陆地上走过50公里，可以使人有置身于另外一个星球的感觉，可是在茫茫大海上移动了5000公里，景色还一成不变，至少没有经验的人看来如此。不必忧虑路线和方向，也不必了解那凸起的海平线后面目力难及的陆地，对这一切，船中的旅客可以完全不加以理会。他们觉得自己仿佛被关进了一个狭小的空间，被迫要在这里度过事先已经确定的天数，他们之所以以此为代价，不仅因为有一段行程要完成，更主要的是享受一下从地球的一端被运到另一端而无须动用自己的双脚的特权。由于上午迟迟不愿起床和慵懒的进餐，他们都变得虚弱无力，无精打采，吃饭早已经不能带来感官的愉快，而只是一种消磨时间的方式，所以他们尽力使时间拖长，以便填补度日如年的空虚。

实际上，没有任何事情可做，不需要人们花费任何力气。他们当然知道，在这个庞然大物的深处的某个地方安装着机器，有人在那里工作，使之运转。但工作着的人们并不想让别人去看望他们，乘客没想到要去看望他们，船上的官员也没有想把两者拉在一起。人们只能在船上懒散地踱来踱去，看着一名水手往通风器上刷油漆，几名身穿蓝工作服的服务员不甚卖力气地在头等舱的走廊上推着一个湿墩布，看到他们，人们才意识到轮船在向前行进，生锈的船身被海浪拍打的声音，隐约可闻。

5点40分的时候，西方似乎出现了一个结构复杂的空中楼阁，充塞了天地，它的底部完全呈水平方向，大海仿佛由于某种不可理解的运动突然升高，倒立在天空的海水中间似乎有一层厚厚的难以看见的水晶。在这个庞大的结构的顶端，仿佛受反转的地心引力的作用，是变幻不定的框架，膨胀的金字塔和沸腾的泡沫，你中有我、我中有你地向高空伸展。那些沸腾的泡沫既像云彩又像建筑的装饰线脚，因为看起来很光滑，仿佛是镀金的木头圆雕。这个遮天蔽日、一团混沌的聚合物，色彩昏暗，只有顶端，闪烁着道道明亮的光辉。

在天空更高的地方，金色的光线变成没精打采的曲线，交织在一起，它们仿佛不是由物质组成，只是纯粹的光线而已。

顺着海平线向北望去，那种巨大的空中楼阁变小了，在四散的云片中渐渐升高，它的后面，在更高的地方，仿佛现出了一条带子，顶端呈五彩缤纷之状。在接近太阳——此时尚看不见——的一侧，阳光使之罩上了一个明亮的边缘。再往北看，各种构造的形态已消失，只剩下那条光带，暗淡无光，溶入大海。

同样的另一条带子出现在南方，但顶端布满石板状的大块云朵，犹如支柱之上的座座石屋。

把背对着太阳，向东方望去，可以看见两群重叠在一起向长处延伸的云块。因为阳光在它们的背后，所以远景上那些小丘状、膨胀着的堡垒，都被阳光照亮，在空中呈现出交织的粉红、深紫和银白。

与此同时，在西方的那一片空中楼阁之后，太阳正在缓缓下坠。在日落的每个不同阶段，有某道阳光可能会穿透那一片浓密的结构，或者自己打开一道通道，光线于是把障碍物切成一串大小不同、亮度各异的圆片。有时候，阳光会缩回去，仿佛一只握紧的拳头，此时，云制的手套只让一两个发光而僵直的手指露出来。或者有时候，仿佛是一条章鱼，爬出了烟雾弥漫的洞穴，然后又重新退回了洞中。

日落有两个不同的阶段。开始时太阳是建筑师，后来（当它的光线只是反射光而非直射光的时候），太阳变成画家。当它在海平线上消失的时候，光线立刻变弱了，形成的视平面每时每刻都更为复杂。强烈的光线是景物的敌人，但在白天与黑夜转换的时刻，却可以展现一种奇幻和转睛即逝的的结构。随着黑暗的降临，一切都变得平淡无奇了，如同色彩美丽的日本玩具。

日落第一阶段开始的准确时间是 5 点 40 分至 5 点 50 分。太阳已经很低，但还没有触及海平线。太阳开始在云层结构下面出现的一刹那，如同蛋黄一样喷薄而出，把一片光辉洒在它仍然没有完全摆脱的云层结构上，光芒四射之后，立刻就是光芒的回缩，周围黯淡下来，于是在海平面和云层底端的空间之中，出现了一道迷蒙的山脉，开始时在一片光辉之中影影绰绰，继而变得昏暗和棱角峥嵘。与此同时，扁平的山体也变得庞大起来。那些坚实黑暗的形体缓缓移动，如同一群候鸟在飞越广阔火红的大海，于是那一片火红逐渐从海平线向天空延伸，揭开了色彩缤纷阶段的序幕。

渐渐地，夜晚的庞大结构消失了。充塞着西方一整天的庞然大物，此时像一块轧制的片状金属，被一种来自背后的光辉照亮，光辉始而金黄，继而朱红，最终变为桃红。已经扭曲变形和正在缓缓消失的云块，也被光辉溶化和分解，如同被一阵旋风裹挟而去。

由云雾织成的无数网络出现在天空时，它们形状各异，有水平的，倾斜的，垂直的，甚至螺旋形的，向四面八方伸展。随着阳光的减弱，光线把它们一个接一个地照亮（好像琴弓忽起忽落，拨动不同的琴弦一样），使每个网络仿佛都具有它所特有而随意的色彩。每个网络在光辉中出现的时候，都是那样干净、清晰，像玻璃丝一样，又硬又脆，然后就渐渐地解体了，仿佛因为其组成的物质暴露在一个充满火焰的天空而无法忍受高温，变黑了，分解了，越来越薄了，最终从舞台上消失，而让位于另外一个新组成的网络。

到最后，各种色彩都混合在一起，变得难以分辨，如同一个杯子里不同颜色和不同浓度的液体，起初还层次分明，接着渐渐地混合在一起。

在此之后，人们就很难跟踪观察远方天际上的景观了，那每隔几分钟甚至几秒钟就重复出现的景观。当太阳触及西部海平线的时候，东方的高空中突然出现了一些以前看不到的紫色彩云，彩云不断扩展，不断增加新的细部和色彩，然后从右至左地缓缓消失，仿佛被一块抹布慢慢而毫不犹豫地擦掉。几秒钟之后，澄澈深灰色的天空重新出现在云层堆积的堡垒之上。当那一片堡垒渐呈灰白的时候，天空却一片粉红。

在太阳那边，在原来的那条老带子后面，出现一条新的带子，前者灰白昏暗，后者红光闪烁。当这后一条光带的光辉暗淡下去的时候，顶端那尚未被人注意的斑驳的色彩，此时渐渐扩展开来，其下部爆发为一片耀眼的金黄，其上部的闪光演变为棕色和紫色。人们似乎在显微镜下，顿时看清了那些色彩的结构：成千上万条纤细白、光线，仿佛支撑着一个骨架，使之呈现出浑圆的形状。

此时，太阳直射的光线业已全部消失，天空中剩下了红黄两色，红色如同虾和鲑鱼，黄色如同亚麻和干草。五色缤纷的色彩也开始消逝。天空的景观重新出现白色、蓝色和绿色。然而，海平线上还有些角落在享受着某种短暂而独立的生命。左边，一道没有被人发现的面纱突然出现，像是几种神秘绿色的随意混合。颜色然后渐渐转成艳红、暗红、紫红和炭黑，犹如两支炭条在一张粗糙的纸上留下了不规则的痕迹。在这道面纱的后面，天空呈现出高山植物般的黄绿色，那条光带依然一片昏暗，轮廓完整清晰。西边的天空，那水平状纤细的金线发出最后的闪光，可是北边近乎完全黑了下来，那些小丘状的堡垒，在灰色的天空下，变成乳白色的隆起。

白日消逝，夜晚降临，这一系列近乎完全相同而又不可预测的过程，乃是最为神秘不过的事情。种种迹象，伴着变化不定和焦虑，突现于天空。没有能预测这一特定的夜晚采取什么形式降临。仿佛由于一种神秘的炼金术的作用，每种颜色都成功地变化为其互补色，可是画家要获得同样的效果，则必须在他的调色板上加入一管新的颜料。然而，对黑夜而言，它可以调出无穷无尽的混合色，它开始展现的只是一种虚幻的景象。天空由粉红变成绿色，其真正原因是某些云彩变为鲜红的颜色而我却未曾注意，对比之下，原本是粉红的天空就呈现出绿色，因为这种粉红的色调太淡，无法和那种新出现的强烈色彩相抗衡。不过，天空颜色的变化并没有引起我的注意，因为由金黄变为红色不像由粉红变为绿色那样令人惊讶。黑夜就这样仿佛在神不知鬼不觉之中降临了。

于是，金黄与紫红的颜色开始消逝，黑夜代之以自己的底片，温暖的色调让位于白色和灰色。黑夜的底片上慢慢现出一种海景，悬于真正的大海之上，那是由云彩组成的一幅广阔无垠的银幕，缓缓散成丝缕，变成座座平行的半岛，如同在一架低飞而一翼倾斜的飞机上所看到的平坦而布满黄沙的海岸，仿佛正把箭头射入海中。白日的最后几道光芒，低低地斜射到云朵组成的箭头上面，使其外表很像坚硬的岩石，人们眼前的整个幻象因此更为壮观。那些如岩石般的云朵，平时展现在光辉与黑影的刻刀下，但此时的太阳仿佛已经无力在斑岩和花岗岩上使用它明亮的刻刀，而只能把变幻不定和浩如烟海的物质，当做它的雕刻对象，不过，这位正在徐徐下坠的雕刻家依然保持着固有的风格。

随着天空渐渐变得澄澈起来，人们看到那如同海岸一般的云彩中，出现了海滩、泻湖、成堆的小岛和沙洲，它们被天上那个平静的大海所淹没，同时在不断分解的云层中形成许多峡湾和内湖。由于环绕那些云朵箭头的天空很像海洋，也由于海洋通常反映天空的颜色，所以天空的景观乃是一种遥远景观的再现，太阳将再次在那遥远的地方坠落。此外，只要看看天空底下的真正的海洋，海市蜃楼般的幻景就会立刻无影无踪：它既不是正午的灼热，也非晚餐后的美妙和波浪轻摇。几乎从水平方向而至的光线，只把涌向它们那个方向的海浪照亮，海浪的另一面则一片黑暗。膨胀的海水于是现出鲜明浓重的暗影，如同脱胎于一种金属。一切透明的景象全部消失。

于是，通过一个很自然，却又始终无法觉察和迅疾的过渡，夜色取代了暮色，一切均不复原来的样子。天空，在临近地平线的地方，是一团漆黑，高处则呈土黄色，最高处是一片蔚蓝，被白日结束逼得四处逃窜的云朵业已呈现支离破碎之状，很快就只剩下了干瘪的病态的道道黑影，如同舞台上的布景支架，演出结束，灯光熄灭，立刻显现出其可悲、脆弱和临时搭就的本来面貌，它们所制造的幻象，并非出自它们本身，只不过是利用灯光和视角所造成的错觉而已。不久之前，云间还是那样活跃鲜明，每时每刻变化无穷，此时则被固定在一个痛苦而无法改变的模式里，将和渐渐黑暗下去的天空融为一体。

⊙作品赏析

这篇文章是法国著名人类学家列维·斯特劳斯所写，通篇运用大量的笔墨对大自然中的一个常见的现象——日落作了最为详尽的描述，但是它并不是一篇科学报告，而是气势恢宏的散文作品。作为一篇航海札记，作者在文字里充分调动了语言的各种手段，穷尽语言所能达到的各种可能，深邃的哲理性议论，缜密的思考，极为丰富细腻的描写和叙述，使整篇文章气势磅礴而又深沉宁静。日落开始了，这是大自然最为华丽的演出，列维·斯特劳斯开始了笔端最为绚丽的描述，尽显着妙不可言的人间胜景，作者告诉我们：“日落有两个不同的阶段”在这两个壮观的阶段里，充满了各种夸张的颜色，而大海和天地是宁静无声的，因为色彩变化的丰富和作者描述的准确细致，使得文字进行得也同日落一样缓慢。

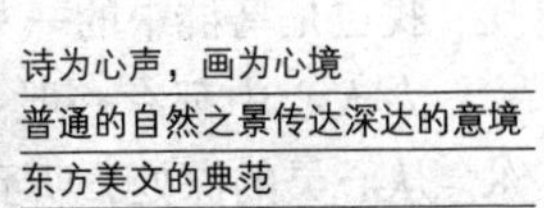

听泉 /［日本］东山魁夷

鸟儿飞过旷野。一批又一批，成群的鸟儿接连不断地飞了过去。

有时四五只联翩飞翔，有时候排成一字长蛇阵。看，多么壮阔的鸟群啊！

鸟儿鸣叫着，它们和睦相处，互相激励，有时又彼此憎恶，格斗，伤残。有的鸟儿因疾病、疲惫或衰老而失掉队伍。

今天，鸟群又飞过旷野。它们时而飞过碧绿的田原，看到小河在太阳照耀下流泻；时而飞过丛林，窥见鲜红的果实在树荫下闪灼。想从前，这样的地方有的是。可如今，到处都是望不到边的漠漠草原。任凭大地改换了模样，鸟儿一刻也不停歇，昨天，今天，明天，它们继续打这里飞过。

不要认为鸟儿都是按照自己的意志飞翔的。它们为什么飞？它们飞向何方？谁也弄

·作者简介·

东山魁夷（1908～1999），日本画家，原名新吉，画号魁夷。生于横滨，1931年毕业于东京美术学校。1934年留学德国，在柏林大学哲学系攻读美术史。历任日本画院审查员、常务理事长、顾问等职。他擅以西方的写实眼光捕捉日本风光之美。1969年获文化勋章和每日艺术大奖。1976年5月访问桂林，在桂游览期间，并作画撰文。他长于散文写作，著有《东山魁夷文集》（11卷）。

不清楚，就连那里领头的鸟儿也无从知晓。

为什么必须飞得这样快？为什么就不能慢一点儿呢？

鸟儿只觉得光阴在匆匆忙忙中逝去了。然而，它们不知道时间是无限的，永恒的，逝去的只是鸟儿自己。它们像着了迷似的那样剧烈，那样急速地振翮翱翔。它们没有想到，这会招来不幸，会使鸟儿更快地从这块土地上消失。

鸟儿依然忽啦啦拍击着翅膀，更急速，更剧烈地飞过去……

森林中有一泓清澈的泉水，发出叮叮咚咚的响声，悄然流淌。这里有鸟群休息的地方，尽管是短暂的，但对于飞越荒原的鸟群说来，这小憩何等珍贵！地球上的一切生物，都是这样，一天过去了，又去迎接明天的新生。

鸟儿在清泉边歇歇翅膀，养养精神，倾听泉水的絮语。鸣泉啊，你是否指点了鸟儿要去的方向？

泉水从地层深处涌出来，不间断地奔流着，从古到今，阅尽地面上一切生物的生死，荣枯。因此，泉水一定知道鸟儿应该飞去的方向。

鸟儿站在清澄的水边，让泉水映照着身影，它们想必看到了自己疲倦的模样。它们终于明白了鸟儿作为天之骄子的时代已经一去不复返了。

鸟儿想随处都能看到泉水，这是困难的。因为，它们只顾尽快飞翔。

鸟儿想错了，它们最大的不幸是以为只有尽快飞翔才是进步，它们以为地面上的一切都是为了鸟儿而存在着。

不过，它们似乎有所觉悟，这样连续飞翔下去，到头来，鸟群本身就会泯灭的，但愿鸟儿尽早懂得这个道理。

我也是鸟群中的一只，所有的人们都是在荒凉的不毛之地上飞翔不息的鸟儿。

人人心中都有一股泉水，日常的烦乱生活，遮蔽了它的声音。当你夜半突然醒来，你会从心灵的深处，听到幽然的鸣声，那正是潺潺的泉水啊！

回想走过的道路，多少次在这旷野上迷失了方向。每逢这个时候，当我听到心灵深处的鸣泉，我就重新找到了前进的标志。

泉水常常问我：你对别人，对自己，是诚实的吗？我总是深感内疚，答不出话来，只好默默低着头。

我从事绘画，是出自内心的祈望：我想诚实地生活。心灵的泉水告诫我：要谦虚，要朴素，要舍弃清高和偏执。

心灵的泉水教导我：只有舍弃自我，才能看见真实。

舍弃自我是困难的，甚至是不可能的，我想。然而，絮絮低语的泉水明明白白对我说：美，正在于此。

⊙作品赏析

在平淡的文字里，流淌着作者炽热的生命激情，将生命哲思、人生感悟自然地流露于诗情画意的描写中，是东山魁夷的散文的独特之处。《听泉》是东山魁夷一篇有名的美文。我们可以通过品读这篇文章，来感受他高超的艺术表现方式。

作者在文中有两个具体的表现意象："鸟"、"山泉"。作者写鸟成群地飞翔，而山泉是可以让鸟儿小憩的休息之地，它们可以借此来"养养精神"，看看自己疲惫的身姿。作者用拟人的手法赋予这两个事物人类特有的思想和灵性，通过它们之间的相互联系，来暗示人类世界的一种生存状况：为外物所累，在对高度文明的追求中丧失自我，失去人类心灵的平和与幸福体验。这里"泉水"成了人类心声的象征，"听泉"也成了作者希望人类返璞归真的召唤。

四季生活 /［苏联］沃罗宁

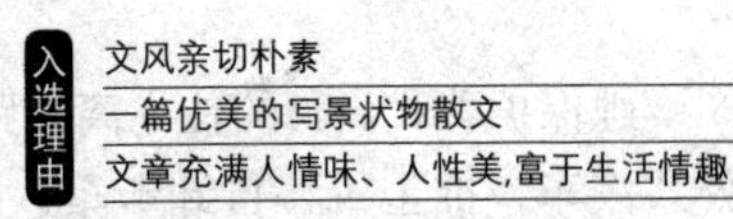

每当清早，我拉起用木条制成的黄色百叶窗时，都能看见她。她高耸、挺拔，永远伫立在我窗前。秋夜，她消溶在幽暗之中，不见了：而你若相信奇迹，便会以为她走到别的地方去了，因为不见了。但刚一露出曙光，白昼的一切尚在酣睡，隐约感到清晨的气息时，她又已出现在原处了。

我凝视着她，不禁萌生出奇思异想。她想必有自己的生命吧。又有谁知道，如果苍天赋予我认识大自然全部完美的感官，也许我眼前会展现出一个神奇的世界。这个世界具有一切生物所固有的伟大的和渺小的感情，这些感情人是无法理喻的。然而我仅有五种感官，况且由于人类历尽沧桑，这些感官已不那么灵敏了。

而她生机勃勃！她日益茁壮，逐年增高。如今我得略微抬头，才能从窗口看见她那清风般轻盈的，透亮的树梢。可十年前半个窗框便能把她容纳下。

春

她的枝条刚刚摆脱漫长的严冬，还很脆硬，犹如加热过度的金属。春风吹过，枝条叮当作响。鸟儿还没在枝叶浓密的枝头筑巢。然而她已苏醒。这是一天清晨我才知道的。

邻居走到她跟前，用长钻头在她的树干上钻了个深孔，把一根不锈钢的小槽插进孔中，以便从槽中滴出浆汁。果然，浆汁滴了出来，像泪珠那样晶莹，像虚无那样明净。

"这并不是您的白桦。"我对邻居说。

"可也不是您的。"他回敬我。

是啊，她长在我的围墙外。她不是我的。但也不是他的。她是公共的，确切些说，她谁的也不是，所以他可以损害她，而我却无法对他加以禁止。

他从罐子里把白桦树透明的血液倒进小玻璃杯里，一小口一小口把它喝干。

"我需要树汁，"他说，"里面有葡萄糖。"

他回家去了，在树旁留下一个三公升的罐子，以便收集葡萄糖。树汁像从没有关紧的龙头里一滴一滴地迅速流下来。既然流出这么多树汁，那么他破坏了多少毛细管哟？……她也许在呻吟？她也许在为自己的生命担忧？我不得而知，因为我既没有第六感觉，也没有第七感觉，更没有第一百感觉，第一千感觉。我只能对她怜悯而已……

然而，一个星期后，伤口上长出一个褐色的疤。她自己治好了伤口。恰恰这时她身上的一颗颗苞芽鼓胀起来，从苞芽里绽出嫩绿的新叶，成千成万的新叶。目睹这浅绿色的雾霭，我心里充满喜悦。我少不了她，这棵白桦树。我对她习惯了。我对她永远伫立在我的窗前已经习惯了；而且在这不渝的忠诚和习惯中，蕴蓄着一种令我精神振奋的东西。的确我少不了她，尽管她根本不需要我。没有我，就像没有任何类似我的人一样，她照样生活得很好。

夏

她保护着我。我的住宅离大路一百米左右。大路上行驶着各种车辆：货车，小轿车，公共汽车，推土机，自卸卡车，拖拉机。车辆成千上万，来回穿梭。还有灰尘。路上的灰尘多大啊！灰尘飞向我的住宅，假若没有她，这棵白桦树，会有多少灰尘钻进窗户，落到桌子上，被褥上，飞进肺里啊。她把全部灰尘吸附在自己身上了。

夏日里，她绿荫如盖。一阵轻风拂过，它便婆娑起舞。她的叶片浓密，连阳光也无法照进我的窗户。但夏季屋里恰好不需要阳光。沁人心脾的阴凉比灼热的阳光强百倍。然而，白桦树却整个儿沐浴在阳光里。她的簇簇绿叶闪闪发亮，苍翠欲滴，枝条茁壮生长，越发刚劲有力。

六月里没有下过一场雨，连杂草都开始枯黄。然而，她显然已为自己贮存了以备不时之需的水分，所以丝毫不遭干旱之苦。她的叶片还是那样富有弹性和光泽，不过长大了，叶边滚圆，而不再是锯齿形状，像春天那样了。

之后，雷电交加，整日在我的住宅附近盘旋，越来越阴沉，沉闷地——犹如在自己身体里——发出隆隆轰鸣。入暮时分，终于爆发了。正值白夜季节。风仿佛只想试探一下——这白桦树多结实？多坚强？白桦树并不畏惧，但好像因灾难临头而感到焦灼，她抖动着叶片，作为回答。于是大风像一头狂怒的公牛，骤然呼啸起来，向她扑去，猛击她的躯干。她蓦地摇晃了一下，为了更易于站稳脚跟，把叶片随风往后仰，于是树枝宛如千百股绿色细流，从她身上流下。电光闪闪，雷声隆隆。狂风停息了。滂沱大雨从天而降。这时，白桦树顺着躯干垂下了所有的枝条，无数股细流从树枝上流下，像从下垂的手臂流到地上。她懂得应该如何行动，才能岿然不动，确保生命无虞。

七月末，她把黄色的小飞机撒遍了自己周围的大地。无论是否刮风，她把小飞机抛向四面八方，尽可能抛得离自己远些，

·作者简介·

沃罗宁生于（1913～2002），苏联作家，全名为谢尔盖·阿列克谢耶维奇·活罗宁。他早期写过诗歌，后来创作长篇小说。

活罗宁最为成功的是其短篇小说。他自己曾说过："短篇小说是对心灵的一次情绪撞击。距离越短，力量就应越大"，沃罗宁的短篇小说确实能够引起人们的情感撞击，令人回味，十分隽永。

沃罗宁代表作有《出卖》、《伤悼》、《他人的信》、《人生悲欢》、《美人儿》、《别列维奇》、《留在房门上的钥匙》、《电话站的女人》、《在地铁车厢里》、《最后一次远行》，《玛丽娅的礁石》等。

其部分短篇小说集结成册，书名为《爱情问答》，在世界上享有盛誉。

以免她那粗大的树冠妨碍它们吸收更多的阳光和雨露，使它们长成茁壮的幼苗。是啊，她与我们不同，有自己的规矩。她不把自己的儿女拴在身旁，所以她能永葆青春。

那年，田野里，草场上，山谷中，长出了许多幼小的白桦树。唯独大路上没有。

若问大地上什么最不幸，那便是道路了。道路上寸草不生，而且永远不会长出任何东西来。哪里是道路，哪里便是不毛之地。

秋

太阳躲开我的住宅，也躲开白桦树。树叶立刻开始发黄，而且越来越黄，仿佛在苦苦哀求太阳归来。但太阳总是不露面。瓦灰色的浮云好似令人焦虑的战争的硝烟，向天宇铺天盖地涌来，又如巨浪相逐，遮蔽了一切。云片飞得很低，险些儿触及电视天线。下起了绵绵秋雨。雨水淅淅沥沥地下着，从一根树枝滴落到另一根树枝上。霪雨不舍昼夜，一切都变得湿漉漉的了，土地不再吸收雨水，或者是所有的植物都不再需要水分了吧。

夜里，我醒来了。屋里多么黑暗，多么寂静啊！……只听见雨珠从树枝上滴下时发出的簌簌声。萧瑟而连绵不绝的秋雨的簌簌声好生凄凉啊。我起了床，抽起烟来，推开窗户，于是看见了她那在秋日的昏暗中依稀可辨的身影。她赤身露体，任凭风吹雨打。翌日凌晨，寒霜突然降临。随之又是几度霜冻，于是白桦树四周铺上了一圈黄叶。这一些全都是发生在寒雾中。然而，当树叶落尽，太阳露出脸来时，处处充满忧郁气氛，尤其是在她周围。因为就在不久前，这里还是青翠葱茏，一切都光艳照人，欣欣向荣。过去，一切都是这样美不胜收，朝气勃勃，如今却突然消失了。将要下起蒙蒙细雨来，树叶将要腐烂发黑，僵硬的树枝将要在冷风中瑟缩，水洼将要结冰。鸟儿将要飞走。死寂的黑夜将要拖得很长，在冬季里它将会更加漫长。暴风雪将要怒吼。严寒将要肆虐……

冬

我离开家了。我不能留在那里，为不久前还使我欣喜和对生活充满信心的事物的消亡而苦恼。我搭机飞向南方。到了辛菲罗波尔之后，我便改乘出租汽车了，我又惊又喜地仔细观看温暖的南国的苍翠。一见黑海，我便悄声笑了。

浩淼、温暖的海。我潜进水里，向海底，向绿色的礁石游去。我喝酸葡萄酒，吃葡萄，筋疲力尽地躺在暖烘烘的沙滩上，眺望大海，观看老是饥肠辘辘，为了一块面包而聒噪的海鸥。接着我又游进温暖的海水，攀上波峰，滑下浪谷，又攀上去。我又喝酸葡萄酒，吃烤羊肉，钻进暖烘烘的沙子里。在我身边的也是像我一样从自己的家园跑到这片乐土来的人们。大伙儿欢笑啊，嬉戏啊，在海滩上寻找斑斓的彩石，尽量不想家里发生的事情。这样会更轻松、更舒坦些。但要抛弃家园是办不到的，就像无法抛弃自己一样。

于是我回家了。四周一片冰天雪地。她也兀立在雪堆里。我不在时，刺骨的严寒逞凶肆虐，把她的躯干撕破了。撕裂得虽不严重，但落上一层雪的白韧皮映进我的眼帘。我抚摸了一下她的躯干。她的树皮干瘪、粗糙。这是辛勤劳作的树皮，同南方的什么“不知羞耻树”的树皮迥然不同。这里，一切都是为了同霪雨、暴雪、狂风搏斗。所以，像平时见到她时那样，我又萌生出各种奇思异想。我暗自忖度：你看哪，她不离开故土，不抛弃哺育自己和自己的儿女的严峻的土地。她没有离去，而只是把自己的苞芽藏得更严实，裹得更紧，使它们免遭严寒的摧残，开春时迸发出新叶，然后培育出种子，把它们奉献给大地，使生命万古生存，永葆青春。是啊，她有自己的职责，而且忠诚不渝地履行这些职责，就像永远必须做那些为了生存下去而必须做的事情一样。

北风劲吹，像骨头似的硬邦邦的树枝互相碰撞，劈啪作响。刮北风的时间一向很长，一刮就是一个星期，两个星期。这一来，一切生物都得倍加小心，更何况天气严寒呢。好在我的住宅多少保护着她。但她毕竟还要挨冷受冻啊。严寒要持续很长时间，以致许多羸弱的生命活不到来年开春。但她能活到这个季节。她挺得住，而且年复一年地屹立在我的窗前……

⊙作品赏析

《四季生活》是一篇优美的写景状物散文，文风亲切朴素，没有哗众取宠的华丽语言，以其可读的思想性，给读者以心灵的滋养。文章以春、夏、秋、冬四个季节为时间线索，又以每个季节为落脚点对白桦树进行描写，这样使文章显得整齐有序，便于读者对文章思想性清晰地把握。作者将白桦塑造成一个坚强、温暖的女性形象，拟人手法的运用使本无生命的大自然和植物，变得有血有肉，充满人性美、人情味。在作者传神的描写中，白桦成了一个在春、夏、秋、冬变换中，永远守候家园的母亲，她温婉坚韧，是作者心中难以舍弃的依恋。作者始终用第一人称的写法，以“我”作为中心展开文章，将白桦树的四时之景融于“我”的日常生活中，这样更增加了写景状物文章的生活气息，使读者在一个个生活场景的描写中，享受自然之趣。如春景中“我”和邻居的争执、冬景中“我”的离去与归来的书写，富于生活情趣。

生之爱 /［法国］加缪

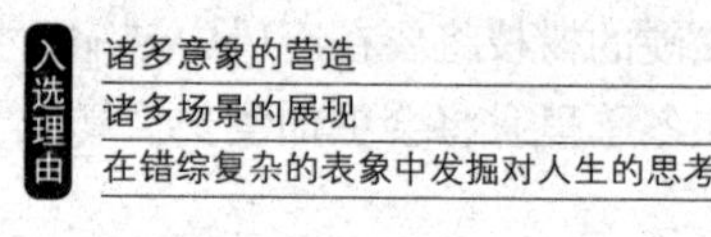

巴马的夜，生活缓慢地转向市场后面的喧闹的咖啡馆，安静的街道在黑暗中延伸直至透出灯光与音乐声的百叶门前。我在其中一家咖啡馆待了几乎一整夜。那是一个很矮小的厅，长方形，墙是绿色的，饰有玫瑰花环。木制天花板上缀满红色小灯泡。在这小小空间，奇迹般地安顿着一个乐队，一个放置着五颜六色酒瓶的酒吧以及拥挤不堪、肩膀挨着肩膀的众宾客。这儿只有男人。在厅中心，有两米见方的空地。酒杯、酒瓶从那里散开，侍者把它们送到各座位。这里没有一个人有意识。所有的人都在喊叫。一位像海军军官的人对着我说些礼貌话，发散着一股酒气。在我坐的桌子旁，一位看不出年龄的侏儒向我讲述自己的生平。但是我太紧张了，以致听不清他讲些什么。乐队不停地演奏乐曲，而客人只能抓住节奏，因为所有的人都和着节奏踏脚。偶尔，门打开了。在叫喊声中，大家把一个新来者嵌在两把椅子之间。

突然，响起一下钹声，一个女人在小咖啡馆中间的小圈子里猛地跳了起来。“21 岁。”军官对我说。我愣住了。这是一张年轻姑娘的脸，但是刻在一堆肉上。这个女人有 1.8 米左右。她体形庞大，该有 300 磅重。她双手卡腰，身穿一件黄网眼衫，网眼把一个个白肉格子胀鼓起来。她微笑着，肌肉的波动从嘴角传向耳根。在咖啡馆里，激情变得抑止不住了。我感到这儿的人对这姑娘是熟悉的，并热爱她，对她有所期待。她总是微笑着。

她总是沉静和微笑着，目光扫过周围的客人，肚子向前起伏。大厅里所有的人都喊叫起来，随后唱起一首看来众人都熟悉的歌曲。这是一首安达卢西亚歌曲，唱起来带着鼻音。打击乐器敲着沉闷的鼓点，全部是三拍的。她唱着，每一拍都在表达她全部身心的爱。在这单调而激烈的运动中，肉体真实的波浪产生于腰并将在双肩死亡。大厅像被压碎了。但在唱歌时，姑娘就地旋转起来，她双手托着乳房，张开红润的嘴加入到大厅的合唱中去，直到大厅里所有的人都卷入喧哗声中为止。

她稳当地立在中央，汗水漉漉，头发蓬乱，直耸着她笨重的、在黄色网眼衫中鼓胀的腰身。她像一位刚出水的邪恶女神。她的低前额显得愚蠢，她像马奔驰起来那样只是靠膝盖的轻微颤动才有了生气。在周围那些兴奋得跺脚的人们中间，她就像一个无耻的、令人激奋的生命形象，空洞的眼睛里含着绝望，肚子上汗水淋漓。

·作者简介·

加缪（1913～1960），法国小说家、戏剧家、评论家。加缪靠奖学金读完中学，1933年起以半工半读的方式在阿尔及尔大学攻读哲学。同年，参加巴比塞倡导的反法西斯运动。1937年开始记者生涯。第二次世界大战期间，加缪积极参加了反对德国法西斯的地下抵抗运动，先任《共和晚报》主编，后在巴黎任《巴黎晚报》编辑部做秘书。德军侵法后参加地下抗德组织，负责《战斗报》的出版工作。1957年，获得诺贝尔文学奖。1960年1月4日因车祸卒于荣纳省的维尔布勒万。

加缪像

若没有咖啡馆和报纸，就可能难以旅行。一张印有我们语言的纸，我们在傍晚试着与别人搭话的地方，使我们能用熟悉的动作显露我们过去在自己家乡时的模样，这模样与我们有距离，使我们感到它是那样陌生。因为，造成旅行代价的是恐惧。它粉碎了我们身上的一种内在背景。不再可能弄虚作假—不再可能在办公室与工作时间后面掩盖自己(我们与这种时间的抗争如此激烈，它如此可靠地保护我们以对抗孤独的痛苦)。就这样，我总是渴求写小说，我的主人公会说："如果没有办公时间，我会变成什么样？"或者："我的妻子死了，但幸亏我有一大捆明天要寄出的邮件要写。"旅行夺走了这个避难所。远离亲人，言语不通，失去了一切救助，伪装被摘去（我们不知道有轨电车票价，而且一切都如此），我们整个地暴露在自身的表层上。但由于感觉到病态的灵魂，我们还给每个人、每个物件以自身的神奇的价值。在一块幕布后面，人们看到一个无所思索的跳舞的女人，一瓶放在桌上的酒。每一个形象都变成了一种象征。如果我们的生命此刻概括在这种形象中，那么生命似乎在形象中全部地反映出来。我们的生命对所有一切天赋于人的禀性是敏感的，怎样诉述出我们所能品味到的各种互相矛盾的醉意（直到明澈的醉意）。可能除了地中海，从没有一个国家于我是那样遥远，同时又是那样亲近。

无疑，我在巴马咖啡馆的激情由此而来。但到了中午则相反。在人迹稀少的教堂附近，坐落在清凉院落的古老宫殿中，有阴影气氛下的大街上，则是某种"缓慢"的念头冲击着我。这些街上没有一个人。在观景楼上，有一些迟钝的老妇人。沿着房屋向前，我在长满绿色植物和竖着灰色圆柱的院子里停下，我融化在这沉静的气氛中，正在丧失我的限定。我仅仅是自己脚步的声音，或者是我在沐浴着阳光的墙上方所看见掠影的一群鸟。我还在旧金山哥特式小修道院中度过很长时间，它那精细而绝美的柱廊以西班牙古建筑所特有的美丽的金黄色大放异彩。在院子里有月桂树、玫瑰、淡紫花牡荆，还有一口铁铸的井，井中悬挂着一只锈迹斑斑的长把金属勺，来往客人就用它取水喝。直到现在，我还偶尔回忆起当勺撞击石头井壁时发出的清脆响声。但这所修道院教给我的并不是生活的温馨。在鸽子翅膀干涩的扑打声中，突然的沉默浓缩在花园中心，而我在井边锁链的磨击声中又重温到一种新的然而又是熟悉的信息。我清醒而又微笑地面对诸种表象的独一无二的嬉戏。世界的面容在这水晶球中微笑，我似乎觉得一个动作就可能把它打碎，某种东西要迸散开来，鸽子停止飞翔，展开翅膀一只接一只地落下。唯有我的沉默与静止使得一种十分类似幻觉的东西成为可以接受的，我参与其中。金色绚丽的太阳温暖着修道院的黄色石头。一位妇女在井边汲水。一小时之后，一分钟、一秒钟之后，也可能就是现在，一切都可能崩溃。然而，奇迹接踵而来。世界含羞、讥讽而又有节制地绵延着（就像女人之间的友谊那样温和又谨慎的某些形式），平衡继续保持着，然而染上了对自身终了的忧虑的颜色。

我对生活的全部爱就在此：一种对于可能逃避我的东西的悄然的激情，一种在火焰之下的苦味。每天，我都如同从自身中挣脱那样离开修道院，似在短暂时刻被留名于世界的绵延之中。我清楚地知道，为什么我那时会想到多利亚的阿波罗那呆滞无神的眼睛或纪奥托笔下热烈而又呆钝的人物。直至此时，我才真正懂得这样的国家所能带给我的东西。我惊叹人们能够在地中海沿岸找到生活的信念与律条，人们在此使他们的理性得到满足并为一种乐观主义和一种社会意义提供依据。因为最终，那时使我惊讶的并不是为适合于人而造就的世界——这个世界却又向人关闭。不，如果这些国家的语言同我内心深处发出回响的东西相和谐，那并不是因为它回答了我的问题，而是因为它使这些问题成为无用的。这不是能露在嘴边的宽容行为，但这宽容只能面对太阳的被粉碎的景象才能诞生。没有生活之绝望就不会有对生活的爱。

在伊比札，我每天都去沿海港的咖啡馆坐坐。5点左右，这儿的年轻人沿着两边栈桥散步。婚姻和全部生活在那里进行。人们不禁想到：存在某种面对世界开始生活的伟大。我坐了下来，一切仍在白天的阳光中摇曳，到处都是白色的教堂、白垩墙、干枯的田野和参差不齐的橄榄树。我喝着一杯淡而无味的巴旦杏仁糖浆。我注视着前面蜿蜒的山丘。群山向着大海缓和地低斜。夜晚正在变成绿色。在最高的山上，最后的海风使风磨的叶片转动起来。由于自然的奇迹，所有的人都放低了声音，以致只剩下了天空和向着天空飘去的歌声，这歌声像是从十分遥远的地方传来的。在这短暂的黄昏时分，有某种转瞬即逝的、忧伤的东西笼罩着。并不只是一个人感觉到了，而是整个民族都感觉到了。至于我，我渴望爱如同他人渴望哭一样。我似乎觉得我睡眠中的每一个小时从此都是从生命中窃来的……这就是说，是从无对象的欲望的时光中窃来的，就像在巴马的小咖啡馆里和旧金山修道院度过的激动时刻那样，我静止而紧张，没有力量反抗要把世界放在我双手中的巨大激情。

我清楚地知道，我错了，并知道有一些规定的界限。人们在这种条件下才从事创造。但是，爱是没有界限的，如果我能拥抱一切，那拥抱得笨拙又有什么关系？在热那亚有些女人，我整个早上都迷恋于她们的微笑。我再也看不见她们了。无疑，没有什么更简单的了。但是词语不会掩盖我的遗憾的火焰。我在旧金山修道院中的小井中看到鸽群的飞翔，我因此忘记了自己的干渴。我又感到干渴的时刻总会来临。

⊙作品赏析

加缪在文章中，并没有明确的表示出对于某些具体事物的鲜明观点，他只是不断在给我们制造一个又一个场景，一个接一个的意象。先是“巴马”夜生活中的咖啡馆，拥挤的人群，接着是这样一个哄乱场面中出场的焦点人物，一堆肉的肥胖姑娘。这些场景，激起了“我”的激情而沉浸其中，最终只是感到“各种互相矛盾的醉意”，“遥远而又亲近”。“人迹稀少的教堂附近”，“清凉院落的古老官殿”、“有阴影气氛的大街”，“沐浴着阳光的墙上方的一群鸟”，这些意象在喧闹之后的宁静午后，不经意地出现在“我”的视野中，作者曾经麻木的心，也随之被触动。生活中曾经有过的挚爱，曾经拥有却已经失落的梦想，再一次撞击“我渴望爱”的心灵。作者将自己朦胧的、不确定的追求，放在看似芜杂、没有规律的各种意象中，正是反映了作者对现代文明中的人格失落和精神困境的一种困惑。而题目“生之爱”和文章字里行间所流露出的感情倾向，正是作者既想融入这种现实而又渴望超越这种现实的复杂情感的体现。

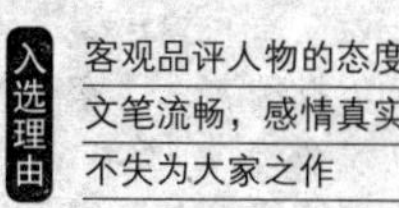

与海明威相见 / ［哥伦比亚］马尔克斯

1957年春天一个阴雨连绵的日子，他偕同妻子玛丽·海尔希漫步走过巴黎圣米歇尔大街时，我一下子便认出了他。他在街对面，正朝着卢森堡公园那个方向走去。当时他虽然已经59岁，但当他出没于一个个旧书摊、隐没在巴黎大学青年学生的人流中时，竟显得那样生气勃勃，富有活力，人们哪里会想象到，他的一生只剩下最后四年时间了。

瞬间，我仿佛像以往那样，觉得自己被分割在自我的两个对立的角色之间。我不知道是否应该上前请求谒见，还是穿过林荫大道，向他表达我那谦卑的钦慕之心。但不管出于哪种原因，我都感到极为不便。我只是把两手握成杯形放在嘴边，如同丛林里的壮汉那样，站在人行道上，朝对面大声喊道：“艺——术——大——师！”欧内斯特·海明威明白，在这一大群学生中不可能会有另一位大师的，于是他转过身来，举起手，亮着孩子般的嗓音，用卡斯蒂利亚语对我高声叫道：“再见了，朋友！”这就是我见到他的唯一时刻。

那时，我是个28岁的哥伦比亚记者，曾发表过一篇小说，并获过一次奖，但我当时却游荡在巴黎街头，毫无目的和方向。我的文学大师是两位各具特色的北美小说家。那时，读了他们发表的每一部作品，但我并没有将这些作品当做一般读物来读，而是作为文学想象中的两种迥然不同的，却又各自独树一帜的风格来仔细研读的。一位大师是威廉·福克纳。我从未有过眼福见到他，只能在梦里想象，他就是卡蒂埃·布莱森拍摄的著名相片上的那个衣着朴素的农夫，只见站在他身旁的是两条小狗，他那长长的衣袖连同手就搭在狗的身上。另一位大师就是从街对面向我道别的那个生命短暂的人，他留给我的深刻印象是：我生活中仿佛发生过某件事，而且这件事总是萦绕我的一生。

我不知道这话是谁说的：小说家读别人的小说只是想领会这些小说是怎样写出来的。我相信这话千真万确。我对浮现在纸页表面的那些秘诀并不满足：我们翻过书来就会发现隐于其间的缝口。我们以某种不可言喻的方法把书分解到它的实质部分，在

·作者简介·

马尔克斯（1927~2014），哥伦比亚作家、记者和社会活动家，拉丁美洲魔幻现实主义文学的代表人物。生于马格达莱纳省阿拉卡塔卡镇。父亲是个电报报务员兼顺势疗法医生。他自小在外祖父家中长大。13岁时，就读于教会学校。18岁进国立波哥大大学攻读法律，中途辍学。1948年进入报界，长期从事文学、新闻和电影工作。1972年获拉美文学最高奖——委内瑞拉加列戈斯文学奖，1982年获诺贝尔文学奖。

马尔克斯像

马尔克斯的重要作品有长篇小说《百年孤独》、《家长的没落》、《霍乱时期的爱情》，中篇小说《枯枝败叶》、《恶时辰》、《没有人给他写信的上校》、《一件事先张扬的凶杀案》，短篇小说集《蓝宝石般的眼睛》、《格兰德大妈的葬礼》，电影文学剧本《绑架》，文学谈话录《番石榴飘香》和报告文学集《一个海上遇难者的故事》、《米格尔·利廷历险记》等。

弄清楚了作者的发条装置之奥秘后，我们再把它回复原样。但把气力花在分解福克纳的书上，则是令人沮丧的，因为他似乎没有一个写作的有机体，而是盲目穿过那圣经的宇宙，宛如一群放在满桌是水晶玻璃的店铺里的山羊。人们力图剥去他纸页表面的东西，但随即映入眼帘的便是弹簧和螺丝钉，不可能再回复原样了。相比之下，海明威的灵感要少些，激情和狂热也少些。他极其严肃，把那些螺丝钉完全暴露在外，就像装在货车上那样。也许鉴于那个原因，福克纳便成为一位与我的心灵有着许多共感的作家，而海明威则是一位与我的写作技巧最为密切相关的作家。这不仅仅是因为他的书本身，而且还有他在写作这门学问的技巧上的造诣确实令人惊叹折服。他在巴黎与乔治·曾林曾顿的历史性会见中，始终阐明了这样一点——恰好与浪漫主义的创作观相反——言简意赅对写作是颇为有益的：一个主要的困难就是如何把词句组织好：难以写下去时，重新读一读自己的作品还是颇为值得的。这样可以使自己时刻记住：写作始终是艰苦的劳动；一个人可以在任何地方写作，只要那里没有来客和电话就行了；正像人们常说的那样，新闻工作埋没作家的才华之说是不真实的，与其相反的是，只要他迅速摆脱这个职业就行了。“一旦写作变成你的主要癖好和极大的快乐”，他说，“那么只有死亡才能止住它”。最后，他对我们的教诲是，他发现，当一个人知道第二天该从什么地方接下去写时，那么他当天的工作就必须停下。我认为，我此外再没有得过任何写作方面的忠告了。这不多不少，正好是医治作家那最可怕的忧郁病的灵丹妙药：因为作家早晨起来常常面对着空空如也的一页稿纸而陷入极度的痛苦之中。

海明威的所有作品都洋溢着他那闪闪发光、但却瞬间即逝的精神。这是人们可以理解的。像他那样的内在紧张状态是严格掌握技巧而造成的，但技巧却不可能在一部长篇小说的宏大而又冒险的篇幅中经受这种紧张状态的折磨。这是他的性格特征，而他的错误则在于试图超越自己的极大限度。这就说明，为什么一切多余的东西在他身上比在别的作家身上更引人注目。如同那质量高低不一的短篇小说，他的长篇也包罗万象。与此相比，他的短篇小说的精华在于使人得出这样的印象，即作品中省去了一些东西，确切地说来，这正是使作品富于神秘优雅之感的东西。当代一位伟大作家豪尔赫·路易斯·博尔赫斯也有着与之相同的局限，不过他并不想超越这些限度。

弗郎西斯·麦康柏对狮子开的那一枪表明，作为打猎这门课也有不少学问，但这一枪也是作为对写作这门学问的一个积累总结。一篇短篇小说中，海明威描写一头利瑞尔公牛擦过斗牛士的胸部，犹如“猫转弯子”而返回头来。我十分谦恭地认为，那种观察在某种蠢举中是一个富有灵感的部分，而这种蠢举只有最庄重的作家才具备。在海明威的作品中，可以发现这种简单而又令人眼花缭乱的东西比比皆是，它揭示出这一观点：写作如同冰山，如果要想得到下面的八分之七部分的支撑，就必须打好坚实的基础。

注重技巧无疑是海明威始终未能在长篇小说领域里博得声望的原因所在，他往往以其训练有素、基础扎实的短篇小说来赢得声誉。他在谈到《丧钟为谁而鸣》时说，他对于这本书的构思没有一个预先想好的计划，而是在每天写作时都有所发明创造。他没有被迫承认：这是显而易见的。相比之下，他那瞬间即激起灵感的短篇小说则是无懈可击的。正如五月的一个下午，他在马德里一家膳宿公寓里写下的那三篇小说那样，当时一场暴风雪迫使圣伊希德罗城的节日斗牛赛取消了。正如他告诉普林普顿的那样，那三个短篇都得到权威人士的鉴定。根据我的鉴赏力，沿着这条线索看去，他的力量最为压抑的一篇就是其中最短的一篇：《雨中的猫》。

但是，即使《过河入林》看上去好像是在嘲弄自己的命运，在我看来，这部最不受青睐的小说却是最有魅力和最富于人性的。正如他自己披露的那样，这本书开始写时，是当做短篇来处理的，后来写偏了，误入了长篇小说的松树林中。要理解这样一位杰出的艺术大师这么多结构上的缝隙，确实是很难办到的。同样，看出这么多文学结构上的误差也并非轻而易举之事；而且对话又是那样矫揉造作，甚至是凭空杜撰出来的，然而这些却又出自文学史上一位杰出的巨匠的手笔。这本书1950年问世时，招来的批评是猛烈的，但也是不正确的。海明威感到自己受了巨大的伤害。他在哈瓦那为自己作了辩护，他拍了一份充满激情的电报，这对这样身份的作家来说，未免显得有失尊严了。这本书不仅是他的最佳之作，而且还是他最富于个人感情的作品，因为他是在一个动荡不定的秋季的早晨写完这本书的，当时他对已经逝去的那些不可弥补的岁月怀有思念之情，对生命之余的最后那几年有着令人心碎的预感。他从没有在任何一本书中把自己放在一种这样与世无争的地位。他怀有一种完美和温柔之感，并没有感觉到一种使他的作品与生活结为必不可少的感情的方式：胜利是徒劳无用的。他的主人公死得那么平静、那么自然，但却蕴育着他本人后来自杀的不祥之兆。

当一个从事创作的人活了这么长时间，一直怀有这样强烈的感情和慈爱之情，他就不会采取任何方式使自己的作品脱离现实生活。在圣米诺言尔广场的那家咖啡馆里，我花费了许许多多的时光来读书；因为在他看来，这家咖啡馆对于写作是颇为适宜的，那里似乎有一种欢乐、温暖、明净和友好的气氛。

意大利、西班牙、古巴——半个世界都留下了海明威的足迹，而这些地方他只是淡淡提及。在科希马尔这个哈瓦那附近的小村子里，在《老人与海》中孤独的渔夫居住的地方，安放着一个纪念他英雄业绩的匾，上面挂有镀了金的海明威半身像。在古巴一个庄园的住所里，他一直居住到逝世的前夕。那座房屋在树荫中仍保持着完整无缺，里面仍旧陈列着他的各类藏书，安放着他的猎物和写字台，放着故人的那双大鞋子，以及他生前从世界各地弄来的许许多多的生物小玩意，这些东西直到他逝世之前还属于他所有。现在他虽然离开了人间，但这些东西却仍然存在着，他曾经以占有它们的魔法赋予它们灵魂，而现在它们则同这颗灵魂共存。

⊙作品赏析

曾经当过新闻记者的马尔克斯的散文以其丰富灵活的表现题材，随意洒脱的文笔备受读者关注。他对人生的深刻感悟，对人文精神的独特见地，对现代人生存境遇的思考，使其散文更具有可读的思想性。用朴实而又洒脱的语言，贴切地反映普通人的生活和感情，并让人在他所营造的那种亲切氛围中有所感悟。《与海明威相见》是他比较有名的一篇散文，我们可以通过阅读，来体味马尔克斯散文的这种艺术风格。

《与海明威相见》中写了多年前，自己还是一个年轻记者时与喜爱的作家海明威不期而遇的情形，虽然时隔多年，但给读者展现的画面依然清晰如昨日，加上其中字里行间流露的情感，更表现了作者对于这位作家的钦慕之情。但作者对于作家海明威的喜爱，并没有妨碍他比较客观地评价海明威的创作。接下来他对于海明威文学作品的看法，是在具体的研究和深入地理解了海明威作品之后，发表的比较中肯的见解。他认为海明威的短篇小说技巧娴熟，富于神秘优雅之感，但又恰恰是注重技巧使海明威始终未能在长篇小说领域里博得声望。作者从海明威的性格出发，表示了对于这种现象的理解，但却没有为1950年海明威为自己的作品《过河入林》作辩护隐讳，作者觉得这样做未免有失尊严。作者站在一定的历史高度，在客观的基础上，对于海明威的钦慕之情一直流露于字里行间。遵从自己真实的感受而又不违背客观，也许这正是有过新闻记者经历的马尔克斯的高明之处吧。

幻象 / ［俄罗斯］拉斯普京

拉斯普京晚年的散文代表作

一个智者对生命晚景的深切体悟

一幅自然之秋与生命之秋交相辉映的绝美画面

我开始在夜间倾听一种声音。似乎有人在拨动一根长长的、越过整个天空的琴弦，那琴弦发出了纯净的、怨诉的、让人陶醉的声响。一阵声浪刚刚逝去，另一阵声浪又单声部地、声音犀利地响了起来。我躺在那里，完全醒了过来，我全神贯注，内心充满了担忧，我在仔细地倾听：这究竟是不是我的幻觉？可是，幻觉可以出现一次，出现两次，却不可能每天夜里都不停地出现。幻觉也可以出现在白天，可白天我却从没有过这样的幻觉。我清晰地听到，在我头顶上方的什么地方，琴弦被有意地、小心地拨动了，发出一阵响声，然后，这响声又绵延为一个微弱的、忧伤的颤音。我不知道，究竟是这个响声惊醒了我，还是我稍稍提前地醒了过来，为了从头到尾地倾听这个响声。奇怪的是，那只小闹钟就放在身边的床头柜上，可我一次也没去看它那发光的表盘，我只要转过脑袋去，就可以确定，我每天是不是在同一个时刻醒来的。一个不知道从哪里传来的声音，一个不知道在传达什么的信号，在将我迷惑，我全神贯注地倾听着，倾听着那个隐秘的、有待破译的声音，而把其余的一切都抛在了脑后。这里没有恐惧，而那会使我惊呆的唯一东西，就是一种期待：接下来会怎么样呢？

这是什么？莫非，他们已经在召唤我了？

在这样的时刻，当那哀怨的召唤突然响起又渐渐远去，我就做好了面对一切的准备。我感觉到，这是在喊我的名字，在做一次尝试。没办法：看来，就要轮到我了。在我30余年的写作生涯中，我曾多次有过这种严阵以待的感觉，认为这种感觉是可以信赖的，是不会出现什么变化的。我进入了角色，自我献身地、完全真诚地扮演着这一角色，我的全部生活都在让我自己相信，在我死亡的终点线之前，还伸展着一片无穷尽的远方，还有着无穷尽的享受，享受生活的欢乐。但是现在我明白，关于无穷尽的骗局已经结束了，在我们那一辈人里头，已经没人比我更年长了，我的目光越来越多地转向内部，为的是分辨出道别的风景。我还能产生强烈的情感，还能做出果敢的举动，我的双腿还能轻松地迈动，我还没有丧失行走所带来的乐趣，但是，干吗要说假话呢：抖擞的精力已经无处可以获取了，前方的一切，都是枯燥乏味的生活。我越来越经常地遭遇孤独，发现自己独自呆在四堵墙之间，这四堵墙壁我已经很熟悉了，可它们却不是我主动选择来的，而似乎是某种外力强加给我的。我在那里寻找一些可爱的物件，寻找自己的东西，为的是更容易地习惯起来，但是，没有一个亲人前来看我，我也没在等待他们，一连数个小时，我就透过那扇巨大的、占据了整面墙壁的窗户，看着窗外那一成不变的风景。

·作者简介·

拉斯普京(1937～2015)，俄罗斯作家。主要作品有《活下去，并且要记住》、《为玛丽娅借钱》、《告别马焦拉》、《最后的期限》等。

就连那风景也是熟悉的，只不过我无论如何也想不起来了，是在哪里见过这样的风景。我到过很多地方，我所见到过的许多东西，都曾让我沉湎其中而不能自拔，怀着深深的爱恋，噙着感动的泪水，甚至甘愿就融化在那风景之中，追随那些先行者，他们在我之前就已经融化在那里了，并添加上了美和静逸。也许，这某种东西来自转瞬即逝的、明亮耀眼的过去，来自那些在心中留下了烙印的视觉印象，我不清楚。

这“某种东西”出现在秋天，出现在深秋。

我喜欢“大自然豪华的凋零”……又怎么能不喜欢它呢，既然这整个年头仿佛都一直在养精蓄锐，做好准备，以便在低垂的、似乎也同样沉重起来的天空之下，展示出大地在摆脱了重负之后所披上的那身奇异装束。森林泛出一片火红，杂乱的青草垂下沉甸甸的草茎，散发着清香，空气像水流一样漫过阳光下的低地，激起一片沙沙声，带来一阵苦艾味；远方静卧在清晰、柔和的地平线上；田头，林边，山脊，全都披上五彩缤纷的衣裳，跳起圆圈舞，它们端起姿势，忧伤地、小心翼翼地迈出脚步……一切都在坠落，种子和果实在纷纷坠落，铺满了大地。“老娘们的夏天”如今变得年轻了：春天挤进了夏天，夏天又挤进了秋天，九月里还是满眼绿色，一片芬芳，感觉不到秋的气息，而与此同时，白雪却在毫不迟疑地做着准备。圣母节过后一个星期，就会有寒流袭来，然后就是潮湿的日子，人们辗转反侧，苦不堪言。然后是彻底的干燥。于是，那些还保留着其装饰的一切植物，就会抖落出一阵彩色的落英雨，表露出它们那普遍的、敏感的忧愁。在这样的日子里，是最容易想起上帝来的。

就这样，我最亲近、最喜爱的季节到来了：我的秋天。它在风雨之后走来，它遍体鳞伤，衣不遮体，它静静的，经受了激动和痛苦，顺服下来的它，已处在半昏迷的状态之中了。弱化了的阳光仍能让人感到温暖，空气却似乎凝固了，最后的秋叶也缓缓地落下，随风飘舞；土地变成赤褐色的了，枯草倒伏在地面上，在那高高的、睡意惺忪的天空上，几只留下来过冬的大鸟在舒缓地、庄重地盘旋。紧贴在地面上的薄雾散发出甜味，干燥的、白色的蛛网若隐若现，河中水面泛着死寂的微光，夜空中的流星雨也失去了夏日的亮度，不再显现了；一幢幢低矮的农舍散落在村子的各处，就像是深深地扎根在冬天的大地上。

一切力量都是向下的，倾向于大地……太阳带着苍白的夕阳徐徐落下，黄昏则久久地沉睡，不时亮出几丝白日的余辉。这是一个非常特别的、难以猜透的时候；在这个时候，季节的成分死去了，某种永恒的、权威的、最后审判性的东西却降生了。

就这样，在这个我不知如何走进来的房间里，在这扇宽大的窗户前，我看到了这明亮的晚秋，它紧紧地拥抱了伸展在我面前的整个世界。究竟是在什么地方，这片风景永驻我心，以便一次又一次地复现，我再重复一遍，我记不清了。或许，这风景我从来都没有见到过，它是由一支能自动记录的笔在我的脑海里下意识地描绘出来的；在那沉湎于想象的成千上万个小时里，由我所创造出来的画面难道还少吗，一说不定也会出现那样的时刻，想象会不请自到，不需要找冥思苦想，便会自动地把我变成它的主人公。

我发现自己置身在一个不大的房间里，两侧是两堵墙，对面是一扇窗户。面前的窗户是落地式的，从地板直抵天花板，背后则是一扇又高又大的门，是双扇的，上面带有三道装饰框和两个别致的铜把手；在那扇门的后面，也应该有着个什么巨大的东西。但不知为何，我却一次也没有想起要到那后面去看个究竟。我的位置就在窗前，在一把低矮的轻便扶手椅上，这是一把旧椅子，已经被坐坏了，扶手也破损了。这把椅子是我的家具中的一种，它和屋里的其他那些东西一样，不知怎么流落到了这里，与我和这个房间和平共处了。这把椅子早就该扔到垃圾堆里去了，可是，我已经习惯了这些东西，害怕与它们分开。它们中间包含了太多的我。当我躺进这把椅子，屁股几乎挨着地板，我就会觉得自己很舒服。

右面的墙边，立着两个做工很粗、但很结实的深色大橱柜。我怀疑这两个橱柜是特意找来的，以免贬低了我那把椅子的长处。这两个橱柜都不是我的，但橱柜里却装着我的一部分家庭藏书，这些书似乎是我自己挑选出来的，都是我最爱读的。对面那堵墙边，也立着同样的一个橱柜，里面摆的是我的玩具—从世界各地带回来的小钟收藏品，这些小钟千奇百怪，各式各样，有玻璃的、陶瓷的，也有粘土的、木头的，有铜制的、铁制的，也有石头的。在它们中间也同样包含了太多的我：在工作之前，我喜欢看看它们。在我感到心满意足的时候(这样的时刻很罕见)，我就会走近它们，久久地欣赏着，直到听见那些温情的、婉转起伏的混声，那些声音在重复着我的话语，在补充着我的话语。在我碰触到那些小钟之前，最初的声音就响了起来，它是由一个包着红头巾的玻璃姑娘发出的，那块红头巾在她的下巴下面系了一个结，在她肩膀上横着的那根小扁担上，吊着两只很小很小的水桶。就是从那两只小桶里，传出了一阵水晶般的水声。随后出场的是一个好汉，他头戴一顶翘檐草帽，就连那只道出问候来的小舌头，也隐藏在了那顶帽子的下面。在这之后，我便让整个钟的王国都颤动起来，祝我健康。要知道，用这样的方式很能满足虚荣心。

这不是回忆的房间；而且，我似乎也丧失了回首顾盼的可能性。我置身于此，是为了另一个目的。无论是在房间内部，还是在窗户外面，一切都被一双双人的手或非人的手抹上了一层忧伤、严峻的单调色彩：一个长方形的、狭小得仅够一人独处的居所，变成了一个狭小的、向前突出的、面对着一条出路的世界。

然而，这个世界是百看不厌的，就像你那永恒的故乡。

左边，是河的支流，那条河不太大，它蜿蜒曲折，如今已完全安静了下来，河岸很低，岸上长着几株白桦树，它们三三两两地把根扎在一起，落光了叶子，垂下了树梢。右边，在那个光秃秃的、一侧露出红色黏土的山冈后面，是散落在山坡上的几丛茂密的小松树，在它们的后面，则是高高的、波浪状的地平线，是耸立的森林。在河流和山冈之间，有一条乡间土路，小道还没有被碾平，路中间还留有一些干枯的、被压扁的野草。小路蜿蜒而去，随着河流的弯曲而弯曲，随后潜入一片低地，越过河上一座黑色的小木桥，最后消失在对岸那片白色的乱石间。只是在小桥前方一公里左右的一块坡地上，小路才重新显露了出来，它已发生了惊人的变化，变得又平又直，灰色的路面闪闪发光。

这突然发生了变化的道路让我感到不安。离我很近的道路此端，杂草丛生，勉强可以通行，无论如何也难以将它与道路的彼端联系在一起，那彼端宽阔齐整，井井有条。无论用什么样的纽带都难以将这道路的两端联系起来，新的一端一准会挣脱旧的一端，就像老爷的手会挣脱农夫的手一样。我非常想看一看道路两端的连接处。我还感觉到，如果不得不去踏上那条新路的话，那么，那条新路也许会像自动扶梯一样，是会自动滚动的。不过，那条新路也不是荒无人烟的：在它最初发生变化的地方，在路的右侧，耸立着一株乌黑的百年古松，它体态端庄，低垂着宽大的枝桠，而在那株松树的后面，可以看到一间崭新的小木屋，它泛出琥珀色的光泽，就像是童话中的小木屋，屋顶上只有一个坡面，坡面朝着我这边。同样像是在童话里，那屋里住着一个小老头，他常常出门走到那杂草丛生的路肩上来。可以看到他那颗没戴帽子的白发苍苍的大脑袋，还可以看出，他的个子并不高。可是从我这里看不清楚，他的脸朝向哪边，他在观察什么，然而，如果长时间一动也不动地站在那里，那就一定是在观察什么，一定是在急切地等待着什么。

这阵非尘世的、昏昏欲睡的严寒已持续了一天，这严寒完全是咒语性质的，是一只算命的手给招呼过来的。白桦树如此温顺、如此美丽地躬身面对河水，小河如此惺忪地潺潺流淌，在那道路消失之处的河岸上，石头如此忧伤地泛着白光，就连右边那些散落在山坡上的小松树，也带着可笑的匆忙而僵住了，于是，在一阵甜蜜的愁苦之中，我的心一阵发紧，非常想去看一看，去看一看。这是什么，是生活，还是生活的继续？太阳很安静，很孱弱，带着一个清晰的、五彩的日晕，干燥的、轻雾似的薄云静卧在空中，似乎扎下了根，似乎失去了轮廓。而在地上，落叶已经埋进了土壤，再也不能飘飞、再也无法喧嚣了。落了叶的森林并不显得赤裸，并不显得可怜，它已经及时地换了装。在森林的上方，在山冈和小河的上方，掠过一阵悠长的、哀伤的叹息，这叹息越来越轻，越来越弱。

就这样，你坐在窗前这把舒适的破椅子上，时而看着眼前的风景，时而看着自己，已分辨不出彼此，也无法将所见到的一切梳理为连贯的思绪。天空慵困地泛出幽蓝，黑暗自大地慢慢地腾起，渐渐地，我的房间也被黑暗所遮蔽了。我已经习惯于黑暗了，我要说一声：这是我的黑暗。

突然，出现了第二个幻象，幻象中的幻象，我开始看到，自己出门来到原野上，转身走向小河，在那儿，一株株高大的、树皮很厚的白桦静静地站着，从根部分裂出好几支树干，那一根根光秃秃的树枝，忧伤地伸展着，还将被疾风所折断……我站在白桦林中，想道：它们是否看见了我，是否感觉到了我？也许，它们同样在等待，这已经不再是什么植物界的奇谈怪论了，人、树木和鸟儿，我们都被拴在同一条生物链上，我们有着同样的生命意义。在上了年纪之后，见一棵树木倒下，往往就会伤心不已！

在那条水波不兴、十分静谧的小河旁，我穿行在白桦林间，向那座小桥走去，走在坚实的大地上，真叫人高兴，接着，我下到坡底的卵石滩上，脚下响起一阵哗啦声，这里的水流要更急一些，也更清一些，然后，我重新回到坡上，走上小桥，小桥的两侧，躺着几根被截去头尾的原木，算作栏杆。这些原木早就躺在这里了，已经发黑了，木桥的桥面也已发黑，这座小桥已经被所有的人遗忘了，因为，自打我住到这里以来，我还从未在这座桥旁见到过一个人影，这座忧伤的小桥，它在久久地等待着什么……然而，它究竟在等待什么呢？干吗要建这座桥呢？我坐在桥栏杆上，想看看河上这个世界的两侧，看看道路所通向的对岸。我久久地坐在那里，克制着那种欲走过桥去、踏上那些白色圆石的愿望。甚至在我的想象中，我都没敢那样做。空气起伏跌宕，就像一股强大、隐秘的气息，吹拂着我的脸庞，黄昏的阴霾凝固了，右边森林那尖尖的柏树树冠变得更暗了。“好的，好的。”我轻轻地说道，我觉得，说了这句话，我就会闪出亮光来，就像一个远远就能看见的亮点。

后来，我发现自己是坐在扶手椅里，但我在继续思考：要知道，在我没能走出这个房间之前，实际上已先出去了一趟。我没敢越过那座小桥，可我其实已经站到了那桥上，从那儿看着那条消失在乱石间的道路，从那儿寻找那些即将出现的陌生感受。也就是说，我还是迈出了一步。这究竟是好还是不好，我不想去寻找答案，我仅仅是发出一声叹息，让自己挪动一下位置。天色完全暗了下来，该回家了。我在这个房间里，在回家的半途中，可是家如今究竟在什么方向，我却越来越搞不清楚了。

我坐在这里，已经分辨不清窗外的任何东西了，只能看到森林那浓重的轮廓，我不时摸一摸自己，看自己是不是还在这里，我在半睡半醒地思考着这样一个问题：如果我走上了那座小桥，那么在此之后，夜晚的钟声是否就会变得更近、更执拗呢？

⊙作品赏析

这是一位俄罗斯智者晚年的一篇优秀的作品，全文散淡平和，宁静忧伤，没有刻意的构思，更没有人为的雕琢，它是一位垂暮老人对行将结束的生命的感悟，是他的灵魂的独白，是“一支能自动记录的笔在我脑海里下意识地描绘出来的”一幅自然之秋与生命之秋交相辉映的绝美画面。

作者以极其敏锐的感觉，牢牢地把握住自己内心意识的转瞬即逝的种种变化。文章先从孤独内心出现的神秘幻觉写起，然后忽然意识到，这种幻象的出现可能是“死神”悄然前来召唤自己。这样的时刻，有人惊慌，有人悲伤，而作为智者，则是平静地面对，并记录下在死神接近时的极其细微的心理活动。接下来极绘秋天之美，诗一般的语言生动准确地刻画出俄罗斯秋天那种特有的辽阔、博大、灿烂、深沉与忧伤。随着意识的流动，我们便被他带到室内，又带回室外，感受着流逝的时光给大自然及作者心情造成的微妙的变化，最后随他一同走进那种物我两忘的神秘幽深的境界。这里，无论室内之境还是室外之境，都飘缈在亦真亦幻中，笼罩一层奇幻的色彩。

文中之景是自然之景，也同样是心中之景，心与物水乳交融，浑然一体，达到绝妙的高度。

文章让我们看到的不仅是俄罗斯的深秋美景，也不仅是充满神秘奇幻色彩的作者意识，而是活脱脱的、明明白白的老作家的灵魂世界，面对生命即逝的恬静、深邃而又宁静的极富智慧的生命之歌。

第二卷

最美的诗歌

入选理由：
刘半农的成名作
一首传唱海内外的怀乡思亲之曲
著名学者赵元任为之谱曲

教我如何不想她 / 刘半农

天上飘着些微云，
地上吹着些微风。
啊！
微风吹动了我头发，
教我如何不想她？

月光恋爱着海洋，
海洋恋爱着月光。
啊！
这般蜜也似的银夜，
教我如何不想她？

水面落花慢慢流，
水底鱼儿慢慢游。
啊！
燕子你说些什么话？
教我如何不想她？

枯树在冷风里摇，
野火在暮色中烧。
啊！
西天还有些儿残霞，
教我如何不想她？

⊙作品赏析

这首诗作于1920年诗人留学欧洲期间。也许是情人不在身边，也许是对祖国的想念，伴着那景色，诗人唱出了心底潜藏的最纯真的爱情和热切的思念之情。诗名开始时叫做《情歌》，不久诗人将名字改成《教我如何不想她》。

天空明净，大地宽阔。云儿在天空中飘着，微风轻吹，吹乱了诗人的头发，也唤起了诗人心中思念故土和亲人的感情，接着诗人一声感叹："教我如何不想她？"反问加强了那感情和思念的程度。

在夜里，银色的月光照在宽阔的海面上。在这"蜜也似的银夜"，诗人却不能和恋人相伴，不能和心中的恋人在一起。这月光和海洋契合无间、依傍难分的情景在诗人的心中激起了怎样的感情呀？"教我如何不想她"？

水上落花，水底游鱼，燕子飞舞。这花因为燕子可有着"落花有意，流水无情"的担心？这游鱼因为燕子的出现可有着被水抛弃的担心？也许，燕子送来了家乡的信息，让诗人的心里有着更深的触动，更深的思念，"教我如何不想她"？

枯树在冷风中摇动，残霞映红了半边天，如野火在烧。这冷的风和天边的残霞形成了强烈的对比，更加衬出了诗人远离故国的失落和热切的思念之情。思念之余，诗人看到的还是一片冷冷的暮色——残霞。这是一种强烈的反差，在诗人最冷的心灵感受中，暗藏着对祖国深深的爱。

·作者简介·

刘半农（1891~1934），江苏江阴人，中国新文化运动的健将。出身贫苦，上中学时因向往辛亥革命辍学参军，后到上海做编辑工作。1918年和钱玄同合作演双簧戏，争辩关于白话文的问题，有力地推进了白话文运动。另外他还一度参加《新青年》的编辑工作。1920年赴英入伦敦大学学习，1921年转入法国巴黎大学专攻语音学，获文学博士学位，并被巴黎语言学会推为会员。1925年秋回国，任北京大学国文系教授。1926年主编《世界日报》副刊，并任中法大学国文系主任。同年诗人将自己多年来在诗歌创作上的成果结集出版，分别是《瓦釜集》（诗集中对民歌形式的利用作了有益的探索）、《扬鞭集》。1929年起历任北京大学国文系教授、北平大学女子文学院院长、辅仁大学教务长等职。1934年，诗人英年早逝。

刘半农像

入选理由
中国新月诗的代表作
一首让康桥蜚声中外的赞美诗
完美体现了新月诗的风格

再别康桥 / 徐志摩

轻轻的我走了，
　正如我轻轻的来；
我轻轻的招手，
　作别西天的云彩。

那河畔的金柳，
　是夕阳中的新娘；
波光里的艳影，
　在我的心头荡漾。

软泥上的青荇，
　油油的在水底招摇；
在康河的柔波里，
　我甘心做一条水草！

那榆荫下的一潭，
　不是清泉，是天上虹
揉碎在浮藻间，
　沉淀着彩虹似的梦。

寻梦？撑一支长篙，
　向青草更青处漫溯，
满载一船星辉，
　在星辉斑斓里放歌。

但我不能放歌，
　悄悄是别离的笙箫；
夏虫也为我沉默，
　沉默是今晚的康桥！

悄悄的我走了，
　正如我悄悄的来；
我挥一挥衣袖，
　不带走一片云彩。

⊙作品赏析

这首诗写于1928年诗人第三次漫游欧洲的归途中，写的是那年一个夏日的感想。那是一个明媚的夏日，诗人怀着莫名的激情，瞒着接待他的大哲学家罗素，一个人悄悄地来到康桥（即剑桥大学所在地，今统译剑桥）——诗人曾学习过、生活过的地方，想寻找他在那儿的朋友。但是，友人都不在家，诗人就在美丽的校园里徘徊，在那一木一花之中寻觅当年的欢声笑语，那洒落其间的青春年华。这些感想在诗人的心中酝酿了几个月，最后形成了这首诗。

诗的开头就弥漫着一种怀旧的情绪和宁静的氛围。诗人的来和走都是轻轻的，没有任何的声响，没有什么烦躁和吵闹；但诗人毕竟要和那华美的云彩告别了，毕竟那段美好的时光已经逝去了。那阳光下柔柔的柳枝，映在轻轻荡漾的波光里，幻出点点的金鳞，照在了诗人的眼中，同样也拨动着诗人的心。当年的友人的音容笑貌、爱人的窃窃私语在诗人的眼前浮现，耳畔回响。那清澈的水中水草绿油油的，在水底摇曳，那清凉和优美都是诗人所羡慕的。

诗人的想象不再受控制。在诗人眼中，那潭水就是天上的彩虹，它被揉碎了，最后沉淀在潭底的浮藻间，聚合为诗人的梦。寻梦？诗人随即就有了追忆的沉思。撑一支长篙，向青草的深处追寻，直到星光点点还乐不思归，在美丽的月夜放歌。

然而那段美好的时光不会再现了，昔日的好友也杳无踪影。诗人感到无限的惆怅。诗人的怅然情绪也感染了虫子，它们知趣似地沉默着，不再鸣叫。诗人要离去了，悄悄地离去，诗人不想惊动那美丽的场景，那美丽的回忆。

这首诗是中国新月诗的代表作。四行一节，每节押韵，诗行的排列错落有致，参差变化中有整齐的韵律。诗的整体有着强烈的音节波动和韵律感；首节和尾节前后呼应，使诗的形式完整。用词上讲究音节的和谐与轻盈，“轻轻”、“悄悄”等叠字的使用更是恰如其分。这些都完美表现了新月派诗歌的特征：完整的形式，和谐优美的旋律，诗句的紧密节奏等。

入选理由
闻一多第一部诗集《红烛》的序诗
李商隐《无题》诗的现代最佳版本
闻一多一生追求光明与自由的精神写照

红烛 / 闻一多

蜡炬成灰泪始干。
——李商隐

红烛啊！
这样红的烛！
诗人啊！
吐出你的心来比比，
可是一般颜色？

红烛啊！
是谁制的蜡——给你躯体？
是谁点的火——点着灵魂？
为何更须烧蜡成灰，
然后才放光出？
一误再误；
矛盾！冲突！

红烛啊！
不误，不误！
原是要“烧”出你的光来——
这正是自然底方法。

红烛啊！
既制了，便烧着！
烧罢！烧罢！
烧破世人底梦，
烧沸世人底血——
也救出他们的灵魂，
也捣破他们的监狱！

红烛啊！
你心火发光之期，
正是泪流开始之日。

红烛啊！
匠人造了你，
原是为烧的。
既已烧着，
又何苦伤心流泪？
哦！我知道了！
是残风来侵你的光芒，
你烧得不稳时，
才着急得流泪！
红烛啊！
流罢！你怎能不流呢？
请将你的脂膏，
不息地流向人间，
培出慰藉底花儿，
结成快乐底果子！

红烛啊！
你流一滴泪，灰一分心。
灰心流泪你的果，
创造光明你的因。

红烛啊！
“莫问收获，但问耕耘。”

⊙作品赏析

这首诗写于1923年。诗人准备出版自己的第一部诗集，在回顾自己数年来的理想探索历程和诗作成就时，就写下了这首名诗《红烛》，将它作为同名诗集《红烛》的序诗。

诗的开始就突出红烛的意象，红红的，如同赤子的心。闻一多要问诗人们，你们的心可有这样的赤诚和热情，你们可有勇气吐出你的真心和这红烛相比。一个“吐”字，生动形象，将诗人的奉献精神和赤诚表现得一览无余。

诗人接着问红烛，问它的身躯从何处来，问它的灵魂从何处来。这样的身躯、这样的灵魂为何要燃烧，要在火光中毁灭自己的身躯？诗人迷茫了，如同在生活中的迷茫，找不到方向和思考不透很多问题。矛盾！冲突！在曾有的矛盾冲突中诗人坚定了自己的信念。因为，诗人坚定地说：“不误，不误！”诗人已经找到了生活的方向，准备朝着理想中的光明之路迈进，即使自己被烧成灰也在所不惜。

诗歌从第四节开始，一直歌颂红烛，写出了红烛的责任和生活中的困顿、失望。红烛要烧，烧破世人的空想，烧掉残酷的监狱，靠自己的燃烧救出一个个活着但不自由的灵魂。红烛的燃烧受到风的阻挠，它流着泪也要燃烧。那泪，是红烛的心在着急，为不能最快实现自己的理想而着急，流泪。诗人要歌颂这红烛，歌颂这奉献的精神，歌颂这来之不易的光明。在这样的歌颂中，诗人和红烛在交流。诗人在红烛身上找到了生活方向：实干，探索，坚毅地为自己的理想努力，不计较结果。诗人说：“莫问收获，但问耕耘。”

这首诗有浓重的浪漫主义和唯美主义色彩。诗歌在表现手法上重幻想和主观情绪的渲染，大量使用了抒情的感叹词，以优美的语言强烈地表达了心中的情感。在诗歌形式上，诗人极力注意诗歌的形式美和诗歌的节奏，以和诗中要表达的情感相一致，如：重复句的使用、一定程度上采用中国传统诗歌的押韵形式、前后照应和每节中诗句相对的齐整等等。诗人所倡导的中国新诗的格律化、音乐性的主张在这首诗中有一定的体现。可以说，闻一多融汇古今、化和中外的诗歌形式，以强烈的情感表达和追求精神开辟了中国一代诗风，激励着一代代的中国诗人去耕耘和探索。

·作者简介·

闻一多（1899～1946），原名闻家骅，湖北浠水人，中国现代诗人、思想家。1912年考入清华学校。1922年赴美留学，先后入芝加哥美术学院、科罗拉多大学美术系学习，同时创作了大量爱国思乡的诗歌。1924年，诗集《红烛》出版，奠定了诗人在中国现代诗歌史上的地位。1925年诗人回国，任北京艺术专科学校教务长，曾参与创办《大江》杂志，同时与徐志摩等在北京《晨报》上开设副刊《诗镌》。1927年到武汉国民革命军政治部工作，同年任南京国立中山大学外文系主任。1928年参与创建“新月社”，和徐志摩等创办《新月》杂志，同年出版诗集《死水》。此后诗人放弃诗歌创作，埋头钻研学术，先后任武汉大学、青岛大学文学院院长，清华大学中文系教授。抗战期间，诗人带领最后从北京离开的学生徒步前往云南，任西南联合大学中文系教授。1944年加入中国民主同盟（简称民盟）。1946年7月15日，诗人抗议国民党暗杀民盟成员李公朴，在李的追悼会上演说著名的《最后一次演讲》，回家途中遭国民党特务枪杀。

闻一多像

繁星 / 冰心

入选理由
中国白话新诗中短诗的典范
体现了冰心纯真、高尚的“爱”的哲学
形体短小，思想纯真，含有丰富的诗意

一

繁星闪烁着——
深蓝的太空，
何曾听得见他们对语？
沉默中
微光里
他们深深的互相颂赞了。

一三一

大海呵！
哪一颗星没有光？
哪一朵花没有香？
哪一次我的思潮里
没有你波涛的清响？

⊙作品赏析

中国的新诗，在经过早期的过分散文化探索之后，开始回归诗的本身。东方的诗歌进入了中国诗人的视野，那就是郑振铎翻译的泰戈尔的《飞鸟集》和周作人翻译的日本的俳句。冰心的新诗于1922年在报纸上连载，1923年结集出版的诗集《繁星》、《春水》就是她那个时期的创作实绩。

在冰心的人生历程中，有两点对诗人的思想产生了决定性的影响。一是诗人的童年是在山东烟台度过的；在这个海边城市中，诗人整日面对着变幻不息的海面，整日在天水之间体味那份空阔和悠远。二是冰心早年就读于一所教会学校；基督教的泛爱思想深深影响了诗人的“爱”的哲学。这样的思想伴着诗人敏感的心灵，在诗人的笔下，在诗人的诗中飞翔了。这一定程度上也是《繁星》、《春水》的主题和内容。

第一首诗，表现了人类应互敬互爱的“爱”的哲学思想。在夜里，天空高远而深邃，透着深深的蓝色；繁星在闪烁着，很是灵动，显示着生命的迹象。诗人面对着这样的星空，展开了极为丰富的想象力。那繁星似乎是在互相默默地对语，似乎在这样的夜里彼此心心相印了。它们又是如何在对语呢？在默契中，在微光里，“他们深深的互相颂赞了”。那是一个和谐、充满爱的世界，更何况人的世界呢？

第二首诗，是冰心对大海的感受，是对大海的颂歌，也是诗人心灵的颂歌。诗人由波澜壮阔的大海想到了浩瀚的宇宙，点点群星；想到了繁华的世界，香气四溢的花朵。诗人再由这繁华而广阔的自然想到了诗人自己的胸怀，想到人类的博大和宽广。诗采用了排比句，用连续的反问加强了抒情的效果，深化了诗歌的意境。

冰心的小诗形体短小，思想纯真，含有丰富的诗意。如这两首诗，三言五语就塑造出一个生动的意境，用典型的情景表达了诗人内心深处的诗意感兴，启人深思。诗人的一刹那的思考就足以让我们领悟世间的哲理。诗的语言修辞的运用也特色独具，排比、反问、比喻是贴切和意味丰富的，拟人的使用更是融情入景，生动而情趣并具。另外，一定程度的口语化，使她的诗凝练而不失自然流利，清新怡人。

你是人间的四月天 / 林徽因

入选理由：林徽因诗歌的代表；意境优美，内容纯净；形式纯熟，语言华美

我说你是人间的四月天；
笑响点亮了四面风；轻灵
在春的光艳中交舞着变。

你是四月早天里的云烟，
黄昏吹着风的软，星子在
无意中闪，细雨点洒在花前。

那轻，那娉婷，你是，鲜妍。
百花的冠冕你戴着，你是
天真，庄严，你是夜夜的月圆。

雪化后那片鹅黄，你像；新鲜
初放芽的绿，你是；柔嫩喜悦
水光浮动着你梦期待中白莲。

你是一树一树的花开，是燕
在梁间呢喃，——你是爱，是暖，
是希望，你是人间的四月天！

⊙作品赏析

这首诗发表于1934年的《学文》上，具体的写作时间不详。关于这首诗，有两种说法：一说是为悼念徐志摩而作，借以表示对挚友的怀念；一说是为儿子梁从诫的出生而作，以表达心中对儿子的希望和儿子出生带来的喜悦。我们完全可以放下这些争论，因为，这首诗确实是一篇极为优秀的作品。它的价值不需要任何外在的东西来支撑。所以在诗人逝世的时候，金岳霖等好友们共同给

诗人题了这样的一副挽联："一身诗意千寻瀑，万古人间四月天。"

四月，一年中的春天，是春天中的盛季。在这样的季节里，诗人要写下心中的爱，写下一季的心情。诗人要将这样的春景比做心中的"你"。这样的季节有着什么样的春景呢？

世界带着点点的笑意，那轻轻的风声是它的倾诉、它的神韵。它是轻灵的，舞动着光艳的春天，千姿百态。在万物复苏的天地间，一切都在跃跃欲试地生长，浮动着氤氲的气息。在迷茫的天地间，云烟是复苏的景象。黄昏来临后，温凉的夜趁着这样的时机展示自己的妩媚。三两点星光有意无意地闪着，和花园里微微舞动的花朵对语，一如微风细雨中的景象：轻盈而柔美，多姿而带着鲜艳。圆月升起，天真而庄重地说着"你"的郑重和纯净。

这样的四月，该如苏东坡笔下的江南春景："竹外桃花三两枝，春江水暖鸭先知。蒌蒿满地芦芽短，正是河豚欲上时。"那鹅黄，是初放的生命；那绿色，蕴含着无限的生机。那柔嫩的生命，新鲜的景色，在这样的季节里泛着神圣的光。这神圣和佛前的圣水一样，明净、澄澈；和佛心中的白莲花一样，美丽、带着爱的光辉。这样的季节里，"你"已经超越了这样的季节："你"是一树一树的花开，是伴春飞翔的燕子，美丽轻灵的，带着爱、温暖和希望。

这首诗的魅力和优秀并不仅仅在于意境的优美和内容的纯净，还在于形式的纯熟和语言的华美。诗中采用重重叠叠的比喻，意象美丽而丝毫无雕饰之嫌，反而愈加衬出诗中的意境和纯净——在华美的修饰中更见清新自然的感情流露。在形式上，诗歌采用新月诗派的诗美原则：讲求格律的和谐、语言的雕塑美和音律的乐感。这首诗可以说是这一原则的完美体现，词语的跳跃和韵律的和谐几乎达到了极致。

·作者简介·

林徽因像

林徽因（1904～1955），中国现代著名诗人、建筑学家。生于浙江杭州的一个书香世家。1920年随父赴英读中学，后考入伦敦圣玛莉学院。同年与徐志摩相识并结为挚友。1924年和梁思成同往美国留学，习建筑学。1927年转入耶鲁大学戏剧学院学舞美。1928年与梁思成在加拿大结婚，后回国任东北大学建筑系教授。1931年到北京香山双清别墅养病，期间写下了大量的诗歌，不久到中国营造学社供职，经常随丈夫赴外地考察古建筑。1933年与闻一多等创办《学文》月刊。1937年任朱光潜主编的《文学杂志》编委。抗战期间辗转昆明、重庆等地。新中国成立后参与国徽和人民英雄纪念碑的设计工作，先后任清华大学建筑系教授、北京市都市计划委员会委员兼工程师、建筑学会理事。1955年4月病逝于北京。

雨巷 / 戴望舒

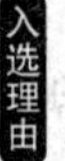
入选理由

中国现代派诗歌的代表作
"雨巷诗人"戴望舒的成名作
发表后引起广泛轰动

撑着油纸伞，独自
彷徨在悠长，悠长
又寂寥的雨巷，
我希望逢着
一个丁香一样地
结着愁怨的姑娘。

她是有
丁香一样的颜色，
丁香一样的芬芳，
丁香一样的忧愁，
在雨中哀怨，
哀怨又彷徨；

她彷徨在这寂寥的雨巷
撑着油纸伞

像我一样，
像我一样地
默默彳亍着，
冷漠，凄清，又惆怅。

她默默地走近
走近，又投出
太息一般的眼光，
她飘过
像梦一般地，
像梦一般地凄婉迷茫。

像梦中飘过
一枝丁香地，
我身旁飘过这女郎；
她静默地远了，远了，
到了颓圮的篱墙，
走尽这雨巷。

在雨的哀曲里，
消了她的颜色，
散了她的芬芳，
消散了，甚至她的
太息般的眼光，
丁香般的惆怅。

撑着油纸伞，独自
彷徨在悠长，悠长
又寂寥的雨巷，
我希望飘过
一个丁香一样地
结着愁怨的姑娘。

⊙作品赏析

在中国文学史上，诗人戴望舒无疑是一个独特的存在。他创作的诗数量不多（不过百余首），却在诗坛中占有重要位置；他没有系统的诗论，但他的《论诗零札》和他友人杜衡整理的《望舒诗论》却备受重视；他在诗坛以现代派象征派的面孔出现，可在他生命的终端却写出了《我用残损的手掌》这样浸透了血泪的现实篇章。

在新诗史上，戴望舒自有他一席地位，不过这地位并不很高。他的产量小，格局小，题材不广，变化不多。他的诗，在深度和知性上，都嫌不足。他在感性上颇下工夫，但是往往迷于细节，耽于情调，未能逼近现实。他兼受古典和西洋的熏陶，却未能充分消化，加以调和。他的语言病于欧化，未能充分发挥中文的力量。他的诗境，初则流留光景，囿于自己狭隘而感伤的世界，继则面对抗战的现实，未能充分开放自己，把握时代。如果戴望舒不逝于盛年，或许会有较高的成就。

“五四”前后，科学与民主的洪流震醒了一代又一代的知识分子。美好的理想与黑暗的现实的激烈矛盾，笼罩了他们敏感的心灵。“知其不可为而为之”的社会使命感笼罩了一个庞大的“烦忧”群。戴望舒就是这样一位由现实世界转到诗的世界中最忠实的烦忧者之一。

·作者简介·

戴望舒（1905～1950），原名戴丞，浙江杭州人，中国现代派诗人的代表人物。幼年患有天花，容貌因此被毁。1928年发表诗歌《雨巷》震动文坛，获得“雨巷诗人”美誉。但这并没有使诗人得到他苦恋的意中人——施蛰存的妹妹施绛年的心。几经辗转，施绛年虽同意和他订婚，但也提出了条件：戴望舒必须留学回来才能结婚。1932年诗人去法国，1935年回国，此时施绛年已嫁作他人妇。诗人痛苦之下，找到施绛年，以一个巴掌结束了自己长达8年的苦恋。1936年戴望舒与穆时英的妹妹相识并结婚。抗战爆发后不久，诗人全家去了香港，诗人一边做抗日宣传工作，一边主编文学杂志。1941年被捕入狱，因此致病。1950年于北京逝世。有诗集《我的记忆》、《望舒草》、《灾难的岁月》及译著等留世。

戴望舒像

《雨巷》写于1927年的夏天，是戴望舒的成名作，也是他的代表作。其时革命失败的阴云笼罩着中国大地，诗人只能在惶惶之中看着理想和现实的极端背离；另一方面，诗人居住在好友施蛰存的家中，他深爱着施的妹妹，却得不到对方任何的回应。压抑的外部环境和沉郁的内部心境的交互影响，使诗人唱出了中国现代诗歌的绝唱。

巷子大多在江南，长长的、曲折的，有说不尽的风情，不尽的缠绵。江南的雨更美，柔柔的、迷蒙的，或带着淡漠的愁绪，或含有浓浓的温情。诗人在这样的雨巷中走着，独自“撑着油纸伞”，品味这雨、巷子和寂静带来的愁绪、感伤。诗人彷徨着：

……

我希望逢着
一个丁香一样地
结着愁怨的姑娘。

姑娘来了，带着丁香般的颜色、丁香般的芬芳和丁香般的忧愁。姑娘和诗人共同走在这寂寥的雨巷，都撑着油纸伞，在彷徨，都带着说不出的愁怨，说不出的冷漠、凄清和惆怅。姑娘近了，投来一声莫名的太息，又渐行渐远了。

这一切都如同梦一样，凄清迷茫。姑娘离去了，离开这可能产生爱情、产生温暖的雨巷。雨仍在下，巷子仍是悠长寂寥的雨巷。丁香也逝去了，太息也消散了，连惆怅也变成冰冷、枯寂的惆怅了。

诗人仍在撑着油纸伞，在独自彷徨。刚才的一幕，是梦还是诗人的情绪，是诗人的想象还是诗人心中的祈愿？在诗的结尾，诗人没有用“希望逢着”，而是用了“希望飘过”。那飘过的一瞬在诗人的心中升华了，成为一种境界：美。

这首诗将象征的手法发挥到了极致，诗的意象浓而不结、繁而不乱，可谓环环相扣、丝丝在理：雨的凄清愁怨和巷子的幽微动人、丁香和姑娘、姑娘的惆怅和诗人的彷徨相得益彰。这些共同奏出了低沉而优美的调子，唱出了诗人浓重的失望和彷徨的心绪。可以说，《雨巷》是中国诗歌史上的一个标志，标志中国现代派诗歌的成熟；是一个成功的实验，既很好地吸收了西方诗歌中成功把握和表达现代社会的手法技巧，又很巧妙地融入了中国古典的诗情画意。

断章 / 卞之琳

入选理由
中国白话新诗的经典之一
卞之琳的成名作
开拓了中国新诗的新天地

你站在桥上看风景
看风景人在楼上看你
明月装饰了你的窗子
你装饰了别人的梦

⊙作品赏析

这首诗选自《鱼目集》，写于1935年10月。据诗人自己说，这首诗起先只是一首诗中的四句，因只有这四句诗人感到满意才保留下来，自成一篇。不料这首诗竟成了诗人流传最广、最有代表性的一首诗。

诗只有四句，每个字、词，每句话都通俗易懂，但细细品味便觉意味悠长，耐人寻味。诗中用几个简单的意象、词语，营造了两个优美的意境，同时带着深深的伤感。

第一个意境的中心是桥。“你”站在桥上，看桥下流水淙淙，想那光洁的石或绿油油的青苔；闻吟吟风声，想那深深的林中清脆的鸟鸣。一切都那样的自然，那样的明净、悠扬而和谐。透过这宁静的自然，是一个小楼，里面住着一个人；在鸟声的背后是一双眼睛。“你”一下就成了别人的风景。

第二个意境的中心是夜。“你”怀着淡淡的哀愁，在寂静无人的夜里打量着世界，也许是想在人世间的美中找点慰藉。明月当空，皎洁的月光使夜蒙上了一种浅白的色调，若有若无，如梦如幻。“你”

获得了美丽的满足吗？也许。然而，诗人要告诉“你”：此刻的“你”正做了他人的梦境，正被人设计在哀愁的、惹人怜的形象上，满足了别人的想象。

那桥、那夜、那风景、那梦都具有一定的象征意义，诗人似乎在讲生活、生活的状况，讲心灵、心灵的慰藉。桥是风景，是自然纯真的美；然而这美又是人类眼中的世界。夜是人心灵的归宿，又是生活的阴暗面。人们的阴影，人们的愁会积压在夜里，人们要从沉沉的暗夜中摆脱出来，寻找美好的生活。所以，人们需要风景，需要梦。诗歌隐含了一种深刻的人生哲理：人生处处存在“相对状态”，作为个体的人、自然是独立的，互不相干的；但作为群体的人、自然，又是互相依存、互相影响的。

这首诗有着明显的中国现代派诗歌风格，一方面吸收了西方象征主义诗歌的手法，同时又广泛运用了中国传统诗歌的手法：着重于意境的营造。诗歌意境空灵优美，为人们带来了无尽的遐想；言有尽而意无穷，明白的话中有着启人深思的哲理和触动人心的落寞感情。这首诗也带有卞之琳独特的诗歌风格：冷静的语调、对新奇意境的追求、带有思辨意味的象征，引人深思的内在韵味，等等。

·作者简介·

卞之琳（1910～2000），江苏海门人，中国现代著名诗人、翻译家。1922年考入上海浦东中学，并越级直接进高一的第二学期，开始接触新文化。1929年，考入北京大学英文系，在徐志摩等人的影响下开始新诗创作。1933年大学毕业后，诗人先后在保定、济南等地教书，同年出版其第一部诗集《三秋草》。抗战时期，诗人前往四川大学任教，期间曾赴延安和太行山一带访问。1940年后先后在西南联大、南开大学任教。1947年诗人应邀前往英国牛津大学专事创作。1949年回国任北京大学英语系教授。新中国成立后，诗人历任《诗刊》、《文学评论》等刊物的编辑和中国社科院研究员等职务。2000年12月病逝于北京。诗人的作品除上面提到的外，还有《慰劳信集》、《鱼目集》、《汉园集》、《十年诗草》等，另外还有一些译作，如《哈姆雷特》、《海滨墓园》等。

卞之琳像

中国白话新诗的经典之一
艾青的成名作
茅盾曾给予高度评价

大堰河——我的保姆 / 艾青

大堰河，是我的保姆。
她的名字就是生她的村庄的名字，
她是童养媳，
大堰河，是我的保姆。

我是地主的儿子，
也是吃了大堰河的奶而长大了的
大堰河的儿子。
大堰河以养育我而养育她的家，
而我，是吃了你的奶而被养育了的，
大堰河啊，我的保姆。

大堰河，今天我看到雪使我想起了你：
你的被雪压着的草盖的坟墓，
你的关闭了的故居檐头的枯死的瓦菲，
你的被典押了的一丈平方的园地，
你的门前的长了青苔的石椅，
大堰河，今天我看到雪使我想起了你。
你用你厚大的手掌把我抱在怀里，抚摸我，
在你搭好了灶火之后，
在你拍去了围裙上的炭灰之后，
在你尝到饭已煮熟了之后，
在你把乌黑的酱碗放到乌黑的桌子上之后，
在你补好了儿子们的，为山腰的荆棘

扯破的衣服之后，

在你把小儿被柴刀砍伤了的手包好之后，

在你把夫儿们的衬衣上的虱子一颗颗的掐死之后，

在你拿起了今天的第一颗鸡蛋之后，

你用你厚大的手掌把我抱在怀里，抚摸我。

我是地主的儿子，

在我吃光了你大堰河的奶之后，

我被生我的父母领回到自己的家里。

啊，大堰河，你为什么要哭？

我做了生我的父母家里的新客了！

我摸着红漆雕花的家具，

我摸着父母的睡床上金色的花纹，

我呆呆地看着檐头的写着我不认得的“天伦叙乐”的匾，

我摸着新换上的衣服的丝的和贝壳的钮扣，

我看着母亲怀里的不熟识的妹妹，

我坐着油漆过的安了火钵的炕凳，

我吃着碾了三番的白米的饭，

但，我是这般忸怩不安！因为我

我做了生我的父母家里的新客了。

大堰河，为了生活，

在她流尽了她的乳液之后，

她就开始用抱过我的两臂劳动了；

她含着笑，洗着我们的衣服，

她含着笑，提着菜篮到村边的结冰的池塘去，

她含着笑，切着冰屑悉索的萝卜，

她含着笑，用手掏着猪吃的麦糟，

她含着笑，扇着炖肉的炉子的火，

她含着笑，背着团箕到广场上去晒好那些大豆和小麦，

大堰河，为了生活，

在她流尽了她的乳液之后，

她就开始用抱过我的两臂，劳动了。

大堰河，深爱着她的乳儿，

在年节里，为了他，忙着切那冬米的糖，

为了他，常悄悄地走到村边的她的家里去，

为了他，走到她的身边叫一声“妈”，

大堰河，把他画的大红大绿的关云长贴在灶边的墙上，

大堰河，会对她的邻居夸口赞美她的乳儿；

大堰河曾做了一个不能对人说的梦：

在梦里，她吃着她的乳儿的婚酒，

坐在辉煌的结彩的堂上，

而她的娇美的媳妇亲切地叫她“婆婆”

……

大堰河，深爱她的乳儿！

大堰河，在她的梦没有做醒的时候已死了。

她死时，乳儿不在她的旁侧，

她死时，平时打骂她的丈夫也为她流泪，

五个儿子，个个哭得很悲，

她死时，轻轻的呼着她的乳儿的名字，

大堰河，已死了，

她死时，乳儿不在她的旁侧。

大堰河，含泪的去了！

同着四十几年的人世生活的凌侮，

同着数不尽的奴隶的凄苦，

同着四块钱的棺材和几束稻草，

同着几尺长方的埋棺材的土地，

同着一手把的纸钱的灰，

大堰河，她含泪的去了。

这是大堰河所不知道的：

她的醉酒的丈夫已死去，

大儿做了土匪，

第二个死在炮火的烟里，
第三，第四，第五
在师傅和地主的叱骂声里过着日子。
而我，我是在写着给予这不公道的世界的咒语。
当我经了长长的漂泊回到故土时，
在山腰里，田野上，
兄弟们碰见时，是比六七年前更要亲密！
这，这是为你，静静的睡着的大堰河
所不知道的啊！

大堰河，今天，你的乳儿是在狱里，
写着一首呈给你的赞美诗，
呈给你黄土下紫色的灵魂，
呈给你拥抱过我的直伸着的手，
呈给你吻过我的唇，
呈给你泥黑的温柔的脸颜，
呈给你养育了我的乳房，
呈给你的儿子们，我的兄弟们，

呈给大地上一切的，
我的大堰河般的保姆和她们的儿子，
呈给爱我如爱她自己的儿子般的大堰河。

大堰河，
我是吃了你的奶而长大了的
你的儿子，
我敬你
爱你！

·作者简介·

艾青（1910～1996），原名蒋海澄，浙江金华人，中国20世纪著名诗人。出生在一个地主家庭，因算命先生推算说其“命相”不好，家中将他送到贫困农妇“大叶荷”（即大堰河）家中抚养。大堰河对诗人疼爱备至，她的纯朴和忧郁深深感染了诗人，对诗人的创作产生了极大的影响。5岁时，诗人回到自己的家中，入私塾学习。1928年考入杭州国立西湖艺术院绘画系，次年在林风眠的鼓励下到法国学习，1932年初回国。不久诗人因加入左翼美术家联盟被捕，以“宣传与三民主义不相容主义”罪被判入狱6年。在狱中他写下了著名的《大堰河——我的保姆》一诗。1935年，诗人出狱。1941年到达延安，历任鲁迅艺术文学院教师、华北联合大学文艺学院副院长等职务。新中国成立后历任《人民文学》副主编、中国作协副主席等职。1958年，诗人被错划为“右派”，在农场劳动了20年，1978年回归诗坛。1980年出版诗集《归来的歌》。1996年诗人病逝于北京。

艾青像

⊙作品赏析

这首诗写于1932年的冬日。当时的诗人因参加左翼美术家联盟被国民党逮捕，被关押在看守所中。据诗人自述，写这首诗时是在一个早晨，一个狭小的看守所窗口、一片茫茫的雪景触发了诗人对保姆的怀念，诗人激情澎湃地写下了这首诗。诗几经辗转，于1934年发表。诗人第一次使用了“艾青”这个笔名，并且一跃成为中国诗坛上的明星。

诗中的大堰河确有其人，其故事也都是真实的。也就是说，诗人完全按照事实，写出了诗人心中对保姆的真切感情。然而，这首诗又不是在写大堰河：她成了一个象征，大地的象征，一个中国土地上辛勤劳动者的象征，一个伟大母亲的象征。大堰河并没有名字，大堰河只是一个地名，是生她的地方。大堰河是普通的。她的生活中都是些平常普通的小事，那是她苦难生活的剪影。她的生活空间是有“枯死的瓦扉”的故居，是“被典押了的一丈平方的园地”，死后也只是“草盖的坟墓”。

她的生活是“乌黑的酱碗”，是为儿子缝补被“荆棘扯破的衣服”，是在冰冷的河里洗菜、切菜。她的儿子、丈夫都在她的照料下过着相对安稳的生活。在她死后，他们就失去了这些，他们在炮火中，在地主的臭骂声中活着。她的形象，同时也是那些和土地连在一起的劳动人民的形象。他们都植根在大地上，都有着劳动者的伟大品质。

大堰河并不是没有快乐，那快乐是伟大母亲的慈爱和对乳儿深深的爱。在劳累了一天之后，她从没有忘记来抱“我”，抚摸“我”，在“我”离开她时，她还在夸赞“我”，还想着“我”的结婚……大堰河同样爱着她的儿子和丈夫。她死时，他们都哭得很悲伤。大堰河，一个伟大的母亲形象。

全诗不押韵，各段的句数也不尽相同，但每段首尾呼应，各段之间有着强烈的内在联系；诗歌不追求诗的韵脚和行数，但排比的恰当运用，使诸多意象繁而不乱，统一和谐。这些使得诗歌流畅浅易，并且蕴蓄着丰富的内容。诗人善于从平凡的生活中提炼出典型的意象，以散文似的诗句谱写出强烈的节奏。诗歌具有一种奔放的气势，优美流畅的节奏，表达了诗人来不可遏、去不可止的感情，完美体现了艾青的自由诗体风格。

预言 / 何其芳

入选理由
- 中国白话新诗的经典之一
- 何其芳的成名作
- 青年人必读的爱情诗

这一个心跳的日子终于来临！
呵，你夜的叹息似的渐近的足音，
我听得清不是林叶和夜风私语，
麋鹿驰过苔径的细碎的蹄声！
告诉我，用你银铃的歌声告诉我，
你是不是预言中的年轻的神？

你一定来自那温郁的南方！
告诉我那里的月色，那里的日光！
告诉我春风是怎样吹开百花，
燕子是怎样痴恋着绿杨！
我将合眼睡在你如梦的歌声里，
那温暖我似乎记得，又似乎遗忘。

请停下你疲劳的奔波，
进来，这里有虎皮的褥你坐！
让我烧起每一个秋天拾来的落叶，
听我低低地唱起我自己的歌！
那歌声像火光一样沉郁又高扬，
火光一样将我的一生诉说。

不要前行！前面是无边的森林：
古老的树现着野兽身上的斑纹，
半生半死的藤蟒一样交缠着，
密叶里漏不下一颗星星。
你将怯怯地不敢放下第二步，
当你听见了第一步空寥的回声。

一定要走吗？请等我和你同行！
我的脚步知道每一条熟悉的路径，
我可以不停地唱着忘倦的歌，
再给你，再给你手的温存！
当夜的浓墨遮断了我们，
你可以不转眼地望着我的眼睛！

我激动的歌声你竟不听，
你的脚竟不为我的颤抖暂停！
像静穆的微风飘过这黄昏里，
消失了，消失了你骄傲的足音！
呵，你终于如预言中所说的无语而来，
无语而去了吗，年轻的神？

⊙作品赏析

《预言》是一首爱情诗，抒写了诗人一段珍贵的感情经历。全诗共分6节，以“年轻的神”的踪迹为线索来抒写，剖白式地倾诉了诗人每一刻的痴情。诗人心中的爱神形象是光彩动人的，诗人深深地眷恋着她，充满柔情地想象着它的到来，热情赞美它的美丽，同时也倾诉失去它的惆怅。想见时，“年轻的神”那“夜的叹息似的”足音，轻柔、飘忽，而诗人却凭着自己细腻的感触，将它从“林叶和夜风的私语”和“麋鹿驰过苔径的细碎的蹄声”中辨认出来，诗人盼望“年轻的神”的心情是何等的热切，迎候是何等的专注。相见后，诗人热烈赞美“年轻的神”所生活过的光明、温暖和多情的世界，表达了自己由衷的倾慕之情。诗人祈求“年轻的神”不要离开自己，“前行”到那阴森恐怖、黑暗和空寂的地方去。可是“年轻的神”似乎并不了解诗人的心情，她执意要走。尽管如此，诗人也愿意为它引路，要在阴森黑暗的路途中给它抚慰、温暖和力量。最后，“年轻的神”终于走了，那脚步声竟“像静穆的微风飘过这黄昏里”悄悄地消失了、“年轻的神”从那美丽、温郁的南方而来，却走向了恐怖死寂的森林中去，从光明到黑暗，并不美满。它的轻飘而来使诗人激动得“心跳”，而它的无语而去却给诗人留了凄清的哀怨，给诗人留下了深深的惆怅。

何其芳喜欢在回忆和梦幻中寻找美。他的诗总是在淡淡的哀怨中透出一些欢快的色彩。诗中没有着意刻画“年轻的神”的形象，作者捕捉的是“一些在刹那间闪出金光的”心灵的语言，“省略去那些从意象到意象之间的链锁”，给读者留下了丰富的想象的天地，使诗有一种宁静、柔婉的朦胧美。

这首诗的语言富于音乐性，六行大体押韵，每行的节顿又大体相等，读起来使人产生平和愉快的感觉。诗句本身的节奏又和情绪的抑扬顿挫相协调，从而产生了拨动心弦的音乐效果。正因为如此，这首诗发表后，在读者中间产生了广泛的影响，深受广大青年读者的喜爱，许多人将它背得滚瓜烂熟，时常吟诵。直到今天，这首诗仍然散发着动人的魅力。

·作者简介·

何其芳（1912～1977），原名何永芳，四川万县（今重庆万州区）人，中国现代诗人、散文家、文学研究家。1929年入上海中国公学预科学习。1931年后就读于北京大学哲学系，课余沉浸于文学书籍之中，发表了不少诗歌和散文。1936年，他与卞之琳、李广田的诗歌合集《汉园集》出版，受到文坛注意。他的散文集《画梦录》出版后，曾获《大公报》文艺奖金。大学毕业后他到天津、山东、四川等地教书。1938年赴延安，任鲁迅艺术学院文学系主任。新的生活使何其芳写出了《我歌唱延安》等散文和《生活是多么广阔》等诗篇，讴歌革命，礼赞光明，传诵一时。1944年以后被派往重庆工作，任《新华日报》社副社长等职。1948年年底开始在马列学院（即高级党校）任教。新中国成立后，诗人曾任文学研究所副所长和所长、《文学评论》主编、中国作家协会书记处书记等职。其作品除上面提到的外，还有诗集《预言》、《夜歌》（后改名《夜歌和白天的歌》），作品集《刻意集》，散文集《还乡杂记》、《星火集》及其续编等。

何其芳像

航 / 辛笛

入选理由
- 中国白话新诗的经典之一
- “九叶诗人”之一辛笛的成名作
- 发表后反响热烈，在国内外广泛流传

帆起了
帆向落日的去处
明净与古老
风帆吻着暗色的水
有如黑蝶与白蝶

明月照在当头
青色的蛇
弄着银色的明珠
桅上的人语
风吹过来
水手问起雨和星辰

从日到夜

从夜到日
我们航不出这圆圈
后一个圆
前一个圆
一个永恒
而无涯涘的圆圈

将生命的茫茫
脱卸与茫茫的烟水

⊙作品赏析

《航》是辛笛的成名作。写于1934年8月。那时的辛笛是清华大学外文系三年级学生。在假期里他坐船出海旅行。第一次航海令他激动不已。他久久地站在甲板上：大海是那样的辽阔，又是那样的深沉。诗人年轻的心充满了新鲜的印象，也泛起“不识愁滋味”的一丝惆怅。他边观看海上景色，边轻轻吟哦，即刻挥毫写下了《航》一诗。诗发表在当时《大公报》的《文艺副刊》上，1935年收入辛笛和其弟辛谷合出的第一本诗集《珠贝集》内。

在一个晚霞满天的黄昏，一艘帆船升起了帆，向远方的落日处驶去。这帆船，如同一位行走在人生征程上的行者；这航程，好似那漫无际涯的人生路程。送帆远行、与帆作伴的是海水，那“明净而古老”的海水。帆也深知，只有与海水紧密相依，才能沉稳、平安地驶向目的地。这也寓意着：一个人如果耽于幻想，脱离了他所生存的土地、社会现实，他的人生之舟将会搁浅，寸步难行。

一轮玉盘似的月亮升起来了，皎洁的月光洒在桅上、帆上、船上、人身上，这夜色是多么美好。然而漫漫航程有风平浪静的时刻，也有风雨飘摇的日子，“风吹过来，水手问起雨和星辰”。这漫漫航程与人生征途是何等相似，从白天到黑夜，从黑夜到白天，人们在圆圈似的旅途上跋涉着，一个圆连着一个圆，没有尽头，茫无边际。面对茫茫人生，诗人不禁感叹了：将自己茫茫的生命，“脱卸于茫茫的烟水”，与海水融合在一起，获得永恒的憩息与生存。

·作者简介·

辛笛（1912～2004），中国现代诗人，作家，“九叶诗人”之一。原名王馨迪，后改为王心笛，笔名心笛、一民、辛笛等。祖籍江苏淮安，生于天津市。

辛笛早年在清华大学任文艺编辑，并在北平艺文中学、贝满女子中学任教。后赴英国爱丁堡大学研习英语，回国后曾任上海光华大学、暨南大学教授。从学生时代起，诗人即开始在天津《文学季刊》、《北京晨报》、上海《新诗》等报刊上发表诗文和译作。1935年，他的第一本新诗集《珠贝集》在北京出版。抗日战争胜利后，诗人当选为中华全国文协候补理事兼秘书，并为诗歌音乐工作者协会上海分会负责人之一。1947年，诗人的新诗集《手掌集》出版。翌年其散文评论集《夜读书记》出版。1949年7月参加中华全国第一次文代会，为中国作家协会会员和作协上海分会理事。后历任上海工业局秘书科科长、中央轻工业部华东办事处办公室副主任、上海食品工业公司副经理，还兼任民盟上海市委委员、外国文学会会员、上海市政协特约编译等职。

辛笛像

全诗借助比喻、拟人、象征手法，营造了一个生动透明的意象，在此基础上将客观的物象描述与主观的情感抒发紧密结合起来，语言简练，节奏紧凑，朴实的诗风中蕴含着深刻的人生哲理，颇具表现力。《航》发表后获得了广大读者的喜爱和好评。爱诗的青年人竞相传阅转抄，更没想到的是千里姻缘一诗牵，一对男女青年因为都喜欢这首诗而相爱起来。旅美诗人叶维廉将此诗译成了英文，加拿大诗人联盟主席亨利·拜塞尔教授也曾将此诗翻译成英文，加以发表，于是它又在海外诗歌爱好者中间先后流传开来。

错误 / 郑愁予

入选理由
- 郑愁予的代表作
- 一个美丽的爱情错误
- 深受广大青年读者喜爱，流传广泛

我打江南走过
那等在季节里的容颜如莲花的开落

东风不来，三月的柳絮不飞
你的心如小小的寂寞的城
恰若青石的街道向晚

跫音不响，三月的春帷不揭
你的心是小小的窗扉紧掩

我达达的马蹄是美丽的错误
我不是归人，是个过客……

⊙作品赏析

郑愁予的诗和他的名字一样，轻巧又带着深深的愁怨，婉转而藏着一份诉说的衷情。在诗的开头，诗人说："我打江南走过。"简单的"江南"二字，一下子就将人们带入充满诗情画意的境地。然而，诗人心中的江南是消瘦的江南，留下的风景已经变换了数旬，已经如莲花，在开开落落之间只剩下了一枝干枯的荷梗。

这是怎样的季节呢？该是春季吧，早春，一切都在焦急的等待中。东风滞留在遥远的地方，柳絮在柔柔的柳枝中沉沉睡去，不管人间的等待和梦。在这样的季节里，在江南那小小的城市的阁楼中，妇人的心扉紧闭，如幽深的青石小巷，笼罩在氤氲的暮色中，寂寞中伴着深深的愁思。

一切都静静的，这时，"我"的足音，清脆的马蹄声在江南的青石板路上达达而过。这"美丽的错误"更生动新颖地写出了思妇的怀人心情，写出了那心中的寂寞和盼望。然而，这"美丽的错误"使妇人陷入了更深的寂寞中。诗人只是一个过客。诗人走过，留给妇人一份落寞和怀念。

诗歌深得宋词的长处，意境幽婉而朦胧。诗歌的表现手法纯熟，句式整饬，语调轻快，富于节奏感。开头和结尾的两句都使用了短句，这恰恰是对过客的描写：匆匆而来，匆匆而去，来不及停下就消逝在岁月的长河里。中间的句子都是用长句，采用轻俏的词语，如柔柔的柳枝。那是在写妇人，悠悠的，如女主人的相思和怀念。诗中的意象都是诗歌手法的表现，比喻也用得恰到好处。

·作者简介·

郑愁予（1933～　），原名郑文滔，河北人，中国台湾当代诗人。其父为国民党军官，诗人青少年时期随父亲奔走于战场中，在炮火声中度过。1949年诗人去台湾，1955年服役。1958年毕业于台湾中兴大学商学院，在基隆港务局任职。诗人从15岁就开始发表诗歌，1956年参与创立现代派诗社，任《现代派》刊物编辑。1968年到美国爱荷华大学学习，毕业获硕士学位并留校任讲师。后任耶鲁大学教授。有诗集《梦土上》、《衣钵》、《寂寞的人坐着看花》等。

郑愁予像

回答 / 北岛

入选理由
- 中国朦胧诗的代表作之一
- 北岛的成名作
- 一代青年对生活的严肃"回答"

卑鄙是卑鄙者的通行证，
高尚是高尚者的墓志铭，

看吧，在那镀金的天空中，
飘满了死者弯曲的倒影。

冰川纪过去了，
为什么到处都是冰凌？
好望角发现了，
为什么死海里千帆相竞？

我来到这个世界上，
只带着纸、绳索和身影，
为了在审判之前，
宣读那被判决了的声音：

告诉你吧，世界，
我——不——相——信！
纵使你脚下有一千名挑战者，
那就把我算做第一千零一名。

我不相信天是蓝的；
我不相信雷的回声；
我不相信梦是假的；
我不相信死无报应。

如果海洋注定要决堤，
就让所有的苦水都注入我心中，
如果陆地注定要上升，
就让人类重新选择生存的峰顶。

新的转机和闪闪的星斗，
正在缀满没有遮拦的天空，
那是五千年的象形文字，
那是未来人们凝视的眼睛。

·作者简介·

北岛（1949~ ），中国当代诗人、作家。原名赵振开，另有笔名石默。浙江湖州人。1969年高中肄业后任北京第六建筑公司工人。70年代初开始写诗。1980年起任《新观察》、《中国报道》编辑、北京飞达（集团）公司干部。1979年3月在《诗刊》上发表《回答》，引起强烈反响。他的诗具有沉郁的激愤与冷峻的思考，风格凝重、意喻朦胧，采用隐喻、象征、通感、意象等多种表现技巧和手法，表现出曾经狂热和失望的诗人对现实的审视，对祖国命运的思考，对人类自由的追求。是朦胧诗派的代表诗人。代表作有《回答》、《结局或开始》、《雨夜》等。1986年被评为“我最喜欢的中青年诗人”。同年出版的《北岛诗选》获1985~1986年全国优秀新诗（诗集）奖。他的小说风格独特，多用意识流及象征、隐喻等手法。短篇小说《稿纸上的月亮》，中篇小说《波动》较有影响。出版诗集《北岛诗选》、《太阳城札记》、《北岛与顾城诗选》等，小说集《归来的陌生人》、《波动》，译作《北欧现代诗选》、《索德格朗诗选》。他的诗歌被翻译成多种文字。

北岛像

⊙作品赏析

这首诗是北岛早期的诗歌。此时的诗人还在地下进行着神圣的诗歌创作，和一些与他有共同理想的朋友们一起自费编辑出版诗刊《今天》。这首诗是诗人的代表作，也是那一时期诗歌的代表作。

要“回答”，就要有回答的起因、回答的对象。诗人的回答对象很明显，就是那沉闷的社会现实，诗的开头就是对那现实的描写。“卑鄙是卑鄙者的通行证／高尚是高尚者的墓志铭”——这是怎样的世界呀！那虚伪的天空中，到处是用金词丽句、空洞赞颂涂抹的东西，到处是通行者的乐园。当然，还有死者，那不屈的身影已经弯曲，绷得很紧，充满着力量的美，显得更加不屈。

诗人要问，要控诉，愤懑之情溢于言表。不是冰川纪，何以到处都是冰凌？新的航道已经发现了，为什么千万艘船只还在死水一潭的死海中盘桓、相竞，眼睁睁地等着沉没？这些就是那个时代的写照。

诗人要回答这样的疑问。诗人来到这个世界上，为了什么，要做什么？诗人说，他是来判决这世界的。诗人只带了纸、绳索和身影。诗人要用自己的诗来审判这世界吗？诗人要用绳索来处决那虚伪的世界或者那些卑鄙者吗？诗人准备用自己的生命来殉自己的理想吗？反正诗人不相信这样的社会，诗人准备反抗。

诗人心情激动，大声疾呼，唱出了心中对虚伪现实的怀疑和否定。这是一种决绝的怀疑和反抗，没有丝毫的犹豫和同情。即使有太多的反抗者和挑战，诗人仍然愿意做其中的一员，为挑战者的队伍增添一份力量。

如果虚假的世界如海洋的大堤在海浪的冲击下崩溃，如平地因为地心岩浆的奔突而被撕裂，诗人愿意承受所有的苦难，咽下所有的苦水，诗人愿意做被撕扯的胸膛，让人类选择更好的顶峰。诗人的心中充满着英雄式的悲剧情结。同样，诗人的心中也充满了希望，来自古老祖先的希望。从祖先留下的精神财富中，诗人仿佛看到一片纯洁的天空，闪现着漫天星斗的天空。

诗歌大量运用象征手法，那些象征性的形象又带有明确的意义指向。尽管这象征的形象相对直白，但是并没有影响诗歌的感性特征。“冰凌”、“死海”等形象生动地写出了现实生活的困境和艰难。诗中那新颖的意象和丰富的情感的巧妙组结，带有明显的朦胧诗特点，诗歌的思想倾向也带有明显的朦胧诗的特征。这首诗同样是朦胧诗的代表作。

中国朦胧诗的代表作之一

顾城的成名作

整整一代青年人追寻理想的精神画像

一代人 / 顾城

黑夜给了我黑色的眼睛
我却用它寻找光明

⊙作品赏析

全诗只有两句，而且诗中出现的意象都是日常生活中极为常见的现象：黑夜、眼睛、光明。也许正因为如此，才使得这首诗歌具有了引起人们广泛关注、深思的魅力。新奇的组合，看似相悖的转折，却蕴含着令人难以置信的合理性。这种相悖的逻辑正是这短短两句诗的精华所在。相悖是在两个层面上的。第一个层面是诗歌整体的意象呈现方式与人们日常经验中它们的呈现方式相悖。这主要集中在眼睛的意象上。在茫茫的黑暗里，眼睛可能是唯一的明灯。在人们的经验中，眼睛始终是透明的象征。然而，诗中的眼睛却是“黑色的眼睛”。这是诗人心中的感受，也是诗人的深刻反思。这感受是撕心裂肺的创痛，是一种日积月累的沉淀。这反思是沉重的，后面潜藏着巨大的恐惧。而这些又都指向了“黑夜”。第二个层次的相悖是诗歌内在的相悖。这主要集中

·作者简介·

顾城（1956～1993），北京人，中国朦胧诗派的代表人物之一。出生在一个文人家庭，父亲是一个诗人，这使他自小就在很好的文化氛围中成长，据说童年时他就能写出优美的诗句。1969年，诗人的父亲被下放到山东一个农场劳动，诗人也随之来到那里，开始了艰苦而匮乏的生活，同时开始诗歌创作，自编了诗集《无名的小花》和旧体诗集《白云梦》等。1974年，诗人随全家搬回北京，当了工人。1987年，诗人应邀前往德国参加诗歌节。1988年，诗人被聘为新西兰奥克兰大学亚语系研究员，讲授中国古典以及现代文学，后住在附近的小岛上悉心创作。1992年，诗人重返欧美讲学和创作。诗人自小对文学、哲学、美术、书法有突发的无师自通的领悟力，被称为当代仅有的“唯灵”浪漫主义诗人，已出版的作品有《黑眼睛》、《顾城新诗自选集》等。

顾城像

在“光明”这一意象上。那样的时代，那样的环境，那样深沉的黑夜，诗人要寻找光明。诗人正要用那黑色的眼睛寻找光明。这是诗人奏响的反叛黑夜的一声号角。

所以诗人为这只有两句话的诗起了一个宏大而耐人寻味的标题：一代人。但诗的内容似乎又指向了两代人，既是对上一辈的总结和反思，又是对下一代的呼唤和定位。

这首诗在艺术手法上也充分地体现了顾城诗歌的艺术特色，在意象的营构上匠心独具。诗人采用了与生活中生命感受密切相关的意象，用出人意料的组合表达了他对世界、生活、生命的新鲜体验。他的诗和其他朦胧派诗歌一样，打破了政治式的一味吼叫和说教，用丰富的想象和意象来打动读者，从而还诗歌以本真形态。他们还尽量使用明确、简单的词汇和句子来表达心中的感受，避免诗歌的语言受到晦涩难懂等流弊的污染。

中国先锋诗人海子的代表作之一
一首对纯朴世界、纯朴人生的憧憬之歌
受广大读者好评，广为流传

面朝大海，春暖花开 / 海子

从明天起，做一个幸福的人
喂马，劈柴，周游世界
从明天起，关心粮食和蔬菜
我有一所房子，面朝大海，春暖花开

从明天起，和每一个亲人通信
告诉他们我的幸福
那幸福的闪电告诉我的
我将告诉每一个人

给每一条河每一座山取一个温暖的名字
陌生人，我也为你祝福

愿你有一个灿烂的前程
愿你有情人终成眷属
愿你在尘世获得幸福
我只愿面朝大海，春暖花开

⊙作品赏析

《面朝大海，春暖花开》写于1989年1月13日，即诗人离开人世前的两个月。诗人长期处于精神的思索之中，在沉沉的精神现实的重压下，诗人的心灵和躯体得不到依托和放松。最终，诗人的内心再也载不动那么多的追求和精神现实，以25岁的年龄就离开了人世。然而，在这首诗中，我们看到的却是另一个海子，幸福、温馨、纯美的海子。

·作者简介·

海子（1964～1989），原名查海生,中国当代诗人。出生于安徽省安庆城外的一个农民家庭。1979年考入北京大学法律系。1982年开始诗歌创作。1983年毕业后在中国政法大学哲学教研室任教。在随后的数年中，诗人写下了大量的优秀诗歌，先后自印诗集《河流》、《传说》、《但是水、水》、《麦地之翁》(与西川合印)、《太阳·断头篇》等。尽管诗人也曾获北京大学第一届艺术节“五四”文学大奖特别奖、第三届《十月》文学奖荣誉奖等奖项，但诗人的诗歌一直没有受到很公正的对待。1988年写出仪式诗剧三部曲之一《刹》。另外，诗人的作品还有长诗《土地》。诗人在积极创作的同时，也一直面临着中国诗歌没落的困境。1989年3月26日，诗人去世。诗人死后，其诗歌开始受到人们的广泛关注，诗人的名字也与他那杰出的诗歌一起传遍了中国大地。从1993年起，北大每年举行诗歌节，以纪念海子。

海子像

在一个冬季，或许在阳光的沐浴下，在干燥净爽的午后，诗人走出了他长期蛰伏的书房。面对那样的情景，诗人那一直绷紧的精神突然融化了，融化在自然的世界，融化在尘世的幸福中。在那样的瞬间，诗人决定要做一个幸福的人，享受平凡的幸福。喂马、劈柴，从简朴的生活、亲身的劳作中体味生命的存在；周游世界，在大自然里寻找快乐的源泉。诗人要关心人生最简单的生活，在这样的关心中找到幸福。诗人渴望拥有一所房子，“面朝大海，春暖花开”。

诗人心灵坦荡，胸怀博大。诗人那美丽的心灵被幸福的闪电击中。那样的顿悟本身就该是幸福的事。诗人愿意天下人都能得到这样的顿悟和这顿悟的幸福。诗人要把这样的感觉、幸福告诉每一个亲人，告诉每一个人。诗人还要给每一条河每一座山起一个温暖的名字，让人们从那些温暖的名字中体味诗人的幸福，让人们在自然的世界更容易接近幸福。诗人还要祝福陌生人，愿他们过着简朴的生活，愿他们每一个平凡的心愿都能实现。最后一段，诗人表达了自己真诚的祝愿：

愿你有一个灿烂的前程
愿你有情人终成眷属
愿你在尘世获得幸福
我只愿面朝大海，春暖花开

诗歌以淳朴直白的诗句、清新明快的意象，描绘了一个浪漫、略带梦幻色彩的世界。诗人凭借自己的乡村生活的经验，提炼出优美的意象，描绘出一个质朴、单纯的世界。诗人善于以超越现实的冲动和努力，审视个体生命的存在价值。他的诗往往有着浓重的浪漫色彩，诗中描绘的情景明显带着诗人自己的梦想和纯真。总之，诗人用朴素明朗、隽永清新的语言和意境，唱出了他对平凡生活的真诚和向往，反映了他那积极昂扬的情感世界和博大开阔的胸怀。

牧歌 /［古罗马］维吉尔

入选理由
古罗马诗人维吉尔的代表作
语言壮观优美，情绪舒缓起伏
极富民族特色和音乐性

让我们唱些雄壮些的歌调，西西里的女神，
荆榛和低微的柽柳并不能感动所有的人，
要是还歌唱山林，也让它和都护名号相称。
现在到了库玛谶语里所谓最后的日子，
伟大的世纪的运行又要重新开始，
处女星已经回来，又回到沙屯的统治，
从高高的天上新的一代已经降临，
在他生时，黑铁时代就已经终停，
在整个世界又出现黄金的新人。
圣洁的露吉娜，你的阿波罗今已为主。
这个光荣的时代要开始，正当你为都护，
波里奥啊，伟大的岁月正在运行初度。
在你的领导下，我们的罪恶的残余痕迹
都要消除，大地从长期的恐怖中获得解脱。
他将过神的生活，英雄们和天神他都会看见，
他自己也将要看见在他们中间，
他要统治着祖先圣德所致太平的世界。
孩子，为了你那大地不用人力来栽，

首先要长出那蔓延的常春藤和狐指草，
还有那埃及豆和那含笑的莨苕；
充满了奶的羊群将会自己回家，
巨大的狮子牲口也不必再害怕，
你的摇篮也要开放花朵来将你抚抱，
蛇虺将都死亡，不再有骗人的毒草，
东方的豆蔻也将在各地生得很好。
当你长大能读英雄颂歌和祖先事迹，
当你开始能够了解道德的意义，
那田野将要逐渐为柔穗所染黄，
紫熟的葡萄将悬挂在野生的荆棘上，
坚实的栎树也将流出甘露琼浆。
但是往日的罪恶的遗迹那时还有余存，
人还要乘船破浪，用高墙围起城镇，
人也还要把田地犁成一道道深沟，
还要有提菲斯，还要有阿戈的巨舟，
载去英雄的精锐，还要有新的战争，
还要有英雄阿喀琉斯作特洛伊的远征。
但当坚实的年代使你长大成人的时候，
航海的人将离开海，那枯木的船艘
将不再运货，土地将供应一切东西，
葡萄将不需镰刀，田畴将不需锄犁，
那时健壮的农夫将从耕牛上把轭拿开；
羊毛也不要染上种种假造的颜色，
草原上的羊群自己就会得改变色彩，
或者变成柔和的深紫，或鲜艳的黄蓝，
吃草的幼羔也会得自己带上朱斑。
现在司命神女根据命运的不变意志，
对她们的织梭说："奔驰吧，伟大的日子。"
时间就要到了，走向伟大的荣誉，
天神的骄子啊，你，上帝的苗裔，
看呀，那摇摆的世界负着苍穹，
看大地和海洋和深远的天空，
看万物怎样为未来的岁月欢唱，
我希望我生命的终尾可以延长，
有足够的精力来传述你的功绩，
色雷斯的俄耳甫的诗歌也不能相比，
林努斯也比不过，即使有他父母在旁，

·作者简介·

维吉尔（公元前70~前19），古罗马杰出诗人。原名普布留斯·维吉留斯·马罗，生于高卢的曼图亚附近的农村，家境比较富裕。他幼年在农村长大，熟悉农村和农业劳动，热爱大自然。后来去米兰、罗马等地接受了良好的教育。因体弱多病，从事律师失败后，回到农村家中，专心写诗。后加入了麦凯纳斯庇护下的文学集团，深受屋大维的尊敬。他的主要作品除代表作《埃涅阿斯纪》外，还有《牧歌》、《农事诗》等。

维吉尔像

《牧歌》共有10首，是其成名作，通过一个牧人的独唱或一对牧羊男女的对唱，歌唱牧人的生活和爱情，还表达了对当前社会和政治的看法与感受；《农事诗》共4卷，描写罗马农民的工作与生活。这些作品将农业知识的介绍、农业政策的阐释和对自然景色、历史传说的描写结合起来，语言优美，生动有趣。维吉尔在中古时代一直享有特殊的声誉，如但丁在《神曲》中就尊他为老师和带路人。

嘉流贝帮助前者，后者美容的阿波罗帮忙，
甚至山神以阿卡狄为评判和我竞赛，
就是山神以阿卡狄为评判也要失败；
小孩子呀，你要开始以笑认你的生母。
（十个月的长时间曾使母亲疲乏受苦），
开始笑吧，孩子，要不以笑容对你的双亲，
就不配与天神同餐，与神女同寝。

⊙作品赏析

古罗马诗人维吉尔生于阿尔卑斯山南高卢曼图亚附近的安得斯村，在家乡受过基础教育后，去罗马和南意大利攻读哲学及数学、医学，约公元前 44 年回到故乡，一面务农，一面从事诗歌创作。他是古罗马奥古斯都时期最重要的诗人，乡村的田园生活是他创作田园诗的重要依据。牧歌（一称田园诗）始见于公元前 3 世纪时的亚历山大诗歌，代表诗人是特奥克里托斯，约在公元前 1 世纪传入罗马。维吉尔第一部公开发表的诗集《牧歌》共收诗 10 首，其中的各首诗具体写作年代不详。维吉尔的牧歌主要是虚构一些牧人的生活和爱情，通过对话或对唱，抒发田园之乐，有时也涉及一些政治问题。在牧歌中，诗人描述的是人与神和谐共处的美好的家园，这里风光优美，和平而宁静，人们安居乐业，生活富足。这些，都是神灵的庇佑，所以诗人的歌唱从对神的赞美开始："伟大的世纪的运行又要重新开始，处女星已经回来，又回到沙屯的统治，从高高的天上新的一代已经降临，在他生时，黑铁时代就已经终止，在整个世界又出现黄金的新人。"诗人所热情歌颂的正是这样的新人和新的时代，一个新的正在运行的纪元，人们生活在天赐的乐园里，一切美好的东西都在旺盛地生长，一切坏的东西都就此死亡。维吉尔的语言非常壮观优美，极富民族特色和音乐性，在情绪上舒缓起伏，韵律优美动人，内涵博大而深远："天神的骄子啊，你，上帝的苗裔，看呀，那摇摆的世界负着苍穹，看大地和海洋和深远的天空，看万物怎样为未来的岁月欢唱。"所有这些诗句都是非博大的学识、高贵的气质和天赋的才华所不能得的。

你的长夏永远不会凋谢 /［英国］莎士比亚

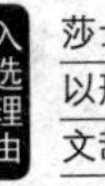

莎士比亚十四行诗的代表作之一
以形象的表达阐释了人文主义内涵
文辞生动有趣，曲折跌宕

我怎能够把你来比拟作夏天？
你不独比他可爱也比他温婉；
狂风把五月宠爱的嫩蕊作践，
夏天出赁的期限又未免太短；
天上的眼睛有时照得太酷烈，
他那炳耀的金颜又常遭掩蔽；
给机缘或无偿的天道所摧残，
没有芳颜不终于凋残或销毁。
但你的长夏将永远不会凋落，
也不会损失你这皎洁的红芳；
或死神夸口你在他影里漂泊，
当你在不朽的诗里与时同长。
只要一天有人类，或人有眼睛，
这诗将长在，并且赐给你生命。

⊙作品赏析

莎士比亚所处的英国伊丽莎白时代是爱情诗的盛世，写十四行诗更是一种时髦，莎士比亚的十四行诗无疑是那个时代的佼佼者。据说，莎士比亚的十四行诗是献给两个人的：前 126 首献给一个贵族青年，后面的献给一个黑肤女郎。这首诗是十四行诗集中的第 18 首，属前者。也有人说，他的十四行诗是专业的文学创作。当然，这些无关宏旨，诗歌本身是伟大的。莎士比亚的十四行诗总体上表现了一个思想：爱征服一切。他的诗充分肯定了人的价值，赞颂人的尊严、个人的理性作用。

诗的开头将“你”和夏天相比较。自然界的夏天正处在绿的世界中，万物繁茂地生长着，繁阴遮地，是自然界的生命最昌盛的时刻。那醉人的绿与鲜艳的花一道，将夏天打扮得五彩缤纷，艳丽动人。但是，“你”却比夏天可爱多了，比夏天还要温婉。五月的狂风会作践那可爱的景色，夏天的期限太短，阳光酷烈地照射在繁阴斑驳的大地上，那熠熠生辉的美丽不免要在时间的流动中凋残。这自然界最美丽的季节和“你”相比也要逊色不少。

而“你”能克服这些自然界的不足。“你”在最灿烂的季节不会凋谢，甚至“你”美的任何东西都不会有所损失。“你”是人世的永恒，“你”会让死神的黑影在遥远的地方呆着，任由死神的夸口也不会死去。“你”是什么？你与人类同在，你在时间的长河里不朽。那人类精神的精华——诗是你的形体吗？或者，你就是诗的精神，就是人类的灵魂。

诗歌在形式上一改传统的意大利十四行诗体四四三三体，而是采用了四四四二体：在前面充分地发挥表达的层次，在充分的铺垫之后，用两句诗结束全诗，点明主题。全诗用新颖巧妙的比喻、华美而恰当的修饰使人物形象鲜明，生气鲜活。诗人用形象的表达使严谨的逻辑推理变得生动有趣，曲折跌宕。

·作者简介·

莎士比亚（1564~1616），英国诗人、戏剧家。幼年在当地文法学校读书，1582年同邻乡农家女安·哈瑟维结婚。1585~1592年莎士比亚的经历不详，传说他当过乡村教师、兵士、贵族家仆，并因偷猎乡绅T.路希爵士之鹿逃往伦敦，先在剧院门前为人看马，后逐渐成为剧院杂役、演员并开始剧作生涯。1592年，剧院经理P.亨斯娄首先提到莎士比亚的剧作《亨利六世》上篇。同年，剧作家R.格林在其《千悔得一智》中影射莎士比亚姓氏，并应用《亨利六世》下篇的台词骂莎士比亚是“一只暴发户式的乌鸦”，可见他当时已颇有名望。1594年，他和当时名演员W.坎普、J.伯比奇同属宫内大臣剧团，同当时的许多新贵族均有来往。他的剧团除在天鹅剧场、环球剧场演出外，也在宫廷演出，夏季或瘟疫流行时则到外省演出。莎士比亚一生创作了37部戏剧，1卷十四行诗，2首长诗。17世纪莎士比亚戏剧传入德、法、意、俄、北欧诸国，然后渐及美国乃至世界各地，对各国戏剧发展产生了巨大而深远的影响，并成为世界文化发展、交流的重要纽带和灵感源泉。

莎士比亚像

入选理由
- 苏格兰伟大诗人彭斯流传最广的诗之一
- 表达了一种坚贞高尚的爱情观
- 青年人必读的爱情诗

一朵红红的玫瑰 /［英国］彭斯

啊！我爱人像一朵红红的玫瑰，
　它在六月里初开；
啊，我爱人像一支乐曲，
　美妙地演奏起来。

你是那么美，漂亮的姑娘，
　我爱你那么深切；
我要爱你下去，亲爱的，
　一直到四海枯竭。

一直到四海枯竭，亲爱的，
　到太阳把岩石烧裂！
我要爱你下去，亲爱的，
　只要是生命不绝。

再见吧——我唯一的爱人，
　我和你小别片刻；
我要回来的，亲爱的，
　即使万里相隔！

⊙作品赏析

彭斯的诗歌创作一反当时英国诗坛的新古典主义诗风，他大量地从生活和民间文学中汲取营养，为其诗歌创作带来了新鲜的活力，从而形成了他诗歌创作的浓厚的民族风情和民歌性的基本特色。彭斯以虔诚朴素的感情歌颂大自然和乡村生活；以入木三分的犀利言辞讽刺教会及日常生活中人们的虚伪。彭斯成名后被邀请到爱丁堡，出入于上流社会的显贵中间，但发现自己高傲的天性和激进思想与上流社会格格不入，于是又返回故乡务农。他一度到苏格兰北部高原地区游历，后来当了税务官，一边任职一边创作。

这首诗出自诗人的《主要用苏格兰方言写的诗集》，是诗集中流传最广的一首诗。诗人写这首诗的目的是送给他的恋人即少女琪恩。诗人在诗中歌颂了恋人的美丽，表达了诗人的炽热感情和对爱情的坚定决心。

诗的开头用了一个鲜活的比喻——红红的玫瑰，一下子就将恋人的美丽写得活灵活现，同时也写出了诗人心中的感情。在诗人的心中，恋人不仅有醉人的外表，而且有着柔美灵动的心灵，诗歌像一段乐曲，婉转动人地倾诉着她美丽的心灵。

诗人对恋人的爱是那样的真切、深情和热烈。那是种怎样的爱呀！——要一直爱到海枯石烂。这样的爱情专注使人想到中国的古老民歌：“上邪！我欲与君相知，长命无绝衰。山无陵，江水为竭，冬雷阵阵，夏雨雪，天地合，乃敢与君绝。”诗人的哀婉和柔情又可用《诗经》里的一句来说明：“执子之手，与子偕老。”何等的坚决和悠长！

爱的火焰在诗人的心中强烈地燃烧着，诗人渴望有着美好的结果。但是，此时的诗人已经是囊中羞涩，诗人知道这时的自己并不能给恋人带来幸福，他已经预感到自己要离去。但诗人坚信：这样的离别只是暂别，自己一定会回来的。

这首诗是诗人的代表作，它开了英国浪漫主义诗歌的先河，对济慈、拜伦等人有很大的影响。诗人用流畅悦耳的音调、质朴无华的词语和热烈真挚的情感打动了千百万恋人的心，也使得这首诗在问世之后成为人们传唱不衰的经典。诗歌吸收了民歌的特点，采用口语使诗歌朗朗上口，极

·作者简介·

彭斯（1759～1796），苏格兰伟大的民族诗人。生于苏格兰的农民家庭。十一二岁时便和父亲一样干重活，维持家庭生活。母亲是个民歌手，这使他在很小的时候就能熟悉苏格兰民歌的旋律，为以后的创作打下了坚实的基础。1786年，因为和少女琪恩私下恋爱，触犯了教会和女方家庭。教会要制裁他，女方家庭则声称要将他投进监狱，这一切都是因为他的贫穷。诗人本准备前往牙买加，但已没有钱买船票。诗人迫不得已，在一个朋友的建议下，将自己的诗集《主要用苏格兰方言写的诗集》寄给了出版社。没想到这部诗集使诗人一跃成名，很快成了当时文化界的红人。诗人向往法国大革命，曾自费购买小炮运往法国。1792年，诗人因为发表革命言论被传讯。1795年，诗人加入反抗英法联军的农民志愿军。1796年，离世。

彭斯像

大地显示了民歌的特色和魅力，读来让人感到诗中似乎有一种原始的冲动，一种原始的生命之流在流淌。另外，诗中使用了重复的句子，大大增强了诗歌的感情力度。在这首仅仅有16句的诗中，涉及“爱”的词语竟有十几处之多，然而并不使人感到重复和累赘，反而更加强化了诗人对恋人爱情的强烈和情感的浓郁程度。

德国大诗人席勒的代表作
一曲世界、人类、生命、友爱、欢乐的激昂赞歌
贝多芬为之谱曲，流传世界各国

欢乐颂 / ［德国］席勒

一

欢乐啊，美丽的神奇的火花，
极乐世界的仙姑，
天女啊，我们如醉如狂，
踏进你神圣的天府。
为时尚无情地分隔的一切，
你的魔力会把它们重新连结；
只要在你温柔的羽翼之下，
一切的人们都成为兄弟。

合唱

万民啊！拥抱在一处，
和全世界的人接吻！
到太阳把岩石烧裂！
我要爱你下去，亲爱的，
只要是生命不绝。
再见吧——我唯一的爱人，
我和你小别片刻；
我要回来的，亲爱的，
即使万里相隔！
弟兄们——在上界的天庭，
一定有天父住在那里。

二

谁有那种极大的造化，
能和一位友人友爱相处，
谁能获得一位温柔的女性，
就让他来一同欢呼！
真的——在这世界之上
总要有一位能称为知心！
否则，让他去向隅暗泣，
离开我们这个同盟。

合唱

居住在大集体中的众生，
请尊重这共同的感情！
她会把你们向星空率领，
领你们去到冥冥的天庭。

三

一切众生都从自然的
乳房上吮吸欢乐；
大家都尾随着她的芳踪，
不论何人，不分善恶。
欢乐赐给我们亲吻和葡萄
以及刎颈之交的知己；
连蛆虫也获得肉体的快感，
更不用说上帝面前的天使。

合唱

万民啊，你们跪倒在地？
世人啊，你们预感到造物主？
请向星空的上界找寻天父！
他一定住在星空的天庭那里。

四

欢乐就是坚强的发条，
使永恒的自然循环不息。
在世界的大钟里面，
欢乐是推动齿轮的动力。

她使蓓蕾开成鲜花，
　她使太阳照耀天空，
望远镜看不到的天体，
　她使它们在空间转动。

合唱

弟兄们！请你们欢欢喜喜，
　在人生的旅途上前进，
　像行星在天空里运行，
像英雄一样快乐地走向胜利。

五

从真理的光芒四射的镜面上，
　欢乐对着探索者含笑相迎。
她给他指点殉道者的道路，
　领他到道德的险峻的山顶。
在阳光闪烁的信仰的山头，
　可以看到欢乐的大旗飘动，
就是从裂开的棺材缝里，
　也见到她站在天使的合唱队中。

合唱

万民啊！请勇敢地容忍！
　为了更好的世界容忍！
　在那边上界的天庭，
伟大的神将会酬报我们。

六

我们无法报答神灵；
　能和神一样快乐就行。
不要计较贫穷和愁闷，
　要和快乐的人一同欢欣。
应当忘记怨恨和复仇，
　对于死敌要加以宽恕。
不要让他哭出了泪珠，
　不要让他因后悔而受苦。

·作者简介·

席勒（1759～1805），德国伟大的戏剧家、诗人。出生在德国符藤堡公国的一个小城，父亲是医生。13岁时被强行送进一所管制极严的军事学校，度过了8年的囚犯式生活。但诗人还是接触到了进步思想，受狂飙突进运动的影响秘密写作诗歌和剧本。1780年，诗人从军校毕业，成为一名军医。1781年，诗人自费出版剧本《强盗》。这出表达了进步思想的戏剧在1782年上演，诗人秘密越界观看，事发后被关了禁闭，还被剥夺了写作的权利。诗人设法逃离了符藤堡公国，在各地流浪。同年，诗人出版了著名的剧作《阴谋与爱情》。1786年，穷困潦倒的诗人受到朋友的接济，才开始过上稳定的生活。1787年，他定居在魏玛，开始转向哲学研究，写下了《美育书简》等著作。1794年，诗人与歌德相识，受歌德的影响又回到了文学创作的路子上，开始了最辉煌的创作时期，创作了《华伦斯坦》、《威廉·退尔》、《奥尔良的姑娘》等作品。于1805年去世。

席勒像

合唱

把我们的账簿全部烧光！
　跟全世界的人进行和解！
　弟兄们——在星空的上界，
神担任审判，也像我们这样。

七

欢乐从酒杯中涌了出来；
　饮了这金色的葡萄汁液，
吃人的人也变得温柔，
　失望的人也添了勇气——
弟兄们，在巡酒的时光，
　请离开你们的座位，
让酒泡向着天空飞溅：
　对善良的神灵举起酒杯！

合唱

把这杯酒奉献给善良的神灵，
在星空上界的神灵，
星辰的合唱歌颂的神灵，
天使的颂歌赞美的神灵！

八

在沉重的痛苦中要拿出勇气，
对于流泪的无辜者要加以援手，
已经发出的誓言要永远坚守，
要实事求是对待敌人和朋友，
在国王的驾前要保持男子的尊严，——
弟兄们，生命财产不足置惜——
让有功绩的人戴上花冠，
让欺瞒之徒趋于毁灭！

合唱

我们要巩固这神圣的团体，
凭着这金色的美酒起誓，
对这盟约要永守忠实，
请对星空的审判者起誓！

⊙作品赏析

这首诗写于1785年10月的德累斯顿的罗斯维兹村。这时的诗人在朋友克尔纳等人的帮助下，刚刚从生活的水深火热（债务累累、艺术活动受到严重挫折）中摆脱出来。这些朋友们在罗斯维兹欢聚一堂，并且邀请席勒参加。在朋友热情的笑脸面前，在青翠的绿荫下，在欢声不断的野餐会上，席勒的心情被深深感染，一股欢乐的源泉在诗人的心中奔涌而出，诗情荡漾。这首著名的颂诗就这样诞生了。

诗共分8节，每段的后面都有“合唱”部分，作为正诗的副歌，使得诗歌的结构更加完整，情绪更加热烈、更易于打动人。诗中以山洪暴发般的热情和一泻千里的气势对友谊、自然、欢乐、上帝、神灵作了赞颂。

诗人赞美友谊，友谊是生活中必不可少的因素，它让人得到温暖和欢乐。诗人赞美自然，她是人类的母亲，自然的乳汁是快乐的源泉。在她的眼里，万物平等，即使蛆虫也能和天使一样获得快乐。

诗人赞美欢乐。诗人把欢乐比拟为天上的女神，她能缝合世间一切的裂痕；她是自然界坚强的发条，推动世界永恒运行，使鲜花开放，使太阳照耀天空，她掌控着我们看不见的天体；她是生活的向导，引领人们向着真理前进，在信仰的山头欢呼。欢乐是宽容的、涵盖一切的精神，有了她生活的一切都会变得美好。

诗人也赞美上帝、神灵，特别是在副歌中，诗人大声喊出了自己心中对上帝、神灵的赞美和神往。诗人在这里并不一定是在宣扬宗教的什么东西，只不过是借此表达心中的信仰。也许只有信仰的力量才能表达诗人心中的坚定和赞美，也许上帝就是欢乐的化身。

诗在泛爱主义思想的笼罩下，始终充满着乐观进取的精神，一种轻松欢快的情绪、一种人类的精神、一种生命的热情在不自觉中感染着读诗的人们。这种情绪、激情在半个世纪后为音乐家贝多芬感受到，贝多芬为这首诗谱了曲，作为他的《第九交响曲》的结束合唱曲，此后《欢乐颂》与贝多芬的曲子一道传遍了全世界。

英国湖畔诗的名诗之一
英国伟大的自然歌手华兹华斯的代表作之一
西方诗歌中写景与抒情完美结合的典范

咏水仙 /［英国］华兹华斯

我好似一朵孤独的流云，
高高地飘游在山谷之上，
突然我看到一大片鲜花，

是金色的水仙遍地开放。
它们开在湖畔，开在树下，
它们随风嬉舞，随风飘荡。

它们密集如银河的星星，
像群星在闪烁一片晶莹；
它们沿着海湾向前伸展，
通往远方仿佛无穷无尽；
一眼看去就有千朵万朵，
万花摇首舞得多么高兴。

粼粼湖波也在近旁欢跳，
却不如这水仙舞得轻俏；
诗人遇见这快乐的旅伴，
又怎能不感到欢欣雀跃；
我久久凝视——却未领悟
这景象所给我的精神至宝。

后来多少次我郁郁独卧，
感到百无聊赖心灵空漠；
这景象便在脑海中闪现，
多少次安慰过我的寂寞；
我的心又随水仙跳起舞来，
我的心又重新充满了欢乐。

·作者简介·

华兹华斯（1770～1850），19世纪英国著名的湖畔诗人，英国浪漫主义诗歌的奠基者。出生在英格兰西北部的湖区。1791年毕业于剑桥大学。曾参与法国大革命活动，但革命后的混乱景象使诗人的心灵大为受伤。1798年诗人和柯勒律治共同出版了《抒情歌谣集》，一举成名。1813年，诗人成为政府官员，诗情逐渐枯竭。诗人晚年被授予“桂冠诗人”的称号。诗人一生创作甚富，作品除上面提到的外，还有《丁登寺》、《孤独的收割人》、《致杜鹃》等。

华兹华斯像

⊙作品赏析

这首诗写于诗人从法国回来不久。诗人带着对自由的向往去了法国，参加一些革命活动。但法国革命没有给他带来预期的结果，随之而来的是混乱。诗人的失望和所受的打击是可想而知的，后在他的妹妹和朋友的帮助下，情绪才得以艰难地恢复。这首诗就写于诗人的心情平静之后不久。

在诗的开头，诗人将自己比喻为一朵孤独的流云，孤单地在高高的天空飘荡。孤傲的诗人发现了一大片金色的水仙，它们欢快地遍地开放。在诗人的心中，水仙已经不是一种植物了，而是一种象征，代表了一种灵魂，代表了一种精神。水仙很多，如天上的星星，都在闪烁。水仙似乎是动的，沿着弯曲的海岸线向前方伸展。诗人为有这样的旅伴而欢欣鼓舞，欢呼跳跃。在诗人的心中，水仙代表了自然的精华，是自然心灵的美妙表现。但是，欢快的水仙并不能随时伴在诗人的身边，诗人离开了水仙，心中不时冒出忧郁孤寂的情绪。这时诗人写出了一种对社会、世界的感受：那高傲、纯洁的灵魂在现实的世界只能郁郁寡欢。当然，诗人脑海的深处会不时浮现水仙那美妙的景象，这时的诗人又情绪振奋，欢欣鼓舞。

诗歌的基调是浪漫的，同时带着浓烈的象征主义色彩。可以说，诗人的一生只在自然中找到了精神的寄托。而那平静、欢欣的水仙就是诗人自己的象征，在诗中，诗人的心灵和水仙的景象融合了。这首诗虽然是在咏水仙，但同时也是诗人自己心灵的抒发和感情的外化。

去国行 /［英国］拜伦

入选理由
英国浪漫主义诗人拜伦的名诗之一
被译成多国文字，流传广泛
中国诗人苏曼殊为其改名并推荐入中国

一

别了，别了！故国的海岸
　消失在海水尽头；
汹涛狂啸，晚风悲叹，
　海鸥也惊叫不休。
海上的红日径自西斜，
　我的船扬帆直追；
向太阳、向你暂时告别，
　我的故乡呵，再会！

二

不几时，太阳又会出来，
　又开始新的一天；
我又会招呼蓝天、碧海，
　却难觅我的家园。
华美的宅第已荒无人影，
　炉灶里火灭烟消；
墙垣上野草密密丛生，
　爱犬在门边哀叫。

三

“过来，过来，我的小书童！
　你怎么伤心痛哭？
你是怕大海浪涛汹涌，
　还是怕狂风震怒？
别哭了，快把眼泪擦干；
　这条船又快又牢靠：
咱们家最快的猎鹰也难
　飞得像这般轻巧。”

四

“风只管吼叫，浪只管打来，
　我不怕惊风险浪；
可是，公子呵，您不必奇怪
　我为何这样悲伤；
只因我这次拜别了老父，
　又和我慈母分离，
离开了他们，我无亲无故，
　只有您——还有上帝。

五

“父亲祝福我平安吉利，
　没怎么怨天尤人；
母亲少不了唉声叹气，
　巴望到我回转家门。”
“得了，得了，我的小伙子！
　难怪你哭个没完；
若像你那样天真幼稚，
　我也会热泪不干。

六

“过来，过来，我的好伴当！
　你怎么苍白失色？
你是怕法国敌寇凶狂，
　还是怕暴风凶恶？”
“公子，您当我贪生怕死？
　我不是那种脓包；
是因为挂念家中的妻子，
　才这样苍白枯槁。”

七

“就在那湖边，离府上不远，
　住着我妻儿一家；
孩子要他爹，声声哭喊，
　叫我妻怎生回话？”
“得了，得了，我的好伙伴！

谁不知你的悲伤；
我的心性却轻浮冷淡，
一笑就去国离乡。”

八

谁会相信妻子或情妇
虚情假意的伤感？
两眼方才还滂沱如注，
又嫣然笑对新欢。
我不为眼前的危难而忧伤，
也不为旧情悲悼；
伤心的倒是：世上没一样
值得我珠泪轻抛。

九

如今我一身孤孤单单，
在茫茫大海飘流；
没有任何人把我牵念，
我何必为别人担忧？
我走后哀吠不休的爱犬
会跟上新的主子；
过不了多久，我若敢近前，
会把我咬个半死。

十

船儿呵，全靠你，疾驶如飞，
横跨那滔滔海浪；
任凭你送我到天南地北，
只莫回我的故乡。
我向你欢呼，苍茫的碧海！
当陆地来到眼前，
我就欢呼那石窟、荒埃！
我的故乡呵，再见！

⊙作品赏析

这首诗出自诗人著名的长诗《恰尔德·哈洛尔德游记》，是其中独立成章的一篇著名抒情诗。这首诗是拜伦受英国著名小说家司各特的一首小诗《晚安曲》的启发而写成的，又有人称之为《晚安曲》。1923年，离开祖国的中国诗人苏曼殊心忧祖国，心情沉重之余想起了这首诗，便将它译为《去国行》，诗名沿用至今。这首诗，是长诗的主人公恰尔德·哈洛尔德将要乘船离开英国海岸时所唱的歌曲。诗歌表现了诗人对祖国的深厚感情，也表达了诗人心中对社会现实的强烈不满，充满了强烈的浪漫主义精神和对自由的热切追求。

诗歌共分10节，3个部分。第一部分是前两节，主要描写海上的景色。诗的第二部分（3～7节），以问答的形式，逐步深入地表现了主人公对祖国的感情和看法，流露了主人公对故国深深的失望和怨恨之情。剩下的第三部分，起到了点题的作用。故国对主人公不再有任何值得伤心的事物：情人的悲泣转眼就会笑对新欢，家中的忠仆很快就会不认得自己。主人公独自一人，心无牵挂，在茫茫的大海上飘荡。主人公要奔往新的大陆，追求新的生活。故乡，再见！主人公在这

·作者简介·

拜伦（1788～1824），19世纪英国著名浪漫主义诗人。出身于贵族家庭。1805年入剑桥大学，接触到早期的浪漫主义诗歌。1809年开始在欧洲各地游历，期间写下著名的《恰尔德·哈洛尔德游记》前两章（后两章在瑞士完成）。1812年，他出席上议院，慷慨陈辞，抨击英国政府枪杀破坏机器的工人，指责政治黑暗，遭到英国政府的嫉恨。1816年，政府利用诗人离婚之机对他大加诽谤，诗人不得不离开祖国，取道瑞士前往意大利，在瑞士和雪莱相识，两人结下了深厚的友谊。期间，诗人写下了《普罗米修斯》、《锡庸的囚徒》。在意大利期间，诗人参加烧炭党人反对暴政的起义，同时写下了长诗《青铜时代》、《唐璜》等。1823年，诗人前往希腊参加希腊人民反抗土耳其侵略的战斗。次年，诗人在战场上感染伤寒，医治无效，献出了自己的生命。

拜伦像

样的呼喊中，毅然告别故乡，奔向自由的理想之邦。

这首诗在风格上有着典型的浪漫主义特征。诗中的主人公又何尝不是诗人自己，主人公的感情和看法又何尝不是诗人自己的感情和看法。诗中的主人公一定程度上已经成了“拜伦式的英雄”，他高傲孤寂，愤世嫉俗，对现实有深深的不满，强烈追求个人的精神自由。

拉马丁的代表作之一
法国浪漫主义感伤诗的经典之一
从一个侧面反映了19世纪法国知识分子的内心世界

秋 /［法国］拉马丁

你好，顶上还留有余绿的树林！
在草地上面纷纷飘散的黄叶！
你好，最后的良辰！自然的哀情
适合人的痛苦，使我眼目喜悦。

我顺着孤寂的小路沉思徜徉；
我喜爱再来最后一次看一看
这苍白的太阳，它的微弱的光
在我脚边勉强照进黑林里面。

是的，在自然奄奄一息的秋天，
我对它朦胧的神色更加爱好；
这是良朋永别，是死神要永远
封闭的嘴唇上的最后的微笑。

因此，虽哀恸一生消逝的希望，
虽准备离开这个人生的领域，
我依旧回头，露出羡慕的眼光，
看一看我未曾享受到的幸福。

大地，太阳，山谷，柔美的大自然，
我行将就木，还欠你一滴眼泪！
空气多么芬芳！晴光多么鲜妍！
在垂死者眼中，太阳显得多美！
这掺和着琼浆与胆汁的杯子，
如今我要把它喝得全部空空：
在我痛饮生命的酒杯的杯底，
也许还有一滴蜜遗留在其中！

也许美好的将来还给我保存
一种已经绝望的幸福的归宁！
也许众生中有我不知道的人
能了解我的心，跟我同声相应！
……
好花落时，向微风献出了香气；
这是它在告别太阳，告别生命：
我去了；我的灵魂，在弥留之际，
像发出一种和谐的凄凉之音。

·作者简介·

拉马丁（1790～1869），19世纪法国著名浪漫主义诗人。出生于贵族家庭。在宁静的乡村度过幼年，喜爱《圣经》和夏多布里昂等人的浪漫主义作品。在政治上坚持资产阶级自由主义立场，宣扬人道主义，向往宗法社会，提倡诗歌应为社会服务。1820年，他的第一部诗集《沉思集》发表。在诗中诗人歌颂爱情、死亡、自然和上帝，认为人生是失望和痛苦的根源，把希望寄托在已经消逝的事物和天堂的幻想上，或转向大自然寻求慰藉。诗人之后发表的《新沉思集》、《诗与宗教的和谐集》等作品，继续着这些主题，但日趋明朗的宗教信念冲淡了忧郁的氛围。拉马丁的诗歌多是感情的自然流露，给人以轻灵、飘逸的感觉，着重抒发内心的感受，语言朴素。《沉思集》被认为重新打开了法国抒情诗的源泉，为浪漫主义诗歌开辟了新天地。

拉马丁像

⊙作品赏析

拉马丁是19世纪早期法国浪漫主义诗人的重要人物之一，他一生中经历了多次感情生活的创伤，加上早期从贵族家庭的教育中承袭的宗教信仰，因此他一向认为人生含着无休止的痛苦与失望，而把希望寄托于彼岸世界的天堂，同时从自然中寻求慰藉。《秋》一诗较为集中地反映了拉马丁的这一思想。

诗歌叙述了即将告别人世的诗人对自然、人生的种种慨叹。诗的开头描摹了一个顶上留有余绿的树林，草地上飘散着黄叶的肃杀秋景，一下子将读者带入一个荒凉、感伤的氛围。在沉寂的林间小路上，诗人踟躅独行，沉思默想。即将辞别人世了，诗人的心情是灰暗的，在诗人眼中，太阳是那样的苍白无力，大地也奄奄一息。

然而诗人对自然、人生仍存有眷恋之意，诗人“虽哀恸一生的希望”，但仍“露出羡慕的眼光”，注视着大自然，享受自己以前未曾享受到的幸福。诗人要尽情地享受，要将生命的杯中掺和在一起的琼浆与胆汁喝个干净。诗人哀戚的心中升腾起淡淡的希望：美好的将来在等候着诗人——尽管那是一种绝望的幸福的归宁；芸芸众生中，有理解诗人的陌生人，他们与诗人同病相怜、同声相应。

拉马丁是法国历代诗人中借景抒情的高手。他的许多诗篇就是美丽的风景画，而且有着油画的灰调色彩。拉马丁写景诗中的空灵意境很像中国的山水画，那种“诗情画意”是任何西方风景画都不具备的。《秋》一诗突出地体现了拉马丁“寄情于景”的创作风格。通观全诗，笼罩着抑郁、悲凉、空灵的气氛，诗人的“沉思”又将读者带入一种飘逸的境界。诗的语言朴实，韵律和谐，朗朗上口；以“我”的口气抒发诗人的内心感受，增强了亲切感，从而引起读者的强烈共鸣。诗歌的情调虽然过于消极，但又着实优雅感人。

西风颂 / ［英国］雪莱

入选理由
- 英国及整个西方抒情诗中的杰作
- 英国浪漫主义诗人雪莱的代表作之一
- 西方具有进步思想、革命精神的名诗

一

哦，狂暴的西风，秋之生命的呼吸！
　　你无形，但枯死的落叶被你横扫，
有如鬼魅碰到了巫师，纷纷逃避：

黄的，黑的，灰的，红得像患肺痨，
　　呵，重染疫疠的一群：西风呵，是你
以车驾把有翼的种子催送到

黑暗的冬床上，它们就躺在那里，
　　像是墓中的死尸，冰冷，深藏，低贱，
直等到春天，你碧空的姊妹吹起

她的喇叭，在沉睡的大地上响遍，
　　（唤出嫩芽，像羊群一样，觅食空中）
将色和香充满了山峰和平原：

不羁的精灵呵，你无处不运行；
破坏者兼保护者：听吧，你且聆听！

二

没入你的急流，当高空一片混乱，
　　流云像大地的枯叶一样被撕扯
脱离天空和海洋的纠缠的枝干。

成为雨和电的使者：它们飘落
　　在你的磅礴之气的蔚蓝的波面，
有如狂女的飘扬的头发在闪烁，

从天穹最遥远而模糊的边沿
　　直抵九霄的中天，到处都在摇曳
欲来雷雨的卷发。对濒死的一年

你唱出了葬歌，而这密集的黑夜
　　将成为它广大墓陵的一座圆顶，
里面正有你的万钧之力在凝结；

那是你的浑然之气，从它会迸涌
黑色的雨，冰雹和火焰：哦，你听！

三

是你，你将蓝色的地中海唤醒，
　　而它曾经昏睡了一整个夏天，
被澄澈水流的回旋催眠入梦，

就在巴亚海湾的一个浮石岛边，
　　它梦见了古老的宫殿和楼阁
在水天辉映的波影里抖颤，

而且都生满青苔，开满花朵，
　　那芬芳真迷人欲醉！呵，为了给你
让一条路，大西洋的汹涌的浪波

把自己向两边劈开，而深在渊底
　　那海洋中的花草和泥污的森林

·作者简介·

雪莱（1792～1822），19世纪英国著名浪漫主义诗人。出生在一个古老而保守的贵族家庭。少年时在皇家的伊顿公学就读。1810年入牛津大学学习，开始追求民主自由。1811年，诗人因为写作哲学论文推理上帝的不存在，宣传无神论，被学校开除；也因此得罪父亲，离家独居。1812年，诗人偕同新婚的妻子赴爱尔兰参加反抗英国统治的斗争，遭到英国统治阶级的忌恨。1814年，诗人与妻子离婚，与玛丽小姐结合。英国当局趁机对诗人大加诽谤中伤，诗人愤然离开祖国，旅居意大利。1822年7月8日，诗人出海航行遭遇暴风雨，溺水而亡。诗人一生创作了大量优秀的抒情诗及政治诗，《致云雀》、《西风颂》、《自由颂》、《解放了的普罗米修斯》、《暴政的假面游行》等诗都一直为人们传唱不衰。

雪莱像

虽然枝叶扶疏，却没有精力；

听到你的声音，它们已吓得发青：
一边战栗，一边自动萎缩：哦，你听！

四

唉，假如我是一片枯叶被你浮起，
　　假如我是能和你飞跑的云雾，
是一个波浪，和你的威力同喘息

假如我分有你的脉搏，仅仅不如
　　你那么自由，哦，无法约束的生命！
假如我能像在少年时，凌风而舞

便成了你的伴侣，悠游天空
　　（因为呵，那时候，要想追你上云霄，

似乎并非梦幻），我就不致像如今

这样焦躁地要和你争相祈祷。

哦，举起我吧，当我是水波、树叶、浮云！

我跌在生活底荆棘上，我流血了！

这被岁月的重轭所制服的生命

原是和你一样：骄傲、轻捷而不驯。

五

把我当做你的竖琴吧，有如树林：

尽管我的叶落了，那有什么关系！

你巨大的合奏所振起的乐音

将染有树林和我的深邃的秋意：

虽忧伤而甜蜜。呵，但愿你给予我

狂暴的精神！奋勇者呵，让我们合一！

请把我枯死的思想向世界吹落，

让它像枯叶一样促成新的生命！

哦，请听从这一篇符咒似的诗歌，

就把我的话语，像是灰烬和火星

从还未熄灭的炉火向人间播散！

让预言的喇叭通过我的嘴唇

把昏睡的大地唤醒吧！要是冬天

已经来了，西风呵，春日怎能遥远？

⊙作品赏析

《西风颂》是雪莱“三大颂”诗歌中的一首，写于1819年。这时诗人正旅居意大利，处于创作的高峰期。这首诗可以说是诗人“骄傲、轻捷而不驯的灵魂”的自白，是时代精神的写照。诗人凭借自己的诗才，借助自然的精灵让自己的生命与鼓荡的西风相呼相应，用气势恢宏的篇章唱出了生命的旋律和心灵的狂舞。

诗共分5节，前3节写“西风”。那狂烈的西风，它的威力可以将一切腐朽的生命扯碎，天空在它的呼啸中战栗着。看吧！那狂暴犹如狂女的头发，在天地间摇曳，布满整个宇宙；那黑夜中浓浓的无边际的神秘，是西风力量的凝结；那黑色的雨、冰雹和火焰是它的帮手。这力量足以打破一切。

在秋天，西风狂暴地将陈腐的生命吹去，以横扫千军之势除去没有生机的枯叶，吹去那痨病似的生命。然而，它没有残杀一粒生命。它要将种子放进冬天深深的心中，在那里生根发芽，埋下春的信息。然后，西风吹响春的号角，让碧绿、香气布满大地，让它们随着西风运行的足迹四处传播。经过西风的破坏和培育，生命在旺盛地生长；那景象、那迷人的芳香在迅速地蔓延着，那污浊的、残破的东西已奄奄一息，在海底战栗着。

诗人用优美而蓬勃的想象写出了西风的形象。那气势恢宏的诗句，强烈撼人的激情把西风的狂烈、急于扫除旧世界创造新世界的形象展现在人们面前。诗中比喻奇特，形象鲜明，枯叶的腐朽、狂女的头发、黑色的雨、夜的世界无不深深地震撼着人们的心灵。

诗歌的后两段写诗人与西风的应和。“我跌在生活底荆棘上，我流血了！”这令人心碎的诗句道出了诗人不羁心灵的创伤。尽管如此，诗人愿意被西风吹拂，愿意自己即将逝去的生命在被撕碎的瞬间感受到西风的精神，西风的气息；诗人愿奉献自己的一切，为即将到来的春天奉献。在诗的结尾，诗人以预言家的口吻高喊：

“要是冬天已经来了，西风呵，春日怎能遥远？”

这里，西风已经成了一种象征，它是一种无处不在的宇宙精神，一种打破旧世界，追求新世界的西风精神。诗人以西风自喻，表达了自己对生活的信念和向旧世界宣战的决心。

夜莺颂 /［英国］济慈

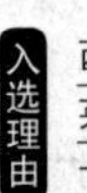

西方诗歌史上的不朽杰作
英国浪漫义诗人济慈的代表作
一首凄美动人的爱情和生命的挽歌

我的心在痛，困顿和麻木
刺进了感官，有如饮过毒鸩，
又像是刚刚把鸦片吞服，
于是向着列溪忘川下沉：
并不是我嫉妒你的好运，
而是你的快乐使我太欢欣——
因为在林间嘹亮的天地里，
你呵，轻翅的仙灵，
你躲进山毛榉的葱绿和阴影，
放开歌喉，歌唱着夏季。

哎，要是有一口酒！那冷藏
在地下多年的清醇饮料，
一尝就令人想起绿色之邦，
想起花神，恋歌，阳光和舞蹈！
要是有一杯南国的温暖，
充满了鲜红的灵感之泉，
杯沿明灭着珍珠的泡沫，
给嘴唇染上紫斑；
哦，我要一饮而离开尘寰，
和你同去幽暗的林中隐没：

远远地、远远隐没，让我忘掉
你在树叶间从不知道的一切，
忘记这疲劳、热病和焦躁，
这使人对坐而悲叹的世界；
在这里，青春苍白、消瘦、死亡，
而“瘫痪”有几根白发在摇摆；
在这里，稍一思索就充满了
忧伤和灰色的绝望，
而“美”保持不住明眸的光彩，
新生的爱情活不到明天就枯凋。

去吧！去吧！我要朝你飞去，
不用和酒神坐文豹的车驾，
我要展开诗歌底无形羽翼，
尽管这头脑已经困顿、疲乏；
去了！呵，我已经和你同往！
夜这般温柔，月后正登上宝座，
周围是侍卫她的一群星星；
但这儿却不甚明亮，
除了有一线天光，被微风带过，
葱绿的幽暗，和苔藓的曲径。

我看不出是哪种花草在脚旁，
什么清香的花挂在树枝上；
在温馨的幽暗里，我只能猜想
这个时令该把哪种芬芳
赋予这果树，林莽，和草丛，
这白枳花，和田野的玫瑰，
这绿叶堆中易谢的紫罗兰，
还有五月中旬的娇宠，
这缀满了露酒的麝香蔷薇，
它成了夏夜蚊蚋的嗡萦的港湾。

我在黑暗里倾听：呵，多少次
我几乎爱上了静谧的死亡，
我在诗思里用尽了好的言辞，
求他把我的一息散入空茫；
而现在，哦，死更是多么富丽：
在午夜里溘然魂离人间，
当你正倾泻着你的心怀，
发出这般的狂喜！
你仍将歌唱，但我却不再听见——
你的葬歌只能唱给泥草一块。

永生的鸟呵，你不会死去！
饥饿的世代无法将你蹂躏；
今夜，我偶然听到的歌曲
曾使古代的帝王和村夫喜悦；
或许这同样的歌也曾激荡
露丝忧郁的心，使她不禁落泪，
站在异邦的谷田里想着家；
就是这声音常常
在失掉了的仙域里引动窗扉：
一个美女望着大海险恶的浪花。

呵，失掉了！这句话好比一声钟
使我猛醒到我站脚的地方！
别了！幻想，这骗人的妖童，
不能老耍弄它盛传的伎俩。
别了！别了！你怨诉的歌声
流过草坪，越过幽静的溪水，
溜上山坡；而此时，它正深深
埋在附近的溪谷中：
噫，这是个幻觉，还是梦寐？
那歌声去了：——我是睡？是醒？

·作者简介·

济慈（1795～1821），19世纪英国著名浪漫主义诗人。生于伦敦一个马夫家庭。由于家境贫困，诗人不满16岁就离校学医，当学徒。1816年，他弃医从文，开始诗歌创作。1817年诗人出版第一本诗集。1818年，他根据古希腊美丽神话写成的《安狄米恩》问世。此后诗人进入诗歌创作的鼎盛时期，先后完成了《伊莎贝拉》、《圣亚尼节前夜》、《许佩里恩》等著名长诗，还有最脍炙人口的《夜莺颂》、《希腊古瓮颂》、《秋赋》等诗歌。也是在1818年，诗人爱上了范妮·布恩小姐，同时诗人的身体状况开始恶化。在痛苦、贫困和甜蜜交织的状况下，诗人写下了大量的著名诗篇。1821年，诗人前往意大利休养，不久病情加重，年仅25岁就离开了人世。

济慈像

⊙作品赏析

1818年，济慈23岁。那年，诗人患上了肺痨，同时诗人还处于和范妮·布恩小姐的热恋中。正如诗人自己说的，他常常想的两件事就是爱情的甜蜜和自己死去的时间。在这样的情况下，诗人情绪激昂，心中充满着悲愤和对生命的渴望。在一个深沉的夜晚，在浓密的树枝下，在鸟儿嘹亮的歌声中，诗人一口气写下了这首8节80多行的《夜莺颂》。

相传，夜莺会死在月圆的晚上。在凄美而朦胧的月光中，夜莺会飞上最高的玫瑰枝，将玫瑰刺深深地刺进自己的胸膛，然后发出高亢的声音，大声歌唱，直到心中的血流尽，将花枝上的玫瑰染红。诗的题目虽然是“夜莺颂”，但是，诗中基本上没有直接描写夜莺的词，诗人主要是想借助夜莺这个美丽的形象来抒发自己的感情。

诗人的心是困顿和麻木的，又在那样的浊世。这时候诗人听到了夜莺的嘹亮歌唱，如同令人振奋的神灵的呼声。诗人的心被这样的歌声感染着，诗人的心同样也为现实的污浊沉重打击着。诗人向往那森林繁茂，树阴斑驳、夜莺欢唱的世界。他渴望饮下美妙的醇香美酒，愿意在这样的世界里隐没，愿意舍弃自己困顿、疲乏和痛苦的身体，诗人更愿意离开这污浊的社会。这是一个麻木的现实，人们没有思想，因为任何的思索都会带来灰色的记忆和忧伤的眼神。诗人听着夜莺曼妙的歌声，不再感觉到自己身体的存在，早已魂离人间。

夜色温柔地向四方扩散，月亮悄悄地爬上枝头，但林中仍然幽暗昏沉；微风轻吹，带领着诗人通过暗绿色的长廊和幽微的曲径。曲径通幽，诗人仿佛来到了更加美妙的世界，花朵错落有致地开放着，装点着香气弥漫的五月。诗人并不知道这些花的名称，但诗人靠着心灵的启发，靠着夜莺的指引，感受着深沉而宁静的世界。诗人沉醉在这样的世界里，渴望着生命的终结，盼着夜莺带着自己在这样的世界里常驻。

这样的歌声将永生，这样的歌声已经在过去，在富丽堂皇的宫殿，在农民的茅屋上唱了很多年。这样的歌声仍将唱下去，流过草坪和田野，在污浊的人世唤醒沉睡的人们。诗人深深陶醉在这如梦如幻的境界中，全然不知道自己是在睡着还是在醒着。

诗歌具有强烈的浪漫主义特色，用美丽的比喻和一泻千里的流利语言表达了诗人心中强烈的思想感情和对自由世界的深深向往。从这首诗中，我们能很好体会到后人的评论：英国浪漫主义诗歌在济慈那里达到了完美。

入选理由

德国大诗人海涅的抒情名诗之一

具有神话色彩的爱情名诗

被许多作曲家谱成曲子，流传世界各国

罗蕾莱 / [德国] 海涅

我不知道是何缘故，
我是这样的悲伤；
一个古老的传说，
萦回脑际不能相忘。

凉气袭人天色将暮，
莱茵河水静静北归；
群峰侍立，
璀璨于晚霞落晖。
那绝美的少女，
端坐云间，
她金裹银饰，
正梳理着她的金发灿灿。

她用金色的梳子梳着，
一边轻吟浅唱；
那歌声曼妙无比，
中人如痴如狂。

小舟中的舟子
痛苦难当；
他无视岩岸礁石，
只顾举首伫望。

嗳，波浪不久
就要吞没他的人和桨；

·作者简介·

海涅（1797～1856），19世纪德国伟大的诗人。出生于一个贫穷的犹太人家庭，这使得他从童年起就接受了自由、民主的启蒙思想。自1819起，诗人在叔父的资助下先后在波恩大学、柏林大学、哥廷根大学等学校学习；1825年，获得法律博士学位。期间，诗人开始了诗歌创作，后汇集为《诗歌集》。但同时他的进步思想也受到了普鲁士王国的压制。1824～1828年，诗人在国内和意大利等地游历，同时写有散文集《哈尔茨山游记》等。1831年，诗人因向往法国的“七月革命”离开祖国，在法国流亡，除两次短暂回国外，一直侨居在巴黎，和巴尔扎克、肖邦等文艺界的大师交往甚密。此外，诗人密切关注祖国的发展，积极向祖国的报刊杂志供稿，介绍法国的革命形势。1843年10月，诗人和马克思相识，两人结下了深厚的友谊。此后他的思想更接近觉醒的工人阶级，创作出很多著名的政治抒情诗，如长诗《德国——一个冬天的童话》、《等着吧》等。1848年，席卷欧洲的革命失败，诗人的健康也开始恶化，这些使诗人陷入苦闷之中。1856年，诗人病逝于巴黎。

海涅像

这都是罗蕾莱
又用歌声在干她的勾当。

⊙作品赏析

《罗蕾莱》选自海涅的《新诗集》中的《还乡集》，写于1823年。诗歌原来没有标题，《罗蕾莱》是后人加上去的。

罗蕾莱是德国莱茵河畔100多米高的一块岩石，德国浪漫主义诗人布伦坦诺曾写了一篇名为《罗蕾莱》的叙事诗，诗中编造了一个关于魔女罗蕾莱的故事。罗蕾莱美丽娴雅、温柔妩媚，无数男子在她手中送了命，当地主教不忍对她判刑，于是派3位骑士送她去修道院忏悔修行。途中，罗蕾莱登上莱茵河畔的岩石，见到河中小舟，认定舟中的人是负心的情人而一跃入江，3位骑士也死于非命。这个美丽的传说引发了当时许多浪漫主义诗人的诗兴，他们写下了许多以之为题材的诗作，其中以海涅的这首诗最为著名。

诗的第一段开始就把主人公的忧伤情绪点明，而忧伤又与那古老的传说有关，这就引起读者探知那古老的传说的兴趣，从而奠定了诗的气氛。第二段开始转为对传说的叙述。起初以写景为主，夕阳西沉，暮色苍茫，莱茵河水在静静地流淌，群峰在晚霞中默默耸立。这一段景物的描写不以真切细致取胜，而着重于气氛的渲染，也借景点出故事的时间和地点，而后逐渐将读者引入传说的故事中去，从现实世界逐渐进入神话世界。山峰和夕阳仿佛自然变形成为绝色少女，那金发金饰金梳着重表现落日余晖的灿烂绮丽色彩。诗的主人公在想象中好似见到了少女，她梳头的动作自然优美，歌声曼妙动人。那举止和歌声充满着诱惑，招引着过往行人。于是读者的目光被诗人从山峰上的美女引向江河中的痴情舟子，他被声的美妙和光的灿烂击中了，不顾危险只知伫望。第二段到第五段是神话世界。第六段诗的主人公又出现了，他虽已从故事中走出来，却还摆脱不了故事中的气氛，他为即将没顶的舟子担心。最后点出祸事的根源，原来他疑心那就是水妖罗蕾莱在作怪。

诗的结构严谨，第一段和最后一段紧紧相扣，中间四段叙事悬宕，引人入胜，语言优美，韵律流畅自然。加之诗人在诗中融入了自己的真切感情，因而这首诗有着极大的魅力，深受人们的喜爱。这首诗后来被许多作曲家谱成曲子，以西尔歇尔的曲子流传最广，成为民歌，至今仍为欧洲各国人民所喜爱。

假如生活欺骗了你 / [俄国] 普希金

俄罗斯诗歌之父普希金的代表作之一
表达了一种困难境地中乐观向上的积极人生态度
被译成多国文字，影响深远

假如生活欺骗了你，
不要忧郁，也不要愤慨！
不顺心时暂且克制自己，
相信吧，快乐之日就会到来。

我们的心儿憧憬着未来，
现今总是令人悲哀：
一切都是暂时的，转瞬即逝，
而那逝去的将变为可爱。

⊙作品赏析

这首诗是普希金1825年题在他的一个女朋友——叶·沃尔夫的纪念册上的。诗人曾提前把要和丹特士决斗的事告诉她，由此可见二人友谊之深。诗人的这首题赠诗后来不胫而走，成为诗人广为流传的作品。

这是一首哲理抒情诗。诗人以普普通通的句子，通过自己真真切切的生活感受，向女友提出了劝慰。诗的开头是一个假设，这假设会深深伤害人们，足以使脆弱的人们丧失生活的信心，足以使那些不够坚强的人面临“灾难”。那的确是个很糟糕的事情，但诗人并不因为这而消沉、逃避和心情忧郁，不会因为被生活欺骗而去愤慨，做出出格的事情。诗人的方法是克制和坚强的努力。诗人主张：“相信吧，快乐之日就会到来。”

诗人在诗中提出了一种生活观，面向未来的生活观。我们的心儿要憧憬着未来，尽管现实的世界可能是令人悲哀的，我们可能感受到被欺骗，但这是暂时的。我们不会停留在这儿，不会就在这儿止步，我们有美丽的未来。当我们在春风和煦的日子里，在和朋友共享欢乐的时候，我们再细细品味这曾经令人悲哀的现实生活，我们就会有一种自豪、充实、丰富的人生感受，“那逝去的将变为可爱”。

诗人就用这种面向未来的积极生活观，给女友以鼓励。同样，诗人也用这种生活观以自勉。诗人生活在法国大革命的精神在欧洲大陆产生广泛影响的时代。那时的俄国，一方面处于沙皇暴政的统治下，另一方面，人民的自由意识大大觉醒，起义和反抗此起彼伏。诗人出身贵族，有着强烈的自由民主意识。这些注定了诗人的生活会充满暗礁、漩涡、险滩和坎坷不平。诗人在面对困苦时坚定自己对生活的信心，诗人就靠这信心去战胜一个又一个暴力的压迫。

诗人对生活的假设，引起了很多人的共鸣，说出了很多人的生活感受。正是这种生活观，这种对人生的信心，这种面对坎坷的坚强和勇敢使得这首诗流传久远。

·作者简介·

普希金（1799～1837），俄罗斯文学之父，俄罗斯现实主义文学的奠基人。出生于一个贵族家庭。1811年进入贵族子弟学校——皇村学校学习，因写诗反对暴君政治，于1820年被流放到南俄，期间他同当时的反对沙皇的十二月党人联系密切。1824年，诗人因与南俄的总督发生冲突，被放逐到其父亲的领地，不准参加社会活动。同年诗人写下著名的历史剧《鲍利斯·戈都诺夫》，但这出深受人民欢迎的戏剧遭到禁演。1826年刚上台的沙皇为收买人心，召普希金入外交部任职。但诗人早已看清了沙皇的真面目，尽管接受了职务，但是并没有为沙皇收买。1831年，诗人和19岁的娜·尼·冈察洛娃结婚，随后迁居彼得堡，但家庭生活并不愉快。1837年，因法国公使馆的丹特士男爵调戏诗人的妻子，诗人决定和他决斗，在2月8日的决斗中，被子弹击中心脏，两天后去世。据说，这次调戏是沙皇指使的。诗人一生创作颇丰，除上面提到的历史剧和早期的浪漫主义诗作《致恰达耶夫》、《囚徒》等外，诗人还创作了《叶甫盖尼·奥涅金》、《驿站长》、《上尉的女儿》等著名作品。

普希金像

诗人走在田野上 /［法国］雨果

法国浪漫主义诗人雨果的名诗之一

诗中人与自然合一的思想奠定了法国后期诗风的基调

辞藻华丽，修饰和比喻层叠出现，意象繁丰

诗人走到田野上；他欣赏，
他赞美，他在倾听内心的竖琴声。
看见他来了，花朵，各种各样的花朵，
那些使红宝石黯然失色的花朵，
那些甚至胜过孔雀开屏的花朵，
金色的小花，蓝色的小花，
为了欢迎他，都摇晃着她们的花束，
有的微微向他行礼，有的做出娇媚的姿态，
因为这样符合美人的身份，她们
亲昵地说：“瞧，我们的情人走过来了！”
而那些生活在树林里的葱茏的大树，
充满着阳光和阴影，嗓子变得沙哑，
所有这些老头，紫杉，菩提树，枫树，

满脸皱纹的柳树，年高德劭的橡树，
长着黑枝杈，披着藓苔的榆树，
就像神学者们见到经典保管者那样，
向他行着大礼，并且一躬到底地垂下

他们长满树叶的头颅和常春藤的胡子，
他们观看着他额上宁静的光辉，
低声窃窃私语：“是他！是这个幻想家来了！”

⊙作品赏析

这首诗写于1831年夏天。这时的法国刚刚取得“七月革命”的胜利，全国处在一片欢腾之中，诗人毫无疑问受到了很大的感染。而诗人创作的浪漫主义名剧《欧那尼》也一炮走红，在与保守的古典主义的斗争中取得了胜利。诗人心情激奋，意气风发。

这首诗主要是诗人自己的思想表达。在诗中，雨果用自己的“英雄风姿”和“富丽堂皇的辞藻”表达了自己心中对自然界生命和诗人智慧的赞美和歌颂。田野是自然的象征和生命活动的美丽场所。诗人来了，带着一种赞赏的目光，带着一颗热爱万物的心。在诗人的心中，有美妙的音乐在流动着，在倾吐着。田野里的花木似乎也受到了诗人情绪的感染，它们摇首挥手，向诗人致意，欢迎诗人的到来。看那花，鲜红得足以使红宝石都失去光彩，层层叠叠的花瓣使开了屏的孔雀难以与其媲美。再看那些树，苍翠欲滴，繁密的树叶在阳光映照下容光焕发，在风的伴唱中婆娑起舞。紫杉、橡树、榆树等高大的形象代表着各式的德行和各样的高尚。这些在诗人的眼中出现，在诗人的心中播种着美好的东西。

诗人正是在它们的欢欣中，在它们的欢迎中写出了他的伟大智慧。那花的舞蹈是为了诗人的到来，那高大和茂密的树在低声私语，赞美大自然的精灵和诗人的心灵。在花的心中，诗人能作为情人，因为诗人的心有着花一样的美丽；在树的眼中，诗人有着最神奇的想象力，幻想在诗人的心中飞翔，可以化为一首首赞歌。

这首诗集中体现了诗人诗歌的特点和风格。诗歌辞藻华丽，修饰和比喻层叠出现，意象繁丰而不乱，充实而略显雕琢。拟人手法的使用更是恰到好处，准确到位地写出了诗人与自然之间一定层次上的融合。诗中正是通过这些表现手法写出了诗人的浪漫主义思想，表现了浪漫主义诗歌的典型特点。诗歌表面上是在描写和赞美大自然，事实上是在表达诗人心中的思想，表达了诗人心中的感情和诗人崇高而优美的心灵。诗人正是以这种华美清丽、热烈奔放的诗风奠定了法国浪漫主义诗歌的主流风格，同时，诗中表现的人与自然合一的思想也影响到了法国后来的诗歌风格。

十四行情诗 /［英国］勃朗宁夫人

西方早期著名的爱情诗之一
勃朗宁夫人的名诗之一
具有明显的浪漫主义色彩

我捧起我沉重的心，肃穆庄严，
如同当年厄雷特拉捧着尸灰瓮，
我望着你的双眼，把所有灰烬
把所有灰烬倒在你的脚边。你看吧，你看
我心中埋藏的哀愁堆成了山，
而这惨淡的灰里却有火星在烧，
隐隐透出红光闪闪。如果你的脚
鄙夷地把它踩熄，踩成一片黑暗，
那也许倒更好。可是你却偏爱

守在我身边，等一阵清风
把死灰重新吹燃，啊，我的爱！
你头上虽有桂冠为屏，难保证
这场火烧起来不把你的金发烧坏，
你可别靠近！站远点儿吧，请！

⊙作品赏析

这首诗是勃朗宁夫人著名的《葡萄牙十四行诗》中的一首。这部十四行诗集共有44首，抒发了诗人在和爱人的恋爱过程中的感受。这首诗是其中的第五首，写于诗人恋爱的早期。其时诗人渴望独立坚强的爱情，同时因为自己的身体残疾又对爱情心怀犹疑。

诗人的心是沉重的，带着深深的忧郁，带着沉重的担心。因为她的心中堆着厚厚的哀愁。这重重的哀愁积聚在诗人的心头，如死灰一样灰暗，没有生气。诗人捧着自己的心如同厄雷特拉在捧着一只尸灰瓮。诗人愿意将自己的心抛给爱人，将心底的死灰全部地倒在爱人的脚下，任由爱人踩踏。然而，这样的死灰中竟冒出一点火星，那一点火星只要有一丝清风的吹拂就足以让死灰复燃。这死寂的灰中还有生命的呼喊，还有爱情的气息。诗人不在乎爱人将这一点火星踩熄，不在乎爱人将这爱的气息关闭。诗人愿意自己来承担爱的痛苦。诗人不愿意要依附对方和作为累赘的爱情；如果是那样的爱情，她宁愿舍弃，然后独自承担失恋的痛苦。

然而，爱人是坚定的，愿意守在诗人的身旁，愿意给诗人的心带来生机。爱人愿意做一阵清风，哪怕这清风吹起的是一场大火，哪怕这样的大火会烧坏自己的金发。诗人的爱情，那心中一直压抑的热烈情感，那死灰下面隐藏的一点火红因此更加奔放和大胆，似乎瞬间就有燎原之势。在诗的结尾，诗人用俏皮的话语将心中假装的焦急和愤怒，心中潜藏的幸福和笑意活灵活现地表现了出来。

诗歌受当时流行的浪漫主义的深刻影响，具有明显的浪漫主义色彩。诗人的心灵在诗中倾诉；每一个意象和动作都指向诗人的心灵，强烈地表达了诗人的自我意识。比喻和用典都巧妙异常，将心中的微妙心情表达得淋漓尽致。诗的结尾，具有诗人所独具的风趣和戏剧性的对白，很好地表达了诗人心灵中潜藏的乐观情绪，表现了诗人独特的敏锐情感和诗歌表现手法。

·作者简介·

勃朗宁夫人（1805～1861），19世纪英国女诗人。出生在一个贵族家庭，自小受到良好的教育。诗人15岁时不慎坠马，两腿受伤，此后长期卧床生活。期间诗人开始创作诗歌，到1844年，她已成为英国诗坛上的明星。1846年，年轻的勃朗宁因倾慕诗人的诗才开始疯狂追求她，诗人经历了多次的彷徨之后最后答应了年轻人的求婚，但遭到家中的反对。诗人后来将自己在这段恋爱中的心情写成诗歌，就是后来结集的《葡萄牙十四行诗》。1846年，诗人与勃朗宁一起搬迁到意大利定居，不久结婚。在意大利，诗人病了近30年的双腿在丈夫的悉心料理下竟奇迹般地康复了。1861年，诗人走完了其充满不幸和奇迹的一生。除了著名的情诗集外，诗人还有一些儿童诗和抒情诗较为出名。

勃朗宁夫人像

横越大海 /［英国］丁尼生

英国“桂冠诗人”丁尼生的名诗之一
一曲感人至深的缅怀故友的心灵弹唱
在西方流传广泛

夕阳西下，金星高照，
　好一声清脆的召唤！
但愿海浪不呜呜咽咽，

我将越大海而远行；

流动的海水仿佛睡了，
　再没有涛声和浪花，
海水从无底的深渊涌来，
　却又转回了老家。

这场火烧起来不把你的金发烧坏，
你可别靠近！站远点儿吧，请！

黄昏的光芒，晚祷的钟声，
　随后是一片漆黑！
但愿没有道别的悲哀，
　在我上船的时刻；

虽说洪水会把我带走，
　远离时空的范围，
我盼望见到我的舵手，
　当我横越了大海。

⊙作品赏析

这首诗出自诗人的诗集《悼念集》，为诗人的名诗之一。诗人想借这首诗表达自己对逝去挚友的怀念和那种怀念的痛苦。诗人在沉痛的怀念中，意欲乘船横越大海，去寻找挚友。但诗人又并不局限于此，而是超越了平常的思念之情，在诗中写出了对人类心灵的思考。

诗人静立海岸，面对大海。尽管在海的深处有呜呜咽咽的悲吟，大海的表情却是一片寂静。诗人昂起头，看到了灿烂的夕阳，“金星高照”。诗人仿佛听到了一声召唤，“清脆的召唤”。

诗人要远行了。就在这个时刻，诗人将远行的时刻，诗人看到了“黄昏的光芒”，听到了“晚祷的钟声”。那略带暗淡色彩的夕阳，衬着那教堂的钟声，幽幽邈邈的。是天堂的胜景，还是人间美妙的风光？黑夜即将来临，容不得诗人思索，诗人只能藏起曾经的悲哀，在悲哀的回忆中上船。在沉痛的回忆中，诗人的心如同那海水一样：尽管有着汹涌澎湃的激情，有着涵盖宇宙的梦想，但是为了失去的友人或者前辈的安息，为了平静美好的未来，诗人宁愿承受一切悲哀和痛苦；诗人沉默而冷静地站着，思索着即将到来的远行。

海水在“无底的深渊”中涌来涌去，但它们可以转回老家。诗人呢？可能面对的是洪水，无情卷走一切的洪水；可能诗人的前面不再有时空，一片混沌。但是诗人是满怀豪情的，是踌躇满志、信心百倍的。在诗的结尾，诗人说道“我盼望见到我的舵手”。

·作者简介·

丁尼生（1809～1892），英国维多利亚时期的“桂冠诗人”。生于一个牧师家庭，在很小的时候就显示出过人的诗才，15岁时就与两个哥哥共同发表了《兄弟诗集》。1828年进剑桥大学读书，一改内向寡言的性格，加入诗歌俱乐部，积极参加诗歌活动。1829年，诗人的短诗获得了剑桥大学颁发的金质奖章。然而，诗人的人生并没因此一帆风顺。1831年，诗人因父亲去世放弃了剑桥的学业。1832年，诗人的《诗集》出版，遭到了评论界的极尽挖苦和攻击。1833年，已与诗人的姐姐订婚的挚友又突患绝症，离开了人世。诗人不堪悲痛，只以写诗来慰藉自己的灵魂。1850年，诗人出版了花费17年时间写成的《悼念集》，轰动了整个诗坛。同年，诗人和相恋15年之久的恋人结婚。随后，荣誉纷至沓来，诗人被人们众口一词封上了“桂冠诗人”的称号。晚年的诗人过着安闲的生活，还在上议院获得了一个席位。

丁尼生像

诗的风格是沉郁的。带着那种心灵的重负，诗人借助独特的韵律、恰当的比喻和象征，完美地唱出了心灵的忧伤和对挚友的深深怀念。从那比喻、象征中，我们能明显看出英国抒情诗的传统表现手法，即对大自然进行深度的挖掘，寻找贴切表现主观心灵的象征物。同时，诗中那独特的旋律又突破了英国诗歌的传统，拓展了英国诗歌的疆界。

致海伦 / [美国] 爱伦·坡

入选理由
爱伦·坡的代表作之一
一首典雅纯朴的美的赞歌
具有浓厚的古曲色彩、唯美情韵

你的美貌对于我，
　　就像古老的尼色安帆船，
它载着风尘仆仆疲惫的流浪汉，
　　悠悠荡漾在芳馨的海上，
驶向故乡的海岸。

你那紫蓝色的头发，古典的脸，
　　久久浮现在汹涌的海面，
你的仙女般的风姿，
　　把我引入昨日希腊的荣耀，
和往昔罗马的庄严。

嗨！我瞧你伫立在壁龛里，
　　英姿焕发，婷婷玉立，
手握一盏玛瑙灯。
　　啊，普赛克，
你从天国来。

·作者简介·

爱伦·坡（1809～1849），美国文学的奠基人之一，著名诗人、小说家。出生在波士顿的一个平民家庭，自小父母双亡，后被一个富豪的妻子收养。22岁时，诗人与自己的养父吵嘴，离“家”出走，独自谋生，同时开始创作诗歌。曾分别在1827年、1829年、1831年出版了3部诗集《帖木尔及其他》、《帖木尔及小诗》等。诗人还有大量的小说传世，这些小说是现代怪诞、推理和科幻小说的先驱。诗人一生都过着贫困的生活，靠艰苦的编辑和排版工作维持生计。据说其作品在生前只获得一次奖励，奖金也只有100美元。1849年，诗人病逝，年仅40岁。诗人死后，其作品渐渐得到了世人的承认，波德莱尔尊称他为“当代最强有力的作家”，其创作被认为奠定了美国本土文学的传统。

爱伦·坡像

⊙作品赏析

这首诗大约写于1824年，其时诗人才15岁。据说诗人童年时，一个邻居的母亲在诗人心中留下了深深的印象，给诗人孤单流浪的生活带来了些许安慰和精神支持。多年之后，那美丽、纯朴和慈爱的形象在诗人的想象中就化为了这首诗。

海伦的美像那古老的帆船，古典、优雅。这船在诗中代表了一种纯美——摆脱了具体物象的美丽，铅华尽去的美丽。一种历史感，一种古典的滋味在诗中慢慢地渲染起来了。这样的帆船，载着风尘仆仆的流浪汉——比如英雄的奥德修斯，比如追寻心灵世界的堂·吉诃德，比如尤利西斯——在微波荡漾的温馨海面上，在风景优美的人生路途中，驶向故乡的海岸，驶向心灵的港湾。

海伦好像出现在了诗人的眼前。那美丽的形象鲜明活泼，那风姿神采令人心驰神往。那紫蓝色的头发，透着神秘，带着零碎和华丽的装饰性。那样美丽的情景在大海上浮现，长久地停留。那样的情景也深深地印在了诗人的心中，在诗人的生活中久久地指引着诗人的灵魂。对于那美丽的海伦，诗人只能用最俗套的一个词来形容：仙女。她让诗人在历史的河流中沉思，在希腊、罗马的昔日荣耀和庄严中沉醉。

全诗音律和谐，具有音乐性的美，意境的使用和连接也新颖而流畅。另外，诗人追求彼岸世界、追求神圣境界的特点在这首诗中也表现得淋漓尽致。海伦，既是美的象征，也是诗人的追求。她象征着一个神圣境界，一种彼岸世界。全诗带着一种神圣的气氛，所使用的意象一定程度上都和神话有关。

哀愁 / [法国] 缪塞

入选理由
- 缪塞的代表作之一
- 法国浪漫主义感伤诗的经典之一
- 被译成多国文字，流传广泛

我失去力量和生气
也失去朋友和欢乐；
甚至失去那种使我
以天才自负的豪气。

当我认识真理之时，
我相信她是个朋友；
而在理解领会之后，
我已对她感到厌腻。

可是她却永远长存，
对她不加理会的人，
在世间就完全愚昧。

上帝垂询，必须禀告。
我留有的惟一至宝
乃是有时流过眼泪。

⊙作品赏析

缪塞是19世纪法国著名的浪漫主义诗人。作为一位卓越的抒情诗人，缪塞有着独特的情感经历。他感情丰富，青年时与当时法国著名的批判现实主义女作家乔治·桑相识，坠入情网。两人在一起相处了一段浪漫的时光，但不久乔治·桑抛弃了诗人，这给缪塞以很大的打击。这段曲折的感情经历诱发了诗人的创作灵感，诗人挥笔写下了许多优美的诗篇。短诗《哀愁》即是其中著名的一首，曾被广泛传诵。

爱情遭遇挫折，诗人的心情可想而知：忧郁、悲伤、消沉。诗人失去了生活的力量，变得无精打采，没有生气。就连平日要好的朋友也离开了诗人，诗人的心更加寂寞、孤独。诗人甚至怀疑，一向使自己自负的才气也消失了。诗人陷入极度感伤的境地，周围的一切对他来说是那样的黯淡、昏沉。

心情沉郁，对自然的一切也就毫无兴趣；甚

·作者简介·

缪塞（1810～1857），19世纪法国著名浪漫主义诗人。他的诗歌，形式考究，感情丰富，真切动人，有着深远的影响。除了诗歌外，缪塞还创作了不少戏剧和小说，发表过一些颇有影响的关于社会、政治和文学艺术的论文。

缪塞像

缪塞的文学活动是从参加以雨果为首的进步的浪漫主义团体“文社”开始的。他不仅是浪漫派中最有才华的诗人，其戏剧作品也大大促进了法国浪漫主义戏剧运动。他的小说在创建法国浪漫主义心理小说和为近代小说开辟道路方面，也起了不小的作用。虽然缪塞的戏剧和小说反映社会生活不够全面，但是却真实刻画了法国某些阶层的生活及心态，颇具时代色彩。特别是他描写的“世纪病”在今天看来，还可以感觉到当时某些人物的精神面貌，他们的彷徨与苦闷。他的主要戏剧作品有《罗伦扎西欧》、《反复无常的人》、《巴尔贝林》、《喀尔摩金》等。他的小说有《埃梅林》、《弗烈特立克和贝尔纳莱特》、《提善的儿子》，这3部小说可列入19世纪优秀爱情小说的行列。另一部《世纪儿忏悔录》以其动人的爱情故事和细腻的心理描写而成为缪塞的代表作。

至对于真理，诗人也觉得反感、厌倦。诗人说道，“当我认识真理之时，我相信她是个朋友”，而一旦对真理领会之后，诗人则觉得她平淡无味，如同嚼蜡。诗人的悲观情绪在此得到了极度表现。虽然如此，诗人脑中还保持着一份清醒：真理是永存的，是经历了时间和实践考验的，是正确无误的。诗人心中还存留一点微弱的希望之火。在人世间找不到知音，诗人只得将目光投向天空，向那位缥缈的上帝诉说心中的哀愁。而这时与诗人相伴的，能给诗人带来些许安慰的，是诗人眼中所流的泪水。

诗的格调是感伤沉郁的，诗人没有运用深奥的象征手法去营造抽象的意境，而是借助简白晓畅的语言，一泻无遗地唱出了自己心灵的忧伤。对于今天的读者，这首诗的消极灰暗色调可能引不起读者的共鸣，但由于诗歌真切流露了诗人的感情，因而丝毫不显得空洞、造作。缪塞对于抒情诗的创作，主张“言为心声”，反对无病呻吟，他曾说过：“诗句虽是手写出的，说话的却是心。”这首诗真实地反映了他的这一观点。对于今天那些津津乐道地刻意追求诗的表现技巧的诗歌写作者来说，缪塞所说的话是一个很好的借鉴。

帆 / ［俄国］莱蒙托夫

莱蒙托夫的代表作

一首杰出的具有象征意义的哲理抒情诗

宣扬了一种不图安逸、追求自由幸福的精神

在那大海上淡蓝色的云雾里
有一片孤帆儿在闪耀着白光！
……
它寻求什么，在遥远的异地？
它抛下什么，在可爱的故乡？
……

波涛在汹涌——海风在呼啸，
桅杆在弓起了腰轧轧作响
……
唉！它不是在寻求什么幸福，
也不是逃避幸福而奔向他方！

下面是比蓝天还清澄的碧波，
上面是金黄色的灿烂的阳光……
而它，不安的，在祈求风暴，
仿佛是在风暴中才有着安详！

·作者简介·

莱蒙托夫（1814～1841），19世纪俄罗斯著名诗人。出生在贵族家庭，曾进莫斯科大学和彼得堡禁卫军军官学校学习。1834年入军队服役。早在中学时期，诗人就开始写诗，受普希金和拜伦的诗影响颇大。青年时代的诗人受十二月党人的影响，写下了很多对当时腐朽社会不满的诗歌。1837年，诗人写下著名的《诗人之死》一诗，悼念普希金，触怒了沙皇政府，被流放到高加索地区。流放期间是诗人创作的高峰期，写下了《当代英雄》、《祖国》、《恶魔》等著名作品。1840年，诗人遭到沙皇政府的谋杀，身受重伤。1841年，诗人离开了人世。

莱蒙托夫像

⊙作品赏析

这首诗是诗人的代表作，写于1832年，在诗人生前没有发表。从这首诗中我们可以想见诗人当年的风采：面对那黑暗的俄国社会的姿态，在风起云涌的民众追求民主、自由的斗争浪潮中的精神情态。

诗的题目是“帆”，它是在千变万化的大海中一个白色的精灵。淡蓝色的大海，静静的，死寂般的静。然而就是这静的大海中，似乎又隐含着一种不安定的因素。那蓝色的云雾可是大海的蒸腾，可是不安定的灵魂在大海的深处搅拌着海水？

就在这淡蓝色的大海中，有一片孤帆在游弋。它闪着白色的光，刺眼的白光。这白色的帆似乎在承受着极大的折磨。它在遥远的异地漂泊，是在追寻着心中的理想还是别的什么？这白色的精灵在可爱的家乡抛弃了很多的东西，那是生活的安逸，还是物质的富裕，或者别的什么？

波涛汹涌，夹杂着呼啸的海风。它们要打翻这精灵，要让这孤独的反叛者葬身在自己威猛的打击中。帆呢？在铺天盖地的狂风巨浪的疯狂打击下，“弓起了腰轧轧作响”。帆没有退缩，没有畏惧，而是在努力，在拼搏，为着自己所追寻的东西。

这白色的精灵在追寻什么？不是幸福，那可能是它曾经放弃的东西；不是逃避，在昏天暗地的时候它还在弓腰前进；当然更不是安逸。在帆坚毅的搏斗中，大海已经有气无力。而在大海的上面，是阳光的世界，温暖而和煦，安详而灿烂；下面是一碧万顷的海面，宁静而温顺，清净而可爱。这不就是安逸的生活吗？但是，帆要的不是这些，而是拼搏，是拼搏中带来的乐趣，是孤独灵魂的英雄行为。

这首诗是一首杰出的哲理抒情诗。诗歌采用象征的手法，通过这种给人强烈印象的意象来表达诗人的感情。帆就是诗人的化身，诗人那孤独、反叛的灵魂象征，那对自由的向往也象征诗人对自由的向往，同时也象征着诗人那一代贵族革命家对自由的向往。诗在描画风景，进而说明发人深省的哲理方面也具有很高的水平。那恶劣的社会环境在诗中对大海糟糕场景的描写中得到了贴切的表现；那进取的精神和顽强的生命力也在诗的叙述过程中得到了很好的体现。

另外，诗歌采用的设问结构大大强化了诗歌的感染效果，省略号的使用开阔了诗的意境，启发读者深思，特色独具。

哦，船长，我的船长 /［美国］惠特曼

入选理由
美国“草叶诗人”惠特曼的代表作之一
一首感人至深的悼念林肯的挽歌
被译为多国文字，流传广泛

哦，船长，我的船长！我们险恶
　的航程已经告终，
我们的船安渡惊涛骇浪，我们寻
　求的奖赏已赢得手中。
港口已经不远，钟声我已听见，
　万千人众在欢呼呐喊，
目迎着我们的船从容返航，我们
　的船威严而且勇敢。
可是，心啊！心啊！心啊！
哦，殷红的血滴流泻，
　在甲板上，这里躺着我的船长，
　他已倒下，已死去，已冷却。

哦，船长，我的船长！起来吧，
　请听听这钟声，
起来，——旌旗，为你招展——
　号角，为你长鸣。
为你，岸口挤满人群——为你，
　无数花束、彩带、花环。
为你，熙攘的群众在呼唤，为你
　转动着多少殷切的脸。
这里，船长！亲爱的父亲！
　你头颅下边是我的手臂！
　这是甲板上的一场梦啊，
　　你已倒下，已死去，已冷却。

我的船长不作回答，他的双唇惨白、寂静，
我的父亲不能感觉我的手臂，他
　已没有脉搏、没有生命，
我们的船已安全抛锚碇泊，航行
　已完成，已告终，
胜利的船从险恶的旅途归来，我
　们寻求的已赢得手中。
欢呼，哦，海岸！轰鸣，哦，洪钟！
　可是，我却轻移悲伤的步履，

在甲板上，这里躺着我的船长，
他已倒下，已死去，已冷却。

⊙作品赏析

这首诗选自惠特曼的诗集《草叶集》，写于1865年，为悼念林肯总统而作。美国南北战争期间，林肯领导美国北方人民平息了南方种植园奴隶主发动的叛乱，摧毁了南方奴隶制度，为美国资本主义的发展铺平了道路。但林肯也因此遭到南方奴隶主的极度仇恨，内战结束不久，林肯就被南方奴隶主所派遣的间谍刺杀。林肯遇刺后，美国人民极为沉痛，纷纷举行各种悼念活动。诗人惠特曼也写下了著名的《哦，船长，我的船长》一诗，表达了自己的哀思。

“哦，船长，我的船长！”诗的开头直抒胸臆，情感炽烈，仿佛一股久蓄于胸的情感热流奔涌而出，连绵不绝地流淌。诗人将林肯比喻为率领美国人民驾驶帆船搏击惊涛骇浪向目的地前进的船长。险恶的航程终于结束了，“我们的船安渡惊涛骇浪”，“寻求的奖赏已赢得手中”，港口在望，钟声传来，万千人众在岸口欢呼呐喊，欢迎帆船返航。然而就在胜利到来的时刻，船长却倒下了，他躺在甲板上，身上“殷红的血滴流泻”，他“已死去，已冷却”。

“我”不愿自己所看到的是现实。“哦，船长，我的船长”，诗人再一次深情地呼唤着，诗人希望船长能够从“沉睡”中醒来，重新带领人们搏击风浪，开始新的航程。岸口旌旗招展，号角长鸣，人们挥舞着花束、彩带、花环，欢呼着，脸上带着殷切的表情，迎接船长的到来。可是船长，“亲爱的父亲”，头枕在“我的手臂”上，“已死去，已冷却”。对周围的一切，船长毫无知觉，不作回答，感觉不到“我”的手臂的振动。船已下锚，航行已告终，在欢呼胜利的时刻，我步履沉重，悲伤地走在船长躺着的甲板上，船长“已死去，已冷却”。无限的感慨，无限的沉思。

这首诗最能体现诗人的创作风格——豪迈奔放、舒卷自如、铿锵有力。诗歌形体自由活泼，适于感情的抒发；长短句交替运用，富于节奏感，读来朗朗上口；每段的结尾反复使用同一句子，渲染了气氛，加强了表达效果；比喻、象征、排比等手法的运用，也增强了诗歌的感染力。

黄昏的和谐 / [法国] 波德莱尔

波德莱尔的代表作
西方象征主义诗歌的代表作
被西方名人评为“是诗歌对音乐的胜利”

时辰到了，在枝头战栗着，
每朵花吐出芬芳像香炉一样，
声音和香气在黄昏的天空回荡，
忧郁无力的圆舞曲令人昏眩。

每朵花吐出芬芳像香炉一样，
小提琴幽咽如一颗受创的心；
忧郁无力的圆舞曲令人昏眩，
天空又愁惨又美好像个大祭坛！

小提琴幽咽如一颗受创的心，
一颗温柔的心，他憎恶大而黑的空虚，
天空又愁惨又美好像个大祭坛，

太阳沉没在自己浓厚的血液里。

一颗温柔的心，他憎恶大而黑的空虚，
从光辉的过去采集一切的迹印！
天空又愁惨又美好像个大祭坛，
你的记忆照耀我，像神座一样灿烂！

·作者简介·

波德莱尔（1821～1867），19世纪法国著名诗人，象征派诗歌的奠基人。出生于贵族家庭。6岁时父亲去世，其母改嫁给一个古板偏狭的军官。诗人青年时代靠父亲的遗产过着放浪形骸、纵情声色的生活，整日流浪于现代都市中，处处标新立异，和女演员同居，终于穷困潦倒；同时开始文学创作。1857年，他的诗集《恶之花》出版，引起轩然大波：一方面咒骂之声不绝如缕，竟至于有官方出面将之查封，判处诗人伤风败俗的罪名；另一方面许多著名作家好评如潮，一些报纸争相刊登为《恶之花》辩护的文章。诗人最终顶住了威胁和打击，继续写诗，并于4年之后出版了《恶之花》第二版，成为当时很多青年人的精神导师。尽管如此，诗人还是没有摆脱贫病交加的生活，1867年离世。除了著名的《恶之花》外，诗人还有散文诗集《巴黎的忧郁》，画评《1854年的沙龙》等作品。

波德莱尔像

⊙作品赏析

《黄昏的和谐》为诗人的诗集《恶之花·忧郁和理想》中的一首情诗。诗人想用黄昏的意象来表达自己与情人在一起的美好时光里的欢乐、痛苦和圣洁的感情。

“时辰到了”，诗的开头这样说道，没有丝毫的迟疑和停顿，似乎从诗人的口中脱口而出。诗人等了好久了吗？无论如何，黄昏已经到了。诗人开始展开自己的心怀，用那美丽的意象，用那有着灵魂的事物来象征诗人的心灵或别的什么。

在这黄昏的时刻，花儿散发着芬芳，似乎在倾吐灵魂的忧郁，诗人听到了声音；小提琴在幽幽咽咽地倾诉，那音乐似诗人心灵的流淌，流淌着诗人的悲伤，又似冥和着天空，天空是美的，那种愁云惨淡的凄美。在这个黄昏，如血的太阳下沉，染红了西边的天空。在那一刻，诗人敏感的心如花一样在战栗，诗人完全沉浸在对美好时光的回忆中，为那天空的悲哀和美丽震撼了。最后，诗在“神座一样灿烂”的氛围中结束，诗人在黄昏的美丽中、在美好的回忆中获得了解脱，进入了物我两忘的境界。

这首诗是波德莱尔的代表作，也是欧洲象征主义诗歌的代表作，它形象地表现了象征主义诗歌的特点和美学追求。诗中的每一个意象都是诗人心灵的流露，是诗人的情感抒发。那花的战栗就是诗人的战栗，那幽咽的声音就是诗人心的哭泣声，那天空的凄愁象征着诗人忧郁的心境。诗人奔走在这喧嚣的世界，体味情感的波澜，在万物中，在它们的动静中寻找诗的意象，寻找心灵的象征，摹画心灵的美。诗人的美是忧郁的，无论那花、那音乐、那天空都蒙着重重的帷幕，沉沉的。

另外，本诗的诗体颇为独特。诗人放弃了惯用的“商籁体”，而采用来自马来的诗体：全诗上段的二、四两句和下段的一、三两句重复，韵律严格。这不仅加重了诗的意象，使情绪的表达更加浓重，而且也增强了诗的节奏，音乐感极强，一咏三叹，缠绵悱恻。其实，对音乐感的追求也是法国象征主义诗歌的一个特点，有人就曾说过，这首诗是诗歌对音乐的胜利。

入选理由

匈牙利杰出诗人裴多菲的爱情名诗之一
以优美的语言表达了更为深刻的爱情主题
被译成多国文字，流传广泛

我愿意是急流 / ［匈牙利］裴多菲

我愿意是急流，
山里的小河，
在崎岖的路上、

岩石上经过……
只要我的爱人
是一条小鱼，
在我的浪花中
快乐地游来游去。

我愿意是荒林，
在河流的两岸，
对一阵阵的狂风，
勇敢地作战……
只要我的爱人
是一只小鸟，
在我的稠密的
树枝间做窠、鸣叫。

我愿意是废墟，
在峻峭的山岩上，
这静默的毁灭
并不使我懊丧……
只要我的爱人
是青青的常春藤，
沿着我荒凉的额，
亲密地攀援上升。

我愿意是草屋，
在深深的山谷底，
草屋的顶上
饱受风雨的打击……
只要我的爱人
是可爱的火焰，
在我的炉子里，
愉快地缓缓闪现。

我愿意是云朵，
是灰色的破旗，
在广漠的空中
懒懒地飘来荡去，
只要我的爱人

·作者简介·

裴多菲（1823～1849），匈牙利历史上最伟大的诗人、文学家。出生于一个屠户家庭，一直都在贫困中度过。自小以从军为理想，16岁时辍学，多报两岁进入军队，不久因肺病退伍，进入一家话剧团。1843年，诗人出版其第一本诗集，受到人们关注。1846年，领导组织了革命作家团体“青年匈牙利”，创办刊物《生活景象》，宣传民主自由思想。同年，在一个乡村舞会上与森德莱·尤丽娅一见钟情，但遭到女孩的伯爵父亲的极力反对。不久诗人在一次外出途中听到情人嫁人的消息，便匆匆赶回。结果发现是谣传，喜极而泣。1848年3月15日，布达佩斯爆发市民起义，诗人作为领导者之一，写下了著名的《民族之歌》。起义不久蔓延到全国，到秋季，匈牙利的人民获得了自由。然而，俄奥帝国派兵侵入匈牙利，诗人亲往前线，抗击侵略者。1849年7月，诗人为祖国而牺牲。

裴多菲像

是珊瑚似的夕阳，
傍着我苍白的脸，
显现出鲜艳的辉煌。

⊙作品赏析

这是一首情诗，写于 1847 年诗人在和乡村少女森德莱·尤丽娅恋爱的时期。诗歌以流畅的言辞和激昂的感情抒发了诗人心中对爱人热烈诚挚的爱。

诗人愿意是急流，顺着山中窄窄的水道，穿越崎岖的小路，流过峥嵘的岩石。诗人这样愿意，条件是他的爱人是一条小鱼。诗人愿为她掀起朵朵小小的浪花，让爱人在其间嬉戏游玩。

然而急流仍不足以表明诗人爱的专一，诗人愿意把爱人设想为更多的形象——小鸟、常春藤、炉子、珊瑚般的夕阳，它们在诗人的怀抱或者胸膛里自由生长，任意徜徉。因为，诗人愿意是荒林，即使狂风肆虐；愿意是废墟，即使毁灭在峻峭的山岩；愿意是草屋，即使饱受风雨的打击；愿意是云朵、破旗，即使只能来衬托爱人的美丽和灿烂。

诗中这些叠加在一起的意象，处处透着苍凉和悲壮。苍凉和悲壮的背后是一种崇高和执著，心灵的崇高、爱情的执著。恋人的形象一方面是诗人眼中的恋人的形象：美丽、欢快、热情而鲜艳；另一方面也代表了诗人追求的理想。

诗歌用排比的段落、连续的短句恰当地表达了丰富的内容，激情四溢，波澜壮阔。这首诗也是诗人的爱情声明：坚贞不移、义无反顾。正如诗人另一首著名的诗所说的：“生命诚可贵，爱情价更高；若为自由故，二者皆可抛。”诗人就是这样，为了自己所追求的东西，意念坚定，无怨无悔。多么伟大的献身精神！多么伟大的胸怀！

诗人正是凭着这种执著坚贞的爱情观，使得诗人不惧一切艰难险阻也要和爱人在一起。正是这种对理想的崇高追求，对自由的坚韧追求，使得诗人连同他的诗深深地打动了人们，刻在了一代又一代渴望自由与理想的人们心中。

灵魂选择自己的伴侣 /［美国］狄金森

入选理由
美国著名女诗人狄金森的代表作之一
一个孤寂灵魂的真情告白
青年人必读的爱情诗

灵魂选择自己的伴侣，
然后，把门紧闭，
她神圣的决定，
再不容干预。

发现车辇停在她低矮的门前，
不为所动，
一位皇帝跪在她的席垫，
不为所动。

我知道她从一个民族众多的人口
选中了一个，
从此封闭关心的阀门，
像一块石头。

⊙作品赏析

一个人的灵魂就是一道生命的风景，就是一个人的生命信念。青年时代那场无果的爱情让诗人刻骨铭心，也让诗人心灰意冷。诗人毅然决然地关上了心灵的大门，从此凄清孤寂地索居于自己的一方天地里。

伴侣是人生命中的一部分，是人相守一生的另一半，是人的信仰和生活支柱。诗的开头说：“灵魂选择自己的伴侣。”诗人的意志是坚定的，心是圣洁的。

灵魂选择了自己的伴侣，就关上门，坚定地守着自己的决定。这是一种神圣的决定，它不容干预。一种强烈的内心执著意念，一种内视的心灵在自己的天堂里扎根、生长。这种爱情是义无反顾的，一旦爱上一个人，就坚定地将自己的灵魂，还有生命一并交给另一个灵魂。

但是，爱情并不是一点没有烟火味，她会经常受到来自外部因素的影响。“车辇停在她低矮的门前”，“一位皇帝跪在她的席垫”上，这是一个暗示，暗示外部因素的纷繁和干扰力量的强大。然而，灵魂坚定而不为所动！这些更进一步地说明坚贞爱情的不易，说明那灵魂的纯真和坚毅。

诗人认为这些还不足以表达自己灵魂的坚定，诗人还要用平静的语气再说一遍：“不为所动。”诗人要表明，诗人的决定是在理智的情况下作出的。诗人的爱情是坚定的，是灵魂的冷静选择，从众多民族众多的人口中选中一个自己的伴侣。自此，灵魂就关闭了关心的阀门，不为任何外物所动。这是何等的决心！

诗歌诗意浓缩，表达精练，在简单的词句中蕴含了深厚的内在意蕴和深长的言外之意。同时，诗人由于情感经历的波折而导致的内向性格、浓重的清教徒式的清高意念和看破红尘的心情，在这首诗中表现得十分明显。那简洁有力的语言给人以极大的感染力，那简单冷清的情景带给人们很多的想象。正是由于这些，使得诗人的诗具备了独特的魅力，在世界各国广泛流传，深深地打动着世人的心。

·作者简介·

狄金森（1830～1886），19世纪美国著名女诗人。出生于美国东部景色秀美的小城阿默斯特的一个高贵之家。家中那栋高大的红砖房是她永远的生活背景——除在23岁随父亲去了一次华盛顿，此后从未离开过。诗人就是在她家乡的青山绿水中，在她浸润一生的街道之间逐渐培育出了动人的诗情。诗人一生仅有的一次远行却给她带来了终生的痛苦。那年，诗人23岁，在去华盛顿的途中邂逅牧师查尔士·沃兹华斯。两人相恋，但不能一生相守。沃兹华斯已有妻室，他在与诗人保持了近10年的通信后，最终音讯全无。诗人从此性格更加内向，几乎不与任何人交往。1886年，诗人在独居了20年后平静地离开了人世。诗人生前仅有8首诗作发表。1890年，她的诗集被整理出版，开始在美国乃至世界流传。

狄金森像

法国“诗人之王”马拉美的代表作之一
鲜明的意象背后蕴含着丰富深刻的内涵
具有独树一帜的唯美色彩

天鹅 / [法国] 马拉美

纯洁、活泼、美丽的，他今天
是否将扑动陶醉的翅膀去撕破
这一片铅色的坚硬霜冻的湖波
阻碍展翅高飞的透明的冰川！

一头往昔的天鹅不由追忆当年
华贵的气派，如今他无望超度
枉自埋怨当不育的冬天重返
他未曾歌唱一心向往的归宿。

他否认，并以颀长的脖子摇撼

白色的死灰，这由无垠的苍天
而不是陷身的泥淖带给他的惩处。

他纯净的光派定他在这个地点，
如幽灵，在轻蔑的寒梦中不复动弹：
天鹅在无益的谪居中应有的意念。

⊙作品赏析

《天鹅》写于诗人创作的早期，其时诗人正处于创作低潮期，生活也不是很令人满意。在那样的寒冷中，诗人的思考就深沉地刺进了世界的深处。

诗主要描写一只冬天的天鹅。诗的开头用来修饰天鹅的词都可以用来修饰天使，人间的精灵。然而在寒冷的冬天，在冰封的湖面上，天鹅在沉沉睡去。天空的积云还没有散去，显示着冰冷坚硬的铅灰色；湖面死气沉沉，寒冷冻僵了所有的声音。睡去的天鹅并没有忘记自己的出身，华贵的气派，有着优美的内心梦想。天鹅仇视这寒冷和铅灰色的天空，天鹅的梦想在这样的天空上不能展现，也不想展现。天鹅受伤了，陷入深深的忧伤和痛苦中。

这样的处境就是天鹅的宿命吗？天鹅，摆动他白色的颈项——纯洁灵动的曲线，否认自己身陷泥淖之中。天鹅认为自己困留在这样的世界，是因为那天空，那没有生机的天空， 陷它于这样的处境。天鹅的梦想受到了致命的打击。它绝望了，梦想在自己的心灵中死去。天鹅纯洁的心灵，那份纯净的光让它只能在这样的寒梦中蛰伏，在沉沉的意念中守着自己的纯洁和神圣的美丽。

这天鹅也是诗人自己的象征，天鹅梦想的破灭象征着诗人心灵受到创伤，天鹅的意念和信仰正是诗人的意念和信仰。在对天鹅的描写中，诗人的心也在承受着巨大的悲痛和深深的失望。诗人想在这令人失望的世界中蛰伏，保持自己高傲的形象，不惜以牺牲为代价。

·作者简介·

马拉美（1842～1898），法国早期象征主义诗歌大师。出生于世代官宦家庭。诗人很小的时候，母亲、父亲和姐姐相继离开人世，诗人成了一个孤儿，只是在外祖母的怀中得到一些关怀。中学时代，诗人迷上了诗歌。1862年，诗人开始发表诗歌，同年去英国进修英语。次年诗人回到法国。1866年，诗人的诗歌开始受到诗坛的关注。1876年，诗人的《牧神的午后》在法国诗坛引起轰动。此后，诗人在家中举办的诗歌沙龙成为当时法国文化界最著名的沙龙，一些著名的诗人、音乐家、画家都是他家的常客，如魏尔伦、兰波、德彪西、罗丹夫妇等。因为沙龙在星期二举行，故被称为“马拉美的星期二”。1896年，诗人被选为“诗人之王”，成为法国诗坛现代主义和象征主义诗歌的领袖人物。

马拉美像

乌鸦 /［法国］兰波

兰波的代表作之一
描绘了一幅19世纪法国腐朽颓废的社会图景
体现了象征主义诗歌中人类心灵和自然世界神秘冥合的特征

主啊，当草原寒气袭人，
在萎靡的小村庄里，
在凋零的大自然里，
让乌鸦从太空里飞下，

那些可爱的奇妙的乌鸦。

叫声凄厉的奇怪的队伍，
冷风吹袭你们的窠！
你们沿着黄色的河，
沿着旧十字架的道路，
在沟渠上面，在洼地上空，
你们飞散着，请再来集中！

在那些前日的死者
长眠的法国原野上面
成群盘旋吧，可好？在冬天，
为了唤起行人的感慨，
请尽你们的义务喊叫，
哦，我们的凄沉的鸟！

可是，诸圣啊，让五月之莺
在那沉没于良宵的桅杆，
在那橡树的高枝上面，
为林中的羁客长鸣，
他们在草中无法离开，
那些没有前途的失败者！

·作者简介·

兰波（1854～1891），19世纪法国象征主义诗人。出生在法国西北部的一个小城。兰波出生不久，其父便抛弃了他和母亲。母亲将这种痛苦转嫁到孩子身上，使得家庭气氛沉闷。兰波在这样的日子中度过了童年，还有过三次离家出走的经历。诗人15时岁就写下了名诗《元音》、《醉舟》。1869年，诗人再次出走，来到巴黎，和另一位诗人魏尔伦认识。不久两人之间产生了超出朋友的感情，成为一对恋人，魏尔伦抛弃妻子和诗人一起离家出走。1873年，诗人提出分手，遭到魏尔伦枪击而受伤。不久诗人写下了著名的散文诗集《地狱的一季》；同年，诗人放下诗笔，从事商业活动。1891年，诗人身患癌症离开人世，年仅37岁。

兰波像

⊙作品赏析

这首诗写于普法战争（1870年）之后，诗人借着战争的失利和生命的死亡来讲述自己心中的生活感受。

诗人在生命的重重阴影中叹息、悲哀，带着难以言状的沉沦和失望。世界也是这样：那草原、村庄，还有那群乌鸦，都面临着这样的困境。草原上，寒风在吹着，绿色在这样的世界上已没有立足之地。村庄更是在寒风中瑟瑟发抖，几座用蓬草搭起的茅屋是唯一的风景，和草原一样的干枯，孤独而单调地立在那儿。凋零！

这凋敝的草原上突然有一群精灵飞起。是乌鸦！它们叫声凄厉，是为人间的悲剧，还是为自己的命运？草原上站着一些光秃槎丫的树，树枝间的窠，是乌鸦仅有的栖身之所，那坚硬、冰冷的窠更是严酷的寒风的袭击对象。在黄色的河流上空，在两旁插满十字架的道路中，在阴暗的小水沟上面，乌鸦在飞翔着，散落在那任何可能藏有腐朽和死亡的地方。

诗人说："请再来集中。"诗人突然跳出来呼喊，盘旋吧，人间的精灵！在冰冷僵硬的尸体上面，在死气沉沉的法国上空，扫荡人间那些行将逝去的肮脏灵魂吧！喊叫吧，人间的精灵！让那些浑浑噩噩的人们清醒过来，让路过的行人知道这国家的腐朽！这也是诗人的愿望和心声。

诗人在最后一段把乌鸦说成是"五月之莺"，它在那沉沉的夜中，在桅杆上，在高高的橡树上鸣叫。诗人借着这凄厉的鸣叫要唤醒人类心中埋藏的激情和美好理想。这是诗人的寄托吗？诗人该是那羁留在丛林中的天涯倦客，该是生活的失败者——也许是英雄穷途。

这首诗体现了兰波诗歌的显著特征。兰波是波德莱尔的第一个继承人，同时他还发展了波德莱尔的象征主义理论。他认为诗歌是人的心灵世界和自然世界冥合的结果，是诗人的一种通感的表达，他还认为诗歌应注重对主观情感的抒发，要用虚幻的世界来表现心灵。在这首诗中，诗人似乎和那原野、村庄、乌鸦合一了——那处境既是它们的处境也是诗人的生活处境，鸣叫、坚强同样是诗人的呼喊和坚强。

入选理由
泰戈尔的爱情名诗之一
一首具有浓郁印度情调的爱情诗
语言优美、韵律流畅、感情真挚

我爱你，我的爱人 /［印度］泰戈尔

我爱你，我的爱人。请饶恕我的爱。
像一只迷路的鸟，我被捉住了。
当我的心抖战的时候，它丢了围纱，变成赤裸。用怜悯
　遮住它吧。爱人，请饶恕我的爱。

如果你不能爱我，爱人，请饶恕我的痛苦。
不要远远地斜视我。
我将偷偷地回到我的角落里去，在黑暗中坐着。
我将用双手掩起我赤裸的羞惭。
回过脸去吧，我的爱人，请饶恕我的痛苦。

如果你爱我，爱人，请饶恕我的欢乐。
当我的心被快乐的洪水卷走的时候，不要笑我的汹涌
　的退却。
当我坐在宝座上，用我暴虐的爱来统治你的时候，当
　我像女神一样向你施恩的时候，饶恕我的骄傲吧，
　爱人，也饶恕我的欢乐。

⊙作品赏析

这首诗出自《园丁集》，是其中的第33首诗。诗歌表达了诗人对恋人的纯真坚定的爱情。诗人的爱是赤裸裸的，尽管怀着害羞的表情和怕被拒绝的担心。诗人在爱人的美丽中迷失，如一只迷路的小鸟，心情激动而慌乱。但诗人的爱是执著的，诗人勇于表达心中的爱情，愿意将自己的爱情赤裸裸地在爱人的面前展开，祈求爱人的怜悯和接受。

诗人的爱情是纯洁的，哪怕爱人的心中没有他的身影，哪怕他只能在表白自己的爱情之后偷偷躲进黑暗的角落。如果爱人不爱他，诗人愿意自己躲开，独自品尝痛苦和泪水，因为诗人不愿因自己的爱而影响了爱人的生活。

在对爱情的执著追求中，诗人获得了快乐。那快乐像洪水一样，迅速地席卷了诗人的心。诗人因快乐有点语无伦次了。因为这样的快乐，诗人的爱更加坚定，更加热烈，诗人为自己的爱而骄傲。

这首诗体现了泰戈尔一贯的诗歌风格和内容。诗歌运用优美的语言、流畅的韵律表达诗人纯朴的生活观、真挚的感情、泛爱主义的世界观；同时，诗中含有浓重的宗教意味。诗人一方面吸收了孟加拉民歌的优美旋律和宗教音乐的神圣气氛，另一方面将新的人生观和思想写进他的诗歌。这融

合着东方情调和现代思想的诗歌，使泰戈尔赢得了世界性的声誉。

入选理由

达里奥的代表作之一

体现了拉美现代主义诗歌的典型特色

被译成多国文字，流传广泛

她 / [尼加拉瓜] 达里奥

你们认识她吗？她是令人神迷的花朵，
沐浴着初升的阳光，
偷来朝霞的颜色，
我的心灵将她看作一首歌。

她活在我孤寂的脑海，
在黄昏的星辰中我方能找到，
在日落失去光辉的时刻，
她是天使，带走了我的祈祷。

在花儿的色蒂那里，
我闻到她那芬芳的气息，

在东方曙光中她露出粉脸，
无论在何处她都使我着迷。

你们认识她吗？她的生命即是我的生命，
她拨动我心上的细弦；
她——我豆蔻年华的芳芬，
是我的光明、未来、信心、黎明。

为她，有什么我不能办到？我对她的崇敬
像百合花对那晶莹的甘霖，
她是我的希望，我的悲伤，
我的青春和神圣的理想。

我将她的爱情当做
忧伤和孤独生活中的神圣梦境，
我把美妙的歌儿奉献给她，
让这悲怆的歌声为我过去的幻想送终。

·作者简介·

达里奥(1867～1916)，拉丁美洲至今最负盛名的诗人，被称为这块大陆的诗圣。生于尼加拉瓜北部的梅塔帕市(今达里奥市)。幼年即开始写诗，在利昂一所教会学校及国家学院接受教育。当过店员和记者，曾任尼加拉瓜驻巴黎总领事、驻西班牙公使等职。他是现代主义诗派的代表人物，其主要功绩是突破了西班牙殖民时期的诗歌格律和诗风，并成功地将法国高蹈派和象征主义的风格糅进拉丁美洲诗歌。1888年，在智利出版其第一部诗歌和散文合集《蓝》，被认为是拉美和西班牙文学新时代的先驱。1915年，在美国巡回演讲中生病返回尼加拉瓜，次年病逝于利昂。主要作品有诗集《牛蒡》、《亵渎的散文》、《生命与希望之歌》等。

达里奥像

⊙作品赏析

《她》是拉丁美洲诗圣达里奥的名诗之一。诗歌描绘了诗人心目中的爱人以及诗人对爱人深挚的情感。

在诗中，诗人心目中的爱人的美丽和完美与诗人对她的情感糅合在一起，相互映衬。诗歌开首直接点题，直抒胸臆，以形象的比喻描绘了“她”的美丽，突出了“她”在诗人心中的地位。第二段进一步深化了“她”对诗人的存在意义。诗的第三段也是将“她”的完美和诗人对“她”的情感糅合在一起，但用的不是第一段的那种前三行描绘、后一行突出诗人情感的写法，而是隔行对称的手法。实际上诗人描写的是自己感官的享受：诗人在花儿色蒂那里才能闻到“她”的芬芳；在曙光中才能看到“她”的脸面。第四段使用反复的手法，将情感推入新的高度，进一步突出“她”在诗人心中的地位：“她的生命即是我的生命”，“她”会给诗人带来光明，唤起诗人的信心，是诗人的未来所在。

那么，诗人与“她”之间的爱情是真实的吗？是现实的吗？是诗人虚构的或是幻想出来的？诗的第五段和最后一段用了一连串令人难解的名词“幻想”、“梦境”，以及与爱情相左的形容词“忧伤”、“孤独”等。诗人以此暗示读者，诗歌乃是自己的虚构和想象，切不可认真。

这首诗充分显示了达里奥的诗歌创作技巧和拉丁美洲现代主义诗歌所追求的特色。整首诗对人物没有一句直接具体的描写，每段诗都是借物颂人，全诗充满了象征性的比喻，诗的用词也很真切和细腻。但由于作者过多地追求象征、比喻和用词造句的技巧，影响了诗人自我感情的迸发和诗情的自然流露，以致使诗歌显得有点造作。

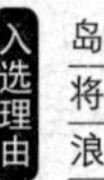

岛崎藤村的代表作之一
将日本诗歌传统风格和西方诗歌
浪漫主义风格成功结合的典范

醉歌 /［日本］岛崎藤村

你我相逢在异域的旅途
权作一双阔别的知音
我满眼醉意，将袖中的诗稿
呈给你这清醒的人儿

青春的生命是未逝的一瞬
快乐的春天更容易老尽
谁不珍惜自身之宝
一如你脸上那健康的红润

你眉梢郁结着忧愁
你眼眶泪珠儿盈盈
那紧紧钳闭的嘴角
只无言地叹气唉声

不要提起荒寂的道途
不要赴往陌生的旅程
与其作无谓的叹息
来呀，何不对着美酒洒泪叙情

混沌的春日无一丝光辉
孤寂的心绪也片刻不宁
在这人世悲哀的智慧中
我俩是衰老的旅途之人

啊，快在心中点燃春天的烛火
照亮那青春的生命
不要等韶华虚度，百花飘零
不要悲伤啊，珍重你身

你目不旁视，踽踽独行
可哪儿有你去往的前程
对着这琴花美酒
停下吧，旅途之人！

⊙作品赏析

在人生漫漫的旅程中，相逢是一首美妙的歌。人生若浮萍漂浮不定，谁不希望在无根的漂泊中找到点安慰，在寂寞的歧路上有知己的倾谈？在陌生的异域，诗人遇到了可谈之人。诗人与对方同病相怜，便将自己的心曲倾诉出来，让对方分享。

青春是人生的精华，人人都对它极其留恋。青春易逝，如同那繁花盛开的春天，人们还没有来得及在浓浓的花香中品味春天，春天就飘逝了；如同那奔流的溪水，人们没来得及掬一捧清澈的水入口，溪水就奔流而去了。于是，那旅途之人——诗人的同伴眉头紧蹙，结着深深的愁怨；眼眶含着泪，浸泡着深深的悲伤，虽悄无声息，却愁绪万千。

来吧！诗人呼唤：放下心中的叹息，不要为曾经的寂寞而空自蹉跎，尽管享受这难得相逢的一瞬，享受能抓住的现在。对酒放歌，纵泪叙情。在漫漫的人生征途中，“停下吧，旅途之人”，珍惜这美妙的一瞬吧！诗人忘情地喊道。

诗歌有着浓重的浪漫主义色彩。意象似乎都蒙上了薄薄的轻纱，朦胧但蕴含着诗人深沉的感情；奇特的想象中隐藏着诗人浓重的主观色彩——对人生无常的感叹、对青春易逝的感伤、他乡遇知音的短暂欢乐。在艺术形式上，诗歌韵律和谐悦耳，诗句随着悠悠的节奏流淌；语言凝练典雅，承袭日本诗歌的优秀传统。

·作者简介·

岛崎藤村（1872～1943），日本现代浪漫主义文学的代表人物。1891年，从明治学校毕业，开始进军文艺界，翻译诗歌和写作文学评论。1893年左右，和北村透谷等人创办杂志《文学界》。1897年出版其第一部诗集《嫩菜集》，产生了很大的影响，奠定了其在日本诗坛的领袖地位。1899年，家道败落，为谋生他再次离开东京，到信洲担任教员，并在那里结婚生子。1901年，诗人将那儿的风景写成《千曲川风情》发表，1903年写下著名的小说《破戒》，1906年回到东京。1913年，与自己的侄女发生不正当关系，被迫离开祖国前往巴黎。1916年回国，发表忏悔作品《新生》。随后的时间里，一方面写作小说，一方面在早稻田大学讲授法国文学。第二次世界大战中，日本政府采用高压政策，不许作家自由发表作品，诗人采取坚决立场，拒绝加入政府组织的文艺组织。1943年，诗人走完了自己充满不幸的一生。

岛崎藤村像

豹 /［奥地利］里尔克

入选理由：
里尔克的代表作
开启了存在主义的先河
发表时反响巨大，影响深远

它的目光被那走不完的铁栏
缠得这般疲倦，什么也不能收留。
它好像只有千条的铁栏杆，
千条的铁栏后便没有宇宙。

强韧的脚步迈着柔软的步容，
步容在这极小的圈中旋转，
仿佛力之舞围绕着一个中心，
在中心一个伟大的意志昏眩。

只有时眼帘无声地撩起——
于是有一幅画像浸入，
通过四肢紧张的静寂——
在心中化为乌有。

⊙作品赏析

这首诗写于1903年。此时，诗人刚刚经历了一场失败的婚姻，心情忧郁，在意大利、法国等地的名胜或文化繁华之地流浪。诗人希望凭藉那些自然的灵魂、那人类的文明，能给自己的心灵带来些许的安慰和生活的启示。

一天，诗人在巴黎的动物园与一只豹子相遇，心中产生了无限感慨。从豹的目光中，诗人感到铁栏的可恶、那铁栏背后的局促和那颗被压抑得疲惫不堪的心。在诗人心中，铁栏瞬间化成了生活中的千百堵墙，千百种困境。在诗人眼中，豹子就是诗人的化身，豹子的境遇就是诗人生活的象征。

诗人随即注意到了豹子的脚步，"强韧"但"柔软"的脚步，在极小的圈子里旋转。这情境与诗人的境遇是何等的相似。也许，诗人有着热烈的追求，有着勃发的热情和深远的梦想，但是诗人只能围着那个中心打转。这在诗人看来是"伟大的意志昏眩"。

最后一段，诗人写豹子的睡，那昏眩的睡。"只有时眼帘无声地撩起"，懒懒地看着世界。在放松的静寂中，一切化为乌有，诗人、自然（由豹来指代）和宇宙融为一体了吗？那静静的目光，那悠然的心灵此时已超越了铁栏，超越了生活的繁琐和局促吗？也许。

这首诗所体现的"存在主义"式的思考使得西方当时或者后起的诗人、读者纷纷开始更加深入地思索生活及其自身的意义，思索宇宙的意义。可以说，这首诗不仅反映了诗人思想的成熟，而且加深了象征主义诗歌的内涵，在文学上开了存在主义的先河，对后期的象征主义产生了极大的影响。

·作者简介·

里尔克（1875～1926），奥地利现代杰出诗人，20世纪德语国家中最重要的诗人。出生于一个铁路工人家庭。9岁时父母离异，诗人跟随母亲生活，被当做女孩养着：蓄长发，穿花衣，用女名。这些造成了诗人敏感脆弱的性格。11岁时，诗人被送进军事学校，1891年因为身体太差转到一所商业学校，第二年即退学。1895年，入布拉格大学攻读哲学，次年迁居慕尼黑，从事文学写作，同时也开始了流浪的生活。1897年，结识莎乐美——和尼采、弗洛伊德联系在一起的女子。1901年，和一位雕刻家结婚，次年二人即分居。在随后的几年里，流浪于欧洲文化名城之间，曾作过罗丹的秘书。第一次世界大战中，被征召入伍，但因体力不支转到军事档案局工作，不久复员。1925年，诗人最后去了一次巴黎，和象征派诗人切磋诗艺。一生主要作品有《图像集》、《新诗集》、《杜伊诺哀歌》、《致奥尔甫斯的十四行歌》等。

里尔克像

这首诗是里尔克的名作、代表作，流传甚广。诗歌有着明显的象征主义风格：用豹子象征诗人自己，用铁栏象征无奈和令人烦躁的生活，用昏眩或者静寂来表现诗人心灵与宇宙的冥和等。这首诗也是诗人诗风转向的标志。在该诗中，诗人已摆脱了早期的单一主观抒情模式，而转向了借助外物来充分表现自己的情感和思考，以达到心灵和世界的冥和的表现方式。总之，这首诗奠定了诗人在当时象征主义诗人中的领袖地位。

西班牙抒情诗大师希梅内斯的代表作

一首浸透柔情和泪水的怀旧诗

构思精巧，语言清丽、委婉动人

我不再归去 /［西班牙］希梅内斯

我已不再归去。
晴朗的夜晚温凉悄然，
凄凉的明月清辉下，
世界早已入睡。

我的躯体已不在那里，
而清凉的微风，

从敞开的窗户吹进来，
探问我的魂魄何在。

我久已不在此地，
不知是否有人还会把我记起，
也许在一片柔情和泪水中，
有人会亲切地回想起我的过去。

但是还会有鲜花和星光
叹息和希望，
和那大街上
浓密的树下情人的笑语。

还会响起钢琴的声音
就像这寂静夜晚常有的情景，
可在我住过的窗口，
不再会有人默默地倾听。

·作者简介·

希梅内斯（1881～1958），西班牙现代著名诗人，西班牙抒情诗新黄金时代的开拓者。童年的孤独和少年时在耶稣教会学校长达11年的住校生活，使诗人的心里隐藏了极大的忧伤。1896年，按照父亲的意愿，诗人前往塞维利亚学习法律和绘画，但是他很快就转向了文学创作。1900年，诗人和拉美现代主义诗歌创始人卢文·达里奥相识，被其诗歌深深吸引。同年，诗人发表诗集《白睡莲》、《紫罗兰的灵魂》，因过于感伤，饱受评论界指责。诗人决定回到家乡，途中得知父亲病逝，其身心受到极大打击，为此他多次住进疗养院。1912年，诗人回到马德里，做编辑工作，直到1916年去美。在美国期间，诗人结识了波多黎各的女翻译家塞诺维亚——他后来一直钟爱的妻子。西班牙内战期间，诗人站在共和派一边，后被迫流亡国外；第二次世界大时，他积极呼吁人民反战。晚年的诗人因不满西班牙的独裁统治，定居波多黎各。1956年，诗人获得诺贝尔文学奖。其代表作主要有《底层空间》、《一个新婚诗人的日记》、《空间》等。

希梅内斯像

⊙作品赏析

《我不再归去》是西班牙著名抒情诗人希梅内斯的名诗，曾被人们广为传诵。

这是一首绝妙的抒情诗。诗的开头为读者描绘了一个静谧温馨的夜世界。一个晴朗的夜，明月当空，洒下清冷的光辉，凉风轻拂，世界沉入梦乡。此时，在世界的某个角落，一颗孤独的灵魂展开了自己的心扉，吐露着心底的秘密和思念。诗由环境入手，再用躯体的不在写“我的不归”，确证我的不再归去。然而，这一切又都和诗中的情景——那夜、那风、那鲜花、那星光等是那样的背离，难道这不是诗人的回忆，难道彼处不是诗人声称不再归去的地方？诗人不再归去的，是躯体；而他的心绪去了，在那个或许是“家”的地方停栖和流连。

诗人何以要强调“我不再归去”，强调“我的躯体已不在那里”？诗人没有，诗人是怕自己的归去会带来震动，带给人们惊吓。

诗人怕惊吓到怎样的情景呢？那情景，有鲜花和星光，有深情的叹息和对未来的向往，有浓密的树下情人的笑语。这花前月下的风景、这生活的真切，不仅是过去，不仅是现在，就是在未来仍会延续，在诗人要回归的地方。那静谧的夜里传出幽婉曼妙的音乐，从那高雅心灵的深处升起，唤醒某些孤独的心灵。

全诗构思精巧，语言清丽，委婉动人。每一行诗句都明白易懂，诗歌的情思主要是通过诗人主观心灵的追思成像来完成的。诗人在西班牙传统的抒情诗中加入现代象征主义的手法。那月夜、微风、鲜花等客观事物都是诗人情感的象征，带有诗人主观的痕迹。诗人的思绪不断在彼处和此地间往返，使得夹带情感的景物绵延不断，似乎都在一处。过去、现在、未来这种时间意象的流动也开始同时出现。那流动震颤的音乐，是诗人心底情感澎湃起伏的表现。诗人就使用这种意象的流动表现了心灵，用美的形式、艺术的表达为读者展示了一个美丽的生活情景，也带给读者美好的遐想。

入选理由：纪伯伦的代表作之一
具有典型的阿拉伯文化气息
被译成多国文字，流传广泛

论婚姻 /［黎巴嫩］纪伯伦

爱尔美差又说，夫子，婚姻怎样讲呢？
他回答说：
你们一块儿出世，也要永远合一。
在死的白翼隔绝你们的岁月的时候，你们也要合一。
噫，连在静默地忆想上帝之时，你们也要合一。
不过在你们合一之中，要有间隙。
让天风在你们中间舞荡。
彼此相爱，但不要做成爱的系链：
只让他在你们灵魂的沙岸中间，做一个流动的海。
彼此斟满了杯，却不要在同一杯中啜饮。
彼此递赠着面包，却不要在同一块上取食。
快乐地在一处舞唱，却仍让彼此静独，
连琴上的那些弦子也是单独的，
虽然他们在同一的音调中颤动。
彼此赠献你们的心；却不要互相保留。
因为只有“生命”的手，才能把持你们的心。
要站在一处，却不要太密迩：
因为殿里的柱子，也是分立在两旁，
橡树和松柏，也不在彼此的荫中生长。

⊙作品赏析

这首诗选自纪伯伦的诗集《先知》。《先知》是纪伯伦的代表作。据说诗人写这本诗集前后花了将近30年的时间。诗人在18岁时就已写出了第一稿，但是他长期没有发表，期间几易其稿，直到40岁时才使之问世。《先知》里写道：当智者亚墨斯达法准备乘船离开阿法利斯城，回到他生长的岛上去时，预言者爱尔美差以及当地民众一齐来为他送行，同时要求他在离开之前，为众人演讲有关人生之真义。于是智者回答了他们提出的关于爱、婚姻、孩子、施与、饮食、工作、欢乐与悲哀、居室、衣服、罪与罚、法律、自由、理性与热情、苦痛、自知、教授、友谊、谈话、时光、善恶、祈祷、逸乐、美、宗教和死等26个问题。《先知》具有两个鲜明特点：一是思想深邃，见解新颖，富于哲理性和普遍性，能够发人深省，甚至有时令人耳目为之一新。二是比喻恰当，形象生动，形式创新多变，使人读来饶有趣味。

本首诗为《先知》中的第三首，是论述婚姻的。对于男女婚姻和夫妇关系，智者有新颖而独特的观点。首先，他指出夫妇要永远合一：

你们一块儿出世，也要永远合一。
在死的白翼隔绝你们的岁月的时候，你们也要合一。
噫，连在静默地忆想上帝之时，你们也要合一。

这种观点是符合传统观念的，所谓“白头偕老”就是这个意思。

其次，智者又指出在夫妇合一之中要有间隙：

彼此斟满了杯，却不要在同一杯中啜饮。

彼此递赠着面包，却不要在同一块上取食。

快乐地在一处舞唱，却仍让彼此静独。

这种观点似乎不大符合一般传统观念，表面看上去好像没有道理，其实包含着更深刻的道理。因为只有留下间隙，才能更快乐地在一处舞唱，只有保证平等独立，才能更进一步地互相爱慕。由此可知，智者所提倡的不是夫唱妇随、女方依附男方的封建婚姻关系，而是夫妇平等、人格各自独立的新型婚姻关系。这在今天仍有其现实的启迪意义。

入选理由 艾略特著名长诗《荒原》的缩影 以典型意象的组合反映了西方现代都市文明的没落和匮乏

序曲 /［英国］艾略特

冬夜带着牛排味
凝固在过道里。
六点钟。
烟腾腾的白天烧剩的烟蒂。
而现在阵雨骤然
把萎黄的落叶那污秽的碎片
还有从空地吹来的报纸
裹卷在自己脚边。
阵雨敲击着
破碎的百叶窗和烟囱管，
在街道的转弯
一匹孤独的马冒着热气刨着蹄，
然后路灯一下子亮起。

⊙作品赏析

这首诗选自艾略特的组诗《序曲》，是四首中的第一首，写于1917年，是诗人早期的佳作之一。它的写作年代比《荒原》（1920年）还要早。从这首诗中，我们能看出艾略特思想的发展轨迹。可以说，这首诗是他思想历程的一个见证，展示了"荒原"的一角。

诗歌以几个独特的意象的巧妙组结，表现了一个黄昏时的西方现代城市的影像，一个有典型意义的时刻和场景。在一个清冷的冬夜，城市内飘散着牛排的味道，最后在人们要经过的过道里凝固，久久不散。这样的夜就是资本主义社会的一个缩影，这样的过道就是人类路程的象征。

"六点钟"，简单三个字点明了时间。白昼很快就消逝了，如同一支烟的工夫，只剩下一个

·作者简介·

艾略特（1888～1965），英国现代著名诗人，西方现代派文学思潮的奠基者。出生在美国，祖父是华盛顿大学的创建人，父母都出身在文化层次较高的家庭。1906年，诗人入哈佛大学学习哲学。1908年接触到象征主义诗歌，开始了对现代主义诗歌的探索。1910～1911年和1914年，他先后在巴黎大学学习，仍学哲学，随后在德国找了一份研究员的工作。1915年，他和英国少女维芬结婚，从此定居英国，同年发表第一首诗歌。1920年，诗人出版了其第一部诗歌评论集《圣林》。1921年，诗人妻子发疯，他精神几近崩溃，也就在这一年他写出了长诗《荒原》的大部分。1922年，他创办著名的文学评论杂志《标准》，期间发表著名的长诗《荒原》。1927年，诗人加入英国的国教和英国国籍。1932年，诗人和已疯的妻子分居。1934～1943年完成其后期的代表作《四个四重奏》。晚年的诗人基本上沉迷于宗教，创作了大量的宗教诗。1948年，诗人因为对现代诗歌做出的开创性贡献获得了诺贝尔文学奖。1957年，他和自己的秘书法莱丽结婚，曾为此写过一些歌唱爱情的诗歌。1965年1月，诗人病逝于伦敦。

艾略特像

苍白的、冒着青烟的烟蒂。黄昏降临，阵雨骤然，风挟裹着雨吹扫着残败的枯叶、污秽的碎片和破烂不堪的报纸。那阵雨是要冲刷什么吗？那敲击百叶窗和烟囱的声音是不是也在诉说着什么？那混合着碎片和污秽的雨水是一股汹涌的暗流吗？是不是要突然汇为一场洪水，冲刷出一个崭新的世界？马浑身冒着热气，不安地刨着蹄。这时路灯亮起来了，但那昏黄的灯光在这样的世界里也于事无补，世界仍然充满着死寂的忧愁和暗淡。这首诗可以说是《荒原》的缩微。

这首诗在诗体、韵律和语言上颇具特色，形体自由，语言灵活，节奏和谐。诗人一方面受象征主义的影响，采用象征手法来表现诗人对现代都市的独特感受和深刻认识；另一方面，明显受意象主义的启发，不用浓重的个人色彩而是用独特的意象来描摹现实，让读者自己得出结论。那残破的落叶、报纸，还有那破碎的百叶窗和高高的烟囱都象征着现代都市文明的没落和匮乏；那“孤独的马不安地刨着蹄”是诗人内心的一种生动写照，还有那灯光也是一种暗示，暗示着希望或者诗人内心的一种信仰。

披着深色的纱笼 / ［苏联］阿赫玛托娃

入选理由
阿赫玛托娃的爱情名诗之一
生动刻画了恋爱中男女双方的细腻微妙的心理
发表时深受俄罗斯广大青年的喜爱

披着深色的纱笼我紧叉双臂……
“为什么你今天脸色泛灰？”
——因为我用酸涩的忧伤
把他灌得酩酊大醉。

我怎能忘记？他踉踉跄跄走了出去——
扭曲了的嘴角，挂着痛苦……
我急忙下楼，栏杆也顾不上扶，
追呀追，想在大门口把他拦住。

我屏住呼吸喊道：“那都是开玩笑。
要是你走了，我只有死路一条。”
“别站在这风头上，”——
他面带一丝苦笑平静地对我说道。

⊙作品赏析

这首诗写于1911年，是对一段爱情插曲的描写。诗中首句刻画了一个美丽而神秘的女子形象，她披着深色的纱笼。简单一句话就刻画出女子那欲说还羞的心情，衬托出爱情的神秘和诱人。“紧叉双臂”，似乎也在暗示着“我”对爱情的犹豫和惶惑。诗人就是在这种微妙的心境中写下这首诗的，那是恋人们在爱情中的常见情境。

对方神情悲苦地走了，脸上带着痛苦，脚步踉跄。他是因为对方的犹豫和怀疑而心情烦闷，还是因为被对方过火的玩笑击伤了心灵。而因为

·作者简介·

阿赫玛托娃（1889～1966），苏联著名女诗人。出生在一个富裕家庭，父亲是工程师，母亲是贵族。1905年，父母离异，诗人随母亲居住，不久被寄居在亲戚家读书。中学毕业后，诗人进彼得堡女子高等学校法律系学习，同时，诗人开始投入大量精力从事文学创作。1910年，她与贵族诗人尼·古米廖夫结婚，婚后先后在法国、瑞士等国游历。这时的诗人写下了很多具有唯美主义倾向的诗歌，这些诗在贵族青年中广为流传，也使诗人获得了“俄罗斯的萨福”的称号。十月革命后，她的丈夫参加白匪，遭到镇压；诗人一度沉迷于学术研究，放弃诗歌创作。但诗人坚持自己的爱国情怀，没有和另一些文人一样离开祖国。卫国战争期间，诗人写下了许多有关抵抗侵略、保卫祖国的英雄诗篇。

阿赫玛托娃像

这略带极端的行为——走开，另一方也不再安稳地坐在那里。“我”要去挽回对方的心，“我”不想失去心中的情郎，急忙追了出去，要把“他”留住，并且解释清楚，表白心中的爱情。“他”回过头来，面带一丝苦笑，平静地对“我”说：“别站在这风头上，”这简短的一句话胜似千言万语。故事就这样结束了，留给读者无穷的遐想。

这首诗用极其精练的语言描写日常生活的场景，采用一个爱情生活中极为常见的情景，将恋人之间那种向往爱情又怕受到伤害的微妙心理刻画得惟妙惟肖，将爱情中的苦痛和甜蜜写得生动到位。这首诗给当时处在动荡社会中的年轻人以很大的安慰和满足，在他们中间广泛地流传着。

死的十四行诗 / ［智利］米斯特拉尔

入选理由

米斯特拉尔的成名作、代表作
获当年智利首届“花节诗歌大赛”第一名
被译成多国文字，广为传诵

一

人们把你搁进阴冷的壁龛，
我把你挪到阳光和煦的地面。
人们不知道我要躺在泥土里，
也不知道我们将共枕同眠。

像母亲对熟睡的孩子一样深情，
我把你安放在日光照耀的地上，
土地接纳你这个苦孩子的躯体
准会变得摇篮那般温存。

我要撒下泥土和玫瑰花瓣，
月亮的薄雾缥缈碧蓝
将把轻灵的骸骨禁锢。
带着美妙的报复心情，我歌唱着离去，
没有哪个女人能插手这隐秘的角落
同我争夺你的骸骨！

二

有一天，这种厌倦变得更难忍受，
灵魂对躯体说，它不愿拖着包袱
随着活得很满意的人们
在玫瑰色的道路上继续行进。

你会觉得身边有人在使劲挖掘，
另一个沉睡的女人来到静寂的领域。
待到我被埋得严严实实……
我们就可以絮絮细语，直到永远！

只在那个时候你才明白，
你的肉体还不该来到深邃的墓穴，
尽管并不疲倦，你得下来睡眠。

命运的阴暗境界将会豁然明亮，
你知道我们的盟约带有星辰的印记，

·作者简介·

米斯特拉尔（1889～1957），智利现代著名女诗人。未曾受过正规教育，小时候在同父异母的姐姐的辅导下读了《圣经》和但丁、普希金等文学大师的作品。1905年进入短训班学习，毕业后成为一名小学教师。1914年，诗人为自己以前的恋人所作的悼念诗在诗歌节上获奖，在智利诗坛崭露头角。1922年，诗人应邀去墨西哥考察并参加了教育改革的工作。同年，第一部诗集《绝望》出版，读者反应强烈。1932年，转入外交界，先后在意大利、西班牙、美国等国任领事。1945年，获得诺贝尔文学奖。除上面提到的作品外，还有1924年出版的《柔情》、1954年出版的《葡萄牙压榨机》和散文诗集《智利掠影》等。

米斯特拉尔像

山誓海盟既然毁损，你就已经死定……

三

一天，星辰有所表示，
你离开了百合般纯洁的童年，
从那天起，邪恶的手掌握了你的生命。
你在欢悦中成长。它们却侵入了欢悦……

我对上帝说：“他给领上毁灭的途径。
那些人不懂得引导可爱的心灵！
上帝啊，快把他从致命的手里解脱，
要不就让他在长梦中沉沦！

我不能把他唤住，也不能随他同行！
一阵黑色的风暴把它的船吹跑。
让他回到我的怀抱，要不就让他年青青的死掉。”

他生命的船只已经抛锚……
难道我不懂爱情，难道我没有怜悯？
即将审判我的上帝，这一切你都知道！

⊙作品赏析

这首诗写于1914年，在当年智利文艺家协会举办的主题为“悼念死去的爱人”的“花节诗歌大赛”上获得第一名，米斯特拉尔也一举成名。1907年，米斯特拉尔和一个叫罗梅里奥·乌雷塔的铁路职员相恋。也许双方都太年轻，也许双方文化层次和人生追求的不同，年轻人后来移情别恋，几经周折，竟在1909年因失恋自杀，死时身上带着诗人送他的明信片。

就是这段炽热的恋情，这段未果的爱情触发了诗人的感情：那甜蜜和青涩，那痛苦又搅拌着深深的爱抚。诗人沉痛地追忆过去，痛惜爱情的缺憾，深深陷入对爱情和死亡的思考中，最终形成了这首感人至深的三节诗。

第一节。爱人死了，被人放进壁龛，阴暗的壁龛。诗人愿意化为阳光，愿用爱情去安抚那已冷却的身体和灵魂。诗人要用挽歌留住爱人，去深情地温暖那颗年轻的心。爱人死了，诗人仍信仰爱情。爱人只剩下了骸骨，但诗人仍愿意用湿湿的泥土，用散发着香气的玫瑰，用月光照射下的薄雾将这骸骨、这冰冷的心灵锁住，珍藏在自己心灵的深处。

第二节。诗人的追念之情在不断深化。诗人的心在滴血，为自己，也为死去的年轻人。一切都过去了。恋人背叛了自己，他的躯体不过是一个空包袱。但诗人仍在痴情地等候，要用自己的美丽心灵去感化恋人，盼望恋人回心转意。诗人梦想有着平凡的生活、平凡的爱情：在那星辰闪烁的清冷之夜，和恋人相守在一起，絮絮低语，山盟海誓。那夜，世界的阴暗，命运的阴暗瞬间被幸福誓言穿破，豁然明亮。

第三节。死亡、爱情、痛苦似乎都打上了宿命的印记。爱情最终走向了幻灭，诗人在悲愤之余，对那位虚无缥缈的上帝进行了无情的谴责。同时诗人又坚定了自己的爱情信仰：让爱情永生。

这首诗的表现手法是非常纯熟的，对缠绵的柔情，对爱情的执著，对爱情的痛苦结局等或用了恰当的描写，或用了贴切的铺叙。诗的风格是现实主义的，诗的格调是积极的。诗歌情感真挚炽烈，节奏起伏激荡，第一人称手法的运用，增强了亲切感，引起了读者的强烈共鸣。正是由于诗人的诗歌中洋溢着浓厚炽烈的真情，闪耀着爱的光芒，使得诗人赢得了文学殿堂中的至高荣誉——诺贝尔文学奖。1945年，在诗人诺贝尔文学奖的颁奖词中这样写道："因为她那富于强烈感情的抒情诗歌，使她的名字成为整个拉丁美洲理想的象征"。

你不爱我也不怜悯我 /［俄国］叶赛宁

入选理由
俄罗斯诗库中的爱情名诗
叶赛宁的代表作之一
被译成多国文字，为各国青年所喜爱

你不爱我也不怜悯我，
莫非我不够英俊？
你的手搭在我的肩上，
情欲使你茫然失神。

年轻多情的姑娘，对你
我既不鲁莽也不温存。
请告诉我，你喜欢过多少人？
记得多少人的手臂？多少人的嘴唇？

我知道，那些已成为过眼云烟，
他们没触及过你的火焰，
你坐过许多人的膝头，
如今竟在我的身边。

你尽管眯起眼睛
去思念那一位情人，
须知我也沉浸在回忆里，
对你的爱并不算深。

不要把我们的关系视为命运，
它只不过是感情的冲动，
似我们这种萍水相逢，
微微一笑就各奔前程。

诚然，你将走自己的路，
消磨没有欢乐的时辰，
只是不要挑逗天真无邪的童男，

·作者简介·

叶赛宁（1895～1925），20世纪初俄罗斯著名抒情诗人。出生于一个农民家庭。两岁时被寄养在外祖父家中。1909年入一所教会师范学校学习。1912年，诗人毕业后去了莫斯科，从事辛苦的工作，同时开始诗歌创作。不久诗人加入苏里科夫文学与音乐小组，并进入沙尼亚夫斯基人民大学读书。他的第一部诗集《扫墓日》就在这个时候出版。1916年，他应征入伍，一年后离开军队，加入左翼社会革命党人的战斗队。十月革命中，诗人积极参加革命活动。1921年，诗人与著名美国舞蹈家阿塞米拉·邓肯结婚，之后两人一起去欧洲旅行。这次婚姻只维持了3年便结束了。1925年，诗人和列夫·托尔斯泰的孙女结婚。由于诗人感到现实社会与自己理想中的社会有着巨大的差异，因而极度失望，并患上了严重的抑郁症。1925年12月，诗人自杀，自杀前用血写下了诀别诗《再见吧，朋友》。

叶赛宁像

只是不要撩拨他们的春心。

当你同别人在小巷里逗留，
倾吐着甜蜜的话语，
也许我也会在那儿漫步，
重又与你街头相遇。

你会依偎着别人的肩头，
脸儿微微地倾在一旁，
你会小声对我说："晚上好！"
我回答说："晚上好，姑娘。"

什么也引不起心的不安，
什么也唤不醒心的激动，
爱情不可能去了又来，
灰烬不会再烈火熊熊。

⊙作品赏析

这首诗写于1925年12月4日，半个月后诗人就自杀了。这首诗应当是诗人送给一直敬爱他的别尼斯拉夫斯卡娅。她一直爱着诗人，给诗人以帮助，但最终被诗人抛弃。诗人的心中一直有着深深的愧疚，据说诗人的诀别诗也是写给她的。在这首诗中诗人用另一个人的口气对自己抛弃情人的行为进行了谴责，表达了自己心中的愧疚。

诗中写了一段浪漫故事。在讲述中，我们能明显感受到两种感情在纠结和交替出现：对情人的逢场作戏、虚情假意的深深埋怨，对逝去爱情的深深怅惘与伤痛。于是，"他"陷入了深深的埋怨。他对情人的描述可以说是对情人的一种刻意轻视甚至诬蔑。情人朝三暮四，总在不断地欺骗和抛弃别人；情人的心不能坚定，情人的爱不能如一。情人的生活是在"消磨没有欢乐的时辰"。

"他"埋怨情人，但又不能忘怀那段感情。"我知道，那些已成为过眼云烟"，如果遇见情人和另一个人在亲密，"他"能平静地说声"晚上好"——这只是自欺而已，"他"仍耿耿于怀情人的背叛，耿耿于怀情人对"他"的"玩弄"。这些都说明了"他"的心已深深地被那段感情所刺痛。看似平静的语言背后，隐含着诗人心灵的巨大创伤和强烈痛苦。

最后一段，用自白的方式讲述了自己的心灵感受。在深深的埋怨和痛苦背后，隐藏的是绝望和一种死寂般的无奈。这绝望和无奈是不是也是诗人的心情？这样的绝望后又隐藏着怎样的愧疚和后悔？

在写作手法上，诗歌采用了鲜明的对比手法和生活化的语言——明朗而富含着强烈的感情。诗中的被抛弃者用情人的行为和"我"的态度进行对比，从而一定程度上掩藏了情人的真实情况，表达了对情人的怨恨，又很成功地表达出"我"在情人离去后精神上的深深痛苦。

这首诗体现了叶赛宁诗歌创作的一贯风格：文风清新自然，行文飘逸潇洒，在明朗的语义下潜含着诗人深深的感情，生活化的场景使得人们能真切地品味出诗中的情感和意境。这些都使得诗人在俄罗斯诗歌史上占有重要的一席，使得叶赛宁的诗歌对20世纪50年代后的苏联诗坛产生了重大的影响。

青春 / [西班牙] 阿莱桑德雷

入选理由：阿莱桑德雷的名诗之一
一曲细腻委婉、含蓄隽永的
青春咏叹调

你轻柔地来而复去，
从一条路
到另一条路。你出现，
尔后又不见。
从一座桥到另一座桥。
——脚步短促，
欢乐的光辉已经黯然。

青年也许是我，
正望着河水逝去，
在如镜的水面，你的行踪
流淌，消失。

·作者简介·

阿莱桑德雷（1898～1984），西班牙现当代著名诗人。生于风景秀美的海滨小城马拉加。1911年随全家迁往马德里；1913年入大学学习法律和商业，毕业后从事商业工作，时常为金融报纸撰稿。1925年，一场突如其来的肾结核病使得诗人放弃了工作，开始了漫长的病榻生活，从此决心从事诗歌写作。1926年发表处女作，1928年发表第一部诗集《轮廓》，逐渐获得人们的认可，成为“二七年一代”的重要成员。1933年，获得西班牙皇家学院的国家文学奖。1944年，诗集《天堂的影子》引起轰动，成为青年一代的先驱，声望日隆，其创作也更加成熟。1977年，获得诺贝尔文学奖，西班牙全国欢呼雀跃，甚至有人预言：西班牙文学的第二个黄金时代就要到来了。除上面提到的外，其作品还有《毁灭与爱情》、《心的历史》、《毕加索》、《知识的对白》、《终极的诗》等。

阿莱桑德雷像

⊙作品赏析

这首诗显示了诗人诗歌创作的一贯主题和风格：用诗句来追问生命的意义及其内在价值，诗句低回婉转，平淡的言语中潜藏着深深的缠绵悱恻，浅易的吟唱却蕴含着极大的震撼力。

这首诗写的是青春。青春是一个很多人都会思考的人生课题，青春每个人都会经历，而且又都会失去。朱自清的《匆匆》和泰戈尔的《青春》两篇文章，都表达了对时光和青春易逝的叹息、对人生的依恋。

阿莱桑德雷在对青春的思索中，获得了一个流动的青春意象，获得了一份美丽的人生感受和启示。青春如同由一段段的旅程、一座座桥组成，人们在前行的途中和青春相遇，然后又与青春匆匆地别离。就在这样的匆匆之中，在这样一个个的瞬间，青春带给了人们欢欣和愉悦。当青春离去时，那欢愉随即也就暗淡下来。

诗中的青年其实就是诗人自己。望着那河水不断地流去，诗人心中生出无限的感慨，同时也获得了一份美丽的感悟和深刻的启示。青春在那样的一瞬间，在智慧的心灵中化为一首歌，也许导演出一部丰富的人生戏剧。青春如同那明镜般的流水，映现着深厚的生命内涵。“逝者如斯夫”，那滔滔东逝水带给人们多少启示和警戒呀！

电影《东邪西毒》里有一段精彩的台词：“人总有那么一个阶段，见一座山，就想知道山的后面是什么。”这首诗就是表现了青年人的这种梦想和执著的追求，以及不断向山的对面翻越前进的激情。

诗歌不仅在内容和语言上表现了诗人创作的一贯思路和主题，而且在形式和风格上也代表了诗人的创作风格和特色。诗歌采用自由体，优美的词语不拘一格地排列在一起，承接自然，轻盈灵动。诗歌使用普通的意象和平凡的比喻，用一种恰当独特的方式放在一起，使诗歌具有了很丰富的隐喻义，意象也不再普通。正是这些使得诗人的诗能深刻地启示着人们，引发人们对生命的思考。

入选理由
博尔赫斯的代表作之一
一首情深意切的追忆亲人的怀旧诗
揭示了博尔赫斯婚姻中鲜为人知的一面

雨 / [阿根廷] 博尔赫斯

黄昏突然明亮，
只因下起细雨，
刚刚落下抑或早已开始，
下雨，这无疑是回忆过去的机遇。

倾听雨声簌簌，
忆起那幸运的时刻，
一种称之为玫瑰的花儿
向你显示红中最奇妙的色彩。

这场雨把玻璃窗蒙得昏昏暗暗，
使万物失去了边际，
蔓上的黑色葡萄也若明若暗。

庭院消失了，
雨涟涟的黄昏给我带来最渴望的声音，
我的父亲没有死，他回来了，是他的声音。

·作者简介·

博尔赫斯（1899～1986），阿根廷20世纪著名诗人、小说家和翻译家。生于布宜诺斯艾利斯一个有英国血统的律师家庭。在日内瓦上中学，在剑桥读大学。通晓英、法、德等多国语言。诗人在中学时代即开始写诗。1919年赴西班牙，与极端主义派及先锋派作家过从甚密，并与其一同主编文学期刊。1950～1953年，任阿根廷作家协会主席。1955年任阿根廷国立图书馆馆长。其重要作品有诗集《布宜诺斯艾利斯的激情》、《面前的月亮》、《圣马丁笔记本》、《老虎的金黄》、《深沉的玫瑰》，短篇小说集《世界性的丑事》、《小径分岔的花园》、《手工艺品》、《死亡与罗盘》、《沙之书》等。另外还译有卡夫卡、福克纳等人的作品。

博尔赫斯像

⊙作品赏析

《雨》是博尔赫斯的名诗之一，诗歌以雨为题，抒发了诗人追忆亲人和往事的情怀。

诗的第一段，以隐伏的写法，从侧面描述了黄昏的雨景，巧妙地向读者交代了诗人回忆往事的时间和空间。黄昏下雨时，天空突然明亮起来，这是大自然常见的现象。这里，作者已讲明时间正处在黄昏，景况是下起了细雨。至于雨是刚刚开始下呢，还是早已开始了呢？作者并未交待清楚。其言外之意很明显，作者是在屋子里，而且是独自一人，正对窗外的雨景浮想联翩。后两句诗将地点和作者的处境交代清楚了。

第二段承接第一段的末句，诗人思绪升腾，开始追忆那温馨的过去。细雨淅淅沥沥地下着，在簌簌的雨声中，诗人忆起自己一生中最幸福的时刻——爱情最火热的年代。诗人将恋人比为红红的玫瑰，妩媚动人，圣洁无比。诗人是那么痴情、那么执著地爱着她！

博尔赫斯的爱情生活，是拉丁美洲文学界多年争论的一个问题。诗人大半生过着单身的生活，直到69岁时才与埃尔萨·米利安小姐结婚，不过婚姻只维持了不到4年时间便破裂了。诗人在去世的前几年，又与玛丽娅·科多玛小姐结婚，彼此相处很好。关于诗人迟婚的原因，目前最合理的解释是诗人在青年时曾有过一次刻骨铭心的恋爱，但由于第一次世界大战的爆发而中断了。诗人为此心灰意冷，曾发誓终身不娶。这首诗透露了诗人青年时的情遇，证实了学者们近年的考证。

诗的第三段为第四段作了铺衬，诗人对客观事物昏暗的描写，意在要把读者带向新的意境。第四段的第一句“庭院消失了”，一语双关，意为客观事物在诗人的脑海里全部消失了，诗人完全进入主观的遐想中，朦胧中，诗人好像听到他最渴望的声音——父亲回来的脚步声。

诗人早年丧母，其生活与教育全由他的父亲照顾。他的父亲是位著名医生，博学多才，对诗人影响很大。为了教育诗人，曾几次更换家庭教师。所以，诗人对父亲的热爱和崇敬是真挚和深沉的。于是，诗人在雨景造成的回忆往事的机遇中，自然而然地想起他所深爱的父亲了。

海涛 / [意大利] 夸西莫多

入选理由
- 意大利隐逸派诗人夸西莫多的代表作
- 被收入多种诗歌选本，流传广泛

多少个夜晚
我听到大海的轻涛细浪
拍打柔和的海滩，
抒出了一阵阵温情的
软声款语。

仿佛从消逝的岁月里
传来一个亲切的声音
掠过我的记忆的脑海
发出袅袅不断的
回音。

仿佛海鸥
悠长低回的啼声
或许是
鸟儿向平原飞翔
迎接旖旎的春光
婉转地欢唱。
你
与我——
在那难忘的年月
伴随这海涛的悄声碎语
曾是何等亲密相爱。

啊，我多么希望
我怀念的回音
像这茫茫黑夜里
大海的轻涛细浪
飘然来到你的身旁。

·作者简介·

夸西莫多（1901～1968），意大利现代著名诗人，隐逸派诗人的代表人物之一。出生在西西里岛的一个文化小城，父亲为铁路员工。诗人读大学时学习土木工程建筑，但他非常向往文学。由于家境贫困，诗人中途辍学，从事绘图员、技师等工作。1926年，诗人在劳工部找到了一份固定的工作，担任测绘员。1930年，第一部诗集《水与土》问世，奠定了诗人在意大利诗坛的地位。1938年，诗人离开建筑部门，担任《时报》的文学编辑，1939年因从事反法西斯活动被解聘。1941年，诗人成为米兰威尔第音乐学院的一名文学教授。1948～1964年，诗人先后在《火车头》、《时报》等报刊主持专栏。1959年，诗人荣获诺贝尔文学奖。1968年，因脑溢血突然发作去世。

夸西莫多像

⊙作品赏析

这首诗选自1947年出版的诗人的诗集《日复一日》。“多少个夜晚/我听到大海的轻涛细浪”，诗的开头就为读者营造了一个温馨的氛围。那步履轻轻的海浪用手轻轻地拍着柔柔的沙滩，向沙滩倾诉着心底的软声款语。

诗人被这场面感动了，思绪密密匝匝地涌上诗人的心头。诗人想起那遥远的过去——也许是童年纯真的情愫，也许是少年的情事，它们掠过诗人的脑际，发出了嗡嗡的回音。然后诗人的思绪又飞向那广袤美丽的大自然。海鸥在辽阔的海上悠悠飞翔，发出长而低的啼声；鸟儿在宽阔的平原上空飞舞，和春光一起嬉戏，尽情泼洒响亮而婉转的歌声。

诗人温馨地回忆着，随着飘飞的思绪，诗人不禁有了一种咏唱的冲动。“你/与我——”，诗人拖长声调唱起来了。“在那难忘的年月”，也是伴着这悄声碎语的海涛，在这样如梦的夜里，诗人与情人“曾是何等亲密相爱”。最后一段，诗人放声歌唱，这时已不再是简单的回忆或者怀念，而成了一种强烈的想念。诗人强烈地想念着恋人，想念着那甜蜜的爱情。诗人唱道，“我多么希望”，“飘然来到你的身旁”。这柔情最终变成深深的怅惘。诗人并不能在爱人的身旁，诗人只能怀念，只能向往。

在诗中，夸西莫多通过独特的“独白式”抒情，用美丽的意象——海涛、海鸥、鸟儿表达了自己真挚的感情。特别是后两段，更使用演唱的音调，用感叹词真切地抒发了诗人的感情，唤起了读者的感情。这种真挚、纯朴、简洁的音乐形式都是诗人诗歌的特点，是诗人被当做“隐逸派”代表人物的原因。

情诗 /［智利］聂鲁达

聂鲁达的代表作之一
一首优美动人的南美大陆的爱情赞歌
青年人必读的爱情诗

我记得你去秋的神情。
你戴着灰色贝雷帽，心绪平静。
黄昏的火苗在你眼中闪耀。
树叶在你心灵的水面飘落。

你像藤枝偎依在我怀里，
叶子倾听你缓慢安详的声音。
迷惘的篝火，我的渴望在燃烧。
甜蜜的蓝风信子在我心灵盘绕。

我感到你的眼睛在漫游，秋天很遥远：
灰色的贝雷帽、呢喃的鸟语、宁静的心房，
那是我深切渴望飞向的地方，
我欢乐的亲吻灼热地印上。

在船上瞭望天空。从山岗远眺田野。
你的回忆是亮光、是烟云、是一池静水！
傍晚的红霞在你眼睛深处燃烧。

秋天的枯叶在你心灵里旋舞。

⊙作品赏析

这首诗是聂鲁达的成名诗集《二十首情诗和一支绝望的歌》中的代表作，也是聂鲁达的代表作之一。

诗以“我记得”三字开篇。一种深深的爱怜、一些迷人的画面、一种动人的诗情在诗人的心中，在诗人的脑海中浮动。它激起了诗人对逝去爱情的回忆。

“你”（爱人）戴着朴素的贝雷帽，“心绪平静”。爱人平静地站在那儿，脸色祥和，表情纯净，但眼里闪着脉脉的柔情，有“黄昏的火苗”“在闪耀”。诗人也受到了感染。诗人仿佛在天地的静照中进入了爱人的心灵，看到树叶在爱人心灵的溪流中飘落，又悠悠流走，波澜不惊。这是诗人的直观，用外物直观自己的内心，也直观爱人的心灵。

接着是诗人的直感，诗人从实感来追思外物的形象，写下了动人的画面。“你”依偎在“我”的怀里，如藤枝依偎在大树上。叶子和叶子在低语，那亲密和交流是心灵的交融、合一。爱情如篝火一样在燃烧，那树藤之间的缠绕、依偎，已不再仅仅是身体的缠绕，而是心灵的盘旋了。

诗人通过爱人的眼睛，感受那漫游，感受那遥远的秋天。那帽、那鸟语、那宁静，到外表和有质感的声音，再到心灵栖息的地方。诗人热情地亲吻着这些，诗人获得了无上的欢乐。

在诗的最后，诗人顺着自己的直觉直感，又仿佛看到了恋人的心，触到了恋人波动的思绪。在悠悠邈邈的水面上，恋人坐在小船中，仰望天空；在高高的山岗上，恋人在远眺碧绿的原野。亮光、烟云、一池静水，恋人的回忆定格成可视的画面。诗人的心与恋人的心融合在一起，诗人仿佛看到了恋人眼中有绯红的晚霞在燃烧，心灵深处有秋天的落叶在旋舞。

这首诗代表了诗人前期的现代派风格。诗歌一方面承继了民族诗歌的抒情传统，一方面又吸收了西方现代派诗歌的抒情方式。诗人用外物直观心灵，用纯净的声音直观感情的交流、心的融合，用眼睛直观自己和恋人的心灵。在写作手法上，“写实”、“写意”和抒情的巧妙结合，使诗既融合了优美的外在自然风光和诗人主观创造的诗情画意，又以朴素而深情的笔触写出了爱情的真挚，使诗具有了震撼心灵的魅力。

美好的一天 / ［波兰］米沃什

入选理由
波兰著名诗人米沃什的代表作之一
一首清新优美的劳动与生活赞歌
文字清新，充满生机

多美好的一天呵！
花园里干活儿，晨雾已消散，
蜂鸟飞上忍冬的花瓣。
世界上没有任何东西我想占为己有，
也没有任何人值得我深深地怨；
那身受的种种不幸我早已忘却，
依然故我的思想也纵使我难堪，
不再考虑身上的创痛，
我挺起身来，前面是蓝色的大海，点点白帆。

⊙作品赏析

曾经有人说过，米沃什所有的诗都是“一首关于时间的挽歌”。诗人在漫漫的生命旅程中，在连绵不绝的时间中要遗忘的是什么呢？是诗人的生活碎片和混乱的琐碎小事，还是诗人经历的苦难？或者二者都有？在经历了漫长的艰难生活之后，诗人深感现实的污浊，诗人需要一丝人间的温情来抚慰自己那颗曾饱受磨难的心。

“美好的一天”，诗歌开头的一句话，引起了人们同样美好的想象和回忆。接下来诗人展开叙述。在一个早晨，暖和温情的阳光打破深沉的夜和浓浓的雾，照在花园里。晨雾并没有散尽，像一层朦胧的薄纱罩在这美丽的清晨和这美丽的花园上。花园里的花朵，还没有完全地开放，还在充满生机的、粗壮的枝头孕育着春天的气象；一只蜂鸟从花园中飞起，传递着春的信息。

在这样的早晨，诗人在自己的靠近海边的花园里劳作。那是一种平凡而美丽的生活！诗人的心中也感觉到了幸福，那种平凡的幸福。诗人在这样的情境中获得了一种深深的满足。诗人的心中再也没有什么想据为己有的东西；诗人心中的怨恨在这样的美景中，在这样的美好一天完全忘记了；一切都显得不那么重要了，充满苦难和不幸的过去，现在还在遭受的不幸和尴尬、不公都如过眼烟云，在这样的早晨已不再重要。重要的只是诗人的劳作和花园，花园里的花朵和早晨的蜂鸟。诗人站起身，面朝蓝色的大海，那点点白帆在诗人的眼前闪现。这样的情境不禁让人想到中国古代诗人陶渊明的诗句“采菊东篱下，悠然见南山”所描绘的那份悠闲，那份恬静，让人久久难以忘怀，回味无穷。

·作者简介·

米沃什（1911～2004），波兰当代著名诗人、作家。生于当时属于波兰版图的立陶宛的一个小城。童年时跟随父亲到过俄国的许多地方。中学时代，诗人受到天主教的强行教育。中学毕业后进入维尔诺大学攻读法律，获得硕士学位。1931年，诗人与朋友们一起创立文学团体“火炬社”，发行刊物《火炬》，号称现代波兰文坛的“灾难主义诗派”。1933年，诗人出版其第一部诗集《冰封的日子》，并因此获奖学金，赴巴黎留学两年，归国后在波兰电台工作。1936年，诗人出版其第二部诗集《三个冬季》。第二次世界大战期间，他在华沙积极参加反法西斯斗争，还编写过抗德诗集《无敌之歌》。战后曾任波兰驻美使馆和驻法使馆的文化参赞。1953年，他在巴黎出版的社会政治学论著《被奴役的心灵》，使他赢得了国际声誉。1955年，小说《夺权》出版，获欧洲文学奖。1960年后，定居美国，在加利福尼亚大学伯克利分校任斯拉夫语言文学系教授。1973年，出版了早期诗作《诗选》，1974年出版晚期诗选《冬日钟声》，并获1978年美国奥克拉荷马大学颁发的“当代世界文学季刊奖”。1980年，获得诺贝尔文学奖。另外，其代表作还有《无名的城市》、《日出和日落之处》等。

米沃什像

大街 / ［墨西哥］帕斯

入选理由

帕斯的代表作之一

反映拉美一代知识分子的彷徨、迷惘和失望心理

这是一条漫长而寂静的街。
我在黑暗中前行，我跌绊、摔倒
又站起，我茫然前行，我的脚
踩上寂寞的石块，还有枯干的树叶：
在我身后，另一人也踩上石块、树叶。
当我缓行，他也慢行；
但我疾跑，他也飞跑。我转身望去：却空无一人。
一切都是黑漆漆的，连门也没有，
唯有我的足声才让我意识到自身的存在，
我转过重重叠叠的拐角，

可这些拐角总把我引向这条街，
这里没有人等我，也没有人跟随我，
这里我跟随一人，他跌倒
又站起，看见我时说道：空无一人。

⊙作品赏析

墨西哥城的街道闻名世界，那里的每一条街都是用一个名人的名字或者著名的历史事件命名的，具有深厚的历史气息和文化内涵。走在这样的街道上，诗人心中难免会触发某种深刻的感受。

诗中的“我”并非特指，而是指代那些执著探索历史本质、人类命运和人生道路的人们。“我”在漫长而寂静的大街上行走，不断跌倒，又不断站起。“我”就是那些探索者的代表。这时街上出现了另一个人“他”。“他”紧跟在“我”的身后，当“我”慢慢前行时，“他”也慢慢行进。当“我”加快脚步时，“他”也跟了上来。“他”是另一个“我”，在历史的深处躲藏着，不断追问思考历史的本质；“他”是“我”的灵魂，不断敦促“我”前进。在这样的街上，“我”迷失了，然后靠着自己的足音找回自己。“我”不断地转过一个又一个拐角，然后又回到出发点。“他”或许是位徘徊在历史峡谷中的前辈，在躲避残酷的现实，在强迫自己的心灵逃避那不堪回首的往事。或者，“他”是以前的自己，仍然处于追寻和迷失中。

这首诗代表了诗人的成熟创作风格。诗歌一方面带有拉丁美洲诗歌的神秘气息，带着深沉的历史思索；另一方面大胆突破传统，追求先锋诗歌的风格，带有强烈的现代意味和特点。在深沉的历史思索和民族意识中表达了强烈的个人瞬间体验，使个人的生命直觉与厚重的历史意味相结合，进而达到完美的统一。

·作者简介·

帕斯（1914～1998），拉丁美洲当代著名诗人。生于墨西哥城一个有着浓厚宗教气息的文化家庭。在法国接受中学教育。14岁时进入墨西哥国立大学学习，不久因家道中落而辍学。17岁时，开始诗歌创作并与人合办《栏杆》杂志。1933年，创办诗歌期刊《墨西哥谷地手册》，同年出版第一部诗集《狂野的月亮》，一举成名。随后，积极参加社会活动，曾创办小学救助贫困儿童。1938年，创办文学期刊《车间》，1943年参与创办《浪子》。1944～1945年，前往美国学习，回国后积极援救西班牙流亡人员，同时进入外交界，先后在法国、日本等国任外交官，1955年曾回国从事诗歌创作，创办《墨西哥文学》杂志。1968年在任驻印度大使期间，因反对政府对学生运动的镇压愤而辞职，在英美等国从事诗歌研究。1971年回国专门从事诗歌创作。1990年，获得诺贝尔文学奖。1998年，病逝。

帕斯像

第三卷

最犀利的杂文

记念刘和珍君 / 鲁迅

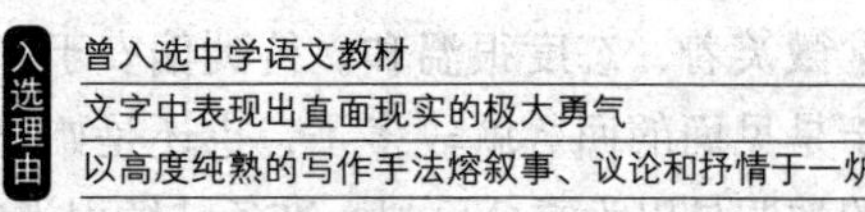

一

中华民国十五年三月二十五日，就是国立北京女子师范大学为十八日在段祺瑞执政府前遇害的刘和珍杨德群两君开追悼会的那一天，我独在礼堂外徘徊，遇见程君，前来问我道，“先生可曾为刘和珍写了一点什么没有？”我说“没有”。她就正告我，“先生还是写一点罢；刘和珍生前就很爱看先生的文章。”

这是我知道的，凡我所编辑的期刊，大概是因为往往有始无终之故罢，销行一向就甚为寥落，然而在这样的生活艰难中，毅然预定了《莽原》全年的就有她。我也早觉得有写一点东西的必要了，这虽然于死者毫不相干，但在生者，却大抵只能如此而已。倘使我能够相信真有所谓“在天之灵”，那自然可以得到更大的安慰，——但是，现在，却只能如此而已。

可是我实在无话可说。我只觉得所住的并非人间。四十多个青年的血，洋溢在我的周围，使我艰于呼吸视听，那里还能有什么言语？长歌当哭，是必须在痛定之后的。而此后几个所谓学者文人的阴险的论调，尤使我觉得悲哀。我已经出离愤怒了。我将深味这非人间的浓黑的悲凉；以我的最大哀痛显示于非人间，使它们快意于我的苦痛，就将这作为后死者的菲薄的祭品，奉献于逝者的灵前。

二

真的猛士，敢于直面惨淡的人生，敢于正视淋漓的鲜血。这是怎样的哀痛者和幸福者？然而造化又常常为庸人设计，以时间的流驶，来洗涤旧迹，仅使留下淡红的血色和微漠的悲哀。在这淡红的血色和微漠的悲哀中，又给人暂得偷生，维持着这似人非人的世界。我不知道这样的世界何时是一个尽头！

我们还在这样的世上活着；我也早觉得有写一点东西的必要了。离三月十八日也已有两星期，忘却的救主快要降临了罢，我正有写一点东西的必要了。

三

在四十余被害的青年之中，刘和珍君是我的学生。学生云者，我向来这样想，这样说，现在却觉得有些踌躇了，我应该对她奉献我的悲哀与尊敬。她不是“苟活到现在的我”的学生，是为了中国而死的中国的青年。

她的姓名第一次为我所见，是在去年夏初杨荫榆女士做女子师范大学校长，开除校中六个学生自治会职员的时候。其中的一个就是她；但是我不认识。直到后来，也许已经是刘百昭率领男女武将，强拖出校之后了，才有人指着一个学生告诉我，说：这就是刘和珍。其时我才能将姓名和实体联合起来，心中却暗自诧异。我平素想，能够不为势利所屈，反抗一广有羽翼的校长的学生，无论如何，总该是有些桀骜锋利的，但她却常常微笑着，态度很温和。待到偏安于宗帽胡同，赁屋授课之后，她才始来听我的讲义，于是见面的回数就较多了，也还是始终微笑着，态度很温和。待到学校恢复旧观，往日的教职员以为责任已尽，准备陆续引退的时候，我才见她虑及母校前途，黯然至于泣下。此后似乎就不相见。总之，在我的记忆上，那一次就是永别了。

四

我在十八日早晨，才知道上午有群众向执政府请愿的事；下午便得到噩耗，说卫队居然开枪，死伤至数百人，而刘和珍君即在遇害者之列。但我对于这些传说，竟至于颇为怀疑。我向来是不惮以最坏的恶意，来推测中国人的，然而我还不料，也不信竟会下劣凶残到这地步。况且始终微笑着的和蔼的刘和珍君，更何至于无端在府门前喋血呢？

然而即日证明是事实了，作证的便是她自己的尸骸。还有一具，是杨德群君的。而且又证明着这不但是杀害，简直是虐杀，因为身体上还有棍棒的伤痕。

但段政府就有令，说她们是“暴徒”！

但接着就有流言，说她们是受人利用的。

惨象，已使我目不忍视了；流言，尤使我耳不忍闻。我还有什么话可说呢？我懂得衰亡民族之所以默无声息的缘由了。沉默呵，沉默呵！不在沉默中爆发，就在沉默中灭亡。

五

但是，我还有要说的话。

我没有亲见；听说，她，刘和珍君，那时是欣然前往的。自然，请愿而已，稍有人心者，谁也不会料到有这样的罗网。但竟在执政府前中弹了，从背部入，斜穿心肺，已是致命的创伤，只是没有便死。同去的张静淑君想扶起她，中了四弹，其一是手枪，立仆；同去的杨德群君又想去扶起她，也被击，弹从左肩入，穿胸偏右出，也立仆。但她还能坐起来，一个兵在她头部及胸部猛击两棍，于是死掉了。

始终微笑的和蔼的刘和珍君确是死掉了，这是真的，有她自己的尸骸为证；沉勇而友爱的杨德群君也死掉了，有她自己的尸骸为证；只有一样沉勇而友爱的张静淑君还在医院里呻吟。当三个女子从容地转辗于文明人所发明的枪弹的攒射中的时候，这是怎样的一个惊心动魄的伟大呵！中国军人的屠戮妇婴的伟绩，八国联军的惩创学生的武功，不幸全被这几缕血痕抹杀了。

但是中外的杀人者却居然昂起头来，不知道个个脸上有着血污……

六

时间永是流驶，街市依旧太平，有限的几个生命，在中国是不算什么的，至多，不过供无恶意的闲人以饭后的谈资，或者给有恶意的闲人作“流言”的种子。至于此外的深的意义，我总觉得很寥寥，因为这实在不过是徒手的请愿。人类的血战前行的历史，正如煤的形成，当时用大量的木材，结果却只是一小块，但请愿是不在其中的，更何况是徒手。

然而既然有了血痕了，当然不觉要扩大。至少，也当浸渍了亲族，师友，爱人的心，纵使时光流驶，洗成绯红，也会在微漠的悲哀中永存微笑的和蔼的旧影。陶潜说过，“亲戚或余悲，他人亦已歌，死去何所道，托体同山阿。”倘能如此，这也就够了。

七

我已经说过：我向来是不惮以最坏的恶意来推测中国人的。但这回却很有几点出于我的意外。一是当局者竟会这样地凶残，一是流言家竟至如此之下劣，一是中国的女性临难竟能如是之从容。

我目睹中国女子的办事，是始于去年的，虽然是少数，但看那干练坚决，百折不回的气概，曾经屡次为之感叹。至于这一回在弹雨中互相救助，虽殒身不恤的事实，则更足为中国女子的勇毅，虽遭阴谋秘计，压抑至数千年，而终于没有消亡的明证了。倘要寻求这一次死伤者对于将来的意义，意义就在此罢。

苟活者在淡红的血色中，会依稀看见微茫的希望；真的猛士，将更奋然而前行。

呜呼，我说不出话，但以此记念刘和珍君！

⊙作品赏析

1926年，也是大革命的前夕，反动势力迫害进步人士的事情时有发生，“三一八”惨案即为其中典型事件之一。在黑暗现实面前，更多的人选择沉默，鲁迅拿起笔来写这篇纪念的文章，具有两重意义：现实的意义和历史的意义。而事实上自20世纪20年代年代中期以来，鲁迅在思想上更多的时候深陷怀疑和他自己所说的“彷徨”中，甚至感觉到了刀笔的无力，一种接近“失语”的状态一直伴随着他。在本文中可以看到，鲁迅在表达自己的愤怒和控诉的时候力图穷尽语言的力量，但是文字中充满了无尽的悲伤和绝望，正如他在文中反复表达的：“我们还在这样的世上活着；我也早觉得有写一点东西的必要了。离三月十八日也已有两星期，忘却的救主快要降临了罢，我正有写一点东西的必要了。”以及“可是我实在无话可说”。文章用直笔记录来表达作者所知道的和认识到的，尽管反复地给予进步学生极高赞誉，然而却明显地表示出对“徒手请愿”的价值的怀疑和不赞成。但是鲁迅还是找到并且在文中指出了进步学生牺牲的现实意义：“然而既然有了血痕了，当然不觉要扩大。至少，也当浸渍了亲族，师友，爱人的心，纵使时光流逝，洗成绯红，也会在微漠的悲哀中永存微笑的和蔼的旧影。”“苟活者在淡红的血色中，会依稀看见微茫的希望；真的猛士，将更奋然而前行。”这是鲁迅意识到对待反动势力的暴力革命的必要性，表明了鲁迅在现实中革命思想的重大突破。

论雷峰塔的倒掉 / 鲁迅

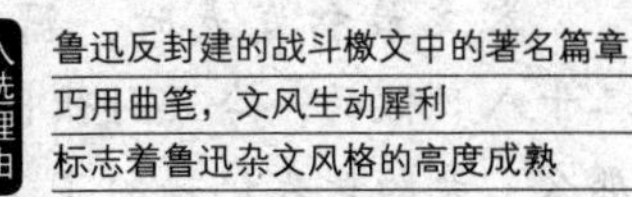

听说，杭州西湖上的雷峰塔倒掉了，听说而已，我没有亲见。但我却见过未倒的雷峰塔，破破烂烂的映掩于湖光山色之间，落山的太阳照着这些四近的地方，就是“雷峰夕照”，

西湖十景之一。“雷峰夕照”的真景我也见过，并不见佳，我以为。

然而一切西湖胜迹的名目之中，我知道得最早的却是这雷峰塔。我的祖母曾经常常对我说，白蛇娘娘就被压在这塔底下！有个叫做许仙的人救了两条蛇，一青一白，后来白蛇便化作女人来报恩，嫁给许仙了；青蛇化作丫鬟，也跟着。一个和尚，法海禅师，得道的禅师，看见许仙脸上有妖气，大凡讨妖怪作老婆的人，脸上就有妖气的，但只有非凡的人才看得出来，便将他藏在金山寺的法座后，白蛇娘娘来寻夫，于是就“水满金山”。我的祖母讲起来还要有趣得多，大约是出于一部弹词叫作《义妖传》里的，但我没有看过这部书，所以也不知道“许仙”“法海”究竟是否这样写。总而言之，白蛇娘娘终于中了法海的计策，被装在一个小小的钵盂里了。钵盂埋在地里，上面还造起一座镇压的塔来，这就是雷峰塔。此后似乎事情还很多，如“白状元祭塔”之类，但我现在都忘记了。

那时我惟一的希望，就在这雷峰塔的倒掉。后来我长大了，到杭州，看见这破破烂烂的塔，心里就不舒服。后来我看看书，说杭州人又叫这塔作“保叔塔”，其实应该写作“保俶塔”，是钱王的儿子造的。那么，里面当然没有白蛇娘娘了，然而我心里仍然不舒服，仍然希望他倒掉。

现在，他居然倒掉了，则普天之下的人民，其欣喜为何如？

这是有事实可证的。试到吴、越的山间海滨，探听民意去。凡有田夫野老，蚕妇村氓，除了几个脑髓里有点贵恙的之外，可有谁不为白娘娘抱不平，不怪法海太多事的？

和尚本应该只管自己念经。白蛇自迷许仙，许仙自娶妖怪，和别人有什么相干呢？他偏要放下经卷，横来招是搬非，大约是怀着嫉妒罢，那简直是一定的。

听说，后来玉皇大帝也就怪法海多事，以至荼毒生灵，想要拿办他了。他逃来逃去，终于逃在蟹壳里避祸，不敢再出来，到现在还如此。我对于玉皇大帝所作的事，腹诽的非常多，独于这一件却很满意，因为“水满金山”一案，的确应该由法海负责；他实在办得很不错的。只可惜我那时没有打听这话的出处，或者不在《义妖传》中，却是民间的传说罢。

秋高稻熟时节，吴越间所多的是螃蟹，煮到通红之后，无论取哪一只，揭开背壳来，里面就有黄，有膏；倘是雌的，就有石榴子一般鲜红的子。先将这些吃完，即一定露出一个圆锥形的薄膜，再用小刀小心地沿着锥底切下，取出，翻转，使里面向外，只要不破，便变成一个罗汉模样的东西，有头脸身子，是坐着的，我们那里的小孩子都称他“蟹和尚”，就是躲在里面避难的法海。

当初，白蛇娘娘压在塔底下，法海禅师躲在蟹壳里。现在却只有这位老禅师独自静坐了，非到螃蟹断种的那一天为止出不来。莫非他造塔的时候，竟没有想到塔是终究要倒的么？

活该。

本文最初发表时，篇末有作者的附记，说：“这篇东西，是一九二四年十月二十八日做的。今天孙伏园来，我便将草稿给他看。他说，雷峰塔并非就是保俶塔。那么，大约是我记错的了，然而我却确乎早知道雷峰塔下并无白娘娘。现在既经先生指点，知道这一节并非得于所看之书，则当时何以知之，也就莫名其妙矣。特此声明，并且更正。十一月三日。”

⊙作品赏析

《论雷峰塔的倒掉》最初发表于1924年11月17日北京《语丝》周刊第1期。雷峰塔和保俶塔同在西湖，雷峰塔是吴越建国之初，越王为皇妃所建，故又称皇妃塔，用以标榜封建道德。保俶塔建于吴越行将覆亡之时，是越王钱元瓘为王子钱俶入贡宋朝所建，其“保”之称便有明显的维护封建道统的色彩。辛亥革命后，虽然封建专制被推翻，但封建制度并没有“绝种”，复辟势力仍存在，复古论调仍在鼓噪不绝中，要清除封建思想意识更非易事。所以说，“雷峰塔”倒掉了，固然值得“欣喜”，可是压在人们心头上的“保俶塔”还根深蒂固，更需警醒国民精神，让人们人人自觉，群起而拆倒它。虽然鲁迅知道雷峰塔“下面并没有白娘子”，但是他巧妙地把两座塔合而为一，含蓄地表达了这样一个深意：不仅封建专制该倒，凡是封建的东西，都应在“希望他倒掉”之列。“现在，他居然倒掉了，则普天之下的人民，其欣喜为何如？”文章在运笔上非常随意，故事讲得很生动，如“但我却见过未倒的雷峰塔，破破烂烂的映掩于湖光山色之间，落山的太阳照着这些四近的地方，就是‘雷峰夕照’，西湖十景之一。‘雷峰夕照’的真景我也见过，并不见佳，我以为。”而议论更是精辟独到，在遣词造句上十分生动形象和准确，寓深刻思想于嬉笑怒骂之中，是一篇充满战斗力的檄文，又是一篇难得的美文。

为了忘却的记念 / 鲁迅

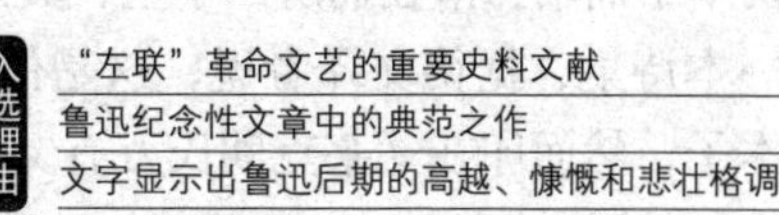

一

我早已想写一点文字，来记念几个青年的作家。这并非为了别的，只因为两年以来，悲愤总时时来袭击我的心，至今没有停止，我很想借此算是竦身一摇，将悲哀摆脱，给自己轻松一下，照直说，就是我倒要将他们忘却了。

两年前的此时，即一九三一年的二月七日夜或八日晨，是我们的五个青年作家同时遇害的时候。当时上海的报章都不敢载这件事，或者也许是不愿，或不屑载这件事，只在《文艺新闻》上有一点隐约其辞的文章。那第十一期（五月二十五日）里，有一篇林莽先生作的《白莽印象记》，中间说：

> 他做了好些诗，又译过匈牙利和诗人彼得斐的几首诗，当时的《奔流》的编辑者鲁迅接到了他的投稿，便来信要和他会面，但他却是不愿见名人的人，结果是鲁迅自己跑来找他，竭力鼓励他作文学的工作，但他终于不能坐在亭子间里写，又去跑他的路了。不久，他又一次的被了捕。……

这里所说的我们的事情其实是不确的。白莽并没有这么高慢，他曾经到过我的寓所来，但也不是因为我要求和他会面；我也没有这么高慢，对于一位素不相识的投稿者，会轻率的写信去叫他。我们相见的原因很平常，那时他所投的是从德文译出的《彼得斐传》，我就发信去讨原文，原文是载在诗集前面的，邮寄不便，他就亲自送来了。看去是一个二十多岁的青年，面貌很端正，颜色是黑黑的，当时的谈话我已经忘却，只记得他自说姓徐，象山人；我问他为什么代你收信的女士是这么一个怪名字（怎么怪法，现在也忘却了），他说她就喜欢起得这么怪，罗曼谛克，自己也有些和她不大对劲了。就只剩了这一点。

夜里，我将译文和原文粗粗的对了一遍，知道除几处误译之外，还有一个故意的曲译。他像是不喜欢“国民诗人”这个字的，都改成“民众诗人”了。第二天又接到他一封来信，说很悔和我相见，他的话多，我的话少，又冷，好象受了一种威压似的。我便写一封回信去解释，说初次相会，说话不多，也是人之常情，并且告诉他不应该由自己的爱憎，将原文改变。因为他的原书留在我这里了，就将我所藏的两本集子送给他，问他可能再译几首诗，以供读者的参看。他果然译了几首，自己拿来了，我们就谈得比第一回多一些。这传和诗，后来就都登在《奔流》第二卷第五本，即最末的一本里。

我们第三次相见，我记得是在一个热天。有人打门了，我去开门时，来的就是白莽，却穿着一件厚棉袍，汗流满面，彼此都不禁失笑。这时他才告诉我他是一个革命者，刚由被捕而释出，衣服和书籍全被没收了，连我送他的那两本；身上的袍子是从朋友那里借来的，没有夹衫，而必须穿长衣，所以只好这么出汗。我想，这大约就是林莽先生说的“又一次的被了捕”的那一次了。

我很欣幸他的得释，就赶紧付给稿费，使他可以买一件夹衫，但一面又很为我的那两本书痛惜：落在捕房的手里，真是明珠投暗了。那两本书，原是极平常的，一本散文，一本诗集，据德文译者说，这是他搜集起来的，虽在匈牙利本国，也还没有这么完全的本子，然而印在《莱克朗氏万有文库》（Reclamm’s Universal — Bibliothek）中，倘在德国，就随处可得，也值不到一元钱。不过在我是一种宝贝，因为这是三十年前，正当我热爱彼得斐的时候，特地托丸善书店从德国去买来的，那时还恐怕因为书极便宜，店员不肯经手，开口时非常惴惴。后来大抵带在身边，只是情随事迁，已没有翻译的意思了，这回便决计送给这也如我的那时一样，热爱彼得斐的诗的青年，算是给它寻得了一个好着落。所以还郑重其事，托柔石亲自送去的。谁料竟会落在“三道头”之类的手里的呢，这岂不冤枉！

二

我的决不邀投稿者相见，其实也并不完全因为谦虚，其中含着省事的分子也不少。由于历来的经验，我知道青年们，尤其是文学青年们，十之九是感觉很敏，自尊心也很旺盛的，一不小心，极容易得到误解，所以倒是故意回避的时候多。见面尚且怕，更不必说敢有托付了。但那时我在上海，也有一个惟一的不但敢于随便谈笑，而且还敢于托他办点私事的人，那就是送书去给白莽的柔石。

我和柔石最初的相见，不知道是何时，在那里。他仿佛说过，曾在北京听过我的讲义，那么，当在八九年之前了。我也忘记了在上海怎么来往起来，总之，他那时住在景云里，离我的寓所不过四五家门面，不知怎么一来，就来往起来了。大约最初的一回他就告诉我是姓赵，名平复。但他又曾谈起他家乡的豪绅的气焰之盛，说是有一个绅士，以为他的名字好，要给儿子用，叫他不要用这名字了。所以我疑心他的原名是“平福”，平稳而有福，才正中乡绅的意，对于“复”字却未必有这么热心。他的家乡，是台州的宁海，这只要一看他那台州式的硬气就知道，而且颇有点迂，有时会令我忽而想到方孝孺，觉得好象也有些这模样的。

他躲在寓里弄文学，也创作，也翻译，我们往来了许多日，说得投合起来了，于是另外约定了几个同意的青年，设立朝华社。目的是在绍介东欧和北欧的文学，输入外国的版画，因为我们都以为应该来扶植一点刚健质朴的文艺。接着就印《朝花旬刊》，印《近代世界短篇小说集》，印《艺苑朝华》，算都在循着这条线，只有其中的一本《拾谷虹儿画选》，是为了扫荡上海滩上的“艺术家”，即戳穿叶灵凤这纸老虎而印的。

然而柔石自己没有钱，他借了二百多块钱来做印本。除买纸之外，大部分的稿子和杂务都是归他做，如跑印刷局，制图，校字之类。可是往往不如意，说起来皱着眉头。看他旧作品，都很有悲观的气息，但实际上并不然，他相信人们是好的。我有时谈到人会怎样的骗人，怎样的卖友，怎样的吮血，他就前额亮晶晶的，惊疑地圆睁了近视的眼睛，抗议道，“会这样的么？——不至于此罢？……”

不过朝花社不久就倒闭了，我也不想说清其中的原因，总之是柔石的理想的头，先碰了一个大钉子，力气固然白化，此外还得去借一百块钱来付纸账。后来他对于我那“人心惟危”说的怀疑减少了，有时也叹息道，“真会这样的么？……”但是，他仍然相信人们是好的。

他于是一面将自己所应得的朝花社的残书送到明日书店和光华书局去，希望还能够收回几文钱，一面就拚命的译书，准备还借款，这就是卖给商务印书馆的《丹麦短篇小说集》和戈理基作的长篇小说《阿尔泰莫诺夫之事业》。但我想，这些译稿，也许去年已被兵火烧掉了。

他的迂渐渐的改变起来，终于也敢和女性的同乡或朋友一同去走路了，但那距离，却至少总有三四尺的。这方法很不好，有时我在路上遇见他，只要在相距三四尺前后或左右有一个年青漂亮的女人，我便会疑心就是他的朋友。但他和我一同走路的时候，可就走得近了，简直是扶住我，因为怕我被汽车或电车撞死；我这面也为他近视而又要照顾别人担心，大家都苍皇失措的愁一路，所以倘不是万不得已，我是不大和他一同出去的，我实在看得他吃力，因而自己也吃力。

无论从旧道德，从新道德，只要是损己利人的，他就挑选上，自己背起来。

他终于决定地改变了，有一回，曾经明白的告诉我，此后应该转换作品的内容和形式。我说：这怕难罢，譬如使惯了刀的，这回要他耍棍，怎么能行呢？他简洁的答道：只要学起来！

他说的并不是空话，真也在从新学起来了，其时他曾经带了一个朋友来访我，那就是冯铿女士。谈了一些天，我对于她终于很隔膜，我疑心她有点罗曼谛克，急于事功；我又疑心柔石的近来要做大部的小说，是发源于她的主张的。但我又疑心我自己，也许是柔石的先前的斩钉截铁的回答，正中了我那其实是偷懒的主张的伤疤，所以不自觉地迁怒到她身上去了。——我其实也并不比我所怕见的神经过敏而自尊的文学青年高明。

她的体质是弱的，也并不美丽。

三

直到左翼作家联盟成立之后，我才知道我所认识的白莽，就是在《拓荒者》上做诗的殷夫。有一次大会时，我便带了一本德译的，一个美国的新闻记者所做的中国游记去送他，这不过以为他可以由此练习德文，另外并无深意。然而他没有来。我只得又托了柔石。

但不久，他们竟一同被捕，我的那一本书，又被没收，落在“三道头”之类的手里了。

四

明日书店要出一种期刊，请柔石去做编辑，他答应了；书店还想印我的译著，托他来问版税的办法，我便将我和北新书局所订的合同，抄了一份交给他，他向衣袋里一塞，匆匆的走了。其时是一九三一年一月十六日的夜间，而不料这一去，竟就是我和他相见的末一回，竟就是我们的永诀。第二天，他就在一个会场上被捕了，衣袋里还藏着我那印书的合同，听说官厅因此正在找寻我。印书的合同，是明明白白的，但我不愿意到那些不明不白的地方去辩解。记得《说岳全传》里讲过一个高僧，当追捕的差役刚到寺门之前，他就“坐化”了，还留下什么“何立从东来，我向西方走”的偈子。这是奴隶所幻想的脱离苦海的惟一的好方法，“剑侠”盼不到，最自在的惟此而已。我不是高僧，没有涅槃的自由，却还有生之留恋，我于是逃走。

这一夜，我烧掉了朋友们的旧信札，就和女人抱着孩子走在一个客栈里。不几天，即听得外面纷纷传我被捕，或是被杀了，柔石的消息却很少。有的说，他曾经被巡捕带到明日书店里，问是否是编辑；有的说，他曾经被巡捕带往北新书局去，问是否是柔石，手上上了铐，可见案情是重的。但怎样的案情，却谁也不明白。

他在囚系中，我见过两次他写给同乡的信，第一回是这样的——

“我与三十五位同犯（七个女的）于昨日到龙华。并于昨夜上了镣，开政治犯从未上镣之纪录。此案累及太大，我一时恐难出狱，书店事望兄为我代办之。现亦好，且跟殷夫兄学德文，此事可告周先生；望周先生勿念，我等未受刑。捕房和公安局，几次问周先生地址，但我那里知道。诸望勿念。祝好！

赵少雄一月二十四日。”

以上正面。

“洋铁饭碗，要二三只

如不能见面，可将东西望转交赵少雄”

以上背面。

他的心情并未改变，想学德文，更加努力；也仍在记念我，像在马路上行走时候一般。但他信里有些话是错误的，政治犯而上镣，并非从他们开始，但他向来看得官场还太高，以为文明至今，到他们才开始了严酷。其实是不然的。果然，第二封信就很不同，措词非常惨苦，且说冯女士的面目都浮肿了，可惜我没有抄下这封信。其时传说也更加纷繁，说他可以赎出的也有，说他已经解往南京的也有，毫无确信；而用函电来探问我的消息的也多起来，连母亲在北京也急得生病了，我只得一一发信去更正，这样的大约有二十天。

天气愈冷了，我不知道柔石在那里有被褥不？我们是有的。洋铁碗可曾收到了没有？……但忽然得到一个可靠的消息，说柔石和其它二十三人，已于二月七日夜或八日晨，在龙华警备司令部被枪毙了，他的身上中了十弹。

原来如此！……

在一个深夜里，我站在客栈的院子中，周围是堆着的破烂的什物；人们都睡觉了，连我的女人和孩子。我沉重的感到我失掉了很好的朋友，中国失掉了很好的青年，我在悲愤中沉静下去了，然而积习却从沉静中抬起头来，凑成了这样的几句：

惯于长夜过春时，挈妇将雏鬓有丝。
梦里依稀慈母泪，城头变幻大王旗。
忍看朋辈成新鬼，怒向刀丛觅小诗。
吟罢低眉无写处，月光如水照缁衣。

但末二句，后来不确了，我终于将这写给了一个日本的歌人。

可是在中国，那时是确无写处的，禁锢得比罐头还严密。我记得柔石在年底曾回故乡，住了好些时，到上海后很受朋友的责备。他悲愤的对我说，他的母亲双眼已经失明了，要他多住几天，他怎么能够就走呢？我知道这失明的母亲的眷眷的心，柔石的拳拳的心。当《北斗》创刊时，我就想写一点关于柔石的文章，然而不能够，只得选了一幅珂勒惠支（KaHtheKollwitz）夫人的木刻，名曰《牺牲》，是一个母亲悲哀地献出她的儿子去的，算是只有我一个人心里知道的柔石的记念。

同时被难的四个青年文学家之中，李伟森我没有会见过，胡也频在上海也只见过一次面，谈了几句天。较熟的要算白莽，即殷夫了，他曾经和我通过信，投过稿，但现在寻起来，一无所得，想必是十七那夜统统烧掉了，那时我还没有知道被捕的也有白莽。然而那本《彼得斐诗集》却在的，翻了一遍，也没有什么，只在一首《Wahlspruch》（格言）的旁边，有钢笔写的四行译文道：

"生命诚宝贵，
爱情价更高；
若为自由故，
二者皆可抛！"

又在第二叶上，写着"徐培根"三个字，我疑心这是他的真姓名。

五

前年的今日，我避在客栈里，他们却是走向刑场了；去年的今日，我在炮声中逃在英租界，他们则早已埋在不知那里的地下了；今年的今日，我才坐在旧寓里，人们都睡觉了，连我的女人和孩子。我又沉重的感到我失掉了很好的朋友，中国失掉了很好的青年，我在悲愤中沉静下去了，不料积习又从沉静中抬起头来，写下了以上那些字。

要写下去，在中国的现在，还是没有写处的。年青时读向子期《思旧赋》，很怪他为什么只有寥寥的几行，刚开头却又煞了尾。然而，现在我懂得了。

不是年青的为年老的写记念，而在这三十年中，却使我目睹许多青年的血，层层淤积起来，将我埋得不能呼吸，我只能用这样的笔墨，写几句文章，算是从泥土中挖一个小孔，自己延口残喘，这是怎样的世界呢。夜正长，路也正长，我不如忘却，不说的好罢。但我知道，即使不是我，将来总会有记起他们，再说他们的时候的。

⊙作品赏析

“左联”五烈士的血案在当时文化界引起极大的震撼。国民党反动派当时残酷镇压和迫害左翼知识分子，而普通的老百姓并不十分知情，在这样的情况下，烈士牺牲之后还要面对诬陷和诽谤，其意义和价值极有可能被否定或刻意淡忘，因此，写一些文章来揭露事实、彰显意义来对抗这样的黑暗现状在当时是非常迫切和必要的。

鲁迅文章题为《为了忘却的记念》，其深意至少包含着对现实麻木中很快的对血腥的淡忘的事实或可能的抗拒，当然，在文章中鲁迅讲到，他的要忘却是想“将悲哀摆脱，给自己轻松一下”。巨大的牺牲很快被国民麻木的灵魂刻意曲解，或漠视或忘却，这样的忧虑在鲁迅早期的小说《药》里就有反映。因为失去，所以更为珍贵，所以鲁迅在文章中竭力回忆并记录与烈士们生前交往的每一个细节，其目的在于努力告诉读者一个个真实的人，给读者一个公正的判断的事实依据，给历史一个确实的记忆。而对鲁迅本人来讲，被极大的悲愤浸染的情绪里，烈士们往日每一个活生生的情形，恐怕都是绝无仅有的最珍贵的财富和遗产了，所以，文章在沉痛缅怀中追忆了与柔石、殷夫等人在工作和生活中的交往，于细节处着笔，侧重对友情和平常事物的抒写，于慷慨清音中见得作者对烈士的沉痛哀悼，对反动势力的愤怒控诉，同时表现出继续战斗的巨大决心和信心。

幽默的叫卖声 / 夏丏尊

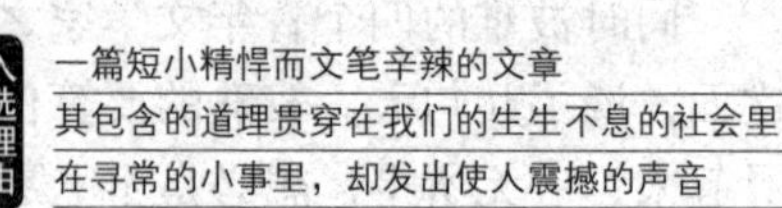

住在都市里，从早到晚，从晚到早，不知要听到多少种类多少次数的叫卖声。深巷的卖花声是曾经入过诗的，当然富于诗趣，可惜我们现在实际上已不大听到。寒夜的“茶叶蛋”“细沙粽子”“莲心粥”等等，声音发沙，十之七八似乎是“老枪”的喉咙，困在床上听去颇有些凄清。每种叫卖声，差不多都有着特殊的情调。

我在这许多叫卖者中，发见了两种幽默家。

一种是卖臭豆腐干的。每日下午五六点钟，弄堂日常有臭豆腐干担歇着或是走着叫卖，担子的一头是油锅，油锅里现炸着臭豆腐干，气味臭得难闻。卖的人大叫“臭豆腐干！”“臭豆腐干！”态度自若。

我以为这很有意思。“说真方，卖假药”，“挂羊头，卖狗肉”，是世间一般的毛病，以香相号召的东西，实际往往是臭的。卖臭豆腐干的居然不欺骗大众，自叫“臭豆腐干”，把“臭”作为口号标语，实际的货色真是臭的。言行一致，名副其实，如此不欺骗别人的事情，怕世间再也找不出了吧！我想。

“臭豆腐干！”这呼声在欺诈横行的现世，俨然是一种愤世嫉俗的激越的讽刺！

还有一种是五云日升楼卖报者的叫卖声。那里的卖报的和别处不同，没有十多岁的孩子，都是些三四十岁的老枪瘪三，身子瘦得像腊鸭，深深的乱头发，青屑屑的烟脸，看去活像个鬼。早晨是看不见他们的，他们卖的总是夜报。傍晚坐电车打那儿经过，就会听到一片发沙的卖报声。

他们所卖的似乎都是两个铜板的东西，如《新夜报》《时报号外》之类。叫卖的方法很特别，他们不叫“刚刚出版××报”，却把价目和重要新闻标题联在一起，叫起来的时候，老是用“两个铜板”打头，下面接着“要看到”三个字，再下去是当日的重要的国家大事的题目，再下去是一个“哪”字。“两个铜板要看到十九路军反抗中央哪！”在福建事变起来的时候，他们就这样叫。“两个铜板要看到日本副领事在南京失踪哪！”藏本事件开始的时候，他们就这样叫。

在他们的叫声里任何国家大事都只要花两个铜板就可以看到，似乎任何国家大事都只值两个铜板的样子。我每次听到，总深深地感到冷酷的滑稽情味。

“臭豆腐干！”“两个铜板要看到×××哪！”这两种叫卖者颇有幽默家的风格。前者似乎富于热情，像个骄世的君子，后者似乎鄙夷一切，像个玩世的隐士。

·作者简介·

夏丏尊（1886～1946），浙江上虞人，名铸，字勉旃，后改字丏尊，号闷庵，散文家、语文学家、翻译家。1904年赴日本宏文书院、东京高等工业学堂留学，后因经济原因提前归国，在杭州浙江两级师范学堂任职，潘天寿、丰子恺等都是他的得意学生。后加入南社，积极主张废除读经书、闭门造车、尊孔崇古等改革，增加介绍世界新知识的教材。“五四”新文化运动中，推行革新语文教育。1920年到长沙湖南第一师范任教。1921年加入文学研究会。1922年回家乡，与陈春澜等集资在白马湖开设春晖中学，聘文教界著名人士朱自清、王任叔等执教。1924年，夏丏尊在宁波浙江省立第四中学任教，1925年与朱自清在上海发起立达学会，创办立达学园，并创《立达季刊》。1926年起，到复旦大学中文系兼课，并应聘任上海暨南大学教授兼中国文学系主任，同时担任上海开明书店编辑所长。1930年为该书店创办《中学生》杂志《一般》月刊。1936年，他当选为中国文艺家协会理事、主席。1937年创办《月报》杂志，并担任上海文化界救亡协会机关报《救亡日报》编委。20世纪30年代末，应邀兼职于南屏女校高中部，任国文教师。1941年太平洋战争爆发后，深居简出，谢绝应酬。1943年，他被日本宪兵司令部逮捕，经日本人内山完造等营救获释。抗战胜利后，他与傅东华等文教界老友筹设中国语文教育会，准备继续振兴文化运动，1945年11月，他被选为中华全国文艺家协会上海分会理事。1946年4月23日卒于上海，葬于白马湖畔。

⊙作品赏析

叫卖实际是一种古老的广告，而这种广告里则包含着许多人情世故，也就是说，它也是建立在对生活的经验和对世态人心的认识上。在这篇从寻常见惯的事情里发出感慨的小杂文里，我们看到的却是我们习以为常而实际上却并不可敬爱的事实：谎言在我们的世界里无处不在而且被我们所习惯，习惯之后就成为一种世道人心，成为一种民族的心理习惯，一种恶劣到瓦解人与人之间真诚友善的积习。在谎言不被人指责，反而被习惯地接纳后，则真实的话就成了一种冷酷的讽刺，足以刺破我们的耳膜。于是，“臭豆腐干！”这呼声在欺诈横行的现世，俨然是一种愤世嫉俗的激越的讽刺！而作者在文中提到的“两个铜板要看到十九路军反抗中央哪”的卖报广告，则使我们看到另一种寻常世态：那些听起来（事实上也是）宏大的人类事件离普通人的生活有多远？离我们的内心有多远？或者说我们离这个人世间到底有多远？或者说，它为什么就离我们那么远？以至于“似乎任何国家大事都只值两个铜板的样子”，这里头包含着至少两个原因：对报纸传闻的质疑和对自身权利的质疑和漠视，于是，用鄙夷的眼光冷漠而深沉地凝视世上一切，就成了大多数普通人的唯一姿态。正如作者言：前者似乎富于热情，像个骄世的君子；后者似乎鄙夷一切，像个玩世的隐士。

危险思想与言论自由 / 李大钊

“五四”新文化运动的重要思想文献
全面理性地阐释了自由的实质和意义
对中国现代思想启蒙产生重大影响

思想本身，没有丝毫危险的性质。只有愚暗与虚伪，是顶危险的东西。只有禁止思想，是顶危险的行为。

近来——自古已然——有许多人听见几个未曾听过、未能了解的名辞，便大惊小怪起来，说是危险思想。问他们这些思想有什么危险，为什么危险，他们认为危险思想的到底是些什么东西，他们都不能说出。像这样的人，我们和他共同生活，真是危险万分。

我且举一个近例，前些年科学的应用刚刚传入中国，一般愚暗的人都说是异端邪教。看待那些应用科学的发明的人，如同洪水猛兽一样。不晓得他们也是和我们同在一个世界上一样生存而且比我们进化的人类细胞，却说他们是“鬼子”，是“夷狄”。这种愚暗无知的结果，竟造出一场义和拳的大祸。由此看来，到底是知识思想危险呢？还是愚暗无知危险？

听说日本有位议长，说俄国的布尔什维克是实行托尔斯泰的学说，彼邦有识的人惊为奇谈。现在又出了一位明白公使，说我国人鼓吹爱国是无政府主义。他自己果然是这样愚暗无知，这更是可怜可笑的话。有人说他这话不过是利用我们政府的愚暗无知和恐怖的心理，故意来开玩笑。嗳呀！那更是我们莫大的耻辱！

原来恐怖和愚暗有密切的关系，青天白日，有眼的人在深池旁边走路，是一点危险也没有的。深池和走路的行为都不含着危险的性质。若是“盲人瞎马，夜半深池”那就是危险万分，那就是最可恐怖的事情。

·作者简介·

李大钊（1889～1927），字守常，河北省乐亭县人。他16岁考入天津北洋法政专门学校。1913年毕业后，24岁的李大钊留学日本，入早稻田大学本科，学习法律和经济。在日本，他接触到各种社会主义学说，并开始学习和研究马克思主义。1914年组织神州学会，进行反袁活动。次年为反对日本灭亡中国的“二十一条”，以留日学生总会名义发出《警告全国父老》通电，号召国人以“破釜沉舟之决心”誓死反抗。

李大钊像

1916年回国后，李大钊先后担任《新青年》、《少年中国》、《每周评论》和《晨钟报》等进步刊物的编辑。1918年他受聘担任北京大学图书馆主任。1919年参加创建少年中国学会，任《少年中国》月刊编辑主任。1920年，他发起组织马克思主义学说研究会，10月成立北京共产党小组，11月建立北京社会主义青年团。同年，任北京大学教授，在史学、经济、法律等系，以及北京朝阳大学、中国大学、女子高师等院校授课。1921年8月任中国劳动组合书记部北京分部主任，在京奉、京汉、京海等铁路开展工人运动。1923年6月出席中共“三大”，当选为中央执行委员，10月任国民党临时中央执行委员和改组委员，参与筹备国民党“一大”。1924年1月当选为国民党中央执行委员、国民党北京执行部组织部长。6月率中共代表团赴莫斯科参加共产国际“五大”。1925年，针对“五卅惨案”在京组织“沪案雪耻会”，声援上海人民的反帝斗争。1926年3月18日因组织请愿示威游行被段祺瑞政府通缉。1927年4月6日他被奉系军阀张作霖逮捕，28日遇害。

可见危险和恐怖，都是愚昧造出来的，都是黑暗造出来的。

人生第一要求，就是光明和真实，什么东西什么境界都不危险。知识是引导人生到光明与真实境界的灯烛，愚暗是达到光明与真实境界的障碍，也就是人生发展的障碍。

思想自由与言论自由，都是为保障人生达于光明与真实的境界而设的。无论什么思想言论，只要能够容他的真实没有矫揉造作的尽量发露出来，都是于人生有益，绝无一点害处。

说某种主义学说是异端邪说的人，第一要知道他自己所排斥的主义学说是什么东西，然后把这种主义学说的真相尽量传播使人人都能认识他是异端学说，大家自然不去信他，不至于受他的害。若是自己未曾认清，只是强行禁止，就犯了泯没真实的罪恶。假使一种学说确与情理相合，我们硬要禁止他，不许公然传播，那是绝对无效。因为他的原素仍然在情理之中，情理不灭，这种学说也终不灭。假使一种学说确与情理相背，我以为不可禁止，不必禁止。因为大背情理的学说，正应该让大家知道，大家才不去信。若是把他隐藏起来，很有容易被人误信的危险。

禁止人研究一种学说的，犯了使人愚暗的罪恶。禁止人信仰一种学说的，犯了教人虚伪的罪恶。世间本来没有“天经地义”与“异端邪说”这种东西。就说是有，也要听人去自由知识，自由信仰。就是错知识了、错信仰了所谓邪说异端，只要他的知识与信仰，是本于他思想的自由，知念的真实，一则得了自信，二则免了欺人，都是有益于人生的，都比那无知的排斥、自欺的顺从还好得多。

禁止思想是绝对不可能的，因为思想有超越一切的力量。监狱、刑罚、苦痛、贫困，乃至死杀，思想都能自由去思想他们，超越他们。这些东西，都不能钳制思想，束缚思想，禁止思想。这些东西，在思想中全没有一点价值，没有一点权威。

思想是绝对的自由，是不能禁止的自由，禁止思想自由的，断断没有一点的效果。你要禁止他，他的力量便跟着你的禁止越发强大。你怎样禁止他、制抑他、绝灭他、摧残他，他便怎样生存发展传播滋荣。因为思想的性质力量，本来如此。我奉劝禁遏言论思想自由的注意，要利用言论自由来破坏危险思想，不要借口危险思想来禁止言论自由。

⊙作品赏析

“五四”新文化运动提出科学与民主，而“五四”新文化所倡导的自由，并不只是一种宣传口号，而是一种理性思考下深刻认识到的人的心灵自由，这是科学与民主的前提。陈独秀说：“言论思想自由，是文明进化的第一重要条件。”李大钊也认为：“思想自由与言论自由，都是为保障人生达于光明与真实的境界而设的。”在这个基本认识的前提下，他们要求“科学与人权并重”。陈独秀说：“中国学术不发达之最大原因，莫如学者自身不知学术独立之神圣……妄称‘文以载道’、‘代圣贤立言’，以自贬抑。”

李大钊对个体心灵自由的热烈追求，同样流诸笔端。他写道：“自由之价值与生命有同一之贵重，甚或远在生命之上。”“余故以真理之权威，张言论之权威，以言论之自由，示良知之自由，而愿与并世明达共勉之矣。”在要求心灵自由方面，他们都主张言论和思想的绝对自由，反对任何强力压制。当时的《新青年》和《每周评论》对不同意见，只要不是谩骂，都留有一栏之地，用陈独秀的话说：“宁欢迎有意识有信仰的反对，不欢迎无意识无信仰的随声附和。”李大钊在文章中以非常理性的思考列举了对待心灵自由和思想自由的两种不同态度，指出禁止和限制人的思想和言论自由于民族、国家和人民的罪恶后果。

中国的人命 / 陶行知

所谈的问题今天依然具有极大现实意义

作者对所看到的问题能一针见血地直指根源，具有非常深刻的思想性

我在太平洋会议的许多废话中听到了一句警语。劳耳说：“中国没有废掉的东西，如果有，只是人的生命！”

人的生命！你在中国是耗废得太多了。垃圾堆里的破布烂棉花有老太婆们去追求，路边饿得半死的孩子没有人过问。

花十来个铜板坐上人力车要人家拚命跑，跑得吐血倒地，望也怕望，便换了一部车儿走了。太太生孩子，得雇一个奶妈。

自己的孩子白而胖，奶妈的孩子瘦且死。童养媳偷了一块糖吃要被婆婆逼得上吊。做徒弟好比是做奴隶，连夜壶也要给师傅倒，倒得不干净，一烟袋打得脑袋开花。煤矿里是五个人当中要残废一个。日本人来了，一杀是几百。大水一冲是几万。一年之中死的人要装满二十多个南京城。（说得正确些，是每年死的人数等于首都人口之二十多倍。）当我写这篇短文的时候，每个字出世时，有三个人进棺材。

“中国没有废掉的东西，如果有，只是人的生命！”

您却不可作片面的观察。一个孩子出天花，他的妈妈抱他在怀里七天七夜，毕竟因为卓绝的坚忍与慈爱她是救了他的小命。在这无废物而有废命的社会里，这伟大的母爱是同时存在着。如果有一线的希望，她是愿意为她的小孩的生命而奋斗，甚而至于牺牲自己的生命，也是心甘情愿的。

这伟大的慈爱与冷酷的无情如何可以

·作者简介·

陶行知（1891～1946），安徽黄山市歙县人。1910年入南京金陵大学学习。1914年赴美留学。1917年回国，先后任南京高等师范学校、东南大学教授、教务主任、教育科主任。1919年初，参加《新教育》杂志编辑工作，1921年任该杂志主编，并任中华教育改进社主任干事。1923年，与晏阳初等发起组织中华平民教育促进会。1927年，创办了闻名中外的试验乡村师范学校——晓庄师范。1929年被美国圣约翰大学授予科学博士学位。1931年，发起“科学下嫁运动”，从事科学普及工作。1932年起，先后创办了“山海工学团”、“晨更工学团”、“劳工幼儿团”，首创“小先生制”，成立“中国普及教育助成会”，开展“即知即传”的普及教育运动。1935年，“一二·九”运动后，积极参加抗日救亡运动，投身抗日民主教育。1936年，当选为全国各界救国联合会执行委员和常务委员。同年当选为世界和平大会中国执行委员。1937年7月，创办了著名的育才学校。1945年，当选为中国民主同盟中央常务委员兼教育委员会主任委员。1946年又在重庆创办社会大学。同年7月25日病逝于上海。

陶行知像

并立共存？这矛盾的社会有什么解释？他是我养的，我便爱他如同爱我，或者爱他甚于爱我自己。若不是我养的，虽死他几千万，与我何干？这个态度解释了这奇怪的矛盾。

中国要到什么时候才能翻身？要等到人命贵于财富，人命贵于机器，人命贵于安乐，人命贵于名誉，人命贵于权位，人命贵于一切，只有等到那时，中国才站得起来！

⊙作品赏析

从生命本位出发，陶行知特别推崇博爱，“爱满天下”是他的人生信条，终生恪守不渝。在本文里就充分体现了这种理念。然而旧中国社会的实际却恰好相反：物的价值，世俗的价值远远凌驾于生命之上。这样一种扭曲的价值体系，不仅是对生命的亵渎，造成人的异化，而且直接导致国家的积弱积贫。

有感于不断重演的生命悲剧，陶行知喟然长叹到：“人的生命！你在中国是耗废得太多了。”而奇怪的是，残忍的冷酷与伟大的慈爱这两种看似矛盾的人性竟可以并存于中国人身上，冷酷施于所谓“外人”，慈爱施于所谓“自己人”，这对生命权的保护是功利的，它仅仅承认被选择的人的生命权利。不在选择范围内的，就根本漠视其生命权利，根本视若草芥。选择的标准，主要着眼于生命的外在价值，即社会属性。生命的社会属性压倒一切，生命本身无足轻重。这种情况下，生灵受荼受毒，人命如草如菅，是极正常的现象。对生命在旧中国的这种悲惨遭际，陶行知痛心疾首，发出振聋发聩的警言——“中国要到什么时候才能翻身？要等到人命贵于财富，人命贵于机器，人命贵于安乐，人命贵于名誉，人命贵于权位，人命贵于一切，只有等到那时，中国才站得起来！”

“作揖主义” / 刘半农

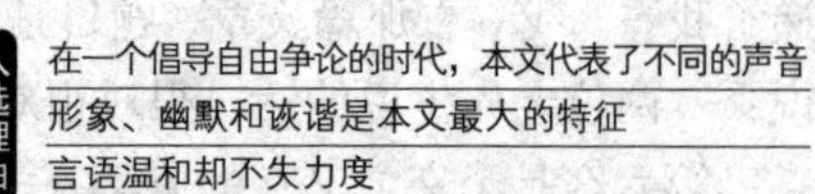

沈二先生与我们谈天，常说生平服膺红老之学。红，就是《红楼梦》；老，就是《老子》。这红老之学的主旨，简便些说，就是无论什么事，都听其自然。听其自然又是怎么样呢？沈先生说：“譬如有人骂我，我们不必还骂：他一面在那里大声疾呼的骂人，一面就是他打他自己。我们在旁边看看，也很好，何必费着气力去还骂？又如有一只狗，要咬我们，我们不必打它，只是避开了就算；将来有两只狗碰了头，自然会互咬起来。所以我们做事，只须抬起了头，向前直进，不必在这抬头直进四个字以外，再管什么闲事；这就叫作听其自然，也就是红老之学的精神。”我想这一番话，很有些同托尔斯泰的不抵抗主义相像，不过沈先生换了个红老之学的游戏名词罢了。

不抵抗主义我向来很赞成，不过因为有些偏于消极，不敢实行。现在一想，这个见解实在是大谬。为什么？因为不抵抗主义面子上是消极，骨底里是最经济的积极。我们要办事有成效，假使不实行这主义，就不免消费精神于无用之地。我们要保存精神，在正当的地方用，就不得不在可以不必的地方节省些。这就是以消极为积极：不有消极，就没有积极。既如此，我也要用些游戏笔墨，造出一个“作揖主义”的新名词来。

“作揖主义”是什么呢？请听我说：

譬如早晨起来，来的第一客，是位前清遗老。他拖了辫子，弯腰曲背走进来，见了我，把眼镜一摘，拱拱手说："你看！现在是世界不像世界了：乱臣贼子，遍于国中，欲求天下太平，非请宣统爷正位不可。"我急忙向他作了个揖，说："老先生说的话，很对很对。领教了，再会罢。"

第二客，是个孔教会会长。他穿了白洋布做的"深衣"，古颜道貌的走进来，向我说："孔子之道，如日月经天，江河行地。现在我们中国，正是四维不张，国将灭亡的时候；倘不提倡孔教，昌明孔道，就不免为印度波兰之续。"我急忙向他作了个揖，说："老先生说的话，很对很对，领教了，再会罢。"

第三客，是位京官老爷。他衣裳楚楚，一摆一踱的走进来，向我说："人的根，就是丹田。要讲卫生，就要讲丹田的卫生。要讲丹田的卫生，就要讲静坐。你要晓得，这种内功，常做了可以成仙的呢！"我急忙向他作了个揖，说："老先生说的话，很对很对。领教了，再会罢。"

第四五客，是一位北京的评剧家，和一位上海的评剧家，手携着手同来的。没有见面，便听见一阵"梅郎""老谭"的声音。见了面，北京的评剧家说："打把子有古代战术的遗意，脸谱是画在脸孔上的图案；所以旧戏是中国文学美术的结晶体。"上海的评剧家说："这话说得不错呀！我们中国人。何必要看外国戏；中国戏自有好处，何必去学什么外国戏？你看这篇文章，就是这一位方家所赏识的；外国戏里，也有这样的好处么？"他说到"方家"二字，翘了一个大拇指，指着北京的评剧家，随手拿出一张《公言报》递给我看。我一看那篇文章，题目是《佳哉剧也》四个字，我急忙向两人各各作了一个揖，说："两位老先生说的话，很对很对。领教了，再会罢。"

第六客是个玄之又玄的鬼学家。他未进门，便觉阴风惨惨，阴气逼人，见了面，他说："鬼之存在，至今日已无丝毫疑义。为什么呢？因为人所居者为'显界'，鬼所居者，尚别有一界，名'幽界'。我们从理论上去证明他，是鬼之存在，已无疑义。从实质上去证明他，是搜集种种事实，助以精密之器械，继以正确之试验，可知除显界外，尚有一幽界。"我急忙向他作了个揖，说："老先生说的话，很对很对，领教了，再会罢。"

末了一位客，是王敬轩先生。他的说话最多，洋洋洒洒，一连谈了一点多钟。把"中学为体，西学为用"八个字，发挥得详尽无遗，异常透彻。我屏息静气听完了，也是照例向他作了个揖，说："老先生的话，很对很对。领教了，再会罢。"

如此东也一个揖，西也一个揖，把这一班老伯，大叔，仁兄大人之类送完了，我仍旧做我的我：要办事，还是办我的事；要有主张，还仍旧是我的主张。这不过忙了两只手，比用尽了心思脑力唇焦舌敝的同他们辩驳，不省事得许多么？

何以我要如此呢？

因为我想到前清末年的官与革命党两方面，官要尊王，革命党要排满；官说革命党是"匪"，革命党说官是"奴"。这样牛头不对马嘴，若是双方辩论起来，便到地老天荒；恐怕大家还都是个"缠夹二先生"，断断不能有什么谁是谁非的分晓。所以为官计，不如少说闲话，切切实实想些方法去捉革命党。为革命党计，也不如少说闲话；切切实实想些方法去革命。这不是一刀两断，最经济最爽快的办法么？

我们对于我们的主张，在实行一方面，尚未能有相当的成效，自己想想，颇觉惭愧。不料一般社会的神经过敏，竟把我们看得像洪水猛兽一般。既是如此，我们感激之余，何妨自贬声价，处于“匪”的地位：却把一般社会的声价抬高——这是一般社会心目中之所谓高——请他处于“官”的地位？自此以后，你做你的官，我做我的匪。要是做官的做了文章，说什么“有一班乱骂派读书人，其狂妄乃出人意表。所垂训于后学者，曰不虚心，曰乱说，曰轻薄，曰破坏。凡此恶德，有一于此，即足为研究学问之障，而况兼备之耶？”我们看了，非但不还骂，不与他辩，而且还要像我们江阴人所说的“乡下人看告示”，奉送他“一篇大道理”五个字。为什么？因为他们本来是官，这些话说，本来是“出示晓谕”以下，“右仰通知”以上应有的文章。

到将来，不幸而竟有一天，做官的诸位老爷们额手相庆曰：“谢天谢地，现在是好了，洪水猛兽，已一律肃清，再没有什么后生小子，要用夷变夏，蔑污我神州四千年古国的文明了。”那时候，我们自然无话可说，只得像北京刮大风时坐在胶皮车上一样，一壁叹气，一壁把无限的痛苦尽量咽到肚子里去；或者竟带这种痛苦，埋入黄土，做蝼蚁们的食料。

万一的万一竟有一天变作了我们的“一千九百十一年十月十日”了，那么，我一定是个最灵验的预言家。我说：那时的官老爷，断断不再说今天的官话，却要说：“我是几十年前就提倡新文明的，从前陈独秀胡适之陶孟和周启明唐元期钱玄同刘半农诸先生办《新青年》时，自以为得风气之先，其时我的新思想，还远比他们发生得早咧。”到了那个时候，我又怎么样呢？我想，一千九百十一年以后，自称老同盟的很多，真正的老同盟也没有方法拒绝这班新牌老同盟。所以我到那时，还是实行“作揖主义”，他们来一个，我就作一个揖，说：“欢迎！欢迎！欢迎新文明的先知先觉！”

⊙作品赏析

这是一篇有趣的文章，作者列举了一批人物：政客、遗老、帮闲、文艺家等，而作者所谓的“作揖主义”就是针对这些人的对策。“五四”新文化运动时期是一个对各种问题进行大争论的时期，然而刘半农却从这些争论中看出一些问题来，“我想到前清末年的官与革命党两方面，官要尊王，革命党要排满；官说革命党是‘匪’，革命党说官是‘奴’。这样牛头不对马嘴，若是双方辩论起来，便到地老天荒；恐怕大家还都是个‘缠夹二先生’，断断不能有什么谁是谁非的分晓。所以为官计，不如少说闲话，切切实实想些方法去捉革命党。为革命党计，也不如少说闲话；切切实实想些方法去革命。这不是一刀两断，最经济最爽快的办法么？”在作者看来，有些争论除了浪费时间和精力，根本毫无意义，于是他倡导不抵抗主义，“因为不抵抗主义面子上是消极，骨子里是最经济的积极。我们要办事有成效，假使不实行这主义，就不免消费精神于无用之地。我们要保存精神，在正当的地方用，就不得不在可以不必的地方节省些”，并称之为“作揖主义”。文章做得很妙，形象而且幽默，温和且务实。而在骨子里，作者的态度却是非常鲜明的。

入选理由

叶圣陶的经典杂文之一

对“话语权”掌握在“老爷”阶层的质疑

令人佩服的智慧、深刻和含蓄

“老爷”说的准没错 / 叶圣陶

《十五贯》里的娄阿鼠说：“老爷说是通奸谋杀，自然是通奸谋杀的了。”这当然表现娄阿鼠作恶心虚，谋脱干系，可是这句话的格式可以研究一下，因为这个格式代表一种思想方法。

老爷说的话准没有错儿。为什么准没有错儿？就因为说话的是老爷。不妨听一听，老爷说是怎么样，自然是怎么样了，他的语气是多么斩钉截铁。娄阿鼠的思想方法的全部精华就是这样。

岂但娄阿鼠呢！从前有许多人用“先圣有言”发端，或者用“孔子曰”、“孟子曰”开场，把大前提摆出来，然后立下判断。近几十年来，“先圣有言”和“孔子曰”“孟子曰”几乎绝迹了，可是大前提的前边往往是“某某说”或者“某某指示我们”，可见余风未衰。这些大前提为什么能做大前提，照例用不着证明，这里头隐隐含着这么个意思——是某某说的话就有资格做大前提。这就差不多跟娄阿鼠一鼻孔出气了。娄阿鼠不是相信老爷说的话准没有错儿吗？所以娄阿鼠的思想方法可以做代表。

早些年有个名儿叫“偶像崇拜”，今年有个新鲜名儿叫“个人崇拜”，两个名儿二而一，都指的这一种思想方法。

被用作大前提的先圣，孔子、孟子以及这个某某，那个某某的话也全没有错儿，从这些大前提推出来的结论也许全有道理，也许对实际工作有好处，可是这样的思想方法总难叫人信服，因为它只认某某而不辨道理，因为它无条件地肯定某某的话必有道理，这是无论如何不会约定俗成的。

摆脱这样的思想方法，该是改进文风的办法之一。

⊙作品赏析

叶圣陶先生的智慧、深刻和含蓄的确让人佩服。他通过《“老爷”说的准没错》一文巧妙地揭露了封建专制统治及其危害，但见诸文字的却是有关改进文风的话题。

本文以娄阿鼠的言语为切入点，引出了“娄阿鼠式的思想方法”，即“老爷说的话准没错儿。为什么准没有错儿？就因为说话的是老爷。”

细细分析“娄阿鼠式的思想方法”形成原因无非是专制暴政的压迫和个体利益的驱动。因为“老爷”有权有势，能操纵“下人”身家性命，所以“老爷”的话对于下人而言就一定是对的了，即便不对，“下人”也只能无声地忍受；而“下人”在面对强权的时候只有唯命是听，唯命是从，才能保证自己的利益，乃至自己的生命不受伤害。

文中，叶先生还特意强调了“娄阿鼠思想方法”形成的条件，就是“大前提”，还作了这样的解释：“这些大前提为什么能做大前提，照例用不着证明，这里头隐隐含着这么个意思——是某某说的话就有资格做大前提。”而“大前提”是什么意思，“老爷”指的是什么人，这里就不言而喻了。

为什么叶先生宁可用非常隐讳的方法提醒人们要“摆脱这种思想方法”？因为它的危害实在是太大了。首先是对“下人”的危害。“这样的思想方法总难叫人信服，因为它只认某某而不辨道理，因为它无条件地肯定某某的话必有道理，这是无论如何不会约定俗成的。”也就是说像娄阿鼠这样处理事情，无疑是受人以柄；其次，是对“老爷”的危害。“老爷”说的话如果是错的，那势必造成一定后果，而要为后果“埋单”的，只能是“老爷”，而非“下人”；再次，是对普天下老百姓的危害，这也是最大的危害。也就是说，如果后果严重到“老爷”也无法承担的时候，那“埋单”的义务则会毫无疑问地落到老百姓的头上。

所以，要想避免可怕的后果出现，就要摆脱“娄阿鼠式的思想方法”。而摆脱这种思想方法最有效的途径就是彻底消除“老爷”阶层，让全天下的人都有话语权。

卧着拿薪水 / 邹韬奋

文化大师针砭政治时弊的力作
指出了造成腐败的沆瀣一气的体制原因所在
所谈事实在现时代仍具有极大的现实意义

据报载最近冯玉祥氏对新闻记者谈话，有“国家将亡，应卧薪尝胆，但他们正在卧着拿薪水”等语，末了一句颇饶幽默意味。我们做老百姓的看惯了当今所谓要人也者，往往上台时干得乱七八糟，下台后却说得头头是道，所以我们对于大人先生们的高论，常觉得要大大的打个折扣。但像冯氏说的这句话，对于国难中老爷们的拖拖沓沓醉生梦死好像已倒在棺材里的心理形态，似乎描摹得颇有几分似处。拿应拿可拿的薪水，原不算什么罪过，可是一定要不客气的“卧着拿”，那扯烂污的程度未免太高明了！

但是我们如略再仔细的研究一下，便觉得仅仅拿薪水的仁兄们，就是“卧着”拿的，大概都是藉此勉强糊口活家的可怜虫。讲到国家民族的元恶大憝，却是那些不靠薪水过活，所拿的远超出于薪水，你虽求他们仅仅安安分分的“卧着”而不可得的一大堆宝贝！

诚然，现在有一班全靠着显亲贵戚，在衙门里挂个衔头吃现成饭的官僚老爷们，拿着薪水无事可做，只须“卧着”就行，他们只要靠得着封建的残余势力，尤其是有做小舅子资格以及能和这种资格发生直接间接关系的人们，都有便宜可拓，都只须“卧着拿薪水”！但是他们不得不求生存，这样的社会既不能容纳这许多求生者，他们只得往比较可以糊口的路上钻。对这种人我们仍只觉得怜悯，认为是社会制度造成的罪恶。

至于上等的贪官污吏和搜括无厌还要打着玩玩的军阀，那是“卧着拿薪水”并非他们所屑为的。“捐税名称之繁，既已无奇不备；勒借预征之酷，复又遍及灾区。”(见国府请求川军停战命令)这比“拿薪水”要高明得千万倍了。但他们却不愿安分的“卧着”，却要“罔顾国难，藉故交兵，军旅因内战而捐精英，黎庶因兵劫而膏锋镝。”就是客客气气的请求他们“引咎互让，立止干戈”(亦见上令)，他们仍充耳不闻，玩得起劲，这就请求他们“卧着”

·作者简介·

邹韬奋（1895～1944），原名恩润，笔名韬奋，祖籍江西余江。1895年出生在福建永安。1919年由南洋大学转入圣约翰大学文科，毕业后任中华职业教育社编辑部主任，并负责编辑《教育与职业》月刊和主编职业教育丛书，同时兼任中华职业学校和海澜英文专门学校的英文教员。1921年大学毕业后至1931年，负责《生活》周刊和《时事新报》副刊编务。1931年九一八事变后反对蒋介石的不抵抗主义，积极为抗日募捐。1932年7月，创办生活书店，该店相继在全国许多城市设立分店，大量编印发行各抗日救亡书籍和马列主义书籍。次年加入中国民权保障同盟，当选为执行委员。1933年7月因受迫害流亡国外。

邹韬奋像

1935年8月，由美归国，创办《大众生活》周刊，不久被封。1936年奔走于港沪之间，积极鼓动抗日。年底遭逮捕，是“七君子”之一。出狱后，上海沦陷，前往武汉继续参加救国活动。国民党政府聘他为国民参议员。他把《抗战》和《全民周刊》合并改为《全民抗战》三日刊。1941年2月，辞去国民参议员职务，出走香港，并恢复《大众生活》周刊。

香港沦陷后，曾到苏北解放区参观访问。1943年因患脑癌秘密回上海治病。次年7月24日在上海病逝。中共中央根据他生前的申请，追认其为中国共产党党员。

而不可得了！

⊙作品赏析

1932年底，日寇侵华，国难当头，冯玉祥将军批评一些在国难中醉生梦死、玩忽职守的官员时，说了一句极幽默的话："国家将亡，应卧薪尝胆，但他们正在卧着拿薪水。"邹韬奋先生就以"卧着拿薪水"为题，写了一篇文章，使这个话题更进了一步。作者在文中说，只是"卧着拿薪水"的人，并非是上等贪官污吏，因为这些"仅仅拿薪水的仁兄们，就是'卧着'拿的，大概都是藉此勉强糊口活家的可怜虫。讲到国家民族的元恶大憝，却是那些不靠薪水过活，所拿的远超出于薪水，你虽求他们仅仅安安分分的'卧着'而不可得的一大堆宝贝！"因为这些人搜刮无度，已不屑这点"薪水"了。更可怕的是"上等的贪官污吏和搜括无厌还要打着玩玩的军阀，那种'卧着拿薪水'并非他们所屑为的。""他们却不愿安分的'卧着'，却要'罔顾国难，藉故交兵，军旅因内战而捐精英，黎庶因兵劫而膏锋镝。'就是客客气气的请求他们'引咎互让，立止干戈'（亦见上令），他们仍充耳不闻，玩得起劲，这就请求他们'卧着'而不可得了！"腐败的极端当然是亡国，文章开门见山，直接地指出了这一点更可怕的事实。就今天来说，对虽然不贪污受贿但"拿薪水"的官员来说，也都不能只是"卧着拿薪水"，而应当站起来做事。对"执政为民"的官员来说，更应如此。

中国人之聪明 / 林语堂

文化大师对国民性的深刻洞察与剖析
中国人的处世哲学的淋漓再现
真挚情感与冷峻笔法的完美结合

聪明系与糊涂相对而言。郑板桥曰："难得糊涂"，"聪明难，由聪明转入糊涂为尤难"，此绝对聪明语，有中国人之精微处世哲学在焉。俗语曰："聪明反为聪明误"，亦同此意。陈眉公曰："惟有知足人，鼾鼾睡到晓，惟有偷闲人，憨憨直到老"，亦绝顶聪明语也。故在中国，聪明与糊涂复合为一，而聪明之用处，除装糊涂外，别无足取。

中国人为世界最聪明之一民族，似不必多方引证。能发明麻将牌戏及九龙圈者，大概可称为聪明的民族。中国留学生每在欧美大学考试，名列前茅，是一明证。或谓此系由于天择，实非确论，盖留学者未必皆出类拔萃之辈，出洋多由家庭关系而已。以中国农工与西方同级者相比，亦不见弱于西方民族。此尚系题外问题。

惟中国人之聪明有西方所绝不可及而最足称异者，即以聪明抹杀聪明之聪明。聪明糊涂合一之论，极聪明之论也。仅见之吾国，而未见之西方。此种崇拜糊涂主义，即道家思想，发源于老庄。老庄固古今天下第一等聪明人，《道德经》五千言亦世界第一等聪明哲学。然聪明至此，已近老猾巨奸之哲学，不为天下先，则永远打不倒，盖老猾巨奸之哲学无疑。盖中国人之聪明达到极顶处，转而见出聪明之害，乃退而守愚藏拙以全其身。又因聪明绝顶，看破一切，知"为"与"不为"无别，与其为而无效，何如不为以养吾生。只因此一着，中国文明乃由动转入静，主退，主守，主安分，主知足，而成为重持久不重进取，重和让不重战争之文明。

此种道理，自亦有其佳处。世上进化，诚不易言。熙熙攘攘，果何为者。何若"退一步想"知足常乐以求一心之安。此种观念贯入常人脑中时，则和让成为社会之美德。若"有福莫享尽，有势莫使尽"，亦极精微之道也。

惟吾恐中国人虽聪明，善装糊涂，而终反为此种聪明所误。中国之积弱，即系聪明太过所致。世上究系糊涂者占便宜，抑系聪明者占便宜，抑系由聪明转入糊涂者占便宜，实未易言。热河之败，败于糊涂也。惟以聪明的糊涂观法，热河之失，何足重轻？此拾得和尚所谓“且过几年，你再看他”之观法。锦州之退。聪明所误也。使糊涂的白种人处于同样境地，虽明知兵力不敌，亦必背城借一，宁为玉碎，不为瓦全，与日人一战。夫玉碎瓦全，糊涂语也。以张学良之聪明，乃不为之。然则聪明是耶，糊涂是耶，中国人聪明耶，白种人聪明耶，吾诚不敢言。

否所知者，中国人既发明以聪明装糊涂之聪明的用处，乃亦常受此种绝顶聪明之亏。凡事过善于计算个人利害而自保，却难得一糊涂人肯勇敢任事，而国事乃不可为。吾读朱文公《政训》，见一节云：

·作者简介·

林语堂（1895～1976），福建龙溪人。原名和乐，后改玉堂，又改语堂。1912年入上海圣约翰大学，毕业后在清华大学任教。1919年秋赴美哈佛大学文学系。1922年获文学硕士学位。同年转赴德国入莱比锡大学，专攻语言学。1923年获博士学位后回国，任北京大学教授、北京女子师范大学教务长和英文系主任。1924年后为《语丝》主要撰稿人之一。1926年到厦门大学任文学院院长。1927年任外交部秘书。1932年主编《论语》半月刊。1934年创办《人间世》，1935年创办《宇宙风》，提倡“以自我为中心，以闲适为格调”的小品文。1935年后，在美国用英文写作。1944年曾一度回国到重庆讲学。1945年赴新加坡筹建南洋大学，任校长。1952年在美国创办《天风》杂志。1966年定居台湾。1967年受聘为香港中文大学教授。1975年被推举为国际笔会副会长。1976年在香港逝世。

林语堂像

今世士大夫，惟以苟且逐旋挨事过去为事。挨得过时且过。上下相咻以勿生事，不要理会事。且恁鹘突，才理会得分明，便做官不得。有人少负能声，及少经挫抑，则自悔其太惺惺了了，一切刻方为圆，随俗苟且，自道是年高见识长进……风俗如此，可畏可畏！

可见宋人已有此种毛病，不但“今世士大夫”然也。夫“刻方为圆”，不伤人感情，不辨是非，与世浮沉，而成一老猾巨奸，为个人计，固莫善于此，而为社会国家计，聪明乎？糊涂乎？则未易言。在中国多一见识长进人时，便是世上少一做事人时；多一聪明同胞时，便是国事走入一步黑甜乡时，举国皆鼾鼾睡到晓，憨憨直到老。举国皆认三十六计走为上计之圣贤，而独无一失计之糊涂汉子。举国皆不吃眼前亏之好汉，而独无一肯吃亏之弱者，是国家之幸乎？是国家之幸乎？

然则中国人虽绝顶聪明，归根结蒂，仍是聪明反为聪明误。呜呼，吾焉得一位糊涂大汉而崇拜之。

（本文系承《星洲日报》之邀，撰寄该报者，搁笔后颇有骨鲠之感，乃转抄一纸，登刊此地，使与国内同胞相见）

⊙作品赏析

中国人的处世学问在世界民族之林也是令人绝倒的，这也应该看做是艰难存活中的一种黑色幽默。而这样的哲学向来是被世人奉为珍贵的智能。且不说这种智能有多久的渊源，单看它的发展，就足使人感慨起来。先是消极避世、隐退、无为，后是“难得糊涂”、“聪明难，由聪明转入糊涂为尤难”、“惟有知足人，鼾鼾睡到晓，惟有偷闲人，憨憨直到老”等。作者指出：“只因此一着，中国文明乃由动转入静，主退，主守，主安分，主知足，而成为重持久不重进取，重和让不重战争之文明。”一种政治及这种政治下的文化所培养的人性，使你很难说清谁是谁非，但是这种土壤培育出的消极、极端自私、装傻而自保却无论如何也算不上什么好事情，无论人际小事，还是国家大事，均有害无益，所以说它不仅是民族的悲哀，更是前进的障碍。作者哀叹说：“然则中国人虽绝顶聪明，归根结蒂，仍是聪明反为聪明误。呜呼，吾焉得一位糊涂大汉而崇拜之。”尽管文章已经经历近一个世纪，但我们民族的文化积习之久远，使我们不得不在今天依然重视文章中所谈论的问题。

中国人的国民性 / 林语堂

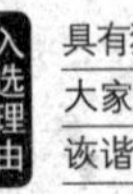

具有独立价值的有关中国人的国民性的著作
大家手笔拈来的精致小品
诙谐嬉笑中藏着热烈的爱与深刻的分析

一

中国向来称为老大帝国。这老大二字有深意存焉，就是既老又大。老字易知，大字就费解而难明了。所谓老者第一义就是年老之老。今日小学生无不知中国有五千年的历史，这实在是我们可以自负的。无论这五千年中是怎样混法，但是五千年的的确确被我们混过去了。一个国家能混过上下五千年，无论如何是值得敬仰的。国家和人一样，总是贪生想活，与其聪明而早死，不如糊涂而长寿。中国向来提倡敬老之道，老人有什么可敬呢？是敬他生理上一种成功，抵抗力之坚强；别人都死了，而他偏还活着。这百年中，他的同辈早已逝世，或死于水，或死于火，或死于病，或死于匪，灾旱寒暑攻其外，喜怒忧乐侵其中，而他能保身养生，终是胜利者。这是敬老之真义。敬老的真谛，不在他德高望重，福气大，子孙多，倘使你遇到道旁一个老丐，看见他寒穷，无子孙，德不高望不重，遂不敬他，这不能算为真正敬老的精神。所以敬老是敬他的寿考而已。对于一个国家也是这样。中国有五千年连绵的历史，这五千年中多少国度相继兴亡，而他仍存在；这五千年中，他经过多少的旱灾水患，外敌的侵凌，兵匪的蹂躏，还有更可怕的文明的病毒，假使在于神经较敏锐的异族，或者早已灭亡，而中国今日仍存在，这不能不使我们赞叹的。这种地方，只可意会，不可言传。同时老字还有旁义。就是“老气横秋”，“脸皮老”之老。人越老，脸皮总是越厚。中国这个国家，年龄总比人家大，脸皮也比人家厚。年纪一大，也就倚老卖老，荣辱祸福都已置之度外，不甚为意。张山来说得好：“少年人须有老成人之识见，老成人须有少年人之襟怀”；就是少年识见不如老辈，而老辈襟怀不如少年。少年人趾高气扬，鹏程万里，不如老马之伏枥就羁。所以孔子是非常反对老年人之状况的。一则曰“不知老之将至”，再则曰“老而不死是为贼”，三则曰“及其老也，戒之在得”。戒之在得是骂老人之贪财，容易犯了晚年失节之过。俗语说“鸨儿爱钞，姐儿爱俏”，就是孔子的意思。姐儿是讲理想主义者，鸨儿是讲现实主义者。

大是伟大之义。中国人谁不想中国真伟大啊！其实称人伟大，就是不懂之意。以前有黑人进去听教师讲道，人家问他意见如何，他说“伟大啊”。人家问他怎样伟大，他说“一个字也听不懂”。不懂时就伟大，而同时伟大就是不可懂。你看路上一个同胞，或是洗衣匠，或是裁缝，或是黄包车夫，形容并不怎样令人起敬起畏。然而试想想他的国度曾经有五千年历史，希腊罗马早已亡了，而他巍然获存。他所代表的中国，虽然有点昏沉老耄，国势不振，但是他有绵长的历史，有古远的文化，有一种处世的人生哲学，有文学，美术，书画，建筑足与西方媲美。别人的种族，经过几百年文明，总是腐化，中国的民族还能把河南犹太民族吸引同化。这是西洋民族所未有的事。中国的历史比他国有更长的不断的经过，中国的文化也比他国能够传遍较大的领域。据实用主义的标准讲，他在优胜劣败的战场上是胜利者，所以这文化，虽然有许多弱点，也有竞存的效果。所以你越想越不懂，而因为不懂，所以你越想中国越伟大起来了。

二

老实讲，中国民族经过五千年的文明，在生理上也有相当的腐化，文明生活总是不利于民族的。中国人经过五千年的叩头请揖让跪拜，五千年说“不错，不错”，所以下巴也缩小了，脸庞也圆滑了。一个民族五千年中专说“啊！是的，是的，不错，不错”，脸庞非圆起来不可。江南为文化之区，所以江南也多小白脸。最容易看出的是毛发与皮肤。中国女人比西洋妇人皮肤嫩，毛孔细，少腋臭，这是谁都承认的。

还有一层，中国民族所以生存到现在，也一半靠外族血脉的输入，不然今日恐尚不止此颓唐萎靡之势。今日看看北方人与南方人体格便知此中的分别。（南人不必高兴，北人不必着慌，因为所谓“纯粹种族”在人类学上承认“神话”，今日国中就没人能指出谁是“纯粹中国人”。）中国历史，每八百年必有王者兴，其实不是因为王者，是因为新血之加入。世界没有国家经过五百年以上而不变乱的；其变乱之源就是因为太平了四五百年，民族就腐化，户口就稠密，经济就穷窘，一穷就盗贼瘟疫相继而至，非革命不可。所以每八百年的周期中，首四五百年是太平的，后二三百年就是内乱兵匪，由兵匪起而朝代灭亡，始而分裂，继而迁都，南北分立，终而为外族所克服，克服之后，有了新血脉然后又统一，文化又昌盛起来。周朝八百年是如此。先统一后分裂，再后楚并诸侯南方独立，再后灭于秦。由秦至隋也是约八百年一期，汉晋是比较统一，到了东晋便五胡乱华，到隋才又统一。由隋至明也是约八百年，始而太平，国势大振，到南宋而渐微，到元而灭。由明到清也是一期，太平五百年已过，我们只能希望此后变乱的三百年不要开始，这曾经有人做过很详细的统计。总而言之，北方人种多受外族的混合，所以有北方之强，为南人所无。你看历代建朝帝王都是出于长江以北，没有一个出于长江以南。所以中国人有句话，叫做，吃面的可以做皇帝，而吃米的不能做皇帝。曾国藩不幸生于长江以南，又是湖南产米之区，米吃得太多，不然早已做皇帝了。再精细考究，除了周武王秦始皇及唐太祖生于西北陇西以外，历朝开国皇帝都在陇海路附近，安徽之东，山东之西，江苏之北，河北之南。汉高祖生于江北，晋武帝生于河南，宋太祖出河北，明太祖出河南。所以江淮盗贼之薮，就是皇帝发祥之地。你们谁有女儿，要求女婿或是要学吕不韦找邯郸姬生个皇帝儿，求之陇海路上之三等车中，可也。考之近日武人，山东出了吴佩孚，张宗昌，孙传芳，卢永祥。河北出了齐燮元，李景琳，强之江，鹿钟麟。河南出一袁世凯，险些儿就登了龙座，安徽也出了冯玉祥，段祺瑞。江南向来没有产过名将，只出了几个很好的茶房。

三

但是虽有此南北之分，与外族对立而言，中国民族尚不失为有共同的特殊个性。这个国民性之来由，有的由于民种，有的由于文化，有的是由于经济环境得来的。中国民族也有优点，也有劣处，若俭朴，若爱自然，若勤俭，若幽默，好的且不谈，谈其坏的。为国与为人一样，当就坏处着想，勿专谈己长，才能振作。有人要谈民族文学也可以，但是夸张轻狂，不自检省，终必灭亡。最要紧是研究我们的弱点何在，及其弱点之来源。

我们姑先就这三个弱点：忍耐性，散慢性及老猾性，研究一下，并考其来源。我相信这些都是一种特殊文化及特殊环境的结果，不是上天生就华人，就是这样忍辱含垢，这样不能团结，这样老猾奸诈。这有一方法可以证明，就是人人在他自己的经历，可以体会出来。本来人家说屁话，我就反对；现在人家说屁话，我点头称善曰："是啊，不错不错。"由此度量日宏而福泽日深。由他人看来，说是我的修养工夫进步。不但在我如此，其实人人如此。到了中年的人，若肯诚实反省，都有这样修养的进步。二十岁青年都是热心国事，三十岁的人都是"国事管他娘"。我们要问，何以中国社会使人发生忍耐，莫谈国事，及八面玲珑的态度呢？我想含忍是由家庭制度而来，散慢放逸是由于人权没有保障，而老猾敷衍是由于道家思想。自然各病不只一源，而且其中各有互相关系；但为讲解得清楚便利，可以这样暂时分个源流。

忍耐，和平，本来也是美德之一。但是过犹不及；在中国忍辱含垢，唾面自干已变成君子之德。这忍耐之德也就成为国民之专长。所以西人来华传教，别的犹可，若是白种人要教黄种人忍耐和平无抵抗，这简直是太不自量而发热昏了。在中国，逆来顺受已成为至理名言，弱肉强食，也几乎等于天理。贫民遭人欺负，也叫忍耐，四川人民预缴三十年课税，结果还是忍耐。因此忍耐乃成为东亚文明之特征。然而越"安排吃苦"越有苦可吃。若如中国百姓不肯这样地吃苦，也就没有这么许多苦吃。所以在中国贪官剥削小百姓，如大鱼吃小鱼，可以张开嘴等小鱼自己游进去，不但毫不费力，而且甚合天理。俄国有个寓言，说一日有小鱼反对大鱼的歼灭同类，就对大鱼反抗，说"你为什么吃我"？大鱼说："那么，请你试试看。我让你吃，你吃得下去么？"这大鱼的观点就是中国人的哲学，叫做守己安分。小鱼退避大鱼谓之"守己"，退避不及游入大鱼腹中谓之"安分"。这也是吴稚晖先生所谓"相安为国"，你忍我，我忍你，国家就太平无事了。

这种忍耐的态度，我想是由大家庭生活学来的。一人要忍耐，必先把脾气炼好，脾气好就忍耐下去。中国的大家庭生活，天赋给我们练习忍耐的机会，因为在大家庭中，子忍其父，弟忍其兄，妹忍其姊，侄忍叔，妇忍姑，妯娌忍其妯娌，自然成为五代同堂团圆局面。这种日常生活磨练影响之大，是不可忽略的。这并不是我造谣。以前张公艺九代同堂，唐高宗到他家问何诀。张公艺只请纸连写一百个"忍"字。这是张公艺的幽默，是对大家庭制度最深刻的批评。后人不察，反拿百忍当传家宝训。自然这也有道理。其原因是人口太多，聚在一起，若不兼容，就无处翻身，在家在国，同一道理。能这样相忍为家者，自然也能相安为国。

在历史上，我们也可证明中国人明哲保身莫谈国事决非天性。魏晋清谈，人家骂为误国。那时的文人，不是隐逸，便是浮华，或者对酒赋诗，或者炼丹谈玄，而结果有永嘉之乱，这算是中国人最消极最漠视国事之一时期，然而何以养成此普遍清谈之风呢？历史的事实，可以为我们明鉴。东汉之末，子大夫并不是如此的。太学生三万人常常批评时政，是谈国事，不是不谈的。然而因为没有法律的保障，清议之权威抵不过宦官的势力，终于有党锢之祸。清议之士，大遭屠杀，或流或刑，或夷其家族，杀了一次又一次。于是清议之风断，而清谈之风成，聪明的人或故为放逸浮夸，或沉湎酒色，而达到酒德颂的时期。有的避入山中，蛰居子屋，由窗户传食。有的化为樵夫，求其亲友不要来访问，以避耳目。竹林七贤出，而大家以诗酒为命。刘伶出门带一壶酒，叫一人带一铁锹，对他说"死便埋我"，而时人称贤。贤就是聪明，因为他能佯狂，而得善终。时人佩服他，如小龟佩服大龟的龟壳的坚实。

所以要中国人民变散慢为团结，化消极为积极，必先改此明哲保身的态度，而要改明哲保身的态度，非几句空言所能济事，必改造使人不得不明哲保身的社会环境，就是给中国人民以公道法律的保障，使人人在法律范围之内，可以各开其口，各做其事，各展其才，各行其志。不但扫雪，并且管霜。换句话说，要中国人不像一盘散沙，根本要着，在给与宪法人权之保障。但是今日能注意到这一点道理，真正参悟这人权保障与我们处世态度互相关系的人，真寥如晨星了。

⊙作品赏析

在反思中国人的国民性的著作中，《中国人的国民性》是具有独立价值的。作者在看透中国人的老大自居和"忍耐性，散慢性及老猾性"等人性弱点的同时究其根源，认为种种劣迹的繁衍在于世道和人心的相互改造。中国历史的古老，生存的艰难，环境的复杂，政治的变乱，都是产生这些弱点的土壤，而中国历史之所以绵长而不绝的原因只在新血液的不断加入。作者认为，原本"无论这五千年中是怎样混法，但是五千年的的确确被我们混过去了。一个国家能混过上下五千年，无论如何是值得敬仰的"。但可笑可悲的是，中国向来提倡敬老之道"是敬他生理上一种成功，抵抗力之坚强；别人都死了，而他偏还活着"。莫大的讽刺在于我们的敬是糊涂的敬，并没有敬在道理上。关于"忍耐性，散慢性及老猾性"，作者指出："含忍是由家庭制度而来，散慢放逸是由于人权没有保障，而老猾敷衍是由于道家思想。自然各病不只一源，而且其中各有互相关系。"忍耐、和平，本来也是美德之一，而"在中国忍辱含垢，唾面自干已变成君子之德。这忍耐之德也就成为国民之专长"。而改造国民，使"中国人民变散慢为团结，化消极为积极，必先改此明哲保身的态度，而要改明哲保身的态度"，就"必改造使人不得不明哲保身的社会环境，就是给中国人民以公道法律的保障"。也就是说，"要中国人不像一盘散沙，根本要着，在给与宪法人权之保障"。文章从容谈古论今，确凿而在理，使人不能不信服。

X市的狗 / 胡愈之

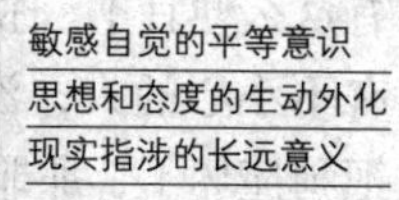

在我们的读者中间，大概有好几位是曾经到过S市，或者是住居在S市的。列位大概都知道S市是东方最繁盛的都市，是物质文明集合的中心点；那边的人们，吃的、着的、住的、逛的，比在别处都要好。可是除了十几层高的洋楼，十多丈阔的马路以外，

·作者简介·

胡愈之（1896～1986），1896年9月9日出生于浙江省上虞县。1911年后，入绍兴府中学堂。1914年，考入上海商务印书馆编辑所当练习生。1919年在上海参加了声援五四运动的斗争，并在《东方杂志》连续撰文，提倡科学和民主。1920年，和郑振铎、沈雁冰共同发起成立文学研究会。1925年，参加上海“五卅”运动，编辑出版《公理日报》。1928年1月流亡法国，入法国巴黎大学国际法学院学习。1931年九一八事变后，主编《东方杂志》，积极宣传抗日救亡主张。同时他与邹韬奋共同主持著名的《生活周刊》，并推动创办生活书店。1933年初，应鲁迅之邀加入民权保障同盟，并当选为总会临时中央执行会执行委员。1935年，主要精力投入组织救国会的活动。1935年12月，由于国民党特务的追捕，逃亡到香港。1940年，奉命在新加坡开展抗日宣传工作。后流亡在印尼苏门答腊岛。抗日战争胜利后，回到新加坡，创办了新南洋出版社、《南侨日报》、《风下》周刊和《新妇女》杂志。新中国成立后，历任《光明日报》总编辑，国家出版总署署长，中国文字改革委员会副主任，文化部副部长，中国人民外交学会副会长、中华全国世界语协会理事长，第一至第五届全国人大常委，第六届全国人大常委会副委员长，第二、三、四届全国政协委员，第五届全国政协副主席，中国民主同盟中央委员会副主席、代主席等职。1986年1月16日，在北京逝世，终年90岁。

胡愈之像

这S市的文化，还有一个特点，却少有人知道。这特点是什么？原来就是狗道主义。狗，在S市是特别被尊崇的。S市的法律对于狗的生命安全，保护得十分周到。没有人敢杀害它，虐待它。狗的一切享受，也与众不同。初次来到S市的乡下曲辫子，见了那边的哈巴狗，住的是清洁的洋楼，套的是金银的项索，吃的是牛肉和乳酪，出来乘着龙飞行的汽车，亲着洋太太的香吻，都不免摇摇头，叹一声“我不如也”。所谓S市的狗道主义便是如此的。

此外更有许多事实可以证明S市的狗道主义的发达。S市的公园，门口都挂着一块牌子，写着“狗与□人不准入内”。自然，一切的牲畜，都是禁止走入公园的。但是没有写着：“狮子不准入内”，“老虎不准入内”，“猪不准入内”，“牛不准入内”，却单写着“狗与□人不准入内”，可见对于狗的地位的重视，至少，在S市的人们看来，狗和某种的人类是立于平等地位了。而且，这一条法律，也不是没有例外的。据说，狗，只要穿戴了人的衣冠，依旧可以走进公园里去，并不加以禁阻。但是自从S市开辟公园以来，却不曾见有四足的动物，着着overcoat，戴着大礼帽，假扮了人模样，在公园里散步。可见，虽然是狗，实在也颇知自爱呢。

再举一个例：假如你在S市开着汽车，撞死了一个不相干的人，那没有什么大不了的事，你只消到法庭里去申辩一下，那公正的法官，便“援笔判道”：“死者系自不小心，着尸属具结领回，汽车夫开释。”但你要是运道不好，在马路上撞坏了一条狗腿，而那狗又是某洋太太所最钟爱的，你可就没有这么便宜了。你至少也得赔偿医药费50元，才能了事。这是因为在S市有一句俗语：“只有不小心的人，没有不小心的狗。”把人撞坏了，那也许由于被撞的人自不小心。要是把狗撞坏了，那罪一定在于撞狗的人，而不在于被撞的狗，因为狗是决不至于不小心的。就这一个例，更可以看出狗道主义的精义的一斑。

但是现在我所要讲的，却是另一个故事，这故事不是讲S市的狗，而是讲X市的狗的。X市和S市不同，在那边狗道主义还未昌明，因此狗竟不齿于人类。话虽如此，X市的狗却不是无用的狗。它们能拉车，能负重，能做一切的工作。X市的人们差不多全是靠了狗才能生活。但是狗虽做了最大的职务，却只得了最小的报酬。它们替人做了许多事，把生命的全部都耗尽了，但结果竟不得一饱。连它们所应得的骨头，也不能得到。在X市的人们看来，以为这不算不公平，这是当然的事：凡牲畜本来比奴隶还要下等，而狗却比奴隶的奴隶还要下等。狗是受人类豢养的，如果没有人类，也就没有狗类。所以苦工是狗的本分，而骨头却是人的恩泽。狗有做苦工的义务，而没有要求骨头的权利。这是在X市所公认的道德原则。

向来X市的狗，都是非常安分，而且对于此种道德原则，是谨守不渝的。但是道德虽高妙，究竟不能装满肚腹。狗的智慧虽不如人，生理的构造，却和人差不了多少。肚饿了究竟是无法可想的。因此，有一天，X市的狗，从来不吠的，居然唁唁的吠了起来。这意思是要求多给一块骨头。这本来是违反X市的道德的。X市的人把狗吠当作了一件大不吉利的事。但是又有什么法想呢？要是天天狂叫起来，荒废工作，人类的损失可是不笑到了最后，人居然让步了，和狗订了一个契约，以后多给一块骨头，但不许乱叫。总算万幸，一场狗风潮，就此平息了。

但是人到底比狗聪明得多，他知道此风断不可长，风潮虽幸而平息，却不可不下一番辣手，以儆将来，否则狗胆日益张大，后患何堪设想！因此虽然已经允许了多给一块骨头，到了风潮平息后，依旧不给。狗自然不肯干休，这一次不单是狂叫，而且张着狰狞的牙齿，仿佛要咬人的样子。狗是激成忿怒了，谁知这正中了人的恶计。X市全体的人们便都嚷着道："不得了，不得了，狗咬起人来了，这些狗一定是疯了，为了X市的治安，为了人类的生命的安全，快来打死这疯狗，快来打死这疯狗！"

轰轰的两声，枪弹穿进了两只狗的肚腹。

又是轰轰轰的接连十几声，枪弹穿进了十几只狗的肚腹。

"为了X市的治安，为了人类生命的安全，快来打死这疯狗，快来打死这疯狗！"

明天X市的报纸，登了一条新闻，说道："昨天某处打死了两只公狗。"许多读报的人，都不满意，他们说："打死两只狗，也值得上报吗？"

以后的事情，却不曾知道。但据新从X市回来的人说，那边的狗虽然打死了好多只，但是那些没有打死的，却都已传染了疯狗毒，现在真的咬起人来了。被咬死的人也有不少。那人回来的时候，X市里正闹着疯狗问题呢。

读完了这一篇故事的人，一定要感叹着说："同是狗也，何幸而为S市的狗，何不幸而为X市的狗！"但是著者的见解却又不同。著者以为S市的狗，虽然养尊处优，但是它的地位，到底也不见得很高，因为真正的幸福是要自已去挣得的，而不是可以赐与的。至于X市的狗，本来只求多得一块骨头，填填它的肚腹，现在骨头虽不曾到手，它的肚腹却已装满了枪弹了，这不是一样的有幸吗？

⊙作品赏析

以狗比喻人的文字是非常多的，本文的不同在于，虽然是以狗比喻，却重在对比两种"狗"的不同境遇，进以说明，即使是狗，对于实在的不公以至不能存活的处境，都要起反抗之心的。文章的题目是"X市的狗"，可见作者的关注在"X市的狗"，而S市的狗，"特别被尊崇的。S市的法律对于狗的生命安全，保护得十分周到。狗的一切享受，也与众不同"。连初次来到S市的乡下曲辫子，也要叹一声“我不如也”。作者说这些，只是拿来比较说明，社会人心、世道不公，于狗而言尚且有天壤的差别，我们在文中看到的上等的狗，实际上是下等的狗最终抗议的伏笔所在。X市的人们差不多全是靠了狗才能生活，它们替人做了许多事，把生命的全部都耗尽了，但结果竟不得一饱。究其原因是在于X市所公认的道德原则认为：“凡牲畜本来比奴隶还要下等，而狗却比奴隶的奴隶还要下等。”“苦工是狗的本分，而骨头却是人的恩泽。狗有做苦工的义务，而没有要求骨头的权利。”于是作者认为反抗有理，只是，尽管作者以为真正的幸福是要自己去挣得的而不是可以赐与的，却仍在结尾感叹道：“X市的狗，本来只求多得一块骨头，填填它的肚腹，现在骨头虽不曾到手，它的肚腹却已装满了枪弹了，这不是一样的有幸吗？”

迂缓与麻木 / 郑振铎

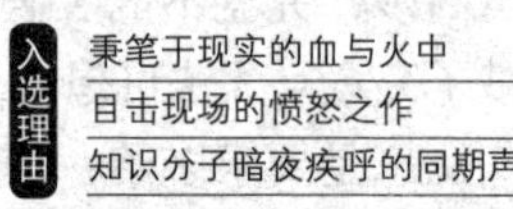

自上海大残杀案发生后，我们益可看出我们中国民族的做事是如何的迂缓迟钝，头脑是如何的麻木不灵。我揣想，如此的空前大残杀案一发生，南京路以及各街各路的商店总应该立刻有极严重的表示。然而竟不然！此事发生时，我不知其情形如何；然而当发生后二小时，我到了南京路，却还不见有一丝一毫的大雷雨扫荡后的征象。直到了先施公司之西，行人才渐渐的拥挤，多半伫立而偶语。至于商店呢，一若无事然，仍旧大开着门欢迎顾客。只有当枪弹之冲的七八家商店关上了店门。我不明白，我们民族的举动为什么如此的迂缓迟钝！也许是大家故示镇定，正在商议对付方法罢！夜间，我再到外面作第二次的观察。一路上毫无什么可注意的现象。

各酒楼上，弦歌之声，依然鼎沸。各商店灯火辉煌，人人在欢笑，在嘲谑。我在自疑，上海不是很大的地方，交通也不算不方便，电话、电车、汽车、马车、人力车，全都有，为什么这样重大的消息传播得如此的迂慢？我不敢相信又不能不相信：“上海难道竟是一个至治之邦，‘鸡犬之声相闻，民至老死不相往来’的么？”又到了南京路，各商店仍旧是大开着门欢迎顾客，灯光如白昼的明亮，人众憧憧的进出。依然的，什么大雷雨扫荡的痕迹也没有，什么特异的悲悼的表示也没有！直行至老闸捕房口，才觉得二三丈长的这一段路，灯火是较平常暗淡些，闭了的商店门也未全开。英捕与印捕，乘了高头大马，闯上行人道，用皮鞭驱打行人。被打的人在东西逃避。一个青年，穿着长衫的，被驱而避于一家商店的檐下，英捕还在驱他。他只是微笑的躲避着皮鞭。什么反抗的表示也没有。这给我以至死不忘的印象。我血沸了，我双拳握得紧紧的。他如来驱我呀……皮鞭如打在我身上呀……但亏得英捕印捕并不来驱逐我。当时如有什么军器在手，我必先动手打死了这些无人道的野兽再说！再走过去，景象一如平日，又是什么大雷雨扫荡的痕迹也没有。我又在自疑：为什么我们还没有什么严重的悲悼的表示呢？！难道商界领袖竟没有在商议这事么？难道在商议而尚未确定办法么？“迟钝，迟钝！”我暗暗的自叫着。回转身，到西藏路，望见宁波同乡会门口有黑压压的一大堆人。我吃了一惊：“又发生了什么事？”

也许商界在这里会议？群众在这里候大消息的宣布？匆匆的走近，“失望”立刻抓住了我的心，我的热泪立刻聚挤在眼眶中了。原来是一个什么“南大附中平民学校游艺会”正在那里开会！我自己愤骂道：“还开什么游艺会！还不立刻停止么！”

唉，我失望，什么也使我失望！第二天是星期日，我又出去观察一次，还是什么悲悼的表示也没有。“迟钝呀！麻木呀!!”

我又在自叫着。下午是某人为他的父母在徐园做双寿，有程砚秋的堂会。我不能不去拜寿，一半因为大家都出去了，什么朋友也找不到，正好趁空到徐园去，一半也要借此探听些消息。但我揣想，堂会是一定没有了，客一定不多，也许“双寿”竟至于改期举行。到了徐园门口，又使我明白我的揣想是完全错了。什么都依旧进行。厅上黑压压的坐着许多骄贵的绅士们，艳装的太太们，都在等候着看戏。招呼了几个熟人，谈起了昨天的大残杀，他们也附和着说道：“不应该，不应该！”然而显然的，他们的脸上，眼中，没有一丝一毫的同情，没有一丝一毫的悲愤！（也许我的观察错了，请他们原谅）大家说完了话，又静静的等候着看戏。我没有听见再有什么人说起一句关于这个大残杀案的话。“麻木，淡漠，冷酷！为什么？”我任怎样也揣想不出。

约有四十小时是在如此的平安而镇定中度过去。到了第三天早晨，商店才不复照例开门。听说还是学生们包围强迫的结果。事后，商会的副会长想登报声明，这次议决罢市是被迫的。亏得被较明白的人劝阻住了。

“唉！迂缓、麻木、冷酷！为什么？”我任怎样也揣想不出。

⊙作品赏析

“五卅”惨案之后不少同胞对于无辜者的血，所表现出的迂缓、迟钝、麻木、冷酷深深地刺痛了年轻的知识分子郑振铎的心。在《公理日报》消失之后，郑振铎还在《文学周报》一再地提到这一挥之不去的血案，如《迂缓与麻木》、《杂谈二则》、《六月一日》等。《迂缓与麻木》直接描述事发后的社会现实情形，却给人以最强烈的震撼：“直到了先施公司之西，行人才渐渐的拥挤，多半伫立而偶语。至于商店呢，一若无事然，仍旧大开着门欢迎顾客。”“各酒楼上，弦歌之声，依然鼎沸。各商店灯火辉煌，人人在欢笑，在嘲谑。”租借地里的印度巡警骑着高头大马，用皮鞭抽打着衣衫破烂的穷青年，阔人们祝寿的堂会照常进行，如鲁迅说：“街市依旧太平。”这样的画面是何其刺眼！但是郑振铎并没有长篇的议论，他选择直接地表现他的愤怒：这些绅士和国民们所要求的是苟安，是奴隶的、待屠的猪羊似的苟安。只要皮鞭还没有打在他们的身上，子弹还没有穿透他们的胸背，他们是安然不动的。这种为奴为隶、为猪为羊都情愿，只求能暂时苟安的心理，已有四千余年的传统关系了。这个传统的心理不打破，中华民族是永无救的！显然，面对这种现实，作者是不需要什么曲笔、讽刺的做法，直接的抨击也许都并不见得有好的效果。

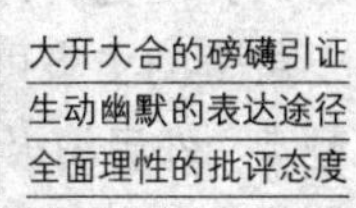

说“忍” / 陈子展

孔子说过“小不忍则乱大谋”的话，这话本来不错。因为他只教人忍小事，当然权衡轻重，以成就大计划，忍耐小事件为是。倘若对方要使你的大计划弄不成，那就不是小事，只要你还有做人的血性，一定忍无可忍了。孔子的话虽然这样说，可是他老先生常常为了一点小事气得胡子发抖。比如他看见鲁国当权的阔人季氏在家里擅用只有天子可用的八佾的乐舞，他就气愤愤地说道：“这个可忍呀！还有什么不可忍呀！”又有一次齐国打发人送女戏子给季氏，季桓子玩疯了，三天不办公。恰好有祭祀，胙肉又忘记分送给孔子，孔子只好气冲斗牛地出走，连官也不要做了。可见孔子还有修养不到的地方。

五代时候，冯道以孔子自比，他的忍性的修养工夫，似乎要比孔子进步。相传他做宰相的时候，有人在街上牵着一匹驴子，用一块布写着“冯道”二字，挂在驴子的脸上，这分明是在取笑他了，他看见了也不理。有个朋友告诉他，他不好再装聋，只好答道：“天下同姓名的不知道有许多，难道那一冯道就是我？想是人家拾了一匹驴子，寻访失主呢。”

俗语道：“宰相肚里能撑船。”肚皮窄狭，不能容忍，那是不配做宰相的。相传唐朝有一个宰相，叫做娄师德。他放他的弟弟去做代州都督，要动身了，他叮嘱弟弟道：“我本不才，位居宰相，你如今又做了一州的都督，我家阔气过分，这是人家要妒忌的，你想怎么了局？”弟弟道：“从今以后，有人吐我一脸的唾沫，我也不敢做声，只好自己抹去，这样或者不致累哥哥担忧罢？”师德道：“这恰恰是我担忧的地方。人家要吐你一脸的唾沫，那是因为他对你生了气。你如今把脸上的唾沫自己抹去，那就会更招人家生气。唾面不抹，它会自干，为什么不装着笑脸受了呢？”弟弟道：“谨受哥哥的指教。”这就是娄师德唾面自干的故事。这一故事活活描出了为着做官，不惜忍受一切耻辱的心理。

吾家白沙先生，是明朝大儒，他有一篇忍字箴道：“七情之发，惟怒为剧。众怒之加，惟忍为是。当怒火炎，以忍水制。忍之又忍，愈忍愈励。过一百忍，为张公艺。不乱大谋，乃其有济。如不能忍，倾败立至！”他要学张公百忍，可惜他不曾做宰相，像娄师德冯道之流，以忍治国，他只能学张公艺以忍治家。从家到国，都离不了一个忍字，一忍了事，中国民族算是世界上最能忍耐的伟大的民族了。

这个忍字，真可算得咱们唯一无二的国粹。忍的哲学：道家发明最早，不过不曾呈请注册专利。老子的不争主义，就在于能忍。他说，“夫唯不争，故天下莫能与之争”，这只算是他的诡辩。道家每每把黄帝老子并称，称做“黄老之学”，其实不对。倘若关于黄帝的史事可靠，那么，黄帝开国，他是用抵抗主义斗争主义战胜一切的。他把蚩尤赶走，外患消灭，他才开始整理内部，建设了一个像样的国家。老子主张不争，主张柔弱，不但不曾继承了黄帝的道统，他简直不配做黄帝的子孙。

自从佛家的哲学传到中国，老子的哲学又得了一个帮手。

相传释迦昔为螺髻仙人，常常行禅，在一棵树下兀坐不动。有鸟飞来，把他看做木头，就在他的发髻里生蛋。等他禅觉，才知脑袋顶上有了鸟蛋。他想，我若起身走动，鸟不会再来，鸟蛋一定都要坏了，他即再行入定，直到鸟蛋已生鸟儿飞去，他才起身。这个故事虽然未必真有其事，可是佛家忍性的修养工夫，实在比咱们的道家不知高了许多。六朝道家佛家的思想最有势力，恰在这个时期，北方经过五胡十六国以及北朝的蹂躏，可怜南方小朝廷，还是偏处一隅，相忍为国，醉生梦死，苟安旦夕。宋朝虽说好象是儒

·作者简介·

陈子展（1898～1990），原名炳坤，笔名楚狂，湖南长沙人，中国古代文学教授。1951年加入九三学社，东南大学教育系肄业。20世纪30年代，写下大量文学作品。曾任南国艺术学院、中国公学、沪江大学教授，复旦大学教授，中文系主任。他专长中国先秦史学，毕生致力于《诗经》、《楚辞》的研究和教学。所著《诗经直解》、《楚辞直解》，总结旧学、融会新知，是这一研究领域的重要的新成果。还著有《唐宋文学史》、《中国近三十年文学史》、《孔子与戏剧》、《正面文章反看法》、《中国近代文学之变迁》、《雅颂选译》等。

家思想最占势力，其实一般道学家戴的是儒家帽子，却穿了佛家道家的里衣。他们好发议论，没有实际工夫。“议论未定，兵已渡河”，贻为千古笑柄。这一时期北方始终在少数民族手里，结果南方的小朝廷退让，退让，一直退到广州的海里崖山，小皇帝投海死了。明朝道学号为中兴。所谓儒家还是贩的佛道两家的货色，即消极的哲学，懒惰的哲学，不求长进的哲学。虽说有个王阳明算为无用的书生吐了一口气，可是王学的末流，堕落做了狂禅。我虽然不一定要把两千年来中原被其他民族统治的责任，通通推在道家佛家乃至号为儒家的道学家身上。但这三派思想浸透中国民族的血液，已经久远了，三派所最注重的忍性修养工夫做得愈精进，愈深湛，就愈成为牢不可破的民族性。因此这个在世界上最会忍耐一切的伟大的民族，也就愈成为最适于被侮辱被侵略的民族了。

被作为墨家的一个哲学家说，“见侮不辱，救世之斗。”忍受一切，提倡和平，好伟大的和平主义者！记得清儒张培仁的《妙香室丛话》里有一段说：

> 忍之一字，天下之通宝也。如与人相辩是非，这其间着个忍字，省了多少口舌。如与美人同眠，这其间着个忍字，养了多少精神。……凡世间种种有为，才起念头，便惺然着忍，如马欲逸，应手加鞭，则省事多矣。但忍中有真丹，又是和之一字。以和运忍，如刀割水无伤。和者，众人见以为狂风骤雨，我见以为春风和气，众人见以为怒涛，我见以为平地，乃谓之和耳。

这也像是说的忍耐与和平二者有不可分离的关系。难怪中国民族是这个世界上最会忍耐一切的伟大的民族。同时又是这个世界上最爱和平的伟大的民族。

⊙作品赏析

这篇关于忍的文章，不是表面的罗列和批评，而是从传统的思想史析理，指出中国人之所以能忍的思想道德根源——倡导忍与无争的哲学。作者给我们提供了一个从思想发展上对“忍”的信奉程度不断递增到登峰造极的程度的事实：为人的“忍”，处世的“忍”，政治的“忍”。当然作者并没有片面地否定“忍”，但是其主要立场是对“忍”的批判：“孔子说过‘小不忍则乱大谋’的话，这话本来不错。因为他只教人忍小事，当然权衡轻重，以成就大计划，忍耐小事件为是。倘若对方要使你的大计划弄不成，那就不是小事，只要你还有做人的血性，一定忍无可忍了。”不过笔法委婉，其中的挖苦语中深藏，不断的推理和事实最终给出一个骇人的但不得不被承认的事实：“这三派思想浸透中国民族的血液，已经久远了，三派所最注重的忍性修养工夫做得愈精进，愈深湛，就愈成为牢不可破的民族性。因此这个在世界上最会忍耐一切的伟大的民族，也就愈成为最适于被侮辱被侵略的民族了。”并且作者明确反驳了“见侮不辱，救世之斗”与“众人见以为狂风骤雨，我见以为春风和气，众人见以为怒涛，我见以为平地，乃谓之和耳”等将“忍”等于和平的荒谬论调。我等固爱和平，而不以苟且！

入选理由

- 完全政治角度的思想批判
- 直接揭露的批判方法
- 非常时代思想斗争领域的珍贵记录

狗道主义 / 瞿秋白

最近有人说：“只有人道主义的文学，没有狗道主义的文学。”

然而，我想：中国只有狗道主义的文学，而没有人道主义的文学。中国文人最爱讲

·作者简介·

瞿秋白(1899～1935)，江苏省常州市人。1916年入北京俄文专修馆学习。1919年在北京参加五四运动。1920年初，参加李大钊组织的马克思学说研究会。同年10月，以北京《晨报》记者身份赴苏俄采访，开始系统地向中国人民报道苏俄情况。1922年加入中国共产党。1923年任中共中央机关刊物《新青年》、《前锋》主编和《向导》编辑。他是中共三大、四大、五大、六大中央委员，四大中央局成员，五大、六大中央政治局委员，五大中央政治局常委。1927年8月，主持召开了中共“八七”紧急会议，会后任临时中央政治局常委，主持中央工作，并参与了南昌起义、秋收起义、广州起义及其他地区的武装起义。从1931年夏至1933年秋，在上海和鲁迅一起领导左翼文化运动。1934年2月，任中华苏维埃共和国中央政府人民教育委员。1935年2月24日，在福建长汀县被国民党军队逮捕，6月18日在长汀县罗汉岭遇害。

瞿秋白像

究国粹，而国粹之中又是越古越好。因此，要问读者诸君贵国的文学是什么，最好请最古的太史公来回答。他说，这是“主上所戏弄，倡优所蓄，流俗之所轻也！”

人道主义的文学，据说是“被压迫者苦难者的朋友”。可是，请问中国现在除了“被压迫者苦难者”自己之外，还有什么“朋友”？“苦难者”的文学和“苦难者朋友”的文学，现在差不多都在万重的压迫之下，这种文学不能够是人道主义的，因为“被压迫者”自己没有资格对自己讲仁爱，没有可能也没有理由对压迫者去讲什么仁爱的人道主义。

于是乎狗道主义的文学就耀武扬威了。

固然，十八世纪的革命的资产阶级文学之中，曾经有过人道主义。然而二十世纪的中国资产阶级，尤其是一九二七年之后，根本不能够有那种人道主义。中国资产阶级始终和封建地主联系着，最近更和他们混合生长着。帝国主义支配之下的“关余万能”主义，外国资本的垄断市场，租田制度和高利贷商业资本的畸形发展，使榨取民众血汗所形成的最初积累的资本，终在流转到一种特殊的“货币银行资本”里去，而且从所谓民族工业里逃出来。中国资产阶级之中的领导阶层，现在难道不是那些中国式的大大小小的银行银号钱庄吗？这些“货币银行资本”的最主要的投资，除了做进出口生意的垫款和高利贷的放账以外，就是公债生意。而在公债等类的生意里面，利率比那种破产衰落的工业至少要高二三十倍。这种资产阶级会有什么人道主义？他们要戴起民族的大帽子，不是诓骗民众去争什么自由平等。不是的。远东第一大伟人，比卢梭等类要直爽而公开得多。这大约是因为中国有一座万里长城做他的脸皮。他就爽爽快快的说：不准要什么自由平等，国民应该牺牲自由维持不平等，而去争“国家的自由和平等”。所以这顶民族的大帽子，是用来诓骗民众安心做奴隶的。欧洲十八世纪的资产阶级要诓骗民众去争自由平等，为的是多多少少要利用民众反对贵族地主，要叫民众“自由平等的”来做自己的奴隶，而不再做贵族僧侣的奴隶。中国现在的资产阶级又要诓骗民众“为着民族和国家”安心些，更加镇静些做绅士地主和自己的共同奴隶。

所以很自然的只会有狗道主义的文学。这是猎狗，这是走狗的文学，因为这些地主资产阶级的走狗的主人，本身又是帝国主义的走狗。这种走狗的走狗，自然是狗气十足，狗有狗道，此之谓狗道主义。

狗道主义的精义：第一是狗的英雄主义，第二是羊的奴才主义，第三是动物的吞噬主义。

英雄主义的用处是很明显的：一切都有英雄，例如诸葛亮等类的人物，来包办，省得阿斗群众操心！英雄的鼓吹总算是“独一无二的”诓骗手段了。这是独一无二的，因为另外还有些诓骗的西洋景，早已拆穿了；只有那狗似的英勇，见着叫化子拼命的咬，见着财神老爷忠顺的摇尾巴——仿佛还可以叫主人称赞一句：“好狗子！”至于羊的奴才主义，那就是说：对着主人，以及主人的主人要驯服得像小绵羊一样。

话说元朝时候，汉族的绅商做了蒙古人的走狗和奴才，其中有一位将军叫做宋大西，他对于元朝皇帝十分忠顺。他跟着蒙古军队去打俄罗斯，居然是个“勇士”。元朝击败了宋朝，又去打俄国——他是到处都很出力的，到处都要开锣喝道的喊着：“万岁哟，马上的鞑靼！永久哟，神武的大元！”有一天，他忽然间诗兴勃发，念出一首诗来：

外表赛过勇士，心里已如失望的小羊。
无家可归的小羊哟，何处是你的故乡？

这首诗的确高明，尤其是那“赛过”两个字用得“奇妙不堪言喻”。真是天才的诗人呀！“赛过”！一只驯服的亡国奴的小羊，居然赛过勇士和英雄！

这些狗呀羊呀的动物，有什么用处？嘿，你不要看轻了这些动物！天神还借用它们来惩罚不安分的罪孽深重的人类呢。

原来某年月日，外国的天父上帝和中国的财神菩萨开了一个方桌会议，决定叫这些动物，张开吃人的血口，大大的吞噬一番，为的是要征服那些不肯安分的人，那些敢于反抗的人，那些不愿意被“主上所戏弄倡优所畜”的人。

有诗为证：

天父和菩萨在神国开会相逢，
选定了沙漠的动物拿来借用；
于是米加勒高举火剑，爱普鲁拉着银弓：
一刹那便刀光血影，青天白日满地红！

⊙作品赏析

从1931年夏秋到1932年夏初，瞿秋白陆续写成《学阀万岁》、《菲洲鬼话》、《民族的灵魂》、《流氓尼德》、《狗道主义》等多篇杂文，彻底揭露“民族主义文学”的卖国求荣、奴役人民的反动面目。在20世纪30年代的文艺思想斗争中，“民族主义”的反动影响并不仅仅限于文学艺术领域，而对这种文艺思潮的批判和斗争也显然不仅仅是在文学艺术意义上，思想的混乱在于大部分人并不明白民族主义文学的动机、实质和后果，所以，作为一个具有敏锐思想和洞察力的政治家，瞿秋白一针见血地指出：“奴耕婢织各称其职，为国杀贼职在军人。换句话说，叫醒民族的灵魂是为着巩固奴婢制度。”“现在抵抗不抵抗日本阎王的问题，不过是一个‘把中国小百姓送给日本做奴婢，还是留着他们做自己的奴婢’的问题。其实，中国小百姓做‘自己人’的奴婢，也还是英美法德日等等的奴婢，因为这一流的‘自己人’原本是那么奴隶性的。他们的灵魂和精神就在于要想保持他们的‘一人之下，万人之上’的地位。”

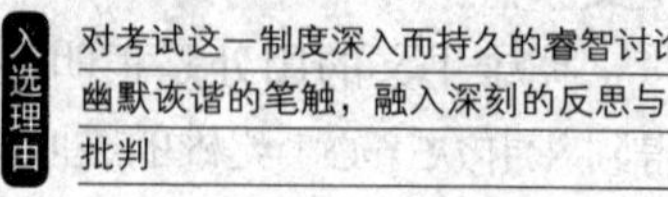

考而不死是为神 / 老舍

考试制度是一切制度里最好的，它能把人支使得不像人了，而把脑子严格地分成若干小块块。一块装历史，一块装化学，一块……

比如早半天考代数，下午考历史，在午饭的前后你得把脑子放在两个抽屉里，中间连一点缝子也没有才行。设若你把 X+Y 和 1828 弄到一处，或者找唐朝的指数，你的分数恐怕是要在二十上下。你要晓得，状元得来个一百分呀，得这么着：上午，你的一切得是代数，仿佛连你是黄帝的子孙和姓甚名谁，全根本不晓得。你就像刚由方程式里钻出来，全身的血脉都是 X 和 Y。待刚一交卷，你立刻成了历史，向来没听说过代数是什么。亚历山大、秦始皇等就是你的爱人，连他们的生日是某年某月某时都知道。代数与历史千万别联宗，也别默想二者的有无关系，你是赴考呀，赶考的期间你别自居为人，你是个会吐代数，吐历史的机器。

这样考下去，你把各样功课都吐个不大离，好了，你可以现原形了；睡上一天一夜，醒来一切茫然，代数历史化学诸般武艺通通忘掉，你这才想起"妹妹我爱你"。这是种蛇蜕皮的工作，旧皮蜕尽才能自由；不然，你这条蛇不曾得到文凭，就是你爱妹妹，妹妹也不爱你，准的。

最难的是考作文。在化学与物理中间，忽然叫你"人生于世"。你的脑子本来已分成若干小块，分得四四方方，清清楚楚，忽然来了个没有准地方的东西，东扑扑个空，西扑扑个空，除了出汗没有合适的办法。你的心已冷两三天，忽然叫你拿出情绪作文，要痛快淋漓，慷慨激昂，假如题目是"爱国论"，或"天下兴亡匹夫有责"；你的心要是不跳吧，笔下便无血无泪；跳吧，下午还考物理呢。把定律们都跳出去，或是跳个乱七八糟，爱国是爱了，而定律一乱则没有人替你整理，怎办？幸而不是爱国论，是山中消夏记，心无须跳了。可是，得有诗意呀。仿佛考完代数你更文雅了似的！假如你能逃出这一关去，你便大有希望了，够分不够的，反正你死不了。被"人生于世"憋死，不是什么稀罕的事。

说回来，考试制度还是最好的制度。被考死的自然无须用提。假若考而不死，你放胆活下去吧，这已明明告诉你，你是十世童男转身。

⊙作品赏析

老舍先生向来幽默，他并没有言辞激烈地去批判，而是摆出非常形象的事实，将讽刺隐藏在这令人发笑的幽默中，他说："考试制度是一切制度里最好的，它能把人支使得不像人了，而把脑子严格地分成若干小块块。"接着他提供出一个在目前仍然存在畅行的事实，"早半天考代数，下午考历史"，并指出其中的荒唐。老舍把考试比做蛇脱皮的工作，"旧皮蜕尽才能自由"，如果"你这条蛇不曾得到文凭，就是你爱妹妹，妹妹也不爱你，准的"。为什么？因为中国的考试，从根子上无不是功利的，我们要通过金榜题名升官发财，飞黄腾达，我们要通过考试就业糊口，等等，所以，"说回来，考试制度还是最好的制度。被考死的自然无须用提。假若考而不死，你放胆活下去吧，这已明明告诉你，你是十世童男转身"。不管你怎么看，今天的考试依然是我们生活的一个重要活动，小考、中考、高考、研考、公务员考、等级考、职称考，生活在一个考试大国里，我们大有活到老，考到老的趋势，不知道是不是在将这种科考的制度再推进一步。

骂人的艺术 / 梁实秋

入选理由
条分缕析的揭露方法
貌似中立的态度，含而不露的嘲讽
条理分明，文辞犀利

古今中外没有一个不骂人的人。骂人就是有道德观念的意思，因为在骂人的时候，至少在骂人者自己总觉得那人有该骂的地方。何者该骂，何者不该骂，这个抉择的标准，是极道德的。所以根本不骂人，大可不必。骂人是一种发泄感情的方法，尤其是那一种怨怒的感情。想骂人的时候而不骂，时常在身体上弄出毛病，所以想骂人时，骂骂何妨。

但是，骂人是一种高深的学问，不是人人都可以随便试的。有因为骂人挨嘴巴的，有因为骂人吃官司的，有因为骂人反被人骂的，这都是不会骂人的原故。今以研究所得，公诸同好，或可为骂人时之一助乎?

（一）知己知彼

骂人是和动手打架一样的，你如其敢打人一拳，你先要自己忖度下，你吃得起别人的一拳否。这叫做知己知彼。骂人也是一样。譬如你骂他是“屈死”，你先要反省，自己和“屈死”有无分别。你骂别人荒唐，你自己想想曾否吃喝嫖赌。否则别人回敬你一二句，你就受不了。所以别人有着某种短处，而足下也正有同病，那么你在骂他的时候只得割爱。

（二）无骂不如己者

要骂人须要挑比你大一点的人物，比你漂亮一点的或者比你坏得万倍而比你得势的人物，总之，你要骂人，那人无论在好的一方面或坏的一方面都要能胜过你，你才不吃亏的。你骂大人物，就怕他不理你，他一回骂，你就算骂着了。在坏的一方面胜过你的，你骂他就如教训一般，他即便回骂，一般人仍不会理会他的。假如你骂一个无关痛痒的人，你越骂他他越得意，时常可以把一个无名小卒骂出名了，你看冤与不冤?

（三）适可而止

骂大人物骂到他回骂的时候，便不可再骂；再骂则一般人对你必无同情，以为你是无理取闹。骂小人物骂到他不能回骂的时候，便不可再骂；再骂下去则一般人对你也必无同情，以为你是欺负弱者。

（四）旁敲侧击

他偷东西，你骂他是贼；他抢东西，你骂他是盗，这是笨伯。骂人必须先明虚实掩映之法，须要烘托旁衬，旁敲侧击，于要紧处只一语便得，所谓杀人于咽喉处着刀。越要骂他你越要原谅他，即便说些恭维话亦不为过，这样的骂法才能显得你所骂的句句是真实确凿，让旁人看起来也可见得你的度量。

（五）态度镇定

骂人最忌浮躁。一语不合，面红筋跳，暴躁如雷，此灌夫骂座，泼妇骂街之术，不足以骂人。善骂者必须态度镇静，行若无事。普通一般骂人，谁的声音高便算谁占理，谁来得势猛便算谁骂赢，惟真善骂人者，乃能避其而击其懈。你等他骂得疲倦的时候，你只消轻轻的回敬他一句，让他再狂吼一阵。在他暴躁不堪的时候，你不妨对他冷笑几声，包管你不费力气，把他气得死去活来，骂得他针针见血。

（六）出言典雅

骂人要骂得微妙含蓄，你骂他一句要使他不甚觉得是骂，等到想过一遍才慢慢觉悟这句话不是好话，让他笑着的面孔由白而红，由红而紫，由紫而灰，这才是骂人的上乘。欲达到此种目的，深刻之用词故不可少，而典雅之言词尤为重要。言词典雅则可使听者不致刺耳。如要骂人骂得典雅，则首先要在骂时万万别提起女人身上的某一部分，万万不要涉及生理学范围。骂人一骂到生理学范围以内，底下再有什么话都不好说了。譬如你骂某甲，千万别提起他的令堂令妹。因为那样一来，便无是非可言，并且你自己也不免有令堂令妹，他若回敬起来，岂非势均力敌，半斤八两？再者骂人的时候，最好不要加人以种种难堪的名词，称呼起来总要客气，即使他是极卑鄙的小人，你也不妨称他先生，越客气，越骂得有力量。骂得时节最好引用他自己的词句，这不但可以使他难堪，还可以减轻他对你骂的力量。俗话少用，因为俗话一览无遗，不若典雅古文曲折含蓄。

（七）以退为进

两人对骂，而自己亦有理屈之处，则处于开骂伊始，特宜注意，最好是毅然将自己理屈之处完全承认下来，即使道歉认错均不妨事。先把自己理屈之处轻轻遮掩过去，然后你再重整旗鼓，咄咄逼人，方可无后顾之忧。即使自己没有理屈的地方，也绝不可自行夸张，务必要谦逊不遑，把自己的位置降到一个不可再降的位置，然后骂起人来，自有一种公正光明的态度。否则你骂他一两句，他便以你个人的事反唇相讥，一场对骂，会变成两人私下口角，是非曲直，无从判断。所以骂人者自己要低声下气，此所谓以退为进。

（八）预设埋伏

你把这句话骂过去，你便要想想看，他将用什么话骂回来。有眼光的骂人者，便处处留神，或是先将他要骂你的话替他说出来，或是预先安设埋伏，令他骂回来的话失去效力。他骂你的话，你替他说出来，这便等于缴了他的械一般。预设埋伏，便是在要攻击你的地方，你先轻轻的安下话根，然后他骂过来就等于枪弹打在沙包上，不能中伤。

（九）小题大做

如对方有该骂之处，而题目身小，不值一骂，或你所知不多，不足一骂，那时节你便可用小题大做的方法，来扩大题目。先用诚恳而怀疑的态度引申对方的意思，由不紧要之点引到大题目上去，处处用严谨的逻辑逼他说出不逻辑的话来，或是逼他说出合于逻辑但不合乎理的话来，然后你再大举骂他，骂到体无完肤为止，而原来惹动你的小题目，轻轻一提便了。

（十）远交近攻

一个时候，只能骂一个人，或一种人，或一派人。决不宜多树敌。所以骂人的时候，万勿连累旁人，即时必须牵涉多人，你也要表示好意，否则回骂之声纷至沓来，使你无从应付。

骂人的艺术，一时所能想起来的有上面十条，信手拈来，并无条理。我做此文的用意，是助人骂人。同时也是想把骂人的技术揭破一点，供爱骂人者参考。挨骂的人看看，骂人的心理原来是这样的，也算是揭破一张黑幕给你瞧瞧！

⊙作品赏析

作为资产阶级改良派的代表人物，梁实秋本人没少挨过骂，至少与鲁迅的著名的论战从1927年到1936年持续了9年之久。1936年10月19日，鲁迅不幸逝世，对垒式论战也自然结束。但是，这场论战所产生的影响非常深远。它不因鲁梁论战的结束而结束。论战所产生的影响实际已超出鲁梁本身，论战性质也已逾越了文学范畴，其余波扩涟到如今。抗战年间，发生在重庆的那场“与抗战无关”的论争，虽不能说与这场论战有直接的关系，但也不能否认它们之间有着微妙的关联。但是，梁实秋的“骂人的艺术”，我们只能理解为一种温和的讽刺，因为他与鲁迅的论战实际上已经远远超出了这个境界，比如，他说：“骂人就是有道德观念的意思，因为在骂人的时候，至少在骂人者自己总觉得那人有该骂的地方。何者该骂，何者不该骂，这个抉择的标准，是极道德的。所以根本不骂人，大可不必。骂人是一种发泄感情的方法，尤其是那一种怨怒的感情。想骂人的时候而不骂，时常在身体上弄出毛病，所以想骂人时，骂骂何妨。”“我做此文的用意，是助人骂人。同时也是想把骂人的技术揭破一点，供爱骂人者参考。”当然其中包含一种涉及到鲁迅的激愤，但是，他们的论战无论从思想上还是时代意义上都超出了这个概念。

孩子 / 梁实秋

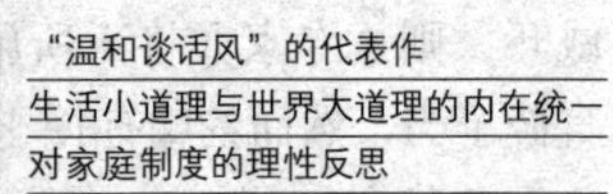

兰姆是终身未娶的，他没有孩子，所以他有一篇《未婚者的怨言》收在他的《伊利亚随笔》里。他说孩子没有什么稀奇，等于阴沟里的老鼠一样，到处都有，所以有孩子的人不必在他面前炫耀，他的话无论是怎样中肯，但在骨子里有一点酸——葡萄酸。

我一向不信孩子是未来世界的主人翁，因为我亲见孩子到处在做现在的主人翁。孩子活动的主要范围是家庭，而现代家庭很少不是以孩子为中心的。一夫一妻不能成为家，没有孩子的家像是一株不结果实的树，总缺点什么，必定等到小宝贝呱呱堕地，家庭的柱石才算放稳，男人开始做父亲，女人开始做母亲，大家才算找到各自的岗位。我问过一个并非“神童”的孩子：“你妈妈是做什么的？”他说：“给我缝衣的。”“你爸爸呢？”小宝贝翻翻白眼：“爸爸是看报的！”但是他随即更正说，“是给我们挣钱的。”孩子的回答全对。爹妈全是在为孩子服务。母亲早晨喝稀饭，买鸡蛋给孩子吃；父亲早晨吃鸡蛋，买鱼肝油精给孩子吃。最好的东西都要献呈给孩子，否则，做父母的心里便起惶恐，像是做了什么大逆不道的事一般。孩子的健康及其舒适，成为家庭一切设施的一个主要先决问题。这种风气，自古已然，于今为烈。自有小家庭制以来，孩子的地位顿形提高，以前的“孝子”是孝顺其父母之子，今之所谓“孝子”乃是孝顺其孩子之父母。孩子是一家之主，父母都要孝他！

“孝子”之说，并不偏激。我看见过不少的孩子鼓噪起来能像一营兵；动起武来能像械斗；吃起东西来能像饿虎扑食；对于尊长宾客有如生番：不如意时撒泼打滚有如羊痫；玩得高兴时能把家俱什物狼藉满室，有如惨遭洗劫……但是“孝子”式的父母则处之泰然，视若无睹，顶多皱起眉头，但皱不过三四秒钟仍复堆下笑容，危及父母的生存和体面的时候，也许要狠心咒骂几声，但那咒骂大部份是哀怨乞怜的性质，其中也许带一点威吓，但那威吓只能得到孩子的讪笑，因为那威吓是向来没有兑现过的。“孟懿子问孝，子曰：‘无违。’”今之“孝子”深韪是说。凡是孩子的意志，为父母者宜多方体贴，勿使稍受挫阻。近代儿童教育心理学者又有“发展个性”之说，与“无违”之说正相符合。

体罚之制早已被人唾弃，以其不合儿童心理健康之故，我想起一个外国的故事：

一个母亲带孩子到百货商店，经过玩具部，看见一匹木马，孩子一跃而上，前摇后摆，踌躇满志，再也不肯下来，那木马不是为出售的，是商店的陈设。店员们叫孩子下来，孩子不听；母亲叫他下来，加倍不听；母亲说带他吃冰淇淋去，依然不听；买朱古力糖去，格外不听。任凭许下什么愿，总是还你一个不听；当时演成僵局，顿成胶着状态。最后一位聪明的店员建议说：“我们何妨把百货商店特聘的儿童心理学专家请来解围呢？”众谋佥同，于是把一位天生成有教授面孔的专家从八层楼请了下来。专家问明原委，轻轻走到孩子身边，附耳低声说了一句话，那孩子便像触电一般，滚鞍落马，牵着母亲的衣裙，仓皇遁去。事后有人问那专家到底对孩子说的是什么话，那专家说：“我说的是：‘你若不下马，我打碎你的脑壳！’”

这专家真不愧为专家，但是颇有不孝之嫌。这孩子假如平常受惯了不兑现的体罚，威吓，则这专家亦将无所施其技了。约翰孙博士主张不废体罚，他以为体罚的妙处在于直截了当，然而约翰孙博士是十八世纪的人，不合时代潮流！

哈代有一首小诗，写孩子初生，大家誉为珍珠宝贝，稍长都夸做玉树临风，长成则为非做歹，终至于陈尸绞架。这老头子未免过于悲观。但是“幼有神童之誉，少怀大志。长而无闻，终乃与草木同朽”——这确是个可以普遍应用的公式，“小时聪明，大时未必了”，究竟是知言，然而为父母者多属乐观，孩子才能骑木马，父母便幻想他将来指挥十万貔貅时之马上雄姿；孩子才把一曲抗战小歌哼得上口，父母便幻想着他将来喉声一啭彩声雷动时的光景；孩子偶然拨动算盘，父母便暗中揣想他将来或能掌握财政大权，同时兼营投机买卖……这种乐观往往形诸言语、成为炫耀，使旁观者有说不出的感想。

曾见一幅漫画：一个孩子跪在他父亲的膝头用他的玩具敲打他父亲的头，父亲眯着眼在笑，那表情像是在宣告“看看！我的孩子！多么活泼——多么可爱！”旁边坐着一位客人裂着大嘴做傻笑状，表示他在看着，而且感觉兴趣。这幅画的标题是：“演剧术”。一个客人看着别人家的孩子而能表示感觉兴趣，这真确实需要良好的“演剧术”，兰姆显然是不欢喜这样的戏。

孩子中之比较最蠢，最懒，最刁，最泼，最丑，最弱，最不讨人欢喜的，往往最得父母的钟爱。此事似颇费解，其实我们应该记得《西游记》中唐僧为什么偏偏欢喜猪八戒。

谚云：“树大自直”，意思是说孩子不需管教，小时恣肆些，大了自然会好。可是弯曲的小树，长大是否会直呢？我不敢说。

⊙作品赏析

教养孩子对中国人而言，向来是头等的大事。有孩子，自然是寻常或幸福的事情；教养孩子成人，也当然是重要的事情。然而，中国人对待孩子却非常不同，或是严厉苛刻到非常的家长制的态度，或者是溺爱到夸张。作者嘲讽说：“自有小家庭制以来，孩子的地位顿形提高，以前的‘孝子’是孝顺其父母之子，今之所谓‘孝子’乃是孝顺其孩子之父母。孩子是一家之主，父母都要孝他！”在宠溺之下，孩子养成了这种心理，使家长根本无法去正确地引导孩子成长。孩子在成长中发展成什么样子，固然有孩子本身的原因，但是家长在其中的重要作用是不言而自明的，与对自己孩子的溺爱同步的是家长对孩子未来极殷切的希望：“为父母者多属乐观，孩子才能骑木马，父母便幻想他将来指挥十万貔貅时之马上雄姿；孩子才把一曲抗战小歌哼得上口，父母便幻想着他将来喉声一啭彩声雷动时的光景；孩子偶然拨动算盘，父母便暗中揣想他将来或能掌握财政大权，同时兼营投机买卖……这种乐观往往形诸言语、成为炫耀，使旁观者有说不出的感想。”而事实上，家长的行为却与这种期望是背道而驰的。梁实秋的杂文坚持着典雅温和的嘲讽，选取的话题与我们的生活息息相关，是一种随和亲切的谈话。

简论市侩主义 / 冯雪峰

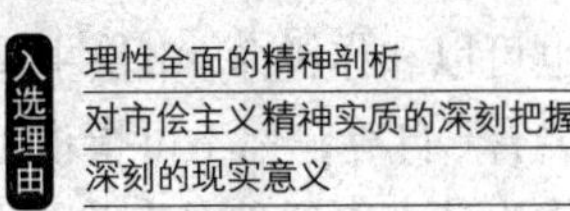

市侩和市侩主义，可以说是现在人类社会的“阿米巴”。市侩主义者是软体的，会变形的，善于营钻，无处不适合于他的生存。他有一个核心，包在软体里面，这就是利己主义，也就是无处不于他有利。这核心是永远不会变，包在软滑的体子里，也永远碾不碎。核心也是软滑的，可是坚韧。

市侩主义首先以聪明、灵活、敏感为必要。市侩主义者不仅心机灵活，并且眼光尖锐、准确，手段高妙、敏捷：凡有机，他是无不投上的，凡有利，他无不在先。

然而一切都做得很恰当，圆滑，天衣无缝。一切看去都是当然的，没有话可说。

但市侩主义又需以用力小而收获大为必要。市侩主义者心思是要挖的，可是力却不肯多用。因此他是属于吃得胖胖的一类里面。市侩主义，于是以能用“巧”为特征；因此，市侩主义者自然都是绝顶聪明的人，所以又天然属于“劳心者治人”的一类。

市侩主义者也决非完全的害人或绝端的损人主义者，他只绝端的利己主义者罢了；他决不做赤裸裸的“谋财害命”的事。他是要绝对地利己的，然而要绝对地万无一失的。

只要你能慷慨一点，他也会适可而止罢。但是即使你明明知道太上当了，你也无可奈何，他决不会留一个隙给你，还是要你过得去的。

但市侩主义也决非完全的欺骗主义；它还是不失为一种交换主义，不过总要拿进来的比拿出的多一点。

如果说是欺骗主义，也应该说是相互的，公开的欺骗主义，两方彼此心里都明白的。如果你不明白，只怪你自己太不聪明；这样的受骗，就算是活该，市侩主义者不算对不起你。

市侩主义产生于商业社会，尤其盛行于殖民地次殖民地，然而它决非是“洋奴”主义。它有时还俨然地显现为自尊的主人主义。他决不会失其主人的身份与尊严，而且无论何时都是文明人。假如推行外国文明是适当的时候，自然也于他是有利的时候。他便是外国文明的提倡者；但他决不会否定本国的文化，倒竭力“发扬”本国文化的，所以他决不是“洋奴”。假如本国的东西应该提倡了，他就是国粹主义者，然而他又决不顽固。

中外古今的道理，文明，物事，对于市侩主义者大抵都有用，有利。凡对于他有利的，都是有理的，但他无所信仰，因为利己主义是他唯一的神。

但市侩主义者也要高尚，也要雅，也要美名，他也要辩明他不是市侩主义者。可是等你要他拿出那美名所要兑现的东西来时，他又立刻申明他是市侩了。

文化、艺术、道德、国家、民族、人类、真理……这些名义他都要。当然，你真的要他拿出这些来，他便要责备你不识时务，不明了实情：他原是生意人，原是拿这些的名在做生意；即使退一步说，“这个年头也不能不顾生意经呀。”

但这样的责备，也还算是客气的，否则，那便算你揭穿了他的高雅，伤了他的“自尊心”，于他的面子过不去，即使不揍你一顿，也要给你一个脸色看，教你知道这一点是不好触到的：你明明知道他是市侩主义者，为什么又给他当面说穿呀。

是的，市侩主义者也是不好惹的。他虽然是软体，但触到了他的利害，他也蛮硬，也可以和你拼命。市侩主义就最忌“太认真”，虽然他于利上是最认真的。他自然需要面子，名誉，自尊，你不可指说他，即使是“朋友”。何况他并不反对你也成为市侩主义者呀，你为什么要说他是市侩主义哪。

但市侩主义者所以是顽强，坚韧，还在于他对于一切都可以不固执，都可以客气，漂亮，让步；惟其如此，他对于利就能够永远地执着。他是永远都在打算的。他和“犹太人”一样顽强，坚韧；但他自然比“犹太人”大方，更漂亮，更聪明，而且他更有礼貌。

是的，市侩主义者是不好惹的，而且为了相同的利益也自然会大家联合起来战斗，所谓合伙，所谓“大家都是朋友”，所谓行帮：形成一条战线呢。但他们又决不是市侩主义的主义同盟，这是它独有的特色。这是为了个人各自的利益所必需的，是一种个人主义的集体同盟；是矛盾的，然而是统一的。为了大家的方便，互相的照应。

互相吹拍，互相帮忙。可是大家心里都互相明白；彼此都不是真心的，彼此都给对方留一个地步；无论己帮人，人帮己，都是要打一个折扣的。因此，也彼此都不至“逼人太甚”。大家都心里明白。这就是他们间的“矛盾的统一”。

他们相互间自然也会起冲突，也会有近于“火并”之类的事，但彼此都是明白人，很快就会“消除误会”，言归于好。

无论什么社会里，人互相间都要发生所谓“爱”这种关系。惟独在市侩主义社会，却没有爱。

对于圈外的人类固然没有爱，他们相互间也没有爱。

市侩主义者对于社会也很少仇恨；因为无论怎样，他都是处于有利的地位的，它永远是胜利者。即使是失败了，也马上又胜利了。

但因此，他非天生地冷酷不可；他非仇恨仇恨市侩主义者不可。

它在有适当的温度的浑池里游泳着，那么自由，那么自在，那么愉快，那么满足。你吹它一口罢，它也许翻一下身；但早已在原地游泳着，而且更活泼，更灵快，也更惊人。

它成群的游泳着，互相照应，大家嬉笑，彼此庆贺。你用石头击它一下罢，也许它要被冲散了一下，但立刻又复聚在一块了。

自然，只要你对他有些利益，至少对他没有什么不方便，还要你装一点傻，你也可以和市侩主义者相处，也可以处得很好，但你决不能和他贴得很紧，因为他的软滑的表皮原是用来保护他自己，也用来和你相隔的。你想探索他的灵魂或抓捏他的核心么？那也不可能的；软滑滑地，你不知道那里是他的核心，只像抓捏一个软橡皮的温水袋，滑得你全身毛骨悚然了。

·作者简介·

冯雪峰（1903~1976），原名福春，笔名雪峰、画室、洛扬等。浙江义乌人。1921年考入浙江省立第一师范。1922年与汪静之等组织湖畔诗社，出版合诗集《湖畔》。1925年到北京大学旁听日语，1926年开始翻译日本、苏联的文学作品及文艺理论专著。1927年加入共产党。1928年编辑出版《萌芽》月刊，并与鲁迅共同编辑《科学的艺术论丛书》。1929年参加筹备中国左翼作家联盟，1931年任“左联”党团书记、中共上海文化工作委员会书记，编辑出版《前哨》杂志。同年10月，在瞿秋白指导下，起草《中国无产阶级革命的文学新任务》决议，成为此后左联指导性文件。1932年，“一·二八”抗战爆发，他与鲁迅等联合发表“上海文化界告世界书”等，先后任中共中央宣传文化委员会书、中央上海宣传部干事，江苏省委宣传部长。1933年底到江西瑞金任中共中央党校副校长。1934年参加长征。1936年春到上海，任中共上海办事处副主任。1937年回家乡，创作反映长征的长篇小说《卢代之死》。1941年被捕，囚于上饶集中营。在狱中写了几十首新诗，后结集为《真实之歌》。1942年被营救出狱。1943年到重庆，在中华文艺界抗敌协会工作。1950年任上海市文联副主席，鲁迅著作编刊社社长兼总编。1951年调北京，先后任人民文学出版社社长兼总编、《文艺报》主编，中国作协副主席、党组书记。1976年患肺癌去世。

冯雪峰像

哦，哪里没有市侩主义呢！然而在我们这里是最多，最活跃。这就是因为我们这里有适当的温度，有适当的营养的社会液汁，这产生它，繁殖它，这适合它的生存，活动。

那么，这是不能再让它继续繁殖的时候了么？但有什么方法呢？必须比市侩主义者更聪明才行，可是有谁比他更聪明？你不听见市侩主义者也在照着你一样的说法：“应该反对市侩主义”么？然而他胜利地说，“为了反对市侩主义，所以我们就非成为市侩主义不可呀？”

这样，简直没有办法，除了这也可算是聪明的一条：你自己不要被他的聪明所骗，也被拖下去成为和他一样了。但这其实又不能算是办法。

⊙作品赏析

市侩有一个庞大的群体，所以市侩主义是一个广泛的主义，其核心原则是利己主义。作者在文章中列举了市侩主义的种种表现，对市侩们的描述和分析非常的形象和准确，作者说市侩主义者是“软体的，会变形的，善于营钻，无处不适合于他的生存”。说到底，它的确是建立在生存努力之上的一种丰富的人生哲学，作者说它的根源在商业社会，市侩主义者挖空心思使自己用力小而收获大，因为“市侩主义者自然都是绝顶聪明的人，所以又天然属于‘劳心者治人’的一类”。市侩主义的盛行使一个社会整体的风气充满了极端的自私自利的狡猾、尔虞我诈和虚伪，它的确是商品社会必然迅速蔓延的一种风气，不但如此，市侩主义者还会为了利益而抱成团，“他虽然是软体，但触到了他的利害，他也蛮硬，也可以和你拼命。”“无论什么社会里，人互相间都要发生所谓‘爱’这种关系。惟独在市侩主义社会，却没有爱。对于圈外的人类固然没有爱，他们相互间也没有爱。”“市侩主义者对于社会也很少仇恨；因为无论怎样，他都是处于有利的地位的，它永远是胜利者。即使是失败了，也马上又胜利了。”文章写于20世纪30年代，但是今天睁眼看一下世界，与文中所言相比较，我们会感慨，市侩主义是越加发展和猛烈了。人人为己和惟利是图，在今天的社会甚至已经很少有人议论其非了。

韩康的药店 / 聂绀弩

入选理由：独出心裁的写法；简约委婉的笔触；灵活生动的形式

韩康是个卖药的，在十字街头开着一家小小的药店。

韩康人老实，卖的都是真药；向来把钱财看得淡，又没有亲朋老小要照顾，药价都定得便宜；再加上人和气，容易说话，掩欠他一点钱也不大要紧。人们都乐于照顾他，门口常是穿进拥出，人山人海。

有一天，西门大官人打他门口走过，人挤得几乎叫大官人穿不过马。大官人问玳安，为什么这儿有这么多人？玳安回禀是到韩家买药的。大官人大吃一惊。大官人刚才就是到自己的药店里去算过账的。因为生意清淡，管事的都吃喝着大官人的血本，大官人正打算收业，却为了体面而踌躇着。怎么韩康药店里的生意却这么好呢？想是这店开在十字街头，居全城之中，来往行人甚多，故尔如此。药店招牌，名唤“寿世”，病家更自欢喜。“我且再作理会！”大官人对自己说。

第二天早晨，韩康正在账桌上登账，两个伙计在柜台上招呼点药。只见人丛里挤进一个人来，叫道一声：“韩老板在家么？”

韩康起身看时，却是西门大官人的亲随玳安，心里一愣，但连忙脸上堆笑，唱了一个肥喏：“不知今天甚风吹得大叔到小人寒舍？怎不请到店内坐呢？”

“打搅不当，正要借一步讲话。”

韩康把玳安请到柜台后面一个小房里坐好，斟了一杯茶奉上，口里说：“寒舍窄小，不成看相；药臭冲天，有冒大叔贵体，大叔休得见怪！”

“韩大哥有所不知。我家大官人不知听信谁家闲言，好好的大药店，说是要收业了。你说可笑也不？”

韩康不懂玳安的话里有什么意思，却不得不随口应和：“大人不干小事，大官人何处不省下些银两，药店济得甚事？”

“可知怪么，却想重开一家小的。”

“也好，还是小营生自在。”

“因此，大官人命玳安来问，韩大哥这般大小药店，该得几何银两？”

"有甚难见处？上连屋瓦，下连地泥，也不到百十两银子。"

"既是这般，大官人假若好赍发大哥一些银两，大哥愿把宝店出顶么？连招牌在内。"

"大叔取笑，小人无福，怎得大官人正眼儿觑到小店上来？"

"只问大哥愿不？"玳安两眼盯住韩康。

韩康寻思，这回糟了。要待允时，谁不知西门庆是说真方卖假药的都头，若非这等，怎的店里鬼不上门？借给他自家招牌不干甚事，伤害别人性命，可是罪过。要待不允，那厮平日欺压良民，为非作歹，说得出，作得到，连官府也奈何他不得，怎能与他计较？罢，忍得一时之气，省得百日之灾，且换些银两再说。于是答道："若得大官人真实看顾小人，可知小人前世修得。"

"还是大哥爽快。银两随带在此，便请清点。"

"且慢，"韩康按住桌上银两说："小人尚有一言，须得大叔禀明大官人，才敢收下银两。小人自幼生长药材行里，不解别种营生。今得大官人赏赐银两，恐日后仍作药材母金，请大官人休得降罪。"

"这个自然，大官人岂能断人生路？"

"只是小人浅见，还望大叔海涵则个！"

闲言少叙，且说大官人顶了韩康的药店，便将旧有的大药店歇了。旧店的存药，都搬到新顶的小药店来，生意十分兴旺，大官人看了暗自欢喜，便从韩康药橱里检出些香料补品，带回分给月娘，玉楼，金莲等使用。

可是不到半年，小药店门口又冷落下来了。韩康留下的药早已卖完，老店的存药便大量补充。病家出了大价钱，买回药去，却医不好病。

这时候，韩康却搬到东街，换了招牌，又开了一家小小的药店，名唤"济世"。

韩康的药店一开，一传十，十传百，转眼之间，通城的人都晓得了。不但东街，就是南街，西街，北街的人，也都到韩康店里去买药。门口依旧穿进拥出，人山人海。

韩康也没有别的，不过货真，价廉，可以拖欠而已。

这事又叫大官人得知了。大官人寻思，东方生门，正是卖药之所，不料又被这厮抢了先。咱却叫他自己理会。

一日薄暮，韩康正待收店，忽然一个彪形大汉，闯进门来，对着韩康问："韩大哥在家么？"

韩康招呼：

"客官有何需要，韩某便是小人。"

"三年前，借去五十两纹银，迄今本利俱无，是何道理？"

"客官息怒，韩某生平不曾向人告贷，何处借得客官银两？且客官尊姓大名，韩某尚未得知，向来亦未拜识尊颜，何从向客官告贷？"

那人咆哮道："韩康，你竟是这等无良之辈，当年告贷时，何种好言不曾讲过，今日却乔作不相识，意图抵赖。"

"便是真有此事，从来借贷须有保有据，客官如有保据，韩某还钱不迟。"

"有，有，"那人向门外招手道："张三哥怎地还不进来，代小弟索逋？当年如不是三哥担保，谁肯把钱借给这乞儿来！"

马上一个黑汉子从门外进来，随即发话道："这就是韩大哥的不是了。纵然一时无力，亦可好说宽限，何得竟说乌有？字据今在小弟处，须抵赖不得。"

说着，便从身边掏出一张字纸，远远地示给韩康，韩康看时，虽因天色已晚，不能仔细，但却已看出不是自己笔迹，并且似乎并非借据。韩康道："请借字据近处一看。"

话还未了，那大汉就随手抓住一根木棍，大喝一声，将屋梁上吊下的一盏琉璃花灯打落下来，跌得粉碎。韩康正待叫唤，那大汉向瘦些的那人说一声，"不趁此时动手，尚待何时！"就一个擒住韩康两手，一个用破絮塞进韩康嘴内，然后用绳子将他脚手捆倒在地。店内伙计见势不妙，早已逃得无影无踪。天已昏黑，街上行人稀少。

两人举起棍棒将店内药橱门窗，床榻桌椅，一齐打得七零八落，落花流水，药材像雨点般落在韩康身上，几乎将他埋了。好半天，两人兴尽，才指住韩康道："便宜了你，明天还不将欠项还清，须不这般轻易了事。"说罢扬长而去。

过了好久，伙计回来，掌上灯火，才把韩康从药堆里拔出。韩康一面与伙计收拾零乱的什物药料，一面仔细参详，料是西门庆指使，西门庆迎娶李瓶儿时，也曾如此这般，打过蒋竹山的。但是若是这厮常来打闹，这便如何是好？

次日，韩康也不开门应市，只请了几位邻居父老，同在家中坐地，等那两位闲汉来时，便好与他分说。但一连几日，那两人的影子也不曾见，末后，又是玳安来与韩康谈了一席话，韩康又把药店连招牌一齐出顶给西门大官人，自己却到南门口另开一家小店。一来韩康不会别的营生，二来勤俭人，闲着就不知道怎地打发日子。

不用说，韩康的店一开，又是穿进拥出，人山人海，西门大官人顶下的两个店里，依旧冷冷清清，连韩康留下的药物，这回也卖不完了。

反省，在人类，尤其是像西门大官人之类的人，是一件困难的工作，西门大官人就从来没有想到自己卖的药和药价，总想着是韩康存心和他捣乱，西门大官人本是个"宽宏大量"的人，但对于存心捣乱的家伙们，却决不轻易放过。自己本来足智多谋，左右能够出谋划策的人又着实不少，也就总有方法把韩康的药店顶到手里来。

韩康呢，实在是个不肯讨人欢喜的家伙，自己的药店顶给别人了，总不肯从此收业。东街的药店顶出去了，在南街里开，南街的药店顶出了，在西街里开；现在西街的药店又顶出去了，却早在北街开了一家。

西门大官人愤怒极了。有韩康这厮在这城里开药店，自己的药店里的生意总不会好的。一不做，二不休，大官人想好了一个最毒辣的计策：除非如此这般。

一天夜晚，韩康和伙计已经睡了。街上静静的，忽然有两个人拍门问："这里是韩康老板的药店么？"

伙计在门里答应，问他们干什么的。并且说，如果买药，请明天白天里来。

那两个人在外面说："我们是远方客人，特来韩家买药，有百十两银子的交道。现在天已大黑，刚到此地，不知何处是客栈，请让我们进店胡乱睡一夜，不等天亮，把药买好了，还要赶路的。"

韩康本是容易讲话的人，听听门外人的口音，果然是外乡人模样。人家辛辛苦苦，远道赶来，怎好不开门呢？反正店里有些空屋，便让人家睡睡也没有什么。就吩咐伙计掌灯开门。不料门一开，却是两个彪形大汉，面貌十分凶恶，足登麻鞋，腰挎朴刀，把伙计吓了一跳，以为又是来打店的。

两人进来后，便和韩康寒暄了一会，也略略谈了些要买的药物的名目和分量。就由伙计带领他们在一间小空屋里睡了。

半夜时分，韩康由梦中惊醒，听见门外又有人擂鼓般敲门。说是查夜的。这些日子，梁山泊的强人声势浩大，各县地方，恐有强人出没，户口调查甚严。常有半夜三更，官宪率领兵丁，到民家查点等事。韩康一听，早捏了一把汗，自己店里正有两个不认识的客人。事已至此，后悔不及，只得硬起头皮起来招呼。这时候伙计已把大门开了。

"你们家里有几个人？"查夜的老爷问。

"两个。一个伙计，一个我。"韩康答。

"再没有别人了么？"

"还有两个买药的客人，刚到不久，天亮就走的。"

"甚么样的人，叫他来看看。"

·作者简介·

聂绀弩（1903～1986），现代散文家，湖北京山人。曾用笔名耳耶、二鸦、箫今度等。1923年在缅甸仰光《觉民日报》、《缅甸晨报》当编辑。1924年考入广州中央陆军军官学校(黄埔军校)第2期，参加过国共合作的第一次东征。20世纪20年代中期，曾去苏联，入莫斯科中山大学，1927年回国。1931年九一八事变后在上海加入中国左翼作家联盟。30年代中期，先后编辑《中华日报》副刊《动向》和杂志《海燕》。这期间，他创作了一些短小精悍、犀利泼辣的杂文。抗日战争时期，聂绀弩在桂林与夏衍、宋云彬、孟超、秦似编辑杂文刊物《野草》。中华人民共和国成立后，聂绀弩历任中国作家协会理事，香港《文汇报》主笔，人民文学出版社副总编辑等职。

聂绀弩像

说到这里；伙计和韩康都还没有去喊，那两个客人就出来了。衣服穿得好好，似乎并没有睡。

"兀那黑汉，你不是黑旋风李逵么？我可认得你。"一个做公的指着那粗笨的一个客人说。

"什么？黑旋风？梁山泊的强人，赶快替我拿下！"老爷说。

可是几个公人听见说是强人，大家都吓得动也不能动。倒是"黑旋风李逵"大喝一声："你黑爷爷便是黑旋风李逵，他是俺哥哥神行太保戴宗，便待怎的？"说着，就和"神行太保戴宗"抡起大拳便打，公人和老爷都连忙闪在一旁，让两个强人逃跑了。

过了好半天，查夜人们仿佛从梦中惊醒了。老爷指住韩康两人说："你们好大狗胆，竟敢窝藏匪盗，左右，还不拿下！"

这回，左右可都勇敢当先，大喝一声，就把站在一旁，早已目定口呆有口难分辩的韩康和伙计都绑起来了。

话休絮烦，从此韩康吃官司去了，他的最后的一个药店抄没归官，又由西门大官人，用便宜的价钱从官家买了回来。

现在城里只有西门大官人的五家药店，十字街，东街，南街，西街，北街，每处一所。可是生意仍旧不佳，好像这城里的人，城外的人，离城不远的人们，都忽然一起不生病了；或者生病就宁可死掉，也不吃药了。

这故事到这里就算完结，有人说，韩康吃了一回官司却并没有死，几年之后，被开释出来，那时候，西门大官人，已经死在潘金莲的肚子上，五家药店都被掌柜们卷逃一空，关门大吉。剩下一些粗笨的药柜之类，又被韩康买回去开了新药店。说也奇怪，韩康的药店一开，人们又重新生起病来，吃起药来，韩康的药店门口，仍旧穿进拥出，人山人海。不过这是后话。

⊙作品赏析

《韩康的药店》是现代杂文史上独具一格的名篇。在聂绀弩的创作中，以杂文成就最大，在现代文学史上占有重要的地位。在《韩康的药店》这篇用古白话笔调写成的类似小说的杂文中，聂绀弩把汉代的韩康和《金瓶梅》中的西门庆摆在一起来演绎并说明一个真理。韩康有救人济世之心，他药店卖的药货真价实，门庭若市，生意兴隆；恶霸西门庆也开药店，但因卖假药，门可罗雀，生意萧条，他要弄各种阴谋手段，欺行霸市，先后通过收买、敲诈恐吓、栽赃诬陷、赶尽杀绝等手段霸占韩康药店，并且使韩康不能经营此行业，造福乡里百姓，但生意仍然没有因此而好起来；在西门庆混世之日，“好像这城里的人，城外的人，离城不远的人们，都忽然一起不生病了；或者生病就宁可死掉，也不吃药了”。直到那厮不久暴卒，韩康的药店才得以东山再起，门前人山人海。在当时写作这篇杂文，是影射和讽刺国民党当局的。这篇杂文没有什么议论，而是以小说故事形式，生动形象且无不辛辣嘲讽地说明了“阎王开饭店，鬼都不进门”的道理，是轰动一时的名文。

官 / 臧克家

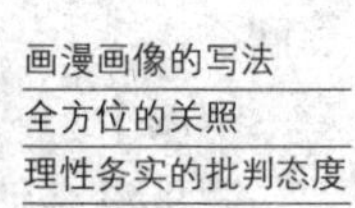

我欣幸有机会看到许许多多的“官”：大的，小的，老的，少的，肥的，瘦的，南的，北的，形形色色，各人有自己的一份“丰采”。但是，当你看得深一点，换言之，就是不仅仅以貌取人的时候，你就会恍然悟到一个真理：他们是一样的，完完全全的一样，像从一个模子里“磕”出来的。他们有同样的“腰”，他们的“腰”是两用的，在上司面前则鞠躬如也，到了自己居于上司地位时，则挺得笔直，显得有威可畏，尊严而伟大。他们有同样的“脸”，他们的“脸”像六月的天空，变幻不居，有时，温馨晴朗，笑云飘忽；有时阴霾深黑，若狂风暴雨之将至，这全得看对着什么人，在什么样的场合。他们有同样的“腿”，他们的“腿”非常之长，奔走上官，一趟又一趟；结交同僚，往返如风，从来不知道疲乏。但当卑微的人们来求见，或穷困的亲友来有所告贷时，则往往迟疑又迟疑，迟疑又迟疑，最后才拖着两条像刚刚长途跋涉过来的“腿”，慢悠悠的走出来。“口将言而嗫嚅，足将进而趑趄”，这是一副样相；对象不同了，则又换上另一副英雄面具：叱咤，怒骂、为了助——助声势，无妨大拍几下桌子，然后方方正正的落坐在沙发上，带一点余愠，鉴赏部属们那份觳觫的可怜相。

干什么的就得有干什么的那一套，做官的就得有个官样子。在前清，做了官，就得迈“四方步”，开“厅房腔”，这一套不练习好，官味就不够，官做得再好，总不能不算是缺陷的美。于今时代虽然不同了，但这一套也还没有落伍，“厅房腔”进化成了新式“官腔”，因为“官”要是和平常人一样的说“人”话，打“人腔”，就失其所以为“官”了。“四方步”，因为没有粉底靴，迈起来不大方便，但官总是有官的步子，疾徐中节，恰合身份。此外类如：会客要按时间，志在寸阴必惜；开会必迟到早退，表示公务繁忙；非要公来会的友人，以不在为名，请他多跑几趟，证明无暇及私。在办公室里，庄严肃穆，不苟言笑，一劲在如山的公文上唰唰的划着“行”字，表现为国劬劳的伟大牺牲精神，等等。

中国的官，向来有所谓“官箴”的，如果把这“官箴”一条条详细排列起来，足以成一本书，至少可以作成一张挂表，悬诸案头。我们现在就举其荦荦大者来赏识一下吧。开宗明义第一条就是：“官是人民的公仆。”孟老夫子在两千多年前就说过“民为贵，君为轻”的话，于今是“中华民国”，人民更是国家的“主人翁”了，何况，又到了所谓“人民的世纪”，这还有什么可说的？但是，话虽如此说，说起来也很堂皇动听，而事实却有点“不然”，而至于“大谬不然”，而甚至于“大谬不然”得叫人“糊涂”，而甚甚至于叫人“糊涂”得不可“开交”！人民既然是“主人”了，为什么从来没听说过这“主人”拿起鞭子来向一些失职的、渎职的、贪赃枉法的“公仆”的身上抽过一次？正正相反，太阿倒持，“主人”被强捐、被勒索、被拉丁、被侮辱、被抽打、被砍头的时候，倒年年有，月月有，日日有，时时有。

难道：只有在完粮纳税的场合上，在供驱使，供利用的场合上，在被假借名义的场合上，人民才是“主人”吗？

到底是“官”为贵呢？还是“民”为贵？我糊涂了三十五年，就是到了今天，我依然在糊涂中。

第二条应该轮到“清廉”了。“文不爱钱，武不惜死，”这是主人对文武“公仆”，“公仆”对自己，最低限度的要求了。打“国仗”打了八年多，不惜死的武官——将军，不能说没有，然而没有弃城失地的多。而真真死了的，倒是小兵们，小兵就是“主人”穿上了军装。文官，清廉的也许有，但我没有见过；因赈灾救济而暴富的，则所在多有，因贪污在报纸上广播“臭名”的则多如牛毛——大而至于署长，小而至于押运员，仓库管理员。“清廉”是名，“贪污”是实，名实之不相符，已经是自古而然了。官是直接或间接（包括请客费，活动费，送礼费）用钱弄到手的，这样年头，官，也不过“五日京兆”，不赶快狠狠的捞一下子，就要折血本了。捞的技巧高的，还可以得奖，升官；就是不幸被发觉了，顶顶厉害的大贪污案，一审再审，一判再判，起死回生，结果也不过是一个“无期徒刑”。“无期徒刑”也可以翻译做“长期休养”，过一些时候，一年二年，也许三载五载，便会落得身广体胖，精神焕发，重新走进

·作者简介·

臧克家(1905～2004)，现当代诗人、作家。1905年生于山东诸城县一个地主家庭。臧克家自幼受到中国古典诗词民歌的熏陶。青少年时代在农村度过，农民的苦难引起他的深切关注和同情。1919年上小学时受到“五四”新思潮的影响。1923年中学时代开始习作新诗。1933年出版了第一本诗集《烙印》，接着又出版了《罪恶的黑手》、《运河》两本诗集和长诗《自己的写照》。1934年毕业于国立山东大学中文系。在校期间，在新诗创作上得到闻一多、王统照的鼓励与帮助。1936年参加中国文艺家协会。1938年参加中华全国文艺界抗敌协会。抗日战争期间臧克家在前方进行宣传文化工作达5年之久，写下大量颂扬抗战将士，歌咏民族精神，揭露法西斯罪恶的诗歌。抗战胜利后，他又及时写下了很多政治讽刺诗，揭露国统区的黑暗、腐朽。

臧克家像

1949年参加第一次文代会，以后历任华北大学文艺学院研究员、中国作协书记处书记、《诗刊》主编、第七届全国政协常委、中国作家协会顾问和中国写作协会会长等职。

臧克家的诗作，以纯朴凝重的笔调抒发了真挚深重的感情，显示了独特的艺术风格，尤其是他以对农村生活的关注而被称为“农民诗人”。

自由世界里来，大活动而特活动起来。

第三条：为国家选人才，这些“人才”全是从亲戚朋友圈子里提拔出来的。你要是问：这个圈子以外就没有一个“人才”吗？他可以回答你“那我全不认识呀！”如此，“奴才”变成了“人才”，而真正“人才”便永远被埋没在无缘的角落里了。

第四条：奉公守法，第五条：勤俭服务，第六条：负责任，第七条……唔，还是不再一条一条的排下去吧。总之，所讲的恰恰不是所做的，所做的恰恰不是所讲的，岂止不是，而且，还不折不扣来一个正正相反呢。

呜呼，这就是所谓“官”者是也。

⊙作品赏析

本文是一篇给“官”画像的杂文。望“官”兴叹是周围随时发生的事情。正如作者说：“我欣幸有机会看到许许多多的‘官’：大的，小的，老的，少的，肥的，瘦的，南的，北的，形形色色，各人有自己的一份‘丰采’。仍是，当你看得深一点，换言之，就是不仅仅以貌取人的时候，你就会恍然悟到一个真理：他们是一样的，完完全全的一样，像从一个模子里‘磕’出来的。”这就是中国的“官文化”，无“官形”不能为官，同样的“腰”、同样的“脸”，以及同样的“腿”，同样的官腔，因为“干什么的就得有干什么的那一套，做官的就得有个官样子”。时代“进步”之后，为官者换了很多说法，在“中华民国”，“官是人民的公仆。”因为已经到了“人民的世纪”！作为“公仆”，官们要讲廉洁，为国家选拔人才、还要奉公守法、勤俭服务、负责任等等，然而在这些谎言背后，百姓看到的却是完全相反的东西。作者的疑问在于：“人民既然是‘主人’了，为什么从来没听说过这‘主人’拿起鞭子来向一些失职的、渎职的、贪赃枉法的‘公仆’的身上抽过一次？正正相反，太阿倒持，‘主人’被强捐、被勒索、被拉丁、被侮辱、被抽打、被砍头的时候，倒年年有，月月有，日日有，时时有。难道：只有在完粮纳税的场合上，在供驱使，供利用的场合上，在被假借名义的场合上，人民才是‘主人’吗？”

论麻雀及扑克 / 梁遇春

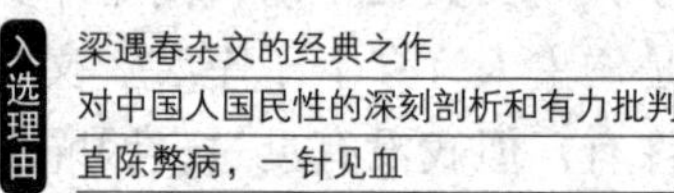

年假中我们这班“等是有家归不得”的同学多半数是赌过钱的。这虽不是什么好现象，然而我却不为这件事替现在年轻人出讣闻，宣告他们的人格破产。我觉得打牌跟看电视一样。花了一毛钱在钟鼓楼看国产片《忠孝义节》，既会有裨于道德，坐车到真光看差不多每片都有的 Do you believe love at first sight？同在 finis 削面的接吻，何曾是培养艺术趣味，但是亦不至于诲淫。总之拉闲扯散，作些无聊之事，遣此有涯之生而已。

因为年假中走到好些地方，都碰着赌钱，所以引起我想到麻雀与扑克之比较。麻雀真是我们的国技，同美国的橄榄球，英国的足球一样。近两年来在灾官的宴会上，学府的宿舍里，同代表民意的新闻报纸上面，都常听到一种论调，就是：咱们中国人到底聪明，会发明麻雀，现在美国人也喜欢起来了；真的，我们脑筋比他们乖巧得多，你看麻雀比扑克就复杂有趣得多了。国立师范大学教授张耀翔先生在国内唯一的心理学杂志上曾做过一篇赞美麻雀的好处的文章，洋洋千言，可惜我现在只能记得张先生赞美麻雀理由的一个。他说麻雀牌的样子合于 golden section。区区对于雕刻是门外汉，这话对不对，不敢乱评。外国人真傻，什么东西都要来向我们学。所谓大眼镜他们学去了，中国精神文化他们也要偷去了。美国人也知道中国药的好处了。就是娱乐罢，打牌也要我们教他们才行。他们什么都靠咱们这班聪明人，这真是 Yellow man' s burden。可是奇怪的是玳瑁大眼镜我们不用了，他们学去了，后来每个留学回来脸上有多两个大黑圈。罗素一班人赞美中国文化后，中国的智识阶级也深觉得中国文化的高深微妙了。连外国人都打起麻雀了，我们张教授自然不得不做篇麻雀颂了。中国药的好处，美国人今日才知道，真是可惜，但是我们现在不应该来提倡一下吧？半开化的民族的模仿去，愚蠢的夷狄的赞美，本不值得注意的，然而我们的东西一经他们的品评，好像"一登龙门，声价十倍"的样子，我们也来"重新估定价值"，在这里也可看出古国人虚怀了。

话归本传。要比较麻雀同扑克的高低，我们先要谈一谈赌钱通论。天下爱赌钱的人真不少，那么我们就说人类有赌钱本能罢。不过"本能"两个字现在好多人把它当做包医百病的药方，凡是到讲不通的地方，请"本能"先生出来，就什么麻烦都没有了。所以有一班人就竖起"打倒本能"的旗帜来。我们现在还是用别的话讲解罢。人是有占有冲动的。因为钱这东西可以使夫子执鞭，又可以使鬼推磨，所以对钱的占有冲动特别大点。赌钱所有趣味，因为它是用最便当迅速的法子来满足这占有冲动。所以钱所用工具愈简单愈好，输得愈快愈妙。由这点看起来，牌九，扑克都是好工具，麻雀倒是个笨家伙了。

但是我们中华民族是礼仪之邦，总觉得太明显地把钱赌来赌去，是不雅观的事情，所以牌九等过激党都不为士大夫所许赞，独有麻雀既可赌钱，又不十分现出赌钱样子，且深宵看竹，大可怡情养性，故公认为国粹也。实在钱这个东西，不过是人们交易中一个记号，并不是本身怎么样无限神秘。把钱看做臭坏，把性交看做龌龊，或者是因为自己太爱这类东西，又是病态地爱它们，所以一面是因为自己病态，把这类东西看做坏东西，一面是因为自己怕露出马脚来，故意装出藐视的样子，想去掩护他心中爱财贪色的毛病。深夜闭门津津有味地看春宫的老先生，白日是特别规行矩步，摆出坐怀不动的样子。越是受贿的官，越爱谈清廉。夷狄们把钱看做同日用鞋袜桌椅书籍一样，所以父子兄弟在金钱方面分得很清楚的，同各人有各人的鞋袜桌椅书籍一样。我们中国人常把钱看得比天还大，以为若使父子兄弟间金钱方面都要计较那还有什么感情存在，弄到最后各人有各人的心事，大家都伤了感情了。因为他们不把钱看做特别重要东西，所以明明白白赌起钱来，不觉得有什么羞耻。我们明是赌钱，却要用一个很复杂的工具，说大家不过消遣消遣，用钱来做输赢，不过是助兴罢了。我们真讲礼节，自己赢了别人的钱，虽然不还他，却对他的输钱表十二分的同情与哀矜。当更阑漏尽，大家打呵欠擦眼忙得不可开交的时候，主人殷勤地说再来四圈罢，赢家也说再玩儿一会罢。他的意思自然给输家捞本的机会，这是多么有礼！因为赌钱是消遣，所以赌财可以还，也可以不还，虽然赢了钱没有得实际利益，只得个赢家这空名头是不大好的事，因为我们太有礼了，所以我们也免不了好多麻烦。中国是讲礼的国家，北京可算是中国最讲礼的地

·作者简介·

梁遇春（1906～1932），福建闽侯人，1924年进入北京大学英文系学习。1928年秋毕业后曾到上海暨南大学任教。翌年返回北京大学图书馆工作。后因染急性猩红热，猝然去世。文学活动始于大学学习期间，主要是翻译西方文学作品和写作散文。1926年开始陆续在《语丝》、《奔流》、《骆驼草》、《现代文学》、《新月》等刊物上发表散文，后大部分收入《春醪集》和《泪与笑》。

方了。剃完了头，想给钱的时候，理发匠一定说：“呀！不用给罢！”若使客人听了他话，扬长而去，那又要怎么办呢？雇车时候，车夫常说，“不讲价罢！随您给得了。”虽然等到了时候要敲点竹杠，但是那又是一回事了。上海车夫就不然。他看你有些亚木林气，他就绕一个圈子或者故意拉错地方，最后同你说他拉了这么多地路，你要给他五六毛钱才对。这种滑头买办式的车夫真赶不上官僚式的北京车夫。因为他们是专以礼节巧妙不出血汗得些冤枉钱的。这也是北京所以为中国文化之中点的原因，盖国粹之所聚也。

有人说赌钱虽是为钱，然而也可以当做一种游戏。我却觉得不是这么复杂。赌钱是为满足占有冲动起见，若使像 Ella 同 Bridgetel 一样 play for love 那是一种游戏，已经不是赌钱，游戏消遣法子真多。大家聚着弹唱作乐是一种，比克力 (picnic) 来江边，一个人大声念些诗歌小说给旁人听……多得很。若使大家聚在一块儿，非各自满足他的占有冲动打麻雀不可，那趣味未免太窄了，免不了给人叫做半开化的人民，并且输了钱占有冲动也不能满足，那更是寻乐反得苦了。

（又要关进课堂的前一日于北大西斋）

⊙作品赏析

用“麻雀心理”来概括中国人的国民性虽显片面，但也恰当。当中国曾经的辉煌、曾经的文明在西方炮舰的轰鸣声中宣告衰落的时候，麻雀就成了中国人聊以自慰的“荣耀”，因为麻雀是中国人发明的，并且传到了西方，还深得西方人的喜爱，并因此而承认中国人的聪明。这就是中国人的“麻雀心理”——不管面临何种境遇总是能找到疗治伤痛的药剂。

而由麻雀引申出来的中国式的赌博，则更体现了中国人的“含蓄美”和“礼”。就像文中说的那样：“我们中华民族是礼仪之邦，总觉得太明显地把钱赌来赌去，是不雅观的事情，所以牌九等过激党都不为士大夫所许赞，独有麻雀既可赌钱，又不十分现出赌钱的样子。”对于中国人的含蓄，作者还发表了极为深刻的见地：中国人“把钱看做臭坏，把性交看做龌龊，或者是因为自己太爱这类东西，又是病态地爱它们，所以一面是因为自己病态，把这类东西看做坏东西，一面是因为自己怕露出马脚来，故意装出藐视的样子，想去掩护他心中爱财贪色的毛病。”真是达到了“犹抱琵琶半遮面”的境界。

关于玩麻雀时体现出的“礼”，作者的见解更是高明：“我们真讲礼节，自己赢了别人的钱，虽然不还他，却对他的输钱表十二分的同情和哀矜。当更阑漏尽，大家打哈欠擦眼忙得不能开交的时候，主人殷勤地说再来四圈罢，赢家也说再玩一会罢。他的意思自然给输家捞本的机会，这是多么有礼！”

麻雀有这么多的优点！中国人在感到无比骄傲的同时自然就要全身心地投入其中了。据资料显示，民国时期全国每天至少有 100 万张麻雀桌，如果每桌只打 8 圈的话，每圈按照半个小时来计算，这就要消耗 400 万小时，相当于损失了 16.7 万天的光阴。

当麻雀成为我们自欺欺人的资本的时候，骄傲和悲哀也就没有什么分别了。为此，胡适曾经痛心疾首地说：“我们走遍世界，可曾看到哪一个长进的民族、文明的国家肯这样荒时废业的！”

这种虫 / 李广田

中国现代优秀散文家的精彩篇章
靠声名、靠资历混饭吃的所谓“老专家”的形象刻画
对过时的学术权威的质疑和批判

一群人，围住了一个虫。“真奇怪！这是什么虫呢？”大家都很惊讶。其中没有一个人是曾经见过这种虫的，更没有人能指出这虫的名字。

这虫有一寸长。像一根小手指那么粗。身体是方的，绿色，透明。每一个环节上都有淡黄色的斑点，有颇长的毛刺。而环节与环节之间只有很细微的一点连接，似花瓣之连接于花跗。头部也是方的，那里的毛刺更多，因之不能看清它的本来面目。它被许多惊诧的目光所射击，它不敢爬行。有人胆怯地用草叶去触它一下，它无可奈何地微微蠕动，说明它并不曾死，但也只有在这样蠕动之际，人们就很容易担心它会即将脱节，解体，假如它的一节不幸被触脱了，那自然就是全体的死亡。这是一个既丑陋而又奇怪的虫。它丑陋，甚至使人生畏；它奇怪，就叫人离不开它。

这到底是一个什么虫呢？没有人能够回答。

正当大家惊讶不止的时候，忽然有一位老先生来了。他看见这里围了很多人，他向那中心注视。“一个虫。”他看见了，同时，他接受了很多疑问的目光。“这是一个什么虫呢，老先生？”那些目光说。

·作者简介·

李广田(1906～1968)，山东邹平人。1923年考入济南第一师范后，开始接触“五四”以来兴起的新思潮、新文学。1929年入北大外语系预科，先后在《华北日报》副刊和《现代》杂志上发表诗歌、散文。

1935年北大毕业，回济南教书，继续散文创作。1941年秋至昆明，在“西南联大”任教。除散文外，还写了长篇小说《引力》。抗战胜利后，他先后在南开大学、清华大学任教。1948年加入中国共产党。解放后任清华大学中文系主任。1949年全国第一次文代会，当选为文联委员、文协理事。1951年任清华副教务长。1952年调任云南大学副校长、校长。历任中国科学院云南分院文学研究所所长，作协云南分会副主席、中国作协理事等。

李广田像

“不错，”他说，而且笑着，“是‘有’这么一种虫。”

他丝毫也不表示惊讶，他像一个渊博的昆虫学家，又一再肯定地说道：“一点也不错，确乎是‘有’这么一种虫呢。”

大家听了，也并不问什么，似乎已获得了完全的答复，心里的惊讶也消逝了。

当然的，这还有什么可问呢。假设你再问他，那答复是可以想到的：

“这种虫是怎样生活呢？”

“这种虫就是‘这样’生活。”

“这种虫是怎样变化呢？”

“这种虫就是‘这样’变化。”

“那么这种虫到底叫什么虫呢？”

“这种虫啊，这种虫就叫‘这种虫’。”

如此而已，人们，为了他的老年，而且因为他曾作了一生的研究工作，就恭敬他，不问他，不驳他，似乎相信他。而他呢，他就凭了他的老年，他的一生的研究工作，而随时随地都坦然地指明：“这个就是这个。”他是现存的最古老的哲学家。

⊙作品赏析

权威之所以成为权威，大抵因为他对某个学术领域的深入研究与真知灼见。一个国家、一个民族学术权威的整体水平、创新精神及研究态度决定着这个国家和民族整体科研状况。当这些学术权威丧失了研究能力，仍沉浸于自己曾经的研究之中，甚至为了保住权威的面子胡说八道的时候，国家的科学研究只能无可奈何地走向悲凉的没落。

看看文中那种老专家对新生事物的“精辟”分析吧！他把从来没见过的虫称“有”，他虽对新物种的生活习性及特性一无所知，但都圆满地用“这样”两个字“成功”地解决了。从他的“高明”的论断中，我们得不到任何有价值的东西。

文中，作者用精练的对话，活画出“老先生”不懂装懂、欺世盗名的老朽形象，把社会上那些靠声名、靠资历混饭吃的所谓“老专家”剥了一个一丝不挂，把他们丑陋的形象赤裸裸地展现在世人面前，真叫过瘾！

论说谎政治 / 吴晗

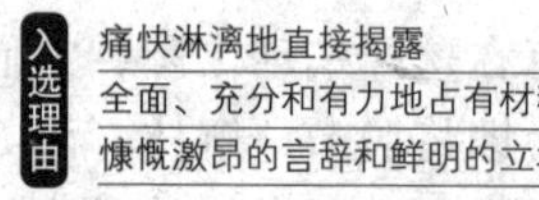

世界上，历史上有各个阶级统治的政治，有各样各式的政治，但是，专靠说谎话的政治，无话不谎的政治；自己明知是谎话，而且已被戳破了，却还是非说下去不可的政治，似乎只有我们的国度里才有。一定勉强挤入五强或四强，非举出自己的强处不可，至少，就这一点而论，是强过世界上任何国家的。

漫天都是谎，无往而非谎。今天已经是集谎之大成的时候了。指鹿为马，到底还有个鹿在，以紫乱朱，紫毕竟还是颜色。强爷胜祖到鹿也不必须，颜色也用不着，其终结必然会达到好就是坏，坏一定是好，黑即白，白一定是黑，谎话成为真话，真话一定是谎话了。说谎者的命运也就写上历史了。

在日本投降以前，八年的血泪日子，大家已经明白了“撤退”、“战略上的转移”，甚至“转进”、“有利”等等名词的意义。投降以后，也已经明白了“缴械”、“解除武装”、“护路”、“协助受降”、以至最近昆市最普遍的“土匪”、“赤匪”、“匪警”、“奸徒”、“姜凯”等等名词的意义了。

随便举出眼前的几件大大小小的事实来作说明：自从收复区接收人员飞去和钻出以后，“英明”的蒋主席大发雷霆，痛斥接收官员贪污不法，列举了许多事实，和沪上的新闻报道(非官方非党方的)房子、车子、票子、金子“四子”接收，单单不要民心这一点完全吻合，可是下文如何呢？没有！没有办过一个案，也没有办过一个贪官，而且此间《中央日报》还大写社评说只是一两个人，一两件事，决非全体，必非全体！事到如今，仍无着落，当老百姓的只能抗议，“这是谎话！”

轰动一时的两个案子，高秉坊案和陈炳德案，案情大家都明白，国人皆曰可杀，惟 × 独怜才。拖到现在，高秉坊笑了，陈炳德呢，居然罚金五万元，等于战前的五元！法纪？官箴？是非？国典？当老百姓的也只能抗议，“这是谎话！”

胜利了，和平了，收复区(一说是光复区)，代替了原来的名词“沦陷区”，人民喜笑颜开，到底有这一天，生死人而肉白骨，吊民抚亡，引领西望！果然望到了，“四子”被接收。果然望到了，光复区蠲免田赋一年！蠲免的情形如何呢？本年度据说伪组织已经征过，无从免起，只好补征沦陷时期的田赋。据说河南一些地方补征八年，江苏江阴补征若干年，都见于报章，后者且见于上海《大公报》社评。浙东一部分地方，补征民国三十年到三十三年恰好四年，为笔者所身受，用不着旁征博引。如此蠲免，如此德意，当老百姓的只能抗议，“这是谎话！”

湘桂路黔桂路的惨剧总还记得吧？那时候到这时候，西南这区域都不见有“匪军”，就是整个大后方，也无法把交通的责任交给什么党什么军。然而，到今天止，后方人士除了特种人物外，老百姓还是寸步难行。修路只限于有特殊情形的地区，愈被破坏愈修得起劲，大后方自己破坏的呢，政府不说，报纸也不说，老百姓无从说。只好抗议，“这是谎话！”

还有，所谓国民大会代表问题，是十年前一党专政时代搞出来的，老百姓不接头，不认这笔糊涂账，要重新选过。各政党以及无党派人士也以为旧代表要不得，根本代表不了民意。然而，所谓国民大会代表居然发表宣言，硬要人民认账，硬说是人民选出来的，硬要定期开会，硬要国民党政府还政于为人民所不肯承认的自封的人民代表，实则是国民党代表。老百姓只能抗议，“这是谎话！”

我们郑重抗议，抗议这些大大小小的谎话。

谎话政治不结束，中国人民的命运永远是问号。谎话政治不结束，中国人民的生活永远无法改善。谎话政治不结束，人民所要求的和平团结民主永远落空。

我们所不要的是谎话政治，要的是联合政府：理由之一是联合政府不可能也不会说谎话，因为联合政府里必然有不是国民党的成员，国民党一说谎话，就会被当场戳穿。

记得《伊索寓言》里小孩子被狼吃掉的故事吧？不记得，读熟它！

· 作者简介 ·

吴晗(1909～1969)，中国历史学家。原名春晗，字辰伯，浙江省义乌县人。1929年入上海中国公学大学部。1930年，经燕京大学教授顾颉刚介绍，在燕京大学图书馆中日文编考部任馆员。1931年，任教于北京大学的胡适举荐吴晗为清华大学史学系公读生，专攻明史。大学期间，吴晗写下40多篇文章。1934年毕业后留校任助教，在清华大学讲授明史课。1937年被聘为云南大学历史系教授，后到西南联大任教。1943年7月，他加入中国民主同盟。1946年8月，吴晗回到北平，仍在清华大学任教，并担任北平民盟的主任委员。新中国成立后，担任北京市人民政府副市长。1957年加入中国共产党。

吴晗像

⊙作品赏析

这是吴晗一篇著名的杂文。在旧中国，政治和说谎是一对孪生的兄弟，如作者所言：“世界上，历史上有各个阶级统治的政治，有各样各式的政治，但是，专靠说谎话的政治，无话不谎的政治；自己明知是谎话，而且已被戳破了，却还是非说下去不可的政治，似乎只有我们的国度里才有。”因为指鹿为马的传统教训，老百姓形成这样一种认识：好就是坏，坏一定是好；黑即白，白一定是黑；谎话成为真话，真话一定是谎话了。作者在文章中罗列了一大堆政治说谎的事实，无论战争、民事、吏治，明明是政府的独裁行为，非要强加上民意，文中写道：“所谓国民大会代表问题，是十年前一党专政时代搞出来的，老百姓不接头，不认这笔糊涂账，要重新选过。各政党以及无党派人士也以为旧代表要不得，根本代表不了民意。然而，所谓国民大会代表居然发表宣言，硬要人民认账，硬说是人民选出来的，硬要定期开会，硬要国民党政府还政于为人民所不肯承认的自封的人民代表，实则是国民党代表。”大大小小的谎言已经使政府陷入严重的信任危机，而政府的行为则不断引起民间的漠视、反对和抗议，“谎话政治不结束，中国人民的命运永远是问号。谎话政治不结束，中国人民的生活永远无法改善。谎话政治不结束，人民所要求的和平团结民主永远落空。”当说谎政治成为一个国家和民族的政治习惯，而则人民渐渐在不断的抗议中觉醒，无论如何，要达到长治久安是很难想象的。

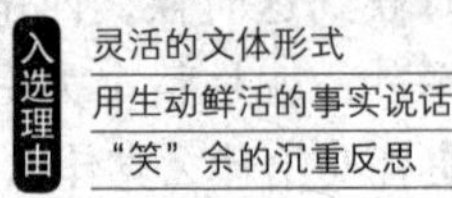

“上”人回家 / 萧乾

“上”人先生是鼎鼎有名的语言艺术家。他说话不但熟练，词儿现成，而且一向四平八稳，面面俱到。据说他的语言有两个特点，其一是概括性——可就是听起来不怎么具体，有时候还难免有些空洞罗嗦；其二是民主性——他讲话素来不大问对象和场合。对于学习马克思列宁主义，他自认有一套独到的办法。他主张首先要掌握的是马克思列宁主义语言。至于马克思列宁主义语言究竟与生活里的语言有什么区别，以及他讲的是不是就是马克思列宁主义语言，这个问题他倒还没考虑过。总之，他满口离不开“原则上”“基本上”。这些本来很有内容的字眼儿，到他嘴里就成了口头禅，无论碰到什么，他都“上”它一下。于是，好事之徒就赠了他一个绰号，称他做“上”人先生。

这时已是傍晚，“上”人先生还不见回家，他的妻子一边照顾小女儿，一边烧着晚饭。忽听门外一阵脚步中。说时迟，那时快。“上”人推门走了进来。做妻子的看了好不欢喜，赶忙迎上前去。

故事叙到这里，下面转入对话。

妻：今儿个你怎么这样晚才回来？

上：主观上我本希望早些回来的，但是出于客观上难以预料、无法控制的原因，以致我实际上回来的时间跟正常的时间发生了距离。

妻（撇了撇嘴）：你干脆说吧，是会散晚啦，还是没挤上汽车？

上：从质量上说，咱们这十路公共汽车的服务水平不能算低，可惜在数量上，它还远远跟不上今天现实的需要。

妻(不耐烦)：大丫头还没回来，小妞子直嚷饿得慌。二丫头，拉小妞子过来吃饭吧！

(小妞子刚满三周岁，怀里抱着个新买的布娃娃，一扭一扭地走了过来。)

妞：爸爸，你瞧我这娃娃好看不？

上：从外形上说，它有一定的可取的地方。不过，嗯，(他扯了扯娃娃的胳膊)不过它的动作还嫌机械了一些。

妞（撒娇地）：爸爸，咱们这个星期天去不去公园呀？

上：原则上，爸爸是同意带你去的，因为公园是个公共文娱活动的地方。不过——不过近来气候变化很大，缺乏稳定性，等自然条件好转了，爸爸一定满足你这个愿望。

妻（摆好了饭菜和碗筷）：吃吧，别转文啦！

妞（推开饭碗）：爸爸，我要吃糖。

上：你热爱糖果，这是完全可以理解的。这种副食品要是不超过定量，对身体可以起良好的作用。不过，今天早晨妈妈不是分配两块水果糖给你了吗？

妻：我来当翻译吧。小妞子，你爸爸是说，叫你先乖乖儿地吃饭，糖吃多了长虫牙！(温柔地对“上”)今儿个合作社到了一批朝鲜的裙带菜，我称了半斤，用它烧汤试一试，你尝尝合不合口味？

上（舀了一调羹，喝下去）：嗯，不能不说是还有一定的滋味。

妻（茫然地）：什么？倒是合不合口味呀？

上（被逼得实在有些发窘）：从味觉上说如果我的味觉还有一定的准确性的话——下次如果再烧这个汤的话。那么我倾向于再多放一点儿液体。

妻（猜着）：噢，你是说太咸啦，对不对？下回我烧淡一点儿就是嘞。

（正吃着饭，一个十五六岁的姑娘推门走进来，这就是“大丫头”，她叫明。今年上初三。）

明：爸爸，（随说随由书包里拿出一幅印的水彩画，得意地说）这是同学送我的，听说是个青年女画家画的。你看这张画好不好？

·作者简介·

萧乾（1910～1999），中国著名作家、翻译家和记者。1910年1月27日，出生于北京。1928年，到广州汕头当教员。1935年，燕京大学毕业。1939年，担当英国伦敦大学东方学院讲师，同期担任《大公报》驻欧记者。1942年入剑桥大学当研究生。1940～1948年期间，任职上海《大公报》兼复旦大学教授。1949年，为英文《人民中国》副总编辑。1953年，任职《译文》和《文艺报》。1961年，调任人民文学出版社。1986年，荣获挪威王国政府颁发的国家勋章。1999年，因心肌梗塞及肾衰竭，在北京逝世。

萧乾像

上（接过画来，歪着头望了望）：这是一幅有着优美画面的画。在我看来（沉吟了一下），它具有一定的吸引力。这一点，自然跟画家在艺术上的修养是分不开的。然而在表现方式上，还不能说它完全没有缺点。

明：爸爸，它哪一点吸引了你？

上：从原则上说，既然是一幅画，它又是国家的美术出版社出版的，那么，它就不能不具有一定的吸引力。

明（不服气）：那不成，你得说是什么啊！（然后，眼珠子一转）这么办吧：你先说说它有什么缺点。

上：它有没有缺点，这一点自然是可以商榷的。不过，既然是青年画家画的，那么，从原则上说，青年总有他生气勃勃的一面，也必然有他不成熟的一面。这就叫做事物的规律性。

明：爸爸，要是你问我为什么喜欢它呀，我才不会那么吞吞吐吐呢。我就干脆告诉你。我喜欢芦苇旁边浮着的那群鸭子。瞧，老鸭子打头，后边跟着（数）一、二、三、四……七只小鸭子。我好象看见它们背上羽毛的闪光，听到它们的小翅膀拍水的声音。

上：孩子，评论一件完整的艺术品，你怎么能抓住一个具体的部分？而且，“喜欢”这个字眼儿太带有个人趣味的色彩了。

明（不等“上”说完就气愤地插嘴）：我喜欢，我喜欢。喜欢就是喜欢。说什么，我总归还告诉了你我喜欢它什么，你呢？你说了半天，（鼓着嘴巴，像是上了当似的）可是你什么也没告诉我！

妻：大丫头，别跟你爸爸费嘴啦。他几时曾经告诉过谁什么！

⊙作品赏析

《“上”人回家》写于1957年，是一篇别致有趣的杂文，文中的“上”人是一个“鼎鼎有名的语言艺术家”，作者概括他的语言艺术特点是“概括性”（很难听到具体的东西）和“民主性”（讲话不大问场合和地点），作为某一时代风气和典型人物，“上”人具有极强的代表性。作者用非常形象幽默的笔调对“上”人的所掌握和运用的马克思列宁主义语言作了一番描绘，这些使人看起来不禁要发笑的语言正是来自“上”人的生活中。向妻子解释为什么回来晚了，“上”人说：“主观上我本希望早些回来的，但是出于客观上难以逆料、无法控制的原因，以致我实际上回来的时间跟正常的时间发生了距离。”对女儿说话也是同样的风格，作者写“上”人的这些语言特征，指出“上”人没有区分清楚马克思列宁主义语言和生活语言的区别，甚至，他讲的到底是不是马克思列宁主义语言还是个疑问。作者的用意不仅仅在于嘲讽这样滑稽可笑的现象，还在于说明，在这样的语言背后“上”人的工作态度和作风。语言只是一个阶层、时代和灵魂的镜子，“上”人的存在是一个阶层和一个时代的悲哀。在如今到处可见的大会小会等官僚场合中，“上”人比比皆是，这些脱离群众的官僚已经在自己的生活里荒唐而不自知。

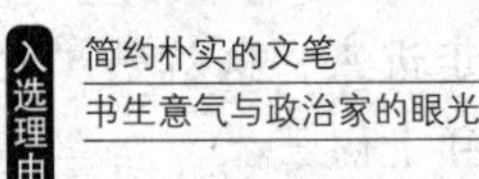

一个鸡蛋的家当 / 邓拓

说起家当，人们总以为这是相当数量的财富。家当的“当”字，本来应该写成“帑”字。帑是货币贮藏的意思，读音如“荡”字，北方人读成“当”字的同音，所以口语变成了“家当”。

我们平常说某人有了家当，就是承认他有许多家财，却不会相信一个鸡蛋能算得了什么家当！然而，庄子早就讲过有“见卵求富”的人，因此，我们对于一个鸡蛋的家当，也不应该小看它。

的确，任何巨大的财富，在最初积累的时候，往往是由一个很小的数量开始的。这正如集腋可以成裘、涓滴可以成江河的道理一样。但是，这并不是说，无论在什么情况下，你只要有了一个鸡蛋，就等于有了一份家当。事情决不可能这样简单和容易。

明代万历年间，有一位小说家，名叫江盈科。他编写了一部《雪涛小说》，其中有一个故事说：“一市人，贫甚，朝不谋夕。偶一日，拾得一鸡卵，喜而告其妻曰：我有家当矣。妻问安在？持卵示之，曰：此时，然须十年，家当乃就。因与妻计曰：我持此卵，借领人伏鸡乳之，待彼雏成，就中取一雌者，归而生卵，一月可得十五鸡。两年之内，鸡又生鸡，可得鸡三百，堪易十金。我以十金易五牸，牸复生牸，三年可得二十五牛。牸所生者，又复生牸，三年可得五十牛，堪易三百金矣。吾持此金以举债，三年间，半千金可得也。”

这个故事的后半还有许多情节，没有多大意义，可以不必讲它。不过有一点还应该提到，就是这个财迷后来说，他还打算娶一个小老婆。这下子引起了他的老婆“怫然大怒，以手击鸡卵，碎之”。于是这一个鸡蛋的家当就全部毁掉了。

你看这个故事不是可以说明许多问题吗？这个财迷也知道，家当的积累是需要不少时间的。因此，他同老婆计算要有十年才能挣到这份家当。这似乎也合于情理。但是，他的计划简直没有任何可靠的根据，而完全是出于一种假设，每一个步骤都以前一个假设的结果为前提。对于十年以后的事情，他统统用空想代替了现实，充分显出了财迷的本色，以致激起老婆生气，一拳头就把他的家当打得精光。更重要的是，他的财富积累计划根本不是从生产出发，而是以巧取豪夺的手段去追求他自己发财的目的。

如果要问，他的鸡蛋是从何而来的呢？回答是拾来的。这个事实本来就不光彩。而他打算把这个拾来的鸡蛋，寄在邻居母鸡生下的许多鸡蛋里一起去孵，其目的更显然是要混水摸鱼，等到小鸡孵出以后，他就将不管三七二十一，抱一个小母鸡回来。可见这个发财的第一步计划，又是连偷带骗的一种勾当。

接着，他继续设想，鸡又生鸡，用鸡卖钱，钱买母牛，母牛繁殖，卖牛得钱，用钱放债，这么一连串的发财计划，当然也不能算是生产的计划。其中每一个重要的关键，几乎都要依靠投机买卖和进行剥削，才能够实现的。这就证明，江盈科描写的这个“市人”，虽然“贫甚”，却不是劳苦的人民，大概是属于中世纪城市里破产的商人之流，他满脑子都是欺诈剥削的想法，没有老老实实地努力生产劳动的念头。这样的人即便挣到了一份家当，也不可能经营什么生产事业，而只会想找个小老婆等等，终于引起夫妻打架，不欢而散，那是必然的结果。

历来只有真正老实的劳动者，才懂得劳动产生财富的道理，才能够摒除一切想入非非的发财思想，而踏踏实实地用自己的辛勤劳动，为社会也为自己创造财富和积累财富。

·作者简介·

邓拓（1912～1966），原名邓子健、邓云特，1912年出生于福建闽侯一个旧知识分子家庭。他从小就酷爱文学艺术。1930年，18岁时参加了左翼社会科学家联盟，同年加入中国共产党，积极从事革命活动。1937年秋，到达解放区后，历任《晋察冀日报》社长、晋察冀新华总分社社长等。解放后先后任《人民日报》社长、总编辑和北京市委文教书记等职。1966年，因《三家村札记》和《燕山夜话》，邓拓含冤自尽，成为“四人帮”大兴文字狱的第一个牺牲者。

邓拓像

邓拓的杂文重史识、史论，抓住现实，旁征博引，含蓄委婉，可谓雅俗共赏。

⊙作品赏析

本文具有独特的幽默味和极大的嘲讽力度，举重若轻，在当时是很具有胆识的杂文作品，是邓拓杂文中的压卷之作，也是后来不大有人赶得上的作品。在文章中，作者引用一个故事，说有一个人，拾得一个鸡蛋，胡想联翩，先是借别人的鸡孵出小鸡，然后辗转生利，又放高利贷，大发其财，遂成巨富，于是手舞之，足蹈之，于是“叭嗒”一声，鸡蛋落地，完事大吉。邓拓讲完故事后，只轻描淡写地点了两句：“历来只有真正老实的劳动者，才懂得劳动产生财富的道理，才能够摒除一切想入非非的发财思想，而踏踏实实地用自己的辛勤劳动，为社会也为自己创造财富和积累财富。”这是何等的笔力，真是一字千钧！把一篇文章写得简单很难，把一篇文章写得简单而明白更难，这是对一个人的全面考验。之所以邓拓的这篇文字一直被看重，是因为本文确实具备了以上种种品质，这就是这篇看似平平的文章高明之处。

人语与鬼话 / 秦似

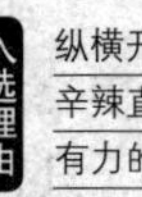

入选理由：纵横开合的运笔；辛辣直接的议论；有力的论证和结论

如果世界一切作为人的语言都湮息下去，只剩了鬼话，是很荒凉的。可幸这种情形倒不曾有过。古希腊的讽刺作家琉善曾经写过三十章鬼话，但即使在他的作品那完全黑暗了的背景里，也还有代表“人语”的一种鬼的意见在。譬如第十章上面就有着这样的一段对话：

暴君（鬼）：我是某国的暴君。

黑梅斯（鬼）：到了这里，要这许多好看东西作什么？

暴：怎么呀，你要暴君脱得干干净净才到这里来么？

黑：一位暴君么！你当暴君的时候，我们原不敢这样烦你。但是你这个时候是一个鬼，我们却对不起了。请你都脱下来！

暴：我都脱下来了，富贵都完了。

黑：你还有架子，还有骄傲，也都要去了。

暴：你至少也让我留住我的紫袍王冕。

黑：不能，不能，都剥下来！

这已是第二世纪的作品，如果是出于二十世纪四十年代的什么作家的手笔的话，这些话是在删除之列的。虽然所谈的不过是鬼世界。

近在手边就有一个例。一九四〇年三月二十四日的早晨，在未亡的法兰西的一个法庭上。有几个人据说是犯“叛国罪”，推出来审判了，法官首先问什么职业，一个囚犯回道：“议员。”

法官：“你不是一个议员。”

囚犯：“对，议员的权利已经被剥夺了。”

另一个囚犯：“必须达拉第到场，他指我们是卖国贼，然而卖国贼恰恰不是我们，是那些出卖奥地利、捷克和西班牙共和国，并鼓励希特勒侵略的人。”

在群众的骚动中，警卫队的拉雷阿提上校愤愤地咆哮起来：“我不准别人说政府是在竭力破坏和平。”

另一个声音爆裂了，是被告的辩护律师哲瓦士对法官的提示：“人和禽兽的分别，就在于他有言语的力量。”

这里所提示的“言语的力量”，是用“人”的资格来抗议迫害的尖锐表示。要用人语击退专横，是显然的。

然而这到底已经是三月间的事，时势演变得真快，又三个月之后，“巴士底狱”以来，共和了一百五十年的法兰西这才真的被卖掉了。谁卖的，似乎还是悬案。因为在我们这边，另一个共和国的自由人们，又正大发其议论：说是法国之亡，实由于什么之类的怠工或反战等等。所以这些人们一面在哀悼花都丽国的颠覆，一面也就着重于现身说法的卫道：或则在绍介福煦元帅的名著中郑重声称：“法国当时之国民战争，与吾人今日之全民抗战，同其本裔”，或则娓娓动听地轻描淡绘一下：法国是世界上最文明的国家，一切都成功，为别国所羡慕。“其实那里止呢？实际情形还要比表面好百分之二十。”若夫直截了当的爽快话，只有一句：“所以民主终底要亡了国！”

定论还在混沌中，没有得出来。不过这时候常常浮起一两句人语，为那些虫沙般的蚁民鸣冤。但同时也有胜者的嘲笑：通讯社传出的消息，巴黎人民一再凋萎，面如菜艾了。戈培尔提取精义，得了很好的播讲资料：“法国人在血统上及精神上都含有很重的黑人分量，现在已充分的表现在外。”这同时又成为了我们这边的黄色人种的笑料。败亡者之于我们，是有定谥的，曰“贼”，如果不是一时可以剿清，则冠以“流”，至若奚落以肤色的贱种的，还要算这次最早。可见虽然自称“本裔”，就文明程度说，却是不自量的攀亲。

但奚落的对象仍然是有畛域的。被嘲者是虫沙的小民；一般如猿鹤的君子呢，自然还做稳可以飞也可以走的白种。所以当戈将军（这里是另一位）正在巴黎的国立图书馆大阅档案的时候，维琪的赖总理却可以为着防范占领区里的“游民”的叛乱，向德国请援。这事实，使人鬼弄个分明，各各负着应负的责任，同时也证明了这边的自以为正人君子的匡时之论也者，其实也是鬼话。虽然穿起袈裟，俨然救主，实则连毛孔也满藏毒箭，自己还没有站起来，已经对着那些在迫害者的凌迟之际而尚未气绝的人们射过去了。

·作者简介·

秦似（1917～1986），原名王扬，广西博白县人。读初中时开始在《中学生》上发表作品。1933年上高中后，以“思秩”为笔名在《广州日报》副刊《东南西北》发表诗歌数十首。1937年进广西大学化学系读书并负责编辑学生会会刊《呼声》。1939年初任《贵县日报》副刊编辑，开始写杂文。1940年7月，在桂林与夏衍等人结成野草社，编辑杂文刊物《野草》。1941年出版第一本杂文集《感觉的音响》。同年8月与孟昌、庄寿慈共办《文学译报》。桂林陷落后，参加桂东南武装暴动。1946年至1949年在香港，先以丛刊形式恢复《野草》，又任《华商报》英文电讯翻译、《文汇报》副刊编辑。

新中国成立后先后任广西文联副主席、广西文化局局长、广西师院中文系主任、广西大学中文系主任、广西作协副主席。1957年以前致力于戏曲改革，著有京剧、桂剧剧本多种。以后主要从事文学教学和研究，同时创作杂文、散文和诗歌。1986年7月病逝。

自然没有射死；于是再来哗啦一番。这次是说法国人只会弄文学和艺术，自由而又浪漫，当然只好亡国了，要救国惟有高度的“集中化”。又名“战时体制化”。然而其实这与事实又是不符的。不特远在去年八月达拉第便禁止了由巴比塞创办，作为国际作家协会法国支部的会报《和平与自由》，而且连有名的龚古尔文学奖金，法兰西学院奖金等等，也由于文学作品的阙如而考虑停止审评了；驰名的《精神》周报改了月刊，篇幅还得由三百页缩裁为三十页；报纸的文艺副刊则是明令取消的。一种以绍介新书为主的杂志，自动停刊，因为文坛干净到几乎一本新书都没有，无从评起。有骨气的出版家停业了，剩下的便挂起招牌：“国难时期要求特别飘逸和艳冶的文学，描写灵魂阴暗的女人或者寂寞的男人的。”这些招牌甚至挂到兵营里面。然而就是这一类作品，也没有写出来，作家不是逃亡和下狱，便是当书记或者塵芥般的办事员去了。

在这种情形下，是嗅不出自由的气味的，同时也正便利于东方西方猎狗们的狺狺。坐在维琪小朝廷里面的官绅，享着资本主义最末的火烬的余炎，用这火烬，由别人的手焚毁了第三共和国，又由官绅们自己的手，火葬了和火葬着锋镝之下的流浪民，逼使他们没入海洋，进入地窖，然后再摆出悠然自得的架子，在完全黑暗了的地狱中，坐上完全黑暗的宝殿。

然而这却是每况愈下，困顿而犹以为有余地的处境。人语是被抑杀了，但魍魉的嗥嚎也不见得能够传开去。看日益逼近眉睫的事实，却是无声的巨响在震撼着这烽火之邦，那便是黑梅斯的一句老话：“都剥下来！”

⊙**作品赏析**

秦似在文章中说明了这样一个事实："如果世界一切作为人的语言都湮息下去，只剩了鬼话，是很荒凉的。"人语，或者说真话的被限制，总是与黑暗的背景无法分开，作者以类比发议论，写到 1940 年 3 月 24 日的早晨在未亡的法兰西的一个法庭上发生的争论说明：鬼话的猖獗是因为警卫队的拉雷阿提上校不准别人说政府是在竭力破坏和平。然而"人和禽兽的分别，就在于他有言语的力量"。这个"言语的力量"就是用"人"的资格来抗议迫害的尖锐表示，用人语击退专横。统治者一边禁止人民说出真相，一边传播着鬼话，在维护自己专横的集权的同时，将责任全推向别人，而奚落的对象只是"虫沙的小民，一般如猿鹤的君子呢，自然还做稳可以飞也可以走的白种"。即使以救国的名义造成高度的"集中化"或说"战时体制化"，也实际上不过是鬼话，"坐在维琪小朝廷里面的官绅，享着资本主义最末的火烬的余炎，用这火烬，由别人的手焚毁了第三共和国，又由官绅们自己的手，火葬了和火葬着锋镝之下的流浪民，逼使他们没入海洋，进入地窖，然后再摆出悠然自得的架子，在完全黑暗了的地狱中，坐上完全黑暗的宝殿。"作者指出："人语是被抑杀了，但魍魉的嗥嚎也不见得能够传开去。"因为日益逼近眉睫的事实，是最终谁也无法掩藏得了的。事实上，所言法国事却正是当时国内政治的写照。

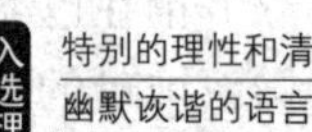

入选理由

特别的理性和清醒

幽默诙谐的语言风格

对一个特定时代主题的理性大胆的反思和否定

救世情结与白日梦 / 王小波

现在有一种"中华文明将拯救世界"的说法正在一些文化人中悄然兴起，这使我想起了我们年轻时的豪言壮语：我们要解放天下三分之二的受苦人，进而解放全人类。对于多数人来说，不过是说说而已，我倒有过实践这种豪言壮语的机会。一九七〇年，我在云南插队，离边境只有一步之遥，对面就是缅甸，只消步行半天，就可以过去参加缅共游击队。有不少同学已经过去了——我有个同班的女同学就过去了，这对我是个很大的刺激——我也考虑自己要不要过去。过去以后可以解放缅甸的受苦人，然后再去解放三分之二的其他部分；但我又觉得这件事有点不对头。有一夜，我抽了半条春城牌香烟，来考虑要不要过去，最后得出的结论是：不能去。理由是：我不认识这些受苦人，不知道他们在受何种苦，所以就不知道他们是否需要我的解救。尤其重要的是：人家并没有要求我去解放，这样贸然过去，未免自作多情。这样一来，我的理智就战胜了我的感情，没干这件傻事。

对我年轻时的品行，我的小学老师有句评价：蔫坏。这个坏字我是不承认的，但是"蔫"却是无可否认。我在课堂上从来一言不发，要是提问我，我就翻一阵白眼。像我这样的蔫人都有如此强烈的救世情结，别人就更不必说了。有一些同学到内蒙古去插队，一心要把阶级斗争盖子揭开，解放当地在"内人党"迫害下的人民，搞得老百姓鸡犬不宁。其结果正如我一位同学说的：我们"非常招人恨"。至于到缅甸打仗的女同学，她最不愿提起这件事，一说到缅甸，她就说：不说这个好吗？看来她在缅甸也没解放了谁。看来，不切实际的救世情结对别人毫无益处，但对自己还有点用——有消愁解闷之用。曾有一首诗歌《献给第三次世界大战的勇士》，写两个红卫兵为了解放全世界，打到了美国，"战友"为了掩护"我"，牺牲在"白宫华丽的台阶上"。这当然是瞎浪漫，不能当真：这样随便去攻打人家的总统官邸，势必要遭到美国人民的反对。由此可以得出这样的结论：解放的欲望可以分两种，一种是真解放，比如曼德拉、圣雄甘地、我国的革命先烈，他们是真正为了解放自己的人民而斗争。还有一种假解放，主要是想满足自己的情绪，硬要去解救一些人。这种解放我叫它瞎浪漫。

对于瞎浪漫，我还能提供一个例子，是我十三岁时的事。当时我堕入了一阵哲学的思辨之中，开始考虑整个宇宙的前途，以及人生的意义，所以就变得木木痴痴；虽然功课还好，但这样子很不讨人喜欢。老师见我这样子，就批评我；见我又不像在听，就掐我几把。这位老师是女的，二十多岁，长得又漂亮，是我单恋的对象，但她又的确掐疼了我。这就使我陷入了爱恨交集之中，于是我就常做种古怪的白日梦，一会儿想象她掉进水里，被我救了出来；一会儿想象她掉到火里，又被我救了出来。我想这梦的前一半说明我恨她，后一半说明我爱她。我想老师还能原谅我的不敬：无论在哪个梦里，她都没被水呛了肺，也没被火烤糊，被我及时地抢救出来了——但我老师本人一定不乐意落入这些危险的境界。为了这种白日梦，我又被她多掐了很多下。我想这是应该的：瞎浪漫的解救，是一种意淫。学生对老师动这种念头，就该掐。针对个人的意淫虽然不雅，但像一回事。针对全世界的意淫，就不知让人说什么好了。

·作者简介·

王小波(1952～1997)，北京人。1968年至1970年在云南农场当知青。1971年至1972年到山东牟平插队，后当民办教师。1972年至1973年在北京牛街教学仪器厂当工人。1974年至1978年至北京西城区半导体厂当工人。1978年至1982年成为中国人民大学贸易经济系学生。1982年至1984年在中国人民大学一分校当教师。1984年至1988年前往美国匹兹堡大学东亚研究中心读研究生，获硕士学位。1988年至1991年做北京大学社会学系讲师。1991年至1992年做中国人民大学会计系讲师。1992年至1997年成为自由撰稿人。1997年4月10日逝世于北京。

王小波像

在某种程度上，王小波具有作家和学者的双重身份。他被誉为中国的乔依斯兼卡夫卡，也是唯一一位两次获得世界华语文学界的重要奖项“台湾联合报系文学奖中篇小说大奖”的中国大陆作家。他不仅是一位作家，而且还是研究中国同性恋文化的社会学家。他曾与其妻子李银河合著《他们的世界——中国男同性恋群落透视》（山西人民出版社，1992年11月版），这是研究中国同性恋问题最早的专著。

中国的儒士从来就以解天下于倒悬为己任，也不知是真想解救还是瞎浪漫。五十多年前，梁任公说，整个世界都要靠中国文化的精神去拯救，现在又有人旧话重提。这话和红卫兵的想法其实很相通。只是红卫兵只想动武，所以浪漫起来就冲到白宫门前，读书人有文化，就想到将来全世界变得无序，要靠中华文化来重建全球新秩序。诚然，这世界是有某种可能变得无序——它还有可能被某个小行星撞了呢——然后要靠东方文化来拯救。哪一种可能都是存在的，但是你总想让别人倒霉干啥？无非是要满足你的救世情结嘛。假如天下真的在“倒悬”中，你去解救，是好样的；现在还是正着的，非要在想象中把人家倒挂起来，以便解救之，这就是意淫。我不尊重这种想法。我只尊敬像已故的陈景润前辈那样的人。陈前辈只以解开哥德巴赫猜想为己任，虽然没有最后解决这个问题，但好歹做成了一些事。我自己的理想也就是写些好的小说，这件事我一直在做。李敖先生骂国民党，说他们手淫台湾，意淫大陆，这话我想借用一下，不管这件事我做成做不成，总比终日手淫中华文化，意淫全世界好得多吧。

⊙作品赏析

王小波的杂文很少像时下常见的杂文作品那样，直接就历史或现实生活中的某个问题、某种现象进行讨论和批评，而是更多地将笔锋指向传统文化、民族心理，对其负面和劣性予以深刻的解剖和批判，显示出强大的历史穿透力和理性思考特色。《救世情结与白日梦》就是作者针对知识界颇为流行的"21世纪是中国人的世纪"、"中华文明将拯救世界"的论调有感而发的。作者在文中一针见血地指出，这种论调实质上是上世纪初以来就根植于国人心中的救世情结的翻版。早在几十年前，梁启超便乐观地预言整个世界都要靠中国文化的精神去拯救；我们也曾有过"要解放天下三分之二受苦人，进而解放全人类"的豪言壮语。在王小波看来，这些都只是一种典型的一厢情愿式的"瞎浪漫"而已。"中国的儒士从来就以解天下于倒悬为己任，也不知是真想解救还是瞎浪漫。五十多年前，梁任公说，整个世界都要靠中国文化的精神去拯救，现在又有人旧话重提。这话和红卫兵的想法其实很相通。"问题在于："假如天下真的在'倒悬'中，你去解救，是好样的；现在还是正着的，非要在想象中把人家倒挂起来，以便解救之，这就是意淫。我不尊重这种想法。"王小波借用李敖的话对这种盲目乐观、自说自语的瞎浪漫作了辛辣的讽刺，认为他们无异于是在"手淫中华文化，意淫全世界"。很显然，王小波把批判矛头直接指向了包括知识分子在内的国人那种自我陶醉、夜郎自大、抱残守缺、沉醉于浪漫的空想中而不能自拔的"阿Q"式心态。

一只特立独行的猪 / 王小波

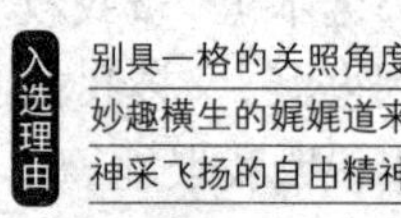

插队的时候，我喂过猪，也放过牛。假如没有人来管，这两种动物也完全知道该怎样生活。它们会自由自在地闲逛，饥则食渴则饮，春天来临时还要谈谈爱情；这样一来，它们的生活层次很低，完全乏善可陈。人来了以后，给它们的生活做出了安排：每一头牛和每一口猪的生活都有了主题。就它们中的大多数而言，这种生活主题是很悲惨的：前者的主题是干活，后者的主题是长肉。我不认为这有什么可抱怨的，因为我当时的生活也不见得丰富了多少，除了八个样板戏，也没有什么消遣。有极少数的猪和牛，它们的生活另有安排。以猪为例，种猪和母猪除了吃，还有别的事可干。就我所见，它们对这些安排也不大喜欢。种猪的任务是交配，换言之，我们的政策准许它当个花花公子。但是疲惫的种猪往往摆出一种肉猪（肉猪是阉过的）才有的正人君子架势，死活不肯跳到母猪背上去。母猪的任务是生崽儿，但有些母猪却要把猪崽儿吃掉。总的来说，人的安排使猪痛苦不堪。但它们还是接受了：猪总是猪啊。

对生活做种种设置是人特有的品性。不光是设置动物，也设置自己。我们知道，在古希腊有个斯巴达，那里的生活被设置得了无生趣，其目的就是要使男人成为亡命战士，使女人成为生育机器，前者像些斗鸡，后者像些母猪。这两类动物是很特别的，但我以为，它们肯定不喜欢自己的生活。但不喜欢又能怎么样？人也好，动物也罢，都很难改变自己的命运。

以下谈到的一只猪有些与众不同。我喂猪时，它已经有四五岁了，从名分上说，它是肉猪，但长得又黑又瘦，两眼炯炯有光。这家伙像山羊一样敏捷，一米高的猪栏一跳就过；它还能跳上猪圈的房顶，这一点又像是猫——所以它总是到处游逛，根本就不在圈里呆着。所有喂过猪的知青都把它当宠儿来对待，它也是我的宠儿——因为它只对知青好，容许他们走到三米之内，要是别的人，它早就跑了。它是公的，原本该劁掉。不过你去试试看，哪怕你把劁猪刀藏在身后，它也能嗅出来，朝你瞪大眼睛，嗷嗷地吼起来。我总是用细米糠熬的粥喂它，等它吃够了以后，才把糠对到野草里喂别的猪。其他猪看了嫉妒，一起嚷起来。这时候整个猪场一片鬼哭狼嚎，但我和它都不在乎。吃饱了以后，它就跳上房顶去晒太阳，或者模仿各种声音。它会学汽车响、拖拉机响，学得都很像；有时整天不见踪影，我估计它到附近的村寨里找母猪去了。我们这里也有母猪，都关在圈里，被过度的生育搞得走了形，又脏又臭，它对它们不感兴趣；村寨里的母猪好看一些。它有很多精彩的事迹，但我喂猪的时间短，知道得有限，索性就不写了。总而言之，所有喂过猪的知青都喜欢它，喜欢它特立独行的派头儿，还说它活得潇洒。但老乡们就不这么浪漫，他们说，这猪不正经。领导则痛恨它，这一点以后还要谈到。我对它则不只是喜欢——我尊敬它，常常不顾自己虚长十几岁这一现实，把它叫做“猪兄”。如前所述，这位猪兄会模仿各种声音。我想它也学过人说话，但没有学会——假如学会了，我们就可以做倾心之谈。但这不能怪它。人和猪的音色差得太远了。

后来，猪兄学会了汽笛叫，这个本领给它招来了麻烦。我们那里有座糖厂，中午要鸣一次汽笛，让工人换班。我们队下地干活时，听见这次汽笛响就收工回来。我的猪兄每天上午十点钟总要跳到房上学汽笛，地里的人听见它叫就回来——这可比糖厂鸣笛早了一个半小时。坦白地说，这不能全怪猪兄，它毕竟不是锅炉，叫起来和汽笛还有些区别，但老乡们却硬说听不出来。领导们因此开了一个会，把它定成了破坏春耕的坏分子，要对它采取专政手段——会议的精神我已经知道了，但我不为它担忧——因为假如专政是指绳索和杀猪刀的话，那是一点门都没有的。以前的领导也不是没试过，一百人也逮不住它。狗也没用：猪兄跑起来像颗鱼雷，能把狗撞出一丈开外。谁知这回是动了真格的，指导员带了二十几个人，手拿五四式手枪；副指导员带了十几人，手持看青的火枪，分两路在猪场外的空地上兜捕它。这就使我陷入了内心的矛盾：按我和它的交情，我该舞起两把杀猪刀冲出去，和它并肩战斗，但我又觉得这样做太过惊世骇俗——它毕竟是只猪啊；还有一个理由，我不敢对抗领导，我怀疑这才是问题之所在。总之，我在一边看着。猪兄的镇定使我佩服之极：它很冷静地躲在手枪和火枪的连线之内，任凭人喊狗咬，不离那条线。这样，拿手枪的人开火就会把拿火枪的打死，反之亦然；两头同时开火，两头都会被打死。至于它，因为目标小，多半没事。就这样连兜了几个圈子，它找到了一个空子，一头撞出去了；跑得潇洒之极。以后我在甘蔗地里还见过它一次，它长出了獠牙，还认识我，但已不容我走近了。这种冷淡使我痛心，但我也赞成它对心怀叵测的人保持距离。

我已经四十岁了，除了这只猪，还没见过谁敢于如此无视对生活的设置。相反，我倒见过很多想要设置别人生活的人，还有对被设置的生活安之若素的人。因为这个原故，我一直怀念这只特立独行的猪。

⊙作品赏析

《一只特立独行的猪》里，王小波以亦真亦幻的笔调，通过一头猪的命运，显现世相荒诞，反衬了人的精神生活的了无生趣和因精神压抑而丧失自我的状态。作者对此在许多年后由衷地感慨道：“我已经40岁了，除了这只猪，还没见过谁敢如此无视对生活的设置。相反我倒见过许多想要设置别人生活的人，还有对被设置的生活安之若素的人。因为这个缘故，我一直怀念这只特立独行的猪。”也许，正是在这只敢于对抗人类的“猪兄”的鼓舞下，王小波终于在沉默中爆发。“以后我在甘蔗地里还见过它一次，它长出了獠牙，还认识我，但已不容我走近了。这种冷淡使我痛心，但我也赞成它对心怀叵测的人保持距离。”他要用自己的话语向强大的“话语霸权”发起挑战，并且发誓要拼却一生“一直战斗到死”。这种决心和勇气在他临死前给友人的信中可以清楚地看出来：“自从我辈成人以来，所见到的一切全都是颠倒着的。既然精神原子弹在一颗又一颗地炸着，哪里有我们说话的份？但我辈现在开始说话，以前说过的一切和我们都无关系—总而言之，是一个一刀两断意思。千里之行，始于足下，中国要有自由派，就从我辈开始。”从这段话中，我们可以清楚地认识到：无论是文化批判，还是民主启蒙，小波始终崇尚的是科学、自由、民主和个性独立，反对的是愚蠢、教条、无趣和虚伪。在他痛切的人文关怀和精神反叛背后，乃是“自由之思想，独立之精神”的血脉在当代知识分子身上的延续。

第四卷

最精彩的演讲词

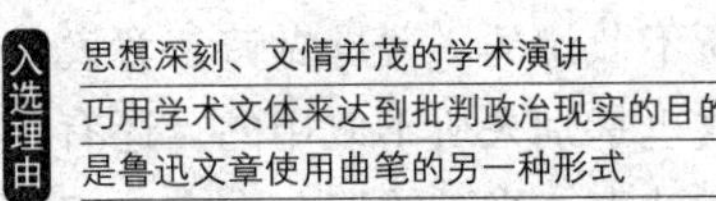

魏晋风度及文章与药及酒之关系 / 鲁迅

中国文学史，研究起来，可真不容易，研究古的，恨材料太少，研究今的，材料又太多，所以到现在，中国较完全的文学史尚未出现。今天讲的题目是文学史上的一部分，也是材料太少，研究起来很有困难的地方。因为我们想研究某一时代的文学，至少要知道作者的环境、经历和著作。

汉末魏初这个时代是很重要的时代，在文学方面起一个重大的变化，因当时正在黄巾和董卓大乱之后，而且又是党锢的纠纷之后，这时曹操出来了——不过我们讲到曹操，很容易就联想起《三国志演义》，更而想起戏台上那一位白面的奸臣，但这不是观察曹操的真正方法。现在我们再看历史，在历史上的记载和论断有时也是极靠不住的，不能相信的地方很多，因为通常我们晓得，某朝的年代长一点，其中必定好人多；某朝的年代短一点，其中差不多没有好人。为什么呢？因为年代长了，做史的是本朝人，当然恭维本朝的人物了，年代短了，做史的是别朝的人，便很自由地贬斥其异朝的人物，所以在秦朝，差不多在史的记载上半个好人也没有。曹操在史上的年代也是颇短的，自然也逃不了被后一朝人说坏话的公例。其实，曹操是一个很有本事的人，至少是一个英雄，我虽不是曹操一党，但无论如何，总是非常佩服他。

董卓之后，曹操专权。在他的统治之下，第一个特色便是尚刑名。他的立法是很严的，因为当大乱之后，大家都想做皇帝，大家都想叛乱，故曹操不能不如此。曹操曾自己说过：“倘无我，不知有多少人称王称帝！”这句话他倒并没有说谎。因此之故，影响到文章方面，成了清峻的风格——就是文章要简约严明的意思。

此外还有一个特点，就是尚通脱。他为什么要尚通脱呢？自然也与当时的风气有莫大的关系。因为在党锢之祸以前，凡党中人都自命清流。不过讲“清”讲得太过，便成固执，所以在汉末，清流的举动有时便非常可笑了。

比方有一个有名的人，普通的人去拜访他，先要说几句话，倘这几句话说得不对，往往会遭倨傲的待遇，叫他坐到屋外去，甚而至于拒绝不见。

又如有一个人，他和他的姊夫是不对的，有一回他到姊姊那里去吃饭之后，便要将饭钱算回给姊姊。姊姊不肯要，他就于出门之后，把那些钱扔在街上，算是付过了。

个人这样闹闹脾气还不要紧，若治国平天下也这样闹起执拗的脾气来，那还成什么话？所以深知此弊的曹操要起来反对这种习气，力倡通脱。通脱即随便之意。此种提倡影响到文坛，便产生多量想说甚么便说甚么的文章。

更因思想通脱之后，废除固执，遂能充分容纳异端和外来的思想，故孔教以外的思想源源引入。

总括起来，我们可以说汉末魏初的文章是清峻，通脱。在曹操本身，也是一个改造文章的祖师，可惜他的文章传的很少。他胆子很大，文章从通脱得力不少，做文章时又没有顾忌，想写的便写出来。

所以曹操征求人才时也是这样说，不忠不孝不要紧，只要有才便可以。这又是别人所不敢说的。曹操做诗，竟说是“郑康成行酒伏地气绝”。他引出离当时不久的事实，这也是别人所不敢用的。还有一样，比方人死时，常常写点遗令，这是名人的一件极时髦的事。当时的遗令本有一定的格式，且多言身后当葬于何处何处，或葬于某某名人的墓旁；操独不然，他的遗令不但没有依着格式，内容竟讲到遗下的衣服和伎女怎样处置等问题。

陆机虽然评曰“贻尘谤于后王”，然而我想他无论如何是一个精明人，他自己能做文章，又有手段，把天下的方士文士统统搜罗起来，省得他们跑在外面给他捣乱。所以他帷幄里面，方士文士就特别地多。

孝文帝曹丕，以长子而承父业，篡汉而即帝位。他也是喜欢文章的。其弟曹植，还有明帝曹睿，都是喜欢文章的。不过到那个时候，于通之外，更加上华丽。丕著有《典论》，现已失散无全本，那里面说：“诗赋欲丽”，“以气为主”。《典论》的零零碎碎，在唐宋类书中；一篇整的《论文》，在《文选》中可以看见。

后来有一般人很不以他的见解为然。他说诗赋不必寓教训，反对当时那些寓训勉于诗赋的见解，用近代的文学眼光看来，曹丕的一个时代可说是“文学的自觉时代”，或如近代所说的为艺术而艺术的一派。所以曹丕做的诗赋很好，更因他以“气”为主，故于华丽以外，加上壮大。归纳起来，汉末魏初的文章，可说是：“清峻、通脱、华丽、壮大。”在文学的意见上，曹丕和曹植表面上似乎是不同的。曹丕说文章事可以留名声于千载；但子建却说文章小道，不足论的。据我的意见，子建大概是违心之论。这里有两个原因：第一，子建的文章做得好，一个人大概总是不满意自己所做而羡慕他人所为的，他的文章已经做得很好，于是他便敢说文章是小道；第二，子建活动的目标在于政治方面，政治方面不甚得志，遂说文章是无用了。

曹操曹丕以外，还有下面的七个人：孔融、陈琳、王粲、徐乾、阮瑀、应玚、刘桢，都很能做文章，后来称为“建安七子”。七人的文章很少流传，现在我们很难判断；但，大概都不外是慷慨、华丽罢。华丽即曹丕所主张，慷慨就因当天下大乱之际，亲戚朋友死于乱者特多，于是为文就不免带着悲凉、激昂和慷慨了。

七子之中，特别是孔融，他专喜和曹操捣乱。曹丕《典论》里有论孔融的，因此他也被拉进“建安七子”一块儿去。其实不对，很两样的。不过在当时，他的名声可非常之大。孔融作文，喜用讥嘲的笔调，曹丕很不满意他。孔融的文章现在传的也很少，就他所有的看起来，我们可以瞧出他并不大对别人讥讽，只对曹操。比方曹操破袁氏兄弟，曹丕把袁熙的妻甄氏拿来归了自己，孔融就写信给曹操，说当初武王伐纣，将妲己给了周公了。操问他的出典，他说，以今例古，大概那时也是这样的。又比方曹操要禁酒，说酒可以亡国，非禁不可，孔融又反对，说也有以女人亡国的，何以不禁婚？

其实曹操也是喝酒的。我们看他的“何以解忧？惟有杜康”的诗句，就可以知道。为什么他的行为会和议论矛盾呢？此无他，因曹操是个办事人，所以不得不这样做；孔融是旁观的人，所以容易说些自由话。曹操见他屡屡反对自己，后来借故把他杀了。他杀孔融的罪状大概是不孝。因为孔融有下列的两个主张：

第一，孔融主张母亲和儿子的关系是如瓶之盛物一样，只要在瓶内把东西倒了出来，母亲和儿子的关系便算完了。第二，假使有天下饥荒的一个时候，有点食物，给父亲不给呢？孔融的答案是：倘若父亲是不好的，宁可给别人。曹操想杀他，便不惜以这种主张为他不忠不孝的根据，把他杀了。倘若曹操在世，我们可以问他，当初求才时就说不忠不孝也不要紧，为何又以不孝之名杀人呢？然而事实上纵使曹操再生，也没人敢问他，我们倘若去问他，恐怕他把我们也杀了！

与孔融一同反对曹操的尚有一个祢衡，后来给黄祖杀掉了。祢衡的文章也不错，而且他和孔融早是“以气为主”来写文章的了。故在此我们又可知道，汉文慢慢壮大起来，是时代使然，非专靠曹操父子之功的。但华丽好看，却是曹丕提倡的功劳。

这样下去一直到明帝的时候，文章上起了个重大的变化，因为出了一个何晏。

何晏的名声很大，位置也很高，他喜欢研究《老子》和《易经》。至于他是怎样的一个人呢？那真相现在可很难知道，很难调查。因为他是曹氏一派的人，司马氏很讨厌他，所以他们的记载对何晏大不满。因此产生许多传说，有人说何晏的脸上是搽粉的，又有人说他本来生得白，不是搽粉的。但究竟何晏搽粉不搽粉呢？我也不知道。

但何晏有两件事我们是知道的。第一，他喜欢空谈，是空谈的祖师；第二，他喜欢吃药，是吃药的祖师。

此外，他也喜欢谈名理。他身子不好，因此不能不服药。他吃的不是寻常的药，是一种名叫“五石散”的药。

“五石散”是一种毒药，是何晏吃开头的。汉时，大家还不敢吃，何晏或者将药方略加改变，便吃开头了。五石散的基本，大概是五样药：石钟乳、石硫黄、白石英、紫石英、赤石脂；另外怕还配点别样的药。但现在也不必细细研究它，我想各位都是不想吃它的。从书上看起来，这种药是很好的，人吃了能转弱为强。因此之故，何晏有钱，他吃起来了；大家也跟着吃。那时五石散的流毒就同清末的鸦片的流毒差不多，看吃药与否以分阔气与否的。现在由隋巢元方做的《诸病源候论》的里面可以看到一些。据此书，可知吃这药是非常麻烦的，穷人不能吃，假使吃了之后，一不小心，就会毒死。先吃下去的时候，倒不怎样的，后来药的效验既显，名曰“散发”。倘若没有“散发”，就有弊而无利。因此吃了之后不能休息，非走路不可，因走路才能“散发”，所以走路名曰“行散”。比方我们看六朝人的诗，有云：“至城东行散”，就是此意。后来做诗的人不知其故，以为“行散”即步行之意，所以不服药也以“行散”二字入诗，这是很笑话的。

走了之后，全身发烧，发烧之后又发冷。普通发冷宜多穿衣，吃热的东西。但吃药后的发冷刚刚要相反：衣少，冷食，以冷水浇身。倘穿衣多而食热物，那就非死不可。因此五石散一名寒食散。只有一样不必冷吃的，就是酒。

吃了散之后，衣服要脱掉，用冷水浇身；吃冷东西；饮热酒。这样看起来，五石散吃的人多，穿厚衣的人就少；比方在广东提倡一年以后，穿西装的人就没有了。因为皮肉发烧之故，不能穿窄衣。为预防皮肤被衣服擦伤，就非穿宽大的衣服不可。现在有许多人以为晋人轻裘缓带，宽衣，在当时是人们高逸的表现，其实不知他们是吃药的缘故。

一班名人都吃药，穿的衣都宽大，于是不吃药的也跟着名人，把衣服宽大起来了！

还有，吃药之后，因皮肤易于磨破，穿鞋也不方便，故不穿鞋袜而穿屐。所以我们看晋人的画像和那时的文章，见他衣服宽大，不鞋而屐，以为他一定是很舒服，很飘逸的了，其实他心里都是很苦的。

更因皮肤易破，不能穿新的而宜于穿旧的，衣服便不能常洗。因不洗，便多虱。所以在文章上，虱子的地位很高，“扪虱而谈”，当时竟传为美事。比方我今天在这里演讲的时候，扪起虱来，那是不大好的。但在那时不要紧，因为习惯不同之故。这正如清朝是提倡抽大烟的，我们看见两肩高耸的人，不觉得奇怪。现在不行了，倘若多数学生，他的肩成为一字形，我们就觉得很奇怪了。

此外可见服散的情形及其他种种的书，还有葛洪的《抱朴子》。

到东晋以后，作假的人就很多，在街旁睡倒，说是“散发”以示阔气。就像清时尊读书，就有人以墨涂唇，表示他是刚才写了许多字的样子。故我想，衣大、穿屐、散发等等，后来效之，不吃也学起来，与理论的提倡实在是无关的。

又因“散发”之时，不能肚饿，所以吃冷物，而且要赶快吃，不论时候，一日数次也不可定。因此影响到晋时“居丧无礼”。本来魏晋时，对于父母之礼是很繁多的。比方想去访一个人，那么，在未访之前，必先打听他父母及其祖父母的名字，以便避讳。否则，嘴上一说出这个字音，假如他的父母是死了的，主人便会大哭起来——他记得父母了——给你一个大大的没趣。晋礼居丧之时，也要瘦，不多吃饭，不准喝酒。但在吃药之后，为生命计，不能管得许多，只好大嚼，所以就变成“居丧无礼”了。

居丧之际，饮酒食肉，由阔人名流倡之，万民皆从之，因为这个缘故，社会上遂尊称这样的人叫作名士派。

吃散发源于何晏，和他同志的，有王弼和夏侯玄两个人，与晏同为服药的祖师。有他三人提倡，有多人跟着走。他们三个人多是会做文章，除了夏侯玄的作品流传不多外，王何二人现在我们尚能看到他们的文章。他们都是生于正始的，所以又名曰“正始名士”。但这种习惯的末流，是只会吃药，或竟假装吃药，而不会做文章。

东晋以后，不做文章而流为清谈，由《世说新语》一书里可以看到。此中空论多而文章少，比较他们三个差得远了。三人中王弼二十余岁便死了，夏侯何二人皆为司马懿所杀。因为他二人同曹操有关系，非死不可，犹曹操之杀孔融，也是借不孝做罪名的。

二人死后，论者多因其与魏有关而骂他，其实何晏值得骂的就是因为他是吃药的发起人。这种服散的风气，魏、晋，直到隋、唐还存在着，因为唐时还有“解散方”，即解五石散的药方，可以证明还有人吃，不过少点罢了。唐以后就没有人吃，其原因尚未详，大概因其弊多利少，和鸦片一样罢。

晋名人皇甫谧作一书曰《高士传》，我们以为他很高超。但他是服散的，曾有一篇文章，自说吃散之苦。因为药性一发，稍不留心，即会丧命，至少也会受非常的苦痛，或要发狂；本来聪明的人，因此也会变成痴呆。所以非深知药性，会解救，而且家里的人多深知药性不可。晋朝人多是脾气很坏、高傲、发狂、性暴如火的，大约便是服药的缘故。比方有苍蝇扰他，竟至拔剑追赶；就是说话，也要胡胡涂涂地才好，有时简直是近于发疯。但在晋朝更有以痴为好的，这大概也是服药的缘故。

魏末，何晏他们之外，又有一个团体新起，叫做“竹林名士”，也是七个，所以又称“竹林七贤”。正始名士服药，竹林名士饮酒。竹林的代表是嵇康和阮籍。但究竟竹林名士不纯粹是喝酒，嵇康也兼服药，而阮籍则是专喝酒的代表。但嵇康也饮酒，刘伶也是这里面的一个。他们七人中差不多都反抗旧礼教的。

这七人中，脾气各有不同。嵇阮二人的脾气都很大；阮籍老年时改得很好，嵇康就始终都是极坏的。

阮年青时，对于访他的人有加以青眼和白眼的分别。白眼大概是全然看不见眸子的，恐怕要练习很久才能够。青眼我会装，白眼我却装不好。

后来阮籍竟做到“口不臧否人物”的地步，嵇康却全不改变。结果阮得终其天年，而嵇竟丧于司马氏之手，与孔融何晏等一样，遭了不幸的杀害。这大概是因为吃药和吃酒之分的缘故：吃药可以成仙，仙是可以骄视俗人的；饮酒不会成仙，所以敷衍了事。

他们的态度，大抵是饮酒时衣服不穿，帽也不戴。若在平时，有这种状态，我们就说无礼，但他们就不同。居丧时不一定按例哭泣；子之于父，是不能提父的名，但在竹林名士一流人中，子都会叫父的名号。旧传下来的礼教，竹林名士是不承认的。即如刘伶——他曾做过一篇《酒德颂》，谁都知道——他是不承认世界上从前规定的道理的，曾经有这样的事，有一次有客见他，他不穿衣服。人责问他；他答人说，天地是我的房屋，房屋就是我的衣服，你们为什么进我的裤子中来？至于阮籍，就更甚了，他连上下古今也不承认，在《大人先生传》里有说：“天地解兮六合开，星辰陨兮日月颓，我腾而上将何怀？”他的意思是天地神仙，都是无意义，一切都不要，所以他觉得世上的道理不必争，神仙也不足信，既然一切都是虚无，所以他便沉湎于酒了。然而他还有一个原因，就是他的饮酒不独由于他的思想，大半倒在环境。其时司马氏已想篡位，而阮籍的名声很大，所以他讲话就极难，只好多饮酒，少讲话，而且即使讲话讲错了，也可以借醉得到人的原谅。只要看有一次司马懿求和阮籍结亲，而阮籍一醉就是两个月，没有提出的机会，就可以知道了。

阮籍做文章和诗都很好，他的诗文虽然也慷慨激昂，但许多意思都是隐而不显的。宋的颜延之已经说不大能懂，我们现在自然更很难看得懂他的诗了。他诗里也说神仙，但他其实是不相信的。嵇康的论文，比阮籍更好，思想新颖，往往与古时旧说反对。孔子说：“学而时习之，不亦说乎？”嵇康做的《难自然好学论》，却道，人是并不好学的，假如一个人可以不做事而又有饭吃，就随便闲游不喜欢读书了，所以现在人之好学，是由于习惯和不得已。还有管叔蔡叔，是疑心周公，率殷民叛，因而被诛，一向公认为坏人的。而嵇康做的《管蔡论》，就也反对历代传下来的意思，说这两个人是忠臣，他们怀疑周公，是因为地方相距太远，消息不灵通。

但最引起许多人的注意，而且于生命有危险的，是《与山巨源绝交书》中的“非汤武而薄周孔。”司马懿因这篇文章，就将嵇康杀了。非武汤而薄周孔，在现时代是不要紧的，但在当时却关系非小。汤武是以武定天下的；周公是辅成王的；孔子是祖述尧舜，而尧舜是禅让天下的。嵇康都说不好，那么，教司马懿篡位的时候，怎么办才是好呢？没有办法。在这一点上，嵇康于司马氏的办事上有了直接的影响，因此就非死不可了。嵇康的见杀，是因为他的朋友吕安不孝，连及嵇康，罪案和曹操的杀孔融差不多。魏晋是以孝治天下的，不孝，故不能不杀。为什么要以孝治天下呢？因为天位从禅让，即巧取豪夺而来，若主张以忠治天下，他们的立脚点便不稳，办事便棘手，立论也难了，所以一定要以孝治天下。但倘只是实行不孝，其实那时倒不很要紧，嵇康的害处是在发议论；阮籍不同，不大说关于伦理上的话，所以结局也不同。

但魏晋也不全是这样的情形，宽袍大袖，大家饮酒。反对的也很多。在文章上我们还可以看见裴的《崇有论》，孙盛的《老子非大贤论》，这些都是反对王何们的。在史实上，则何曾劝司马懿杀阮籍有好几回，司马懿不听他的话，这是因为阮籍的饮酒，与时局的关系少些的缘故。

然而后人就将嵇康阮籍骂起来，人云亦云，一直到现在，一千六百多年。季札说："中国之君子，明于礼义而陋于知人心。"这是确的，大凡明于礼义，就一定要陋于知人心的，所以古代有许多人受了很大的冤枉。例如嵇阮的罪名，一向说他们毁坏礼教。但据我个人的意见，这判断是错的。魏晋时代，崇尚礼教的看来似乎很不错，而实在是毁坏礼教，不信礼教的。表面上毁坏礼教者，实则倒是承认礼教，太相信礼教。因为魏晋时代所谓崇尚礼教，是用以自利，那崇奉也不过偶然崇奉，如曹操杀孔融，司马懿杀嵇康，都是因为他们和不孝有关，但实在曹操司马懿何尝是著名的孝子，不过将这个名义，加罪于反对自己的人罢了。于是老实人以为如此利用，亵渎了礼教，不平之极，无计可施，激而变成不谈礼教，不信礼教，甚至于反对礼教。但其实不过是态度，至于他们的本心，恐怕倒是相信礼教，当作宝贝，比曹操司马懿们要迂执得多。现在说一个容易明白的比喻罢，譬如有一个军阀，在北方——在广东的人所谓北方和我常说的北方的界限有些不同，我常称山东山西直隶河南之类为北方——那军阀从前是压迫民党的，后来北伐军势力一大，他便挂起青天白日旗，说自己已经信仰三民主义了，是总理的信徒。这样还不够，他还要做总理的纪念周。这时候，真的三民主义的信徒，去呢，不去呢？不去，他那里就可以说你反对三民主义，定罪，杀人。但既然在他的势力之下，没有别法，真的总理的信徒，倒会不谈三民主义，或者听人假惺惺的谈起来就皱眉，好像反对三民主义模样。所以我想，魏晋时所谓反对礼教的人，有许多大约也如此。他们倒是迂夫子，将礼教当作宝贝看待的。

还有一个实证，凡人们的言论、思想、行为，倘若自己以为不错的，就愿意天下的别人，自己的朋友都这样做。但嵇康阮籍不这样，不愿意别人来模仿他。竹林七贤中有阮咸，是阮籍的侄子，一样的饮酒。阮籍的儿子阮浑也愿加入时，阮籍却道不必加入，吾家已有阿咸在，够了。假若阮籍自以为行为是对的，就不当拒绝他的儿子，而阮籍却拒绝自己的儿子，可知阮籍并不以他自己的办法为然。至于嵇康，一看他的《绝交书》，就知道他的态度很骄傲的，有一次，他在家打铁——他的性情是很喜欢打铁的——钟会来看他了，他只打铁，不理钟会。钟会没有意味，只得走了。其时嵇康就问他："何所闻而来，何所见而去？"钟会答道："闻所闻而来，见所见而去。"这也是嵇康杀身的一条祸根。但我看他做给他的儿子看的《家诫》——当嵇康被杀时，其子方十岁，算来当他做这篇文章的时候，他的儿子是未满十岁的——就觉得宛然是两个人。他在《家诫》中教他的儿子做人要小心，还有一条一条的教训。有一条是说长官处不可常去，亦不可住宿；官长送人们出来时，你不要在后面，因为恐怕将来官长惩办坏人时，你有暗中密告的嫌疑。

又有一条是说宴饮时候有人争论，你可立刻走开，免得在旁批评，因为两者之间必有对与不对，不批评则不象样，一批评就总要是甲非乙，不免受一方见怪。还有人要你饮酒，即使不愿饮也不要坚决地推辞，必须和和气气的拿着杯子。我们就此看来，实在觉得很稀奇：嵇康是那样高傲的人，而他教子就要他这样庸碌。因此我们知道，嵇康自己对于他自己的举动也是不满足的。所以批评一个人的言行实在难，社会上对于儿子不像父亲，称为“不肖”，以为是坏事，殊不知世上正有不愿意他的儿子像他自己的父亲哩。试看阮籍嵇康，就是如此。这是，因为他们生于乱世，不得已，才有这样的行为，并非他们的本态。但又于此可见魏晋的破坏礼教者，实在是相信礼教到固执之极的。不过何晏王弼阮籍嵇康之流，因为他们的名位大，一般的人们就学起来，而所学的无非是表面，他们实在的内心，却不知道。因为只学他们的皮毛，于是社会上便很多了没意思的空谈和饮酒。许多人只会无端的空谈和饮酒，无力办事，也就影响到政治上，弄得玩“空城计”，毫无实际了。在文学上也这样，嵇康阮籍的纵酒，是也能做文章的，后来到东晋，空谈和饮酒的遗风还在，而万言的大文如嵇阮之作，却没有了。刘勰说：“嵇康师心以遣论，阮籍使气以命诗。”这“师心”和“使气”，便是魏末晋初的文章的特色。正始名士和竹林名士的精神灭后，敢于师心使气的作家也没有了。

到东晋，风气变了。社会思想平静得多，各处都夹入了佛教的思想。再至晋末，乱也看惯了，篡也看惯了，文章便更和平。代表平和的文章的人有陶潜。他的态度是随便饮酒，乞食，高兴的时候就谈论和做文章，无忧无怨。所以现在有人称他为“田园诗人”，是个非常和平的田园诗人。他的态度是不容易学的，他非常之穷，而心里很平静。家常无米，就去向人家门口求乞。他穷到有客来见，连鞋也没有，那客人给他从家丁取鞋给他，他便伸了足穿上了。虽然如此，他却毫不为意，还是“采菊东篱下，悠然见南山”。这样的自然状态，实在不易模仿。他穷到衣服也破烂不堪，而还在东篱下采菊，偶然抬起头来，悠然的见了南山，这是何等自然。现在有钱的人住在租界，雇花匠种数十盆花，便做诗，叫作“秋日赏菊效陶彭泽体”，自以为合于渊明的高致，我觉得不大像。

陶潜之在晋末，是和孔融于汉末与嵇康于魏末略同，又是将近易代的时候。但他没有什么慷慨激昂的表示，于是便博得“田园诗人”的名称。但《陶集》里有《述酒》一篇，是说当时政治的。这样看来，可见他于世事也并没有遗忘和冷淡，不过他的态度比嵇康阮籍自然得多，不至于招人主意罢了。还有一个原因，先已说过，是习惯。因为当时饮酒的风气相沿下来，人见了也不觉得奇怪，而且汉魏晋相沿，时代不远，变迁极多，既经见惯，就没有大感触，陶潜之比孔融嵇康和平，是当然的。例如看北朝的墓志，官位升进，往往详细写着，再仔细一看，他已经经历过两三个朝代了，但当时似乎并不为奇。

据我的意思，即使是从前的人，那诗文完全超于政治的所谓“田园诗人”、“山林诗人”，是没有的。完全超出于人间世的，也是没有的。既然是超出于世，则当然连诗文也没有。诗文也是人事，既有诗，就可以知道于世事未能忘情。譬如墨子兼爱，杨子为我。墨子当然要著书；杨子就一定不著，这才是“为我”。因为若做出书来给别人看，便变成“为人”了。

由此可知陶潜总不能超于尘世，而且，于朝政还是留心，也不能忘掉“死”，这是他诗文中时时提起的。用别一种看法研究起来，恐怕也会成一个和旧说不同的人物罢。

自汉末至晋末文章的一部分的变化与药及酒之关系，据我所知的大概是这样。但我学识太少，没有详细的研究，在这样的热天和雨天费去了诸位这许多时光，是很抱歉的。现在这个题目总算是讲完了。

⊙作品赏析

鲁迅的这篇演讲展现了他广博的历史知识和鲜明的战斗立场，文辞生动、幽默而犀利。鲁迅后来说过："在广州之谈魏晋事，盖实有慨而言。"在1927年以后的两三年内，鲁迅反复使用"流氓"一词做演讲，表达着一个意思：中国的政治家有什么原则立场可言？无非是一群随意杀人的流氓，自然，中国的政治也就是"流氓政治"了。在本文中，他例举了曹操和司马懿作为政治流氓的代表人物，他们的政治行为一方面是随意杀人；另一方面，是行为和议论相矛盾。魏晋以孝治天下，孔融和嵇康都是以"不孝"为罪名被杀的。"为什么要以孝治天下呢？因为天位从禅让，即巧取豪夺而来，若主张以忠治天下，他们的立脚点便不稳，办事便棘手，立论也难了，所以一定要以孝治天下。"而"曹操与司马懿何尝是著名的孝子，不过将这个名义，加罪于反对自己的人罢了"。这便是政治流氓的"德治"。鲁迅在文章中使用许多传统的戏剧旁白或插科打诨的幽默的话语形式，把魏晋时代同现时代联系起来，并不断暗示读者，给现实政治以最有力的批判。

北大之精神 / 马寅初

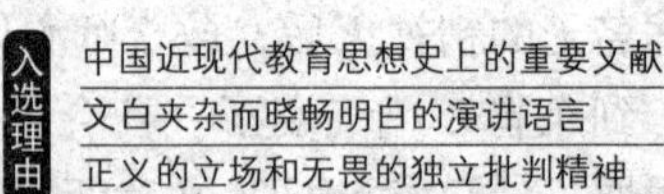

今日为母校二十九周年纪念，令人发生深切之印象。现学校既受军阀之摧残而暂时消灭，但今天之纪念会，仍能在杭州举行，聚昔日师友同学至二百数十人之多，可见吾北大形质暂时虽去，而北大之精神则依然存在。

回忆母校自蔡先生执掌校务以来，力图改革，五四运动，打倒卖国贼，做人民思想之先导。此种虽斧钺加身毫无顾忌之精神，国家可灭亡，而此精神当永久不死。然既有精神，必有主义，所谓北大主义者，即牺牲主义也。服务于国家社会，不顾一己之私利，勇敢直前，以达其至高之鹄的。

苟有北大之牺牲精神，无论举办何事，则结果之良好，俱可期而待。今以浙江一省而论之，如以北大牺牲精神，移办政府与党务，则不出一年，必可为全国之模范省。盖浙江现时之地位，较他省优良之点甚多：财政之统一一也。浙江之财政厅，尚能统辖全省财政，较之江苏、安徽、福建等省，俱远过之。江苏因为孙传芳之战事未了，所统一者仅长江以南之一部分。安徽在前数月间虽征收税吏，俱归二三军队首领所委派。福建即菜担妓女，亦俱贴印花，其财政上之紊乱，可以想见。至湖广江西等省，更无须深论矣。金融之平稳二也。全省无滥发纸币，引起金融之扰乱。军队之统一三也。教育之优良完全四也。此次革命军兴，全省所受之损失不大五也。既具此五种之优点，苟政治能上轨道，办事人员俱抱北大精神而徐图改革，则将来之浙江，必较今日可以远胜万倍。

虽然，欲图改革，必须自环境之改造入手。重心不在表面，而在人心。今日国家社会之所以每况愈下，根本原因，在于吏治之不良，道德之堕落。如寅初回浙未久，而请寅初代谋统捐局长者，不知凡几。且有欲寅初推荐往禁烟局者，彼辈之心理，以为寅初现正在反对禁烟局，则寅初推荐之人员，禁烟局不敢不留用。际此生活困难之时，在政界谋事，果属生活问题，情尚可原。然来寅初处谋事之人，甚至预先说价，必须月薪至若干元以上，或有其他不正当之收益者而后可。是故中国大半人民，虽其私人道德，亦有甚好者，但脑筋中实无一“公”字之印象。故公家观念之薄弱，已达极点。而对一己之升官发财，譬诸厕所之苍蝇，群相密集。故无论何界，苟有一人稍有地位，则其亲戚朋友，全体联带而为其属下，家庭观念之深切，世无其右。当知吾人对于国家社会之义务，应以人民之幸福为前提，不当以个人弥补亏空或物质享受为目的。北大昔日既为群众之导师，今而后当如何引导人民，打破家庭观念，而易以团体观念；打破家庭主义，而易以国家主义，恢复人生固有之牺牲精神。否则，若仅有表面之革命，恐虽经千百次，于国家于社会仍无补于事也。

且中国人民之心理，对公家事，若不相干，可以不负责任。如寅初此次反对鸦片，时有人以“在此种社会何必做恶人”之语，来相劝勉。若寅初家中妇女，如作此语，寅初本可不加深责。然此种浅薄之语，竟发诸现在之官吏与夫东西留学生之口。呜呼！一人公正之勇气能有几何，今不以努力助鼓励，而反以冷水浇头，人心至此，可深浩叹！中国人以“不”字为道德，如不嫖，不赌，不饮酒，不吸烟，果属静止之道德，然缺乏相当之努力，与夫牺牲之精神，以尽人生应有之义务。虽方趾圆颅，实类似腐尸。西人谓 life is activity，否则，反不如截发入山，做和尚之为愈，何必在世上忧忧哉。

是故以北大之精神，牺牲于社会，对于全国，或以范围过大，尚须相当时日。若仅浙江一省，则改造之目的，诚可立而待也。欲使人民养成国家观念，牺牲个人而尽力于公，此北大之使命，亦即吾人之使命也。举凡战胜环境，改造人心，驱除此等奄奄待毙不负责任之习俗，诸君当与寅初共勉之！

· 作者简介 ·

马寅初（1882~1982），中国现当代著名的经济学家、人口学家、教育家，浙江嵊县人。1901年入天津北洋大学（1951年更名天津大学），1906年赴美国留学，1915年回国，任北洋政府财政部职员。1916年任国立北京大学经济系教授兼系主任，1919年出任首任教务长。1920年，出任国立东南大学附设上海商科大学（现上海财经大学）教授兼教务主任。1927年后任浙江省政府委员、南京国民政府立法院立法委员、立法院经济委员会委员长、财政委员会委员长等职。1948年当选第一任中央研究院院士。1949年任中华人民共和国政务院财政经济委员会副主任，浙江大学校长。1951年出任北京大学校长，1960年1月4日因发表《新人口论》被迫辞去校长职务。1979年9月任北京大学名誉校长，兼中国人口学会名誉会长。

马寅初像

⊙作品赏析

1927 年 12 月 19 日，在杭州北大同学会举行的纪念校庆二十九周年集会上，刚刚脱离北大的经济系教授马寅初发表了这篇演讲，题为《北大之精神》。这篇演讲全面阐述了北大精神就是可为了国家与社会“虽斧钺加身毫无顾忌”的牺牲精神，同时，作者以犀利的语言无情地揭露了造成“国家社会之所以每况愈下”的“根本原因，即在于吏治之不良，道德之堕落”，那些为一己之私升官发财的现象就像“厕所之苍蝇，群相密集”，马寅初对这样的官吏表示了极大的愤慨和深恶痛绝。伸张正义，鞭挞邪恶是这篇演讲的最大特点，这些邪恶的东西都是与北大精神背道而驰的，也是北大人应该拒绝和坚决予以揭露和批判的。马寅初的演讲一贯富于激情，正义凛然，充满强烈的感情，具有极强的感染力。马寅初的演讲非常讲究辞采，表达手法多样，论述严谨有力，虽然文白夹杂，却仍然简洁明了，流利晓畅，显示出过人的语言能力。

泰戈尔 / 徐志摩

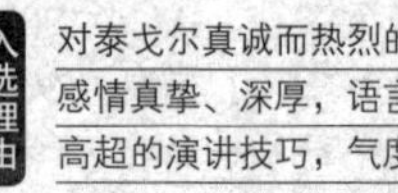

我有几句话想在这个机会对诸君讲，不知道你们有没有耐心听。泰戈尔先生快走了，在几天内他就离别北京，在一两个星期内他就告辞中国。他这一去大约是不会再来的了。也许他永远不能再到中国。

他是六十七岁的老人，他非但身体不强健，他并且是有病的。去年秋天他还发了一次很重的骨痛热病。所以他要来到中国来，不但他的家属，他的亲戚朋友，他的医生，都不愿意他冒险，就是他的欧洲朋友，比如法国的罗曼·罗兰，也都有信去劝阻他。他自己也曾经踌躇了好久，他心里常常盘算他如期到中国来，他究竟能不能给我们好处，他想中国人自有他们的诗人、思想家、教育家，他们有他们的智慧、天才、心智的财富与营养，他们更用不着外来的补助与戟刺，我只是一个诗人，我没有宗教家的福音，没有哲学家的理论，更没有科学家实利的效用，或是工程师建设的才能，他们要我去做什么，我自己又为什么要去，我有什么礼物带去满足他们的盼望！他真的很觉得迟疑，所以他延迟了他的行期。

但是他也对我们说到冬天完了，春风出动的时候（印度的春风比我们的吹得早），他不由得感觉了一种内迫的冲动，他面对着逐渐滋长的青草与鲜花，不由得抛弃了，忘却了他应尽的职务，不由得解放了他歌唱的本能，和着新来的鸣雀，在柔软的南风中开怀地讴吟，同时他收到我们催请的信，我们青年的诚意与热心，唤起了老人的勇气。他立即定夺了他东来的决心。他说趁我暮年的肢体不曾僵透，趁我衰老的心灵还能感受，绝不可错过这最后唯一的机会，这博大、从容、礼让的民族，我幼年时便发心朝拜，与其将来在黄昏寂静的境界中萎衰的惆怅，何如利用这夕阳未暝时的光芒，了却了我晋香人的心愿?

他所以决意的东来，他不顾亲友的劝阻，医生的警告，不顾他自己的高年与病体，他也撇开了在本国迫切的任务，跋涉了万里的海域，他来到中国。

自从四月十二日在上海登岸以来，可怜老人不曾有过一天半天完整的休息，旅行的劳顿不必说，单就公开的演讲以及较小集会时的谈话，至少也有了三四十次！他的演讲，我们知道，不是教授们的讲义，不是教士们的讲道，他的心府不是堆积货品的栈房，他的辞令不是教科书的喇叭。他是灵活的泉水，一颗颗颤动的圆珠从他心里兢兢地泛登水面，都是生命的精液；他是瀑布的吼声，在云间，青林中，石罅里，不住地啸响；他是百灵的歌声，他的欢欣、愤慨、响亮的谐音，弥漫在天际的晴空。但是他是倦了，终夜的狂歌已经耗尽了子规的精力，东方的曙色亦照出他点点的新血染红了蔷薇枝上的白露。

老人是疲乏了。这几天他睡眠也不得安宁。他已经透支了他有限的精力。他差不多是靠散拿吐瑾过日的，他不由得不感觉风尘的厌倦，他时常想念他少年时在恒河边沿拍浮的清福，他想望椰村的清阴与曼果的甜瓤。

但他还不仅是身体的疲劳。他也感觉心境的不舒畅。这是很不幸的。我们做主人的只是深深的负歉。他这次来华，不为游历，不为政治，更不为私人的利益，他熬着高年，冒着病体，抛弃自身的事业，备尝行旅的辛苦，他究竟为的是什么？他为的只是一点看不见的情感。说远一点，他的使命是在修补中国与印度两民族间中断千余年的桥梁，说近一点，他只是想感召我们青年真挚的同情。因为他是信仰生命的，他是尊崇青年的，他是歌颂青春于清晨的，他永远指点着前途的光明。悲悯的是当初释迦牟尼正果的动机，悲悯也是泰戈尔先生不辞辛苦的动机。现代的文明只是骇人的浪费，贪淫于残暴，自私与自大，相猜与相忌，飓风似的倾覆了人道的平衡，产生了巨大的毁灭。芜秽的心田里只是误解的蔓草，毒害同情的种子，更没有收成的希冀。在这个荒惨的境地里，难得有少数的丈夫，不怕阻难，不自馁怯，肩上扛着的铲除误解的大锄，口袋里满装着新鲜人道的种子，不问天时是阴是雨是晴，不问是早晨是黄昏是黑夜，他只是努力地工作，清理一方泥土，施殖一方生命，同时口唱着嘹亮的新歌，鼓舞在黑暗中将次透露的萌芽，泰戈尔先生就是这少数中的一个。他是来广布同情的，他是来消除成见的。我们亲眼见过他慈祥的阳春似的表情，亲耳听过他从心灵底里迸裂出的大声，我想只要我们的良心不曾受恶毒的烟煤熏黑，或是被恶浊的偏见污抹，谁也不曾感觉他赤诚的力量，魔术似的，为我们生命的前途开辟一个神奇的境界，点燃了理想的光明？所以我们也懂得他的深刻的懊怅与失望，如其他知道部分的青年不但不能容纳他的灵感，并且成心地诬蔑他的热忱。我们固然奖励思想的独立，但我们绝不敢附和误解的自由。他生平最满意的成绩就在于他永远能得到青年的同情，无论在德国，在丹麦，在美国，在日本，青年永远是他最忠心的朋友。他也曾经遭受种种的误解与攻击，政府的猜疑与报纸的诬毁与守旧派的讥评，不论如何的谬妄与剧烈，从不曾扰动他优容的大量，他的希望，他的信仰，他的爱心，他的至诚，完全地托付于青年。我的须，我的发是白的，但我的心却永远是青的，他常常地对我们说，只要青年是我的知己，我理想的将来就有着落，我乐观的明灯永远不致暗淡。他不能相信纯洁的青年也会坠落在怀疑、猜忌、卑琐得泥溷。他更不能信中国遭受意外的待遇。他很不自在，他很感觉异样的怆心。

他是病了，他在北京不再开口了，他快走了，他从此不再来了。但是同学们，我们也得平心的想想，老人到底有什么罪，他有什么负心，他有什么不可容赦的犯案？公道是死了吗，为什么听不见你的声音？

他们说他是守旧，说他是顽固。我们能相信吗？他们说他是“太迟”，说他是“不合时宜”，我们能相信吗？他自己是不能信，真的不能信。他说这一定是滑稽家的反调。他一生所遭逢的批评只是太新，太早，太激进，太激烈，太革命的，太理想的，他六十年的生涯只是不断的奋斗与冲锋，他现在还只是冲锋与奋斗。但是他们说他是守旧，太迟，太老。他顽固奋斗的对象只是暴烈主义，资本主义，帝国主义，武力主义，杀灭性灵的物质主义；他主张的只是创造的生活，心灵的自由，国际的和平，教育的改造，普爱的现实。但他们说他是帝国政策的间谍，资本主义的助力，亡国奴的流民，提倡裹脚的狂人！肮脏是在我们的政策与暴徒的心里，与我们的诗人又有什么关联？昏乱是在我们冒名的学者与文人的脑里，与我们的诗人又有什么关联？我们何妨说太阳是黑的，我们何妨说苍蝇是真理？同学们，听信我的话，像他这样伟大的声音我们也许一辈子再不会听着的了。

留神目前的机会，预防将来的惆怅！他的人格我们只能到历史上去搜寻比拟。他的博大的温柔的灵魂我敢说永远是人类记忆里的一次寻迹。他的无边际的想象与辽阔的同情使我们想起惠德曼；他的博爱的福音与宣传的热心使我们记起托尔斯泰；他的坚忍的意志与艺术的天才使我们想起造摩西像的密琪朗其罗；他的诙谐与智慧使我们想象当年的苏格拉底与老聃；他的人格的和谐与优美使我们想念暮年的葛德；他的慈祥的纯爱的抚摩，他的为人不道厌的努力，他的磅礴的大声，有时竟使我们唤起救主的心像；他的光彩，他的音乐，他的雄伟，使我们想念奥林匹克山顶的大神。他是不可侵凌的，不可逾越的，他是自然界的一个神秘的现象。他是三春和暖的南风，惊醒树枝上的新芽，增添处女颊上的红晕。他是普照的阳光，他是一派浩瀚的大水，从来不可追寻的渊源，在大地的怀抱中终古地流着，不息地流着，我们只是两岸的居民，凭借这慈恩的天赋，灌溉我们的田稻，舒解我们的消渴，洗净我们的污垢。他是喜马拉雅积雪的山峰，一般的崇高，一般的纯洁，一般的壮丽，一般的高傲，只有无限的青天枕藉他银白的头颅。

人格是一个不可错误的实在，荒歉是一件大事，但我们是饿惯了的，只认鸠形与鹄面是人生本来的面目，永远忘却了真健康的颜色与彩泽。标准的低降是一种可耻的堕落；我们只是踞坐在井底的青蛙。但我们更没有怀疑的余地。我们也许端详东方的初白，却不能非议中天的太阳。我们也许见惯了阴霾的天时，不耐这热烈的光焰，消散天空的云雾，暴露地面的荒芜，但同时在我们心灵的深处，我们岂不也是感觉一个新鲜的影响，催促我们生命的跳动，唤醒潜在的想望，仿佛是武士望见了前峰烽烟的信号，更不踌躇地奋勇前向？只有接近了这样超逸的纯粹的丈夫，这样不可错误的实在，我们方始相形地自愧我们的口不够阔大，我们的嗓音不够响亮，我们的呼吸不够深长，我们的信仰不够坚定，我们的理想不够莹澈，我们的自由不够磅礴，我们的语言不够明白，我们的情感不够热烈，我们的努力不够勇猛，我们的资本不够充实……

我自信我不是恣滥不切事理的崇拜，我如其曾经应用浓烈的文字，这是因为我不能自制我浓烈的感想。但我最急切要声明的是，我们的诗人，虽则常常遭受神秘的徽号，在事实上却是最清明，最有趣，最诙谐，最不神秘的生灵。他是最通达人情的，最近人情的。我盼望有机会追写他日常的生活与谈话。如其我是犯疑的，如其我也是性近神秘的（有好多朋友这么说），你们还有适之先生的见证，他也说他是最可爱最可亲的一个人；我们可以相信适之先生绝对没有“性近神秘”的嫌疑！所以无论他怎样的伟大与深厚，我们的诗人还只是有骨有血的人，不是野人，也不是天神。唯其是人，尤其是最富情感的人，所以他到处要求人道的温暖与安慰，他尤其要我们中国青年的同情与情爱。他已经为我们尽了责任，我们不应，更不忍辜负他的期望。同学们，爱你的爱，崇拜你的崇拜，是人情不是罪孽，是勇敢不是懦怯。

⊙作品赏析

这篇演讲感情真挚、深厚，语言优美，声情并茂。精美的象征和比喻是诗人擅用的技巧。在这篇演讲里，象征、比喻俯拾即是。“他是灵活的泉水，一颗颗颤动的圆珠从他心里兢兢地泛登水面，都是生命的精液；他是瀑布的吼声，在云间，青林中，石罅里，不住地啸响；他是百灵的歌声，他的欢欣、愤慨、响亮的谐音，弥漫在天际的晴空。但是他是倦了，终夜的狂歌已经耗尽了子规的精力，东方的曙色亦照出他点点的新血染红了蔷薇枝上的白露。”全用诗语、喻语，极尽铺排华丽之能事。

徐志摩也善用排比，“只有接近了这样超逸的纯粹的丈夫，这样不可错误的实在，我们方始相形地自愧我们的口不够阔大，我们的嗓音不够响亮，我们的呼吸不够深长，我们的信仰不够坚定，我们的理想不够莹澈，我们的自由不够磅礴，我们的语言不够明白，我们的情感不够热烈，我们的努力不够勇猛，我们的资本不够充实……”排山倒海的连珠炮，雷霆万钧，气度非凡，淋漓尽致地展现了徐志摩内心情感的喷发。

庶民的胜利 / 李大钊

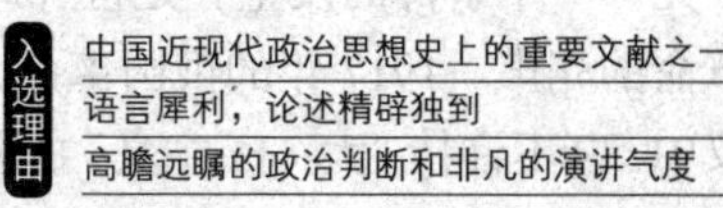

我们这几天庆祝战胜，实在是热闹得很。可是战胜的，究竟是哪一个？我们庆祝，究竟是为哪个庆祝？我老老实实讲一句话，这回战胜的，不是联合国的武力，是世界人类的新精神。不是哪一国的军阀或资本家的政府，是全世界的庶民。我们庆祝，不是为哪一国或哪一国的一部分人庆祝，是为全世界的庶民庆祝。不是为打败德国人庆祝，是为打败世界的军国主义庆祝。

这回大战，有两个结果：一个是政治的，一个是社会的。

政治的结果，是“大……主义”失败，民主主义战胜。我们记得这回战争的起因，全在“大……主义”的冲突。当时我们所听见的，有什么“大日耳曼主义”咧，“大斯拉夫主义”咧，“大塞尔维主义”咧，“大……主义”咧。我们东方，也有“大亚细亚主义”、“大日本主义”等等名词出现。我们中国也有“大北方主义”、“大西南主义”等等名词出现。“大北方主义”、“大西南主义”的范围以内，又都有“大……主义”等等名词出现。这样推演下去，人之欲大，谁不如我。于是两大的中间有了冲突，于是一大与众小的中间有了冲突，所以境内境外战争迭起，连年不休。

“大……主义”就是专制的隐语，就是仗着自己的强力蹂躏他人、欺压他人的主义。有了这种主义，人类社会就不安宁了。大家为抵抗这种强暴势力的横行，乃靠着互助的精神，提倡一种平等自由的道理。这等道理，表现在政治上，叫做民主主义，恰恰与“大……主义”相反。欧洲的战争，是“大……主义”与民主主义的战争。我们国内的战争，也是“大……主义”与民主主义的战争。结果都是民主主义战胜，“大……主义”失败。民主主义战胜，就是庶民的胜利。社会的结果，是资本主义失败，劳工主义战胜。原来这回战争的真因，乃在资本主义的发展。国家的界限以内，不能涵容他的生产力，所以资本家的政府想靠着大战，把国家界限打破，拿自己的国家做中心，建一世界的大帝国，成一个经济组织，为自己国内资本家一阶级谋利益。俄、德等国的劳工社会，首先看破他们的野心，不惜在大战的时候，起了社会革命，防遏这资本家政府的战争。联合国的劳工社会，也都要求和平，渐有和他们各国的同胞取同一行动的趋势。这亘古未有的大战，就是这样告终。这新纪元的世界改造，就是这样开始。资本主义就是这样失败，劳工主义就是这样战胜。世间资本家占最少数，从事劳工的人占最多数。因为资本家的资产，不是靠着家族制度的继袭，就是靠着资本主义经济组织的垄断，才能据有。这劳工的能力，是人人都有的，劳工的事情，是人人都可以做的，所以劳工主义的战胜，也是庶民的胜利。

民主主义、劳工主义既然占了胜利，今后世界的人人都成了庶民，也就都成了工人。我们对于这等世界的新潮流，应该有几个觉悟：第一，须知一个新生命的诞生，必经一番苦痛，必冒许多危险。有了母亲诞孕的劳苦痛楚，才能有儿子生命。这新纪元的创造，也是一样的艰难。这等艰难，是进化途中所必须经过的，不要恐怕，不要逃避的。第二，须知这种潮流，是只能迎，不可拒的。我们应该准备怎么能适应这个潮流，不可抵抗这个潮流。人类的历史，是共同心理表现的记录。一个人心的变动，是全世界人心变动的征兆。一个事件的发生，是世界风云发生的先兆。1789 年的法国革命，是 19 世纪中各国革命的先声。1917 年的俄国革命，是 20 世纪中世界革命的先声。第三，须知此次和平会议中，断不许持“大……主义”的阴谋政治家在那里发言，断不许有带“大……主义”臭味，或伏“大……主义”根蒂的条件成立。即或有之，那种人的提议和那种条件，断归无效。这场会议恐怕必须有主张公道破除国界的人士占列席的多数，才开得成。第四，须知今后的世界，变成劳工的世界。我们应该用此潮流为使一切人人变成工人的机会，不该用此潮流为使一切人人变成强盗的机会。凡是不做工吃干饭的人，都是强盗。强盗和强盗夺不正的资产，不是强盗，便是乞丐，总是希图自己不做工，抢人家的饭吃，讨人家的饭吃。到了世界成一大工厂，有工大家做，有饭大家吃的时候，如何能有我们这样贪惰的民族立足之地呢？照此说来，我们要想在世界上当一个庶民，应该在世界上当一个工人。诸位呀！快去做工呵！

⊙作品赏析

1918年11月，第一次世界大战以德国战败而告结束，15日，北京大学在天安门前举行演讲大会，李大钊发表了这篇演讲。这篇演讲高瞻远瞩、主题鲜明、条理清晰、论证有力，具有非凡的气度。在演讲中，李大钊充分展现了其善于发现问题、分析和探讨问题的能力，他在演讲中一针见血地提出问题：欧战的胜利究竟是谁的胜利？尖锐犀利，他运用马克思唯物史观分析了战争的根源、性质和结果，在分析问题时具有极强的逻辑性，并且得出一个光明的结论，即“全世界庶民”的胜利，并进一步为中国的革命指出了新的方向。他在演讲中说：“劳工主义的战胜，也是庶民的胜利。”“民主主义、劳工主义既然占了胜利，今后世界的人人都成了庶民，也就都成了工人。”李大钊指出这是历史的潮流，而俄国的十月革命则是这个潮流的先兆，是20世纪无产阶级被压迫民族革命的先声，中国人民也应该顺应这个历史潮流，走俄国革命的道路。李大钊的这一主张对中国近现代历史具有非常重要的意义，对无产阶级登上历史舞台起到了极其重要的启迪作用。李大钊在演讲中使用了设问、排比等修辞手法，形成一种排山倒海的气势，而语气斩钉截铁，毫不含糊，使听众信服。

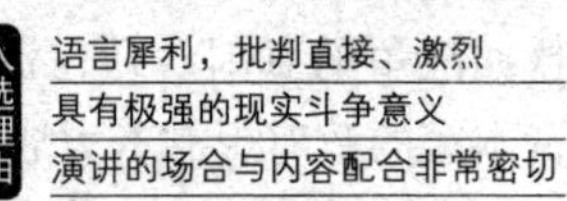

最后一次演讲 / 闻一多

这几天，大家晓得，在昆明出现了历史上最卑污、最无耻的事情！李先生究竟犯了什么罪，竟遭此毒手？他只不过用笔写写文章，用嘴说说话，而他所写的、所说的，都无非是一个没有失掉良心的中国人的话！大家都有一支笔，有一张嘴，有什么理由拿出来讲啊！有事实拿出来讲啊！为什么要打要杀，而且不敢光明正大地来打来杀，而偷偷摸摸地来暗杀，这成什么话？

今天，这里有没有特务？你站出来！是好汉的站出来！你出来讲！凭什么要杀死李先生？杀死了人，又不敢承认，还要诬蔑人，说什么“桃色事件”，说什么共产党杀共产党，无耻啊！无耻啊！这是某集团的无耻，恰是李先生的光荣！李先生在昆明被暗杀，是李先生留给昆明的光荣，也是昆明人的光荣！

去年“一二·一”昆明学生为了反对内战，遭受屠杀，那算是青年的一代，献出了他们最宝贵的生命！现在李先生为了争取民主和平，而遭受了反动派的暗杀，我们骄傲一点说，这就是像我们这样大年纪的一代，我们的老战友，献出了最宝贵的生命。这两桩事发生在昆明，这算是昆明无限的光荣！

反动派暗杀李先生的消息传出后，大家听了都悲愤痛恨。我心里想，这些无耻的东西，不知他们是怎么想法？他们的心理是什么状态？他们的心怎样长的？其实很简单，他们这样疯狂地来制造恐怖，正是他们自己在慌啊！在害怕啊！所以他们制造恐怖，其实是他们自己在恐怖啊！特务们，你们想想，你们还有几天，你们完了，快完了！你们以为打伤几个，杀死几个，就可以了事，就可以把人民吓倒了吗？其实广大的人民是打不尽的，杀不完的，要是这样可以的话，世界上早没有人了。你们杀死一个李公朴，会有千百万个李公朴站起来！你们将失去千百万人民！你们看着我们人少，没有力量。告诉你们，我们的力量大得很！多得很！看今天来的这些人，都是我们的人，都是我们的力量！此外还有广大的市民，我们有这个信心：人民的力量是要胜利的，真理是永远存在的。历史上没有一个反人民的势力不被人民毁灭的！希特勒，墨索里尼，不都在人民之前倒下去了吗？翻开历史看看，你还站得住几天！你完了，快完了！我们的光明就要出现了。我们看，光明就在我们眼前，而现在正是黎明之前那个最黑暗的时候。我们有力量打破这个黑暗，争到光明！我们的光明，就是反动派的末日！

反动派故意挑拨美苏的矛盾，想利用这矛盾来打内战。任你们怎样挑拨，怎么样离间，美苏不一定打呀！现在四外长会议已经圆满闭幕了。这不是说美苏间已没有矛盾，但是可以让步，可以妥协，事情是曲折的，不是直线的。

李先生的血，不会白流的！李先生赔上了这条性命，我们要换来一个代价。“一二·一”四烈士倒下了，年轻的战士们的血，换来了政治协商会议的召开，现在李先生倒下了，他的血要换取政协的重开！我们有这个信心！

“一二·一”是昆明的光荣，是云南人民的光荣，云南有光荣的历史，远的如护国，这不用说了。近的如“一二·一”，都是属于云南人民的，我们要发扬云南光荣的历史！

反动派挑拨离间，卑鄙无耻，你们看见联大走了，学生放暑假了，便以为我们没有力量了吗？特务们，你们错了！你们看见今天到会的一千多青年，又握起手来了，我们昆明的青年绝不会让你们这样蛮横下去的！

反动派，你看见一个倒下去，可也看得见千百万个站起的？正义是杀不完的，因为真理永远存在！

历史赋予昆明的任务是争取民主和平，我们昆明的青年必须完成这任务！

我们不怕死，我们有牺牲的精神，我们随时像李先生一样，前脚跨出大门，后脚就不准备再跨进大门！

⊙作品赏析

1946年2月，国民党制造重庆较场口惨案，李公朴与郭沫若等遭特务殴打致伤，引发了一场延及全国的反对国民党暴行的民主运动。此后，李公朴返回昆明为民主而奔走。昆明“整肃”期间，李公朴的名字已排在国民党特务暗杀名单第一位。许多朋友劝其离开以暂避，而其依然一副“死何惧之”的凛然正气。他说：“既然要从事民主运动，就要抱着跨出了门就不准备再跨回来的决心！”7月11日雨夜，李公朴终于未能再跨回来，倒在国民党特务黑色的枪口之下。

这是一篇著名的演讲，浸透着烈士和正义者的鲜血，这次演讲因为暗杀的事情而起，而演讲结束后不久，演讲者闻一多即遭国民党反动派特务暗杀，在全国引起极大轰动。这篇演讲发表在李公朴先生的追悼会上，演讲的场合与内容配合非常密切，闻一多所讲之事是他所亲身经历，也是听众确切知道的，演讲者和听者都感同身受，所以演讲具有很强的说服力和感染力。演讲开门见山，直接说明事实和提出问题，言辞激烈，慷慨激昂，大义凛然，具有极强的战斗性和鼓动性。这是正面的直接的斗争，“今天，这里有没有特务？你站出来！是好汉的站出来！你出来讲！凭什么要杀死李先生？杀死了人，又不敢承认，还要诬蔑人，说什么‘桃色事件’，说什么共产党杀共产党，无耻啊！无耻啊！”全篇的诘问和排山倒海的排比句，句句愤怒谴责，气势磅礴，其中“人民的力量是要胜利的，真理是永远存在的”，尤其“前脚跨出大门，后脚就不准备再跨进大门”等已经成为人们广为传诵的名句。

论雅典之所以伟大 /［古希腊］伯里克利

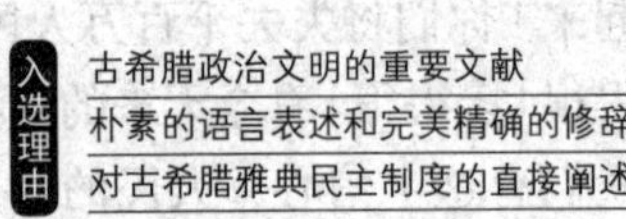

我们为有这样的政体而感到喜悦。我们不羡慕邻国的法律，因为我们的政体是其他国家的楷模，而且是雅典的独创。

我们这个政体叫做民主政体。它不是为少数人，而是为全体人民。无论能力大小，人人都享有法律所保障的普遍平等，并在成绩卓著时得享功名，担任公职的权利不属于哪个家族，而是贤者方可为之。家境贫寒不成其为障碍。无论何人，只要为祖国效力，都可以不受阻碍地从默默无闻到步步荣升。我们可以畅通无阻地从一个职位走向另一个职位；我们无所顾忌地共享亲密无间的日常生活；我们既不会为邻人的我行我素而烦恼，也不全面露不豫之色——这有伤和气，却无补于事。这样，我们一方面自由而善意地与人交往，另一方面又不敢以任何理由触犯公益，因为我们遵从法庭和法律，特别是那些保护受害者的法律，以及那些虽未成文，但违反了即为耻辱的法律。另外，为了陶冶身心，我国法律还规定了十分频繁的节假日。赛会和祭祀终年不断，届时美不胜收，蔚为大观，欢愉的气氛驱散了忧郁。我们的雅典如此伟大，致使宇内各地的产品云集于此。这些精美产品和国内产品一样，给雅典人带来了习以为常的乐趣。

我们在军事政策上也胜过敌人，我们的方针与敌人的方针截然不同。雅典向世界敞开大门。我们并不担心敌人会窥得那些从不隐藏的秘密，使我们蒙受损失，也从不以此为由，把前来寻求进步和猎奇的外国人驱逐出境。比较而言，我们不大依靠战备和谋略，而是信赖公民们与生俱来的爱国热忱和行动。在教育方面，某些国家的人从小就接受严酷的训练，以便在成年后承受辛劳；我们雅典人的生活尽管温文尔雅，却能像他们一样勇敢地面对任何战争危险。

在生活方式上，我们既文雅，又简朴，既培育着哲理，又不至于削弱思考。我们以

·作者简介·

伯里克利（约公元前495~前429），古代雅典政治家。由于出身贵族，而且家庭极其富有，所以自幼就接受了良好的教育。他的青年时代是在希腊同盟抗击波斯侵略者的战火中度过的。公元前472年，伯里克利出资承办了著名悲剧家埃斯库罗斯《波斯人》一剧的演出，开始初露头角。公元前466年前后，他追随雅典民主派的首领埃菲阿尔特斯，成为雅典民主派的重要代表人物，埃菲阿尔特斯被雅典贵族派刺杀后，他成为雅典民主派和国家政权的重要领导人。从公元前443年起，他连续15年当选为雅典最重要的官职——首席将军，完全掌握了国家政权。在执政期间，他全面推进了雅典的繁荣和强盛，这段时期，在历史上被称为“伯里克利的黄金时代”。

伯里克利半身雕像

乐善好施而非自我吹嘘来显本自己的富有，承认贫困并不可耻，无力摆脱贫困才确实可耻。我们既关心个人事务，又关心国家大事；即便那些为生活而奔忙的人，也不乏足够的参政能力。因为唯独雅典人才认为，不参与国事乃平庸之辈，而不止是懒汉。我们能作出最准确的判断，并善于捕捉事情的隐患。我们不认为言论会妨碍行动，而认为在未经辩论并充分作好准备之前，不应贸然行动。这是雅典人与众不同的优点：行动时我们勇气百倍，行动前却要就各项措施的利弊展开辩论。有些人的勇气来自无知，深思熟虑后却成了懦夫。毫无疑问，那些深知战争的灾患与和平的甜美，因而能临危不惧的人，才称得上具有最伟大的灵魂。

我们在行善方面也与众多的民族不同。我们不是靠接受承诺，而是靠承担义务来维护友谊。根据感恩图报之常理，施惠人对受惠人拥有优势；后者由于欠了前者的情，不得不扮演比较乏味的角色，他觉得报答之举不过是一种偿还，而不是一项义务。只有雅典人才极度乐善好施，但不是出于私利，而是纯属慷慨。综述未尽之言，我只想加上一句：我们雅典总的来说是希腊的学校，我们之中的每一个人都具备了完美的素质，都有资格走向沸腾的生活的各个方面，都有最优雅的言行举止和最迅速的办事作风。

至于你们这些幸存者，你们可以为改善命运而祈祷，但也应把保持这种英勇抗敌的精神和激情视为己任。不要仅凭高谈阔论来判定这样做的利弊。因为每一个夸夸其谈的人，都能把众所周知的道理和奋勇抗敌的益处诉说一遍。你们要把祖国日益壮大的景象系在心上，并为之着迷。等你们真正领悟到了雅典的伟大，你们再扪心自问，雅典之伟大乃是由那些刚毅不拔，深知己任，在战斗中时刻有着荣誉感的将士们缔造的。一旦他们的努力不能成功，需要他们以大无畏气概来报效祖国，他们不认为这是耻辱，因而作出了最崇高的奉献。他们就这样为国捐躯了。他们中的每个人都将千古流芳。他们的陵墓将永放光华，因为这不仅是安葬英灵的墓穴，而且是铭刻英名的丰碑。无论何时，只要谈到荣誉或实践荣誉，人们就会提到他们，他们永垂不朽。

⊙作品赏析

演讲开宗明义地阐述了古希腊民主制度的伟大和其法律制度的优越性，概括地讲述了雅典法律的动机和效果，军事上的优越现状以及涉及到教育、生活、伦理道德等方面的雅典人的生存状况，并自信地宣称："我们所遗留下来帝国的标志和纪念物是巨大的。不但现代，而且后世也会对我们表示赞叹。"这一部分内容既具有政治宣传的动机，也为下文做出铺垫，这些大篇幅的交待正是那些为之而英勇牺牲的将士做出奉献的价值和意义所在。接着他指出，雅典的伟大正是那些有着荣誉感的将士实践的结果，"以至于谈到荣誉或实践荣誉，人们就会提到他们"。这篇演说的逻辑性正体现在这里。古希腊民主制度对人类政治文明的影响是显而易见的。伯里克利的演讲语言平实朴素，但是非常讲究修辞，充满了逻辑力量和使人信服的态度，洋溢着一种民主政治氛围下庄严而自豪的感情。

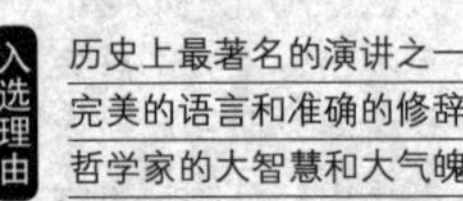

临终辩词 /［古希腊］苏格拉底

亲爱的雅典同胞们：所剩的时间不多了，你们就要指责那些使雅典城蒙上污名的人，因为他们把那位智者苏格拉底处死。而那些使你们也蒙上污名的人坚称我是位智者，其实并不是。如果你们再等一段时间，自然也会看见一个生命终结的事情，因为我的年纪也不小，接近死亡的日子实在也不远了。但是我并不是要对你们说话，而是要对那些欲置我于死地的人说话。同胞们：或许你们会以为我被定罪是因为我喜好争辩，其实如果说我好辩的话，那么只要我认为对的话我或许还可以借此说服你们，并替自己辩护，尚可免除死刑，其实我并不是因好辩被判罪，而是被控竟敢胆大妄为向你们宣传异端邪说，其实那些只不过像平常别人告诉你们的话一样罢了。

但是我不以为，为了避免危险起见，就应该去做不值得一个自由人去做的事，也不懊恼我用现在这样的方式替自己辩护。我宁可选择死亡，也不愿因辩护得生存。因为不管是我还是任何其他的人，在审判中或打仗时，利用各种可能的方法来逃避死亡，都是不对的。在战时，一个人如想逃避死亡，他可以放下武器，屈服在敌人的怜悯之下，其他尚有许多逃避死亡之策，假如他敢做、敢说的话。

但是，雅典的同胞啊！逃避死亡并不难，要避免堕落才是难的，因它跑得比死要快。我，因为上了年纪，动作较慢，所以就被死亡赶上了；而控告我的人，他们都年轻力壮，富有活力，却被跑得较快的邪恶、腐败追上了。现在，我因被他们判处死刑而要离开这个世界；但他们却背叛了真理，犯了邪恶不公之罪。既然我接受处置，他们也应该接受裁决，这是理所当然之事。

下一步，我要向你们预言到底是谁判我的罪，及你们未来的命运如何：因为人在将死之际，通常就成了先知，此时我正处于这种情况。同胞们！我告诉你们是谁置我于死地吧！而在我死后不久，天神宙斯将处罚你们，比你们加害在我身上的更加残酷，虽然你们以为对自己的所作所为不需负责，但我敢保证事实正相反。控告你们的人会更多，而我此时在限制他们，虽然你们看不见；并且他们会更加凶猛，由于他们较年轻，而你们也将更愤怒。如果你们认为把别人处死就可以避免人们谴责你们，那你们就大错特错了。这种逃避的方式既不可能也不光荣，而另有一种较光荣且较简单的方法，即是不去抑制别人，而注意自己，使自己趋向最完善。对那些判我死刑的人，我预言了这么多，我就此告辞了。

·作者简介·

苏格拉底（公元前469~前399），出生于伯里克利统治的雅典黄金时期，自幼随父学艺，后来，当过兵，曾经3次参战。在40岁左右苏格拉底出了名，并进入五百人会议。

苏格拉底与他的学生之一柏拉图及柏拉图的学生亚里士多德并称“希腊三贤”。苏格拉底一生未曾著述，其言论和思想多见于柏拉图和色诺芬的著作，他是柏拉图哲学路线的创始者。苏格拉底长期以教育为业，他的教学方式独特，他常常用启发、辩论的方式来进行教育。他重视伦理学，是古希腊第一个提出要用理性和思维去寻找普遍道德的人，是道德哲学的创始人。在欧洲哲学史上，他最早提出唯心主义的目的论。

苏格拉底像

大约公元前399年，苏格拉底因触犯了当时权贵的利益而被判死罪，在狱中被迫饮毒堇汁而死，终年70岁。

但对于那些赞成我无罪的人，我愿意趁此时法官正忙着，我还没有赴刑场之际，跟你们谈谈到底发生了什么事。在我死前陪着我吧！同胞们！我们就要互道再见了！此时没有任何事情能阻碍我们之间的交谈，我们被允许谈话，我要把你们当成朋友，让你们知道刚刚发生在我身上的事是怎么一回事。公正的审判官们！一件奇怪的事发生在我身上，因为在平常，只要我将做错事，即使是最微小的琐事，我的守护神就会发出他先知的声音来阻止我；但是此时，任何人都看到了发生在我身上的事，每个人都会认为这是极端罪恶的事，但在我早上离家出门时，在我来此赴审判时，在我要对你们做演讲时，我都没有听到神的警告，而在其他场合，他都常常在我说话说到一半时就阻止我再说下去。现在，不管我做了什么，或说了什么，他都不来反对我。那么，这是什么原因呢？我告诉你们：发生在我身上的事，对我来讲反而是一种祝福；我们都把死视为是一种罪恶，那是不正确的，因为神的信号并没有对我发出这样的警告。

再者，我们更可由此归纳出，死是一种祝福，具有很大的希望。因为死可以表示两回事：一者表示死者从此永远消灭，对任何事物不再有任何感觉；二者，正如我们所说的，人的灵魂因死而改变，由一个地方升到另一个地方。如果是前者的话，死者毫无知觉，就像睡觉的人没有做梦，那么死就是一种奇妙的收获。假如有人选择一个夜晚，睡觉睡得很熟而没做什么梦，然后拿这个夜晚与其他的晚上或白天相比较，他一定会说，他一生经过的白日或夜晚没有比这个夜晚过得更好、更愉快的了。我想不只是一个普通人会这样说，即使是国王也会发现这点的。因此，如果死就是这么一回事的话，我说它是一种收获，因为，一切的未来只不过像一个无梦的夜晚罢了！

反之，如果死是从这里迁移到另一个地方，这个说法如果正确，那么所有的死人都在那里，审判官啊！那又有什么是比这个更伟大的幸福呢？因为假如死者到了阴府，他就可以摆脱掉那些把自己伪装成法官的人，而看到真正的法官在黄泉当裁判，像弥诺斯（希腊神话人物，冥府判官之一，决定鬼魂未来的命运，惩罚犯罪者的灵魂。）、刺达曼堤斯、埃阿科斯、特里普托勒摩斯，及其他一些半神半人，跟他们活着的时候一样。难道说这种迁移很可悲吗？而且，还可见到像俄耳甫斯、穆赛俄斯、赫西俄德及荷马等人。如果真有这回事，我倒真是希望自己常常死去，对我来讲，寄居在那儿更好，我可以遇见帕拉墨得斯、忒拉蒙的儿子埃阿斯及任何一个被不公平处死的古人。拿我的遭遇与他们相比，将会使我愉快不少。

但最大的快乐还是花时间在那里研究每个人，像我在这里做的一样，去发现到底谁是真智者，谁是伪装的智者。判官们啊！谁会失去大好机会不去研究那个率领大军对抗特洛亚城的人？或是俄底修斯？或是西绪福斯？或是其他成千上万的人？不管是男是女，我们经常会提到的人。跟他们交谈、联系，问他们问题，将是最大的快慰。当然了，那里的法官是不判人死刑的，因为住在那里的人在其他方面是比住在这里的人快乐多了，所以他们是永生不朽的。

因此，你们这些判官们，要尊敬死，才能满怀希望。要仔细想想这个真理，对一个好人来讲，没有什么是罪恶的，不管他是活着还是死了，或是他的事情被神疏忽了。发生在我身上的事并非偶然。对我来讲，现在死了，即是摆脱一切烦恼，对我更有好处。由于神并没有阻止我，我对置我于死地的人不再怀恨了，也不反对控告我的人，虽然他们并不是因这个用意而判我罪，控告我，只是想伤害我。这点他们该受责备。

然而，我要求他们做下面这些事情：如果我的儿子们长大后，置财富或其他事情于美德之上的话，法官们，处罚他们吧！使他们痛苦，就像我使你们痛苦一样。如果他们自以为了不起，其实胸中根本无物时，责备他们，就像我责备你们一样。如果他们没有做应该做的事，同样地责罚他们吧！如果你们这么做，我和儿子们将自你们的手中得到相同的公平待遇。

已到了我们要分开的时刻了——我将死，而你们还要活下去，但也唯有上帝知道我们中谁会走向更好的国度。

⊙作品赏析

古希腊伟大的哲学家苏格拉底死于雅典的民主，对于了解雅典的民主运行方式和程序的人来说，这一点很容易理解。公元前399年，雅典法庭以“传播异端”和“腐蚀青年”罪将苏格拉底判处死刑。本文是苏格拉底在雅典法庭上所做的临终演讲，他在法庭上慷慨陈词，或反诘原告，为自己辩护，或抨击现实政治，或表达自己的人生哲学，都表现出超于常人的大气魄和大智慧。在演讲中，苏格拉底的主题集中在两个问题上，一是那些控诉他和判他死刑的人是邪恶的已经堕落了的雅典文明的践踏者，在谈论这些问题的时候苏格拉底基本采用诘问的方式；二是死亡问题，苏格拉底认为“死是一种祝福，具有很大的希望”。他无畏地选择了死亡，以此来表示对统治者的蔑视和对真理的坚定信念，在这一部分，苏格拉底更多地直抒胸臆。尽管苏格拉底在演讲的开头就说明他不打算辩论，因为“我宁可选择死亡，也不愿因辩护得生存。因为不管是我还是任何其他的人，在审判中或打仗时，利用各种可能的方法来逃避死亡，都是不对的”。他坚持认为逃避死亡是不难的，要避免堕落才是难的，但是他的演讲仍然充满了理性思辨和智慧的光芒，修辞和语言都非常精彩。

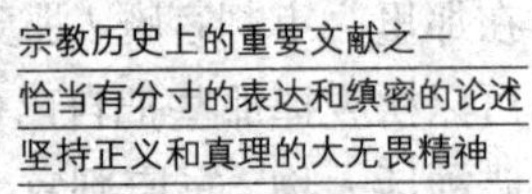

在沃姆斯国会上的讲话 / [德国] 马丁·路德

最尊贵的皇帝陛下、各位显赫的亲王殿下和仁慈的国会议员们：

遵照你们的命令，我今天谦卑地来到你们面前。看在仁慈上帝的分上，我恳求皇帝陛下和各位显赫的亲王殿下，聆听我为千真万确的正义事业进行辩护。请宽恕我，要是

·作者简介·

马丁·路德（1483~1546），出生于德国萨克森州的埃斯勒本，两岁那年举家迁往曼斯费尔德。18岁时，马丁·路德进入爱尔福特大学攻读法律，四年后获硕士学位。1505年，22岁的马丁·路德进入圣奥古斯丁修道院当修士。1512年，他获得维登堡大学的神学博士学位，并成为该校的一名教授。1517年万圣节前夕，教皇派人到德国大量兜售“赎罪券”，宣称只要交钱上帝就会免除其罪行。马丁·路德对教皇的做法非常不满，于是写了《九十五条论纲》张贴在维登堡卡斯尔教堂的大门上，引起了强烈反响，由此拉开了德国宗教改革的序幕。1519年，马丁·路德在莱比锡与天主教神学家艾克进行了一场大辩论，他借机宣传自己的宗教改革主张。为了避免遭到教会的迫害，他隐居到瓦特堡，从事《圣经》的德文翻译工作。1546年2月，因病去世，被葬于维登堡大教堂墓地。

马丁·路德像

我由于无知而缺乏宫廷礼仪，那是因为我从未受过皇帝宫廷的教养，而且是在与世隔绝的学府回廊里长大的。

昨天，皇帝陛下向我提出了两个问题。第一个问题是：我是否就是人们谈到的那些著作的作者；第二个问题是：我是想撤回还是捍卫我所讲的教旨。关于第一个问题，我已经做了回答，我现在仍坚持这一回答。

关于第二个问题，我已经撰写了一些主题截然不同的文章。在有些著作中，我既是以纯洁而明晰的精神，又是以基督徒的精神论述了宗教信仰和《圣经》，对此，甚至连我的对手也丝毫找不出可指责的内容。他们承认这些文章是有益的，值得虔诚的人们一读。教皇的诏书虽然措词严厉（指利奥十世1520年6月签发的《斥马丁·路德谕》，限路德60天内取消自己的论点，否则施以重罚。路德当众烧毁诏书，与教廷公开决裂。），但又不得不承认这一点。因此，如若我现在撤回这些文章，那我是做些什么呢？不幸的人啊！难道众人之中，唯独我必须放弃敌友一致赞同的这些真理，并反对普天下自豪地予以认可的教义吗？

其次，我曾写过某些反对教皇制度的文章。在这些著述中，我抨击了诸如以谬误的教义、不正当的生活和丑恶可耻的榜样，致使基督徒蒙受苦难，并使人们的肉体和灵魂遭到摧残的制度。这一点不是已经由所有敬畏上帝的人流露出的忧伤得到证实了吗？难道这还未表明，教皇的各项法律和教义是在纠缠、折磨和煎熬虔诚的宗教徒的良知吗？难道这还未表明，神圣罗马帝国臭名昭著的和无止境的敲诈勒索是在吞噬基督徒们的财富，特别是在吞噬这一杰出民族的财富吗？

如若我收回我所写的有关那个主题的文章，那么，除了是在加强这种暴政，并为那些罪恶昭著的不恭敬言行敞开大门外，我是在做些什么呢？那些蛮横的人在怒火满腔地粉碎一切反抗之后，会比过去更为傲慢、粗暴和猖獗！这样，由于我收回的这些文章，必须会使现在沉重地压在基督徒身上的枷锁变得更难以忍受——可以说使教皇制度从而成为合法，而且，由于我撤回这些文章，这一制度将得到至尊皇帝陛下以及帝国政府的确认。天哪！这样我就像一个邪恶的斗篷，竟然被用来掩盖各种邪恶和暴政。

第三点，也是最后一点，我曾写过一些反对某些个人的书籍，因为这些人通过破坏宗教信仰来为罗马帝国的暴政进行辩护。我坦率地承认，我使用了过于激烈的措辞，这也许与传教士职业不相一致。我并不把自己看作是一个圣徒，但我也不能收回这些文章。因为，如果我这样做了，就定然是对我的对手们不敬上帝的言行表示认可，而从此以后，他们必然会乘机以更残酷的行为欺压上帝的子民。

然而，我只不过是个凡夫俗子，我不是上帝，因此，我要以耶稣基督为榜样为自己辩护。耶稣说："如若我说了什么有罪的话，请拿出证据来指证我。"（《圣经·新约全书·约翰福音》第 18 章第 23 节）我是一个卑微、无足轻重、易犯错误的人，除了要求人们提出所有可能反对我教义的证据来，我还能要求什么呢？

因此，至尊的皇帝陛下，各位显赫的亲王，听我说话的一切高低贵贱的人士，我请求你们看在仁慈上帝的分上，用先知和使徒的话来证明我错了。只要你们能使我折服，我就会立刻承认我所有的错误，首先亲手将我写的文章付之一炬。

我刚才说的话清楚地表明，对于我处境的危险，我已认真地权衡轻重，深思熟虑，但是我根本没有被这些危险吓倒，相反，我极为高兴地看到今天基督的福音仍一如既往，引起了动荡和纷争。这是上帝福音的特征，是命定如此。耶稣基督说过："我来，并不是叫地上太平，乃是叫地上动刀兵。"（《圣经·新约全书·马太福音》第 10 章第 34 节）上帝的意图神妙而可敬可畏。我们应当谨慎，以免因制止争论而触犯上帝的圣诫，招致无法解脱的危险，当前灾难以至永无止境的凄凉悲惨。我们务必谨慎，使上天保佑我们高贵的少主查理皇帝不仅开始治国，且国祚绵长。我们对他的希望仅次于上帝。我不妨引用神谕中的例子，我不妨谈到古埃及的法老、巴比伦诸王和以色列诸王。他们貌似精明，想建立自己的权势，却最终导致了灭亡。"上帝在他们不知不觉中移山倒海。"（《圣经·旧约全书·约伯记》第 9 章第 5 节）

我之所以这样讲，并不表示诸位高贵的亲王需要听取我肤浅的判断，而是出于我对德国的责任感，因为国家有权期望自己的儿女履行公民的责任。因此，我来到陛下和诸位殿下尊前，谦卑地恳求你们阻止我的敌人因仇恨而将我不该受的愤怒之情倾泻于我。

既然至尊的皇帝陛下、诸位亲王殿下要求我简单明白，直截了当地回答，我遵命作答如下：我不能屈从于教皇和元老院而放弃我的信仰，理由是他们错误百出，自相矛盾，犹如昭昭天日般明显。如果找出《圣经》中的道理或无可辩驳的理由使我折服，如果不能用我刚才引述的《圣经》文句令我满意信服，如果无法用《圣经》改变我的判断，那么，我不能够，也不愿意收回我说过的任何一句话，因为基督徒是不能说违心之言的。这就是我的立场，我没有别的话可说了。愿上帝保佑我。阿门！

⊙作品赏析

路德的演说在语言上修辞非常谨慎，但是充满了毋庸置疑的正义感，演讲直接针对问题，非常有条理地回答了德皇向他提出的两个问题，并重点针对第二个问题作了阐释，其核心主题是他坚持自己的论点的理由，在自己的立场上，路德认为，他不能收回自己论点是因为它们是"敌友一致赞同的真理"和"普天下自豪地予以认可的教义"。也就是说，他不能够背叛自己认定的真理；路德认为自己所写的反对教皇制度的文章是抨击"诸如以谬误的教义、不正当的生活和丑恶可耻的榜样，致使基督徒蒙受苦难，并使人们的肉体和灵魂遭到摧残的制度”，如果他收回有关这些主题的文章，就会成为“邪恶的斗篷”；路德认为自己写过反对某些个人的文字，是因为这些个人“通过破坏宗教信仰来为罗马帝国的暴政进行辩护”，如果收回这些文章就等于对不敬上帝的人的言行表示认可，他坚持自己的论点是在充分意识到自己处境危险的基础上作出的选择，但是他缜密理性的演说表明他的立场是坚定不移的，不可动摇的。

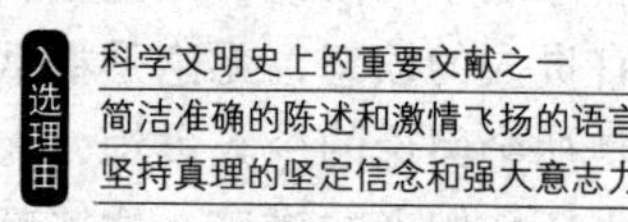

在接受宗教裁判所审判时的演说 / ［意大利］布鲁诺

整个说来，我的观点有如下表述：存在着由无限威力创造的无限宇宙。因为，我认为，有一种观点是跟上帝的仁慈和威力不相称的，那种观点认为，上帝虽具有除创造这个世界之外还能创造另一个和无限多个世界的能力，但似乎仅只创造了这个有限的世界。

首先，我庄严宣布，存在着跟这个地球世界相似的无数个单独世界。我同毕达哥拉斯一样认为，地球是个天体，它好像月亮，好像其他行星，好像其他恒星，它们的数目是无限的。所有这些天体构成无数的世界，它们形成无限空间中的无限宇宙，无数世界都处于它之中。由此可见，有两种无限——宇宙的无限大和世界的无限多，由此也就间接地得出对那种以信仰为基础的真理的否定。

其次，我还推定，在这个宇宙中有一个包罗万象的神，由于它，一切存在者都在生活着、发展着、运动着，并达到自身的完善。

我用两种方式来解释它。第一种方式是比作肉体中的灵魂：灵魂整个地处在全部之中，并整个地处在每一部分之中。这如我所称呼的，就是自然，就是上帝的影子和印迹。

另一种解释方式，是一种不可理解的方式。借助于它，上帝就其实质、现有的威力说，存在于一切之中和一切之上，不是作为灵魂，而是以一种不可解释的方式。

至于说到第三种方式的上帝之灵，我不能按照对它应有的信仰来理解它，而是根据毕达哥拉斯的观点来看待它，这种观点跟所罗门对它的理解是一致的。即：我把它解释为宇宙的灵魂，或存在于宇宙中的灵魂，像所罗门的箴言中所说的：“上帝之灵充满大地和那包围着万有的东西。”这跟毕达哥拉斯的学说是一致的，维吉尔在《伊尼德》第六歌中对这一学说作了说明：

苍天与大地，太初的万顷涟漪，
那圆月的光华，泰坦神的耀眼火炬，
在其深处都有灵气哺育。
智慧充溢着这个庞然大物的脉络，
推动它运行不息……

按照我的哲学，从这个被称作宇宙之生命的灵气，然后产生出每一个事物的生命和灵魂。每一事物都具有生命和灵魂，所以，我认为，它是不配的，就像所有的物体按其实体说是不配的那样，因为死亡不是别的，而是分解和化合。这个学说大概是在《传道书》中讲到太阳之下没有任何新事物的地方阐述的。

真理面前半步也不后退。

前进，我亲爱的菲洛泰奥，愿任何东西也不能迫使你放弃宣传你那美妙的学说，无论是无知之徒的粗野咒骂，无论是苟安庸碌之辈的愤慨，无论是教条主义者和达官贵人的愤怒，无论是群氓的胡闹，无论是社会舆论的令人震惊，无论是撒谎者和心怀嫉妒者的诽谤，这些都损害不了你在我心目中的崇高形象，决不会使我离开你。

顽强地坚持下去，我的菲洛泰奥，坚持到底不要灰心丧气，不要退却，哪怕那笨拙无知、拥有重权的高级法庭用种种阴谋来陷害你，哪怕它妄图使用一切可能的手段来抵制那美好的意图、你那种种著作的胜利。

你放心吧，这样的一天总是会到来的。那时所有的人都会明白我所明白的东西，那时所有的人都会承认：对于每一个人来说，同意你的见解并颂扬你是容易做到，就像要比得上你却难于做到一样；所有的人，凡不是从头坏到脚的人，终有一天会在良心驱使之下给予你应得的赞扬。要知道，打开理性的眼睛的，归根到底是内心的教师，因为我们理解思想上的财富并不是从外部，而是从内部，从自身的精神得到的。在所有人的心灵中都有健全理智的颗粒，都有天赋的良心，它耸立于庄严的理性法庭之上，对善与恶、光明与黑暗进行评判并作出公正的判决。你那良好事业的最忠诚最卓越的捍卫者之所以能从每一个人意识的深处终于点燃起起义之火，要归功于这样的判决。

·作者简介·

布鲁诺（1548~1600），出生在意大利那不勒斯附近诺拉城一个没落的小贵族家庭。11岁时，父母将他送到了那不勒斯的一所私立人文主义学校就读。后来，布鲁诺进入了多米尼克僧团的修道院，第二年转为正式僧侣。10年后，他获得了神学博士学位。

布鲁诺阅读丰富，哥白尼的“日心说”极大地吸引了他，并引发了他对自然科学的兴趣以及对宗教神学的怀疑。他写了一些批判《圣经》的论文，并从日常行为上表现出对基督教圣徒的厌恶。布鲁诺的言行触怒了教廷，他被革除教籍。但他依然坚持自己的观点，毫不动摇。他仍然继续宣传自己的宇宙观，写下了10来部批判教会的书。

布鲁诺像

布鲁诺在欧洲广泛宣传他的新宇宙观，引起了罗马宗教裁判所的恐惧。1592年，罗马教徒把他诱骗回国，并逮捕了他。1600年2月17日凌晨，在罗马的鲜花广场，布鲁诺被处以火刑。

而那不敢与你交朋友的人，那些胆怯地顽固维护自己的卑鄙无知的人，那些坚持充当赤裸裸的诡辩派与真理不共戴天的敌人的人，他们将在自己的良心中发现审判官和刽子手，发现为你复仇的人；这位复仇者将能更加无情地在他们自己的思想深处惩罚他们，使他们再也无法向自己隐藏这些观点。当敌人给予你的打击被击退的时候，让一大群奇怪而凶恶的爱夫门尼德（希腊神话中的复仇女神，专在地狱中折磨人的灵魂）把他包围起来，让其狂怒倾泻在敌人的内心动机上，并用自己的牙齿将他折磨至死。

前进！继续教导我们去认识关于天空、关于行星与恒星的真理，给我们讲解在无限多的天体中一个与另一个究竟有什么不同，在无限的空间中无限的原因与无限的作用为什么不仅是可能的，而且也是必然的。教导我们什么是真正的实体、物质和运动，谁是整个世界的创造者，为什么任何有感觉的事物都由同一要素和本原组成。给我们宣讲关于无限宇宙的学说，彻底推翻这些假想的天穹和天域——它们似乎应把这么多的天空和自然领域划分开来。教导我们讥笑这些有限的天域以及贴在其上的众星。让你那些所向披靡的论据万箭齐发，摧毁群氓所相信的、第一推动者的铁墙和天壳，打倒庸俗的信仰和所谓的第五本质，赐给人们关于地球规律在一切天体上的普遍性以及关于宇宙中心的学说，彻底粉碎外在的推动者和所谓各层天域的界限。给我们敞开门户，以便我们能够通过它一览广漠无垠的统一的星球世界。告诉我们其他世界是如何像我们这个世界那样，在以太的海洋里疾驰的。给我们讲解所有世界的运动，如何由它们自身内部灵魂的力量来支配。并教导我们，在以这些观点为指导去认识自然的道路上，坚定不移地阔步前进。

⊙作品赏析

1592年，坚持“日心说”的布鲁诺被骗回威尼斯，不久即遭逮捕。本文是他被捕后在宗教裁判所里接受审判时发表的演说，他的演说充满激情和骄傲，表明了他在真理面前的无比自信和坚强信念：“真理面前半步也不后退。”这种信念用来支持自己所发现的真理，同时表明自己对真理的态度，布鲁诺用排比的手法列举了所有对真理的戕害，他的呼告式的抒情文采飞扬，充满乐观的信念和热烈的激情。暴风雨式的表白显示着他斗争的激情和意志，这大段的严正的表白正是漫长而蒙昧的中世纪暗夜中一道强烈的智慧闪光，使我们感到人类的文明因为他们的存在而不愧为人类的文明。

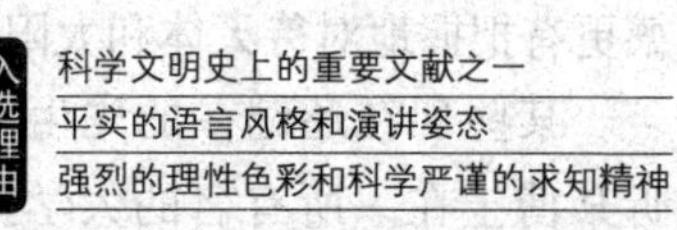

地球在转动 / ［意大利］伽利略

昨天我们决定在今天碰头，把那些自然规律的性质和功用谈清楚，并且尽量地谈得详细一点。关于自然规律，到目前为止，一方面有拥护亚里士多德和托勒密立场的人提出的那些，另一方面还有哥白尼体系的信徒提出的那些。由于哥白尼把地球放在运动的天体中间，说地球是像行星一样的一个球，所以我们的讨论不妨从考察逍遥学派攻击哥白尼这个假设不能成立的理由开始，看看他们提出些什么论证，论证的效力究竟多大。

在我们的时代，的确有些新的事情和新观察到的现象，如果亚里士多德现在还活着的话，我敢说他一定会改变自己的看法。这一点我们从他自己的哲学论述方式上，也会很容易地推论出来，因为他在书上说天不变，等等，是由于没有人看见天上产生过新东西，也没有看见什么旧东西消失。言下之意，他好像在告诉我们，如果他看见了这类事情，他就会作出相反的结论；他这样把感觉经验放在自然理性之上是很对的。如果他不重视感觉经验，他就不会根据没有人看到过天有变化而推断天不变了。

如果我们是在讨论法律上或者古典文学上的一个论点，其中不存在什么正确和错误的问题，那么也许可以把我们的信心寄托在作者的信心、辩才和丰富的经验上，并且指望他在这方面的卓越成就能使他把他的立论讲得娓娓动听，而且人们不妨认为这是最好的陈述。但是自然科学的结论必须是正确的、必然的，不以人们的意志为转移的，我们讨论时就得小心，不要使自己为错误辩护；因为在这里，任何一个平凡的人，只要他碰巧找到了真理，那么一千个狄摩西尼和一千个亚里士多德都要陷于困境。所以，辛普利邱，如果你还存在着一种想法或者希望，以为会有什么比我们有学问得多、渊博得多、博览得多的人，能够不理会自然界的实况，把错误说成真理，那你还是断了念头吧。

亚里士多德承认，由于距离太远很难看见天体上的情形，而且承认，哪一个人的眼睛能更清楚地描绘它们，就能更有把握地从哲学上论述它们。现在多谢有了望远镜，我已经能够使天体离我们比离亚里士多德近三四十倍，因此能够辨别出天体上的许多事情，都是亚里士多德所没有看见的；别的不谈，单是这些太阳黑子就是他绝对看不到的。所以我们要比亚里士多德更有把握地对待天体和太阳。

·作者简介·

伽利略（1564~1642），出生于意大利的比萨城。1581年，进入著名的比萨大学攻读医学。在比萨大学，伽利略并没有认真学医，而是把主要精力放在了数学、物理学和天文学的学习上。1590年，伽利略在比萨塔上给人们演示了著名的自由落体实验。此后，伽利略名声大振，被聘为帕多瓦大学的数学教授。1609年，他成功研制出人类历史上第一架天文望远镜。1610年，伽利略把他的发现写成《星际使者》一书。1616年，罗马教廷审讯伽利略，要他放弃关于地球和星宿异端学说。1632年，伽利略出版了其最著名的著作《关于两种世界体系之间的对话》。他在书中用大量科学事实证实了哥白尼“日心说”的正确性，遭到罗马教廷的迫害。1633年，受到不断迫害的伽利略，被迫公开声称反对哥白尼学说，他的余生一直处于囚禁状态。1642年1月8日，78岁的伽利略停止了呼吸。

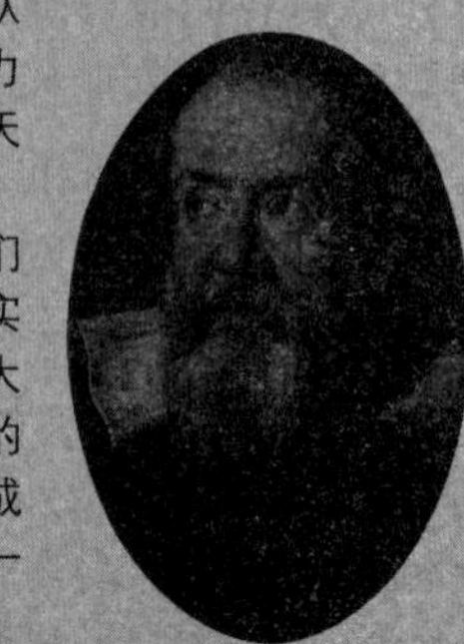

伽利略像

某些现在还健在的先生们，有一次去听某博士在一所有名的大学里演讲，这位博士听见有人把望远镜形容一番，可是自己还没有见过，就说这个发明是从亚里士多德那里学来的。他叫人把一本课本拿来，在书中某处找到关于天上的星星为什么白天可以在一口深井里看得见的理由。这时候那位博士就说：“你们看，这里的井就代表管子；这里的浓厚气体就是发明玻璃镜片的根据。”最后他还谈到光线穿过比较浓厚和黑暗的透明液体使视力加强的道理。

实际的情形并不完全如此。你说说，如果亚里士多德当时在场，听见那位博士把他说成是望远镜的发明者，他是不是会比那些嘲笑那位博士和他那些解释的人，感到更加气愤呢？你难道会怀疑，如果亚里士多德能看到天上的那些新发现，他将改变自己的意见，并修正自己的著作，使之能包括那些最合理的学说吗？那些浅薄到非要坚持他曾经说过的一切话的鄙陋的人，难道他不会抛弃他们吗？怎么说呢？如果亚里士多德是他们所想象的那种人，他将是顽固不化、头脑固执、不可理喻的人，一个专横的人，把一切别的人都当作笨牛，把他自己的意志当作命令，而凌驾于感觉、经验和自然界本身之上。给亚里士多德戴上权威和王冠的，是他的那些信徒，他自己并没有窃取这种权威地位，或者据为己有。由于披着别人的外衣藏起来比公开出头露面方便得多，他们变得非常怯懦，不敢越出亚里士多德一步；他们宁可随便地否定他们亲眼看见的天上那些变化，而不肯动亚里士多德的一根毫毛。

⊙作品赏析

这篇演讲重在说理，浓烈的理性色彩是其显著特点。伽利略演讲成功的根本在于他抓住了要害，就是“如果亚里士多德活着，会不会改变自己的观点”，他首先从亚里士多德的论述中提炼了其认知方法：“把感觉经验放在自然理性之上。”这是一个很巧妙的角度，既然亚里士多德采用这样的认知方法，并且是科学的，那么就可以拿来说明目前的问题。在此基础之上，伽利略还指出了文学艺术等人文社会科学与自然科学在认知方式上的必然区别，他坚信亚里士多德的科学方法和科学态度，而盲目信奉亚里士多德的具体学说的教条者则并没有实际上继承亚里士多德的科学的认知方法和态度。伽利略从各个角度反复论证，并且重要论述了他对亚里士多德人品和学品的认识。

我对这部宪法很满意 / ［美国］富兰克林

入选理由
美国政治历史上的重要文献之一
热情的演讲情绪和智慧的演讲手法
幽默、恳切的言辞和在政治上求真务实的作风

我得承认我对目前的宪法并不完全赞成。可是，诸位先生，我可不敢说我以后还会不赞成它，因为，我活得这么久，我经历过许多事，这些事都必须在以后借更好的资料或更周密的考虑，来改变甚至是不容易更改的意见，而这些意见我一度认为是对的，现在才发现它的错误。因此，我活得越久，就越易怀疑自己对别人的判断是否正确。说真的，大多数的人和大多数宗教教派一样，都认为自己才拥有全部真理，别人都跟他们大相迥异，这简直是大错特错！斯蒂尔是位新教徒，他有一次在祝圣礼上对教众说，他们两个教会都各自相信自己的教条是颠扑不破的，还是英格兰的教条绝不会有错。可是，虽然有许多人就跟相信自己的教派一样，认为自己是绝不会有错的，但是却没有人能够像一位法国小姐在与她姐姐有点小争执中，很自然地说出这句话：“除了我之外，我所交谈的人都认为他们是对的。”

如同我这样感触，各位先生，我得同意宪法是有其缺点的——假使这句话不错——因为我认为我们必须有个一般的政府，假使宪法能好好执行，它就会为公众带来福祉；而且我更相信，这个宪法可能会认真执行数年，而且当人民只需要专制政府而不需要别的政府时，它最后也会变成专制政府。同样的，我也怀疑我们所举办的任何大会是否能缔造出较好的宪法来；

·作者简介·

富兰克林（1706～1790），美国物理学家，发明家，政治家，社会活动家。父亲以制造蜡烛和肥皂为生，共有10个孩子，富兰克林排行第八。他只上了两年学便辍学回家。12岁时，他到哥哥经营的一家小印刷所当学徒，自此他当了近10年的印刷工人。1723年，富兰克林离开波士顿，先后到费城和伦敦的印刷厂当工人，后来还在费城开了一家自己的印刷所。1730年，他创办了《宾夕法尼亚报》。他还与别人共同创办了“共读社”，这个会社就是宾夕法尼亚大学的前身。1746年，富兰克林开始研究电学，并取得了很大的成就。除了电学外，他还在数学、光学、热学、声学、海洋学、植物学等方面取得了不少成就，并有大量发明。北美独立战争爆发后，他作为北美殖民地的代表与英国政府进行谈判；代表宾西法尼亚州参加了第二届大陆会议；并参与《独立宣言》的起草工作。1787年，被任命为宪法起草委员会的成员，参与制定美国宪法。1788年，他辞去所有公职，安度晚年。两年后，在费城与世长辞，享年84岁。

富兰克林塑像

这是因为您得召集一些人，集思广益，可是不可避免的，您也集结了他们所有的成见，他们的私情，他们意见的谬误，他们地方的利益和他们自私的想法。像这样的一个大会，会产生出完美的结果么？

因此，先生们，我如果发现这部宪法接近完美，我将会大感惊异。我也认为这部宪法也会使我们的敌人大吃一惊。因为我们的敌人正乐于听到我们的国策顾问们也像建造巴贝尔城的人一样，因意见不同而内部混乱。他们也乐于见到我国濒于分裂，以便达到他们扼住我们命运的目的。所以，先生们，我对这部宪法很满意，因为我们没有更好的了，同时也因为我确定不了它不是最好的。若有人指责它的错误，我也拿来贡献给国家。我绝不会把这些意见泄漏出去的。它们生于斯，也应死于斯。假使我们一个人能为关心这部宪法，而说出他们指责的意见，并尽力找出和您有同感的同志，我们可以阻止您的意见被广泛探知，以免在国外和在我们之间，由于我们的意见不一致，而失去它对于国家利益的重大贡献。一个政府在追求和保障人民的幸福上，是否有成绩，是否有效率，大部分要依靠人民是否为政府着想，以及政府人员本身的才智和团结一致。因此，我希望，为了我们自己，作为一个民众的立场，也为了我们的繁荣，我们应该热诚一致，使宪法也能臻于我们影响力所及的地方，并要把握将来的目标，努力去寻求能使宪法贯彻到底的方法。

总而言之，先生们，我总是希望与会的人们当中具有对宪法仍持反对意见的人，在这种情况下，他会跟我一样，怀疑我们的反对意见是否真的可以成立，而且为了表示我们的意见一致，我希望他也签他的大名于这个法定文件上。

⊙作品赏析

这篇演讲是富兰克林在1787年起草和讨论美国宪法的独立大会上发表的。演讲充满哲理、机智和风趣。演讲在技巧运用方面，最大特点就是开宗明义，故作惊人之语。富兰克林在演讲中劈头就说“我得承认我对目前的宪法并不完全赞成”，使听众为之感到震惊，以激发其兴趣，吸引其对下文的关注。

演讲见解深刻，分析深入，语言表达准确、幽默，构思巧妙。开头表示自己的见解后，紧接着，演讲者以自己思维认识的发展例子和宗教历史上的例证及个人认识的局限，进一步阐述自己的观点：“宪法是有其缺点的。”临近结束时，才峰回路转，说出自己的中心意思：“先生们，我对这部宪法很满意，因为我们没有更好的了，同时也因为我确定不了它不是最好的。”由批评到充分肯定，先是云遮雾障，后来云开雾散，拨云现天。这样的演说，构思角度新颖绝妙，一波三折，大落大起，充满新鲜感和新奇性，容易引起听众的极大注意。

哲学史概说 /［德国］康德

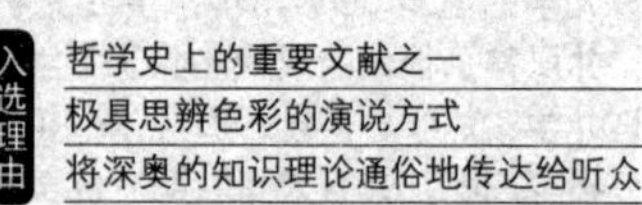

哲学由希腊人传到罗马人那里以后，就不再扩展了，因为罗马人老是停留在学生阶段。

西塞罗在思辨哲学方面是柏拉图的学生，在道德学方面是斯多葛主义者。爱比克泰德、安托尼都属于斯多葛派，塞内卡是这一派的最著名代表。在罗马人中间，除了留下《博物志》

·作者简介·

康德（1724~1804），出生于哲学思想发达的德国。1732年，康德进入哥尼斯堡的腓特烈公学。1745年，康德获得哥尼斯堡大学的哲学学士学位。1755年，康德被母校哥尼斯堡大学聘为讲师，他一边给学生上课，一边从事学术研究，陆续发表了一系列重要著作。刚开始时，康德主要研究天文学，1770年以后，康德开始转向研究哲学。经过十几年的艰苦钻研，他出版了一系列涉及领域广阔、有独创性的伟大著作，创立了德国古典哲学体系。

康德像

1786年，62岁的康德出任哥尼斯堡大学的校长。由于他在哲学上取得的巨大成就，柏林科学院、彼得堡科学院、科恩科学院和意大利托斯卡那科学院先后选举他为院士。

的年轻的普林尼之外，没有自然学者。

文化终于在罗马人那里消失，野蛮兴起了，直至6~7世纪，阿拉伯人才开始致力于科学，使亚里士多德（研究）重新繁荣起来。现在，科学又在西方抬头了，尤其是亚里士多德的威望，人们以一种奴隶的方式追随他。11世纪和12世纪出现了经院哲学家，他们注释亚里士多德，无尽无休地玩弄机巧。人们所从事的无非是纯粹的抽象。经院哲学的这种似是而非的论究方式在改革时代被排挤掉了。折中主义者出现在哲学领域，他们是这样一批自己思维者，这些人不委身于任何学派，而去寻找真理，并且一旦找到，就予以接受。

近代哲学革新，一部分归功于对自然界的大量研究，一部分归功于数学和自然科学的结合。通过研究这些科学，在思维中形成的秩序业已扩展到原来世界智慧的特殊分支和部分以外。近代第一位，也是最伟大的自然研究者，是维鲁拉姆的培根。培根在研究中踏上了经验的道路，注意到观察和实验对于揭示真理的重要性和必要性。不过，思辨哲学的革新究竟是从哪里开始的，这还很难说。在这方面，笛卡儿的功绩不容忽视，因为通过提出真理的标准（他以知识的清楚和自明来建立这种标准），他对赋予思维以明晰性作出了很多贡献。

但是，我们时代最伟大、功勋最卓著的哲学改革者，要推莱布尼茨和洛克。洛克试图分析人类知性，指出哪些心灵的力量及其作用后于这种或那种知识。虽然洛克为更深入彻底地研究心灵本性提供了便利，但是他并没有完成自己的研究工作，他的处理方法也是独断的。

这种非常错误的、哲学思考的独断方法，为莱布尼茨和沃尔夫所特有。它带有如此之多的欺骗性，以致有必要弃而不用，代之以另一种批判的思考方法。后一方法在于研究理性本身的活动方式、分析人类全部知识能力，并考察这些能力所能达到的界限。

自然哲学在我们时代极为繁荣。在那些自然研究者中间，牛顿享有极高名望。近代哲学家不能自诩享有卓越的永久声誉，因为这里仿佛一切都在流动。一个人所建立的，另一个人加以拆除。

在道德哲学领域，比起古人我们并未走得更远。在形而上学方面，对形而上学真理的研究，我们似乎陷入迷惘状态。现在对于这门科学表现出某种冷淡，因为人们好像引以为荣地把关于形而上学的研究，轻蔑地说成纯粹无谓的思虑。然而形而上学却是本来的、真正的哲学！

我们的时代是批判的时代，必须从我们时代的批判的尝试来看哲学，特别是形而上学将会成为什么。

⊙作品赏析

这篇学术演讲思辨色彩浓重，思想深刻，观点鲜明，语言表达准确。演讲者宣讲了自己的“批判哲学”，批判的对象是人的理性认识能力。他不愿盲目相信理性的力量，要对它加以检查、清理、衡量，看看它到底有多大能力，它的活动到底能达到多大的范围。这就是“批判的思考方法”。

演讲态度认真，语气坚定。这篇简短的讲演，不仅是康德批判哲学的宣言，而且我们也可从中看出，他的庞大的哲学体系此时已孕育在胸。有两个概念很重要，即思辨哲学与道德哲学；他后来的哲学体系正是从思辨哲学始到道德哲学终。为了探讨人的认识能力，他写了《纯粹理性批判》；为了探讨人的道德意志，他写了《实践理性批判》；作为二者的桥梁，他晚年又写了《判断力批判》。

由于着重在传达信息、阐明事理，因此，这篇演讲在方法的运用上，采取点面结合、纵横交叉的方法。概说两千余年的哲学史，他以论代史，只点出有代表性的哲学家略加评说。其结构，从古希腊至中世纪是纵观，跳跃性更大；至近、现代则横视，逐一评说思辨哲学、自然哲学、道德哲学领域，以显示他的“批判”的现实性。内容丰富，讲述清晰，准确无误，说明性与说服力强。

杰斐逊就职演说 /［美国］杰斐逊

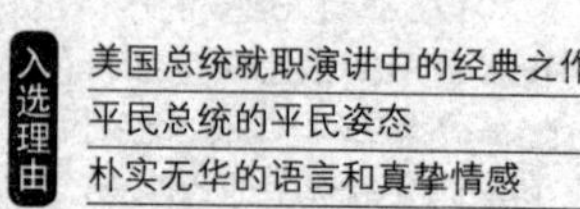

朋友们、同胞们：

我应召担任国家的最高行政长官。值此诸位同胞集会之时，我衷心感谢大家寄予我的厚爱。诚挚地说，我意识到这项任务非我能力所及，其责任之重大，本人能力之浅薄，自然使我就任时感到忧惧交加。一个沃野千里的新兴国家，带着丰富的工业产品跨海渡洋，同那些自恃强权、不顾公理的国家进行贸易，向着世人无法预见的天命疾奔——当我冥思这些超凡的目标，当我想到这个可爱的国家，其荣誉、幸福和希望都系于这个问题和今天的盛典，我就不敢再想下去，并面对这宏图大业自惭形秽。确实，若不是在这里见到许多先生在场，使我想起无论遇到什么困难，都可以向宪法规定的另一高级机构寻找智慧、美德和热忱的源泉，我一定会完全心灰意懒。因此，负有神圣的立法职责的先生们和各位有关人士，我鼓起勇气期望你们给予指引和支持，使我们能够在乱世纷争中同舟共济，安然航行。

在我们过去的意见交锋中，大家热烈讨论，各扬其长，以至于有时情况相当紧张，忽略了这些行为可能对那些不惯于自由思想和自由言论的人施加了一些影响。但如今这种意见争执的结果已由全国的民意做出决定，而且根据宪法的规定予以公布，所有的意志当然会在法律的意志下，彼此妥善安排，并且为共同的幸福团结一致共同努力。大家当然也不会忘记那个神圣的法则，这就是虽然在任何情况下多数人的意见会被采纳，但是那些意见，必须合理而正当，而且其他的少数人也拥有同样的权利，平等地受到法律的保护。如果予以侵犯，那无异于高压手段。

因此，让我们一心一意地团结起来！让我们恢复和谐与友爱的社会！因为如果没有和谐和友爱，那么自由，甚至于生活的本身，就将成为枯燥而无味的事情。让我们仔细想想，那些使人类长期流血、受苦的宗教偏见，已被我们驱逐于国土之外。如果我们让政治上的偏见存在，使之成为与宗教上的不宽容一样专制与邪恶，并造成痛苦与流血的迫害，那么我们的努力便会付之东流。

当旧世界经历痛苦和激变时，当盛怒的人们挣扎着想通过流血和战争寻找他们失去已久的自由时，那种波涛般的激动，甚至会冲击到遥远而和平的彼岸，这些都不足为奇的了。它会引起某些人颇深的感慨与恐惧，而某些人却不会。因此，对安全的衡量，不同人就会有不同的意见。但是，并非每一个意见上的差异都是原则上的差异，只是在同一原则上，我们有不同的说法罢了。我们都是共和党成员，我们也都是联邦主义者。如果我们当中有人想解散这一联邦，或改变它的共和形式，那就让他们不受干扰，以便使其有言论自由的保障。这样错误的意见能被容忍，而我们则可根据理智加以判断并做出抉择。

我知道，事实上，有些正直的人士担心共和政府无法强大，恐怕这个政府不够强大。但是一个最诚实的爱国者，在成功试验的大潮中，难道会因一种理论和空想的疑惧，就以为这个政府，这个全世界最高的希望，可能缺乏力量维护自己，从而放弃这个到目前为止带给我们自由和安全的政府吗？我相信不会。相反，我相信这是世界上最强大的政府。我相信，在这个政府之下，无论何人，一经法律的召唤，就会按照法律的要求，将公共秩序所受到的侵犯视为个人的事。有些人可能会认为，人自己管自己都是不可靠的，那么，难道受别人的管束就很可靠吗？或者说，在国王的管理下，我们就能发现天使吗？就让历史来回答这个问题吧！

因此，让我们以勇气和信心，追寻我们自己的联邦与共和的原则，并热爱我们的联邦和代议制政府。由于大自然和大洋仁慈的阻隔，我们得以幸免于地球另一区域毁灭性的灾害；我们品格高尚，不能容忍他人的堕落；我们拥有幅员广阔的国土，足以容纳千万代的子孙。我们充分意识到，在发挥自己的才能，争取我们的劳动所得，博取同胞对我们的行为而不是我们的出生背景的尊敬与信心等方面，我们都享有同等的权利。我们有良好的宗教，虽然各以不同的形式自称和实践，但出发点都是教育人们诚实、坦白、自制、感恩和爱他人。我们承认和崇拜万能的上帝，由于他的支配管理，使这里的人们享受着幸福而且直到永远。有了这所有的恩赐，还有什么比这更能使我们成为一个幸福和繁荣的民族呢？同胞们！还有一点，那就是我们仍需要一个睿智和廉洁的政府，它能制止人们互相伤害，使人们自由地从事自己的工作并进行改善，而且不剥夺任何人以劳动所赚取的报酬。这是一个良好的政府所要具备的，也是我们达到幸福圆满所必需的条件。

同胞们，我即将开始履行职责，它包括了一切对你们而言珍贵而有价值的东西。此时你们应当了解，什么是我们政府所坚持的主要原则，以及接下来制定政策的依据。我将把这些原则，尽量简要地加以讲述，只讲一般原则，而不涉及其所有的限制。不论其地位、观点、宗教的或政治的派别，所有人一律公正和平等；与所有国家和平相处，相互通商，并保持真诚的友谊，但不与任何国家结盟；维护各州政府的一切权利，使其成为处理内政方面最胜任的行政机构，并成为抵抗反共和势力的坚强堡垒；维护联邦政府在宪法上的地位，作为对内安定与对外安全保障的最后依靠；注意维护人民的选举权——

对于革命战争中由于缺乏和平手段所产生的权利滥用的弊端，要以一种温和而安全的方式予以矫正；绝对服从多数人的决议，是共和制的重要原则，如果为推翻这项决议而施以强制手段，就是独裁统治的主要原则和直接根源；维持一支训练有素的民兵，作为和平时期和战争初期的最好依靠，直到正规军来接替；民权高于军权；节省公共开支，以减轻公民负担；诚实偿付我们的债务，以郑重维持人民对政府的信心；鼓励农业，并促进商业发展，协助农业；传播知识，并在公共理性的审判席上控诉一切弊端；保障宗教自由及出版自由，并根据人身保障法保障民众自由；公正地选出陪审员以从事审判和判决。这些原则在革命和改革时期，已成为我们的指明灯，为我们指引前进的道路。

先哲的智慧和英雄们的鲜血，都是为了这些理想的实现。它们应当是我们政治信仰的信条，公民教育的范本，检验我们工作的试金石。如果我们因为一时的错误想法或过分警觉而背弃了这些原则，就应当赶快调整脚步，重返这唯一通向和平、自由与安全的大道。

·作者简介·

杰斐逊（1743～1826），出生于弗吉尼亚州的一个贵族家庭，受过良好的教育。1769年，他成功竞选为弗吉尼亚议会议员，开始走上政坛。1773年，他与P.亨利发起成立弗吉尼亚通讯委员会，积极投入反英斗争。1775年5月，北美殖民地第二届大陆会议在费城召开，杰斐逊作为弗吉尼亚代表参加了这次具有重大历史意义的会议。在会上，杰斐逊当选为“独立宣言起草委员会”的首席委员，执笔起草《独立宣言》。

杰斐逊像

1800年，杰斐逊当选为美国第三任总统，4年后连任，被誉为美国的“民主之父”。1809年，杰斐逊离任后，退居蒙蒂塞洛私邸。他晚年致力于科学研究和发展教育事业。1812～1825年，他筹建了著名的弗吉尼亚大学。

1826年7月4日，杰斐逊在美国的国庆日与世长辞，享年83岁。

同胞们！我现在开始担负起你们所委派给我的职务。根据以往在其他任职中所获得的经验，我已觉察到这是所有任务中最艰巨的一项。我知道，一个不尽完美的人，当其卸任时，很少能够得到他在任时所享有的声望与荣誉。我不敢要求大家对我也能像过去对我们的第一位也是最伟大的革命元勋一样抱以高度的信任，他卓越的功绩使他深受全国人民的爱戴，他的英名在历史上享有最崇高的地位。我仅要求大家给我相当的信任，使我在处理你们全体的事务时，能够满怀信心并力求完美。由于判断失误，我将时常出现差错。即使我的想法是对的，那些不是站在统筹全局的立场上看问题的人，也会认为我是错的。我希望大家能宽容我所犯的错误，那绝不是有意的；也希望大家能支持我，以修正他人因未能从大局着眼而对我产生的误解。从大家的投票结果来看，我知道我过去的表现已获得大家的赞许，使我感到莫大的安慰。未来我所渴望的是，如何使那些已经给我嘉许的人，继续保持着良好的印象；对其他人，如何在自己力所能及的情况下，尽最大的努力，以博得他们对我的好感与尊敬。同时，我要为所有同胞的幸福与自由而努力。

最后，仰承诸位善意的恩惠，我将尽忠职守，一旦大家感觉到在你们权力范围内可做好更好的选择，我便准备辞去此职。同时，祈求主宰宇宙命运的神灵，使我们的行政机构日臻完善，并且给我们一个良好的开端，使大家能享受和平与昌盛。

⊙作品赏析

杰斐逊去宣誓就职的那天，他仍像往常去上班一样，跟几个朋友同事走在一起，也不坐马车，穿过两条烂泥街道，向国会走去。他认为自己不过是个受雇于人民做事的打工仔，多余的排场毫无必要，因此他总是尽量把总统形象平民化，被人们称为平民总统。他的就职演说真诚、朴素、谦虚、坦白，同时具有政治家的胸有成竹，充满资产阶级民主思想。他在演讲中强调“各种意见的分歧并不就是原则的分歧”，“我们都是共和党人，我们都是民主党人”，并提出了一系列符合当时时代潮流的“杰斐逊民主”的施政原则。从演讲中可以注意到杰斐逊在自由问题上花了大量的篇幅，他不遗余力地对听众阐明了他对民主的理解和对有关民主具体实施的建议和设想。作为美利坚合众国的第一代政治家，杰斐逊同他的战友一样注意维护宪法的权威性和有效实施，这在使得美国的自由民主得以薪火相传的过程中具有非同寻常的意义。真诚和谨慎的品质及政治上的现实能力使得杰斐逊的演说同样出色并感染听众，赢得信任。

莎士比亚纪念日的讲话 / [德国] 歌德

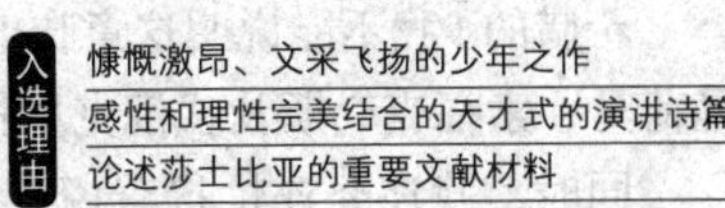

我觉得我们最高尚的情操是：当命运已经把我们带向正常的消亡时，我们仍希望生存下去。先生们，对我们的心灵来说，这一生是太短促了，理由是：每一个人，无论最低贱或最高尚，无论是最无能或最尊贵，只有在他厌烦了一切之后，才对人生产生厌倦；同时没有一个人能达到他自己的目的，尽管他渴望着这样做，因为他虽然在自己的旅途上一直很幸运，往往能亲眼看到自己所向往的目标，但终于还是掉入只有上帝才知道是谁替他挖好的坑穴，并且被看成一文钱不值。

一文钱不值啊！我！我就是我自己的一切，因为我只有通过我自己才能了解一切！每个有所体会的人都这样喊着，他阔步走过这个人生，为彼岸无尽头的道路作好准备。当然各人按照自己的尺度。这一个带着最结实的旅杖动身，而另一个却穿上了七里靴，并赶过前面的人，后者的两步就等于前者一天的进程。不管怎样，这位勤奋不倦的步行者仍是我们的朋友和伙伴，尽管我们对他的阔步表示惊讶与钦佩，尽管我们跟随着他的脚印并以我们的步伐去衡量着他的步伐。

先生们，请踏上这一征途！对这样的一个脚印的观察，比起呆视那国王入城时带来的千百个驾从的脚步更会激动我们的心灵，更会开阔。

今天我们来纪念这位最伟大的旅行者，同时也为自己增添了荣誉，在我们身上也蕴藏着我们所公认的那些功绩的因素。

你们不要期望我写出许多像样的话来！心灵的平静不适合作为节日的盛装，同时现在我对莎士比亚还想得很少；在我的热情被激动起来之后，我才能臆测出，并感受出最高尚的。我读到他的第一页，就使我这一生都属于他了；当我首次读完他的一部作品时，我觉得好像原来是一个先天的盲人，这时的一瞬间，一只神奇的手赋予了我双目的视力。我认识到，他很清楚地领会到我的生活是被无限地扩大了，一切对于我都是新鲜的，陌生的，还未习惯的光明刺痛着我的眼睛。我慢慢学会看东西，这要感谢天资使我具有了识别能力！我现在还能清楚地体会到我所获得的是什么东西。

我没有踌躇过一刹那，去放弃那遵循格律的戏剧。地点的一致对我犹同牢狱般的可怕，情节的统一和时间的一致是我们想象力的沉重桎梏。我跳到了自由的空气里，这才感到自己的手和脚。现在，当我认识到那些讲究规格的先生们从他们的巢穴里给我硬加上了多少障碍时，以及看到有多少自由的心灵还被围困在里面时，如果我再不向他们宣战，再不每天寻找机会以击碎他们的堡垒的话，那么我的心就会愤怒得碎裂。

法国人用作典范的希腊戏剧，按其内在的性质和外表的状况来说，就是这样的：让一个法国侯爵效仿那位亚尔西巴德却比高乃依追随索福克勒斯要容易得多。

形象开始是一段敬神的插曲，然后悲剧庄严隆重地以完美的单纯朴素，向人民大众展示出先辈们的各个惊心动魄的故事情节，在各个心灵里激动起完整的、伟大的情操：因为悲剧本身就是完整的，伟大的。

在什么样的心灵里啊！

希腊的！我不能说明这意味着什么，但我感觉出这点。为简明起见，我在这里根据的是荷马、索福克勒斯及忒俄克里托斯，他们教会我去感觉。

同时，我还要连忙接着说：小小的法国人，你要拿希腊的盔甲来做什么？它对你来说是太大了，而且太重了。

因此所有的法国悲剧本身就变成了一些摹仿的滑稽诗篇。不过那些先生们已从经验里知道，这些悲剧如同鞋子一样，只是大同小异，它们中间也有一些乏味的东西，特别是经常都在第四幕里，同时他们也知道这该又是如何按照格律来进行的。这方砚就无需多花笔墨了。

我不知道是谁首先想出把这类政治历史大事题材搬上舞台的。对这方面有兴趣的人，可以借此机会写一篇论文，加以评论。这发明权的荣誉是否属于莎士比亚，我表示怀疑，总而言之，他把这类题材提高到至今似乎还是最高的程度，眼睛向上看是很少的，因此也很难设想，会有一个人能比他看得更远，或者甚至能比他攀登得更高。

莎士比亚，我的朋友啊！如果你还活在我们当中的话，那我只会和你生活在一起；我是多么想扮演配角匹拉德斯，假如你是俄来斯特的话！而不愿在德尔福斯庙宇里做一个受人尊敬的司祭长。

先生们，我想停笔，明天再继续写下去：因为现在滋长在我内心里的这种心情，你们也许不容易体会到。莎士比亚的戏剧是个美妙的万花镜，在这里面，世界的历史由一根无形的时间线索串连在一起，从我们眼前掠过。他的构思并不是通常所谈的构思；但他的作品都围绕着一个神妙的点，在这里我们从愿望出发所想象的自由，同在整体中的必然进程发生冲突。可是我们败坏了的嗜好是这样迷糊住了我们的眼睛，我们几乎需要一种新的创作，来使我们从这暗影中走出来。

所有的法国人及受其传染的德国人，甚至于维兰也在这件事情上和其他一些更多的事情一样，做得不太体面。连向来以攻击一切崇高的权威为职业的伏尔泰在这里也证实了自己是个十足的台尔西特。如果我是尤利西斯的话，那他的背脊定要被我的王笏打得稀烂！

这些先生当中的大多数人对莎士比亚的人物性格表示特别反感！

我却高呼：自然，自然！没有比莎士比亚的人物更自然的了！

这样一来，于是乎他们一起来扭住我的脖子。

松开手，让我说话！

他与普罗米修斯竞争着，以对手作榜样，一点一滴地刻画着他的人物形象，所不同的是赋予了巨人般的伟大——正因为如此，我们才认不出他们是我们的兄弟——然后以他的智力吹醒了他们的生命。他的智力从各个人物身上表现出来，因此大家看出他们之间的亲属关系。

我们这一代凭什么敢于对自然加以评断？我们从什么地方来了解它？我们从幼年起在自己身上感到的以及在别人身上所看到的，这一切都是被束缚住的和矫揉造作的东西。我常常站在莎士比亚面前，内心感到惭愧，因为有时发生这样的情形：在我看了一眼之后，我就想到，要是我的话，一定会把这些处理成另外一个样子！接着我便认识到自己是个可怜虫，从莎士比亚描绘出的是自然，而我所塑的人物却都是肥皂泡，是由虚构狂所吹起的。

虽然我还没有开过头，可是我现在却要结束了。

那些伟大的哲学家们关于世界所讲的一切，也适用于莎士比亚；我们所称之为恶的东西，只是善的另外一个面，对善的存在是不可缺少的，与之构成一个整体，如同热带要炎热，拉伯兰要上冻，以致产生了一个温暖的地带一样，莎士比亚带着我们去周游世界；而我们这些娇生惯养、无所见识的人遇到每个飞蝗却都要惊叫起来：先生，它要吃我们呀！

先生们，行动起来吧！请你们替我从那所谓高尚嗜好的乐园里唤醒所有的纯洁心灵，在那里，他们饱受着无聊的愚昧，处于半睡半醒的状态，他们内心里虽充满激情，可是骨头里却缺少勇气，他们还未厌世到致死的地步，便是又懒到无所作为，所以他们就躺在桃金娘和月桂树丛中，过着他们的萎靡生活，虚度光阴。

⊙作品赏析

这篇是歌德于1771年10月4日在德国法兰克福的莎士比亚命名日纪念大会上的演讲，当时歌德只有22岁。看看这个慷慨激昂、文采飞扬的少年之作，它几乎使许多过往者和后来者羞愧难当。歌德的演讲完全是针对诗和莎士比亚的，他在演说中表现出使人信服的对莎士比亚在学识上和美学领悟上的把握，这是最难得的。这篇演讲交织着理性的学识和感性的慷慨情绪，表达了歌德对莎士比亚的高度认同和无限热爱，作者的表达盛满充沛的诗意，事实上它就是一首完美的诗，一个即将形成的美学和艺术哲学的宣言，作者在极力称颂莎士比亚，高度赞扬他的艺术成就，同时，以莎士比亚本身为参照，批判了法国小市民粗浅的所谓悲剧或喜剧的艺术，作者有机会把这次演讲当成一次美学斗争，文章开头即劈头盖脸、无可置疑地说出："我觉得我们最高尚的情操是：'当命运看来已经把我们带向正常的消亡时，我们仍希望生存下去。'"歌德这样说当然有他的目的，接下来他肯定了莎士比亚的生命和创造所造就的伟大激情和生命的意蕴，并且以莎士比亚作为武器，来批判一种世俗萎缩的灵魂处境和它的衍生物——"所有的法国的悲剧本身就变成了一些模仿的滑稽诗篇。"而歌德宣称："没有比莎士比亚的人物更自然的了。"高呼着："松开手，让我说话。"一个属于思想和艺术斗争的时代便开始了。

对于路易十六判刑的意见 / [法国] 罗伯斯庇尔

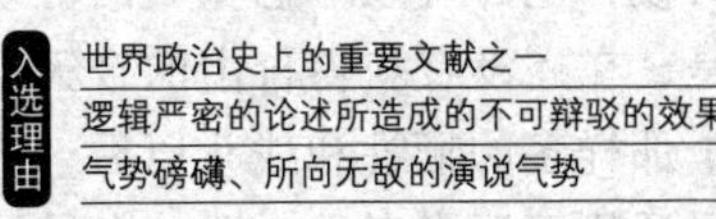

一个共和国里被废位的国王是危险的源泉：或者扰乱国家的安宁，破坏自由，或者两者同时进行……

为了巩固这个年轻的共和国，应该怎样做才是健全的政策呢？我们的目的应该是在人们心中深深铭刻对王室的蔑视，使国王的一切支持者感到恐怖。现在，如果我们把他的罪当作可以讨论的问题向世界提出来……你们就会发现，这里允许他继续威胁自由的真正秘密所在。

……

路易是不能加以审判的。他的罪已定了，否则我们也不会有共和国了。现在再建议我们开始审讯路易十六，那就等于倒退到君主专制或立宪专制上去。这是反革命的想法，因为这不折不扣是对革命本身的起诉……

审讯路易十六是王室向制宪会议提出的请求。如果为路易十六的律师提供讲坛，你们就为专制反对自由的斗争开辟了道路，使诬蔑和亵渎共和国成为名正言顺的事……你们在给予一切被打倒的集团以新的生命；你们鼓励他们，你们使被打倒的君主制取得新的力量，你们承认人们有权毫无阻碍地拥护或反对国王……

所有外国专制主义的嗜血匪帮都准备假路易十六之名对我们作战。路易在监狱的角落里同我们进行斗争，可是我们仍然在考虑他是不是有罪，仍然在考虑是不是可以把他当作敌人看待。我不认为共和国这个词可以等闲对待，我不认为共和国是为了让人对它开玩笑而存在的。现在所做的事是有利于王朝复辟的事。

有人说这次审讯是重大的事件，应该慎重处理。但是，恰恰是你们自己在给予这件事以巨大的重要性！这有什么重要性呢？有任何困难吗？没有！是因为所牵涉到的人物吗？在自由的眼中，他比谁都渺小。在人道的眼中，他比谁都有罪……你们难道是害怕伤害人民的情感吗？要知道，人民所害怕的只是他们的代表的怯懦和野心……你们害怕国王们联合起来反对你们吗？如果你们愿意被他们打败，只要让他们得到你们害怕他们的印象就行了。你们只要稍微表现出对废位的国王们的帮手和同盟的尊敬，你们就一定会被打败……也许你们害怕后代的议论吧？没有疑问，后代是会迷惑不解的。但是，他们迷惑不解的是我们的软弱，我们的偏见，我们的动摇。

国家要生存，路易就必须死。在内外都平静无事、我们获得自由和受人尊敬的时候，也许可以考虑宽大的处理办法。但是，在还没有获得自由的今天，在我们作了那样多的牺牲和战斗以后，严刑峻法还只适用于不幸者的今天，在暴君的罪行还成为争论题目的今天——在这样的时刻，不能有慈悲的想法；在这样的时刻，人民要求的是报复，打倒君主制取得新的力量，

·作者简介·

罗伯斯庇尔（1758～1794），出生于法国阿图瓦省一个律师家庭。1769年进入巴黎著名的路易学院学习哲学和法律，受启蒙思想，尤其是卢梭思想的影响。1781年，获硕士学位，回阿图瓦省的阿腊斯城做律师。1789年，当选为阿腊斯城第三等级出席全国三级会议的代表。在1791年宪法制订过程中曾经反对积极公民和消极公民的划分，声名鹊起。1792年8月下旬，在国民公会选举中当选为代表。参加了对路易十六的审判，坚决主张处决路易十六。1793年5月31日至6月2日起义后建立起雅各宾专政，罗伯斯庇尔成为法国最有权力的人。1794年7月27日反对势力联合发动“热月政变”，罗伯斯庇尔被捕，企图自杀未遂，于次日被送上断头台。生前的著作和言论被辑为《罗伯斯庇尔全集》10卷。

罗伯斯庇尔像

你们承认人们有权毫无阻碍地拥护或反对国王……

⊙作品赏析

1792年9月31日，国民公会召开。围绕处理路易十六的问题，吉伦特派和雅各宾派展开激烈的争论，吉伦特派极力拯救路易十六；而雅各宾派坚持要处死路易。罗伯斯庇尔的演讲就是在此期间发表的，在演讲中，罗伯斯庇尔一个直接的原则是“路易不是被告，你们不是法官；你们是政治家，是国民代表”，“你们的任务不是判定某人有罪或无罪，而是采取拯救社会的措施”。作为政治演讲，罗伯斯庇尔的措辞激烈，气势磅礴，观点鲜明，不容置辩，而且涉及事实非常具体：共和国和国王是势不两立的。罗伯斯庇尔滔滔不绝的演讲具有排山倒海、不可阻挡的气势，其中的逻辑论证无懈可击，分析透彻，使人折服，最终使国民公会的726名代表中半数以上的人赞成判处路易十六死刑。

捍卫自由 /［美国］杰克逊

入选理由
- 美国总统演说中的经典之作
- 简单、务实的语言风格
- 对演讲内容的关键和要领的准确把握

公民们：

在我即将承担一个自由的民族经过挑选所委派于我的艰巨职责时，我谨利用这一合乎惯例而又庄严的时刻来表达我被你们的信任所激起的感激之情，并接受我的职守所规定的责任。你们极大的关注使我深信，任何感谢之词都不足以报答你们所授予我的荣誉；同时又告诫我，我所能作出的最好的报答，就是将我微薄的能力热忱地奉献给为你们谋福利尽义务的事业。

作为联邦宪法的工具，在一段规定的时期内，执行合众国的法律，主管外交及联邦各州关系，管理税收，指挥武装部队，通过向立法机构传达意见，普遍保护并促进其利益等职责将移交给我。现在由我简要地解释一下我将赖以努力完成这一系列职责的行动准则是颇为适当的。

在实施国会的法律时，我将始终铭记总统权力的限制及范围，希望借以执行我的职能而不越权。在与外国的交往方面，我将致力于研究调停各种可能存在和可能产生的争端，以更多地表现出适合于一个大国的克制而不只是一个勇敢的民族所具有的敏感，在公正和体面的条件下维护和平及缔结邦交。

在我可能被要求执行的有关各州权利的措施里，我希望对我们合众国各个自主州的适当尊敬将能激励我工作，我将小心翼翼，绝不混淆他们为自己保留的权利和他们赋予联邦政府的权力。

国家税收的管理——在所有的政府中这都是一件棘手的工作——是我们政府中最微妙和最重要的职责之一，它当然不会只引起我无足轻重的关注。从各个方面来考虑厉行节约，看来将大有裨益。我之所以热切希望能达到这个目标，是因为它既有利于偿清国债，而不必要的漫长期限是同真正的独立不相容的，也由于它将能抵制政府和个人恣意浪费的趋势，而政府的庞大开支是极易造成这种浪费的。国会明智地制定了关于公款的拨用和政府官员欠帐偿付期限责任的规定，这将大大有助于达到这一良好的目的。

至于旨在充实国家纳税对象的适当选择，我以为构成宪法的公正、谨慎和互让的精神，要求农业、商业和制造业的巨大利益应当受到同样的关照（亚当斯于1828年签署了“可憎的关税率”法案，引起南方强烈不满。杰克逊竞选时曾对这一税率大加攻击，得到了南方支持。）也许这一原则唯一的例外在于，对其中任何一种于民族独立必不可缺的产品给以特殊的鼓励。

国内的进步以及知识的传播是极其重要的，它们将能受到联邦政府宪法条例的尽力鼓励。

考虑到常备军在和平时期对自由政府构成的危险，我将不寻求扩大现在的编制，我也不会无视政治经验提供的有益教训，即军方必须隶属于文官政府。我国海军要逐步增强，让它的战旗在遥远的海域飘扬，显示出我们航海的技术和武器的声誉；我们的要塞、军火库和码头要得到维持，我们的两个兵种在训练和技术上要采用先进的成就等等，这些都有审慎的明文规定，恕我在此不絮谈其重要性。但是我们的国防堡垒是全国的民兵，在我国目前的才智和人口的状况下，它一定会使我们坚不可摧。只要我们的政府为民众谋福利，按他们的意志进行管理；只要它保障我们人身和财产的权利，保护信仰自由和出版自由，它定将值得捍卫；只要它值得捍卫，一支爱国的民兵将以坚不可摧的盾来护卫它。我们可能会遭受部分的伤害和偶尔的屈辱，但是成百万掌握作战方法的武装的自由人绝不会被外国敌人所征服。因此，对任何以加强国家的这个天然屏障为目标的正义制度，我都乐于尽力给以支持。

·作者简介·

杰克逊（1767～1845），是第一位出生在贫穷人家的总统。他的父母来自爱尔兰，在他出生前父亲就去世了。年轻时，他是一名优秀的骑手。后来，他开始学习法律，并向西移居到今天的田纳西州纳什维尔的一个边境小村庄。当田纳西州的居民组织起军队同印第安人的一支克里克人交战时，他当选为将军。他虽然没有受过什么军事训练，但事实证明，他是一名优秀的将领——他打败了克里克印第安人。第二年，即1814年，他被联邦军队任命为少将。在美英1812年战争的最后一役中，他率领士兵在新奥尔良大败英军，成为整个国家的英雄。在1828年的选举中，杰克逊获得了压倒性的胜利。全国的仰慕杰克逊的普通民众前来聆听他的就职誓言。1832年，他得以连任。他任内最著名的政绩，是要求废除美国中央银行。

杰克逊像

对我们境内的印第安部落，我真诚地永久希望遵循一项公正和宽容的政策，我们将对他们的权利和要求给予人道的和周到的考虑，而这种权利和要求是同我国政府的习惯和人民的感情相一致的。

最近表露出来的公众情绪已经在行政任务表里铭刻了改革的任务，字字清晰，不容忽视。这项任务特别要求纠正那些使联邦政府的保护同选举的自由发生冲突的滥用职权的弊端，并抵制那些扰乱合法的任命途径和将权力交给或继续留在不忠实和不称职的人的手中的情况。

在执行这样大致阐述过的任务时，我将努力选择这样一些人，他们的勤勉和才干将确保他们在各自的岗位上有效和忠实地进行合作，为了推进这项公职，我将更多地仰赖政府官员的廉正和热忱，而不在于他们的数量。

我对自己的资格缺乏自信，也许这是正确的，这将教导我对我杰出的前任留下的公德的榜样无比敬仰，对那些缔造和改革我国制度的伟人们的光辉思想敬慕不已。这种缺乏自信同样促使我希望得到与政府并列的各个部门的教诲和帮助，以及广大公民们的宽容和支持。

我坚定地仰赖着上帝的仁慈，它的天佑保护了我们的民族于襁褓之中，迄今为止在各种盛衰荣枯之中维护我们的自由，这将激励我奉献热忱的祈祷，愿上帝继续给我们可爱的国家以神佑和美好的祝福。

⊙作品赏析

本文是杰克逊1829年发表的就职演说。其最大的特点在于简单务实，语言简练，所谈的事情无一例外都是与国家和政府以及民众生活密切相关的事情，看上去像是一篇例行公事的演说。杰克逊在阐明自己对将拥有的权力的认识之后，面面俱到地说明了自己在外交、州与联邦政府之间的权力分配关系、国家的税收管理、文化教育、军队建设、与少数民族关系、政治改革等方面的打算，其中税收管理和军队建设以及政府改革在演讲中被着重强调，杰克逊表明自己将“从各个方面来考虑厉行节约”，在税收对象的原则上将坚持“公正、谨慎和互让的精神”，“对其中任何一种于民族独立必不可缺的产品给予特殊的鼓励”。显然地，这些问题都不是泛泛而谈，而是具有现实意义和针对性。杰克逊对国防表示出极大的信心，他阐明了自己对国家和军队关系的认识：“只要我们的政府为民众谋福利、按他们的意志进行管理；只要它保障我们人身和财产的权利，保护信仰和出版的自由，它定将值得捍卫；只要它值得捍卫，一支爱国的民兵将以坚不可摧的盾来护卫它。”杰克逊在演讲中还表明了政务改革的决心，这个决心同样通过简短的言语来表达。这篇演讲看似简单朴实，但是细读会发现其中蕴含的严谨和实际的力量。

在米兰的演说 / [法国] 拿破仑

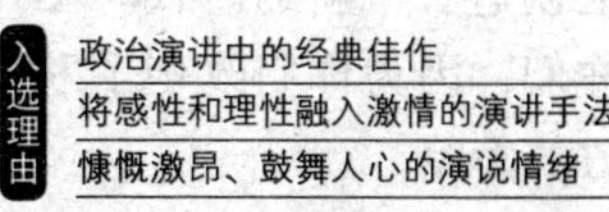

士兵们：

你们像山洪一样从亚平宁高原上迅速地猛冲下来。你们战胜并消灭了一切阻挡你们前进的敌人。

从奥地利暴政下解放出来的皮埃蒙特，表现了与法国和平友好相处的天然感情。

米兰是你们的，在全伦巴迪亚上空，到处都飘扬着共和国的旗帜。

帕尔马公爵和莫德纳公爵能够保留政治生命，完全归功于你们的宽宏大量。号称能够威胁你们的敌军，再也找不到更多的可以凭借的障碍物，来抵挡你们的勇气了。波河、提契诺河和阿达河不再阻挡你们前进了。意大利这些所谓了不起的堡垒看来都是不经一击的，你们像征服亚平宁山脉一样迅速地征服了它们。

你们取得这样多的胜利使祖国充满喜悦。你们的代表们规定了节日，以表示对你们胜利的庆贺，共和国所有的公社都在庆祝这个节日。你们的父亲、母亲、妻子、姊妹以及你们所有心爱的人，都为你们的胜利而欢欣鼓舞，他们都以自己是你们的亲人而感到自豪！

是的，士兵们！你们做了许多事情。可是，这是不是说你们再没有什么事可做了呢？人们在谈到我们时会不会说，我们善于取得胜利，却不善于利用胜利呢？后代会不会责备我们，说我们在伦巴迪亚碰上了卡普亚呢？不过我已经看见你们在拿起武器，懦夫般的休养生活已经使你们烦恼啦！你们为荣誉而花去的时光，也就是为了自己的幸福而花去的时光。总而言之，让我们前进吧！目前我们还需要急行军，我们必须战胜残敌，我们要给自己戴上桂冠，必须报复敌人给我们的侮辱！

让那些准备在法国挑起内战的人等着吧！让那些卑鄙地杀死我们的驻外使节和烧毁我们土伦军舰的人等着吧！复仇的时刻到了。

但是，要叫老百姓放心。我们是一切老百姓的朋友，特别是布鲁图家族、西庇阿家族和一切我们奉为典范的大人物的后裔的忠实朋友。恢复卡皮托利小山上的古迹，在那儿恭敬地竖起一些能使古迹驰名的英雄雕像。唤醒罗马人，使他们摆脱几百年的奴役造成的昏沉欲睡的状态。这些将是你们的胜利果实，这些果实将在历史上创造一个新的时代。不朽的荣誉将归于你们，因为你们改变了欧洲这一最美丽地方的面貌。

自由的、受全世界尊敬的法国人民正在给全欧洲带来光荣的和平，这种和平将补偿它在六年中所忍受的一切牺牲。那时你们回到自己的家乡，你们的同胞就会指着你们说：他是在意大利方面军服过役的！

·作者简介·

拿破仑（1769～1821），出生在科西嘉岛的阿雅克修城。15岁那年进入巴黎陆军学校学习，毕业后成为一名炮兵少尉。

1793年，拿破仑奉命参加土伦战役，因战功卓著被破格提升为准将。1796年3月初，年仅26岁的拿破仑被任命为法国意大利军司令官。他统率数万大军直驱意大利，取得了一系列的辉煌胜利。1798年5月，拿破仑挥师东下，远征埃及。1799年，拿破仑率亲信离开埃及，返回巴黎。11月9日，发动雾月政变成功，成为第一执政官。1804年，加冕称帝，即拿破仑一世，法国进入了法兰西第一帝国时期。

拿破仑像

1807年10月，拿破仑发动了征服伊比利亚半岛的战争，并占领葡萄牙和西班牙的大部分。1809年5月12日，拿破仑打败奥军主力，随后占领维也纳、罗马等地。1812年，拿破仑集兵50万远征俄罗斯，但最终大败而归。1814年的莱比锡战役中拿破仑又败给了反法同盟，被流放到意大利的厄尔巴岛。1815年，拿破仑成功逃出流放地，返回法国，再次登上皇帝宝座。但在滑铁卢战役中法军惨败，拿破仑第二次退位，流放到圣赫勒拿岛。1821年5月5日，拿破仑在岛上病逝，终年52岁。

⊙作品赏析

本篇演讲是1796年5月15日拿破仑和他的军队进驻米兰后他对士兵发表的演说，拿破仑的演说非常富于激情，具有极大的鼓动性和号召力，他在演说中高度赞扬了士兵们在战争中英勇的表现和所建立的卓越功勋："你们战胜并消灭了一切阻挡你们前进的敌人。""号称能够威胁你们的敌军，再也找不到更多的可以凭借的障碍物，来抵挡你们的勇气了。"这些华丽壮美的语言充分体现了拿破仑在演讲和修辞方面的天赋，"他们都以自己是你们的亲人而感到自豪。"拿破仑在演讲中对前景胜利的期许和对前景的展望极大地鼓舞了士兵，更加激发了他们无畏的战斗精神和坚强的战斗力量。"人们在谈到我们时会不会说，我们善于取得胜利，却不善于利用胜利呢？"这样的反问实际上更大地起到了激励的作用，"让我们前进吧！目前我们还需要急行军，我们必须战胜残敌，我们要给自己戴上桂冠，必须报复敌人给我们的侮辱！"拿破仑的这篇演讲大量使用呼告和排比，充满战斗的激情和意志力。

入选理由

关于音乐的经典演讲之一
将哲理融入激情的演讲
人格魅力的充分体现

关于音乐的创作 /［德国］贝多芬

有关于我的创作的一切情由，在我的感觉中都是那么神秘而不可捉摸。但我急于要说明的是，当一个主题被自然地放在了前面时，我的旋律就从热情的源泉，不择地涌现出来；我追踪它，再次热情地抓住它，我眼看着它飞逝而去，在一团变幻激情中消失得无影无踪，然后我又激情满怀，再次捕捉到了它，要我同它分离是不可能的，我只有急急忙忙地将它转调，加以展开，最后，我还是把它占有了——这就是一部交响曲啊！音乐，尽管变化多端，它归根到底是精神生活与感官生活之间的调解者。我想同歌德谈谈这个问题，他会理解我吗？

把我的意思告诉歌德吧，跟他说，要他听听我的交响曲，他就会同意我这样说是对的。我们不知道认识究竟能给我们带来什么。被包裹着的种子只有在潮湿、带电荷温暖的土壤中才会发芽、思考和表现自己，音乐便是这种带电的土壤。在音乐中，我们的头脑可以思考，可以生活和建设一切。哲学便是头脑带电本质的结晶。哲学的目标是寻求基本原理的基础；头脑是需要借助于哲学才能达到崇高境界的，虽然头脑并不能超越产生它的东西，但它在超越的过程中却会得到幸福。所以，每种现实的艺术创造都是独立的，而且比艺术家本人更有力量，它通过艺术的表现回向神圣。艺术创造和艺术家也只有回向神圣，才能证明神圣的东西在他身上获得了调解。万物都带电，它刺激头脑去创造音乐，创造流动性的、不断往外涌现出来的东西。

我的本性也是带电的，我一定要改变我的智慧不易外露的习惯，为了表达我的智慧我可以做到心里是怎样想的，口头上就怎么说，写信告诉歌德，问问他是否明白我所说的意思。

·作者简介·

贝多芬（1770～1827），德国作曲家，维也纳古典乐派代表人物之一。出生于莱茵河畔波恩城的一个音乐世家，自幼从父学音乐。1792年起在维也纳定居，进行音乐创作和教学。26岁听力发生障碍，晚年全聋，但仍然坚持创作。在欧洲音乐史上，他集古典派之大成，开浪漫派先河。其作品展现出慑人的活力、罕见的高贵情操以及完美的技巧，他创作的九部交响乐，两首弥撒曲，还有不胜列举的序曲、协奏曲、奏鸣曲和弦乐四重奏曲，都深深影响了后来作曲家的风格。他为人类留下了一笔宝贵财富，对世界音乐的发展也产生了巨大的影响，因而被世人尊称为“乐圣”。

贝多芬像

⊙作品赏析

贝多芬的音乐天赋是他的酒鬼老爸发掘出来的。他老爸当时的动机纯粹是希望把“乐圣”训练成神童莫扎特第二，好利用他来赚钱。因此孩童时代的贝多芬常为了练琴挨鞭子，也常常边流泪边弹琴。

贝多芬生性热情，崇尚自由。他曾对拿破仑有所期待，还写了一首曲子打算献给拿破仑，这首曲子就是大家熟知的第三交响曲——《英雄》。可是，当曲子完成时，他却听到拿破仑自立为帝的消息，他生气地把献词撕毁，而且说了一句很有名的话：拿破仑也不过是一个普通人而已。

贝多芬十分喜欢把他的诗学思想贯穿于艺术创作之中，他通过自己的创作，反映了那个时代伟大的人民运动和最进步的思想。他以时代和个人的命运为主题，通过深刻的哲理和感人的艺术形象的结合，写出了一系列不朽的作品。他的作品中包含了大量的当时德国古典文化哲学的基调，所以，他在演讲中说："每种现实的艺术创造都是独立的，而且比艺术家本人更有力量，它通过艺术的表现回向神圣。艺术创造和艺术家也只有回向神圣，才能证明神圣的东西在他身上获得了调解。"贝多芬的艺术创作，也的确是在一种"回向神圣"的崇高信念的指导下进行的。正像他所说的，音乐的爆发是从内心"热情的源泉，不择地涌现出来"，他可以"热情地抓住它"，正是这种对音乐的狂热崇拜与他深浸其中的头脑感悟，使他的"自白"具有丰富的人生与诗学精神。

超人的天赋和对生命与艺术的深刻体验所构成的深邃的艺术与人生哲理思想，使贝多芬焕发出独特的气质，浪漫主义的乐观情怀使人们感受到他的演讲所富有的深远的意义和感召的力量。

哲学开讲词 /［德国］黑格尔

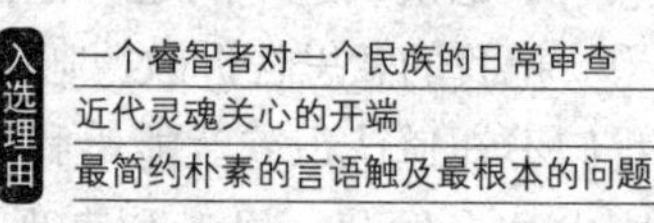

诸位先生：

我所讲授的对象是哲学史。而今天我又是初次来到本大学，所以请诸位让我首先说几句话，就是我感到特别愉快，恰好在这个时机我能够在大学里面重新恢复我讲授哲学的生涯。因为这样的时候似乎业已到来，即可以期望哲学重新受到注意和爱好，这门几乎消沉的科学可以重新扬起它的呼声，并且可以希望这个对哲学久已不闻不问的世界又将倾听它的声响。时代的艰苦使人对于日常生活中平凡的琐屑兴趣予以大大的重视，现实上很高的利益和为了这些利益而作的斗争，曾经大大地占据了精神上一切的能力和力量以及外在的手段，因而使得人们没有自由的心情去理会那较高的内心生活和较纯洁的精神活动，以致许多较优秀的人才都为这种艰苦环境所束缚，并且部分地被牺牲在里面。因为世界精神太忙碌于现实，所以它不能转向内心，回复到自身。现在现实的这股潮流既然已经打破，日耳曼民族既然已经从最恶劣的情况下开辟出道路，且把它自己的民族性——一切有生命的生活的本源——拯救过来了：所以我们可以希望，除了那吞并一切兴趣的国家之外，教会也要上升起来，除了那为一切思想和努力所集中的现实世界之外，天国也要重新被思维到，换句话说，除了政治的和其他与日常现实相联系的兴趣之外，科学、自由合理的精神世界也要重新兴盛起来。

我们将在哲学史里看到，在其他欧洲国家内，科学和理智的教养都有人以热烈和敬重的态度在从事钻研，唯有哲学，除了空名字外，却衰落了，甚至到了没有人记起，没有人想到的情况，只有在日耳曼民族里，哲学才被当作特殊的财产保持着。我们曾接受自然的较高的号召去作这个神圣火炬的保持者，如同雅典的优摩尔披德族是爱留西的神秘信仰的保持者，又如萨摩特拉克岛上的居民是一种较高的崇拜仪式的保存者与维持者，又如更早一些，世界精神把它自己最高的意识保留给犹太民族，俾使它自己作为一个新精神从犹太民族里产生出来。但是像前面所提到的时代的艰苦和对于重大的世界事变的兴趣，都曾阻遏了我们深彻地和热诚地去从事哲学工作，分散了我们对于哲学的普遍注意。这样一来坚强的人才都转向实践方面，而浅薄空疏就支配了哲学，并在哲学里盛行一时。我们很可以说，德国自有哲学以来，哲学这门科学的情况看起来从来没有像现在这样坏过。空洞的词句、虚骄的气焰从来没有这样飘浮在表面上，而且以那样自高自大的态度在这门科学里说出来做出来，就好像掌握了一切的统治权一样。为了反对这种浅薄思想而工作，以日耳曼人的严肃性和诚实性来工作，把哲学从它所陷入的孤寂境地中拯救出来——去从事这样的工作，我们可以认为是接受我们时代的较深精神的号召。让我们共同来欢迎这一个更美丽的时代的黎明。在这时代里，由此向外驰骋的精神将回复到它自身，得到自觉，为它自己固有的王国赢得空间和基地，在那里人的性灵将超脱日常的兴趣，而虚心接受那真的、永恒的和神圣的事物，并以虚心接受的态度去观察和把握那最高的东西。

我们老一辈的人是从时代的暴风雨中长成的，我们应该赞羡诸君的幸福，因为你们的青春正是落在这样一些日子里，你们可以不受扰乱地专心从事于真理和科学的探讨。我曾经把我的一生贡献给科学，现在我感到愉快，因为我得到这样一个地方，可以在较高的水准，在较广的范围内，与大家一起工作，使较高的科学兴趣能够活跃起来，并帮助引导大家走进这个领域。我希望我能够值得并赢得诸君的信赖。但我首先要求诸君只须信赖科学，信赖自己。追求真理的勇气和对于精神力量的信仰是研究哲学的第一个条件。人既然是精神，则他必须而且应该自视为配得上最高尚的东西，切不可低估或小视他本身精神的伟大和力量。人有了这样的信心，没有什么东西会坚硬顽固到不对他展开。那最初隐蔽蕴藏着的宇宙本质，并没有力量可以抵抗求知的勇气；它必然会向勇毅的求知者揭开它的秘密，而将它的财富和宝藏公开给他，让他享受。

·作者简介·

黑格尔（1770～1831），出生于德国斯图加特市一个政府公务员家庭，从小接受了良好的正规教育。18岁时，他进入图宾根神学院学习哲学和神学。

1800年，黑格尔来到当时德国哲学和文学的中心耶拿，与大学时的同学谢林共同创办了《哲学评论》杂志。1801年，黑格尔发表他的第一篇哲学论文《费希特和谢林哲学体系的差异》，开始引起哲学界的关注。同年他被耶拿大学聘为哲学讲师，5年之后升为教授。1808年，他来到纽伦堡，在一所中学当了8年校长。

黑格尔像

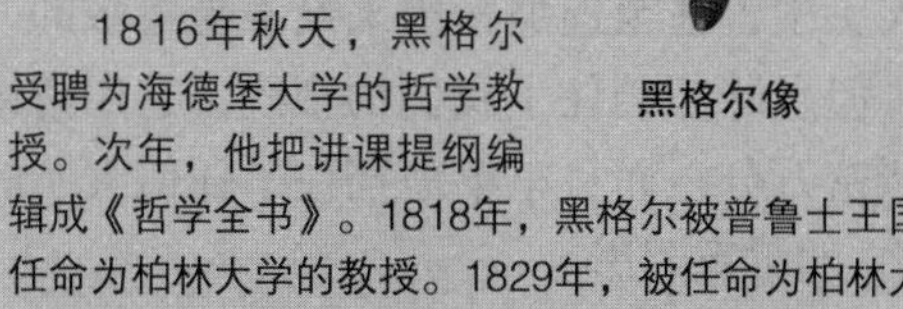

1816年秋天，黑格尔受聘为海德堡大学的哲学教授。次年，他把讲课提纲编辑成《哲学全书》。1818年，黑格尔被普鲁士王国任命为柏林大学的教授。1829年，被任命为柏林大学校长和政府代表。

1831年11月14日，黑格尔在柏林病逝，享年61岁。

⊙作品赏析

这篇演讲是黑格尔于1816年10月28日在海德堡大学讲授哲学史的开讲词，是黑格尔极负盛名的一篇关于哲学的演讲词。其内容主要是对哲学史的一个概括的导引。对于大多数人来讲，哲学是枯燥的，但是对于真正的大师而言，他懂得并且能够用简单通俗的语言解释给大众来听。当然，在这篇演讲中，黑格尔并没有完全深入到具体的哲学阐释中去，他只是做一个简单的概括和引导，但是他的语言非常生动，在严谨的表述中充满对哲学这门学科的热情和信念。黑格尔用通俗朴素的语言首先说明了哲学的社会人生价值，“科学、自由合理的精神世界也要重新兴盛起来”。黑格尔从哲学的探究和维护出发，赞美了日耳曼民族，号召他们来做一样工作，“在这时代里，由此向外驰骋的精神将回复到它自身，得到自觉，为它自己固有的王国赢得空间和基地，在那里人的性灵将超脱日常的兴趣，而虚心接受那真的、永恒的和神圣的事物，并以虚心接受的态度去观察和把握那最高的东西”。尽管从言语方式上来讲，谈论哲学并不能完全回避逻辑严密的概念和判断，但是在本篇演讲里，我们得到的对黑格尔的印象却是一个谈笑风生的、随意自如的人，他使一个相对枯燥的事物变得不再使人望而生畏。

让更多的人获得幸福 /［英国］欧文

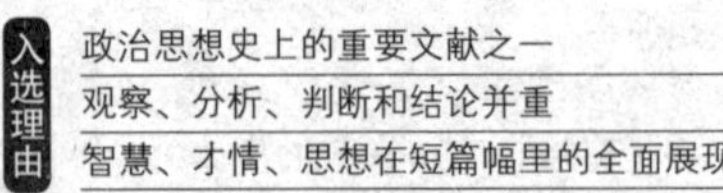

今天我到这里来，不是为了满足无聊和无用的虚荣心。我来到大家面前，是为了完成一项庄严而极其重要的任务。我所重视的，不是要博得大家的好感和未来的名望。这两项在我看来都没有什么价值。支配我行动的唯一动机，是希望看到你们和全体同胞到处都能实际享受到大自然所赋予我们享受的极其丰厚的幸福。这是我终身抱定、至死不移的愿望。

世人如果具有智慧的话，在以往许多世代中早就会发现：人们一向追求的这种恩惠，这种非财富所能购买的天赐，一直是掌握在世人手中，甚至连那些历来最不受尊敬的人也能具有这种幸福。幸福的条件虽然遍地皆是，但愚昧却挡住了我们的视线，它用荒谬绝顶的精神环境重重围住这些条件，这种环境严密万分，而且牢牢地挡住了任何大胆的冒险者，因此连世代积累的经验也一直未能突破它的重重阴影。

这种黑暗环境的统治虽然有无数奇形怪状的毒蛇猛兽防卫着，但终于成为过去了。

经验将它的形迹深深地印在以往的时代中，并毫不疲倦、毫无恐惧、毫不松懈地在它那正义的道路上坚持到底。当敌人睡着的时候，它在前进；当敌人没有注意它的行动时，它在悄悄地往前爬。它前进时虽然步步艰巨而又危险，但终于使敌人惊慌失措、狼狈不堪地看到它跨到外层的障碍上来了。一切黑暗势力马上开始了凶险可怖的活动，准备对这个胆大妄为的来犯者实行报复。

但经验是真知与灼见之母，因而它的一切举止都是明智而又坚定的。以往它一直把自己的伟大和力量隐藏起来，现在它突然展示出它那万能的真理之镜，镜上闪耀出这样神圣的光辉，使得黑暗的全体妖魔看了以后都在这种耀眼逼人的光芒下惊骇退缩，而这种光芒却一下就刺中了他们的心房。这些妖魔完全绝望地溃逃了，甚至现在还在慌忙地向四面八方逃跑，永远离开我们的住处，让我们能充分地享受完整的团结、真正的美德、持久的和平和实际的幸福。

朋友们，今天我希望你们都投到“经验”这位胜利的领导者的旗帜下面来。请不要为这一建议而感到惊恐。由于原先曾受到这位永无过失的教师的教导，我甚至在目前就要更前进一步。现在我要向你们说：你们将在今天这个日子里被迫归于经验的旗帜之下，今后你们将永远无法背离它，而今天这个日子后世也将永志不忘。这位领导者的统治和管辖，将使你们感到十分公平和正确，你们将不会感到任何压迫。在经验的城池中绝不会有饥饿和贫困的危机。由于愚昧和迷信而兴建的监狱，将永远敞开大门，监狱的刑具将留作经验的应得的战利品。在它的永无差错的规律下，你们的体力和智力都将得到发展，你们将得到良好的教育和工作，这一切对于你们自己和旁人都将是有用的、愉快的和有利的，因而使你们再也不想离开你们的正义道路。

在发生怀疑时候，事实总是随时准备提供证据的。事实说：大不列颠与爱尔兰联合帝国现在所遭受的苦难、贫困和悲惨状况比以往许多世纪曾经实际遭受的都更为严重。

大不列颠与爱尔兰联合帝国从来没有过这样多得不可胜数的条件可以使全体人民解除这种苦难、堕落和危险。

我国当政者还没有提出任何合理办法，对成千上万在贫困中挣扎的人进行一劳永逸的实际救济，他们的家却不必要地成了危害人权和各种苦难的渊薮。

这些当政者没有其他方面的帮助，对这个问题便无法具有充分的权力和实际的知识来适当地运用国家丰盈有余的条件，使人民摆脱愚昧和邪恶，而这两者又是一切现存祸害的来源。

这种权力和实际知识的帮助，只能由社会上各地区最善于思考、最为明智和最有教养的那部分人明确表示的舆论提供。

事实也证明，舆论应当提出以下各点：

1. 一个国家如果供养一大部分劳动阶级过着无所事事的贫困生活或者从事无谓的工作，就永远不能富强。

2. 任何国家如果存在着偏见和贫困，而仅有的教育又坏到不堪设想的程度，那就必然会使人民的道德败坏。

3. 在这些人民中如果酒店林立，公开赌博的诱惑一应俱全，那么他们就必然会变得低能无用，或是作恶、犯罪和危害他人。

4. 这样一来，就必然要使用强制手段并使用严峻、残酷和不公平的惩罚。

5. 接着人民就会对当政者产生不满、怨恨和各种反抗情绪。

6. 政府如果允许和纵容一切恶习、坏事和犯罪行为的诱因存在，而又大谈宗教，大谈改善贫民和劳动阶级的生活状况，大谈提高他们的道德，那就简直是在嘲笑人们没有常识了。

7. 这种行动和教化是欺骗群众的无聊和愚蠢的办法，现在群众已不再受这些言行欺骗了，将来这种矛盾百出和无意义的废话也骗不了任何人。

8. 如果让这类条件保存下去，而又希望国家进步，那就像是看到天下江河日夜奔向海洋，还在等待海洋干涸一样愚蠢而无远见。

9. 如果要消除这些祸害，并养成良好的习惯，培养有价值的知识和建立永久的幸福，那就必须把陷于贫困、邪恶、犯罪、苦难和不良习惯之中而又聚在一起的广大群众逐步加以隔离，分成若干可以管理的部分，分配到全国去。

10. 如果改善低级阶层以至整个社会的状况，就绝对必须拟定办法使劳动阶级的子女受到良好的教育，以有利的方式雇用他们，并为他们提供一切生活必需品和有益的享用品。

11. 我们必须作出安排，使劳动阶级在稳健和公平的法律下通过自己节制有度的劳动获得这一切幸福。在广大人民的品行和知识提高时，这种法律就将相应地扩大他们的自由。

12. 现在着手进行这种安排的经验和条件都已具备；这种变革丝毫不会损及任何人，相反，它会使每个人，从最受压迫和最卑下的人直到国家的最高统治者，都将从这种变革中获得实际的和持久的利益。

事实还说明，现代有学识而无经验的人，如果认为目前行将公开提出的关于消除贫穷、邪恶和犯罪行为的计划会产生、增加和延续贫穷的现象，那他们就完全想错了。

这些先生们把聪明机智的人所能提出的一切反对意见都提到公众面前来了，我个人十分感谢。我所希望的是整个计划能受到充分的考察和研究，使它的直接效果和最间接的后果没有一点不为世人所知。它将经受住最强烈和最稳定的光芒的照射，否则我就不会为它做辩护了。

在这里我要请问这些先生们：

如果对儿童从最小的时候起，就小心地好好加以培养，这会不会是产生、增加并延续贫穷现象的做法呢？

如果用正确和精密的实际知识来教导儿童，这会不会是产生、增加并延续贫穷现象的做法呢？

如果使儿童获得健康，养成仁慈的性情和其他良好习惯，并使他们养成积极而愉快的工作作风，这会不会是产生、增加并延续贫穷现象的做法呢？

·作者简介·

欧文（1771～1858），生于威尔士蒙哥马利郡牛顿城一个手工业者家庭，10岁辍学当学徒，19岁成为曼彻斯特一家纱厂经理，1800年以后在苏格兰新拉纳克管理一个巨大的纺纱企业。1815年他积极参加了争取制订缩短工作日和禁止使用童工的工厂立法的斗争。1817年他又提出组织“合作村”安置失业者的方案，1820年左右，这个“方案”发展成一套完整的合作社会主义思想体系。1824年他在美国印第安纳州买下1214公顷土地建立“新和谐”移民区进行实验，但实验以失败告终。1832年他在伦敦建立全国公平劳动交换商场，试图通过劳动交换商场来避免中间剥削。1834年又发起成立全国产业大联合，这实际上是建立全国性工会组织的最初尝试。但全国公平劳动交换商场和全国产业大联合都在1834年先后失败。

欧文像

1858年11月17日逝世。

欧文的主要著作有《致拉纳克郡的报告》、《新道德世界书》、《人类思想和实践中的革命》等。

假如在劳动阶级中教导每一个男人，使他们学会园艺、农业以及至少另一种行业、工业或职业的实际业务和有关知识；假如我们教导每一个妇女，使她学会用最好的方法看管小孩、培养儿童并操持所有的日常家务，使自己和旁人都生活得舒适；假如我们还教导妇女，使她们学会园艺以及某种有用的、轻松的、合乎健康的工业劳动的实际操作和有关知识，请问这个计划中的这些部分或其中任何一部分会不会是产生、增加并延续贫穷现象的做法呢？

假如消除了愚昧、忿怒、报复和其他一切邪恶情欲的根源，这会不会是产生、增加并延续贫穷现象的做法呢？

如果把一个国家的全体人民培养得节制有度、勤勉而有道德，这会不会是产生、增加并延续贫穷现象的做法呢？

如果以精诚团结和互相合作的精神使大家结合在一起，并使任何人都没有一点点不信任的感情，这会不会是产生、增加并延续贫穷现象的做法呢？

如果使世界的财富增加3倍、10倍以至于100倍，这会不会是产生、增加并延续贫穷现象的做法呢？

我还可以对这些先生们提出许多其他问题，他们的答案也许不会像答复刚才提出的问题那样现成，但我只要提出一个就够了。

他们能提出什么办法使我国人民摆脱全国举目皆是的愚昧、贫困和堕落的现象呢？这些现象如果不迅速加以制止，就必然很快会使所有的阶层淹没在一片混乱和毁灭的景象中。

我有这种看法，而且它在我的心目中就像我现在看到大家一样清楚。这样我难道还能袖手旁观、无动于衷吗？难道我应当讲究毫无意义的形式和习惯而闭口不言吗？不，就我目前所能获得的知识来说，假定我为了任何一种个人打算而不设法让大家听到迄今仍然微弱的真理之声，那我岂不是成了人类的头号罪魁了吗？这种真理之声已经像方舟上的鸽子一样飞出去，再也不会回来了。

这一真理在前进中永不停步，直到它走遍和充塞世界各地为止。它的影响将驱散和消灭一切瘴疠和一切污秽邪恶的东西。朋友们，它将使我国和其他一切国家变成理性动物的乐园。

⊙作品赏析

在这篇演讲中，欧文阐述了他的社会政治理想：让更多的人获得幸福。欧文的空想社会主义在某种程度上是成熟的，虽然他本人后来做过几次建立这样一个理想社会的实践，均以失败告终。在这篇演讲中我们可以看到，欧文对他所设想的社会主义极富热情，他对社会的观察和分析也是非常认真详细的，而且给出的解决方案也是非常具体的。他在演讲中所阐述的问题非常具有针对性，他开篇即指出“大不列颠与爱尔兰联合帝国现在所遭受的苦难、贫困和悲惨状况比以往许多世纪曾经实际遭受的都更为严重”，并且实际上的贫困和堕落却正在发展，而且将继续发展。欧文指出，当政者在这些问题面前是平庸和无能的。接着，他非常有条理地列举了大量问题产生的具体原因和解决途径，这些论述都非常具有现实依据和切实可行性。但是，欧文并没有找到根本的导致问题产生的社会制度根源所在，他的观察、分析、判断和设想过份依赖福利和教育，并且寄希望于现有政府，这就是他被称为空想社会主义者的原因。从演讲本身来说，欧文才思敏捷，知识渊博，大量的排比和反问形成排山倒海的磅礴气势，对当时的社会现实和政治现状给予了猛烈的抨击。

生命的最后一刻 /［美国］约翰·布朗

入选理由
- 演讲中的精品佳作
- 形式不同于一般演讲，但主题非常鲜明
- 演说整体具有很强的论辩性质

如果法庭允许的话，我有几句话要说。

首先，除了我始终承认的，即我的解放奴隶计划之外，我否认其他一切指控。我确实有意完全消灭奴隶制。如去年冬天我曾作过的，当时我到密苏里，在那里双方未放一枪便带走了奴隶，通过美国，最后把他们安置在加拿大。我计划着扩大这行动的规模。这就是我想做的一切。我从未图谋杀人、叛国、毁坏私有财产或鼓励、煽动奴隶造反、暴动。

我还有一个异议，那就是：我受这样的处罚是不公平的。我在法庭上所承认的事实已经得到相当充分的证明，我对于证人提供的大部分事实的真实和公允是很钦佩的。但是，假如我的作为，是代表那些富人、有权势者、有才智者，即所谓大人物的人，或者是代表他们的朋友——无论是其父母、兄弟、姐妹、妻子、儿女，或其中任何人的利益，并因此而受到我在这件事上所受到的痛苦和牺牲，那就会万事大吉。这法庭上的每个人都认为，我的行为不但不应受罚，而且值得奖赏。

我想，这法庭也承认上帝的法律是有效的。我看到这里有一本你们吻过的书，我想是《圣经》或至少是《新约全书》。它教导我：要人怎样待我，我也要怎样待人；它还教导我：记着缧绁中的人们，就如同和他们被监禁在一起一样。我努力遵循这训条行事。我说，我还太年轻，不能理解上帝是会偏袒人的。我相信，我一直坦率地为上帝穷苦子民所做的事，并没有错，而且是正确的。现在，在这个奴隶制的国度里，千百万人的权利全被邪恶、残暴和不义的法制所剥夺，如果认为必要，我应当为了贯彻正义的目的付出我的生命，把我的鲜血、我子女的鲜血和千百万人的鲜血流在一起，我请求判决，那就请便吧！

·作者简介·

约翰·布朗（1800～1859），出生在美国康涅狄格州托林顿一个白人农民家庭。1834年，布朗组织了一个废奴主义团体。1854年，南方种植园奴隶主派遣武装匪徒窜犯堪萨斯，激起了美国人民的反对。布朗派他的5个儿子前往当地参加战斗，不久布朗自己也赶去了，并在达奇亨利渡口歼灭了一批敌人，从此，布朗的名字传遍各地。

约翰·布朗像

1859年10月16日晚，布朗在哈帕斯渡口发动武装起义。18日，经过最后一场激烈战斗，布朗率领的起义军终因寡不敌众而失败了。1859年12月2日，布朗英勇就义。

请让我再说一句。

我对在这次审讯中所受到的处置感到完全满意。考虑到各种情况，它比我所料想的更为宽大。但是，我不认为我有什么罪。我开始时就已经说过什么是我的意图，什么不是我的意图。我从未想过要去破坏别人的生活、要去犯叛国罪、去煽动奴隶造反或发动全面起义。我从未鼓动任何人去这样做，却总是打消任何这种想法。

请还允许我说一句那些与我有关的人们所说的话。我听到他们中有人说我引诱他们与我联合，但事实恰恰相反。我这样说并非要伤害他人，而是深为他们的软弱感到遗憾。他们与我的联合没有一个人不是出于自愿的，而且他们中大部分是自费与我联合的。他们中间有很多人直到来找我的那天，我从未与他们见过面，也没有与他们交谈过，这就是为了我已经阐明的目的。

现在，我的话已经说完了。

⊙作品赏析

美国独立后，北部各州先后废除黑人奴隶制。但南部诸州由于棉花种植业的迅速发展，种植园奴隶制不断扩大，威胁着美国人民的民主权利。19世纪20年代前后，废奴运动的组织在美国开始出现。

废奴运动领袖约翰·布朗1859年10月16日在弗吉尼亚州发动武装起义，遭到奴隶主的残酷镇压，布朗受伤后被俘。同年11月2日，州法院以“谋反罪”判处他绞刑。本篇演说是他被判处死刑后在法庭上即兴发表的。

本篇演说的最大特点是突破了一般演讲的程式，没有什么开场白，也没有严谨的结构，各段落之间似乎没有什么逻辑上的必然联系，每段各陈述和论证一个问题。但是阅读全篇，就会发现，布朗通篇都是在用事实设辩，以谴责敌人滥杀无辜为主旨，无情地揭露了在“公允”论辩后面的政治偏见和阶级私利，断然否认法庭强加给他的一切“叛国”指控，演说在这样的一个主题下浑然成为一个整体。演说的语言朴实无华，用词准确犀利，具有很强的论辩性质。演说的最后，布朗以双方都承认的权威理论《圣经》设辩：“我看到这里有一本你们吻过的书，我想是《圣经》或至少是《新约全书》。”“要人怎样待我，我也怎样待人。”布朗通过这样的引证严正地指控法庭的非正义和不公正，充分地发挥了引证法在辩论中的作用。整篇辩护演讲层层深入，表现了一位废奴领袖为真理和正义而献身的大无畏精神。

林肯就职演说 /［美国］林肯

入选理由：
美国总统演讲中的经典之作
张扬着自由和民主精神
真挚、朴素的演讲语言和智慧的演讲技巧

合众国民们：

按照一个与政府本身同时产生的惯例，我来到你们面前发表简短的讲话，并遵照合众国宪法对总统在“就职前”必须宣誓的规定，当着你们的面宣誓。

我想，我现在不必讨论那些并不特别令人忧虑或激动的行政问题。

南方各州人民似乎担心，共和党一旦执政，将会危及他们的财产、和平与个人安全。这种担心从来就没有什么合理的根据。实际上，足以说明相反事实的充分证据却一直存在着，并且随时可以进行检查。这种证据在现在向你们讲话的这个人的几乎所有发表过的演说中都可以找到。我只引述其中的一篇，我曾宣布——

“我无意直接或间接地干涉各蓄奴州的奴隶制度。我认为我没有那样做的合法权利，而且也没有那样做的意向。”

提名并选举我的那些人完全知道我作过这一声明和许多类似的声明，而且我从未宣布撤回这些声明；不仅如此，他们还把一个鲜明有力的决议列入竞选政纲，并为我所接受，作为彼此都应遵守的准则，我现在读一读这个决议：

维护各州的各种权利不受侵犯，特别是每一个州完全根据自己的判断决定并管理其内部机构的权利不受侵犯，这对我们政治结构的完善与持久所依赖的权力平衡是必不可少的；我们谴责非法使用武力侵犯任何一个州或准州的领土，不论其凭借何种借口，都是最严重的罪行。

我现在重申这些看法，我这样做只是提请公众注意有关这一情况的最确实的证据，即任何地区的财产、和平与安全都不会受到即将掌权的政府的危害。我还要补充一下，所有各州如果合法提出要求，政府都乐于给予符合宪法和法律的保护，而不论其出于什么原因——不分地区都一样愉快地对待。

关于从劳务或劳役中逃亡出来的人的引渡问题，人们有着许多争论。我现在要读的这个条款和宪法其他条款一样清楚：

“凡依一州法律应在该州服劳务或劳役者逃往他州时，不得依后者任何法律或法规解除该项劳务或劳役，而应依享有该项劳务或劳役的当事人的要求予以引渡。”

毫无疑问，制定这一条款的那些人的意图在于要求归还我们所说的逃奴；而立法者的意图就成了法律。所有国会议员都宣誓拥护全部宪法——包括这一条款和其他任何条款。对于把符合该条款所列条件的奴隶“予以引渡”的主张，他们的誓言是一致的。那么，如果他们能心平气和地进行努力，难道就不能以几乎同样的一致来草拟并通过一项法律，以便使那个一致的誓言同样有效吗？

关于这一条款究竟应由联邦政府抑或由州政府来执行，现在存在某些分歧。如果奴隶要被遣还事宜，这对该奴隶或其他人来说并没有什么差别。难道会有人仅因在履行誓言的方式上存在无关紧要的争议就愿意违背誓言吗？

应该不应该把文明的、人道的法学中保证自由的所有规定都列入与这个问题有关的任何法律，以便使一个自由人在任何情况下都不会沦为奴隶？与此同时，可以不可以通过法律使宪法中关于保证“每州公民在其他各州均应享有公民的一切特权和豁免权”的条款得以实施？

我今天正式宣誓时，并没有保留意见，也无意以任何苛刻的标准来解释宪法和法律；尽管我不想具体指明国会通过的哪些法案是适合施行的，但我确实要建议，所有的人，不论处于官方还是私人的地位，都得遵守那些未被废止的法令，这比泰然认为其中某个法案是违背宪法的而去触犯它，要稳当得多。

自从第一任总统根据我国宪法就职以来已经 72 年了。在此期间，有 15 位十分杰出的公民相继主持了政府的行政部门。他们在许多艰难险阻中履行职责，大致说来都很成功。然而，虽有这样的先例，我现在开始担任这个按宪法规定任期只有短暂 4 年的同一职务时，却处在巨大而特殊的困难之下。联邦的分裂，在此以前只是一种威胁，现在却已成为可怕的行动。

从一般法律和宪法角度来考虑，我认为由各州组成的联邦是永久性的。在各国政府的根本法中，永久性即使没有明确规定，也是不言而喻的。我们有把握说，从来没有哪个正规政府在自己的组织法中列入一项要结束自己执政的条款。继续执行我国宪法明文规定的条款，联邦就将永远存在，毁灭联邦是办不到的，除非采取宪法本身未予规定的某种行动。

再者：假如合众国不是名副其实的政府，而只是具有契约性质的各州的联盟，那么，作为一种契约，这个联盟能够毫无争议地由缔约各方中的少数加以取消吗？缔约的一方可以违约——也可以说毁约——但是，合法地废止契约难道不需要缔约各方全都同意吗？

从这些一般原则往下推，我们认为，从法律上来说，联邦是永久性的这一主张已经为联邦本身的历史所证实。联邦的历史比宪法长久得多。事实上，它在 1774 年就根据《联合条款》组成了。1776 年，《独立宣言》使它臻于成熟并持续下来。1778 年，《邦联条款》使联邦愈趋成熟，当时的 13 个州都信誓旦旦地明确保证联邦应该永存。最后，1787 年制定宪法时所宣布的目标之一就是“建设更完善的联邦”。

但是，如果联邦竟能由一个州或几个州按照法律加以取消的话，那么联邦就远不如制宪前完善了，因为它丧失了永久性这个重要因素。

根据这些观点，任何一个州都不能只凭自己的决议就能合法地脱离联邦；凡为此目的而作出的决议和法令在法律上都是无效的，任何一个州或几个州反对合众国当局的暴力行动都应根据情况视为叛乱或革命。

因此，我认为，根据宪法和法律，联邦是不容分裂的；我将按宪法本身明确授予我的权限，就自己能力所及，使联邦法律得以在各州忠实执行。我认为这仅仅是我份内的职责，我将以可行的方法去完成，除非我的合法主人——美国人民，不给予我必要的手段，或以权威的方式作出相反的指示。我相信大家不会把这看作是一种威胁，而只看作是联邦已宣布过的目标：它一定要按照宪法保卫和维护它自身。

进行这项工作不需要流血或诉诸暴力，除非强加于国家当局，流血和暴力绝不会发生。委托给我的权力将被用来保持、占有和掌握属于政府的财产和土地，征以普通税和关税；但是，除了为达到这些目的所必需进行的工作外，将不会对人民有任何侵犯，不会对任何地方的人民或在他们之间使用武力。在国内任何地方，如果对联邦的敌意非常强烈而普遍，致使有能力的当地公民不能担任联邦公职，在那种地方就不要企图强使引起反感的外地人去担任那些职务。尽管政府握有强制履行这些职责的合法权利，但那样做会激怒大众，它几乎是行不通的，所以我认为目前还是放弃履行这些职责为好。

邮件，除非被人拒收，将继续投递至联邦各地。我们要尽力使各地人民获得最有助于冷静思考和反省的充分的安全感。这里表明的方针必将得到贯彻，除非当前的一些事件和经验表明需要我们作适当的修正或改变。对任何事件和变故，我都将根据实际存在的情况，抱着和平解决国家困难并恢复兄弟般同情与友爱的观点和希望，以最慎重的态度加以处理。

某些地区有人企图破坏联邦，并且爱用各种借口去实现这一点，对此我既不肯定也不否认；但若真有这样的人，对他们我什么话都不必讲。然而，对于真心热爱联邦的那些人，我能不说点什么吗？

在开始讨论关系到我国的政体、它所带来的一切利益、美好的往事以及未来的希望都面临着毁灭这样一个严重问题之前，先弄清我们究竟为什么要这样做，难道不是一种明智的做法吗？当你想要逃避的灾难可能并不真正存在时，你还会不顾一切地去冒险吗？你如果是走向一个比你所躲避的灾难更大的不幸，你还甘愿冒风险去犯这么大的错误吗？

大家都声称，如果宪法所规定的各项权利都能得到保证，就愿意留在联邦内。那么，宪法明文规定的权利是否真有哪一项被否定了呢？我认为没有。幸运得很，人脑的构造使得任何一方都不敢那样做。你们能找出一个例子来说明宪法中明文规定的条款有哪一条曾被否定掉吗？如果多数人只靠数目上的力量就去剥夺少数人应该享受的任何一项明文规定的宪法权利，就道德观点而言，这就可以证明进行革命是有理的；如果那是一项重要的权利，当然应该进行革命。但是我们的情况并非如此。少数人和个人的一切重要权利都得到宪法中所列的各种肯定和否定、保证和禁止的明确保障，在这方面从未引起过任何争议。但是，任何组织法都不能在制定时就针对实际行政工作中可能出现的每一个问题都提出专门适用的条款。对于一切可能发生的问题，没有那样的先见之明，也没有任何篇幅适当的文献容得下那么多明文规定。逃避劳役的人应由联邦政府抑或由州政府遣还？宪法未作明确规定。国会可以禁止各个准州的奴隶制吗？宪法未作明确规定。国会应保护各个准州的奴隶制吗？宪法未作明确规定。

从这类问题中产生了我们有关宪法的各种争议，由于这些争议我们分成了多数派和少数派。如果少数派不能默然同意多数派，多数派就得默然同意少数派，否则政府就不能存在下去。别无其他选择，因为要使政府能继续存在，就必须有这一方或那一方默然同意对方。在这种情况下，如果少数派宁愿退出联邦而不肯默然同意多数派，他们就创立了一个导致自我分裂和毁灭的先例，因为他们本身也有多数少数之分，一旦多数派拒绝接受少数派的控制，他们自己的少数派便会退出。举例来说，正如我们现在这个联邦的某些部分日前要求退出一样，一个新联盟的任何部分一二年后为什么就不可以任意退出呢？一切怀有分裂情绪的人正在接受着这样的熏陶。

在想要组成一个新联盟的各个州之间，是否有着完全一致的利益，足以使它们和睦相处而不会重新发生退出联盟的事呢？很明显，退出联邦的中心思想实质上是无政府主义。一个接受宪法所规定的检查和限制，并经常按照公众舆论和情绪的审慎变化而转变的多数派，乃是自由人民的唯一真正的统治者。凡拒绝接受它的人，必然走向无政府主义或者专制主义。完全一致的意见是不可能有的。由少数人实行统治，并作为一种永久的办法，是完全不能接受的；因此，如果否定少数服从多数这条原则，那么剩下的就只有某种形式的无政府主义或专制主义了。

我没有忘记某些人认为各种有关宪法的问题应由最高法院进行裁决的主张，我也不否认这样的裁决在任何案例中对诉讼各方以至诉讼的目的都具有约束力，同时它们在所有类似案例中也值得受到政府其他各部门的高度尊重与考虑。尽管在某一特定案例中，这样的裁决可能明显有误，但随之而来的不良后果却只限于这个案例，且有被驳回的可能，而决不会成为其他案例可借鉴的先例，因而同采取其他措施所产生的后果相比，这还是比较可以接受的。与此同时，诚实的公民必须承认：如果政府在那些影响到全体人民的重大问题上的政策也得由最高法院的裁决来确定的话，那么，个人之间的普通诉讼案件一经裁定，人民就不再享有自主权，因为到了那种程度，人民实际上已经将政府交给了那个显赫的法庭。上述看法不是对法院和法官的攻讦。他们无可推卸的责任便是裁定以正当方式提交给他们的案件，如果别人想把他们的裁决转用于政治目的，那绝不是他们的过错。

我国一部分地区认为奴隶制是正确的，应该得到扩展，而另一部分地区认为它是错误的，不应得到扩展。这就是唯一的实质性争论。在人民的道德观念并不完全支持法律的社会里，宪法中有关逃亡奴隶的条款和禁止贩卖外籍奴隶的法律都得和其他任何法律一样严格执行。人民中的大多数能够遵行这两项枯燥的法律义务，但每一项都被少数人触犯。我认为这是无法完全纠正的。这两种情况在上述两种地区分离之后还会更糟。如外籍奴隶贩卖，现在没有完全遭到禁止，最终会在一个地区不受限制地恢复起来；而逃亡奴隶，另一地区现在只是部分地遣返，那时就根本不会遣返。

以自然条件而言，我们是不能分开的。我们无法把各地区彼此挪开，也无法在彼此之间筑起一堵无法逾越的墙垣。夫妻可以离婚，不再见面，互不接触，但是我们国家的各地区就不可能那样做。它们仍得面对面地相处，它们之间还得有或者友好或者敌对的交往。那么，分开之后的交往是否可能比分开之前更有好处，更令人满意呢？外人之间订立条约难道还比朋友之间制定法律容易吗？外人之间执行条约难道还比朋友之间执行法律忠实吗？假定你们进行战争，你们不可能永远打下去；在双方损失惨重，任何一方都得不到好处之后，你们就会停止战斗，那时你们还会遇到诸如交往条件之类的老问题。

这个国家及其机构，属于居住在这个国家里的人民。一旦他们对现存政府感到不能容忍，就可以行使他们的宪法权利去改组政府，或者行使革命权利去解散或推翻政府。我当然知道：许多可贵的、爱国的公民渴望宪法能得到修改。尽管我未提出修改宪法的建议，但我完全承认人民对整个这一问题所具有的合法权力，他们可以施行宪法本身所有的两种方式中的任何一种；在目前情况下，我应该赞同而不是反对公平地为人民提供对此采取行动的机会。我愿大胆补充说明：在我看来，采取会议的形式是可行的，因为它可以让人民自己提出修正案，而不是只让人民去采纳或反对别人所提出的某些方案，那些人不是专为这一目的而被推选出来的，那些方案也并非恰恰就是人民想要接受或拒绝的。我知道，国会已经通过一项宪法修正案——但我尚未看到那项修正案，其大意是：联邦政府永远不得干涉各州的内部制度，包括对应服劳役者规定的制度。为了避免对我所说的话产生误解，我放弃不谈某些特定修正案的打算，而只是提出：鉴于这样一项条款现在已意味着属于宪法中的条款，我不反对使它成为明确的、不可改变的规定。

总统的一切权力来自人民，但人民没有授权给他为各州的分离规定条件。如果人民有此意愿，那他们可以这样做，而作为总统来说，则不可能这样做。他的责任是管理交给他的这一届政府，并将它完整地移交给他的继任者。

·作者简介·

林肯（1809～1865），出生在肯塔基州一个农民家庭。1830年，林肯在伊利诺伊州发表了第一次政治演说，开始走上仕途。1834年，他被选为该州的州议员。1844年，他成功当选为国会议员，来到首都华盛顿。1854年，林肯加入了主张废除奴隶制的共和党，并很快成为该党的领袖。1860年，他以共和党候选人的身份当选为美国第十六任总统。

林肯像

内战初期，由于联邦政府没有进行充分的战争准备，加上军事指挥的失利，屡次被南方同盟打败。为了扭转不利局面，林肯在1862年先后颁布了《宅地法》和《解放黑奴宣言》，并进行了军事上的改革。1865年4月9日南方同盟向联邦政府投降，持续4年之久的内战结束，美国重新恢复了统一。

战争的胜利并没有消除南方奴隶主对林肯的仇恨。1865年4月14日，林肯在华盛顿的福特剧院遇刺，时年56岁。

为什么我们不能对人民所具有的最高的公正抱有坚韧的信念呢？世界上还有比这更好或一样好的希望吗？在我们目前的分歧中，难道各方都缺乏相信自己正确的信心吗？如果万能的主将以其永恒的真理和正义支持你北方这一边，或者支持你南方这一边，那么，那种真理和那种正义必将通过美国人民这个伟大法庭的裁决而取得胜利。

就是这些美国人民，通过我们现有的政府结构，明智地只给他们的公仆很小的权力，使他们不能为害作恶，并且同样明智地每隔很短的时间就把那小小的权力收回到自己手中。只要人民保持美德和警惕，无论怎样作恶和愚蠢的执政人员都不能在短短 4 年的任期内十分严重地损害政府。

我的同胞们，大家平静而认真地思考整个这一问题吧。任何宝贵的东西都不会因为从容对待而丧失。假使有一个目标火急地催促你们随便哪一位采取一个措施，而你绝不能不慌不忙，那么那个目标会因从容对待而落空；但是，任何好的目标是不会因为从容对待而落空的。你们现在感到不满意的人仍然有着原来的、完好无损的宪法，而且，在敏感问题上，你们有着自己根据这部宪法制定的各项法律；而新的一届政府即使想改变这两种情况，也没有直接的权力那样做。那些不满意的人在这场争论中即使被承认是站在正确的一边，也没有一点正当理由采取鲁莽的行动。理智、爱国精神、基督教义以及对从不抛弃这片幸福土地的上帝的信仰，这些仍然能以最好的方式来解决我们目前的一切困难。

不满意的同胞们，内战这个重大问题的关键掌握在我手中。政府不会对你们发动攻击。你们不当挑衅者，就不会面临冲突。你们没有对天发誓要毁灭政府，而我却要立下最庄严的誓言："坚守、维护和捍卫合众国宪法"。

我不愿意就此结束演说。我们不是敌人，而是朋友。我们一定不要成为敌人。尽管情绪紧张，也决不应割断我们之间的感情纽带。记忆的神秘琴弦，从每一个战场和爱国志士的坟墓伸向这片广阔土地上的每一颗跳动的心和家庭，必将再度被我们奏响！

⊙作品赏析

作为共和党人领袖的林肯，在1860年当选为美国总统，但是他面临的困难也是空前的，因为当时南方和北方的关系已经十分紧张，内战不可避免。林肯在首任总统仪式上发表的就职演说也着重地谈论了与此相关的问题，使得这篇演讲的主题无比沉重，它关系到一个国家的存亡。在这篇张扬着自由和民主精神的演说中，林肯开篇即阐明了国家政府与人民的关系，指出"人民有改组或推翻政府的绝对权力"，"在目前情况下，我应该赞同而不是反对公平地为人民提供对此采取行动的机会"。这是一个前提，这个前提是为了说明"人民没有授权给他（总统）为各州的分离制造条件"。在关键的历史时期，林肯需要民众的支持，所以他强调："如果全能的主以其永恒的真理和公正支持北方这一边，或者支持南方这一边，那么，真理和公正必将通过美国人民这个伟大法庭的裁决而取得胜利。"林肯是非常善于演讲的，作为一个国家的总统，他即使深知内战无法避免，也还坚持在演讲中呼吁和平解决问题。这是一种负责的态度。他在演讲中反复说理，用极其真诚的态度来对待听众，其中倾注着对民族、国家和人民的感情，使演讲达到非常良好的效果。

在葛底斯堡公墓的演说 /［美国］林肯

世界演讲史上公认的经典之作

最简短的语言中融入了最真挚的感情

高明的演讲技巧和手段

87年前，我们的先辈们在这个大陆上创立了一个新国家，它孕育于自由之中，奉行一切人生来平等的原则。

现在我们正从事一场伟大的内战，以考验这个国家，或者任何一个孕育于自由和奉行上述原则的国家是否能够长久存在下去。我们在这场战争中的一个伟大战场上集会，烈士们为使这个国家能够生存下去而献出了自己的生命，我们来到这里，是要把这个战场的一部分奉献给他们作为最后安息之所。我们这样做是完全应该而且非常恰当的。

但是，从更广泛的意义上来说，这块土地我们不能够奉献，不能够圣化，不能够神化。那些曾在这里战斗过的勇士们，活着的和去世的，已经把这块土地圣化了，这远不是我们微薄的力量所能增减的。我们今天在这里所说的话，全世界不大会注意，也不会长久地记住，但勇士们在这里所做过的事，全世界却永远不会忘记。毋宁说，倒是我们这些还活着的人，应该在这里把自己奉献于勇士们已经如此崇高地向前推进但尚未完成的事业。倒是我们应该在这里把自己奉献于仍然留在我们面前的伟大任务——我们要从这些光荣的死者身上汲取更多的献身精神，来完成他们已经完全彻底为之献身的事业；我们要使国家在上帝福佑下得到自由的新生，要使这个民有、民治、民享的政府永世长存。

⊙作品赏析

伟大的演讲必须诞生于伟大的智慧和伟大的人格。林肯演讲的成功正好包含这两方面的因素，作为一个正直的人，他恳切的言辞能够被民众信任，他智慧的表达能够被听众接受，并且被进一步感动。在这次演讲中，林肯热情讴歌了勇士们为自由民主而献身的精神，鼓舞活着的人完成他们未竟之事业，为民有、民治、民享的政治理想而奋斗。这篇演讲的词语运用非常简洁凝练，但是充满了强烈的感情色彩，非常真切深沉，包含着对烈士的崇敬和缅怀之情，因此深深地打动了在场的所有听众。从演讲者本身来讲，我们可以想象，按照林肯的一贯作风，深入人心的优秀品质也是他打动听众的一个重要因素。全文短小精当，催人奋进，被公认为演讲史上的典范之作。

只有民主的波兰才能获得独立 /［德国］马克思

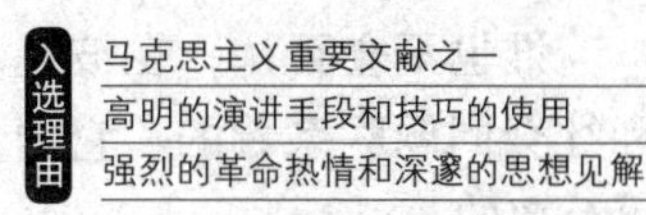

先生们！

历史上常常有惊人的相似之处。1793 年的雅各宾党人成了今天的共产主义者。1793 年俄罗斯、奥地利、普鲁士瓜分波兰的时候，这三个强国就以 1791 年的宪法为借口，据说这个宪法具有雅各宾党的原则因而遭到一致的反对。

1791 年的波兰宪法到底宣布了什么呢？充其量也不过是君主立宪罢了，例如宣布立法权归人民代表掌握，宣布出版自由、信仰自由、公开审判、废除农奴制等等。所有这些当时竟被称为彻头彻尾的雅各宾原则！因之，先生们，你们看到了吧，历史已经前进了。当年的雅各宾原则，在现在看来，即使说它是自由主义的话，也变成非常温和的了。

三个强国的时代并驾齐驱。1846 年，因为把克拉柯夫归并给奥地利而剥夺了波兰仅存的民族独立，它们把过去曾称为雅各宾原则的一切东西都说成是共产主义。

克拉柯夫革命的共产主义到底是什么呢？是不是由于这革命的目的是光复波兰民族，因而就是共产主义的革命呢？要是这么说，欧洲同盟为拯救民族而反对拿破仑的战争何尝不可以说成共产主义的战争，而维也纳会议又何尝不可以说成是由加冕的共产主义者所组成的呢？也许由于克拉柯夫革命力图建立民主政府，因而就是共产主义的革命吧？可是，谁也不会把共产主义意图妄加到伯尔尼和纽约的百万豪富身上去。

共产主义否认阶级存在的必要性，它要消灭任何阶级，消除任何阶级的差别。而克拉柯夫革命家只希望消除阶级间的政治差别：他们要给不同的阶级以同等的权利。

到底在哪一点上说克拉柯夫的革命是共产主义的革命呢？

也许是由于这一革命要粉碎封建的锁链，解放封建劳役的所有制，使它变成自由的所有制，现代的所有制吧？

要是对法国的私有主说：“你们可知道波兰的民主主义者要求的是什么吗？波兰民主主义者企图采用你们目前的所有制形式。”那么，法国的私有主会回答说：“你们干得很好。”但是，要是和基佐先生一同再去向法国私有主说：“波兰人要消灭的是你们 1789 年革命所建立的、而且如今依然在你们那里存在的所有制。”他们定会叫喊起来：“原来他们是革命家，是共产主义者！必须镇压这些坏蛋！”在瑞典，废除行会和同业公会，实行自由竞争现在都被称为共产主义。《辩论日报》还更进一步，它说：“剥夺二十万选民出卖选票的收益，这就意味着消灭收入的来源。消灭正当获得的财产，这就意味着是一个共产主义者。”毋庸置疑，克拉柯夫革命也希望消灭一种所有制。但这究竟是怎么样的所有制呢？这就是在欧洲其他地方不可能消灭的东西，正如在瑞士不可能消灭分离派同盟一样，因为两者都已不再存在了。

谁也不会否认，在波兰，政治问题是和社会问题联系着的。它们永远是彼此不可分离的。

但是，最好你们还是去请教一下反动派吧！难道在复辟时期，他们只和政治自由主义及作为自由主义必然产物的伏尔泰主义这一沉重的压力战斗吗？

一个非常有名的反动作家坦白承认，不论德·梅斯特尔或是博纳德的最高的形而上学，最终都可以归结为金钱问题，而任何金钱问题难道不就是社会问题吗？复辟时期的活动家们并不讳言，如要回到美好的旧时代的政治，就应当恢复美好的旧的所有制，封建的所有制，道德的所有制。大家知道，不纳什一税，不服劳役，也就说不上对君主政体的忠诚。

让我们再回顾一下更早的时期。在1789年，人权这一政治问题本身就包含着自由竞争这一社会问题。

在英国又发生了什么呢？从改革法案开始到废除谷物法为止的一切问题上，各政党不是为改变财产关系而斗争又是为了什么呢？他们不正是为所有制问题、社会问题而斗争吗？

就在这里，在比利时，自由主义和天主教的斗争不就是工业资本和大土地所有制的斗争吗？

难道这些讨论了17年之久的政治问题，实质上不正是社会问题吗？

因而不论你们抱什么观点，自由主义的观点也好，激进主义的观点也好，甚至贵族的观点也好，你们怎么能责难克拉柯夫革命把政治问题和社会问题联系在一起呢？

领导克拉柯夫革命运动的人深信，只有民主的波兰才能获得独立，而如果不消灭封建权利，如果没有土地运动来把农奴变成自由的私有者，即现代的私有者，波兰的民主是不可能实现的。要是你们使波兰贵族去代替俄罗斯专制君主，那只不过是使专制主义

·作者简介·

马克思（1818～1883），生于普鲁士特利尔城的一个律师家庭。

1842年4日起，他开始为《莱茵报》撰稿，随后又担任了该报的主编，并使这份报纸越来越鲜明地倾向于革命民主主义。普鲁士政府对《莱茵报》的观点十分恼火，1843年查封了该报。马克思遂迁居巴黎，在那里结识了众多的工人运动领袖，并开始研究法国的社会主义思潮和英国的古典政治经济学。1844年8月，恩格斯到巴黎专程拜访马克思，两人倾心交谈了十天，从此开始创立科学世界观的伟大合作。

马克思像

1845年法国根据普鲁士政府的要求，将马克思逐出巴黎。马克思迁居到比利时的布鲁塞尔，恩格斯也来到这里。两人于1846年在布鲁塞尔建立了共产主义通讯委员会，给各国、各地区的工人运动领导人写了大量信件，帮助他们与各种社会主义流派划清界线。1847年11月29日，马克思和恩格斯主持召开了共产主义者同盟第二次代表大会，并受大会委托起草同盟的纲领。1848年2月，《共产党宣言》发表，成为无产阶级的思想指南和行动纲领，标志着马克思主义的诞生。

1849年，马克思被比利时反动政府驱逐，流亡至伦敦。1867年，马克思出版了一生中最重要的著作《资本论》的第一卷。长期的贫困生活和过度的劳累，严重损害了马克思的健康。1883年3月14日下午，马克思在他的安乐椅上与世长辞。

改变一下国籍而已。德国人就是在对外的战争中也只是把一个拿破仑换成了三十六个梅特涅的。

即使俄罗斯的地主不再压迫波兰的地主，骑在波兰农民脖子上的依旧是地主，诚然，这是自由的地主而不是被奴役的地主。这种政治上的变化丝毫也不会改变波兰农民的社会地位。

克拉柯夫革命把民族问题和民主问题以及被压迫阶级的解放看作一回事，这就给整个欧洲作出了光辉的榜样。

虽然这次革命暂时被雇用凶手的血手所镇压，但是现在它在瑞士及意大利又以极大的声势风起云涌。在爱尔兰，证实了这一革命原则是正确的，那里狭隘的民族主义政党已经和奥康奈尔一起死亡，而新的民族政党首先就要算是改革派和民主派的政党了。

波兰又重新表现了主动精神，但这已经不是封建的波兰，而是民主的波兰，从此波兰的解放将成为欧洲所有民主主义者的光荣事业。

⊙作品赏析

这篇演讲的开头非常简洁有力，直接提出一个显而易见又发人深省的问题：反动派常常把一切革命的举动都称为共产主义，那么到底什么是共产主义？在这篇演说中，马克思借用了大量反面的事实和说辞，并一一予以反驳，而且分析了在人民的心中记忆犹新的克拉科夫人民起义的性质和意义，进一步有力地阐述了共产主义的本质，高度概括地分析了所有政治制度和经济制度的本质，实际上都是财产问题、所有制问题。语言激烈，逻辑严密，充满极强的感染力和激烈的斗争精神。历史的、现实的、正面和反面的、世界各国的材料在马克思的演说中都是信手拈来，加以深刻的分析，充分显示了他的博学和睿智，马克思的语言风趣幽默，但是非常具有锋芒和战斗力，尖锐地提问、反问以及深邃的思考都能达到震聋发聩的效果。

论妇女选举权 / ［美国］苏珊·安东尼

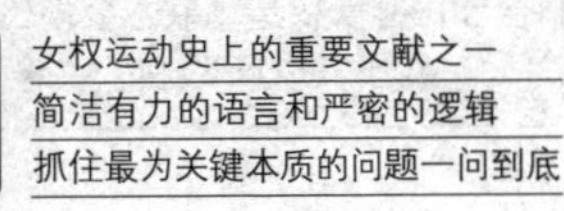

朋友们、公民们：

今晚我站在你们面前，被控在上次总统选举中，因没有法定权利参加投票而犯有所谓的选举罪。今晚我要向你们证明，我参加这次选举不但没有犯罪，相反只是行使了我的公民权。我国宪法保证我和全体合众国公民拥有公民权，任何一个州都无权剥夺。

联邦宪法的序言写道：“我们合众国人民，为建设更完善的联邦，树立正义，保证国内安定，筹设共同防务，增进公共福利，确保我们自己和子孙后代永享自由幸福，特为美利坚合众国制订本宪法。”

组成联邦的是我们人民，不是男性白人，也不是男性公民，而是全体人民。我们组成联邦，不是为了赐予自由幸福，而是为了确保自由幸福，不是为了确保我们中的一半人及子孙后代中的一半人的自由幸福，而是为了确保全体人民的自由幸福——女人和男人都包括在内的自由幸福。参加投票是这个民主共和政体所提供的、确保自由幸福的唯一手段。因此，一方面侈谈妇女享有自由幸福，另一方面却又剥夺她们的投票权，这是一个极大的讽刺。

任何州政府，如果把性别作为参加选举的资格，必然导致人口中的整整一半被剥夺公民权。这等于通过一项剥夺公民权的法令，或一项具有追溯效力的法令。因此，这样做违背了我国最高法律，使妇女及其后代中的所有女性被永远剥夺了自由幸福。对妇女来说，这个政府也就没有来自被统治者赞同的正常权力。对她们来说，这个政府就不是民主政体，不是共和政体，而是可憎的专制，是可恶的性别独裁，是地球上迄今为止最可恨的专制。因为，富人统治穷人的富人独裁，有教养者统治无知者的劳心者独裁，甚至撒克逊人统治非洲人的种族独裁，人们或许尚能忍受；而这种性别独裁，却使得每家每户的父亲、兄弟、丈夫、儿子，成为母亲、姐妹、妻子、女儿的统治者，使一切男人至高无上，一切妇女沦为奴婢，因而给全国每家每户带来了不和、纷争和反叛。

韦伯斯特、伍斯特和布维尔都认为，所谓合众国公民，就是有权投票和有权供职的美国人。

现在唯一要解决的问题是：妇女是不是人？我相信，任何反对我们的人都不敢斗胆说妇女不是人。妇女既然是人，那么就是公民。任何州都无权制定某种法律，或重操某种旧法律，来剥夺妇女的特权和豁免权。因此，今天，某些州的宪法和法律中所有歧视妇女的条款，正如所有歧视黑人的条款一样，都是无效的。

·作者简介·

苏珊·安东尼（1820～1906），出生在马萨诸塞州的亚当斯，1845年，随家庭迁到纽约州的罗切斯特。

美国内战爆发前，她曾参与反奴隶制和禁酒运动。1851年，她遇到需要抚养一大群孩子的伊丽莎白·凯蒂·斯坦顿。在很长一段时间里，安东尼能够到外地进行演讲和组织工作，而斯坦顿却只能待在家里照看孩子。很快她们成了工作中的伙伴，并终身保持着这一关系，而她们的这种关系决定了美国女权主义运动的进程。在1872年的总统大选中，安东尼带了一群纽约州罗彻斯特的妇女到那些投票地点参加投票。因为当时妇女投票是非法的，所以她被逮捕并遭到起诉。安东尼于1873年6月被传讯。在此之前，她前往纽约北部的大部分地区进行演讲，说明剥夺妇女的选举权是不合理的。她最终被判有罪并加以罚款。但她拒付罚金，而且也没有人向她索款。

苏珊·安东尼像

晚年她致力于国际妇女运动，为国际妇女理事会和国际女权运动联合会创始人之一。

1906年3月13日，去世。

⊙作品赏析

作为早期美国女权主义运动的领袖，苏珊·安东尼在1872年的总统大选中带领一群纽约州的妇女到当地投票地点参加投票。因为当时妇女投票是非法的，所以她被逮捕，并于1873年6月被传讯。在此之前，她前往纽约州北部大部分地区进行了演讲，说明剥夺女性的选举权是不合理的。苏珊·安东尼的这篇演讲简洁有力，逻辑论证严密，她依据合众国宪法，使反对者没有反驳的余地。在演说中，安东尼开篇就直接讲明了事情的原委：因为在选举中投了票而被指控有罪。但是她说："今晚我站在你们面前，被控在上次总统选举中，因没有法定权利参加投票而犯有所谓的选举罪。今晚我要向你们证明，我参加这次选举不但没有犯罪，相反只是行使了我的公民权。"接着，她引述了宪法的内容来说明她使用权利的正当性，这些都是正面的论述，在于说明：如果一个国家因为性别而剥夺人权，就是一个独裁的性别寡头统治。安东尼的下一个诘问是，如果宪法承认人权，那么，女人是人吗？这是一个非常严厉而讽刺的提问，必然使被问者瞠目结舌，安东尼继续推论：女人既然是人，按照宪法，她就是公民，因此，一切歧视女人的在宪法之下的法律法规都是无效的。在这篇演说中,我们找不到一句废话,安东尼也不依靠情感来打动人,她只是依据根本的宪法和逻辑力量。

在马克思墓前的讲话 /［德国］恩格斯

入选理由
演讲史上的经典之作
真挚感人的情感语言
中肯理性的结论性评述

3月14日下午两点三刻，当代最伟大的思想家停止思想了。让他一个人留在房里总共不过两分钟，等我们再进去的时候，便发现他在安乐椅上安静地睡着了——但已经是永远地睡着了。

这个人的逝世，对于欧美战斗着的无产阶级，对于历史科学，都是不可估量的损失。这位巨人逝世以后所形成的空白，在不久的将来就会使人感觉到。

正像达尔文发现有机界的发展规律一样，马克思发现了人类历史的发展规律，即历来为繁茂芜杂的意识形态所掩盖着的一个简单事实：人们首先必须吃、喝、住、穿，然后才能从事政治、科学、艺术、宗教等等；所以，直接的、物质的生活资料的生产，一个民族或一个时代的一定的经济发展阶段，便构成为基础，人们的国家制度、法的观念、艺术以至宗教观念，就是从这个基础上发展起来的，因而，也必须由这个基础来解释，而不是像过去那样做得相反。

不仅如此，马克思还发现了现代资本主义生产方式和它所产生的资产阶级社会的特殊的运动规律。由于剩余价值的发现，这里就豁然开朗了，而先前无论资产阶级经济学家或者社会主义批评家所做的一切研究都只是在黑暗中摸索。

一生中能有这样两个发现，该是很够了。甚至只要能作出一个这样的发现，这已经是幸福的了。但是马克思在他所研究的每一个领域都有独到的发现，这样的领域是很多的，而且其中任何一个领域他都不是肤浅的研究的。

这位科学巨匠就是这样。但是这在他身上远不是主要的。在马克思看来，科学是一种在历史上起推动作用的、革命的力量。任何一门理论科学中的每一个新发现，即使它的实际应用甚至还无法预见，都使马克思感到衷心喜悦，但是当有了立即会对工业、对一般历史发展产生革命影响的发现的时候，他的喜悦就完全不同了。例如，他曾密切注意电学方面各种发现的发展情

·作者简介·

恩格斯（1820～1895），出生于普鲁士莱茵省巴门市的纺织厂主家庭。1837年中学未毕业即被迫经商。1841年到柏林服兵役。1842年9月在英国曼彻斯特一家纺织厂工作。

1844年8月，恩格斯途经巴黎，拜访了马克思。1846年初，与马克思在布鲁塞尔组织了共产主义通讯委员会。1847年，加入德国流亡工人组织的正义者同盟。6月，出席了同盟的第一次代表大会，就是后来的共产主义者同盟。1848年2月，由他和马克思起草的《共产党宣言》问世。4月与马克思回到德国，协助创办《新莱茵报》。1883年马克思逝世后，集中精力整理马克思的《资本论》第二、三卷手稿，使之在1885年和1894年分别出版。

恩格斯像

1889年积极帮助、督促倍倍尔等人筹建第二国际。

1895年8月5日在伦敦逝世。

况，不久以前，他还注意了马赛尔·德普勒的发现。

因为马克思首先是一位革命家。以某种方式参加推翻资本主义社会及其所建立的国家制度的事业，参加赖有他才第一次意识到本身地位和要求，意识到本身解放条件的现代无产阶级的解放事业——这实际上就是他毕生的使命。斗争是他得心应手的事情，而他进行斗争的热烈、顽强和卓有成效，是很少见的。最早的《莱茵报》(1842 年)、巴黎的《前进报》(1844 年)、《德意志—布鲁塞尔报》(1847 年)、《新莱茵报》(1848 ~ 1849 年)、《纽约每日论坛报》(1852 ~ 1861 年)，以及许多富有战斗性的小册子，在巴黎、布鲁塞尔和伦敦各组织中的工作，最后是创立伟大的国际工人协会。作为这一切工作的完成——老实说，协会的这位创始人即使别的什么也没有做，也可以拿这一成果引以自豪。

正因为这样，所以马克思是当代最遭嫉恨和最受诬蔑的人。各国政府——无论专制政府或共和政府——都驱逐他；资产者——无论保守派或极端民主派——都纷纷争先恐后地诽谤他、诅咒他。他对这一切毫不在意，把它们当作蛛丝一样轻轻抹去，只是在万分必要时才给予答复。现在他逝世了，在整个欧洲和美洲，从西伯利亚矿井到加利福尼亚，千百万革命战友无不对他表示尊敬、爱戴和悼念，而我敢大胆地说：他可能有过许多敌人，但未必有一个私敌。

他的英名和事业将永垂不朽！

⊙作品赏析

1883年3月14日下午，当恩格斯走进马克思的房间时，发现马克思坐在安乐椅上，已经安详地、毫无痛苦地与世长辞了。噩耗传来，全世界无产者为之悲痛。3月17日，马克思生前的亲密战友、学生及亲属来到伦敦郊区的海格特公墓，把他和夫人燕妮合葬在一起，为他举行了简朴而庄严的葬礼。在葬礼上，恩格斯以极其悲痛和崇敬的心情发表了这篇演讲。

作为马克思的亲密战友，恩格斯对马克思是最熟知了解的，他们之间的友谊也是别人不大能体会的。恩格斯在演讲的开头并没有简单直接地报告马克思去世的消息，而是满含深情地使用了一个描述性的日常情形，体现了他们之间亲密无间的关系。在通篇演讲中，恩格斯并没有直接使用陈述悲痛的字眼，然而他的情感是非常使人信服并且打动听众的。恩格斯在评价马克思的历史贡献时也是非常客观的，他列举了马克思的具体学术成果并且进一步分析了其意义，同样使人信服。在这里，恩格斯还使用了形象的语言，讲述马克思对待来自各方面的嫉恨和诬蔑“毫不在意”，“把它们当做蛛丝一样轻轻抹去”，简单的几句话，就将马克思的形象生动地表现出来了，使听众认识到马克思是一个胸怀博大和无畏的战斗者。恩格斯的演说显然是非常成功的，这个成功一方面是因为他与马克思之间非同一般的关系，另一方面是因为他毋庸置疑的才华。

论生理学的基础教育 /［英国］赫胥黎

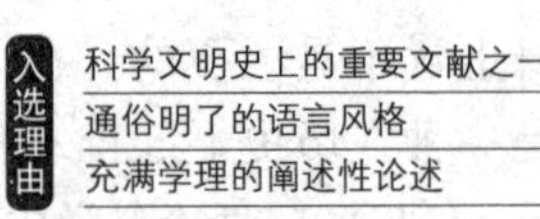

我冒昧地建议，基础生理学的教学应当成为任何有关家政之类问题的系统课程中的一个重要部分。我的主要理由是，即使了解这门学科的一些最基本的原理，也将使我们对人体的构造及其活动方式，以及健康和疾病的原因形成一种概念。这就为我们进一步接受有关环境卫生学的教育在头脑里奠定了基础。

我觉得，如果卫生学家和医生能在公众的头脑中找到一些他们能够诉诸的东西以及少数公认的真理，那是非常需要的。因为这样，他们就可以把这些作为提出警告的根据，使人们能够较为明智地听从他们的建议。

留心听一下人们关于健康、疾病和死亡的日常谈话，你常常会产生一个疑问，说话者是否相信自然因果的过程，在人体内也像在别处一样畅通无阻地进行。而一些迹象表明，存在着某种势力强大的（尽管可能是不可明言的、半无意识的）私下看法，认为生命现象不仅在它的表现特征和实际重要性方面与其他自然事物有极大的不同，而且它并不遵循那条以所有其他事物的盛衰为明证的特定规律，人们把这条规律称之为“自然法则”。

因此，我认为，这样就更需要坚信有关健康和疾病规律的知识所具有的价值，坚信对于疾病的预见和护理的重要性。而对于这些，知识就是最主要的准备；这一点，人们现在已经常地注意到了。但与此同时，却出现了对实践的疏忽和大意，其结果往往是可悲的。

据说，在俄国的许多教派中，有一个教派认为，所有的疾病都是由于上帝直接和特别的干预所引起的。因此，他们仇视任何预防和治疗疾病的措施，把这些看成是对上帝意志的不敬和违背。我相信，在我们这里，恐怕只有一些“怪人”才会一丝不苟坚持这种学说，并且严格地照此办理。但是，我们中间许多人还能记得，在刚开始使用氯仿减轻妇女生育时的剧痛时，曾有人以类似的理由极力加以反对。

我不知道，刚才提到的那种学说就是关于它的最全面的表述是否存在于很多人的心底里，虽然他们口头上可能极力反对同意这种学说。不管怎样，重要的是，现在对于生命现象已经有了足够的知识，可以证明这种认为生命现象有任何特殊地方的观点是错误的，没有从任何已知的事实中得到丝毫的支持。正相反，越来越多的大量事实证明，生与死、健康与疾病，就像太阳的升落或者月亮的圆缺一样，是事物通常的运动。此外，人体就是一部机器，我们把它的正常运转叫做健康，它的故障就是疾病，它的停止就是死亡。这部机器的运转取决于许多复杂的条件，一些条件是根本不受我们控制的，而另一些条件则容易接近，并能无限制地通过我们自己的行动加以改变。卫生学家和医生的职责，就是弄清这些可变条件的范围，以及怎样能影响它们，从而保持健康和延长生命。普通公众的职责，则是对这些由专家制订的指导性条例明智地表示赞同，并自觉地遵守它们。但是，一种出于明智的赞同是以知识为依据的赞同，而我们在这里所谈论的知

· 作者简介 ·

赫胥黎（1825～1895），英国博物学家。1846年服役于英国海军，任助理外科军医。1846年至1850年随“响尾蛇号”军舰探查和测量澳洲沿海情况。在此期间研究海洋生物，撰写科学论文。1851年当选为皇家学会会员。次年获皇家奖章。1854年至1895年在皇家矿业学校任教授。1873年起任伦敦皇家学会秘书。1883年起任该学会会长。他一生从事动物学、比较解剖学、植物学、古生物学、人类学、地质学和进化论的研究，发表过150多篇科学论文。达尔文的《物种起源》一书发表后，他竭尽全力地支持和宣传进化学说，与当时宗教势力进行顽强斗争，并进一步发展达尔文的思想。他是第一个提出人类起源问题的学者。

赫胥黎像

识，就是指对于生理学基础的了解。

要得到这样的知识并不困难。从某种程度上来说，有一点虽然对于所有的自然科学都是真理，但在生理学方面表现得更为突出，即这门学科的困难往往出现在基础知识阶段之后，并且随着每一步前进而增加。即使是一位训练最有素和学识最丰富的学者，在努力攀登生理学的高峰或对那些生理学问题进行深入研究时，也可能会发现他的知识不够，然而却能让一个儿童明白初级的和基本的原理。

在理解循环或呼吸的机制，或者视觉器官的一般工作原理方面，没有人会感到困难；尽管阐明这些过程的细节，就目前来说，可能会使那些最有造诣的物理学家、化学家和数学家的联合进攻受挫。要对整个人体结构有哪怕是稍微透彻一些的了解，就需要一个人毕生的工作；但是，只要懂得一些可靠的基础生理学原理，也许一个星期就足够了。

懂得一些生理学的基础知识不仅不困难，而且通过这些知识可以真正地和实际地接触事实，你研究的科目总是近在手边，就在自己身体内部。骨骼的主要结构、肌肉收缩时变化的形状，可以通过自己的皮肤触摸到；你的心脏跳动及其与脉搏的联系，可以感觉得到；血管瓣膜开闭的影响，可以显示出来；呼吸的起伏，也可以观察到。与此同时，感觉这个奇妙的现象，更是给好奇而有趣的自我研究提供了无穷的天地。用针一刺就会流出一滴自己的血，这就是显微观察一种构成所有生物学基本概念的现象的材料；又如，感冒和与之相伴的咳嗽、喷嚏，通过使我们对所谓“反射动作”有一个清楚的概念，可以证明它的令人惊讶的作用。

当然，这种生理学的自我检测是有限度的。但是，由于我们与我们可怜的动物界亲属之间的联系是如此紧密，我们身体内部一些不能触及的部分，就可以用它们来充当。一位比较解剖学家知道羊的心、肺或眼睛不能和人的混为一谈，但就理解循环、呼吸和视觉的生理学基础来说，两者同样提供了所需要的解剖学材料。

因此，生理学的基础教育完全有可能成为这样一种方式：它不仅向学生传授知识，而且达到培养学生观察细致，以及研究自然科学的思维方法的目的。不过，这一个优点我只是偶然提到，因为现在讨论并没有根据教育这个词的一般含义来论述教育……

⊙作品赏析

这是一篇充满学理的阐述性演讲，但是语言非常通俗，除了个别使用一些生物学或医学术语之外，其余都是日常的语汇。演讲的主旨非常鲜明，作者开篇直接指出“基础生理学的教学应当成为任何有关家政之类问题的系统课程中的一个重要部分”。然后，赫胥黎开始条理清晰地阐述理由。赫胥黎从两个方面阐述了进行基础生理学教育的必要性：使人认识和承认人体生命过程存在必然规律性；反对宗教对于生命认识的愚昧成分。在当时宗教势力依然十分强大的情况下，赫胥黎的主张和见解无疑是独到和富于创造性的，也是极有胆识和魄力的，而让普通的听众理解并接受自己的观点也是不容易的事情，况且他是建议人们去学习一门新的科学知识。在揭示了学习生理学的重要意义后，赫胥黎详尽地论述了怎样学习生理学的问题，这也是非常重要的，如何达到使听者感到不望而生畏，产生学习的兴趣和信心，完全在于演说者的表达技巧和能力。赫胥黎先说明学习基础生理并不难，因为初学者一周即可以懂得可靠的基础生理学原理，再用这些知识联系实际，“你研究的科目总是近在手边，就在自己身体内部”。赫胥黎也强调了生理学的学习对每个人的实际意义和价值，这样，听者就会产生学习的更大热情和兴趣。

入选理由：
- 了解和研究萧伯纳的重要资料
- 严密清晰的逻辑
- 生动、朴实、如流水般的语言

在七十寿辰上的讲话 / [英国] 萧伯纳

近年来，舆论界竭力企图把我整垮，此计不成，又处心积虑将我捧成伟人，谁赶上这种事都是一场可怕的灾难。很明显，有人现在要继续这样干下去。为此，对于我的 70 寿庆，我完全拒绝发表任何意见。但是，工党的朋友们邀我来这里，我知道应该择善而从。我们发现了一个秘密，即不存在什么伟人。我们还发现了另外一个秘密，那就是世界上根本没有什么伟大的民族，也没有什么伟大的国家。

我们把这种东西留给 19 世纪，留给完全属于它们的那个世纪。谁都知道，我在副业上卓有成效，但是，我并没有"伟人的感觉"。你们也同样如此。在我的同行中，我的前辈莎士比亚曾生活在中产阶级圈子内，但是，还有一个跻身在中产阶级圈内的非中产阶级人物，他原来是个泥水匠。莎士比亚去世后中产阶级就纷至沓来，开始把他的著作编成对开本以示纪念。所有的中产阶级作家谱下一曲曲壮丽的诗歌，讴歌莎士比亚的伟大。奇怪的是，至今唯一被人们引用或者铭记的那段颂词却出自这位泥水匠之手。他说："我犹如所有人崇拜偶像一样喜欢这个人。"

我刚加入工党时，工党正受到自由党和激进党的主张和政策的紧紧束缚。然而，自由党的主张和政策有自己的传统，即 1649 年、1798 年以及 1848 年的传统，那些传统究竟是什么样的传统呢？那就是街垒、内战和弑君。那就是纯血统的自由党党员的传统。我们唯一不能明白它们至今还存在的原因是自由党本身已不复存在。

激进党是征收员和无神论者。在这个伟大的历史阶段，其重大原则是：在最后一位国王闷死在最后一位神父的肚子里之前，世界就绝不会太平。请他们讲得明确些，用现实的政治来说明时，他们的回答是世界充满了苦难和不公。因为，坎特伯雷大主教年薪有 15000 英镑，而查尔斯二世太太们的后裔又享受着终身养老金。

如今，我们已经成立了一个符合宪法的党。我们这个党是在社会主义的基础上建立起来的。我和我的朋友西德尼·韦伯先生、麦克唐纳先生一开始就明确无误地指出，我们一定要使社会党成为一个合法的党，让每一个受人尊重的敬神者在丝毫无损于他尊严的前提下得以加入这个党。我们抛弃了所有的那些传统；这就是现在的政府为什么对我们比对以往任何激进派更害怕的原因。

我们的主张很简单。我们的优势在于人们理解我们的主张。我们以社会主义反对资本主义，我们的一大难题是资本主义者根本不知道什么叫资本主义。实际上，问题却很简单，社会党的理论是，如果你想满足私有财产的需要，将所有的生产资料视为私有财产，并把它们作为私有财产保留，就人与人之间据此缔结的关系而论，那么，生产与分配必定会各行其是。

资本主义者声称，将向全世界保证，在这个国家里人人会获得一份职业。他们并不主张这是一份薪水优厚的职业，因为，假如酬金很高，这个人只要一个星期就能节余足够的钱，下个星期就不再工作了。他们决心使人们不停地工作，以挣得勉强维持生计的最低薪金，并且，还要分出一份积累资本。

他们说，资本主义不仅为劳动者提供了这一保证，而且通过确保巨大财富集中在一小批人手中，这样，无论愿意与否，他们都将把钱储蓄起来，并必须用于投资。这就是资本主义，而这个政府总是与资本主义相抵触。政府既不给人提供就业，又不让他饿死，而是给他一点救济。当然，首先得肯定，他早已为此付足了钱。政府给资本家补贴，又制订了五花八门的规定，破坏他们自己的制度。他们一直在这样干。我们提醒他们这是在自我毁灭，他们却听不进去。

我们批评资本主义时说：你们的制度自宣布诞生以来，没有哪一天信守过自己的诺言。我们的生产是荒谬的。当本该需要盖建更多的房屋时，我们却在生产80匹马力的汽车。我们在生产最豪华的奢侈品的同时，孩子们却在挨饿。你们已把生产本末倒置了。你们不是首先生产国家最需要的东西，却恰恰相反。我们认为，这种分配制度已经变得如此荒谬绝伦，以致在这个4700万人口的国家里只有两个人赞成目前的分配制度——一个是诺森伯兰郡公爵，另一个则是班拍里勋爵。

我们反对这种理论。社会主义明确无误地指出，一定要注意你的分配问题。我们非得从这个问题开始，要是私有财产成了合理分配制度的绊脚石，那么，就得请它让路。

掌握公共财产的人必须按公共规矩行事。比如，我握着手杖，但不能随心所欲，绝不能用它去敲你的脑袋。我们说，如果分配出了差错，就会一错百错——宗教、道德、政府等都会出问题。因此，我们深知，我们必须从分配着手，采取一切必要的步骤，这就是我们社会主义的全部含义。

我认为，我们之所以将此铭记在心，因为我们的职责是要处理好全世界的财产分配。请听我说，正如我曾告诉你们的那样，我认为在我们4700万人口中，只有两个人，也许没有人会赞成现行的财富分配制度。我甚至可以说，在整个世界里，也找不出一个人会赞成现行的财富分配制度。这种制度已经分文不值。这一点，你只要询问任何一位明智的中产者都能证实。

这场分配的关键是对那个婴儿如何分配的问题。如果这个新生儿注定要成为一个名门望族，那么他一定还会获得一宗食品收入，一宗比其他任何人都要优厚的收入。可是，一个婴儿还不懂得什么是道德、个性和勤奋，甚至还不懂得什么是通常所说的体面。政府的首要责任是对那个被遗弃儿负责。这是分配问题的有效例子，它同我们的问题有关，是一个确实能将我们引向胜利的问题。

我认为，我们得以将自己同资本主义者区分开的那一天终究会到来。我们必须将自己的指导思想公之于众。我们应该宣布，我们力求实现的不是旧概念的再分配，而是收入的再分配。我们指的永远是收入问题。

今天晚上真使我心花怒放。我们的主席对我的赞美，你们对我社会地位的如此尊重，对我个人怀有的深厚感情，我完全理解。我不是个感情丰富的人，但是，我不会对所有这一切无动于衷，我懂得这一切的价值。如今，我已年届古稀，时不再来，我说这话也就这一次了。我心潮澎湃，能够说出了许多人不能说的话。

我现在明白，年轻时思想转变，加入了工党，无论怎么说，我选准了自己的道路。

⊙作品赏析

1884年萧伯纳曾参与组织费边社，鼓吹用改良主义方法改变资本主义。第一次世界大战与俄国十月革命的胜利，在萧伯纳的心中掀起了暴风雨般的强烈震动，他意识到，用“费边社”改良主义的调和方法，无法解决资本主义世界的矛盾，这个旧世界必须有一个彻底的改变。本篇演讲发表于1926年，萧伯纳在演讲中简洁有力地回顾了自己社会思想发展变化的历程，同时简短而系统地分析和批判了资本主义的生产和分配制度，指出：“他们决心使人不停地工作”，“要是私有财产成了合理分配制度的绊脚石，那么就得请它让路。”“如果分配出了错，就会一错百错——宗教、道德、政府等都会出问题。”在表明自己政治立场方面，作者态度坚决，情绪高昂，“今天晚上真使我心花怒放。”他乐观地预言：“我们得以将自己同资本主义者区分开来的那天终究会到来。”全篇演讲主旨鲜明，逻辑清晰，语言如行云流水，妙用比喻，生动形象，所引事实使人信服，是演讲中的精品之作。

向文盲宣战 / ［苏联］高尔基

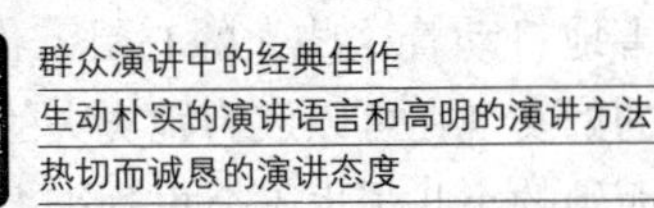

安格尔特同志给你们介绍了向文盲宣战事业的实况。你们从他的发言和图表中会看见很重要的东西，他向你们展示了一幅在很短、短得可笑的4周内所进行工作的有趣图画。我知道，它会让你们兴奋的。至于我，我想把一些个人的观察告诉你们，这些观察情况是在我和文盲或识字不多的听众的接触过程中获得的。

同志们，以前目不识丁的村妇或者已过中年的庄稼汉现在如此凝神专注倾听别人的讲话，这件事使我高兴，让我舒畅，以至于我可以叫你们相信，你们的潜心静听要比你们的掌声和最轰动的音乐更美好、更令人愉悦。人们渴求学习的心情急切得令人吃惊。你们都是掌了权的人，应该利用这种求知欲，应该使之得以充分满足，这是你们的职责。你们应千方百计减轻这部分人的工作，你们正在和全人类最可怕的敌人——愚昧作斗争。现在你们要对你周围所做的一切，对你们自己创造着的一切负责。这种责任由你们承担是因为再也无法埋怨任何其他人，说他们妨碍了你们为自己而工作了。所有困扰、折磨你们的一切，无论是懒惰、肮脏还是臭气冲天，这都是你们的事，你们必须和它们作顽强的斗争。你们十分清楚，这是何等艰巨的斗争，要付出多少精力，由此你们应该明白，你们多么需要在身后建立一支后备军队伍，储备好打算来帮助你们，接你们班的人才，他们要能理解自己周围所发生的事，不会无病呻吟。他们许多人，也许包括你们的一些人都有这一想法，知识是无往而不胜的非凡力量。只有真正牢固地用知识武装起来，你们才能以胜利者的姿态走出不得不去忍受的艰难生活的困境。

俄国人很懒，他们会狡猾地过游手好闲的生活，但他们有一股足够的倔强劲儿，只要有愿望，他们总能学会。当我观察到，此时此刻这位识字不多的人在向知识进军时，我真高兴。他多么渴求能把别人对他说的一切统统吸收过来，他一下子向与他交谈或为他讲课的人提出了很多很多的问题。你走进一些不识字的人的教室，你就会感到：咦，怎么回事呀？这些人怎么傻乎乎的。第一印象对他们很不利。他们坐在那儿望着你就像山羊在看墙报。但过了几分钟、半小时，你们会突然感到，从他们的脸上、眼睛里看见聚精会神的表情，仿佛觉得，他们从你这儿把自己所有的能量、知识、力量全吸取走了。

这会使你开始体会到，和他们谈话要比与知识分子谈更容易、简单、热烈。还有一个特点：这些人提出了全人类感兴趣的基本问题，这些问题还是第一次促使这些未开化的人有了一种想法，即去走一条通往能获得伟大成就的道路。他们的问题是：人来自何处？什么是生命？地球上怎样开始有了生命？我们有灵魂吗？灵魂什么样？你们这些主要热衷于政治问题的人听见提出这些问题也许很费解，可是这很好，文化便是由此而产生的，人类就是从这种不大开化的状态开始向今天他所站着的高度攀登的。正是由于这些思想的存在，世界上才诞生了托尔斯泰们、莎士比亚们、爱迪生们、马克思们、列宁们。这不至于会使你们难堪，这准确标志着：世界的思想确实触动了每个人的灵魂，世界全人类的才智已被俄罗斯大众所感觉到了。在这种情况下，我以为，应想方设法使知识的掌握变得容易些，不管是从外部掌握还是从内心掌握都如此。掌握知识曾打动过，现在正更厉害地打动着这些人的心灵。你们只要想一想，在每个工人家庭里至今仍只是起次要作用的妇女现在可以成为她丈夫的真正朋友了。妇女能读书，能和自己的丈夫肩并肩地走路，而她的小儿子也不会再到街上去做香烟投机买卖了，不会成为罪犯了。同志们，你们想想，识字不多妇女的数字在我国是很可观的。我们必须为她们提供一切机会，让她们吸收知识，吸收全人类的智慧，一般人能吸收多少，她们也能吸收多少。当然，你们不会比大家懂得少，因为一个人文化层次越高，就越懂得多，也就越完美、越机灵。亲爱的同志们，我们什么也不需要，只需要优秀的工作者，不吝惜自己的精力，英勇建设国家的人。你们肩负有历史使命去建设这个国家，显然你们会建设好的，但只有当你们的确诚心诚意、勇敢地去进行吸收全人类知识与科学的世界经验这一件大事业时，才能建设好这个国家。

同志们，我也许说得前言不搭后语，题目这样大，想说的又很多，而词汇和时间却又很少，这样就说不好了。我口才欠佳，但都是心里话，并非玩弄辞藻。

同志们，你们必须知道、感到，吸收知识的时机、科学知识社会化的时机现在已经到来，再也没有比知识更强大的力量了，用知识装备起来的人是不可战胜的。如果我能告诉你们，在经济遭破坏、饥寒交迫的最近两年内，我们科学家的头脑在一片混乱、啼饥号寒的日子里所做的一切，你们定会感到惊喜。在科学领域我们俄国人与欧洲学者的联系是被割断的，近来有了很大进步。当你们得知，人们是在怎样艰难条件下取得这些成绩的，你们会大吃一惊，你们会对这些英勇的人们众口齐颂。他们没有跑到你们敌人的营垒中去，而是留了下来，和你们一块儿工作。我们需要知识这一武器，因为最可敬的协约国手中的子弹、刺刀要是停止进攻，他们期盼的便不是用棍棒，而是用卢布来征服我们。他们会试图这么干的。他们会乘隙而人，投入小小的一点资本，腐蚀包括你们在内的俄国人，是的，包括你们。你们必须明白且牢牢记住，贪得无厌、尖利无比的血盆大口已向我们张开，铁牙利齿是为我们磨得尖尖，我们的皮肤，甚至每根小骨头都会格格裂开。为把这种和平征服击溃，必须具有许多智慧；必须清楚，我们富有什么，缺乏什么，有哪些优点、哪些不足；必须做好与资本家斗争的准备，这场斗争没有停止过；必须清楚，资本主义的年龄比我们大，经验比我们丰富，还比我们狡猾。

我认为，每个人都应懂得必须向文盲宣战，这不仅是每个个人，也是全俄罗斯的职责。我们要尽量多为自己获取知识，以便尽量多地给国家奉献知识。这个国家应有人为之诚实地劳动，人民应得到幸福，哪怕仅仅是休息的幸福。这当然是个不大的愿望，还有另一个愿望：我希望你们能赋予这个国家的人民以建设的幸福，英勇地去建设它。国家很需要建设。我希望那些普通俄国人，包括你们在内所素有的懒散、放荡、马虎作风统统清除掉。我还希望，你们近些日子所感受到的所有做法能把一个古老俄国人的形象从你们表皮清除掉。古老的俄国，他们习惯了在棍棒下工作，不会去珍惜劳动，也不懂得劳动具有的全人类意义。

请你们原谅，我这样讲，听上去似乎很难过，但我必须凭良心讲话。人民呀，你们是有点儿懒，人民的意志被压抑了三百年，还能要求你们什么呢？但是，同志们，我们对欧洲、全世界作出过贡献，这几乎是奇迹，因为从被打垮、被吓破了胆、穷得一贫如洗的俄国人民那里难以得到如此的功绩。俄国人民靠最近几年的生活想要建立功绩是很难的，这是一条受难者的道路。我说，这是伟大的功绩，并没有恭维的意思，的确伟大。这是一件随着时间的推移，会让我们的敌人愕然，甚至会逼他们对我们大加褒扬的事。然而，你们的功绩使你们有责任去继续这一事业，而且一干到底。当我们拥有人类在自己艰苦卓绝道路上产生出来的一切：所有优秀的思想、所有知识的宝藏时，如果我们能把这一切据为己有，如果我们能把它消化成自身的东西，那么我们就完全可以从所有不幸中超脱出来。很有可能，与外界失掉过联系的俄国知识分子关于人民是世界的救世主和关于人民救世主的可笑幻想忽然真的成了活生生的现实。不用再说，同志们，我们确实比别人先跨前了一步。这样工作紧张得很，但功绩也大。如果你们能唤起自身的求知欲，尊重劳动、相互尊重、正确评价工作人员、帮助所有站在你们身后不识字的人适应你们现在所知道的东西，你们所具有的一切，这样功绩还要大。

这就是我想给你们说的几句话，很想能使你们相信，请你们尽可能抓紧一点，把注意力集中到这方面来。

如果我们把文盲当成灰尘一样扫除掉，荣誉和光荣都将属于你们，至于你们的利益、整个国家的利益，那就更不用说了。这只有在人们目前有追求知识欲望时才有可能，只有在他们有扑向新知识的狂热时才有可能。你们应该这样做，我再说一次，这是你们的职责，上层人士的职责。为了广泛开展这方面的工作，要去做一切可能做好的事，使得这种俄罗斯式的沉默寡言变为擅长思考、擅长感觉和擅长工作的能力，因为谁擅长感觉，谁就擅长工作，谁懂得越多，谁工作得也就不会坏。

这便是我所要讲的一切，最后我祝你们一切顺利，首先精神要饱满。

⊙作品赏析

高尔基是一名出色的演讲家，他的演说非常口语化，生动朴实，语言非常得体，注重方法，他完全是用通俗的适合工农兵大众的语言方式阐释深刻的道理，态度诚恳而热情，在听众中产生积极广泛的影响。在演讲中，高尔基开门见山，直奔主题，但是话题展开的方式非常随意，这对营造良好的演说气氛非常重要，他首先对扫盲工作的现状给与非常乐观的评价，“人们渴求学习的心情急切得令人吃惊。”这是一个乐观的局面，开展群众工作，群众的配合非常重要，高尔基抓住这一关键，表示出对群众的极大信任，并且及时地指出了普及文化知识、开展学习的迫切必须要性，即“只有的确真心诚意勇敢地去进行吸收全人类知识与科学的世界经验这一伟大事业时，才能建设好这个国家。”这为下文善意的批评作了良好的铺垫，“俄国人很懒，他们会狡猾地过游手好闲的生活，但是他们有一股足够的倔强劲儿，只要有愿望，他们总能学会。”高尔基非常具体生动地讲述了学习文化对国家建设、社会进步、家庭和谐幸福等各方面的积极影响，完全是一幅美好的蓝图，无疑在听众中会产生极大的感召力。

在伯尔尼国际群众大会上的演说 / ［苏联］列宁

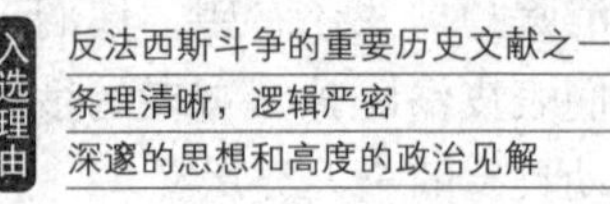

同志们！欧战逞狂肆虐已经一年零六个多月了，战争每拖长一月，每拖长一天，工人群众就更加清楚地知道齐美尔瓦尔得宣言说的是真理："保卫祖国"之类的词句不过是资本家骗人的话。现在人们一天比一天看得更清楚，这是资本家、大强盗的战争，他们所争的不过是谁能分到更多的赃物，掠夺更多的国家，蹂躏和奴役更多的民族。

这些话听起来似乎不足信，特别是对于瑞士的同志们，然而这些话都是确实的，就在我们俄国，不但血腥的沙皇政府，不但资本家，而且有一部分所谓的或过去的社会主义者，也说俄国进行的是"自卫战争"，也说俄国反对的不过是德国的侵略。其实全世界都知道，沙皇政府压迫俄国境内其他民族的1亿多人民，已经有好几十年，俄国对中国、波斯、阿尔明尼亚和加里西亚实行掠夺政策，也已经有好几十年了。无论是俄国、德国其他任何一个强国，都没有权利谈什么"自卫战争"；一切强国所进行的都是帝国主义的、资本主义的战争，都是强盗性的战争和压迫弱小民族及其他民族的战争，都是保证资本家利润的战争，使资本能够以群众遭受的骇人听闻的痛苦和无产阶级流出的鲜血换得亿亿万万纯金的收入。

4年以前，在1912年11月，当战争日益逼近这一形势已经很明显的时候，全世界社会主义者的代表在巴塞尔召开的国际社会党人代表大会。那时对于将来的战争是列强之间的、大强盗之间的战争，战争的罪过应当由各强国的政府和资本家阶级承当，已经是无可怀疑的了。全世界的社会主义政党一致通过的巴塞尔宣言，公开说出了这个真理。巴塞尔宣言没有一句话提到"自卫战争"，提到"保卫祖国"。它无一例外地抨击各强国的政府资产阶级。它公开说，战争是滔天的罪行，工人认为相互射击就是犯罪，战争的惨祸和工人对这种惨祸的愤怒，必然会引起无产阶级革命。

后来战争真正爆发了，大家都看到，巴塞尔宣言对这次战争性质的估计是正确的。但是，社会主义组织和工作组织不是一致地拥护巴塞尔决议，而是发生了分裂。现在我们都看到，世界各国的社会主义组织和工作组织是怎样分成两大阵营的。一小部分人，就是那些领袖、干事、官僚，背叛了社会主义，站到各国政府那一边去了。另一部分人，包括自觉的工人群众，继续聚集力量，为反对战争、实现无产阶级革命而奋斗。

后一部分人的观点也反映在齐美尔瓦尔得宣言里。

在我们俄国，战争一开始，杜马中的工人代表就进行了反对战争和沙皇君主制的坚决的革命斗争。彼得罗夫斯基、巴达也夫、穆拉诺夫、沙果夫、萨莫依洛夫这五名工人代表广泛发出了反对战争的革命号召，努力进行了革命鼓动。沙皇政府下令逮捕了这五名代表，法庭判处他们终身流放西伯利亚。这些俄国工人阶级的领袖已经在西伯利亚受了好几个月的折磨，但是他们的事业并没有被摧毁，全俄自觉的工人正循着同样的方向继续干着他们的工作。

同志们！你们在这里听到了各国代表的关于工人如何进行反战革命斗争的演说。我只想给你们举一个最富强的国家，即美国的例子。这个国家的资本家现在由于欧战而得到巨大的利润。他们也鼓动战争。他们说，美国也应当准备参战，应当向人民榨取几亿金元来进行新的军备、无穷无尽的军备，美国的一部分社会主义者也响应这种骗人的、罪恶的号召。但是我要把美国社会主义者的最有声望的领袖，美国社会党的共和国总统候选人尤金·德布兹同志写的一段话念给你们听一听。

在1915年9月11日的美国《呼吁理智报》上，他说道："我不是资本家的士兵，而是无产阶级的革命者，我不是财阀的正规军的士兵，而是人民的非正规军的战士。我坚决拒绝为资本家阶级的利益作战。我反对任何战争，但是有一种战争我是衷心拥护的，那就是为了社会革命而进行的世界战争。如果统治阶级迫不及待地需要战争，那么我决心参加这种战争。"

美国工人热爱的领袖，美国的倍倍尔——尤金·德布兹同志就是这样向美国工人们讲的。

同志们，这又向我们表明，世界各国的工人阶级真正在积聚力量。人民在战争中所受的灾难和痛苦是难以设想的，但是我们不应当，也没有任何理由对将来悲观失望。

·作者简介·

列宁（1870～1924），原名弗拉基米尔·伊里奇·乌里扬诺夫，列宁是他参加革命后的名字。列宁出生于伏尔加河畔的辛比尔斯克。1895年，列宁在圣彼得堡建立工人阶级解放斗争协会，在俄国第一次实现了社会主义运动和工人运动的结合。同年12月，在领导首都工人进行罢工斗争的过程中，列宁遭逮捕，被流放到西伯利亚。

列宁像

流放期满后，列宁于1900年出国侨居。年底，他创办了《火星报》，促进了各地方小组之间的联系。1903年，列宁参加在伦敦举行的俄国社会民主工党第二次代表大会。这次大会宣告了以列宁为首的布尔什维克党的建立，标志着列宁主义的诞生。

1905年俄国资产阶级民主革命爆发后，列宁于11月回到圣彼得堡直接领导革命斗争。12月莫斯科工人武装起义失败，列宁被迫再次流亡国外。1917年俄国二月革命推翻沙皇统治后，列宁从瑞士回到彼得堡。1917年11月6日，列宁在圣彼得堡领导武装起义，取得十月革命的胜利，建立了人类历史上第一个社会主义国家。

在战争中阵亡的和由于战争而丧生的几百万人并不是白白地牺牲的。千百万人在忍饥挨饿，千百万人在战壕中牺牲性命，他们不但在受苦受难，而且也在聚集力量，思索大战的真正原因，锻炼自己的意志，他们对革命有了愈来愈清楚的认识。在世界上所有的国家里，群众的不满愈来愈增长，风潮、罢工、游行示威和抗议战争的运动愈来愈激烈。对于我们这就是保证，保证反对资本主义的无产阶级革命一定会在欧战以后到来。

⊙作品赏析

曾经多次聆听过列宁演讲的日本共产党人片山潜在回忆中说："列宁同志没有用任何专为加强听众印象的矫揉造作的词句和修饰，但是却具有非凡的魔力，每当他一开始讲话，场内马上就肃静下来，所有的眼睛都集中到他身上。"本篇是在伯尔尼国际群众大会上所作的政治演说，列宁这次演说的核心目的就是要通过通俗简明的语言、确切的事实和有力的论证来说明："一切帝国主义的、资本主义的战争，都是强盗性质的战争和压迫弱小民族以及其他民族的战争，都是保证资本家利润的战争，使资本能够以群众遭受的骇人听闻的痛苦和无产阶级流出的鲜血换得亿亿万万纯金的收入。”列宁纵观国际风云，准确地揭示其实质，立场鲜明，用词极具感情色彩，对听众造成极强的感染力，从而形成强大的号召力。他在分析了帝国主义罪恶的事实之后，并没有形成悲观的看法，而是科学地得出无产阶级必然取得胜利的光明的结论：“在世界上所有的国家里，群众的不满愈来愈增长，风潮、罢工、游行示威和抗议战争的运动愈来愈激烈。对于我们这就是保证，保证反对资本主义的无产阶级革命一定会在欧战以后到来。”整篇演讲感情充沛，气势磅礴。

探索的动机 / ［美国］爱因斯坦

学理性演讲的典范之作
通俗、生动活泼的语言阐释深奥的科学道理
语言优美，极富文采和感染力

在科学的庙堂里有许多房舍，住在里面的人真是各式各样，而引导他们到那里去的动机实在也各不相同。有许多人所以爱好科学，是因为科学给他们以超乎常人的智力上的快感，科学是他们自己的特殊娱乐，他们在这种娱乐中寻求生动活泼的经验和雄心壮志的满足；在这座庙堂里，另外还有许多人所以把他们的脑力产物奉献在祭坛上，为的是纯粹功利的目的。如果上帝有位天使跑来把所有属于这两类的人都赶出庙堂，那么聚集在那里的人就会大大减少，但是，仍然还有一些人留在里面，其中有古人，也有今人。我们的普朗克就是其中之一，这也就是我们所以爱戴他的原因。

我很明白，我们刚才在想象中随便驱逐了许多卓越的人物，他们对建设科学庙堂有过很大的也许是主要的贡献；在许多情况下我们的天使也会觉得难于决定。但有一点我可以肯定：如果庙堂里只有我们刚才驱逐了的那两类人，那么这座庙堂就决不会存在，正如只有蔓草就不成其为森林一样。因为，对于这些人来说，只要有机会，人类活动的任何领域他们都会大干；他们究竟成为工程师、官吏、商人，还是科学家，完全取决于环境。现在让我们再来看看那些为天使所宠爱的人吧。他们大多数是相当怪癖、沉默寡言和孤独的人，尽管有这些共同特点，实际上他们彼此之间很不一样，不像被赶走的那许多人那样彼此相似。究竟是什么把他们引到这座庙堂里来的呢？这是一个难题，不能笼统地用一句话来回答。首先我同意叔本华所说的，把人们引向艺术和科学的最强烈的动机之一，是要逃避日常生活中令人厌恶的粗俗和使人绝望的沉闷，是要摆脱人们自己反复无常的欲望的桎梏。一个修养有素的人总是渴望逃避个人生活而进入客观知觉和思维的世界，这种愿望好比城市里的人渴望逃避喧嚣拥挤的环境，而到高山上去享受幽静的生活，在那里，透过清寂而纯洁的空气，可以自由地眺望，陶醉于那似乎是为永恒而设计的宁静景色。

除了这种消极的动机外，还有一种积极的动机。人们总想以最适合于他自己的方式，画出一幅简单的和可理解的世界图像，然后他就试图用他的这种世界体系来代替经验的世界，并征服后者。这就是画家、诗人、思辨哲学家和自然科学家各按自己的方式去做的事。各人把世界体系及其构成作为他的感情生活的中枢，以便由此找到他在个人经验的狭小范围内所不能找到的宁静和安定。

在所有可能的图像中，理论物理学家的世界图像占有什么地位呢？在描述各种关系时，它要求严密的精确性达到那种只有用数学语言才能达到的最高的标准。另一方面，物理学家必须极其严格地控制他的主题范围，必须满足于描述我们经验领域里的最简单事件。对于一切更为复杂的事件企图以理论物理学家所要求的精密性和逻辑上的完备性把它们重演出来，这就超出了人类理智所能及的范围。高度的纯粹性、明晰性和确定性要以完整性为代价。但是当人们胆小谨慎地把一切比较复杂而难以捉摸的东西都撇开不管时，那么能吸引我们去认识自然界的这一渺小部分的，究竟又是什么呢？难道这种谨小慎微的努力结果也够得上宇宙理论的美名吗？我认为，够得上的。因为，作为理论物理学结构基础的普遍定律，应当对任何自然现象都有效。有了它们，就有可能借助于单纯的演绎得出一切自然过程（包括生命过程）的描述，也就是它们的理论，只要这种演绎过程并不超出人类理智能力太多。因此，物理学家放弃他的世界体系的完整性，倒不是一个什么根本原则问题。

物理学家的最高使命是得到那些普遍的基本定律，由此世界体系就能用单纯的演绎法建立起来。要通向这些定律，没有逻辑推理的途径，只有通过建立在经验的同感的理解之上的那种直觉。由于这种方法论上的不确定性，人们将认为这样就会有多种可能同样适用的理论物理学体系，这个看法在理论上无疑是正确的。但是物理学的发展表明，在某一时期里，在所有可想到的解释中，总有一个比其他的一些都高明得多。凡是真正深入研究过这一问题的人，都不会否认唯一决定理论体系的实际上是现象世界，尽管在现象和他们的理论原理之间并没有逻辑的桥梁，这就是莱布尼茨非常中肯地表述过的“先天的和谐”。物理学家往往责备研究认识论的人没有足够注意这个事实。我认为，几年前马赫和普朗克的论战，根源就在这里。

渴望看到这种先定的和谐，是无穷的毅力和耐心的源泉。我们看到，普朗克就是因此而专心致志于这门科学中的最普遍的问题，而不使自己分心于比较愉快的和容易达到的目标上去。我常常听到同事们试图把他的这种态度归结于非凡的意志力和修养，但我认为这是错误的。促使人们去做这种工作的精神状态是同信仰宗教的人或谈恋爱的人的精神状态相类似的，他们每天的努力并非来自深思熟虑的意向或计划，而是直接来自激情。我们敬爱的普朗克就坐在这里，内心在笑我像孩子一样提着第欧根尼的灯笼闹着玩。我们对他的爱戴不需要作老生常谈的说明。祝愿他对科学的热爱继续照亮他未来的道路，

·作者简介·

爱因斯坦（1879～1955），出生在德国乌耳姆的一个商人家庭。在他两岁那年，他们举家迁往慕尼黑。1894年，爱因斯坦只身离开德国前往瑞士，两年后进入苏黎世联邦工业大学学习物理学。

爱因斯坦像

1902年，爱因斯坦受聘为瑞士专利局的技术员，负责专利申请的技术鉴定工作。1908年，他被伯尔尼大学聘为编外讲师，次年转到苏黎世大学讲授理论物理学。1914年，应普朗克和能斯脱的邀请，他回到故乡德国，担任普鲁士科学院院长和凯撒·威廉物理研究所所长，并兼任柏林大学教授。

第一次世界大战爆发后，他利用自己的影响力积极进行反战活动。1916年，他发表《广义相对论原理》，系统地阐述了广义相对论原理。1933年，希特勒攫取德国政权后疯狂迫害犹太人，幸而爱因斯坦当时在美国讲学。1940年，爱因斯坦放弃德国国籍，加入美国籍。

定居美国后，爱因斯坦一直担任普林斯顿高级研究院的教授。

1955年4月18日凌晨，爱因斯坦在普林斯顿与世长辞，享年76岁。

并引导他去解决今天物理学最重要的问题，这问题是他自己提出来的，并且为了解决这问题他已经做了很多工作。祝他成功地把量子论同电动力学和力学统一于一个单一的逻辑体系里。

⊙作品赏析

1918年4月，在柏林物理学会举办的普朗克60岁生日庆祝会上，爱因斯坦发表了这篇演讲，他高度评价了普朗克对科学的热情和为此献身的崇高精神。普朗克是一个严谨的科学家，他用精确的数学语言寻求普遍的基本定律，以建立严格精确的理论体系，并且卓有成效。而要准确恰当地表述清楚普朗克的成就，就需要大量运用专业术语，这样势必导致语言的枯燥。爱因斯坦的演讲却恰当地运用哲学的思辨语言和演讲口语，并大量运用生动形象的比喻，加上丰富的想象力，把深奥的道理讲得通俗明白，生动活泼，富于魅力，“一个修养有素的人总是渴望逃避个人生活而进入客观知觉和思维的世界，这种愿望好比城市里的人渴望逃避喧嚣拥挤的环境，而到高山上去享受幽静的生活，在那里，透过清寂而纯洁的空气，可以自由地眺望，陶醉于那似乎是为永恒而设计的宁静景色”。这样的语言如同优美的抒情散文，大大增强了演讲的可接受性。

责任·荣誉·国家 /［美国］麦克阿瑟

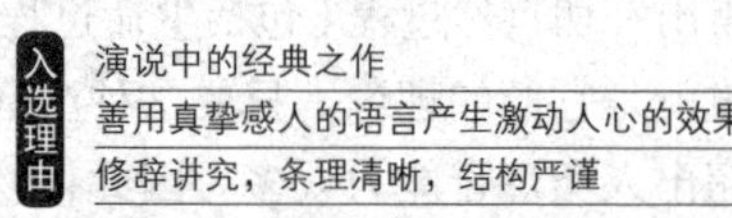

今天早晨，我走出旅馆时，看门人问道：“将军，您上哪儿去？”一听说我到西点时，他说：“那是个好地方，您从前去过吗？”

这样的荣誉是没有人不深受感动的，长期以来，我从事这个职业；我又如此热爱这个民族，这样的荣誉简直使我无法表达我的感情。然而，这种奖赏主要的并不意味着尊崇个人，而是象征一个伟大道德情操——捍卫这块可爱土地上的文化与古老传统的那些人为的行为与品质的准则。这就是这个大奖章的意义。从现在以及后代来看，这是美国军人道德标准的一种表现。我一定要遵循这种方式，结合崇高的理想，唤起自豪感；也要始终保持谦虚。

责任——荣誉——国家，这三个神圣的名词尊严地命令您应该成为怎样的人，可能成为怎样的人，一定要成为怎样的人。它们是您振奋精神的转折点；当您似乎丧失勇气时鼓起勇气；似乎没有理由相信时重建信念；几乎绝望时产生希望。遗憾的是，我既没有雄辩的辞令，诗意的想象，也没有华丽的隐喻向你们说明它们的意义。怀疑者一定要说它们只不过是几个名词，一句口号，一个浮夸的短词。每一个迂腐的学究，每一个蛊惑人心的政客，每一个玩世不恭的人，每一个伪君子，每一个惹是生非者，很遗憾，还有其他个性完全不同的人，一定企图贬低它们，甚至达到愚弄、嘲笑它们的程度。

但这些名词却能完成这些事。它们建立您的基本特性，它们塑造您将来成为国防卫士的角色；它们使您坚强起来，认清自己的懦弱，而且，让您勇敢地面对自己的胆怯。它们教导您在真正失败时要自尊，要不屈不挠；胜利时要谦和，不要以言语代替行动，不要贪图舒适；要面对重压以及困难和挑战的刺激；要学会巍然屹立于风浪之中，但是，对遇难者要寄予同情，要律人得先律己；要有纯洁的心灵，崇高的目标；要学会笑，不要忘记怎么哭；要长驱直入未来，可不该忽略过去；要为人持重，但不可过于严肃；要谦逊，这样您就会记住真正伟大的淳朴，真正智慧的虚心，真正强大的温顺。它赋予您意志的韧性，想象的质量，感情的活力，从生命的深处焕发精神，以勇敢的优势克服胆怯，甘于冒险胜过贪图安逸。它们在你们心中创造奇境，意想不到的无尽无穷的希望，以及生命的灵感与欢乐。它们以这种方式教导你们成为军官或绅士。

您所率领的是哪一类士兵？他们可靠吗？勇敢吗？他们有能力赢得胜利吗？他们的故事您全部熟悉，那是美国士兵的故事。我对他们估计是多年前在战场上形成的，至今并没有改变。那时，我把他看作世界上最高尚的人物；现在，仍然这样看待他，不仅是具有最优秀的军事品德，而且也是最纯洁的一个人。他的名字与威望是每一个美国公民的骄傲。在青壮年时期，他献出了一切人类所能给予的爱情与忠贞。他不需要我与其他人的颂扬，他自己用鲜血在敌人的胸前谱写自传。可是，当我想到他在灾难中的坚韧，在战火里的勇气，胜利中的谦虚，我满怀的赞美之情是无法言状的。他是历史上一位成功的爱国者的伟大典范；他是后代的，作为对子孙进行解放与自由主义的教导者；现在，他把美德与成就献给我们。在二十次战役中，在上百个战场上，围绕着成千堆的营火，我亲眼目睹不朽的坚忍不拔的精神，爱国的自我克制以及不可战胜的决心，这些已经把他的形象铭刻在他的人民的心坎上。从世界的这一端到那一端，从天涯到海角，我们已经深深地喝干勇敢的美酒。

· 作者简介 ·

麦克阿瑟（1880～1964），出生于军人世家，1903年毕业于西点军校。第一次世界大战中，于1917年10月起在美驻法军队中任师参谋长，后任旅长，大战结束时任第42师师长。1919～1922年任西点军校校长。

麦克阿瑟像

第二次世界大战爆发后以中将衔任远东美军司令，统管远东全部陆军和空军，驻守菲律宾群岛。1944年12月被授予美国特等军衔“五星上将”。

1945年9月2日，麦克阿瑟登上停泊在东京湾的美国密苏里号军舰，接受了日本正式向盟军的投降。随后，65岁的麦克阿瑟担任了盟军驻日本占领军的最高统帅。

1950年6月25日，朝鲜战争爆发，在朝鲜战场上，麦克阿瑟忠实地执行了杜鲁门政府的侵略政策。1951年，杜鲁门妄图挽回败局，借口麦克阿瑟违令抗上，解除了他的一切职务，并调回美国。

麦克阿瑟回国后，应邀参加雷明顿一兰德公司的工作，1952年7月31日就任该公司的董事长。1964年4月5日病故。

……

这几个名词的准则贯穿着最高的道德准则，并将经受任何为提高人类而传播的伦理或哲学的检验。它所要求的是正确的事物，它所制止的是错误的东西。高于众人之上的战士要履行宗教修炼的最伟大的行为——牺牲。在战斗中，面对着危险与死亡，他显示出造物者按照自己意愿创造人类时所赋予的品质，只有神明的援助能支持他，任何肉体的勇敢与动物的本能都代替不了。无论战争如何恐怖，召之即来的战士准备为国捐躯是人类最崇高的进化。

现在，你们面临着一个新世界——一个变革中的世界。人造卫星进入星际空间，星球与导弹标志着人类漫长的历史开始了另一个时代——太空时代的篇章。自然科学家告诉我们，花费了五十亿年或更长的时期造成的地球，在三万万年才出现人类，再没有比现在发展得更快、更伟大的了。我们现在不但是从这个世界，而且涉及不可估量的距离，还要从神秘莫测的宇宙来论述事物。我们正在伸向一个崭新的无边无际的界限。我们谈论着不可思议的话题：控制宇宙的能源；让风与潮汐为我们工作；创造空前的合成物质，补充甚至代替古老的基本物质；净化海水供我们饮用；开发海底作为财富与粮食的新基地；预防疾病，延长寿命几百岁；调节空气，使冷热晴雨分布均衡……使生命成为有史以来最扣人心弦的那些梦境与幻想。

通过所有这些巨大的变化和发展，你们的任务就是坚定与不可侵犯地赢得我们战争的胜利。你们的职业中只有这个生死攸关的献身，此外，什么也没有。其余的一切公共目的、公共计划、公共需求，无论大小，都可以寻找其他的方法去完成；而你们就是训练好参加战斗的，你们的职业就是战斗——决心取胜。在战争中明确的认识就是为了胜利，胜利是任何都代替不了的。假如您失败了，国家就要遭到破坏，唯一缠住您的公务职责就是责任——荣誉——国家。其他人将争论着国内外的，分散人思想的争论的结果，可是，您将安详、宁静地屹立在远处，作为国家的卫士，作为国际矛盾怒潮中的救生员，作为战斗竞技场上的领头人士。一个半世纪以来，你们曾经防御、守卫、保护着解放与自由、权力与正义的神圣传统。让老百姓的声音来辩论我们政府的功过，是否因联邦的家长式统治力量过大，权力集团发展过于骄横自大，政治太腐败，罪犯太猖獗，道德标准降得太低，捐税提得太高，极端分子的偏激衰竭；我们个人的自由是否像完全应有的那样完全彻底，这些重大的国家问题无须你们的职业去分担或军事来解决。你们的路标：责任——荣誉——国家，这抵得上夜里的十倍灯塔。

你们是联系我国防御系统全部机构的发酵剂。从你们的队伍中涌现出战争警钟敲响时刻手操国家命运的伟大军官。从来也没有人打败过我们。假如您这样做，一百万身穿橄榄色、棕卡其、蓝色和灰色制服的灵魂将从他们的白色十字架下站起来，以雷霆般的声音响起神奇的词句：责任——荣誉——国家。

这并不意味着你们是战争贩子。相反，高于众人之长的战士祈求和平，因为他必须忍受战争最深刻的伤痛与疮疤。可是，在我们的耳边经常响起大智大慧的哲学之父柏拉图的不祥之言："只有死者看到战争的终结。"

我的年事渐高，已过黄昏。我的过去已经消失了音调与色彩，它们已经随着往事的梦境模模糊糊地溜走了。这些回忆是非常美好的，是以泪水洗涤，以昨天的微笑抚慰的。我渴望的耳朵徒然聆听着微弱的起床号声的迷人旋律，远处咚咚作响的鼓声。在我的梦境里，又听到噼啪的枪炮声、咯咯的步枪射击声、战场上古怪而忧伤的低语声。可是，在我记忆的黄昏，我总是来到西点，那里始终在我的耳边回响着：责任——荣誉——国家。

今天标志着我最后一次检阅你们。但是，我希望你们知道，当我死去时，我最后内心深处一定是这个部队的——这个部队的——这个部队的。

⊙作品赏析

这是一篇热情洋溢的演说，家常似的开场白创造了良好的氛围，然后麦克阿瑟围绕着责任、荣誉、国家这三个核心名词，展开了他的宏论，同时用充满激情的语言描绘了一幅幅波澜壮阔的感人画卷，属于军人的责任、荣誉的画卷，这也是麦克阿瑟一生的经验总结、西点军校学生奋斗的目标。演讲的语言朴素而真挚，演讲者用真挚，饱含深情的话语对听众动之以情、晓之以理，意蕴博大精深、意味深长幽远。西点军校是麦克阿瑟军人生涯的起点，现在他告别西点，告别军旅生活，内心的依依不舍之情流露在话语之间，这种浓烈的感情也打动着每一位听众。演讲的结构严谨，层次有序，主旨鲜明，“军人的荣誉是承担责任，保卫国家”这样一个主题贯穿全文，明确表达了麦克阿瑟对军人价值的理解以及对西点军校的深厚感情。

一个遗臭万年的日子 /［美国］罗斯福

入选理由
反法西斯战争史上的重要文献之一
平实克制的语言陈述重大历史事件
结构严谨、语言精练

副总统先生、议长先生、参众两院各位议员：

昨天，1941 年 12 月 7 日——一个遗臭万年的日子——美利坚合众国遭到了日本帝国海空军部队突然和蓄谋的进攻。

合众国当时同该国处于和平状态，而且，根据日本的请求，当时仍在同该国政府和该国天皇进行着对话，对于维护太平洋的和平有所期待。实际上，就在日本空军中队已经开始轰炸美国瓦胡岛之后一小时，日本驻合众国大使及其同事还向我们国务卿提交了对美国最近致日方的信函的正式答复。虽然复函声言继续现行外交谈判似已无用，但它并未包含着有关战争或武装进攻的威胁或暗示。

应该记录在案的是：由于夏威夷同日本的距离，这次进攻显然是许多天乃至若干星期以前就已蓄意进行策划的。在策划过程之中，日本政府通过虚伪的声明和表示希望维系和平而蓄意对合众国进行了欺骗。

昨天对夏威夷群岛的进攻，给美国海陆军队造成了严重的损害，我遗憾地告诉各位，很多美国人丧失了生命，据报，美国船只在旧金山和火奴鲁鲁之间的公海上也遭到了鱼雷袭击。

昨天，日本政府已发动了对马来西亚的进攻。

昨夜，日本军队进攻了香港。

昨夜，日本军队进攻了关岛。

昨夜，日本军队进攻了菲律宾群岛。

昨夜，日本人进攻了威克岛。

今晨，日本人进攻了中途岛。

因此，日本在整个太平洋区域采取了突然的攻势。昨天和今天的事实不言自明。合众国的人民已经形成了自己的见解，并且十分清楚地关系到我们国家的安全和生存的本身。

作为海陆军总司令，我已指示，为了防备我们采取一切措施。

但是，我们整个国家都将永远记住这次对于我们进攻的性质。

不论要用多长的时间才能战胜这次预谋的入侵，美国人民以自己的正义力量一

·作者简介·

罗斯福（1882～1945），生于纽约州的海德公园村。1910年，28岁的罗斯福迈出了走上政坛的第一步，当选为纽约州参议员。

1921年夏天，他因为在很凉的水中游泳，染上了小儿麻痹症，导致两腿终生瘫痪。1933年3月4日，罗斯福就任美国第三十二任总统。入主白宫后，他积极推行“新政”，使美国摆脱了经济危机。在1936年、1940年和1944年的大选中，罗斯福又连续三次当选，成为美国历史上唯一蝉联四届的总统。

1945年4月12日，即在德国投降前夕，罗斯福因患脑溢血逝世，享年63岁。

罗斯福像

定要赢得绝对的胜利。

我现在断言，我们不仅要做出最大的努力来保卫我们自己，我们还将确保这种形式的背信弃义永远不会再危及我们。我这样说，相信是表达了国会和人民的意志。

敌对和行动已经存在。毋庸讳言，我国人民，我国领土和我国利益都处于严重危险之中。

信赖我们的武装部队——依靠我国人民的坚定信心——我们将取得必然的胜利——上帝助我。

我要求国会宣布：自 1941 年 12 月 7 日——星期日日本进行无缘无故和卑鄙怯懦的进攻时起，合众国和日本帝国之间已处于战争状态。

⊙作品赏析

罗斯福顺着斜坡走上讲坛后，以极大的克制，用平实舒缓的语言陈述了日军在 24 小时内的所作所为，并郑重指出，日本政府通过虚伪的声明和表示希望维系和平而蓄意对合众国进行了欺骗。他最后请求国会宣布："自 1941 年 12 月 7 日——星期日日本进行无缘无故和卑鄙怯懦的进攻时起，合众国和日本帝国之间已处于战争状态。"没有过多的渲染，演说历时 6 分钟。参众两院几乎以全票通过了罗斯福的宣战要求，只在众议院有 1 张反对票。现在回头来看这篇演讲，我们首先感到的是其中蕴含的巨大的力量。在演说的语言中，冷静和理性的表述显然是占了上风的，罗斯福首先通报了战前近期和日本的外交状况，以确凿的事实说明，日本对和合众国进行了最无耻的欺诈，然后最为简洁地列出了日本在太平洋地区所采取的军事行动及其对美国造成的巨大创伤。简短的论述表明：合众国已经处于严重的危险之中，结论和对策已经在毋庸置疑中。演讲的结构非常严谨，语言精练，毫不拖沓和感情用事，但是收到了巨大的效果，国会仅用 32 分钟就通过了宣战法案。收效之快，与这篇简洁有力的演讲不无关系。

在日本投降日发表的广播演说 / [美国] 杜鲁门

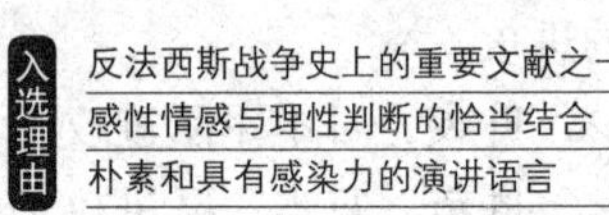

全国同胞们：

全美国的心思和希望——事实上整个文明世界的心思和希望——今天晚上都集中在密苏里号军舰上。在这停泊于东京港口的一小块美国领土（根据国际法，停泊在外国或公海上的船只为本国领土）上，日本人刚刚正式放下武器，签署无条件投降书。

四年前，整个文明世界的心思与恐惧集中在美国另一块土地上——珍珠港。那里曾发生对文明巨大的威胁，现在已经清除了。从那里通到东京的是一条漫长的、洒满鲜血的道路。

我们不会忘记珍珠港。

日本军国主义者也不会忘记美国军舰密苏里号。

日本军阀犯下的罪行是无法弥补，也无法忘却的。但是他们的破坏和屠杀力量已经被剥夺了。现在他们的陆军以及剩下的海军已经毫不足惧了。

当然，我们首先怀着深深感激之情想到的是，在这场可怕的战争中牺牲或受到伤残的亲人们。在陆地、海洋和天空，无数美国男女公民奉献出他们的生命，换来今日的最后胜利，使世界文明得以保存。但是，无论多么巨大的胜利都无法弥补他们的损失。

我们想到那些在战争中忍受亲人死亡的悲痛人们，死亡夺去了他们挚爱的丈夫、儿子、兄弟和姐妹。无论多么巨大的胜利也不能使他们和亲人重逢了。

只有当他们知道亲人流血牺牲换来的胜利会被明智地运用时，他们才会稍感安慰。我们活着的人们，有责任保证使这次胜利成为一座纪念碑，以纪念那些为此牺牲的烈士。

这次胜利不仅是军事上的胜利。这是自由对暴政的胜利。

我们的兵工厂源源生产坦克、飞机，直捣敌人的心脏；我们的船坞源源制造出战舰，沟通各大洋，供应武器与装备；我们的农场生产出食物、纤维，供应我们海陆军以及世界各地的盟国；我们的矿山与工厂生产出各种原料与成品，装备我们，战胜敌人。

·作者简介·

杜鲁门（1884～1972），生于美国密苏里州拉玛小镇，出身农家，中学毕业后参加工作。1917年第一次世界大战时参加军队，被派赴法国作战。1917～1918年在俄克拉荷马州西尔堡炮兵学校学习。1919年以少校衔退役。1922年任杰克逊县法官，1926年任首席法官。1935～1944年任联邦参议员。1944年罗斯福第四次竞选总统时，被提名为副总统候选人，同年11月当选为副总统。次年4月12日罗斯福病逝，杜鲁门继任总统。1948年竞选连任获胜。1952年他宣布不竞选下届总统，次年1月任期届满后回到故乡独立城。

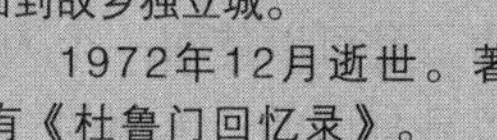

1972年12月逝世。著有《杜鲁门回忆录》。

杜鲁门像

然而，作为这一切的后盾是一个自由民族的意志、精神与决心。这个民族知道自由意味着什么，他们知道为了保持自由，值得付出任何代价。

正是这种自由精神给予我们武装力量，使士兵在战场上战无不胜。现在，我们知道，这种自由的精神、个人的自由以及人类的个人尊严是世界上最强大、最坚韧、最持久的力量。

胜利是值得欢庆的，但同时有其负责和责任。

我们以极大的信心与希望面对未来及其一切艰险，美国能够为自己造就一个充分就业而安全的未来。连同联合国一起，美国是能够建立一个以正义、公平交往与忍让为基础的和平世界的。

我以美国总统的身份宣布 1945 年 9 月 2 日星期日——日本正式投降的日子——为太平洋战场胜利纪念日。这一天还不是正式停战和停止敌对行为的日子，但是我们美国人将永远记住这是报仇雪耻的一天，正如我们将永远记住另一天是国耻日一样。

从这一天开始，我们将憧憬一个国内安全的新时期，我们将和其他国家一同走向一个国与国之间和平、友善和合作的更美好新世界。

上帝帮助我们取得了今天的胜利，我们仍将在上帝的帮助下得到我们以及全世界的和平与繁荣。

⊙作品赏析

杜鲁门在演说中首先宣布了日本投降的喜讯，继之谴责了日本军国主义的罪行，同时讴歌了为国捐躯的将士，号召人民“以极大的信心与希望面对未来及其一切艰险”。杜鲁门的演讲铿锵有力，充满了判断和结论式的语言，极具大国风范，而只有这样的表述才能在最简短的语言中概括出这一重大历史时刻对于世界历史和世界文明的意义：“日本军阀犯下的滔天罪行是无法弥补，也无法忘却的。”“这次胜利不仅是军事上的胜利。这是自由对暴政的胜利”。这样的表述充满感情力量，同时又饱含理性，显示出一种政治意义上的智慧和面对历史的理智与慎重，“胜利是值得欢庆的，但同时有其负责和责任”。广播演说有其自身的特点，决定着其内容一般具有通报、声明性质或者广泛动员、感召的性质，本篇演说虽语言朴素但是具有极强的感染力，其发出的通报信息使人欢欣鼓舞，其判断和结论又发人深省。

要为自由而战斗 /［英国］卓别林

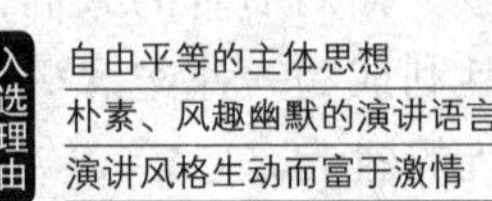

遗憾得很，我并不想当皇帝，那不是我干的行当。我既不想统治任何人，也不想征服任何人。如果可能的话，我倒想帮助任何人，不论是犹太人还是基督徒，是黑种人还是白种人。

我们都要互相帮助。做人就是应该如此。我们要把幸福建筑在别人的幸福上，而不是建筑在别人的痛苦上。我们不要互相仇恨，互相鄙视。这个世界上有足够的地方让人生活，大地是富饶的，是可以使每一个人都丰衣足食的。

生活的道路可以是自由的，美丽的，只可惜我们迷失了方向。贪婪毒化了人的灵魂，在全世界筑起仇恨的壁垒，强迫我们踏着正步走向苦难，进行屠杀。我们发展了进步，但我们反而给我们带来了贫困；我们有了知识，反而看破了一切；我们学得聪明乖巧了，反而变得冷酷无情了。我们头脑用得太多了，感情用得太少了。我们更需要的不是机器，而是人性；我们更需要的不是聪明乖巧，而是仁慈、温情。缺少了这些东西，人生就会变得凶暴，一切也都完了。

飞机和无线电缩短了我们之间的距离。这些东西的性质，本身就是为了发挥人类的优良品质，要求全世界的人彼此友爱，要求我们大家互相团结，现在世界上就有千百万人听到我的声音——千百万失望的男人、女人、小孩——他们都是一个制度下的受害者，这个制度使人受尽折磨，把无辜者投进监狱。我要向那些听得见我讲话的人说：“不要绝望啊！”我们现在受到苦难，这只是因为那些害怕人类进步的人在即将消逝之前发泄他们的怨毒，满足他们的贪婪。这些人的仇恨会消失的，独裁者会死亡的，他们从人民那里夺去的权力会重新回到人民手中的。只要我们不怕死，自由是永远不会消失的。

战士们，你们别去为那些野兽们卖命啊——他们鄙视你们——奴役你们——统治你们——吩咐你们应当做什么，应当想什么，应当具有什么样的感情！他们强迫你们去操练——限定你们的伙食——把你们当牲口，用你们当炮灰。你们别去受这些丧失了理性的人的摆布了——他们都是一伙机器人，长的是机器人的脑袋，有的是机器人的心肝！可是你们不是机器！你们是人！你们心里有着人类的爱！不要仇恨呀！只有那些得不到爱的人才仇恨别人——只有那些丧失了理性的人才仇恨别人！

战士们！不要为奴役而战斗！要为自由而战争！《路加福音》第十七章里写着：“神的国就在人的心里。”——不是在一个人或一群人的心里，而是在所有人的心里！在你们的心里！你们人民有力量——有创造机器的力量，有创造幸福的力量！你们人民有力量建立起自由美好的生活——使生活更有意义。那么，为了民主，就让我们使出力量来吧，就让我们团结一起吧；就让我们进行战斗，建设一个新的世界——一个美好的世界。它将使每一个人都有工作的机会，它将使青年人都有光明的前途，老年人都有安定的生活。

那些野兽也就是用这些诺言窃取了权力。但是他们是说谎！他们从来不去履行他们的诺言。他们永远不会履行他们的诺言！独裁者自己享有自由，但是他们使人民沦为奴隶。现在就让我们进行斗争，为了解放全世界，为了消除国家的弊政，为了消除贪婪、仇恨、顽固，让我们进行斗争；为了建立一个理智的世界——在那个世界上，科学与进步将使我们所有的人获得幸福。战士们，为了民主，让我们团结在一起！

哈娜，你听见我在说什么吗？不管你在哪里，你抬起头来看哪！抬起头来看哪，哈娜，乌云正在消散，阳光照射进来！我们正在离开黑暗，进入光明！我们正在进入一个新的世界——一个更可爱的世界。那里的人将克服他们的贪婪、他们的仇恨、他们的残忍。抬起头来看哪，哈娜，人的灵魂已长了翅膀，他们终于要展翅飞翔了。他们飞到了霓虹里——飞到了希望的光影里。抬起头来看哪，哈娜！抬起头来看呀！

·作者简介·

卓别林（1889～1977），小时候当过流浪儿、小听差、学徒，生活得十分艰辛。

1907年，卓别林被卡尔诺剧团录用。1910年，卓别林随剧团第一次到美国演出，获得了美国观众的热烈喝彩。1913年，他和美国制片商签订了合同，开始在美国拍摄电影。1914年，他一共拍了35部短片，并自编、自导了其中的21部。20世纪20年代，卓别林先后拍摄了许多著名影片，如《寻子遇仙记》、《淘金者》、《城市之光》、《摩登时代》等。1940年，卓别林在纽约首次公映了讽刺战争狂人希特勒的影片《大独裁者》。

第二次世界大战后，卓别林因为一部谴责战争贩子和军火商的电影《凡尔杜先生》开罪了美国政府，而受到了迫害。1952年9月，卓别林带着家眷去欧洲参加《舞台生涯》的首映礼时，美国司法部发表声明，拒绝卓别林再次进入美国国境。卓别林后来移居瑞士。

1954年5月，在柏林召开的世界和平理事会为卓别林颁发了国际和平奖金。1977年12月25日，卓别林在瑞士与世长辞，享年88岁。

卓别林像

⊙作品赏析

著名的喜剧大师卓别林是一个正义者，他拍摄了大量自编自导自演的电影作品，在影片中饰演被损害和被侮辱的社会底层小人物形象，他善于用喜剧形式来揭露资本主义社会的罪恶和底层小人物的苦难与欢乐。本篇演讲是他在自己编导的电影《大独裁者》中插入的长达六分钟的一段演讲，体现了他民主和进步的思想意识。演讲的观点非常鲜明，立意深刻，措辞激烈，表达直接痛快，而且语言非常朴素、风趣幽默，充分体现了对为恶者的憎恶和蔑视。开篇作者就直接地摆明了自己的思想立场："遗憾得很，我并不想当皇帝，那不是我干的行当。我既不想统治任何人，也不想征服任何人。如果可能的话，我倒想帮助任何人，不论是犹太人还是基督徒，是黑种人还是白种人。"接着，他指出："贪婪毒化了人的灵魂，在全世界筑起仇恨的堡垒，强迫我们踏着正步走向苦难、进行屠杀。"因为这些根本的原因，一切本来可以创造财富的东西反而给我们带来了穷困和灾难。但是作者的态度并不是悲观的，他充满自信地号召人们去争取自由和幸福，为了民主而团结起来进行斗争。全篇语言生动有力，极富激情，听来令人振奋。

谁说败局已定 / [法国] 戴高乐

反法西斯战争史上的重要文献之一
庄严、坚定有力的演讲语气
饱含爱国热情的情感感召力

担任了多年军队领导职务的将领们已经组成了一个政府。

这个政府借口军队打了败仗，便同敌人接触，谋取停战。

是的，我们的确打了败仗，我们已经被敌人陆、空军的机械化部队所困。

但是难道败局已定，胜利已经无望？

不，不能这样说！

请相信我的话，因为我对自己所说的话完全有把握。我要告诉你们，法兰西并未失败，总有一天我们会用目前战胜我们的同样手段使自己转败为胜。

因为法国并非孤军作战。她并不孤立！绝不孤立！她有一个幅员辽阔的帝国作后盾，她可以同控制着海域并在继续作战的不列颠帝国结成联盟。她和英国一样，可以得到美国雄厚工业力量源源不断的支援。

这次战祸所及，并不限于我们不幸的祖国，战争的胜败也不取决于法国战场的局势。这是一次世界大战。我们的一切过失、延误，以及所受的苦难都没关系，世界上仍有一些手段，能够最终粉碎敌人。

我们今天虽然败于机械化部队，将来，却会依靠更高级的机械化部队夺取胜利。世界命运正在于此。

我是戴高乐将军，现在在伦敦发表广播讲话。我向目前在英国国土上或将来可能来到英国国土上的持有武器或没有武器的法国官兵发出号召，请你们和我取得联系；我向目前在英国国土上或将来可能来到英国国土上的军火工厂的一切有制造武器技术的工程师、技师与技术工人发出号召，请你们和我联系。

无论发生什么情况，法兰西抗战的烽火都不可能被扑灭，也绝对不会被扑灭。

明天我还要和今天一样，在伦敦发表广播讲话。

·作者简介·

戴高乐（1890～1970），出生在法国里耳市。1909年，戴高乐中学毕业后考入圣西尔军校，开始了自己的军人生涯。第一次世界大战期间，戴高乐英勇作战，获一枚最高荣誉十字勋章。“二战”期间，戴高乐于1940年6月18日在伦敦发表著名的坚持抗战讲话。戴高乐号召在英国的法国人同他联络，开始组成“自由法国”运动。1944年6月6日，“自由法国”的军队随盟军在诺曼底登陆，8月25日攻下巴黎，9月西方世界各国承认戴高乐所领导的政府是法国的唯一主权政府。1946年1月，由于法国各派矛盾的激化导致政府出现危机，戴高乐辞职。

1958年戴高乐宣布成立法兰西第五共和国，并当选第一任总统。1970年11月9日，戴高乐因心脏病突发去世。

戴高乐像

⊙作品赏析

1940年5月10日，法西斯德国对波兰发动闪电战争，后不久绕过马其诺防线，大举入侵法国。因为法军司令部昏聩无能，法军节节败退，德军长驱直入，兵临巴黎城下，贝当政府奉行卖国投降政策，法国沦陷在即。6月18日，藉藉无名的戴高乐在伦敦通过广播发表了这篇演说，他以铿锵有力的坚定语气庄严宣告："无论发生什么情况，法兰西抗战的烽火都不可能被扑灭，也绝对不会被扑灭。"在当时，戴高乐的声音是陌生的，然而这个声音是鼓舞人心的，在陷于混乱和痛苦的法国人心头重新燃起希望之火。戴高乐的演讲篇幅不长，但是却收到了非凡的效果。就演讲本身来看，它之所以取得成功，有以下原因：演讲者明白晓畅，富于激情的语言和积极乐观的态度，先是简单地讲明了形势，然后进行了对现实局面的反问：难道败局已定？作者自己很快否定了这个说法，但是并不是空谈，作者举出更有力的事实并分析这些事实，说明他的结论是正确可行的。情感真实而饱满，很快就能激起法国人民复兴祖国的爱国情感共鸣，使他们树立起抗击法西斯德国的坚定信念。

在普拉的演说 /［南斯拉夫］铁托

入选理由
世界共运史上的重要文献之一
对历史和社会做出独到判断的勇气和魄力
独到的历史和政治见解

同志们：

昨天我曾经表示希望利用我在布里俄尼治病的机会，到你们这里来，向你们谈一谈我们对于目前非常错综复杂的国际问题的看法。

你们都读报纸，可是报纸并不能包罗一切而加以全面的说明，特别是报纸上没有说明今天匈牙利所发生的事件以及在埃及——在那里，发生了以色列—法国—英国的侵略——发生的事件的原因。今天的形势相当复杂，我们不能够说目前不存在发生大规模冲突的一定危险，但是世界上爱好和平的力量——我国也是其中之一——已经在联合国中表明，依靠它们坚持不懈的努力，它们能够减少发生国际冲突的可能性，而且它们已经使得世界能够希望和平仍然能够保持。

首先，我愿意谈一谈今天匈牙利所发生的事件和波兰发生过的事件，这样我们对于这些事件就会有一个正确的概念。这些事件非常复杂，特别是在匈牙利。在那里，很大一部分工人阶级和进步人士手执武器在街头同苏联武装部队发生了战斗。当匈牙利工人和进步分子开始以示威，接着以抵抗和武装行动来反对拉科西的方法，来反对进一步执行这个路线的时候，我深信，是谈不上革命倾向的。人们只能说，反动派竟能够在那里找到非常肥沃的土壤，使事情逐渐对自己有利，利用匈牙利发生的正当反抗来达到自己的目的，这是令人遗憾的和可悲的。

你们大体上知道造成波兰和匈牙利事件的原因。我们有必要回溯到1948年，当时南斯拉夫第一个给斯大林有力的答复，当时南斯拉夫说，它希望保持独立，它希望按照它国内的具体情况来建设它的生活和社会主义，它不允许任何人干涉它的内政。当然，当时没有发生武装干涉，因为南斯拉夫已经是团结一致的。由于我们在人民解放战争中已经消灭了反动派的主力，各种反动分子无法进行各种挑衅。其次，我们有着一个非常强大的、磐石般团结一致的共产党，它经过了战前时期和人民解放战争时期的锻炼，我们也有着一支强大的和经过锻炼的军队，而且，最重要的是，我们有着体现了这一切的人民的团结。

一旦关于我国的真相大白，同那些在那不光彩的决议通过之后跟我们断绝了关系的国家恢复正常关系的时期就开始了，东方国家的领导人表示，希望我们不再提起对我们所做的事，希望我们不咎既往，我们同意了，这完全是为了尽速改善同这些国家的关系。但是你们后来就会看到，对于那些今天又在开始诽谤我们的国家，那些在东方国家的，甚至某些西方国家的共产党中占居领导地位的某些人们，的确是有必要提醒一下，他们过去在这四五年里，甚至更久一些，对南斯拉夫所做的事。当时我们不得不在各方面进行斗争，来维护我们人民革命的成就，维护我们已经开始建设的东西——社会主义基础，一句话，洗雪他们希望用各种各样的诽谤加在我们身上的耻辱，证明真理在哪里。我们应该提醒他们说，就是这一些人当时用一切可能的办法谴责我国，说我国是法西斯主义者，说我们是嗜血成性的人，说我们正在毁掉我国人民，说我国劳动人民不拥护我们，等等。今天他们又希望把波兰和匈牙利事件的责任推到我们肩上，我们应当提醒他们，叫他们记住这一点。这种背信弃义的倾向起源于那些顽固的斯大林主义分子，他们在各国党内设法继续保持他们的职位，他们再一次希望巩固他们的统治，把这种斯大林主义的倾向强加在他们人民头上，甚至别国人民的头上。关于这一点，我以后还要谈到。现在我只希望告诉你们，我们必须根据整个发展情况来看匈牙利事件。

问题不仅仅是个人崇拜，问题是使得个人崇拜得以产生的制度。

由于苏联的希望和倡议，我们同苏联恢复了正常关系。斯大林死后，苏联的新领导人看到，由于斯大林的愚蠢，苏联处于一种非常困难的境地，处于一条死胡同里，不论是在外交政策和国内政策上都是如此。而且，由于斯大林的吹毛求疵和强迫采用他的方法，在其他人民民主国家里也是如此。他们了解到所有一切困难的主要原因在什么地方，他们在第二十次代表大会上谴责了斯大林的行动和他的政策，但是他们错误地把整个事情当做一个个人崇拜问题，而不是当做一个制度问题。而个人崇拜，实际上是一种制度的产物，他们没有同这个制度进行斗争，或者，就是说他们进行了斗争，也是在暗地里这样做的，而口头上却说，总的来说一切都很好，只是到了最近由于斯大林老了，他开始有点愚蠢起来，犯了各种错误。

我们从一开始就说，这里不仅仅是一个个人崇拜问题，而是一种使得个人崇拜所以产生的制度问题，根源就在这里，这就是需要不断坚持根除的东西，而这也是最难以做到的事。这些根源在哪里呢？在于官僚主义组织机构，在于领导方法和所谓一长制，在于忽视劳动群众的作用和愿望，在于各种各样的恩维尔·霍查之流、谢胡之流以及有些西方和东方国家党的其他领导人，他们抗拒民主化和第二十次代表大会的决议，而且他们对斯大林制度的巩固出了不少的力，他们今天正在努力恢复这个制度，使它继续占上风。根源就在这里，这就是需要纠正的。

·作者简介·

铁托（1892～1980），生于克罗地亚库姆罗韦茨村的农民家庭。1913年应征入奥匈帝国军队。第一次世界大战爆发时，因从事反战宣传被捕，后被派往前线作战。1915年3月战斗负伤，为俄军俘虏。1917年10月，在鄂木斯克参加“国际赤卫队”。1920年回国，同年加入南斯拉夫共产党。1937年，西班牙反法西斯战争期间，在巴黎等地为西班牙政府军派送南斯拉夫志愿人员，并为国际筹措军需。1940年当选为南共总书记。1941年德、意法西斯军队入侵南斯拉夫时，担任民族解放游击队总司令。1943年当选为人民解放全国委员会主席和国防委员，被授予元帅军衔。1944年10月贝尔格莱德市解放后，获英雄称号。

1945年，在盟军配合下，指挥人民军和游击队解放南斯拉夫全部国土。1953年起任共和国总统和武装部队最高统帅，1974年当选为南共联盟主席。

1980年5月4日在卢布尔雅那逝世。

铁托像

⊙作品赏析

铁托发表的演说，是世界社会主义阵营在20世纪50年代历史上的一件大事，在东欧及亚洲社会主义国家引起极大震荡。当时整个社会主义阵营都面临一个如何对斯大林的历史作出客观正确评价的问题。铁托在演讲中提出，波兰和匈牙利事件的根源，是有人把斯大林主义的倾向强加在他们头上，而斯大林错误的产生，“问题不仅仅是个人崇拜，问题是使得个人崇拜得以产生的制度”，“在于官僚主义组织机构”等。他说：这“不仅仅是一个个人崇拜问题，而是一种使得个人崇拜所以产生的制度问题，根源就在这里，这就是需要不断坚持根除的东西，而这也是最难以做到的事。这些根源在哪里呢？在于官僚主义组织机构，在于领导方法和所谓一长制，在于忽视劳动群众的作用和愿望”。这个大胆的论述使东欧社会主义阵营产生不安，引起国际广泛关注，这跟赫鲁晓夫报告的意见大相径庭，赫鲁晓夫是把整个事情当做一个个人崇拜问题，而不是当做一个制度问题。铁托在演讲中则坚持认为斯大林现象“是一种制度的产物”而不是“由于斯大林老了，他开始有点愚蠢起来，犯了各种错误。”这种对苏联政治体制的直接质疑在当时是罕见的。

接受诺贝尔奖时的演说 / [美国] 福克纳

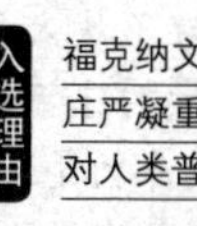

福克纳文学观念的真诚表白
庄严凝重的演讲语言
对人类普遍精神的深情观照

我感到这份奖赏不是授予我个人而是授予我的工作的，授予我一生从事关于人类精神的呕心沥血的工作。我从事这项工作，不是为名，更不是为利，而是为了从人的精神原料中创造出一些从前不曾有过的东西。因此，这份奖金只不过是托我保管而已。做出符合这份奖赏的原意与目的，与其奖金部分有相等价值的献词并不难，但我更愿意利用这个时刻，利用这个举世瞩目的讲坛，向那些可能听到我说笑话已献身于同一艰苦劳动的男、女青年致敬。他们中肯定有人有一天也会站到我现在站着的地方来的。

我们今天的悲剧是人们普遍存在的一种生理上的恐惧，这种恐惧存在已久，以致我们已经习惯了。现在不存在精神上的问题，唯一的问题是：我什么时候会被炸得粉身碎骨？正因如此，今天从事写作的男、女青年已经忘记了人类内心的冲突。然而，只有接触到这种内心冲突才能产生出好作品，因为这是唯一值得写、值得呕心沥血地去写的题材。他一定要重新认识这些问题，他必须使自己明白世间最可鄙的事情莫过于恐惧。他必须使自己永远忘却恐惧，在他的工作室里除了心底古老的真理之外，不允许任何别的东西有容身之地。没有这古老的普遍真理，任何小说都只能是昙花一现，不会成功；这些真理就是爱情、荣誉、怜悯、自尊、同情与牺牲等感情。若是他做不到这样，他的气力终归白费。他不是写爱情而是写情欲，他写的失败是没有人失去可贵的东西的失败，他写的胜利是没有希望、更糟的是没人怜悯或同情的胜利。他不是为遍地白骨而悲伤，所以留不下深刻的痕迹。他不是在写心灵而是在写器官。

在他重新懂得这些之前，他写作时，就犹如站在处于世界末日的人类中去观察末日的来临。我不接受人类末日的说法。因人能传宗接代而说人是不朽的，这很容易。说即使最后一次钟声已经消失，消失在再也没有潮水冲刷的映在落日余晖里的海上最后一块无用礁石之旁时，还会有一个声音，人类微弱的、不断的说话声。这也很容易。但是我不能接受这种说法。我相信人类不仅能传宗接代，而且能战胜一切而永存。人之不朽不是因为在动物中唯独他永远能发言，而是因为他有灵魂，有同情心、有牺牲和忍耐精神。诗人和作家的责任就是把这些写出来。诗人和作家的特殊光荣就是去鼓舞人的斗志，使人记住过去曾经有过的光荣——人类曾有过的勇气、荣誉、希望、自尊、同情、怜悯与牺牲精神——以达到不朽。诗人的声音不应只是人类的记录，而应是使人类永存并得到胜利的支柱和栋梁。

⊙作品赏析

福克纳1949年获得诺贝尔文学奖，本篇演讲为福克纳在授奖典礼上所作，主要是针对文学创作本身以及文学的价值和意义发表看法。福克纳的演讲从肯定诺贝尔文学奖的意义开始，然后谈到自己的写作动机以及文学对于他自己的意义，“我从事这项工作，不是为名，更不是为利，而是为了从人的精神原料中创造出一些从前不曾有过的东西”。对于福克纳而言，这个前所未有的东西是什么？福克纳并没有直接回答，而是考察了人类面临的问题，指出：“我们今天的悲剧是人们普遍存在的一种生理上的恐惧，这种恐惧存在已久，以致我们已经习惯了。”福克纳认为“人类内心深处的矛盾与斗争”可能就是佳作的出处，如果缺少爱、荣誉、怜悯、尊严、同情与牺牲这些永恒的真理，“他的写作就是白费功夫”。福克纳相信，“人类不仅能传宗接代，而且能战胜一切而永存”，而“诗人的声音不应只是人类的记录，而应是使人类永存并得到胜利的支柱和栋梁”。福克纳的演讲语言凝重庄严，思维严密，有一种真挚感人的内在力量。

·作者简介·

福克纳（1897～1962），是密西西比州北部一个庄园主的后裔。第一次世界大战时在加拿大空军中服役。1925年出版了第一部小说《士兵的报酬》。

1929年出版的《喧哗与骚动》是福克纳最有代表性的作品。1929至1936年是福克纳创作力最为旺盛的时期，除了《喧哗与骚动》，还写了长篇小说《我弥留之际》、《八月之光》、《押沙龙，押沙龙！》。福克纳后期最重要的作品是《村子》、《小镇》与《大宅》。

福克纳像

20世纪30年代初，福克纳的几部重要作品已经出版，但收入不丰。1946年《袖珍本福克纳选集》出版之后，他的作品逐渐受到推崇。他获得1949年的诺贝尔文学奖金，1951年又获得全国图书奖，1955、1963年两次获普利策奖。

1962年7月6日，福克纳因病在家乡牛津镇逝世。

写作，是一种寂寞的生涯 /［美国］海明威

入选理由

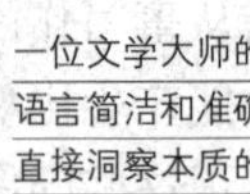

一位文学大师的文学观念的真诚表白
语言简洁和准确所产生的力量
直接洞察本质的深邃思想

我不善辞令，缺乏演说的才能，只想感谢阿尔雷德·诺贝尔评奖委员会的委员们慷慨授予我这项奖金。没有一个作家，当他知道在他以前不少伟大的作家并没有获得此项奖金的时候，能够心安理得地领奖而不感到受之有愧。这里无须一一列举这些作家的名字。在座的每一个人，都可以根据他的学识和良心提出自己的名单来。

要求我国的大使在这儿宣读一篇演说，把一个作家心中所感受到的一切都说尽是不可能的。一个人作品中的一些东西可能不会马上被人理解，在这点上，他有时是幸运的；但是它们终究会十分清晰起来，根据它们以及作家所具有的点石成金的本领之大小，他将青史留名或被人遗忘。

写作，在最成功的时候，是一种孤寂的生涯。作家的组织固然可以排遣他们的孤独，但是我怀疑它们未必能够促进作家的创作。一个在稠人广众之中成长起来的作家，自然可以免除孤苦寂寥之虑，但他的作品往往流于平庸。而一个在岑寂中独立工作的作家，假若他确实不同凡响，就必须天天面对永恒的东西，或者面对缺乏永恒的状况。

对于一个真正的作家来说，每一本书都应该成为他继续探索那些尚未到达的领域的一个新起点。他应该永远尝试去做那些从来没有人做过或者他人没有做成的事，这样他就会有幸获得成功。如果将已经写好的作品仅仅换一种方法又重新写出来，那么文学创作就显得太轻而易举了。我们的前辈大师们留下了伟大的业绩，正因为如此，一个普通作家常被他们逼人的光辉驱赶到远离他可能到达的地方，陷于孤立无援的境地。

作为一个作家，我讲的已经太多了。作家应当把自己要说的话写下来，而不是说出来。再一次谢谢大家。

注：本文为1954年诺贝尔文学奖获得者——海明威在授奖仪式上的演讲词，海明威本人未出席这次授奖仪式，此文由当时美国大使约翰·C.卡波特代读。

·作者简介·

海明威（1899~1961），生于芝加哥市郊橡胶园小镇。第一次世界大战末期，海明威参加了红十字会救护队，奔赴意大利战场，因作战勇敢，获得美国和意大利勋章。1921年，他担任了加拿大《多伦多明星报》的驻巴黎特派记者。

1922年，海明威返回多伦多。次年，他的第一部著作《三个短篇和十首诗》问世。1924年，海明威再次来到巴黎，担任了《大西洋评论》的助理编辑。西班牙内战爆发后，海明威曾经4次前往西班牙，不仅报道战况，而且与民主人士并肩作战。1940年，他出版了以西班牙内战为背景的《丧钟为谁而鸣》（《战地钟声》）。

战后海明威客居古巴，潜心写作。1952年，《老人与海》问世，深受好评，翌年获普利策奖。1954年获诺贝尔文学奖。卡斯特罗掌权后，他离开古巴返美定居。因身上多处旧伤，百病缠身，精神忧郁，1961年7月2日用猎枪自杀。

⊙作品赏析

海明威是一个简洁的天才，简洁、准确和生动一直是他作品语言的显著特征，他写作的语言特点在本篇演讲中充分体现出来了。1954年，海明威获得诺贝尔文学奖以后，撰写了本篇获奖演讲词，委托美国大使代为宣读。在简短的文字里，海明威首先表达了他面对这一崇高荣誉的谦虚谨慎态度，不失时机地向优秀前辈致敬，真诚而客观冷静："没有一个作家，当他知道在他以前不少伟大的作家并没有获得此项奖金的时候，能够心安理得地领奖而不感到受之有愧。"接着，他又谈到了自己的创作体验和感受："写作，在最成功的时候，是一种孤寂的生涯。"之后，海明威阐明了自己的文学主张和自己在文学创作上的追求，即："对于一个真正的作家来说，每一本书都应该成为他继续探索那些尚未到达的领域的一个新起点。"这篇演讲的语言寥寥，但意味深长，发人深省。全篇语言平实朴素，感情真挚，毫无故作姿态的意思。

美丽的微笑与爱 /［印度］特雷莎修女

入选理由
- 触动灵魂的爱的篇章
- 朴素诚挚的语言所能达到的力量
- 令人震动的信仰

穷人是非常好的人。一天晚上，我们外出，在街上带回了四个人，其中一个奄奄一息——我告诉修女们说：你们照料其他三个，我照顾这个濒危的人。这样，我为她做了我的爱所能做的一切事情。我将她放在床上，她的脸上露出了如此美丽的微笑。她握住我的手，只是说"谢谢您"，随后就死了。

我情不自禁地在她的面前审视我的良心，我自问：如果我处在她的位置上，会说些什么呢？我的回答很简单。我会试图引起别人对我的一点关注，我会说：我饥寒交迫，

·作者简介·

特雷莎修女（1910～1997），印度著名的慈善家，印度天主教仁爱传教会创始人，在世界范围内建立了一个庞大的慈善机构网。1979年获得诺贝尔和平奖授予特雷莎修女时，她似乎感到了某种困惑，因为她从未想到过获奖，而且做梦都没有想到过自己有一天会突然成为富翁。由于没有充分的准备，而且似乎自己并不适宜于当一个富人，特雷莎修女本能地迟疑着，而且想拒绝这个奖项和这一大笔一夜之间就可以让她富起来的奖金。但是，诺贝尔奖评委会的颁奖理由却让她发现了自己应当领这个奖和怎样用这笔巨额奖金的理由。评委会说，“她（特雷莎）的事业有一个重要的特点：尊重人的个性，尊重人的天赋价值。那些最孤独的人、处境最悲惨的人，得到了她真诚的关怀和照料。这种情操发自她对人的尊重，完全没有居高施舍的姿态。”而且，“她个人成功地弥合了富国与穷国之间的鸿沟，她以尊重人类尊严的观念在两者之间建设了一座桥梁。”作为毕生贡献于穷人和以照顾关怀世界上的弱者为一生己任的特雷莎修女并非为这样的美誉而陶醉，而是通过这样的话语启示了自己的思路，于是，她为了穷人、弱者和需要帮助的人。不但接受了，还恳请颁奖委员会取消当天的宴会，把节省下来的钱都捐给了穷人。

特雷莎修女像

奄奄一息，痛苦不堪等。但是，她给我的要多得多——她将其感激之爱给了我。然后她死了，脸上还带着微笑。我们从阴沟里带回来的那个男人也是这样。他快要被虫子吃掉了，我们把他带回了家。“在街上我活得像动物，但我将像天使一样死去，因为我得到了爱和照料。”真是太好了，我看到了那个男人的伟大，他能说出那样的话，能够那样地死去：不责备任何人，不辱骂任何人，与世无争。像一位天使——这便是我们的人民的伟大之处。因为我们相信耶稣所说的话——我饥肠辘辘——我无衣蔽体——我无家可归——我不为人要，不为人爱，不为人管——而你却对我做了。

我认为，我们并不是真正的社会工作者。在人们的眼中，我们或许是在从事社会工作，但是，我们实际上是在世界的中心沉思冥想的人。因为我们一天二十四小时都在触摸基督的圣体。我想，在我们的家庭里，我们不需要枪炮弹药来进行破坏或者带来和平——我们只需要团结起来，彼此相爱，将和平、喜悦和活力带回家庭。这样，我们将能够战胜世界上现存的一切邪恶。

我准备以获得的诺贝尔和平奖金，努力为很多无家可归的人建立家庭。因为我相信，爱开始于家庭。如果我们可以为穷人建立家庭，我想越来越多的爱将会传播开来，而且我们将能够通过这种体谅他人的爱而带来和平，给穷人带来福音，这些穷人首先是我们自己家里的穷人，其次是我们国家和世界上的穷人。为了做到这一点，我们的修女、我们的生命就必须同祷告紧密相连。他们必须同基督结合在一起，这样才能够相互谅解和共同分享。因为同基督结合在一起就意味着谅解与分享。因为在今天的世界上有如此之多的痛苦……当我从大街带回一个饥肠辘辘的人时，给他一盘米饭、一片面包，我就心满意足了，因为我已经驱除了那个人的饥饿。但是，如果一个人露宿街头，他感到不为人要，不为人爱，恐惧不安，被我们的社会所抛弃——这样的贫困如此充满伤害，如此令人无法忍受，我发现这是极其艰难的……因此，让我们经常以微笑相见，因为微笑是爱的开端。一旦我们开始彼此自然地相爱，我们就想做点事情了。

⊙作品赏析

这篇演讲是特雷莎发表于诺贝尔颁奖会，语言非常朴素真挚，有一种打动人的内在力量，没有长篇大论，没有空洞的呼号，而是从平常的生活和人的最细微的感情出发，阐述她自己所坚持的信念：“穷人是非常好的人。”“我们不需要枪炮弹药来进行破坏或者带来和平——我们只需要团结起来，彼此相爱，将和平、喜悦和活力带回家庭。这样，我们将能战胜世界上现存的一切邪恶。”特雷莎的语言是朴素平淡的，她所描述的和所做的都是平常的事情，但是正是这种平常中蕴含着不同寻常的情感力量，使我们的心灵受到震撼。

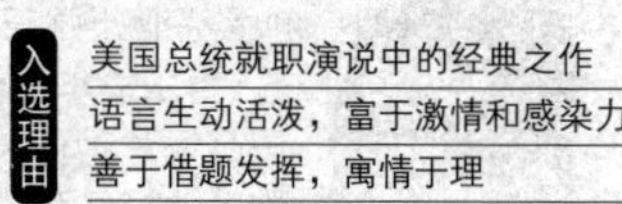

里根就职演说 / [美国] 里根

哈特菲尔德参议员、首席法官先生、总统先生、布什副总统、荣代尔副总统、贝克参议员、奥尼尔议长，以及同胞们：

对于今天在场的一些人来说，这是一个庄严的、极其重要的时刻。然而，在我国历史上，这又是极平常的事情。

就像几乎两个世纪以来一样，美国总是根据《宪法》的要求照例有条不紊地移交权力，我们当中几乎没有谁去专门想一想，我们究竟有多么独特。在世界上许多人看来，我们认为是正常的事情的这种每四年一次的就职典礼完全是个奇迹。

总统先生，希望我的同胞们知道你为保持这一传统做了多少努力。你通过在权力交接过程中惠予的合作已向注视着我们的世界表明，我们是一个团结一致的民族，这个民族决心保持一种比任何其他体制更能充分保证个人民主自由的政治制度。我感谢你和你的部下为保持连续性而给予的所有帮助，这种连续性是我们共和国的支柱。

我国的事业都是向前发展的。合众国面临着极大的经济困难，我们现在遭受的是我国历史上历时最久的通货膨胀，也是最严重的通货膨胀之一。这种通货膨胀使我们在经济方面的决定不能顺利执行，使储蓄的人反而受到惩罚，并且为之生活而挣扎的年轻人和靠固定收入为生的中年人都受到严重打击。它有可能使我国千百万人民的生活无法维持。

工厂停工使工人们失业，蒙受痛苦和失去个人尊严。那些的确有工作做的人的劳动无法得到公正的报偿，因为赋税制度使取得成就的受到惩罚，并使我们无法保持高度的生产力。

不过，尽管我们的赋税负担极为沉重，它仍然未有满足政府开支的需要。几十年来，我们累积了大量的赤字，从而为了目前暂时的方便而把我们的未来以及我们子女的未来抵押进去。这种趋势要是长期继续下去，就一定会引起社会、文化、政治和经济方面的大动乱。

你们和我作为个人在入不敷出的情况下可以靠借贷，但只能维持一段有限的时期。难道我们不应该想一想，为什么我们聚合在一起，作为一个国家，就不受同样的限制束缚呢？

为了明天的生存，我们今天必须采取行动。请不要误解——我们今天就开始采取行动了。

我们的经济弊病已经困扰了我们好几十年了。这些经济弊病不可能在几天、几星期或者几个月中就消失，但是它们终将消失，它们所以终将消失，是因为我们美国人现在一如我们过去一样有能力做需要做的一切事情，来保持这个最后的和最伟大的自由堡垒。

·作者简介·

里根（1911～2004），1932年毕业于伊利诺伊州尤里卡学院后，在艾奥瓦州担任广播电台体育播报员。1937年踏入漫长的电影演员生涯，共参加过50部左右的影片演出。

1966年以共和党身份当选加利福尼亚州州长，1970年再度当选。1980年担任总统。1981年国会通过他的大部分提议，大幅削减非国防性开支，批准降低个人所得税及企业加速的折旧税额减免。1983年曾提议依据颇受争议的战略防卫计划来建造一套美国战略防卫系统，即“星球大战”计划。

里根像

1984年里根竞选连任，获得压倒性胜利。1985年他签署了强制政府削减支出的立法，以求在1991年平衡联邦预算。

1993年里根获总统自由勋章。1994年11月5日，里根身患阿尔茨海默症（又称“老年痴呆症”）。2004年6月5日，于家中辞世，死于肺炎，享年93岁。

在目前这场危机中，靠政府解决不了我们的问题，政府却是我们的问题所在。

我们常常情不自禁地认为社会已经变得太复杂了，靠自治已经管理不了，认为由一批杰出人物组成的政府比民享、民治、民有的政府高明。但是，要是我们中间谁也管理不了自己，那么我们当中又有谁能管理别人呢？

我们大家——政府内外的人——必须承担这个责任。我们所谋求的解决办法必须是公平的，不单独让一个群体付出较大的代价。

我们常听到许多关于特殊利益集团的谈论，我们必须关心一个长期不受重视的特殊利益集团。这个集团没有地区上的边界，跨越人种和种族的区分以及政党的界限。它是由为我们种粮食、为我们巡逻街道、在我们的厂矿工作、教育我们的子女、管理我们的家庭和在我们患病时为我们治疗的男男女女组成的，他们是专业人员、企业家、店主、职员、出租汽车司机和卡车驾驶员。总而言之，他们就是“我们的人民”，就是美国人民。

我们的目标必须是建立一个健全的、生气蓬勃的、日益发展的经济，使所有的美国人都有均等的机会，不受偏见或歧视造成的障碍之害。使美国复兴意味着使所有美国人都有工作，结束通货膨胀意味着使所有美国人免除对势如脱缰之马的生活费用的恐怖。所有的人都必须投入这个“新开端”的生产劳动，所有的人都应当分享经济复兴的丰硕成果。我们力量的核心在于理想主义和公平对待的精神，有了这些，我们就能建立一个强大繁荣的美国，在国内和全世界都相安无事。

当我们向复兴美国开始迈步的时候，首先让我们看看我们的实际情况吧。我们这个国家有一个政府，而不是倒过来——政府有一个国家。这使得我们在世界各国中间处于特殊地位，除了人民赋予的权力之外，我们的政府没有什么权力。现在是制止和扭转政府机构和权力膨胀的时候了，因为有迹象表明，它已经膨胀得超过人民意愿的程度了。

我想要做的是限制联邦政府规模的影响，要重新明确给予联邦政府的权力和州或人民保留的权力之间的区别。必须提醒我们大家注意，各州并不是由联邦政府建立的，建立联邦政府的是各个州。

因此，不要有什么误解，我的意思并不是想不要政府，而想要它工作，同我们一起而不是超越在我们之上工作，要它和我们并肩站在一起而不是凌驾于我们肩上。政府能够而且必须提供机会而不是扼杀机会，促进生产而不是抑制生产。

如果我们要知道，为什么这么多年来，我们取得了这么大的成就，为什么我们的繁荣超过了世界其他的国家，那是因为，在这个国土上，我们比以往任何时候都在更大程度上发挥了人的潜能和个人的天才。在这里比在世界上任何其他地方，更容易得到、更可以保证个人的自由和尊严。取得这种自由的代价有时是很高的，但是我们从来没有不愿意付出这种代价。

我们目前的困难是与政府不必要地和过分地膨胀而造成的对我们生活的干预和侵犯同时而来的，这不是偶然的。

我们应该真正认识到我们是个非常伟大的国家，因此我们不能只限于小小的理想。我们不像有些人要我们相信的那样注定要不可避免地衰落。我不相信我们命该如此，不管我们做些什么都不能改变这种状况。我倒是相信，如果我们无所事事的话，我们将命该如此。

因此，让我们以我们拥有的一切创造性能力开拓一个国家复兴的时代。让我们重新下定决心，拿出我们的勇气和力量。让我们重新满怀信心和希望，我们完全有权利塑造崇高的理想。

有人说我们处在一个没有英雄的时代，这些人只是不知道到哪儿去找英雄，你们可以看到每天进出于工厂大门的英雄们。另外一些英雄人数虽很少，但生产的粮食却足够养活我们大家和我们以外的世界很大一部分地区的人民。

我们会在柜台前遇到英雄们——在柜台的内外都会遇到英雄们。有一些对自己抱有信心和有理想的企业家，他们创造新的职业、新的财富和机会。他们就是这样一些个人和家族，政府是靠他们缴纳的捐税来维持的，教会、慈善事业、文化、艺术和教育事业是靠他们的自愿捐献来维持的。他们的爱国主义精神是含而不露的，但是却是强烈的。他们创造的价值支撑着我们的国民生活。

我在谈到这些英雄时，用了“他们”和“他们的”这两个字眼，但也可以说“你们”和“你们的”。因为我是在向我所谈到的英雄们讲话——就是你们，这个上帝降福的国土上的公民们。你们的理想、你们的希望、你们的目标将是本届政府的理想、希望和目标，望上帝保佑我做到这一点。

我们将体现出在你们的禀性中占很大成分的同情心。我们怎么能有我们的国家不爱我们的同胞呢？我们要爱他们。在他们摔倒时伸出手去扶他们，在他们患病时给他们治愈，并且提供机会使他们能自给自足，以使他们获得在事实上而不仅仅是口头上的平等。

我们能解决摆在我们面前的这些问题吗？回答是毫不含糊和断然的两个字：能够。借用温斯顿·丘吉尔的话说，我刚才宣誓并不是想要在我的领导下使这个世界最强大的经济瓦解。

在今后一些天中，我将建议消除一些使得我们经济发展缓慢和生产力下降的障碍，将要采取一些旨在恢复各级政府之间保持平衡的步骤。进展也许是缓慢的，用英寸和英尺而不是用英里来衡量的，但是我们会前进。

现在应当是唤醒这个工业巨人的时候，使政府能够重新量入为出，减轻我们惩罚性的赋税负担。这些将是我们第一批的首要任务，在这些原则上绝不会妥协。

在我国为独立而斗争的前夕，有一个人曾对他的美国同胞说：“我国现在处于危险之中，但并没有绝望……美国的命运取决于你们。关系到尚未出生的千百万人的幸福和自由的一个重要问题是由你们来决定。你们的行动要无愧于你自己。”这个人就是马萨诸塞议会主席约瑟夫·沃伦博士，如果他当初没有在邦克山牺牲，他也许成为我国建国的先人中最伟大的人物之一。

我相信，我们当代的这些美国人是有采取无愧于我们自己的行动的准备的，是有为确保我们自己、我们的孩子和我们子孙后代的幸福和自由而必须进行工作的准备的。

当我们在我们自己的这块土地上世代相传时，全世界将看到，我们所具有的力量更加强大了。我们将再度成为自由的典范，成为现在还没有获得自由的那些人的希望之光。

对于与我们有同样的自由理想的那些邻国和盟国，我们将加强我们之间传统性的联系，保证对它们予以支持，对它们履行应尽的义务，我们将以忠诚报答它们的忠诚。我们将努力争取建立互利的关系，我们不会利用这种友谊去影响它们的主权。因为我们自己的主权也是不能出卖的。

对于那些自由的敌人，对于那些潜在的对手，要提醒他们，和平是美国人民最高的愿望。我们将为和平而谈判，为和平而牺牲，我们绝不为和平而投降，现在不会，将来也永远不会。

对我们的忍让绝不应误解。不要把我们对冲突采取的克制态度误认为是意志不坚强。一旦需要采取行动保卫我们国家的安全，我们就采取行动。我们将保持足以在必要时取胜的力量。我们知道，如果我们这样做，我们将最有可能不必去动用这种力量。

我们尤其必须认识到，世界各地的军火库中的任何武器都比不上自由人们的意志和维护道义的勇气的力量。这是当今世界上我们的对手所没有的武器，这是我们作为美国人所拥有的武器。要让那些采取恐怖行动和掠夺自己邻国的人懂得这一点。

人家告诉我，今天举行的祈祷会成千成万，对此，我深为感激。我们是上帝保佑的国家，我相信，上帝希望我们得到自由。如果每一次就职典礼日都能成为祈祷日，那是适当的，是一件好事。

就职仪式在国会大厦西门举行，这在我国历史上是第一次。站在这里，宏伟壮丽的景色尽收眼底，可以看到华盛顿这座城市独特的美丽和独特的历史。在这条宽阔的林阴道的尽头矗立着我国历代伟大的纪念物。

在我的正前方是一位不朽人物的纪念碑。他就是我们的国父乔治·华盛顿。他禀性谦恭，出于时势所迫才做出伟大业绩。他领导美国取得革命胜利，进而建立一个新国家。

稍偏一些就是庄严雄伟的托马斯·杰斐逊纪念堂，独立宣言就闪耀着他雄辩的才华。

在映影池的那一边，矗立着由大圆柱组成的庄严肃穆的林肯纪念堂。任何想彻底了解美国真谛的人都会在亚伯拉罕·林肯的一生中得到答案。

过了这些英雄纪念碑和纪念堂就是波托马克河，河对岸是阿灵顿国家公墓，坡地上排着一行行刻着十字架和大卫王之星的朴实无华的白色墓碑，它们加在一起只不过是为了我们的自由所付出的代价的很小一部分。

这里的每一个墓碑都是对我在上面谈到的那些英雄的纪念。他们在一些叫做贝卢伍德、阿尔贡、奥马哈滩、萨莱诺的地方，在相隔半个地球之遥的瓜达卡纳尔、塔拉瓦、独排山、长津水岸和一个叫做越南的有着许许多多稻田和丛林的地方献出了他们的生命。

在这样的一块墓碑下埋葬着一个名叫马丁·特雷普托的年轻人，他于 1917 年离开了一座小镇里的理发馆，随同著名的彩虹师一道到了法国。在那里的西部战线上，他在猛烈的炮火下想从一个营向另一个营传递消息时被打死了。

我们知道，在他的遗体上发现了一本日记。在日记本的扉页上，他用《我的誓言》为标题写了这些话："美国必须打赢这场战争。因此，我要工作，我要节约，我要作出牺牲，我要忍耐，我要高高兴兴地战斗，竭尽我的全部力量，就好像这场战争全靠我一个人似的。"

我们今天面临的危机并不是要求我们作出像过去马丁·特雷普托和其他千千万万人那样的牺牲。然而，它确实要求我们作出最大的努力，要求我们努力工作，要求我们愿意相信自己，相信我们有能力干出伟大的事业：我们团结一致，在上帝的帮助下，能够并且一定会解决我们面临的种种问题。

我们为什么不应该相信这一点呢？毕竟，我们是美国人。

愿上帝祝福你们。

⊙作品赏析

这篇演讲是1980年里根就任美国总统时发表的就职演说。演讲主题鲜明，从现实的问题谈起，指出目前政府面临的问题和应该发挥的职能，指出每一个美国人应该为解决问题而努力。演讲的语言富于激情，生动活泼却论述宏大，切中要害，而且能够寓理于情，借景生情，情景交融，显得自然而随意，从而创造了良好的演讲氛围，激起听众的相应情感。演讲一开头，里根就运用对比的手法，列举"今"与昔，"很少人"和"很多人"，纵横开阖，从两个角度点出了美国大民主奇迹般的意义，流露出对于民族和国家强烈的自豪感和优越感，激起听众的热情。在演讲的最后一部分，里根借助就职仪式在国会大厦西侧举行这个偶然的机会，借景抒情，历举眼前听众所熟悉的英雄及纪念物，并进一步宣扬他们的精神，由个别的伟人阐发自己对"英雄"的理解，赞美了他们平凡而伟大的英雄主义精神，反驳了"有些人""认为我们正处在没有英雄的时代"的消极论调，由点到面。最后引述一个普通英雄的日记来号召美国人民相信自己的能力，齐心协力解决面临的各种问题，这样的建议自然能被听众接受。统观演讲全篇，结构严谨，条理清晰，如流水般顺畅，但同时又富于变化，善于转换论述角度。

在欢迎宴会上的讲话 /［美国］尼克松

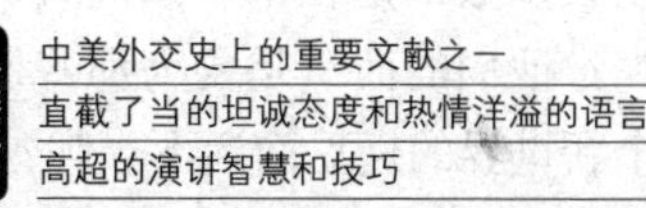

总理先生，今天晚上在座的诸位贵宾：

我谨代表你们的所有美国客人向你们表示感谢，感谢你们无可比拟的盛情款待。中国人民以这种盛情款待而闻名世界。我们不仅要特别赞扬那些准备了这些盛大晚宴的人，而且还要赞扬那些为我们演奏美好音乐的人。我在外国从来没有听到过演奏得这么好的美国音乐。

总理先生，我要感谢你非常盛情和雄辩的讲话。此时此刻，通过电讯的奇迹，看到和听到我们讲话的人比在整个世界历史上任何其他这样的场合都要多，不过，我们在这里所讲的话，人们不会长久地记住，但我们在这里所做的事却能改变世界。

正如你在祝酒时讲的那样，中国人民是伟大的人民，美国人民是伟大的人民。如果我们两国人民互相为敌，那么我们共同居住的这个世界的前途就的确很暗淡。但是，如果我们能够找到进行合作的共同点，那么实现世界和平的机会就将无可估量地大大增加。

我希望我们这个星期的会谈将是坦率的。本着这种坦率的精神，让我们在一开始就认识到这样几点，过去一些时候我们曾是敌人，今天我们有巨大的分歧，使我们走到一起的，是我们有超越这些分歧的共同利益。在我们讨论我们的分歧时，我们哪一方都不会在自己的原则上妥协。但是，虽然我们不能弥合双方之间的鸿沟，我们却能够设法搭一座桥，以便我们能够越过它进行会谈。

因此，让我们在今后的五天里一起开始一次长征吧，不是在一起迈步，而是在不同的道路上向同一个目标前进。这个目标就是建立一个和平和正义的世界结构，在这个世界结构中，所有的人都可以在一起享有同等的尊严；每个国家，不论大小，都有权利决定它自己政府的形式，而不受外来的干涉或统治。全世界在注视着，全世界在倾听着，全世界在等待着看我们将做些什么。这个世界是怎样的呢？就我个人来讲，我想到我的大女儿，今天是她的生日。当我想到她的时候，我就想到全世界所有的儿童，亚洲、非洲、欧洲以及美洲的儿童，他们大多数都是在中华人民共和国成立以后出生的。我们将给我们的孩子们留下什么遗产呢？他们的命运是要为那些使旧世界蒙受苦难的仇恨而死亡呢，还是由于我们有缔造一个新世界的远见而活下去呢？

我们没有理由要成为敌人。我们哪一方都不企图取得对方的领土，我们哪一方都不企图统治对方，我们哪一方都不企图伸出手去统治世界。毛主席写过："多少事，从来急；天地转，光阴迫。一万年太久，只争朝夕。"现在就是只争朝夕的时候了，是我们两国人民攀登那种可以缔造一个新的、更美好的世界的伟大境界的高峰时候了。

本着这种精神，我请求诸位同我一起举杯，为毛主席，为周总理，为能够导致全世界所有人民的友谊与和平的中国人民同美国人民之间的友谊，干杯。

·作者简介·

尼克松（1913～1994），生于加利福尼亚州的约巴林达村，出身寒微。1934年在惠蒂尔学院毕业后，前往北卡罗来纳州的杜克大学法学院学习。1937年毕业后回到惠蒂尔当律师，逐渐在当地崭露头角。1942年入伍，在海军服役到1946年1月，获少校军衔。

1946年，当选为国会众议员。1950年，当选为国会参议员，并于1952年当选为艾森豪威尔政府副总统。

1968年战胜民主党总统候选人，终于入主白宫。

1973年起，尼克松日益为水门事件所困扰。1974年8月8日辞职，成为美国历史上第一个被迫辞职的总统。

辞职后，尼克松回到加利福尼亚州的圣克利门蒂，主要从事著述。他的著作有《六次危机》、《尼克松回忆录》、《领导人》、《真正的战争》、《真正的和平》等。

尼克松像

⊙作品赏析

1972年2月21日，尼克松作为第一位访问新中国的美国总统抵达中国。本篇演讲是尼克松在人民大会堂答谢周恩来总理的宴会上所作的祝酒词，它不是例行公务的照本宣科，没有枯燥乏味的陈词滥调，而是联系情景，深切地表达了美国政府和人民对中国政府和人民的友谊，以及希望与中国建立合作互助关系的愿望。演讲者的坦诚和深情完全体现于真挚的表达之中，尼克松一开始就举出具有象征意义的长城，一方面引出话题，一方面来作比喻，从中国过去伟大的历史谈到中国将拥有的伟大未来，表现了对中国人民独立自主和捍卫主权的决心的理解和尊重。同时演说的立足点也着眼现在和未来。他指出，现在中国与美国之间存在着的一道鸿沟仍妨碍着两国人民之间的友好交流和合作互助。接着他谈到这次访问的成果："虽然我们不能弥合双方之间的鸿沟，我们却能够设法搭一座桥，以便我们能够越过它进行会谈。"形象的比喻和巧妙的话题转换显示了演讲者高超的谈话技巧。演讲者的态度非常坦诚，直接实事求是地说明了两国之间存在着不同的信仰和不同的制度，但是又在深刻透彻的分析的基础上指出：这种分歧与不同不会也不应该阻碍两国人民的和平共处，为了共同的利益而相互合作的愿望。

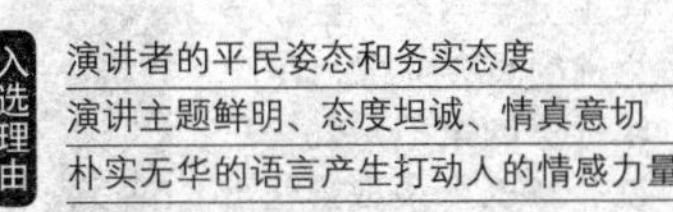

我绝不回避责任 /［美国］卡特

马多克斯州长和佐治亚州的其他朋友们：

从普兰斯到亚特兰大是很长的一段路。四年半以前我起程旅行，经过四年的弯路，我终于赶到了。谢谢各位使我在这的确是我一生中最伟大的一天有可能到这里来。但是现在选举已经过去，我体会到考验一个人并不在于他竞选得多么出色，而在于他怎样能够有效地肩负一个职位的挑战和责任。

今天我只想花几分钟时间概括一下我对佐治亚州的一些感觉。本周晚些时候在给众议院和参议院的州情和预算咨文中，我将稍微详细地叙述我的方案。

海军学院乐队前来参加大会，我感激并感到荣幸，因为它像过去我还是一个海军学院学员时的情况一样，使我回想起我们对祖国及其目标和理想的热爱。我们的国家是建立在政府不断地从独立自由的人们中吸取权力这一前提之上的。国家如果要生存，有信心和勇气的公民们就必须乐于为我们政府在历史的任何特殊时期所具有的品质承担责任。

这是一个需要真诚坦率的时刻。今后四年将不是轻松的几年，我们面临的问题不会自行解决，它们要求我们每个人鞠躬尽瘁、大公无私。但是，这也是一个成就伟大事业的时期。我们人民有决心以信心和勇气去克服过去的障碍，并迎接未来的机会。

我国人民是我们最宝贵的财富，我们不能把上帝授予任何一个佐治亚人的才能浪费掉。每一个成年文盲、每一个退学学生、每一个未经培养而智力迟钝的儿童，就是对我们所有人的一个控告。我们的州为这些人支付着一笔惊人的连续不断的人力和财力的代价，现在是制止这种浪费的时候了。既然瑞士、以色列和其他国家的人民都能消灭文盲，那我们也能做到，责任在于我们自己。作为州长，我决不回避这一责任。

在结束这次长期竞选后，我相信我也和其他任何人一样了解我们的人民了。根据对佐治亚北部和南部、农村和城市、自由派和保守派人士的认识，我很坦率地向各位说，种族歧视的时代已经过去了。我们的人民已经作出了这一重大和困难的决定，但是我们不能低估无数细小的尚待作出决定的挑战。我们天赋的人类之家和宗教信仰将受到重大考验，任何穷人、农民、弱者或黑人，都不应永远忍受被剥夺受教育、就业或获得起码公道的机会。我们佐治亚人完全能够作出我们的判断，管理我们自己的事务。我们这些有势力的或居于领导地位的人必须认识，将来作出决定的责任在于我们。作为州长，我

·作者简介·

卡特，1924年生于佐治亚州普兰斯。1941年至1943年先后在佐治亚州西南大学和理工学院读书。1946年至1953年在美国海军服役。1962年至1966年任佐治亚州参议员。1970年至1974年任佐治亚州州长。1974年任民主党全国委员会议员竞选委员会主席。1977年任美国第三十九任总统。1980年争取连任落选。1982年起在亚特兰大的埃默里大学任名誉教授。

卡特像

决不回避这一责任。

佐治亚州是一个具有美丽的自然风光和前途的州，但我们自然环境的质量却因贪婪、自私、拖延和失职而受到威胁。对我们人口的增长和我们农业、娱乐业、工业方面的进步来说，变革和发展是必要的，我们面临的挑战是确保不使这些活动破坏或毁弃我们的环境。应付这一挑战的责任在于我们自己，作为州长，我绝不回避这一责任。

在佐治亚州，我们决心实施法律。治安官员必须得到我们的彻底支持。如果我们没有一个秩序的社会，我们就不能教育儿童、建造公路、平衡税收负担，在我国人民之间创立和谐的关系或维护基本的人类自由。对于那些最不能保护自己的人们，犯罪和缺乏公平处理是特别残酷的。那些破坏我们法律的人们，必须得到迅速逮捕、审判和应有的惩罚。对我们同样重要的是，要尽一切努力将破坏法律的人改造成为社会上有用和有生产能力的成员。我们佐治亚州还没有达到这些目标，但现在我们必须做到。一个政府的主要职能是使人易于为善而难于作恶，这个责任在于我们自己，我绝不回避这一责任。

像佐治亚州成千上万的其他商人一样，我总是试图以诚实而有效的方式经营我的业务。像成千上万其他公民一样，我期望政府也是这样。

政府的职能应行使得使人有理由感到自信和自豪。

征税应该是最低的和公平的。

城乡人民应该不费力地看出他们的目标和机会的相互关系。

我们应该按照仔细考虑的长远计划和优先次序，用智慧和判断来采取未来的行动。

最接近人民的各级政府应该得到加强，我们的地方、州和全国政府的工作都需要彻底地加以协调。

我们应该记住，只有通过一个强有力的和独立的州长，协同一个强有力的和独立的立法机关一起工作，才能最好地为我们的州服务。

政府是人类智慧创造出来而用来满足人类的一种机器，人们有权指望将由这一智慧来满足这些需要。

对一个政府的考验，并不在于它在少数有权有势的人中多么得人心，而在于对待必须依靠它的多数人方面真心实意和公正到什么程度。

威廉·詹宁斯·布赖恩说过："命运不是一个机会问题，它是一个选择问题。命运不是一件静待到来的事情，它是一件需要花力气做到的事情。"

这里坐在我周围的是佐治亚州立法机关的成员和州的其他公职人员。他们是一些具有献身精神和忠诚的男女人士，他们热爱这个州正如你们热爱这个州一样。但任何一个选举产生的公职人员集团，不论他们如何献身或开明，不能控制像本州这样一个伟大的州的命运。公职人员谁又能单独解决犯罪、福利、文盲、疾病、不公平、污染和浪费的问题呢？这一控制权操在你们——佐治亚州人民——的手中。

在一个民主国家中，没有任何政府能够比它的人民更坚强、更聪明或更公正了。大学生的理想、妇女的同情、商人的意识、一对退休夫妇的时间和经验以及政治领导人的远见都必须利用，使我们州的优秀分子能够发展他们的全部作用。

像前几年我曾多次说过的，我决心使我们在本政府任期届满时能够在世界上任何地方——在纽约、在加利福尼亚或在佛罗里达——站起来说："我是个佐治亚人"，并以此自豪。

我对今后四年期间担任本州州长的挑战和机会表示欢迎，我答应你们我将尽力而为，我要求你们也尽力而为。

⊙作品赏析

这篇演讲是卡特于1970年1月21日就任佐治亚州州长时发表的就职演说。这篇演讲的最大特点是主题鲜明、态度坦诚、情真意切。演讲的开篇就给人一种全然不同的感受，态度谦和坦诚，但透露着坚定的信念，短短的几句话，即形成了非常良好的演讲氛围。事实上，卡特在竞选州长的过程中，就以其坦率和真诚，凭借着小老百姓的平民姿态赢得成功，所以他的演讲主题也一直围绕为人民负责这一核心。在展开的演讲中，他坦诚地列举了佐治亚所面临的问题：普及和提高教育、实现民族平等、改善生活环境、用法律来扬善惩恶。在演讲的最后，卡特介绍了他的那些"具有献身精神"的同仁们，并且强调"佐治亚人民"在把握全州命运中所具有的权利以及所发挥的作用，他不但珍视领导人的远见，更珍视"大学生的理想、妇女的同情、商人的常识、一对退休夫妇的时间和经验"。应该说，卡特的平民姿态和务实态度是这篇演讲成功的最重要因素。

演讲中的经典佳作

语言充满激情和逻辑力量

通篇演说显示着不可战胜的正义力量

历史将判我无罪 /［古巴］卡斯特罗

从来没有过任何一个辩护律师得在这样困难的条件下进行工作，也从来没有过任何一个被告遭到过这么多的严重的非法待遇。在本案中，辩护律师和被告是同一个人。我作为辩护律师，连看一下起诉书也没有可能；作为被告，我被关闭在完全与外界隔绝的单人牢房已经有76天，这是违反一切人道的和法律的规定的。

讲话人绝对厌恶幼稚的自负，没有心情、而且生性也不善于夸夸其谈和做什么耸人听闻的事情。我不得不在这个法庭上自己担任自己的辩护人，是由于两个原因：第一，是因为实际上完全剥夺了我的受辩护权；第二，是因为只有感受至深的人，眼见祖国受到那样深重的灾难、正义遭到那些践踏的人，才能在这样的场合呕心沥血讲出凝结着真理的话来。并非有慷慨的朋友愿意为我作辩护。哈瓦那律师公会为我指定了一位有才干有勇气的律师：豪尔赫·帕格列里博士，他是本城律师公会的主席。但是他却不能执行他的使命，他每次想来探望我，都被拒于监狱门外。只是经过一个半月之后，由于法庭的干预，才允许他当着军事情报局的一个军曹的面会见我十分钟。按常理说，一个律师是应该和他的当事人单独交谈的，这是在世界任何地方都受到尊重的权利，只有这里是例外。在这里一个当了战俘的古巴人落到了铁石心肠的专制当局手中，他们是不讲什么法理人情的。帕格列里博士和我都不能容忍，对于我们准备在出庭时用的辩炉策略进行这种卑污的刺探。难道他们想预先知道我们用什么方法粉碎他们就蒙卡达兵营事件挖空心思捏造的无稽谎言，用什么方法揭露他们所竭力掩盖的可怕的真相吗？于是，当时我们就决定由我运用我的律师资格，自作辩护。

军事情报局的军曹听到了这个决定，报告了他的上级，这引起了异常的恐惧，就好像是哪个调皮捣蛋的妖怪捉弄他们，使他们感到他们的一切计划都要破产了。诸位法官先生，他们为了把被告自我辩护这样一个在古巴有着悠久传统的神圣权利也给我剥夺掉，而施加了多少压力，你们是最清楚不过了。法庭不能向这种企图让步，因为这等于陷被告于毫无保障的境地。被告现在行使这项权利，该说的就说，绝不因任何理由而有所保留。我认为首先有必要说明对我实行野蛮隔离的理由是什么，不让我讲话的意图是什么；为什么，如法庭所知，要阴谋杀害我；有哪些严重的事件他们不想让人民知道；在本案中发生的一切奇奇怪怪的事情其奥妙何在。这就是我准备清楚地表白的一切。

·作者简介·

卡斯特罗（1926～2016），生于古巴奥连特省一个甘蔗园主家。1953年7月26日，领导一个小组攻打圣地亚哥的蒙卡达兵营，事败被捕，他的辩护词《历史将判我无罪》一书，成为发动革命和推翻巴蒂斯塔政权的宣言书。1955年获释，去墨西哥为再次革命作准备，并成立“七·二六运动”组织。1959年 2月，卡斯特罗就任古巴总理。1962年任古巴社会主义革命统一党第一书记。1965年该党改名为古巴共产党后，卡斯特罗担任中央委员会第一书记。1976年任国务委员会主席兼部长会议主席和革命武装部队总司令。在1981年、1986年、1993年、1998年2月和2003年3月的选举中获胜，连任国务委员会主席。2011年4月19日，卡斯特罗在一份刊发的报纸中撰文证实，自己已经辞去古巴共产党最高领导人职位。

卡斯特罗像

我认为我已充分地论证了我的观点：我的理由要比检察官先生用来要求判我 26 年徒刑的理由要多。所有这些理由都有助于为人民的自由和幸福而斗争的人们，没有一个理由是有利于无情地压迫、践踏和掠夺人民的人。

因此我不得不讲出许多理由，而他一个也讲不出。巴蒂斯塔是违反人民的意志、用叛变和暴力破坏了共和国的法律而上台的，怎样能使他的当权合法化呢？怎样能把一个压迫人民和沾满血迹和耻辱的政权叫做合法的呢？怎样能把一个充斥着社会上最守旧的人、最落后的思想和最落后的官僚制度的政府叫做革命的呢？又怎样能认为，肩负着保卫我国宪法的使命的法院最大的不忠诚的行为，在法律上是有效的呢？凭什么权利把为了祖国的荣誉而贡献出自己的鲜血和生命的公民送进监狱呢？这在全国人民看来，是骇人听闻的事；照真正的正义原则说来，都是骇人听闻的事。但是我们还有一个理由比其他一切理由都更为有力：我们是古巴人，作为古巴人就有一个义务，不履行这个义务就是犯罪，就是背叛。我们为祖国的历史而骄傲；我们在小学校里就学习了祖国历史，在我们成长的过程中，不断听人们谈论着自由、正义和权利。我们的长辈教导我们从小敬仰我们的英雄和烈士的光荣榜样，塞斯佩德斯、阿格拉蒙特、马塞奥、戈麦斯和马蒂都是我们自幼就熟悉的名字。我们敬聆过泰坦的话：自由不能祈求，只能靠利剑来争取。

我们知道，我们的先驱者为了教育自由祖国的公民，在他的《黄金书》中说，“凡是甘心服从不正确的法律并允许什么人践踏他的祖国的，凡是这样辜负祖国的，都不是正直的人……在世界上必然有一定数量的荣誉，正像必然有一定数量的光明一样。只要有小人，就一定有另外一些肩负众人的荣誉的君子。就是这些人奋起用暴力反对那些夺取人民的自由，也就是夺取人们的荣誉的人。这些人代表成千上万的人，代表全民族，代表人类的尊严”。人们教导我们，10月10日和2月24日是光荣的、举国欢腾的日子，因为这是古巴人奋起打碎臭名昭著的暴政的桎梏的日子；人们教导我们热爱和保护美丽的独星旗，并且每天晚上唱国歌，这个曲子告诉我们，生活在枷锁下等于在羞辱中生活，为祖国而死就是永生。我们学会了这一切并且永不会忘记，尽管今天，在我们祖国的人们由于要实践从摇篮中起就教导给我们的思想而遭到杀戮和监禁。我们出生在我们的先辈传给我们的自由国家，我们不会同意作任何人的奴隶，除非我们的国土沉入海底。在我们的先驱者百年诞辰的今年对他的崇敬好像要消逝了，对他的怀念好像要永远磨灭了，多么可耻！但是他还活着，没有死去，他的人民是富于反抗精神的，他的人民是高尚的，他的人民忠于对他的怀念！有些古巴人为保卫他的主张倒下去了，有些青年为了让他继续活在祖国的心中，甘心情愿地死在他的墓旁，贡献出他们的鲜血和生命。古巴啊！假使你背叛了你的先驱者，你会落得什么样的下场啊！

我要结束我的辩护词了，但是我不像一般的律师通常所作的那样，要求给被告以自由：当我的同伴们已经在松树岛遭受可恶的监禁，我不能要求自由。你们让我去和他们一起共命运吧！在一个罪犯和强盗当总统的共和国里，正直的人们被杀害和坐牢是可以理解的。我衷心感谢诸位法官先生允许我自由讲话而不卑鄙地打断我。我对你们不怀仇怨，我承认在某些方面你们是人道的，我也知道本法庭庭长这个一生清白的人，他可能迫于现状不能不作出不公正的判决，但他对这种现状的厌恶是不能掩饰的。法庭还有一个更严重的问题有待处理，这就是谋害70个人的案件——我们所知道的最大的屠杀案。凶手到现在还手执武器逍遥法外，这是对公民们的生命的经常威胁。如果由于怯懦，由于受到阻碍而不对他们施以法律制裁，同时法官们也不全体辞职，我为你们的荣誉感到惋惜，也为玷污司法制度的空前的污点感到痛心。至于我自己，我知道我在狱中将同任何人一样备受折磨，狱中的生活充满着卑怯的威胁和残暴的拷打，但是我不怕，就像我不怕夺去了我70个兄弟生命的可鄙的暴君的狂怒一样。

判决我吧！没有关系。历史将判我无罪！

⊙作品赏析

在这次法庭辩论上，卡斯特罗既是被告，同时又充当他自己的辩护律师。阅读全文，我们可以感受到他滔滔不绝的非凡口才。卡斯特罗的语言充满了激情和逻辑力量，昂扬着不屈的斗志，他思想开阔又机智灵活，将自己被捕所受到的不法和不公待遇作为反抗残暴独裁统治的有力证据，使人不得不信服。当然，这也是在法庭上针对自己被捕事件的就事论事，但是卡斯特罗能够由此引发开去，谈到古巴人民所遭受的独裁统治下的被压迫和奴役的现状，并以此来说明自己的行动不是非法的，而是对祖国和人民负责，“我们是古巴人，作为古巴人就有一个义务，不履行这个义务就是犯罪”。这个义务就是“用暴力反对那些夺取人民的自由，也就是夺取人们的荣誉的人”。全篇演讲措词激烈，针锋相对，慷慨激昂，显示着不可战胜的正义力量：“判决我吧！没有关系。历史将判我无罪！”

我有一个梦想 /［美国］马丁·路德·金

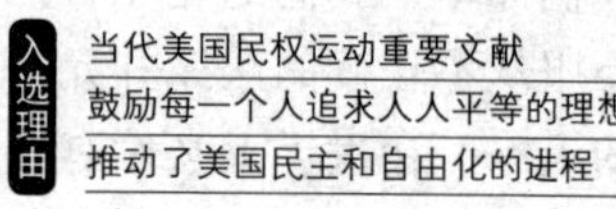

今天，我高兴地同大家一起，参加这将成为我国历史上为了争取自由而举行的最伟大的示威集会。

100年前，一位伟大的美国人（即美国第16任总统亚伯拉罕·林肯）——今天我们就站在他象征性的身影下（示威集会在美国首都华盛顿林肯纪念堂举行，纪念堂前耸立着林肯雕像，故有此说。）——签署了《解放黑人奴隶宣言》。这项重要法令的颁布，对于千百万灼烤于非正义残焰中的黑奴，犹如带来希望之光的硕大灯塔，恰似结束漫漫长夜禁锢的欢畅黎明。

然而，100年后，黑人依然没有获得自由。100年后，黑人依然悲惨地蹒跚于种族隔离和种族歧视的枷锁之下。100年后，黑人依然生活在物质繁荣瀚海的贫困孤岛上。100年后，黑人依然在美国社会中向隅而泣，依然感到自己在国土家园中流离漂泊。所以，我们今天来到这里，要把这骇人听闻的情况公诸于众。

从某种意义上说，我们来到国家的首都是为了兑现一张期票，我们共和国的缔造者在拟写宪法和独立宣言的辉煌篇章时，就签订了一张每一个美国人都能继承的期票。这张期票向所有人承诺——不论白人还是黑人——都享有不可剥夺的生存权、自由权和追求幸福权。

然而，今天美国显然对他的有色公民拖欠着这张期票。美国没有承兑这笔神圣的债务，而是开给黑人一张空头支票——一张打着“资金不足”的印戳被退回的支票。但是，我们决不相信正义的银行会破产，我们决不相信这个国家巨大的机会宝库会资金不足。

因此，我们来兑现这张支票。这张支票将给我们以宝贵的自由和正义的保障。

我们来到这块圣地还为了提醒美国：现在正是万分紧急的时刻。现在不是从容不迫悠然行事或服用渐进主义镇静剂的时候。现在是实现民主诺言的时候。现在是走出幽暗荒凉的种族隔离深谷，踏上种族平等的阳关大道的时候。现在是使我们国家走出种族不平等的流沙，踏上充满手足之情的磐石的时刻。现在是使上帝的所有孩子真正享有公正的时候。

忽视这一时刻的紧迫性，对于国家将会是致命的。自由平等的朗朗秋日不到来，黑人顺情合理哀怨的酷暑就不会过去。1963年不是一个结束，而是一个开端。

如果国家依然我行我素，那些希望黑人只需出出气就会心满意足的人将大失所望。在黑人得到公民权之前，美国既不会安宁，也不会平静。反抗的旋风将继续震撼我们国家的基石，直至光辉灿烂的正义之日来临。

但是，对于站在通向正义之宫艰险门槛上的人们，有一些话我必须要说。在我们争取合法地位的过程中，切不要错误行事导致犯罪。我们切不要吞饮仇恨辛酸的苦酒，来解除对于自由的饥渴。

我们应该永远得体地、纪律严明地进行斗争。我们不该容许我们富有创造性的抗议沦为暴力行动，我们应该不断升华到用灵魂力量对付肉体力量的崇高境界。

席卷黑人社会新的奇迹般的战斗精神，不应导致我们对所有白人的不信任——因为许多白人兄弟已经认识到：他们的命运同我们的命运紧密相连，他们的自由同我们的自由休戚相关。他们今天来到这里集会就是明证。

我们不能单独行动。当我们行动时，我们必须保证勇往直前。我们不能后退。有人问热心民权运动的人："你们什么时候会感到满意？"只要黑人依然是不堪形容的警察暴行恐怖的牺牲品，我们就决不会满意；只要我们在旅途劳顿之后，却被公路旁汽车游客旅社和城市旅馆拒之门外，我们就决不会满意；只要黑人的基本活动范围只限于从狭小的黑人居住区到较大的黑人居住区，我们就绝不会满意；只要我们的孩子被"仅供白人"的牌子剥夺个性，损毁尊严，我们就决不会满意。只要密西西比州的黑人不能参加选举，纽约州的黑人认为他们与选举毫不相干，我们就决不会满意。不，不，我们不会满意，直到公正似水奔流，正义如喷泉涌。

·作者简介·

马丁·路德·金（1929~1968），出生于美国佐治亚州的亚特兰大。

1954年马丁·路德·金成为阿拉巴马州蒙哥马利的德克斯特大街浸信会教堂的一位牧师。1955年12月1日，一位名叫做罗沙·帕克斯的黑人妇女在公共汽车上拒绝给白人让座位，因而被当地警察逮捕。马丁·路德·金立即组织了一场罢车运动（即蒙哥马利罢车运动），从此他成为民权运动的领袖人物。1964年马丁·路德·金被授予诺贝尔和平奖。

马丁·路德·金极具演说才能，著有《阔步走向自由》、《我们为何不能再等待》等著作，其思想对60年代美国黑人民权运动产生了重大影响。

我并非没有注意到，你们有些人历尽艰难困苦来到这里。你们有些人刚刚走出狭小的牢房。有些人来自因追求自由而遭受迫害风暴袭击和警察暴虐狂飙摧残的地区。你们饱经风霜，历尽苦难。继续努力吧，要相信：无辜受苦终得拯救。

回到密西西比去吧，回到亚拉巴马去吧，回到南卡罗来纳去吧，回到佐治亚去吧，回到路易斯安那去吧（这是美国种族歧视最严重的5个州），回到我们北方城市中的贫民窟和黑人居住区去吧。要知道，这种情况能够而且将会改变。我们切不要在绝望的深渊里沉沦。

朋友们，今天我要对你们说，尽管眼下困难重重，但我依然怀有一个梦，这个梦深深植根于美国梦之中。

我梦想有一天，这个国家将会奋起，实现其立国信条的真谛："我们认为这些真理不言而喻：人人生而平等。"（引自美国《独立宣言》）

我梦想有一天，在佐治亚州的红色山岗上，昔日奴隶的儿子能够同昔日奴隶主的儿子同席而坐，亲如手足。

我梦想有一天，甚至连密西西比州——一个非正义和压迫的热浪逼人的荒漠之洲，也会改造成自由和公正的青青绿洲。

我梦想有一天，我的四个小儿女将生活在一个不是以皮肤的颜色，而是以品格的优劣作为评判标准的国家里。

我今天怀有一个梦。

我梦想有一天，亚拉巴马州会有所改变——尽管该州州长现在仍滔滔不绝地说什么要对联邦法令提出异议和拒绝执行——在那里，黑人儿童能够与白人儿童兄弟姐妹般地携手并行。

我今天怀有一个梦。

我梦想有一天，深谷弥合，高山夷平，崎路化坦途，曲径成通衢，上帝的光华再现，普天下生灵共谒。

这是我们的希望，这是我将带回南方去的信念。有了这个信念，我们就能从绝望之山开采希望之石。有了这个信念，我们就能把这个国家嘈杂刺耳的争吵声，变为充满手足之情的悦耳交响曲。有了这个信念，我们就能一同工作，一同祈祷，一同斗争，一同入狱，一同维护自由。因为我们知道，我们终有一天会获得自由。

到了这一天，上帝的所有孩子都能以新的含义高唱这首歌：

我的祖国，
可爱的自由之邦，
我为您歌唱。
这是我祖先终老的地方，
这是早期移民自豪的地方，
让自由之声，响彻每一座山岗。

如果美国要成为伟大的国家，这一点必须实现。因此，让自由之声响彻新罕布什尔州的巍峨高峰！

让自由之声响彻纽约州的崇山峻岭！

让自由之声响彻宾夕法尼亚州的阿勒格尼高峰！

让自由之声响彻科罗拉多州冰雪皑皑的落基山！

让自由之声响彻加利福尼亚州的婀娜群峰！

不，不仅如此；让自由之声响彻佐治亚州的石山！

让自由之声响彻田纳西州的了望山！

让自由之声响彻密西西比州的一座座山峰，一个个土丘！

让自由之声响彻每一个山岗！

当我们让自由之声轰响，当我们让自由之声响彻每一个大村小庄、每一个州府城镇，我们就能加速这一天的到来。那时，上帝的所有孩子，黑人和白人，犹太教徒和非犹太教徒，耶稣教徒和天主教徒，将能携手同唱那首古老的黑人灵歌：“终于自由了！终于自由了！感谢全能的上帝，我们终于自由了！”

⊙作品赏析

这是马丁·路德·金最为人们熟知的一篇演讲，它的魅力不仅仅在于它所表达的内容，还在于它诗一般优美的语言和其中令人感动的情感和信念。1963年3月28日，马丁·路德·金在华盛顿林肯纪念堂前举行的声势浩大的示威集会上发表了这篇演讲，标志着20世纪黑人民权运动进入了高潮阶段。这篇演讲的成功首先在于它的语言魅力，这些感人肺腑的诗一样的语言中包含着演讲者真挚的情感，它热烈激越、生动，极富生命力，能够直接植入听众的心灵深处，演讲者的才华在其中发挥得淋漓尽致。演讲者的平民身份，平民的情感是演讲成功的一个重要因素，演讲者将这些深沉的情感亲切而真诚地传达给听众，收到了极好的效果。在修辞上，演讲者大量使用排比句，增强了语言的气势，形成一层层推波助澜的壮观情景，其势如大河奔流，将作者的理想一步步深化，最后形成一股强大的情感洪流，冲击着每一个听众的灵魂。演讲结束后，美国的各大报刊纷纷转载、引用，人们公认它是经典之作，是演讲史上的辉煌篇章。20年后，当美国数十万人再次来到华盛顿，聚集在林肯纪念堂前播放马丁·路德·金的这篇演讲，人们仍然为之激动鼓舞。

第五卷

最好的小说

入选理由
中国现代派小说的开山之作
鲁迅文学中的经典篇章
以一个“疯子”的笔触展露中国传统礼教的罪恶

狂人日记 / 鲁迅

某君昆仲，今隐其名，皆余昔日在中学校时良友；分隔多年，消息渐阙。日前偶闻其一大病；适归故乡，迂道往访，则仅晤一人，言病者其弟也。劳君远道来视，然已早愈，赴某地候补矣。因大笑，出示日记二册，谓可见当日病状，不妨献诸旧友。持归阅一过，知所患盖“迫害狂”之类。语颇错杂无伦次，又多荒唐之言；亦不著月日，惟墨色字体不一，知非一时所书。间亦有略具联络者，今撮录一篇，以供医家研究。记中语误，一字不易；惟人名虽皆村人，不为世间所知，无关大体，然亦悉易去。至于书名，则本人愈后所题，不复改也。七年四月二日识。

一

今天晚上，很好的月光。

我不见他，已是三十多年；今天见了，精神分外爽快。才知道以前的三十多年，全是发昏；然而须十分小心。不然，那赵家的狗，何以看我两眼呢？

我怕得有理。

二

今天全没月光，我知道不妙。早上小心出门，赵贵翁的眼色便怪；似乎怕我，似乎想害我。还有七八个人，交头接耳的议论我，又怕我看见。一路上的人，都是如此。其中最凶的一个人，张着嘴，对我笑了一笑；我便从头直冷到脚跟，晓得他们布置，都已妥当了。

我可不怕，仍旧走我的路。前面一伙小孩子，也在那里议论我；眼色也同赵贵翁一样，脸色也都铁青。我想我同小孩子有什么仇，他也这样。忍不住大声说，“你告诉我！”他们可就跑了。

我想：我同赵贵翁有什么仇，同路上的人又有什么仇；只有廿年以前，把古久先生的陈年流水簿子，踹了一脚，古久先生很不高兴。赵贵翁虽然不认识他，一定也听到风声，代抱不平；约定路上的人，同我作冤对。但是小孩子呢？那时候，他们还没有出世，何以今天也睁着怪眼睛，似乎怕我，似乎想害我。这真教我怕，教我纳罕而且伤心。

我明白了。这是他们娘老子教的！

三

晚上总是睡不着。凡事须得研究，才会明白。

他们——也有给知县打枷过的，也有给绅士掌过嘴的，也有衙役占了他妻子的，也有老子娘被债主逼死的；他们那时候的脸色，全没有昨天这么怕，也没有这么凶。

最奇怪的是昨天街上的那个女人，打他儿子，嘴里说道，“老子呀！我要咬你几口才出气！”他眼睛却看着我。我出了一惊，遮掩不住；那青面獠牙的一伙人，便都哄笑起来。陈老五赶上前，硬把我拖回家中了。

拖我回家，家里的人都装作不认识我；他们的眼色，也全同别人一样。进了书房，便反扣上门，宛然是关了一只鸡鸭。这一件事，越教我猜不出底细。

前几天，狼子村的佃户来告荒，对我大哥说，他们村里的一个大恶人，给大家打死了；几个人便挖出他的心肝来，用油煎炒了吃，可以壮壮胆子。我插一句嘴，佃户和大哥便都看我几眼。今天才晓得他们的眼光，全同外面的那伙人一模一样。

想起来，我从顶上直冷到脚跟。

他们会吃人，就未必不会吃我。

你看那女人“咬你几口”的话，和一伙青面獠牙人的笑，和前天佃户的话，明明是暗号。我看出他话中全是毒，笑中全是刀。他们的牙齿，全是白厉厉的排着，这就是吃人的家伙。

照我自己想，虽然不是恶人，自从踹了古家的簿子，可就难说了。他们似乎别有心思，我全猜不出。况且他们一翻脸，便说人是恶人。我还记得大哥教我做论，无论怎样好人，翻他几句，他便打上几个圈；原谅坏人几句，他便说“翻天妙手，与众不同”。我那里猜得到他们的心思，究竟怎样；况且是要吃的时候。

凡事总须研究，才会明白。古来时常吃人，我也还记得，可是不甚清楚。我翻开历史一查，这历史没有年代，歪歪斜斜的每叶上都写着“仁义道德”几个字。我横竖睡不着，仔细看了半夜，才从字缝里看出字来，满本都写着两个字是“吃人”！

书上写着这许多字，佃户说了这许多话，却都笑吟吟的睁着怪眼睛看我。

我也是人，他们想要吃我了！

四

早上，我静坐了一会。陈老五送进饭来，一碗菜，一碗蒸鱼；这鱼的眼睛，白而且硬，张着嘴，同那一伙想吃人的人一样。吃了几筷，滑溜溜的不知是鱼是人，便把他兜肚连肠的吐出。我说“老五，对大哥说，我闷得慌，想到园里走走。”老五不答应，走了；停一会，可就来开了门。

我也不动，研究他们如何摆布我；知道他们一定不肯放松。果然！我大哥引了一个老头子，慢慢走来；他满眼凶光，怕我看出，只是低头向着地，从眼镜横边暗暗看我。大哥说，“今天你仿佛很好。”我说，“是的。”大哥说，“今天请何先生来，给你诊一诊。”我说，“可以！”其实我岂不知道这老头子是刽子手扮的！无非借了看脉这名目，揣一揣肥瘠：因这功劳，也分一片肉吃。我也不怕；虽然不吃人，胆子却比他们还壮。伸出两个拳头，看他如何下手。老头子坐着，闭了眼睛，摸了好一会，呆了好一会；便张开他鬼眼睛说，“不要乱想。静静的养几天，就好了。”

不要乱想，静静的养！养肥了，他们是自然可以多吃；我有什么好处，怎么会“好了”？他们这群人，又想吃人，又是鬼鬼祟祟，想法子遮掩，不敢直捷下手，真要令我笑死。我忍不住，便放声大笑起来，十分快活。自己晓得这笑声里面，有的是义勇和正气。老头子和大哥，都失了色，被我这勇气正气镇压住了。

但是我有勇气，他们便越想吃我，沾光一点这勇气。老头子跨出门，走不多远，便低声对大哥说道，“赶紧吃罢！”大哥点点头。原来也有你！这一件大发见，虽似意外，也在意中：合伙吃我的人，便是我的哥哥！

吃人的是我哥哥！

我是吃人的人的兄弟！

我自己被人吃了，可仍然是吃人的人的兄弟！

五

这几天是退一步想：假使那老头子不是刽子手扮的，真是医生，也仍然是吃人的人。他们的祖师李时珍做的“本草什么”上，明明写着人肉可以煎吃；他还能说自己不吃人么？

至于我家大哥，也毫不冤枉他。他对我讲书的时候，亲口说过可以“易子而食”；又一回偶然议论起一个不好的人，他便说不但该杀，还当“食肉寝皮”。我那时年纪还小，心跳了好半天。前天狼子村佃户来说吃心肝的事，他也毫不奇怪，不住的点头。可见心思是同从前一样狠。既然可以“易子而食”，便什么都易得，什么人都吃得。我从前单听他讲道理，也胡涂过去；现在晓得他讲道理的时候，不但唇边还抹着人油，而且心里满装着吃人的意思。

六

黑漆漆的，不知是日是夜。赵家的狗又叫起来了。

狮子似的凶心，兔子的怯弱，狐狸的狡猾，……

七

我晓得他们的方法，直捷杀了，是不肯的，而且也不敢，怕有祸祟。所以他们大家连络，布满了罗网，逼我自戕。试看前几天街上男女的样子，和这几天我大哥的作为，便足可悟出八九分了。最好是解下腰带，挂在梁上，自己紧紧勒死；他们没有杀人的罪名，又偿了心愿，自然都欢天喜地的发出一种呜呜咽咽的笑声。否则惊吓忧愁死了，虽则略瘦，也还可以首肯几下。

他们是只会吃死肉的！记得什么书上说，有一种东西，叫“海乙那”的，眼光和样子都很难看；时常吃死肉，连极大的骨头，都细细嚼烂，咽下肚子去，想起来也教人害怕。“海乙那”是狼的亲眷，狼是狗的本家。前天赵家的狗，看我几眼，可见他也同谋，早已接洽。老头子眼看着他，岂能瞒得我过。

最可怜的是我的大哥，他也是人，何以毫不害怕；而且合伙吃我呢？还是历来惯了，不以为非呢？还是丧了良心，明知故犯呢？

我诅咒吃人的人，先从他起头；要劝转吃人的人，也先从他下手。

八

其实这种道理，到了现在，他们也该早已懂得，……

忽然来了一个人；年纪不过二十左右，相貌是不很看得清楚，满面笑容，对了我点头，他的笑也不像真笑。我便问他，“吃人的事，对么？”他仍然笑着说，“不是荒年，怎么会吃人。”我立刻就晓得，他也是一伙，喜欢吃人的；便自勇气百倍，偏要问他。

“对么？”

“这等事问他什么。你真会……说笑话……今天天气很好。”

天气是好，月色也很亮了。可是我要问你，“对么？”

他不以为然了。含含胡胡的答道，“不……”

“不对？他们何以竟吃！”

“没有的事……”

“没有的事？狼子村现吃；还有书上都写着，通红斩新！”

他便变了脸，铁一般青。睁着眼说，“有许有的，这是从来如此……”

“从来如此，便对么？”

“我不同你讲这些道理；总之你不该说，你说便是你错！”

我直跳起来，张开眼，这人便不见了。全身出了一大片汗。他的年纪，比我大哥小得远，居然也是一伙；这一定是他娘老子先教的。还怕已经教给他儿子了；所以连小孩子，也都恶狠狠的看我。

九

自己想吃人，又怕被别人吃了，都用着疑心极深的眼光，面面相觑……

去了这心思，放心做事走路吃饭睡觉，何等舒服。这只是一条门槛，一个关头。他们可是父子兄弟夫妇朋友师生仇敌和各不相识的人，都结成一伙，互相劝勉，互相牵掣，死也不肯跨过这一步。

十

大清早，去寻我大哥；他立在堂门外看天，我便走到他背后，拦住门，格外沉静，格外和气的对他说，

“大哥，我有话告诉你。”

“你说就是，”他赶紧回过脸来，点点头。

“我只有几句话，可是说不出来。大哥，大约当初野蛮的人，都吃过一点人。后来因为心思不同，有的不吃人了，一味要好，便变了人，变了真的人。有的却还吃——也同虫子一样，有的变了鱼鸟猴子，一直变到人。有的不要好，至今还是虫子。这吃人的人比不吃人的人，何等惭愧。怕比虫子的惭愧猴子，还差得很远很远。

“易牙蒸了他儿子，给桀纣吃，还是一直从前的事。谁晓得从盘古开辟天地以后，一直吃到易牙的儿子；从易牙的儿子，一直吃到徐锡林；从徐锡林，又一直吃到狼子村

捉住的人。去年城里杀了犯人，还有一个生痨病的人，用馒头蘸血舐。

“他们要吃我，你一个人，原也无法可想；然而又何必去入伙，吃人的人，什么事做不出；他们会吃我，也会吃你，一伙里面，也会自吃。但只要转一步，只要立刻改了，也就人人太平。虽然从来如此，我们今天也可以格外要好，说是不能！大哥，我相信你能说，前天佃户要减租，你说过不能。”

当初，他还只是冷笑，随后眼光便凶狠起来，一到说破他们的隐情，那就满脸都变成青色了。大门外立着一伙人，赵贵翁和他的狗，也在里面，都探头探脑的挨进来。有的是看不出面貌，似乎用布蒙着；有的是仍旧青面獠牙，抿着嘴笑。我认识他们是一伙，都是吃人的人。可是也晓得他们心思很不一样，一种是以为从来如此，应该吃的；一种是知道不该吃，可是仍然要吃，又怕别人说破他，所以听了我的话，越发气愤不过，可是抿着嘴冷笑。

这时候，大哥也忽然显出凶相，高声喝道，

“都出去！疯子有什么好看！”

这时候，我又懂得一件他们的巧妙了。他们岂但不肯改，而且早已布置；预备下一个疯子的名目罩上我。将来吃了，不但太平无事，怕还会有人见情。佃户说的大家吃了一个恶人，正是这方法。这是他们的老谱！

陈老五也气愤愤的直走进来。如何按得住我的口，我偏要对这伙人说，

“你们可以改了，从真心改起！要晓得将来容不得吃人的人，活在世上。

“你们要不改，自己也会吃尽。即使生得多，也会给真的人除灭了，同猎人打完狼子一样！同虫子一样！”

那一伙人，都被陈老五赶走了。大哥也不知那里去了。陈老五劝我回屋子里去。屋里面全是黑沉沉的。横梁和椽子都在头上发抖；抖了一会，就大起来，堆在我身上。

万分沉重，动弹不得；他的意思是要我死。我晓得他的沉重是假的，便挣扎出来，出了一身汗。可是偏要说，

“你们立刻改了，从真心改起！你们要晓得将来是容不得吃人的人……”

十一

太阳也不出，门也不开，日日是两顿饭。

我捏起筷子，便想起我大哥；晓得妹子死掉的缘故，也全在他。那时我妹子才五岁，可爱可怜的样子，还在眼前。母亲哭个不住，他却劝母亲不要哭；大约因为自己吃了，哭起来不免有点过意不去。如果还能过意不去……

妹子是被大哥吃了，母亲知道没有，我可不得而知。

母亲想也知道；不过哭的时候，却并没有说明，大约也以为应当的了。记得我四五岁时，坐在堂前乘凉，大哥说爷娘生病，做儿子的须割下一片肉来，煮熟了请他吃，才算好人；母亲也没有说不行。一片吃得，整个的自然也吃得。但是那天的哭法，现在想起来，实在还教人伤心，这真是奇极的事！

十二

不能想了。

四千年来时时吃人的地方，今天才明白，我也在其中混了多年；大哥正管着家务，妹子恰恰死了，他未必不和在饭菜里，暗暗给我们吃。

我未必无意之中，不吃了我妹子的几片肉，现在也轮到我自己……

有了四千年吃人履历的我，当初虽然不知道，现在明白，难见真的人！

十三

没有吃过人的孩子，或者还有？

救救孩子……

⊙作品赏析

有评论家称鲁迅的小说是对读者灵魂的撞击，也是对人生存意义的拷问。他以他的真诚直面了我们存在最为战栗的部分，他的每部小说都充满了怜悯情怀，以及残酷的生活体验。

在《狂人日记》中，我们将特别地指出鲁迅对人世泯灭的无奈，在导言中，作者一针见血地为我们指认了这个满嘴控诉的狂人，其实也无非是俗世大众渺茫的一员，文章中说：劳君远道来视，然已痊愈，赴某地候补矣。让读者在阅读的震撼中，有一丝苍凉的无奈。因为所谓的狂人在疯醒以后，所做的正是他自己在疯狂的时刻所鄙薄的。他也绝非是一个独力反抗的顽强斗士。

但无可否认，作者还是借着狂人的言语道破了这凡人俗世间的些许真相，在他看来这个世间黑漆漆的不知是日是夜，就像作者在文章中所说的：我翻开历史一查，这历史没有年代，歪歪斜斜的每页上都写着仁义道德几个字，我横竖睡不着，仔细看了半夜，才从字缝里看出字来，满本都写着两个字是吃人。

文章满是孤独和悲凉的味道，字里行间虚实相杂，让人迷乱，更有甚者是狂人独特的心灵独白，而也正是这样的独白，让作者的表达宣泄淋漓，寄予了作者高超的象征含义。据有评论家称，《狂人日记》具备了跨时代的意义，既是第一篇现代白话短篇小说，也是整个现代文学的创作基础，它所蕴含的思想是中国现代启蒙的呐喊。

孔乙己 / 鲁迅

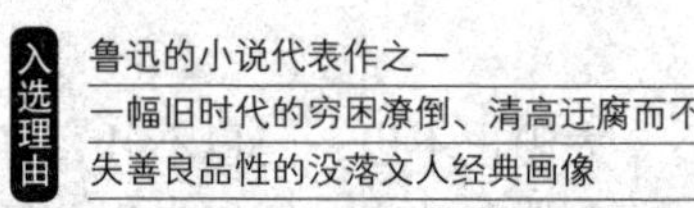

鲁镇的酒店的格局，是和别处不同的：都是当街一个曲尺形的大柜台，柜里面预备着热水，可以随时温酒。做工的人，傍午傍晚散了工，每每花四文铜钱，买一碗酒——这是二十多年前的事，现在每碗要涨到十文——靠柜外站着，热热的喝了休息；倘肯多花一文，便可以买一碟盐煮笋，或者茴香豆，做下酒物了，如果出到十几文，那就能买一样荤菜，但这些顾客，多是短衣帮，大抵没有这样阔绰。只有穿长衫的，才踱进店面隔壁的房子里，要酒要菜，慢慢地坐喝。

我从十二岁起，便在镇口的咸亨酒店里当伙计，掌柜说，样子太傻，怕侍候不了长衫主顾，就在外面做点事罢。外面的短衣主顾，虽然容易说话，但唠唠叨叨缠夹不清的也很不少。他们往往要亲眼看着黄酒从坛子里舀出，看过壶子底里有水没有，又亲看将壶子放在热水里，然后放心：在这严重监督之下，羼水也很为难。所以过了几天，掌柜又说我干不了这事。幸亏荐头的情面大，辞退不得，便改为专管温酒的一种无聊职务了。

我从此便整天的站在柜台里，专管我的职务。虽然没有什么失职，但总觉有些单调，有些无聊。掌柜是一副凶脸孔，主顾也没有好声气，教人活泼不得；只有孔乙己到店，才可以笑几声，所以至今还记得。

孔乙己是站着喝酒而穿长衫的唯一的人。他身材很高大；青白脸色，皱纹间时常夹些伤痕；一部乱蓬蓬的花白的胡子。穿的虽然是长衫，可是又脏又破，似乎十多年没有补，也没有洗。他对人说话，总是满口之乎者也，教人半懂不懂的。因为他姓孔，别人便从描红纸上的"上大人孔乙己"这半懂不懂的话里，替他取下一个绰号，叫作孔乙己。孔乙己一到店，所有喝酒的人便都看着他笑，有的叫道："孔乙己，你脸上又添上新伤疤了！"他不回答，对柜里说："温两碗酒，要一碟茴香豆。"便排出九文大钱。他们又故意的高声嚷道："你一定又偷了人家的东西了！"孔乙己睁大眼睛说："你怎么这样凭空污人清白……""什么清白？我前天亲眼见你偷了何家的书，吊着打。"孔乙己便涨红了脸，额上的青筋条条绽出，争辩道："窃书不能算偷……窃书！……读书人的事，能算偷么？"接连便是难懂的话，什么"君子固穷"，什么"者乎"之类，引得众人都哄笑起来；店内外充满了快活的空气。

听人家背地里谈论，孔乙己原来也读过书，但终于没有进学，又不会营生；于是愈过愈穷，弄到将要讨饭了。幸而写得一笔好字，便替人家钞钞书，换一碗饭吃。可惜他又有一样坏脾气，便是好喝懒做。坐不到几天，便连人和书籍纸张笔砚，一齐失踪。如是几次，叫他钞书的人也没有了。孔乙己没有法，便免不了偶然做些偷窃的事。但他在我们店里，品行却比别人都好，就是从不拖欠；虽然间或没有现钱，暂时记在粉板上，但不出一月，定然还清，从粉板上拭去了孔乙己的名字。

孔乙己喝过半碗酒，涨红的脸色渐渐复了原，旁人便又问道，"孔乙己，你当真认识字么？"孔乙己看着问他的人，显出不屑置辩的神气。他们便接着说道："你怎的连半个秀才也捞不到呢？"孔乙己立刻显出颓唐不安模样，脸上笼上了一层灰色，嘴里说些话；这回可是全是之乎者也之类，一些不懂了。在这时候，众人也都哄笑起来：店内外充满了快活的空气。

在这些时候，我可以附和着笑，掌柜是决不责备的。而且掌柜见了孔乙己，也每每这样问他，引人发笑。孔乙己自己知道不能和他们谈天，便只好向孩子说话。有一回对我说道，"你读过书么？"我略略点一点头。他说，"读过书，……我便考你一考。茴香豆的茴字，怎样写的？"我想，讨饭一样的人，也配考我么？便回过脸去，不再理会。孔乙己等了许久，很恳切的说道："不能写罢？……我教给你，记着！这些字应该记着。将来做掌柜的时候，写账要用。"我暗想我和掌柜的等级还很远呢，而且我们掌柜也从不将茴香豆上账；又好笑，又不耐烦，懒懒的答他道："谁要你教，不是草头底下一个来回的回字么？"孔乙己显出极高兴的样子，将两个指头的长指甲敲着柜台，点头说："对呀对呀！……回字有四样写法，你知道么？"我愈不耐烦了，努着嘴走远。孔乙己刚用指甲蘸了酒，想在柜上写字，见我毫不热心，便又叹一口气，显出极惋惜的样子。

有几回，邻舍孩子听得笑声，也赶热闹，围住了孔乙己。他便给他们茴香豆吃，一人一颗。孩子吃完豆，仍然不散，眼睛都望着碟子。孔乙己着了慌，伸开五指将碟子罩住，弯腰下去说道："不多了，我已经不多了。"直起身又看一看豆，自己摇头说："不多不多！多乎哉？不多也。"于是这一群孩子都在笑声里走散了。

孔乙己是这样的使人快活，可是没有他，别人也便这么过。

有一天，大约是中秋前的两三天，掌柜正在慢慢的结账，取下粉板，忽然说："孔乙己长久没有来了。还欠十九个钱呢！"我才也觉得他的确长久没有来了。一个喝酒的人说道，"他怎么会来？……他打折了腿了。"掌柜说："哦！""他总仍旧是偷。这一回，是自己发昏，竟偷到丁举人家里去了。他家的东西，偷得的么？""后来怎么样？""怎么样？先写服辩，后来是打，打了大半夜，再打折了腿。""后来呢？""后来打折了腿了。""打折了怎样呢？""怎样？……谁晓得？许是死了。"掌柜也不再问，仍然慢慢的算他的账。

中秋过后，秋风是一天凉比一天，看看将近初冬；我整天的靠着火，也须穿上棉袄了。一天的下半天，没有一个顾客，我正合了眼坐着。忽然间听得一个声音，"温一碗酒。"这声音虽然极低，却很耳熟。看时又全没有人。站起来向外一望，那孔乙己便在柜台下对了门槛坐着。他脸上黑而且瘦，已经不成样子；穿一件破夹袄，盘着两腿，下面垫一个蒲包，用草绳在肩上挂住；见了我，又说道，"温一碗酒。"掌柜也伸出头去，一面说："孔乙己么？你还欠十九个钱呢！"孔乙己很颓唐的仰面答道，"这……下回还清罢。这一回是现钱，酒要好。"掌柜仍然同平常一样，笑着对他说，"孔乙己，你又偷了东西了！"但他这回却不十分分辩，单说了一句"不要取笑！""取笑？要是不偷，怎么会打断腿？"孔乙己低声说道，"跌断，跌，跌……"他的眼色，很像恳求掌柜，不要再提。此时已经聚集了几个人，便和掌柜都笑了。我温了酒，端出去，放在门槛上。他从破衣袋里摸出四文大钱，放在我手里，见他满手是泥，原来他便用这手走来的。不一会，他喝完酒，便又在旁人的说笑声中，坐着用这手慢慢走去了。

自此以后，又长久没有看见孔乙己。到了年关，掌柜取下粉板说，"孔乙己还欠十九个钱呢！"到第二年的端午，又说："孔乙己还欠十九个钱呢！"到中秋可是没有说，再到年关也没有看见他。

我到现在终于没有见——大约孔乙己的确死了。

⊙作品赏析

《孔乙己》是鲁迅创作的第二篇白话小说，最初发表于1919年4月的《新青年》第六卷第四号上。

在小说中，作者成功塑造了孔乙己这样一位穷困潦倒、迂腐麻木、懒惰却又不失善良品性的清末下层知识分子形象。小说全文不足3000字，但却以极其凝练的笔墨，表现了相当深广的思想内容。一方面，作品通过塑造孔乙己的悲剧性格，表现出了封建科举制度是怎样将一个下层知识分子摧残成了一个完全丧失了人的尊严，丧失了起码的生存能力的社会的"多余人"；另一方面，作品也通过展现孔乙己的悲惨命运，表现出在封建科举制度的侵蚀下，社会各阶层的人是怎样共同构成一种巨大的、可怕的社会合力，吞噬着人的魂灵。作品在展现孔乙己悲惨命运的同时，还通过展现环绕在孔乙己周围的环境，从另一个角度抨击了封建科举制度对整个社会的毒害。小说构思精巧，语言、动作描写十分细腻生动，讽刺中含着同情，庄谐俱备，读后发人深思。

入选理由 鲁迅文学中的经典篇章
一篇关于人生去处的痛心疾首的思考
笔意苍凉，情感深沉，读来让人郁郁

在酒楼上 / 鲁迅

我从北地向东南旅行，绕道访了我的家乡，就到S城。这城离我的故乡不过三十里，坐了小船，小半天可到，我曾在这里的学校里当过一年的教员。深冬雪后，风景凄清，懒散和怀旧的心绪联结起来，我竟暂寓在S城的洛思旅馆里了；这旅馆是先前所没有的。城圈本不大，寻访了几个以为可以会见的旧同事，一个也不在，早不知散到那里去了；经过学校的门口，也改换了名称和模样，于我很生疏。不到两个时辰，我的意兴早已索然，颇悔此来为多事了。

我所住的旅馆是租房不卖饭的，饭菜必须另外叫来，但又无味，入口如嚼泥土。窗外只有渍痕斑驳的墙壁，帖着枯死的莓苔；上面是铅色的天，白皑皑的绝无精采，而且微雪又飞舞起来了。我午餐本没有饱，又没有可以消遣的事情，便很自然的想到先前有一家很熟识的小酒楼，叫一石居的，算来离旅馆并不远。我于是立即锁了房门，出街向那酒楼去。其实也无非想姑且逃避客中的无聊，并不专为买醉。一石居是在的，狭小阴湿的店面和破旧的招牌都依旧；但从掌柜以至堂倌却已没有一个熟人，我在这一石居中也完全成了生客。然而我终于跨上那走熟的屋角的扶梯去了，由此径到小楼上。上面也依然是五张小板桌；独有原是木棂的后窗却换嵌了玻璃。

“一斤绍酒。菜？十个油豆腐，辣酱要多！”

我一面说给跟我上来的堂倌听，一面向后窗走，就在靠窗的一张桌旁坐下了。楼上“空空如也”，任我拣得最好的坐位：可以眺望楼下的废园。这园大概是不属于酒家的，我先前也曾眺望过许多回，有时也在雪天里。但现在从惯于北方的眼睛看来，却很值得惊异了：几株老梅竟斗雪开着满树的繁花，仿佛毫不以深冬为意；倒塌的亭子边还有一株山茶树，从暗绿的密叶里显出十几朵红花来，赫赫的在雪中明得如火，愤怒而且傲慢，如蔑视游人的甘心于远行。我这时又忽地想到这里积雪的滋润，著物不去，晶莹有光，不比朔雪的粉一般干，大风一吹，便飞得满空如烟雾……

“客人，酒……”

堂倌懒懒的说着，放下杯，筷，酒壶和碗碟，酒到了。我转脸向了板桌，排好器具，斟出酒来。觉得北方固不是我的旧乡，但南来又只能算一个客子，无论那边的干雪怎样纷飞，这里的柔雪又怎样的依恋，于我都没有什么关系了。我略带些哀愁，然而很舒服的呷一口酒，酒味很纯正；油豆腐也煮得十分好；可惜辣酱太淡薄，本来S城人是不懂得吃辣的。

大概是因为正在下午的缘故罢，这虽说是酒楼，却毫无酒楼气，我已经喝下三杯酒去了，而我以外还是四张空板桌。我看着废园，渐渐的感到孤独，但又不愿有别的酒客上来。偶然听得楼梯上脚步响，便不由的有些懊恼，待到看见是堂倌，才又安心了，这样的又喝了两杯酒。

我想，这回定是酒客了，因为听得那脚步声比堂倌的要缓得多。约略料他走完了楼梯的时候，我便害怕似的抬头去看这无干的同伴，同时也就吃惊的站起来。我竟不料在这里意外的遇见朋友了，假如他现在还许我称他为朋友。那上来的分明是我的旧同窗，也是做教员时代的旧同事，面貌虽然颇有些改变，但一见也就认识，独有行动却变得格外迂缓，很不像当年敏捷精悍的吕纬甫了。

“阿——纬甫，是你么？我万想不到会在这里遇见你。”

“阿阿，是你？我也万想不到……”

我就邀他同坐，但他似乎略略踌躕之后，方才坐下来。我起先很以为奇，接着便有些悲伤，而且不快了。细看他相貌，也还是乱蓬蓬的须发；苍白的长方脸，然而衰瘦了。精神很沉静，或者却是颓唐；又浓又黑的眉毛底下的眼睛也失了精采，但当他缓缓的四顾的时候，却对废园忽地闪出我在学校时代常常看见的射人的光来。

“我们，”我高兴的，然而颇不自然的说，“我们这一别，怕有十年了罢。我早知道你在济南，可是实在懒得太难，终于没有写一封信……”

“彼此都一样。可是现在我在太原了，已经两年多，和我的母亲。我回来接她的时候，知道你早搬走了，搬得很干净。”

“你在太原做什么呢？”我问。

“教书，在一个同乡的家里。”

“这以前呢？”

“这以前么？”他从衣袋里掏出一支烟卷来，点了火衔在嘴里，看着喷出的烟雾，沉思似的说，“无非做了些无聊的事情，等于什么也没有做。”

他也问我别后的景况；我一面告诉他一个大概，一面叫堂倌先取杯筷来，使他先喝着我的酒，然后再去添二斤。其间还点菜，我们先前原是毫不客气的，但此刻却推让起来了，终于说不清那一样是谁点的，就从堂倌的口头报告上指定了四样菜：茴香豆，冻肉，油豆腐，青鱼干。

“我一回来，就想到我可笑。”他一手擎着烟卷，一只手扶着酒杯，似笑非笑的向我说。“我在少年时，看见蜂子或蝇子停在一个地方，给什么来一吓，即刻飞去了，但是飞了一个小圈子，便又回来停在原地点，便以为这实在很可笑，也可怜。可不料现在我自己也飞回来了，不过绕了一点小圈子。又不料你也回来了。你不能飞得更远些么？”

“这难说，大约也不外乎绕点小圈子罢。”我也似笑非笑的说。“但是你为什么飞回来的呢？”

“也还是为了无聊的事。”他一口喝干了一杯酒，吸几口烟，眼睛略为张大了。“无聊的——但是我们就谈谈罢。”

堂倌搬上新添的酒菜来，排满了一桌，楼上又添了烟气和油豆腐的热气，仿佛热闹起来了；楼外的雪也越加纷纷的下。

“你也许本来知道，”他接着说，“我曾经有一个小兄弟，是三岁上死掉的，就葬在这乡下。我连他的模样都记不清楚了，但听母亲说，是一个很可爱念的孩子，和我也很相投，至今她提起来还似乎要下泪。今年春天，一个堂兄就来了一封信，说他的坟边已经渐渐的浸了水，不久怕要陷入河里去了，须得赶紧去设法。母亲一知道就很着急，几乎几夜睡不着——她又自己能看信的。然而我能有什么法子呢？没有钱，没有工夫：当时什么法也没有。

“一直挨到现在，趁着年假的闲空，我才得回南给他来迁葬。”他又喝干一杯酒，看着窗外，说，“这在那边那里能如此呢？积雪里会有花，雪地下会不冻。就在前天，我在城里买了一口小棺材——因为我豫料那地下的应该早已朽烂了——带着棉絮和被褥，雇了四个土工，下乡迁葬去。我当时忽而很高兴，愿意掘一回坟，愿意一见我那曾经和我很亲睦的小兄弟的骨殖：这些事我生平都没有经历过。到得坟地，果然，河水只是咬进来，离坟已不到二尺远。可怜的坟，两年没有培土，也平下去了。我站在雪中，决然的指着它对土工说，‘掘开来！’我实在是一个庸人，我这时觉得我的声音有些希奇，这命令也是一个在我一生中最为伟大的命令。但土工们却毫不骇怪，就动手掘下去了。待到掘着圹穴，我便过去看，果然，棺木已经快要烂尽了，只剩下一堆木丝和小木片。我的心颤动着，自去拨开这些，很小心的，要看一看我的小兄弟。然而出乎意外！被褥，衣服，骨骼，什么也没有。我想，这些都消尽了，向来听说最难烂的是头发，也许还有罢。我便伏下去，在该是枕头所在的泥土里仔仔细细的看，也没有。踪影全无！”

我忽而看见他眼圈微红了，但立即知道是有了酒意。他总不很吃菜，单是把酒不停的喝，早喝了一斤多，神情和举动都活泼起来，渐近于先前所见的吕纬甫了。我叫堂倌再添二斤酒，然后回转身，也拿着酒杯，正对面默默的听着。

“其实，这本已可以不必再迁，只要平了土，卖掉棺材，就此完事了的。我去卖棺材虽然有些离奇，但只要价钱极便宜，原铺子就许要，至少总可以捞回几文酒钱来。但我不这样，我仍然铺好被褥，用棉花裹了些他先前身体所在的地方的泥土，包起来，装在新棺材里，运到我父亲埋着的坟地上，在他坟旁埋掉了。因为外面用砖，昨天又忙了我大半天：监工。但这样总算完结了一件事，足够去骗骗我的母亲，使她安心些。阿阿，你这样的看我，你怪我何以和先前太不相同了么？是的，我也还记得我们同到城隍庙里去拔掉神像的胡子的时候，连日议论些改革中国的方法以至于打起来的时候。但我现在就是这样了，敷敷衍衍，模模胡胡。我有时自己也想到，倘若先前的朋友看见我，怕会不认我做朋友了。然而我现在就是这样。”

他又掏出一支烟卷来，衔在嘴里，点了火。

“看你的神情，你似乎还有些期望我，我现在自然麻木得多了，但是有些事也还看得出。这使我很感激，然而也使我很不安：怕我终于辜负了至今还对我怀着好意的老朋友……”他忽而停止了，吸几口烟，才又慢慢的说，“正在今天，刚在我到这一石居来之前，也就做了一件无聊事，然而也是我自己愿意做的。我先前的东边的邻居叫长富，是一个船户。他有一个女儿叫阿顺，你那时到我家里来，也许见过的，但你一定没有留心，因为那时她还小。后来她也长得并不好看，不过是平常的瘦瘦的瓜子脸，黄脸皮；独有眼睛非常大，睫毛也很长，眼白又青得如夜的晴天，而且是北方的无风的晴天，这里的就没有那么明净了。她很能干，十多岁没了母亲，招呼两个小弟妹都靠她；又得服侍父亲，事事都周到；也经济，家计倒渐渐的稳当起来了。邻居几乎没有一个不夸奖她，连长富也时常说些感激的话。这一次我动身回来的时候，我的母亲又记得她了，老年人记性真长久。她说她曾经知道顺姑因为看见谁的头上戴着红的剪绒花，自己也想有一朵，弄不到，哭了，哭了小半夜，就挨了她父亲的一顿打，后来眼眶还红肿了两三天。这种剪绒花是外省的东西，S城里尚且买不出，她那里想得到手呢？趁我这一次回南的便，便叫我买两朵去送她。

“我对于这差使倒并不以为烦厌，反而很喜欢；为阿顺，我实在还有些愿意出力的意思的。前年，我回来接我母亲的时候，有一天，长富正在家，不知怎的我和他闲谈起来了。他便要请我吃点心，荞麦粉，并且告诉我所加的是白糖。你想，家里能有白糖的船户，可见决不是一个穷船户了，所以他也吃得很阔绰。我被劝不过，答应了，但要求只要用小碗。他也很识世故，但嘱咐阿顺说，‘他们文人，是不会吃东西的。你就用小碗，多加糖！’然而等到调好端来的时候，仍然使我吃一吓，是一大碗，足够我吃一天。但是和长富吃的一碗比起来，我的也确乎算小碗。我生平没有吃过荞麦粉，这回一尝，实在不可口，却是非常甜。我漫然的吃了几口，就想不吃了，然而无意中，忽然间看见阿顺远远的站在屋角里，就使我立刻消失了放下碗筷的勇气。我看她的神情，是害怕而且希望，大约怕自己调得不好，愿我们吃得有味。我知道如果剩下大半碗来，一定要使她很失望，而且很抱歉。我于是同时决心，放开喉咙灌下去了，几乎吃得和长富一样快。我由此才知道硬吃的苦痛，我只记得还做孩子时候的吃尽一碗拌着驱除蛔虫药粉的沙糖才有这样难。然而我毫不抱怨，因为她过来收拾空碗时候的忍着的得意的笑容，已尽够赔偿我的苦痛而有余了。所以我这一夜虽然饱胀得睡不稳，又做了一大串恶梦，也还是祝赞她一生幸福，愿世界为她变好。然而这些意思也不过是我的那些旧日的梦的痕迹，即刻就自笑，接着也就忘却了。

“我先前并不知道她曾经为了一朵剪绒花挨打，但因为母亲一说起，便也记得了荞麦粉的事，意外的勤快起来了。我先在太原城里搜求了一遍，都没有；一直到济南……”

窗外沙沙的一阵声响，许多积雪从被他压弯了的一枝山茶树上滑下去了，树枝笔挺的伸直，更显出乌油油的肥叶和血红的花来。天空的铅色来得更浓；小鸟雀啾唧的叫着，大概黄昏将近，地面又全罩了雪，寻不出什么食粮，都赶早回巢来休息了。

“一直到了济南，”他向窗外看了一回，转身喝干一杯酒，又吸几口烟，接着说。“我才买到剪绒花。我也不知道使她挨打的是不是这一种，总之是绒做的罢了。我也不知道她喜欢深色还是浅色，就买了一朵大红的，一朵粉红的，都带到这里来。

“就是今天午后，我一吃完饭，便去看长富，我为此特地耽搁了一天。他的家倒还在，只是看去很有些晦气色了，但这恐怕不过是我自己的感觉。他的儿子和第二个女儿——阿昭，都站在门口，大了。阿昭长得全不像她姊姊，简直像一个鬼，但是看见我走向她家，便飞奔的逃进屋里去。我就问那小子，知道长富不在家。‘你的大姊呢？’他立刻瞪起眼睛，连声问我寻她什么事，而且恶狠狠的似乎就要扑过来，咬我。我支吾着退走了，我现在是敷敷衍衍……

“你不知道，我可是比先前更怕去访人了。因为我已经深知道自己之讨厌，连自己也讨厌，又何必明知故犯的去使人暗暗地不快呢？然而这回的差使是不能不办妥的，所以想了一想，终于回到就在斜对门的柴店里。店主的母亲，老发奶奶，倒也还在，而且也还认识我，居然将我邀进店里坐去了。我们寒暄几句之后，我就说明了回到S城和寻长富的缘故。不料她叹息说：

“‘可惜顺姑没有福气戴这剪绒花了。’

“她于是详细的告诉我，说是‘大约从去年春天以来，她就见得黄瘦，后来忽而常常下泪了，问她缘故又不说；有时还整夜的哭，哭得长富也忍不住生气，骂她年纪大了，发了疯。可是一到秋初，起先不过小伤风，终于躺倒了，从此就起不来。直到咽气的前几天，才肯对长富说，她早就像她母亲一样，不时的吐红和流夜汗。但是瞒着，怕他因此要担心。有一夜，她的伯伯长庚又来硬借钱——这是常有的事——她不给，长庚就冷笑着说：你不要骄气，你的男人比我还不如！她从此就发了愁，又怕羞，不好问，只好哭。长富赶紧将她的男人怎样的挣气的话说给她听，那里还来得及？况且她也不信，反而说：好在我已经这样，什么也不要紧了。’

“她还说，‘如果她的男人真比长庚不如，那就真可怕呵！比不上一个偷鸡贼，那是什么东西呢？然而他来送殓的时候，我是亲眼看见他的，衣服很干净，人也体面；还眼泪汪汪的说，自己撑了半世小船，苦熬苦省的积起钱来聘了一个女人，偏偏又死掉了。可见他实在是一个好人，长庚说的全是诳。只可惜顺姑竟会相信那样的贼骨头的诳话，白送了性命。但这也不能去怪谁，只能怪顺姑自己没有这一份好福气。’

“那倒也罢，我的事情又完了。但是带在身边的两朵剪绒花怎么办呢？好，我就托她送了阿昭。这阿昭一见我就飞跑，大约将我当作一只狼或是什么，我实在不愿意去送她。但是我也就送她了，对母亲只要说阿顺见了喜欢的了不得就是。这些无聊的事算什么？只要模模胡胡。模模胡胡的过了新年，仍旧教我的‘子曰诗云’去。”

“你教的是“子曰诗云’么？”我觉得奇异，便问。

“自然。你还以为教的是 ABCD 么？我先是两个学生，一个读《诗经》，一个读《孟子》。新近又添了一个，女的，读《女儿经》。连算学也不教，不是我不教，他们不要教。”

“我实在料不到你倒去教这类的书………”

“他们的老子要他们读这些；我是别人，无乎不可的。这些无聊的事算什么？只要随随便便……”

他满脸已经通红，似乎很有些醉，但眼光却又消沉下去了。我微微的叹息，一时没有话可说。楼梯上一阵乱响，拥上几个酒客来：当头的是矮子，拥肿的圆脸；第二个是长的，在脸上很惹眼的显出一个红鼻子；此后还有人，一叠连的走得小楼都发抖。我转眼去看吕纬甫，他也正转眼来看我，我就叫堂倌算酒账。

“你借此还可以支持生活么？”我一面准备走，一面问。

“是的。”——我每月有二十元，也不大能够敷衍。

“那么，你以后豫备怎么办呢？”

“以后？我不知道。你看我们那时豫想的事可有一件如意？我现在什么也不知道，连明天怎样也不知道，连后一分……”

堂倌送上账来，交给我；他也不像初到时候的谦虚了，只向我看了一眼，便吸烟，听凭我付了账。

我们一同走出店门，他所住的旅馆和我的方向正相反，就在门口分别了。我独自向着自己的旅馆走，寒风和雪片扑在脸上，倒觉得很爽快。见天色已是黄昏，和屋宇和街道都织在密雪的纯白而不定的罗网里。

⊙作品赏析

《在酒楼上》的基调相对低沉，作者从远方回到从前居住的地方，还是同样的洛思旅馆，可是一切对于作者已经是那么生疏，甚者很是无奈。这是一个早就被界定的落寞的开端，就像文章中作者所说的：觉得北方固不是我的旧乡，但南来又只能算是一个客子。如果再加上相遇的吕纬甫，以及在他身上所流泻的时代的哀伤，就像文章中所说的：就像蜂子或蝇子停在一个地方，给什么来一吓，即刻飞去了，但是飞了一个小的圈子，便又回来停在原点上。无不为我们展现了人世命运的凄凉，一切在时代的沉沦中紧接着生锈死亡。因为生活的理想和价值的存在已经完全淡漠了，谁也无法预测在下一个时间里自己的生命孤舟究竟会漂向何处。

文章笔意哀婉，在淡淡的陈述中，有意无意勾勒起了我们对生命循环的恐惧，因为没有谁愿意忍受生命的苍白，可是一切真的苍白了，在生活的磨难中。凄楚的语言，足以震撼我们的人生感受，特别是文章中为我们特意提醒的所谓的日子：无非做了些无聊的事，等于什么也没做。

潘先生在难中 / 叶圣陶

一代文学教育家叶圣陶的小说典范

一篇对战乱中小人物心理进行深刻分析

为我们展现时代背景下的人物世相的代表作

一

车站里挤满了人，各有各的心事，都现出异样的神色。

脚夫的两手插在号衣的口袋里，睡着一般地站着；他们知道可以得到特别收入的时间离得还远，也犯不着老早放出精神来。空气沉闷得很，人们略微感到呼吸受压迫，大概快要下雨了。电灯亮了一会了，仿佛比平时昏黄一点，望去好像一切的人物都在雾里梦里。

揭示处的黑漆版上标明西来的快车须迟到四点钟。这个报告在几点钟以前早就教人家看熟了，现在便同风化了的戏单一样，没有一个人再望它一眼。像这种报告，在这一个礼拜里，几乎每天每趟的行车都有：大家也习以为当然了。

不知几多人心系着的来车居然到了，闷闷的一个车站就一变而为扰扰的境界。来客的安心，候客者的快意，以及脚夫的小发财，我们且都不提。单讲一位从让里来的潘先生。他当火车没有驶进月台之先，早已安排得十分周妥：他领头，右手提着个黑漆皮包，左手牵着个七岁的孩子；七岁的孩子牵着他哥哥（今年九岁），哥哥又牵着他母亲。潘先生说人多照顾不齐，这么牵着，首尾一气，犹如一条蛇，什么地方都好钻了。他又屡次叮嘱，教大家握得紧紧，切勿放手；尚恐大家万一忘了，又屡次摇荡他的左手，意思是教把这警告打电报一般一站一站递过去。

首尾一气诚然不错，可是也不能全然没有弊病。火车将停时，所有的客人和东西都要涌向车门，潘先生一家的那条蛇就有点尾大不掉了。他用黑漆皮包做前锋，胸腹部用力向前抵，居然进展到距车门只两个窗洞的地位。但是他的七岁的孩子还在距车门四个窗洞的地方，被挤在好些客人和坐椅之间，一动不能动；两臂一前一后，伸得很长，前后的牵引力都很大，似乎快要把胳臂拉了去的样子。他急得直喊，“啊！我的胳臂！我的胳臂！”

一些客人听见了带哭的喊声，方才知道腰下挤着个孩子；留心一看，见他们四个人一串，手联手牵着。一个客人呵斥道，“赶快放手；要不然，把孩子拉做两半了！”

“怎么的，孩子不抱在手里！”又一个客人用鄙夷的声气自语，一方面他仍注意在攫得向前行进的机会。

“不，”潘先生心想他们的话不对，牵着自有牵着的妙用；再转一念，妙用岂是人人能够了解的，向他们辩白，也不过徒费唇舌，不如省些精神罢：就把以下的话咽了下去。而七岁的孩子还是“胳臂！胳臂！”喊着。潘先生前进后退都没有希望，只得自己失约，先放了手，随即惊惶地发命令道，“你们看着我！你们看着我！”

车轮一顿，在轨道上站定了；车门里弹出去似地跳下了许多人。潘先生觉得前头松动了些；但是后面的力量突然增加，他的脚作不得一点主，只得向前推移；要回转头来招呼自己的队伍，也不得自由，于是对着前面的人的后脑叫喊，“你们跟着我！你们跟着我！”

他居然从车门里被弹出来了。旋转身子一看，后面没有他的儿子同夫人。心知他们还挤在车中，守住车门老等总是稳当的办法。又下来了百多人，方才看见脚踏上人丛中现出七岁的孩子的上半身，承着电灯光，面目作哭泣的形相。他走前去，几次被跳下来的客人冲回，才用左臂把孩子抱了下来。再等了一会，潘师母同九岁的孩子也下来了；她吁吁地呼着气，连喊，“哎唷，哎唷，”凄然的眼光相着潘先生的脸，似乎要求抚慰的孩子。

潘先生到底镇定，看见自己的队伍全下来了，重又发命令道，“我们仍旧像刚才一样联起来。你们看月台上的人这么多，收票处又挤得厉害，要不是联着，就走散了！”

七岁的孩子觉得害怕，拦住他的膝头说，“爸爸，抱。”

“没用的东西！”潘先生颇有点愤怒，但随即耐住，蹲下身子把孩子抱了起来。同时关照大的孩子拉着他的长衫的后幅，一手要紧紧牵着母亲，因为他自己两只手都不空了。

潘师母从来不曾受过这样的困累，好容易下了车，却还有可怕的拥挤在前头，不禁发怨道，“早知道这样子，宁可死在家里，再也不要逃难了！”

“悔什么！”潘先生一半发气，一半又觉得怜惜。“到了这里，懊悔也是没用。并且，性命到底安全了。走罢，当心脚下。”于是四个一串向人丛中蹒跚地移过去。

一阵的拥挤，潘先生像在梦里似的，出了收票处的隘口。他仿佛急流里的一滴水滴，没有回旋转侧的余地，只有顺着大众的势，脚不点地地走。一会儿已经出了车站的铁栅栏，跨过了电车轨道，来到水门汀的人行道上。慌忙地回转身来，只见数不清的给电灯光耀得发白的面孔以及数不清的提箱与包裹，一齐向自己这边涌来，忽然觉得长衫后幅上的小手没有了，不知什么时候放了的；心头怅惘到不可言说，只是无意识地把身子乱转。转了几回，一丝踪影也没有。家破人亡之感立时袭进他的心，禁不住渗出两滴眼泪来，望出去电灯人形都有点模糊了。

幸而抱着的孩子眼光敏锐，他瞥见母亲的疏疏的额发，便认识了，举起手来指点道，“妈妈，那边。”

潘先生一喜；但是还有点不大相信，眼睛凑近孩子的衣衫擦了擦，然后望去。搜寻了一会儿，果然看见他的夫人呆鼠一般在人丛中瞎撞，前面护着那大的孩子，他们还没跨过电车轨道呢。他便向前迎上去，连喊“阿大”，把他们引到刚才站定的人行道上。于是放下手中的孩子，舒畅地吐一口气，一手抹着脸上的汗说，“现在好了！”的确好了，只要跨出那一道铁栅栏，就有人保险，什么兵火焚掠都遭逢不到；而已经散失的一妻一子，又幸运得很，一寻即着：岂不是四条性命，一个皮包，都从毁灭和危难之中捡了回来么？岂不是“现在好了”？

“黄包车！”潘先生很入调地喊。

车夫们听见了，一齐拉着车围拢来，问他到什么地方。

他稍微昂起了头，似乎增加了好几分威严，伸出两个指头扬着说，“只消两辆！两辆！”他想了一想，继续说，“十个铜子，四马路，去的就去！”这分明表示他是个“老上海”。

辩论了好一会，终于讲定十二个铜子一辆。潘师母带着大的孩子坐一辆，潘先生带着小的孩子同黑漆皮包坐一辆。

车夫刚要拔脚前奔，一个背枪的印度巡捕一条胳臂在前面一横，只得缩住了。小的孩子看这个人的形相可怕，不由得回过脸来，贴着父亲的胸际。

潘先生领悟了，连忙解释道，“不要害怕，那就是印度巡捕，你看他的红包头。我们因为本地没有他，所以要逃到这里来；他背着枪保护我们。他的胡子很好玩的，你可以看一看，同罗汉的胡子一个样子。”

孩子总觉得怕，便是同罗汉一样的胡子也不想看。直到听见当当的声音，才从侧边斜睨过去，只见很亮很亮的一个房间一闪就过去了；那边一家家都是花花灿灿的，都点得亮亮的，他于是不再贴着父亲的胸际。

到了四马路，一连问了八九家旅馆，都大大的写着“客满”的牌子；而且一望而知情商也没用，因为客堂里都搭起床铺，可知确实是住满了。最后到一家也标着“客满”，但是一个伙计懒懒地开口道，“找房间么？”

“是找房间，这里还有么？”一缕安慰的心直透潘先生的周身，仿佛到了家似的。

“有是有一间，客人刚刚搬走，他自己租了房子了。你先生若是迟来一刻，说不定就没有了。”

“那一间就归我们住好了。”他放了小的孩子，回身去扶下夫人同大的孩子来，说，“我们总算运气好，居然有房间住了！”随即付车钱，慷慨地照原价加上一个铜子；他相信运气好的时候多给人一些好处，以后好运气会连续而来的。但是车夫偏不知足，说跟着他们回来回去走了这多时，非加上五个铜子不可。结果旅馆里的伙计出来调停，潘先生又多破费了四个铜子。

这房间就在楼下，有一张床，一盏电灯，一张桌子，两把椅子，此外就只有烟雾一般的一房间的空气了。潘先生一家跟着茶房走进去时，立刻闻到刺鼻的油腥味，中间又混着阵阵的尿臭。潘先生不快地自语道，“讨厌的气味！”随即听见隔壁有食料投下油锅的声音，才知道那里是厨房。再一想时，气味虽讨厌终究比吃枪子睡露天好多了；也就觉得没有什么，舒舒泰泰地在一把椅子上坐下。

“用晚饭吧？”茶房放下皮包回头问。

“我要吃火腿汤淘饭。”小的孩子咬着指头说。

潘师母马上对他看个白眼，凛然说，“火腿汤淘饭！是逃难呢，有得吃就好了，还要这样那样点戏！”

大的孩子也不知道看看风色，央着潘先生说，“今天到上海了，你给我吃大菜。”

潘师母竟然发怒了，她回头呵斥道，“你们都是没有心肝的，只配什么也没得吃，活活地饿……”

潘先生有点窘，却作没事的样子说，“小孩子懂得什么。”便吩咐茶房道，“我们在路上吃了东西了，现在只消来两客蛋炒饭。”

茶房似答非答地一点头就走，刚出房门，潘先生又把他喊回来道，“带一斤绍酒，一毛钱熏鱼来。”

茶房的脚声听不见了，潘先生舒快地对潘师母道，“这一刻该得乐一乐，喝一杯了。你想，从兵祸凶险的地方，来到这绝无其事的境界，第一件可乐。刚才你们忽然离开了我，找了半天找不见，真把我急死了；倒是阿二乖觉(他说着，把阿二拖在身边，一手轻轻地拍着)，他一眼便看见了你，于是我迎上来，这是第二件可乐。乐哉乐哉，陶陶酌一杯。”他做举杯就口的样子，迷迷地笑着。

潘师母不响，她正想着家里呢。细软的虽然已经带在皮包里，寄到教堂里去了，但是留下的东西究竟还不少。不知王妈到底可靠不可靠；又不知隔壁那家穷人家有没有知道他们一家都出来了，只剩下王妈在家里看守；又不知王妈睡觉时，会不会忘了关上一扇门或是一扇窗。她又想起院子里的三只母鸡，没有完工的阿二的裤子，厨房里的一碗白鸭……真同通了电一般，一刻之间，种种的事情都涌上心头，觉得异样地不舒服；便叹口气“不知弄到怎样呢！”

两个孩子都怀着失望的心情，茫昧地觉得这样的上海没有平时父母嘴里的上海来得好玩而有味。

疏疏的雨点从窗外洒进来，潘先生站起来说，“果真下雨了，幸亏在这时候下。”就把窗子关上。突然看见原先给窗子掩没的旅客须知单，他便想起一件顶紧要的事情，一眼不眨地直望那单子。

“不折不扣，两块！”他惊讶地喊。回转头时，眼珠瞪视着潘师母，一段舌头从嘴里伸了出来。

二

第二天早上，走廊中茶房们正蜷在几条长凳上熟睡，狭得只有一条的天井上面很少有晨光透下来，几许房间里的电灯还是昏黄地亮着。但是潘先生夫妇两个已经在那里谈话了；两个孩子希望今天的上海或许比昨晚的好一点，也醒了一会儿了，只因父母教他们再睡一会儿，所以还躺在床上，彼此呵痒为戏。

“我说你一定不要回去，”潘师母焦心地说。“这报上的话知道它靠得住靠不住的。既然千难万难地逃了出来，那有立刻又回去的道理！”

“料是我早先也料到的。顾局长的脾气就是一点不肯马虎，‘地方上又没有战事，学自然照常要开的，’这句话确然是他的声口。这个通信员我也认识，就是教育局里的职员，又哪里会靠得住？回去是一定要回去的。”

“你要晓得，回去危险呢！”潘师母凄然地说。“说不定三两天他们就会打到我们那地方去，你就是回去开学，有什么学生来念书？就是不打到我们那地方，将来教育局长怪你为什么不开学时，你也有话回答。你只要问他，到底性命要紧还是学堂要紧？他也是一条性命，想来决不会对你过不去。”

“你懂得什么！”潘先生颇怀着鄙薄的意思。“这种话只配躲在家里，伏在床角里，由你这种女人去说；你道我们也说得出口么！你切不要拦阻我(这时候他已转为抚慰的声调)，回去是一定要回去的；但是包你没有一点危险，我自有保全自己的法子。而且(他自喜心思灵敏，微微笑着)，你不是很不放心家里的东西么？我回去了，就可以自己照看，你也能定心定意住在这里了。等到时局平定了，我马上来接你们回去。”

潘师母知道丈夫的回去是万无挽回的了。回去可以照看东西固然很好；但是风声这样紧，一去之后，犹如珠子抛在海里，谁保得定必能捞回来呢！生离死别的哀感涌上心头，她再不敢正眼看她的丈夫，眼泪早在眼角边偷偷地想跑出来了。她又立刻想起这个场面不大吉利，现在并没有什么不好的事情，怎么能凄惨地流起眼泪来。于是勉强忍住眼泪，聊作自慰的请求道，“那么你去看看情形，假使教育局长并没有照常开学这句话，要是还来得及，你就搭了今天下午的车来，不然，搭了明天的早车来。你要知道(她到底忍不住，一滴眼泪落在手背，立刻在衫子上擦去了)，我不放心呢！”

潘先生心里也着实有点烦乱，局长的意思照常开学，自己万无主张暂缓开学之理，回去当然是天经地义，但是又怎么放得下这里！看他夫人这样的依依之情，断然一走，未免太没有恩义。又况一个女人两个孩子都是很懦弱的，一无依傍，寄住在外边，怎能断言决没有意外？他这样想时，不禁深深地发恨：恨这人那人调兵遣将，预备作战，恨教育局长主张照常开课，又恨自己没有个已经成年，可以帮助一臂的儿子。

但是他究竟不比女人，他更从利害远近种种方面着想，觉得回去终于是天经地义。便把恼恨搁在一旁，脸上也不露一毫形色，顺着夫人的口气点头道，“假若打听明白局长并没有这个意思，依你的话，就搭了下午的车来。”

两个孩子约略听得回去和再来的话，小的就伏在床沿作娇道，“我也要回去。”

“我同爸爸妈妈回去，剩下你独个儿住在这里，”大的孩子扮着鬼脸说。

小的听着，便迫紧喉咙叫唤，作啼哭的腔调，小手擦着眉眼的部分，但眼睛里实在没有眼泪。

“你们都跟着妈妈留在这里，”潘先生提高了声音说。“再不许胡闹了，好好儿起来等吃早饭吧。”说罢，又嘱咐了潘师母几句，径出雇车，赶往车站。

模糊地听得行人在那里说铁路已断火车不开的话，潘先生想，“火车如果不开，倒死了我的心，就是立刻免职也只得由他了。”同时又觉得这消息很使他失望；又想他要是运气好，未必会逢到这等失望的事，那么行人的话也未必可靠。欲决此疑，只有望车夫三步并作一步跑。

他的运气果然不坏，赶到车站一看，并没有火车不开的通告；揭示处只标明夜车要迟四点钟才到，这时候还没到呢。买票处绝不拥挤，时时有一两个人前去买票。聚集在站中的人却不少，一半是候客的，一半是来看看的，也有带着照相器具的，专等夜车到时摄取车站拥挤的情形，好作《风云变幻史》的一页。行李房满满地堆着箱子铺盖，各色各样，几乎碰到铅皮的屋顶。

他心中似乎很安慰，又似乎有点怅惘，顿了一顿，终于前去买了一张三等票，就走入车厢里坐着。晴明的阳光照得一车通亮，可是不嫌燠热；坐位很宽舒，勉强要躺躺也可以。他想，“这是难得逢到的。倘若心里没有事，真是一趟愉快的旅行呢。”

这趟车一路耽搁，听候军人的命令，等待兵车的通过。开到让里，已是下午三点过了。潘先生下了车，急忙赶到家，看见大门紧紧关着，心便一定，原来昨天再四叮嘱王妈的就是这一件。

扣了十几下，王妈方才把门开了。一见潘先生，吃惊地说，“怎么，先生回来了！不用逃难了么？”

潘先生含糊回答了她；奔进里面四周一看，便开了房门的锁，直闯进去上下左右打量着。没有变更，一点没有变更，什么都同昨天一样。于是他吊起的半个心放下来了。还有半个心没放下，便又锁上房门，回身出门；吩咐王妈道，“你照旧好好把门关上了。”

王妈摸不清头绪，关了门进去只是思索。她想主人们一定就住在本地，恐怕她也要跟去，所以骗她说逃到上海去。“不然，怎么先生又回来了？奶奶同两个孩子不同来，又躲在什么地方呢？但是，他们为什么不让我跟去？这自然嫌得人多了不好。他们一定就住在那洋人的红房子里，那些兵都讲通的，打起仗来不打那红房子。其实就是老实告诉我，要我跟去，我也不高兴去呢。我在这里一点也不怕；如果打仗打到这里来，反正我的老衣早就做好了。”她随即想起外甥女儿送她的一双绣花鞋真好看，穿了那双鞋上西方，阎王一定另眼相看；于是她感到一种微妙的舒快，不再想主人究竟在哪里的问题。

潘先生出门，就去访那当通信员的教育局职员，问他局长究竟有没有照常开学的意思。那人回答道，“怎么没有？他还说有些教员只顾逃难，不顾职务，这就是表示教育的事业不配他们干的；乘此淘汰一下也是好处。”潘先生听了，仿佛觉得一凛；但又赞赏自己有主意，决定从上海回来到底是不错的。一口气奔到自己的学校里，提起笔来就起草送给学生家长的通告。通告中说兵乱虽然可虑，子弟的教育犹如布帛菽粟，是一天一刻不可废弃的，现在暑假期满，学校照常开学。从前欧洲大战的时候，人家天空里布着御防炸弹的网，下面学校里却依然在那里上课：这种非常的精神，我们应当不让他们专美于前。希望家长们能够体谅这一层意思，若无其事地依旧把子弟送来：这不仅是家庭和学校的益处，也是地方和国家的荣誉。

他起好草稿，往复看了三遍，觉得再没有可以增损，局长看见了，至少也得说一声“先得我心”。便得意地誊上蜡纸，又自己动手印刷了百多张，派校役向一个个学生家里送去。公事算是完毕了，开始想到私事：既要开学，上海是去不成了，他们母子三个住在旅馆里怎么挨得下去！但也没有办法，唯有教他们一切留意，安心住着。于是蘸着刚才的残墨写寄与夫人的信。

下一天，他从茶馆里得到确实的信息，铁路真个不通了。他心头突然一沉，似乎觉得最亲热的一妻两儿忽地乘风飘去，飘得很远，几乎至于渺茫。没精没采地踱到学校里，校役回报昨天的使命道，“昨天出去送通告，有二十多家关上了大门，打也打不开，只好从门缝里塞进去。有三十多家只有佣人在家里，主人逃到上海去了，孩子当然跟了去，不一定几时才能回来念书。其余的都说知道了；有的又说性命还保不定安全，读书的事再说罢。”

“哦，知道了。”潘先生并不留心在这些上边，更深的忧虑正萦绕在他的心头。他抽完了一支烟卷以后，应走的路途决定了，便赶到红十字会分会的办事处。

他缴纳会费愿做会员；又宣称自己的学校房屋还宽敞，愿意作为妇女收容所，到万一的时候收容妇女。这是慈善的举措，当然受热诚的欢迎，更兼潘先生本来是体面的大家知道的人物。办事处就给他红十字的旗子，好在学校门前张起来；又给他红十字的徽章，标明他是红十字会的一员。

潘先生接旗子和徽章在手，像捧着救命的神符，心头起一种神秘的快慰。“现在什么都安全了！但是……”想到这里，便笑向办事处的职员道，“多给我一面旗，几个徽章罢。”他的理由是学校还有个侧门，也得张一面旗，而徽章这东西太小巧，恐怕偶尔遗失了，不如多备几个在那里。

办事员同他说笑话，这东西又不好吃的，拿着玩也没有什么意思，多拿几个也只作一个会员，不如不要多拿罢。但是终于依他的话给了他。

两面红十字旗立刻在新秋的轻风中招展，可是学校的侧门上并没有旗，原来移到潘先生家的大门上去了。一个红十字徽章早已缀上潘先生的衣襟，闪耀着慈善庄严的光，给与潘先生一种新的勇气。其余几个呢，重重包裹，藏在潘先生贴身小衫的一个口袋里。他想，“一个是她的，一个是阿大的，一个是阿二的。”虽然他们远处在那渺茫难接的上海，但是仿佛给他们加保了一重险，他们也就各个增加一种新的勇气。

三

碧庄地方两军开火了。

让里的人家很少有开门的，店铺自然更不用说，路上时时有兵士经过。他们快要开拔到前方去，觉得最高的权威附灵在自已身上，什么东西都不在眼里，只要高兴提起脚来踩，都可以踩做泥团踩做粉。这就来了拉夫的事情：恐怕被拉的人乘隙脱逃，便用长绳一个联一个拴着胳臂，几个弟兄在前，几个弟兄在后，一串一串牵着走。因此，大家对于出门这件事都觉得危惧，万不得已时，也只从小巷僻路走，甚至佩着红十字徽章如潘先生之辈，也不免怀着戒心，不敢大模大样地踱来踱去。于是让里的街道见得又清静又宽阔了。

上海的报纸好几天没来。本地的军事机关却常常有前方的战报公布出来，无非是些“敌军大败，我军进展若干里”的话。街头巷口贴出一张新鲜的战报时，也有些人慢慢聚集拢来，注目看着。但大家看罢以后依然不能定心，好似这布告背后还有许多话没说出来，于是怅怅地各自散了，眉头照旧皱着。

这几天潘先生无聊极了。最难堪的，自然是妻儿远离，而且消息不通，而且似乎有永远难通的征兆。次之便是自身的问题，“碧庄冲过来只一百多里路，这徽章虽说有用处，可是没有人写过笔据，万一没有用，又向谁去说话？枪子炮弹劫掠放火都是真家伙，不是耍的，到底要多打听多走门路才行。”他于是这里那里探听前方的消息，只要这消息与外间传说的不同，便觉得真实的成分越多，即根据着盘算对于自身的利害。街上如其有一个人神色仓皇急忙行走时，他便突地一惊，以为这个人一定探得确实而又可怕的消息了；只因与他不相识，“什么！”一声就在喉际咽住了。

红十字会派人在前方办理救护的事情，常有人搭着兵车回来，要打听消息自然最可靠了。潘先生虽然是个会员，却不常到办事处去探听，以为这样就是对公众表示胆怯，很不好意思。然而红十字会究竟是可以得到真消息的机关，舍此他求未免有点傻，于是每天傍晚到姓吴的办事员家里去打听。姓吴的告诉他没有什么，或者说前方抵住在那里，他才透了口气回家。

这一天傍晚，潘先生又到姓吴的家里；等于好久，姓吴的才从外面走进来。

“没有什么吧？”潘先生急切地问。“照布告上说，昨天正向对方总攻击呢。”

“不行，”姓吴的忧愁地说；但随即咽住了，捻着唇边仅有的几根二三分长的髭须。

“什么！”潘先生心头突地跳起来，周身有一种拘牵不自由的感觉。

姓吴的悄悄地回答，似乎防着人家偷听了去的样子，“确实的消息，正安(距碧庄八里的一个镇)今天早上失守了！”

“啊！”潘先生发狂似地喊出来。顿了一顿，回身就走，一壁说道，“我回去了！”

路上的电灯似乎特别昏暗，背后又仿佛有人追赶着的样子，惴惴地，歪斜的急步赶到了家，叮嘱王妈道，“你关着门安睡好了，我今夜有事，不回来住了。”他看见衣橱里有一件绉纱的旧棉袍，当时没收拾在寄出去的箱子里，丢了也可惜；又有孩子的几件布夹衫，仔细看时还可以穿穿；又有潘师母的一条旧绸裙，她不一定舍得便不要它；便胡乱包在一起，提着出门。

“车！车！福星街红房子，一毛钱。”

“哪里有一毛钱的？”车夫懒懒地说。“你看这几天路上有几辆车？不是拼死寻饭吃的，早就躲起来了。随你要不要，三毛钱。”

“就是三毛钱，”潘先生迎上去，跨上脚踏坐稳了，“你也得依着我，跑得快一点！”

“潘先生，你到哪里去？”一个姓黄的同业在途中瞥见了他，站定了问。

“哦，先生，到那边……”潘先生失措地回答，也不辨问他的是谁；忽然想起回答那人简直是多事——车轮滚得绝快，那人决不会赶上来再问，便缩住了。

红房子里早已住满了人，大都是十天以前就搬来的，儿啼人语，灯火这边那边亮着，颇有点热闹的气象。主人翁见面之后，说，“这里实在没有余屋了。但是先生的东西都寄在这里，也不好拒绝。刚才有几位匆忙地赶来，也因不好拒绝，权且把一间做厨房的厢房让他们安顿。现在去同他们商量，总可以多插你先生一个。”

“商量商量总可以，”潘先生到了家似地安慰。“何况在这样时候。我也不预备睡觉，随便坐坐就得了。”

他提着包裹跨进厢房的当儿，以为自己受惊太厉害了，眼睛生了翳，因而引起错觉；但是闭一闭眼睛再睁开来时，所见依然如前，这靠窗坐着，在那里同对面的人谈话，上唇翘起两笔浓须的，不就是教育局长么？

他顿时踌躇起来，已跨进去的一只脚想要缩出来，又似乎不大好。那局长也望见了他，尴尬的脸上故作笑容说，“潘先生，你来了，进来坐坐。”主人翁听了，知道他们是相识的，转身自去。

“局长先在这里了。还方便吧，再容一个人？”

“我们只三个人，当然还可以容你。我们带着席子；好在天气不很凉，可以轮流躺着歇歇。”

潘先生觉得今晚上局长特别可亲，全不像平日那副庄严的神态，便忘形地直跨进去说，“那么不客气，就要陪三位先生过一夜了。”

这厢房不很宽阔。地上铺着一张席子，一个戴眼镜的中年人坐在上面，略微有疲倦的神色，但绝无欲睡的意思。锅灶等东西贴着一壁。靠窗一排摆着三只凳子，局长坐一只，头发梳得很光的二十多岁的人，局长的表弟，坐一只，一只空着。那边的墙角有一只柳条箱，三个衣包，大概就是三位先生带来的。仅仅这些，房间里已没有空地了。电灯的光本来很弱，又蒙上了一层灰尘，照得房间里的人物都昏黯模糊。

潘先生也把衣包放在那边的墙角，与三位的东西合伙。回过来谦逊地坐上那只空凳子。局长给他介绍了自己的同伴，随说，“你也听到了正安的消息么？”

“是呀，正安。正安失守，碧庄未必靠得住呢。”

“大概这方面对于南路很疏忽，正安失守，便是明证。那方面从正安袭取碧庄是最便当的，说不定此刻已被他们得手了。要是这样，不堪设想！”

“要是这样，这里非糜烂不可！”

“但是，这方面的杜统帅不是庸碌无能的人，他是著名善于用兵的，大约见得到这一层，总有方法抵挡得住。也许就此反守为攻，势如破竹，直捣那方面的巢穴呢。”

“若能这样，战事便收场了，那就好了！我们办学的就可以开起学来，照常进行。”

局长一听到办学，立刻感到自己的尊严，捻着浓须叹道，“别的不要讲，这一场战争，大大小小的学生吃亏不小呢！”他把坐在这间小厢房里的局促不舒的感觉忘了，仿佛堂皇地坐在教育局的办公室里。

坐在席子上的中年人仰起头来含恨似地说，“那方面的朱统帅实在可恶！这方面打过去，他抵抗些什么，他没有不终于吃败仗的。他若肯漂亮点儿让了，战事早就没有了。”

“他是傻子，”局长的表弟顺着说，“不到尽头不肯死心的。只是连累了我们，这当儿坐在这又暗又窄的房间里。”他带着玩笑的神气。

潘先生却想念起远在上海的妻儿来了。他不知道他们可安好，不知道他们出了什么乱子没有，不知道他们此刻睡了不曾，抓既抓不到，想象也极模糊；因而想自己的被累要算最深重了，凄然望着窗外的小院子默不作声。

“不知道到底怎么样呢！”他又转而想到那个可怕的消息以及意料所及的危险，不自主地吐露了这一句。

“难说，”局长表示富有经验的样子说。“用兵全在趁一个机，机是刻刻变化的，也许竟不为我们所料，此刻已……所以我们……”他对着中年人一笑。

中年人，局长的表弟同潘先生三个已经领会局长这一笑的意味；大家想坐在这地方总不至于有什么，也各安慰地一笑。

小院子里长满了草，是蚊虫同各种小虫的安适的国土。厢房里灯光亮着，虫子齐飞了进来。四位怀着惊恐的先生就够受用了；扑头扑面的全是那些小东西，蚊虫突然一针，痛得直跳起来。又时时停语侧耳，惶惶地听外边有没有枪声或人众的喧哗。睡眠当然是无望了，只实做了局长所说的轮流躺着歇歇。

下一天清晨，潘先生的眼球上添了几缕红丝；风吹过来，觉得身上很凉。他急欲知道外面的情形，独个儿闪出红房子的大门。路上同平时的早晨一样，街犬竖起了尾巴高兴地这头那头望，偶尔走过一两个睡眼惺忪的人。他走过去，转入又一条街，也听不见什么特别的风声。回想昨夜的匆忙情形，不禁心里好笑。但是再一转念，又觉得实在并无可笑，小心一点总比冒险好。

二十余天之后，战事停止了。大众点头自慰道，“这就好了！只要不打仗，什么都平安了！”但是潘先生还不大满意，铁路还没通，不能就把避居上海的妻儿接回来。信是来过两封了，但简略得很，说不教他想念。他又恨自己到底没有先见之明；不然，这一笔冤枉的逃难费可以省下，又免得几十天的孤单。

他知道教育局里一定要提到开学的事情了，便前去打听。跨进招待室，看见局里的几个职员在那里裁纸磨墨，像是办喜事的样子。

一个职员喊道，“巧得很，潘先生来了！你写得一手好颜字，这个差使就请你当了吧。”

“这么大的字，非得潘先生写不可，”其余几个人附和着。

“写什么东西？我完全茫然。”

“我们这里正筹备欢迎杜统帅凯旋的事务。车站的两头要搭起四个彩牌坊，让杜统帅的花车在中间通过。现在要写的就是牌坊上的几个字。”

“我哪里配写这上边的字？”

“当仁不让，”“一致推举，”几个人一哄地说；笔杆便送到潘先生手里。

潘先生觉得这当儿很有点意味，接了笔便在墨盆里蘸墨汁。凝想一下，提起笔来在蜡笺上一并排写“功高岳牧”四个大字。第二张写的是“威镇东南”。又写第三张，是“德隆恩溥”。他写到“溥”字，仿佛看见许多影片，拉夫，开炮，焚烧房屋，奸淫妇人，菜色的男女，腐烂的死尸，在眼前一闪。

旁边看写字的一个人赞叹说，“这一句更见恳切。字也越来越好了。”

“看他对上一句什么，”又一个说。

⊙作品赏析

《潘先生在难中》以细腻的笔触为我们描摹了一个典型的知识阶层小人物在战时可笑的心态。战争让潘先生慌乱无措，急着举家逃难，而逃难中的手拉手的细节更是让人含泪而笑，显然这在杂乱的火车站，是个地道而且迂腐的可笑动作。逃离后的张狂，战争稍微平息就预测和平而匆忙赶回学校，展示了小知识阶层的勇敢和尽责的一面；而当战争刚又打响，就又慌乱逃向红十字会，甚者听到了别人恶毒的诅咒：那方面的朱统帅实在可恶，这方面打过去，他抵抗什么呢。文章展现了潘先生侥幸的心理：既想保全自家的生命安全，又想在战乱中博得一个好的名声，结果在自己目光短浅的预测中，让自己饱受惊吓，可谓多灾多难，又有点滑稽。

本文故事结构紧凑，从一个逃难到另外一个逃难将潘先生的整个心理流变过程展现得淋漓尽致，让我们看到了这颗其实脆弱的心，在人生的苦难中艰涩地挣扎着，既有细节的详细刻画又有勾勒式的简洁，从各个不同的角度为我们塑造了潘先生的形象，以及这个形象背后的心灵激荡。

逃走 / 郁达夫

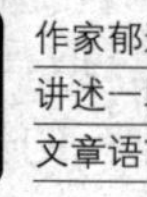

作家郁达夫忧郁唯美的小说篇章之一
讲述一段含蓄却凄迷的恋情
文章语言俊秀，有强烈的作者主观抒情性

圆通庵在东山的半腰。前后左右参差掩映着的竹林老树，岩石苍苔等，都像中国古画里的花青赭石，点缀得虽很凌乱，但也很美丽。

山脚下是一条曲折的石砌小道，向西是城河，虽则已经枯了，但秋天的实实在在的一点芦花浅水，却比什么都来得有味儿。城河上架着一根石桥，经过此桥，一直往西，可以直达到热闹的F市的中心。

半山的落叶，传达了秋的消息，几日间的凉意，把这小小的F市也从暑热的昏乱里唤醒了转来，又是市民举行盂兰盆会的时节了。

这一年圆通庵里的盂兰盆会，特别的盛大，因为正和新塑的一尊韦驮佛像开光并合在一道。庵前墙上贴在那里的那张黄榜上写着有三天三夜的韦驮经忏和一堂大施饿鬼的平安焰口。

新秋七月初旬的那天晴朗的早晨，交错在F市外的几条桑麻野道之上，便有不少的善男信女，提着香篮，套着黄袋，在赴圆通庵去参与胜会，其中尤以年近六十左右的老妇人为最多。

在这一群虔诚的信者中间，夹着在走的，有一位体貌清癯，头发全白，穿着一件青竹布衫蓝夏布裙，手里支着一枝龙头木杖的老妇人。在她的面前，有一位十二三岁的清秀的孩子，穿了一件竹布长衫，提着香篮，在作她的先导。她似乎是本地的缙绅人家的所出，一路上来往的行人，见了她和她招呼问答的很多很多。她立住了脚在和人酬应的中间，前面的那小孩子，每要一个人远跑开去，这时候她总放高了柔和可爱的喉音叫着：

“澄儿啊！走得那么快干什么？”

于是被叫作澄儿者，总红着脸，马上就立下来静站在道旁等她慢慢的到来。

太阳已经很高了，野路上摇映着桑树枝的碎影。净碧的长空里，时时飞过一块白云，野景就立刻会变一变光线，高地和水田中间的许多绿色的生物，就会明一层暗一层的移动一回。树枝上的秋蝉也会一时噤住不响，等一息再一齐放出声来。

这一次澄儿又被叫了，他就又静站在道旁的野草中间等她。可是等她慢慢的走到了他面前的时候，他却脸上露着了一脸不耐烦的神气，光着了他黑晶晶的两只大眼对她说：

“奶奶！你走得快一点吧，少和人家说几句话，我的两只手提香篮已经提得怪酸痛了。”

说着他就把左手提着的香篮换入了右手。他的奶奶——祖母——听了他这怨声，心里也似乎感到了痛惜他的意思，所以就作了满脸慈和的笑容安抚他说：

“乖宝，今天可难为你了。”

走到将近石桥旁边的三叉路口的时候，澄儿偶然举起头来，在南面的那条沿山的小道上，远远却看见了一位额上披着黑发，皮肤洁白，衣服很整洁的小姑娘也在向着到圆通庵去的大道上走。在这小姑娘前面走着的，他一眼看了就晓得她家里的使唤丫头，后面慢慢跟着的，当然是她的母亲。澄儿的心跳跃起来了，脸上也立时涨满了血潮。他伏倒了头，加紧了脚步，拼命的往石桥上赶，意思是想跑上她们的先，追过她们的头，不被她们看见这一种窘状。赶走了十几步路，果然后面他的祖母又叫起他来了；这一回他却不再和从前一样的柔顺，不再静站在道旁等她了，因为他心里明明知道，祖母又在和陶家的寡妇谈天了，而这寡妇的女儿小莲英哩，却是使他感到窘迫的正因。

他急急的走着，一面在他昏乱的脑里，却在温寻他和莲英见面的前后几回的情景。第一次的看到莲英，他很明细地记着的，是在两年前的一天春天的午后。他刚从小学校放学出来，偶尔和几位同学，跑上了轮船码头，想打那里经过之后，就上东山前的雷祖殿去闲耍的，可是汽笛叫了两声，晚轮船正巧到了码头了，几位朋友就和他一齐上轮船公司的码头岸上去看了一回热闹。在这热闹的旅客丛中，他突然看见了这一位年纪和他相仿，头上梳着两支丫髦，皮肤细白得同水磨粉一样的莲英。他看得疯魔了，同学们在边上催他走，他也没有听到。一直到旅客走尽，莲英不知走向了什么地方去的时候，他的同学中间的一个，拉着他的手取笑他说：

“喂！树澄！你是不是看中了那个小姑娘了？要不要告诉你一个仔细？她是住在我们间壁的陶寡妇的女儿小莲英，新从上海她叔父那里回来的。你想她么？你想她，我就替你做媒。”

听到了这位淘气同学的嘲笑，他才同醒了梦似的恢复了常态，涨红了脸，和那位同学打了起来。结果弄得雷祖殿也没有去成，他一个人就和他们分了手跑回到家里来了。

自从这一回之后，他的想见莲英的心思，一天浓似一天，可是实际上的他的行动，却总和这一个心思相反。莲英的住宅的近旁，他绝迹不敢去走，就是平时常常进出的那位淘气同学的家里，他也不敢去了。有时候到了忍无可忍的时候，他就在昏黑的夜里，偷偷摸摸的从家里出来，心里头一个人想了许多口实，路线绕之又绕，捏了几把冷汗，鼓着勇气，费许多顾虑，才敢从她的门口走过一次。这时候他的偷视的眼里所看到的，只是一道灰白的围墙，和几口关闭上的门窗而已。可是关于她的消息，和她家里的动静行止，他却自然而然不知从哪里得来地听得十分的详细。他晓得她家里除她母亲而外，只有一个老佣妇和一个使唤的丫头。他晓得她常要到上海的她叔父那里去住的。他晓得她在F市住着的时候，和她常在一道玩的，是哪几个女孩。他更晓得一位他的日日见面，再熟也没有的珍珠，是她的最要好的朋友。而实际上有许多事情，他却也是在装作无意的中间，从这位珍珠那里听取了来的。不消说对珍珠启口动问的勇气，他是没有的，就是平时由珍珠自动地说到莲英的事情的时候，他总要装出一脸毫无兴趣绝不相干的神气来；而在心里呢，他却只在希望珍珠能多说一点陶家家里的家庭琐事。

第二次的和她见面，是在这一年的九月，当城隍庙在演戏的晚上。他也和今天一样，在陪了他的祖母看戏。他们的座位恰巧在她们的前面，这一晚弄得他眼昏耳热，和坐在针毡上一样，头也不敢朝一朝转来，话也不敢说一句。昏昏的过了半夜，等她们回去了之后，他又同失了什么珍宝似的心里只想哭出来。当然看的是什么几句戏，和那一晚是什么时候回来的那些事情，他是茫然想不起来了。

第三次的相见，是去年的正月里，当元宵节的那一天早晨，他偶一不慎，竟跟了许多小孩，和一群龙灯乐队，经过了她的门口。他虽则在热闹乱杂之中瞥见了她一眼，但当他正行经过她面前的时候，却把双眼朝向了别处，装作了全没有看见她的样子。

“今天是第四次了！”他一边急急的走着，一边就在昏乱的脑里想这些过去的情节。

想到了今天的逃不过的这一回公然的相见，他心里又起了一种难以名状的苦闷。“逃走吧！”他想，“好在圆通庵里今天人多得很，我就从后门逃出，逃上东山顶上去吧！”想定了这一个逃走的计策之后，他的脚步欲加走得快了。

赶过了几个同方向走去的香客，跑上山路，将近庵门的台阶的时候，门前站着的接客老道，早就看见了他了。

“澄官！奶奶呢？你跑得那么快赶什么？”

听到了这认识的老道的语声，他就同得了救的遇难者一样，脸上也自然而然的露了一脸笑容。抢上了几步，将香篮交给了老道，他就喘着气，匆促地回答说：

“奶奶后面就到了，香篮交给你，我要上山去玩去。”

这几句话还没有说完，他就挤进了庵门，穿过了大殿，从后面一扇朝山开着的小门里走出了庵院，打算爬上山去，躲避去了。

F市是钱塘江岸的一个小县城，市上倒也有三四千户人家。因为江流直下，到此折而东行，所以在往昔帆船来往的时候，F市是一个停船暂息的好地方。可是现在轮船开行之后，F市的商业却凋敝得多了。和从前一样地清丽可爱的只是环绕在F市周围的旧日的高山流水。实在这F市附近的天然风景，真有秀逸清高的妙趣，决不是离此不远的浓艳的西湖所能比得上万分之一的。一条清澄澈底的江水，直泻下来，到F市而转换行程，仿佛是南面来朝的千军万马。沿江的两岸，是接连不断的青山，和遍长着杨柳桃花的沙渚。大江到岸，曲折向东，因而江心开畅，比扬子江的下流还要辽阔。隔岸的烟树云山，望过去缥缈虚无，只是青青的一片。而这前面临江的F市哩，北东西三面，又有婉蜒似长蛇的许多山岭围绕在那里。东山当市之东，直冲在江水之中，由隔岸望来，绝似在卧饮江水的蚊龙的头部。满山的岩石，和几丛古村里的寺观僧房，又绝似蚊龙头上的须眉角鼻，各有奇姿，各具妙色。东山迤逦北延，愈近愈高，连接着插入云峰的舒姑山岭，兀立在F市的北面，却作了挡住北方烈悍之风的屏障。舒姑山绕而西行，像一具长弓，弓的西极，回过来遥遥与大江西岸的诸峰相接。

像这样的一个名胜的F市外，寺观庵院的毗连兴起原是当然的事情。而在这些南朝四百八十的古寺中间，楼台建筑得比较完美的，要算东山头上高临着江渚的雷祖师殿，和殿后的恒济仙坛，与在东山四面，靠近北郊的这一个圆通庵院。

树澄逃出了庵门，从一条斜侧的小道，慢慢爬上山去。爬到了山的半峰，他听见脚下庵里亭铜亭铜的钟磬声响了。渐爬渐高，爬到山脊的一块岩石上立住的时候，太阳光已在几棵老树的枝头，同金粉似的洒了下来。这时候他胸中的跳跃，已经平稳下去了。额上的珠汗，用长衫袖子来擦了一擦，他回头来向西望了许多时候。脚下圆通庵里的钟磬之声，愈来愈响了，看将下去，在庵院的瓦上，更有几缕香烟，在空中飞扬缭绕，虽然是很细，但却也很浓。更向西直望，是一块有草树长着的空地，再西便是F市的万千烟户了。太阳光平晒在这些草地屋瓦和如发的大道之上，野路上还有络绎不绝的许多行人，如小动物似的拖了影子在向圆通庵里走来。更仰起头来从树枝里看了一忽茫苍无底的青空，不知怎么的一种莫名其妙的淡淡的哀思，忽然涌上了他的心头。他想哭，但觉得这哀思又没有这样的剧烈；他想笑，但又觉得今天的遭遇，并不是快乐的事情。一个人呆呆的在大树下的岩石上，立了半天，在这一种似哀非哀，似乐非乐的情怀里惝恍了半天，忽儿听见山下半峰中他所刚才走过的小径上又有人语响了。他才从醒了梦似的急急跑进了山顶一座古庙的壁后去躲藏。

这里本来是崎岖的山路，并且又径仄难行，所以除樵夫牧子而外，到这山顶上来的人原是很少。又因为几月来夏雨的浇灌，道旁的柴木，也已经长得很高了。他听见了山下小径上的人语，原看不出是怎样的人，也在和他一样的爬山望远的；可是进到了古庙壁后去躲了半天；也并没有听出什么动静来。他正在笑自己的心虚，疑耳朵的听觉的时候，却忽然在他所躲藏的壁外窗下，有一种极清晰的女人声气在说话了：

“阿香！这里多么高啊，你瞧，连那奎星阁的屋顶，都在脚下了。”

听到了这声音，他全身的血液马上就凝住了，脸上也马上变成了青色。他屏住气息，更把身子放低了一段，可以不使窗外的人看见听见，但耳朵里他却只听见自己的心脏跳动得特别的响。咬紧牙齿把这同死也似的苦闷忍抑了一下，他听见阿香的脚步，走往南去了，心里倒宽了宽。又静默挨忍了几分如年的时刻，他觉得她们已经走远了，才把身体挺直了起来，从瓦楞窗的最低一格里，向外望了出去。

他的预算大错了，离窗外不远，在一棵松树的根头，莲英的那个同希腊石刻似的侧面，还静静地呆住在那里。她身体的全部，他看个到，从他那窗眼里望去，他只看见了一头黑云似的短发和一只又大又黑的眼睛。眼睛边上，又是一条雪白雪白高而且狭的鼻梁。她似乎是在看西面市内的人家，眼光是迷离浮散在远处的，嘴唇的一角，也包得非常之紧，这明明是带忧愁的天使的面容。

他凝视着她的这一个侧面，不晓有多少时候，身体也忘了再低伏下去了，气息也吐不出来了，苦闷，惊异，怕惧，懊恼，凡一切的感情，都似乎离开了他的躯体，一切的知觉，也似乎失掉了。他只同在梦里似的听到了一声阿香在远处叫她的声音，他又只觉得在他那窗眼的世界里，那个侧面忽儿消失了。不知她去远了多少时候，他的睁开的两只大眼，还是呆呆的睁着在那里，在看山顶上的空处。直到一阵山下庵里的单敲皮鼓的声音，隐隐传到了他的耳朵里的时候，他的神思才恢复了转来。他撇下了他的祖母，撇下了他祖母的香篮，撇下了中午圆通庵里飨客的丰盛的素斋果实，一出那古庙的门，就同患热病的人似的一直一直的往后山一条小道上飞跑走了，头也不敢回一回，脚也不敢息一息地飞跑走了。

⊙作品赏析

郁达夫的小说在评论家眼里，就像自传一般浸透着个人的性情，宛似一个忧郁症的孩子面对着善良温存的女子，想着向她吐露自己的情意，却又害怕被拒绝的莫名的感伤，单纯而沉重。

在《逃走》中展现的正是这样的思想。树澄在一次赶盂兰盆会到圆通庵的路上，不巧遇上了自己暗恋的小莲英，因为害怕自己贪恋的心被对方发现，而躲躲闪闪急切想着跑开。他见过四次小莲英，却害怕和她正式接触，据评论家说这是典型的单相思的病症。

在文章中郁达夫将这种心态表达得淋漓尽致，一种既甜蜜又悲哀的念头，就像文章中所说的：不知怎么的一种莫名其妙的淡淡的哀思，忽然涌上了他的心头。他想哭，但觉得这哀思又没有这样的剧烈；他想笑，但又觉得今天的遭遇，并不是快乐的事情。这是一种绝妙的心理刻画，将青春期男孩的放肆与羞怯展露无遗，语言幽婉，读来让人哀伤，既感受了文章本身的真率，又体验了这一层心灵的辨析。他的文字是才华的凝结，有着西方式的悠长，但却显得自然和婉，语到情致，无限延伸了读者心灵的承受度。

春风沉醉的晚上 / 郁达夫

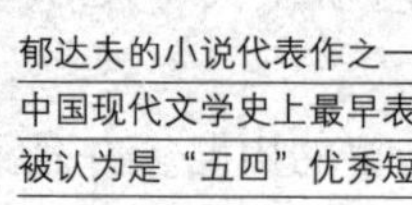

一

在沪上闲居了半年，因为失业的结果，我的寓所迁移了三处。最初我住在静安寺路南的一间同鸟笼似的永也没有太阳晒着的自由的监房里。这些自由的监房的住民，除了几个同强盗小窃一样的凶恶裁缝之外，都是些可怜的无名文士，我当时所以送了那地方一个 Yellow Grub Street 的称号。在这 Grub Street 里住了一个月，房租忽涨了价，我就不得不拖了几本破书，搬上跑马厅附近一家相识的栈房里去。后来在这栈房里又受了种种逼迫，不得不搬了，我便在外白渡桥北岸的邓脱路中间，日新里对面的贫民窟里，寻了一间小小的房间，迁移了过去。

邓脱路的这几排房子，从地上量到屋顶，只有一丈几尺高。我住的楼上的那间房间，更是矮小得不堪。若站在楼板上伸一伸懒腰，两只手就要把灰黑的屋顶穿通的。从前面的弄里踱进了那房子的门，便是房主的住房。在破布，洋铁罐，玻璃瓶，旧铁器堆满的中间，侧着身子走进两步，就有一张中间有几根横档跌落的梯子靠墙摆在那里。用了这张梯子往上面的黑黝黝的一个二尺宽的洞里一接，即能走上楼去。黑沉沉的这层楼上，本来只有猫额那样大，房主人却把它隔成了两间小房，外面一间是一个 N 烟公司的女工住在那里，我所租的是梯子口头的那间小房，因为外间的住者要从我的房里出入，所以我的每月的房租要比外间的便宜几角小洋。

我的房主，是一个五十来岁的弯腰老人。他的脸上的青黄色里，映射着一层暗黑的油光。两只眼睛是一只大一只小，颧骨很高，额上颊上的几条皱纹里满砌着煤灰，好像每天早晨洗也洗不掉的样子。他每日于八九点钟的时候起来，咳嗽一阵，便挑了一双竹篮出去，到午后的三四点钟总仍旧是挑了一双空篮回来的；有时挑了满担回来的时候，他的竹篮里便是那些破布，破铁器，玻璃瓶之类。像这样的晚上，他必要去买些酒来喝喝，一个人坐在床沿上瞎骂出许多不可捉摸的话来。

我与间壁的同寓者的第一次相遇，是在搬来的那天午后。春天的急景已经快晚了的五点钟的时候，我点了一支蜡烛，在那里安放几本刚从栈房里搬过来的破书。先把它们叠成了两方堆，一堆小些，一堆大些，然后把两个二尺长的装画的画架覆在大一点的那堆书上。因为我的器具都卖完了，这一堆书和画架白天要当写字台，晚上可当床睡的。摆好了画架的板，我就朝着了这张由书叠成的桌子，坐在小一点的那堆书上吸烟，我的背系朝着梯子的接口的。我一边吸烟，一边在那里呆看放在桌上的蜡烛火，忽而听见梯子口上起了响动，回头一看，我只见了一个自家的扩大的投射影子，此外什么也辨不出来，但我的听觉分明告诉我说：“有人上来了。”我向暗中凝视了几秒钟，一个圆形灰白的面貌，半截纤细的女人的身体，方才映到我的眼帘上来。一见了她的容貌，我就知道她是我的间壁的同居者了。因为我来找房子的时候，那房主的老人便告诉我说，这屋里除了他一个人外，楼上只住着一个女工。我一则喜欢房价的便宜，二则喜欢这屋里没有别的女人小孩，所以立刻就租定了的。等她走上了梯子，我才站起来对她点了点头说：

“对不起，我是今朝才搬来的，以后要请你照应。”

她听了我这话，也并不回答，放了一双漆黑的大眼，对我深深的看了一眼，就走上她的门口去开了锁，进房去了。我与她不过这样的见了一面，不晓是什么原因，我只觉得她是一个可怜的女子。她的高高的鼻梁，灰白长圆的面貌，清瘦不高的身体，好像都是表明她是可怜的特征，但是当时正为了生活问题在那里操心的我，也无暇去怜惜这还未曾失业的女工，过了几分钟我又动也不动的坐在那一小堆书上看蜡烛光了。

在这贫民窟里过了一个多礼拜，她每天早晨七点钟去上工和午后六点多钟下工回来，总只见我呆呆的对着了蜡烛或油灯坐在那堆书上。大约她的好奇心被我那痴不痴呆不呆的态度挑动了罢，有一天她下了工走上楼来的时候，我依旧和第一天一样的站起来让她过去。她走到了我的身边忽而停住了脚，看了我一眼，吞吞吐吐好像怕什么似的问我说：

“你天天在这里看的是什么书？”

（她操的是柔和的苏州音，听了这一种声音以后的感觉，是怎么也写不出来的，所以我只能把她的言语译成普通的白话。）

我听了她的话，反而脸上涨红了。因为我天天呆坐在那里，面前虽则有几本外国书摊着，其实我的脑筋昏乱得很，就是一行一句也看不进去。有时候我只用了想像在书的上一行与下一行中间的空白里，填些奇异的模型进去。有时候我只把书里边的插画翻开来看看，就了那些插画演绎些不近人情的幻想出来。我那时候的身体因为失眠与营养不良的结果，实际上已经成了病的状态了。况且又因为我的惟一的财产的一件棉袍子已经破得不堪，白天不能走出外面去散步和房里全没有光线进来，不论白天晚上，都要点着油灯或蜡烛的缘故，非但我的全部健康不如常人，就是我的眼睛和脚力，也局部的非常萎缩了。在这样状态下的我，听了她这一问，如何能够不红起脸来呢？所以我只是含含糊糊的回答说：

“我并不在看书，不过什么也不做呆坐在这里，样子一定不好看，所以把这几本书摊放着的。”

她听了这话，又深深的看了我一眼，作了一种不了解的形容，依旧的走到她的房里去了。

那几天里，若说我完全什么事情也不去找，什么事情也不曾干，却是假的。有时候，我的脑筋稍微清新一点下来，也曾译过几首英法的小诗，和几篇不满四千字的德国的短篇小说，于晚上大家睡熟的时候，不声不响的出去投邮，寄投给各新开的书局。因为当时我的各方面就职的希望，早已经完全断绝了，只有这一方面，还能靠了我的枯燥的脑筋，想想法子看。万一中了他们编辑先生的意，把我译的东西登了出来，也不难得着几块钱的酬报。所以我自迁移到邓脱路以后，当她第一次同我讲话的时候，这样的译稿已经发出了三四次了。

二

在乱昏昏的上海租界里住着，四季的变迁和日子的过去是不容易觉得的。我搬到了邓脱路的贫民窟之后，只觉得身上穿在那里的那件破棉袍子一天一天的重了起来，热了起来，所以我心里想：

“大约春光也已经老透了罢！”

但是囊中很羞涩的我，也不能上什么地方去旅行一次，日夜只是在那暗室的灯光下呆坐。有一天，大约是午后了，我也是这样的坐在那里，间壁的同住者忽而手里拿了两包用纸包好的物件走了上来，我站起来让她走的时候，她把手里的纸包放了一包在我的书桌上说：

“这一包是葡萄浆的面包，请你收藏着，明天好吃的。另外我还有一包香蕉买在这里，请你到我房里来一道吃罢！”

我替她拿住了纸包，她就开了门邀我进她的房里去。共住了这十几天，她好像已经信用我是一个忠厚的人的样子。我见她初见我的时候脸上流露出来的那一种疑惧的形容完全没有了。我进了她的房里，才知道天还未暗，因为她的房里有一扇朝南的窗，太阳反射的光线从这窗里投射进来，照见了小小的一间房，由二条板铺成的一张床，一张黑漆的半桌，一只板箱，一只圆凳。床上虽则没有帐子，但堆着有二条洁净的青布被褥。半桌上有一只小洋铁箱摆在那里，大约是她的梳头器具，洋铁箱上已经有许多油污的点子了。她一边把堆在圆凳上的几件半旧的洋布棉袄，粗布裤等收在床上，一边就让我坐下。我看了她那殷勤待我的样子，心里倒不好意思起来，所以就对她说：

“我们本来住在一处，何必这样的客气。”

“我并不客气，但是你每天当我回来的时候，总站起来让我，我却觉得对不起得很。”

这样的说着，她就把一包香蕉打开来让我吃。她自家也拿了一只，在床上坐下，一边吃一边问我说：

“你何以只住在家里，不出去找点事情做做？”

“我原是这样的想，但是找来找去总找不着事情。”

“你有朋友么？”

“朋友是有的，但是到了这样的时候，他们都不和我来往了。”

“你进过学堂么？”

“我在外国的学堂里曾经念过几年书。”

“你家在什么地方？何以不回家去？”

她问到了这里，我忽而感觉到我自己的现状了。因为自去年以来，我只是一日一日的萎靡下去，差不多把“我是什么人”，“我现在所处的是怎么一种境遇”，“我的心里还是悲还是喜”这些观念都忘掉了。经她这一问，我重新把半年来困苦的情形一层一层的想了出来。所以听她的问话以后，我只是呆呆的看她，半晌说不出话来。她看了我这个样子，以为我也是一个无家可归的流浪人，脸上就立时起了一种孤寂的表情，微微的叹着说：

“唉！你也是同我一样的么？”

微微的叹了一声之后，她就不说话了。我看她的眼圈上有些潮红起来，所以就想了一个另外的问题问她说：

“你在工厂里做的是什么工作？”

“是包纸烟的。”

“一天做几个钟头工？”

“早晨七点钟起，晚上六点钟止，中午休息一个钟头，每天一共要做十个钟头的工。少做一点钟就要扣钱的。”

“扣多少钱？”

“每月九块钱，所以是三块钱十天，三分大洋一个钟头。”

“饭钱多少？”

“四块钱一月。”

“这样算起来，每月一个钟头也不休息，除了饭钱，可省下五块钱来。够你付房钱买衣服的么？”

“哪里够呢！并且那管理人又……啊啊！……我……我所以非常恨工厂的。你吃烟的么？”

“吃的。”

“我劝你顶好还是不吃。就吃也不要去吃我们工厂的烟。我真恨死它在这里。”

我看看她那一种切齿怨恨的样子，就不愿意再说下去。把手里捏着的半个吃剩的香蕉咬了几口，向四边一看，觉得她的房里也有些灰黑了，我站起来道了谢，就走回到了我自己的房里。她大约做工倦了的缘故，每天回来大概是马上就入睡的，只有这一晚上，她在房里好像是直到半夜还没有就寝。从这一回之后，她每天回来，总和我说几句话。我从她自家的口里听得，知道她姓陈，名叫二妹，是苏州东乡人，从小系在上海乡下长大的。她父亲也是纸烟工厂的工人，但是去年秋天死了。她本来和她父亲同住在那间房里，每天同上工厂去的，现在却只剩了她一个人了。她父亲死后的一个多月，她早晨上工厂去也一路哭了去，晚上回来也一路哭了回来的。她今年十七岁，也无兄弟姊妹，也无近亲的亲戚。她父亲死后的葬殓等事，是他于未死之前把十五块钱交给楼下的老人，托这老人包办的。她说：

“楼下的老人倒是一个好人，对我从来没有起过坏心，所以我得同父亲在日一样的去做工；不过工厂的一个姓李的管理人却坏得很，知道我父亲死了，就天天的想戏弄我。”

她自家和她父亲的身世，我差不多全知道了，但她母亲是如何的一个人，死了呢还是活在那里，假使还活着，住在什么地方等等，她却从来还没有说及过。

三

天气好像变了。几日来我那独有的世界，黑暗的小房里的腐浊的空气，同蒸笼里的蒸气一样，蒸得人头昏欲晕。我每年在春夏之交要发的神经衰弱的重症，遇了这样的气候，就要使我变成半狂。所以我这几天来，到了晚上，等马路上人静之后，也常常走出去散步去。一个人在马路上从狭隘的深蓝天空里看看群星，慢慢的向前行走，一边作些漫无涯涘的空想，倒是于我的身体很有利益。当这样的无可奈何，春风沉醉的晚上，我每要在各处乱走，走到天将明的时候才回家里。我这样的走倦了回去就睡，一睡直可睡到第二天的日中，有几次竟要睡到二妹下工回来的前后方才起来。睡眠一足，我的健康状态也渐渐的回复起来了。平时只能消化半磅面包的我的胃部，自从我的深夜游行的练习开始之后，进步得几乎能容纳面包一磅了。这事在经济上虽则是一大打击，但我的脑筋，受了这些滋养，似乎比从前稍能统一。我于游行回来之后，就睡之前，却做成了几篇 Allan Poe 式的短篇小说，自家看看，也不很坏。我改了几次，抄了几次，一一投邮寄出之后，心里虽然起了些微细的希望，但是想想前几回的译稿的绝无消息，过了几天，也便把它们忘了。

邻住者的二妹，这几天来，当她早晨出去上工的时候，我总在那里酣睡，只有午后下工回来的时候，有几次有见面的机会。但是不晓是什么原因，我觉得她对我的态度，又回到从前初见面的时候的疑惧状态去了。有时候她深深的看我一眼，她的黑晶晶，水汪汪的眼睛里，似乎是满含着责备我规劝我的意思。

我搬到这贫民窟里住后，约摸已经有二十多天的样子。一天午后我正点上蜡烛，在那里看一本从旧书铺里买来的小说的时候，二妹却急急忙忙的走上楼来对我说：

“楼下有一个送信的在那里，要你拿了印子去拿信。”

她对我讲这话的时候，她的疑惧我的态度更表示得明显，她好像在那里说：“呵呵，你的事件是发觉了啊！”我对她这种态度，心里非常痛恨，所以就气急了一点，回答她说：

“我有什么信？不是我的！”

她听了我这气愤愤的回答，更好像是得了胜利似的，脸上忽涌出了一种冷笑说：

“你自家去看罢！你的事情，只有你自家知道的！”

同时我听见楼底下门口果真有一个邮差似的人在催着说：

“挂号信！”

我把信取来一看，心里就突突的跳了几跳，原来我前回寄去的一篇德文短篇的译稿，已经在某杂志上发表了，信中寄来的是五元钱的一张汇票。我囊里正是将空的时候，有了这五元钱，非但月底要预付的来月的房金可以无忧，并且付过房金以后，还可以维持几天食料。当时这五元钱对我的效用的广大，是谁也不能推想得出来的。

第二天午后，我上邮局去取了钱，在太阳晒着的大街上走了一会，忽而觉得身上就淋出了许多汗来。我向我前后左右的行人一看，复向我自家的身上一看，就不知不觉的把头低俯了下去。我颈上头上的汗珠，更同盛雨似的，一颗一颗的钻出来了。因为当我在深夜游行的时候，天上并没有太阳，并且料峭的春寒，于东方微白的残夜，老在静寂的街巷中留着，所以我穿的那件破棉袍子，还觉得不十分与节季违异。如今到了阳和的春日晒着的这日中，我还不能自觉，依旧穿了这件夜游的敝袍，在大街上阔步，与前后左右的和节季同时进行的我的同类一比，我哪得不自惭形秽呢？我一时竟忘了几日后不得不付的房金，忘了囊中本来将尽的些微的积聚，便慢慢的走上了闸路的估衣铺去。好久不在天日之下行走的我，看看街上来往的汽车人力车，车中坐着的华美的少年男女，和马路两边的绸缎铺金银铺窗里的丰丽的陈设，听听四面的同蜂衙似的嘈杂的人声，脚步声，车铃声，一时倒也觉得是身到了大罗天上的样子。我忘记了我自家的存在，也想和我的同胞一样的欢歌欣舞起来，我的嘴里便不知不觉的唱起几句久忘了的京调来了。这一时的涅槃幻境，当我想横越过马路，转入闸路去的时候，忽而被一阵铃声惊破了。我抬起头来一看，我的面前正冲来了一乘无轨电车，车头上站着的那肥胖的机器手，伏出了半身，怒目的大声骂我说：

“猪头三！依（你）艾（眼）睛勿散（生）咯！跌杀时，叫旺（黄）够（狗）抵依（你）

命噢！”

我呆呆的站住了脚，目送那无轨电车尾后卷起了一道灰尘，向北过去之后，不知是从何处发出来的感情，忽而竟禁不住哈哈哈哈的笑了几声。等得四面的人注视我的时候，我才红了脸慢慢的走向了闸路里去。

我在几家估衣铺里，问了些夹衫的价钱，还了他们一个我所能出的数目。几个估衣铺的店员，好像是一个师父教出的样子，都摆下了脸面，嘲弄着说：

“依（你）寻萨咯（什么）凯（开）心！马（买）勿起好勿要马（买）咯！”

一直问到五马路边上的一家小铺子里，我看看夹衫是怎么也买不成了，才买定了一件竹布单衫，马上就把它换上。手里拿了一包换下的棉袍子，默默的走回家来。一边我心里却在打算：

“横竖是不够用了，我索性来痛快的用它一下罢。”同时我又想起了那天二妹送我的面包香蕉等物。不等第二次的回想，我就寻着了一家卖糖食的店，进去买了一块钱巧格力，香蕉糖，鸡蛋糕等杂食。站在那店里，等店员在那里替我包好来的时候，我忽而想起我有一月多不洗澡了，今天不如顺便也去洗一个澡罢。

洗好了澡，拿了一包棉袍子和一包糖食，回到邓脱路的时候，马路两旁的店家，已经上电灯了。街上来往的行人也很稀少，一阵从黄浦江上吹来的日暮的凉风，吹得我打了几个冷噤。我回到了我的房里，把蜡烛点上，向二妹的房门一照，知道她还没有回来。那时候我腹中虽则饥饿得很，但我刚买来的那包糖食怎么也不愿意打开来，因为我想等二妹回来同她一道吃。我一边拿出书来看，一边口里尽在咽唾液下去。等了许多时候，二妹终不回来，我的疲倦不知什么时候出来战胜了我，就靠在书堆上睡着了。

四

二妹回来的响动把我惊醒的时候，我见我面前的一枝十二盎司一包的洋蜡烛已经点去了二寸的样子，我问她是什么时候了？她说：

“十点的汽管刚刚放过。”

“你何以今天回来得这样迟？”

“厂里因为销路大了，要我们做夜工。工钱是增加的，不过人太累了。”

“那你可以不去做的。”

“但是工人不够，不做是不行的。”

她讲到这里，忽而滚了两粒眼泪出来，我以为她是做工做得倦了，故而动了伤感，一边心里虽在可怜她，但一边看了她这同小孩似的脾气，却也感着了些儿快乐。把糖食包打开，请她吃了几颗之后，我就劝她说：

“初做夜工的时候不惯，所以觉得困倦，做惯了以后，也没有什么的。”

她默默的坐在我的半高的由书叠成的桌上，吃了几颗巧格力，对我看了几眼，好像是有话说不出来的样子。我就催她说：

“你有什么话说？”

她又沉默了一会，便断断续续的问我说：

“我……我……早想问你了，这几天晚上，你每晚在外边，可在与坏人做伙友么？”

我听了她这话，倒吃了一惊，她好像在疑我天天晚上在外面与小窃恶棍混在一块。她看我呆了不答，便以为我的行为真的被她看破了，所以就柔柔和和的连续着说：

“你何苦要吃这样好的东西，要穿这样好的衣服？你可知道这事情是靠不住的。万一被人家捉了去，你还有什么面目做人。过去的事情不必去说它，以后我请你改过了罢……”

我尽是张大了眼睛，张大了嘴，呆呆的在看她，因为她的思想太奇突了，使我无从辩解起。她沉默了数秒钟，又接着说：

“就以你吸的烟而论，每天若戒绝了不吸，岂不可省几个铜子。我早就劝你不要吸烟，尤其是不要吸那我所痛恨的N工厂的烟，你总是不听。”

她讲到了这里，又忽而落了几滴眼泪。我知道这是她为怨恨N工厂而滴的眼泪，但我的心里，怎么也不许我这样的想，我总要把它们当做因规劝我而洒的。我静静儿的想了一会，等她的神经镇静下去之后，就把昨天的那封挂号信的来由说给她听，又把今天的取钱买物的事情说了一遍，最后更将我的神经衰弱症和每晚何以必要出去散步的原因说了。她听了我这一番辩解，就信用了我，等我说完之后，她颊上忽而起了两点红晕，把眼睛低下去看着桌上，好像是怕羞似的说：

“噢，我错怪你了，我错怪你了。请你不要多心，我本来是没有歹意的。因为你的行为太奇怪了，所以我想到了邪路里去。你若能好好儿的用功，岂不是很好吗？你刚才说的那——叫什么的——东西，能够卖五块钱，要是每天能做一个，多么好呢？”

我看了她这种单纯的态度，心里忽而起了一种不可思议的感情，我想把两只手伸出去拥抱她一回，但是我的理性却命令我说：

“你莫再作孽了！你可知道你现在处的是什么境遇！你想把这纯洁的处女毒杀了么？恶魔，恶魔，你现在是没有爱人的资格的呀！”

我当那种感情起来的时候，曾把眼睛闭上了几秒钟，等听了理性的命令以后，才把眼睛开了开来，我觉得我的周围，忽而比前几秒钟更光明了。对她微微的笑了一笑，我就催她说：

“夜也深了，你该去睡了罢！明天你还要上工去的呢！我从今天起，就答应你把纸烟戒下来罢！”

她听了我这话，就站了起来，很喜欢的回到她的房里去睡了。

她去之后，我又换上一枝洋蜡烛，静静儿的想了许多事情：

“我的劳动的结果，第一次得来的这五块钱已经用去了三块了。连我原有的一块多钱合起来，付房钱之后，只能省下二三角小洋来，如何是好呢！

“就把这破棉袍子去当罢！但是当铺里恐怕不要。

“这女孩子真是可怜，但我现在的境遇，可是还赶她不上，她是不想做工而工作要强迫她做，我是想找一点工作，终于找不到。

“就去做筋肉的劳动罢！啊啊，但是我这一双弱腕，怕吃不下一部黄包车的重力。

“自杀！我有勇气，早就干了。现在还能想到这两个字，足证我的志气还没有完全消磨尽哩！

"哈哈哈哈！今天的那无轨电车的机器手！他骂我什么来？

"黄狗，黄狗倒是一个好名词。

……"

我想了许多零乱断续的思想，终究没有一个好法子，可以救我出目下的穷状来。听见工厂的汽笛，好像在报十二点钟了，我就站了起来，换上了白天脱下的那件破棉袍子，仍复吹熄了蜡烛，走出外面去散步。

贫民窟里的人已经睡眠静了。对面日新里的一排临邓脱路的洋楼里，还有几家点着了红绿的电灯，在那里弹罢拉拉衣加。一声二声清脆的歌音，带着哀调，从静寂的深夜的冷空气里传到我的耳膜上来，这大约是俄国的飘泊的少女，在那里卖钱的歌唱。天上罩满了灰白的薄云，同腐烂的尸体似的沉沉的盖在那里。云层破处也能看得出一点两点星来，但星的近处，黝黝看得出来的天色，好像有无限的哀愁蕴藏着的样子。

⊙作品赏析

《春风沉醉的晚上》写于1923年7月，是郁达夫的小说代表作之一。

小说叙述了"五四"以后一对贫苦沦落的男女青年，同住在上海的一幢贫民窟里，由素不相识到相互关怀、同情的故事，刻画了一位正直、善良、真诚、乐于助人、身处厄境不失坚韧意志和反抗精神的烟厂女工陈二妹的形象。小说以黑暗污浊的大都市为背景，通过一对穷苦青年男女的平凡生活经历，揭示出深刻的社会矛盾，反映了下层人民的苦难，揭露出他们苦难的根源是阶级压迫和剥削，同时展现了他们善良美好的品质，歌颂了下层知识分子与穷苦工人之间的真挚友谊 ，也表露了作者对下层人民的同情和对黑暗现实的不满。小说结构严谨精巧，语言质朴，情节自然，层层推进，心理描写细微，无论在思想上，还是在艺术上，都有较高的价值，因此它历来被认为是"五四"优秀短篇小说园地中的一朵奇葩，我国现代文学中最早表现工人生活的优秀小说之一。

报施 / 茅盾

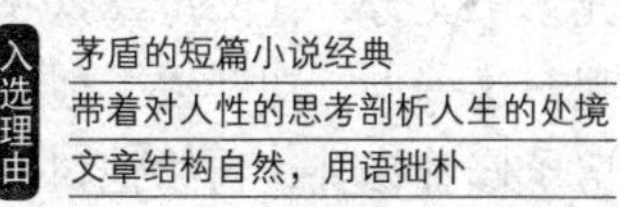

一

听得响亮的军号声，张文安便浑身一跳。眼皮重得很，睁不开，但心下有数，这热惹惹地吹个不歇的，正是紧急集合号。

三年多的生活习惯已经养成了他的一种本领：半睡半醒，甚至嘴里还打着呼噜，他会穿衣服。刚穿上一半，他突然清醒了，睁开眼，纸窗上泛出鱼肚白，号声却还在耳朵里响。他呆了一会儿，便自己笑起来，低声说："呸！做梦！"

睡意是赶跑了，他靠在床上，楞着眼，暂时之间像失掉了思索的能力，又像是有无数大小不等的东西没头没脑要挤进他脑子里来，硬不由他做主；但渐渐地，这些大小不等，争先抢后的东西自伙中间长出一个头儿来了，于是张文安又拾回了他的思索力，他这时当真是醒了。他回忆刚才那一个梦。

半月以前，因为一种军医不大有办法的疙瘩病，他迟疑了相当时间，终于向师长请准了长假，离开那服务了三年多的师部，离开那敌我犬牙交错，随时会发生激战的第 ×

战区。他刚进那师部的时候，是一位文书上士，现在他离开，却已是文书上尉。他得了假条，得了一千元的盘缠，额外又得了师长给的一千元，说是给他买药的。临走的前一晚，同事们凑公份弄几样简单的酒菜，给他饯行。可是刚喝在兴头上，突然的，紧急集合号吹起来了。这原是家常便饭，但那时候，有几位同事却动了感情，代他惋惜，恐怕第二天他会走不成。后来知道没事，又为他庆幸。当时他也激动得很，平时不大善于自我表现的他，这时也兴奋地说："要是发生战斗，我就不回去也没关系，我和大家再共一次生死！"

现在到了家了，不知怎地，这在师部里遇到的最后一次紧急集合号却又闯进了他在家第一晚的梦魂里。

像突然受惊而四散躲藏起来的小鸡又一只一只慢慢地躲躲闪闪地从角落里走了出来，梦境的节目也零零碎碎在他记忆中浮起。这是惊慌和喜悦，辛酸和甜蜜，过去和未来，现实和梦想，搅在了一起的。他闭着眼睛，仿佛又回到梦中：他出其不意地把一头牛买好，牵回家来，给两位老人家一种难以形容的惊喜，正跟他昨日傍晚出其不意走进了家门一样；但正当父亲含笑拍着牛的肩项的当儿，紧急集合号突然响了，于是未来的梦幻中的牛不见，过去的现实的军中伙伴们跳出来了……

张文安裂开嘴巴无声地笑了起来，虽然是梦，他心里照样是甜甜蜜蜜的。回来时他一路上老在那里盘算那密密缝在贴身口袋里的几个钱，应作如何用途。师长给这一千元的时候，诚恳地嘱咐他：千万别胡乱花了，回家买药保养身体。他当时感动得几乎掉下眼泪来，他真诚地回答道："报告师长：我一定遵守师长的训示。身体第一，身体是我们最大最重要的本钱！"但上路后第一天，他就有了新的意见，师长的"身体第一"的训示，他还是服膺的，可是他又一点一点自信他这疙瘩病只要休养一个时期，多吃点肉，至多像那位不爱多开口的军医说的多吃鸡蛋，就一定会好的；他觉得他应该省下这一千元孝敬父母，让父母拿这一千元去做一件更合算的事情。但父母拿这一千元又将怎样办呢？这一点，却费去了他半月旅程中整整大半时间的思索。母亲的心事他是知道的：把房子修补修补，再给他讨一房媳妇。父亲呢，老早就想买一条牛，他家自从最后一次战时损失了那壮健的花牛以后，父亲好几次筹划款项，打算再买一条，都没有成功。他料得到，父母将因此而发生争执，而结果，父亲一定会说，"文儿，师长给你买药的，你不可辜负人家的好意。"整整一星期，在路上闲着的时候，他老是一边伸手偷偷地摸着贴身口袋里那一叠钞票，一边思索着怎样解决这难题。后来到底被他想出一个很巧妙的办法来了：他将不说出他有这么一注钱，到家歇一天，他就背着父母买好一条牛，亲自牵回家，给父母骤然的一喜。

张文安越想越高兴，他的眼前便出现了一条美丽的黄牛，睁大了两只润泽有光的眼睛，嘴巴一扭一扭的，前蹄跪着，很悠闲地躺在那里。

张文安又忍不住笑了：这回却笑出声来，而笑声亦惊破了他的梦幻，他抬头一看，纸窗上已经染满了鲜艳的粉红色。邻家的雄鸡正在精神百倍地引颈高啼。隔壁父母房里已经有响动，父亲在咳嗽，母亲在倾倒什么东西到蔑箩里。

张文安也就起身，穿好了衣服，一边扣着钮子，一边他又计划着，如何到镇上找那熟识的董老爹，如何进行他那梦想中的机密大事。"也许钱不够，"他担心地想，但又立刻自慰道，"差也差不了多少罢，好在路费上头还有得剩呢，这总该够了。"于是他又一度隔着衣服扪一下贴身口袋里那一叠票子，脸上浮过一个得意的微笑。

二

昨天到家，已经不早；两位老人家体恤儿子，说他路上辛苦了，略谈了几句家常话便催他去睡了。可是两位老人家自己却兴奋得很，好像拾得了一颗夜明珠，怕没有天亮的时候，连夜就去告诉了左邻右舍。老头子还摸黑走了一里路，找到他平日在茶馆里的几个老朋友，郑重其事倾吐了他心里的一团快乐。他又打听人家："文书上尉这官阶有多大？"老头子心里有个计较：为了庆贺儿子的荣归，他应当卖掉一担包谷摆两桌酒请一次客，他要弄明白儿子的官阶有多大，然后好物色相当的陪客。

昨天晚上，张文安回来的消息就传遍了整个村庄，所以今天张文安起身后不久，东边山峰上那一轮血红的旭日还没驱尽晨雾的时候，探望的人们就挤满了张家的堂屋。

他们七嘴八舌的把一大堆问题扔到张文安面前，竟使得这位见过世面的小伙子弄得手足无措，不晓得回答谁好！他只能笼笼统统回答道："好，好，都好，前方什么都好！打得很好！吃的么？那自然，到底是前方呢，可是也好！"他嘴里虽然这么说，心里却觉得很抱歉，为的他不能够说得再具体了。他觉得那些不满足的眼光从四面八方射过来，盯在他脸上，似乎都有这样的意思：什么都好，我们都听得惯了，可是你是本村人，自家人，你不能够多说一点么？

张文安惶惑地看着众人，伸手拉一下他的灰布制服的下摆。在师部的时候看到过的军事法庭开庭的一幕突然浮现在他心上了，他觉得眼前这情形，他区区一个文书上尉仿佛就在这一大堆人面前受着审判了，他得对自己的每一句话负责，他明白他的每一句话所关非小。这样想的时候，他就定了心，用了十分自信的口气说："苦是苦一点，可是为了打倒日本鬼子，不应该苦一点么？"他顿住了，他很想把平时听熟了的训话拿出几句来，可是终于只忸怩地笑了笑，很不自然地就结束了。

接着，张文安的父亲和几个年老的村里人用了充满惊叹的调子谈论起这个变化多端的"世道"来。而另外几位年轻的，则向张文安探听也是在前方打鬼子的几个同村人的消息。"不知道。"他想了想，慢慢摇着头说。但恐怕对方又误会，赶快接下去解释道："当真不知道呢。你想，前方地面有多大？几千里！光说前方，知道他们是在哪一个战区呢？即使同在一个战区，部队那么多，知道他是在哪一个部队里呢？就算是同在一个部队里罢，几万人呢，要不是碰巧，也不会知道的。"

"哦，早猜到你是一个都不知道的啦！"

有人这么讥讽了一句。张文安可着急起来了，他不能平白受冤，他正想再辩白，却有一个比较老成的人插嘴道："算了，算了。让我们来问一个人，要是你再不知道，那你就算是个黑漆皮灯笼了。这一个人，出去了有四年多，走的地方可不少，到过长沙府，到过湖北省，也到过江西，他上前方，不是光身子一条，他还带着四匹驮马和一个伙计：这一个人，你不能不知道。"

"对，对，有两年光景没讯息了，他的儿子到处在打听。"

别的青年人都附和着说。

“你到底也说出他的姓名来呀！”张文安局促不安地说，好像一个临近考试的中学生，猜不透老师会出怎样的题目来作难他。

但是他这心情，人家并不了解。有一位朝同伴们扁扁嘴，半真半假的奚落张文安道：“不错，总得有姓名，才好查考。”“姓名么？”另一位不耐烦地叫了，“怎么没有？他就是山那边村子里的喂驮马的陈海清哪！”

“陈海——清！哦！”张文安回声似的复念了一遍。他记起来了，自己还没上前方去的时候，村里曾经把这陈海清作为谈话的资料，为的他丢下了老母和妻子，带着他的四匹驮马投效了后方勤务，被编入运输队，万里迢迢的去打日本；陈海——清，这一个人他不认识，然而这一名字连带的那股蛮劲儿，曾经像一个影子似的追着他，直到他自己也拿定主意跑到前方。他的眼睛亮起来了，正视他面前的那几位老乡，他又重复一句，“陈——海清！怎么不知道！”可是戛然缩住，他又感到了惶惑。到了前方以后的陈海清，究竟怎样呢？实在他还得颠倒向这几位老乡打听。在前方的紧张生活中，连这名字也从他记忆中消褪了，然而由于一种受不住人家嘲笑的自尊心，更由于不愿老给人家一个失望，他昧着良心勉强说：

“陈——他么——他过得很好！”

话刚出口，他就打了一个寒噤。他听自己说的声音，多么空洞。幸而那几位都没理会。第一个问他的人叹口气接着说：“唉，过得很好。可是他的驮马都完了。他儿子前年接到的信，两匹给鬼子的飞机炸的稀烂，一匹吃了炮弹，也完了，剩下一匹，生病死了，这一来，陈海清该可以回来了么？可是不！他的硬劲儿给这一下挺上来了，他要给他的驮马报仇，他硬是当了兵，不把鬼子打出中国去，他说他不回家！哦，你说，他过得很好，这是个喜讯，他家里有两年光景接不到他的信了。”

“原来是——”张文安惘然说，但感得众人的眼光都射住了他，便惊觉似的眼睛一睁，忙改口道，“原来是两年没信了。没有关系……陈海清是一个勇敢的铁汉子，勇敢的人不会死的。他是一个好人，炮弹有眼睛，不打好人！”他越说越兴奋，自己也不大弄得清是他的想当然，还是真正实事，但奋激的心情使他不能不如此：“我想，他应该是一个上等兵了，也许升了排长。陈海——清，他是我们村子里的光荣！”

“那——老天爷还有眼睛！”众人都赞叹地说。

“谁说没有眼睛！”张文安被自己的激昂推动到了忘其所以的地步。他满脸通红，噙着眼泪。“要不，侵略的帝国主义早已独霸了世界。”他庄严地伸起一只臂膊，“告诉你们：世界上到底是好人多，坏人少。我在前方看见的好人，真是太好了，太多了，好像中国的好人都在前方似的。坏人今天虽然耀武扬威，他到底逃不了报应。他本人逃过了，他的儿子一定逃不过。他儿子逃过了，儿子的儿子一定要受报应。”

张文安整个生命的力量好像都在这几句话里使用完了，他慢慢地伸手抹一下头上的汗珠，惘然一笑，便不再出声了。

三

当天午后，浮云布满空中，淡一块，浓一块，天空像幅褪色不匀的灰色布。大气潮而热，闷的人心慌。

张文安爬上了那并不怎样高的山坡，只觉得两条腿重得很，气息也不顺了。他惘然站住，抬起眼睛，懒懒地看了一眼山坡上的庄稼，就在路边一块石头上坐下。坡顶毕竟朗爽些，坐了一会，他觉得胸头那股烦躁也渐渐平下去了。他望着自己刚才来的路，躺在山沟里的那个镇，那一簇黑的房屋，长长的像一条灰黑斑驳的毛虫；他定睛望了很久，心头那股烦躁又渐渐爬起来了，然后轻轻叹口气，不愿再看似的别转了脸，望着相反的方向，这里，下坡的路比较平，但像波浪似的，这一坡刚完，另一坡又拱起来了，过了这又一坡，便是张文安家所在的村庄。他远远望着，想着母亲这时候大概正在忙忙碌碌准备夜饭，今天上午说要宰一只鸡，专为远地回来的他。这时候，那只过年过节也舍不得吃的母鸡，该已炖在火上了罢？张文安心里忽然感到了一种说不大明白的又甜又酸的味道。而这味道，立刻又变化为单独的辛酸，或者说，他惶恐起来了。好比一个出外经商的人，多年辛苦，而今回来，家里人眼巴巴望他带回大把的钱，殊不知他带回来的只是一双空手，他满心的惭愧，望见了里门，反而连进去的勇气都提不起来。虽然张文安的父母压根儿就没巴望他们的儿子发财回来，他们觉得儿子回来了还是好好的，就是最大的财喜了；虽然张文安一路上的打算以及今天上午他托词要到镇上看望朋友，其实却怀着一个“很大的计划”，他的父母也是一丝一毫都不晓得：虽然两位老人家单纯的巴望就是看着儿子痛快淋漓享用那只炖烂的母鸡；然而张文安此时隔着个山坡呆呆地坐在路边，却不由不满心惶恐，想着是应该早回家去，两条腿却赖在那里，总不肯起来。

他透一口长气，再望那条躺在坡下山沟里的灰黑斑驳的大毛虫，想起不过半小时前他在那些污秽的市街中碰到那一鼻子灰，想起他离开前方一路回来所做的好梦，想起上午从家里出来自己还是那么十拿十稳的一肚子兴头，他不能不生气了。他恨谁呢？说不明白，但所恨之中却也有他自己，却是真确的。他恨自己是一个大傻瓜。别说万象纷纭的世界他莫明其妙，连山坡下边那个灰黑斑驳的小小毛毛虫的社会也还看不透。

虽然董老爹嘲笑他出外几年，只学了卖狗皮膏药那几句，可是他此时想来，倒实在感激这位心直口快的酒糟鼻子老头儿的。他揭开了那霉气腾腾的暗坑的盖儿，让张文安瞥了一眼。当这老头儿告诉他“千把块钱只好买半条牛腿”的时候，张文安固然呆了一下，但亦不过扫兴而已，接着老头儿又嘶着嗓子谈到那些胀饱了的囤户，谈到那些人的偷天换日的手段，豪侈糜乱的生活，张文安这可骇住了，一种复杂的情绪扰乱了他的心灵。他还在听，但听又听不进。终于他惘惘然走出了那市镇，爬上这回家去的第一坡，带着满肚子的懊恼和气愤。

干么这样忙着回去，他自己也不大明白。他只觉得他到镇上去的目的已经一下子碰得粉碎，甚至还隐约感到他这次从前方回来也变成了毫无意义了。他的愤恨，自然是因为知道了还有这些毫无人心的家伙把民族的灾难作为发财的机会，但如果不是他一路上想得好好的计划竟成了画饼，那他在愤恨之中也许还不会那么悲哀。

一只杜鹃不知躲在什么地方，老是在叫。

云阵似乎降得更低了，好像直压在头上，呼吸不方便。

张文安终于懒懒地站起来，不情不愿地走下坡去。但走了几步以后，他的脚步就加快了。现在他又急着要回到家里，好像一个人在外边吃了亏，便想念着家的温暖，他现在正是十分需要这温暖。"只能买半条牛腿！"他想着董老爹这句话，心又一缩，但嘴角上却逼出一个狞笑来。有没有一条牛，说真心话，他倒可以不怎么关切，但最使他愤懑而伤心的，是他的想把那一千元如何运用的打算整个儿被推翻了！

他下意识地伸手隔衣服摸一摸衬衣口袋里那一叠票子。方方的，硬硬的，是在那里，一点儿不假。但手上的感觉尽管还是和一路几千里无数次的扪摸没有什么不同，心里的感觉却大大两样了。"嗨，半条牛腿呵！"他又这么想。这回却不能狞笑了，他吐了口唾沫。

四

一口气下了坡，在平坦的地面走得不多几步，便该再上坡了。因为是在峡谷，这里特别阴暗。散散落落几间草房，靠在山坡向阳这边。一道细的溪水忽断忽续从这些草房中间穿了过来。

张文安刚要上坡，有一个人从坡上奔下来，见了他就欢天喜地招呼着，可是这一个人，张文安却不认识。

这年轻人满脸通红，眼里耀着兴奋喜悦的光彩，拦住了张文安，就杂七夹八诉说了一大篇。张文安听到一半，也就明白了；这年青人就是陈海清的儿子，刚到他家里去过，现在又赶回来，希望早一点看见他，希望多晓得一些他父亲的消息。

"啊，啊，你就是陈海清的儿子么？啊，你的父亲就是带着四匹驮马到前方去的？"张文安惊讶地说。年轻人的兴奋和快乐，显然感染了他了，他忘记了自己和陈海清在前方并未见过一面，甚至压根儿不知道这个人物在什么地方，"了不起，你的父亲是一个英雄！"他庄严地对那年轻人说，"勇敢！……不差，当然是排长啦。"他随口回答了年轻人的喜不自胜的询问，完全忘记这是他自己编造出来应付村里人的。

原来今天早上张文安信口开河说的关于陈海清的一切，早已传到了那儿子的耳朵里，儿子全盘都相信，高兴的了不得，正因为相信，正因为高兴，所以他不惜奔波了大半天，要找到张文安，请他亲口再说一遍，让自己亲耳再听一遍。

两人这时已经走近了一间草房，有一只废弃的马槽横躺在木板门的右边。陈海清的儿子说："这里是我的家了。请你进去坐一坐，我的祖母还要问你一些话呢。她老人家不是亲自听见就不会放心的。"

张文安突然心一跳。像从梦中醒来，这时候他方才理解到自己的并无恶意的编造已经将自己套住了。怎么办呢：继续编造下去呢还是在这儿子面前供认了自己的不是？他正在迟疑不决，却已经被这儿子拉进了草房。

感谢，欢迎，以及各种的询问，张文安立即受了包围，呆了半晌，他这才看清在自己面前的，除了那儿子，还有一位老太太，而在屋角床上躺着的，又有一位憔悴不堪的中年妇人。他惘然看着，嘴里尽管"唔唔"地应着，耳朵里却什么也不曾听进去。受审问的感觉，又浮起在他心头。但终于定了神，他突然问那儿子道："生病的是谁？"

"我的母亲。"儿子回答。

"快一年了，请不起郎中，也没钱买药吃。"老太太接口说，于是又诉起苦来：优待谷够三张嘴吃，可不够生病呢；哪又能不穿衣么，每年也有点额外的恤金，可是生活贵了呀，缝一件衣，光是线钱，就抵得从前两件衣。

“妈妈的病，一半是急出来的，”儿子插嘴说，“今天听得喜讯，就精神得多呢！”“可不是！谢天谢地，到底是好好儿在那里，”老太太脸上的皱纹忽然像是展开了，显得庄严而虔诚，“菩萨是保佑好人的！张先生，你去打听，我们的海清向来是一个规规矩矩的好人，我活了七十多岁，看见的多了，好人总有好报！”

“可不是，好人总该有好报！”床上的病人也低声喃喃地说，像是在作祷告。

现在张文安已经真正定了神。看见这祖孙三代一家三口子那么高兴，他也不能不高兴；然而他又心中惴惴不安，不敢想象他这谎万一终于圆不下去时会发生的情形。现在他完全认明白：要是他这谎圆不了，那他造的孽可真不小。这一点，逼迫他提起了勇气，定了心，打定主意，撒谎到底。

他开始支支吾吾编造起关于陈海清的最近的生活状况；他大胆地给陈海清创造了极有希望的前途，他又将陈海清编派在某师某营某连，而且还胡诌了一个驻扎的地名。

祖孙三代这一家的三个人都静静地听着，他们那种虔敬而感奋的心情，从他们那哆开的嘴巴和急促而沉重的鼻息就可以知道。张文安说完以后，这祖孙三代一家的三个人还是入定了似的，异常庄严而肃穆。

忽然那位老祖母颤着声音问道：“张先生，你回来的时候，我们的海清没有请你带个信来么？”

张文安又窘住了，心里正在盘算，一只手便习惯地去抚摸衣服的下摆，无意中碰到了藏在贴身口袋里那一叠钞票，蓦地他的心一跳，得了个计较。当下的情形，不容他多考虑，他自己也莫明其妙地兴奋起来，一只手隔衣按住了那些钞票，一只手伸起来，像队伍里的官长宣布重要事情的时候常有的手势，他大声说：“信就没有，可是，带了钱来了！”

老祖母和孙儿惊异地“啊”了一声，床上的病人轻声吐了口长气。

张文安胀红着脸，心在突突地跳，很艰难地从贴身口袋里掏出那一叠票子来，这还是半月前从师长手里接来后自己用油纸包好的原样。他慌慌张张撕破了薄纸，手指木僵地撂住那不算薄的一叠，心跳的更厉害，他的手指正要渐渐摸到这一叠的约莫一半的地方，突然一个狞笑掠过他的脸，他莽撞地站起来就把这一叠都塞在陈海清的儿子的手里了。

“啊，多少？”那年青人只觉得多，却还没想到多的出乎他意料之外。

张文安还没回答，那位老太太插嘴道：“嗯，这有五百了罢，海清……”可是她不能再说下去了，张文安的回答使她吓了一跳。

“一千！”张文安从牙缝里迸出了这两个字。

屋子里的祖孙三代都听得很清楚，但都不相信地齐声又问道：“多少？”

“一千，够半条牛腿罢了。”张文安懒懒地说，心里有一种又像痛苦又像辛酸的异样感觉。

“阿弥陀佛！”呆了一下，终于明白了真正是一千的时候，老太太先开口了，“他哪来这多的钱？”

张文安转脸朝四面看一下，似乎在找一句适当的话来回答；可巧他的眼光碰着了挂在壁角的一副破旧的驮鞍，他福至心灵似的随口胡诌道：“公家给的，赔偿他的驮马。”“呵呵——”老太太突然梗咽了似的，说不下去，一会儿，她才笑了笑，对她的孙子说：“可不是，我说做好人总不会没有好报！”

床上的病人低声在啜泣，那年青人捧着那些票子，老在发楞，不知道怎么好。

张文安松一口气，好像卸脱了一副重担子，伸手捋去额角的汗珠，就站起来说道：“好心总有好报。这点儿钱，买药医病罢。”

从这一家祖孙三代颤着声音道谢的包围中，张文安逃也似的走了。他急急忙忙走上山坡，直到望见了自己的村子，这才突然站住，像做梦醒来一般，他揉了下眼睛，自问道，“我做了什么？”然后下意识地隔衣服扪了扪贴身的口袋，轻声自答道：“哦，我总算把师长给的钱作了合理的支配了！”又回头望了下隐约模糊的陈家的草房，毅然決然说，“我应当报告师长，给他们查一查。”于是就像立刻要赶办“速件”似的，他一口气冲下坡去，巴不得一步就到了家。

⊙作品赏析

《报施》在茅盾的短篇小说中典型地体现出了文笔中的细腻的社会观察，和《虹》、《幻灭》、《动摇》中所塑造的知识女性的挣扎不一样，文章中是坚持的心灵的自我展露。因此文章的故事显得相对简洁，张文安从部队告假回乡，在村民对陈海清的询问中撒了弥天大谎，并在自己无力圆陈海清是否寄了信回家而掏出一千元给了陈海清的儿子，这既帮助了这多灾多难的一家，又不至于让陈海清的家人对陈海清的下落担心。

文章最为精华的部分在于着力刻画了他在撒谎同时的无措的形象，而最为主要的承载工具除了让张文安羞愧的言语对话，更在于张文安自己内心的不安与惩戒，这是典型的罪与罚的挣扎。而最后的结果就像文章中所说的：从这一家祖孙三代颤着声音道谢的包围中，张文安逃也似的走了。小说有点自然主义的味道，以坦诚裸露的方式解剖了一个说出善意谎言的不安，语言真挚淳朴，没有丝毫刻意的修饰，让人在静默的阅读中，感受作者的心和作者在笔下所传达的含义：正如心理学家和精神分析学家所告诫的，为了圆一个最初的谎，必须撒下连续的谎，以至于撒谎者心理憔悴，虽然最初的意思可能是善意的。

春痕[1] / 徐志摩

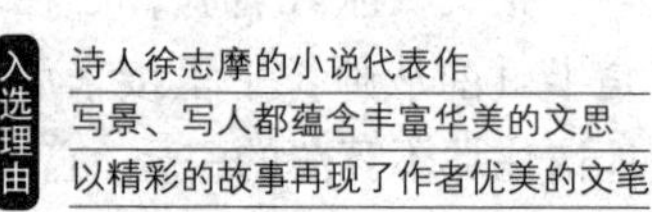

一　瑞香花——春

逸清早起来，已经洗过澡，站在白漆的镜台前，整理他的领结。窗纱里漏进来的晨曦，正落在他梳栉齐整漆黑的发上，像一流灵活的乌金。他清癯的颊上，轻沾着春晓初起的嫩红，他一双睫绒密绣的细长妙目，依然含漾着朝来梦里的无限春意，益发激动了他 Narcissus[2]自怜的惯习，痴痴地尽向着镜里端详。他圆小锐敏的眼珠，也同他头发一般的漆黑光芒，在一泻清利之中，泄漏着几分忧郁凝滞，泄漏着精神的饥渴，像清翠

①作于 1923 年初。初载 1923 年 2 月 11 日《努力周报》第四十一期，署名徐志摩。题名《一个不很重要的回想》。初收 1930 年 4 月中华书局版《轮盘》时改名《春痕》。

② Narcissus，那喀索斯，神话中美少年，因迷恋自己的泉中倒影，抑郁而死，化作水仙花。

的秋山轻罩着几痕雾紫。

他今年二十三岁，他来日本方满三月，他迁入这省花家，方只三日。

他凭着他天赋的才调生活风姿，从幼年便想肩上长出一对洁白娇嫩的羽翮，望着精焰斑斓的晚霞里，望着出岫倦展的春云里，望着层晶叠翠的秋天里，插翅飞去，飞向云端，飞出天外，去听云雀的歌，听天河的水乐，看群星的联舞，看宇宙的奇光，从此加入神仙班籍，凭着九天的白玉栏杆，于天朗气清的晨夕。俯看下界的烦恼尘俗，微笑地生怜，怜悯地微笑。那是他的幻想，也是多数未经生命严酷教训的少年们的幻想。但现实粗狠的大槌，早已把他理想的晶球击破，现实卑琐的尘埃，早已将他洁白的希望掩染。他的头还不曾从云外收回，他的脚早已在污泥里泞住。

他走到窗前，把窗子打开，只觉得一层浓而且劲的香气，直刺及灵府深处，原来楼下院子里满地都是盛开的瑞香花，那些紫衣白发的小姑子们，受了清露的涵濡，春阳的温慰，便不能放声曼歌，也把她们襟底怀中脑边蕴积着的清香，迎着缓拂的和风，欣欣摇舞，深深吐泄，只是满院的芬芳，只勾引无数的小蜂，迷醉地环舞。

三里外的桑抱群峰也只在和暖的朝阳里欣然沉浸。

逸独立在窗前，估量这些春情春意，双手插在裤袋里，微曲着左膝，紧啮住浅绛的下唇，呼出一声幽喟，旋转身掩面低吟道：可怜这，万种风情无地着！

紧跟着他的吟声，只听得竹篱上的门铃，喧然大震，接着邮差迟重的嗓音唤道："邮便！"

一时篱上各色的藤花藤叶，轻波似颤动，白果树上的新燕呢喃也被这铃声喝住。

省花夫人手拿着一张美丽的邮片笑吟吟走上楼来对逸说道："好福气的先生，你天天有这样美丽的礼物到手"，说着把信递入他手。

果然是件美丽的礼物；这张比昨天的更觉精雅，上面写的字句也更妩媚，逸看到她别致的签名，像燕尾的瘦，梅花的疏，立刻想起她亭亭的影像，悦耳的清音，接着一阵复凑的感想，不禁四肢的神经里，迸出一味酸情，迸出一些凉意。他想出了神，无意地把手里的香迹，送向唇边，只觉得兰馨满口，也不知香在片上，也不知香在字里——他神魂迷荡了。

一条不甚宽广但很整洁的乡村道上，两傍种着各式的树木，地上青草里，夹缀着点点金色、银色的钱花。这道上在这初夏的清晨除了牛奶车、菜担以外，行人极少。但此时铃声响处，从桑抱山那方向转出一辆新式的自行车，上面坐着一个西装的少女，二十岁光景。她黯黄的发，临风蓬松着，用一条浅蓝色丝带络住，她穿着一身白纱花边的夏服，鞋袜也一体白色；她丰满的肌肉，健康的颜色，捷灵的肢体，愉快的表情，恰好与初夏自然的蓬勃气象和合一致。

她在这清静平坦的道上，在榆柳浓馥的阴下，像飞燕穿帘似的，疾扫而过；有时俯偻在前枢上，有时撒开手试她新发明的姿态，并不时用手去理整她的外裳，因为孟浪的风尖常常挑翻她的裙序，像荷叶反卷似的，泄露内衬的秘密。一路的草香花味，树色水声，云光鸟语，都在她原来欣快的心境里，更增加了不少欢畅的景色——她同山中的梅花小鹿，一般的美，一般的活泼。

自行车到藤花杂生的篱门前停了，她把车倚在篱旁，扑去了身上的尘埃，掠齐了鬓发，将门铃轻轻一按，把门推开，站在门口低声唤道："省花夫人，逸先生在家吗？"

说着心头跳个不住，颊上也是点点桃花，染入冰肌深处。

那时房东太太不在家，但逸在楼上闲着临帖，早听见了，就探首窗外，一见是她，也似感了电流一般，立刻想飞奔下去。但她也看见了，她接着喊道："逸先生，早安，请恕我打扰，你不必下楼，我也不打算进来，今天因为天时好，我一早就出来骑车，便绕道到了你们这里，你不是看我说话还喘不过气来？你今天好吗？啊，乘便，今天可以提早一些，你饭后就能来吗？"

她话不曾说完，忽然觉得她鞋带散了，就俯身下去收拾，阳光正从她背后照过来，将她描成一个长圆的黑影，两支腰带，被风动着，也只在影里摇颤，恰像一个大蜗牛，放出它的触须侦探意外的消息。

"好极了，春痕姑娘！……我一定早来……但你何不进来坐一歇呢？……你不是骑车很累了吗？……"

春痕已经缚紧了鞋带，倚着竹篱，仰着头，笑答道："很多谢你，逸先生，我就回去了。你温你的书吧，小心答不出书，先生打你的手心。"咯吱地一阵憨笑，她的眼本来秀小，此时连缝儿都莫有了。

她一欠身，把篱门带上，重复推开，将头探入；一枝高出的藤花，正贴住她白净的腮边，将眼瞟着窗口看呆了的逸笑道："再会罢，逸！"

车铃一响，她果然去了。

逸飞也似驰下楼去出门望时，只见榆荫错落的黄土道上，明明镂着她香轮的踪迹，远远一簇白衫，断片铃声，她，她去了。

逸在门外留恋了一会，转身进屋，顺手把方才在她腮边撩拂的那枝乔出的藤花，折了下来恭敬地吻上几吻；他耳边还只荡漾着她那"再会罢，逸！"的那个单独"逸"字的蜜甜音调；他又神魂迷荡了。

二 红玫瑰——夏

"是逸先生吗？"春痕在楼上喊道："这里没有旁人，请上楼来。"

春痕的母亲是旧金山人，所以她家的布置，也参酌西式。楼上正中一间就是春痕的书室，地板上铺着匀净的台湾细席，疏疏的摆着些几案榻椅，窗口一大盆的南洋大榈，正对着她凹字式的书案。

逸以前上课，只在楼下的客堂里，此时进了她素雅的书屋，说不出有一种甜美愉快的感觉。春痕穿一件浅蓝色纱衫，发上的缎带也换了亮蓝色，更显得妩媚绝俗。她拿着一管斑竹毛笔，正在绘画，案上放着各品的色碟和水盂。逸进了房门，她才缓缓地起身，笑道："你果然能早来，我很欢喜。"

逸一面打量屋内的设备，一面打量他青年美丽的教师，连着午后步行二里许的微喘，颇露出些局促的神情，一时连话也说不连贯。春痕让他一张椅上坐了，替他倒了一杯茶，口里还不住地说她精巧的寒暄。逸喝了口茶，心头的跳动才缓缓的平了下来，他瞥眼见了春痕桌上那张鲜艳的画，就站起来笑道："原来你又是美术家，真失敬，春痕姑娘，可以准我赏鉴吗？"

她画的是一大朵红的玫瑰，真是一枝浓艳露凝香，一瓣有一瓣的精神，充满了画者的情感，仿佛是多情的杜鹃，在月下将心窝抵入荆刺沥出的鲜红心血，点染而成，几百阕的情词哀曲，凝化此中。

“那是我的鸦涂，那里配称美术。”说着她脸上也泛起几丝红晕，把那张水彩趑趄地递入逸手。

逸又称赞了几句，忽然想起西方人用花来作恋爱情感的象征，记得红玫瑰是“我爱你”的符记，不禁脱口问道:“但不知哪一位有福的，能够享受这幅精品，你不是预备送人的吗？”

春痕不答：逸举头看时，只见她倚在凹字案左角，双手支着案，眼望着手，满面绯红，肩胸微微有些震动。

逸呆望着这幅活现的忸怩妙画，一时也分不清心里的反感，只觉得自己的颧骨耳根，也平增了不少的温度：此时春痕若然回头：定疑心是红玫瑰的朱颜，移上了少年的肤色。

临了这一阵缄默，这一阵色彩鲜明的缄默，这一阵意义深长的缄默，让窗外桂树上的小雀，吱的一声啄破。春痕转身说道：“我们上课罢，”她就坐下打开一本英文选，替他讲解。

功课完毕，逸起身告辞，春痕送他下楼，同出大门，此时斜照的阳光正落在桑抱的峰巅岩石上，像一片斑驳的琥珀，他看着称美一番，逸正要上路，春痕忽然说：

“你候一候，你有件东西忘了带走。”她就转身进屋去，过了一分钟，只见她红涨着脸，拿着一纸卷递给逸说:“这是你的，但不许此刻打开看！”接着匆匆说了声再会，就进门去了。逸左臂挟着书包，右手握着春痕给他的纸卷，想不清她为何如此慌促，禁不住把纸卷展开，这一展开，但觉遍体的纤微，顿时为感激欣喜悲切情绪的弹力撼动，原来纸卷的内容，就是方才那张水彩，春痕亲笔的画，她亲笔画的红玫瑰——他神魂又迷荡了。

三　茉莉花——秋

逸独坐在他房内，双手展着春痕从医院里来的信，两眼平望，面容淡白，眉峰间紧锁住三四缕愁纹：她病了。窗外的秋雨，不住地沥淅，他怜爱的思潮，也不住地起落。逸的联想力甚大，譬如他看花开花放就想起残红满地；身历繁花声色，便想起骷髅灰烬；临到欢会，便想惋别；听人病苦，便想暮祭。如今春痕病了，在院中割肠膜，她写的字也失了寻常的劲致，她明天得医生特许可以准客入见，要他一早就去。逸为了她的病，已经几晚不安眠，但远近的思想不时涌入他的脑府。他此时所想的是人生老病死的苦痛，青年之短促。他悬想着春痕那样可爱的心影，疑问像这样一朵艳丽的鲜花，是否只要有恋爱的温润便可常葆美质；还是也同山谷里的茶花，篱上的藤花，也免不了受风摧雨虐，等到活力一衰，也免不了落地成泥，但他无论如何拉长缩短他的想象，总不能想出一个老而且丑的春痕来！他想，圣母玛丽〈利〉亚不会老，观世音大士不会老，理想的林黛玉不会老，青年理想中的爱人又如何会老呢？他不觉微笑了。转想他又沉入了他整天整晚迷恋的梦境。他最恨想过去，最爱想将来。最恨回想，最爱前想。过去是死的丑的痛苦的枉费的，将来是活的美的幸福的创造的：过去像块不成形的顽石，满长着可厌的猥草和刺物；将来像初出山的小涧，只是在青林间舞蹈，只是在星光下歌唱，只是在精美的石梁上进行。他廿余年麻木的生活，只是个不可信，可厌的梦：他只求抛弃这个记忆；但记忆是富有粘性的，你愈想和它脱离，结果胶附得愈紧愈密切。他此时觉得记忆的压制愈重，理想的将来不过只是烟淡云稀，渺茫明灭，他就狠劲把头摇了几下，把春痕的信折了起来，披了雨衣，换上雨靴，挟了一把伞独自下楼出门。

他在雨中信步前行，心中杂念起灭，竟走了三里多路，到了一条河边。沿河有一列柳树，已感受秋运，枝条的翠色，渐转苍黄，此时仿佛不胜秋雨的重量，凝定地俯看流水，粒粒的泪珠，连着先凋的叶片，不时掉入波心悠然浮去。时已薄暮，河畔的颜色声音，只是凄凉的秋意，只是增添惆怅人的惆怅。天上锦般的云似乎提议来裹埋他心底的愁思，草里断续的虫吟，也似轻嘲他无聊的意绪。

逸踯躅了半晌，不觉秋雨满襟，但他的思想依旧缠绵在恋爱老死的意义，他忽然自言道："人是会变老变丑，会死会腐朽，但恋爱是长生的；因为精神的现象决不受物质法律的支配；是的，精神的事实，是永久不可毁灭的。"

他好像得了难题的答案，胸中解释了不少的积重，抖下了此衣上的雨珠，就转身上归家的路。

他路上无意中走入一家花铺，看看初菊，看看迟桂，最后买了一束茉莉，因为她香幽色淡，春痕一定喜欢。

他那天夜间又不曾安眠，次日一早起来，修饰了一晌，用一张蓝纸把茉莉裹了，出门往医院去。

"你是探望第十七号的春痕姑娘吗？"

"是。"

"请这边走。"

逸跟着白衣灰色裙的下女，沿着明敞的走廊，一号二号，数到了第十七号。淡蓝色的门上，钉着一张长方形的白片，写着很触目的英文字：

"No.17 Asmitting no visitors except the patient's mother and Mr.Yi"

"第十七号，除病人母亲及逸君外，他客不准入内。"

一阵感激的狂潮，将他的心府淹没，逸回复清醒时，只见房门已打开，透出一股酸辛的药味，里面恰丝毫不闻音息。逸脱了便帽，企著足尖，进了房门——依旧不闻音息。他先把房门掩上，回身看时，只见这间长形的室内，一体白色，白墙白床，一张白毛毡盖住的沙发，一张白漆的摇椅，一张小几，一个唾盂。床安在靠窗左侧，一头用矮屏围着。逸走近床前时，只觉灵魂底里发出一股寒流，冷激了四肢全体。春痕卧在白布被中，头戴白色纱巾，垫着两个白枕，眼半阖着，面色惨淡得一点颜色的痕迹都没有，几于和白枕白被不可辨认，床边站着一位白巾白衣态度严肃的看护妇，见了逸也只微颔示意，逸此时全身的冰流重复回入灵府，凝成一对重热的泪珠，突出眶帘。他定了定神俯身下去，小语道："我的春痕，你……吃苦了！……"那两颗热泪早已跟着颤动的音波在他面上筑成了两条泪沟，后起的还频频涌出。

春痕听了他的声音，微微睁开她倦绝的双睫，一对铅似重钝的眼球正对着他热泪溶溶的湿眼；唇腮间的筋肉稍稍缓弛，露出一些勉强的笑意，但一转瞬她的腮边也湿了。

“我正想你来，逸，”她声音虽则细弱，但很清爽，“多谢天父，我的危险已经过了！你手里拿的不是给我的花吗？”说着笑了，她真笑了。

逸忙把纸包打开，将茉莉递入她已从被封里伸出的手，也笑说道：“真是，我倒忘了，你爱不爱这茉莉？”

春痕已将花按在口鼻间，合拢了眼，似乎经不住这强烈香味；点了点头，说：“好，正是我心爱的，多谢你。”

逸就在床前摇椅上坐下，问她这几日受苦的经过。

过了半点钟，逸已经出院，上路回家。那时的心影，只是病房的惨白颜色，耳畔也只是春痕零落孱弱的声音。但他从进房时起，便引起了一个奇异的幻想。他想见一个奇大的坟窟，沿边齐齐列着黑衣送葬的宾客，这窟内黑沉沉地不知有多少深浅，里面却埋着世上种种的幸福，种种青年的梦境，种种悲哀，种种美丽的希望，种种污染了残缺了的宝物，种种恩爱和怨艾，在这些形形色色的中间，又埋着春痕，和在病房一样的神情，和他自己——春痕和他自己！

逸——他的神魂又是一度迷荡。

四　桃花李花处处开——十年后春

此时正是清明时节，箱根一带满山满谷，尽是桃李花竞艳的盛会。这边是红锦，那边是白雪，这边是火焰山，那边是银涛海；春阳也大放骄矜艳丽的光辉来笼盖这骄矜艳丽的花圈，万象都穿上最精美的袍服，一体的欢欣鼓舞，庆祝春明，整个世界只是一个妩媚的微笑；无数的生命，只是报告他们的幸福：到处是欢乐，到处是希望，到处是春风，到处是妙乐。

今天各报的正张上，都用大号字登着欢迎支那伟人的字样。那伟人在国内立了大功，做了大官，得了大名，如今到日本，他从前的留学国，来游历考察，一时轰动了全国注意，朝野一体欢迎，到处宴会演说，演说宴会，大家争求一睹丰采；尤其因为那伟人是个风流美丈夫。

那伟人就是十年前寄寓在省花家瑞香花院子里的少年，他就是每天上春痕姑娘家习英文的逸。

他那天记起了他学生时代的踪迹，忽发雅兴，坐了汽车，绕着桑抱山一带行驶游览，看了灿烂缤纷的自然，吸着香甜温柔的空气，甚觉舒畅愉快。

车经过一处乡村，前面被一辆载木料的大车拦住了进路，只得暂时停着等候。车中客正瞭望桑抱一带秀特的群峰，忽然春痕的爱影，十年来被事业尘埃所掩翳的爱影，忽然重复历历心中，自从那年匆匆被召回国，便不闻春痕消息，如今春色无恙，却不知春痕何往，一时动了人面桃花之感，连久干的眶睫也重复潮润起来。

但他的注意，却半在观察村街的陋况，不整齐的店铺，这里一块铁匠的招牌，那首一张头痛膏的广告，别饶风趣。

一家杂货铺里，走来一位主客，一个西装的胖妇人，她穿着蓝呢的冬服，肘下肩边都已霉烂，头戴褐色的绒帽，同样的破旧，左手抱着一个将近三岁的小孩，右臂套着一篮的杂物——两颗青菜，几枚蛤蜊，一支蜡烛，几匣火柴，——方才从店里买的。手里还挽着一个四岁模样的女孩，穿得也和她母亲一样不整洁。那妇人蹒跚着从汽车背后的方向走来，见了这样一辆美丽的车和车里坐着的华服客，不觉停步注目。远远的看了一晌，她索性走近了，紧靠着车门，向逸上下打量。看得逸倒烦腻起来，心想世上哪有这种臃肿惓曲不识趣的妇人……

那妇人突然操英语道："请饶恕我，先生，但你不是中国人逸君吗？"

他想又逢到了一个看了报上照相崇拜英雄的下级妇女；但他还保留他绅士的态度，微微欠身答道："正是，夫人。"淡淡说着，漫不经意的模样。

但那妇人急接说道："果然是逸君！但是难道你真不认识我了？"

逸免不得眸凝向她辨认：只见丰眉高颧；鼻梁有些陷落，两腮肥突，像一对熟桃；就只那细小的眼眶，和她方才"逸君"那声称呼，给他一些似曾相识的模糊印象。

"我十分的抱歉，夫人！我近来的记忆力实在太差，但是我现在敢说我们确是曾经会过的。"

"逸君你的记忆真好！你难道真忘了十年前伴你读英文的人吗？"

逸跳了起来，说道："难道你是春……"但他又顿住了，因为他万不能相信他脑海中一刻前活泼可爱的心影，会得幻术似的变形为眼前粗头乱服左男右女又肥又蠢的中年妇人。

但那妇人却丝毫不顾恋幻象的消散，丝毫不感觉哲理的怜悯；十年来做妻做母负担的专制，已经将她原有的浪漫根性，杀灭尽净；所以她宽弛的喉音替他补道："春……痕，正是春痕，就是我，现在三……夫人。"

逸只觉得眼前一阵昏沉，也不曾听清她是三什么的夫人，只瞪着眼呆顿。

"三井夫人，我们家离此不远，你难得来此，何不乘便过去一坐呢？"

逸只微微的颔首，她已经将地址吩咐车夫，拉开车门，把那小女孩先送了上去，然后自己抱着孩子挽着筐子也挤了进来。那时拦路的大车也已经过去，他们的车，不上三分钟就到了三井夫人家。

一路逸神意迷惘之中，听她诉说当年如何嫁人，何时结婚，丈夫是何职业，今日如何凑巧相逢，请他不要介意她寒素嘈杂的家庭，以及种种等等，等等种种。

她家果然并不轩敞，并不恬静。车止门前时便有一个七八岁赤脚乱发的小孩，高喊着："娘坐了汽车来了……"跳了出来。

那漆面驳落的门前，站着一位满面皱纹、弯背驼腰的老妇人，她介绍给逸，说是她的姑；老太太只咳嗽了一声向来客和她媳妇，似乎很好奇似地溜了一眼。

逸一进门，便听得后房哇的一声婴儿哭；三井夫人抱怨她的大儿，说定是他顽皮又把小妹惊醒了。

逸随口酬答了几句话，也没有喝她紫色壶倒出来的茶，就伸出手来向三井夫人道别，勉强笑着说道："三井夫人，我很羡慕你丰满的家庭生活，再见吧！"

等到汽车轮已经转动，三井夫人还手抱着襁褓的儿，身旁立着三个孩子，一齐殷勤地招手，送他的行。

那时桑抱山峰依旧沉浸在艳日的光流中，满谷的樱花桃李，依旧竞赛妖艳的颜色，逸的心中，依旧涵葆着春痕当年可爱的影像。但这心影，只似梦里的紫丝灰线所织成，只似远山的轻霭薄雾所形成，淡极了，微妙极了，只要蝇蚊的微嗡，便能刺碎，只要春风的指尖，便能挑破。……

⊙作品赏析

在《春痕》这篇短篇小说，我们可以看出徐志摩为人之一二，以文观其人。而这篇小说虽然还不如他的诗、散文有名，却是非常醉人的一篇。文中最吸引人的自然是徐志摩优美的文笔，无论他写的是风景，或者描写人物，还是写人物的内心，都蕴含丰富华美的文思。

小说中的春痕曾是个多么美好的女子：青春时的甜美纤细，聪慧可人；但作者琢磨更多的当是逸，这篇小说的脉络都沿着逸发展，虽然对于人物心境通篇都没有刻意描绘，可是从小说的前三部曲我们可以看出那是个有理想、多情的优秀留学生，他对自己的英文教师春痕迷恋的情意也是显而易见的。徐志摩的叙写好像是漫不经心的，他并不按照时日顺序写每一个桥段，甚至也不连续写“春、夏、秋、冬”，他只以最大概的时间，从春夏秋各写出该季节里部分逸的事情，然后点出逸对春痕的爱恋，光是想到她便“神魂迷荡了”。“春”轻写出春痕的姣好、秀丽，在这一部分中，我们可以看到的是一阵浪漫的气氛。

而在“夏”里，更能看出俩人交织的情感，从逸提问春痕的绘画是要送给何人的起，就能看出他们相互的羞怯忸怩。

“秋”可说是主角逸宣誓的一章。当时的他是那么热情不渝，当他来到医院探望春痕后，似乎更加坚定，即使幻想春痕与自己埋在一起，都是神魂一度迷荡。

或许徐志摩亦会在他的作品中不经意地透露出他自己的思想、情绪，像是他在写小说主角逸的梦境时，他说：“他最恨想过去，最爱想未来，最恨回想，最爱前想，过去是死的丑的痛苦的枉费的；将来是活的美的幸福的创造的……”不正表明了徐志摩对过去被压抑、迫害的梦想之痛恨；以及对未来的期待和憧憬吗？

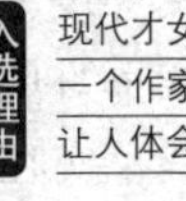

现代才女庐隐的经典短篇小说
一个作家苦涩的生存思索
让人体会一段庐隐式的生命感悟

灵魂可以卖吗 / 庐隐

荷姑她是我的邻居张诚的女儿，她从十五岁上，就在城里那所大棉纱工厂里，做一个纺纱的女工，现在已经四年了。

当夏天熹微的晨光，笼罩着万物的时候，那铿锵悠扬的工厂开门的钟声，常常唤醒这城里居民的晓梦，告诉工人们做工的时间到了。那时我推开临街的玻璃窗，向外张望，必定看见荷姑拿着一个小盒子，里边装着几块烧饼，或是还有两片卤肉，这就是工厂里的午饭，从这里匆匆地走过，我常喜欢看着她，她也时常注视我，所以我们总算是一个相识的朋友呢！

初时我和她遇见的时候，只不过彼此对望着，仅在这两双视线里，打个照会。后来日子长了，我们也更熟悉了，不像从前那种拘束冷淡了；每次遇见的时候，彼此都含着温和地微笑，表示我们无限的情意。

今天我照常推开窗户，向下看去，荷姑推开柴门，匆匆地向这边来了，她来我的窗下，便停住了，满脸露着很愁闷和怀疑的神气，仰着头，含着乞求的眼神颤巍巍地道：“你

·作者简介·

庐隐（1898～1934），1925年出版第一本小说集《海滨故人》，刘大杰称这是庐隐前半生的自传，而露沙就是她自己。她是“五四”时期和冰心齐名的作家，都带着自我意识的对人生的探求，但显得感伤，特别是在自己亲近的人相继过世以后，更是显示了浓郁的悲凉心境，诸如《灵海潮汐》和《曼丽》。据有评论家称，这是戴着恋爱的衣裳在方生方死的动荡中，在厚重传统意识的压抑下，展现出了惶惑与迷离，就像一个看不到前程的虚无主义者，她的悲伤弥漫在人生的旅途上，不能解脱，又让他苦苦挣扎，就像评论家苏雪林说的：这是悲哀，苦闷，偾事，视世间事无一当意，世间人无一惬心的高傲孤独的凝结。

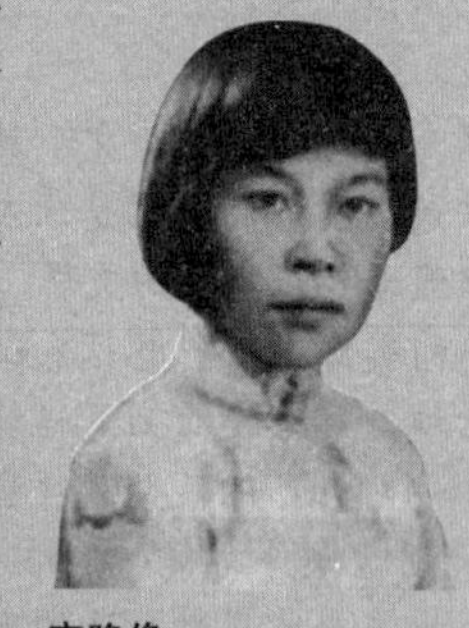
庐隐像

愿意帮助我吧？”说完俯下头去，静等我的回答，我虽不知道她要我帮助她做什么，但是我的确很愿意尽我的力量帮助她，我更不忍看她那可怜的状态，我竟顾不得思索，急忙地应道：“能够！能够！凡是你所要我做的事，我都愿意帮助你！”

“呵！谢上帝！你肯帮助我了！”荷姑极诚恳地这么说着，眼睛里露出欣悦的光彩来，那两颊温和的笑痕，在我的灵魂里，又增了一层更深的印象，甜美，神秘，使人永远不易忘记呢！过了些时，她又对我说：“今天下午六点钟的时候，我们再会吧！现在我还须到工厂里去。”我也说道：“再会吧！”她便回转身子，匆匆地向工厂的那条路上去了。

荷姑走了！连影子都看不见了！但是我还怔怔地俯在窗子上，回想她那种可怜的神情，不禁使我生出一种神秘微妙的情感，和激昂慷慨的壮气；我觉得世界上可怜的人实在太多，但是像荷姑那种委屈沉痛的可怜，我还是第一次看见呢！她现在要求我帮助她，我的能力大约总有胜过她的，这是上帝给我为善的机会，实在是很难得而可贵的机会！我应当怎样地利用呵！

我决定帮助她了！那么我所帮助她的，必要使她满足，所以我现在应该预备了。她若果和我借钱，我一定尽我所有的帮助她；她若是有一种大需要，我直接不能给她，也要和母亲商量把我下月应得的费用，一齐给她，一定使她满足她所需要的。人们生活在世界上，缺乏金钱，实在是不幸的运命呢！但是能济人之急，才是人类互助的精神，可贵的德行！我有绝大的自尊心，不愿意做个自私自利的动物，我不住地这么想，我豪侠的壮气，也不住地增加，恨不得荷姑立刻就来，我不要她向我乞求，便把我所有的钱，好好地递给她，使她可以少受些疑难和愁虑的苦！

自从荷姑走后，我心里没有一刻宁帖，那一股勇于为善的壮气，直使我的心容留不下，时时流露在我的行动里，说话的声音特别沉着，走路都不像平日了。今天的我仿佛是古时候的虬髯客和红拂那一流的人，“气概不可一世”。

今天的日子，过得特别慢，往日那太阳射在棉纱厂的烟筒尖上，是很容易的事情，可是今天，我至少总有十几次，从这窗外看过去，日影总没到那里，现在还差一寸呢！

“呵！那烟筒的尖上，现在不是射着太阳，放出闪烁的光来吗？荷姑就要来了！”我俯在窗子上，不禁喜欢得自言自语起来。

远远地一队工人，从工厂里络绎着出来了；他们有的向南边的大街上去；有的到东边那广场里去，顷刻间便都散尽了。但是荷姑还不见出来，我急切地盼望着，又过了些时，那工厂的大铁门，才又“呀”的一声开了，荷姑忙忙地往我们这条胡同里来，她脸上满了汗珠，好似雨点般滴下来，两颊红得真像胭脂，头筋一根根从皮肤里隐隐地印出来，表示那工厂里恶浊的空气，和疲劳的压迫。

她渐渐地走近了，我们的视线彼此接触上了。她微微地笑着走到我的书房里来，我等不得和她说什么话，我便跑到我的卧室里，把那早已预备好的一包钱，送到荷姑面前，很高兴地向她说："你拿回去吧！若果还有需用，我更想法子帮助你！"

荷姑起先似乎很不明白地向我凝视着，后来她忽叹了一口气，冷笑道："世界上应该还有比钱更为需要的东西吧！"

我真不明白，也没有想到，荷姑为什么竟有这种出人意料的情形？但是我不能不后悔，我未曾料到她的需要，就造次把含侮辱人类的金钱，也可以说是万恶的金钱给她，竟致刺激得她感伤。唉！这真是一种极大的羞耻！我的眼睛不敢抬起来了！羞和急的情绪，激成无数的泪水，从我深邃的心里流出来！

我们彼此各自伤心寂静着，好久好久，荷姑才拭干她的眼泪和我说道："我现在要告诉你一件小故事，或者可以说是我四年以来的历史，这个就是我要求你帮助的。"我就点头应许她，以下的话，便是她所告诉我的故事了。

"在四年前，我实在是一个天真活泼的小孩子，现在自然是不像了！但是那时候我在中学预科里念书，无论谁不能想象我会有今天这种沉闷呢！"

荷姑说到这里，不禁叹息流下泪来，我看着她那种凄苦憔悴的神气，怎能不陪着她落下许多同情泪呢？等了许久，荷姑才又继续说：

"日子过得极快，好似闪电一般，这个冰雪森严的冬天，早又回去了，那时我离中学预科毕业期，只有半年了，偏偏我的父亲的旧病，因春天到了，便又发作起来，不能到店里去做事，家境十分困难，我不能不丢弃这张将要到手的毕业文凭，回到家里侍奉父亲的病！当然我不能不灰心！但是这还算不得什么，因为慈爱的父母和弟妹，可以给我许多安慰。不过没有几天，我的叔叔便托人替我荐到那所绝大的棉纱厂里做女工，一个月也有十几块钱的进项。于是我便不能不离开我的父母弟妹，去做工了，幸亏这时我父亲的病差不多快好了，我还不至于十分不放心。

走到工厂临近的那条街上，早就听见轧轧隆降的声音，这种声音，实含着残忍和使人厌憎的意思，足以给人一种极大不快的刺激，更有那乌黑的煤烟和污腻的油气，更加使人头目昏胀！

我第一天进这工厂的门，看见四面黯淡的神气，实在忍耐不住，但是这些新奇的境地，和庞大的机器，确能使我的思想轮子，不住地转动，细察这些机器的装置和应用，实在不能说没有一点兴趣呢！过了几天，我被编入纺纱的那一队里。那个纺车的装置和转动，我开始学习，也很要用我的脑力，去领会和记忆，所以那时候，我仍不失为一个有活泼思想的人，常常从那油光的大铜片上，映出我两颊微笑的窝痕。

那一年春天，很随便地过去了！所有鲜红的桃花托上，那时不是托着桃花，是托着嫩绿带毛的小桃子，榆树的残花落了一地，那叶子却长得非常茂盛，遮蔽着那的人肌肤的太阳，竟是一个天然的凉篷。所有春天的燕子、杜鹃、黄莺儿，也都躲到别处去了，这一切新鲜夏天的景致，本来很容易给人们一种新刺激和新趣味。但是在那工厂里的人，实在得不到这种机会呢！

我每天早晨，一定的时间到工厂里去，没有别的爽快的事情和希望，只是每次见你俯在窗子上，微笑着招呼，那便是我一天里最快活的事情了！除了这件，便是那急徐高低永没变更过一次的轧轧隆隆的机器声，充满了我的两耳和心灵，和永远用一定规矩去转动那纺车，这便是我每天的工作了！我的工作实在使我厌烦，有时我看见别的工人打铁，我便有一个极热烈的愿望，就是要想把那铁锤放在我的手中，拿起来试打两下，使那金黄色的火星，格外多些，似乎能使这沉黑的工厂，变光明些。

有一次我看着刘良站在那铁炉旁边，摸擦那把铁锤子，火星四散，不觉看怔了，竟忘记使纺车转动，忽听见一种严厉的声音道："唉！"我吓了一跳，抬头只见管纺纱组的工头板着铁青的面孔，恶狠狠地向我道："这个工作便是你唯一的责任，除此以外，你不应该再想什么；因为工厂里用钱雇你们来，不是叫你运用思想，只是运用你的手足，和机器一样，谋得最大的利益，实在是你们的本分！"

唉！这些话我当时实在不能完全明白，不过我从那天起，我果然不敢更想什么，渐渐成了习惯，除了谋利和得工资以外，也似乎不能更想什么了！便是离开工厂以后，耳朵还是充满着纺车轧轧的声音，和机器隆隆的声音；脑子里也只有纺车怎样动转的影子，和努力纺纱的念头，别的一切东西，我都觉得仿佛很隔膜的。

这样过了三四年，我自己也觉得我实在是一副很好的机器，和那纺车似乎没有很大的分别。因为我纺纱不过是手自然的活动，有秩序的旋转，除此更没有别的意义。至于我转动的熟习，可以说是不能再增加了！

在那年秋天里的一天——八月十号——是工厂开厂的纪念日，放了一天工。我心里觉得十分烦闷，便约了和我同组的一个同伴，到城外去疏散，我们出了城，耳旁顿觉得清静了！天空也是一望无涯的苍碧，不着些微的云雾，只有一阵阵的西风吹着那梧桐叶子，发出一种清脆的音乐来，和那激石潺潺的水声，互相应和。我们来到河边，寂静地站在那里，水里映出两个人影，惊散了无数的游鱼，深深地躲向河底去了。

我们后来拣到一块白润的石头上坐下了，悄悄地看着水里的树影，上下不住地摇荡，一个乌鸦斜刺里飞过去了。无限幽深的美，充满了我们此刻的灵魂里，细微的思潮，好似游丝般不住地荡漾，许多的往事，久已被工厂里的机器声压没了，现在仿佛大梦初醒，逐渐地浮上心头。

忽一阵尖利的秋风，吹过那残荷的清香来，五年前一个深刻的印象，从我灵魂深处，渐渐地涌现上来，好似电影片一般的明显：在一个乡野的地方，天上的凉云，好似流水般急驰过去，斜阳射在那蜿蜒的荷花池上，照着荷叶上水珠，晶晶发亮，一个活泼的女学生，围绕着那荷花池，唱着歌儿，这个快乐的旅行，实在是我一生最大的幸福呢！今天的荷花香，正是前五年的荷花香，但是现在的我，绝不是前五年的我了！

我想到我可亲爱的学伴，更想到放在学校标本室的荷瓣和秋葵，我心里的感动，我真不知道怎样可以形容出来，使你真切地知道！

荷姑说到这里，喉咙忽咽住了，眼眶里满含着痛泪，望着碧蓝的天空，似乎求上帝帮助她，超拔她似的，其实这实在是她的妄想呵！我这时满心疑云乃越积越厚，忍不住地问荷姑道："你要我帮助的到底是什么呢？"

荷姑被我一问才又往下说她的故事：

“那时我和我的同伴各自默默地沉思着，后来我的同伴忽和我说：‘我想我自从进了工厂以后，我便不是我了！唉！我们的灵魂可以卖吗？’呵！这是何等痛心的疑问！我只觉得一阵心酸，愁苦的情绪，乱了我的心，我上句话也回答不出来！停了半天只是自己问着自己道：‘灵魂可以卖吗？’除此我不能更说别的了！”

我们为了这个痛心和疑问，都呆呆地瞪视那去而不返的流水，不发一言，忽然从芦苇丛中，跑出四五个活泼的水鸭来，在水里自如地游泳着，捕捉那肥美的水虫充饥，水鸭的自由，便使我们生出一种嫉恨的思想——失了灵魂的工人，还不如水鸭呢！——而这一群恼人的水鸭，也似明白我们的失意，对着我们，作出傲慢得意的高吟，不住“呵，呵！”地叫着，这个我们真不能更忍受了！便急急地离开这境地，回到那尘烟充满的城里去。

第二天工厂照旧开工，我还是很早地到了工厂里，坐在纺车的旁边，用手不住摇转着，而我目光和思想，却注视在全厂的工人身上，见他们手足的转动，永远是从左向右，他们所站的地方，也永远没有改动分毫，他们工作的熟练，实在是自然极了！当早晨工厂动工钟响的时候，工人便都像机器开了锁，一直不止地工作，等到工厂停工钟响了，他们也像机器上了锁，不再转动了！他们的面色，是黧黑里隐着青黄，眼光都是木强的，便是做了一天的工作，所得的成绩，他们也不见得有什么愉快，只有那发工资的一天，大家脸上是露着凄惨的微笑！

我渐渐地明白了，我同伴的话实在是不错，这工厂里的工人，实在不止是单卖他们的劳力，他们没有一些思想和出主意的机会，灵魂应享的权利，他们不是卖了他们的灵魂吗？

但是我永远不敢相信，我的想头是对的，因为灵魂的可贵，实在是无价之宝，这有限的工资便可以买去？或者工人便甘心卖出吗？“灵魂可以卖吗？”这个绝大的难题，谁能用忠诚平正的心，给我们一个圆满的回答呢？

荷姑说完这段故事，只是低着头，用手摸弄着她的衣襟，脸上露着十分沉痛的样子。我心里只觉得七上八下地乱跳，更不能说出半句话来，过了些时荷姑才又说道：“我所求你帮助我的，就是请你告诉我，灵魂可以卖吗？”

我被她这一问，实在不敢回答，因为这世界上的事情不合理的太多呵！我实在自悔孟浪，为什么不问明白，便应许帮助她呢？现在弄得欲罢不能！我急得眼泪湿透了衣襟，但还是一句话没有，荷姑见我这种为难的情形，不禁叹道：“金钱虽是可以帮助无告的穷人，但是失了灵魂的人的苦恼，实在更甚于没有金钱的百倍呢！人们只知道用金钱周济人，而不肯代人赎回比金钱更要紧的灵魂！”

她现在不再说什么了！我更不能说什么了！只有忏悔和羞愧的情绪，激成一种小声浪，责备我道：“帮助人呵！用你的勇气回答她呵！灵魂可以卖吗？”

⊙作品赏析

庐隐笔下多数是生命的觉悟者，可是这层觉悟的彷徨中又充斥着分不清楚的惆怅和挣扎，既寄予了生活的冷酷对世俗人生的摧残，又包容着五四运动退潮下作者无边的落寞，以致在所有的字面上都凝聚着挥之不去的哀怨。

《灵魂可以卖吗》讲的也是女性生命中自觉的悲哀，一个工厂的女工荷姑在平常的冷漠沉沦中突然之间撕裂了生活隐藏的哀伤。她问这个世界，我们为什么只是一部很好的赚钱机器，为什么要在别人的喝斥中出卖自己的灵魂，难道仅仅是可怜的生计吗。就像她所说的：金钱虽是可以帮助无告的穷人，但是失了灵魂的苦恼，实在更甚于没有金钱的百倍呢。这样的话，就是作者的质问，人生何处是归程。要想不仅仅只是别人眼中的机器，还必须活出我们自己。

文章从淡淡的文字中源源不断地流泻着生命的拷问和灵魂孤楚的悲哀，她在寻找悲剧的根源，她在倾力呼唤，可是这一切还仅仅是悲哀的人生，都只是凄切的文字。就像鲁迅所说的，最先觉醒的人是最为悲哀的，因为醒着却无路可走。

在这里，作者又联想了“五四”退潮的冲击，在援引西方而否定传统的年代，所有的灵魂都被架空在孤立无援的境遇中，他们可以发问可以感伤，可是没有人可以告诉这些先驱者，究竟该怎么办，也许这也算是人生的一种悲哀。

入选理由：
老舍的著名短篇小说
一部类似《伤逝》的人生思考
文章结构独特，用语清婉

创造病 / 老舍

杨家夫妇的心中长了个小疙瘩，结婚以后，心中往往长小疙瘩，像水仙包儿似的，非经过相当的时期不会抽叶开花。他们的小家庭里，处处是这样的花儿。桌，椅，小巧的玩艺儿，几乎没有不是先长疙瘩而后开成了花的。

在长疙瘩的时期，他们的小家庭像晴美人间的唯一的小黑点，只有这里没有阳光。他们的谈话失去了音乐，他们的笑没有热力，他们的拥抱像两件衣服堆在一起。他们几乎想到离婚也不完全是坏事。

过了几天，小疙瘩发了芽。这个小芽往往是突然而来，使小家庭里雷雨交加。那是，芽儿既已长出，花是非开不可了。花带来阳光与春风，小家庭又移回到晴美的人间来；那个小疙瘩，凭良心说，并不是个坏包。它使他们的生活不至于太平凡了，使他们自信有创造的力量，使他们忘记了黑暗而喜爱他们自己所开的花。他们还明白了呢：在冲突中，他们会自己解和，会使丑恶的泪变成花瓣上的水珠；他们明白了彼此的力量与度量。况且再一说呢，每一朵花开开，总是他们俩的；虽然那个小包是在一个人心中长成的。他们承认了这共有的花，而忘记了那个独有的小疙瘩。他们的花都是并蒂的，他们说。

前些日子，他们俩一人怀着一个小包。春天结的婚，他的薄大衣在秋天也还合适。可是哪能老是秋天呢？冬已在风儿里拉他的袖口，他轻轻颤了一下，心里结成个小疙瘩。他有件厚大衣；生命是旧衣裳架子么？

他必须做件新的大衣。他已经计划好，用什么材料，裁什么样式，要什么颜色。另外，他还想到穿上这件大衣时的光荣，俊美，自己在这件大衣之下，像一朵高贵的花。为穿这件新大衣，他想到浑身上下应该加以修饰的地方；要是没有这件新衣，这些修饰是无须乎费心去思索的；新大衣给了他对于全身的美丽的注意与兴趣。冬日生活中的音乐，拿这件大衣作为主音。没有它，生命是一片荒凉；风，寒，与颤抖。

他知道在定婚与结婚时拉下不少的亏空，不应当把债眼儿弄得更大。可是生命是创造的，人间美的总合是个个人对于美的创造与贡献；他不能不尽自己的责任。他也并非自私，只顾自己的好看；他是想象着穿上新大衣与太太一同在街上走的光景与光荣：他是美男子，她是美女人，在大家的眼中。

但是他不能自己作主，他必须和太太商议一下。他也准知道太太必定不拦着他，她愿意他打扮得漂亮，把青春挂在外面，如同新汽车的金漆的商标。可是他不能利用这个而马上去作衣裳，他有亏空。要是不欠债的话，他为买大衣而借些钱也没什么。现在，他不应当再给将来预定下困难，所以根本不能和太太商议。可是呢，大衣又非买不可。怎办呢？他心中结了个小疙瘩。

他不愿意露出他的心事来，但是心管不住脸，正像土拦不住种子往上拔芽儿。藏着心事，脸上会闹鬼。

她呢，在结婚后也认识了许多的事，她晓得了爱的完成并不能减少别的困难；钱——先不说别的——并不偏向着爱。可是她反过来一想呢，他们还都年少，不应当把青春随便的抛弃。假若处处俭省，等年老的时候享受，年老了还会享受吗？这样一想，她觉得老年还离他们很远很远，几乎是可以永远走不到的。即使不幸而走到呢，老年再说老年的吧，谁能不开花便为果子思虑呢。她得先买个冬季用的黑皮包。她有个黄色的，春秋用着合适；还有个白的，配着个天蓝的扣子，夏天——配上长白手套——也还体面。冬天，已经快到了，还要有合适的皮包。

她也不愿意告诉丈夫，而心中结了个小疙瘩。

他们都偷偷的详细的算过账，看看一月的收入和开支中间有没有个小缝儿，可以不可以从这小缝儿钻出去而不十分的觉得难受。差不多没有缝儿！冬天还没到，他们的秋花都被霜雪给埋住了。他们不晓得能否挨过这个冬天，也许要双双的入墓！

他们不能屈服，生命的价值是在创造。假如不能十全，那只好有一方面让步，别叫俩人都冻在冰里。这样，他们承认，才能打开僵局。谁应当让步呢？二人都愿自己去牺牲。牺牲是甜美的苦痛。他愿意设法给她买上皮包，自己的大衣在热烈的英雄主义之下可以后缓；她愿意给他置买大衣，皮包只是为牺牲可以不买。他们都很坚决。几乎以为大衣或皮包的购买费已经有了似的。他们热烈的辩驳，拥抱着推让，没有结果。及至看清了买一件东西的钱并还没有着落，他们的勇气与相互的钦佩使他们决定，一不作，二不休，爽性借笔钱把两样都买了吧。

他穿上了大衣，她提上了皮包，生命在冬天似乎可以不觉到风雪了。他们不再讨论钱的问题，美丽快乐充满了世界。债是要还的，但那是将来的事，他们的前途是不可限量的。况且他们并非把钱花在不必要的东西上，他们做梦都梦不到买些古玩或开个先施公司。他们所必需的没法不买。假如他们来一笔外财，他们就先买个小汽车，这是必需的。

冬天来了。大衣与皮包的欣喜已经渐渐的衰减，因为这两样东西并不像在未买的时候所想的那么足以代替一切，那么足以结束了借款。冬天还有问题。原先梦也梦不到冬天的晚上是这么可怕，冷风把户外一切的游戏都禁止住，虽然有大衣与皮包也无用武之处。这个冬天，照这样下去，是会杀人的。多么长的晚上呢，不能出去看电影，不能去吃咖啡，不能去散步。坐在一块儿说什么呢？干什么呢？接吻也有讨厌了的时候，假如老接吻！

这回，那个小疙瘩是同时种在他们二人的心里。他们必须设法打破这样的无聊与苦闷。他们不约而同的想到：得买个话匣子。

话匣子又比大衣与皮包贵了。要买就买下得去的，不能受别人的耻笑。下得去的，得在一百五与二百之间。杨先生一月挣一百二，杨太太挣三十五，凑起来才一百五十五！

可是生命只是经验，好坏的结果都是死。经验与追求是真的，是一切。想到这个，他们几乎愿意把身份降得极低，假如这样能满足目前的需要与理想。

他们谁也没有首先发难的勇气，可是明知道他们失去勇气便失去生命。生命被个留声机给憋闷回去，那未免太可笑，太可怜了。他们宁可以将来挨饿，也受不住目前的心灵的饥荒。他们必得给冬天一些音乐。谁也不发言，但是都留神报纸上的小广告，万一有贱卖的留声机呢，万一有按月偿还的呢……向来他们没觉到过报纸是这么重要，应当费这么多的心去细看。凡是费过一番心的必得到酬报，杨太太看见了：明华公司的留声机是可以按月付钱，八个月还清。她不能再沉默着，可也无须说话。她把这段广告用红铅笔勾起来，放在丈夫的书桌上。他不会看不见这个。

他看见了，对她一笑：她回了一笑。在寒风雪地之中忽然开了朵花！

留声机拿到了，可惜片子少一点，只买了三片，都是西洋的名乐。片子是要用现钱买的，他们只好暂时听这三片，等慢慢的逐月增多。他们想象着，在一年的工夫，他们至少可以有四五十片名贵的音乐与歌唱。他们可以学着唱，可以随着跳舞，可以闭目静听那感动心灵的大乐，他们的快乐是无穷的。

对于机器，对于那三张片子，他们像对于一个刚抱来的小猫那样爱惜。杨太太预备下绸子手绢，专去擦片子。那个机器发着欣喜的光辉，每张片子中间有个鲜红的圆光，像黑夜里忽然出了太阳。他们听着，看着，抚摸着，从各项感官中传进来欣悦，使他们更天真了，像一对八九岁的小儿女。

在一个星期里，他们把三张片子已经背下来；似乎已经没有再使片子旋转的必要。而且也想到了，如若再使它们旋转，大概邻居们也会暗中耻笑，假如不高声的咒骂。而时间呢，并不为这个而着急，离下月还有三个多星期呢。为等到下月初买新片，而使这三个多星期成块白纸，买了话匣和没买有什么分别呢？马上去再买新片是不敢想的，这个月的下半已经很难过去了。

看着那个机器，他们有点说不出的后悔。他们虽然退一步的想，那个玩艺也可以当作一件摆设看，但究竟不是办法。把它送回去损失一个月的钱与那三张片子，是个办法，可是怎好意思呢！谁能拉下长脸把它送回去呢？他们俩没这个勇气。他们俩连讨论这个事都不敢，因为买来时的欣喜是那么高，怎好意思承认一对聪明的夫妇会陷到这种难堪中呢；青年是不肯认错，更不肯认自己呆蠢的。他们相对愣着，几乎不敢再瞧那个机器；那是他们自己创造出来的一块心病。

⊙作品赏析

老舍的小说向来以幽默著称，和鲁迅的尖刻、钱钟书的旁征博引不同，他的幽默来自生活，来自北京人在最为简陋的条件下也不放弃寻觅最高享受的那份生活的感念。他是温厚的，在平淡的叙述中勾勒了人生的哀伤。

在《创造病》中，作者以和婉的笔调叙述了当爱情遭遇冷酷生活的尴尬。没有贫贱中的相濡以沫，代之以更多的落寞指责和委屈的伤感。文章中的杨家夫妻从甜蜜小恋人沉沦在生活的苦难中，他们相爱的心被生活的无奈一步一步拉开，就像《伤逝》一样，每天为最微小的生活琐事烦恼，以致最后无辜感伤地别离，《创造病》也正是展现了这样的心态：从晴美人间的小黑点到小家庭里的雷雨交加。爱情不能缓解家庭的经济困难，反而在生活的历练中伤痕累累。

文章的结构也像《伤逝》，以其中单个人的身份追忆故事的起末，恍似迷离却忧伤凄婉。没有了往前的幽默，但却不减平时笔调的现实度以及厚重性。就像有评论家所说的：他的文章展现了特殊的魅力，不仅在于他艰辛的人生探索，同时也在于语言的传神，在精粹的提炼中充分表达了人生的悲切与酸楚，打烙上社会对于人所造成的生命的创伤。就像文章所说的：他们会自己解和，会使丑恶的泪变成花瓣上的水珠；他们明白了彼此的力量与度量。

断魂枪 / 老舍

入选理由

老舍的小说名篇之一

一幅生动的旧时代江湖艺人的群体画像

曾被改编为话剧，搬上舞台

沙子龙的镳局已改成客栈。

东方的大梦没法子不醒了。炮声压下去马来与印度野林中的虎啸。半醒的人们，揉着眼，祷告着祖先与神灵；不大会儿，失去了国土、自由与主权。门外立着不同面色的人，枪口还热着。他们的长矛毒弩，花蛇斑彩的厚盾，都有什么用呢；连祖先与祖先所信的神明全不灵了啊！龙旗的中国也不再神秘，有了火车呀，穿坟过墓破坏着风水。枣红色多穗的镳旗，绿鲨皮鞘的钢刀，响着串铃的口马，江湖上的智慧与黑话，义气与声名，连沙子龙，他的武艺、事业，都梦似的变成昨夜的。今天是火车、快枪，通商与恐怖。听说，有人还要杀下皇帝的头呢！

这是走镳已没有饭吃，而国术还没被革命党与教育家提倡起来的时候。

谁不晓得沙子龙是短瘦、利落、硬棒，两眼明得像霜夜的大星？可是，现在他身上放了肉。镳局改了客栈，他自己在后小院占着三间北房，大枪立在墙角，院子里有几只楼鸽。只是在夜间，他把小院的门关好，熟习熟习他的“五虎断魂枪”。这条枪与这套枪，二十年的工夫，在西北一带，给他创出来“神枪沙子龙”五个字，没遇见过敌手。现在，这条枪与这套枪不会再替他增光显胜了；只是摸摸这凉、滑、硬而发颤的杆子，使他心中少难过一些而已。只有在夜间独自拿起枪来，才能相信自己还是“神枪沙”。在白天，他不大谈武艺与往事；他的世界已被狂风吹走了。

在他手下创练起来的少年们还时常来找他。他们大多数是没落子弟，都有点武艺，可是没地方去用。有的在庙会上去卖艺：踢两趟腿，练套家伙，翻几个跟头，附带着卖点大力丸，混个三吊两吊的。有的实在闲不起了，去弄筐果子，或挑些毛豆角，赶早儿在街上论斤吆喝出去。那时候，米贱肉贱，肯卖膀子力气本来可以混个肚儿圆；他们可是不成：肚量既大，而且得吃口管事儿的；干饽饽辣饼子咽不下去。况且他们还时常去走会：五虎棍，开路，太狮少狮……虽然算不了什么——比起走镳来——可是到底有个机会活动活动，露露脸。是的，走会捧场是买脸的事，他们打扮得像个样儿，至少得有条青洋绉裤子，新漂白细市布的小褂，和一双鱼鳞洒鞋——顶好是青缎子抓地虎靴子。他们是神枪沙子龙的徒弟——虽然沙子龙并不承认——得到处露脸，走会得赔上俩钱，说不定还得打场架。没钱，上沙老师那里去求。沙老师不含糊，多少不拘，不让他们空着手儿走。可是，为打架或献技去讨教一个招数，或是请给说个“对子”——什么空手夺刀，或虎头钩进枪——沙老师有时说句笑话，马虎过去：“教什么？拿开水浇吧！”有时直接把他们赶出去。他们不大明白沙老师是怎么了，心中也有点不乐意。

可是，他们到处为沙老师吹腾，一来是愿意使人知道他们的武艺有真传授，受过高人的指教；二来是为激动沙老师：万一有人不服气而找上老师来，老师难道还不露一两手真的么？所以：沙老师一拳就砸倒了个牛！沙老师一脚把人踢到房上去，并没使多大的劲！他们谁也没见过这种事，但是说着说着，他们相信这是真的了，有年月，有地方，千真万确，敢起誓！

王三胜——沙子龙的大伙计——在土地庙拉开了场子，摆好了家伙。抹了一鼻子茶叶末色的鼻烟，他抡了几下竹节钢鞭，把场子打大一些。放下鞭，没向四围作揖，叉着腰念了两句："脚踢天下好汉，拳打五路英雄！"向四围扫了一眼："乡亲们，王三胜不是卖艺的；玩艺儿会几套，西北路上走过镖，会过绿林中的朋友。现在闲着没事，拉个场子陪诸位玩玩。有爱练的尽管下来，王三胜以武会友，有赏脸的，我陪着。神枪沙子龙是我的师傅；玩艺地道！诸位，有愿下来的没有？"他看着，准知道没人敢下来，他的话硬，可是那条钢鞭更硬，十八斤重。

王三胜，大个子，一脸横肉，努着对大黑眼珠，看着四围。大家不出声。他脱了小褂，紧了紧深月白色的"腰里硬"，把肚子杀进去。给手心一口唾沫，抄起大刀来：

"诸位，王三胜先练趟瞧瞧。不白练，练完了，带着的扔几个；没钱，给喊个好，助助威。这儿没生意口。好，上眼！"

大刀靠了身，眼珠努出多高，脸上绷紧，胸脯子鼓出，像两块老桦木根子。一跺脚，刀横起，大红缨子在肩前摆动。削砍劈拨，蹲越闪转，手起风生，忽忽直响。忽然刀在右手心上旋转，身弯下去，四围鸦雀无声，只有缨铃轻叫。刀顺过来，猛地一个"踩泥"，身子直挺，比众人高着一头，黑塔似的。收了势："诸位！"一手持刀，一手叉腰，看着四围。稀稀的扔下几个铜钱，他点点头。"诸位！"他等着，等着，地上依旧是那几个亮而削薄的铜钱，外层的人偷偷散去。他咽了口气："没人懂！"他低声地说，可是大家全听见了。

"有功夫！"西北角上一个黄胡子老头儿答了话。

"啊？"王三胜好似没听明白。

"我说：你——有——功——夫！"老头子的语气很不得人心。

放下大刀，王三胜随着大家的头往西北看。谁也没看重这个老人：小干巴个儿，披着件粗蓝布大衫，脸上窝窝瘪瘪，眼陷进去很深，嘴上几根细黄胡，肩上扛着条小黄草辫子，有筷子那么细，而绝对不像筷子那么直顺。王三胜可是看出这老家伙有功夫，脑门亮，眼睛亮——眼眶虽深，眼珠可黑得像两口小井，深深地闪着黑光。王三胜不怕：他看得出别人有功夫没有，可更相信自己的本事，他是沙子龙手下的大将。

"下来玩玩，大叔！"王三胜说得很得体。

点点头，老头儿往里走。这一走，四外全笑了。他的胳臂不大动；左脚往前迈，右脚随着拉上来，一步步地往前拉扯，身子正着，像是患过瘫痪病。蹭到场中，把大衫扔在地上，一点没理会四围怎样笑他。

"神枪沙子龙的徒弟，你说？好，让你使枪吧；我呢？"老头子非常地干脆，很像久想动手。

人们全回来了，邻场耍狗熊的无论怎么敲锣也不中用了。

"三截棍进枪吧？"王三胜要看老头子一手，三截棍不是随便就拿得起来的家伙。

老头子又点点头，拾起家伙来。

王三胜努着眼，抖着枪，脸上十分难看。

老头子的黑眼珠更深更小了，像两个香火头，随着面前的枪尖儿转，王三胜忽然觉得不舒服，那俩黑眼珠似乎要把枪尖吸进去！四外已围得风雨不透，大家都觉出老头子确是有威。为躲那对眼睛，王三胜耍了个枪花。老头子的黄胡子一动：

"请！"王三胜一扣枪，向前躬步，枪尖奔了老头子的喉头去，枪缨打了一个红旋。老人的身子忽然活展了，将身微偏，让过枪尖，前把一挂，后把撩王三胜的手。啪，啪，两响，王三胜的枪撒了手。场外叫了好。王三胜连脸带胸口全紫了，抄起枪来；一个花子，连枪带人滚了过来，枪尖奔了老人的中部。老头子的眼亮得发着黑光；腿轻轻一屈，下把掩裆，上把打着刚要抽回的枪杆；啪，枪又落在地上。

场外又是一片彩声。王三胜流了汗，不再去拾枪，努着眼，木在那里。老头子扔下家伙，拾起大衫，还是拉拉着腿，可是走得很快了。大衫搭在臂上，他过来拍了王三胜一下："还得练哪，伙计！"

"别走！"王三胜擦着汗："你不离，姓王的服了！可有一样，你敢会会沙老师？"

"就是为会他才来的！"老头子的干巴脸上皱起点来，似乎是笑呢。"走；收了吧；晚饭我请！"

王三胜把兵器拢在一处，寄放在变戏法二麻子那里，陪着老头子往庙外走。后面跟着不少人，他把他们骂散了。

"你老贵姓？"他问。

"姓孙哪。"老头子的话与人一样，都那么干巴："爱练；久想会会沙子龙。"

沙子龙不把你打扁了！王三胜心里说。他脚底下加了劲，可是没把孙老头落下。他看出来，老头子的腿是老走着查拳门中的连跳步；交起手来，必定很快。但是，无论他怎么快，沙子龙是没对手的。准知道孙老头要吃亏，他心中痛快了些，放慢了些脚步。

"孙大叔贵处？"

"河间的，小地方。"孙老者也和气了些："月棍年刀一辈子枪，不容易见功夫！说真的，你那两手就不坏！"

王三胜头上的汗又回来了，没言语。

到了客栈，他心中直跳，唯恐沙老师不在家，他急于报仇。他知道老师不爱管这种事，师弟们已碰过不少回钉子，可是他相信这回必定行，他是大伙计，不比那些毛孩子；再说，人家在庙会上点名叫阵，沙老师还能丢这个脸么？

"三胜，"沙子龙正在床上看着本《封神榜》："有事吗？"

三胜的脸又紫了，嘴唇动着，说不出话来。

沙子龙坐起来："怎么了，三胜？"

"栽了跟头！"

只打了个不甚长的哈欠，沙老师没别的表示。

王三胜心中不平，但是不敢发作；他得激动老师："姓孙的一个老头儿，门外等着老师呢；把我的枪，枪，打掉了两次！"他知道"枪"字在老师心中有多大分量。没等吩咐，他慌忙跑出去。

客人进来，沙子龙在外间屋等着呢。彼此拱手坐下，他叫三胜去泡茶。三胜希望两个老人立刻交了手，可是不能不沏茶去。孙老者没话讲，用深藏着的眼睛打量沙子龙。沙很客气：

"要是三胜得罪了你，不用理他，年纪还轻。"

孙老者有些失望，可也看出沙子龙的精明。他不知怎样好了，不能拿一个人的精明断定他的武艺。"我来领教领教枪法！"他不由地说出来。

沙子龙没接碴儿。王三胜提着茶壶走进来——急于看二人动手，他没管水开了没有，就沏在壶中。

"三胜，"沙子龙拿起个茶碗来："去找小顺们去，天汇见，陪孙老者吃饭。"

"什么！"王三胜的眼珠几乎掉出来。看了看沙老师的脸，他敢怒而不敢言地说了声"是啦！"走出去，撅着大嘴。

"教徒弟不易！"孙老者说。

"我没收过徒弟。走吧，这个水不开！茶馆去喝，喝饿了就吃。"沙子龙从桌子上拿起缎子褡裢，一头装着鼻烟壶，一头装着点钱，挂在腰带上。

"不，我还不饿！"孙老者很坚决，两个"不"字把小辫从肩上抡到后边去。

"说会子话儿。"

"我来为领教领教枪法。"

"功夫早搁下了，"沙子龙指着身上："已经放了肉！"

"这么办也行，"孙老者深深地看了沙老师一眼："不比武，教给我那趟五虎断魂枪。"

"五虎断魂枪？"沙子龙笑了："早忘干净了！早忘干净了！告诉你，在我这儿住几天，咱们各处逛逛，临走，多少送点盘缠。"

"我不逛，也用不着钱，我来学艺！"孙老者立起来："我练趟给你看看，看够得上学艺不够！"一屈腰已到了院中，把楼鸽都吓飞起去。拉开架子，他打了趟查拳：腿快，手飘洒，一个飞脚起去，小辫儿飘在空中，像从天上落下来一个风筝；快之中，每个架子都摆得稳、准，利落；来回六趟，把院子满都打到，走得圆，接得紧，身子在一处，而精神贯串到四面八方。抱拳收势，身儿缩紧，好似满院乱飞的燕子忽然归了巢。

"好！好！"沙子龙在台阶上点着头喊。

"教给我那趟枪！"孙老者抱了抱拳。

沙子龙下了台阶，也抱着拳："孙老者，说真的吧；那条枪和那套枪都跟我入棺材，一齐入棺材！"

"不传？"

"不传！"

孙老者的胡子嘴动了半天，没说出什么来。到屋里抄起蓝布大衫，拉拉着腿："打搅了，再会！"

"吃过饭走！"沙子龙说。

孙老者没言语。

沙子龙把客人送到小门，然后回到屋中，对着墙角立着的大枪点了点头。

他独自上了天汇，怕是王三胜们在那里等着。他们都没有去。

王三胜和小顺们都不敢再到土地庙去卖艺，大家谁也不再为沙子龙吹胜；反之，他们说沙子龙栽了跟头，不敢和个老头儿动手；那个老头子一脚能踢死个牛。不要说王三胜输给他，沙子龙也不是他的对手。不过呢，王三胜到底和老头子见了个高低，而沙子龙连句硬话也没敢说。“神枪沙子龙”慢慢似乎被人们忘了。

夜静人稀，沙子龙关好了小门，一气把六十四枪刺下来；而后，拄着枪，望着天上的群星，想起当年在野店荒林的威风。叹一口气，用手指慢慢摸着凉滑的枪身，又微微一笑：“不传！不传！”

⊙作品赏析

《断魂枪》是老舍的短篇小说名篇，发表于1935年9月22日天津《大公报》第13期的“文艺副刊”上。小说采用对话式的叙述方式，通过比武求艺这一简单情节的刻画，绘声绘色地塑造了辛亥革命前后年间江湖艺人形象，惟妙惟肖地刻画了“神枪”沙子龙意识到自己的绝技“五虎断魂枪”在洋枪洋炮面前失去优势后的懊丧、颓唐的心理状态。在艺术上，小说以小见大，通过小人物的前后变化反衬出大时代的变迁，暗示了为时代淘汰的落伍者的凄惨命运，流露了作者对下层人民的同情心和对当时国术不为人重视的惋惜感。

超人 / 冰心

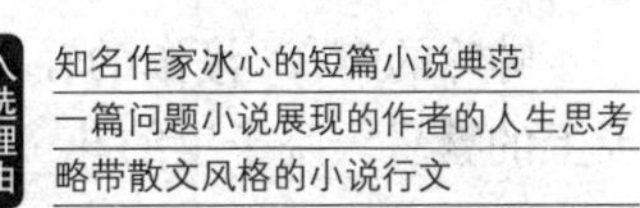

何彬是一个冷心肠的青年。从来没有人看见他和人有什么来往。他住的那一座大楼上，同居的人很多，他却都不理人家，也不和人家在一间食堂里吃饭，偶然出入遇见了，轻易也不招呼。邮差来的时候，许多青年欢喜跳跃着去接他们的信；何彬却永远得不着一封信，但也从来没有人看见他发过一封信。他除了每天上局里办事，和同事们说几句公事上的话；以及房东程姥姥替他端饭的时候，也说几句照例的应酬话，此外就不开口了。

他不但是和人没有交际，凡带一点生气的东西，他都不爱；屋里连一朵花，一根草，都没有，冷阴阴的如同山洞一般。书架上却堆满了书，他从局里低头独步的回来，关上门，摘下帽子，便坐在书桌旁边，随手拿起一本书来，无意识的看着。偶然觉得疲倦了，也站起来在屋里走了几转；或是拉开帘幕望了一望，但不多一会儿，便又闭上了。

程姥姥总算是他另眼看待的一个人；她端进饭去，有时便站在一边，絮絮叨叨的和他说话，也问他为何这样孤零。她问上几十句，何彬偶然答应几句说：“世界是虚空的，人生是无意识的；人和人，和宇宙，和万物的聚合，都不过如同演剧一般，上了台是父子母女，亲密的了不得；下了台，摘了假面具，便各自散了；哭一场也是这么一回事，笑一场也是这么一回事。与其互相牵连，不如互相遗弃；而且尼采说得好，爱和怜悯都是恶……”程姥姥听着虽然不很明白，却也懂得一半，便笑道：“要这样，活在世上有什么意思。死了，灭了，岂不更好，何必穿衣吃饭？”他微笑道：“这样，岂不又太把自己和世界都看重了。不如行云流水似的，随他去就完了。”程姥姥还要往下说话，看见何彬面色冷然，低着头只管吃饭，也便不敢言语。

这一夜他忽然醒了。听得对面楼下凄惨的呻吟着，这痛苦的声音断断续续的在这沉寂的黑夜里只管颤动。他虽然毫不动心，却也搅得他一夜睡不着。月光如水，从窗纱外泻将进来。他想起了许多幼年的事情。慈爱的母亲，天上的繁星，院子里的花……他的脑子累极了，竭力的想摈绝这些思想，无奈这些事只管奔凑了来，直到天明，才微微的合一合眼。

他听了三夜的呻吟，看了三夜的月，想了三夜的往事。

眠食都失了次序，眼圈儿也黑了，脸色也惨白了。偶然照了照镜子，自己也微微的吃了一惊。他每天还是机械似的做他的事——然而在他空洞洞的脑子里，凭空添了一个深夜的病人。

第七天早起，他忽然问程姥姥对面楼下的病人是谁？程姥姥一面惊讶着，一面说："那是厨房里跑街的孩子禄儿；那天上街去了，不知道为什么把腿摔坏了。自己买块膏药贴上了，还是不好，每夜呻吟的就是他。这孩子真可怜，今年才十二岁呢，素日家勤勤恳恳极疼人的……"何彬自己只管穿衣戴帽，好像没有听见似的，自己走到门边，程姥姥也住了口，端起碗来，刚要出门，何彬慢慢的从袋里拿出一张钞票来，递给程姥姥说："给那禄儿罢，叫他请大夫治一治。"说完了，头也不回，径自走了，程姥姥一看那巨大的数目，不禁愕然，何先生也会动起慈悲念头来，这是破天荒的事情呵！她端着碗，站在门口，只管出神。

呻吟的声音，渐渐的轻了，月儿也渐渐的缺了。何彬还是朦朦胧胧的——慈爱的母亲，天上的繁星，院子里的花……他的脑子累极了，竭力的想摈绝这些思想，无奈这些事只管奔凑了来。

过了几天，呻吟的声音住了，夜色依旧沉寂着，何彬依旧"至人无梦"的睡着。前几夜的思想，不过如同晓月的微光，照在冰山的峰尖上，一会儿就过去了。

程姥姥带着禄儿几次来叩他的门，要跟他道谢；他好像忘记了似的，冷冷的抬起头来看了一看，又摇了摇头，仍去看他的书。禄儿仰着黑胖的脸，在门外张着，几次要哭了出来。

这一天晚饭的时候，何彬告诉程姥姥说他要调到别的局里去了，后天早晨便要起身，请她将房租饭钱，都清算一下。程姥姥觉得很失意，这样清静的住客，是少有的，然而究竟留他不得，便连忙和他道喜。他略略的点一点头，便回身去收拾他的书箱。

他觉得很疲倦，一会儿便睡下了。忽然听得自己的门钮动了几下，接着又听见似乎有人用手推的样子。他不言不动，只静静的卧着，一会儿也便渺无声息。

第二天他自己又关着门忙了一天，程姥姥要帮助他，他也不肯，只说有事的时候再烦你。程姥姥下楼之后，他忽然想起一件事来，绳子忘了买了。慢慢的开了门。只见人影儿一闪，再看时，禄儿在对面门后藏着呢。他踌躇着四围看了一看，一个仆人都没有，便唤道："禄儿你替我买几根绳子来，"禄儿趄的走过来，欢天喜地的接了钱，如飞走下楼去。

不一会儿，禄儿跑的通红的脸，喘息着走上来，一只手拿着绳子，一只手背在身后，微微的露着一两点金黄色的星儿。他递过了绳子，仰着头似乎要说话，那只手也渐渐的回过来。何彬却不理会，拿着绳子，自己便进去了。

他忙着都收拾好了，握着手周围看了看，屋子空洞洞的——睡下的时候，他觉得热极了，便又起来，将窗户和门，都开了一缝，凉风来回的吹着。

“依旧热得很。脑筋似乎很杂乱，屋子似乎太空沉。——累了两天了，起居上自然有些反常。但是为何又想起深夜的病人？慈爱的……不想了，烦闷的很！”

微微的风，吹扬着他额前的短发，吹干了他头上的汗珠，也渐渐的将他煽进梦里去。

四面的白壁，一天的微光，屋角几堆的黑影，时间一分一分的过去了。

慈爱的母亲，满天的繁星，院子里的花。不想了，烦闷……闷……

黑影漫上屋顶去什么都看不见了，时间一分一分的过去了。

风大了，那壁厢放起光明。繁星历乱的飞舞进来，星光中间缓缓地走进一个白衣的妇人，右手撩着裙子，左手按着额前。走近了，清香随将过来。渐渐的俯下身来看着，静穆不动的看着，目光里充满了爱。

神经一时都麻木了，起来罢，不能，这是摇篮里，呀！母亲，慈爱的母亲。

母亲呵！我要起来坐在你的怀里，你抱我起来坐在你的怀里。

母亲呵！我们只是互相牵连，永远不互相遗弃。

渐渐的向后退了，目光仍旧充满了爱。模糊了。星落如雨，横飞着都聚到屋角的黑影上。

“母亲呵，别走，别走！……”

十几年来隐藏起来的爱的神情，又呈露在何彬的脸上；十几年来不见点滴的泪儿，也珍珠般散落了下来。

清香还在，白衣的人儿还在。微微的睁开眼，四面的白壁，一天的微光，屋角的几堆黑影上，送过清香来。刚动了一动，忽然觉得有一个小人儿，蹑手蹑脚的走了出去，临到门口，还回过小脸儿来，望了一望。他是深夜的病人——是禄儿。

何彬竭力的坐起来，那边捆好了的书箱上面，放着一篮金黄色的花儿，他穿着单衣走了过去，花篮底下还压着一张纸，上面大字纵横，借着微光看时，上面是：

我也不知道怎样可以报先生的恩德。我在先生门口看了几次，桌子上都没有摆着花儿。这里有的是卖花的，不知道先生看见过没有？这篮子里的花，我也不知道是什么名字，是我自己种的，倒是香得很，我最爱它。我想先生也必是爱它。我早就要送给先生了，但是总没有机会。昨天听说先生要走了，所以赶紧送来。

我想先生一定是不要的。然而我有一个母亲，她因为爱我的缘故，也很感激先生。先生有母亲么？她也一定是爱先生的。这样，我的母亲和先生的母亲是好朋友了。所以先生必要收母亲的朋友的儿子的东西。

禄儿叩上

何彬看完了，捧着花儿，回到床前，什么定力都尽了，不禁呜呜咽咽的痛哭起来。

清香还在，母亲走了！窗内窗外，互相辉映的，只有月光，星光，泪光。

早晨程姥姥进来的时候，只见何彬都穿着好了，帽儿戴得很低，背着脸站在窗前。程姥姥赔笑着问他用不用点心，他摇了摇头。车也来了，箱子也都搬下去了。何彬泪痕满面，静默无声的谢了谢程姥姥，提着一篮的花儿，遂从此上车走了。

禄儿站在程姥姥的旁边，两个人的脸上，都堆着惊讶的颜色。看着车尘远了。程姥姥才回头对禄儿说：“你去把那间空屋子收拾收拾，再锁上门罢，钥匙在门上呢。”

屋里空洞洞的，床上却放着一张纸，写着：

小朋友禄儿：

我先要深深的向你谢罪，我的恩德，就是我的罪恶。你说你要报答我，我还不知道我应当怎样的报答你呢！

你深夜的呻吟，使我想起了许多的往事。头一件就是我的母亲，她的爱可以使我止水似的感情，重要荡漾起来。我这十几年来，错认了世界是虚空的，人生是无意识的。爱和怜悯都是恶德。我给你那送药费，里面不含着丝毫的爱和怜悯，不过是拒绝你的呻吟，拒绝我的母亲，拒绝了宇宙和人生，拒绝了爱和怜悯。上帝呵！这是什么念头呵！

我再深深的感谢你从天真里指示我的那几句话。小朋友呵！不错的，世界上的母亲和母亲都是好朋友，世界上的儿子和儿子也都是好朋友，都是互相牵连，不是互相遗弃的。

你送给我那一篮花之先，我母亲已经先来了。她带了你的爱来感动我。我必不忘记你的花和你的爱！也请你不要忘了，你的花和你的爱，是借着你朋友的母亲带了来的！

我是冒罪丛过的，我是空无所有的，更没有东西配送给你。然而这时伴着我的，却有悔罪的泪光，半弦的月光，灿烂的星光。宇宙间只有他们是纯洁无疵的。我要用一缕柔丝，将泪珠儿穿起，系在弦月的两端，摘下满天的星儿来，或在弦月的圆凹里，不也是一篮金黄色的花儿么？它的香气，就是悔罪的人呼吁的言词，请你收了罢。只有这一篮花配送给我！

天已明了，我要走了。没有别的话说了，我只感谢你，小朋友！再见，再见。世界上的儿子和儿子都是好朋友，我们永远是牵连着呵！

何彬草

我写了这一大篇，你未必都认得都懂得；然而你也用不着都懂得，因为你懂得的，比我多得多了！又及。

“他送给我的那一篮花儿呢？”禄儿仰着黑胖的脸儿，呆呆的望着天上。

⊙作品赏析

冰心的问题小说在“五四”的风潮中激起了阵阵涟漪，震撼了一批批带着苏醒梦幻的文学青年。她的小说首要的不在情节不在人物分析，而在于一个严肃的问题的提出，颇有点像中国传统文学中的重质轻文，但这却是它本身的意义。

《超人》并不是严格意义上的小说，恍似一个文学青年的心灵梦幻。讲述的是何彬冰冷地想着成为一个地道的超人，就像尼采的呼唤，就像陀思妥耶夫斯基笔下的拉斯科尼科夫，都在为了成为理论上的超人而苦苦追寻。可是深夜孩子的呻吟声撼动了他的宁静，让他开始想起花园想起母亲，最后终于在孩子送的花篮中挣脱了纯粹的幻想，带着追寻的意念放下心中沉积的包袱。就像文章中所说的：我的恩德就是我的罪恶。我错认了世界是空虚的——一篮花拯救了一个边缘的人。

当然文章的不足在这个改变的突兀性，整个故事缺乏生活的逻辑支撑。但这并不能影响这篇文章在整个文学史上不可替代的震撼意义。它提出了问题：成为超人的困惑；同时又解决了问题：成为超人只是孤独的幻想。 就像文章中所说的：世界上的人都是互相牵连的，不是互相遗弃的。这样的哲理性话语，必将为迷茫的青年一代指出一条明确的人生道路，而这本身是问题小说的关键。虽然没有散文与小诗的晶莹清丽，但更见的是文章在拙朴的表达下震撼人心的力度。这是时代的追求，也是时代的映像，没有诗意之美却掷地有声。

知名作家冯沅君的短篇小说精粹
一篇轰动当时文坛的杰作
一篇发自内心的思索和反抗

隔绝 / 冯沅君

青霭！再想不到我们计划得那样周密竟被我们的反动的势力战败了。固然我们的精神是绝对融洽的，然形式上竟被隔绝了。这是何等的厄运，对于我们的神圣的爱情！你现在也许悲悲切切的为我们的不幸的命运痛哭，也许在筹划救我出去的方法。如果你是个有为的青年你就走第二条路。

从车站回来就被幽禁在这间小屋内。这间屋内有床，有桌，有茶几，有椅子，茶碗面盆之类都也粗备。只是连张破纸一支秃头笔都寻不到。若不是昨晚我求我的表妹给我偷偷的送来几张纸和支自来水钢笔，恐怕我真要寂寞死了。死了你还不知道我是怎样死的！

今天已是我被幽禁的第二天！我在这小屋内已经孤零零的过了一夜。我的哥哥姐姐们虽然很和我表同情，屡次谏我的母亲不要这般执扭，可是都失败了。她说我们这种行为直同姘识一样，我不但已经丢尽她的面子，并且使祖宗在九泉下为我气愤，为我含羞。假如她们要再帮我，她就不活了。青霭呵！怎的爱情在我们看来是神圣的，高尚的，纯洁的，而他们却看得这样卑鄙污浊！

生命可以牺牲，意志自由不可以牺牲，不得自由我宁死。人们要不知道争恋爱自由，则所有的一切都不必提了。这是我的宣言，也是你常常听见的。我又屡次说道：我们的爱情是绝对的，无限的，万一我们不能抵抗外来的阻力时，我们就同走去看海去。你现在看我已到了这样境地，还是这样偷安苟活着，或者以为我背前约了。唉，若然，你是完全错误了。

世界原是个大牢狱，人生的途中又偏生许多荆棘，我们还留恋些什么。况且万一看了什么意外的变动，你是必殉情的，那末我怎能独生！我所以不在我母亲捉我回来的时候，就往火车轨道中一跳，只待车轮子一动我就和这个恶浊世界长别的原因，就是这样。此刻离那可怕的日子（逼我做刘家的媳妇的一天）还有三天，慕汉现尚未到家，我现在方运动我的表妹和姐姐设法救我出去。假如爱神怜我们的至诚，保佑我们成功，则我们日后或逃往这个世界的别个空间，或径往别个世界去，仍然是相互搀扶着。不然，我怕我现在纵然消灭了，我的母亲或许仍把我这副皮囊送葬在刘家坟内，那是多么可耻的事。

我的姊姊责备我，说我不该回此地来看母亲，不然，则鸿飞冥冥弋人何慕？我虽不曾同她深辩，我原谅她为我计划的苦

·作者简介·

冯沅君（1900～1974），出生于书香世家，也正是这样的家世渊源，冯沅君虽为女流，却也积淀下了深厚的学术功底，成为古典文学的大家，留下了弥足珍贵的《老子韵律初探》、《楚辞用韵之格式》。但更让作者声名鹊起的却是“五四”的时代浪潮，这位深受鲁迅赞誉的文学青年以悱恻缠绵的爱情形式披露了当时爱情婚恋的不能自由，被誉为是当时女性所能达到的最高的，也是让人无法企及的精神境界。创作了小说集《卷葹》，以抽心不死为喻，只身捍卫爱情的真谛，留下了像《隔绝》、《隔绝之后》、《旅行》这样的不朽篇章。在新时代与旧传统的夹缝中，展现了浓浓的时代气息。

心。可是，青霭！我承认她是错了，我爱你，我也爱我的妈妈，世界上的爱情都是神圣的，无论是男女之爱，母子之爱。试想想六十多岁的老母六七年不得见面了，现在有了可以亲近她老人家的机会，而还是一点归志没有，这算人吗？我此次冒险归来的目的是要使爱情在各方面的都满足。不想爱情的根本是只一个，但因为表现出来的方面不同就矛盾得不能两立了。

当我刚被送进这间小屋子的时候，我曾为我不幸的命运痛哭，哭得我的泪也枯了，嗓也哑了。我的母亲向来是何等慈善的性质，此刻不知怎样变得这样残酷，不但不来安慰我，还在隔壁对我的哥哥数我的罪状，说我们的爱情是大逆不道的。我听了更气，气了更哭，哭得倦了，呵！青霭呵！真奇怪，我不知几时室内的一切都变了，都变得和我们在京时一样！仿佛是热天，河中的荷叶密密的将水面盖了起来，好像一面翠色的毯子。红的花儿红得像我的双靥，白的更是清妍。在微波清浅的地方可以看得见游鱼唼喋萍藻，垂柳的条儿因风结了许多不同样的结子，风过处远远的送来阵阵清香大概是栀子之类。又似乎是早上，荷叶，荷花，柳村，道旁的小草都满带着滚滚的零露。天边残月的光辉映得白色的荷花更显清丽绝伦。我们都穿着极薄的白色衣服，因晨风过凉，相互拥抱着，坐在个石矶上边。你伸手折了个荷叶，当顶帽子往我头上戴。我登时抓了下来放在你的头上时，你夺去丢在一边。我生气了，你来赔罪，把我手紧紧握着，对我微笑。我也就顺势倚在你的怀里，一切自然的美景顷刻都已忘了，只觉爱的甜蜜神妙。天边起块黑云渐渐的长大起来，接着就落下青铜钱大的雨点子，更加着雷声隆隆，电光闪烁。忽然间你失了踪迹，我急得仰天大叫，我的爱人哪去了？……一急醒来，方知我是方才哭得太狠了，精神虚弱，因有此似梦非梦的幻觉。青霭！过去的一段玫瑰路上的光景比这好得多呢，世间的一切都是梦也都是真。幻与真究有什么分别，我们暂且多做几个好梦吧！

晚上没有月，星是极稠密的。十一点钟后人都睡了，四围真寂静呵，恐怕是个绣花针儿落在地上也可以听得出声音。黑洞的天空中点缀着的繁星，其间有堆不知叫作什么名字，手扯手作成了个大圆圈，看去同项圈上嵌的一颗颗的明珠宝石相仿佛。我此刻真不能睡了，我披衣下床来到窗前呆呆的对天空望着，历乱的星光，沉寂的夜景，假如加上个如眉的新月，不和去年冬天我们游中央公园那夜的景色一般吗？

就在这样的夜里，
月瘦如眉，
星光历乱，
一切喧嚣的声音，
都被摒在别个世界了。

就在这样的夜里，
我们相搀扶着，
一会伫立在社稷坛的西侧，
一会散步在小河边的老柏树下，
踏碎了柏子，

惊醒了宿鸦，
听得河冰夜裂的声音。

就在这样的夜里，
我们相拥抱着，
说了平日含羞不敢说的话，
拌了嘴，
又赔了罪，
更深深的了解了彼此的心际。

就在这样的夜里，
我们回想到初次见面的情况，
说着想着，
最后是相视而笑了。
爱的神秘，
夜的神秘，
这时节并在一起！

青霭！这不是我们去年的履迹吗？这不是你所称为极好的写实诗吗？朋友们读了这首诗不是都很羡慕我们的甜蜜的生活吗？当我望着黑而无际的天空，低低的含泪念着的时候，我觉得那天晚上的情景都在我的眼前再现了。但是……但是情形的再现终究和真的差得远，他来得越甜蜜，我的心越觉得酸苦，越觉得痛楚，现在想使我得安慰，除非你把我拥抱在你的怀里，然而事实上怎样能够哟！

青霭！记得吗？在会馆我们初次见面的时候，你从人缝中钻了出来，什么话都不说，先问别人哪位是维乃华女士？你记得吗？初秋天气，一个很清爽的早晨，我们趁着“鬼东西”的考试，去游三贝子花园，刚进动物园门，阵阵凉风吹来，树林间都发出一种沙刺的声音。我那时因为穿得过少，支持不了这凉风的势力，就紧紧的靠着你走。你开始敢于握我的手，待走到了畅观楼旁绿树丛里，你左手抱着我的右肩，右手拉着我的左手，在那里踱来踱去，几次试着要吻我，终归不敢。现在老实告诉你吧，青霭！那时我的心神也已经不能自持了，同“维特”的脚和“绿蒂”的脚接触时所感受的一样。你记得吗？因为在你室里你抱了我，把脸紧紧贴着我的右腮，我生气了回去写信骂你，你约我在东便门外河沿上道歉，刚相逢的时候两人都是默默无言，虽肚里装了千言万语，眼里充满了热泪。后来还是你勉强嗫嚅地说：“我明知道对于异性的爱恋的本能不应该在你身发展，你的问题是能解决的，我的问题是不能解决的……但是我不明白为什么对于我不爱的人非教我亲近不可，而对于我的爱人略亲近点，他们就视为大逆不道？”那时我虽然有些害怕，很诧异你怎的为爱情迷到这步田地，怕我们这段爱史得不着幸福的归结，但是听了你的“假如你承认这种举动对于你是失礼的地方，我只有自沉在这小河里；只要我们能永久这样，以后我听信你的话，好好读书。”教我心软了，我牺牲自己完成别人的情感，春草似的生遍了我的心田。我仿佛受了什么尊严的天命立刻就允许了你的要求，你记得吗？在这桩事发生后，不久我们又去逛二闸，踏遍了秋郊，寻不到个人们的眼光注射不到的地方。后来还是你借事支开了舟子，躲在芦花深处拥抱了一会，Kiss了几下，那时太阳已快要落了，红光与远山的黛色相映，渲染出片紫色的晚霞来。林头水边也还有他的余光依恋着。满目秋色显出一片无限的萧瑟和悲壮的美，更衬得我们的行为的艺术化了。无何苍茫的暮色自远而来，水上的波纹也辨不清晰，雪白的鸭儿更早已被人家唤了回去，我们不得不舍舟登陆，重寻来时的途径。我们并肩坐在船板上，我半身都靠在你的怀里，小舟过处，桨儿拨水的声音和芦荻的叶子发出的声音相和，宛如人们叹息的声气，但是我们心中的愉快，并不为外物所移。我们偎倚得更紧些，有时我想到前途的艰难，我几乎要倒在你怀里哭，你说我们的爱情是这样神圣纯洁，你还难受吗？你说我们立志要实现易卜生、托尔斯泰所不敢实现的……你记得吗？就在那年冬天，万生园内宴春园茶楼上，你在我的面前哭着，说除我而外你什么都不信仰……我就是你的上帝……实行……的请求。我回答你：自此而后我除了你而外不再爱任何一个人，我们永久是这样，待有了相当时机我们再……你的目的达到了，温柔的微笑登时在你那还含着余泪的眼上涌现出来，你先用手按着我的双肩，低低的叫我声姐姐，并说我们是……后来你拉我坐在你的怀里。我手摸着你的颈子，你的头部低低垂着，恰恰当我的胸前。你哭诉了你在这个世界上所经历的，所遭逢的，最末一句是“我自略知人事以来，没有碰到一桩满意的事，只有在我的爱人跟前不曾受过一次委屈……”往事怎堪回首呵！爱的种子何啻痛苦烦恼的源泉，在人们未生之前，造物主已把甜蜜的花和痛苦的刺调得均均匀匀的散布在人生的路上。造物主在造爱的糖果的时候，已将其中掺了痛苦的汁儿呵。不说了吧……我们的甜蜜生活岂是叙述得尽的，这种情景的回忆，已经将我的心撕碎了，怎忍再教他们撕你的心呢？爱的人儿啊！

青霭！我的唯一的爱人！不要为我伤心 !Hamlet 说只要我的躯壳属我的时候，我终是你的。我可以对你说，只要我的灵魂还有一星半点儿知觉，我终不负你。

糊里糊涂地昨天给你写了两大张，此后无论我的精神怎样错乱，我总努力将我每天在这小屋内发生的感想写出来，这种办法我认为是于人无损于我却有莫大的利益的。因为万一我今生不出这个樊笼，就到别个世界去了，你也可以由此得略知我被拘后的生活情况。我的表妹已自矢奋勇说将来无论如何总使你看到我这点血泪。唉，我的泪又流了，世间最惨的事，还有过于一个连死在那里的自由都被剥夺了的吗？我现在还不及个已判决死刑而又将就法场的囚徒。因为他可以预先知道在什么时候什么地方死，好教他的亲人看他咽临终一口气。我呢，也许当我咽这口气的时候，在我跟前的是我的不共戴天的仇人。

昨晚从给你写了那几句话后，我就勉强躺在床上，打算平心静气的想法儿逃走，谁知我们的过去的生活——甜蜜的生活，好像水被地心的吸力吸得不能不就下似的，在我心中涌出来了。呵，可惜人类的心太污浊了，最爱拿他们那卑鄙不堪的心，来推测别人。不然我怕没有一个人，只要他们曾听见过我们这回事，不相信并且羡慕我们的爱情的纯洁神圣的。试想以两个爱到生命可以为他们的爱情牺牲的男女青年，相处十几天而除了拥抱和接吻密谈外，没有丝毫其他的关系，算不算古今中外爱史中所仅见的。爱的人儿，我愿我们永久别忘了郑州旅馆中的最神圣的一夜哟！我们俩第一次上最甜蜜的爱的功课的一夜。呵，它的神秘和美妙！我含羞的默默的挨坐在床沿上不肯去睡，你来给我解衣服解到最里的一层，你代我把已解开的衣服掩了起来，低低的说道，请你自己解吧……说罢就远远的站在一边像有什么尊严的什么监督着似的……当你抱我在你的怀里的时候，我虽说曾想到将来家庭会用再强横没有的手段压迫我们，破坏我们，社会上会怎样非难我们，伏在你怀里哭，可是我真觉得置身在个四无人烟，荆棘塞路，豺虎咆哮的山谷中一样，只有你是可依托的，你真爱我，能救我……由此我深深的永久的承认人们的灵魂的确是纯洁的。这种纯洁只在绝对的无限的实用时方才表现出来。人之所以能为人也就在这点灵魂的纯洁。

当我这样想时天忽然下了雨了，淅淅沥沥打在窗外的芭蕉叶上，如怨如慕，如泣如诉。我曾竭诚默然的祝道，快下吧，雨呀，下大了把被人类践踏脏了的地面，好好洗净，重新播自由，高尚，纯洁的爱的种子。

我的一生可说为爱情播弄够了。因为母亲的爱，所以不敢毅然解除和刘家的婚约，所以冒险回来看她老人家。因为情人的爱，所以宁愿牺牲社会上的名誉，天伦的乐趣。这幕惨剧的作者是爱情，扮演给大家看的是我。我真要对上帝起交涉了。以后假如他不能使爱情在各方面都是调和的，我誓要他种一颗爱子，我拔一棵爱苗，绝不让爱字在这个世界再发现一次。索性让他们残酷得同野兽一样，你食我的肉，我寝你的皮，倒也痛快。

两天不自由的生活使我对于人间的一切明白了解了许多。我发现人类是自私的，纵然物质上可以牺牲自己以为别人，而精神上不妨因为要实现自己由历史环境得来的成见，置别人于不顾。母女可算是世间最亲爱的了，然而她们也不能逃出这个公例。其他更不用说了。又发现人间的关系无论是谁，你受他的栽培，就要受他的制裁，你说对吗？

今晨天忽晴了，阳光射在我的床上，屋内的一切似乎也都添了些生意。可是我的表妹同我的嫂嫂来看我时都很惊异的说我比昨天憔悴得更多了。我的表妹的大而有光的眼里，更装满了清泪，这也是不足为怪的。好生原是人类的本能，人生的经途中也不尽是毒蛇猛兽，我们这样轻生的心理原是变态的。

她们因为慰藉我的无聊起见，送了一瓶花来，嫣红姹紫，清香扑鼻，不过我心中的难受由此更加几倍。我想到你送我的海棠花映着灯光娇艳的样儿，想到你在你的小花园内海棠树下读书的情形。花原是爱的象征，你送我的花我都用从心坎上流出来的津液浸润着。当你在花下读书的时候，我曾用我的灵魂拥护你。现在呢，送花的人，爱花的人，都为造化小儿播弄到这步田地，眼看爱的花已经快要枯萎了，还说什么慰藉呢？

下午我又听见我的母亲在对我姐姐谈我们去年春天规定的计划并且痛痛的骂我们……青霭呵，伊尔文说每种关于爱情的计划都是可以原谅的，他们的见解怎的却和伊氏相反呢？

谢天谢地！我的表妹把我们的消息传通了，不然，我怕我们连死在一处的希望也没有了。可是再告诉你个怕人的消息：就是刘家的儿子今晚十二点就到家了（我的表妹说的）。我若不于今晚设法脱离此地，一定要像我说的看我咽最后一口气的人就是我的不共戴天之仇的人。但是事实上……不写明白，你总可猜得住。

青霭，虽然我们相见的希望还有一丝存在，但是我觉得穿黑衣的神已来我身旁了，我们的爱史的末一页怕就翻到了。我们统共都只活了二十四五年，学问上不能对于社会有所贡献，但是我们的历史确是我们自己应该珍重的。我们的精神我们自己应该佩服的。无论如何我们总未向过我们良心上所不信任的势力乞怜。我们开了为要求心爱自由而死的血路。我们应将此路的情形指示给青年们，希望他们成功。不遭人忌是庸才，我也不必难受了。我能跑出去同你搬家到大海中住，听悲壮的涛声，看神秘的月色更好，万一不幸我是死了，你千万不要短气，你可以将我们的爱史的前前后后详详细细写出。六百封信，也将他整好发表……

我的表妹来了，她愿将此信送给你，并告诉我这间房的窗子只隔道墙就是一条僻巷，很可以逾越。今晚十二时你可在墙外候我。

⊙作品赏析

冯沅君的笔法在当时显得颇为特别，总是在时代的美好憧憬与现实的艰涩残忍相互夹杂中透露人性的隐美，在青年的群体中引起不歇的共鸣。

《隔绝》是用第一人称以书信形式着力描写恋爱中的女性心理的佳作。作品通过主人公的倾诉，把一对青年男女对封建制度的不屈反抗，对恋爱自由的热烈追求，淋漓尽致地表现出来。小说中，作者以细腻率真的心理描写大胆地坦露了当时一般女性的不敢展示的恋爱心理，洋溢着反对封建礼教，打破封建思想镣铐的大无畏精神。在这些大胆的抒写中，作品展示给读者的不是庸俗与无聊，而是纯洁与庄重。

《隔绝》的笔法与情感基调都很类似于许地山的《命命鸟》，但所不同的是，她以女性独特的细腻心理分析取代了许地山宗教式的描述，别具一番风味。文章展现的是青年之间你情我愿的爱恋出现了家长阻隔的厄运，女方被寂寞地囚禁，等着出嫁成刘家的媳妇，在这月瘦如眉，星光缭乱的夜晚，哀戚地追忆着从前虽争吵却美好的时光，并发出了信誓旦旦的宣言：只要躯壳属于我的时候我终是你的。

文章的价值集中体现在人物的心理层次的分析上，以心理变迁为线索，以第一人称的手法，倾诉了爱情与旧时伦理的尖刻冲突，宣泄了积郁在作者内心的情感。杨义称誉道：这在五四作家中是首屈一指的。在立体型的时空安排中，完整描摹了主人公的心态变化的全程，展现了相爱的往昔，和现在为爱而死的决心。语言委婉清丽，亲切自然，评论家说这是一种成熟的大家手笔。

绣枕 / 凌叔华

入选理由：
凌叔华的小说代表作之一
揭示了中国旧式闺秀的孤寂、忧郁的隐秘内心世界

大小姐正在低头绣一个靠垫，此时天气闷热，小巴狗只有躺在桌底伸出舌头喘气的分儿，苍蝇热昏昏的满玻璃窗打转，张妈站在背后打扇子，脸上一道一道的汗渍，她不住的用手巾擦，可总擦不干。鼻尖刚才干了，嘴边的又点点凸出来。她瞧着她主人的汗虽然没有她那样多，可是脸热得浆红，白细夏布褂汗湿了一背脊，忍不住说道：

"大小姐，歇会儿，凉快凉快吧。老爷虽说明天得送这靠垫去，可是没定规早上或晚上呢。"

"他说了明儿早上十二点以前，必得送去才好，不能不赶了，你站过来扇扇。"小姐答完仍旧低头做活。

张妈走过左边，打着扇子，眼看着绣的东西，不住的啧啧称叹：

"我从前听人家讲故事，我总想那上头长得俊的小姐，也聪明灵巧，必是说书人信嘴编的，那知道就真有，这样一个水葱儿似的小姐，还会这一手活计！这鸟绣得真爱死人！"大小姐嘴边轻轻的显露一弧笑窝，但刹那便止。张妈话兴不断，接着说：

“哼，这一对靠枕儿送到白总长那里，大家看了，别提有多少人来说亲呢。门也得挤破了。听说白总长的二少爷二十多岁还没找着合适亲事，唔，我懂得老爷的意思，上回算命的告诉太太今年你是红鸾星照命主……”

“张妈，少胡扯吧。”大小姐停针打住说，她的脸上微微红晕起来。

此时屋内又是很寂静，只听见绣花针噗噗的一上一下穿缎子的声音和扶扶轻微的风响，忽然竹帘外边有一个十三四岁的女孩子叫道：

“妈，我来了。”

“小妞儿吗？这样大热的天来干什么？”张妈赶紧问。小妞儿穿着一身毛蓝布裤褂，满头汗珠，一张窝瓜脸热得紫涨，此时已经闪身入到帘内房门口边，只望着大小姐出神。她喘着气说：

“妈，昨儿四嫂子告诉我这里大小姐用了半年工夫绣了一对靠垫，光是那只鸟已经用了三四十样线，我不信有这样多颜色，四嫂子说，不信你赶快去看看，过两天还要送人呢。我今儿吃了饭就进城，妈，我到那边儿看看行吗？”

张妈听完连忙陪笑问：

“大小姐，小妞儿想看看你的活计行吗？”

大小姐抬头望望小妞儿，见她的衣服很脏，拿住一条灰色手巾只擦脸上的汗，嘴咧开极阔，露出两排黄板牙，瞪直了眼望里看，她不觉皱眉答：

“叫她先出去，等会儿再说吧。”

张妈会意这因为嫌她的女儿脏，不愿使她看的活，立刻对小妞儿说：

“瞧瞧你鼻子上的汗，还不擦把脸去。我屋里有洗脸水。大热天的这汗味儿可别熏着大小姐。”

小妞儿脸上显出非常失望的神气，听她妈说完还不想走出去。张妈见她不动，很不忍的瞪了她一眼，说：

“去我屋洗脸去吧。我就来。”

小妞儿撅着嘴掀帘出去。大小姐换线时偶尔抬起头往窗外看，只见小妞拿起前襟擦额上的汗，大半块衣襟都湿了。院子里盆栽的石榴吐着火血的花，直照着日光，更叫人觉得暑热，她低头看见自己的胳肢窝，汗湿了一大片了。

光阴一恍便是两年，大小姐还在深闺做针线活，小妞儿已经长成和她妈一样粗细，衣服也懂得穿干净的了，现在她妈告假回家，她居然能做替工。

夏天夜上，小妞儿正在下房坐近灯旁缝一对枕头顶儿，忽听见大小姐喊她，放下针线，就跑到上房。

·作者简介·

凌叔华(1900～1990)，生于北京，中国现代女作家。1922年入燕京大学外语系学习。1925年开始文学创作，与当时的冰心、庐隐、冯沅君、苏雪林等人齐名。1929年后在武汉大学、燕京大学任教多年。1974年出国，与丈夫陈源(陈西滢)旅居法、英、美、新加坡诸国，专研中外绘画，应邀为多所大学开设中国文学与书画专题讲座。1990年叶落归根，在北京病逝。她的作品淡雅幽丽，温婉细致，富有女性温柔的气质。主要作品有小说集《花之寺》、《女人》、《小哥儿俩》。

凌叔华像

她与大小姐捶腿时，便有一搭没一搭的说闲话：

“大小姐，前天干妈送我一对很好看的枕头顶儿，一边是一只翠鸟，一边是一只凤凰。”

“怎么还有绣半只鸟的吗？”大小姐似乎取笑她说。

“说起我这对枕头顶儿，话长哪。咳，为了它，我还和干姐姐呕了回子气，那本来是王二嫂子给我干妈的，她说这是从两个弄脏了的大靠垫子上剪下来的。新的时候好看极那。一个绣的是荷花和翠鸟，那一个是绣的一只凤凰站在石山上，头一天，人家送给她们老爷，就放在客厅的椅子上，当晚便被吃醉了的客人吐脏了一大片；另一个给打牌的人，挤掉在地上，便有人拿来当作脚蹈垫子用，好好的缎地子，满是泥脚印。少爷看见就叫王二嫂捡了去。干妈后来就和王二嫂要了来给我，那晚上，我拿回家来足足看了好一会子，真爱死人咧，只那凤凰尾巴就用了四十多样线。那翠鸟的眼睛望着池子里的小鱼儿真要绣活了，那眼睛真个发亮，不知用什么线绣的。”

大小姐听到这里忽然心中一动，小妞儿还往下说：

“真可惜，这样好看东西毁了。干妈前天见了我，教我剪去脏的地方拿来缝一对枕头顶儿。那知道干姐姐真小气，说我看见干妈好东西就想法子讨了去。”

大小姐没有理会她们呕气的话，却只在回想她在前年的伏天曾绣过一对很精细的靠垫——上头也有翠鸟与凤凰的。那时白天太热，拿不得针，常常留到晚上绣，完了工，还害了十多天眼病。她想看看这鸟比她的怎样，吩咐小妞儿把那对枕顶儿立刻拿来。

小妞儿把枕顶片儿拿来说：

“大小姐你看看这样好的黑青云霞缎的地子都脏了。这鸟听说从前都是凸出来的，现在已经蹈凹了。您看！这鸟的冠子，这鸟的红嘴，颜色到现在还很鲜亮，王二嫂说那翠鸟的眼珠子，从前还有两颗真珠子镶在里头，这荷花不行了，都成灰色了。荷叶太大，做枕顶儿用不着……这个山石旁还有小花朵儿……”

大小姐只管对着这两块绣花片子出神，小妞儿末了说的话，一句听不清了。她只回忆起她做那鸟冠子曾拆了又绣，足足三次，一次是汗污了嫩黄的线，绣完才发现；一次是配错了石绿的线，晚上认错了色；末一次记不清了。那荷花瓣上的嫩粉色的线她洗完手都不敢拿，还得用爽身粉擦了手，再绣……荷叶太大块，更难绣，用一样绿色太板滞，足足配了十二色绿线……做完那对靠垫以后，送给了白家，不少亲戚朋友对她的父母进了许多谀词，她的闺中女伴，取笑了许多话，她听到常常自己红着脸微笑，还有，她夜里也曾梦到她从来未经历过的娇羞傲气，穿戴着此生未有过的衣饰，许多小姑娘追她看，很羡慕她，许多女伴面上显出嫉妒颜色。那种是幻境，不久她也懂得，所以她永远不愿再想起它来撩乱心思。今天却碰到了，便一一想起来。

小妞儿见她默默不言，直着眼，只管看那枕顶片儿，说：

“大小姐也喜欢她不是？这样针线活，真爱死人呢。明儿也照样绣一对儿不好吗？”

大小姐没有听见小妞问的是什么，只能摇了摇头算答复了。

⊙作品赏析

《绣枕》是凌叔华的代表作，最初发表于1925年3月《现代评论》第1卷第15期上。小说发表后反响热烈，曾受到鲁迅的赞赏。小说中的主人公是一位美丽温柔的深闺小姐，她长时间地在家中默默地精心刺绣一对靠枕，完工后将其送给白总长，以便这位上层人物请客时为人赏识，纷纷来说亲。但绣枕送去的当晚，却被醉酒的客人吐脏踩坏，最终丢给家中的佣人。小说以此反映了旧时代的中国女性难以掌握自己命运的苦闷心境，描绘了中产人家温顺女性的孤寂和忧郁的灵魂。小说笔调清淡透逸，人物心理刻画细腻传神，富于诗情画意。

菱荡 / 废名

入选理由

废名的小说代表作之一

真实反映了旧时中国南方水乡的纯朴民风、人情世俗

入选我国多种短篇小说选本

陶家村在菱荡圩的坝上，离城不过半里，下坝过桥，走一个沙洲，到城西门。

一条线排着，十来重瓦屋，泥墙，石灰画得砖块分明，太阳底下更有一种光泽，表示陶家村总是兴旺的。屋后竹林，绿叶堆成了台阶的样子，倾斜至河岸，河水沿竹子打一个湾，潺潺流过。这里离城才是真近，中间就只有河，城墙的一段正对了竹子临水而立。竹林里一条小路，城上也窥得见，不当心河边忽然站了一个人——陶家村人出来挑水。落山的太阳射不过陶家村的时候（这时游城的很多），少不了有人攀了城垛子探首望水，但结果城上人望城下人，仿佛不会说水清竹叶绿——城下人亦望城上。

陶家村过桥的地方有一座石塔，名叫洗手塔。人说，当初是没有桥的，往来要摆渡。摆渡者，是指以大乌竹做成的筏载行人过河。一位姓张的老汉，专在这里摆渡过日，头发白得像银丝。一天，何仙姑下凡来，度老汉升天，老汉道："我不去。城里人如何下乡？乡下人如何进城？"但老汉这天晚上死了。清早起来，河有桥，桥头有塔。何仙姑一夜修了桥。修了桥洗一洗手，成洗手塔。这个故事，陶家村的陈聋子独不相信，他说："张老头子摆渡，不是要渡钱吗？"摆渡依然要人家给他钱，同聋子"打长工"是一样，所以决不能升天。

塔不高，一棵大枫树高高的在塔之上，远路行人总要歇住乘一乘阴。坐在树下，菱荡圩一眼看得见——看见的也仅仅只有菱荡圩的天地了，坝外一重山，两重山，虽知道隔得不近，但树林在山腰。菱荡圩算不得大圩，花篮的形状，花篮里却没有装一朵花，从底绿起，若是荞麦或油菜花开的时候，那又尽是花了。稻田自然一望而知，另外树林子堆的许多球，哪怕城里人时常跑到菱荡圩来玩，也不能一一说出，那是村，那是园，或者水塘四周栽了树。坝上的树叫菱荡圩的天比地更来得小，除了陶家村以及陶家村对面的一个小庙，走路是在树林里走了一圈。有时听得斧头斫树响，一直听到不再响了还是一无所见。那个小庙，从这边望去，露出一幅白墙，虽是深藏也逃不了是一个小庙。到了晚半天，这一块儿首先没有太阳，树色格外深。有人想，这庙大概是村庙，因为那么小，实在同它背后山腰里的水竹寺差不多大小，不过水竹寺的林子是远山上的竹林罢了。城里人有终其身没有向陶家村人问过这庙者，终其身也没有再见过这么白的墙。

陶家村门口的田十年九不收谷的，本来也就不打算种谷，太低，四季有水，收谷是意外的丰年（按，陶家村的丰年是岁旱）。水草连着菖蒲，菖蒲长到坝脚，树阴遮得这一片草叫人无风自凉。陶家村的牛在这坝脚下放，城里的驴子也在这坝脚下放，人又喜欢伸开他的手脚躺在这里闭眼向天。环着这水田的一条沙路环过菱荡。

菱荡圩是以这个菱荡得名。

·作者简介·

废名（1901～1967），本名冯文炳，在中国文学史上被推举为京派的作家代表。他的文学理念体现了周作人的行文风格，以《竹林的故事》、《桥》、《莫须有先生传》称道整个中国文坛。他的小说最为典型的特征是他的散文化，既融合了西方的现代小说技巧，也包含了中国传统古典诗文的笔调，使文风相对显得幽微，曾被单独称誉为废名风，甚至影响到了后来沈从文一脉的京派作家的文体思路和行文风格。但不足的是，他文章的跳跃性和艰涩的造境让文章的阅读显得相当费力，故而，虽然他在文学史上的名气大，但真正的读者却不多。

菱荡属陶家村，周围常青树的矮林，密得很。走在坝上，望见白水的一角。荡岸，绿草散着野花，成一个圈圈。两个通口，一个连菜园，陈聋子种的几畦园也在这里。

菱荡的深，陶家村的二老爹知道，二老爹是七十八岁的老人，说，道光十九年，剩了他们的菱荡没有成干土，但也快要见底了。网起来的大小鱼真不少，鲤鱼大的有二十斤。这回陶家村可热闹，六城的人来看，洗手塔上是人，荡当中人挤人，树都挤得稀疏了。

菱叶遮蔽了水面，约半荡，余则是白水。太阳当顶时，林茂无鸟声，过路人不见水的过去。如果是熟客，绕到进口的地方进去玩，一眼要上下闪，天与水。停了脚，水里唧唧响，水仿佛是这一个一个的声音填的！偏头，或者看见一人钓鱼，钓鱼的只看他的一根线。一声不响的你又走出来了。好比是进城去，到了街上你还是菱荡的过客。

这样的人，总觉得有一个东西是深的，碧蓝的，绿的，又是那么圆。

城里人并不以为菱荡是陶家村的，是陈聋子的。大家都熟识这个聋子，喜欢他，打趣他，尤其是那般洗衣的女人——洗衣的多半住在西城根，河水浑了到菱荡来洗。菱荡的深，这才被她们搅动了。太阳落山以及天刚刚破晓的时候，坝上也听得见她们喉咙叫，甚至，衣篮太重了坐在坝脚下草地上“打一栈”的也与正在槌捣杵的相呼应。野花做了她们的蒲团，原来青青的草被她们踏成了路。

陈聋子，平常略去了陈字，只称聋子。他在陶家村打了十几年长工，轻易不见他说话，别人说话他偏肯听，大家都嫉妒他似的这样叫他。但这或者不始于陶家村，他到陶家村来似乎就没有带别的名字了。二老爹的园是他种，园里出的菜也要他挑上街去卖，二老爹相信他一个人，回来一文一文的钱向二老爹手上数。洗衣女人问他讨萝卜吃——好比他正在萝卜田里，他也连忙拔起一个大的，连叶子给她。不过讨萝卜他就答应一个萝卜，再说他的萝卜不好，他无话回，笑是笑的。菱荡圩的萝卜吃在口里实在甜。

菱荡满菱角的时候，菱荡里不时有一个小划子（这划子一个人背得起），坐划子菱叶上打回旋的常是陈聋子。聋子到哪里去了，二老爹也不知道，二老爹或者在坝脚下看他的牛吃草，没有留心他的聋子进菱荡。聋子挑了菱角回家——聋子是在菱荡摘菱角！

聋子总是这样的去摘菱角，恰如菱荡在菱荡圩不现其水。

有一回聋子送一篮菱角到石家井去——石家井是城里有名的巷子，石姓所居，两边院墙夹成一条深巷，石铺的道，小孩子走这里过，故意踏得响，逗回声。聋子走到石家大门，站住了，抬了头望院子里的石榴，仿佛这样望得出人来。两匹狗朝外一奔，跳到他的肩膀上叫。一匹是黑的，一匹是白的，聋子分不开眼睛，尽站在一块石上转，两手紧握篮子，一直到狗叫出了石家的小姑娘，替他喝住狗。石家姑娘见了一篮红菱角，笑道：“是我家买的吗？”聋子被狗呆住了的模样，一言没有发，但他对了小姑娘牙齿都笑出来了。

小姑娘引他进门，一会儿又送他出门。他连走路也不响。

以后逢着二老爹的孙女儿吵嘴，聋子就咕噜一句：

“你看街上的小姑娘是多么好！”

他的话总是这样说的。

一日，太阳已下西山，青天罩着菱荡圩照样的绿，不同的颜色，坝上庙的白墙，坝下聋子人一个，他刚刚从家里上园来，挑了水桶，挟了锄头。他要挑水浇一浇园里的青椒。他一听——菱荡里洗衣的有好几个。风吹得很凉快。水桶歇下畦径，荷锄沿畦走，眼睛看一个一个的茄子。青椒已经有了红的，不到跟前看不见。

走回了原处，扁担横在水桶上，他坐在扁担上，拿出烟杆来吃。他的全副家伙都在腰边。聋子这个脾气厉害，倘是别个，二老爹一天少不了啰嗦几遍，但他是聋子。(圩里下湾的王四牛却这样说：一年四吊毛钱，不吃烟做个什么？何况聋子挑了水，卖菜卖菱角！)

打火石打得火喷——这一点是陈聋子替菱荡圩添的。

吃烟的聋子是一个驼背。

衔了烟偏了头听，是张大嫂，张大嫂讲了一句好笑的话。聋子也笑。

烟杆系上腰。扁担挑上肩。

“今天真热！”张大嫂的破喉咙。

“来了人看怎么办？”

“把人热死了怎么办？”

两边的树还遮了挑桶的，木桶的一只已经进了菱荡。

“嗳呀——”

“哈哈哈，张大嫂好大奶！”

这个绰号鲇鱼，是王大妈的第三个女儿，刚刚洗完衣服同张大嫂两人坐在岸上。张大嫂解开了她的汗湿的褂子兜风。

“我道是谁——聋子。”

聋子眼睛望了水，笑着自语——

“聋子！”

⊙作品赏析

《菱荡》是废名的短篇小说代表作之一。小说以舒缓的笔调描绘了一幅旧时中国南方水乡的世俗图，反映了旧时中国南方农民的生活状态、思想意识及人与人之间的纯朴、融洽的关系，塑造了一个诚实朴讷、憨厚风趣的农民陈聋子形象。小说语言自然质朴，娓娓道来，富于口语化，通篇没有很强的故事情节，对人物的语言、行为也只是轻描淡写，但人物形象栩栩如生、跃然纸上，读来趣味横生。小说意境幽丽，承转自然，语言清纯恬美，状物摹人，细腻传神，景物与人物相互映衬，水乳交融，画面感极强，给读者以身临其境般的感受，体现了废名独特的文风和创作技巧。

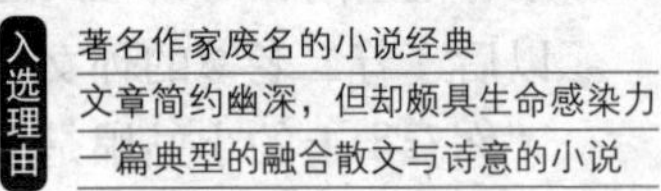

桃园 / 废名

王老大只有一个女孩儿，一十三岁，病了差不多半个月了。王老大一向以种桃为业，住的地方就叫作桃园，桃园简直是王老大的另一个名字。在这小小的县城里再没有别个种了这么多的桃子。

桃园孤单得很，唯一的邻家是县衙门，这也不能够叫桃园热闹，衙门口的那一座“照墙”望去已经不现其堂皇了，一眨眼就要钻进地底里去似的，而照墙距“正堂”还有好几十步之遥。照墙外是杀场，自从离开十字街头以来，杀人在这上面。说不定王老大得了这么一大块地就因为与杀场接壤里。这里，倘不是有人来栽树木，也只会让野草生长下去。

桃园的篱墙的一边又给城墙做了。但这时常惹得王老大发牢骚，城上的游人可以随手摘他的桃子吃。他的阿毛倒不大在乎，她还替城墙栽了一些牵牛花，花开的时候，许多女孩子跑来玩，兜了花回去。上城看得见红日头——这是指西山的落日，这里正是西城。阿毛每每因了这一个日头再看一看照墙上面的那天狗要吃的一个，也是红的。当那春天，桃花遍树，阿毛高高的望着园里的爸爸道：

“爸爸，我们桃园有两个日头。”

话这样说，小小的心儿实在满了一个红字。

你这日头，阿毛消瘦得多了，你一点也不减你的颜色！

秋深的黄昏。阿毛病了也坐在门槛上玩，望着爸爸取水。桃园里面有一口井。桃树，长大了的不算又栽了小桃，阿毛真是爱极了，爱得觉着自己是一个小姑娘，清早起来辫子也没有梳！桃树仿佛也知道了，阿毛姑娘今天一天不想端碗扒饭吃哩。爸爸担着水桶林子里穿来穿去，不是把背弓了一弓就要挨到树叶子。阿毛用了她的小手摸过这许多的树，不，这一棵一棵的树是阿毛一手抱大的！是爸爸拿水浇得这么大吗？她记起城外山上满山的坟，她的妈妈也有一个——妈妈的坟就在这园里不好吗？爸爸为什么同妈妈打架呢？有一回一箩桃子都踢翻了，阿毛一个一个的朝箩里拣！天狗真个把日头吃了怎么办呢？

阿毛看见天上的半个月亮了。天狗的日头，吃不掉的，到了这个时分格外的照彻她的天——这是说她的心儿。

秋天的天实在是高哩。这个地方太空旷吗？不，阿毛睁大了的眼睛叫月亮装满了，连爸爸已经走到了园的尽头她也没有去理会。月亮这么早就出来！有的时候清早也有月亮！

古旧的城墙同瓦一般黑，墙砖上青苔阴阴的绿——这个也逗引阿毛。阿毛似乎看见自己的眼睛是亮晶晶的！她不相信天是要黑下去，黑了岂不连苔也看不见？她的桃园倘若是种橘子才好，苔还不如橘子的叶子是真绿！她曾经在一个人家的院子旁边走过，一棵大橘露到院子外——橘树的浓荫俨然就遮映了阿毛了！但小姑娘的眼睛里立刻又是一园的桃叶。

阿毛如果道得出她的意思，这时她要说不称意罢。

桃树已经不大经得起风，叶子吹落不少，无有精神。

阿毛低声的说了一句：

"桃树你又不是害病哩。"

她站在树下，抱着箩筐，看爸爸摘桃，林子外不像再有天，天就是桃，就是桃叶，是这个树吗？这个树，到明年又是那么茂盛吗？那时她可不要害病才好！桃花她不见得怎样的喜欢，风吹到井里去了她喜欢！她还丢了一块石头到井里去了哩，爸爸不晓得！(这就是说没有人晓得)

"阿毛，进去，到屋子里去，外面风很凉。"

王老大走到了门口，低下眼睛看他的阿毛。

阿毛这才看见爸爸脚上是穿草鞋，爸爸走路不响。

"爸爸，你还要上街去一趟不呢？"

"今天太晚了，不去，起来。"

王老大歇了水桶伸手挽他的阿毛。

"瓶子的酒我看见都喝完了。"

"喝完了我就不喝。"

爸爸实在是好，阿毛可要哭了！当初为什么同妈妈打架呢？半夜三更还要上街去！家里喝了不算还要到酒馆里去喝！但妈妈明知道爸爸在外面没有回也不应该老早就把门关起来！妈妈现在也要可怜爸爸罢！

"阿毛，今天一天没有看见你吃点什么，老是喝茶，茶饱得了肚子吗？爸爸喝酒是喝得饱肚子的。"

"不要什么东西吃。"

慢慢又一句：

"爸爸，我们来年也买一些橘子来栽一栽。"

"买一些橘子来栽一栽！你晓得你爸爸活得几年？等橘子结起橘子来爸爸进了棺材！"

王老大向他的阿毛这样说吗？问他他自己也不答应哩。但阿毛的橘子连根拔掉了。阿毛只有一双瘦手。刚才，她的病色是橘子的颜色。

王老大这样的人，大概要喝了一肚子酒才不是醉汉。

"这个死人的地方鬼也晓得骗人！张四说他今天下午来，到了这么时候影子也不看见他一个！"

"张四叔还差我们钱吗？"阿毛轻声的说。

"怎么说不差呢？差两吊。"

这时月亮才真个明起来，就在桃树之上，屋子里也铺了一地。王老大坐下板凳脱草鞋——阿毛伏在桌上睡哩。

"阿毛，到床上去睡。"

"我睡不着。"

"你想橘子吃吗？"

"不。"

阿毛虽然说栽橘子，其实她不是想到橘子树上长橘，一棵橘树罢了。她还没有吃过橘子。

"阿毛，你手也是热的哩！"

阿毛——心里晓得爸爸摸她的脑壳又捏一捏手，枕着眼睛正在哭。

王老大一门闩把月光都闩出去了。闩了门再去点灯。

半个月亮，却也对着大地倾盆而注，王老大的三间草房，今年盖了新黄稻草，比桃叶还要洗得清冷。桃叶要说是浮在一个大池子里，篱墙以下都湮了——叶子是刚湮过的！地面到这里很是低洼，王老大当初砌屋，就高高的砌在桃树之上了。但屋是低的。过去，都不属桃园。

杀场是露场，在秋夜里不能有什么另外的不同，“杀”字偏风一般的自然而然的向你的耳朵吹，打冷噤，有如是点点无数的鬼哭的凝和，巴不得月光一下照得它干！越照是越湿的，越湿也越照。你不会去询问草，虽则湿的就是白天里极目而绿的草，你只再看一看黄草屋！分明的蜿蜒着，是路，路仿佛说它在等行人。王老大走得最多，月亮底下归他的家，是惯事——不要怕他一脚踏到草里去，草露湿不了他的脚，正如他的酒红的脖子算不上月下的景致。

城垛子，一直排；立刻可以伸起来，故意缩着那么矮，而又使劲的白，是衙门的墙；簇簇的瓦，成了乌云，黑不了青天……

这上面为什么也有一个茅屋呢？行人终于这样免不了出惊。

茅屋大概不该有。

其实，就王老大说，世上只有三间草房，他同他的阿毛睡在里面，他也着实难过，那是因为阿毛睡不着了。

衙门更锣响。

“爸爸，这是打更吗？”

“是。”

爸爸是信口答道。

这个令阿毛爽快：深夜响锣。她懂得打更，很少听见过打更。她又紧紧的把眼闭住——她怕了。这怕，路上的一块小石头恐怕也有关系。声音是慢慢的度来，度过一切，到这里，是这个怕。

接着是静默。

“我要喝茶。”

阿毛说。

灯是早已吹熄了的，但不黑，王老大翻起来摸茶壶。

“阿毛，今天十二，明天，后天，十五我引你上庙去烧香，去问一问菩萨。”

“是的。”

阿毛想起一个尼姑，什么庙的尼姑她不知道，记得面孔——尼姑就走进了她的桃园！

那正是桃园茂盛时候的事，阿毛一个人站在篱墙门口，一个尼姑歇了化施来的东西坐在路旁草上，望阿毛笑，叫阿毛小姑娘。尼姑的脸上尽是汗哩。阿毛开言道：

“师父你吃桃子吗？”

“小姑娘你把桃子给我吃吗？阿弥陀佛！”

阿毛回身家去，捧出了三个红桃。阿毛只可惜自己上不了树到树上去摘！

现在这个尼姑走进了她的桃园，她的茂盛的桃园。

阿毛张一张眼睛——

张了眼是落了幕。

阿毛心里空空的，什么也没有想，只晓得她是病。

“阿毛，不说话一睡就睡着了。”

王老大就闭了眼睛去睡。但还要问一句——

“要什么东西吃明天我上街去买。”

“桃子好吃。”

阿毛并不是说话说给爸爸听，但这是一声霹雳，爸爸的眼睛简直呆住了，突然一张——上是屋顶。如果不是夜里，夜里睡在床上，阿毛要害怕她说了一句什么叫爸爸这样！

桃子——王老大为得桃子同人吵过架，成千成万的桃子逃不了他的巴掌，他一口也嚼得一个，但今天才听见这两个字！

“现在哪里有桃子卖呢？”

一听声音话是没有说完。慢慢却是——

“不要说话，一睡就睡着了。”

睡不着的是王老大。

窗孔里射进来月光。王老大不知怎的又是不平！月光居然会移动，他的酒瓶放在一角，居然会亮了起来！王老大怒目而视。

阿毛说过，酒都喝完了。瓶子比白天还来得大。

王老大恨不得翻起来一脚踢破了它！世界就只是这一个瓶子——踢破了什么也完了似的！

王老大挟了酒瓶走在街上。

“十五，明天就是十五，我要引我的阿毛上庙去烧香。”

低头丧气的这么说。

自然，王老大是上街来打酒的。

“桃子好吃，”阿毛的这句话突然在他的心头闪起来了——不，王老大是站住了，街旁歇着一担桃子，鲜红夺目得厉害。

“你这是桃子吗？”

王老大横了眼睛走上前问。

“桃子拿玻璃瓶子来换。”

王老大又是一句：

“你这是桃子吗？”

同时对桃子半鞠了躬，要伸手下去。

桃子的主人不是城里人，看了王老大的样子一手捏得桃子破，也伸下手来保护桃子，拦住王老大的手——

“拿瓶子来换。”

“拿钱买不行吗？”

王老大抬了眼睛，问。但他已经听得背后有人嚷——

“就拿这一个瓶子换。”

一看是张四，张四笑嘻嘻的捏了王老大的酒瓶——他从王老大的肋下抽出瓶子来。

王老大喜欢极了：张四来了，帮同他骗一骗这个生人！他的酒瓶哪里还有用处呢？

“喂，就拿这一个瓶子换。”

“真要换，一个瓶子也不够。”

张四早已瞧见了王老大的手心里有十好几个铜子，道：

“王老大，你找他几个铜子。”

王老大耳朵听，嘴里说，简直是在自己桃园卖桃子的时候一般模样。

“我把我的铜子都找给你行吗？”

“好好，我就给你换。”

换桃子的收下了王老大的瓶子，王老大的铜子张四笑嘻嘻的接到手上一溜烟跑了。

王老大捧了桃子——他居然晓得朝回头的路上走！桃子一连三个，每一个一大片绿叶，王老大真是不敢抬头了。

“王老大，你这桃子好！”

路上的人问。王老大只是笑——他还同谁去讲话呢？

围拢来四五个孩子，王老大道：

“我替我阿毛买来的。我阿毛病了要桃子。”

“这桃子又吃不得哩。”

是的，这桃子吃不得——王老大似乎也知道！但他低头看桃子一看，想叫桃子吃得！

王老大的欢喜确乎走脱不少。然而还是笑——

“我拿我阿毛看一看……”

乒乓！

“哈哈哈，桃子玻璃做的！”

“哈哈哈，玻璃做的桃子！”

孩子们并不都是笑——桃子是一个孩子撞跌了的，他，他的小小的心儿没有声响的碎了，同王老大双眼对双眼。

⊙作品赏析

《桃园》讲述的是一个很迷离难懂的故事，但从整个背景的设置上就可以看到他的惨淡与惶惑。桃园孤立地坐落着，照墙外是个杀人的刑场，而文章中的女主人公正生着病，在桃园的现实与桃园迷离的幻境中展开故事的情节，既包括了种桃子的往事，也包含着寻觅桃子的现实，更夹杂着家庭的争吵和尼姑庵的迷信。整个色调就如同作者所形容的是橘子的橙黄，而故事的哀戚就像作者在文章中所说的：孩子们并不都是笑，桃子是一个孩子撞跌了他的小小心儿没有声响地碎了。

文章的形式确实是散文化的，在阅读中很难凝结到一处，就像周作人所说的，他的文章好像一道流水，大约总是向东去朝宗于海，他流过的地方总有什么汊港弯曲，总得灌注萦回一番。可以说他在叙事话语、审美形象以及叙事意蕴上都具有了他独到的生命禅意，也表征了他必然的孤独与寂寞的命运。他的文字师从周作人，展现了行文上的简约幽微，甚至也包含了平淡美的味道，虽然文章在整体上显得生涩，让人费解，据说在这个世界上仅有周作人与俞平伯是他的文化知己，能读懂废名的字里行间的玄机。

腊八粥 / 沈从文

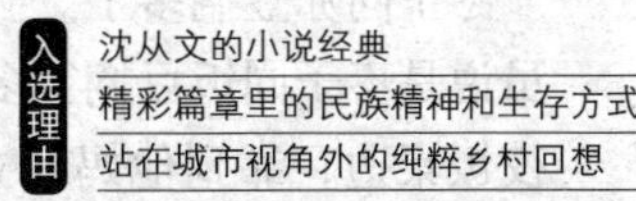

初学喊爸爸的小孩子，会出门叫洋车了的大孩子，嘴巴上长了许多白胡胡的老孩子，提到腊八粥，谁不口上就立时生一种甜甜的腻腻的感觉呢。把小米，饭豆，枣，栗，白糖，花生仁儿合并拢来糊糊涂涂煮成一锅，让它在锅中叹气似的沸腾着，单看它那叹气样儿，闻闻那种香味，就够咽三口以上的唾沫了，何况是，大碗大碗的装着，大匙大匙朝口里塞灌呢！

住方家大院的八儿，今天喜得快要发疯了。一个人出出进进灶房，看到那一大锅正在叹气的粥，碗盏都已预备得整齐摆到灶边好久了，但他妈总说是时候还早。

他妈正拿起一把锅铲在粥里搅和。锅里的粥也像是益发浓稠了。

"妈，妈，要到什么时候才……"

"要到夜里！"其实他妈所说的夜里，并不是上灯以后。但八儿听了这种松劲的话，眼睛可急红了。锅子中，有声无力的叹气正还在继续。

"那我饿了！"八儿要哭的样子。

"饿了，也得到太阳落下时才准吃。"

饿了，也得到太阳落下时才准吃。你们想，妈的命令，看羊还不够资格的八儿，难道还能设什么法来反抗吗？并且八儿所说的饿，也不可靠，不过因为一进灶房，就听到那锅子中叹气又像是正在呻唤的东西，因好奇而急于想尝尝这奇怪东西罢了。

"妈，妈，等一下我要吃三碗！我们只准大哥吃一碗。大哥同爹都吃不得甜的，我们俩光吃甜的也行……妈，妈，你吃三碗我也吃三碗，大哥同爹只准各吃一碗；一共八碗，是吗？"

"是呀！孥孥说得对。"

"要不然我吃三碗半，你就吃两碗半……""卜……"锅内又叹了声气。八儿回过头来了。

比灶矮了许多的八儿，回过头来的结果，亦不过看到一股淡淡烟气往上一冲而已！

锅中的一切，这在八儿，只能猜想……栗子会已稀烂到认不清楚了罢，赤饭豆会煮得浑身透肿成了患水臌胀病那样子了罢，花生仁儿吃来总已是面东东的了！枣子必大了三四倍——要是真的干红枣也有那么大，那就妙极了！糖若作多了，它会起锅巴……"妈，妈，你抱我起来看看罢！"于是妈就如八儿所求的把他抱了起来。

"……"他惊异得喊起来了，锅中的一切已进了他的眼中。

这不能不说是奇怪呀，栗子跌进锅里，不久就得粉碎，那是他知道的。他曾见过跌进到黄焖鸡锅子里的一群栗子，不久就融掉了。赤饭豆害水臌肿，那也是往常熬粥时常见的事。

花生仁儿脱了他的红外套，这是不消说的事。锅巴，正是围了锅边成一圈。总之，一切都成了如他所猜的样子了，但他却不想到今日粥的颜色是深褐。

"怎么，黑的！"八儿还同时想起染缸里的脏水。

“枣子同赤豆搁多了。”妈的解释的结果，是捡了一枚特别大得吓人的赤枣给了八儿。

虽说是枣子同饭豆搁得多了一点，但大家都承认味道是比普通的粥要好吃得多了。

夜饭桌边，靠到他妈斜立着的八儿，肚子已成了一面小鼓了。如在热天，总免不了又要为他妈的手掌麻烦一番罢。在他身边桌上那两只筷子，很浪漫的摆成一个十字。桌上那大青花碗中的半碗陈腊肉，八儿的爹同妈也都奈何它不来了。

“妈，妈，你喊哈叭出去了罢！讨厌死了，尽到别人脚下钻！”

若不是八儿脚下弃得腊肉皮骨格外多，哈叭也不会单同他来那么亲热罢。

“哈叭，我八儿要你出去，快滚罢……”接着是一块大骨头掷到地上，哈叭总算知事，衔着骨头到外面啃嚼去了。

“再不知趣，就赏它几脚！”八儿的爹，看那只哈叭摇着尾巴很规矩的出去后，对着八儿笑笑的说。

其实，“赏它几脚”的话，倘若真要八儿来执行，还不是空的？凭你八儿再用力重踢它几脚，让你八儿狠狠的用出吃奶力气，顽皮的哈叭，它不还是依然伏在桌下嚼它所愿嚼的东西吗？

因为“赏它几脚”的话，又使八儿的妈记起了许多他爹平素袒护狗的事。

“赏它几脚，你看到它欺负八儿，哪一次又舍得踢它？八宝精似的，养得它恣刺得怪不逗人欢喜，一吃饭就来桌子下头钻，赶出去还得丢一块骨头，其实都是你惯死了它！”这显然是对八儿的爹有点揶揄了。

“真的，妈，它还抢过我的鸭子脑壳呢。”其实这也只能怪八儿那一次自己手松。然而八儿偏把这话来帮助他妈说哈叭的坏话。

“那我明天就把哈叭带到场上去，不再让它同你玩。”果真八儿的爹的宣言是真，那以后八儿就未免寂寞了。

然而八儿知道爹是不会把狗带到场上去的，故毫不气馁。

“让他带去，我宝宝一个人不会玩，难道必定要一个狗来陪吗？”以下的话风又转到了爹的身上，“牵了去也免得天天同八儿争东西吃！”

“你只恨哈叭，哈叭哪里及得到梁家的小黄呢？”

“要是小黄在我家里，我早就喊人来打死卖到汤锅铺子去了。”八儿的妈说来脸已红红的！

小黄是怎么一个样子，乃值得八儿的爹提出来同哈叭相较呢？那是上隔壁梁家一只守门狗，有得是见人就咬的一张狠口。梁家因了这只狗，几多熟人都不敢上门了。但八儿的妈，时常过梁家时，那狗却像很客气似的，低低吠两声就走了开去。八儿的妈，以为这已是互相认识的一种表示了，所以总不大如别人样对这狗防备。上月子，为八儿做满八岁的生日，八儿的妈上梁家去借碓舂粑粑，进门后，小黄突然一变往日态度，毫不认账似的，扑拢来大腿腱子肉上咬了一口就走了。这也只能怪她自己，头上顶了那个平素小黄不曾见她顶过的竹簸。落后是梁四屋里人为敷上了止血药，又为把米粉舂好了事。转身时，八儿的妈就一一为他爹说了，还说那畜生连天天见面的人也认不清，真的该拿来打死起！因此一来，八儿的爹就找出一句为自己心爱这只哈叭护短的话了。

譬如是哈叭顽皮到使八儿的妈发气时，八儿的爹就把“比梁家小黄就不如了！”“那你喜欢小黄罢？”“我这哈叭可惜不会咬人！”一类足以证明这只哈叭虽顽皮实天真驯善的话来解围，自然这一类解围的话中，还夹着点逗自己奶奶开心的意味。

本来那一次小黄给她的惊吓比痛苦还多，请想，两只手正扶着一个大簸簸，而那畜生闪不知扑拢来就在你腱子肉上啃一下，怎不使人气愤？要是八儿家哈叭竟顽皮到同小黄一样，恐怕八儿的爹，不再要奶奶提议，也早做成打狗的杨大爷一笔生意了。

八儿不着意的把头转到门帘子脚边去，两个白花耳朵同一双大眼睛又在门帘下脚掀开处出现了。哈叭像是心里怯怯的，只把一个头伸进房来看里面的风色，又像不好意思似的（尾巴也在摇摆）。

“混账……”很懂事样子经过八儿一声吆喝，哈叭那个大头就不见了。

然而八儿知道哈叭这时还在门帘外边徘徊。

⊙作品赏析

沈从文是个特立独行而且取得了辉煌成就的作家，在新作家展望西方现代精英的城市文明时，他却固执于乡间边缘的传统的和民间的独特立场，写下了中国无可比拟的文学经典，就像作者自己所说的：他的文章比时下的所谓作家更是高出一筹。

《腊八粥》也相应地体现了作家的自然哲学，回归到自然完善的人性呼唤，并将他呈现为一种近乎完美的而且健康的生存形式。在文章中作者将整个腊八粥的氛围，孩子的纯真以及家庭融洽的亲情展露无疑。并以相当细腻的刻画解读了这一乡俗的魅力：甜甜腻腻的感觉让初学喊爸爸的孩子，会出门叫洋车的孩子，嘴巴上长了许多白胡子的老孩子乐不思蜀。

这样的篇章在今天无处不在的喧嚣中，让我们听到了他在文中所架构的纯美的叹息，并以他灵魂的震颤，将所有的乡村之美带出湘西，带向从未见过这样世面的城市人群。作家汪曾祺就曾对此做出评价：这样的篇章在中国，除了鲁迅，还有谁的文学成就比他高呢。这是一种看似清淡的笔墨，却昭示着丰厚的民族底蕴，就像鲁迅所说的：越是民族的就越能够为世界所接受。因为在他的文章里我们根本看不到喧嚣的纷争，只有湘西和他的倔强艰难的生活底层的挣扎，就像他自己所说的：我只是把我生命所走过的痕迹写在纸上。这是一种真纯的本性，超越了世俗的界定，而转归到真正的纯粹文学。

雨后 / 沈从文

入选理由

一篇展现作家性与人生观点的精彩篇章

以湘西的神秘震撼读者的心灵

对乡村唯美爱情的纯粹渲染

“我明白你会来，所以我等。”

“当真等我？”

“可不是，我看看天，雨快要落了，谁知道这雨要落多大多久，天又是黑的，我喊了五声，或者七声。我说，四狗，四狗，你是怎么啦！雨快要落了，不怕雷公打你么？全不曾回声。我以为你回家了。我又算……雨可真来了，这里树叶子响得怕人，我不怕，可只担心你。我知道你是不曾拿斗篷的。

雨水可真大，我躲在那株大楠木下，就是那株楠木，我们俩……忘记了么？你装。我要问你到底打哪儿来，身上也不湿多少，头又是光的，我问你，躲到什么洞里。”

四狗笑，四狗不答。他不说从家中来，她便明白的。

他坐到那人身边去，挤拢去坐，垫坐的是些桐木叶。

这时雨已过前山，太阳复出了，还可以看前山成块成片的云，像追赶野猪，只飞奔。四狗坐处四围是虫声，是树木枝叶上积雨下滴的声音，头上是个棚，雨后太阳蒸得山头出热气，四狗头上却阴凉。头上虽凉心却热，四狗的腰被两只手围着了。”

“四狗，”想说什么不及说，便打一声唿哨。

因为对山有同伴，同伴这时正吹着口哨找人。

同伴是在雨止以后又散在山头摘蕨菜，这时陪四狗坐的也是摘蕨人。

在两人背后有一个背笼，是她的。四狗便回头扳那背笼看。

“今天怎么只得这一点？……喔，花倒得了不少。还有莓咧，我正渴，让我吃莓吧。下了一阵雨，莓是洗淡了，这个可是雨前摘的？我喂你一颗，算我今天赔礼，不成吗？”

“要你赔礼？我才……”

她把围着四狗的腰的两只手放松了，去采地上的枯草。

“我告你，我也总有一天要枯的——一切也要枯，到八月九月，我总比你们枯得更早。”

四狗莫名其妙，他说道：

“我的天，我听不懂你的话。说什么枯不枯。”

“我也不一定要你懂，你总有一天懂的。”

“让我在这儿便懂，成不成？”

“你要懂，就懂了，载不得我说。”她又想，“聋子耳边响大雷，没得用处，”就哧的笑了。

四狗不再吃莓了，用手扳并排坐的人头。黑色的皮肤，红红的嘴，大大的眼睛与长长的眉毛。四狗这时重新来估价。鼻子小，耳朵大，下巴是尖的，这些地方四狗却放过了。他捏她辫子，辫子是在先盘在头上，像一盘乌梢蛇，这时这蛇挂在背后了，四狗不怕蛇咬人，从头捏至尾。

“你少野点。”说了却并不回头。

因为蛇尾在尾脊骨下，四狗的手不得到警告以前，已随随便便的……四狗渐渐明白自己的过错了。通常便如此，非使人稍稍生气，不会明白的。于是他亲她的嘴——把脸扭着不让这么办，所亲的只是耳下的颈子。四狗为这个情形倒又笑了。他算计得出，这是经验过的，像看戏一样，每戏全有打加官。打加官以后是……末了杂戏热闹之至。

稍停停，不让四狗见到那么背了脸，也笑了，四狗不必看也清楚。

四狗说：“莫发我的气好了。”

“怎么还说人发你的气。女人敢惹男子吗？嘘，七妹子，你莫颠！”

后面的话音扬得极高，为的是应付对山上一个女人的唱歌。对山七妹子知道这一边山草棚下有阿姐与四狗在，就唱歌弄人。

四狗是不常常唱歌的，除非是这时人隔一重山——然而如今隔一层什么？他的手，那只拈吃过特意为他摘来的三月莓的手，已大胆无畏从她胁下伸过去，抓定一只奶了。

但仍然得唱，唱的是：“大姐走路笑笑底，一对奶子翘翘底。心想用手摩一摩，心子只是跳跳底。”

四狗的心跳，说大话而已。习惯事情不能心跳了，除非是把桐木叶子作她的褥，四狗的身作她的被，那时得使四狗只想学狗打滚。

对山的七妹子，像看清四狗唱这歌情形下的一切，便大声的喊：“四狗！四狗！你又撒野了，我要告你们的状。”

“七妹子，你再发疯，你让我捶你！”

作妹的怕姐姐，经过一阵吓，便顾自规规矩矩扯蕨菜去了。这里的四狗不久两只手全没了空。

像捉鱼，这鱼是活的，却不挣，是四狗两手的感觉。

四狗不认字，所以当前一切却无诗意。然而听一切大小虫子的叫，听晾干了翅膀的蚱蜢各处飞，听树叶上的雨点向地下的跳跃，听在身边一个人的心跳，全是诗的。

“请你念一句诗给我听。”因为她读过书，而且如今还能看小说，四狗就这样请。

明白她是读书人，也就容易明白先时同四狗说话的深意了。她从书上知道的事，全不是四狗从实际上所能了解的事。

说是要枯了，女人只是一朵花，真要枯。知道枯比其他快，便应当更深的爱。然而四狗不是深深的爱吗？虽然深深的爱，总还有不够处，这是认字的过错。四狗幸好不认字，不然这一对，当更不知道在这样天气下找应当找的快乐了。

说是请念一句诗，她就想：

念深了又不能懂，浅了又赶不上山歌好，她只念：“落花人独立，微雨燕双飞。”景不洽，但情绪是这样情绪。总还有比这个更好的诗，她不能一一去从心中搜寻了。

四狗说这诗好——不是说诗好，他并不懂诗，是说念诗的人与此时情景好罢了。他说不出他的快乐，借诗泄气。

手是更其撒野了……

“这样天气是不准人放荡的天气，不知道么？”

四狗听到说天气，才像去注意天气一样，望望天。天是蓝分分的，还有白的云。白的云若能说是羊，则这羊是在海中走的。四狗没见过海，但是那么大，那么深，那么一望无边，天也可以说是海了。

“我说天气太好了，又凉，又清，又……”“你要成痨病才快活。”

“我成痨病时，你给我的要好多！”四狗意思是身体强，纵听过人说年轻人不注意身体就会害痨病，然而痨病不是一时起的事。

“给你的——给你的什么？呸！”

到底给什么，四狗也说不出口。于是被呸了也不争这一口气。说出来，难道算聪明么？

到后他想到另外一个事情，要她把舌子让他咬。顽皮的章法，是四狗以外的别一个也想不出，不是四狗她也不会照办。

“四狗你真坏，跟谁学到这个？”

四狗不答，仍然吮，那么馋嘴，那么粘糍，活像一只叭儿狗。

“四狗……你去好了。”

“我去，你一个人在这里呆成？”

她却笑，望四狗，身子只是那么找不到安置处，想同四狗变成一个人。

她把眼闭着，还是说，“四狗，你去了吧。”

四狗要走，可也得呆一会儿。

他看她着急。这是有经验的。他仍然不松不紧的在她面前缠，则结果她将承认四狗在她面前放肆是必要的一件事。四狗“坏”，至少在这件事上是坏的，然而这是有纵容四狗坏的人在，不应当由四狗一人负责。

“我让你摆布，四狗可是，你让我……”一切照办，四狗到后被问到究竟给了他多少，可胡涂得红脸了。头上是蓝分分海样的天，压下来，然而有席棚挡驾，不怕被天压死。女人说，四狗，你把我压死了吧！也像有这样存心，到后可同天一样，作被盖的东西总不是压得人死的。

四狗得了些什么？不能说明。他得了她所给他的快活。然而快活是用升可以量还是用秤可以称的东西呢？他又不知道了。她也得了些，她得的更不是通常四狗解释的快乐两字。四狗给她一些气力，一些强硬，一些温柔，她用这些东西把自己陶醉，醉到不知人事。

一个年轻女人，得到男子的好处，不是言语或文字可以解说的，所以她不作声。仰天望，望得是四狗的大鼻子同一口白牙齿。然而这是放肆过后的事了。

“四狗，不许到井边吃那个冷水！”

在草棚的她向下山的四狗遥喊时，四狗已走到竹子林中，被竹子拦了她的眼睛了。

天气还早，不是烧夜火时候。雨不落了，她还是躺着，也不去采蕨菜。

⊙作品赏析

《雨后》较充分地体现了作家的自然哲学，回归到自然完善的人性呼唤，并将他呈现为一种近乎完美的而且健康的生存形式。文章完整地展现了湘西爱情的粗野与圣洁，文章中描写了雨后两个青年男女在大楠木下的私会，虽然不免涉及到过分亲密的举动，但在作者的笔下却以对话的巧妙形式，将浓烈的爱欲转归为唯美的场景：听一切大小虫子的叫，听晾干了翅膀的蚱蜢各处飞，听树叶上的雨点向地下的跳跃，听在身边一个人的心跳，全是诗的。这个意境就像诗中所吟唱的：落花人独立，微雨燕双飞。

这大概也是作者的独立在世俗之外的行文风格，我们知道在当时的社会氛围中，弥漫的正是战争的残酷的硝烟，但是在宁静的边缘的小城并没有受到这样的影响。同样的作家的心也保存着最后的纯粹，在他的眼光当中，展现的还是人性的描摹，而不是在时代的潮流中狂乱的迷失。在这一点上《雨后》就表达得相当精到，也可以说是作家的一贯心态的表征。语言依然纯朴，情感依然真挚，生活场景依然宁静。据评论家称，这是一种牧歌式的情调的运用，而深层的意蕴则是说他是以理想化的笔调来看待和处理自己的故乡的风俗事件，讲述的是优美与和谐，这样的运用给人以世外的淡然的感觉。好像自己就身处在迷幻当中一般，因为它所展示的正像是陶渊明的《桃花源记》一般的湘西的纯美的印象，充满了自然的气息。

月下小景 / 沈从文

沈从文的小说代表作之一

一曲凄楚的旧时代湘西地区青年男女的爱情挽歌

发表时引起轰动，在广大青年读者之间广为流传

初八的月亮圆了一半，很早就悬到天空中。傍了 ×× 省边境由南而北的横断山脉长岭脚下，有一些为人类所疏忽、历史所遗忘的残余种族聚集的山寨。他们用另一种言语，用另一种习惯，用另一种梦，生活到这个世界一隅，已经有了许多年。当这松杉挺茂嘉树四合的山寨，以及寨前大地平原，整个为黄昏占领了以后，从山头那个青石碉堡向下望去，月光淡淡的洒满了各处，如一首富于光色和谐雅丽的诗歌。山寨中，树林角上，平田的一隅，各处有新收的稻草积，以及白木作成的谷仓。各处有火光，飘扬着快乐的火焰，且隐隐的听得着人语声，望得着火光附近有人影走动。官道上有马项铃清亮细碎的声音，有牛项下铜铎沉静庄严的声音。从田中回去的种田人，从乡场上回家的小商人，家中莫不有一个温和的脸儿等候在大门外，厨房中莫不预备得有热腾腾的饭菜与用瓦罐炖热的家酿烧酒。

薄暮的空气极其温柔，微风摇荡大气中，有稻草香味，有烂熟了山果香味，有甲虫类气味，有泥土气味。一切在成熟，在开始结束一个夏天阳光雨露所及长养生成的一切。一切光景具有一种节日的欢乐情调。

柔软的白白月光，给位置在山岨上石头碉堡画出一个明明朗朗的轮廓，碉堡影子横卧在斜坡间，如同一个巨人的影子。碉堡缺口处，迎月光的一面，倚着本乡寨主的独生儿子傩佑，傩神所保佑的儿子，身体靠定石墙，眺望那半规新月，微笑着思索人生苦乐。

“……人实在值得活下去，因为一切那么有意思，人与人的战争，心与心的战争，到结果皆那么有意思。无怪乎本族人有英雄追赶日月的故事。因为日月若可以请求，要它们停顿在哪儿时，它们便停顿，那就更有意思了。”

这故事是这样的：第一个 ×× 人，用了他武力同智慧得到人世一切幸福时，他还觉得不足，贪婪的心同天赋的力，使他勇往直前去追赶日头，找寻月亮，想征服主管这些东西的神，勒迫它们在有爱情和幸福的人方面，把日子去得慢一点，在失去了爱，心子为忧愁失望所啮蚀的人方面，把日子又去得快一点。结果这贪婪的人虽追上了日头，却被日头的热所烤炙，在西方大泽中就渴死了。至于日月呢，虽知道了这是人类的欲望，却只是万物中之一的欲望，故不理会。因为神是正直的，不阿其所私的，人在世界上并不是唯一的主人，日月不单为人类而有。日头给一切生物热和力，月亮给一切虫类唱歌和休息，用这种歌声与银白光色安息劳碌的大地。日月虽仍然若无其事的照耀着整个世界，看着人类的忧乐，看着美丽的变成丑恶，又看着丑恶的称为美丽；但人类太进步了一点，比一切生物智慧较高，也比一切生物更不道德。既不能用严寒酷热来困苦人类，又不能不将日月照及人类，故同另一主宰人类心的创造的神，想出了一个办法，就是使此后快乐的人越觉得日子太短，使此后忧愁的人越觉得日子过长。人类既然凭感觉来生活，就在感觉上加给人类一种处罚。

这故事有作为月神与恶魔商量结果的传说，就因为恶魔是在夜间出世的。人都相信这是月亮作成的事，与日头毫无关系。凡一切人讨论光阴去得太快或太慢时，却常常那么诅咒：“日子，滚你的去吧。”痛恨日头而不憎恶月亮。土人的解释，则为人类性格中，慢慢的已经神性渐少，恶性渐多。另外就是月光较温柔，和平，给人以智慧的冷静的光，却不给人以坦白直率的热，因此普遍生物都欢喜月光，人类中却常常诅咒日头。约会恋人的，走夜路的，作夜工的，皆觉得月光比日光较好。在人类中讨厌月光的只是盗贼，本地方土人中却无盗贼，也缺少这个名词。

这时节，这一个年纪还刚满二十一岁的寨主独生子，由于本身的健康，以及从另一方面所获得的幸福，对头上的月光正满意的会心微笑，似乎月光也正对了他微笑。傍近他身边，有一堆白色东西。这是一个女孩子，把她那长发散乱的美丽头颅，靠在这年青人的大腿上，把它当作枕头安静无声的睡着。女孩子一张小小的尖尖的白脸，似乎被月光漂过的大理石，又似乎月光本身。一头黑发，如同用冬天的黑夜作为材料，由盘踞在山洞中的女妖亲手纺成的细纱。眼睛，鼻子，耳朵，同那一张产生幸福的泉源的小口，以及颊边微妙圆形的小涡，如本地人所说的藏吻之巢窝，无一处不见得是神所着意成就的工作。一微笑，一眣眼，一转侧，都有一种神性存乎其间。神同魔鬼合作创造了这样一个女人，也得用侍候神同对付魔鬼的两种方法来侍候她，才不委屈这个生物。

女人正安安静静的躺在他的身边，一堆白色衣裙遮盖到那个修长丰满柔软温香的身体，这身体在年轻人记忆中，仿佛是用白玉、奶酥、果子同香花调和削筑成就的东西。两人白日里来到这里，女孩子在日光下唱歌，在黄昏里和落日一同休息，现在又快要同新月一样苏醒了。

一派清光洒在两人身上，温柔的抚摩着睡眠者的全身。山坡下是一部草虫清音繁复的合奏。天上的那规新月，似乎在空中停顿着，长久还不移动。

幸福使这个孩子轻轻的叹息了。

他把头低下去，轻轻的吻了一下那用黑夜搓成的头发，接近那魔鬼手段所成就的东西。

远处有吹芦管的声音，有唱歌声音。身近旁有斑背萤，带了小小火把，沿了碉堡巡行，如同引导得有小仙人来参观这古堡的神气。

当地年青人中唱歌圣手的傩佑，唯恐惊了女人，惊了萤火，轻轻的轻轻的唱：

龙应当藏在云里，
你应当藏在心里。
…………

女孩子在迷胡梦里，把头略略转动了一下，在梦里回答着：

我灵魂如一面旗帜，
你好听歌声如温柔的风。

他以为女孩子已醒了，但听下去，女人把头偏向月光又睡去了。于是又接着轻轻的唱道：

人人说我歌声有毒，
一首歌也不过如一升酒使人沉醉一天，
你那敷了蜂蜜的言语，
一个字也可以在我心上甜香一年。

女孩子仍然闭了眼睛在梦中答着：

不要冬天的风，不要海上的风，
这旗帜受不住狂暴大风。
请轻轻的吹，轻轻的吹；
（吹春天的风，温柔的风，）
把花吹开，不要把花吹落。

小寨主明白了自己的歌声可作为女孩子灵魂安宁的摇篮，故又接着轻轻的唱道：

有翅膀鸟虽然可以飞上天空，
没有翅膀的我却可以飞入你的心里。
我不必问什么地方是天堂，
我业已坐在天堂门边。

女孩又唱：

身体要用极强健的臂膀搂抱，
灵魂要用极温柔的歌声搂抱。

寨主的独生子傩佑，想了一想，在脑中搜索话语，如同宝石商人在口袋中搜索宝石。口袋中充满了放光炫目的珠玉奇宝，却因为数量太多了一点，反而选不出那自以为极好的一粒，因此似乎受了一点儿窘。他觉得神祇创造美和爱，却由人来创造赞誉这神工的言语。向美说一句话，为爱下一个注解，要适当合宜，不走失感觉所及的式样，不是一个平常人的能力所能企及。

“这女孩子值得用龙朱的爱情装饰她的身体，用龙朱的诗歌装饰她的人格。”他想到这里时，觉得有点惭愧了，口吃了，不敢再唱下去了。

歌声作了女孩子睡眠的摇篮，所以这女孩子才在半醒后重复入梦，歌声停止后，她也就惊醒了。

他见到女孩子醒来时，就装作自己还在睡眠，闭了眼睛。女孩从日头落下时睡到现在，精神已完全恢复过来，看男子还依靠石墙睡着，担心石头太冷，把白羊毛披肩搭到男子身上去后，傍了男子靠着。记起睡时满天的红霞，望到头上的新月，便轻轻的唱着，如母亲唱给小宝宝听的催眠歌。

睡时用明霞作被，
醒来用月儿点灯。

寨主独生子哧的笑了。

“……”

“……”

四只放光的眼睛互相瞅着，各安置一个微笑在嘴角上，微笑里却写着白日中两个人的一切行为。两人似乎皆略略为先前一时那点回忆所羞了，就各自向身旁那一个紧紧的挤了一下，重新交换了一个微笑。两人发现了对方脸上的月光那么苍白，于是齐向天上所悬的半规新月望去。

远远的有一派角声与锣鼓声，为田户巫师禳土酬神所在处。两人追寻这快乐声音的方向，于是向山下远处望去。远处有一条河。

“没有船舶不能过河，没有爱情如何过这一生？”

“我不会在那条小河里沉溺，我只会在你这小口上沉溺。”

两人意思仍然写在一种微笑里，用的是那么暧昧神秘的符号，却使对面一个从这微笑里明明白白，毫不含糊。远处那条长河，在月光下蜿蜒如一条带子，白白的水光，薄薄的雾，增加了两人心上的温暖。

女孩子说到她梦里所听的歌声，以及自己所唱的歌，还以为他们两人都在梦里。经小寨主把刚才的情形说明白时，两人笑了许久。

女孩子天真如春风，快乐如小猫，长长的睡眠把白日的疲倦完全恢复过来，因此在月光下，显得如一尾鱼在急流清溪里，十分活泼。

只想说话，说的全是那些远无边际的、与梦无异的，年青情人在狂热中所能说的糊涂话、蠢话，完全说到了。

小寨主说：

“不要说话，让我好在所有的言语里，找寻赞美你眉毛头发美丽处的言语！”

“说话呢，是不是就妨碍了你的谄谀？一个有天分的人，就是谄谀也显得不缺少天分！”

“神是不说话的。你不说话时像……”

“还是做人好！你的歌中也提到做人的好处！我们来活活泼泼的做人，这才有意思！”

“我以为你不说话就像何仙姑的亲姊妹了。我希望你比你那两个姐姐还稍呆笨一点。因为得呆笨一点，我的言语字汇里，才有可以形容你高贵处的文字。”

“可是，你曾同我说过，你也希望你那只猎狗敏捷一点。”

“我希望它灵活敏捷一点，为的是在山上找寻你比较方便，为我带信给你时也比较妥当一点。”

“希望我笨一点，是不是也如同你希望羚羊稍笨一样，好让你嗾使那只猎狗追我时，不至于使我逃脱？”

“好的音乐常常是复音，你不妨再说一句。”

“我记得到你也希望羚羊稍笨过。”

“羚羊稍笨一点，我的猎狗才可以赶上它，把它捉回来送你。你稍笨一点，我才有相当的话颂扬你！”

“你口中体面话够多了。你说说你那些感觉给我听听。说谎若比真实更美丽，我愿意听你那些美丽的谎话。”

“你占领我心上的空间，如同黑夜占领地面一样。”

“月亮起来时，黑暗不是就只占领地面空间很小很小一部分了吗？”

“月亮照不到人心上的。”

“那我给你的应当也是黑暗了。”

“你给我的是光明，但是一种炫目的光明，如日头似的逼人熠耀。你使我糊涂。你使我卑陋。”

“其实你是透明的，从你选择阿谀时，证明你的心现在还是透明的。”

“清水里不能养鱼，透明的心也一定不能积存辞藻。”

“江中的水永远流不完，人心中的话永远说不完。不要说了，一张口不完全是说话用的！”

两人为嘴唇找寻了另外一种用处，沉默了一会。两颗心同一的跳跃，望着做梦一般月下的长岭，大河，寨堡，田坪。芦笙声音似乎为月光所湿，音调更低郁沉重了一点。寨中的角楼，第二次擂了转更鼓。女孩子听到时，忽然记起了一件事。把小寨主那颗年青聪慧的头颅捧到手上，眼眉口鼻吻了好些次数，向小寨主摇摇头，无可奈何低低的叹了一声气，把两只手举起，跪在小寨主面前来梳理头上散乱了的发辫，意思想站起来，预备要走了。

小寨主明白那意思了，就抱了女孩子，不许她站起身来。

“多少萤火虫还知道打了小小火炬游玩，你忙些什么？走到什么地方去？”

“一颗流星自有它来去的方向，我有我的去处。”

“宝贝应当收藏在宝库里，你应当收藏在爱你的那个人家里。”

“美的都用不着家：流星，落花，萤火，最会鸣叫的蓝头红嘴绿翅膀的王母鸟，也都没有家的。谁见过人蓄养凤凰？谁能束缚月光？”

“狮子应当有它的配偶，把你安顿到我家中去，神也十分同意！”

“神同意的人常常不同意。”

“我爸爸会答应我这件事，因为他爱我。”

“因为我爸爸也爱我，若知道了这件事，会把我照 ×× 族人规矩来处置。若我被绳子缚了沉到天坑里去时，那地方接连四十八根箩筐绳子还不能到底，死了，做鬼也找不出路来看你，活着做梦也不能辨别方向。”

女孩子是不会说谎的，×× 族人的习气，女人同第一个男子恋爱，却只许同第二个男子结婚。若违反了这种规矩，常常把女子用一扇小石磨捆到背上，或者沉入潭里，或者抛到天坑里。习俗的来源极古，过去一个时节，应当同别的种族一样，有认处女为一种有邪气的东西，地方族长既较开明，巫师又因为多在节欲生活中生活，故执行初夜权的义务，就转为第一个男子的恋爱。第一个男子可以得到女人的贞洁，但因此就不能够永远得到她的爱情。若第一个男子娶了这女人，似乎对于男子也十分不幸。迷信在历史中渐次失去了它本来的意义，习俗却把古代规矩保持了下来。由于 ×× 守法的天性，故年轻男女在第一个恋人身上，也从不作那长远的梦。“好花不能长在，明月不能长圆，星子也不能永远放光，” ×× 人歌唱恋爱，因此也多忧郁感伤气氛。常常有人在分手时感到“芝兰不易再开，欢乐不易再来”，两人悄悄逃走的。也有两人携了手沉默无语的一同跳到那些在地面张着大嘴、死去了万年的火山孔穴里去的。再不然，冒险的结了婚，到后被查出来时，就应当把女的向地狱里抛去那个办法了。

当地女孩子因为这方面的习俗无法除去，故一到成年，家庭即不大加以拘束，外乡人来到本地若喜悦了什么女子，使女子献身总十分容易。女孩子明理懂事一点的，一到了成年时，总把自己最初的贞操，稍加选择就付给了一个人，到后来再同自己钟情的男子结婚。男子中明理懂事的，业已爱上某个女子，若知道她还是处女，也将尽这女子先去找寻一个尽义务的爱人，再来同女子结婚。

但这些魔鬼习俗不是神所同意的。年青男女所作的事，常常与自然的神意合一，容易违反风俗习惯。女孩子总愿意把自己整个交付给一个所倾心的男孩子。男子到爱了某个女孩时，也总愿意把整个的自己换回整个的女子。风俗习惯下虽附加了一种严酷的法律，在这法律下牺牲的仍常常有人。

女孩子遇到了这寨主独生子，自从春天山坡上黄色棠棣花开放时，即被这男子温柔缠绵的歌声与超人壮丽华美的四肢所征服，一直延长到秋天，还极其纯洁的在一种节制的友谊中恋爱着。为了狂热的爱，且在这种有节制的爱情中，两人皆似乎不需要结婚，两人中谁也不想照习惯先把贞操给一个人蹂躏后再来结婚。

但到了秋天，一切皆在成熟，悬在树上的果子落了地，谷米上了仓，秋鸡伏了卵，大自然为点缀了这大地一年来的忙碌，还在天空中涂抹了些无比华丽的色泽，使溪涧澄清，空气温暖而香甜，且装饰了遍地的黄花，以及在草木枝叶间敷上与云霞同样的炫目颜色。一切皆布置妥当以后，便应轮到人的事情了。

秋成熟了一切，也成熟了两个年青人的爱情。

两人同往常任何一天相似：在约定的中午以后，在这个青石砌成的古碉堡上见面了。两人共同采了无数野花铺到所坐的大青石板上，并肩的坐在那里。山坡上开遍了各样草花，各处是小小蝴蝶，似乎对每一朵花皆悄悄嘱咐了一句话。向山坡下望去，入目远近皆异常恬静美丽。长岭上有割草人的歌声，村寨中有为新生小犊作栅栏的斧斤声，平田中有拾穗打禾人快乐的吵骂声。天空中白云缓缓的移，从从容容的流动，透蓝的天底，一阵候鸟在高空排成一线飞过去了，接着又是一阵。

两个年轻人用山果山泉充了口腹的饥渴，用言语微笑喂着灵魂的饥渴。对日光所及的一切唱了上千首的歌，说了上万句的话。

日头向西掷去，两人对于生命感觉到一点点说不分明的缺处。黄昏将近以前，山坡下小牛的鸣声，使两人的心皆发了抖。

神的意思不能同习惯相合，在这时节已不许可人再为任何魔鬼作成的习俗加以行为的限制。理知即或是聪明的，理知也毫无用处。两人皆在忘我行为中，失去了一切节制约束行为的能力，各在新的形式下，得到了对方的力，得到了对方的爱，得到了把另一个灵魂互相交换移入自己心中深处的满足。到后来，两个人皆在战栗中昏迷了，喑哑了，沉默了。幸福把两个年青人在同一行为上皆弄得十分疲倦，终于两人皆睡去了。

男子醒来稍早一点，在回忆幸福里浮沉，却忘了打算未来。女孩子则因为自身是女子，本能的不会忘却 ×× 人对于女子违反这习惯的赏罚，故醒来时，也并未打算到这寨主的独生子会要她同回家去。两人的年龄都还只适宜于生活在夏娃亚当所住的乐园里，不应当到这“必需思索明天”的世界中安顿。

但两人业已到了向所生长的一个地方、一个种族的习惯负责时节了。

“爱难道是同世界离开的事吗？”新的思索使小寨主在月下沉默如石头。

女孩子见男子不说话了，知道这件事正在苦恼到他，就装成快乐的声音，轻轻的喊他，恳切的求他，在应当快乐时放快乐一点。

×× 人唱歌的圣手，

请你用歌声把天上那一片白云拨开。

月亮到应落时就让它落去，

现在还得悬在我们头上。

天上的确有一片薄云把月亮遮住了，一切皆朦胧了。两人的心皆比先前黯淡了一些。

寨主独生子说：

“我不要日头，可不能没有你。”

“我不愿作帝称王，却愿为你作奴当差。”

女孩子说：

“这世界只许结婚不许恋爱。”

“应当还有一个世界让我们去生存，我们远远的走，向日头出处远远的走。”

“你不要牛，不要马，不要果园，不要田土，不要狐皮褂子同虎皮坐褥吗？”

“有了你我什么也不要了。你是一切：是光，是热，是泉水，是果子，是宇宙的万有。为了同你接近，我应当同这个世界离开。”

两人就所知道的四方各处想了许久，想不出一个可以容纳两人的地方。南方有汉人的大国，汉人见了他们就当生番杀戮，他不敢向南方走。向西是通过长岭无尽的荒山，虎豹所据的地面，他不敢向西方走。向北是三十万本族人占据的地面，每一个村落皆保持同一魔鬼所颁的法律，对逃亡人可以随意处置。只有东边是日月所出的地方，日头既那么公正无私，照理说来日头所在处也一定和平正直了。

但一个故事在小寨主的记忆中活起来了，日头曾炙死了第一个 ×× 人，自从有这故事以后，×× 人谁也不敢向东追求习惯以外的生活。×× 人有一首历史极久的歌，那首歌把求生的人所不可少的欲望，真的生存意义却结束在死亡里，都以为若贪婪这“生”只有“死”才能得到。战胜命运只有死亡，克服一切惟死亡可以办到。最公平的世界不在地面，却在空中与地底：天堂地位有限，地下宽阔无边。地下宽阔公平的理由，在

××人看来是相当可靠的，就因为从不听说死人愿意重生，且从不闻死人充满了地下。××人永生的观念，在每一个人心中皆坚实的存在。孤单的死，或因为恐怖不容易找寻他的爱人，有所疑惑，同时去死皆是很平常的事情。

寨主的独生子想到另外一个世界，快乐的微笑了。

他问女孩子，是不是愿意向那个只能走去不再回来的地方旅行。

女孩子想了一下，把头仰望那个新从云里出现的月亮。

水是各处可流的，
火是各处可烧的，
月亮是各处可照的，
爱情是各处可到的。

说了，就躺到小寨主的怀里，闭了眼睛，等候男子决定了死的接吻。寨主的独生子，把身上所佩的小刀取出，在镶了宝石的空心刀把上，从那小穴里取出如梧桐子大小的毒药，含放到口里去，让药融化了，就度送了一半到女孩子嘴里去。两人快乐的咽下了那点同命的药，微笑着，睡在业已枯萎了的野花铺就的石床上，等候药力发作。

月儿隐在云里去了。

⊙作品赏析

《月下小景》是沈从文根据周作人关于初夜权的性心理学理论所写的有关旧时湘西地区青年男女的爱情悲剧故事。故事中，一个寨主的独生子与一个美丽的少女相恋，但由于山寨里的规矩和风俗，女子同第一个男子恋爱，却只许同第二个男子结婚，两人的热烈恋爱就没了结果。到秋天，两人为求来生再聚，躺在山坡的石床上一同咽了毒药，殉情自尽。小说通过这对青年男女的爱情悲剧，斥责了旧时湘西一带的封建习俗对人性的伤害，说明在现代文明带来物质、道德、政治等方面的邪恶势力之前，一些旧思想、旧风俗早就在毁灭原始自然的美丽生命了。小说笔调沉着冲淡，语言优美细腻，情节结构自然顺畅，像传说一样展开。全篇情景交融，充满抒情诗的氛围和情调，画面感也极强，写人、叙事、状物熔于一炉，使人不自觉间随着作者的笔调走进美丽的湘西，去感受那凄楚哀婉的一幕。

拜堂 / 台静农

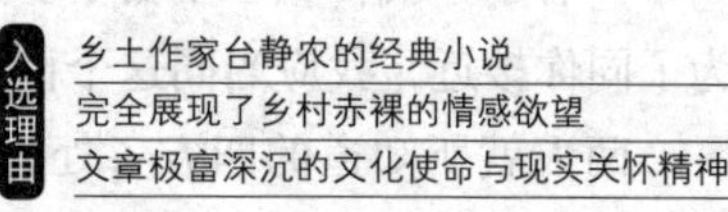

黄昏的时候，汪二将蓝布夹小袄托蒋大的屋里人当了四百大钱。拿了这些钱一气跑到吴三元的杂货店，一屁股坐在柜台前破旧的大椅上，椅子被坐得格格地响。

“哪里来，老二？”吴家二掌柜问。

“从家里来。你给我请三股香，数二十张黄表。”

“弄什么呢？”

“人家下书子[1]，托我买的。”

---

①下书子：过婚书。

“那么不要蜡烛吗？”

“他妈的，将蜡烛忘了，那么就给我拿一对蜡烛罢。”

吴家二掌柜将香表蜡烛裹在一起，算了账，付了钱。汪二在回家的路上走着，心里默默地想：同嫂子拜堂成亲，世上虽然有，总不算好事。哥哥死了才一年，就这样了，真有些对不住。转而想，要不是嫂子天天催，也就可以不用磕头[①]，糊里糊涂地算了。不过她说得也有理：肚子眼看一天大似一天，要是生了一男半女，到底算谁的呢？不如率性磕了头，遮遮羞，反正人家是笑话了。

·作者简介·

台静农（1903～1990），被鲁迅誉为乡土文学的典范作家，以“台君人极好”5个字盖棺定论。虽然台静农在晚年以坚实的文化意蕴散文享誉文坛，具备了学术考证与深沉文化审美的完美融合，但实际上更能体现作者风格的却是他的《地之子》中将乡间的死生、泥土的气息移在纸上的那种情感氛围。他那以精诚以赤血供奉这个世界上唯一信仰的精神，展现了浓烈的民族情感与深沉思索的人生态度。也正是这种风格让他得到了鲁迅的认可与赞誉，并选入他所编著的《中国新文学大系·小说二集》。

走到家，将香纸放在泥砌的供桌上。嫂子坐在门口迎着亮上鞋。

“都齐备了么？”她停了针向着汪二问。

“都齐备了，香，烛，黄表。”汪二蹲在地上，一面答，一面擦了火柴吸起旱烟来。

“为什么不买炮呢？”

“你怕人家不晓得么，还要放炮？”

“那么你不放炮，就能将人家瞒住了！”她深深地叹了一口气。“既然丢了丑，总得图个吉利，将来日子长，要过活的。我想哈[②]要买两张灯红纸，将窗户糊糊。”

“俺爹可用告诉他呢？”

“告诉他作什么？死多活少的，他也管不了这些，他天天只晓得问人要钱灌酒。”她愤愤地说。“夜里哈少不掉牵亲[③]的，我想找赵二的家里同田大娘，你去同她两个说一声。”

“我不去，不好意思的。”

“哼，”她向他重重地看了一眼。“要讲意思，就不该作这样丢脸的事！”她冷峭地说。

这时候，汪二的父亲缓缓地回来了。右手提了小酒壶，左手端着一个白碗，碗里放着小块豆腐。他将酒壶放在供桌上，看见了那包香纸，于是不高兴地说：

“妈的，买这些东西作什么？”

汪二不理他，仍旧吸烟。

“又是许你妈的什么愿，一点本事都没有，许愿就能保佑你发财了？”

汪二还是不理他。他找了一双筷子，慢慢地在拌豆腐，预备下酒。全室都沉默了，除了筷子捣碗声，汪二的吸旱烟声，和汪大嫂的上鞋声。

镇上已经打了二更，人们大半都睡了，全镇归于静默。

她趁着夜静，提了篾编的小灯笼，悄悄地往田大娘那里去。才走到田家荻柴门的时候，

①磕头：拜堂。

②哈：还的意思。

③牵亲：傧相。

已听着屋里纺线的声音，她知道田大娘还没有睡。

“大娘，你开开门。哈在纺线呢。”她站在门外说。

“是汪大嫂么？在那里来呢，二更都打了？”田大娘早已停止了纺线，开开门，一面向她招呼。

她坐在田大娘纺线的小椅上，半晌没有说话，田大娘很奇怪，也不好问。终于她说了：

“大娘，我有点事……就是……”她未说出又停住了。“真是丑事，现在同汪二这样了。大娘，真是丑事，如今有了四个月的胎了。”她头是深深地低着，声音也随之低微。“我不恨我的命该受苦，只恨汪大丢了我，使我孤零零地，又没有婆婆，只这一个死多活少的公公……我好几回就想上吊死去……”

“嗳，汪大嫂你怎么这样说！小家小户守什么？况且又没有个牵头[1]；就是大家的少奶奶，又有几个能守得住的？”

“现在真没有脸见人……”她的声音有些哽咽了。

“是不是想打算出门呢？本来应该出门，找个不缺吃不缺喝的人家。”

“不呀，汪二说不如磕个头，我想也只有这一条路。我来就是想找大娘你去。”

“要我牵亲么？”

“说到牵亲，真丢脸，不过要拜天地，总得要旁人的；要是不恭不敬地也不好，将来日子长，哈要过活的。”

“那么，总得哈要找一个人，我一个也不大好。”

“是的，我想找赵二嫂。”

“对啦，她很相宜，我们一阵去。”田大娘说着，在房里摸了一件半旧的老蓝布褂穿了。

这深夜的静寂的帷幕，将大地紧紧地包围着，人们都酣卧在梦乡里，谁也不知道大地上有这么两个女人，依着这小小的灯笼的微光，在这漆黑的帷幕中走动。

渐渐地走到了，不见赵二嫂屋里的灯光，也不听见房内有什么声音，知道她们是早已睡了。

“赵二嫂，你睡了么？”田大娘悄悄地走到窗户外说。

“是谁呀？”赵二嫂丈夫的口音。

“是田大娘么？”赵二嫂接着问。

“是的，二嫂你开开门，有话跟你说。”

赵二嫂将门开开，汪大嫂就便上前招呼：

“二嫂已经睡了，又麻烦你开门。”

“怎么，你两个吗，这夜黑头[2]从哪里来呢？”赵二嫂很惊奇地问。“你俩请到屋里坐，我来点灯。”

“不用，不用，你来我跟我说！”田大娘一把拉了她到门口一棵柳树的底下。低声地说了她们的来意。结果赵二嫂说：

---

①牵头：儿女。

②夜黑头：黑夜。

“我去，我去，等我换件褂子。”

少顷，她们三个一起在这黑的路上缓缓走着了，灯笼残烛的微光，更加黯弱。柳条迎着夜风摇摆，荻柴沙沙地响，好像幽灵出现在黑夜中的一种阴森的可怕，顿时使这三个女人不禁地感觉着恐怖的侵袭。汪大嫂更是胆小，几乎全身战栗得要叫起来了。

到了汪大嫂家以后，烛已熄灭，只剩下烛烬上一点火星了。汪二将茶已煮好，正在等着；汪大嫂端了茶敬奉这两位来客。赵二嫂于是问：

“什么时候拜堂呢？”

“就是半夜子时罢，我想。”田大娘说。

“你两位看着罢，要是子时，就到了，马上要打三更的。”汪二说。

“那么，你就净净手，烧香罢。”赵二嫂说着，忽然看见汪大嫂还穿着孝。“你这白鞋怎么成，有黑鞋么？”

“有的，今天下晚才赶着上起来的。”她说了，便到房里换鞋去了。

“扎头绳也要换大红的，要是有花，哈要戴几朵。”田大娘一面说着，一面到了房里帮着她去打扮。

汪二将香烛都已烧着，黄表预备好了。供桌检得干干净净的。于是轻轻地跑到东边墙外半间破屋里，看看他的爹爹是不是睡熟了，听在打鼾，倒放下心。

赵二嫂因为没有红毡子，不得已将汪大嫂床上破席子拿出铺在地上。汪二也穿了一件蓝布大褂，将过年的洋缎小帽戴上，帽上小红结，系了几条水红线；因为没有红丝线，就用几条棉线替代了。汪大嫂也穿戴周周正正地同了田大娘走出来。

烛光映着陈旧褪色的天地牌，两人恭敬地站在席上，顿时显出庄严和寂静。

“站好了，男左女右，我来烧黄表。”田大娘说着，向前将表对着烛焰燃起，又回到汪大嫂身边。

“磕罢，天地三个头。”赵二嫂说。

汪大嫂本来是经过一次的，也倒不用人扶持；听赵二嫂说了以后，却静静地和汪二磕了三个头。

“祖宗三个头。”

汪大嫂和汪二，仍旧静静地磕了三个头。

“爹爹呢，请来，磕一个头。”

“爹爹睡了，不要惊动罢，他的脾气又不好。”汪二低声说。

“好罢，那就给他老人家磕一个堆着罢。”

“再给阴间的妈妈磕一个。”

“哈有……给阴间的哥哥也磕一个。”

忽而汪大嫂的眼泪扑的落下地了，全身是颤动和抽搐；汪二也木然地站着，颜色变得可怕。全室中情调，顿成了阴森惨淡。双烛的光辉，竟黯了下去，大家都张皇失措了。终于田大娘说：

“总得图个吉利，将来哈要过活的！”

汪大嫂不得已，忍住了眼泪，同了汪二，又呆呆地磕了一个头。

第二天清晨，汪二的爹爹，提了小酒壶，买了一个油条，坐在茶馆里。

“给你老头道喜呀，老二安了家[1]。”推车的吴三说。

“道他妈的喜，俺不问他妈的这些事！”汪二的爹爹愤然地说。“以前我叫汪二将这小寡妇卖了，凑个生意本。他妈的，他不听，居然他俩个弄起来了！”

“也好。不然，老二到哪里安家去，这个年头？”拎画眉笼的齐二爷庄重地说。

“好在肥水不落外人田。”好像摆花生摊的小金从后面这样说。

汪二的爹爹没有听见，低着头还是默默地喝他的酒。

⊙作品赏析

《拜堂》讲述了一个动乱年代的爱情故事，当时是兵荒马乱的社会环境，男主人公汪二的哥哥汪大不幸丧生，他与自己的寡嫂朝夕相处。二人一个新寡，一个尚未结婚，在人性的本能和情感的驱使下，他们相好了。这是一种不合当时社会道德规范的恋情，二人也怀有某种罪恶感。于是，他们选择在夜深人静的时候悄悄拜堂，而拜堂一事则展现了汪二的病态心理及农村群体的各自不同的心态，不管是同情还是嗤之以鼻的，都逃不开世俗的尴尬。

小说善于在故事的描述中营造气氛，诸如为了展示这场婚姻的荒诞，小夫妻之间的偷偷摸摸的谨慎行事，隐瞒着自己的父亲，只是请两位颇富同情心的大妈作为见证人，特别在拜堂时向汪大的鞠躬，所表现出的那种幽深的感觉。而文章的语言也尽情展现了村民的乡俗野语，诸如：把她卖了换钱做生意、好在肥水不落外人田，十分吻合乡土文学的色彩，不仅在题材上，同时也在美学风格上全面展现了地方特色，以及对当时生活境遇的真切描述。

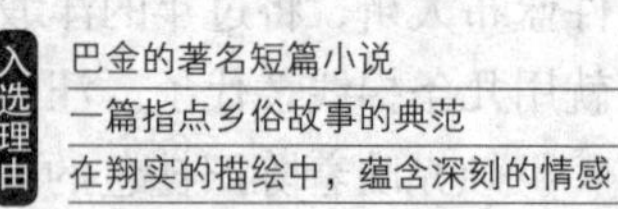

月夜 / 巴金

阿李的船正要开往城里去。

圆月慢慢地翻过山坡，把它的光芒射到了河边。这一条小河横卧在山脚下黑暗里，受到月光，就微微地颤动起来。水缓缓地流着，月光在水面上流动，就像要跟着水流到江里去一样。黑暗是一秒钟一秒钟地淡了，但是它还留下了一个网。山啦，树啦，河啦，田啦，房屋啦，都罩在它的网下。月光是柔软的，透不过网眼。

一条石板道伸进河里，旁边就泊着阿李的船。船停在水莲丛中，被密集丛生的水莲包围着。许多紫色的花朵在那里开放，莲叶就紧紧贴在船头。

船里燃着一盏油灯，灯光太微弱了。从外面看，一只睡眠了的船隐藏在一堆黑影里。没有人声，仿佛这里就是一个无人岛。然而的确有人在船上。

篷舱里直伸伸地躺着两个客人。一个孩子坐在船头打盹。船夫阿李安闲地坐在船尾抽烟。没有人说话，仿佛话已经说得太多了，再没有新的话好说。客人都是老客人。船每天傍晚开往城里去；第二天上午，就从城里开回来。这样的刻板似的日程很少改变过，这些老客人一个星期里面总要来搭几次船，在一定的时间来，不多说话，在舱里睡一觉，醒过来，船就到城里了。有时候客人在城里上岸，有时候客人转搭小火轮上省城去。那个年轻的客人是乡里的小学教员，家住在城里，星期六的晚上就要进城去。另一个客人

①安了家：娶了妻子。

是城里的商店伙计，在乡里有一个家。为了商店的事情他常常被老板派到省城去。

月光在船头梳那个孩子的乱发，孩子似乎不觉得，他只顾慢慢地摇着头。他的眼睛疲倦地闭着，但是有时又忽然大睁开看看岸上的路，看看水面。没有什么动静。他含糊地哼了一声，又静下去了。

“奇怪，根生这个时候还不来？”小学教员在舱里翻了一个身，低声自语着，他向船头望了望，然后推开旁边那块小窗板，把头伸了出去。

四周很静。没有灯光。岸上的那座祠堂也睡了。路空空地躺在月光下。在船边，离他的头很近，一堆水莲浮在那里，有好几朵紫色的花。

他把头缩回到舱里，就关上了窗板，正听见王胜（那个伙计）大声问船夫道：

“喂，阿李，什么时候了？还不开船？”

“根生还没有来。还早，怕什么！”船夫阿李在后面高声回答。

“根生每次七点钟就到了。今晚——”小学教员接口说，他摸出了表，然后又推开窗板拿表到窗口看，继续说：“现在已经七点八个字了。他今晚不会来了。”

“会来的，他一定会来的，他要挑东西进城去，”船夫坚决地说。“均先生，你们不要着急。王先生，你也是老客人。我天天给小火轮接送客人，从没有一次脱过班。”

均先生就是小学教员唐均。他说：“根生从来就没有迟到过，他每次都是很早就到的，现在却要人等他。”

“今晚恐怕有什么事把他绊住了，”伙计王胜说，他把右脚抬起来架在左脚上面。

“我知道他，他没什么事，他不抽大烟，又不饮酒，不会有什么事留住他。他马上就来！”船夫阿李从船尾慢慢地经过顶篷爬到了船头，一面对客人说话。他叫一声：“阿林！”在船头打盹的孩子马上站了起来。

阿李看了孩子一眼，就一脚踏上石板道。他向岸边走了几步，又回来解开裤子小便。白银似的水面上灿烂地闪着金光。圆月正挂在他对面的天空。银光直射到他的头上。月光就像凉水，把他的头洗得好清爽。

在岸上祠堂旁边榕树下一个黑影子在闪动。

“根生来了，”阿李欣慰地自语说，就吩咐孩子，“阿林，预备好，根生来，就开船。”

孩子应了一声，拿起一根竹竿把船稍微拨了一下，船略略移动，就横靠在岸边。

阿李还站在石板道上。影子近了。他看清楚那个人手里提了一个小藤包，是短短的身体。来的不是根生。那是阿张，他今天也进城去，他是乡里一家杂货店的小老板。

“开船吗？”阿张提了藤包急急走过来，走上石板道，看见阿李，便带笑地问。

“正好，我们还等着根生！”阿李回答。

“八点了！根生一定不来了。”小学教员在舱里大声说。

“奇怪，根生还没来？我知道他从来很早就落船的，”阿张说，就上了船。他把藤包放在外面，人坐在舱板上，从袋里摸出纸烟盒取了一根纸烟燃起来，对着月亮安闲地抽着。

“喂，阿李，根生来吗？”一个剪发的中年女人，穿了一身香云纱衫裤，赤着脚，从岸边大步走来，走上石板道就唤着阿李。

“根生？今晚大家都在等根生。他倒躲藏起来。他在什么地方，你该知道！”阿李咕噜地抱怨说。

“他今晚没曾来过？”女人着急了。

“连鬼影也没看见！”

“你不是在跟我开玩笑？人家正在着急！”女人更慌张地问。

“根生嫂，跟你开玩笑，我倒没工夫！我问你根生今晚究竟搭不搭船？”阿李摆着正经面孔说话。

“糟啦！”根生嫂叫出了这两个字，转身就跑。

“喂，根生嫂，根生嫂！回来！”阿李在后面叫起来，他不知道是什么一回事情。

女人并不理他。她已经跑上岸，就沿着岸边跑，忽然带哭声叫起了根生的名字。

阿李听见了根生嫂的哭叫，声音送进耳里，使他的心很不好受。他站在石板道上，好像是呆了。

“什么事？”三个客人都惊讶地问。阿张看得比较清楚。商店伙计爬起来从舱里伸出头问。小学教员推开旁边的窗板把头放在外面去看。

“鬼知道！”阿李掉过头，抱怨地回答。

“根生嫂同根生又闹了架，根生气跑了，一定是这样！”阿张解释说。“人家还说做丈夫的人有福气，哈哈！”他把烟头抛在水里，又吐了一口浓浓的痰，然后笑起来。

“根生从来没跟他的老婆闹过架！我知道一定有别的事！一定有别的事！”阿李严肃地说。他现在纳闷的样子，因为他也不知道这别的事究竟是什么事。

“根生，根生！”女人的尖锐的声音在静夜的空气里飞着，飞到远的地方去了。于是第二个声音又突然响了起来，去追第一个，这个声音比第一个更悲惨，里面荡漾着更多的失望。它不曾把第一个追回来，而自己却跟着第一个跑远了。

“喂，怎么样？阿李！”小学教员翻个身叫起来，他把窗板关上了。没有人回答他。

“开船吧！”商店伙计不能忍耐地催促起来，他担心赶不上开往省城的小火轮。

阿李注意地听着女人的叫声，他心上的不安一秒钟一秒钟地增加。他并不回答那两个客人的话。他呆呆地站在那里，听女人唤丈夫的声音，忽然说：“不行，她一定发疯了！”他就急急往岸上跑去。

“阿爸，”那个时时在船头上打盹的孩子立刻跳起来去追他，“你到哪里去？”

阿李只顾跑，不答话。孩子的声音马上就消灭了，在空气里不曾留下一点痕迹。空气倒是给女人的哀叫占据了。一丝，一丝，新的，旧的，仿佛银白的月光全是这些哀叫聚合而成的，它们不住地抖动，这些撕裂人心的哀叫，就像一个活泼的生命给毁坏了，给撕碎了，撕碎成一丝一丝，一粒一粒似的。

三个人在泥土路上跑着，一个女人，一个船夫，一个孩子。一个追一个。但是孩子跑到中途就站住了。

船依旧靠在石板道旁边，三个客人出来坐在船头，好奇地谈着根生的事情。全是些推测。每个人尽力去想象，尽力去探索。船上热闹起来了。

女人的哀叫渐渐低下去，于是停止了。阿李在一棵树脚下找到了那个女人，她力竭似地坐在那里，身子靠着树干，头发飘蓬，脸上满是泪痕，眼睛张开，望着对岸的黑树林。她低声哭着。

“根生嫂，你在干什么？你疯了吗？有什么事，你讲呀！”阿李跑上去一把抓住她，用力摇着她的膀子，大声说。

根生嫂把头一摆，止了哭，两只黑眼睛睁得圆圆地望着他，仿佛不认识他似的。过了半晌她才迸出哭声说：“根生，根生……”

“根生怎么样？你讲呀！”阿李追逼地问。

“我不知道。”女人茫然地回答。

“呸，你不知道，那么为什么就哭起来？你真疯啦！”阿李责骂地说，吐了一口痰在地上。

“他们一定把他抓去了！他们一定把他抓去了！”女人疯狂似地叫着。

“抓去？哪个抓他去？你说根生给人抓去了？”阿李恐怖地问。他的心跳得很厉害。根生是他的朋友。他想，他是个安分的人，人家为什么要把他抓去？

“一定是唐锡藩干的，一定是他！”根生嫂带着哭声说。“昨天根生告诉我唐锡藩在县衙门里报告他通匪。我还不相信。今天下午根生出去就有人看见唐锡藩的人跟着他。几个人跟着他，还有侦探。他就没有回家来。一定是他们把他抓去了。”她说了又哭。

“唐锡藩，那个拼命刮钱的老龟，他为什么要害根生？恐怕靠不住。根生嫂，你又不曾亲眼看见根生给抓去！”阿李粗声地安慰她。他的声音不及刚才的那样严肃了。

“靠不住？只有你才相信靠不住！唐锡藩没有做到乡长，火气大得很。他派人暗杀义先生，没有杀死义先生，倒把自己的乡长弄掉了！这几天根生正跟着义先生的兄弟敬先生组织什么农会，跟他做对。我早就劝他不要跟那个老龟做对，他不听我的话。整天嚷着要打倒土豪劣绅。现在完了。捉去不杀头也就不会活着回家来。说是通匪，罪名多大！”根生嫂带哭带骂地说。

“唐锡藩，我就不相信他这么厉害！”阿李咕噜地说。

“他有的是钱呀！连县长都是他的好朋友！县长都肯听他的话！”根生嫂的声音又大起来，两只眼睛在冒火，愤怒压倒了悲哀。“像义先生那样的好人，都要被他暗算……你就忘了阿六的事？根生跟阿六的事并没有两样。”恐怖的表情又在她的脸上出现了。

阿李没有话说了。是的，阿六的事情他还记得很清楚。阿六是一个安分的农民。农忙的时候给人家做帮工，没有工作时就做挑夫。他有一次不肯纳扁担税，带着几个挑夫到包税的唐锡藩家里去闹过。过两天县里公安局就派人来把阿六捉去了，说他有“通匪”的嫌疑，就判了十五年的徒刑。警察捉阿六的时候，阿六刚刚挑了担子走上阿李的船，阿李看得很清楚。一个安分的人，他从没有做过坏事，衙门里却说他“通匪”。这是什么样的世界呀！阿李现在相信根生嫂的话了。

阿李的脸色阴沉起来，好像有一块沉重的石头压在他的心上。他绞着手在思索。他想不出什么办法。脑子在发胀，许多景象在他的脑子里轮流变换。他就抓起根生嫂的膀子说：“快起来，即使根生真的给抓去了，我们也得想法救他呀！你坐在这里哭，有什么用处！”他把根生嫂拉起来。两个人沿着河边急急地走着。

他们走不到一半路，正遇着孩子跑过来。孩子跑得很快，高声叫着：“阿爸！”脸色很难看。“根生……”他一把拉住阿李的膀子，再也说不出第二句话。

“根生，什么地方？”根生嫂抢着问，声音抖得厉害。她跑到孩子的面前摇撼他的身子。

“阿林，讲呀！什么事？”阿李也很激动，他感到了一个不吉的预兆。

阿林满头是汗，一张小脸现出恐怖的表情，结结巴巴地说“根生……在……”他拉着他们两个就跑。

在河畔一段凸出的草地上，三个客人都蹲在那里。草地比土路低了好些。孩子第一个跑到那里去。“阿爸，你看！”他恐怖地大声叫起来。

根生嫂尖锐地狂叫一声，就跟着跑过去。阿李也跑去了。

河边有一堆水莲，紫色的莲花茂盛地开着。小学教员跪在草地上，正拿手拨开水莲，从那里露出了一个人的臃肿的胖身体，它平静地伏在水面上。香云纱裤给树根绊住了。左背下衫子破了一个洞。

“根生！”女人哀声叫着，俯下身子伸手去拉尸体，伤心地哭起来。

“不中用了！”小学教员掉过头悲哀地对阿李说，声音很低。

“一定是先中了枪。”商店伙计接口说。“看，这许多血迹！”

“我们把他抬上来吧，”杂货店的小老板说。

阿李大大地叹了一口气，紧紧捏住孩子颤抖的膀子，痴痴地望着水面。

根生嫂的哭声不停地在空中撞击，好像许多颗心碎在那里面，碎成一丝一丝，一粒一粒似的。它们渗透了整个月夜。空中、地上、水里仿佛一切全哭了起来，一棵树，一片草，一朵花，一张水莲叶。

静静地这个乡村躺在月光下面，静静地这条小河躺在月光下面。在这悲哀的气氛中，仿佛整个乡村都哭起来了。没有一个人是例外。每个人的眼里都滴下了泪珠。

这晚是一个很美丽的月夜。没有风雨。但是从来不脱班的阿李的船却第一次脱班了。

⊙作品赏析

《月夜》在巴金的小说中，仍然展现了他一贯的笔法，以家庭为中心衍射整个时代的风云变幻。有人说家是巴金文学的根，在小说中根生和阿香的家庭变故也同样涉及了整个社会大的环境背景。

小说从一开始就设置出悬念，一船的人都在等从未迟到过却在今天迟迟不来的根生，在寻常的等待中孕育着不寻常的气氛，也昭示着即将发生不可思议的事情。而情节的转折点在阿香的出现，她的到来，让文章的谜底更是扣人心弦，也让文章的最终答案呼之欲出。事实是根生在告发唐锡藩通匪后已经被枪杀了。而这个结局瞬间将这个河边的小故事扯上了整个中国的时代背景，可谓以小见大。

文章颇具特色的手法中有两点引人关注：其一是神态的传神描摹，诸如写等待的百无聊赖就从孩子写起——月光在船头梳那个孩子的乱发，孩子似乎不觉得，他只顾慢慢地摇着头，他的眼睛疲倦地闭着，但是有时又忽然大睁开看看岸上的路，看看水面；其二是环境氛围的渲染，在根生被发现的现场——静静地这个乡村躺在月光下面，静静地这条小河淌在月光下面，在这悲哀的氛围中，仿佛整个乡村都哭起来了。这是一种独特的审美，巴金在看似轻描淡写中寓寄了浓郁的情感内涵。有评论家说这是区别于鲁迅、茅盾理性色彩的独特的行文逻辑，好像在讲述别人的故事，但其实作者的感情又是喷薄愈发的，就如阿香的眼泪：好像许多颗心碎在那里面，碎成一丝一丝，一粒一粒似的。它们渗透了整个月夜。空中、地上、水里仿佛一切全哭了起来，一棵树，一片草，一朵花，一张水莲叶。

玫瑰花的香 / 巴金

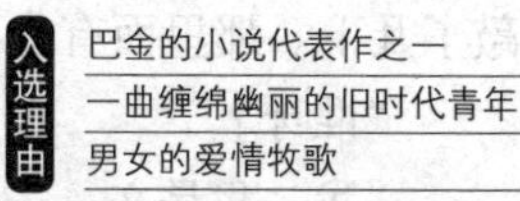

一

馨来了。她插了一束玫瑰花在我的花瓶里。花瓶放在书桌上，在那旁边摊开的吸墨纸套上面她留了一个字条：“玫瑰花是一个象征，你知道。”

玫瑰花瓣染着墨汁似的深红色就像一团一团的血。

我在书桌前面坐下来。我陷进了浓郁的馨雾里面。房里的景物在我的眼前渐渐地变得模糊了。

但我还在想：这是自由的象征，还是爱情的象征？难道馨会爱我？

于是在玫瑰花的香雾中我慢慢儿嗅到了别的气味。这仿佛是血的气味。血似乎也是香的。

馨近来对我很好，我也不知道这是为了什么缘故，我喜欢她，这是真的。朋友们说她爱我，我不相信。从她的嘴里我从没有听见一句关于爱情的话。她并不曾当面对我说过她爱我。

关于馨的事情，虽然朋友们谈得很多，实际上我知道的却很少。她为了反抗不自由的婚姻，三年前从她的家庭里逃跑出来，就住在这都市里读书。她的生活是很俭朴的，只靠着她的一个出嫁的姊姊来接济她。

朋友们常说馨活泼可爱，我也承认，不过近一两个月来她的态度却有些改变了。和她来往的男子并不少，有许多人追逐她，她却从来不曾和谁谈过恋爱。朋友修有一次在失望之余就气愤地骂她不懂恋爱，好些人都附和着这个批评。如今他们忽然又说她爱我。女人的心理恐怕只有鬼才知道罢，我知道：要获得馨的爱情，并不是一件容易事情。我从来就不敢做爱情的梦，更想不到去获得馨的爱情。

我不愿意再想这些事情，就从左边的书堆里拿了一本书来翻看，想把我的思想集中在书本上面。

这书是一个英国学者的著作，题名是自由论。一个很美丽的题名。我读了几页，忽然在那书页上发现了一个歪脸，它在讥笑我。同时一个声音在我的耳边响起来：“不错，自由是一个很美丽的名词，然而你真正懂得它的意义吗？”

谁在我的耳边说话？房里明明只有我一个人。难道是我自己在讥笑自己？

馨也在讥笑我罢。她不是说玫瑰花是一个象征吗？她说我知道，我知道那是自由的象征吗？

我突然变得烦躁起来。我的头好像被什么沉重的东西压着一般。房间里仿佛发了火。我不能够这样忍耐下去。我应该去找馨，找着她问个明白那是什么象征，问她究竟干着什么样的把戏。

馨住在一条僻静的街道里，她的住房是一个旧式的小楼。那房东是一个老太婆，她平日对馨很好，所以馨就在那里住了三年。

我怀着一颗热烈的心，在黑暗里摸索着登完了那狭小的楼梯。在馨的房门上我轻轻敲了几下。那里面有光亮。

“谁呀？”

“我，我是文。”

“请进来。”

馨给我开了门，她的充满了健康色的脸上露了一个愉悦的微笑。白衫子，花格子布短裙，下面是一双赤脚踏在一对木拖上。

“我知道你会来。”她带笑说。她让我在一把藤椅上坐了。

奇怪，她什么都知道。

她的房里也有一瓶玫瑰花，是放在一个矮桌上面的。我想起了我家里的那一瓶玫瑰花。

“那么你也该知道是为了玫瑰花的事情。”我接口说。我望着她的嘴唇，那嘴唇也是红的，唇边露着一圈微笑。

“呵，那玫瑰花，”她笑了，“我送你的那玫瑰花，难道你觉得它不好吗？”她的两只亮眼睛盯在我的脸上。

“不是这个，”我分辩说，“是为了那字条。你说的是什么象征，我不明白。”

“不明白？”她顽皮地嗤笑了。“像你这样聪明的人会不明白？我不相信！”

我只顾望着，她并不开口。

玫瑰花，那是爱情的象征，脸上依旧露着笑，声音很清朗，但我觉得似乎带了点颤抖。

我完全想不到她会说出这样的话。起初我还以为是听错了。她的这意思我简直不明白。

“爱情的象征？”我疑惑地重复念着。

“这不是很容易明白的吗？”她含笑说，那一对眼睛带了一种不可抗拒的力量望着我。

不错，我有些明白了。我的心渐渐跳动得厉害起来。我不知道我应该说什么话。我不知道应该怎样预备来接受那幸福。

“但是你该知道我并不爱花。”我笨拙地说了这句话，我的眼睛却不能不看她。

“这有什么关系呢？那是从前的事情。现在他们说——”她住了口。她的眼睛里冒出火来，把我全身的血都烧热了，我觉得我的脸开始在发烧。

我想：他们的话不错。

她的脸上也发了红。她的眼睛看得人不知道怎样才好。那眼光在变换，接连表示了好几种意思。但我却不懂得。我只有一个思想：抱吻她。没有过去，也没有将来。

“你不要装傻了！我早就看透了你的心。那一次在修的家里，他向我求爱的时候，我分明看见你的脸上起了一阵苦痛的拘挛。我拒绝他的爱，把这消息告诉你，你那时是多么高兴。”

她这时候会怎样猜度我的心呢？我在想什么，她决不会知道。我心里哀求着：不要说下去！你就把我拿去罢！

“你不记得两个星期以前，一个雨夜我一身湿淋淋的跑到你家里来，我说不愿意回到自己家里去。你就让我睡在你的床上，你自己却跑到一个朋友那里。那样大的雨，你一定要走，我留你也留不住。你那时候稍微聪明一点，你就可以把我拿到手了。你这傻子！”

她兴奋地说话，声音微微颤动着，就像在回忆当时的情景。她的引诱的眼光笼罩着我的脸。就像灯光一般，它把我的心照亮了。没有黑暗，没有痛苦。没有过去，没有未来。

在她的眼睛里我埋葬了一切。玫瑰花的香雾包围着我。

我站起来她也站起来。两个身子渐渐合在一起了。我没有说话，只是低唤着她的名字。

“去远了！那一切都去远了！这一刻，让我平静地度过这一刻……不要来搅扰我……文，你就在我的身边……”

她喃喃地说话，声音很低；颤动含糊。她好像是在和我说话，又像在对另一个人说话。

我胜利了！我把馨得到手了！我不能不得意地这样想。但这思想又被她的低语打插了。

“即使是梦也不要紧……我只要这片刻的安静……你们都走远些去罢……为什么单单缠绕着我一个人？文，你果真在我的身边么？”

我不能不开口了。我应该安慰她，使她明白我们不是在梦里。我很奇怪，她为什么会说这样的话。这和她平日的言行是不大符合的。

她不再开口了。那样热烈的拥抱使我忘记了一切。

不知道在什么时候一个哭声响了起来。女人的哭声，但不是在这房间里，是从邻近一个人家里送来的。

接着起了吵骂和物件撞击声。哭声愈响愈高，声音有点儿凄惨。我不知道是怎么一回事情。

馨忽然放松手，离开了我。她像从梦里醒过来似的，睁大了眼睛四面看。

“那丈夫又在打他的妻子了。”她低低说了一句，脸色就渐渐阴暗起来，好像有一个暗影坠到了她的心上。

我不说话，我很清楚地感觉到那激情是一秒钟一秒钟地消退了。

隔壁的活动并没有停止。丈夫在骂，妻子在哭。从那妇人的哭声里我似乎听到了“我与其活着这样受罪，还不如死了好”的话。

我用忧郁的疑问的眼光看着馨，好像在祈求她给我一个解释。

“这人家我很知道。丈夫是一个机器工人，从前性情还和平。他近两月来失了工，就渐渐变得暴躁了。他常常和妻子吵闹。有时候在外面借到一点钱喝了几杯酒回来，就借故打他的妻子。那妇人这个月里进了河南一家工厂里做工。她赚钱来养活他和两个小孩。可是丈夫打她的次数更多了。近来他们隔不到两三天晚上就要吵闹一次，有时候小孩也哭起来。”

她用忧郁的低音说话。她只是叙述一件事实，声音里并不带半点评判。我不能够知道她这时候心里在想什么。

不要管这事情罢。我们为什么不可以继续我们刚才的爱情的表现呢？我对自己说，我还想对她说，但是我的勇气已经消失了。

她的眼睛不再看我了，她站到窗前。她的眼睛在看别的地方。

隔壁的哭声继续着，声音却低了好些，后来就慢慢地停止了。接着是丈夫闭了嘴，让那女人悲声诉说她的不幸的境遇。

我不走，我在和自己挣扎。我等着机会来重燃起先前的那种热情。

忽然那女人的话语被一个男人的哭声压住了。那个男子一面大声哭，一面在说话。

馨掉头来看我，苦恼地解释说：“他们的吵闹常常是这样结局的。丈夫到后来就哭，说些责备自己的话。于是妻子就去劝慰他。”

我的脸上露了一个苦笑。我含糊地应了一声。我注意地看她的眼睛。那眼光变了，里面并没有爱情，只有一种深的苦恼。

我自己也被一种深的忧郁压住了。我不能够说出这是什么缘故。我想决不是因了那夫妇的吵闹。但是我不能不对自己说：今晚上对于我一切都完结了。

在玫瑰花的香雾里我又嗅着了血的气味。

她的苦恼的眼光还在我的脸上盘旋。那眼光仿佛在说：你去罢，现在用不着你了。

我走的时候，她给了我一个微笑。这微笑也是苦恼的。

我莫名其妙地到这里来，现在又莫名其妙地走了。

我在黑暗中摸索着下了楼梯。街中很冷静，只有一两个车夫拖着人力车慢慢儿走着。浓墨汁的天空里嵌着稀少的星点。

我有些疑惑是在做梦。我又想：我如果把今晚上的事情告诉修或别的朋友，他们一定会责备我说谎。

二

吃过晚饭我正要去看馨，却在公园里遇见了她，她站在铁栏杆前面，看那小屋里面囚着的鹫，看见她。我心里非常快活。

鹫，那只生在印度灵鹫山的猛禽站在铁棍上面望着她叫。她把手一拍，它就飞起来，它的翅膀真大，把那间小屋差不多遮去了一半。但是铁栏杆栏住了它，它只得落在地上。马上它又跳上了铁棍，又飞起来，又落在地上。它的锋利的嘴，它的锋利的眼睛，它的锋利的脚爪这时候都失掉效用了。它又绝望似的叫起来，好像在悲惜它的失去了的自由。

“这小屋和灵鹫山比起来不知差了多远！这时候鹫的心理我倒很想知道。”馨掉头对我这样说，她的眼睛里又露出了一种深的苦恼。在我们的头上阳光渐渐地熄灭了。

“馨。”我温和地唤了她一声，去把她的右手轻轻捏在我的手里。她的手好柔软！

她把身子向我这边移动，紧紧靠在我的身上。眼睛依旧望着那只在小屋里扑翅膀的猛禽。

“馨，你不记得昨晚说的话？那一切都去远了。只有我在你的身边……让我们找一个安静的地方，平静地过一些时候罢。”

她的身子微微抖着。我很深切地感觉到，而且我的身子也开始颤动了。过了半晌她掉转身低声说了一句：“我们走罢。”

在树阴道中我们缓步走着，她紧偎着我，一只手挽着我的膀子。

满地是树影。好几对男女青年在我们的旁边走过去。有些学生迎面走来，投了些好奇的眼光在我们的脸上。

“文，你说得不错，让我们找一块安静的地方逃避一些时候罢。”她低声说，我不知道她为什么用了“逃避”两个字。

“文，我需要暖热，这人间太冷了。我支持了三年，这三年不是很容易过去的呀！现在我怕，我怕我不能支持下去了。”她的这些话猛烈地震撼着我的心。那心开始痛了。

这时候我们走进了一条侧路，旁边有一条石凳是空着的。

“我们坐一会罢。”她说着就先坐下去，我也坐了。

“你用不着怕。我愿意帮助你。我一定帮助你支持下去。两颗心合在一起就可以和全世界宣战。我愿意把我的心，我的爱情完全献给你。”我热烈地说。我的声音里差不多要淌出眼泪来。我当时并不觉得我的话是怎样地夸大。

“我的过去生活里也充满了黑暗，但是从这时候起那一切都算完结了。你的眼睛就是我的明灯，它会把我的心照亮。我们两个就开始来建立我们的新生活罢。”爱情的幻象使我忘掉了一切。我的血快要燃烧起来。我恨不得把身子熔化了，熔化在她的爱情里，两个身子合在一起，铸成一个新的人。

“文，我需要你，我需要你的爱情。我需要男性的热来温暖我的心。你以后不要离开我。”

她的眼睛看着我的眼睛。她祈求似地对我说话。世界上似乎就只有我们两个人。

我了解她，她了解我。我们以后还说了许多话，许多使彼此的心因愉快而颤动的话。

于是我们两个离开了公园。依旧是她偎着我，一只手挽着我的膀子。

一辆汽车在我们的面前飞驰过去。这是一辆灰色的囚车，里面装了些武装的兵士。

一个阴影投在我的心上。没有一点疑惑，至少有一个人是被载去枪毙了。这个世界上并不是只有我们两个人。

我恐怖地偷偷去看馨的脸。方才那上面还笼罩着喜悦的光辉，可是如今完全黯淡了。

我们默默地走着。我不敢问她一句话，我怕她的回答会把我的全部希望都毁灭掉了。

我们走到了我的家。

“进去坐坐吗？”我担心地问。

“不，我要回去了。”她短短地回答。过后她又加了一句解释：“我有些不舒服。”

我想我知道这是什么缘故。我也不多说话，只淡淡说了一句：“好，我送你回去。”

我们依旧默默地走着，走到她家时天已经全黑了。

进了她的房间，我们对坐着。她不开口。我找些话来问她，她只是拿“是”或“不是”来回答。

“我这一晌来心情很不好，脾气很坏，要请你处处原谅。”她忽然说了这样的话，脸上露了一个忧郁的笑容。

是的，她这几天的确是脾气不好，喜怒无常，别人真没法知道她心里究竟在想些什么。她完全不是从前那样的活泼的姑娘。她自己如今也有些明白了。

然而我却对她说：“没有的事情！你完全和从前一样。”

“你不要骗我。我知道我近来有些变了。”她说着就笑起来。这一次她的忧郁渐渐淡了。我想我们的爱情也许就会重新燃烧起来的。

“馨，现在一切都去远了，这里就只有我们两个人。你为什么还拿忧郁的思想来折磨你自己呢？每个人都有恋爱的权利的。为什么我们就不该有？”我说着就走到她的身边去抱她。

她不拒绝我，只给我一个微笑。但她的接吻却是很热烈的。我知道她爱我。我觉得我更爱她。

那一瓶玫瑰花就在我们的身边。浓郁的香雾包围着我们，使我忘掉了一切。

世界上仿佛就只有我们两个人了。但是渐渐地哭声从隔壁人家送了过来。是低微的女人的哭声。我想不去听它，它却渗透了这僻静街道上的静寂的夜。

馨在我的怀抱中颤抖着。她不说话。我想她也许不曾听见。我希望那哭声马上就停止。

馨忽然挣脱了我的怀抱，惊惶地往四面看。她苦痛地低声说："那妇人又在哭了。"

这一句话就像一块石头打在我的心上。痛苦是没有终结的。我知道在这里在这晚上我们的爱情又完结了。

"馨，你明天就搬家罢！不要在这里住下去了。再住下去你就会变成疯狂的。在这个大都市里我们就不可以找一块安静的地方？"我极力在挽住那失去的希望，我祈求地对她说。

"安静的地方？"她低声重复念了一句，过后带了绝望的样子说："到处都是一样。毒已经蔓延到病人的全个身体了。"她的眼睛里射出了恐怖的光芒。她慢慢地掉头去看她的书桌。

她的话像毒汁一样地流进了我的心。但我不能够反驳她，她说的是真话。我恐怖地跟随着她的眼光去看书桌。那上面躺着一份港报。

长江一带发生水灾。日本飞机轰炸滦东乡村。上海某工厂失火，焚毙女工数十人……

这些字陆续映入我的眼帘。

馨的眼光转到我的脸上。我们交换了一瞥恐怖的眼光。

我无意间把肘一动，就把花瓶撞到地上了。一个响声打破了这屋里的沉寂。玻璃花瓶碎成了几片。地上积了一摊水，玫瑰花凌乱地散落在水里。

我惭愧地，苦恼地，恐怖地拾起花。她走过来扫地。我把玫瑰花握在手里，怜惜地吻它，那香味刺进我的鼻里，却使我的心发呕了。

完结了！今晚上又完结了！一切的希望都给摧残了！

"你不要管它。你就放在那里，等我自己慢慢儿来收拾它。"她这样说。那忧郁的眼光却说了要我走开让她一个人在家里的话。

我走了。心里却挂念着她。我走在街上，一切都变冷了。天空现了海水一般的深蓝色，在我的头上横着几大片黄色的云。

我忽然想到了几年前的屠杀。修告诉过我那时候在这些街上每隔五六步远就躺卧着一个残废的死尸，修自己在两次的危险里保全了性命。他说的决不是假话。

我仿佛看见许多鬼从地上爬起来跟在我后面走，我就害怕起来，拼命跑着，跑进了热闹的街道，才渐渐地把自己的纷乱的心曲镇定了。

我回到家里，心里只有黑暗和疲倦。那本自由论还躺在书桌上。我甚至不敢看那个书名。在这个环境，自由这名词不就是一个反面的讥刺么？

我疲倦地躺在床上，想着我和馨的恋爱会有什么样的结局。

门上忽然起了熟悉的敲声。

我不想站起来，在床上叫出了"进来"两个字。

门开了，进来的就是馨。想不到她这时候会来。

"你！"我叫着，我惊喜得跳了起来。

"今晚上我不要回家去了。"她疲倦地说，就像走过了很长远的路程。

"为什么你忽然又变了心？"我想问她，但我却不敢问。我怕这问话又会把这个好消息给我打消掉。我想我们的爱情有了转机了。

她在我的书桌前面坐下来，摸出手帕揩拭了额和嘴，用一种冷笑的声音念出了那自由论的书名，然后掉头对我说："那夫妇给警察带去了。你走后他们吵得更厉害，女的嚷着一定要去自杀……"

"不要谈这些事情了。为什么我们就不应该安静地过一刻呢？那爱情，我们就不该享受爱情的幸福吗？"我不顾一切，痛惜地用悲声打断了她的话。

她爱怜地看着我，她的面容，她的眼光都渐渐在改变了。她站起来，走到我的身边，我一把就抱着她。玫瑰花的香又使我忘掉了一切。

这晚上她睡在我的床上，我并没有到朋友那里去。这夜晚是美丽的，柔和的。当她的身子在我的热烈的拥抱下面颤抖的时候，她像唱歌似的用颤动的声音说：

"这一刻，就让它继续到永远罢……就让爱情来把那一切给我驱逐开罢……这一刻我只要嗅着玫瑰花的香……我只要见着你，黑暗，痛苦，寒冷，够了，我受得够了。我不能够支持下去了……温暖，我需要温暖，不要把温暖给我拿走罢……"

她说出了我心里的话。我的感情和她的是同样的。

这一刻我的全个身子都渗透了快乐。我想不到会有明天。

三

明天终于到了。昨晚的快乐似乎成了一个美丽的梦。在下面的街道上很早就响起了汽车的喇叭。

她临走的时候告诉我，她打算不再读书了。她的姊夫近来的经济情形很不好，商店生意坏，捐税又太重，今年亏本很大。她因此不愿意再拖累她的姊姊。

我自然用尽我的力量来安慰她，我还说我可以帮助她。她只是笑了笑。因为她知道我并没有这力量。

但是我想我一定有办法。

四

我和馨接连过了四天的快乐的生活。在这快乐中我们也看见了一些暗影。但它们终于被快乐掩盖了。

第五天我没有去找她，我被别的事情缠住了。但是我晚上回家却看见书桌上放了一个字条，她留下的字条。

她来过了。在字条上她写着这样的话：

"我是来告别的。毒已经蔓延到病人的全身了。我不能够再装做一个瞎子了。一刻的快乐只给了我以后的更长久的苦痛。玫瑰花瓣上面已经溅上了病人的脓血。我嗅到那毒气了。我要救自己，我便去做一个医生。你不要找我。我们将来一定可以在那病人的身边会见，我知道你有一天也会去做医生的。我热烈地吻你……

你的馨。"

我读了这字条还有些儿不明白她的意思。我连忙跑出去，雇了一部人力车一直坐到她的家。

我急急跑上楼去。她的房门开着。我去扭燃了电灯。

房里没有人。除了一点旧家具外，就没有别的东西。家具是房东的。无疑地馨是消失了。

我在房里徘徊着，不知道应该怎样做。忽然在屋角里我发现了一束玫瑰花，花瓣已经枯萎了。我拾起它来，拿到我的鼻上，一种淡淡的异样的香味慢慢儿沁入了我的鼻里，使我想起了她的字条上面的话。

“张先生，”一个女人的叫声把我从思索里唤醒过来，那是馨的房东，那个和蔼的老妇人，她带笑地望着我。她知道我是馨的好朋友。

“钟姑娘搬走了，她没有告诉过你吗？她说搭船到上海去。”她的带了皱纹的脸上露了惊讶的神情，她一定奇怪：我会不知道馨已经搬走了。

“我知道，”我含糊地应着。其实我知道的是另一件事情。到上海去，那是馨的假话。我知道馨一定在这城市里。

但是我到什么地方去寻找她呢？

我迟疑地望着那一束枯萎了的玫瑰花，我的眼泪慢慢儿滴在花瓣上面，从那里透出了一股一股的淡淡的异香。

⊙作品赏析

《玫瑰花的香》是巴金的短篇小说名作之一。小说通过一对青年男女之间聚聚散散的爱情经历，揭示了生活在黑暗时代的都市青年人尤其是青年女子难以主宰自己的命运，难以过一种自由温馨的爱情生活的冷酷现实，并塑造了一个柔弱而坚强、强烈追求自由的旧时代女性形象。小说以男女主人公之间的爱情波折为主线，不时穿插一些具有象征意义的细节描写，生动含蓄地勾勒出一幅旧时代青年人的爱情画像，表露了作者对自由美好爱情的强烈憧憬。小说语言素朴凝练，人物心理神情描写细腻幽微，情节起伏有致，象征、比喻、对比等手法运用巧妙。小说笔调舒展自如，富于散文化的抒情情调和气氛，是一篇文字优美、情节动人、思想隽永的短篇小说佳作。

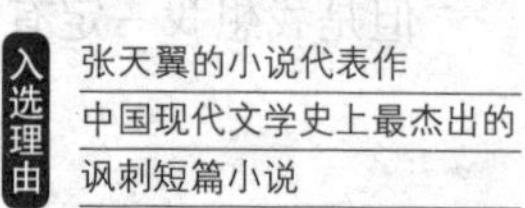

华威先生 / 张天翼

转弯抹角算起来——他算是我的一个亲戚。我叫他“华威先生”。他觉得这种称呼不大好。

“嗳，你真是！”他说。“为什么一定要个‘先生’呢。你应当叫我‘威弟’。再不然叫我‘阿威’。”

把这件事交涉过了之后，他立刻戴上了帽子：

“我们改日再谈好不好？我总想畅畅快快跟你谈一次——唉，可总是没有时间。今天刘主任起草了一个县长公余工作方案，硬要叫我参加意见，叫我替他修改。三点钟又还有一个集会。”

这里他摇摇头，没奈何地苦笑了一下。他声明他并不怕吃苦：在抗战时期大家都应当苦一点。不过——时间总要够支配呀。

“王委员又打了三个电报来，硬要请我到汉口去一趟。这里全省文化界抗敌总会又成立了，一切抗战工作都要领导起来才行。我怎么跑得开呢，我的天！”

于是匆匆忙忙跟我握了握手，跨上他的包车。

他永远挟着他的公文皮包。并且永远带着他那根老粗老粗的黑油油的手杖。左手无名指上戴着他的结婚戒指。拿着雪茄的时候就叫这根无名指微微地弯着，而小指翘得高高的，构成一朵兰花的图样。

·作者简介·

张天翼（1905～1985），湖南湘乡人，中国现代小说家、儿童文学作家。1924年入上海美术专科学校学习绘画。1926年夏考入北京大学预科。次年退学，离京回杭。做过小职员、记者、教师。1931年在上海参加左联。抗战时期从事抗日救亡运动，1938～1942年在大学任教，并编辑《观察日报》、《大众报》副刊。1949年后致力于儿童文学创作，先后担任中央文学研究所副主任、《人民文学》主编、中国作家协会书记处书记和顾问等职。有《张天翼小说选》、《张天翼文集》(10卷)问世。

这个城市里的黄包车谁都不作兴跑，一脚一脚挺踏实地踱着，好像饭后千步似的。可是包车例外：叮当，叮当，叮当，一下子就抢到了前面。黄包车立刻就得往左边躲开，小推车马上打斜。担子很快地就让到路边。行人赶紧就避到两旁的店铺里去。

包车踏铃不断地响着，钢丝在闪着亮。还来不及看清楚——它就跑得老远老远的了，像闪电一样地快。

而据这里有几位抗战工作者的上层分子的统计——跑得顶快的是那位华威先生的包车。

他的时间很要紧。他说过——

“我恨不得取消晚上睡觉的制度。我还希望一天不止二十四小时，救亡工作实在太多了。”

接着掏出表来看一看，他那一脸丰满的肌肉立刻紧张了起来。眉毛皱着，嘴唇使劲撮着，好像他在把全身的精力都要收敛到脸上似的。他立刻就走：他要到难民救济会去开会。

照例——会场里的人全到齐了坐在那里等着他。他在门口下车的时候总得顺便把踏铃踏它一下：叮！

同志们彼此看看：唔，华威先生到会了。有几位透了一口气。有几位可就拉长了脸瞧着会场门口。有一位甚至于要准备决斗似的——抓着拳头瞪着眼。

华威先生的态度很庄严，用一种从容的步子走进去，他先前那副忙劲儿好像被他自己的庄严态度消解掉了。他在门口稍为停了一会儿，让大家好把他看个清楚，仿佛要唤起同志们的一种信任心，仿佛要给同志们一种担保——什么困难的大事也都可以放下心来。他并且还点点头。他眼睛并不对着谁，只看着天花板。他是在对整个集体打招呼。

会场里很静，会议就要开始。有谁在那里翻着什么纸张，窸窸窣窣的。

华威先生很客气地坐到一个冷角落里，离主席位子顶远的一角，他不大肯当主席。

“我不能当主席，”他拿着一枝雪茄烟打手势，“工人救亡工作协会的指导部今天开常会。通俗文艺研究会的会议也是今天。伤兵工作团也要去的，等一下。你们知道我的时间不够支配：只容许我在这里讨论十分钟。我不能当主席，我想推举刘同志当主席。”

说了就在嘴角上闪起一丝微笑，轻轻地拍几下手板。

主席报告的时候，华威先生不断地在那里括洋火点他的烟。把表放在面前，时不时像计算什么似地看看它。

“我提议！”他大声说。“我们的时间是很宝贵的：我希望主席尽可能报告得简单一点。我希望主席能够在两分钟之内报告完。”

他括了两分钟洋火之后，猛地站了起来。对那正在哇啦哇啦的主席摆摆手：

“好了，好了。虽然主席没有报告完，我已经明白了。我现在还要赴别的会，让我先发表一点意见。”

停了一停，抽两口雪茄，扫了大家一眼。

“我的意见很简单，只有两点，”他舔舔嘴唇，“第一点，就是——每个工作人员不能够怠工。而是相反，要加紧工作。这一点不必多说，你们都是很努力的青年，你们都能热心工作。我很感谢你们。但是还有一点——你们要时时刻刻不能忘记，那就是我要说的第二点。”

他又抽了两口烟，嘴里吐出来的可只有热气。这就又括了一根洋火。

“这第二点呢就是：青年工作人员要认定一个领导中心。你们只有在这一个领导中心的领导之下，大家团结起来，统一起来。也只有在一个领导中心的领导之下，救亡工作才能够展开。青年是努力的，是热心的，但是因为理解不够，工作经验不够，常常容易犯错误。要是上面没有一个领导中心，往往要弄得不可收拾。”

瞧瞧所有的脸色，他脸上的肌肉耸动了一下——表示一种微笑。他往下说：

“你们都是青年同志，所以我说得很坦白，很不客气。大家都要做救亡工作，没有什么客气可讲。我想你们诸位青年同志一定会接受我的意见。我很感激你们。好了，抱歉得很，我要先走一步。”

把帽子一戴，把皮包一挟，瞧着天花板点点头，挺着肚子走了出去。

到门口可又想起了一件什么事。他把当主席的同志拽开，小声儿谈了几句：“你们工作——有什么困难没有？”他问。

“我刚才的报告提到了这一点，我们……”

华威先生伸出个食指顶着主席的胸脯：

“唔，唔，唔。我知道我知道。我没有多余的时间来谈这件事。以后——你们凡是想到的工作计划，你们可以到我家里去找我商量。”

坐在主席旁边那个长头发青年注意地看着他们，现在可忍不住插嘴了：

“星期三我们到华先生家里去过三次，华先生不在家……”

那位华先生冷冷地瞅他一眼，带着鼻音哼了一句——“唔，我有别的事，”又对主席低声说下去：

“要是我不在家，你们跟密司黄接头也可以。密司黄知道我的意见，她可以告诉你们。”

密司黄就是他的太太。他对第三者说起她来，总是这么称呼她的。

他交代过了这才真的走开。这就到了通俗文艺研究会的会场。他发现别人已经在那里开会，正有一个人在那里发表意见。他坐了下来，点着了雪茄，不高兴地拍了三下手板。

"主席！"他叫。"我因为今天另外还有一个集会，我不能等到终席。我现在有点意见，想要先提出来。"

于是他发表了两点意见：第一，他告诉大家——在座的人都是当地的文化人，文化人的工作是很重要的，应当加紧地做去。第二，文化人应当认清一个领导中心，文化人在文抗会的领导中心的领导之下团结起来，统一起来。

五点三刻他到了文化界抗敌总会的会议室。

这回他脸上堆上了笑容，并且对每一个人点头。

"对不住得很，对不住得很：迟到了三刻钟。"

主席对他微笑一下，他还笑着伸了伸舌头，好像闯了祸怕挨骂似的。他四面瞧瞧形势，就拣在一个小胡子的旁边坐下来。

他带着很机密很严重的脸色——小声儿问那个小胡子：

"昨晚你喝醉了没有？"

"还好，不过头有点子晕。你呢？"

"我啊——我不该喝了那三杯猛酒，"他严肃地说，"尤其是汾酒，我不能猛喝。刘主任硬要我干掉——嗨，一回家就睡倒了。密司黄说要跟刘主任去算账呢：要质问他为什么要把我灌醉。你看！"

一谈了这些，他赶紧打开皮包，拿出一张纸条——写几个字递给了主席。

"请你稍微等一等，"主席打断了一个正在发言的人的话，"华威先生还有别的事情要走。现在他有点意见：要求先让他发表。"

华威先生点点头站了起来。

"主席！"腰板微微地一弯。"各位先生！"腰板微微地一弯。"兄弟首先要请求各位原谅：我到会迟了点，而又要提前退席……"

随后他说出了他的意见。他声明——这个文化界抗敌总会的常务理事会，是一切救亡工作的领导机关，应该时时刻刻起领导中心作用。

"群众是复杂的，工作又很多。我们要是不能起领导作用，那就很危险，很危险。事实上，此地各方面的工作也非有个领导中心不可。我们的担子真是太重了，但是我们不怕怎样的艰苦，也要把这担子担起来。"

他反复地说明了领导中心作用的重要，这就戴起帽子去赴一个宴会。他每天都这么忙着，要到刘主任那里去联络。要到各学校去演讲，要到各团体去开会。而且每天——不是别人请他吃饭，就是他请人吃饭。

华威太太每次遇到我，总是代替华威先生诉苦。

"唉，他真苦死了！工作这么多，连吃饭的工夫都没有。"

"他不可以少管一点，专门去做某一种工作么？"我问。

"怎么行呢？许多工作都要他去领导呀。"

可是有一次，华威先生简直吃了一大惊。妇女界有些人组织了一个战时保婴会，竟没有去找他！

他开始打听，调查。他设法把一个负责人找来。

"我知道你们委员会已经选出来了。我想还可以多添加几个。由我们文化界抗敌总会派人来参加。”

他看见对方在那里踌躇，他把下巴挂了下来：

“问题是在这一点：你们委员是不是能够真正领导这工作？你能不能够对我担保——你们会内没有汉奸，没有不良分子？你能不能担保——你们以后工作不至于错误，不至于怠工？你能不能担保，你能不能？你能够担保的话，那我要请你写个书面的东西，给我们文抗会常务理事会。以后万一——如果你们的工作出了毛病，那你就要负责。”

接着他又声明：这并不是他自己的意思。他不过是一个执行者。这里他食指点点对方胸脯：

“如果我刚才说的那些你们办不到，那不是就成了非法团体了么？”

这么谈判了两次，华威先生当了战时保婴会的委员。于是在委员会开会的时候，华威先生挟着皮包去坐这么五分钟，发表了一两点意见就跨上了包车。

有一天他请我吃晚饭，他说因为家乡带来了一块腊肉。

我到他家里的时候，他正在那里对两个学生样的人发脾气。他们都挂着文化界抗敌总会的徽章。

“你昨天为什么不去，为什么不去？”他吼着，“我叫你拖几个人去的。但是我在台上一开始演讲，一看——连你都没有去听！我真不懂你们干了些什么？”

“昨天——我去出席日本问题座谈会的。”

华威先生猛地跳起来了。

“什么！什么！——日本问题座谈会？怎么我不知道，怎么不告诉我？”

“我们那天部务会议决议了的。我来找过华先生，华先生又是不在家——”

“好啊，你们秘密行动！”他瞪着眼，“你老实告诉我——这个读书会到底是什么背景，你老实告诉我！”

对方似乎也动了火：

“什么背景呢，都是中华民族！部务会议议决的，怎么是秘密行动呢……华先生又不到会，开会也不终席，来找又找不到……我们总不能把部里的工作停顿起来。”

华威先生把雪茄一摔，狠命在桌上捶了一拳：咚！

“混蛋！”他咬着牙，嘴唇在颤抖着。“你们小心！你们，哼，你们！你们！……”他倒到了沙发上，嘴巴痛苦地抽得歪着。“妈的！这个这个——你们青年！……”

五分钟之后他抬起头来，害怕似地四面看一看。那两个客人已经走了。他叹一口长气，对我说：

“唉，你看你看！现在的青年怎么办，现在的青年！”

这晚他没命地喝了许多酒，嘴里嘶嘶地骂着那些小伙子。他打碎了一只茶杯。密司黄扶着他上了床，他忽然打个寒噤说：

“明天十点钟有个集会……”

⊙作品赏析

《华威先生》是张天翼于抗战期间创作的一篇最杰出的讽刺短篇小说，发表于1938年4月16日《文艺阵地》第1卷第1期上，后收入《速写三篇》。

小说以华威先生和抗日群众之间的对立和矛盾为中心，塑造了华威先生这样一个混迹于抗日文化阵营的虚伪、庸俗、浅薄、无赖、卑劣、媚上欺下的国民党官僚形象，从而深刻揭露了民族矛盾掩盖下的阶级矛盾，鞭挞了国民党竭力破坏抗日民族统一战线、防范人民、敌视进步势力的反动政策，并满腔热情地写出了革命群众的抗日要求和热情。小说中的华威先生，以抗日之名行反人民之实，他的工作就是白天开会、讲话，晚上喝酒，而且百般阻挠人民的抗日生活，并费尽心思，到处钻营，以满足自己的权力欲。华威先生这样的人，不仅活跃于过去，在今天的现实中也常见到，他身上暴露出的劣根性，具有极大的社会现实性。小说语言精练、畅达、俏皮幽默，细节描写精微，尤其是漫画式夸张手法的运用，使这篇小说具有较高的艺术含量。“华威先生”这一艺术形象，已被人们公认为一个文学典型。

梅雨之夕 / 施蛰存

入选理由

施蛰存的小说经典

一篇新感觉派文学的代表性作品

带着女性气质的柔和的文风

梅雨又淙淙地降下了。

对于雨，我倒并不觉得嫌厌，所嫌厌的是在雨中疾驰的摩托车的轮，它会得溅起泥水猛力地洒上我的衣裤，甚至会连嘴里也拜受了美味。我常常在办公室里，当公事空闲的时侯，凝望着窗外淡白的空中的雨丝，对同事们谈起我对于这些自私的车轮的怨苦。下雨天是不必省钱的，你可以坐车，舒服些。他们会这样善意地劝告我。但我并不曾屈就了他们的好心，我不是为了省钱，我喜欢在滴沥的雨声中撑着伞回去。我的寓所离公司是很近的，所以我散工出来，便是电车也不必坐，此外还有一个我所以不喜欢在雨天坐车的理由，那是因为我还不曾有一件雨衣，而普通在雨天的电车里，几乎全是裹着雨衣的先生们，夫人们或小姐们，在这样一间狭窄的车厢里，滚来滚去的人身上全是水，我一定会虽然带着一把上等的伞，也不免满身淋漓地回到家里。况且尤其是在傍晚时分，街灯初上，沿着人行路用一些暂时安逸的心境去看看都市的雨景，虽然拖泥带水，也不失为一种自己的娱乐。在蒙雾中来来往往的车辆人物，全都消失了清晰的轮廓，广阔的路上倒映着许多黄色的灯光，间或有几条警灯的红色和绿色在闪烁着行人的眼睛。两大的时候，很近的人语声，即使声音很高，也好像在半空中了。

人家时常举出这一端来说我太刻苦了，但他们不知道我会得从这里找出很大的乐趣来，即使偶尔有摩托车的轮溅满泥泞在我身上，我也并不曾因此而改了我的习惯。

·作者简介·

施蛰存（1905～2003），现代海派小说的代表性作家，曾被誉为中国现代派小说的先驱，新感觉派的大师。和日本新感觉派巨擘川端康成相似的是很推崇试验性的心理分析与人物的意识流动的解剖，有评论家即称这是典型的弗洛伊德式的作品。主要的作品有《将军的头》、《梅雨之夕》、《娟子姑娘》、《石秀》，为我们展现了这位文学大家的生命思索。学者李辉曾经赞誉过施蛰存的特立独行的尊严的人格魅力。在他的文学界定中只有四窗：东窗是古典文学研究，南窗是文学创作与编辑，西窗是外国文学编译，北窗是金石碑版的考察。钱谷融曾说：先生用自由主义的眼光观察衡量一切美的东西，他对待生活就像对待艺术一样，随时随地都在追求生活中的趣味。

施蛰存像

说是习惯，有什么不妥呢，这样的已经有三四年了。有时也偶尔想着总得买一件雨衣来，于是可以在雨天坐车，或者即使步行，也可以免得被泥水溅着了上衣，但到如今这仍然留在心里做一种生活上的希望。

在近来的连日的大雨里，我依然早上撑着伞上公司去，下午撑着伞回家，每天都是如此。

昨日下午，公事堆积得很多。到了四点钟，看看外面雨还是很大，便独自留下在公事房里，想索性再办了几桩，一来省得明天要更多地积起来，二来也借此避雨，等它小一些再走。这样地竟逗遛到六点钟，雨早已止了。

走出外面，虽然已是满街灯火，但天色却转清朗了。曳着伞，避着檐滴，缓步过去，从江西路走到四川路桥，竟走了差不多有半点钟光景。邮政局的大钟已是六点二十五分了。未走上桥，天色早已重又冥海下来，但我并没有介意，因为晓得是傍晚的时分了，刚走到桥头，急雨骤然从乌云中漏下来，潇潇的起着繁音。看下面北四川路上和苏州河两岸行人的纷纷乱窜乱避，只觉得连自己心里也有些着急。他们在着急些什么呢？他们也一定知道这降下来的是雨，对于他们没有生命上的危险。但何以要这样急迫地躲避呢？说是为了恐怕衣裳给淋湿了，但我分明看见手中持着伞的和身上披了雨衣的人也有些脚步踉跄了。我觉得至少这是一种无意识的纷乱。但要是我不会感觉到雨中闲行的滋味，我也是会得和这些人一样地急突地奔下桥去的。

何必这样的奔逃呢，前路也是在下着雨，张开我的伞来的时候，我这样漫想着。不觉已走过了天潼路口。大街上浩浩荡荡地降着雨，真是一个伟观，除间或有几辆摩托车，连续地冲破了雨仍旧钻进了雨中地疾驰过去之外，电车和人力车全不看见。我奇怪他们都躲到什么地方去了。至于人，行走着的几乎是没有，但有店铺的檐下或蔽荫下是可以一团一团地看得见，有伞的和无伞的，有雨衣的和无雨衣的，全都聚集着，用嫌厌的眼望着这奈何不得的雨，我不懂他们这些雨具是为了怎样的天气而买的。

至于我，已经走近文监师路了。我并没什么不舒服，我有一把好的伞，脸上绝不会给雨水淋湿，脚上虽然觉得有些潮，但这至多是回家后换一双袜子的事。我且行且看着雨中的北四川路，觉得朦胧的颇有些诗意。但这里所说的“觉得”，其实也并不是什么具体的思绪。除了“我该得在这里转弯了”之外，心中一些也不意识着什么。

从人行路上走出去，探头看看街上有没有往来的车辆，刚想穿过街去转入文监师路，但一辆先前并没有看见的电车已停在眼前，我止步了，依然退进到人行路上，在一支电杆边等候着这辆车的开出。在车停的时候，其实我是可以安心地对穿过去的，但我并不会这样做。我在上海住得很久，我懂得走路的规则，我为什么不在这个可以穿过去的时候走到对街去呢，我没知道。

我数着从头等车里下来的乘客。为什么不数三等车里下来的呢？这里并没有故意的挑选，头等座在车底前部，下来的乘客刚在我面前，所以我可以很看得清楚。第一个，穿着红皮雨衣的俄罗斯人，第二个是中年的日本妇人，她急急地下了车，撑开了手里提着的东洋粗柄雨伞，缩着头鼠窜似地绕过车前，转进文监师路去了。我认识她，她是一家果子店的女店主。第三，第四，是像宁波人似的我国商人，他们都穿着绿色的橡皮华式雨衣。第五个下来的乘客，也即是末一个了，是一位姑娘。她手里没有伞，身上也没有穿雨衣，好像是在雨停止了之后上电车的，而不幸在到目的地的时候却下着这样的大雨。我猜想她一定是从很远的地方上车的，至少应当在卡德路以上的几站吧。

她走下车来，缩着瘦削的，但并不露骨的双肩，窘迫地走上人行路的时候，我开始注意着她的美丽了。美丽有许多方面，容颜的姣好固然一重要素，但风仪的温雅，肢体的停匀，甚至谈吐的不俗，至少是不惹厌，这些也有着份儿，而这个雨中的少女，我事后觉得她是全适合这几端的。

她向路的两边看了一看，又走到转角上看着文监师路。我晓得她是急于要招呼一辆人力车。但我看，跟着她的眼光，大路上清寂地没有一辆车子徘徊着，而雨还尽量地落下来。她旋即回了转来，躲避在一家木器店的屋檐下，露着烦恼的眼色，并且蹙着细淡的修眉。

我也便退进在屋檐下，虽则电车已开出，路上空空的，我照理可以穿过去了。但我何以不穿过去，走上了归家的路呢！为了对于少女有什么依恋么？并不，绝没有这种依恋的意识。但这也决不是为了我家里有着等候我回去在灯下一同吃晚饭的妻，当时是连我已有妻的思想都不会有，面前有着一个美的对象，而又是在一重困难之中，孤寂地单身呆立着望这永远地，永远地垂下来的梅雨，只为了这些缘故，我不自觉地移动了脚步站在她旁边了。

虽然在屋檐下，虽然没有粗重的格溜滴下来，但每一阵风会得把凉凉的雨丝吹向我们。我有着伞，我可以如中古时期骁勇的武士似地把伞当作盾牌，挡着扑面袭来的雨丝的箭，但这个少女却身上间歇地被淋得很湿了。薄薄的绸衣，黑色也没有效用了，两支手臂已被画出了它们的圆润。她屡次旋转身去，倒立着，避免轻薄的雨之侵袭她的前胸。肩臂上受些雨水，让衣裳贴着了肉倒不打紧吗？我曾偶尔这样想。

天晴的时候，马路上多的是兜搭生意的人力车。但现在需要它们的时候，却反而没有了。我想着人力车夫的不善于做生意，或许是因为需要的人太多了，供不应求，所以即是在这样繁盛的街上，也不见一辆车子的踪迹。或许车夫也都在避雨呢，这样大的雨，车夫不该避一避吗？对于人力车之有无，本来用不到关心的我，也忽然寻思起来，我并且还甚至觉得那些人力车夫是可恨的，为什么你们不拖着车子走过来接应这生意呢，这里有一位美丽的姑娘，正窘立在雨中等候着你们的任何一个。

如是想着，人力车终于没有踪迹。天色真的晚了。远处对街的店铺门前有几个短衣的男子已经等得不耐而冒着雨，他们是拼着淋湿一身衣裤的，跨着大步跑去了。我看这位少女的长眉已颦蹙得更紧，眸子莹然，像是心中很着急了。她的忧闷的眼光正与我的互相交换，在她眼里，我懂得我是正受着诧异，为什么你老是站在这里不走呢。你有着伞，并且穿着皮鞋，等什么人么？雨天在街路上等谁呢？眼睛这样锐利地看着我，不是没怀着好意么？从她将盯在我身上打量我的眼光移向着阴黑的天空的这个动作上，我肯定地猜测她是在这样想着。

我有着伞呢，而且大得足够容两个人的蔽荫的，我不懂何以这个意识不早就觉醒了我。但现在它觉醒了我将使我做什么呢？我可以用我的伞给她障住这样的淫雨，我可以陪伴她走一段路去找人力车，如果路不多，我可以送她到她的家。如果路很多，又有什么不成呢？我应当跨过这一箭路，去表白我的好意吗？好意，她不会有什么别方面的疑虑吗？或许她会得像刚才我所猜想着的那样误解了我，她便会得拒绝了我。难道她宁愿在这样不止的雨和风中，在冷静的夕暮的街头，独自个立到很迟吗？不啊！雨是不久就会停的，已经这样连续不断地降下了……多久了，我也完全忘记了时间的在这雨水中间流过。我取出时计来，七点三十四分。一小时多了。不至于老是这样地降下来吧，看，排水沟已经来不及宣泄，多量的水已经积聚在它上面，打着旋涡，挣扎不得流下去的路，不久怕会溢上了人行道么？不会的，决不会有这样持久的雨，再停一会，她一定可以走了。即使雨不就停止，人力车大约总能够来一辆的。她一定会不管多大的代价坐了去的。然则我是应当走了么？应当走了。为什么不？……

这样地又十分钟过去了。我还没有走。雨没有住，车儿也没有影踪。她也依然焦灼地立着。我有一个残忍的好奇心，如她这样的在一重困难中，我要看她终于如何处理她自己。看着她这样窘急，怜悯和旁观的心理在我身中各占了一半。

她又在惊异地看着我。

忽然，我觉得，何以刚才会不觉得呢，我奇怪，她好像在等待我拿我的伞贡献给她，并且送她回去，不，不一定是回去，只是到她所需要到的地方去。你有伞，但你不走，你愿意分一半伞荫蔽我，但还在等待什么更适当的时候呢？她的眼光在对我这样说。

我脸红了，但并没有低下头去。

用羞赧来对付一个少女的注目，在结婚以后，我是不常有的。这是自己也随即觉得可怪了。我将用何种理由来譬解我的脸红呢？没有！但随即有一种男子的勇气升上来，我要求报复，这样说或许较严重了，但至少是要求着克服她的心在我身里急突地催促着。

终归是我移近了这少女，将我的伞分一半荫蔽她。

小姐，车子恐怕一时不会有，假如不妨碍，让我来送一送吧。我有着伞。

我想说送她回府，但随即想到她未必是在回家的路上，所以结果是这样两用地说了。当说着这些话的时候，我竭力做得神色泰然，而她一定已看出了这勉强的安静的态度后面藏匿着的我的血脉之急流。

她凝视着我半微笑着。这样好久。她是在估量我这种举止的动机，上海是个坏地方，人与人都用一种不信任的思想交际着！她也许是正在自己委决不下，雨真的在短时期内不会止么？人力车真的不会来一辆么？要不要借着他的伞姑且走起来呢？也许转一个弯就可以有人力车，也许就让他送到了。那不妨事么？不妨事。遇见了认识人不会猜疑吗？但天太晚了，雨并不觉得小一些。

于是她对我点了点头，极轻微地。

谢谢你。朱唇一启，她迸出柔软的苏州音。

转进靠西边的文监师路，响着雨声的伞下，在一个少女的旁边，我开始诧异我的奇遇。事情会得展开到这个现状吗？她是谁，在我身旁同走，并且让我用伞荫蔽着她，除了和我的妻之外，近几年来我并不曾有过这样的经历。我回转头去，向后面斜看，店铺里有许多人歇下了工作对我，或是我们，看着。隔着雨的，我看得见他们的可疑的脸色。我心里吃惊了，这里有着我认识的人吗？或是可有着认识她的人吗？再回看她，她正低下着头。拣着踏脚地走。我的鼻刚接近她的鬓发，一阵香。无论认识我们之中任何一个人，看见了这样的我们的同行，会怎样想？我将伞沉下了些，让它遮蔽到我们的眉额。人家除非低下身子来，不能看见我们的脸面。这样的举动，她似乎很中意。

我起先是走在她的右边，右手执着伞柄，为了要让她多得些荫蔽，手臂便凌空了。我开始觉得手臂酸痛，但并不以为是一种苦楚。我侧眼看她，我恨那个伞柄，它遮隔了我的视线。从侧面看，她并没有从正面看那样的美丽。但我却从此得到了一个新的发现：她很像一个人。谁？我搜寻着，我搜寻着，好像记得，岂但……几乎每日都在意中的，一个我认识的女子，像现在身旁并行着的这个一样的身材，差不多的面容，但何以现在百思不得了呢？啊，是了，我奇怪为什么我竟会得想不起来，这是不可能的！我的初恋的那个少女，同学，邻居，她不是很像她吗？这样的从侧面看，我与她离别了好几年了，在我们相聚的最后一日，她还只有十四岁……一年……二年……七年了呢。我结婚了，我没有再看见她，想来长成得更美丽了……但我并不是没有看见她长大起来，当我脑中浮起她的印象来的时候，她并不还保留着十四岁的少女姿态。我不时在梦里，睡梦或白日梦，看见她在长大起来，我会自己构成她是个美丽的二十岁年纪的少女。她有好的声音和姿态，当偶然悲哀的时候，她在我的幻觉里会得是一个妇人，或甚至是一个年轻的母亲。

但她何以这样的像她呢？这个容态，还保留十四岁时候的余影，难道就是她自己么？她为什么不会到上海来呢？是她！天下有这样容貌完全相同的人么？不知她认出了我没有……我应该问问她了。

小姐是苏州人么？

是的。

确然是她，罕有的机会啊！她几时到上海来的呢？她的家搬到上海来了吗？还是，哎，我怕，她嫁到上海来了呢？她一定已经忘记了我，否则她不会允许我送她走……也许我的容貌有了改变，她不能再认识我，年数确是很久了……但她知道我已经结婚吗？要是没有知道，而现在她认识了我，怎么办呢？我应当告诉她吗？如果这样是需要的，我将怎么措辞呢？

我偶然向道旁一望，有一个女子倚在一家店里的柜上。用着忧郁的眼光，看着我，或者也许是看着她。我忽然好像发现这是我的妻，她为什么在这里？我奇怪。

我们走在什么地方了。我留心看。小菜场。她恐怕快要到了。我应当不失了这个机会。我要晓得她更多一些，但要不要使我们继续已断的友谊呢，是的，至少也得是友谊？还是仍旧这样地让我在她的意识里只不过是一个不相识的帮助女子的善意的人呢？我开始踌躇了。我应当怎样做才是最适当的。

我似乎还应该知道她正要到那里去。她未必是归家去吧。家——要是父母的家倒也不妨事的，我可以进去，如像幼小的时候一样。但如果是她自己的家呢？我为什么不问她结婚了不曾呢……或许，连自己的家也不是，而是她的爱人的家呢，我看见一个文雅的青年绅士。我开始后悔了，为什么今天这样高兴，剩下妻在家里焦灼地等候着我，而来管人家的闲事呢。北四川路上，终于会有人力车往来的？即使我不这样地用我的伞伴送她，她也一定早已能雇到车子了。要不是自己觉得不便说出口，我是已经会得剩了她在雨中反身走了。

还是再考验一次吧。

——小姐贵姓？

——刘。

刘吗？一定是假的。她已经认出了我，她一定都知道了关于我的事，她哄我了。她不愿意再认识我了，便是友谊也不想继续了。女人！……她为什么改了姓呢？……也许这是她丈夫的姓？刘……刘什么？

这些思想的独白，并不占有了我多少时候。它们是很迅速地翻舞过我的心里，就在与这个好像有魅力的少女同行过一条马路的几分钟之内。我的眼不常离开她，雨到这时已在小下来也没有觉得。眼前好像来来往往的人在多起来了，人力车也恍惚看见了几辆。她为什么不雇车呢？或许快要到达她的目的地了。她会不会因为心里已认识了我，不敢相认，所以故意延滞着和我同走么？

一阵微风，将她的衣缘吹起，飘荡在身后。她扭过脸去避对面吹来的风，闭着眼睛，有些娇媚。这是很有诗兴的姿态，我记起日本画伯铃木春信的一帖题名叫“夜雨宫诣美人图”的画。提着灯笼，遮着被斜风细雨所撕破的伞，在夜的神社之前走着，衣裳和灯笼都给风吹卷着，侧转脸儿来避着风雨的威势，这是颇有些洒脱的感觉的。现在我留心到这方面了，她也有些这样的丰度。至于我自己，在旁人眼光里，或许成为她的丈夫或情人了，我很有些得意着这种自譬的假饰。是的，当我觉得她确是幼小时候初恋着的女伴的时候，我是如像真有这回事似的享受着这样的假饰。而从她鬓边颊上被潮润的风吹来的粉香，我也闻嗅得出是和我妻所有的香味一样的……我旋即想到古人有“担簦亲送绮罗人”那么一句诗，是很适合于今日的我的奇遇的。铃木画伯的名画又一度浮现上来了。但铃木的所画的美人并不和她有一些相像，倒是我妻的嘴唇却与画里的少女的嘴唇有些仿佛的。我再试一试对于她的凝视，奇怪啊，现在我觉得她并不是我适才所误会着的初恋的女伴了。她是另外一个不相干的少女。眉额、鼻子、颧骨，即使说是有年岁的改换，也绝对的找不出一些踪迹来。而我尤其嫌厌着她的嘴唇，侧看过去，似乎太厚一些了。

我忽然觉得很舒适，呼吸也更通畅了。我若有意无意地替她撑着伞，徐徐觉得手臂太酸痛之外，没什么感觉。在身旁由我伴送着的这个不相识的少女的形态，好似已经从我的心的樊笼中被释放了出去。我才觉得天已完全夜了，而伞上已听不到些微的雨声。

——谢谢你，不必送了，雨已经停了。

她在我耳朵边这样地嘤响。

我蓦然惊觉，收拢了手中的伞。一缕街灯的光射上了她的脸，显着橙子的颜色。她快要到了吗？可是她不愿意我伴她到目的地，所以趁此雨已停住的时候要辞别我吗？我能不能设法看一看她究竟到什么地方去呢？

——不要紧，假使没有妨碍，让我送到了吧。

——不敢当呀，我一个人可以走了，不必送吧。时光已是很晚了，真对不起得很呢。

看来是不愿我送的了。但假如还是下着大雨便怎么了呢？我怨懑着不情的天气，何以不再下半小时雨呢，是的，只要再半小时就够了。一瞬间，我从她的对于我的凝视——那是为了要等候我的答话——中看出一种特殊的端庄，我觉得凌然，像雨中的风吹上我的肩膀。我想回答，但她已不再等候我。

——谢谢你，请回转吧，再会

她微微地侧面向我说着，跨前一步走了，没有再回转头来。我站在中路，看她的后影，旋即消失在黄昏里。我呆立着，直到一个人力车夫来向我兜揽生意。

在车上的我，好像飞行在一个醒觉之后就要忘记了的梦里。我似乎有一桩事情没有做完成，我心里有着一种牵挂。但这并不曾清晰地意识着。我几次想把手中的伞张起来，可是随即会自己失笑这是无意识的。并没有雨降下来，完全地晴了，而天空中也稀疏地有了几颗星。

下了车，我叩门。

——谁？

这是我在伞底下伴送着走的少女的声音！奇怪，她何以又会在我家里？门开了。堂中灯火通明，背着灯光立在开着一半的大门边的，并不是那个少女。朦胧里，我认出她是那个倚在柜台上用嫉妒的眼光看着我和那个同行的少女的女子。我走进门。在灯下，我很奇怪，为什么从我妻的脸色上再也找不出那个女子的幻影来。

妻问我何故归家这样的迟，我说遇到了朋友，在沙利文吃了些小点，因为等雨停止，所以坐得久了。为了要证实我这谎话，夜饭吃得很少。

⊙作品赏析

新感觉派曾代表了中国一代的都市文学情怀，以现代派的技巧，嫁接了西方元素而完成了中国小说向现代派的完全蜕变。

在《梅雨之夕》中，男主人公在得不到妻子的足够温暖后，在一个梅雨之夕中巧遇的少女让他重新燃起了对爱的渴望，寻求生命激情的替代补偿。以致文章中充满幻想式的错乱的感觉，将人物的内心活动完全导入到无意识层面的意识流思考。但不同的是，评论家一直在肯定施蛰存小说的层次在新式作家中是独具一格的，他的故事仍然有着正常的时间和空间的变幻，仍然从属于社会的现实范畴，既体现了他的独特，又兼顾了中国读者习惯的审美情趣。

有评论家说施蛰存的小说有一种温暖柔和的女性气质，从而使文章在整体风格上显得细腻，极具浪漫的步调，虽然他的笔下多数是孤独者，但是温情的描写却足够让文章洋溢起纯洁韵味，就像文章中所说的：在车上的我，好像飞行在一个醒觉之后就要忘记的梦里。我似乎有一桩事情没有做完成，我心里有着一种牵挂。因此有人即断言说：他以新奇和趣味以及不断变换的手法，营造了一个具有特殊气质的审美视界，而他对于现代主义的中国化的最早认识及实践无疑是其小说的最大贡献。

小二黑结婚 / 赵树理

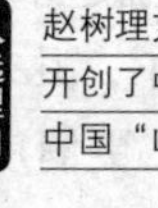

赵树理文学作品中最知名的一篇
开创了中国现代小说的评书体形式
中国“山药蛋派”小说的开山之作

一　神仙的忌讳

刘家有两个神仙，邻近各村无人不晓：一个是前庄上的二诸葛，一个是后庄上的三仙姑。二诸葛原来叫刘修德，当年做过生意，抬脚动手都要论一论阴阳八卦，看一看黄道黑道。三仙姑是后庄于福的老婆，每月初一十五都要顶着红布摇摇摆摆装扮天神。

二诸葛忌讳“不宜栽种”，三仙姑忌讳“米烂了”。这里边有两个小故事：有一年春天大旱，直到阴历五月初三才下了四指雨。初四那天大家都抢着种地，二诸葛看了看历书，又掐指算了一下说：“今日不宜栽种。”初五日是端午，他历年就不在端午这天做什么，又不曾种；初六倒是个黄道吉日，可惜地干了，虽然勉强把他的四亩谷子种上了，却没有出够一半。后来直到十五才又下雨，别人家都在地里锄苗，二诸葛却领着两个孩子在地里补空子。邻家有个后生，吃饭时候在街上碰上二诸葛便问道："老汉！今天宜栽种不宜？"二诸葛翻了他一眼，扭转头返回去了，大家就嘻嘻哈哈传为笑谈。

三仙姑有个女孩叫小芹。一天，金旺他爹到三仙姑那里问病，三仙姑坐在香案后唱，金旺他爹跪在香案前听。小芹那年才九岁，晌午做捞饭，把米下进锅里了，听见她娘哼哼得很中听，站在桌前听了一会，把做饭也忘了。一会，金旺他爹出去小便，三仙姑趁空子向小芹说："快去捞饭！米烂了！"这句话却不料就叫金旺他爹听见，回去就传开了。后来有些好玩笑的人，见了三仙姑就故意问别人"米烂了没有？"

二 三仙姑的来历

三仙姑下神，足足有三十年了。那时三仙姑才十五岁，刚刚嫁给于福，是前后庄上第一个俊俏媳妇。于福是个老实后生，不多说一句话，只会在地里死受。于福的娘早死了，只有个爹，父子两个一上了地，家里就只留下新媳妇一个人。村里的年轻人们觉着新媳妇太孤单，就慢慢自动的来跟新媳妇作伴，不几天就集合了一大群，每天嘻嘻哈哈，十分哄伙。于福他爹看见不像个样子，有一天发了脾气，大骂一顿，虽然把外人挡住了，新媳妇却跟他闹起来。新媳妇哭了一天一夜，头也不梳，脸也不洗，饭也不吃，躺在炕上，谁也叫不起来，父子两个没了办法。邻家有个老婆替她请了一个神婆子，在她家下了一回神，说是三仙姑跟上她了，她也哼哼唧唧自称吾神长吾神短，从此以后每月初一十五就下起神来，别人也给她烧起香来求财问病，三仙姑的香案便从此设起来了。

青年们到三仙姑那里去，要说是去问神，还不如说是去看圣像。三仙姑也暗暗猜透大家的心事，衣服穿得更新鲜，头发梳得更光滑，首饰擦得更明，官粉搽得更匀，不由青年们不跟着她转来转去。

这是三十来年前的事，当时的青年，如今都已留下了胡子，家里大半又都是子媳成群，所以除了几个老光棍，差不多都没有那些闲情到三仙姑那里去了。三仙姑却和大家不同，虽然已经四十五岁，却偏爱当个老来俏，小鞋上仍要绣花，裤腿上仍要镶边，顶门上的头发脱光了，用黑手帕盖起来，只可惜官粉涂不平脸上的皱纹，看起来好像驴粪蛋上下上了霜。

老相好都不来了，几个老光棍不能叫三仙姑满意，三仙姑又团结了一伙孩子们，比当年的老相好更多，更俏皮。

三仙姑有什么本领能团结这伙青年呢？这秘密在她女儿小芹身上。

三 小芹

三仙姑前后共生过六个孩子，就有五个没有成人，只落了一个女儿，名叫小芹。小芹当两三岁时候，就非常伶俐乖巧，三仙姑的老相好们，这个抱过来说是"我的"，那个抱起来说是"我的"，后来小芹长到五六岁，知道这不是好话，三仙姑教她说："谁再这么说，你就说'是你的姑姑'。"说了几回，果然没有人再提了。

小芹今年十八了，村里的轻薄人说，比她娘年轻时候好得多。青年小伙子们，有事没事，总想跟小芹说句话。小芹去洗衣服，马上青年们也都去洗；小芹上山采野菜，马上青年们也都去采。

吃饭时候，邻居们端上碗爱到三仙姑那里坐一会，前庄上的人来回一里路，也并不觉得远。这已经是三十年来的老规矩，不过小青年们也这样热心，却是近二三年来才有的事。三仙姑起先还以为自己仍有勾引青年的本领，日子长了，青年们并不真正跟她接近，她才慢慢看出门道来，才知道人家来了为的是小芹。

不过小芹却不跟三仙姑一样，表面上虽然也跟大家说说笑笑，实际上却不跟人乱来，近二三年，只是跟小二黑好一点。前年夏天，有一天前晌，于福去地，三仙姑去串门，家里只留下小芹一个人，金旺来了，嬉皮笑脸向小芹说："这会可算是个空子吧？"小芹板起脸来说："金旺哥！咱们以后说话要规矩些！你也是娶媳妇大汉了！"金旺撇撇嘴说："咦！装什么假正经？小二黑一来管保你就软了！有便宜大家讨开点，没事；要正经除非自己锅底没有黑！"说着就拉住小芹的胳膊悄悄说："不用装模作样了！"不料小芹大声喊道："金旺！"金旺赶紧放手跑出来。一边还咄念道："等得住你！"说着就悄悄溜走了。

四　金旺兄弟

提起金旺来，刘家没有人不恨他，只有他一个本家兄弟名叫兴旺跟他对劲。

金旺他爹虽是个庄稼人，却是刘家一只虎，当过几十年老社首，捆人打人是他的拿手好戏。金旺长到十七八岁，就成了他爹的好帮手；兴旺也学会了帮虎吃食，从此金旺他爹想要捆谁，就不用亲自动手，只要下个命令，自有金旺兴旺代办。

抗战初年，汉奸敌探溃兵土匪到处横行，那时金旺他爹已经死了，金旺、兴旺弟兄两个，给一支溃兵作了内线工作，引路绑票，讲价赎人，又做巫婆又做鬼，两头出面装好人。后来八路军来，打垮溃兵土匪，他两人才又回到刘家。

山里人本来就胆子小，经过几个月大混乱，死了许多人，弄得大家更不敢出头了。别的大村子都成立了村公所、各救会、武委会，刘家却除了县府派来一个村长以外，谁也不愿意当干部。不久，县里派人来刘家工作，要选举村干部，金旺跟兴旺两个人看出这又是掌权的机会，大家也巴不得有人愿干，就把兴旺选为武委会主任，把金旺选为村政委员，连金旺老婆也被选为妇救会主席，其他各干部，硬捏了几个老头子出来充数。只有青抗先队长，老头子充不得。兴旺看见小二黑这个小孩子漂亮好玩，随便提了一下名就通过了，他爹二诸葛虽然不愿，可是惹不起金旺，也没有敢说什么。

村长是外来的，对村里情形不十分了解，从此金旺兴旺比前更厉害了，只要瞒住村长一个人，村里人不论哪个都得由他两个调遣。这几年来，村里别的干部虽然调换了几个，而他两个却好像铁桶江山。大家对他两个虽是恨之入骨，可是谁也不敢说半句话，都恐怕扳不倒他们，自己吃亏。

五　小二黑

小二黑，是二诸葛的二小子，有一次反"扫荡"打死过两个敌人，曾得到特等射手

·作者简介·

赵树理(1906～1970)，山西沁水县人，是最受中国农民欢迎的作家之一。1943年发表《小二黑结婚》而蜚声文坛。著作有短篇小说集《下乡集》、《赵树理小说选》，长篇小说《三里湾》、《李家庄的变迁》，长篇评书《灵泉洞》(上)，中篇小说《李有才板话》等。他的小说多以华北农村为背景，坚持用现实主义手法反映农村社会的变迁和存在其间的矛盾斗争，塑造农村各式人物的形象。同时，坚持民族化、大众化的创作道路，这种创作追求使他的作品既有强烈的时代精神，又有浓郁的生活气息。在他的影响下，马烽等山西籍作家形成了一个被列为“山药蛋派”的作家群体。

赵树理像

的奖励。说到他的漂亮，那不只在刘家有名，每年正月扮故事，不论去到哪一村，妇女们的眼睛都跟着他转。

小二黑没有上过学，只是跟着他爹识了几个字。当他六岁时候，他爹就教他识字。识字课本既不是五经四书，也不是常识国语，而是从天干、地支、五行、八卦、六十四卦名等学起，进一步便学些《百中经》、《玉匣记》、《增删卜易》、《麻衣神相》、《奇门遁甲》、《阴阳宅》等书。小二黑从小就聪明，像那些算属相、卜六壬课、念大小流年或“甲子乙丑海中金”等口诀，不几天就都弄熟了，二诸葛也常把他引在人前卖弄。因为他长得伶俐可爱，大人们也都爱跟他玩，这个说：“二黑，算一算十岁属什么？”那个说：“二黑，给我卜一课！”后来二诸葛因为说“不宜栽种”误了种地，老婆也埋怨，大黑也埋怨，庄上人也都传为笑谈，小二黑也跟着这事受了许多奚落。那时候小二黑十三岁，已经懂得好歹了，可是大人们仍把他当成小孩来玩弄，好跟二诸葛开玩笑的，一到了家，常好对着二诸葛问小二黑道：“二黑！算算今天宜不宜栽种？”和小二黑年纪相仿的孩子们，一跟小二黑生了气，就连声喊道：“不宜栽种不宜种……”小二黑因为这事，好几个月见了人躲着走，从此就和他娘商量成一气，再不信他爹的鬼八卦。

小二黑跟小芹相好已经二三年了。那时候他才十六七，原不过在冬天夜长时候，跟着些闲人到三仙姑那里凑热闹，后来跟小芹混熟了，好像是一天不见面也不能行。后庄上也有人愿意给小二黑跟小芹做媒人，二诸葛不愿意，不愿意的理由有三：第一小二黑是金命，小芹是火命，恐怕火克金；第二小芹生在十月，是个犯月；第三是三仙姑的声名不好。恰巧在这时候，彰德府来了一伙难民，其中有个老李带来个八九岁的小姑娘，因为没有吃的，愿意把姑娘送给人家逃个活命。二诸葛说是个便宜，先问了一下生辰八字，掐算了半天说：“千里姻缘使线牵”，就替小二黑收作童养媳。

虽然二诸葛说是千合适万合适，小二黑却不认账。父子俩吵了几天，二诸葛非养不行，小二黑说：“你愿意养你就养着，反正我不要！”结果虽把小姑娘留下了，却到底没有说清楚算什么关系。

六 斗争会

金旺自从碰了小芹的钉子以后，每日怀恨，总想设法报一报仇。有一次武委会训练村干部，恰巧小二黑发疟疾没有去。训练完毕之后，金旺就向兴旺说："小二黑是装病，其实是被小芹勾引住了，可以斗争他一顿。"兴旺就是武委会主任，从前也碰过小芹一回钉子，自然十分赞成金旺的意见，并且又叫金旺回去和自己的老婆说一下，发动妇救会也斗争小芹一番。金旺老婆现任妇救会主席，因为金旺好到小芹那里去，早就恨得小芹了不得。现在金旺回去跟她说要斗争小芹，这才是巴不得的机会，丢下活计，马上就去布置。第二天，村里开了两个斗争会，一个是武委会斗争小二黑，一个是妇救会斗争小芹。

小二黑自己没有错，当然不承认，嘴硬到底，兴旺就下命令，把他捆起来送交政权机关处理。幸而村长脑筋清楚，劝兴旺说："小二黑发疟是真的，不是装病，至于跟别人恋爱，不是犯法的事，不能捆人家。"兴旺说："他已是有了女人的。"村长说："村里谁不知道小二黑不承认他的童养媳。人家不承认是对的，男不过十六，女不过十五，不到订婚年龄。十来岁小姑娘，长大也不会来认这笔账。小二黑满有资格跟别人恋爱，谁也不能干涉。"兴旺没话说了，小二黑反要问他："无故捆人犯法不犯？"经村长双方劝解，才算放了完事。

兴旺还没有离村公所，小芹拉着妇救会主席也来找村长，她一进门就说："村长！捉贼要赃，捉奸要双，当了妇救会主席就不说理了？"兴旺见拉着金旺的老婆，生怕说出这事与自己有关，赶紧溜走。后来村长问了问情由，费了好大一会唇舌，才给她们调解开。

七 三仙姑许亲

两个斗争会开过以后，事情包也包不住了，小二黑也知道这事是合理合法的了，索性就跟小芹公开商量起来。

三仙姑却着了急。她跟小芹虽是母女，近几年来却不对劲。三仙姑爱的是青年们，青年们爱的是小芹。小二黑这个孩子，在三仙姑看来好像鲜果，可惜多一个小芹，就没了自己的份儿。她本想早给小芹找个婆家推出门去，可是因为自己名声不正，差不多都不愿意跟她结亲。开罢斗争会以后，风言风语都说小二黑要跟小芹自由结婚，她想要真是那样的话，以后想跟小二黑说句笑话都不能了，那是多么可惜的事，因此托东家求西家要给小芹找婆家。

"插起招军旗，就有吃粮人。"有个吴先生是在阎锡山部下当过旅长的退职军官，家里很富，才死了老婆。他在奶奶庙大会上见过小芹一面，愿意续她，媒人向三仙姑一说，三仙姑当然愿意。不几天过了礼帖，就算定了，三仙姑以为了却一宗心事。

小芹已经和小二黑商量得差不多了，如何肯听她娘的话？过礼那一天，小芹跟她娘闹起来，把吴先生送来的首饰绸缎扔下一地。媒人走后，小芹跟她娘说："我不管！谁收了人家的东西谁跟人家去！"

三仙姑愁住了，睡了半天，晚饭以后，说是神上了身，打了两个呵欠就唱起来。她起先责备于福管不了家，后来说小芹跟吴先生是前世姻缘，还唱些什么"前世姻缘由天定，不顺天意活不成……"于福跪在地下哀求，神非教他马上打小芹一顿不可。小芹听了这话，知道跟这个装神弄鬼的娘说不出什么道理来，干脆躲了出去，让她娘一个人胡说。

小芹一个人悄悄跑到前庄上去找小二黑，恰在路上碰上小二黑去找她，两个就悄悄拉着手到一个大窑里去商量对付三仙姑的法子。

八 拿双

小芹把她娘怎样主婚怎样装神，唱些什么，从头至尾细细向小二黑说了一遍，小二黑说："不用理她！我打听过区上的同志，人家说只要男女本人愿意，就能到区上登记，别人谁也作不了主……"说到这里，听见外边有脚步声，小二黑伸出头来一看，黑影里站着四五个人，有一个说："拿双拿双！"他两人都听出是金旺的声音，小二黑起了火，大叫道："拿？没有犯了法！"兴旺也来了，下命令道："捉住捉住！我就看你犯法不犯法，给你操了好几天心了！"小二黑说："你说去哪里咱就去哪里，到边区政府你也不能把谁怎么样！走！"兴旺说："走？便宜了你！把他捆起来！"小二黑挣扎了一会，无奈没有他们人多，终于被他们七手八脚打了一顿捆起来了。兴旺说："里边还有个女的，也捆起来！捉奸要双，这是她自己说的！"说着就把小芹也捆起来了。

前庄上的人都还没有睡，听见有人吵架，有些人就跑出来看，麻秆火把下看见捆着的两个人，大家不问就都知道了八九分。二诸葛也出来了，见小二黑被人家捆起来，就跪在兴旺面前哀求道："兴旺！咱两家没有什么仇！看在我老汉面上，请你们诸位高高手……"兴旺说："这事情，我们管不了，送给上级再说吧！"小二黑说："爹！你不用管！送到哪里也不犯法！我不怕他！"兴旺说："好小子！要硬你就硬到底！"又逼住三个民兵说："带他们走！"一个民兵问："带到村公所？"兴旺说："还到村公所干什么？上一回不是村长放了的？送给区武委会主任按军法处理！"说着就把他两个人拥上走了。

九 二诸葛的神课

邻居们见是兴旺弟兄们捆人，也没有人敢给小二黑讲情，直等到他们走后，才把二诸葛招呼回家。

二诸葛连连摇头说："唉！我知道这几天要出事啦：前天早上我上地去，才上到岭上，碰上个骑驴媳妇，穿了一身孝，我就知道坏了。我今年是罗喉星照运，要谨防带孝的冲了运气，因此哪里也不敢去，谁知躲也躲不过？昨天晚上二黑他娘梦见庙里唱戏。今天早上一个老鸦落在东房上叫了十几声……唉！反正是时运，躲也躲不过。"他罗哩罗嗦念了一大堆，邻居们听了有些厌烦，又给他说了一会宽心话，就都散了。

有事人哪里睡得着？人散了之后，二诸葛家里除了童养媳之外，三个人谁也没有睡。二诸葛摸了摸脸，取出三个制钱占了一卦，占出之后吓得他面色如土。他说："了不得呀了不得！丑土的父母动出午火的官鬼，火旺于夏，恐怕有些危险了。唉！人家把他选成青年队长，我就说过不叫他当，小杂种硬要充人物头！人家说要按军法处理，要不当队长哪里犯得了军法？"老婆也拍手跺脚道："小爹呀！谁知道你要闯这么大的事啦？"大黑劝道："不怕！事已经出下了，由他去吧！我想这又不是人命事，也犯不了什么大罪！既然他们送到区上了，我先到区上打听打听，你们都睡吧！"说着点了个灯笼就走了。

二诸葛打发大黑去后，仍然低头细细研究方才占的那一卦。停了一会，远远听着有个女人哭，越哭越近，不大一会就来到窗下，一推门就进来了。二诸葛还没有看清是谁，这女人就一把把他拉住，带哭带闹说："刘修德！还我闺女！你的孩子把我的闺女勾引到哪里了？还我……"二诸葛老婆正气得死去活来，一看见来的是三仙姑，正赶上出气，从炕上跳下来拉住她道："你来了好！省得我去找你！你母女两个好生生把我个孩子勾引坏，你倒有脸来找我！咱两人就也到区上说说理！"两个女人滚成一团，二诸葛一个人拉也拉不开，也再顾不上研究他的卦。三仙姑见二诸葛老婆已经不顾了命，自己先胆怯了几分，不敢恋战，少闹了一会挣脱出来就走了。二诸葛老婆追出门来，被二诸葛拦回去，还骂个不休。

十 恩典恩典

二诸葛一夜没有睡，一遍一遍念："大黑怎么还不回来，大黑怎么还不回来。"第二天天不明就起程往区上走，走到半路，远远看见大黑、三个民兵已都回来了，还来了区上一个助理员，一个交通员。他远远就喊叫道："大黑！怎么样？要紧不要紧？"大黑说："没有事！不怕！"说着就走到跟前，助理员跟三个民兵先走了。大黑告交通员说："这就是我爹！"又向二诸葛说："区上添传你跟于福老婆。你去吧，没有事！二黑跟小芹两个人，一到区上就放开了。区上早就说兴旺跟金旺两个人不是东西，已经把他两个人押起来了，还派助理员到咱村开大会调查他们横行霸道的证据。我赶到那里人家就问罢了，听说区上还许咱二黑跟小芹结婚。"二诸葛说："不犯罪就好，结婚可不行，命相不对！你没有听说添传我做什么？"大黑说："不知道，大约也没有什么大事。你去吧，我先回去告我娘说。"交通员说："老汉！这就算见了你了！你去吧，我再传那一个去！"说了就跟大黑相跟着走了。

二诸葛到了区上，看见小二黑跟小芹坐在一条板凳上，他就指着小二黑骂道："闯祸东西！放了你你还不快回去？你把老子吓死了！不要脸！"区长道："干什么？区公所是骂人的地方？"二诸葛不说话了。区长问："你就是刘修德？"二诸葛答："是！"问："你给刘二黑收了个童养媳？"答："是！"问："今年几岁了？"答："属猴的，十二岁了。"区长说："女不过十五岁不能订婚，把人家退回娘家去，刘二黑已经跟于小芹订婚了！"二诸葛说："她只有个爹，也不知逃难逃到哪里去了，退也没处退。女不过十五不能订婚，那不过是官家规定，其实乡间七八岁订婚的多着哩。请区长恩典恩典就过去……"区长说："凡是不合法的订婚，只要有一方面不愿意都得退！"二诸葛说："我这是两家情愿！"区长问小二黑道："刘二黑！你愿意不愿意？"小二黑说："不愿意！"二诸葛的脾气又上来了，瞪了小二黑一眼道："由你啦？"区长道："给他订婚不由他，难道由你啦？老汉！如今是婚姻自主，由不得你了，你家养的那个小姑娘，要真是没有娘家，就算成你的闺女好了。"二诸葛道："那也可以，不过还得请区长恩典恩典，不能叫他跟于福这闺女订婚！"区长说："这你就管不着了！"二诸葛发急道："千万请区长恩典恩典，命相不对，这是一辈子的事！"又向小二黑道："二黑！你不要糊涂了！这是你一辈子的事！"区长道："老汉！你不要糊涂了，强逼着你十九岁的孩子娶上个十二岁的小姑娘，恐怕要生一辈子气！我不过是劝一劝你，其实只要人家两个人愿意，你愿意不愿意都不相干。回去吧！童养媳没处退算成你的闺女！"二诸葛还要请区长"恩典恩典"，一个交通员把他推出来了。

十一 看看仙姑

三仙姑去寻二诸葛，一来为的是逞逞闹气的本领，二来为的是遮遮外人的耳目，其实让小芹吃一吃亏她很高兴，所以跟二诸葛老婆闹了一阵之后，回去就睡了。第二天早上，她起得很迟，于福虽比她着急，可是自己既没有主意，又不敢叫醒她，只好自己先去做饭。饭快成的时候，三仙姑慢慢起来梳妆。于福问她道："不去打听打听小芹？"她说："打听她做甚啦？她的本领多大啦？"于福也再没有敢说什么，把饭菜做成了放在炉边等，直等到她梳妆罢了才开饭。

饭还没有吃罢，区上的交通员来传她。她好像很得意，嗓子拉得长长地说："闺女大了咱管不了，就去请区长替咱管教管教！"她吃完了饭，换上新衣服、新手帕、绣花鞋、镶边裤，又擦了一次粉，加了几件首饰，然后叫于福给她备上驴，她骑上，于福给她赶上，往区上去。

到了区上。交通员把她引到区长房子里，她趴下就磕头，连声叫道："区长老爷，你可要给我作主！"区长正伏在桌上写字，见她低着头跪在地下，头上戴了满头银首饰，还以为是前两天跟婆婆生了气的那个年轻媳妇，便说道："你婆婆不是有保人吗？为什么不找保人？"三仙姑莫名其妙，抬头看了看区长的脸。区长见是个擦着粉的老太婆，才知道是认错人了。交通员道："认错人了！这就是于小芹的娘！"区长打量了她一眼道："你就是小芹的娘呀？起来！不要装神做鬼！我什么都清楚！起来！"三仙姑站起来了。区长问："你今年多大岁数？"三仙姑说："四十五。"区长说："你自己看看你打扮得像个人不像？"门边站着老乡一个十来岁的小闺女嘻嘻嘻笑了。交通员说："到外边耍！"小闺女跑了。区长问："你会下神是不是？"三仙姑不敢答话。区长问："你给你闺女找了个婆家？"三仙姑答："找下了！"问："使了多少钱？"答："三千五！"问："还有些什么？"答："有些首饰布匹！"问："跟你闺女商量过没有？"答："没有！"问："你闺女愿意不愿意？"答："不知道！"区长道："我给你叫来你亲自问问她！"又向交通员道："去叫于小芹！"

刚才跑出去那个小闺女，跑到外边一宣传，说有个打官司的老婆，四十五了，擦着粉，穿着花鞋。邻近的女人们都跑来看，挤了半院，唧唧哝哝说："看看！四十五了！""看那裤腿！""看那鞋！"三仙姑半辈没有脸红过，偏这会撑不住气了，一道道热汗在脸上流。交通员领着小芹来了，故意说："看什么？人家也是个人吧，没有见过？闪开路！"一伙女人们哈哈大笑。

把小芹叫来，区长说："你问问你闺女愿意不愿意！"三仙姑只听见院里人说："四十五""穿花鞋"，羞得只顾擦汗，再也开不得口。院里的人们忽然又转了话头，都说"那是人家的闺女""闺女不如娘会打扮"，也有人说"听说还会下神"，偏又有个知道底细的断断续续讲"米烂了"的故事，这时三仙姑恨不得一头碰死。

区长说："你不问我替你问！于小芹，你娘给你找的婆家你愿意跟人家结婚不愿意？"小芹说："不愿意！我知道人家是谁？"区长问三仙姑道："你听见了吧？"又给她讲了一会婚姻自主的法令，说小芹跟小二黑订婚完全合法，还吩咐她把吴家送来的钱和东西原封退了，让小芹跟小二黑结婚。她羞愧之下，一一答应了下来。

十二　怎么到底

三个民兵回到刘家，一说区上把兴旺金旺二人押起来，又派助理员来调查他们的罪恶，真是人人拍手称快。午饭后，庙里开一个群众大会，村长报告了开会宗旨，就请大家举他两个人的作恶事实。起先大家还怕扳不倒人家，人家再返回来报仇，老大一会没有人说话；有几个胆子太小的人，还悄悄劝大家说："忍事者安然。"有个被他两人作践垮了的年轻人说："我从前没有忍过？越忍越不得安然！你们不说我说！"他先从金旺领着土匪到他家绑票说起，一连说了四五款，才说道："我歇歇再说，先让别人也说几款！"他一说开了头，许多受过害的人也都抢着说起来：有给他们花过钱的，有被他们逼着上过吊的，也有产业被他们霸了的，老婆被他们奸淫过的。他两人还派上民兵给他们自己割柴，拨上民夫给他们自己锄地；浮收粮，私派款，强迫民兵捆人……你一宗他一宗，从晌午说到太阳落，一共说了五六十款。

区上根据这些罪状把他两人送到县里，县里把罪状一一证实之后，除叫他们赔偿大家损失外，又判了十五年徒刑。

经过这次大会之后，村里人也都敢出头了。不久，村干部又都经过大改选，村里人再也不敢乱投坏人的票了。这其间，金旺老婆自然也落了选。偏她还变了口吻，说："以后我也要进步了。"

两个神仙也有了变化：

三仙姑那天在区上被一伙妇女围住看了半天，实在觉着不好意思，回去对着镜子研究了一下，真有点打扮得不像话；又想到自己的女儿快要跟人结婚，自己还卖什么老俏？这才下了个决心，把自己的打扮从顶到底换了一遍，弄得像个当长辈人的样子，把三十年来装神弄鬼的那张香案也悄悄拆去。

二诸葛那天从区上回去，又向老婆提起二黑跟小芹的命相不对，他老婆道："把你的鬼八卦收起吧！你不是说二黑这回了不得吗？你一辈子放个屁也要卜一课，究竟抵了些什么事？我看小芹满不错，能跟咱二黑过就很好！什么命相对不对？你就不记得'不宜栽种'？"二诸葛见老婆都不信自己的阴阳，也就不好意思再到别人跟前卖弄他那一套了。

小芹和小二黑各回各家，见老人们的脾气都有些改变，托邻居们趁势和说和说，两位神仙也就顺水推舟同意他们结婚。后来两家都准备了一下，就过门。过门之后，小两口都十分得意，邻居们都说是村里第一对好夫妻。

夫妻们在自己卧房里有时候免不了说玩话：小二黑好学三仙姑下神时候唱"前世姻缘由天定"，小芹好学二诸葛说"区长恩典，命相不对"。淘气的孩子们去听窗，学会了这两句话，就给两位神仙加了新外号：三仙姑叫"前世姻缘"，二诸葛叫"命相不对"。

⊙作品赏析

《小二黑结婚》写于1943年5月。小说描写的是抗战时期解放区一对青年男女为追求婚姻自由，冲破封建传统和守旧家长的阻挠，最终结为夫妻的故事，生动地塑造了二诸葛、三仙姑两个落后农民和小二黑、小芹两个年轻进步农民的形象。二诸葛胆小怕事、落后迷信，极力想维护家长制的权威，顽固地反对儿子小二黑与小芹自由恋爱结婚。三仙姑本是一个好逸恶劳、作风不正的妇女，不仅忌妒女儿小芹的幸福婚姻，而且还贪财出卖女儿。小说通过这两对思想观念截然相反的农民的对照，揭示了当时农村中旧习俗的封建残余势力对人们思想行为的束缚，以及新老两代人的意识冲突与变迁，说明实行民主改革、移风易俗的重要性，同时歌颂了民主政权的力量，反映了解放区的重大变化。小说结构完整，情节跌宕，语言通俗，富于地方色彩，开创了中国评书体的现代小说形式。

期待 / 师陀

著名作家师陀的短篇名作

一个诗意的抒情篇章

文章不在情节本身，而在情调的渲染

我忽然想起徐立刚的父亲徐大爷同徐立刚的母亲徐大娘。徐立刚就是人家叫他大头的徐立刚，我小时候的游伴，据说早已在外面一个无人知道的地方被枪杀了；并且当我问起的时候，只有极少几个人能想起他的名字，这个小城的居民几乎完全把他给忘了。那么这两个丧失了自己独养子的老人，两棵站立在旷野上的最后的老芦草，他们是怎样在风中摇曳，怎样彼此照顾，而又怎样度着他们的晚境的呢？

这一天我站在他们门前，快近黄昏时分，许多年前的情景又油然回到我心里来。徐大爷是个中年人，高大，庄严，有一条腿稍微有点瘸。徐大娘跟她丈夫相反，圆圆的大脸盘儿，相当喜欢说话，常把到他们家里去的年轻人当干儿子看。徐立刚自己由他们调和起来，高大像他父亲，善良像他母亲。徐立刚的妹妹，用红绒绳扎双道髻，是个淘气的小女孩。这人家跟我多亲切，过去跟我多熟！——我想着，我踌躇着，好几回我伸出手又缩回来，忍不住去看街上。

在街上，时间更加晚了，照在对面墙上的云霞的反光逐渐淡下去了。一只猪哼哼着在低头寻觅食物；一个孩子从大街上跑过来；一个卖煤油的尽力敲着木鱼。

“砰，砰！”终于我敲门，随后，一阵更深的静寂。

我于是重新回头观望街景，云霞的反光更淡下去；猪仍旧在寻觅食物；孩子早已跑过；卖煤油的木鱼声越来越急，越响越远。街上没有人了。

“这条街多凄凉！”我心里说，在旁边站着。

有人走出来？

“谁呀？”一个女人在里头大声问。

门闩响着，门呻吟着开了。一条小花狗想朝我扑上来，在那女人背后狂吠。院子里空荡荡的，墙角有棵枣树——我吃过

·作者简介·

师陀（1910～1988），原名王长简，1946年以前用笔名芦焚。成长在豫东闭塞农村，却凭借着自己对世俗人生的领悟以及自己对苦闷出路的探寻，找到了一条属于自己的骄傲的文学之路。在他的文学中我们经常能见到他优雅的抒情和淡淡的讽刺，这是一种苦心孤诣的艺术，也为他赢取了读者的信赖，主要写下了小说集《谷》（第一个短篇小说集，1937年因艺术风格独特而获得《大公报》文艺奖金），散文集《上海三札》、《江湖集》，以及剧本《西门豹》、《伐竹记》。

师陀像

它结的枣的枣树，开始上宿的母鸡蹲在鸡笼顶上，一只红公鸡咕咕着预备往上跳。

我正要问主人在不在家，一个老人在堂屋当门现出来，接着，差不多同时，一个老太太也现出来。他们站在门口向外望着，好像一对从窠里探出头来的小燕。

老人——徐大爷。

“噘噘噘！”他吆喝住狗，一面高声说：“别教它咬，外甥女。是谁在外面哪？”

给我开门的那个三十多岁的妇女，也就是徐大爷的外甥女，先是惊异的向我打量着，回答说“不认识”，然后躲到厨房里去了。

老太太——徐大娘，她分明比她的丈夫更不安。

“谁在外面？站在外面的是谁？”她焦躁的频频转过头去问徐大爷，声音很低，但一直送到大门外。

“我看不大清楚，”徐大爷用力朝我这边瞅着。停了一会，他又说，“真想不到——我看是马，马叔敖吧。”

“马，马，马叔敖……”

徐大娘想着，慌乱的念叨着，突然她发出欢呼。

“哦，马叔敖！真的是你吗？”两个老人同时喊。“进来，进来，别站在外面。你怎么不先捎个信来？”

我没有方法说明他们多快活。他们说着同时奔出来，徐大爷替我赶开狗，徐大娘忙的不知该怎么办——他们好像什么都忘掉了，鸡被惊吓的满院子跑，他们也顾不得管了。

我们于是走进堂屋。屋子里陈设仍旧跟好几年前一样，迎面仍旧供着熏黑了的观音神像，两边挂着的仍旧是当初徐大爷娶亲时人家送的喜联，在条几上——神像前面，仍是香筒、磬和香炉。所有的东西几乎全不曾变动，全在老地方。唯一多出来的是对联顶上簪的纸花，少女出阁时插在男家送来的喜上的装饰品。

“有茶吗，外甥女？快拿茶来。”徐大爷关照说，一颠一颠走进来。

徐大娘完全忙糊涂了。这难道是梦吗？她笑着，不住向我上下打量，嘴唇动弹，泪涌出来，在她的老眼里转。

“可不是么，真的是你，叔敖。”她重复说。她问我几时来的，问我中间隔了多少年，我跟他们立刚同时离开的这个小城。然后，一句老太太永不会忘记的老话，她说我比先前高多了。

徐大爷在旁边站着，直到这时才插进嘴，他对徐大娘嚷：

“有话停会也能讲！你就不教人家歇歇，喘口气？”

我们全坐下来。

那位徐大爷的外甥女端来两碗茶，随后走出去。

徐大娘坐在下面网凳上。徐大娘的确老得多了，她的原是极强壮的身体衰驼了；她的眼睛看起来很迟钝，脸上的皱纹比先前更深，皱褶更大；她的包着黑绉纱的头顶，前面一部分分明是秃了的，而其余的几乎也全白了。

“你在外边好吗？”她用袖子擦眼睛，没有留心我望着她时候的惊异。“听说你也一直没在家——这些年你都在什么地方？你看见过立刚没有？”

一阵莫大的恐慌，我对老太太怎么讲呢？我跟她说她的好立刚死了吗？早就被人家杀害了吗？幸喜她的注意并不在这里。人们说老年人就是长老了的小孩，这指的正是徐大娘。徐大娘正在一种天真的兴奋中，你心里会说："什么念头在她心里转哪，她这么忙？"

"你接到过他的信没有？"她的老眼犹疑不定地转动着，随即加上一句。说着她站起来，一件别的事情分明又引动她了。

徐大爷，像罪人般一直在旁边被煎熬的徐大爷，在他们遭遇的不幸中，长期的悲苦绝望中，他显然学会了体谅忍耐。

"你又……"徐大爷可怜的瞧着他的老伴，从他的神色上，你又很容易看出他在向她乞求。

徐大娘干脆回答他："你别管！"

"可你这是干什么呀？你这是？"在绝望中，老头子的声音差不多变成了呜咽。徐大娘可不理他。徐大娘一直朝里边去了

现在我仔细地观察徐大爷。徐大爷也老多了，比起徐大娘，我要说你更老了。因为打击对你来得更重，你心上的负担更大，你的痛苦更深。因此你的眼睛也就更加下陷，在昏暗中看去像两个洞；你的头发更少更白，皱纹同样在你脸上生了根，可是你比你的老伴徐大娘更瘦，更干枯，更惨淡；你的衣服是破旧的，要不是徐大娘催逼，你穿上后绝不会想到换的；你的钮扣——自然是早晨你忘记了，上面的两颗你没有扣上。精神上的负担给人的影响有多大呀，徐大爷？你在我对面几乎始终没有做声，眼睛茫然向空中瞅着，慢吞吞地吸着烟。烟早就灭了，可是你没有注意。你的眼里弥漫着泪。看了你的可怜的软弱老态，人绝想不到你能忍受这么大的痛苦；而事实上，要不是你的一把年纪支持着你，你会忽然倒下去，用头撞着地或是桌子，你会哀伤得像孩子般痛哭着说："让我说出来吧，我受不住。让我全说出来吧！"你不会吗？你会的，即使在一个后辈面前你也会的啊！

那么，试想现在我能讲什么呢？面对这个老人。

"这城里变的真厉害，"我说。我们于是从这里开始，从这里谈到城隍庙，谈到地方上的奇闻，谈到最近两年来的收成，慢慢的，最后我们谈到他的女儿，徐立刚的妹妹。

这些自然是无聊话，敷衍话。当我们谈着的时候，我深信徐大爷大概正跟我同样——我们心里同样回荡着另一件事。为了害怕，为了避免触到它，我们才提出这些问题。但是除此之外，对着这个可怜老人我又能讲什么呢？一切正如料想，他们的生活很困难；至于他们的小女，那个我最后一次看见她还用红绒绳扎着道髻的淘气小女孩，她也早在两年前出嫁了。

接着我们又不得不静默下来。在我们谈话中间，柜子在卧房里响着，徐大娘终于走出来了。

"怎么还不点上灯？"她精神很充足的问。

徐大爷将灯点上。

徐大娘回到网凳上。徐大娘手里拿个布包，一个一层一层用布严密包起来的包裹。

"这是立刚的信。"她说，一面把布包打开。

徐大娘小心翼翼地将布包打开，剥开一层又是一层。最后有几封被弄污被摸破的旧信从里头露出来了，很容易看出好几年来她都谨慎地保存着，郑重地锁在柜子里，每遇

见识字的她就拿出来，它们曾经被无数的手摸过，无数次被打开过。

“你看这一封，”她从其中拣出一封顶龌龊的。“他怎么说？”

我忍着苦痛把信接过来。这一封是从一个煤矿上寄来的，虽然我很不情愿，也只得存着为了满足一个孩子的心情从信封里抽出信纸。

父亲大人：来信敬悉。我在这边差称平顺，以后最好少写信来。妹妹年纪还轻，似不必急于订婚；不过你跟母亲既然主意已定，事情原委我不清楚，很难参加意见。总之只要她本人将来满意就好。说到回家，恐怕对大家都不方便，只有将来再说了……

这些信的内容徐大娘大概早已记熟了，只要看信封上的记号她就准知道里面说什么了，但是她的老眼仍旧毫不瞬转地盯着我，留心听每一个字，好像要把它们捉住。很可能，这些字在她听去很可能一遍比一遍新鲜。

“他说他身子壮吗？”看见我停下来，她唠叨着问。

“是的，”我把信交还她，“他说他身子很壮。”

于是第二封，从湖北一所监狱里寄来的。

“好几年前头，”她叹息说，“他蓦地里写了这封信，教家里给他兑钱。”

第三封，最后的没有发信地址的一封——

我考虑好多遍，每次我都想到将来你们总会明白，把写成的信撕了。但是最后我仍旧决定写，我不能教你们白白想念我。请跟母亲说吧，父亲，硬起心肠（心肠硬有时是有好处的），请跟她说以后别等我了。现在我很平静。只有想到你们的时候我心里才乱……父亲，以后全家都放在你身上，妹妹跟母亲都系在你身上，你要保重自己，要想开一点，千万别抛开她们。要留心母亲。要好好看待妹妹。我知道你不会责备我。最好忘记我，权当根本没有这个儿子……

我念着，手不住地抖着。

“他为什么说不回来了呢？”徐大娘怀疑地问我。“一千个好不如一个好，外面再好总没有家里好！”

大家都不做声。她的目光转到别处，望着空中，泪源源滚到老皱的脸上来。

“男孩子心肠真狠，不想想做娘的怎么过的，出门就不回来了！”她哽咽着，颤巍巍地举起手去擦眼泪。“好几年不往家里打信，我常常想，不知道他是胖或是瘦，也不知道受不受苦……我连模样都猜不出——本来家里有他一张照相，后来人家说要来搜查，徐大爷给他烧了。”

难言的悲恸，强迫我走开。我小时候的游伴，高大像他父亲，善良又像他母亲的大头徐立刚在我心头活动，在我面前和我相对的，是他身后遗留给这个世界的两位孤苦无助的老人，我的眼泪同样要流出来了。我的眼睛转向旁边，看见桌子在我进来之前已经抹光，桌面上整齐的摆着四双筷子，先前我没有注意。这当然不是给我摆的。

“你们有客吗，徐大爷？”我低声问，打算作为告辞的理由。

徐大爷始终沉浸在他自己的哀愁中，不可知的思想中，或幻梦中。

“没有，没有客。”

老人抬起头来懵懂地瞅着我，后来终于明白我的意思，翘翘下巴指着筷子，用几乎听不见的干哑声音说：

“那一双是我外甥女的，她来住几天。这一双是——是她给他放的！”

天下事还有比这更令人痛心并令人永永难忘？这筷子是给“他”预备的，给好儿子徐立刚的！他死了好几年，从人世上湮灭好几年，还一年一年被等待，被想念，他的母亲还担心他胖了瘦了，每到吃饭她还觉得跟平常一样，跟他在家时候一样，照例坐在她旁边。难道当真还有比这更令人绝望的吗？还有他们怎么想呢？那些谋杀徐立刚的人，当他们杀害他的时候，他们可曾想到母亲的心多仁慈，多广大，她的爱情多深吗？不，这些杀人的魔鬼是绝对不会想到的。

请想想两个老人的惊慌吧，当我终于硬着头皮站起来向他们告辞的时候。

“怎么，你要走吗，叔敖？你不在这里用饭？”徐大爷在后面大声呼喊。

徐大娘——她更加惊慌，跟小鸟一样，并且脸上还挂着泪呢。

“别走，叔敖，在这里吃饭！……你明天还来吗？”她用更大的声音向我呼喊。

我尽可能赶快走出去，或是说逃出去——不来了，徐大娘；还有你，徐大爷！让我们以河水发誓，除非城墙夷为平地，除非这个世界翻转来，永远不来了！

天不知几时黑下来了。我穿过天井，热泪突然滚到脸上，两个老人从后面追上来，直把我送出大门。街上没有灯火。所有的居民都已回到他们自己家里，他们的温暖的或不温暖的老巢里了。在上面，满天星斗正耿耿望着人间，望着这个平静的住着两个可怜老人的小城，照耀着寂无行人的街道。我摸索着沿街走下去，风迎面吹过来，一个“叫街”[①]的正远远的不知在何处哀呼。两个老人继续留在门口，许久许久，他们中间的一个——徐大爷在暗中叹了口气；他们中间的另一个——徐大娘说城门这时候大概落了锁了。

⊙作品赏析

师陀的文学，就像他自己所说的，默默地品味着自己的和别人的痛苦，以马兰花的顽强和黄花苔的潜隐，静寂地营造着自己果园城的美好，充满了感伤的诗意，评论者认为这是对失去的田园式的宗法社会的依恋，表达的是一种哀愁。这种独特的行文风格让他具备了非一般的精神气质和创伤性的心理体验。

《期待》的单纯超出了读者的阅读期待，就像《师陀略传》中所评述的：作品一般没有惊险的情节，而是靠诗意的抒情，凝练简洁、生动活泼而又略带揶揄的语言来再现场景和展示人物性格的。他忽视了小说的整体布局，只是按照事情的自然顺序次序演进，没有预设最终的所谓结局。这是一种散文化的笔触，就像评论家所说的：他描写风景人物甚于说故事。在写短篇小说时他仍不免没有脱除写游记和描写类散文的积习。也许根本就不应该只当做短篇小说看的。

在文章中，作者已然淡化了人物的特殊性，而是呈现出了一种泛指的倾向，就像在文章的结尾所说的：两个老人继续留在门口，许久许久，他们中间的一个——徐大爷在暗中叹了口气；他们中间的另一个——徐大娘说“城门这时候大概落了锁了”。这只是作者的言语表达的借口，而真正的意蕴则是作者落寞的一颗心。而这种不确定感更是打破了文章的时空性，因为它所关注的焦点是在人与社会文化的交接内涵，以刻意的诗意隐瞒自己对生存现状的绝望心态。所以他的文

①叫街：旧社会北方小城市里一种专门在夜间出来高声求乞的叫化。

章既不属于京派也不属于当时的左翼文学，而是显出了自己的独到的行文特色，以果园城的影像傲立在整个中国文坛上。

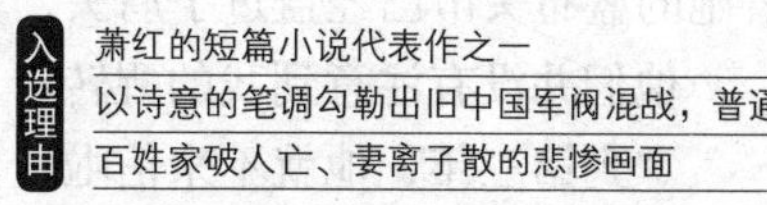

牛车上 / 萧红

金花菜在三月的末梢就开遍了溪边。我们的车子在朝阳里轧着山下的红绿颜色的小草，走出了外祖父的村梢。

车夫是远族上的舅父，他打着鞭子，但那不是打在牛的背上，只是鞭梢在空中绕来绕去。

“想睡了吗？车刚走出村子呢！喝点梅子汤吧！等过了前面的那道溪水再睡。”外祖父家的女佣人，是到城里去看她的儿子的。

“什么溪水，刚才不是过的吗？”从外祖父家带回来的黄猫，也好像要在我的膝头上睡觉了。

“后塘溪。”她说。

“什么后塘溪？”我并没有注意她，因为外祖父家留在我们的后面，什么也看不见了，只有村梢上庙堂前的红旗杆还露着两个金顶。

“喝一碗梅子汤吧，提一提精神。”她已经端了一杯深黄色的梅子汤在手里，一边又去盖着瓶口。

“我不提，提什么精神，你自己提吧！”

他们都笑了起来，车夫立刻把鞭子抽响了一下。

“你这姑娘……顽皮……巧舌头……我……我……”他从车辕转过身来，伸手要抓我的头发。

我缩着肩头跑到车尾上去。村里的孩子没有不怕他的，说他当过兵，说他捏人的耳朵也很痛。

五云嫂下车去给我采了这样的花，又采了那样的花，旷野上的风吹得更强些，所以她的头巾好像是在飘着。因为乡村留给我尚没有忘却的记忆，我时时把她的头巾看成乌鸦或是鹊雀。她几乎是跳着，几乎和孩子一样。回到车上，她就唱着各种花朵的名字，我从来没有看到过她像这样放肆一般的欢喜。

车夫也在前面哼着低粗的声音，但那分不清是什么词句。那短小的烟管顺着风时时送着烟氛，我们的路途刚一开始，希望和期待都还离得很远。

我终于睡了，不知是过了后塘溪，或是什么地方，我醒过一次，模模糊糊的好像那管鸭的孩子仍和我打着招呼，也看到了坐在牛背上的小根和我告别的情景……也好像外祖父拉我的手又在说：“回家告诉你爷爷，秋凉的时候让他来乡下走走……你就说你姥爷腌的鹌鹑和顶好的高粱酒，等着他来一块喝呢……你就说我动不了，若不然，这两年，我总也去……”

唤醒我的不是什么人，而是那空空响的车轮。我醒来，第一下看到的是那黄牛自己走在大道上，车夫并不坐在车辕上。在我寻找的时候，他被我发现在车尾上，手上的鞭子被他的烟管代替着，左手不住地在擦着下颏，他的眼睛顺着地平线望着辽阔的远方。

我寻找黄猫的时候，黄猫坐到五云嫂的膝头上去了，并且她还抚摸猫的尾巴。我看看她的蓝布头巾已经盖过了眉头，鼻子上显明的皱纹因为挂了尘土，更显明起来。

他们并没有注意到我的醒转。

“到第三年，他就不来信啦！你们这当兵的人……”

我就问她：“你丈夫也是当兵的吗？”

赶车的舅舅，抓了我的辫发，把我向后拉了一下。

“那么以后……就总也没有信来？”他问她。

“你听我说呀！八月节刚过……可记不得哪一年啦，吃完了早饭，我就在门前喂猪，一边喹喹地敲着槽子，一边‘喹唠嗃唠’地叫着猪……哪里听得着呢？南村王家的二姑娘喊着：‘五云嫂，五云嫂……’一边跑着一边喊着，‘我娘说，许是五云哥给你捎来的信！’真是，在我眼前的真是一封信，等我把信拿到手哇！看看……我不知为什么就止不住心酸起来……他还活着吗！他……眼泪就掉在那红签条上，我就用手去擦，一擦这红圈子就印到白的上面去。把猪食就丢在院心……进屋摸了件干净衣服，我就赶紧跑。跑到南村的学房，见了学房的先生，我就一面笑着，就一面流着眼泪……我说：‘是外头人来的信，请先生看看……一年来的没来过一个字。’学房先生接到手里一看，就说不是我的。那信我就丢在学房里跑回来啦……猪也没有喂，鸡也没有上架，我就躺在炕上啦……好几天，我像失了魂似的。”

“从此就没有来信？”

“没有。”她打开了梅子汤的瓶口，喝了一碗，又喝一碗。

“你们这当兵的人，只说三年二载……可是回来……回来个什么呢！回来个灵魂给人看看吧……”

“什么？”车夫说，“莫不是阵亡在外吗……”

“是，就算吧！音信皆无过了一年多。”

“是阵亡？”车夫从车上跳下去，拿了鞭子，在空中抽了两下，似乎是什么爆裂的声音。

“还问什么……这当兵的人真是凶多吉少。”她折皱的嘴唇好像撕裂了的绸片似的，显得轻浮和单薄。

车子一过黄村，太阳就开始斜了下去，青青的麦田上飞着鹊雀。

“五云哥阵亡的时候，你哭吗？”我一面捉弄着黄猫的尾巴，一面看着她。但她没有睬我，自己在整理着头巾。

等车夫颠跳着来在了车尾，扶了车栏，他一跳就坐在了车上。在他没有抽烟之前，他的厚嘴唇好像关紧了的瓶口似的严密。

五云嫂的说话，好像落着小雨似的，我又顺着车栏睡下了。

等我再醒来，车子停在一个小村头的井口边，牛在饮着水，五云嫂也许是哭过，她陷下的眼睛高起了，并且眼角的皱纹也张开来。车夫从井口揽了一桶水提到车子旁边：

“不喝点吗？清凉清凉……”

“不喝。”她说。

“喝点吧，不喝，就是用凉水洗洗脸也是好的。”他从腰带上取下手巾来，浸了浸水，

"揩一揩！尘土迷了眼睛……"

当兵的人，怎么也会替人拿手巾？我感到了惊奇。我知道的当兵的人就会打仗，就会打女人，就会捏孩子们的耳朵。

"那年冬天，我去赶年市……我到城里去卖猪鬃，我在年市上喊着：'好硬的猪鬃来……好长的猪鬃来……'后一年，我好像把他爹忘下啦……心上也不牵挂……想想那没有个好，这些年，人还会活着！到秋天，我也到田上去割高粱，看我这手，也吃过气力……春天就带着孩子去做长工，两个月三个月的就把家拆了。冬天又把家归拢起来。什么牛毛啦……猪毛啦……还有些收拾来的鸟雀的毛。冬天就在家里收拾，收拾干净呀……就选一个暖和的天气进城去卖。若有顺便进城去的车呢，把秃子也就带着……那一次没有带秃子。偏偏天气又不好，天天下清雪，年市上不怎么热闹；没有几捆猪鬃也总卖不完。一早就蹲在市上，一直蹲到太阳偏西。在十字街口，一家大买卖的墙头上贴着一张大纸，人们来来往往地在那里看，像是从一早那张纸就贴出来了！也许是晌午贴的……有的还一边看，一边念出来几句。我不懂得那一套……人们说是'告示，告示'，可是告的什么，我不懂那一套……'告示'倒知道，是官家的事情，与我们做小民的有什么长短！可不知为什么看的人就那么多……听说么，是捉逃兵的'告示'……又听说么……又听说几天就要送到县城枪毙……"

"哪一年？民国十年枪毙逃兵二十多个的那回事吗？"车夫把卷起的衣袖在下意识里把它放下来，又用手扶着下颏。

"我不知道那叫什么年……反正枪毙不枪毙与我何干，反正我的猪鬃卖不完就不走运气……"她把手掌互相擦了一会，猛然像是拍着蚊虫似的，凭空打了一下：

"有人念着逃兵的名字……我看着那穿黑马褂的人……我就说：'你再念一遍！'起先猪毛还拿在我的手上……我听到了姜五云姜五云的，好像那名字响了好几遍……我过了一些时候才想要呕吐……喉管里像有什么腥气的东西喷上来，我想咽下去……又咽不下去！……眼睛冒着火苗……那些看告示的人往上挤着，我就退在了旁边。我再上前去看看，腿就不做主啦！看'告示'的人越多，我就退下来了！越退越远啦！……"

她的前额和鼻头都流下汗来。

"跟了车，回到乡里，就快半夜了。一下车的时候，我才想起了猪毛……哪里还记得起猪毛……耳朵和两张木片似的啦……包头巾也许是掉在路上，也许是掉在城里……"

她把头巾掀起来，两个耳朵的下梢完全丢失了。

"看看，这是当兵的老婆……"

这回她把头巾束得更紧了一些，所以随着她的讲话，那头巾的角部也起着小小的跳动。

"五云倒还活着，我就想看看他，也算夫妇一回……"

"……二月里，我就背着秃子，今天进城，明天进城……'告示'听说又贴过了几回，我不去看那玩艺儿，我到衙门去问，他们说：'这里不管这事。'让我到兵营里去！……我从小就怕见官……乡下孩子，没有见过。那些带刀挂枪的，我一看到就发颤……去吧！反正他们也不是见人就杀……后来常常去问，也就不怕了。反正一家三口，已经有一口拿在他们的手心里……他们告诉我，逃兵还没有送过来。我说什么时候才送过来呢？他们说：'再过一个月吧！'……等我一回到乡下，就听说逃兵已从什么县城，那是什么县城？到今天我也记不住那是什么县城……就是听说送过来啦就是啦……都说若不快点去看，人可就没有了。我再背着秃子，再进城……去问问，兵营的人说：‘好心急，你还要问个百八十回。不知道，也许就不送过来。’……有一天，我看着一个大官，坐着马车，叮咚叮咚地响着铃子，从营房走出来了……我把秃子放在地上，我就跑过去，正好马车是向着这边来的，我就跪下了，也不怕马蹄就踏在我的头上。

“‘大老爷，我的丈夫……姜五……’我还没有说出来，就觉得肩膀上很沉重……那赶马车的把我往后面推倒了，好像跌了跤似的我爬在道边去。只看到那赶马车的也戴着兵帽子。

“我站起来，把秃子又背在背上……营房的前边，就是一条河，一个下半天都在河边上看着水。有些钓鱼的，也有些洗衣裳的。远一点，在那河湾上，那水就深了，看着那浪头一排排地从眼前过去。不知道几百条浪头都坐着看过去了。我想把秃子放在河边上，我一跳就下去吧！留他一条小命，他一哭就会有人把他收了去。

“我拍着那小胸脯，我好像说：‘秃儿，睡吧。’我还摸摸那圆圆的耳朵，那孩子的耳朵，真是，长得肥满，和他爹的一模一样。一看到那孩子的耳朵，就看到他爹了。”

她为了赞美而笑了笑。

“我又拍着那小胸脯，我又说：‘睡吧！秃儿。’我想起了，我还有几吊钱，也放在孩子的胸脯里吧！正在伸，伸手去放……放的时节……孩子睁开眼睛了……又加上一只风船转过河湾来，船上的孩子喊妈的声音我一听到，我就从沙滩上面……把秃子抱在……怀里了……”

她用包头巾像是紧了紧她的喉咙，随着她的手，眼泪就流了下来。

“还是……还是背着他回家吧！哪怕讨饭，也是有个亲娘……亲娘的好……”

那蓝色头巾的角部，也随着她的下颏也颤抖了起来。

我们车子的前面正过着一堆羊群，放羊的孩子口里响着用柳条做成的叫子，野地在斜过去的太阳里分不出什么是花什么是草了！只是混混黄黄的一片。

车夫跟着车子走在旁边，把鞭梢在地上荡起着一条条的烟尘。

“……一直到五月，营房的人才说：‘就要来的，就要来的。’

“……五月的末梢，一只大轮船就停在了营房门前的河沿上。不知怎么这样多的人！比七月十五看河灯的人还多……”

她的两只袖子在招摇着。

“逃兵的家属，站在右边……我也站过去，走过一个戴兵帽子的人，还每个人给挂了一张牌子……谁知道，我也不认识那字……

“要搭跳板的时候，就来了一群兵队，把我们这些挂牌子的……就圈了起来……‘离开河沿远点，远点……’他们用枪把子把我们赶到离开那轮船有三四丈远……站在我旁边的，一个白胡子的老头，他一只手下提着一个包裹，我问他：‘老伯，为啥还带来这东西？’……‘哼！不！……我有一个儿子和一个侄子……一人一包……回阴曹地府，不穿洁净衣裳是不上高的。’

“跳板搭起来了……一看跳板搭起来就有哭的……我是不哭，我把脚跟立得稳稳当当的，眼睛往船上看着……可是，总不见出来……过了一会，一个兵官，挎着洋刀，手扶着栏杆说：‘让家属们再往后退退……就要下船……’听着嘀嘮一声，那些兵队又用枪把子把我们向后赶了过去，一直赶上道旁的豆田，我们就站在豆秧上，跳板又呼隆呼隆地又搭起了一块……走下来了，一个兵官领头……那脚镣子，哗啦哗啦的……我还记得，第一个还是个小矮个……走下来五六个啦……没有一个像秃子他爹宽宽肩膀的，是真的，很难看……两条胳臂直伸伸的……我看了半天工夫，才看出手上都是戴了铐子的。旁边的人越哭，我就格外更安静。我只把眼睛看着那跳板……我要问问他爹‘为啥当兵不好好当，要当逃兵……你看看，你的儿子，对得起吗？’

“二十来个，我不知道哪个是他爹，远看都是那么个样儿。一个青年的媳妇……还穿了件绿衣裳，发疯了似的，穿开了兵队抢过去了……当兵的哪肯叫她过去……就把她抓回来，她就在地上打滚。她喊：‘当了兵还不到三个月呀……还不到……’两个兵队的人，就把她抬回来，那头发都披散开啦。又过了一袋烟的工夫，才把我们这些挂牌子的人带过去……越走越近了，越近也就越看不清楚哪个是秃子他爹……眼睛起了白蒙……又加上别人都呜呜啕啕的，哭得我多少也有点心慌……

“还有的嘴上抽着烟卷，还有的骂着……就是笑的也有。当兵的这种人……不怪说，当兵的不惜命……

“我看看，真是没有秃子他爹，哼！这可怪事……我一回身，就把一个兵官的皮带抓住：‘姜五云呢？’‘他是你的什么人？’‘是我的丈夫。’我把秃子可就放在地上啦……放在地上，那不作美的就哭起来，我啪的一声，给秃子一个嘴巴……接着，我就打了那兵官：‘你们把人消灭到什么地方去啦？！’

“‘好的……好家伙……够朋友……’那些逃兵们就连起声来跺着脚喊。兵官看看这情形，赶快叫当兵的把我拖开啦……他们说：‘不只姜五云一个人，还有两个没有送过来，明后天，下一班船就送来……逃兵里他们三个是头目。’

“我背着孩子就离开了河沿，我就挂着牌子走下去了。我一路走，一路两条腿发颤。奔来看热闹的人满街满道啦……我走过了营房的背后，兵营的墙根下坐着那提着两个包裹的老头，他的包裹只剩了一个。我说：‘老伯，你的儿子也没来吗？’我一问他，他就把背脊弓了起来，用手把胡子放在嘴唇上，咬着胡子就哭啦！

“他还说：‘因为是头目，就当地正法了咧！’当时，我还不知道这‘正法’是什么……”

她再说下去，那是完全不相接连的话头。

“又过三年，秃子八岁的那年，把他送进了豆腐房……就是这样：一年我来看他两回。二年他回家一趟……回来也就是十天半月的……”

车夫离开车子，在小毛道上走着，两只手放在背后。太阳从横面把他拖成一条长影，他每走一步，那影子就分成了一个叉形。

“我也有家小……”他的话从嘴唇上流下来似的，好像他对着旷野说的一般。

“哟！”五云嫂把头巾放松了些。

“什么！”她鼻子上的折皱抖动了一些时候，“可是真的？……兵不当啦也不回家？”

“哼！回家！就背着两条腿回家？”车夫把肥厚的手揩扭着自己的鼻子笑了。

“这几年，还没多少赚几个？”

“都是想赚几个呀！才当逃兵去啦！”他把腰带更束紧了一些。

我加了一件棉衣，五云嫂披了一张毯子。

“嗯！还有三里路……这若是套的马……嗯！一颠搭就到啦！牛就不行，这牲口性子没紧没慢，上阵打仗，牛就不行……”车夫从草包取出棉袄来，那棉袄顺着风飞着草末，他就穿上了。

黄昏的风，却是和二月里的一样。车夫在车尾上打开了外祖父给祖父带来的酒坛。

“喝吧！半路开酒坛，穷人好赌钱……喝上两杯。”他喝了几杯之后，把胸膛就完全露在外面。他一面啮嚼着肉干，一边嘴上起着泡沫。风从他的嘴边走过时，他唇上的泡沫也宏大了一些。

我们将奔到的那座城，在一种灰色的气候里，只能够辨别那不是旷野，也不是山岗，又不是海边，又不是树林……

车子越往前进，城座看来越退越远。脸孔和手上，都有一种粘粘的感觉……再往前看，连道路也看不到尽头……

车夫收拾了酒坛，拾起了鞭子……这时候，牛角也模糊了去。

“你从出来就没回过家？家也不来信？”五云嫂的问话，车夫一定没有听到，他打着口哨，招呼着牛。后来他跳下车去，跟着牛在前面走着。

对面走过一辆空车，车辕上挂着红色的灯笼。

“大雾！”

“好大的雾！”车夫彼此招呼着。

“三月里大雾……不是兵灾，就是荒年……”

两个车子又过去了。

⊙作品赏析

这篇小说发表于1936年，系萧红的短篇小说代表作之一，标志着萧红小说艺术“日臻成熟”。小说凭借“我”的视点，描写一辆在乡间缓缓行进的牛车，通过五云嫂及乡亲的亲人被军阀残杀的遭遇，勾勒出一幅北中国军阀混战，劳动人民家破人亡、妻离子散的悲惨画面，控诉了军阀草菅人命的滔天罪行，含蓄地指明了劳动人民生活悲剧的根源。小说在鞭挞黑暗的同时，也揭示了以五云嫂为代表的劳动群众的心灵之美，表现了他们相濡以沫的崇高情怀。小说构思精巧，富于戏剧性。五云嫂和车夫都是军阀的受害者，牛车成了两个“天涯沦落人”命运的纠结点，虽属巧合，确是通过偶然表现了必然。小说充满了抒情诗似的氛围和情调，以散文般舒展自如的笔法，讲述了一个凄楚的故事，悲凉透骨，空旷袭人。此外，作品画面感极强，犹如一幅幅优美的风景画。

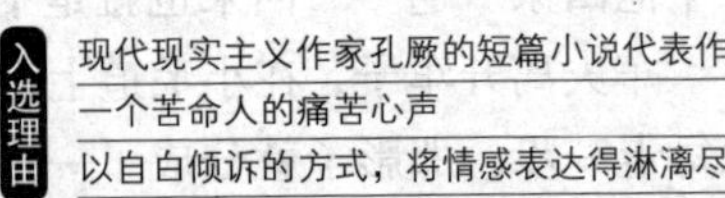

受苦人 / 孔厥

同志，给你拉拉话我倒心宽了，我索性把底根子缘由尽对你说吧。交新年来我十六岁，你说年龄不够，可是我三岁起就是他的人啦！

我大[①]说的，是民国十八年上，山北地荒旱，种下去庄稼出不来苗，后来饿死人不少。

①大：即父亲。

我们这儿好一点，许多“寻吃的”来了，他娘儿两个也是要饭吃，上了我们的主家门儿，粗做粗吃，主家就把他们留下了。过后可不晓怎的，主家又把那女人说给我大，说是我妈殁了，我大光棍汉儿还带娃，没家没室，没照应，怪可怜的。主家对咱租户这样好，我大说：当场直把他感激得跪下去了。主家就给立了个文书，说是我家只要净还他十年工，光做只吃，不分“颗子”[①]不使钱就行。那年头，娘儿俩自然“得吃便安身”就住到我家来啦。许是主家怕以后麻烦吧，文书还写明是“将老换小”的。你解开吗？那女人做我大的婆姨，我就顶她儿的婆姨啦！

初来这冤家就十七岁了，今年平三十，你看几个年头了？起先好几年我甚也不解，只当他是我的哥。赶明到黑他跟大在地里受苦，回来总已经上灯了。我记得他早就是大人啦，黑黑的瘦脸儿，两边挂下两条挺粗的辫子，不大说话，不大笑，可也常抱我，常亲我，实在，他疼我呢；自家人么，我自然也跟他亲呵！

他可是个“半跛子”，八岁上给人家拦牛从崖上跌到平地，又不小心喝过死沟水里的“油花子”，筋骨坏了！来我家的第四年上，身体又吃了大亏，是那年后妈殁了，大也病得不能动弹，主家的庄稼又不能误，家里山里就全凭这“半跛子”人，他可真是拼上命啦。主家却还天天来叫骂，一天他赶黑翻地，主家的牛儿瘸了腿，主家得讯冲来，一阵子“泡杆”好打呀，他就起不来了！人打坏，人也一股子气气坏了，大心里自然也是怪难过，口头却还劝他说：“端他碗，服他管，我们吃了他家饭，打死也还不是打死了！气他甚？”他可不舒气。那回他一病就七个月，真是死去活来！病好起，人可好不起了！同志，你没见他吗？至今他双手还直打抖，腿巴子不容易弯，走起路来直橛橛的，怪慢劲儿，死样子。你在他背后唤他，他还得全身转过来。他颈根也不活啦！人真是怕呵，身体残废了，神也衰了；他的瘦脸儿就从此黑里带青了，他的颧骨一天比一天见得凸出了，他的黑眼睛也发黄发钝了，他的头发竟全秃光了——只长起一些稀毛！他简直不再说话，不再笑，他没老也像个老人了，他不憨也像是憨憨的了！好同志哩，他作过啥孽呀？却罚他这样子！

可是，这么个人，便是我的汉！我听人家说，我懂啦。记得我娃娃脑筋开是在九岁上，那年，穷人到底翻了身，我们已经种着自家的地，住着自家的窑了。牛羊我们也分了一份。这些年岁真是好日月！我大欢天喜地的，“丑相儿”也欢天喜地的，“丑相儿”是他名头。我呢，我，自然也好！咱们交了这号运，两三个年头儿一过，我看他黑脸上青光也褪了，眼睛也活了，口也常嘻开了，他手是还抖，腿是还直，可常常叫大闲在窑里，自己却不分明夜，拼命的下苦，我知道他心意的！他疼我，他疼大！他就不疼自己了！大可不肯闲的，他说：“给人家做活还不歇，自家作活倒歇下了？再呢，往后你们俩……”两个人还是一齐下苦，光景就一天天好起来。“丑相儿”回窑也不再老是不笑不说话了，有一回他还说：“大，”他的眼睛却是望着我，“往后日子可更美呢！”我十多岁的人了，我心里自然明亮的呵，我却越想越怕了，我不由得怕得厉害，我想我合他这样的人怎办？亏得我要求上了学，住了学，可是我一天回家看见，他竟抽空打下一眼新窑啦，我的同志！

后来情形，你也有个眉目了吧？去年腊月底“上”的“头”，到今儿十一朝。可是发生的事，背后却另有一本账呢！同志，你见的那位女客，那是我妈，第三个妈，前年才

①颗子：粮食。

从榆林逃荒来的。你说啥“漂亮后生”，那是她儿，两个儿呢。这几口子说了合住到一搭里来，两家并成一家子，倒也你快我活，大家好！要不是主人当年给造下的孽呵……

可是大却把我逼住啦！他倒说得好容易：“两个自由，只要上起头就对了！”我们说“上起头”，就是把头发梳起，打成髻儿，就算婆姨了。不“上头”大还不许我上学。大这样逼我，自然是“丑相儿”在背地求哇！你想我，怎么好！不过，同志，你也是个女人，你该明亮的：一个小姑娘家，却能说个甚？我只好求求再过几年，可是大说：“你好哩！‘再过几年，再过几年’，他熬过十几个年头还不够？”我也说给他听过新社会法令，杨教员讲过的。大就叫起来：“天皇爷来判吧，他三十岁人儿，四十岁样子了，等他死？”他将烟管儿指着我胸口说：“贵女儿，不讲废话：是不是你嫌他，是不是你心里不愿，你说！”我被问得气都透不过来，我说不出，我大说：“不能的呀，好女子，不管说上天，说下地，总是当年红口白牙说定的，说出口了，不能翻悔，好人儿一言，好马儿一鞭！”还说：“咱们不吃回头草，人仗面子，树仗皮，眉眼要紧，他又是这样好的人，不能欺老好……”他还说“丑相儿”十多年来怎样疼我，我本来受不住了，听听我就哭了，不过我左思右想，还是应不出口。我大就急得直瞪眼，气得说不出话，那一回就是这样结局。后妈不好说甚，只是劝。她两个儿更不好说甚，因为那些烂舌根已经胡造开我们的谣言了！可是后来，妈对大实在不服气了说：“拄棍儿还得拄个长的哩，伴伴儿总也得伴个强的呀！小姑娘家……他这样人儿……”我大说：“要没旧根儿关系，自然好哇！”“旧根儿，”妈说，“话说过，风吹过了！”大说：“白纸黑字写下的！”妈说：“村长说的，那种屁文书，在新社会不作用了！”他说：“不作用！你们看他吧！”真的，天啊，“丑相儿”知道我不愿，一天天下去，他竟失落人样子了！就是当年七个月病也没有这样凶，他不过是一副死骨殖了，他不过是包着一张又黑又青的皮了！他却没有病，他却还是阴出阴进地受苦！他还常常用两个眼睛，两个死眼睛，远远的，望着我，望着我，那样怕人地望着我！是我害了他的吗？是我心愿的吗？看着他我心头就像一根铁钉子越钉越深了！去年开春我却因此病倒了！

同志，病里我就想不开，我想，旧社会卖女子的，童养媳的，小婆姨的，还有人在肚子里就被“定亲”的……女的一辈子罪受不住，一到新社会就“撩活汉，寻活汉，跳门踏户”，也不晓好多人，说是双方都出罪啦，可是男的要不看开，女的要是已经糟蹋了，那怎办！“丑相儿”他十多年疼我了，他是死心要我了，不是我受罪，还不他完蛋，旧根儿作下多大孽呵，可是我……唉，我能由他送了命吗？我思前想后，总没法，我只好“名誉上”先上起头了！我想先救住了他，我再慢慢劝转他，劝转他不要我这个小女子，另办个大婆姨；劝得转，我就好，劝不转，我就拼一世合他过光景就是！反正遭遇了，有什么办法！可是，同志，你想不到的呵，我应承了，我大也没甚快活！一满年下来，冤家也没全复原！直到做新女婿了，他戴上黑缎小帽，鲜红结儿，他可还是缩着面颊，凸着颧骨，一副猴相儿，瘦得成干，黑黑的，带青的！他穿上黑丝布袄裤，束上红腰带子，他也还是抖着手儿直着腿，慢来慢去，一副死样儿。不过，你没见他眼睛呵！不晓哪来的光彩，唉，他就是不看我，我也知道他是怎样的感激了！他就是不看别人，我也知道他是怎样的乐了！别人呢，自然，大也像是很快乐，妈也像是很快乐；我也像是很快乐，连弟兄俩，连邻居们，连亲戚友人，也都像是很快乐；本来不够年龄不行的，可是村长竟也不敢说甚，见了我们，他也像是很快乐。同志，快乐呵！

我把我合他过的十天从头到尾跟你说吧！腊月底上了头，赶明就新年。新年末，白天吃好的，穿好的，黑夜烧“旺火”，挂灯儿……大家总要乐个十几天。我们呢，初一来人待客，没说的。初二三四闲下了，我还是新媳妇儿“坐炕角”，冤家却在门外蹲着，我知道他一定常想回窑，却又怕羞！回窑子，他要不背对着我，就肩对着我，我知道他常想看我，却又怕羞！一定的！他一定不晓得怎样才好了！我看见的，他口儿几次发抖，好似笑着要跟我拉话，可终没有出口！初四他才全身对我转过来，他说了什么话呀，他说：“贵儿——姊，大好人，大真好人！你……也……”他笑着，发抖的手儿向前抬起，更加发抖了，话没讲完。后来他掏出一个红布包儿，从里面又拿出一个红纸包儿交给我藏起，还看我藏好了在怀里才走开。这里面，你道是什么宝贝呵，原来咱两个当年的文书，这烂纸子，他竟随身带了十几年啦！同志，看着这样子，我想劝他的话，想了一千遍，也不敢劝了！我怎么能说得出呀！

可是，初五夜里他睡不安，我就害怕起来。我穿是穿着一条裤子，我束是束着四根带子，我还是怕！呵！要来的事到底来了！深更半夜，我听见他爬起来胆小的叫我，我吓得没敢应。过了一会，黑里来了一只手，按在我胸口发抖，我气都透不过来了，我也不知说了一句什么话，他的手越是抖得厉害了！我硬叫自己定了定神，才又对他说：“不要！”我不知道怎么说，我说：“我还是个小女子呢，我还不能！”他好像不明白，问我：“甚？”我只好讲些甚么，他约摸是呆了一会，后来他奇怪起来，说了一句话，我急了，我又跟他讲。过了一会，我才听见他说：“好。”声音里还像含着笑，他又睡下去了，一忽儿我就听见他已经打“鼾声”了。早起他还像是含着笑，抖抖的穿了旧衣服，抖抖的拿了个斧子，又慢慢儿直橛橛的出门去了。那天他砍了一天柴，晚上把钱通交给我，还叫我积多了钱分一半儿给大。以后两天照旧的。记得初九他还说过这样的话：他自己一定要穿烂些，吃坏些，让我过好些。唉，同志呀，听了他的话我真想哭！我要劝他的话我更加说不出口了，我心里反倒天天对自己说：“他这样，我还是拼一世和他过吧！”可是同志，我顶好是不见他，我一见他，我可不由得就要害怕起来，害怕得心直发抖！

那些闲人儿却天天黑地在我们门缝里偷听，有的孩子调皮捣蛋，还从上面烟囱里撒下辣子末来，惹得我喷嚏。那几夜他倒睡得挺好的。后来我也安心睡过去了，其实我也乏得不由己了。可想不到昨儿黑夜鸡叫三更他却又来缠我！我梦里惊跳起来，只听见他说：“能！能！”我一时吓怕了！他还说了一句明明白白的话，天哪！怎么好呢？我一时实在吓慌了，我自已也不晓得怎的，我本来要说的话不由得一下子都脱出口了！

好同志呵，这真怕人呵！他一大会没有说话，黑里只听见他气得手儿索索发抖，我爬起来要点灯了，可是他开口了，他的上下齿子磕碰出声音，他说：“哦，贵女儿！你……你真话？十三年了……你嫌我？”我这时候不晓怎的也发抖了。我不接气地说：“我，好‘丑相儿’！你疼我，我知道，我知道是，我我自然也是想对你好的呀！我我可不成……”说说我就忍不住哭了！他又好一会不做声，好像是被我哭的声音吓呆了！我说：“你还是另办一个大人吧！”他却说：“不……我不！十三年来……你！好贵女儿，现在你已经正式啦，你已经‘过’过来啦！”我很怕这句话，我又发抖说：“不顶事，不顶事的！”他又像是呆了一会说：“怎么不顶事？”一会后，他好像突然想起什么紧要事了，他突然着急地问我要文书，就是旧社会害人的那张烂纸子！他们是怕我年龄不够，没去政府里割结婚证哪，我也不晓那文书有多重要，他着急的要，我也就着急的不给他，我可听得出他慌了手脚，他一定是怕我藏掉没证据了！他立即揪住我要逼它出来，慌得我拼命挣扎，我就触到他那死骨殖了！那死骨殖呵，不晓得是哪来眼光，哪来力气，黑地里竟把我怀里那红纸包儿抢到手了，他抓住不放，我拼命夺，纸包儿碎了，文书也全烂了！他一急，我就听见他去拿斧子来，我吓得歪在炕上大叫。他一定气疯了，就一斧子砍了我这里！他们冲开门来捉住他……好同志呵，我被砍死倒好了，我这不死的苦人儿，你叫我以后跟他怎样办呀！可是我不怨他的，我不怨他的！他也是够可怜的呵，够……可怜……的呵……

⊙作品赏析

在孔厥的文学中，我们经常能看到他浓烈的怜悯式的人文主义关怀，看到他笔下挣扎着的灵魂在无奈中嘶吼。他的眼光相当独到，很容易地在现实生活中发现所有扭曲的灵魂以及带着缺陷不安的人群，这大概就是他穷愁的悲剧美学。

在《受苦人》中这种思想更是得到了淋漓尽致的表达，这是一个独特的叙事人的直白与倾诉，点点滴滴包含着言说者的辛酸与血泪，以极其深入的笔锋将现实主义小说的客观冷静与作者的激昂情绪完美地衔接在了一起，写尽一个年轻的童养媳与年迈丈夫之间的隔阂与凄苦的生活，这是生活的病态也是生活的缺陷。丑相儿既有可鄙的一面：残废的身体、迟钝的目光、未老先衰的表情；也有可怜的一面：他从社会上得到了一身的伤害，这也让这个妻子倍觉怜悯。但是这样的搭配本身是乡里陋俗的贻害，作者更是将同情的眼光转向童养媳，展现她的绝望的心态：我被砍死倒好了，我这不死的苦人儿。

文章的最大特点在于作者截取了第一人称的视角，以倾诉的口吻，哀怨的道白，更见怨妇的屈辱和不堪的血泪史。这样的表述将作者的情怀直接展露无疑，让我们和作者的心一起伤愁。而文章的语言更是寄予了作者相当深厚的情感，读来丝丝入扣。就像文章中所说的：丑相儿他十多年疼我了，他是死心要我了，不是我受罪，还不是他完蛋，旧根儿作下多大的孽阿，可是我，我能由他送了命吗。

金鲤鱼的百裥裙 / 林海音

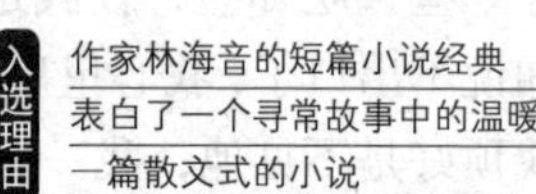

金鲤鱼有一条百裥裙，大红洋级的，前幅绣着“喜鹊登梅”。金鲤鱼就喜欢个梅花，那上面可不是绣满了一朵朵的梅花。算一算，足足有九十九朵。两只喜鹊双双一对地停在梅枝上，姿式、颜色，配得再好没有，长长的尾巴，高高地翘着，头是黑褐色的，背上青中带紫，肚子是一块白。梅花朵朵，真像是谁把鲜花撒上去的。旁边两幅是绣的蝴蝶穿花，周边全是如意花纹的绣花边。

裙子是刚从老樟木箱子里拿出来的，红光闪闪地平铺在大沙发上。珊珊不知怎么欣赏才好，她双手抚着胸口，兴奋地叹着气说：

“唉！不得了，不得了，我从来没有见过这么美丽的百裥裙！”

她弯下腰伸手去摸摸那些梅花，那些平整的裥子，那些细致的花边。她轻轻地摸，仿佛一用力就会把那些娇嫩的花瓣儿摸散了似的。然后她又斜起头来，娇憨地问妈妈：

“妈咪！这条百裥裙是你结婚穿的礼服吗？”

妈妈微笑着摇摇头。这时爸爸刚好进来了，妈妈看了爸爸一眼，对珊珊说：

“妈咪结婚已经穿新式礼服喽！”

“那么这是谁的呢？”珊珊又一边轻抚着裙子一边问。

“问你爸爸吧！”妈妈说。

爸爸并没有注意她们母女在说什么，他是进来拿晚报看的，这时他回过头来，才注意到沙发上的东西。他扶了扶眼镜，仔细地看了看，并没有看出什么来。

“爸，这是谁的百裥裙呀？不是妈咪跟你结婚穿的吗？”珊珊还是问。

爸爸只是轻轻摇摇头，并没有回答，仿佛他也闹不清当年结婚妈咪穿的什么衣服了。但是停一下，他像又想起了什么，扭过头来，看了那裙子一眼，问妈说：

“这是哪里来的？”

“哪里来的？”妈咪谜语般地笑了，却对珊珊说：

·作者简介·

林海音（1918～2001），一个守候台湾纯粹文学的作家，被誉为台湾文学的一道阳光。同时也是台湾乡愁心态的代表作家，曾把她的感念尽情流泻在对北京的纯情追忆上，从胡同到城墙都印上了浓郁的北京色调，而乡愁也让作家的笔调显得相当愁婉。有评论家即说，阅读林海音的文章总是会不自觉地被她的情感感动到泪眼迷蒙，感受到她苍穹般的温暖情怀。林海音是个勤于笔耕的作家，为读者留下了丰厚的文学遗产，其中以《城南旧事》、《云窗夜读》、《婚姻的故事》、《孟珠的旅程》最为有名。

林海音像

“是你祖母的呀！”

“祖母的？是祖母结婚穿的呀！”珊珊更加惊奇，更加地发生兴趣了。

听说是祖母的，爸又伸了一下脖子，把报纸放下来，对妈咪说：

“拿出来做什么呢？”

“问你的女儿。”妈妈对女儿讲“问爸爸”，对爸爸却又讲“问女儿”了，总是在打谜语。

珊珊又耸肩又挤眼的，满脸洋表情，她笑嘻嘻地说：

“我们学校欢送毕业同学晚会，有一个节目是服装表演，她们要我穿民初的新娘服装呢！”

“民初的新娘子是穿这个吗？”爸爸不懂，问妈妈。

“谁知道！反正我没穿过！”妈咪有点生气爸爸的糊涂，他好像什么事都忘记了。

“爸，你忘了吗？”珊珊老实不客气地说：“你是民国十年才结婚的呀！结了婚，你就一个人跑到日本去读书，一去十年才回来，害得我和哥哥们都小了十岁（她撅了一下嘴）。你如果早十年生大哥，大哥今年不就四十岁了？连我也有二十八岁了呀！”

爸爸听了小女儿的话，哈哈地笑了，没表示意见。妈妈也笑了，也没表示意见。然后妈妈要叠起那条百裥裙，珊珊可急了。说：

“不要收呀，明天我就要拿到学校去，穿了好练习走路呢！”

妈妈说：“我看你还是另想办法吧！我是舍不得你拿去乱穿，这是存了四十多年的老古董咧！”

珊珊还是不依，她扭着腰肢，撒娇地说：

“我要拿去给同学们看。我要告诉她们，这是我祖母结婚穿的百裥裙！”

“谁告诉你这是你祖母结婚穿的啦？你祖母根本没穿过！”妈妈不在意地随口就讲

了这么一句话，珊珊略显惊奇地瞪着眼睛看妈咪，爸爸却有些不耐烦地责备妈妈说：

“你跟小孩子讲这些没有意思的事情干什么呢？”

但是妈妈不会忘记祖母的，她常说，因为祖母的关系，爸爸终于去国十年回来了，不然的话，也许没有珊珊的三个哥哥，更不要说珊珊了。

爸爸当然更不会忘记祖母，因为祖母的关系，他才决心到日本去读书的。

在这里，很少人可以说简直没有人认识当年的祖母，当然更不知道金鲤鱼有一条百裥裙的故事了。

六岁来到许家

许大太太常常喜欢指着金鲤鱼对人这么说：

“她呀，六岁来到许家，会什么呀？我还得天天给她梳辫子，伺候她哪！”

许大太太给金鲤鱼的辫子梳得很紧，她对金鲤鱼也管得很紧。没有人知道金鲤鱼的娘家在哪儿，就知道是许大太太随许大老爷在崇明县的任上，把金鲤鱼买来的。可是金鲤鱼并不是崇明县的人，听说是有人从镇江把她带去的。六岁的小姑娘，就流离转徙地卖到了许家。她聪明伶俐，人见人爱。虽然是个丫头的身份，可是许大太太收在房里当女儿看待。许家的丫头多的是，谁有金鲤鱼这么吃香？她原来是叫鲤鱼的，因为受宠，就有那多事的人，给加上个“金”字，从此就金鲤鱼金鲤鱼地叫顺了口。

许大太太生了许多女儿，大小姐，二小姐，三小姐，四小姐，五——还是小姐。到了五小姐，索性停止不生了。许家的人都很着急，许大老爷的官做得那么大，她如果没个儿子，很遗憾吧。因此老太太要考虑给儿子纳妾了。许大太太什么都行，就是生儿子不行，她看着自己的一窝女儿，一个赛一个地标致，如果其中有一个是儿子，也这么粉团儿似的，该是多么的不同！

那天许大太太带着五个女儿，还有金鲤鱼，在花厅里做女红。她请了龚嫂子来教女儿们绣花。龚嫂子是湖南人，来到北京，专给宫里绣花的，也在外面兼教闺中妇女刺绣。许大太太懂得一点刺绣，她说苏绣虽然翎毛花卉山水人物无不逼肖，可是湘绣也有它的特长，因为湘绣参考了外国绣法，显得新鲜活泼，所以她请了龚嫂子来教刺绣。

龚嫂子来了，闺中就不寂寞，她常常带来宫中逸事，都不是外面能知道的。所以她的来临，除了教习以外，也还多了一个谈天的朋友。

那天许大太太和龚嫂子又谈起了老爷要纳妾的事。龚嫂子忽然瞟了一眼金鲤鱼，努努嘴，没说什么。金鲤鱼正低头在白缎子上描花样。她这时十六岁了，个子可不大，小精豆子似的。许大太太明白了龚嫂子的意思，她寻思，龚嫂子的脑筋怎么转得那么快，眼前摆个十六岁的大丫头，她以前怎么就没想到呢！

金鲤鱼是她自己的人，百依百顺，逃不出她的手掌心。把金鲤鱼收房给老爷做姨太太，才是办法。她想得好，心里就畅快了许多，这些时候，为了老太太要给丈夫娶姨太太，她都快闷死了！”

六岁来到许家，十六岁收房做了许老爷的姨太太，金鲤鱼的个子还抵不上老爷书房里的小书架子高呢！就不要紧，她才十六岁，还在长哪！可是，年头儿收的房，年底她就做了母亲了。金鲤鱼真的生了一个粉团儿似的大儿子，举家欢天喜地，却都来向许大太太道喜，许大太太高兴得嘴都合不拢了。

许大太太不要金鲤鱼受累，奶妈早就给雇好了。一生下，就抱到自己的房里来抚养。许大太太没有什么可操心的了。许大老爷，就让他归了金鲤鱼吧！她有了振丰——是外公给起的名字——就够了。

有许大太太这样一位大太太，怪不得人家会说：

“金鲤鱼，你算是有福气的，遇上了这位大太太。”

金鲤鱼也觉得自己确是有福气的。可是当人家这么对她说的时候，她只笑笑。人家以为那笑意便是表示她的同意和满意，其实不，她不是那意思。她认为她有福气，并不是因为遇到了许大太太，而是因为她有一个争气的肚子，会生儿子。所以她笑笑，不否认，也不承认。

无论许大太太待她怎么好，她仍然是金鲤鱼。除了振丰叫她一声“妈”以外，许家一家人都还叫她金鲤鱼。老太太叫她金鲤鱼，大太太叫她金鲤鱼，小姐们也叫她金鲤鱼，她是一家三辈子人的金鲤鱼！金鲤鱼，金鲤鱼，她一直在想，怎么让这条金鲤鱼跳过龙门！

到了振丰十八岁，这个家庭都还没有什么大改变，只是这时已经民国了，许家的大老爷早已退隐在家做遗老了。

这一年的年底，就要为振丰完婚。振丰自己嫌早，但是父母之命难违，谁让他是这一家的独子，又是最小的呢！对方是江宁端木家的四小姐，也才不过十六岁。

从春天两家就开始准备了。儿子是金鲤鱼生的，如今要娶媳妇了，金鲤鱼是什么滋味？有什么打算？

有一天，她独自来到龚嫂子家。

绣个喜鹊登梅吧

龚嫂子不是当年在宫里走动的龚嫂子了，可是皇室的余荫，也还给她带来了许多幸运。她在哈德门里居家，虽然年纪大了，眼睛不行了，不能自己穿针引线地绣花，可是她收了一些女徒弟，一边教，一边也接一些定制的绣活，生意很好，远近皆知。东交民巷里的洋人，也常到她家里来买绣货。

龚嫂子看见金鲤鱼来了，虽然惊奇，但很高兴。她总算是亲眼看着金鲤鱼从小丫头变成大丫头，又从大丫头收房作了姨奶奶，何况——多多少少，金鲤鱼能收房，总还是她给提的头儿呢。金鲤鱼命中带了儿子，活该要享后福呢！她也听说金鲤鱼年底要娶儿媳妇了，所以她见了面就先向金鲤鱼道喜。金鲤鱼谢了她，两个人感叹着日子过得快。然后，金鲤鱼就说到正题上了，她说：

“龚嫂子，我今天是来找龚嫂子给绣点东西。”

于是她解开包袱，摊开了一块大红洋缎，说是要做一条百裥裙，绣花的。

“绣什么呢？”龚嫂子问。

“就绣个喜鹊登梅吧！”金鲤鱼这么说了，然后指点着花样的排列，她要一幅绣满了梅花的“喜鹊登梅”，她说她就爱个梅花，自小爱梅花，爱得要命。她问龚嫂子对于她的设计，有什么意见？”

龚嫂子一边听金鲤鱼说，一边在寻思，这条百裥裙是给谁穿的？给新媳妇穿的吗？不对。新媳妇不穿“喜鹊登梅”这种花样，也用不着许家给做，端木家在南边，到时候会从南边带来不知道多多少少绣活呢！她不由得问了：

“这条裙子是谁穿呀？”

“我。”金鲤鱼回答得很自然，很简单，很坚定。只是一个“我”字，分量可不轻。

“噢——”龚嫂子一时愣住了，答不上话，脑子在想，金鲤鱼要穿大红百裥裙吗？她配吗？许家的规矩那么大，丫头收房的姨奶奶，哪就轮上穿红百裥裙呢？就算是她生了儿子，可是在许家，她知道得很清楚，儿子归儿子，金鲤鱼归金鲤鱼呀！她很纳闷。可是她仍然笑脸迎人地依照了金鲤鱼所设计的花样——绣个满幅喜鹊登梅。她答应赶工半个月做好。

喜鹊登梅的绣花大红百裥裙做好了，是龚嫂子亲自送来的。谁有龚嫂子懂事？她知道该怎么做，因此她直截了当地就送到金鲤鱼的房里。打开了包袱，金鲤鱼看了看，表示很满意，就随手叠好又给包上了，她那稳定而不在乎的神气，真让龚嫂子吃惊。龚嫂子暗地里在算，金鲤鱼有多大了？十六岁收房，加上十八岁的儿子，今年三十四喽！到许家也快有三十年喽，她要穿红百裥裙啦！她不知道应当怎么说，金鲤鱼到底该不该穿？

金鲤鱼自己觉得她该穿。如果没有人出来主张她穿，那么，她自己来主张好了。送走了龚嫂子回到房里，她就知道“金鲤鱼有条百裥裙”这句话，一定已经被龚嫂子从前头的门房传到太太的后上房了，甚至于跨院堆煤的小屋里，西院的丁香树底下，到处都悄声悄语在传这句话。可是，她不在乎，金鲤鱼不在乎。她正希望大家知道，她有一条大红西洋级的绣花百裥裙子。

很早以来，她就在想这样一条裙子，像家中一切喜庆日子时，老奶奶，少奶奶，姑奶奶们所穿的一样。她要把金鲤鱼和大红百裥裙，有一天连在一起——就是在她亲生儿子振丰娶亲的那天。谁说她不能穿？这是民国了，她知道民国的意义是什么——“我也能穿大红百裥裙”，这就是民国。

百裥裙收在樟木箱子时，她并没有拿出来给任何人看，也没有任何人来问过她，大家就心照不宣吧。她也没有试穿过，用不着那么猴儿急。她非常沉着，她知道该怎么样的沉着去应付那日子——她真正把大红绣花百裥裙穿上身的日子。

可是到了冬月底，许大太太发布了一个命令，大少爷振丰娶亲的那天，家里妇女一律穿旗袍，因为这是民国了，外面已经兴穿旗袍了，而且两个新人都是念洋学堂的，大家都穿旗袍，才显得一番新气象。许大太太又说，她已经叫了亿丰祥的掌柜的来，做旗袍的绫罗绸缎会送来一车，每人一件，大家选吧。许大太太向大家说这些话的时候，曾向金鲤鱼扫了一眼。金鲤鱼坐在人堆里，眼睛可望着没有人的地方，身子扳得纹风不动，她真沉得住气。她也知道这时有多少只眼睛向她射过来，仿佛改穿旗袍是冲着她一个人发的。空气不对，她像被人打了一闷根子。她真没想到这一招儿，心像被虫啃般的痛苦。她被铁链链住了，想挣脱出来一下，都不可能。

到了大喜的日子，果然没有任何一条大红百裥裙出现。不穿大红百裥裙，固然没有身份的区别了，但是，穿了呢？不就有区别了吗？她就是要这一点点的区别呀！一条绣花大红百裥裙的分量，可比旗袍重多了，旗袍人人可以穿，大红百裥裙可不是的呀！她多少年就梦想着，有一天穿上一条绣着满是梅花的大红西洋缎的百裥裙，在上房里，在花厅上，在喜棚下走动着窸窸窣窣的声音，是从熨得平整坚实的裙裥子里发出来的。那个声音，曾令她羡妒，令她渴望，令她伤心。

一去十年

当振丰赶到家，站在他的亲生母亲的病榻前时，金鲤鱼已经在弥留的状态中了。她仿佛睁开了眼，也仿佛哼哼地答应了儿子的呼声，可是她什么都不知道了。

这是振丰离国到日本读书十年后第一次回家——是一个急电给叫回来的。不然他会呆多久才回来呢？

当振丰十八岁刚结婚时，就感觉到家中的空气，对他的亲生母亲特别的不利，他也陷入痛苦中。他有抚养着他的母亲，宠惯着他的姐姐，关心着他的父亲，敬爱着他的亲友和仆从，但是他也有一个那样身份的亲生母亲。他知道亲生母亲有什么样的痛苦，因为传遍全家的“金鲤鱼有一条百裥裙”的笑话，已经说明了一切。在这个新旧思想交替和冲突的时代和家庭里，他也无能为力。还是远远地走开吧，走离开这个沉闷的家庭，到日本去念书吧！也许这个家庭没有了他这个目标人物，亲生母亲的强烈的身份观念，可以减轻下来，那么她的痛苦也说不定会随着消失了。他是怀着为人子的痛苦去国的，那时的心情只有自己知道，让他去告诉谁呢！

他在日本书念得很好，就一年年地呆下去了。他吸收了更多更新的学识，一心想钻研更高深的学问，便自私得顾不得国里的那个大家庭了。虽然也时时会兴起对新婚妻子的歉疚，但是结果总是安慰自己说，反正成婚太早，以后的日子长远得很呢。

现在他回来了，像去国是为了亲生母亲一样，回来仍是为了她，但母亲却死了！死，一了百了。可是他知道母亲是含恨而死的，恨自己一生连想穿一次大红百裥裙的机会都被剥夺了，对她是一件多么残酷的事。她是郁郁不欢地度过了这十年的岁月吗？她也恨儿子吗？恨儿子远行不归，使她在家庭的地位，更不得伸张而永停在金鲤鱼的阶段上。生了儿子应当使母亲充满了骄傲的，她却没有得到，人们是一次次地压制了她应得的骄傲。

振丰也没有想到母亲这样早就去世了，他一直有个信念，总有一天让这个叫“妈”的母亲，和那个叫“娘”的母亲，处于同等的地位，享受到同样的快乐。这是他的孝心，悔恨在母亲的有生之年，并没有向她表示过，竟让她含恨而死。

这一家人虽然都悲伤于金鲤鱼的死，但是该行的规矩，还是要照行。出殡的那一天，为了门的问题，不能解决。说是因为门窄了些，棺材抬不过去。振丰觉得很奇怪，他问到底是哪个门嫌窄了？家人告诉他，是说的“旁门”，因为金鲤鱼是妾的身份，棺材是不能由大门抬出去的，所以他们正在计划着，要把旁边的门框临时拆下一条来，以便通过。

振丰听了，胸中有一把火，像要燃烧起来。他的脸涨红了，抑制着激动的心情，故意问：

“我是姨太太生的，那么我也不能走大门了？”

老姑母苦笑着责备说：

“傻孩子，怎么说这样的话！你当然是可以走大门……”

振丰还没等老姑母讲完，便冲动地，一下子跑到母亲的灵堂，趴伏在棺木上，捶打痛喊着说：

“我可以走大门，那么就让我妈连着我走一回大门吧！就这么一回！就这么一回！”

所有的家人亲戚都被这景象吓住了。振丰一直伏在母亲的棺木上痛哭，别人也不知道该怎么劝解，因为太意外了。结局还是振丰扶着母亲的棺柩，堂堂正正地由大门抬了出去。

他觉得他在母亲的生前，从没有能在行为上表示一点孝顺，使她开心，他那时是那么小，那么一事无知，更缺乏对母亲的身份观念的了解。现在他这样做了，不知道母亲在冥冥中可体会到他的心意？但无论如何，他沉重的心情，总算是因此减轻了许多。

现在算不得什么了

看见妈妈舍不得把百裥裙给珊珊带到学校去，爸爸倒替珊珊说情了，他对妈妈说：

“你就借她拿去吧，小孩子喜欢，就让她高兴高兴。其实，现在看起来，这些都算不得什么了！那时，一条百裥裙对于一个女人的身份，是那样地重要吗？现在想来，真是不可思议的。看女学生只要高兴，就可以随便穿上它在台上露一露。唉！时代……”

话好像没说完，就在一声感喟下戛然而止了。而珊珊只听了头一句，就高兴得把百裥裙抱了起来，其余，爸爸说的什么，就完全不理会了。

妈妈也想起了什么，她对爸爸说：

“振丰，你知道，我当初很有心要把这条百裥裙给放进棺材里，给妈一起陪葬算了，我知道妈是多么喜欢它。可是……

妈也没再说下去了，她和爸一时都不再说话，沉入了缅想中。

珊珊却只顾拿了裙子朝身上比来比去，等到裙子扯开来是散开的两幅，珊珊才急得喊妈妈：

“妈咪，快来，看这条裙子是怎么穿法嘛！”

妈拿起裙子来看看，笑了，她翻开那裙腰，指给爸爸和珊珊看，说：

“我说没有人穿过，一点儿不错吧？看，带子都还没缝上去哪！”

⊙作品赏析

读者常说阅读林海音的文学作品要带着一份心情，去品味她蕴藉其中的细腻的情感，感受她文学中点滴流淌的温暖。她习惯以身边的琐事为创作的主要素材，简单温柔，总能让人感到无比的亲切。她的文章虽然名义上称为小说，但实际上，因为生活的随意倒有点散文化了。

在《金鲤鱼的百裥裙》中同样为我们讲述了一个身边的故事，以一条百裥裙引动家人之间的亲切对话，引动父亲对老祖母的追忆。这是一条前幅绣着“喜鹊登梅”的百裥裙，虽然尚未有人穿过，却隐含着从前一段老祖母的故事。就像文章中所说的：她多少年就梦想着，有一天穿上一条绣着满梅花的大红西洋缎的百裥裙，在上房里，在花厅上，在喜棚下走动着窸窸窣窣的声音，是从熨得平整坚实的裙褶子里发出来的。那个声音，曾令她羡妒，令她渴望，令她伤心。

文章在结构的设置上显得颇具特色：采用的是插叙的手法，从一条在箱底中挖出的百裥裙的对话，转引到对百裥裙故事的回忆，再回归到现实生活当中。而在文体的层次上文章则又显得已经模糊了散文和小说的既定界限，这大概也是这位台湾文学祖母级人物的行文特色了。也正因为她小说的散文化倾向，同时也让这篇小说的语言显得随和婉约，柔美，在淡淡的叙事中，给人以情感的温暖，就像文章中所说的：给妈一起陪葬算了，我知道妈是多么喜欢它。可是……妈也没再说下去了，她和爸一时都不再说话，沉入了缅想中。

合坟 / 李锐

入选理由

著名作家李锐的短篇小说代表作

一个凄美感伤的追忆故事

带着深刻的焦灼感追查人生处境的尴尬

院门前，一只被磨细了的枣木纺锤，在一双苍老的手上灵巧地旋转着，浅黄色的麻一缕一缕地加进旋转中来，仿佛不会终了似的，把丝丝缕缕的岁月也拧在一起，缠绕在那只枣红色的纺锤上。下午的阳光被漫山遍野的黄土揉碎了，而后，又慈祥地铺展开来。你忽然就觉得，下沉的太阳不是坠向西山，而是落进了她那双昏花的老眼。

不远处，老伴带了几个人正在刨开那座坟。锨和镢不断地碰撞在砖石上，于是，就有些金属的脆响冷冷地也揉碎到这一派夕阳的慈祥里来。老伴以前是村里的老支书，现在早已不是了，可那坟里的事情一直是他的心病。

那坟在那里孤零零地站了整整十四个春秋了。那坟里的北京姑娘早已变了黄土。

“惶的女子要是不死，现在腿底下娃娃怕也有一堆了……”

一丝女人对女人的怜惜随着麻缕紧紧绕在了纺锤上——今天是那姑娘的喜日子，今天她要配干丧。乡亲们犹豫再三，商议再三，到底还是众人凑钱寻了一个“男人”，而后又众人做主给这孤单了十四年的姑娘捏和了一个家。请来先生看过，这两人属相对，生辰八字也对。

坟边上放了两只描红画绿的干丧盒子，因为是放尸骨用的，所以都不大，每只盒子上都系了一根红带。两只被彩绘过的棺盒，一只里装了那个付钱买来的男人的尸骨；另一只空着，等一会儿人们把坟刨开了，就把那十四年前的姑娘取出来，放进去，然后就合坟。再然后，村里一户出一个人头，到村长家的窑里吃荞麦面，浇羊肉炖胡萝卜块的臊子——这一份开销由村里出。这姑娘孤单得叫人心疼，爹妈远在千里以外的北京，一块儿来的同学们早就头也不回地走得一个也不剩，只有她留下走不成了。在阳世活着的时候她一个人孤零零走了，到了阴间捏和下了这门婚事，总得给她做够，给她尽到排场。

锨和镢碰到砖和水泥砌就的坟包上，偶或有些火星迸射进干燥的空气中来。有人忧心地想起了今年的收成：“再不下些雨，今年的秋就旱塌了……”

明摆着的旱情，明摆着的结论，没有人回话，只有些零乱的叮当声。

·作者简介·

李锐（1950～　），1950年生于北京，祖籍四川自贡。1966年毕业于北京杨闸中学，1969年赴山西吕梁山区底家河村插队落户，1975年分配到临汾钢铁公司做劳力工，1977年调入《汾水》编辑部。1974年发表第一篇小说，他的文学充满了现代性的焦灼，在历史的变革与历史本身之间，我们看到了这位作家正以其尖刻的笔触撼动中国文学界，在《厚土》、《旧址》以及《咀嚼合唱》中都展现了这个文学骄子的不朽情怀。《旧址》在《亚洲周刊》所评选的20世纪最为著名的100部中文小说中曾名列第45，并荣获了台湾第十二届中国时报文学奖，和法国的法兰西艺术与文学骑士勋章奖。

“要是照着那年的样儿下一场，啥也不用愁。”

有人停下手来：“不是恁大的雨，玉香也就死不了。”

众人都停下来，心头都升起些往事。

“你说那年的雨是不是那条黑蛇发的？”

老支书正色道：“又是迷信！”

“迷信倒是不敢迷信，就是那条黑蛇太日怪。”

老支书再一次正色道：“迷信！”

对话的人不服气：“不迷信学堂里的娃娃们这几天是咋啦？一病一大片，连老师都捎带上。我早就不愿意用玉香的陈列室做学堂，守着个孤鬼尽是晦气。”

“不用陈列室做教室，谁给咱村盖学堂？”

“少修些大寨田啥也有了……不是跟上你修大寨田，玉香还不一定就能死哩！”

这话太噎人。

老支书骤然愣了一刻，把正抽着的烟卷从嘴角上取下来，一丝口水在烟蒂上亮闪闪地拉断了，突然，涨头涨脸地咳嗽起来。老支书虽然早已经不是支书了，只是人们和他自己都忘不了，他曾经做过支书。

有人出来圆场：“话不能这么说，死活都是命定的，谁能管住谁？那一回，要不是那条黑蛇，玉香也死不了。那黑蛇就是怪，偏偏绳用过去了，它给爬上来了……”

这个话题重复了十四年，在场的人都没有兴趣再把那事情重复一遍，叮叮当当的金属声复又冷冷地响起来。

那一年，老支书领着全村民众，和北京来的学生娃娃们苦干一冬一春，在村前修出平平整整三块大寨田，为此还得了县里发的红旗。没想到，夏季的头一场山水就冲走两块大寨田。第二次发山洪的时候，学生娃娃们从老支书家里拿出那面红旗来插在地头上，要抗洪保田。疯牛一样的山洪眨眼冲塌了地堰，学生娃娃们照着电影上演的样子，手拉手跳下水去。老支书跪在雨地里磕破了额头，求娃娃们上来。把别人都拉上岸来的时候，新塌的地堰将玉香裹进水里去。男人们拎着麻绳追出几十丈远，玉香在浪头上时隐时现地乱挥着手臂，终于还是抓住了那条抛过去的麻绳。正当人们合力朝岸上拉绳的时候，猛然看见一条胳膊粗细的黑蛇，一头紧盘在玉香的腰间，一头正沿着麻绳风驰电掣般爬过来，长长的蛇信子在高举着的蛇头上左右乱弹，水淋淋的身子寒光闪闪，眨眼间展开丈把来长。正在拉绳的人们发一声惨叫，全都抛下了绳子，又粗又长的麻绳带着黑蛇在水面上击出一道水花，转眼被吞没在浪谷之间。一直到三十里外的转弯处，山水才把玉香送上岸来。追上去的几个男人说山水会给人脱衣服，玉香赤条条的没一丝遮盖；说从没有见过那么白嫩的身子；说玉香的腰间被那黑蛇生生的缠出一道乌青的伤痕来。

后来，玉香就上了报纸。后来，县委书记来开过千人大会。后来，就盖了那排事迹陈列室。后来，就有了那座坟和坟前那块碑。碑的正面刻着：知青楷模，吕梁英烈。碑的反面刻着：陈玉香，女，一九五三年五月五日生于北京铁路工人家庭，一九六八年毕业于北京第三十七中学，一九六九年一月赴吕梁山区岔上公社土腰大队神峪村插队落户，一九七二年八月十七日为保卫大寨田，在与洪水搏斗中英勇牺牲。

报纸登过就不再登了，大会开过也不再开了。立在村口的那座孤坟却叫乡亲们心里十分忐忑：

"正村口留一个孤鬼，怕村里要不干净呢。"

可是碍着玉香的同学们，更碍着县党委会的决定，那坟还是立在村口了。报纸上和石碑上都没提那条黑蛇，只有乡亲们忘不了那慑人心魄的一幕，总是认定这砖和水泥砌就的坟墓里，聚集了些说不清道不明的哀愁。荏苒便是十四年。玉香的同学们走了，不来了；县委书记也换了不知多少任；谁也不再记得这个姑娘，只是有些个青草慢慢地从砖石的缝隙中长出来。

除去了砖石，铁镢在松软的黄土里自由了许多。渐渐地，一伙人都没在了坑底，只有银亮的镢头一闪一闪地扬出些湿润的黄色来。随着一脚蹬空，一只锹深深地落进了空洞里，尽管是预料好的，可人们的心头还是止不住一震：

"到了？"

"到了。"

"慢些，不敢碰坏她。"

"知道。"

老支书把预备好的酒瓶递下去：

"都喝一口，招呼在坑里阴着。"

会喝的，不会喝的，都吞下一口，浓烈的酒气从墓坑里荡出来。

木头不好，棺材已经朽了，用手揭去腐烂的棺板，那具完整的尸骨白森森地露了出来。墓坑内的气氛再一次紧绷绷地凝冻起来。这一幕也是早就预料的，可大家还是定定地在这副白骨前怔住了。内中有人曾见过十四年前附着在这尸骨外面的白嫩的身子，大家也都还记得，曾被这白骨支撑着的那个有说有笑的姑娘。洪水最后吞没了她的时候，两只长长的辫子还又漂上水来，辫子上红毛线扎的头绳还又在眼前闪了一下。可现在，躺在黄土里的那副骨头白森森的，一股尚可分辨的腐味，正从墓底的泥土和白骨中阴冷地渗透出来。

老支书把干丧盒子递下去：

"快，先把玉香挪进来，先挪头。"

人们七手八脚地蹲下去，接着，是一阵骨头和木头空洞洞的碰撞声。这骨头和这声音，又引出些古老而又平静的话题来：

"都一样，活到头都是这么一场……做了真龙天子他也就是这个样。"

"黄泉路上没老少，惶的，为啥挣死挣活非要从北京跑到咱这老山里来死呢？"

"北京的黄土不埋人？"

"到底不一样。你死的时候保险没人给你开大会。"

"我不用开大会。有个孝子举幡，请来一班响器就行。"

老支书正色道："又是封建。"

有人揶揄着："是了，你不封建。等你死了学公家人的样儿，用火烧，用文火慢慢烧。到时候我吆上大车送你去。"

一阵笑声从墓坑里轰隆隆地爆发出来，冷丁，又刀切一般地止住。老支书涨头涨脸地咳起来，有两颗老泪从血红的眼眶里颠出来。忽然有人喊：

“呀，快看，这营生还在哩！”

四五个黑色的头扎成一堆，十来只眼睛大大地睁着，把一块红色的塑料皮紧紧围在中间：

“是玉香的东西！”

“是玉香平日用的那本《毛主席语录》。”

“呀呀，还在哩，书烂了，皮皮还是好好的。”

“呀呀……”

“嘿呀……”

一股说不清是惊讶，是赞叹，还是恐惧的情绪，在墓坑的四壁之间涌来荡去。往日的岁月被活生生地挖出来的时候竟叫人这样毛骨悚然。有人疑疑惑惑地发问：

“这营生咋办？也给玉香挪进去？”

猛地，老支书爆发起来，对着坑底的人们一阵狂喊：

“为啥不挪？咋，玉香的东西，不给玉香给你？你狗日还惦记着发财哩？挪！一根头发也是她的，挪！”

墓坑里的人被镇住，蔫蔫的不再敢回话，只有些粗重的叹息声显得很响，很重。

大约是听到了吵喊声，院门前的那只纺锤停下来，苍老的手在眼眉上搭个遮阴的凉棚：

“老东西，今天也是你发威的日子？”

挖开的坟又合起来。原来包坟用的砖石没有再用。黄土堆就的新坟朴素地立着，在漫天遍野的黄土和慈祥的夕阳里显得宁静、平和，仿佛真的再无一丝哀怨。

老支书把村里买的最后一包烟撕开来，数了数，正好，每个人还能摊两支，他一份一份地发出去；又晃晃酒瓶，还有个底子；于是，一伙人坐在坟前的土地上，就着烟喝起来。酒过一巡，每个人心里又都升起暖意来。有人用烟卷戳点着问道：

“这碑咋办？”

“啥咋办？”

“碑呀。以前这坟底埋的玉香一个人，这碑也是给她一个人的。现在两个人，那男人也有名有姓，说到哪儿去也是一家之主呀！”

是个难题。

一伙人闷住头，有许多烟在头顶冒出来，一团一团的。透过烟雾有人在看老支书。老人吞下一口酒，热辣辣的一直烧到心底：

“不用啦，他就委屈些吧。这碑是玉香用命换来的，别人记不记扯淡，咱村的人总得记住！”

没有人回话，又有许多烟一团一团地冒出来。老支书站起身，拍打着屁股上的尘土：

“回吧，吃。”

看见坟前的人散了场，那只旋转的纺锤再一次停下来。她扯过一根麻丝放进嘴里，缓缓地用口水抿着，心中慢慢思量着那件老伴交待过的事情。沉下去的夕阳，使她眼前这寂寥的山野又空旷了许多，沉静的思绪从嘴角的麻丝里慢慢扯出来，融在黄昏的灰暗之中。

吃过，两个老人守着那只旋转的纺锤熬到半夜，而后纺锤停下来。

“去吧？”

“去。”

她把准备好的一只荆篮递过去：

“都有了，烟、酒、馍、菜，还有香，你看看。”

“行了。”

“去了告给玉香，后生是属蛇的，生辰八字都般配。咱们阳世的人都是血肉亲，顶不住他们阴间的人，他们是骨头亲，骨头亲才是正经亲哩！”

“又是迷信！”

“不迷信，你躲到三更半夜里干啥？”

“我跟你们不一样！”

“啥不一样？反正我知道玉香惶哩，在咱窑里还住过二年，不是亲生闺女也差不多……”

女人的眼泪总是比话要流得快些。

男人不耐烦女人的眼泪，转身走了。

没有星星，也没有月亮，很黑。

那只枣红色的纺锤又在油灯底下旋转起来，一缕一缕的麻又款款地加进去，蓦地，一阵剧烈的咳嗽声从坟那边传过来，她揪心地转过头去。“吭——吭”的声音在阴冷的黑夜深处骤然而起，仿佛一株朽空了的老树从树洞里发出来的，像哭，又像是笑。

村中的土窑里，又有人被惊醒了，僵直的身子深深地淹埋在黑暗中，怵然支起耳朵来。

⊙作品赏析

李锐的文学代表了一种对盲目先锋主义的反叛，他的文学坚持在历史的厚重背景下思考社会的本真的和人生观与存在的点滴，在他的宣言下小说应该是给人以感动的，用以见证生命的。

婚丧习俗包含着一个民族丰厚的文化积淀。《合坟》就攫取了这样一个既是“婚”又是“丧”的生活断面，揭示深刻的社会、历史、文化、心理内容。在“合坟”的过程中，老支书斥责别人“封建”、“迷信”，而他在善良下进行的一切，同样是封建迷信。小说把历史与现实、政治与文化、社会与心理的内容交织起来，透视到民族文化心理的纵深处。

在《合坟》中以插叙的结构讲述了一个乡间的风俗，这个风俗本身在于关照夭折的孤寂的青年，让他们在死后也有段缠绵的爱情。文章以合坟为话题，追忆了玉香的人和玉香的死。那年的洪水，洪水中出没的黑蛇，在瞬间吞噬了这个风华正茂的女子。让文章的整体显得相当凄婉，而合坟似乎是一种安慰，但事实上则更是增添了这种悲郁的氛围。而这就是评论家常说的李锐文章中所隐含的焦灼感。既提供了生动的现实案例，更让这种情怀深深印上了中国民族的厚重的意识，并使之相互缠绕，展现了情绪之间不能完全隔离的焦虑。

正像一个评论家所说的：文章很是审慎地把人的命运出境曝露在语言的表象之下，任凭这个世界的拷问。这是一种间接的主体性的忧愁，渲染了女孩的死这一事实所蕴藉的无穷的悲哀，就如文章中所说的：村中的土窑里，又有人被惊醒了，僵直的身子深深地掩埋在黑暗中，怵然支起耳朵来。

山上的小屋 / 残雪

入选理由
著名作家残雪的短篇小说杰作
一篇被誉为卡夫卡式呓语的篇章
具有强烈的女性精神和心理感性特征

在我家屋后的荒山上，有一座木板搭起来的小屋。

我每天都在家中清理抽屉。当我不清理抽屉的时候，我坐在围椅里，把双手平放在膝头上，听见呼啸声。是北风在凶猛地抽打小屋杉木皮搭成的屋顶，狼的嗥叫在山谷里回荡。

“抽屉永生永世也清理不好，哼。”妈妈说，朝我做出一个虚伪的笑容。

“所有的人的耳朵都出了毛病。”我憋着一口气说下去，“月光下，有那么多的小偷在我们这栋房子周围徘徊。我打开灯，看见窗子上被人用手指捅出数不清的洞眼。隔壁房里，你和父亲的鼾声格外沉重，震得瓶瓶罐罐在碗柜里跳跃起来。我蹬了一脚床板，侧转肿大的头，听见那个被反锁在小屋里的人暴怒地撞着木板门，声音一直持续到天亮。”

“每次你来我房里找东西，总把我吓得直哆嗦。”妈妈小心翼翼地盯着我，向门边退去，我看见她一边脸上的肉在可笑地惊跳。

有一天，我决定到山上去看个究竟。风一停我就上山，我爬了好久，太阳刺得我头昏眼花，每一块石子都闪动着白色的小火苗。我咳嗽着，在山上辗转。我眉毛上冒出的盐汗滴到眼珠里，我什么也看不见，什么也听不见。我回家时在房门外站了一会，看见镜子里那个人鞋上沾满了湿泥巴，眼圈周围浮着两大团紫晕。

“这是一种病。”听见家人们在黑咕隆咚的地方窃笑。

等我的眼睛适应了屋内的黑暗时，他们已经躲起来了——他们一边笑一边躲。我发现他们趁我不在的时候把我的抽屉翻得乱七八糟，几只死蛾子、死蜻蜓全扔到了地上，他们很清楚那是我心爱的东西。

“他们帮你重新清理了抽屉，你不在的时候。”小妹告诉我，目光直勾勾的，左边的那只眼变成了绿色。

“我听见了狼嗥，”我故意吓唬她，“狼群在外面绕着房子奔来奔去，还把头从门缝里挤进来，天一黑就有这些事。你在睡梦中那么害怕，脚心直出冷汗。这屋里的人睡着了脚心都出冷汗。你看看被子有多么潮就知道了。”

我心里很乱，因为抽屉里的一些东西遗失了。母亲假装什么也不知道，垂着眼。但是她正恶狠狠地盯着我的后脑勺，我感觉得出来。每次她盯着我的后脑勺，我头皮上被她盯的那块地方就发麻，而且肿起来。我知道他们把我的一盒围棋埋在后面的水井边上了，他们已经这样做过无数次，每次都被我在半夜里挖了出来。我挖的时候，他们打开灯，从窗口探出头来。他们

· 作者简介 ·

残雪（1953～ ），一个在当代被追捧的先锋派代表性作家，在她身上体现了作为知识分子的最为可贵的尊严和自由。从小敏感和稍微的神经质，在她的文学中便传达出了这种细腻惆怅的心态，写下了《苍老的浮云》、《天堂里的对话》、《山上的小屋》以及《阿梅在一个太阳天里的愁思》等名篇。更让人惊叹的是这个没有学历的作家在学术研究上也有颇深的功力，其中又以《灵魂的城堡——理解卡夫卡》最为知名，而她的文学似乎也染上了些许的卡夫卡的气息。

对于我的反抗不动声色。

吃饭的时候我对他们说：“在山上，有一座小屋。”

他们全都埋着头稀哩呼噜地喝汤，大概谁也没听到我的话。

“许多大老鼠在风中狂奔。”我提高了嗓子，放下筷子，“山上的砂石轰隆隆地朝我们屋后的墙倒下来，你们全吓得脚心直出冷汗，你们记不记得？只要看一看被子就知道。天一晴，你们就晒被子，外面的绳子上总被你们晒满了被子。”

父亲用一只眼迅速地盯了我一下，我感觉到那是一只熟悉的狼眼。我恍然大悟。原来父亲每天夜里变为狼群中的一只，绕着这栋房子奔跑，发出凄厉的嗥叫。

“到处都是白色在晃动，”我用一只手抠住母亲的肩头摇晃着，“所有的都那么扎眼，搞得眼泪直流。你什么印象也得不到。但是我一回到屋里，坐在围椅里面，把双手平放在膝头上，就清清楚楚地看见了杉木皮搭成的屋顶。那形象隔得十分近，你一定也看到过，实际上，我们家里的人全看到过。的确有一个人蹲在那里面，他的眼眶下也有两大团紫晕，那是熬夜的结果。”

“每次你在井边挖得那块麻石响，我和你妈就被悬到了半空，我们簌簌发抖，用赤脚蹬来蹬去，踩不到地面。”父亲避开我的目光，把脸向窗口转过去。窗玻璃上沾着密密麻麻的蝇屎。“那井底，有我掉下的一把剪刀。我在梦里暗暗下定决心，要把它打捞上来。一醒来，我总发现自己搞错了，原来并不曾掉下什么剪刀，你母亲断言我是搞错了。我不死心，下一次又记起它。我躺着，会忽然觉得很遗憾，因为剪刀沉在井底生锈，我为什么不去打捞。我为这件事苦恼了几十年，脸上的皱纹如刀刻的一般。终于有一回，我到了井边，试着放下吊桶去，绳子又重又滑，我的手一软，木桶发出轰隆一声巨响，散落在井中。我奔回屋里，朝镜子里一瞥，左边的鬓发全白了。”

“北风真凶，”我缩头缩脑，脸上紫一块蓝一块，“我的胃里面结出了小小的冰块。我坐在围椅里的时候，听见它们叮叮当当响个不停。”

我一直想把抽屉清理好，但妈妈老在暗中与我作对。她在隔壁房里走来走去，弄得踏踏地响，使我胡思乱想。我想忘记那脚步，于是打开一副扑克，口中念着：“一二三四五……”脚步却忽然停下了，母亲从门边伸进来墨绿色的小脸，嗡嗡地说话：“我做了一个很下流的梦，到现在背上还流冷汗。”

“还有脚板心，”我补充说，“大家的脚板心都出冷汗。昨天你又晒了被子。这种事，很平常。”

小妹偷偷跑来告诉我，母亲一直在打主意要弄断我的胳膊，因为我开关抽屉的声音使她发狂，她一听到那声音就痛苦得将脑袋浸在冷水里，直泡得患上重伤风。

“这样的事，可不是偶然的。”小妹的目光永远的直勾勾的，刺得我脖子上长出红色的小疹子来。“比如说父亲吧，我听他说那把剪刀，怕说了有二十年了？不管什么事，都是由来已久的。”

我在抽屉侧面打上油，轻轻地开关，做到毫无声响。我这样试验了好多天，隔壁的脚步没响，她被我蒙蔽了。可见许多事都是可以蒙混过去的，只要你稍微小心一点儿。我很兴奋，起劲地干起通宵来，抽屉眼看就要清理干净一点儿，但是灯泡忽然坏了，母亲在隔壁房里冷笑。

“被你房里的光亮刺激着，我的血管里发出怦怦的响声，像是在打鼓。你看看这里，”她指着自己的太阳穴，那里爬着一条圆鼓鼓的蚯蚓。“我倒宁愿是坏血症。整天有东西在体内捣鼓，这里那里弄得响，这滋味，你没尝过。为了这样的毛病，你父亲动过自杀的念头。”她伸出一只胖手搭在我的肩上，那只手像被冰镇过一样冷，不停地滴下水来。

有一个人在井边捣鬼。我听见他反复不停地将吊桶放下去，在井壁上碰出轰隆隆的响声。天明的时候，他咚地一声扔下水桶，跑掉了。我打开隔壁的房门，看见父亲正在昏睡，一只暴出青筋的手难受地抠紧了床沿，在梦中发出惨烈的呻吟。母亲披头散发，手持一把笤帚在地上扑来扑去。她告诉我，在天明的那一瞬间，一大群天牛从窗口飞进来，撞在墙上，落得满地皆是。她起床来收拾，把脚伸进拖鞋，脚趾被藏在拖鞋里的天牛咬了一口，整条腿肿得像根铅柱。

“他，”母亲指了指昏睡的父亲，“梦见被咬的是他自己呢。”

“在山上的小屋里，也有一个人正在呻吟。黑风里夹带着一些山葡萄的叶子。”

“你听到了没有？”母亲在半明半暗里将耳朵聚精会神地贴在地板上，“这些个东西，在地板上摔得痛昏了过去。它们是在天明那一瞬间闯进来的。”

那一天，我的确又上了山，我记得十分清楚。起先我坐在藤椅里，把双手平放在膝头上，然后我打开门，走进白光里面去。我爬上山，满眼都是白石子的火焰，没有山葡萄，也没有小屋。

⊙作品赏析

在现代评论家的眼里，也许残雪就是一个中国式的卡夫卡，她的文学展现的同样是心理层次的精神探求，所以她曾骄傲地说，她的文学造诣并不在任何一个西方文学大家之下。

在《山上的小屋》中，残雪描摹了一个什么都在失去的家庭，在那里没有精神的自由，没有隐私的权利，时刻充满着恐怖与焦虑。父亲的眼神就像狼对猎物的盯视，而母亲则也时刻在怀疑自己，至于自己的妹妹的意义仅仅局限在告密这一卑劣的层次上，文章中的“我”时刻想着逃离，却无处可逃。所谓的生存环境其实只是上升了的地狱，而“我”自己幻想的小屋其实是没有的，文章中告诉我们：那里满眼都是白石子的火焰，没有山葡萄，也没有小屋。

这是一个心灵的超越幻想的世界，没有时间没有空间，只有一段死去的历史。一切都被架空了只剩下唯一的心理尚在活动，像一个忙乱故事堆积而成的寓言，又或者是一个死亡了的象征，以冷酷的家庭映射了这个时代的生活。当然，这个被誉为浸染在西方文艺中的作家，因为结构的迷离破碎，再加上意象的纷繁以及语言结构上的生涩，让文章也同样充满着阅读的障碍。当然这是很多先锋小说的所谓的共性。

逃往埃及 /［德国］歌德

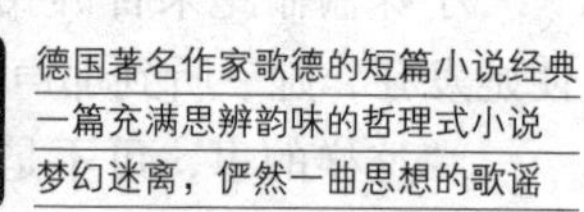

威廉坐在一块巨石的阴影里。这是一条陡峭山路的急转弯处，下面是万丈深渊，令人胆战心惊。太阳还很高，照耀着他脚下山谷里的松树枝头。他正在注视他的写字石板，这时，费利克斯弯弯曲曲地往上爬，手里拿着一块石头朝他走来。

“这块石头叫什么名字，爸爸？”男孩问。

“不知道。”威廉回答。

“这里边闪闪发光的，是不是金子？”孩子问。

“不是！”父亲说，“我记得，这儿的人叫猫金。”

“猫金！”孩子微笑着说，“为什么叫这个名字？”

“大概因为它是假的，大家认为猫也是假的吧。”

“我倒要弄个水落石出。”儿子把那块石头塞到皮旅行装里，顺手掏出一样东西，问：“这是什么？”

“一种果实，”父亲答道，“从鳞片判断，它可能跟锥形的冷杉球果是同属。”

“这不像一个锥球的，明明是圆的嘛。”“我们去问一问猎人；他们认得所有的树木和果实，会种，会栽，会保护，使它们尽量长大成材。”猎人什么都知道；昨天，向导指给我看过一头鹿怎样横过这条路，把我喊回来，让我细看他所指的足迹；我从那上边跳过去，清楚地看见印在地上的几个蹄子印，看样子是一只大鹿。”“我听见你在追问那个向导。”“他知道的事儿真多，可他并不是猎人。我还是想当猎人，整天呆在森林里，听鸟叫，知道它们的名字，在哪里筑巢，怎样从巢里取蛋，也知道怎样喂养小鸟，什么时候捉老鸟，太美了，太有意思了。”

话音未落，就看见那条陡峭的路上出现一幅奇异的景象。两个英俊男孩，身穿花色上衣，更确切地说，是身穿敞怀的衬衫，一个一个跳下来，落在威廉面前，停留了片刻。威廉趁机在近处端详他们。大一点的孩子留一头厚厚的金色鬈发，看见他时，第一眼就会注意他的这种头发，他那明亮的蓝眼睛吸引住人们的目光，使人们为他那优美的形象而陶醉。另一个孩子像他的朋友，而不大像兄弟，披着一头棕色的直头发，搭在双肩上，两眼炯炯有神。

威廉没有时间仔细观察这两个在荒野里不期而遇的奇人，因为他听到一个男人严肃而亲切的声音从巨石转角处传来：“你们为什么站着不动？不要堵住我们的路！”

如果说孩子们刚才已使他惊讶不小，那么，威廉现在朝上看的时候，映入他眼帘的人则是使他大吃一惊。这是一个中等身材的精明年轻人，嘴唇微翘，皮肤黝黑，头发乌黑，正有力而小心地从悬崖中的小路走下来，身后牵着一头驴。先出现的是那头梳洗得整整齐齐的秀发，上面驮着的很美。一个妩媚可爱的女子坐在一个安置得舒舒服服的大鞍子上。她披一件蓝色外套，里边紧贴胸部抱着一个新生婴儿，不胜温存地看着他。向导也和两个孩子一样，见到威廉时也迟疑了片刻。驴子拖着步子慢慢地走，因为下坡路太陡，过往行人很难站稳脚；威廉惊奇地目送他们消失在眼前的悬崖后面。

自然地，那张罕见的脸也就消失了。他好奇地站起来，向谷底望去，看他们会不会返身回来。他正要下去与这些奇特的游人打招呼，费利克斯走上来说：“父亲，我跟这两个孩子到他们家去，行不行？他们要带我去，要你也一起去。这是那个男子对我说的。走吧！他们在下面等着呢。”

“我也很想跟他们谈谈。”威廉回答。

他在山路一个坡度较小的地方找到了他们，睁大眼睛望着那幅强烈吸引他注意力的奇异景象，饱尝眼福。这时，他才注意到了周围的奇境。那个健壮的年轻人肩上背着一把手斧和一个柔韧的长角尺，孩子们扛着大捆芦苇，像棕榈树一样。从这个侧面看，他们像天使；当他们再提上装食品的小篮子时，便和每天上下接送游人的挑夫一模一样了。当他仔细地打量那位母亲时，见她在那件蓝外套里面穿着一条色泽柔和的浅红色短裙。我们的朋友经常看见逃往埃及的画作，现在在这里肯定是真正亲眼地、惊奇地看到了。

大家互相问候，威廉由于惊讶不已和全神贯注，说不出话来。年轻人说："我们的孩子在这个时间里已经交上了朋友。您愿不愿意和我们一起，看看大人之间可不可以产生良好的关系？"

威廉略微思考了一下，回答说："一看到您的小家庭，我就产生了信任和羡慕，我毫无保留地承认，也产生了好奇心和强烈的愿望，想进一步了解你们。初次见面我心里就提出了问题：你们是真正的游人，还是使游人高兴或使这座荒山充满生机的山神？"

"那您就一起到我们家去看看吧，"年轻人说，"一起走吧！"孩子们喊着，早已把费利克斯拉走了。"一起走吧！"夫人说着，把可爱的友好的目光从婴儿身上转到了陌生人身上。

威廉不假思索地说："很抱歉，我不能马上跟你们走，至少还得在上面的边境旅馆住一夜。我的背包、证件，都在上面，没有包好，还乱糟糟的。为了表示诚意，不辜负你们的盛情邀请，我把我的费利克斯交给你们作抵押，明天我就到你们家去。离这儿有多远？"

"太阳落山前，我们可以到家。"木匠说，"从边境旅馆出发，您只要一个半小时。您的男孩今夜为我们家添丁增口。"

男子和牲口都动身了。威廉满意地看着他的费利克斯走在这么一个好集体之中，把他与那两个可爱的小天使作了比较，他与他们有明显的区别。从年龄看，他并不高，但是壮实，熊腰虎背，是一个天生的主仆混合体。他已经把一个棕榈枝和一个小篮子抢在手里，好像还在谈论这两件东西。当这一行人就要绕过岩石消失时，威廉突然想起什么，追着喊：

"我怎么打听你们？"

"只要问圣约瑟就行了！"这句话是从深谷中传来的，这时一切都消失在蓝色的影屏后面。虔诚的混声合唱在远处回响，威廉自信能分辨出他的费利克斯的声音。

他往山上走，太阳已经下山。他多次失掉的星空又照耀着他！当他继续向上攀登，到达边境旅馆时，仍然是白天，他再一次高兴地观赏了山区的伟大气派，然后回到房间。一进门，他就拿起笔，在书写中度过了一部分夜晚的时光。

佚名 译

⊙作品赏析

歌德的思辨在他的《浮士德》以及《威廉·迈斯特》的系列小说上已经表达得淋漓尽致，既包含了知识与理想，也同样包含了情感与艺术，将古典之美与理性王国的蓝图推向了一个高峰。

《逃往埃及》撰述的是佛罗伦萨大画家乔托的名画《逃往埃及》。画家在带着基督教的背景下，讲述了这一段亚伯拉罕后裔的逃生经历，这是一段很严酷的历史真相，但在歌德的描写下恍似成了一段夜游的经历。父子俩在山上偶遇了几个奇怪的行人，并在儿子的坚持下和他们结交成朋友。但是这却又是一段迷离的经历，好像就在梦里一般，因为作者在出走之后，便再也没有踪迹可寻，只剩下恍惚的记忆，就像陶渊明笔下的桃花源一般，充满了梦幻的色彩。文章在描述两个孩子的外貌时所说的：看见他时，第一眼就会注意他的这种头发，他那明亮的蓝眼睛吸引住人们的目光，使人们为他那优美的形象而陶醉；另一个孩子披着一头棕色的直头发，搭在双肩上，两眼炯炯有神。

这是一次不可思议的人生旅程，作者在这幅绝望的逃离画作中，看到了未来再生的美好和希望，在他的眼里，他多次失掉的星空又照耀着他！当他继续向上攀登，到达边境旅馆时，仍然是白天，他再一次高兴地观赏了山区的伟大气派。

驿站长 /［俄国］普希金

入选理由

俄罗斯短篇小说的典范

展现了一个小人物的凄凉人生

被誉为自然派文学的先河

十四品文官[①]，

驿站的独裁者。

——维亚泽姆斯基公爵[②]

谁没有咒骂过驿站长，谁没有同他们吵过架？谁没有在盛怒之下向他们索取过那要命的本子以便在上面写下自己对他们的欺压、粗暴和怠慢的无济于事的控诉！谁不把他们当做人类的恶棍，犹如过去的恶讼师，或者，至少也和牟罗姆[③]的强盗无异？但是，我们如果公平一些，尽量为他们设身处地想一想，也许，我们责备他们的时候就会宽容得多。什么是驿站长呢？一个真正的十四级的受气包，他的官职仅仅能使他免于挨打，而且这也并非总能做到(请读者扪心自问)。维亚泽姆斯基开玩笑称他是独裁者，他的职务是怎样的呢？是不是真正的苦役？白天黑夜都不得安宁。旅客把在枯燥乏味的旅途中积聚起来的全部怨气都发泄在驿站长身上：天气恶劣，道路难行，车夫脾气犟，马不肯拉车——都成了驿站长的过错。旅客走进他的寒伧的住所，像望着仇人似的望着他。要是他能赶快打发掉这个不速之客，还好；但是如果正碰上没有马呢？天哪！什么样的咒骂、什么样的威胁都会劈头盖脸而来！他得冒着雨、踩着泥泞挨家挨户奔走。遇上狂风暴雨天气或是受洗节前后的严寒日子，他得躲进穿堂，只是为了休息片刻，避开被激怒的投宿客人的叫嚷和推搡。来了一位将军，浑身发抖的驿站长就得给他最后的两辆三套马车，其中一辆是供信使专用的。将军连谢也不谢一声就走了。过了五分钟——又是铃声！……一个信使把自己的驿马使用证往桌上一扔……如果我们把这些都好好地想一想，我们心里的怒气就会消释而充满真挚的同情。我再说几句：我二十年来走遍了俄罗斯的东西南北，差不多所有的驿道我都知道；好几代的车夫我都认识；很少有驿站长我不面熟；很少有驿站长我不曾跟他们打过交道。我希望在不久的将来我所积累的饶有趣味的旅途见闻能够问世。目前我只想说，人们对驿站长这一类人的看法是极其错误的。这些备受诽谤的驿站长，一般说来都是和善的人，天生乐意为人效劳，容易相处，对荣誉看得很淡泊，不

①帝俄时代最低级的文官。

②维亚泽姆斯基（1792~1878），俄国诗人。引诗摘自他的《驿站》一诗。

③9至12世纪居住于奥卡河下游的一个部族。牟罗姆森林是强盗出没的地方。

太爱钱财。从他们的言谈（过路的老爷们偏偏却瞧不起这些言谈）中，可以吸取许多有趣的东西，获益匪浅。至于我呢，老实说，我是宁愿听他们谈话，也不要听一位因公外出的六品文官的高谈阔论。

不难猜到，在可尊敬的驿站长这一类人中间就有我的朋友。真的，其中有一位给我留下了弥足珍贵的回忆。我们曾有机缘一度接近过，我现在准备同亲爱的读者谈谈他的故事。

一八一六年五月，我曾经乘车顺一条现在已经废弃的驿道经过某省。我官卑职小，只能在每个驿站换马，只付得起两匹驿马的租钱。因此驿站长们对我并不客气，我往往要经过力争才能得到我认为是名份应得到的东西。当时我由于少年气盛，要是驿站长把给我预备的三匹马套到一位官老爷的马车上，我对他的卑贱和怯懦就会感到愤慨；在省长设的宴会上，遇到善于辨别身份的奴才上菜时把我漏掉，我也总是耿耿于怀。如今呢，我却以为这两种情形都是理所当然的了。的确，小官尊敬大官是一条普遍适用的准则，要是用另一条准则，比方说，聪明人尊重聪明人来代替它，那我们会怎么样呢？岂不是要吵翻了天！仆人上菜又从谁开始呢？但是我还是来讲我的故事吧。

那是一个炎热的日子。离某驿站还有三俄里的时候开始落下稀疏的雨点。转眼之间，倾盆大雨已经把我淋得浑身湿透。到了驿站，第一件事就是赶快换衣服，第二件事是要一杯茶。“喂，杜尼娅[①]!”驿站长叫道，“拿茶炊来，再去拿点鲜奶油。”听到这话，从隔扇后面出来一个十四五岁的姑娘，跑到穿堂里去了。她的美使我吃惊。“这是你的女儿吗？”我问驿站长。“是我的女儿，”他带着得意的神气回答说，“她聪明伶俐，跟她去世的母亲一模一样。”这时他动手登记我的驿马使用证，我就欣赏起他装点他那简朴而整洁的住屋的图画来。这些画画的是浪子回头的故事[②]：第一幅画着一个头戴尖顶帽、身穿长袍的可敬的老人在给一个神情不安的青年送行，那青年人急匆匆地接受他的祝福和一个钱袋。另一幅以鲜明的线条画出这个年轻人的放荡行为：他坐在桌旁，一群虚情假意的朋友和无耻的女人围着他。再往下，这个把钱财挥霍净尽的青年衣衫褴褛，戴着三角帽在喂猪，并且与猪分食：他脸上露出深切的悲痛和悔恨。最后画着他回到父亲那里。仍旧戴着尖顶帽、穿着长袍的慈祥老人跑出来迎接他。浪子跪着，远景是厨子在宰一头肥壮的牛犊，哥哥向仆人们询问如此欢乐的原因。在每一幅画下面我都读到与内容相配合的德文诗句。这一切，还有那几盆凤仙花、挂着花布幔帐的床以及当时我周围的其他物件，至今还保留在我的记忆中。这位五十来岁的主人精神饱满，容光焕发，绿色长礼服上用褪色的绶带挂着三枚奖章，至今他的模样还历历如在眼前。

我跟老车夫还没有把账算清，杜尼娅已经拿着茶炊回来了。这小妖精看了我第二眼就察觉了她给我的印象，她垂下了浅蓝色的大眼睛。我开始同她说话，她很大方地回答我，像个见过世面的姑娘。我请她父亲喝一杯潘趣酒，给杜尼娅一杯茶，我们三个人就聊起天来，仿佛认识了很久似的。

马匹早就准备好了，可是我仍旧不愿意同驿站长和他的女儿分手。最后我同他们告

①杜尼娅是阿芙多吉娅的小名。
②见《圣经·新约·路加福音》。

别了，做父亲的祝我一路平安，女儿送我上车。到穿堂里我停下来，请她允许我吻她一下。杜尼娅答应了……

从我做这事以来，我可以算得出许多次接吻，但是没有一次亲吻在我心中留下这样悠长、这样愉快的回忆。

过了几年，我又有机会经过那条驿道，使我重临旧地。我想起老站长的女儿，想到又可以看到她而感到高兴。但是我又想，老站长也许已经调离，杜尼娅可能已经出嫁。我的头脑里也闪过他或她会不会死去的念头。我怀着悲伤的预感走近那个驿站。

马匹在驿站的小屋前停下。我一走进房间，立刻认出了那几幅画着浪子回头的故事的画，桌子和床还放在原来的地方，但是窗台上已经没有花，四周的一切都显出败落和无人照管的景象。驿站长盖着皮袄睡着，我的到来把他吵醒，他欠起身来……这正是萨姆松·维林，但是他衰老得多厉害啊！在他准备抄下我的驿马使用证的时候，我望着他的白发，望着他那好久没刮胡子的脸上的深深的皱纹和他的驼背——不能不感到惊讶，怎么三四年的工夫竟把一个精力旺盛的汉子变成一个衰弱的老头。"您还认得我吗？"我问他。"咱们是老相识了。""可能是。"他阴沉地回答说，"这儿是大路，来往旅客到过我这里的很多。""你的杜尼娅好吗？"我继续问。老头皱起了眉头。"天晓得她，"他回答说。"这么说她是出嫁了？"我说。老头装做没有听见我的问话，继续轻声念我的驿马使用证。我不再问下去，叫人拿茶来。好奇心开始使我不得安宁，我指望潘趣酒能使我的老相识开口说话。

我没有想错，老头没有拒绝送过去的酒杯。我发现甜酒驱散了他的阴郁。一杯下肚，他的话多起来。不知他是记起了呢，还是装出记起我的样子，于是我便从他口中听到了当时使我非常感兴趣、又使我深受感动的故事。

"这么说，您认识我的杜尼娅？"他开始说。"有谁不认识她呢？唉，杜尼娅，杜尼娅！是个多好的姑娘啊！以前，凡是过路的人，谁都夸她，谁也不会说她不好。太太们有的送她一块小手帕，有的送她一副耳环。过路的老爷们故意停下来，好像要用午餐或是晚餐，其实只是为了多看她几眼。往往有这样的情形，不管老爷的火气多么大，一看见她就会平静下来，和颜悦色地和我谈话。先生，您信不信：信使们跟她一聊就是半个钟头。家由她管：收拾房子啦，做饭啦，样样都安排得妥妥当当。我这个老傻瓜，对她看也看不厌，有时连喜欢都喜欢不过来。是我不爱我的杜尼娅，不疼我的孩子呢，还是她的日子过得不称心呢？都不是，灾祸是躲不了的；命该如此，要逃也逃不了啊！"于是他开始详详细细地向我讲述他的伤心事。三年前，一个冬天的晚上，驿站长正在一本新簿子上画格子，他女儿在隔扇后面给自己缝衣服。这时来了一辆三套马车，一个头戴车尔凯斯帽、身穿军大氅、裹着披肩的旅客走进来要马。马都派出去了。一听说没马，旅客就提高嗓门，扬起了马鞭。见惯这种场面的杜尼娅从隔扇后面跑出来，殷勤地问那个旅客要不要吃点什么？杜尼娅的出现起了它惯有的效果。旅客的怒火烟消云散了，他同意等待马匹，还要了晚餐。旅客脱下毛茸茸的湿帽子，解下披肩，脱掉外套，原来这是一个体格匀称、蓄着黑口髭的年轻骠骑兵。他坐到驿站长旁边，高高兴兴地同他和他的女儿交谈起来。晚餐端上来了。这时有几匹马回来了，驿站长吩咐不用喂食，马上把它们套在旅客的车上。但是等他回来的时候，却发现那个年轻人躺在长凳上，几乎失去了知觉：他感到很不舒服，头痛得厉害，不能上路……怎么办呢！驿站长把自己的床让给他，如果病情不见好转，还准备第二天一早就派人到C城去请医生。

第二天，骠骑兵的病情更恶化了。他的仆人骑上马进城去请医生。杜尼娅用浸了醋的手帕包扎他的头，坐在他床边做针线活。当着驿站长的面，病人直哼，几乎一言不发，但却喝了两杯咖啡，并且哼哼着要了午餐。杜尼娅一直守着他。他不断要水喝，杜尼娅给他端来一大杯她做的柠檬水。病人润着嘴唇，每次递还杯子的时候，都用他的无力的手握握杜尼娅的手表示感谢。午饭前医生来了。他摸了摸病人的脉，用德语同他谈了几句，然后用俄语宣称，病人只是需要静养，过两天就可以上路。骠骑兵付给他二十五个卢布的出诊费，还请他用午餐。医生同意了，两人的胃口都很好，喝了一瓶酒，才彼此非常满意地分手。

又过了一天，骠骑兵完全恢复了。他非常高兴，不停地一会儿同杜尼娅，一会儿同驿站长开玩笑。他吹着曲子，同旅客们交谈，把他们的驿马使用证登记在驿站登记册上。他大大博得了好心的驿站长的喜欢。到第三天早上，驿站长竟舍不得同他那可爱的客人分别了。那天是星期日，杜尼娅预备去做礼拜。骠骑兵的马车拉来了。他为了在这里又吃又住，重重地酬谢了驿站长，才和他告别。他也同杜尼娅告别，表示愿意送她去村边的教堂。杜尼娅犹豫不决地站着……“你怕什么？”父亲对她说，“大人又不是狼，不会把你吃掉，你就坐车子去教堂吧。”杜尼娅上了车，挨着骠骑兵坐下，仆人跳上驭座，车夫一声唿哨，马儿就奔驰起来。

可怜的驿站长不明白，他怎能亲口允许他的杜尼娅同骠骑兵一同乘车走呢？他怎么会瞎了眼，怎么会鬼迷心窍？过了不到半小时，他觉得心里烦躁，六神不安，忍不住自己也跑去做礼拜。到了教堂跟前，他看到人们已经散去，但是杜尼娅既不在围墙边，也不在教堂门口。他急忙走进教堂：神父正从祭坛后面走出来，教堂执事在吹灭蜡烛，有两个老妇人还在角落里祈祷，但是杜尼娅却不在教堂里。可怜的父亲好容易才下决心去问教堂执事，杜尼娅有没有来做过礼拜。教堂执事回答说没有来过。驿站长半死不活地走回家去。他只剩下一个希望：杜尼娅年轻做事轻率，也许忽然想起来乘着车子到下一站去看她的教母去了。他痛苦而焦急地等待他让她乘坐的那辆三驾马车回来。车夫老不回来，到傍晚时分，车夫终于一个人回来了，喝得醉醺醺的，带来一个吓死人的消息：“杜尼娅跟着骠骑兵又从那一站往前走了。”

老头禁不住这不幸的打击，他立时倒在那个年轻骗子昨夜躺过的床上。现在驿站长回想起种种情况，才明白生病是假装的：可怜的老人患了极为厉害的热病；他被送到C城，派了一个人暂时来代替他。给他治病的就是来给骠骑兵看病的那个医生。他对驿站长确凿有据地说，那个年轻人身体完全健康，当时他就猜到他不怀好意，但是因为怕他的鞭子，所以没有做声。这个德国医生的话不知道是真的呢，还是想炫耀自己有先见之明，但是他的话丝毫安慰不了可怜的病人。驿站长的病体刚恢复，他就向C城的驿站局长请了两个月的假，对任何人都没提自己的打算，步行寻找女儿去了。他根据驿马使用证知道骑兵大尉明斯基是从斯摩棱斯克去彼得堡的。给他驾过车的车夫说：“杜尼娅一路啼哭，尽管她好像是自己情愿去的。”“也许，”驿站长想道，“我能把我那迷途的羔羊带回家来。”他怀着这个想法来到彼得堡，在伊兹梅尔团一个退位的上士，他的老同事家里住下，就开始四下寻找。不久就被他打听出来，骑兵大尉明斯基在彼得堡，住在德穆特饭店，驿站长决定去找他。

他一清早就来到明斯基的前室，请求禀报大人，说有个老兵求见。一个勤务兵在擦撑着鞋楦的皮靴，他说主人在睡觉，十一点钟以前不接见任何人。驿站长走了，到指定的时间又回来了。明斯基穿看晨衣，戴着红色小帽亲自出来见他。“老兄，你要什么？”他问他。老头的心沸腾起来，泪水涌到眼睛里。他用颤抖的声音只说出了：大人！……请行行好吧……”明斯基迅速地瞥了他一眼，脸一红，就抓住他的手把他带到书房里，随手把门关上。“大人！”老头接下去说，“过去的事情就算了；至少，请您把我可怜的杜尼娅还给我吧。您已经把她玩够了，别白白地毁了她。”“生米已成熟饭，无法挽回了，”年轻人十分狼狈地说，“我对不起你，希望求得你的宽恕。可是你别以为我会抛弃杜尼娅，我可以向你保证，她会幸福的。你要她做什么？她爱我，她已经不习惯原先的处境了。无论你也好，她也好——你们都不会忘记已经发生的事。”接着，他把一样东西塞到老人的衣袖里，就把门打开。驿站长自己也不记得他是怎样到了大街上的。

他呆呆地站了好久，最后看到自己衣袖的折袖里有一卷纸。他取出来打开一看，原来是几张揉皱的五卢布和十卢布的钞票。泪水又涌到他的眼睛里，是愤懑的泪水啊！他把钞票揉做一团，扔在地上，还用鞋后跟踩了一脚，走了……走了几步，他停了下来，想了一想，又回转身来……但是钞票已经不见了，一个衣着考究的年轻人看见他，就奔向一辆出租马车，急忙坐上车，喊道：“走！……”驿站长没有去追他。他决定回自己的驿站，但是先要看看他的可怜的杜尼娅，哪怕见一面也好。为了这，两天后他又到明斯基那里，但是勤务兵厉声告诉他，主人不接见任何人，胸一挺就把他挤出前厅，冲着他的脸砰地关上了门。驿站长站了一会儿，只好走了。

当天晚上，他在“一切悲伤的人们”教堂做过祷告，在铸造厂街上走着。突然他面前驶过一辆华丽的马车，驿站长认出了明斯基。马车在一座三层楼房的大门口停下，骠骑兵就跑上了台阶。驿站长的头脑里闪过一个侥幸的念头。他折了回来，走到车夫跟前。“老弟，是谁的马？”他问，“是明斯基的吗？”“正是，”车夫回答，“你有什么事？”“是这么回事: 你家老爷吩咐我送一张字条给他的杜尼娅，可我把他的杜尼娅住在哪儿给忘记了。”“就在这儿二层楼上。你的信送晚了，老兄，现在他本人已经在她那里了。”“不要紧，”驿站长心里激动得不可名状，“多谢你的指点，可是我还是要把我的事办完。”说看他就走上楼梯。

门锁着。他按了铃，焦急地等了几秒钟。钥匙响了，给他开了门。“阿芙多吉娅·萨姆松诺夫娜①住在这里吗？”他问。“住在这儿，”年轻的女仆回答说，“你找她有什么事？”驿站长并不回答，径自走进大厅。“不行，不行！”女仆跟在他后面叫道，”阿芙多吉娅·萨姆松诺夫娜有客。”但是驿站长不理她，自顾往前走。头两间屋子很暗，第三个房间里有灯光。他走到开着的门边，停了下来。在布置得很精致的房间里，明斯基坐在那儿沉思。杜尼娅穿着极其华丽的时装，坐在他的手圈椅的扶手上，像女骑士坐在她的英国式马鞍

①阿芙多吉娅·萨姆松诺夫娜是杜尼娅的本名和父名。

上一样。她深情地望着明斯基，把他的乌黑的鬈发绕在她的闪闪发光的手指上。可怜的驿站长啊！他从不曾见过他的女儿有这么美，他情不自禁地叹赏起来。“是谁？”她问，并没有抬起头来。他仍旧不做声。杜尼娅没有听到回答，抬起头来一看……接着一声惊呼，就倒在地毯上了。明斯基吓了一跳，跑过去扶她，猛然看见老站长站在门口。他放下杜尼娅，走到他跟前，气得浑身发抖。“你要干什么？”他咬牙切齿地对他说，“你怎么像强盗似的到处悄悄地跟着我？你是想杀死我还是怎么的？你给我滚！”说着就用一只有力的手抓住老头的衣领，把他推到楼梯上。

老头回到自己的住处。他的朋友劝他去控告，但是驿站长想了想，把手一摆，决定就此罢休。两天后，他从彼得堡动身回到自己的驿站，重新履行自己的职责。“我失去杜尼娅，一个人生活到现在已经是第三个年头了，没有得到她一点消息。她是死是活，只有上帝知道。什么事都可能发生。被过路的浪子勾引的，她不是第一个，也不是最后一个，把她弄去供养一阵，然后就把她甩了。在彼得堡，这种年轻的傻丫头多的是，今天穿绸缎，穿天鹅绒；可是明天，你瞧吧，就会跟穷酒鬼在一起扫大街了[①]。有时一想到杜尼娅也许会流落在那边，我就不由得起了有罪的念头，希望她早点进坟墓……”

这就是我的朋友，年老的驿站长讲的故事：他的故事不止一次被泪水打断，他像德米特里耶夫[②]绝妙的叙事诗里的辛勤的捷连季伊奇那样，样子非常感人地用衣裾拭着眼泪。他的眼泪部分是由于他在讲故事时喝的五杯潘趣酒所引起的，但是不管怎样，还是使我异常感动。同他分别后，我久久不能忘掉年老的驿站长，我久久想念着可怜的杜尼娅……

还在不久以前，我路过某地的时候，想起了我的朋友。我得悉他主管的驿站已经撤掉。对我的问题：“老站长还活着吗？”没有人能给我满意的答复。我决定去重访旧地，就租了私人的马匹，前往H村。

那时正值秋天。满天灰色的云朵，冷风从收割过的田野吹来，风过之处，树上的红叶和黄叶都被吹走。我进村时太阳已经落山，我在驿舍前停下。从门道里(可怜的杜尼娅曾在那里吻过我)走出一个胖妇人，她回答我说，老站长已经死了快一年了，他的房子现在住进了一个做啤酒的师傅，她就是啤酒师傅的妻子。我开始为白跑一趟、白花了七个卢布而感到惋惜。“他是怎么死的？”我问啤酒师傅的妻子。“喝酒喝死的，老爷。”她回答说。“他葬在什么地方？”“在村外，在他死去的妻子旁边。”“能不能带我到他坟上去？”“怎么不能。喂，万卡！你玩猫该玩够了。陪这位老爷到坟地去。指给他看老站长的坟在哪里。”

她这样说着，一个穿得破破烂烂、红头发、独眼的男孩跑到我面前，立即领我到村外去。

“你认识死去的站长吗？”路上我问他。

“怎么不认识！他教我削风笛。从前他(愿他进天国)从酒店出来，我们就跟着他：‘老爷爷，老爷爷！给点胡桃！’他就把胡桃分给我们。从前他总是跟我们玩。”

“那么，过路的客人还记得他吗？”

“现在过路的客人不多了。有时候陪审员顺路弯过来，他也没有谈起死去的人。夏

①晚间因酗酒在街上被拘留的人，次日清晨须在警察和看院子的人的监督下打扫道路。

②伊·伊·德米特里耶夫(1760~1837)，普希金的同时代人，诗人，寓言作家。捷连季伊奇是他的诗《漫画》的主人公。

天倒来了一位太太，她问起老站长，后来到他坟上去过。”

“什么样的太太？”我好奇地问。

“一位美极了的太太，”小男孩回答说，“她坐着一辆六驾马车，带着三个小少爷和一个奶妈，还有一只黑哈巴狗。她一听说老站长死了，就哭起来，对孩子们说：‘你们乖乖地坐着，我到坟场去一下？’我说我愿意领她去。可是那位太太说：‘我自己认得路。’她还给我一个五戈比的银币——真是个好心的太太！”

我们来到墓地，一片光秃秃的地方，没有栅栏，满眼都是木头十字架，没有一棵小树遮荫。有生以来我不曾见过这样凄凉的墓地。

“这就是老站长的坟。”小男孩跳上一个砂墩告诉我说，那上面插着一个有铜质圣像的黑色十字架。

“那位太太也到这儿来过吗？”我问。

“来过，”万卡回答说，“我从远处望着她。她趴在这儿趴了好久。后来那位太太回到村子里，叫来了牧师，给了他一些钱，就上车走了。我呢，她给了一个五戈比的银币——真是个好太太！”

我也给了小男孩一枚五戈比银币，而且不再为这次旅行和花掉的七个卢布惋惜了。

水夫 译

⊙作品赏析

《驿站长》的意义在后代评论者的眼里一直不容忽视，虽然文章讲述的只是一个平凡的驿站长的故事，但在这故事的背后却隐含着世俗人性的偏见与辛酸。在结构上也显得相当独特，好像是专门为驿站长的名分做出的辩解。原本的驿站长形象是完全污秽的：在印象中驿站长总是被当做人类的恶棍，犹如过去衙门里的师爷，或者，至少也和牟罗姆的强盗无异。为了涤清一般民众的误解，作者在文章中引入了一个驿站长悲戚的故事：他的女儿杜尼娅被骠骑兵拐走了，这曾经是他的生命。而这之后，他的命运完全变了，成了一个彻底的孤独绝望的老人。甚至在作者回来看望他的时候，他已经死了，并且十分凄凉：来到墓地，一片光秃秃的地方，没有栅栏，满眼都是木头十字架，没有一棵小树遮荫。有生以来我不曾见过这样凄凉的墓地。

这个故事在评论家的眼里，可是揭开了俄罗斯自然派一贯的行文笔调，不管是后来的赫尔岑、果戈理还是陀思妥耶夫斯基，都将这种对小人物命运的关注进行到底，甚至达到了另外一种境界，像陀思妥耶夫斯基的《穷人》即是。别林斯基曾评论说：自普希金之后，俄国文学才成为独立的文学。可见他在俄罗斯文学上的非凡意义。而在文本本身，他的小说可谓情节集中，结构也是相当严谨，蕴含了深厚的社会内涵，更为巧妙的是，他只是以简练生动的笔调便将这层意义表达得很清晰了。

隐存着并不就是被忘却 /［丹麦］安徒生

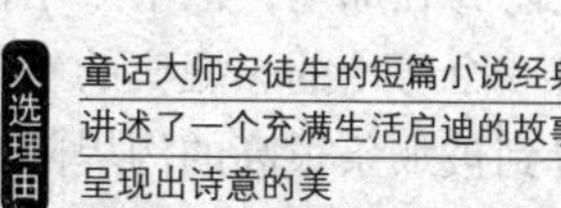

有一座古老的庄园。庄园外面有一条泥泞的护庄沟，上面有一座吊桥。吊桥吊起的时候比放下的时候多，来访的人不都是好人。屋檐下面有许多洞眼，可以朝外放枪。要是敌人靠得太近，还可以从这些洞里往外泼开水，是啊，甚至倒融化了的铅。屋里木顶很高，这对于因壁炉烧大块的湿木头而冒出的那些烟是很好的出路。墙上挂着身穿铠甲的男人和衣着臃肿、傲气十足的妇人的画像。这些女人中最高贵的一位现在还活着，住在这里，她的名字叫麦特·莫恩斯。她是这座庄园的主人。

一天傍晚，强盗来了。他们杀死了她家的三口人，连看庄园的狗也被杀了。接着他们用拴狗的链子把麦特夫人拴在狗窝里，他们自己则坐在大厅里，喝着从她的地窖里搬来的葡萄酒和上等啤酒。

麦特夫人被狗链子拴着，她连像狗那样吠也不行。接着强盗里的一个小孩子来了，他蹑手蹑脚一点声音都没有。他不能让人察觉，一被发觉他们便会杀死他。

“麦特·莫恩斯夫人！”小男孩说道，“你记得你丈夫在世的时候，我的父亲被捆在木马[①]上吗？那时你为他求情，但是没有用；他必须骑在上面，骑成残废。但是你悄悄地走来，就像我现在悄悄地溜来一样；你亲手在他的脚下摆上了一小块石头，让他能够休息。没有人看见，或者他们装作没看见。你是那位年轻仁慈的夫人。我父亲对我说过，我把这事隐存着，但并不曾忘却！现在我来解救你，麦特·莫恩斯夫人！”接着他们从马厩牵来马，在风雨中骑马跑了，他们得到了人们友好的帮助。

·作者简介·

安徒生（1805～1875），一位世界文学童话的最初开拓者和成就的巅峰者，为世界儿童留下了或凄美或诗意的童话故事，并包含着绝对的人生哲理，用他自己的话说是为了争取未来的一代，以及讲给孩子们听的故事。对此托尔斯泰曾给出了相当高的评价，而在中国，著名作家周作人更是称他为以孩童的眼光和诗人的手笔写下的文学世界中的极品。这是一个不可超越的童话作家，为世界留下了像《拇指姑娘》、《丑小鸭》、《海的女儿》这样不朽的经典，当然我们知道安徒生成为童话巨匠纯粹是无心插柳，作者当年渴望的是成为一个文学大家，但童话却为他赢得了世界声誉。

安徒生像

“我对那位老人做的一点善事却得到了这样好的回报！”麦特·莫恩斯夫人说道。“隐存不是被遗忘！”男孩说道。

强盗后来被处以绞刑。

有一座古老的庄园，它也还在那里。它不是麦特·莫恩斯夫人的。它属于另外一个高贵的家族。

这是我们的时代。太阳照在金光闪闪的塔尖上，一座座郁郁葱葱的小岛像花环似地浮在水上，小岛的四周有野天鹅在游弋。园子里生长着玫瑰，庄园的女主人便是最美的玫瑰花；她在欢乐中，在善行的欢乐中闪闪发光，不是在广阔的世界里，而是在心中。它隐存在那里，但不等于被忘却。现在她从庄园走向田野里一所孤单的小房子。房里住着一个可怜的、瘫痪的女孩子。她房间里的窗是朝北面开的，阳光不能射进来，她只能看到被那条很高的沟堤隔断的一小片田野。但是今天屋子里有阳光了，上帝那温暖可爱的阳光射进来了。这阳光是从南墙上新开的窗子里射进来的。以前那边只是一道墙。

瘫痪的姑娘坐在温暖的阳光里，看着树林和海滩。世界变得宽阔起来，十分可爱，这一切都是庄园里的那位夫人的一句话带来的。

---

①安徒生在童话故事中多次讲到这种刑罚。这是地主、爵府惩罚奴仆的手段之一。被惩的奴仆被捆在一只高木马上，双脚被吊上重物，不得着地。奴仆往往因此而残废甚至死亡。

“讲一句话是轻而易举的，做的事是那么微不足道！”她说道。“我得到的快乐却无边无垠，十分幸福。”

因为如此，她做了许多许多的善事，她心中装着贫寒家庭和有痛苦的富裕家庭的每一个人。善行隐存着，但是没有被上帝忘却。

有一座古老的宅子，它在那座热闹的大城市里。宅子里有厅有堂。我们不进厅堂去，我们留在厨房里。那儿暖和、明亮、清洁而整齐；铜器都闪闪发光，桌子就像是打了蜡一样亮，洗碗盆就像是刚刨光的砧板。这都是一个女佣收拾的，她甚至还有时间将自己打扮整齐，就像要去教堂一般。她的帽子上打了一个蝴蝶结——一个黑色的结子，这是表示哀悼的。可是并没有要她照顾的人，她没有父亲也没有母亲，没有亲戚也没有恋人。她是一个贫苦的女孩子。她曾经订过婚，是和一个贫苦的男佣；他们真诚地相爱着。有一天他来找她。“我们两人什么东西都没有！”他说道。“那边那个住在地下室的有钱的寡妇对我说了许多热情的话，她将让我富裕起来。但是只有你在我的心中。你说我该怎么办？”

“你所相信的，便是你的幸福！”姑娘说道。“和善地、亲切地对待她。可是请记住，从我们分手的那一刻起，我们就不能常见面了。”

——两年过去了。一天她在街上遇见了昔日的朋友和恋人，他看上去一副可怜的病态。于是她不得不管，必须问一句：“你到底怎么了？”

“怎么说都算得上很富裕很好！”他说道。“那妇人很能干很善良，但你在我的心中。

我斗争得很厉害，一切很快便会结束！我们去上帝那儿之前，再也见不到了。”

过了一个星期。晨报上说他去世了。所以姑娘便戴上了表示哀悼的结子。她从报纸上读到，他死后留下了那位妻子和前夫的三个孩子。钟声浑浊不清，可是铸钟的铜是很纯净的。

她的黑蝴蝶结表示哀悼。姑娘的脸显得更加哀伤。“它隐存在心中，永不被忘却！”

是啊，瞧，这里有三个故事，一根杆上的三片花瓣。你还希望有更多的花瓣吗？心的书里有许多；它们被隐藏起来，并不是被遗忘。

佚名 译

⊙作品赏析

安徒生童话能够超越单纯收集民间故事的《格林童话》，在很大的意义上该归属于作者深厚的文学功底，当年流落哥本哈根时出众的诗剧和长篇小说早已为他赢得文坛的美名。据托尔斯泰说这个作家的内心里充满了原始的孤独，他的一切旨在寻找人生的美好。

也因此我们才能在他的童话中看到贫穷的眼泪和对美好的极度渴望的挣扎。在《隐存着并不就是被忘却》中讲述的同样是对生活的感念，文章中充满了浓郁的基督教的意识，是对善和纯真的崇敬。就像文章中所举的例子，麦特夫人许久以前的一桩善举在多年以后的一场厄难中得到了回报，这是一种冥冥中预注的因果联系，按照作者的话说，这是上帝的阳光，他将照耀一切，而最初的定义是，你的善行可能暂时被隐忍，但仁慈的上帝在澄澈中注视着你，正等着为你寻找生命的美好时刻。而这也是文章本身的意义。就像文章中所说的：她做了许多许多的善事，她心中装着贫寒家庭和有痛苦的富裕家庭的每一个人。善行隐存着，但是没有被上帝忘却。

就像评论家所说，他的文学充满了高妙的精致艺术，带着上帝之爱，以诗人的笔调，在呼唤着这个世界的最美。虽然在写法中我们还是能看到他孤独的掩映，但是他的细致入微的描摹还是让人印象深刻，特别是他的阿拉伯式的故事的笔法，更是将文章的外在框架形式与内涵完全地凝结在了一起。

百岁老大娘 / [俄国] 陀思妥耶夫斯基

入选理由

一个作家基督式的人文主义情怀

展现了一个基督徒典型的精神狂欢

为平淡无奇的生活带来新颖的力的冲击

前几天有位太太对我说："那天早上，我迟迟才动身，走出家门时差不多是中午时分了。我是故意弄得诸事缠身似的，正好到尼古拉耶夫斯基大街两个相隔不远的地方去。先上事务所去，在那大门边可以见到那位老大娘。她给我的印象是那样老态龙钟，弯腰驼背，拄根拐杖，只是我还是猜不出她的年岁多大。她来到大门边，就在门旁的一个角落里坐在打扫院子人的长凳上休息。其实，我从她身旁走过，她在我眼前只是闪了一下罢了。

"约莫十分钟后，我从事务所里出来，走过两座房子就是一家商店，上星期我在那里给索尼娅订购了一双皮鞋，于是就便去把它取回去。我一眼望去，发现那老大娘现在已经来到了商店旁边，也是坐在大门边的长凳上。她坐在那里而且朝我看，我报以微微一笑。我进商店去取皮鞋。哟，三四分钟后，当我继续向涅夫斯基大街走去时，却看见老大娘已经来到了第三座房子旁，也在大门边，只是没有坐在长登上，而是靠在墙壁的凸出部位上。这大门边没有长凳子。我不由自主地忽然在她面前停了下来，心想：她为什么要在每个房子前坐下来呢？

"'老大娘，你累啦？'我问。

"'累了，亲爱的，我老是觉得很累。我看今天天气很暖和，太阳又很好，所以我就上孙女们家吃饭去。'

"'老大娘，你这是去吃饭？'

"'亲爱的，是去吃饭，是去吃饭。'

"'你这样会走不到吧？'

"'不，走得到的。瞧，我就这样走一阵，休息一会，然后又起身走。'

"我打量老大娘，心里感到十分惊异。老大娘身材矮小，一身干干净净，衣着破旧，想必是小市民出身。她拄根拐杖，脸色苍白，皮肤腊黄，双唇毫无血色，活像一具干尸。她坐着，微笑着，阳光浴满她全身。

"'老大娘，你年纪大概很大了吧？'我随口问。

"'一百零四，亲爱的，我一百零四岁，

·作者简介·

陀思妥耶夫斯基（1821～1881），一个精神梦幻的演绎者，一个源自《圣经》的伟大作家。在他的身上，我们看到了从古希腊一直经历到中世纪的独特的精神狂欢，这是一种虔诚神圣的小说审美。按照作者自己的理解，在他的生命中，洋溢着来自虚幻的呼唤，将作者带向了一个文学发展的巅峰。我们知道，在整个俄罗斯文学史上，再也没有像他这样的作家能够引起全世界的关注。就像卡夫卡所说的，他的创作来自这个精神之父。在作家的经典中包括了享有盛誉的《卡拉马佐夫兄弟》、《罪与罚》、《白痴》、《群魔》，也正是这些不朽的作品让我们永生记住了这个呼唤生命力的作家。

陀思妥耶夫斯基像

只不过是（她这是开一开玩笑）……你上哪儿去呀？'

“她望着我，高高兴兴地笑着。难道她是想和谁说说话？百岁老人还如此关心我上哪儿去，使我感到非常惊讶，似乎她真的想知道哩。

“'是这样的，老大娘，'我也笑起来说，'我给女儿在商店买了双皮鞋，现在带回家去。'

“'咦，小小的皮鞋，你有小女儿？你真有福气，还有其他孩子吗？'

“她又望着我笑。她两眼失神，几乎不见生气，但那里面却仿佛放射着亲切的光焰。

“'老大娘，你愿意的话，从我这儿拿五个戈比去给自己买个白面包吧，'说着我就给了她五戈比。

“'你干吗给我呢？也好，那我就拿着你的了，谢谢。'

“'拿去吧，老大娘，请别介意，'她收下了。显然，她不是乞讨，她还没到那种地步。她是漫不经心地拿去的，根本没有把它当成施舍物，仿佛她这么做是出于礼貌或者出于一片好意。不过，也许她也很喜欢，因为有谁和她这个老太婆交谈呢？不只是交谈，而且还怀着一片爱心去关怀她呢？

“'好吧，再见，老大娘。'我说'祝你一路平安。'

“'会走得到的，亲爱的，到得了的，我会到得了的。你上你孙女那儿去吧。'老大娘弄错了。她忘了我的是女儿，而不是孙女，大概她以为我和她都有了孙女。我向前走去，最后一次回过头来，望见她缓慢而艰难地站起身，用拐杖戳一下地，拖着步子沿着街道蹒跚走去。也许她在路上还要休息上十次，才能到达'吃饭'的地方。她经常上哪儿去吃饭呢？这么一个怪怪的老大娘。”

这个故事我是那天早上听到的。其实，那不算什么故事，而是与一个百岁老人相遇留下的一个印象而已（实际上，你什么时候能遇上百岁老人，而且是一个精神上充满活力的百岁老人呢？），因此，我把它全忘了。夜深了，我看完杂志上的一篇文章后就把杂志放在一旁，突然想起了那位老大娘，而且不知为什么我又驱使自己继续去想象：她是怎样走到孙女家吃饭的呢？我的眼前浮现出另一幅，可能是十分逼真的小画面。

她的孙女们，也许包括她的外曾孙女们，她已经把她们一并叫做孙女了，大概是某个同一行业的人，自然也就是同一家的人了，要不她怎么会上她们家吃饭呢。她们住地下室，大概承租了一间理发铺。她们当然是穷苦人，但是她们依然要糊口，而且还得循规蹈矩。老大娘到达孙女家时大约是下午一点多了。她们没有想到她会来，但可能十分亲切地迎接她。

“是你啊，玛丽亚·马克西莫芙娜，请进，请进，欢迎你，上帝的奴隶！”

老大娘喜笑颜开地往里走，门铃还在久久地发出刺耳的尖细响声。她的一个孙女，想必就是那个理发匠的妻子吧。理发匠本人年龄还不大，约莫三十五岁的样子，可是按职业来说也算得上是一位老师父了。虽然这种手艺并不复杂，但工作服却像煎饼那样油渍斑斑。是不是由于使用化妆香膏的缘故，我就不知道了。不过，我可从来没有见过这样的“理发匠”，仿佛他们工作服的衣领总是沾满着灰粉。三个孩子——一个男孩和两个女孩——立即跑到了外曾祖母的跟前。通常，这么一大把年纪的老大娘不知为什么总是和小孩子们相处得非常好：她们自己在心理上已经变得十分像孩子了，有时甚至同他们毫厘不差。老大娘坐下来；男主人不知道是在接待客人还是忙于别的什么事。他的一个年约四十岁的熟人正准备离开。他的外甥，他姐姐的儿子，一个十六七岁的小伙子也来做客，他想进一家印刷厂工作。老大娘画了个十字坐着，望着客人。

“哎哟，好累！你们这儿来的是谁呀？”

“是我呀！”客人笑着回答说，“玛丽亚·马克西莫芙娜，您难道认不出来啦？前年，大家和您一块儿到树林里去采过蘑菇哩。”

“啊，是你呀，我认得，一个好开玩笑的人。我记得你，只是想不起你叫什么名字了，你是哪一个呢？哦，记起来了。哎哟，我有点儿累了。”

“玛丽亚·马克西莫芙娜，您是一位年高望重的老人，为什么一点儿也不见老，那我想问问你，”客人开玩笑说。

“那你就说吧！”看起来老大娘像在开玩笑，不过，她心里确实很高兴。

“玛丽亚·马克西莫芙娜，我可是个好心人呢。”

“和你这个好心人聊聊很有趣哩。哎哟，我都要憋死啦，妈呀。谢廖任卡的大衣看样子做好了吧？”

她指着那个外甥说。

那个外甥是个壮健的胖小子，这时正满脸堆笑地把身子挪过来；他上身穿着簇新的灰大衣。新大衣穿在身上使他喜不自禁，大概要一个星期后心里才能平静下来。现在他在不停地看看翻袖口，瞧瞧翻衣领，在镜子里面全身上下看个遍，自觉格外满意。

“喂，走过来，转个身，”理发匠的妻子连珠炮似地说起来，“马克西莫芙娜，你瞧瞧，这大衣做得有多漂亮，花了整整六个卢布，算便宜的哩。普多霍雷奇那儿说，现在不止这个数呢。还说这价钱以后是买不到了，而且这衣服经久耐穿。你瞧这料子吧！喂，转过身来！这衬里有多好，真结实，真结实。喂，你再转个身来看看！钱就是这么花的，马克西莫芙娜，我们的钱全用光啦。”

“哎，妈呀，如今物价这么高，有什么办法呢，你最好别跟我说这些，免得我心里不好过。”马克西莫芙娜动情地说，心情仍然不能平静。

“好了，别再说啦，”男主人说道，“该吃点东西了吧，怎么样啊？我看你大概太累了，马克西莫芙娜。”

“哎哟，聪明人，我是累了。今天天气暖和，太阳又好，心里一想，我就来看你们了……真想躺下来。啊，我在路上碰到一位可爱的太太，她很年轻，给孩子买皮鞋，她对我说：‘喂，老大娘，你怎么，累了吧？呶，给你五戈比，给自己买个白面包……’你知道吗，我接下了那五戈比……”

“奶奶，你还是先休息休息一会，你今天怎么这样喘不上气来呢？”男主人忽然特别关切地说。

大家全都望着老大娘，见她霎时脸色大变，双唇发白。她也望着大家，但两眼有点失神。“呶，我想……给孩子们买点蜜糖饼干……五个戈比……”

她又停了说话，又喘了一口气。大家忽然都沉默起来，这样差不多过了五秒钟。

“怎么啦，奶奶？”男主人对她弯下身子说。

但是老大娘没有回答；又是一阵沉默，又有五秒钟久。老大娘的脸色似乎变得更白，脸庞似乎也显得更加消瘦了。两眼呆呆地不动，嘴角上凝固着一丝丝微笑；她直愣愣地瞅着，似乎没有了视觉。

“快去请牧师来！……”那个客人忽然从后面急急地小声说。

“对……不……是不是来不及了……”男主人嘟哝说。

“奶奶呀，奶奶？”理发匠的妻子呼喊着老大娘，顿时惊慌起来；但是奶奶一动也不动，只是脑袋歪斜着，搁在桌子上的那只右手里握着那五戈比，而左手还停放在约六岁的最大的外曾孙米沙的肩膀上。米沙一动不动地站着，睁着一双惊恐的大眼凝望着外曾祖母。

“她走了！”男主人叹息一声，一字一顿地郑重地说，并在自己身上轻轻地画着十字。

“瞧！我看她真的不行了，”客人断断续续无限感慨地说；

他万分惊讶地环视所有在场的人。

“哎，天哪！你看现在怎么办呢？马卡雷奇。是不是把她送到那里去？”女主人心急如火、不知所措地唧唧喳喳地说。

“那里是什么地方啊？”男主人不急不慢地说，“丧事我们就在这儿办吧，难道你不是她的亲属？应当去报个丧。”

“啊，一百零四岁！”客人没有走，他愈来愈受感动，甚至惭愧得脸红起来。

“是啊，最近几年她连性命都不顾了，”男主人庄重地说。

他感到非常自豪，于是一边寻找帽子，一边取下大衣来。

“可不是，刚才她还喜笑颜开、很开心嘛！你瞧，她手里还拿着那五戈比！还说要买蜜糖饼干，啊呀呀，咱们的老大娘！”

“呶，我们是不是走吧？彼得·斯捷潘内奇，”男主人打断客人的话说。于是俩人往外走去。对这位老人的去世，人们自然没有哭泣。一百零四岁了，“无疾而终并且无所羞愧”。女主人上邻居家去求助，他们几乎是高兴地听了这消息就马上跑了来，叹息着，喊叫着。不用说，第一件事是把茶炊生好。孩子们惊异地躲到角落里，远远地望着去世的外曾祖母。不论活多久，米沙都会记得他的外曾祖母，记得她死时把一只手放在了他的肩上。而待他去世时，世上就不会有人记起和知道，曾经有过这么一位老大娘活了一百零四岁。她为什么活着，怎样活着——也没有人知道了。为什么要记住呢，要知道，反正都是一样的嘛。千百万的人也都是这么离开的：无声无息地活着，无声无息地死去。这些百岁老人也许只有在临终时，仿佛才有点动人而平常的东西，甚至重大而无奇的东西，因为迄今为止，一百岁才给人一点点惊奇的东西。愿上帝保佑善良百姓的生与死吧！

然而，这不过是垂手可得没有一定情节的描述罢了。说实在的，你尽可以从一个月前听到的故事中，说点更引人入胜的东西。怎样着手呢？说的或者恰好不是那件事，或者与那件事本身无关的，或者“不全是你所知道的那件事，”然而，最终依然会留下一些只是最没有情节的东西……

佚名 译

⊙作品赏析

《百岁老大娘》的故事的叙述者的角度，在陀思妥耶夫斯基的小说当中是最为常见的，不管是长篇《卡拉马佐夫兄弟》、中篇《双重人格》，还是短篇《诚实的小偷》都是一样的，展现的是他的自己与叙述者的之间的距离。有时候他是介入抒情和感慨的，就像在文章当中的作者与百岁老人的相遇，而这种相遇又引发了他的细腻的情感的喷发；有时候他又是站在外事者的角度来看待故事本身的进展的，就像文章当中所展示的这些故事包含着他的听来的猜测。总之在他的小说中，身份的确定成了一种关键。

但从另外一个角度上看，如果依照作者本身的感官看待《百岁老大娘》的承载含义，我们看到的是作者的情感已经完全超越了故事本身，就像存在主义一样，故事只是一个载体，而真正想表达的是作者的文化认同。在文章中他所体悟的老人家已经完全成了一个代号象征，象征一种生命的坚强，一种孩子般的心理。

而文章最大的意义在于为我们平淡无奇的人世旅程带来一点稀松平常的惊奇。而这也正是生活存在的感念。就像我们经常在作家身上看到的在暗淡的世俗人生中时常就让人意外地隐藏着生活的本真的含义，和不朽的光彩。这就是作者所最常说的，一切都在感情的渗透，情感可以解构一切也同时可以组构一切。这也是他的对生命存在形式的理解。

情人的形象 /［法国］波德莱尔

法国著名作家波德莱尔的短篇小说经典
一个诗人的女性观点
以诗歌的笔调构写的小说文本

这是属于男人的世界。一个高级赌博俱乐部的吸烟室里，有四位先生正在抽烟饮酒。他们的年纪不算轻，也不算老；不能说他们漂亮，可也还不怎么难看。总之，不管年老也罢，年轻也罢，俊也罢，丑也罢，他们身上都具有明显的古代豪侠的气质，有一股无法名状的味道，一种冷冰冰，嘲弄似的忧郁，仿佛在叹息：“我们已经竭尽全力从生活中闯过来了。我们想找寻我们还能够珍重和向往的东西。”

其中有一个人忽然谈起了女人经。一谈到女人，他们似乎不那么有哲学家风度了。即使有相当文化修养的人，酒后的谈吐也难免有失高雅。其余的人也乐意听他讲，就像欣赏爵士音乐那样兴味盎然。他说：

“所有的男人都有过小天使般的黄金时代。在少年时代往往笃信天仙般的美人都是花木成精，因此甚至肯去吻树干。这是爱的第一阶段。年纪大了，就是第二阶段开始，对情侣有选择的要求。这时就想狠下心去找一个美女。至于我么，不是自吹早已进入第三阶段了。我领悟到单纯追求自然的美已经不够了。女人有风度、气质、芳香、饰物等等，加以辅助才能完美。有时我甚至还在向往一种自己也说不清楚的幸福。那就是到达了第四阶段，也称稳定阶段。我的一生中撇开少年时代不算，我对由于女人的庸俗而引起的无聊蠢事最

·作者简介·

波德莱尔（1821～1867），一个堪称世界上最为残酷的诗人，他对恶的意象的嗜好，在他的诗行中表达得淋漓尽致，让人惊叹，特别是他的《恶之花》更令所有的道德虚伪者整日坐立不安，因为他的诗行已经透过了文字本身的粉饰直达到心灵的最为黑暗处，甚至挖掘出灵魂的地狱来。这是一个语言的天才，据评论家说，忧郁滋润了他伟大的成功，而有人则甚至将他称为现代所有国家中诗人的楷模。他的梦呓一般的残酷的语言，以及高雅的精雕细琢的华彩的文字已经成了华美的骷髅，站立在读者眼前。他成功地幻化了雨果在《〈克伦威尔〉序言》中对美与丑关系的重新发现，从而缔造了自己的审美领域。

波德莱尔像

为恼火。所以我特别喜爱动物。它们最为天真。话扯远了。你们还是来评一评我在以前一个情人身上吃到的苦头吧！

“她是一位侯爵的私生女。不用说她绝对是美丽的，否则我会要她吗？可惜的是她身上有一种无法容忍的丑恶野性，毁掉了她的美。她是一个一心只想玩弄男人、摆布男人的。她竟然会说：‘你不是男人，但愿我是男人。在我们两人之中我才配当男人！’这就是她令人难以忍受的口头语。从本来应当唱出美妙动听歌声的嘴里却说出这种话来，你说恼火不恼火？还有，每当我对一本书、一首诗、一场歌剧赞美几句时，她马上会说：‘你只看到表面上的东西，你能理解其深刻意义吗？’接着她如数家珍，一条条道理说得振振有词，说得我哑口无言。

“有一天天气很好。她心血来潮搞起化学试验来了。从此我的嘴上成天都得套上防毒面罩，而且她变得不容亲近。有时候我在动情时抱她抱得猛了一点，她会一阵痉挛，好像谁要强奸她似的……”

“后来又怎么样呢？”其余三个中的一个问道，“我佩服你居然如此有耐心。”

“上帝呀！”他回答道，“然而不幸的本身就孕育着解脱的方法。有一天我当场抓住了这个智慧女神——当年我常这样称呼她——她在超乎自然的饥渴中和我的男仆亲密地搂在一起。富有绅士风度的我为了不使她过于难堪而悄悄地退场了。到了晚上我才宣布与他们脱离，并把仆人的工资算清了。”

“至于我，”那个打断他话的人说，“只能抱怨自己了。当幸福降临到身上时还木然不知。命运之神让我好几年来享受到了一个女人的滋味。她是一个最最温柔的、十分顺从的、乐意献身于男人的女人。总是那么心甘情愿，那么惟命是从，根本不用去挑逗她。‘是的，我很乐意，只要你喜欢就好。’这是她常有的回答。然而话又说回来了。如果你在墙壁或沙发上拍它几下，还会引出些回响来。可是，在我那情人的胸脯上扇不起热情来。我们一起生活了几年。我承认她从来没有真正快活过。我终于觉得这种不平等的两性生活是多么乏味。于是，这个无与伦比的女人跟别人结了婚。以后我忽然想起还是她好。我再去找她，她指着六个活泼的孩子对我说：‘亲爱的朋友，我当了六个孩子的母亲，哪里还像从前做你情人时的少女！’如果她至今情况没有改变的话该有多好。唉！悔不该当初我没有娶她。”

三人大笑，轮到第三个人说了。

“我的先生们，我和你们不一样。我得到过你们也许耽误了的欢乐。我指的是爱情中的幽默，值得称道的幽默。我赞赏往日的情人，比你们爱或者恨你们情人的程度要强烈得多，而且不管谁都会赞赏她的。等我们踏进一家餐馆以后，吃客会忘了进食，甚至于招待员、收账员一个个凝眸止息，呆呆地望着她一动不动，至少保持好几秒钟。我和这位绝色佳人在一起生活了一段时间。她经常以世界上最轻松、最无忧无虑的方式吃喝、啃咬、吞咽、细嚼、品味。她在长时间里以这种优美的吃喝风姿使我陶醉。她惯用一种温柔的、梦幻似的、英国式的浪漫色彩说：‘亲爱的，我饿了！’她日日夜夜重复着这句话，并且露出她世间少有的、白玉般的整齐牙齿。那是一口看了使人愉快和动情的牙齿。如果允许我在新年集市上让这个贪吃星下凡的仙女表演吃喝，参加比赛，我也许会因此而发财。我不断地以好吃好喝的喂她。可是最后她还是离开了我。”

“毫无疑问地她是跟一个食品商人跑了吧！”

“也差不多少。一个军事机关里管后勤的职员。他以舞弊手段把许多军人的日常供应品喂了这个永远吃不饱的女人，至少我是这样猜测的。”

“我，”第四个说，“我受到的痛苦却不是由于一般女人常有的自私天性造成的。你们都是些幸福的男人，如果你们还在抱怨你们的情人有缺点的话，我认为是过分了。”

他说这话时的神情十分认真。他是一位看上去很温和的先生，脸上那对淡灰色的眼睛显露的几乎是有宗教色彩的不幸。他眼睛里射出的目光似乎在说：“我想要！”或者“应该这样，”或者更确切一点：“我决不宽恕。”

“G 先生，我了解你，你是那样容易激动。K 先生和 J 先生！你们两位那样胆小和轻率，如果让你们碰到了我所认识的那种女人，而且结成了一对，那就不是逃走，便是自杀了。可是，你们看到了，我不是还好好地活着吗？你们想象一下，有那么一个女人，她要求男人感情上要绝对地循规蹈矩，做任何事都要深思熟虑。那是一种难以接受的性格。生活在一起，没有一点亲昵的嬉戏，没有一点刺激冲动的性爱，一味的温柔，没有一点爱好，永远精力旺盛，没有恼怒。这种爱情等于在光秃秃的大沙漠里作无休无止的旅行，单调乏味得令人感到不如死了的好。我的情感和行动时刻要自我约束，不允许有丝毫邪念产生。任何行动都受到她的监督。她无数次阻挡了我感情冲动时想做的事，令人遗憾。爱情好像就是受妻子的监护。我为这种违背意愿付出了多大代价！她剥夺了我多少次可以从自己的傻气中得到的欢乐。她用冷冰冰的、不可逾越的清规戒律封锁住我奔放感情的通道。她要求时刻一本正经，要求克服欲望，而不是允许我做了以后对她表示感谢。这是最可怕的。我多少次尽力克制自己才没有扑上去掐她的脖子，没有对她大喊大叫：‘不要过分一本正经，可怜的人！不要使我在做爱时产生厌恶和怒气！’多少年来我心中充满着反感。不过，最后因此而死的不是我！”

“啊！”另外三个人同时喊道，“她死了？”

“是的，我实在感到这样是过不下去的。这种爱情对我来说是头上压了座大山。胜利与死亡两者必居其一。这是命运给我的抉择。有一天晚上在小树林里……在小湖边上……沉闷地散步。散步时她的眼睛里呈现温和的天蓝色，而我的心剧烈地痉挛起来。”

“发生了什么事？”

“怎么样？”

“你快说！”

“那是不可避免的。假如我去殴打、斥责或解雇一个没有过错的仆人，我还能保持得住平静的心情。可是，我在摆脱时要把对她的厌恶和对她的尊重协调起来。你们说我该怎么办？她是那么完美。”

另外三个人失神地望着他，目光有点呆滞，仿佛无法理解他，又想默默地表示赞同。是的，他们是不敢采取这种强硬手段的，尽管是可以理解的行动。

于是，为了消磨剩下的时光，为了让流逝得这样缓慢的生活过去得快些，他们又要了几瓶酒。

赵学铭 译

⊙作品赏析

在波德莱尔的意念中，女人是他文学表达的不可缺少的部分，但是正是这个在爱情中屡受挫折的可怜的人，在重新面对女性话题的时候甚至已经残酷起来了，据评论家说巴黎，死亡和女人是他共同的精神幻象。这在他的诗行表达得更是淋漓尽致。

在《情人的形象》中也同样地展现了诗人自己毫不掩饰的情怀，带着赏玩的心态对女性存在的意义作出挑剔。在高级赌博俱乐部的吸烟室里，四个男子颇失高雅地谈论着他们各自心目中的女人，甚至已经完全沦为一种叹息了：我们已经竭尽全力从生活中闯过来了，我们想找寻我们还能够珍重和向往的东西。但事实上每个人都带着抱怨来解读自己的不幸。因为在他们眼里，所谓的女性已不再小鸟依人，而是充满了野蛮的复仇，又或者显得相对风骚。在他们眼里女性的风姿绰约已经完全沦落了，只剩下相互之间的幽怨。

小说已经散文化，但其实波德莱尔本身是散文和诗歌的行家，对这两种形式有独到的浸润，以致在他的小说中也不可避免地带上了这种色彩。小说没有具体的结构，而显得相当散乱，唯一能支撑话题的只是他们的共同对女人的议论。充满了疯疯癫癫的嬉笑怒骂，在这个仇恨的世界里，这就是病态的审美。

舞会以后 /［俄国］列夫·托尔斯泰

俄国著名作家列夫·托尔斯泰的短篇小说名篇

展现了一段情感激变的心灵历程

再现了列夫·托尔斯泰小说的行文笔法

“你们是说，一个人本身不可能懂得什么是好，什么是坏，问题全在环境，是环境坑害人。我却认为问题全在机缘。就拿我自己来说吧……”

我们谈到，为了使个人趋于完善，首先必须改变人们的生活条件；接着，人人敬重的伊万·瓦西里耶维奇就这样说起来了。其实谁也没有说过人自身不可能懂得什么是好，什么是坏，然而伊万·瓦西里耶维奇有个习惯，总爱解释他自己在谈话中产生的想法，随后为了证实这些想法，讲起他生活里的插曲来。他时常把促使他讲话的原因忘得一干二净，只管全神贯注地讲下去，而且讲得很诚恳、很真实。

现在他也是这样做的。

“拿我自己来说吧。我的整个生活成为这样而不是那样，并不是由于环境，完全是由于别的缘故。”

“到底由于什么呢？”我们问道。

“这可说来话长了。要讲上一大篇，你们才会明白。”

“您就讲一讲吧。”

伊万·瓦西里耶维奇沉思了一下，摇了摇头。

“是啊，”他说，“我的整个生活在一个夜晚，或者不如说，在一个早晨，起了变化。

“到底是怎么回事啊？”

“是这么回事：当时我正在热恋。我恋爱过多次，可是这一次爱得最热烈。事情早过去了，她的几个女儿都已经出嫁了。她叫B——，是的，瓦莲卡·B——”伊万·瓦西里耶维奇说出她的姓氏，“她到了五十岁还是一位出色的美人。在年轻的时候，十八岁的时候，她简直能叫人入迷：修长、苗条、优雅、端庄——正是端庄。她总是把身子挺得笔直，仿佛非这样不可似的，同时又微微仰起她的头，这配上她的姣美的容貌和修长的身材——虽然她并不丰满，甚至可以说是清瘦，就使她显出一种威仪万千的气概；要不是她的嘴边、她的迷人的明亮的眼睛里、以及她那可爱的年轻的全身有那么一抹亲切的、永远愉快的微笑，人家便不敢接近她了。”

“伊万·瓦西里耶维奇多么会渲染！”

“但是无论怎么渲染，也没法渲染得使你们能够明白她是怎样一个女人。不过问题不在这里。我要讲的事情出在四十年代。那时候我是一所外省大学的学生。我不知道这是好事还是坏事：那时我们大学里没有任何小组[①]，也不谈任何理论，我们只是年轻，照青年时代特有的方式过生活：除了学习，就是玩乐。我是一个很愉快活泼的小伙子，况且家境又富裕。我有一匹烈性的溜蹄快马，我常常陪小姐们上山滑雪(溜冰还没有流行)，跟同学们饮酒作乐(当时我们只喝香槟，没有钱就什么也不喝，可不像现在这样改喝伏特加)。但是我的主要乐趣在参加晚会和舞会。我跳舞跳得很好，人也不算丑陋。”

·作者简介·

列夫·托尔斯泰（1828~1910），一位让俄国文学走上世界文坛最高位置的巅峰作家。他是个典型的基督徒，在他的文学中甚至一再地贯彻了他自己的带着浓郁宗教色彩的对世界的理解，这主要表现在他对人性修养的执著与肯定上。而承载这一思想主题的主要作品有《复活》、《安娜·卡列尼娜》、《一个地主的早晨》。它们完美表现了作家孜孜不倦的对人性的永恒的关怀，就像作家自己所说的：在文学当中如果不承载着对世界的理解与关注，对人性的探求，而只是沉迷在技巧的玩弄中，这样的作品其实不是所谓的文学而是典型的文学犯罪。

列夫·托尔斯泰像

“得啦，不必太谦虚，”一位交谈的女士插嘴道，“我们不是见过您一张旧式的银版照片吗？您不但不丑，还是一个美男子哩。”

“美男子就美男子吧，反正问题不在这里。问题是，正当我狂热地爱着她的期间，我在谢肉节的最后一天参加了本省贵族长家的舞会；他是一位忠厚长者，豪富好客的侍从官。他的太太接待了我，她也像他一样忠厚，穿一件深咖啡色的丝绒长衫，戴一副钻石头饰[②]，袒露着衰老可是丰腴白净的肩膀和胸脯，如同伊丽莎白·彼得罗夫娜[③]的画像上描画的那样。这是一次绝妙的舞会：设有乐队楼厢的富丽的舞厅，来自爱好音乐的地主之家的、当时有名的农奴乐师，丰美的菜肴，喝不完的香槟。我虽然也喜欢香槟，但是并没有喝，因为不用喝酒我就醉了，陶醉在爱情中了。不过我跳舞却跳得筋疲力尽——又跳卡德里尔舞，又跳华尔兹舞，又跳波尔卡舞，自然是尽可能跟瓦莲卡跳。她身穿白色长衫，束着粉纤腰带，一双白羊皮手套差点儿齐到她的纤瘦的、尖尖的肘部，脚上是白净的缎鞋。玛祖尔卡舞开始的时候，有人抢掉了我的机会：她刚一进场，讨厌透顶的工程师阿尼西莫夫——我直到现在还不能原谅他——就邀请了她，我因为上理发店去买手套[④]，来晚了一步。所以我跳玛祖尔卡舞的女伴不是瓦莲卡，而是一位德国小姐，从前

①19世纪30年代，莫斯科一部分大学生成立了各种小组，探讨哲学和文学问题，传播先进思想，其中最重要的是斯坦凯维奇小组和赫尔岑—奥加辽夫小组。
②钻石头饰：一种金链或绒布带，当中镶一颗宝石，束在额头上，作为装饰。
③伊丽莎白·彼得罗夫娜：1741~1761年的俄国女皇。
④有些理发店兼卖手套、领带等。

我也曾稍稍向她献过殷勤。可是这天晚上我对她恐怕很不礼貌，既没有跟她说话，也没有望她一眼，我只看见那个穿白衣衫、束粉红腰带的修长苗条的身影，只看见她的晖朗、红润、有酒窝的脸蛋和亲切可爱的眼睛。不光是我，大家都望着她，欣赏她，男人欣赏她，女人也欣赏她，虽然她盖过了她们所有的人。不能不欣赏她啊。

“照规矩应该说，我不是她跳玛祖尔卡舞的舞伴，可实际上，我几乎一直都在跟她跳。她大大方方地穿过整个舞厅，径直向我走来。我不待邀请，就连忙站起来；她微微一笑，酬答我的机灵。当我们[①]被领到她跟前而她没有猜出我的代号[②]时，她只好把手伸给别人，耸耸她的纤瘦的肩膀，向我微笑，表示惋惜和安慰。当大家在玛祖尔卡舞中变出花样，插进华尔兹的时候，我跟她跳了很久的华尔兹，她尽管呼吸急促，还是笑眯眯地对我说：‘再来一次。’[③]于是我一次又一次地跳着华尔兹，甚至感觉不到自己还有一个沉甸甸的肉体。”

“咦，怎么感觉不到呢？我想，您搂着她的腰，不但能够清楚地感觉到自己的肉体，还能感觉到她的哩。”一个男客人说。

伊万·瓦西里耶维奇突然涨红了脸，几乎是气冲冲地叫喊道：

“是的，你们现代的青年就是这样。你们眼里只有肉体。我们那个时代可不同。我爱得越强烈，就越是不注意她的肉体。你们现在只看到腿子、脚踝和别的什么，你们恨不得把所爱的女人脱个精光，而在我看来，正像 Alphonse Karr[④]——他是一位好作家——说的：我的恋爱对象永远穿着一身铜打的衣服。我们不是把她脱个精光，而是极力遮盖她赤裸的身体，像挪亚的好儿子[⑤]一样。嗨，反正你们不会了解……”

“不要听他的。后来呢？”我们中间的一个男人问道。

“好吧。我就这样尽跟她跳，没有注意时光是怎么过去的。乐师们早已累得要命——你们知道，舞会快结束时总是这样——翻来覆去地演奏玛祖尔卡舞曲。老先生和老太太们已经从客厅里的牌桌旁边站起来，等待吃晚饭，仆人拿着东西，更频繁地来回奔走着。这时是两点多钟。必须利用最后几分钟。我再一次选定了她，我们沿着舞厅跳到一百次了。

“‘晚饭后还跟我跳卡德里尔舞吗？’我领着她回她的座位时问。

“‘当然，只要家里人不把我带走，’她笑眯眯地说。

“‘我不让带走，’我说。

“‘扇子可要还给我，’她说。

“‘舍不得还，’我说，同时递给她那把不大值钱的白扇子。

“‘那就送您这个吧，您不必舍不得了，’说着，她从扇子上扯下一小片羽毛给我。

“我接过羽毛，只能用眼光表示我的全部喜悦和感激。我不但愉快和满意，甚至感到幸福、陶然，我善良，我不是原来的我，而是一个不知有恶、只能行善的超凡脱俗的人了。我把那片羽毛塞进手套，呆呆地站在那里，再也离不开她。

①指他和另一个男舞伴。

②男舞伴必须给自己选定一个代号，如”温顺”或“骄傲”、“喜悦”或“悲哀”之类。跳舞以前，两个男舞伴由第三者领到女舞伴面前，请她猜测代号，被猜中的就可以跟她跳舞。

③原文为法语。

④阿尔封斯·卡尔 (1808~1890)，法国作家。

⑤见《旧约·创世记》第九章：有一次挪亚喝醉酒，光着身子入睡，他的儿子闪和雅弗用衣服给他盖上。

"'您看，他们在请爸爸跳舞，'她对我说道，一边指着她那身材魁梧端正、戴着银色肩章的上校父亲，他正跟女主人和其他的太太们站在门口。

"'瓦莲卡，过来，'我们听见戴钻石头饰、露出伊丽莎白式肩膀的女主人的响亮声音。

"瓦莲卡往门口走去，我跟在她后面。

"'我亲爱的[①]，劝您父亲跟您跳一跳吧。喂，彼得·弗·拉季斯拉维奇，请，'女主人转向上校说。

"瓦莲卡的父亲是一个器宇不凡的老人，长得端正、魁梧，神采奕奕。他的脸色红润，留着两撇雪白的、尼古拉一世式的[②]尖端拳曲的唇髭和同样雪白的、跟唇髭连成一片的络腮胡子，两鬓的头发向前梳着，他那明亮的眼睛里和嘴唇上，也像他女儿一样露出亲切快乐的微笑。他生就一副堂堂的仪表，宽阔的胸脯照军人的派头高挺着，胸前挂了不多几枚勋章，此外他还有一副健壮的肩膀和两条匀称的长腿。他是一位具有尼古拉一世风采的宿将型的军事长官。

"我们走近门口的时候，上校推辞说，他对于跳舞早已荒疏，不过他还是笑眯眯地把手伸到左边，从刀剑带上取下佩剑，交给一个殷勤的青年人，右手戴上麂皮手套。'一切都要合乎规矩，'他含笑说，然后握住女儿的一只手，微微转过身来，等待着拍子。

"等到玛祖尔卡舞曲开始的时候，他灵敏地踏着一只脚，伸出另一只脚，于是他的魁梧肥硕的身体就一会儿文静从容地，一会儿带着靴底踏地声和两脚相碰声，啪哒啪哒地、猛烈地沿着舞厅转动起来了。瓦莲卡的优美的身子在他的左右翩然飘舞，她及时地缩短或放长她那穿白缎鞋的小脚的步子，灵巧得叫人难以察觉。全厅的人部在注视这对舞伴的每个动作。我不仅欣赏他们，而且受了深深的感动。格外使我感动的是他那用裤脚带[③]扣得紧紧的靴子，那是一双上好的小牛皮靴，但不是时兴的尖头靴，而是老式的、没有后跟的方头靴。这双靴子分明是部队里的靴匠做的。'为了把他的爱女带进社交界和给她穿戴打扮，他不买时兴的靴子，只穿自制的靴子，'我想；所以这双方头靴格外使我感动。他显然有过舞艺精湛的时候，可是现在身体发胖，要跳出他竭力想跳的那一切优美快速的步法，腿部的弹力已经不够。不过他仍然巧妙地跳了两圈。他迅速地叉开两腿，重又合拢来，虽说不太灵活，他还能跪下一条腿。她微笑着理了理被他挂住的裙子，从容地绕着他跳了一遍，这时候，所有的人都热烈鼓掌了。他有点吃力地站立起来，温柔亲热地抱住女儿的后脑，吻吻她的额头，随后领她到我身边，他以为我要跟她跳舞。我说，我不是她的舞伴。

"'呃，反正一样，您现在跟她跳吧，'他说，一边亲切地微笑着，将佩剑插进刀剑带里。

"瓶子里的水只要倒出一滴，其余的便常常会大股大股地跟着往外倾泻；同样，我心中对瓦莲卡的爱，也把蕴藏在我内心的全部爱的力量释放出来了。那时我真是用我的爱拥抱了全世界。我也爱那戴着头饰、露出伊丽莎白式的胸脯的女主人，也爱她的丈夫、她的客人、她的仆役，甚至那个对我板着脸的工程师阿尼西莫夫。至于对她的父亲，连

---

①原文为法语。
②原文为法语。
③缝在裤脚口的带子，捆在鞋跟和鞋掌之间的地方，以免人坐下时裤脚往上吊，露出袜子来。

同他的家制皮靴和像她一样的亲切的微笑，当时我更是体验到一种深厚的温柔的感情。

“玛祖尔卡舞结束之后，主人夫妇请客人去用晚饭，但是B上校推辞说，他明天必须早起，就向主人告别了。我惟恐连她也给带走，幸好她跟她母亲留下了。

“晚饭以后，我跟她跳了她事先应许的卡德里尔舞，虽然我似乎已经无限地幸福，而我的幸福还是有增无已。我们完全没谈爱情。我甚至没有问问她，也没有问问我自己，她是否爱我。只要我爱她，在我就尽够了。我只担心一点——担心有什么东西破坏我的幸福。

“等我回到家中，脱下衣服，想要睡觉的时候，我就看出那是决不可能的事。我手里有一小片从她的扇子上扯下的羽毛和她的一只手套，这只手套是她离开之前，我先后扶着她母亲和她上车时，她送给我的。我望着这两件东西，不用闭上眼睛，便能清清楚楚地回想起她来：或者是当她为了从两个男舞伴中挑选一个而猜测我的代号，用可爱的声音说出‘骄傲？是吗？’，并且快活地伸手给我的时候；或者是当她在晚餐席上一点一点地呷着香槟，皱起眉头，用亲热的眼光望着我的时候；不过我多半是回想她怎样跟她父亲跳舞，她怎样在他身边从容地转动，露出为自己和为他感到骄傲与喜悦的神态，瞧了瞧欣然赞赏的观众。我不禁对他和她同样发生柔和温婉的感情了。

“当时我和我已故的兄弟单独住在一起。我的兄弟向来不喜欢上流社会，不参加舞会，这时候又在准备学士考试，过着极有规律的生活。他已经睡了。我看看他那埋在枕头里面、叫法兰绒被子遮住一半的脑袋，不觉对他动了怜爱之心。我怜悯他，因为他不知道也不能分享我所体验到的幸福。服侍我们的农奴彼得鲁沙拿着蜡烛来接我，他想帮我脱下外衣，可是我遣开了他。我觉得他的睡眼惺忪的面貌和蓬乱的头发使人非常感动。我极力不发出声响，踮起脚尖走进自己房里，在床沿坐下。不行，我太幸福了，我没法睡。加之我在炉火熊熊的房间里感到闷热，我就不脱制服，轻轻地走进前厅，穿上大衣，打开通向外面的门，走到街上去了。

“我离开舞会是四点多钟，等我到家，在家里坐了一坐，又过了两个来钟头，所以，我出门的时候，天已经亮了。那正是谢肉节的天气，有雾，饱含水分的积雪在路上融化了，所有的屋檐都在滴水。当时B家住在城市的尽头，靠近一大片空地；空地的一头是人们游息的场所，另一头是女子中学。我走过我们的冷僻的胡同，来到大街上，这才开始碰见行人和装运柴火的雪橇，雪橇的滑木触到了路面。马匹在光滑的木轭下有节奏地摆动着湿漉漉的脑袋，车夫们身披蒲席，穿着肥大的皮靴，跟在货车旁边扑嚓扑嚓地行走，沿街的房屋在雾中显得分外高大——这一切都使我觉得特别可爱和有意思。

“我走到B宅附近的空地，看见靠游息场所的一头有一大团黑糊糊的东西，听到从那边传来笛声和鼓声。我一直满心欢畅，有时玛祖尔卡舞曲还在我耳边萦绕。但这里是另一种音乐，一种生硬难听的音乐。

“‘这是怎么回事？’我想，随即沿着空地当中一条由车马碾踏出来的溜滑的道路，朝着发出声音的方向走去。走了一百来步，我开始从雾霭中看出那里有许多黑色的人影。显然是一群士兵。‘大概在上操，’我想，便跟一个身穿油迹斑斑的短皮袄和围裙、手上拿着东西、走在我前头的铁匠一起，更往前走近些。士兵们穿着黑军服，面对面地分两行持枪立定，一动也不动。鼓手和吹笛子的站在他们背后，不停地重复那支令人不快的、刺耳的老调子。

"'他们这是干什么？'我问那个站在我身边的铁匠。

"'对一个鞑靼逃兵用夹鞭刑[1]，'铁匠瞧着远处的行列尽头，愤愤地说。

"我也朝那边望去，看见两行士兵中间有个可怕的东西正在向我逼近。向我逼近来的是一个光着上身的人，他的双手被捆在枪杆上面，两名军士用这枪牵着他。他的身旁有个穿大衣、戴制帽的魁梧的军官，我仿佛觉得面熟。受刑人浑身痉挛着，两只脚扑嚓扑嚓地踩着融化中的积雪，向我走来，棍子从两边往他身上纷纷打下，他一会儿朝后倒，于是两名用枪牵着他的军士便把他往前一推，一会儿他又向前栽，于是军士便把他往后一拉，不让他栽倒。那魁梧的军官迈着坚定的步子，大摇大摆地，始终跟他并行着。这就是她的脸色红润、留着雪白的唇髭和络腮胡子的父亲。

"受刑人每挨一棍子，就好像吃了一惊似的，把他的痛苦得皱了起来的脸转向棍子落下的一边，露出一口雪白的牙齿，重复着两句同样的话。直到他离我很近的时候，我才听清这两句话。他不是说话，而是呜咽道：'弟兄们，发发慈悲吧。弟兄们，发发慈悲吧。'但是弟兄们不发慈悲，当这一行人走到我的紧跟前时，我看见站在我对面的一名士兵坚决地向前跨出一步，呼呼地挥动着棍子，使劲朝鞑靼人背上劈啪一声打下去。鞑靼人往前扑去，可是军士们拽住了他，接着，同样的一棍子又从另一边落在他的身上，又是这边一下，那边一下。上校在旁边走着，一会儿瞧瞧自己脚下，一会儿瞧瞧受刑人。他吸进一口气，鼓起腮帮，然后噘着嘴唇，慢慢地吐出来。这一行人经过我站立的地方的时候，我向夹在两行士兵中间的受刑人的背脊扫了一眼。这是一个斑斑驳驳的、湿淋淋的、紫红色的、奇形怪状的东西，我简直不相信这是人的躯体。

"'天啊！'铁匠在我身边叫道。

"这一行人慢慢离远了，棍子仍然从两边落在那踉踉跄跄、浑身抽搐的人背上，鼓声和笛声仍然鸣响着，身材魁梧端正的上校也仍然迈着坚定的步子，在受刑人身边走动。突然间，上校停下来，快步走到一名士兵面前。

"'我要让你知道厉害，'我听见他用气呼呼的声音说，'你还敢糊弄吗？还敢吗？'

"我看见他举起戴麂皮手套的有力的手，给了那惊慌失措、没有多大气力的矮个子士兵一记耳光，只因为这个士兵没有使足劲儿往鞑靼人的紫红的背脊打下棍子。

"'来几条新的军棍！'他一边吼叫，一边回头观看，终于看见了我。他假装不认识我，可怕地、恶狠狠地皱起眉头，连忙转过脸去。我觉得那样羞耻，不知道往哪里看才好，仿佛我有一桩最可耻的行径被人揭发了似的，我埋下眼睛，匆匆回家去了。一路上我的耳边时而响起鼓声和笛声，时而传来'弟兄们，发发慈悲吧'这句话，时而又听见上校充满自信的、气呼呼的吼声：'你还敢糊弄吗？还敢吗？'同时我感到一种近似恶心的、几乎是生理上的痛苦，我好几次停下脚步，觉得我马上就要把这幅景象在我内心引起的恐怖统统呕出来了。我不记得是怎样到家和躺下的。可是我刚刚入睡，就又听见和看到那一切，我索性一骨碌爬起来了。

①沙皇军队中惩罚兵士的笞刑。受罚者行经两排手持鞭条的兵士中间，受每人的抽打。

“‘他显然知道一件我所不知道的事情，’我想起上校，‘如果我知道他所知道的那件事，我也就会了解我看到的一切，不致苦恼了。’可无论我怎样反复思索，还是无法了解上校所知道的那件事。我直到傍晚才睡着，而且是上一位朋友家，跟他一起喝得烂醉后才睡着的。

“嗯，你们以为我当时就断定了我看到的是一件坏事吗？决不。‘既然这是带着那样大的信心干下的，并且人人都承认它是必要的，那么可见他们一定知道一件我所不知道的事情，’我想，于是努力去探究这一点。但是无论我多么努力，始终探究不出来。探究不出，我就不能像原先希望的那样去服军役，我不但没有进军队供职，也没有在任何地方供职，所以正像你们看到的，我成了一个废物。”

“得啦，我们知道您成了什么‘废物’，”我们中间的一个男人说，“您还不如说：要是没有您，有多少人会变成废物。”

“得了吧，这完全是扯淡。”伊万·瓦西里耶维奇真正懊恼地说。

“好，那么，爱情呢？”我们问。

“爱情吗？爱情从这一天起衰退了。当她像平常那样画带笑容在沉思的时候，我立刻想起广场上的上校，总觉得有点别扭和不快，于是我跟她见面的次数渐渐减少，结果爱情便消失了。世界上就有这样的事情，它使得人的整个生活发生变化，走上新的方向。你们却说……”他结束道。

蒋路 译

⊙作品赏析

列夫·托尔斯泰在像《复活》这样的大著作中，展现了惊心动魄的心灵历程的流变，有人将它称为作家的心灵辩证法。但事实上，像《舞会以后》这样的简短的表述也充分体现了作家对心灵的关注。有人说这样的形式是从卢梭转接而来，但可以肯定的是，他着重领会了心灵的细腻甚至是微妙的转变。

《舞会以后》讲述的是个很简单的故事，青年瓦西里耶维奇在舞会之前很坦诚地恋着瓦莲卡，甚至是爱屋及乌地以为她的父亲也是一样的和蔼可亲。但在舞会以后他才发现，这个父亲竟对一个不愿牺牲自己生命的逃兵施以严酷的刑罚，这让他感到不寒而栗。而这竟浇熄了他心中对瓦莲卡的热恋，转变为一种巨大的挣扎，和挣扎下的不可忍受的痛苦。这种情况已超越了一般的情感或者是理性，而纯粹只是一种厌恶，也同时感到了自己的脆弱。

在结构上，这是一种落差的表达方式。但事实上，要探究瓦西里耶维奇的心理并不能以正常的心态去揣摩，而应该关注的是作家的基督教背景和他在文章中对主人公心态转变的特殊的宗教式的情感，才不至于觉得这种改变过于荒谬。而这也是作者所着力塑造的主人公形象，描摹出心灵的多面性和它的不可思议的复杂性。

竞选州长 /［美国］马克·吐温

美国著名作家马克·吐温的短篇小说经典

以天真无知的笔调披露这个世界的真相

语言幽默，具有极强的讽刺力度

几个月以前，我被提名为纽约州州长候选人，代表独立党参加竞选，对方是斯坦华脱·L.伍福特先生和约翰·T.霍夫曼先生。我总觉得自己名声不错，同这两位先生相比，这是我显著的长处。从报上很容易看出：如果说这两位先生也曾知道爱护名声的好处，那是以往的事情了。近年来他们显然已经把各种各样的无耻勾当看作家常便饭。当时，我虽然醉心于自己的长处，暗自得意，但是一想到我得让自己和这些人的名字混在一起到处传播，总有一股不安的混浊暗流在我愉快心情的深处"翻腾"。我心里越想越乱。末了我给我祖母写了一封信，把这件事告诉她。她回信又快又干脆，她说：

·作者简介·

马克·吐温（1835～1910），一位生长在密西西比河边怀着朴质情感走上文坛的大作家，被福克纳誉为是美国的文学之父。他本名叫克兰门斯，改名马克·吐温，取意于密西西比河河工的简短说辞：两倍六英尺水深。展现了他的对密西西比河的依恋情怀。这个在苦难中成长的作家，以自己敏锐的眼光感受着美国的社会现实，写下了像《竞选州长》、《傻瓜威尔逊》这样的不朽名篇，奠定了他的世界短篇小说大师的地位。同时，在他的文学中充满了对美国现实社会的深刻不满，到处留下了对丑陋世相的尖刻披露，令人叹为观止，被誉为是美国文学中的林肯。

你生平没有做过一桩亏心事——一桩也没有做过。你看看报纸——看一看就会明白，伍福特和霍夫曼先生是何等样人，看你愿不愿意把自己降低到他们的水平，跟他们一道竞选。

我正是这个想法！那天晚上我一夜没合眼。但是我毕竟不能打退堂鼓。我既然已经卷了进去，只好干下去。

我一边吃早饭，一边无精打采地翻阅报纸。我看到这么一段消息，老实说，我从来没有这样惊惶过：

伪证罪——一八六三年，在交趾支那的瓦卡瓦克，有三十四名证人证明马克·吐温先生犯有伪证罪，企图侵占一小片种植香蕉的地，那是当地一位穷寡妇和她一群孤儿靠着活命的惟一资源。马克·吐温先生现在既然在众人面前出来竞选州长，是否可以请他讲讲此事的经过。吐温先生不论对自己或是对其要求投票选举他的伟大人民，都有责任把此事交代清楚。他愿意交代吗？

我当时惊愕得不得了！这样残酷无情的指控。我从来没有到过交趾支那！我从来没有听说过瓦卡瓦克这个地方！我不知道什么种植香蕉的地，就像我不知道什么是袋鼠一样！我不知道怎么办才好。我都气疯了，却又毫无办法。那一天我什么也没干就这么过去了。第二天早晨，这家报纸没说别的，只有这么一句：

值得注意——大家都会注意到：马克·吐温先生对交趾支那伪证案保持缄默，自有难言之处。

［备忘——在这场竞选运动中，这家报纸此后凡提到我必称"臭名昭著的伪证犯吐温"。］

下一份是《新闻报》，登了这么一段：

急需查究——吐温先生在蒙大那州野营时，与他同一帐篷的伙伴经常丢失小东西，后来这些东西一件不少都在吐温先生身上或"箱子"（即他卷藏杂物的报纸）里发现了。大家为他着想，不得不对他进行友好的告诫，在他身上涂满柏油，插上羽毛，叫他跨坐在横杆上，把他撵出去，并劝告他让出铺位，从此别再回来。这件小事是否请新州长候选人向急得难熬、要投他票的同胞们解释一下？他愿意解释吗？

难道还有比这种控告用心更加险恶的吗？我一辈子也没有到过蒙大那州。

［从此以后，这家报纸按例管我叫“蒙大那小偷吐温”。］

于是，我拿起报纸总有点提心吊胆，好像你想睡觉，可是一拿起床毯，心里总是嘀咕，生怕毯子下面有条蛇似的。有一天，我看到这么一段消息：

谎言已被揭穿！——根据五点区的密凯尔·奥弗拉纳根先生、华脱街的吉特·彭斯先生和约翰·艾伦先生三位的宣誓证书，现已证明：马克·吐温先生曾恶毒声称我们尊贵的领袖约翰·T·霍夫曼的祖父系拦路抢劫被处绞刑一说，纯属卑劣无端之谎言，毫无事实根据。用毁谤故人、以谰言玷污其美名的下流手段，来掠取政治上的成功，使有道德的人见了甚为痛心。我们一想到这一卑劣的谎言必然会使死者无辜的亲友蒙受极大悲痛时，恨不得鼓动起被伤害和被侮辱的公众，立即对诽谤者施行非法的报复。但是，我们不这样做，还是让他去经受良心的谴责吧。（不过，公众如果气得义愤填膺，盲目行动起来，竟对诽谤者施以人身上的伤害，显然，对于肇事者，陪审员不可能判罪，法庭也不可能加以惩处。）

最后这句妙语大起作用，当天晚上“被伤害和被侮辱的公众”从前门冲了进来，吓得我赶紧从床上爬起来，打后门溜走。他们义愤填膺，来的时候捣毁家具和门窗，走的时候把能抄走的财物统统抄走。然而，我可以把手按在《圣经》上起誓：我从来没有诽谤过霍夫曼州长的祖父。不仅如此，在那之前，我从来没有听人说起过他，我自己也没有提到过他。

［要顺便提一下，刊登上述新闻的那家报纸此后总是称我为“盗尸犯吐温”。］

下一篇引起我注意的报上文章是这样写的：

好一个候选人——马克·吐温先生原定于昨晚独立党民众大会上作一次毁损对方的演说，却未按时到会。他的医生打来一个电报，说是他被一辆疯跑的马车撞倒，腿部两处负伤，极为痛苦，无法起身，以及一大堆诸如此类的废话。独立党的党员们硬着头皮想把这一拙劣的托词信以为真，只当不知道他们提名为候选人的这个放任无度的家伙未曾到会的真正原因。

昨天晚上，分明有一个人喝得酩酊大醉，歪歪斜斜地走进吐温先生下榻的旅馆。独立党人刻不容缓，有责任证明那个醉鬼并非马克·吐温本人。这下我们到底把他们抓住了。这一事件不容躲躲闪闪，避而不答。人民用雷鸣般的呼声要求回答：“那个人是谁？”

把我的名字果真与这个丢脸的嫌疑挂在一起，一时叫我无法相信，绝对叫我无法相信。我已经有整整三年没有喝过啤酒、葡萄酒或任何一种酒了。

［这家报纸第二天大胆地授予我“酗酒狂吐温先生”的称号，而且我明白它会一个劲儿地永远这样称呼下去，但是，我当时看了竟无动于衷，现在想来，足见这种时势对我起了多大的影响。］

到那时候，我所收到的邮件中，匿名信占了重要的部分。一般是这样写的：

被你从你寓所门口一脚踢开的那个要饭的老婆子，现在怎样了？

包·打听

还有这样写：

你干的有些事，除我之外无人知晓，奉劝你掏出几元钱来孝敬老子，不然，咱们报上见。

惹事大王

大致是这类内容。读者如果想听，我可以不断引用下去，弄得你腻烦为止。

不久，共和党的主要报纸“宣判”我犯了大规模的贿赂罪，民主党最主要的报纸把一桩极为严重的讹诈案件“栽”在我的头上。

[这样我又多了两个头衔：“肮脏的贿赂犯”和“恶心的讹诈犯”。]

这时候舆论哗然，纷纷要我“答复”所有这些可怕的指控。我们党的报刊主编和领袖们都说，我如果再不说话，政治生命就要完蛋。好像为使他们的要求更为迫切似的，就在第二天，有一家报纸登了这么一段话：

注意这个人——独立党这位候选人至今默不作声。因为他不敢答复。对他的控告条条都有充分根据，并且为他满腹隐衷的沉默所一而再、再而三地证实，现在他永远翻不了案。独立党的党员们，看看你们这位候选人！看看这位臭名昭著的伪证犯！这位盗尸犯！好好看一看你们这位酗酒狂的化身！你们这位肮脏的贿赂犯！你们这位恶心的讹诈犯！你们好好看一看，想一想——这个家伙犯下了这么可怕的罪行，得了这么一连串倒霉的称号，而且一条也不敢张嘴否认，看你们愿不愿意把自己正当的选票去投给他！

我没有办法摆脱这个困境，只得深怀耻辱，着手“答复”一大堆毫无根据的指控和卑鄙下流的谎言。但是我始终没有做完这件事情，因为就在第二天，有一家报纸登出一个新的耸人听闻的案件，再次恶意中伤，严厉地控告我因一家疯人院妨碍我家的人看风景，我就将这座疯人院烧掉，把里面的病人统统烧死。这叫我十分惊慌。接着又是一个控告，说我为吞占我叔父的财产，不惜把他毒死，并且要求立即挖开坟墓验尸。这叫我神经都快错乱了。这一些还不够，竟有人控告我在负责育婴堂事务时雇用掉了牙的、年老昏庸的亲戚给育婴堂做饭。我都快吓晕了。最后，党派斗争的积怨对我的无耻迫害达到了自然而然的高潮：有人教唆九个刚刚在学走路的小孩，包括各种不同的肤色、穿着各式各样的破烂衣服，冲到一次民众大会的讲台上来，抱紧我的双腿，管我叫爸爸！

我放弃了竞选。我降旗，我投降。我够不上纽约州州长竞选运动所要求的条件，所以，我递上退出竞选的声明，而且怀着痛苦的心情签上我的名字：

你忠实的朋友，过去是好人，现在却成了臭名昭著的伪证犯、蒙大那小偷、盗尸犯、酗酒狂、肮脏的贿赂犯和恶心的讹诈犯马克·吐温。

董衡巽 译

⊙作品赏析

马克·吐温对社会的洞彻堪称极致深入，被收入中学教材的名篇《竞选州长》入木三分地刻画了他对这个社会世俗人生的讽刺与不满，淋漓尽致地对政客们进行了挖苦。

《竞选州长》讲述的是"我"竞选州长整个历程的遭遇。因为"我"的良好的名声在政敌的眼中成了一种阻碍他们走向成功的障碍，就以各种各样的污蔑诸如：伪证犯、蒙大那的小偷、挖坟盗尸犯、酗酒狂、肮脏的贿赂犯、可恶的行贿者进行中伤，企图让"我"最后身败名裂，而果然"我"也不堪这样的骚扰而自动退出这场无聊的游戏。

文章的一个显著特点是第一人称的手法，当然第一人称在马克·吐温的文学中是很常见的一种表达形式，这样更容易地表达出自己的内心的真实感受，将各种各样的不堪的丑陋揭露到底。也正是这样的遭遇，这样的人称形式，才更让读者易于产生深刻的共鸣，带领他们共同看透这世间的残酷的真相，让人对"我"的遭遇表示同情，也对各种各样无耻的政客表示愤怒。

更有甚者文章中的"我"并没有一丁点的辩解，就轻易地落败或者说轻易地退出，让人疑惑为什么善良正直的人在这样的地方没有丝毫的立足之地，这也是评论者最经常探讨的地方，当然这样的探讨有着十足的政治意味。

文章的语言据评论家说是典型的美国式的口语，也是一种渊博的西部式的幽默，使人在捧腹大笑的同时产生深思，甚至是愤怒。它还是一种调侃的民间口气，让人感觉真实和贴近生活。

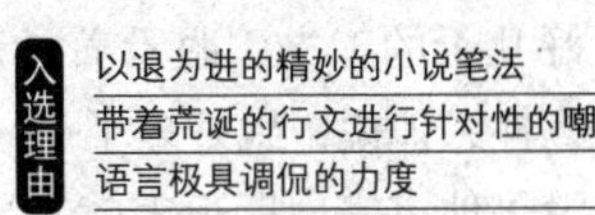

加拉韦拉斯县驰名的跳蛙 /［美国］马克·吐温

一个朋友从东部给我写信，我遵照他的嘱托去拜访了好脾气、爱絮叨的西蒙·威勒，打听我朋友的朋友列昂尼达斯·W.斯迈雷的消息。这件受人之托的事究竟结果如何，我来做个交代。事后我心里嘀咕，这位列昂尼达斯·W.斯迈雷是瞎编出来的，我朋友根本就不认识此人。他准是琢磨着：只要我向老威勒一打听，就会让他联想起那个厚脸皮的吉姆·斯迈雷来，赶快打开话匣子把那些又臭又长、和我毫不相干的陈年旧事抖搂出来，把我烦死。要是我朋友存心这么干，那他真是达到了目的。

我见到西蒙·威勒时，他正在破破烂烂的矿山屯子安吉尔那座歪歪斜斜的酒馆里，靠着吧台旁边的炉子舒舒服服地打盹。我注意到他是个胖子，秃脑门，一脸安详，透着和气、朴实。他站起身来问了声好。我告诉他，朋友托我来打听一位儿时的伙伴，这人叫列昂尼达斯·W.斯迈雷，也就是列昂尼达斯·W.斯迈雷神父，听说这位年轻的福音传教士曾在安吉尔屯子里住过。我又加了一句：要是威勒先生能告诉我这位列昂尼达斯·W.斯迈雷神父的消息，我将感激不尽。

西蒙·威勒把我让到墙角，拿自己的椅子封住我的去路，然后讲了一通下面段落里那些枯燥无味的事情。他脸上不露一丝笑意，眉头一皱不皱，从第一句起，他用的就是四平八稳的腔调，没有变过。他绝不是生性就爱唠叨，因为他收不住的话头里透着认认真真、诚心诚意的感人情绪；这是明明白白地告诉我，按他的想法，别管这故事本身是不是荒唐可笑，他可是把讲故事当成一件要紧事来办，而且对故事里的两位主人公推崇备至，认为他们智谋超群。我听凭他按照自己的路子讲下去，一直没有打断他的话。

列昂尼达斯神父，嗯，列神父——嗯，这里从前倒是有过一个叫吉姆·斯迈雷的，那是一八四九年冬天——或许是一八五〇年春天——不知道怎么闹的，我记不太清楚了，总归不是一八四九年就是一八五〇年，因为他刚来到屯子的时候，那大渡槽还没造好呢；别的不说，要比谁最古怪，他算得上天下第一。只要能找到一个人愿打赌，他就赌，碰上什么就赌什么。别人要是不愿赌黑，他就赌黑；别人不愿赌白，他就赌白。不管怎么样，别人想怎么赌，他都陪着——不管怎么样，只要能赌得起来，他就舒服了。虽说这样，他照样有好运气，那可不是一般的好，十有八九总是他赢。他老惦记找机会打赌；无论大事小事，只要有人提出来，不管你的注往哪一边下，他都照赌不误，这些我刚才都告诉过你啦。赛的要是马，收场的时候他不是赢得满满当当，就是输得一干二净；如果斗的是狗，他赌；斗的是猫，他赌；斗的是鸡，他还赌；嘿，就算有两只鸟落在篱笆上，他也要跟你赌哪一只先飞；屯子里聚会他必到，到了就拿沃尔克牧师打赌，他打赌说，沃尔克牧师布道在这一带是头一份；那还用说，他本来就是个好人么。要是他看见一只屎克螂往什么地方走，他就跟你赌它走多长时间才能到——不论到哪儿都行；只要你接茬，哪怕是去墨西哥，他也会跟着那只屎克螂，看看它到底去不去那儿，路上得花几天的时间。这儿的小伙子好多都见过斯迈雷，都能给你讲讲这个人。嘿，讲起他的事来可是绝对重不了样——他不论什么都赌——那家伙特有意思。有一回，沃尔克牧师的太太病得不轻，有好几天的工夫，眼看着她就没救了；可一天早晨牧师进来了，斯迈雷站起来问他太太怎么样，他说，她好多了——全凭主的大恩大德——看这情况，有主保佑，她能缓过来；还没等他讲完，斯迈雷就来了一句："这样吧，我押两块五，赌她缓不过来。"

这个斯迈雷有一匹母马——小伙子们都管它叫"一刻钟老太太"，这话损了点儿，它跑得当然比这快一点儿——他还经常靠这匹马赢钱呢。因为它慢慢吞吞的，不是得气喘，生瘟热，就是有痨病，或者这一类乱七八糟的病。他们总是让它先跑两三百码，途中再超过它；可等到了终点跟前，它又抖起精神，拼了老命，撒欢尥蹶子；四只蹄子到处乱甩，甩空了的也有，甩偏了踢到篱笆上的也有，弄得尘土飞扬，再加上咳嗽、打喷嚏、擤鼻涕，闹闹哄哄——赶到裁判席前头的时，它总是比别的马早一个头，早得刚好让人能看明白。

他还有一只小斗狗，光看外表你准以为它一钱不值，就配在那儿拴着，一副贼溜溜的样子，老想偷点什么。可是，一旦在它身上下了注，它转眼就变了；它的下巴颏往前伸着，就像火轮船的前甲板，下槽牙都露了出来，像煤火一样放光。别的狗抓它、要弄它、咬它，接二连三地把它甩过肩头，可安得鲁·杰克逊——这是那条狗的名字——安得鲁·杰克逊老是装着没什么不自在的，好像它原本就没有别的盼头——押在另一边的赌注翻了倍，再翻倍，一直到再没钱往上押了；这时候，它就一口咬住另一条狗的后腿，咬得死死的——不啃，你明白吗，光咬，叼着不动，直到那狗服软，哪怕等上一年也不要紧。斯迈雷老是靠这条狗赢钱，直到在一条没后腿的狗身上碰了钉子，因为那狗的后腿让锯片给锯掉了。那一次，两条狗斗了好一阵子，两边的钱都押完了，安得鲁·杰克逊上去照着咬惯了的地方下嘴的时候，这才看出自个儿上当了，看出它怎么让别的狗给涮了。怎么说呢，它当时像是吃了一惊，跟着就有点儿没精打采，再也没有试着把那一场赢下来；他让人骗惨了。它朝斯迈雷瞧了一眼，好像是说它伤透了心，这都是斯迈雷的错，怎么弄了一条没有后腿的狗来让它咬呢，它斗狗本来靠的就是咬后腿嘛；后来，它一瘸一拐地走到旁边，倒在地上就死了。那可是条好狗，那个安得鲁·杰克逊要是活着，准出名，因为它胚子好，又聪明——我敢担保安得鲁·杰克逊有真本事；它什么场面没经过啊。一想起它最后斗的那一场，一想起它的下场来，我鼻子就发酸。

唉，这个斯迈雷呀，他还养过拿耗子的狗、小公鸡、公猫，都是这一类的玩意儿，不论你拿什么去找他赌，他都能跟你兵对兵，将对将，让你赌个没完没了。有一天，他逮着一只蛤蟆带回家去，说是要好好训一训；足足有三个月，他什么事都不干，光待在后院里头教那只蛤蟆蹦高。果不其然，他把蛤蟆训出来了。只要他从后头点蛤蟆一下，你就看吧，那蛤蟆会像翻煎饼一样在空中打个转——兴许翻一个筋斗，要是起得好，也许能翻两个，然后稳稳当当地爪朝下落地，就像一只猫一样。他还训那蛤蟆逮苍蝇，让它苦练，练得那蛤蟆不论苍蝇飞出去多远，只要瞧得见，回回都能逮得着。斯迈雷说蛤蟆特爱学习，学什么会什么——这话我信。嘿，我就瞧见过他把丹尼尔·韦伯斯特放在这儿的地板上——那蛤蟆叫丹尼尔·韦伯斯特——大喊一声："苍蝇，丹尼尔，苍蝇！"快得让你来不及眨眼，蛤蟆就噌地照直跳起来，把那边柜台上的一只苍蝇吞下去了，然后像一摊泥一样"啪嗒"一声落在地上，拿后腿抓抓耳，挠挠腮，没事人似的，好像觉得自个儿比别的蛤蟆也强不到哪儿去。别看它有能耐，你还真找不着比它更朴实、更爽快的蛤蟆了。只要是从平地上规规矩矩地往上跳，它比你见过的所有蛤蟆都跳得高一个身子。从平地往上跳是它的拿手好戏，你明白吗？只要比这一项，斯迈雷就一路把注押上去。斯迈雷把他的蛤蟆看成宝贝；要说也是，那些见多识广的老江湖都说，从来也没见过这么棒的蛤蟆。

斯迈雷拿一个小笼子盛着那蛤蟆，时不时地带着它逛大街，设赌局。有一天，一个汉子——他是个外乡人——到屯子里来，正碰上斯迈雷提着蛤蟆笼子，就问：

"你那笼子里头装的是什么呀？"

斯迈雷冷着个脸说："它也许该是个鹦鹉，也许呢，该是只雀儿；可它偏不是——它是一只蛤蟆。"

那汉子拿过笼子，转过来转过去，细细地瞅，说："嗯——原来是只蛤蟆，它有什么特别的呀？"

"噢，"斯迈雷不紧不慢地说，"它就有一件看家的本事，要叫我说——它比这加拉韦拉斯县地界里的哪一只蛤蟆蹦得都高。"

那汉子拿过笼子，又细细地看了好半天，才还给斯迈雷，慢吞吞地说："是嘛，"他说，"我没瞧出来这蛤蟆比别的蛤蟆能好到哪儿去。"

"你也许瞧不出来，"斯迈雷说，"对蛤蟆，你兴许是内行，也兴许是外行；兴许是个老把式，也兴许不是；这么说吧，兴许只会看个热闹。别管你怎么看，我心里有数，我赌四十块钱，敢说这蛤蟆比加拉韦拉斯县随便哪一只蛤蟆都蹦得高。"

那汉子琢磨了一会儿，有点儿作难："呃，这儿我人生地不熟的，也没带着蛤蟆；要是我有一只蛤蟆，准跟你赌。"

这时候斯迈雷说："好办——好办——只要你替我把这笼子拿一小会儿，我就去给你逮一只来。"就这样，那汉子拿着笼子，把他的四十块钱和斯迈雷的四十块钱放在一起，坐下来等着。

这汉子坐在那儿想来想去，想了好一会儿，然后从笼子里头把蛤蟆拿出来，扒开它的嘴，自己掏出一把小勺来，给蛤蟆灌了一肚子火枪的铁砂子——一直灌到齐了蛤蟆的下巴颏——然后把蛤蟆放到地上，斯迈雷呢，他上洼地的烂泥里头稀里哗啦趟了一气，到底逮住个蛤蟆。他把蛤蟆抓回来，交给那汉子说：

“行了，你要是准备好了，就把它跟丹尼尔并排摆着，把他的前爪跟丹尼尔的放齐了，我喊个号。”然后他就喊：“一——二——三——蹦！”他和那汉子从后边点那两只蛤蟆，那只新来的蛤蟆蹦得特有劲，可是丹尼尔喘了一口粗气，光耸肩膀——就这样——像法国人似的。这哪管事儿啊；它动不了，跟生了根一样，连挪挪地方都办不到，就像抛了锚。斯迈雷又纳闷，又上火；当然啦，说什么他也想不通这到底是怎么一档子事。

那汉子拿起钱就走；临出门了，他还拿大拇指在肩膀上头指指丹尼尔——就像这样——慢慢吞吞地说：“我没瞧出来这蛤蟆比别的蛤蟆好到哪儿去嘛。”

斯迈雷呢，他站在那儿抓耳挠腮，低着头把丹尼尔端详了好一会儿，最后说：“真闹不明白这蛤蟆怎么栽了——闹不明白它犯了什么毛病——看起来，它肚子胀得不轻。”他揪着丹尼尔脖子上的皮，把蛤蟆掂起来，说：“它要没五磅重才怪呢！”蛤蟆头朝下，吣出满满两大把铁砂子来。这时候斯迈雷才明白过来，他气得发疯，放下哈蟆就去追那汉子，可他怎么也追不上了。后来……

(这时候，西蒙·威勒听见前院有人喊他的名字，就站起来去看找他有什么事。)他一边往外走，一边扭头对我说：“就在这儿坐着，老客，歇会儿——我一转眼就回来。”

不过，对不住了，我想，再往下听牛皮糖吉姆·斯迈雷的故事，也打听不到列昂尼达斯·W·斯迈雷神父消息呀，于是我拔腿就走。

在门口，我碰上了那个好交际的威勒回来了，他拽着我又打开了话匣子：

“哎，这个斯迈雷有一头独眼的母黄牛，尾巴没了，光剩个尾巴橛子，像一根香蕉，还有——”

可我既没工夫，也没嗜好；还没等他开讲那头惨兮兮的母牛，我就走了。

胡春兰 译

⊙作品赏析

《加拉韦拉斯县驰名的跳蛙》是一篇很典型的马克·吐温式的幽默的文章。文章中展现了各式各样的从西蒙口中蹦出来的关于斯迈雷神父的逸闻趣事。讲述了关于他的好赌的习性，并且在其中如何地威风八面。但事实上，作者通过西蒙让他进一步揭示其中的骗局和无聊的举动。他的马无非是头上生着乱七八糟病症的“一刻钟老太太”，它的胜利是在别人的礼让之下完成的；更无聊的是他沾沾自喜地驯养了一支号称最能跳的蛤蟆，结果一败涂地。

但文章所谓的骗局并不仅如此，因为作者正在怀疑这个斯迈雷是否是真的存在，而西蒙的夸夸其谈让作者更觉得不可思议。可以看出的是文章本身的思考正是在骗局的包围本身。这是作为我的疑惑，因为作者正担心着自己是否是被设计进入到这个骗局当中以迷惑在假象本身的。在文章当中，读者会突然发现，原来作者全力找寻的竟然都是不可信的。一切不管是圈套和圈套中的圈套。

马克·吐温的幽默总给人一种生冷的感觉，它可以引起你发笑，但这种笑却又相当的暗淡，同样让人感觉到难受。就像文章中的斯迈雷神父和他的蛤蟆的故事，最初可以让人发笑，但笑以后还会悲哀地想，为什么一个神父不专心司职传道而是在戏弄这些无聊的游戏。

我的叔叔于勒 /［法国］莫泊桑

入选理由
以退为进的精妙的小说笔法
带着荒诞的行文进行针对性的嘲弄
语言极具调侃的力度

一个白胡子穷老头儿向我们讨钱。我的同伴约瑟夫·达夫朗什竟给了他一个五法郎的银币。我感到很惊奇。于是他对我说：

这个穷汉使我回想起了一件事，这件事我一直记在心上，念念不忘，我这就讲给您听。事情是这样的：

我的家庭原籍勒阿弗尔，并不是有钱人家，也就是勉强度日罢了。我的父亲做事，很晚才从办公室回来，挣的钱不多。我有两个姐姐。

我的母亲对我们的拮据生活感到非常痛苦，她常常找出一些尖酸刻薄的话，一些含蓄、恶毒的责备话发泄在我的父亲身上。这个可怜人这时候总做出一个手势，叫我看了心里十分难过。他总是张开了手摸一下额头，好像要抹去根本不存在的汗珠，并且总是一句话也不回答。我体会到他那种无可奈何的痛苦。那时家里样样都要节省；有人请吃饭是从来不敢答应的，以免回请；买日用品也是常常买减价的日用品和店铺里铺底的存货。姐姐们自己做衣服，买十五个铜子一米的花边时还常常要在价钱上争论半天。我们日常吃的是肉汤和用各种方式做的牛肉。据说这又卫生又富于营养，不过我还是喜欢吃别的东西。

我要是丢了钮子或是撕破了裤子，那就要狠狠地挨一顿骂。

可是每星期日我们都要衣冠整齐地到防波堤上去散步。我的父亲穿着礼服，戴着礼帽，套着手套，让我母亲挽着胳膊；我的母亲打扮得五颜六色，好像节日悬万国旗的海船。姐姐们总是最先打扮整齐，等待着出发的命令；可是到了最后一刻，总会在一家之主的礼服上发现一块忘记擦掉的污迹，于是赶快用旧布蘸了汽油来把它擦掉。

于是我的父亲头上依旧顶着大礼帽，只穿着背心，露着两只衬衫袖管，等着这道手续做完；在这时候，我的母亲架上她的近视眼镜，脱下了手套，免得弄脏它，忙得个不亦乐乎。

全家很隆重地上路了。姐姐们挽着胳膊走在最前面。她们已经到了出嫁的年龄，所以常带她们出来叫城里人看看。我依在我母亲的左边，我父亲在她的右首。我现在还记得我可怜的双亲在星期日散步时候那种正言厉色、举止庄重、郑重其事的神气。他们挺直了腰，伸直了腿，迈着沉着的步伐向前走着，就仿佛他们的态度举止

·作者简介·

莫泊桑（1850～1893），一个将法国短篇小说带上文学巅峰的伟大作家，曾被誉为和俄国的契诃夫、美国的欧·亨利齐名的世界三大短篇小说家。同样在法国国内被尊称为短篇小说之王，曾经师从福楼拜，习得高超的小说创作艺术，再加上作者本身对世界的理解和人生心态的感悟，终于写下了像《羊脂球》、《漂亮朋友》、《一生》这样经典不朽的小说，享誉全世界。在中国他的《项链》和《我的叔叔于勒》因为独特的影响而多次入选教材，影响一代又一代的中国学生。

莫泊桑像

关系着一桩极端重要的大事。

每个星期日，只要一看见那些从辽远的陌生地方回来的大海船开进港口，我的父亲总要说他那句从不变更的话：

“唉！如果于勒就在这条船上，那会多么叫人惊喜呀！”

我父亲的弟弟于勒叔叔是全家惟一的希望，而在这以前曾经是全家的祸害。我从小就听家里人谈论这位叔叔，我对他已是那样孰悉，大概一见面就能立刻认出他来。他动身到美洲去以前的生活，连细枝末节我都完全知道，虽然家里人谈起他这一段生活总是压低了声音。

据说他当初行为很不端正，就是说他曾经挥霍过一些钱财，这在穷人的家庭里是罪恶当中最大的一种。在有钱人的家里，一个人吃喝玩乐无非算是糊涂荒唐。大家笑嘻嘻地称呼他一声花花公子。在生活困难的家庭里，一个人要是逼得父母动老本儿，那他就是一个坏蛋，一个流氓，一个无赖了。

虽然事情是一样的事情，这样区别开来还是对的，因为行为的好坏，只有结果能够决定。

总之，于勒叔叔把自己应得的那部分遗产吃得一干二净之后，还大大减少了我父亲所指望的那一部分。

按照当时的惯例，他被送上一只从勒阿弗尔开往纽约的商船，到美洲去了。

一到了那里，我这位于勒叔叔就做上了不知什么买卖，不久就写信来说他赚了点钱，并且希望能够赔偿我父亲的损失。这封信在我的家庭里引起了极大的震动。于勒，大家都认为分文不值的于勒，一下子成了正直好人，有良心的人，达夫朗什家的好子弟，跟所有达夫朗什家的子弟一样公正无欺了。

有一位船长又告诉我们，说他已租了一所大店铺，做着一桩很大的买卖。

两年后又接到第二封信，信上说：

我亲爱的菲利普，我给你写这封信是免得你担心我的健康，我身体很好。买卖也好。明天我就动身到南美去作一次长期旅行，也许要好几年不给你写信。如果真的不给你写信，你也不必担心。我发了财就会回勒阿弗尔的。我希望为期不会太远，那时我们就可以一起快活地过日子了……

这封信成了我们家里的福音书。一有机会就要拿出来念，见人就拿出来给他看。

果然，十年之内于勒叔叔没有再来过信，可是我父亲的希望却在与日俱增；我的母亲也常常这样说：

“只要这个好心的于勒一回来，我们的境况就不同了。他可真算得一个有办法的人！”

于是每个星期日，一看见大轮船向上空喷着蜿蜒如蛇的黑烟，从天边驶过来的时候，我父亲总是重复说他那句永不变更的话：

“唉！如果于勒就在这条船上，那会多么叫人惊喜呀！”

简直就像是马上可以看见他手里挥着手帕叫喊：

“喂！菲利普！”

叔叔回国这桩事十拿九稳，大家拟定了上千种计划，甚至于计划到要用这位叔叔的钱在安古维尔附近置一所别墅。我不敢肯定我的父亲是不是已经就这件事进行过商谈。

我的大姐那时二十八岁，二姐二十六岁。她们还没有结婚，全家都为这件事十分发愁。

后来终于有一个看中二姐的人上门来了。他是一个公务员，没有什么钱，但是诚实可靠。我总认为这个年轻人下决心求婚，不再迟疑，完全是因为有一天晚上我们给他看了于勒叔叔的信的缘故。

我们家赶忙答应了他的请求，并且决定婚礼之后全家都到泽西岛去小游一次。

泽西岛是穷人们最理想的游玩地点，路并不远；乘小轮船渡过海，便到了外国的土地上，因为这个小岛是属于英国的。因此，一个法国人只要航行两个钟头，就可以到一个邻国去看看这个民族，并且研究一下在大不列颠国旗覆盖下的这个岛上的风俗，那里的风俗据说话直率的人说来是十分不好的。

泽西岛的旅行成了我们朝思暮想、时时刻刻盼望、等待的一件事了。

我们终于动身了。我现在想起来还像是昨天刚发生的事：轮船靠着格朗维尔码头生火待发；我的父亲慌慌张张地监视着我们的三个包袱搬上船；我的母亲不放心地挽着我那未嫁姐姐的胳膊。自从二姐出嫁后，我的大姐就像一窝鸡里剩下的一只小鸡一样有点丢魂失魄；在我们后边是那对新婚夫妇，他们总落在后面，使我常常要回过头去看看。

汽笛响了。我们已经上了船，轮船离开了防波堤，在风平浪静，像绿色大理石桌面一样平坦的海上驶向远处。我们看着海岸向后退去，正如那些不常旅行的人们一样，感到快活而骄傲。

我的父亲高高挺着藏在礼服里面的肚子，这件礼服，家里人在当天早上仔细地擦掉了所有的污迹，此刻在他四周散布着出门日子里必有的汽油味；我一闻到这股气味，就知道星期日到了。

我的父亲忽然看见两位先生在请两位打扮很漂亮的太太吃牡蛎。一个衣服褴褛的年老水手拿小刀撬开牡蛎，递给了两位先生，再由他们传给两位太太。他们的吃法也很文雅，一方精致的手帕托着蛎壳，把嘴稍稍向前伸着，免得弄脏了衣服；然后嘴很快地微微一动就把汁水喝了进去，蛎壳就扔在海里。

在行驶着的海船上吃牡蛎，这件文雅的事毫无疑问打动了我父亲的心。他认为这是雅致高级的好派头儿，于是他走到我母亲和两位姐姐身边问道：

“你们要不要我请你们吃牡蛎？”

我的母亲有点迟疑不决，她怕花钱；但是两位姐姐马上表示赞成。于是我的母亲很不痛快地说：

“我怕伤胃，你买给孩子们吃好了，可别太多，吃多了要生病的。”

然后转过身对着我，她又说：

“至于约瑟夫，他用不着吃了，别把小孩子惯坏了。”

我只好留在我母亲身边，心里觉得这种不同的待遇很不公道。我一直望着我的父亲，看见他郑重其事地带着两个女儿和女婿向那个衣服褴褛的老水手走去。

先前的那两位太太已经走开，我父亲就教给姐姐怎样吃才不至于让汁水洒出来，他甚至要吃一个做做样子给她们看。他刚一试着模仿那两位太太，就立刻把牡蛎的汁水全溅在他的礼服上，于是我听见我的母亲嘟囔着说：

“何苦来！老老实实待一会儿多好！”

不过我的父亲突然间好像不安起来；他向旁边走了几步，瞪着眼看着挤在卖牡蛎的身边的女儿女婿，突然他向我们走了回来。他的脸色似乎十分苍白，眼神也跟寻常不一样。他低声对我母亲说：

"真奇怪！这个卖牡蛎的怎么这样像于勒！"

我的母亲有点莫名其妙，就问：

"哪个于勒？"

我的父亲说：

"就……就是我的弟弟呀……如果我不知道他现在是在美洲，有很好的地位，我真会以为就是他哩。"

我的母亲也怕起来了，她结结巴巴地说：

"你疯了！既然你知道不是他，为什么这样胡说八道？"

可是我的父亲还是放不下心，他说：

"克拉丽丝，你去看看吧！最好还是你去把事情弄个清楚，你亲眼去看看。"

她站起身来去找她两个女儿。我也端详了一下那个人。他又老又脏，满脸都是皱纹，眼睛始终不离开他手里干的活儿。

我的母亲回来了。我看出她在哆嗦。她很快地说：

"我看就是他。去跟船长打听一下吧。可要多加小心，别叫这个小子又回来缠上咱们！"

我的父亲赶紧去了，我这次可跟着他走了。我心里感到异常激动。

船长是个大高个儿，瘦瘦的，蓄着长长的颊须，他正在驾驶台上散步，那不可一世的神气，就仿佛他指挥的是一艘开往印度的大邮船。

我的父亲客客气气地和他搭上了话，一面恭维一面打听与他职业上有关的事情，例如：泽西是否重要？有何出产？人口多少？风俗习惯如何？土地性质如何？等等。

不知道内情的人还以为他们谈论的至少是美利坚合众国哩。

后来终于谈到我们搭乘的这只船"快速号"，接着又谈到船员。最后我的父亲才有点局促不安地问：

"您船上有一个卖牡蛎的，看上去倒很有趣。您知道点儿这个人的底细吗？"

船长最后对这番谈话感到不耐烦了，他冷冷地回答：

"他是个法国老流浪汉，去年我在美洲碰到他，就把他带回国。据说他在勒阿弗尔还有亲戚，不过他不愿回去找他们，因为他欠着他们钱。他叫于勒……姓达尔芒什，或者是达尔旺什，总之是跟这差不多的那么一个姓。听说他在那边曾经一度阔绰过，可是您看他今天落魄到了什么地步。"

我的父亲脸色煞白，两眼呆直，嗓子发哽地说：

"啊！啊！好……很好……我并不感到奇怪……谢谢您，船长。"

他说完就走了，船长困惑不解地望着他走远了。

他回到我母亲身旁，神色是那么张皇，母亲赶紧对他说：

"你先坐下吧！别叫他们看出来。"

他一屁股就坐在长凳上，嘴里结结巴巴地说道：

"是他，真是他！"

然后他就问：

"咱们怎么办呢？……"

我母亲马上回答：

"应该把孩子们领开。约瑟夫既然已经全知道了，就让他去把他们找回来。千万要留心，别叫咱们女婿起疑心。"

我的父亲好像吓傻了，低声嘟哝着：

"真是飞来横祸！"

我的母亲突然大发雷霆，说：

"我早就知道这个贼不会有出息，早晚会再来缠上我们！倒好像一个达夫朗什家里的人还能让人抱什么希望似的！"

我父亲用手抹了一下额头，正如平常受到太太责备时那样。

我母亲接着又说：

"把钱交给约瑟夫，叫他赶快去把牡蛎钱付清。已经够倒霉的了，要是再被这个讨饭的认出来，在这船上可就有热闹看了。咱们到船那头去，注意别叫那人挨近我们！"

她站了起来，他们在给了我一个五法郎的银币以后，就走了。

我的两个姐姐等着父亲不来，正在纳闷。我说妈妈有点晕船，随即问那个卖牡蛎的：

"应该付您多少钱，先生？"

我真想喊他："我的叔叔。"

他回答：

"两个半法郎。"

我把五法郎的银币给了他，他把找头递回给我。

我看了看他的手，那是一只满是皱痕的水手的手；我又看了看他的脸，那是一张贫困衰老的脸，满面愁容，疲惫不堪。我心里默念道：

"这是我的叔叔，父亲的弟弟，我的亲叔叔。"

我给了他半个法郎的小费，他赶紧谢我：

"上帝保佑您，我的年轻先生！"

说话的声调是穷人接到施舍时的声调。我心想他在那边一定要过饭。

两个姐姐看我这么慷慨，觉得奇怪，仔细地端详着我。

等我把两法郎交给我父亲，母亲诧异起来，问：

"吃了三个法郎？……这不可能。"

我用坚定的口气宣布：

"我给了半个法郎的小费。"

我的母亲吓了一跳，瞪着眼睛望着我说：

"你简直是疯了！拿半个法郎给这个人，给这个无赖！……"

她没有再往下说，因为我的父亲望望女婿对她使了个眼色。

后来大家都不再说话。

在我们面前，天边远远地仿佛有一片紫色的阴影从海里钻出来。那就是泽西岛了。

当船驶到防波堤附近的时候，我心里产生了一种强烈的愿望：我想再看一次我的叔叔于勒，想到他身旁，对他说几句温暖的安慰话。

可是他已经不见了，因为没有人再吃牡蛎；毫无疑问，他已回到他所住的那龌龊的舱底了，这个可怜的人啊！

我们回来的时候改乘圣玛洛号船，以免再遇见他。我的母亲一肚子心事，愁得了不得。

我再也没见过我父亲的弟弟！

今后您还会看见我有时候要拿一个五法郎的银币给要饭的，其缘故就在于此。

赵少侯 译

⊙作品赏析

《我的叔叔于勒》讲述的是一个平凡的但带着些许幻想的人生故事。于勒的形象在作者一家的心中因为钱的多寡而出现了不同的印象和态度：没有钱的时候是全家的瘟疫，在美国发财后成了全家的最后的希望。作者带着淡淡的笔调讽刺了这个家庭对待亲人的势利的心态。

小说的情节上显得相对独特，这是一个故事中的故事，但却紧紧围绕着于勒的形象来构述文章，展开情节的，而全家人到泽西岛的旅行成了文章的主体部分，也是文章的高潮，因为在这里所有的故事将出现重大的转机。因为所谓的富翁于勒此时只是个行乞的人。就像评论家所说的，这是个发人深省的文章的结尾，展现了完全的冷漠的人际关系。当然文章的细节描写也让文章生色不少，就像文章中提到的父亲面对妻子的责备的神态：他总是张开了手摸一下额头，好像要抹去根本不存在的汗珠，并且总是一句话也不回答。

而在另一个方面，文章采用了第一人称的写法，以“我”的视角作为文章发展过程的见证者，更是将文章的讽刺力度提高到一个新的层次。就像评论家所说的：忠实地描写精神的丑恶，比一切攻击他的话要有力得多。于是文章就因此展现了不同的人生世相，由菲利普的容易紧张和爱慕虚荣的架子，甚至是菲利普太太两难的矛盾性格：一方面为了维持家庭的生计的勤俭，另一方面是奢望富裕的虚荣。

项链 /［法国］莫泊桑

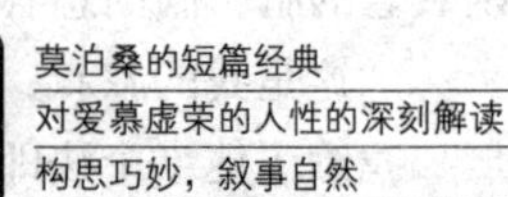

世上有这样一些女子，面庞儿好，丰韵也好，但被造化安排错了，生长在一个小职员的家庭里。她便是其中的一个。她没有陪嫁财产，没有可以指望得到的遗产，没有任何方法可以使一个有钱有地位的男子来结识她，了解她，爱她，娶她；她只好任人把她嫁给了教育部的一个小科员。

她没钱打扮，因此很朴素；但是心里非常痛苦，犹如贵族下嫁的情形；这是因为女子原本就没有什么一定的阶层或种族，她们的美丽、她们的娇艳、她们的丰韵就可以作为她们的出身和门第。她们中间之所以有等级之分，仅仅是靠了她们天生的聪明、审美的本能和脑筋的灵活，这些东西就可以使百姓家的姑娘和最高贵的命妇并驾齐驱。

她总觉得自己生来是为享受各种讲究豪华生活的，因而无休止地感到痛苦。住室是那样简陋，壁上毫无装饰，椅凳是那么破旧，衣衫是那么丑陋，她看了都非常痛苦。这些情形，如果不是她而是她那个阶层的另一个妇人的话，可能连理会都没有理会到，但给她的痛苦却很大，并且使她气愤填胸。她看了那个替她料理家务的布列塔尼省的小女人，心中便会产生许多忧伤的感慨和想入非非的幻想。她会想到四壁蒙着东方绸、青铜高脚灯照着、静悄悄的接待室；她会想到接待室里两个穿短裤长袜的高大男仆如何被暖气管闷人的热度催起了睡意，在宽大的靠背椅里昏然睡去。她会想到四壁蒙着古老丝绸的大客厅，上面陈设着珍贵古玩的精致家具和那些精致小巧、香气扑鼻的内客厅，那是专为午后五点钟跟最亲密的男友娓娓清谈的地方，那些朋友当然都是所有的妇人垂涎不已、渴盼青睐、多方拉拢的知名人士。

每逢她坐到那张三天未洗桌布的圆桌旁去吃饭，对面坐着的丈夫揭开盆盖，心满意足地表示："啊！多么好吃的炖肉！世上哪有比这更好的东西……"这时她便想到那些精美的筵席、发亮的银餐具和挂在四壁的壁毯，毯上面织着古代人物和仙境森林中的异鸟珍禽；她也想到那些盛在名贵盘碟里的佳肴；她也想到一边吃着粉红色的鲈鱼肉或松鸡的翅膀，一边带着莫测高深的微笑听着男友低诉绵绵情话的情境。

她没有漂亮的衣装，没有珠宝首饰，总之，什么也没有。而她呢，爱的却偏偏就是这些；她觉得自己生来就是为享受这些东西的。她最希望的是能够讨男子们的喜欢，惹女人们的欣羡，风流动人，到处受欢迎。

她有一个有钱的女友，那是学校读书时的同学；现在呢，她再也不愿去看望她了，因为每次回来她总感到非常痛苦。她要伤心、懊悔、绝望、痛苦得哭好几天。

可是有一天晚上，她的丈夫回家的时候手里拿着一个大信封，满脸得意之色。

"拿去吧！"他说，"这是专为你预备的一样东西。"

她赶忙拆开了信封，从里面抽出一张请帖，上边印着：

兹订于一月十八日（星期一）在本部大厦举行晚会，敬请准时莅临。

此致

罗瓦赛尔先生
夫人

教育部部长乔治·朗蓬诺暨夫人谨订

她并没有像她丈夫所希望的那样欢天喜地，反而赌气把请帖往桌上一丢，咕哝着说：

"我要这个干什么？你替我想想。"

"可是，我的亲爱的，我原以为你会很高兴的。你从来也不出门做客，这可是一个机会，并且是一个千载难逢的机会！我好不容易才弄到这张请帖。大家都想要，很难得到，一般是不大肯给小职员的。在那儿你可以看见所有那些官方人士。"

她眼中冒着怒火瞪着他，最后不耐烦地说：

"你可叫我穿什么到那儿去呢？"

这个，他却从未想到；于是他吞吞吐吐地说：

"你上戏园穿的那件衣服呢？照我看，那件好像就很不错……"

他说不下去了，他看见妻子已经在哭了，他又是惊奇又是慌张。两大滴眼泪从他妻子的眼角慢慢地向嘴角流下来，他结结巴巴地问：

"你怎么啦？你怎么啦？"

她使了一个狠劲儿把苦痛压了下去，然后一面擦着被泪沾湿的两颊，一面用一种平静的语气说：

“什么事也没有。不过我既没有衣饰，当然不能去赴会。哪位同事的太太的衣衫比我的好，你就把请帖送给他吧。”

他感到很窘，于是说道：

“玛蒂尔德，咱们来商量一下。一套过得去的衣服，一套在别的场合还可以穿的，十分简朴的衣服得用多少钱？”

她想了几秒钟，心里盘算了一下钱数，同时也考虑到提出怎样一个数目才不致当场遭到这个俭朴的科员拒绝，也不致把他吓得叫出声来。

她终于吞吞吐吐地说了：

“我也说不上到底要多少钱；不过有四百法郎，大概也就可以办下来了。”

他脸色有点发白，因为他正巧积攒下这样一笔款子打算买一支枪，夏天好和几个朋友一道打猎作乐，星期日到南泰尔平原去打云雀。

不过他还是这样说了：

“好吧。我就给你四百法郎。可是你得好好想法子做件漂漂亮亮的衣服。”

晚会的日子快到了，罗瓦赛尔太太却好像很伤心，很不安，很忧虑。她的衣服可是已经齐备了。有一天晚上她的丈夫问她：

“你怎么啦？三天以来你的脾气一直是这么古怪。”

“我心烦，我既没有首饰，也没有珠宝，身上任什么也戴不出来，实在是太寒伧了。我简直不想参加这次晚会了。”

他说：

“你可以戴几朵鲜花呀。在这个季节里，这是很漂亮的。花上十个法郎，你就可以有两三朵十分好看的玫瑰花。”

这个办法一点也没有把她说服。

“不行……在那些阔太太中间，显出一副穷酸相，再没有比这更丢脸的了。”

她的丈夫忽然喊了起来：

“你可真算是糊涂！为什么不去找你的朋友福雷斯蒂埃太太，跟她借几样首饰呢？拿你跟她的交情来说，是可以开口的。”

她高兴地叫了起来：

“这倒是真的。我竟一点儿也没想到。”

第二天她就到了她朋友家里，把自己的苦恼讲给她听。

福雷斯蒂埃太太立刻走到她的带镜子的大立柜跟前，取出一个大首饰箱，拿过来打开之后，便对罗瓦赛尔太太说：

“挑吧！亲爱的。”

她首先看见的是几只手镯，接下来便是一串珍珠项链，一个威尼斯制的镶嵌珠宝的金十字架，做工极其精细。她戴上这些首饰对着镜子里左试右试，犹豫不定，舍不得摘下来还主人。她嘴里还老是问：

“你再没有别的了？”

“有啊。你自己找吧。我不知道你都喜欢什么？”

忽然她在一个黑缎子的盒里发现一串非常美丽的钻石项链，一种过分强烈的欲望使她的心都跳了起来。她拿它的时候手也直哆嗦。她把它戴在脖子上，衣服的外面，对着镜中的自己看得出了神。

然后她心里十分焦急，犹豫不决地问道：

“你可以把这个借给我吗？我只借这一样。”

“当然可以啊。”

她一把搂住了她朋友的脖子，亲亲热热地吻了她一下，带着宝贝很快就跑了。

晚会的日子到了。罗瓦赛尔太太非常成功。她比所有的女人都美丽，又漂亮又妩媚，脸上总带着微笑，快活得几乎发狂。所有的男子都盯着她，打听她的姓名，求人给介绍。部长办公室的人员全都要跟她跳舞。部长也注意到了她。

她已经陶醉在欢乐之中，什么也不想，只是兴奋地、发狂地跳舞。她的美丽战胜了一切，她的成功充满了光辉，所有这些人都对自己殷勤献媚、阿谀赞扬、垂涎欲滴，妇人心中认为最甜美的胜利已完完全全握在手中，她便在这一片幸福的云中舞着。

她在早晨四点钟才离开。她的丈夫从十二点起就在一间没有人的小客厅里睡着了。客厅里还躺着另外三位先生，他们的太太也在尽情欢乐。

他怕她出门受寒，把带来的衣服披在她的肩上，那是平日穿的家常衣服，那一种寒伧气和漂亮的舞装是非常不相称的。她马上感觉到这一点，为了不叫旁边的那些裹在豪华皮衣里的太太们注意，她就急着想要跑出大门。

罗瓦赛尔还拉住她，不让走：

“你等一等啊，到外面你要着凉的。我去叫一辆马车吧。”

不过她并不听他这套话，很快地走下了楼梯。等他们到了街上，那里并没有出租马车；于是他们就找起来，远远看见马车走过，他们就追着向车夫大声喊叫。

他们向塞纳河一直走下去，浑身哆嗦，非常失望。最后在河边找到了一辆夜里做生意的旧马车，这种马车在巴黎只有在天黑了以后才看得见，它们是那么寒伧，白天出来好像会害羞的。

这辆车一直把他们送到殉道者街，他们的家门口，他们凄凄凉凉地爬上楼，回到自己家里。在她说来，一切已经结束。他呢，他想到的是十点钟就该到部里去办公。

她脱下了披在肩上的衣服，那是对着大镜子脱的，为的是再一次看看笼罩在光荣中的自己。但是她忽然大叫一声。原来脖子上的项链不见了。

她的丈夫这时衣裳已经脱了一半，便问道：

“你怎么啦？”

她已经吓得发了慌，转身对丈夫说：

“我……我……我把福雷斯蒂埃太太的项链丢了。”

他惊慌失措地站起来：

“什么！……怎么！……这不可能！”

于是他们在裙子的褶层里、大氅的褶层里、衣袋里，到处都搜寻了一遍。哪儿也没找到。

他问：

“你确实记得在离开舞会的时候，还戴着吗？”

“是啊，在部里的前厅里我还摸过它呢。”

“不过，如果是在街上失落的话，掉下来的时候，我们总该听见响声啊。大概是掉在车里了。”

“对，这很可能。你记下车子的号头了吗？”

“没有。你呢，你也没有注意号头？”

“没有。”

他们你看我，我看你，十分狼狈地看着。最后罗瓦赛尔重新穿好了衣服，他说：

“我先把我们刚才步行的那一段路再去走一遍，看看是不是能够找着。”

“说完他就走了。她呢，连上床去睡的气力都没有了，就这么穿着赴晚会的新装倒在一张椅子上，既不生火，也不想什么。

七点钟丈夫回来了。他什么也没找到。

他随即又到警察厅和各报馆，请他们代为悬赏寻找，他又到出租小马车的各车行，总之，凡是有一点希望的地方他都去了。

她呢，整天地等候着；面对这个可怕的灾难她一直处在又惊又怕的状态中。

罗瓦赛尔傍晚才回来，脸也瘦削了，发青了；什么结果也没有。他说：

“只好给你那朋友写封信，告诉她你把链子的搭扣弄断了，现在正找人修理。这样我们就可以有应付的时间。”

他说她写，把信写了出来。

过了一星期，他们已是任何希望都没有了。

罗瓦赛尔一下子老了五岁，他说：

“只好想法买一串赔她了。”

第二天，他们拿了装项链的盒子，按照盒里面印着的字号，到了那家珠宝店。珠宝商查了查账说：

“太太，这串项链不是在我这儿买的，只有盒子是在我这儿配的。”

于是他们一家一家地跑起珠宝店来，凭着记忆要找一串和那串一式无二的项链；两个人连愁带急，眼看要病倒了。

在王宫附近一家店里他们找到了一串钻石的项链，看来跟他们寻找的完全一样。这件首饰原值四万法郎，但如果他们要的话，店里可以减价，三万六可以脱手。

他们要求店主三天之内先不要卖它，并且谈妥条件：如果在二月底以前找到那个原物，这一串项链便以三万四千法郎作价由店主收回。

罗瓦赛尔手边有他父亲遗留给他的一万八千法郎。其余的便需借了。

于是他借起钱来，跟这个人借一千法郎，跟那个人借五百，这儿借五个路易，那儿借三个。他签了不少借约，应承了不少足以败家的条件，而且和高利贷者以及种种放债图利的人打交道。他葬送了他整个下半辈子的生活，不管能否偿还，他都冒险乱签借据。他既害怕未来的忧患，又怕即将压在身上的极端贫困，也怕各种物质匮乏和各种精神痛苦的远景；他就这样满心怀着恐惧，把三万六千法郎放到那个商人的柜台上，取来了那串新的项链。

等罗瓦赛尔太太把首饰给福雷斯蒂埃太太送回去时，这位太太神情很不痛快地对她说：

“你应该早点儿还我呀，因为我也许要戴呢。”

她并没有打开盒子来看，她的朋友担心害怕的就是她当面打开。因为如果她发现了掉包，她会怎么想呢？会怎么说呢？难道不会把她当做窃盗吗？

罗瓦赛尔太太尝到了穷人的那种可怕生活。好在她早已一下子英勇地拿定了主意。这笔骇人听闻的债务是必须清偿的。因此，她一定要把它还清。他们辞退了女仆，搬了家，租了一间紧挨屋顶的顶楼。

家庭里的笨重活，厨房里的腻人的工作，她都尝到了个中的滋味。碗碟锅盆都得自己洗刷，在油腻的盆上和锅子底儿上她磨坏了她那玫瑰色的手指甲。脏衣服、衬衫、抹布也都得自己洗了，晾在一根绳上。每天早上她必须把垃圾搬到街上，并且把水提到楼上，每上一层楼都要停一停喘喘气。她穿得和一个平常老百姓的女人一样，手里挎着篮子上水果店，上杂货店，上猪肉店，对价钱是百般争论，一个铜子一个铜子地保护她那一点可怜的钱，这就难免挨骂。

每月都要还几笔债，有一些则要续期，延长偿还的期限。

丈夫傍晚的时候替一个商人去誊写账目，夜里常常替别人抄写，抄一页挣五个铜子。

这样的生活过了十年。

十年之后，他们把债务全部还清，确实全部还清了，不但高利贷的利息，就是利滚利的利息也还清了。

罗瓦赛尔太太现在看上去是老了。她变成了穷苦家庭里的敢作敢当的妇人，又坚强，又粗暴。头发从不梳光，裙子歪系着，两手通红，高嗓门说话，大盆水洗地板。不过有几次当她丈夫还在办公室办公的时候，她一坐到窗前，总还不免想起当年那一次晚会，在那次舞会上她曾经是那么美丽，那么受人欢迎。

如果她没有丢失那串项链，今天又该是什么样子？谁知道？谁知道？生活够多么古怪！多么变化莫测！只需微不足道的一点小事就能把你断送或者把你拯救出来！

且说有一个星期天，她上大街去散步；劳累了一星期，她要消遣一下。正在此时，她忽然看见一个妇人带着孩子在散步。这个妇人原来就是福雷斯蒂埃太太，还是那么年轻，那么美丽，那么动人。

罗瓦赛尔太太感到非常激动。去跟她说话吗？当然要去。既然债务都已经还清了，她可以把一切都告诉她。为什么不可以呢？

于是她走了过去。

“您好，让娜。”

对方一点也认不出她来了，被这个民间女人这样亲密地一叫觉得很诧异，便吞吞吐吐地说：

“可是……太太！……我不知道……您大概认错人了吧？”

“没有。我是玛蒂尔德·罗瓦赛尔。”

她的朋友喊了起来：

“哎哟！……是我的可怜的玛蒂尔德吗？你可变了样儿啦！……”

“是的，自从那一次跟你见面之后，我过的日子可艰难啦，不知遇到了多少危急穷困……而这一切都是因为你！……”

“因为我……那是怎么回事啊？”

“你还记得你借给我赴部里晚会戴的那串钻石项链吧？”

“是啊。那又怎样呢？”

“那又怎样！我把它丢了。”

“那怎么会呢！你不是给我送回来了吗？”

“我给你送回的是跟原物一式无二的另外一串。这笔钱我们整整还了十年。你知道，对我们说来这可不是容易的事，我们是任什么也没有的……现在总算还完了，我太高兴了。”

福雷斯蒂埃太太站住不走了。

“你刚才说，你曾买了一串钻石项链赔我那一串吗？”

“是的。你没有发觉这一点吧，是不是？两串原是完全一样的。”

说完她脸上显出了微笑，因为她感到一种足以自豪的、天真的快乐。

福雷斯蒂埃太太非常激动，抓住了她的两只手。

“哎哟！我的可怜的玛蒂尔德！我那串是假的呀。顶多也就值上五百法郎！……”

赵少侯 译

⊙作品赏析

《项链》展现了一个爱慕虚荣的小人物的可悲的人生际遇。玛蒂尔德为能在舞会上维持自己的尊严，而向朋友借到了钻石项链，却不慎将它丢失。为了赔偿这价值不菲的项链，小夫妻为此付出了十年的代价，而结果却让人失笑，因为所谓的钻石项链不过是一件并不值钱的赝品。

这是一个悲剧的人生，从虚荣开始，以苦涩的磨难作为结束。文章的前后因此出现了笔调上的落差，从欢愉到无尽的哀愁，就像文章所说的：从一片幸福的云彩一下子堕落到了可悲的生活的地狱。虽然作者是带着批判的语气来写的，但是小说中我们却不能找到作者的直接的批评，反而显得委婉，这样的笔法更是将作者的态度渗透在作品的行文之中。就像在小说的开始我们就能看到玛蒂尔德对奢靡生活的极度向往，这就是文章的伏笔，因为也正是这样的心态才将她一步一步推向生活的不幸的。

小说中最为重要的是刻画了玛蒂尔德这样的一个典型的形象，主要是通过语言和行动来展示这一性格特征的，诸如在她接到了项链之后在镜子前的反复尝试，甚至哆嗦的神态，都可见出她对这样的生活的神往。而在情节的构思上，也是突出了这一虚荣心所带来的深刻的不幸，从相对的逆境，到稍许的顺境，再回归到绝对的逆境，充满了戏剧性的氛围，但却更能让人深思。当然文章中插入的一段议论也具有它自己的价值，这是对文章最终悲剧命运的揭示。

快乐王子 /［英国］王尔德

英国著名作家王尔德的短篇小说经典
一篇唯美主义的典范篇章
以童话的形式寄予了美的人生追求

快乐王子的像立在一根高圆柱上面，高高地耸在城市的上空。他满身贴着薄薄的纯金叶子，一对晶莹的蓝宝石做成他的眼睛，一只大的红宝石嵌在他的剑柄上，灿烂地发着红光。他的确得到一般人的称赞。一个市参议员为了表示自己有艺术的欣赏力，说过：“他像风信标那样漂亮。”不过他又害怕别人会把他看作一个不务实际的人（其实他并不是不务实际的），便加上一句：“只是他不及风信标那样有用。”

“为什么你不能像快乐王子那样呢？”一位聪明的母亲对她那个哭着月亮孩子说，“快乐王子连做梦也没有想到会哭着要东西。”

“我真高兴世界上究竟还有一个人是很快乐的。”一个失意的人望着这座非常出色的像喃喃地说。

“他很像一个天使。”孤儿院的孩子们说。他们正从大教堂出来，披着光亮夺目的猩红色斗篷，束着洁白的遮胸。

“你们怎么知道？”数学先生说，“你们从没有见过一位天使。”

“啊！可是我们在梦里见过的。”孩子们答道。数学先生皱起眉头，板着面孔，因为他不赞成小孩子做梦。

·作者简介·

王尔德（1854～1900），一位在英国文坛上颇受争议的文学家，当然这其中不免包含着当时的政治偏见。因为王尔德是个典型的唯美主义者，在他的文学中不管是古典的成分还是现代的宣扬，都充分展现了作者独特的人生修养。曾经创作出以《圣经》为题材的《莎乐美》，这是一部至今为止都不能企及的唯美主义的典范。而在《道林·格雷的画像》中更是深刻地展现了他对这个世界的完美的理解，因为他笔下的虚假就是一般人的经常性的行为，以致这篇小说在刚出版时甚至成了众矢之的，因为他毫不留情地泄漏了人心底的隐私。当然在评论家的眼里，他的伟大不仅在于此，有人说他在英国文学中是仅次于莎士比亚的能够融入人们日常生活的作家，诸如他的《温夫人的扇子》和《一个无足轻重的女人》就是他的超凡脱俗的戏剧经典。

王尔德像

某一个夜晚一只小燕子飞过城市的上空。他的朋友们六个星期以前就到埃及去了，但是他还留在后面，因为他恋着那根最美丽的芦苇。他还是在早春遇见她的，那时她正沿着河顺流飞去，追一支黄色飞蛾，她的细腰很引起他的注意，他便站住同她谈起话来。

“我可以爱你吗？”燕子说，他素来就有马上谈到本题的脾气。芦苇对他深深地弯一下腰。他便在她的身边不停地飞来飞去，用他的翅子点水，做出许多银色的涟漪。这便是他求爱的表示。他就这样地过了一整个夏天。

“这样的恋爱太可笑了，”别的燕子呢喃地说，“她没有钱，而且亲戚太多。”的确河边长满了芦苇，到处都是。后来秋天来了，他们都飞走了。

他们走了以后，他觉得寂寞，讨厌起他的爱人来了。他说：“她不讲话，我又害怕她是一个荡妇，因为她老是跟风调情。”这倒是真的，风一吹，芦苇就行着最动人的屈膝礼。他又说：“我相信她是惯于家居的，可是我喜欢旅行，那么我的妻子也应该喜欢旅行才成。”

“你愿意跟我走吗？”他最后忍不住了问她道。然而芦苇摇摇头，她非常依恋家。

“原来你从前是跟我寻开心的，”他叫道，“我现在到金字塔那边去了。再会吧！”他飞走了。

他飞了一个整天，晚上他到了这个城市。“我在什么地方过夜呢？”他说，“我希望城里已经给我预备了住处。”

随后他看见了立在高圆柱上面的那座像。他说：“我就在这儿过夜吧，这倒是一个空气新鲜的好地点。”他便飞下来，恰好停在快乐王子的两只脚中间。

“我找到一个金的睡房了。”他向四周看了一下，轻轻地对自己说。他打算睡觉了，但是他刚刚把头放到他的翅子下面去的时候，忽然大大的一滴水落到他的身上来。“多么奇怪的事！”他叫起来，“天上没有一片云，星星非常明亮，可是下起雨来了。北欧的天气真可怕。芦苇素来喜欢雨，不过那只是她的自私。”

接着又落下了一滴。

“要是一座像不能够遮雨，那么它又有什么用处？”他说，“我应该找一个好的烟囱去。”他决定飞开了。

但是他还没有张开翅膀，第三滴水又落了下来。他仰起头去看，他看见——啊！他看见了什么呢？

快乐王子的眼里装满了泪水，泪珠沿着他的黄金的脸颊流下来。他的脸在月光里显得这么美，叫小燕子的心里充满了怜悯。

“你是谁？”他问道。

“我是快乐王子。”

“那么你为什么哭呢？”燕子又问，“你把我一身都打湿了。”

“从前我活着，有一颗人心的时候，”王子慢慢地答道，“我并不知道眼泪是什么东西，因为我那个时候住在无愁宫里，悲哀是不能够进去的。白天有人陪我在花园里玩，晚上我又在大厅里领头跳舞。花园的四周围着一道高墙，我就从没有想到去问人墙外是什么样的景象，我眼前的一切都是非常美的。我的臣子都称我作快乐王子，不错，如果欢娱可以算作快乐，我就的确是快乐的了。我这样地活着，我也这样地死去。我死了，他们就把我放在这儿，而且立得这么高，让我看得见我这个城市的一切丑恶和穷苦，我的心虽然是铅做的，我也忍不住哭了。”

“怎么，他并不是纯金的？”燕子轻轻地对自己说；他非常讲究礼貌，不肯高声谈论别人的私事。

“远远的，”王子用一种低微的、音乐似的声音说下去，“远远的，在一条小街上有一所穷人住的房子。一扇窗开着，我看见窗内有一个妇人坐在桌子旁边。她的脸很瘦，又带病容，她的一双手粗糙、发红，指头上满是针眼，因为她是一个裁缝。她正在一件缎子衣服上绣花，绣的是西番莲，预备给皇后的最可爱的宫女在下一次宫中舞会里穿的。在这屋子的角落里，她的小孩躺在床上生病。他发热，嚷着要橙子吃。他母亲没有别的东西给他，只有河水，所以他在哭。燕子，燕子，小燕子，你肯把我剑上的红宝石取下来给她送去吗？我的脚钉牢在这个像座上，我动不了。”

“朋友们在埃及等我，”燕子说，“他们正在尼罗河上飞来飞去，同大朵的莲花谈话。他们不久就要到伟大的国王的坟墓里去睡眠了。那个国王自己也就睡在那里他的彩色的棺材里。他的身子是用黄布紧紧裹着的，而且还用了香料来保存它。一串浅绿色翡翠做成的链子系在他的颈项上，他的一只手就像是干枯的落叶。”

“燕子，燕子，小燕子，”王子要求说，“你难道不肯陪我过一夜，做一回我的信差么？

那个孩子渴得太厉害了，他母亲太苦恼了。”

“我并不喜欢小孩，”燕子回答道，“我还记得上一个夏天，我停在河上的时候，有两个粗野的小孩，就是磨坊主人的儿子，他们常常丢石头打我。不消说他们是打不中的；我们燕子飞得极快，不会给他们打中，而且我还出身于一个以敏捷出名的家庭，更不用害怕。不过这究竟是一种不客气的表示。”

然而快乐王子的面容显得那样地忧愁，叫小燕子的心也软下来了。他便说：“这儿冷得很，不过我愿意陪你过一夜，我高兴做你的信差。”

“小燕子，谢谢你。”王子说。

燕子便从王子的剑柄上啄下了那块大红宝石，衔着它飞起来，飞过栉比的屋顶，向远处飞去了。

他飞过大教堂的塔顶看见那里的大理石天使雕像。他飞过王宫，听见了跳舞的声音。一个美貌的少女同她的情人正走到露台上来。“你看，星星多么好，爱的魔力多么好！”他对她说。“我希望我的衣服早送来，赶得上大跳舞会。”她接口道，“我叫人在上面绣了西番莲花；可是那些女裁缝太懒了。”

他飞过河面，看见挂在船桅上的无数的灯笼。他又飞过犹太村，看见一些年老的犹太人在那里做生意讲价钱，把钱放在铜天平上面称着。最后他到了那所穷人的屋子，朝里面看去。小孩正发着热在床上翻来覆去，母亲已经睡熟，因为她太疲倦了。他跳进窗里，把红宝石放在桌上，就放在妇人的顶针旁边。过后他又轻轻地绕着床飞了一阵，用翅子扇着小孩的前额。“我觉得多么凉，”孩子说，“我一定好起来了。”他便沉沉地睡去了，他睡得很甜。

燕子回到快乐王子那里，把他做过的事讲给王子听。他又说：“这倒是很奇怪的事，虽然天气这么冷，我却觉得很暖和。”

“那是因为你做了一件好事。”王子说。小燕子开始想起来，过后他睡着了。他有这样的一种习惯，只要一用思想，就会打瞌睡的。

天亮以后他飞下河去洗了一个澡。一位禽学教授走过桥上，看见了，便说：“真是一件少有的事，冬天里会有燕子！”他便写了一封讲这件事的长信送给本地报纸发表。每个人都引用这封信，尽管信里有那么多他们不能了解的句子。

“今晚上我要到埃及去。”燕子说。他想到前途，心里非常高兴。他把城里所有的公共纪念物都参观过了，并且还在教堂的尖顶上坐了好一阵。不管他到什么地方，麻雀们都吱吱叫着，而且互相说：“这是一位多么显贵的生客！”因此他玩得非常高兴。

月亮上升的时候，他飞回到快乐王子那里。他问道：“你在埃及有什么事要我办吗？我就要动身了。”

“燕子，燕子，小燕子，”王子说，“你不肯陪我再过一夜么？”

“朋友们在埃及等我，”燕子回答道，“明天他们便要飞往尼罗河上游到第二瀑布去，在那儿河马睡在纸草中间，门浪神[①]坐在花岗石宝座上面。他整夜守着星星，到晓星发光

①门浪神：古埃及神像，相传日出时能发出和竖琴一样的声音。

的时候，他发出一声欢乐的叫喊，然后便沉默了。正午时分，成群的黄狮走下河边来饮水。他们有和绿柱玉一样的眼睛，他们的叫吼比瀑布的吼声还要响亮。”

“燕子，燕子，小燕子，”王子说，“远远的，在城的那一边，我看见一个年轻人住在顶楼里面。他埋着头在一张堆满稿纸的书桌上写字，手边一个大玻璃杯里放着一束枯萎的紫罗兰。他的头发是棕色的，乱蓬蓬的，他的嘴唇像石榴一样地红，他还有一对朦胧的大眼睛。他在写一个戏，预备写成给戏院经理送去，可是他太冷了，不能够再写一个字。炉子里没有火，他又饿得头昏眼花了。”

“我愿意陪你再待一夜，”燕子说，他的确有好心肠，“你要我也给他送一块红宝石去吗？”

“唉！我现在没有红宝石了。”王子说，“我就只剩下一对眼睛。它们是用珍奇的蓝宝石做成的，这对蓝宝石还是一千年前在印度出产的，请你取出一颗来给他送去。他会把它卖给珠宝商，换钱来买食物、买木柴，好写完他的戏。”

“我亲爱的王子，我不能够这样做。”燕子说着哭起来了。

“燕子，燕子，小燕子，”王子说，“你就照我吩咐你的做罢。”

燕子便取出王子的一只眼睛，往学生的顶楼飞去了。屋顶上有一个洞，要进去是很容易的，他便从洞里飞了进去。那个年轻人两只手托着脸颊，没有听见燕子的扑翅声，等到他抬走头来，却看见那颗美丽的蓝宝石在枯萎的紫罗兰上面了。

“现在开始有人赏识我了，”他叫道，“这是某一个钦佩我的人送来的。我现在可以写完我的戏了。”他露出很快乐的样子。

第二天燕子又飞到港口去。他坐在一只大船的桅杆上，望着水手们用粗绳把大箱子拖出船舱来。每只箱子上来的时候，他们就叫着：“杭育！……”“我要到埃及去了！”燕子嚷道，可是没有人注意他，等到月亮上升的时候，他又回到快乐王子那里去。

“我是来向你告别的。”他叫道。

“燕子，燕子，小燕子，”王子说，“你不肯陪我再过一夜么？”

“这是冬天了，”燕子答道，“寒冷的雪就快要到这儿来了。这时候在埃及，太阳照在浓绿的棕榈树上，很暖和，鳄鱼躺在泥沼里，懒洋洋地朝四面看。朋友们正在巴伯克[①]的太阳神庙里筑巢，那些淡红的和雪白的鸽子在旁边望着，一面在讲情话。亲爱的王子，我一定要离开你了，不过我决不会忘记你，来年春天我要给你带回来两粒美丽的宝石，偿还你给了别人的那两颗。我带来的红宝石会比一朵红玫瑰更红，蓝宝石会比大海更蓝。”

“就在这下面的广场上，站着一个卖火柴的小女孩。”王子说，“她把她的火柴都丢在沟里了，它们全完了。要是她不带点钱回家，她的父亲会打她的，她现在正哭着。她没有鞋、没有袜，小小的头上没有一顶帽子。你把我另一只眼睛也取下来，拿去给她，那么她的父亲便不会打她了。”

“我愿意陪你再过一夜，”燕子说，“可是我不能够取下你的眼睛。那个时候你就要变成瞎子了。”

---

①巴伯克：古埃及城市，在尼罗河三角洲上，建有祀奉太阳神的庙宇。

“燕子，燕子，小燕子，”王子说，“你就照我吩咐你的话做罢。”

他便取下王子的另一只眼睛，带着它飞到下面去，他飞到卖火柴女孩的面前，把宝石轻轻放在她的手掌心里。“这是一块多么可爱的玻璃！”小女孩叫起来，她一面笑着跑回家去。

燕子又回到王子那儿。他说：“你现在眼睛瞎了，我要永远跟你在一块儿。”

“不，小燕子，”这个可怜的王子说，“你应该到埃及去。”

“我要永远陪伴你。”燕子说，他就在王子的脚下睡了。

第二天他整天坐在王子的肩上，给王子讲起他在那些奇怪的国土上见到的种种事情。他讲起那些红色的朱鹭，它们排成长行站在尼罗河岸上。用它们的长嘴捕捉金鱼。他讲起司芬克斯[①]，它活得跟世界一样久，住在沙漠里面，知道一切的事情。他讲起那些商人，他们手里捏着琥珀念珠，慢慢地跟着他们的骆驼走路；他讲起月山的王，他黑得像乌木，崇拜一块大的水晶。他讲起那条大绿蛇，它睡在棕榈树上，有二十个僧侣拿蜜糕喂它；他讲起那些侏儒，他们把扁平的大树叶当作小舟，载他们渡过大湖，又常常同蝴蝶发生战争。

“亲爱的小燕子，”王子说，“你给我讲了种种奇特的事情，可是最奇特的还是那许多男男女女的苦难。再没有比贫穷更不可思议的了。小燕子，你就在我这个城的上空飞一转罢，你告诉我你在这个城里见到些什么事情。”

燕子便在这个大城的上空飞着，他看见有钱人在他们的漂亮的住宅里作乐，乞丐们坐在大门外挨冻。他飞进阴暗的小巷里，看见那些饥饿的小孩伸出苍白的瘦脸没精打采地望着污秽的街道。在一道桥的桥洞下面躺着两个小孩，他们紧紧地搂在一起，想使身体得到一点温暖。“我们真饿啊！”他们说。“你们不要躺在这儿。”看守人吼道。他们只好站起来走进雨中去了。

他便回去把看见的景象告诉了王子。

“我满身贴着纯金，”王子说，“你给我把它一片一片地拿掉，拿去送给我那些穷人，活着的人总以为金子能够使他们幸福。”

燕子把纯金一片一片啄了下来，最后快乐王子就变成灰暗难看的了。他又把纯金一片一片地拿去送给那些穷人。小孩们的脸颊上现出了红色，他们在街上玩着，大声笑着。“我们现在有面包了。”他们这样叫道。

随后雪来了，严寒也到了。街道好像是银子筑成的一样，它们是那么亮，那么光辉，长长的冰柱像水晶的短剑似的悬挂在檐前，每个行人都穿着皮衣，小孩们也戴上红帽子溜冰取乐。

可怜小燕子却一天比一天地更觉得冷了，可是他仍然不肯离开王子，他太爱王子了。他只有趁着面包师不注意的时候，在面包店门口啄一点面包屑吃，而且拍着翅膀来取暖。

但是最后他知道自己快要死了。他就只有一点气力，够他再飞到王子的肩上去一趟。

①司芬克斯：古希腊与埃及神话中，狮身人面的怪兽。现在埃及境内尚有司芬克斯的石像。

“亲爱的王子，再见罢！”他喃喃地说，“你肯让我亲你的手吗？”

“小燕子，我很高兴你到底要到埃及去了，”王子说，“你在这儿住得太久了；不过你应该亲我的嘴唇，因为我爱你。”

“我现在不是到埃及去。”燕子说，“我是到死之家去的。听说死是睡的兄弟，不是吗？”

他吻了快乐王子的嘴唇，然后跌在王子的脚下，死了。

那个时候在这座像的内部忽然起了一个奇怪的爆裂声，好像有什么东西破碎了似的。事实是王子的那颗铅心已经裂成两半了。这的确是一个极可怕的严寒天气。

第二天大清早市参议员们陪着市长在下面广场散步。他们走过圆柱的时候，市长仰起头看快乐王子的像。“啊，快乐王子多么难看！”他说。

“的确很难看！”市参议员们齐声叫起来。他们平日总是附和市长的意见的，这时大家便走上去细看。

“他剑柄上的红宝石掉了，眼睛也没有了，他也不再是黄金的了。”市长说，“讲句老实话，他比一个讨饭的好不了多少！”

“比一个讨饭的好不了多少！”市参议员们说。

“他脚下还有一只死鸟！”市长又说，“我们的确应该发一个布告，禁止鸟死在这个地方。”书记员立刻把这个建议记录下来。

以后他们就把快乐王子的像拆下来了。大学的美术教授说：“他既然不再是美丽的，那么不再是有用的了。”

他们把这座像放在炉里熔化，市长便召集一个会来决定金属的用途。“自然，我们应该另外铸一座像，”他说，“那么就铸我的像吧。”

“不，还是铸我的像。”每个市参议员都这样说，他们争吵起来。我后来听见人谈起他们，据说他们还在争吵。

“真是一件古怪的事，”铸造厂的监工说，“这块破裂的铅心在炉里熔化不了。我们一定得把它扔掉。”他们便把它扔在一个垃圾堆上，那只死燕子也躺在那里。

“把这个城里两件最珍贵的东西给我拿来。”上帝对他的一个天使说；天使便把铅心和死鸟带到上帝面前。

“你选得不错，”上帝说，“因为我可以让这只小鸟永远在我天堂的园子里歌唱，让快乐王子住在我的金城里赞美我。”

巴金译

⊙作品赏析

有评论家说，即使是王尔德在哭泣或者是开玩笑都能看出他对这个世界的深刻思考。虽然《快乐王子》在表面上只是以童话的形式出现，但实际上他是在借着一种轻松的方式哀诉人生的苦难。评论家说这是一种深层的控诉，甚至远比直接的大呼小叫更为有力，更能穿透人的内心。

文章从快乐王子的雕像和一直陪伴着他的小燕子入手，以拟人化的手法，再现了他们身上各自代表的生活的情操。一个从不知生活惆怅到怜悯世界上还遭受着苦难的人群，以致剥掉了身上有价值的一切，并在最后被毁掉；一个从对王子的情感所吸引到为他传递生命的爱，以致冻死在冬天的某个角落。这在作者看来都是悲情的演绎，就像鲁迅所说的，所谓的悲剧就是将人身上最美的东西毁灭给人看。而在文章中，快乐王子雕像的崩毁以及小燕子的死都是一种残酷的代价，但却为人世的生活带去些许的温暖，就像行文中所说的：街道好像是银子铸成的一样，它们是那么亮，那么光辉，长长的冰柱像水晶的短剑似的悬挂在檐前，每个行人都穿着皮衣，小孩们也带上红帽子溜冰取乐。

这是一种丰富的人生想象，却寄予了作者一颗温润的心。语言相当的纯美，没有繁缛的词藻，而是以纯粹明净和婉曲的意境打动读者的心。

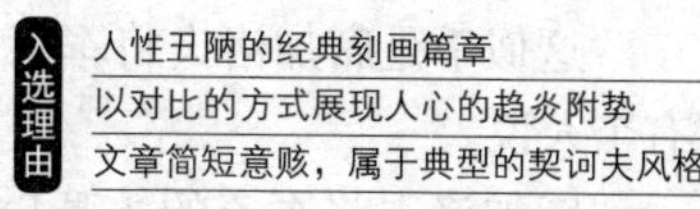

变色龙 /［俄国］契诃夫

警官奥楚蔑洛夫穿着新的军大衣，胳膊底下夹着一个小包，穿过市集的广场走去。他身后跟着一个警察，生着棕红色的头发，手里端着一个粗箩，其中盛着没收来的醋栗，装得满满的。四下里一片寂静……广场上连人影也没有。小铺和酒店的大门敞开着，无精打采地面对着上帝创造的这个世界，像是些饥饿的嘴巴。店门附近连乞丐都没有。

"你竟敢咬人，该死的东西！"奥楚蔑洛夫忽然听见了说话声。"伙计们，别放走它！如今不许咬人！抓住它！哎哟……哎哟！"

狗叫声响起来。奥楚蔑洛夫往那边一看，瞧见商人彼楚京的木柴场里窜出来一条狗，用三条腿跑路，不住地回头看。在它身后，有一个人追出来，穿着浆硬的花布衬衫和敞开怀的坎肩。他紧追那条狗，身子往前探出去，仆倒在地上，抓住了那条狗的后腿。紧跟着又传来了狗叫声和人喊声："别放走它！"带着睡意的脸纷纷从小铺里探出来，不久在木柴场的门口就聚合了一群人，像是从地底下钻出来的一样。

"仿佛出乱子了，官长！"警察说。

奥楚蔑洛夫把身子微微往左边一转，迈步往人群那边走过去。在木柴场门口，他看见上述那个解开坎肩的人站在那儿，举起右手，伸出一根血淋淋的手指头给那群人看。他那张半醉的脸上仿佛写着："我要揭你的皮，坏蛋！"而且那根手指头本身就近似于一面胜利的旗帜。奥楚蔑洛夫认出这个人就是首饰匠赫留金。闹乱子的罪魁祸首是一条白毛的小猎狗，尖尖的脸，背上有一块黄斑，这时候坐在人群中央的地上，前腿劈开，浑身发抖。它那含泪的眼睛里流露出苦恼和恐惧的神情。

"这儿出了什么事？"奥楚蔑洛夫挤到人群当中去，问道，"这是怎么了？你竖起你的手指头干什么？是谁在嚷？"

"我本来在走我的路，官长，没招谁没惹谁……"赫留金对着他的空拳头咳嗽着，开口说，"我正在跟米特利·米特利奇谈木柴的事，忽然间，这个坏东西无缘无故地咬我的这根手指头……请您原谅我，我是个干活的人啊……我的活儿细致。这得赔我一笔钱才成，因为我也许一个星期都不能动这根手指头了……法律里，官长，也没有这么一条，说是人受了畜生的害就该忍着。要是任什么东西都这么咬人，那还不如别在这个世界上活着了……"

"嗯！好……"奥楚蔑洛夫严厉地说，咳嗽着，活动他的眉毛，"好……这是谁家的狗？这种事我不能放过不管。我要拿点颜色出来叫那些放出狗来闯祸的人看看！现在也该管一管这类不愿意遵守法令的老爷们了！等到罚了款子，他这个混蛋才会明白把狗和别的牲畜放出来是什么滋味！我要给他个厉害看看！叶尔德林，”警官对警察说，“你去调查清楚这是谁家的狗，打个报告上来！这条狗得消灭才成。不许迟延！这多半是一条疯狗……我问你们：这是谁家的狗？”

“这似乎是席加洛夫将军家的！”人群里有个人说。

“席加洛夫将军家的？嗯！……你，叶尔德林，把我身上的大衣脱下来……天好热啊！大概快要下雨了……只是有一件事我不懂：它怎么会咬着你的？”奥楚蔑洛夫转过身去对赫留金说，“难道它够得到你的手指头？它矮小，可是你，要知道，长成这么一个彪形大汉！你这个手指头多半让小钉子扎了个窟窿，后来却异想天开，要人家来赔你钱了。你这种人……谁都知道是个什么路数！我可知道你们这些魔鬼！”

“他呀，官长，把他的雪茄烟戳到它的脸上去，拿它开心。它呢，不肯做傻瓜，咬了他一口……他是个无聊的人，官长！”

·作者简介·

契诃夫（1860～1904），和法国的莫泊桑、美国的欧·亨利并称为世界三大短篇小说家。他的夸张的行文中袒露的生活真相，以及在生活中隐藏的悲剧和含泪的微笑。据有评论家说，契诃夫在他的文章中表达了我们的缺点，然后又带着怜悯的心情寻找我们身上的优点，这是一种爱为自己笔下的人物作最为深层的道白。也在这个基础上写下了像《小公务员之死》、《变色龙》、《万卡》、《樱桃园》、《万尼亚舅舅》这样的不朽的篇章，在俄罗斯文学浩瀚的长篇巨著中争取到了短篇小说自己的生命的活力。

契诃夫像

“你胡说，独眼的家伙！你没看见，那你为什么胡说？官长是个聪明的老爷，明白谁是胡说，谁是像当着上帝一样，凭着良心说话……要是我胡说，那就让调解法官①审判我好了。他的法律上写得明白……如今大家都平等了……不瞒您说……我的弟弟就在当宪兵……”

“少说废话！”

“不，这条狗不是将军家的……”警察沉思地说，“将军家里没有这样的狗。他家里的，多半都是大猎狗……”

“你拿得准吗？”

“拿得准，官长……”

“我自己也知道。将军家里的狗都名贵，都是良种，而这条狗，鬼才知道是什么东西！毛色也不好，模样也不中看……完全是贱畜生……他老人家会养这样的狗？你的脑筋上哪儿去了？要是这样的狗在彼得堡或者莫斯科跑出来，那你们知道会怎么样？那儿才不管什么法律不法律，一下子就叫它断了气！你，赫留金，受了苦，这件事可不能放过不管……这得给他们一个教训！是时候了……”

“也许它就是将军家的……”警察一面想一面说，“它的脸上又没写着……前几天

①沙俄时代的保安的法官，只审理小案子。

我在他家的院子里就见过这样的一条狗。”

“没错儿，是将军家的！”人群里有一个声音说。

“嗯！……你，叶尔德林老弟，给我穿上大衣吧……有点起风了……怪冷的。你带着这条狗到将军家里去一趟，在那儿问一下。你就说这条狗是我找着，派你送去的……你说以后不要把它放到街上来。也许它是一条名贵的狗，要是每个猪猡都拿雪茄烟戳到它的脸上去，那要不了多久就能把它作践死。狗是娇嫩的动物嘛……你，蠢货，把手放下去！用不着把你那蠢手指头摆出来！这都怪你自己不好！”

“将军家里的厨师来了，我们来问问他吧……喂，普罗霍尔！走过来，亲爱的！你看一看这条狗……它是你们家的吗？”

“亏你想得出！我们那儿从来也没有过这样的狗！”

“那就用不着费很大的工夫去多问了，”奥楚蔑洛夫说，“这是条野狗！用不着多说了……既然他说是野狗，那它就是野狗……把它消灭算了。”

“这不是我们家的，”普罗霍尔继续说，“可这是将军的哥哥的狗，他前几天到我们这儿来了。我们的将军不喜欢这种猎狗。他老人家的哥哥却喜欢……”

“难道他老人家的哥哥来了？乌拉吉米尔·伊凡尼奇来了？”奥楚蔑洛夫问，他的整个脸上洋溢着温情的笑容，“可了不得，天主啊！我都还不知道呢！他是来住一阵的吧？”

“住一阵……”

“可了不得，天主啊！……他是惦记他的弟弟了……可是我还不知道呢！那么这是他的狗？很高兴……你把它带去吧……这条小狗怪不错的……挺伶俐的……它把这家伙的手指头咬了一口！哈哈哈！……咦，你干什么发抖啊？呜呜……呜呜……它生气了，小坏包……挺好的狗崽子……”

普罗霍尔招呼一下那条狗，带着它离开了木柴场……那群人就对着赫留金哈哈大笑。

“我早晚要收拾你！”奥楚蔑洛夫对他威胁说，然后把身上的大衣裹一裹紧，穿过市集的广场径自走去。

汝龙 译

⊙作品赏析

《变色龙》可谓是对人性丑态刻画的经典篇章，并且主要是通过军官奥楚蔑洛夫的表演以及他身边的人来得以体现的。小说讲述的是赫留金被一条狗咬伤寻求赔偿的故事，并通过这个故事展开了对人性的分析。在相当短暂的时间内，这个可怜的警官依据现场的人对狗主人的身份的描述来作为如何判断的凭证，展现了他趋炎附势的丑陋的内心，也因此狗的主人倒成了这场游戏中未曾露面却主宰着故事进程的绝对主角。文章中我们看到，警官所表现的截然相反的态度：当狗的主人身份低微的时候他自己就是赫留金的赔偿案的恩主，而当狗的主人是个显赫的高官时，赫留金的被咬反倒幸运或者活该了。作者将他称为变色龙，大概就是这个道理，当然和自然界中的真正的变色龙一样，这也是一种生活的方式，但在这里却成了一个绝对的讽刺。

文章最为典型的是对比手法的巧妙运用，不仅在警官的身上，也在围观者的身上。文章并不追求情节的复杂与跳跃，而是在平凡的日常人生中的事件和人物中展现深刻的人生哲理，可以说文章更为重要的是以内心的分析取代了情节的繁复，显得相当的简洁精练。就像作者自己所说的：天才的姐妹是简练。这篇小说的语言相当拙朴，却展现了厚重的关于社会世俗人生的表达的力度。

小官吏之死 / [俄国] 契诃夫

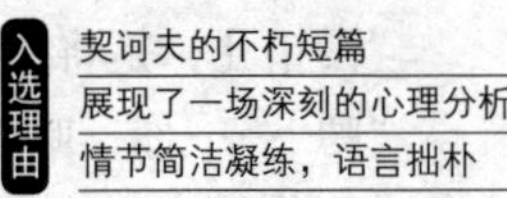

在一个美好的夜晚，有一位毫不逊色地美好的庶务官伊凡·德米特里奇·契尔维亚科夫，坐在剧院第二排，用望远镜在观赏《科涅维尔的钟声》。他看着戏，觉得心旷神怡。然而突然……小说里经常会遇到"然而突然"这种字眼。作者没有错：生活就是这样充满着偶然性！然而突然他的脸皱了起来，眼珠向下翻动，呼吸也停了下来……他把望远镜从眼前拿开，低下头，于是……阿嚏！！！您看到，他打了个喷嚏。无论何人，无论何地，打喷嚏是不会禁止的。打喷嚏的有农民，有警察局长，有时连三等文官也要打喷嚏。谁都会打喷嚏。契尔维亚科夫一点也不觉得难堪，他用手绢擦了擦脸。作为一个懂礼貌的人，他看了看自己的周围：他的一声阿嚏是否搅扰了什么人？可这时他不得不感到难堪了。他看到坐在他前面第一排的一个小老头正使劲用一只手套在擦自己的秃顶和脖颈，嘴里还喃喃说着什么。契尔维亚科夫认出了小老头就是将军级文官勃里沙洛夫，他在交通道路管理部门任职。

"我把唾沫溅到他身上了！"契尔维亚科夫想道。"他不是我的上司，是别的机关的长官，不过总不大好。得向他道声歉。"

契尔维亚科夫咳了一声，把身子凑向前面，轻轻地在这位长官的耳边说道：

"对不起，大人，我的唾沫溅着您了……我不是有意……"

"没事，没事……"

"看在上帝的面子上，对不起。我实在……我可不是有意的！"

"唉，请坐下！让我听戏！"

契尔维亚科夫很尴尬，傻乎乎地微微一笑，开始向舞台上看。他看是看着，可是那种怡然自得的感觉却没有了。一种不安的心理开始时不时地折磨他。幕间休息时他向勃里沙洛夫走去，走到他身边，壮起胆子嘟嘟囔囔地说道：

"我的唾沫溅着您了，大人……请原谅……我实在……可不是……"

"唉，够了……我都忘了，你还在唠叨那件事！"大官说道，同时下唇轻轻动了动。

"说是忘了，可他的眼神却不怀好意，"契尔维亚科夫狐疑地望了望大官想道。"他不愿和我说话。应当向他解说，这根本不是我愿意的……这是本能反应，要不他会以为我有意向他吐唾沫。现在他不会这么想，可以后会这么想！……"

回到家里，契尔维亚科夫向妻子说了自己的无知行为。在他看来，妻子对刚才那件事的态度似乎过于掉以轻心。起初她只是吃了一惊，后来听说勃里沙洛夫"不是本单位的"，也就放心了。

"不过你还是得走一趟，去道个歉，"她说。"他会认为你在大庭广众面前连如何举止都不会。"

"就是嘛！我倒是赔了不是了，可是他那样子好像有点怪……连一句相关的话也没有说。不过当时确也没有时间说话。"

第二天契尔维亚科夫换了一套崭新的文官制服，理了发，就前往勃里沙洛夫官邸登门进行解说……走进接待室，他看见有许多有事求见的人，在这些人中间的正是这位大官本人，后者已经开始接受呈文。询问了几位求见者后，大官把眼睛抬起来向着契尔维亚科夫。

"昨天在'阿尔卡狄亚'戏院，如果大人想得起来的话，"庶务官开始汇报，"我打了个喷嚏，无意中把唾沫溅……请原谅……"

"我当什么事呢……天晓得！您有何贵干？"大官转向下一个求见者。

"他连话也不愿跟我说！"契尔维亚科夫脸色变白，想道。"那就是说他生气了……不，这件事不能就这么不管了……我要对他把话说清楚……"

当大官和最后一名求见者谈完话，起身向里间走去时，契尔维亚科夫跨步跟上他，开始喃喃地说话：

"大人！如果我斗胆搅扰大人的话，那我敢说，正是出于一种悔恨之情！您自己清楚，那不是故意的！"

大官摆出一副哭笑不得的面孔，挥了挥手。

"您简直在嘲弄人嘛，仁慈的先生！"大官说着消失在门里面了。

"这怎么是嘲弄呢？"契尔维亚科夫想。"压根儿就没有一点儿嘲弄的意思！当了这么大的官，居然连这一点也不明白！既然这样，那我再也不向这位自以为了不起的人赔不是了。让他见鬼去！我给他写信吧，不上门了！真的，不上门了。"

契尔维亚科夫在回家的路上这样想着。给大官的信他没有写。他想呀想，就是想不出该怎么写这封信。只好明天亲自去作解释。

"我昨天来打扰大人，"当大官抬头把疑问的目光向着他的时候，他喃喃地说道，"并非为了像您说的那样嘲弄您。我是因为打了喷嚏，唾沫溅着了您，才来道歉的……可嘲弄两个字连想都没想过。我敢嘲弄吗？我们这样的人如果敢嘲弄，那就意味着对大人物的敬重……一丝一毫也没有了……"

"滚出去！！"大官突然脸色发青，浑身发抖，大声吼起来。

"怎么啦，大人？"契尔维亚科夫吓得愣住了，轻声说。

"滚出去！！"大官双脚跺地，又一次吼道。

契尔维亚科夫肚子里似乎有东西在翻腾。他什么也看不见，什么也听不见，倒退着向门口走去，到了街上，摇摇晃晃地走着……他机械地回到家，衣服也不脱，往沙发上一躺……死了。

沈念驹 译

⊙作品赏析

《小官吏之死》的情节相对简单，讲述了一个小官吏契尔维亚科夫在剧场中不慎将自己的唾沫喷到前面长官的光头上，由此战战兢兢，在绝对的恐惧中绝望而死。虽然我们是在笑声中结束阅读的，但这却是一种典型的含泪的笑。因为这场几乎没有人在意的事件中，小官吏却近乎疯狂地展现了自己荒诞的一面，让自己处在一种无处不在的恐惧当中，以致演绎成一个喷嚏的代价是一个生命的逝去。

作者在这里既讽刺了小官吏的胆小怕事的心态，同时也暴露了整个社会的不合理的等级观念。作者为此不仅塑造了一个小官吏的形象，同时也再现了这个社会的风俗面貌。

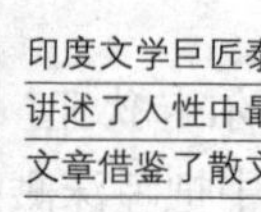

印度文学巨匠泰戈尔的短篇名作
讲述了人性中最为温柔的爱
文章借鉴了散文诗的笔法，显得相当唯美

喀布尔人 /［印度］泰戈尔

我的五岁的女儿敏妮，没有一天不唧唧喳喳地说个不停。我真相信她这一生没有一分钟是在沉默中度过的。她母亲时常为此生气，总是拦住她的话头，可是我就不这样做。看到敏妮沉默是很不自然的，她倘若半天不说话，我就不能忍受。因此我和她的谈话一直是很热闹的。

比方说，一天上午，我正在写我的新小说第十七章的时候，我的小敏妮溜进房间里来，把小手放在我的手心里，说："爸爸！看门的拉蒙达雅管乌鸦叫'五鸦'。他什么都不懂，对不对？"

我还没有来得及向她解释世界上的语言是不同的，她已经转到了另一个话题的高潮。"您猜怎么着，爸爸？普拉说云里有一只象，从鼻子里喷出水来，天就下雨了！"

当我静坐在那儿思索着怎样来回答她最后的问题的时候，她忽然又提出了一个新问题："爸爸！妈妈跟您是什么关系呢？"

我不知不觉地低声自语着："她在法律上是我的亲爱的妹妹！"但是我绷起脸来敷衍她道，"去跟普拉玩去吧，敏妮！我正忙着呢！"

我屋子的窗户是临街的。这孩子就在我书桌旁，靠近我脚边坐下来，用手轻轻地敲着自己的膝盖玩。我正在专心地写我小说的第十七章。小说中的主人公普拉达·辛格，刚刚把女主人公康昌拉达抱住，正要带着她从城堡的三层楼窗子里逃出去，忽然间敏妮不玩了，跑到窗前，喊道："一个喀布尔人！一个喀布尔人！"下面街上果然有一个喀布尔人，正在慢慢地走过。他穿着宽大的污秽的喀布尔族服装，裹着高高的头巾，背着一个口袋，手里拿着几盒葡萄干。

我不知道我女儿看到这个人有什么感想，但是她开始大声地叫他。"哎！"我想，"他要进来了，我这第十七章永远写不完了！"就在这时候，那个喀布尔人回过身来，抬头看这孩子。她看到这光景，却吓住了，赶紧跑到妈妈那里去躲起来了。她糊里糊涂地认为这大个子背着的口袋里也许有两三个和她一样的孩子。这时那小贩已经走进门里，微笑着和我招呼。

我书里的男女主人公的情况是那样地紧急，当时我想，既然已经把他叫进来了，我就停下来买一点东西吧。我买了点东西，开始和他谈到阿卜杜·拉赫曼、俄国人、英国人和边疆政策。

他要走的时候，问道："先生，那个小姑娘在哪儿呢？"

我想到敏妮不应当有这种无谓的恐惧，就叫人把她带出来。

她站在我的椅子旁边，望着这个喀布尔人和他的口袋。他递给她一些干果和葡萄干，但是她没有动心，只是更紧地靠近我，她的疑惧反而增加了。

这是他们第一次会面。

可是，没过几天，有一个早晨，我正要出门，出乎意外地发现敏妮坐在门口长凳上，和那个坐在她脚边的大个儿喀布尔人又说又笑。我这小女儿，一生中除了她父亲以外，似乎从来没遇见过这么一个耐心地听她说话的人。她的小纱丽的角上已经塞满了杏仁和葡萄干——她的客人送给她的礼物。“你为什么给她这么些东西呢？”我说，一面拿出一个八安那的银角子来，递给了他。这人不在意地接了过去，丢进他的口袋里。

糟糕得很，一个钟头以后我回来时，发现那个不祥的银角子引起了比它的价值多一倍的麻烦！因为这喀布尔人把银角子给了敏妮，她母亲看到这亮晶晶的小圆东西，就不住地追问：“这个八安那的小角子，你从哪里弄来的？”

“喀布尔人给我的。”敏妮高兴地说。

“喀布尔人给你的！”她母亲吓得叫起来。“呵，敏妮！你怎么能拿他的钱呢？”

我正在这时候走进了门，把她从危急的灾难中救了出来，我自己对她进行了盘问。

我发现这两个人会面不止一两次了。喀布尔人用干果和葡萄干这种有力的贿赂，把这孩子当初的恐怖克服了，现在这两人已成了很好的朋友。

他们常说些好玩的笑话，给他们增加了许多乐趣。敏妮满脸含笑地坐在喀布尔人的面前，小大人似的低头看着这大高个儿：“呵，喀布尔人！喀布尔人！你口袋里装的是什么？”

他就用山民的鼻音回答说：“一只象！”也许这并不可笑；但是这两个人多么欣赏这句俏皮话！依我看来，这种小孩和大人的对话里面，带有一些非常引人入胜的东西。

这喀布尔人也不放过开玩笑的机会，便反问道：“那么，小人儿，你什么时候到你公公家去呢？”

孟加拉的小姑娘，多半早就听说过公公家这一回事了；但是我们有点新派作风，没有让孩子知道这些事情，敏妮对于这个问题一定有点莫名其妙，但是她不肯显露出来，却机灵地回答道：“你到那里去么？”

可是在喀布尔人这一阶层中间谁都知道，“公公家”这几个字有一个双关的意思，那就是“监狱”的雅称，一个不用自己花钱而照应得很周到的地方。这粗鲁的小贩以为我女儿是指这个说的。“呵，”他就向幻想中的警察挥舞着拳头说：“我要揍我的公公！”听到他这样说，想像到那个狼狈不堪的“公公”，敏妮就哈哈大笑起来，她那了不起的大个子朋友也跟她一起笑着。

那些日子是秋天的早晨，正是古代的帝王出去东征西讨的季节；我却在加尔各答我的小角落里，从来也不走动，却让我的心灵在世界上漫游。一听到别的国家的名字，我的心就飞往那边去，在街上一看到一个外国人，我的脑子里就要织起梦想的网——他那遥远的家乡的山岭啦、溪谷啦、森林啦，布景里还有他的茅舍和那些远方山野的人们自由独立的生活。也许因为我过的是植物一般固定的生活，叫我去旅行，就等于当头一个霹雳，所以在我眼前幻现的漫游景象，加倍生动地在我的想像中重复地掠过。看到这个喀布尔人，我立刻神游于光秃秃的山峰之下，在高耸的山岭间，有许多窄小的山径蜿蜒出入。我似乎看见那连绵不断的、驮着货物的骆驼，一队队裹着头巾的商人，有的带着古怪的武器，有的带着长矛，从山上向着平原走来。我似乎看见——但是正在这时，敏妮的母亲就要来打扰，她央求我“留心那个人”。

敏妮的母亲偏偏是个极胆小的女人。只要她一听见街上有什么声音，或是看见有人向我们的房子走来，她就立刻断定他们不外乎是盗贼、醉汉、毒蛇、老虎、疟疾菌、蟑螂、毛虫，或是英国的水手。甚至有了多年的经验，她还不能消除她的恐怖。因此她对于这个喀布尔人充满了疑虑，常常叫我注意他的行动。

我总是笑一笑，想把她的恐惧慢慢地去掉，但是她就会很严肃地向我提一些严重的问题。

小孩从来没有被拐走过么？

那么，在喀布尔不是真的有奴隶制度么？

那么，说这个大汉把一个小娃娃抱走，会是荒唐无稽的事情么？

我辩解说，这虽然不是不可能，但多半是不会发生的。可是这解释还不够，她的恐怖始终存在着。因为这样的事没有根据，那么不让这个人到我们家里来似乎是不对的，所以他们的亲密友谊就不受约束地继续着。

每年一月中旬，拉曼，这个喀布尔人，总要回国去一趟，快动身的时候，他总是忙着挨家挨户去收欠款。今年，他却匀出工夫来看敏妮。旁人也许以为他们两人有什么密约，因为他若是早晨不能来，晚上总要来一趟。

有时在黑暗的屋角，忽然发现这个高大的、穿着宽大的衣服、背着大口袋的人，连我也不免吓一跳。但是当敏妮笑着跑进来，叫着"呵，喀布尔人！喀布尔人！"的时候，年纪相差得这么远的这两个朋友，就沉没在他们的往日的笑声和玩笑里，我也就觉得放心了。

在他决定动身的前几天，有一天早晨，我正在书房里看校样。天气很凉。阳光从窗外射到我的脚上，微微的温暖使人非常舒服。差不多八点钟了，早出的小贩都蒙着头回家了。忽然我听见街上有吵嚷的声音，往外一看，我看见拉曼被两个警察架住带走了，后面跟着一群看热闹的孩子。喀布尔人的衣服上有些血迹，一个警察手里拿着一把刀。我赶紧跑出去，拦住他们，问这是怎么回事。众口纷纭之中，我打听到有一个街坊欠了这小贩一条软浦①围巾的钱，但是他不承认他买过这件东西，在争吵之中，拉曼把他刺伤了。这时在盛怒之下，这犯人正在乱骂他的仇人，忽然间，在我房子的凉台上，我的小敏妮出现了，照样地喊着："呵，喀布尔人！喀布尔人！"拉曼回头看她的时候，脸上露出了笑容。今天他胳臂底下没有夹着口袋，所以她不能和他谈到关于那只象的问题。她立刻就问到第二个问题："你到公公家里去么？"拉曼笑了说："我正是要到那儿去，小人儿！"看到他的回答没有使孩子发笑，他举起被铐住了的一双手。"呵，"他说，"要不然我就揍那个老公公了，可惜我的手被铐住了！"

因为蓄意谋杀，拉曼被判了几年的徒刑。

时间一天一天地过去了，他被人忘却了。我们仍在原来的地方做原来的事情，我们很少或是从来没有想到那个曾经是自由的山民正在监狱里消磨时光。说起来真不好意思，连我的快活的敏妮，也把她的老朋友忘了。她的生活里又有了新的伴侣。她长大了，她和女孩子们在一起的时间更多了。她总是和她们在一起，甚至不像往常那样到她爸爸的

①离德里不远的一个印度城市。

房间里来了。我几乎很少和她攀谈。

一年一年过去了。又是一个秋天，我们把敏妮的婚礼筹备好了。婚礼定在杜尔伽大祭节举行。在杜尔伽回到凯拉斯去的时候，我们家里的光明也要到她丈夫家里去，把她父亲的家丢到阴影里。

早晨是晴朗的。雨后的空气给人一种清新的感觉，阳光就像纯金一般灿烂，连加尔各答小巷里肮脏的砖墙，都被照映得发出美丽的光辉。打一清早，喜事的喇叭就吹奏起来，每一个节拍都使我心跳。拍拉卑①的悲调仿佛在加深着我别离在即的痛苦。我的敏妮今晚就要出嫁了。

从清早起，房子里就充满了嘈杂和忙乱。院子里，要用竹竿把布篷撑起来，每一间屋子和走廊里要挂上丁丁当当的吊灯。真是没完没了的忙乱和热闹。我正坐在书房里查看账目，有一个人进来了，恭敬地行过礼，站在我面前。原来是拉曼，那个喀布尔人。起先我不认识他。他没有带着口袋，没有了长头发，也失去了他从前的那种生气。但是他微笑着，我又认出他来。

“你什么时候来的，拉曼？”我问他。

“昨天晚上，”他说，“我从监狱里放出来了。”

这些话听起来很刺耳。我从来没有跟伤害过自己的同伴的人说过话，我一想到这里，我的心瑟缩不安了，我觉得碰巧他今天来，这不是个好的预兆。

“这儿正在办喜事，”我说，“我正忙着。你能不能过几天再来呢？”

他立刻转身往外走，但是走到门口，他迟疑了一会儿说：“我可不可以看看那小人儿呢，先生，只一会儿工夫？”他相信敏妮还是像从前那个样子。他以为她会像往常那样向他跑来，叫着：“呵，喀布尔人！喀布尔人！”他又想象他们会和往日一样地在一起说笑。事实上，为着纪念过去的日子，他带来了一点杏仁、葡萄干和葡萄，好好地用纸包着，这些东西是他从一个老乡那里弄来的，因为他自己的一点点本钱已经用光了。

我又说：“家里正在办喜事，今天你什么人也见不到。”

这个人的脸上露出失望的神色。他不满意地看了我一会儿，说声“再见”，就走出去了。

我觉得有点抱歉，正想叫住他，发现他已自动转身回来了。他走近我跟前，递过他的礼物，说：“先生，我带了这点东西来，送给那小人儿。您可以替我交给她吗？”

我把它接过来，正要给他钱，但是他抓住我的手说：“您是很仁慈的，先生！永远记着我。但不要给我钱！您有一个小姑娘，在我家里我也有一个像她那么大的小姑娘。我想到她，就带点果子给您的孩子——不是想赚钱的。”

说到这里，他伸手到他宽大的长袍里，掏出一张又小又脏的纸来。他很小心地打开这张纸，在我桌上用双手把它抹平了。上面有一个小小的手印。不是一张相片。也不是一幅画像。这个墨迹模糊的手印平平地捺在纸上。当他每年到加尔各答街上卖货的时候，他自己的小女儿的这个印迹总在他的心上。

眼泪涌到我的眼眶里。我忘了他是一个穷苦的喀布尔小贩，而我是——，但是，不对，我又哪儿比他强呢？他也是一个父亲呵。

①一种印度音乐曲调名。

在那遥远的山舍里的他的小帕拔蒂的手印，使我想起了我自己的小敏妮。

我立刻把敏妮从内室里叫出来。别人多方阻挠，我都不肯听。敏妮出来了，她穿着结婚的红绸衣服，额上点着檀香膏，打扮成一个小新娘的样子，含羞地站在我面前。

看着这景象，喀布尔人显出有点惊讶的样子。他不能重温他们过去的友谊了。最后，他微笑着说："小人儿，你要到你公公家里去么？"

但是敏妮现在懂得"公公"这个词的意思了，她不能像从前那样地回答他。听到他这样一问，她脸红了，站在他面前，把她新娘般的脸低了下去。

我想起这喀布尔人和我的敏妮第一次会面的那一天，我感到难过。她走了以后，拉曼长长地吁了一口气，就在地上坐下来。他突然想到在这悠长的岁月里他的女儿一定也长大了，他必须重新和她做朋友。他再看见她的时候，她一定也和从前不一样了。而且，在这八年之中，她怎么可能不发生什么变故呢？

婚礼的喇叭吹起来了，温煦的秋天的阳光倾泻在我们周围。拉曼坐在这加尔各答的小巷里，却冥想着阿富汗的光秃秃的群山。

我拿出一张钞票来，给了他，说："回到你的家乡，你自己的女儿那里去吧，拉曼，愿你们重逢的快乐给我的孩子带来幸运！"

因为送了这份礼，在婚礼的排场上我必须节省一些。我不能用我原来想用的电灯，也不能请军乐队，家里的女眷们感到很失望。但是我觉得这婚筵格外有光彩，因为我想到，在那遥远的地方，有一个久出不归的父亲和他的独生女儿重逢了。

冰心 译

⊙作品赏析

《喀布尔人》在泰戈尔数以百计的短篇小说中仍然以它自己独特的爱的表达为广大的读者所关注。文章主要写的是一个来自遥远的甚至是贫穷的喀布尔人，因为对孩子的思念而将这种情感转嫁到一个年龄与自己的女儿相仿的印度孩子身上，展现了一份伟大的爱的情操。

文章有一个很大的优点，就在于泰戈尔在处理小说的情节表述和语言的运用上，并没有完全和他自己所擅长的诗歌相互分离，从而在组织文章的形式上，展现了与众不同的表述风格，或许可以说这样的方式就是散文诗的形式。也正是这样的优点让小说情感的表达相当到位，而且丝丝入扣。虽然和诗行的跳跃不同，文章截取的只是生活的精致的片断，但却同样地绽放出了诗一般的意境。

在这种氛围的熏陶下，文章将这种厚重的人道主义情怀竭尽所能地挖掘到相当深刻的程度，命运多舛的喀布尔人的悲伤的爱，印度作家自己的对女儿的爱，都让敏妮在情感上得到了更大的眷顾。就像在文章的结尾处作者所提到的：我觉得这婚姻格外有光彩，因为我想到，在那朦胧遥远的地方，有一个久出不归的父亲和他的独生女儿重逢了。

警察与赞美诗 /［美国］欧·亨利

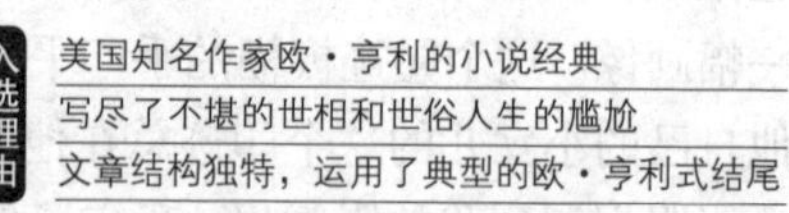

苏比躺在麦迪逊广场他那条长凳上，辗转反侧。每当雁群在夜空引吭高鸣，每当没有海豹皮大衣的女人跟丈夫亲热起来，每当苏比躺在街心公园长凳上辗转反侧，这时候，

你就知道冬天迫在眉睫了。

一张枯叶飘落在苏比的膝头。这是杰克·弗洛斯特的名片。杰克对麦迪逊广场的老住户很客气，每年光临之前，总要先打个招呼。他在十字街头把名片递给“露天公寓”的门公佬“北风”，好让房客们有所准备。

苏比明白，为了抵御寒冬，由他亲自出马组织一个单人财务委员会的时候到了。为此，他在长凳上辗转反侧，不能入寐。

苏比的冬居计划并不过奢。他没打算去地中海游弋，也不想去晒南方令人昏昏欲睡的太阳，更没考虑到维苏威湾[①]去漂流。他衷心企求的仅仅是去岛上度过三个月。整整三个月不愁食宿，伙伴们意气相投，再没有“北风”老儿和警察老爷来纠缠不清，在苏比看来，人生的乐趣也莫过于此了。

多年来，好客的布莱克威尔岛[②]监狱一直是他的冬季寓所。正如福气比他好的纽约人每年冬天要买票去棕榈滩和里维埃拉[③]一样，苏比也不免要为一年一度的“冬狩”作些最必要的安排。现在，时候到了。昨天晚上，他躺在古老的广场喷泉附近的长凳上，把三份星期天的厚报纸塞在上衣里，盖在脚踝和膝头上，都没有能挡住寒气。这就使苏比的脑海里迅速而鲜明地浮现出岛子的影子。他瞧不起慈善事业名下对地方上穷人所作的布施。在苏比眼里，法律比救济仁慈得多。他可去的地方多的是，有市政府办的，有救济机关办的，在那些地方他都能混吃混住。当然，生活不能算是奢侈。可是对苏比这样一个灵魂高傲的人来说，施舍的办法是行不通的。从慈善机构手里每得到一点点好处，钱固然不必花，却得付出精神上的屈辱来回报。真是凡事有利必有弊，要睡慈善单位的床铺，先得让人押去洗上一个澡；要吃他一块面包，还得先一五一十交代清个人的历史。因此，还是当法律的客人来得强。法律虽然铁面无私，照章办事，至少没那么不知趣，会去干涉一位大爷的私事。

既打定主意去岛上，苏比立刻准备实现自己的计划。省事的办法倒也不少。最舒服的莫过于在哪家豪华的餐馆里美美地吃上一顿，然后声明自己不名一钱[④]，这就可以悄悄地、安安静静地给交到警察手里。其余的事，自有一位识相的推事[⑤]来料理。

苏比离开长凳，踱出广场，穿过百老汇路和五马路汇合处那片平坦的柏油路面。他拐到百老汇路，在一家灯火辉煌的餐馆门前停了下来，每天晚上，这里汇集着葡萄、蚕丝与原生质的最佳制品[⑥]。

苏比对自己西服背心最低一颗纽扣以上的部分很有信心。他刮过脸，他的上装还算过得去，他那条干干净净的活结领带是感恩节[⑦]那天一位教会里的女士送给他的。只要他能走到餐桌边不引人生疑，那就胜券在握了。他露出桌面的上半身还不至于让侍者起怀疑。一只烤野鸭，苏比寻思，那就差不离——再来一瓶夏白立酒[①]，然后是一份戛曼包干酪[②]，

①维苏威湾：在意大利南部，沿岸有那不勒斯市和欧洲大陆唯一的活火山维苏威火山，是游览胜地。
②布莱克威尔岛：现名惠尔费岛，在纽约东河上，岛上有监狱。
③棕榈滩和里维埃拉：前者在美国南部佛罗里达州海边，后者指法国、意大利、摩纳哥等沿地中海一些地区，都是全世界阔人们过冬的游览区。
④不名一钱：一个钱都没有，非常贫穷。名，占有的意思。
⑤推事：旧时对审判官或法官的通称。
⑥葡萄、蚕丝与原生质的最佳制品：这是作者的诙谐说法，意思是美酒、华丽的衣服和上流人士。原生质，原泛指细胞内的物质，这里指人。
⑦感恩节：美国的一个节日，日期是11月的第四个星期四。

一小杯浓咖啡，再来一支雪茄烟。一块钱一支的那种也就凑合了。总数既不会大得让饭店柜上发狠报复，这顿牙祭又能让他去冬宫的旅途上无牵无挂，心满意足。

可是苏比刚迈进饭店的门，侍者领班的眼光就落到他的旧裤子和破皮鞋上。粗壮利落的手把他推了个转身，悄悄而迅速地把他打发到人行道上，那只险遭暗算的野鸭的不体面命运也从而得以扭转。

苏比离开了百老汇路。看来靠打牙祭去那个日思夜想的岛是不成的了。要进监狱，还得想想别的办法。

在六马路拐角上有一家铺子，灯光通明，陈设别致，大玻璃橱窗很惹眼。苏比捡起块鹅卵石往大玻璃上砸去。人们从拐角上跑来，领头的是个巡警。苏比站定了不动，两手插在口袋里，对着铜纽扣[③]直笑。

“肇事的家伙在哪儿？”警察气急败坏地问。

“你难道看不出我也许跟这事有点牵连吗？”苏比说，口气虽然带点嘲讽，却很友善，仿佛好运在等着他。

在警察的脑子里苏比连个旁证都算不上。砸橱窗的人没有谁会留下来和法律的差役打交道。他们总是一溜烟似地跑。警察看见半条街外有个人跑着去赶搭车子。他抽出警棍，追了上去。苏比心里窝火极了，他拖着步子走了开去。两次了，都砸了锅。

街对面有家不怎么起眼的饭馆。它投合胃口大钱包小的吃客。它那儿的盘盏和气氛都粗里粗气，它那儿的菜汤和餐巾都稀得透光。苏比挪动他那双暴露身份的皮鞋和泄露真相的裤子跨进饭馆时倒没遭到白眼。他在桌子旁坐下来，消受了一块牛排、一份煎饼、一份油炸糖圈，以及一份馅儿饼。吃完后他向侍者坦白：他无缘结识钱大爷，钱大爷也与他素昧平生。

“手脚麻利些，去请个警察来，”苏比说，“别让大爷久等。”

“用不着惊动警察老爷，”侍者说，嗓音油腻得像奶油蛋糕，眼睛红得像鸡尾酒里浸泡的樱桃，“喂，阿康！”

两个侍者干净利落地把苏比往外一叉[④]，正好让他左耳贴地摔在铁硬的人行道上。他一节一节地撑了起来，像木匠在打开一把折尺，然后又掸去衣服上的尘土。被捕仿佛只是一个绯色的梦[⑤]。那个岛远在天边。两个门面之外一家药铺前就站着个警察，他光是笑了笑，顺着街走开去了。

苏比一直过了五个街口，才再次鼓起勇气去追求被捕。这一回机会好极了，他还满以为十拿九稳，万无一失呢。一个衣着简朴颇为讨人喜欢的年轻女子站在橱窗前，兴味十足地盯着陈列的剃须缸与墨水台。而离店两码远，就有一位彪形大汉——警察，表情严峻地靠在救火龙头上。

苏比的计划是扮演一个下流、讨厌的小流氓。他的对象文雅娴静，又有一位忠于职守的巡警近在咫尺，使他很有理由相信，警察那双可爱的手很快就会落到他身上，使他

①夏白立酒：法国夏白立出产的一种无甜味的白葡萄酒。
②戛曼包干酪：用戛曼包地方的方法制成的干酪。戛曼包，法国西北部诺曼底半岛的一个地方。干酪，牛乳的一种发酵制品，供调剂各种食品用。
③铜纽扣：警察制服上的铜制纽扣。这里指代警察。
④叉：刺，这里是用手推的意思。
⑤绯色的梦：美梦。绯色，红色。

在岛上冬蛰的小安乐窝里吃喝不愁。

苏比把教会女士送的活结领带拉拉挺，把缩进袖口的衬衫袖子拉出来，把帽子往后一推，歪得马上要掉下来，向那女子挨将过去。他厚着面皮把小流氓该干的那一套恶心勾当一段段表演下去。苏比把眼光斜扫过去，只见那警察在盯住他。年轻女人挪动了几步，又专心致志地看起剃须缸来。苏比跟了过去，大胆地挨到她的身边，把帽子举了一举，说：

"啊哈，我说，贝蒂丽亚！你不是说要到我院子里去玩儿吗？"

警察还在盯着。那受人轻薄的女子只消将手指一招，苏比就等于进安乐岛了。他想象中已经感到了巡捕房的舒适和温暖。年轻的女士转过脸来，伸出一只手，抓住苏比的袖子。

"可不是吗，迈克，"她兴致勃勃地说，"不过你先得破费给我买杯猫尿[①]。要不是那巡警老盯着，我早就要跟你搭腔了。"

那娘们像常春藤一样紧紧攀住苏比这棵橡树，苏比好不懊丧地在警察身边走了过去。看来他的自由是命中注定的了。

一拐弯，他甩掉女伴撒腿就走。他一口气来到一个地方，一到晚上，最轻佻的灯光，最轻松的心灵，最轻率的盟誓，最轻快的歌剧，都在这里荟萃。身穿轻裘大氅的淑女绅士在寒冷的空气里兴高采烈地走动。苏比突然感到一阵恐惧，会不会有什么可怕的魔法镇住了他，使他永远也不会被捕呢？这个念头使他有点发慌，但是当他遇见一个警察大模大样在灯火通明的剧院门前巡逻时，他马上就捞起"扰乱治安"这根稻草来。

苏比在人行道上扯直他那破锣似的嗓子，像醉鬼那样乱嚷嚷。他又是跳，又是吼，又是骂，用尽了办法大吵大闹。

警察让警棍打着旋，身子转过去背对苏比，向一个市民解释道：

"这是个耶鲁[②]的小伙子在庆祝胜利，他们跟哈德福学院赛球，请人家吃了鸭蛋。够吵的，可是不碍事。我们有指示，让他们只管闹去。"

苏比怏怏地停止了白费气力的吵闹。难道就没有一个警察来抓他了吗？在他的幻想中，那岛子已成为可望不可即的仙岛。他扣好单薄的上衣以抵挡刺骨的寒风。

他看见雪茄烟店里一个衣冠楚楚的人对着摇曳的火头在点烟。那人进店时，将一把绸伞靠在门边。苏比跨进店门，拿起绸伞，慢吞吞地退了出去。对火的人赶紧追出来。

"我的伞。"他厉声说道。

"噢，是吗？"苏比冷笑说；在小偷小摸的罪名上又加上侮辱这一条。"好，那你干吗不叫警察？不错，是我拿的。你的伞！你怎么不叫巡警？那边拐角上就有一个。"

伞主人放慢了脚步，苏比也放慢脚步。他有一种预感：他又一次背运了。那警察好奇地瞅着这两个人。

"当然，"伞主人说，"嗯……是啊，你知道有时候会发生误会……我………要是这伞是你的我希望你别见怪……我是今天早上在一家饭店里捡的……要是你认出来这是你的，那么……我希望你别……"

"当然是我的。"苏比恶狠狠地说。

①猫尿：指啤酒。
②耶鲁：指耶鲁大学，它是美国最早的私立大学之一。

伞的前任主人退了下去。那警察急匆匆地跑去搀一位穿晚礼服的金发高个儿女士过马路，免得她被在两条街以外往这边驶来的电车撞着。

苏比往东走，穿过一条因为翻修而高低不平的马路。他忿忿地把伞扔进一个坑。他嘟嘟哝哝咒骂起那些头戴铜盔，手拿警棍的家伙来。因为他想落入法网，而他们偏偏认为他是个永远不会犯错误的国王①。

最后，苏比来到通往东区的一条马路上，这儿灯光暗了下来，嘈杂声传来也是隐隐约约的。他顺着街往麦迪逊广场走去，因为即使他的家仅仅是公园里的一条长凳，他仍然有夜深知归的本能。

可是，在一个异常幽静的地段，苏比停住了脚步。这里有一座古老的教堂，建筑古雅，不很规整，是有山墙的那种房子。柔和的灯光透过淡紫色花玻璃窗子映射出来，风琴师为了练熟星期天的赞美诗，在键盘上按过来按过去。动人的乐音飘进苏比的耳朵，吸引了他，把他胶着在螺旋形的铁栏杆上。

明月悬在中天②，光辉、静穆；车辆与行人都很稀少；檐下的冻雀睡梦中啁啾了几声——这境界一时之间使人想起乡村教堂边上的墓地。风琴师奏出的赞美诗使铁栏杆前的苏比入定③了，因为当他在生活中有母爱、玫瑰、雄心、朋友以及洁白无瑕的思想与衣领时，赞美诗对他来说是很熟悉的。

苏比这时敏感的心情和老教堂的潜移默化会合在一起，使他灵魂里突然起了奇妙的变化。他猛然对他所落人的泥坑感到憎厌。那堕落的时光，低俗的欲望，心灰意懒，才能衰退，动机不良——这一切现在都构成了他的生活内容。

一刹那间，新的意境醍醐灌顶④似地激荡着他。一股强烈迅速的冲动激励着他去向坎坷的命运奋斗。他要把自己拉出泥坑，他要重新做一个好样儿的人。他要征服那已经控制了他的罪恶。时间还不晚，他还算年轻，他要重新振作当年的雄心壮志，坚定不移地把它实现。管风琴⑤庄严而甜美的音调使他内心起了一场革命。明天他要到熙熙攘攘的商业区去找事做。有个皮货进口商曾经让他去赶车。他明天就去找那商人，把这差使接下来。他要做个显赫一时的人。他要——

苏比觉得有一只手按在他胳膊上。他霍地扭过头，只见是警察的一张胖脸。

“你在这儿干什么？”那警察问。

“没干什么。”苏比回答。

“那你跟我来。”警察说。

第二天早上，警察局法庭上的推事宣判道：“布莱克威尔岛，三个月。”

李文俊 译

①永远不会犯错的国王：英国谚语，意思是国王是不可能犯错误的。
②中天：天空。
③入定：佛教用语。原意是僧人静坐修行，不怀杂念，使心定于一处。这里用来形容苏比当时的心情。
④醍醐灌顶：佛教用语，比喻给人灌输智慧，使人彻底醒悟。醍醐，酥酪上凝聚的油，味甘美。
⑤管风琴：一种键盘乐器。由几种音色不同的管子构成，音域宽广，能奏多声部音乐，富有表现力，多固定建造于教堂或音乐厅等高大建筑物内。

⊙作品赏析

这个美国的桂冠诗人在《警察与赞美诗》中，借助流浪汉苏比在冬天的心理历程和真实的遭遇展现了这个世界的荒诞和尴尬。苏比因为在生存上遭遇了困境，所以他尝试了很多次、在他自己看来很不道德的、甚至可以称得上犯罪的事实，只想着被抓入监狱度过这个苦难的冬天，但事与愿违，他没有得到他想得到的。相反，在他听完教堂的赞美诗后想改过自新重新做人的时候，偏偏就在这时，他被投入了监狱。这是一个可能显得荒诞不经的故事，但却显示了相当苦涩的人生境遇的分析。

这是一种幽默同时也是一种辛酸的眼泪。虽然作者的这篇文章充满了艺术的创造，但同样的因为表达出的情感得到了广泛的认同，于是故事也相应地成为一种近乎真实的表达了。当然这也是一种杰出的欧·亨利笔法，在前面文章的铺垫中我们丝毫不会感觉到，流浪汉被抓的原因不是因为他的犯罪，而是在他得到改过自新的人生呼唤以后，这是一种绝对的落差，多少让人心酸。因为作者引领我们，让我们看到了在苏比身上新生的希望了：风琴师奏出的赞美诗使铁栏杆前的苏比入定了，一刹那间新的意境醍醐灌顶似地激荡着他，一股强烈迅速的冲动激励着他去向坎坷的命运奋斗。

麦琪的礼物 / ［美国］欧·亨利

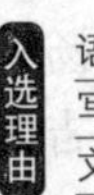

语言平淡哀伤，有着幽默的悲叹

写尽世界最为伟大的相濡以沫式的尘俗之爱

文章结构独特，运用了典型的欧·亨利式结尾

一块八毛七分钱。全在这儿了。其中六毛钱还是铜子儿凑起来的。这些铜子儿是每次一个、两个向杂货铺、菜贩和肉店老板那儿死乞白赖地硬扣下来的；人家虽然没有明说，自己总觉得这种掂斤播两的交易未免太吝啬，当时脸都臊红了。德拉数了三遍。数来数去还是一块八毛七分钱，而第二天就是圣诞节了。

除了扑在那张破旧的小榻上号哭之外，显然没有别的办法。德拉就那样做了。这使一种精神上的感慨油然而生，认为人生是由啜泣、抽噎和微笑组成的，而抽噎占了其中绝大部分。

这个家庭的主妇渐渐从第一阶段退到第二阶段，我们不妨抽空儿来看看这个家吧。一套连家具的公寓，房租每星期八块钱。虽不能说是绝对难以形容，其实跟贫民窟也相去不远。

下面门廊里有一个信箱，但是永远不会有信件投进去；还有一个电钮，除非神仙下凡才能把铃按响。那里还贴着一张名片，上面印有"詹姆斯·迪林汉·扬先生"几个字。

"迪林汉"这个名号是主人先前每星期挣三十块钱的时候，一时高兴，加在姓名之间的。现在收入缩减到二十块钱，"迪林汉"几个字看来就有些模糊，仿佛它们正在郑重考虑，是不是缩成一个质朴而谦逊的"迪"字为好。但是每逢詹姆斯·迪林汉·扬先生回家上楼，走进房间的时候，詹姆斯·迪林汉·扬太太——就是刚才已经介绍给各位的德拉——总是管他叫做"吉姆"，总是热烈地拥抱他。那当然是很好的。

德拉哭过之后，在脸颊上扑了些粉。她站在窗子跟前，呆呆地瞅着外面灰蒙蒙的后院里，一只灰猫正在灰色的篱笆上行走。明天就是圣诞节了，她只有一块八毛七分钱来给吉姆买一件礼物。好几个月来，她省吃俭用，能攒起来的都攒了，可结果只有这么一点儿。一星期二十块钱的收入是不经用的。支出总比她预算的要多。总是这样的。只有一块八毛七分钱来给吉姆买礼物。她的吉姆。为了买一件好东西送给他，德拉自得其乐地筹划了好些日子。要买一件精致、珍奇而真有价值的东西——够得上为吉姆所有的东西固然很少，可总得有些相称才成呀。

房里两扇窗子中间有一面壁镜。诸位也许见过房租八块钱的公寓里的壁镜。一个非常瘦小灵活的人，从一连串纵的片断的映像里，也许可以对自己的容貌得到一个大致不差的概念。德拉全凭身材苗条，才精通了那种技艺。

她突然从窗口转过身，站到壁镜面前。她的眼睛晶莹明亮，可是她的脸在二十秒钟之内却失色了。她迅速地把头发解开，让它披落下来。

且说，詹姆斯·迪林汉·扬夫妇有两样东西特别引为自豪，一样是吉姆三代祖传的金表，另一样是德拉的头发。如果示巴女王[①]住在天井对面的公寓里，德拉总有一天会把她的头发悬在窗外去晾干，使那位女王的珠宝和礼物相形见绌。如果所罗门王[②]当了看门人，把他所有的财富都堆在地下室里，吉姆每次经过那儿时准会掏出他的金表看看，好让所罗门妒忌得吹胡子瞪眼睛。

·作者简介·

欧·亨利（1862～1910），美国最为知名的短篇小说家。生于北卡罗来纳普通的乡医家庭，成长于各式工作的艰难尝试中，但却凭借自己的努力和先天的对世界和生命的感悟力，创造了美国史上文学的首个巅峰，被誉为曼哈顿的桂冠散文作家，以及美国现代短篇小说之父。他的小说源自纽约的真实社会生活，蕴藉着作家对生活的纵深理解，主要包括为欧·亨利赢取了世界声誉的《警察与赞美诗》、《爱的牺牲》、《麦琪的礼物》、《最后一片叶子》等。他的小说以真实的生活感触和新颖的构思为我们营造了比比皆是的生活中的尴尬，以及尴尬的背后心酸的眼泪。

欧·亨利像

这当儿，德拉美丽的头发披散在身上，像一股褐色的小瀑布，奔泻闪亮。头发一直垂到膝盖底下，仿佛给她铺成了一件衣裳。她又神经质地赶快把头发梳好。她踌躇了一会儿，静静地站着，有一两滴泪水溅落在破旧的红地毯上。

她穿上褐色的旧外套，戴上褐色的旧帽子。她眼睛里还留着晶莹的泪光，裙子一摆，她就飘然走出房门，下楼跑到街上。

她走到一块招牌前停住了，招牌上面写着："莎弗朗妮夫人——经营各种头发用品"。德拉跑上一段楼梯，气喘吁吁地让自己定下神来。那位夫人身躯肥硕，肤色白得过分，一副冷冰冰的模样，同"莎弗朗妮"这个名字不大相称。

"你要买我的头发吗？"德拉问道。

"我买头发，"夫人说，"脱掉帽子，让我看看头发的模样。"

那股褐色的小瀑布泻了下来。

"二十块钱。"夫人用行家的手法抓起头发说。

"赶快把钱给我。"德拉说。

噢，此后的两个钟头仿佛长了玫瑰色翅膀似的飞掠过去。诸位不必理会这种杂凑的比喻。总之，德拉正为了送吉姆的礼物在店铺里搜索。

①示巴古国在阿拉伯西南，即今之也门。据《旧约·列王记上》载，示巴女王带了许多香料、宝石和黄金去觐见所罗门王，用难题考验所罗门的智慧。

②所罗门王：公元前10世纪以色列国王，以聪明豪富著称。

德拉终于把它找到了。它准是专为吉姆，而不是为别人制造的。她把所有店铺都兜底翻过，各家都没有像这样的东西。那是一条白金表链，式样简单朴素，只是以货色来显示它的价值，不凭什么装潢来炫耀——一切好东西都应该是这样的。它甚至配得上那只金表。她一看到就认为非给吉姆买下不可。它简直像他的为人。文静而有价值——这句话拿来形容表链和吉姆本人都恰到好处。店里以二十一块钱的价格卖给了她，她剩下八毛七分钱，匆匆赶回家去。吉姆有了那条链子，在任何场合都可以毫无顾虑地看看钟点了。那只表虽然华贵，可是因为只用一条旧皮带来代替表链，他有时候只是偷偷地瞥一眼。

德拉回家以后，她的陶醉有一小部分被审慎和理智所替代。她拿出卷发铁钳，点着煤气，着手补救由于爱情加上慷慨而造成的灾害。那始终是一件艰巨的工作，亲爱的朋友们——简直是了不起的工作。

不出四十分钟，她头上布满了紧贴着的小发卷，变得活像一个逃课的小学生。她对着镜子小心而苛刻地照了又照。

"如果吉姆看了一眼不把我宰掉才怪呢，"她自言自语地说，"他会说我像是康奈岛游乐场里的卖唱姑娘。我有什么办法呢？唉！只有一块八毛七分钱，叫我有什么办法呢？"

到了七点钟，咖啡已经煮好，煎锅也放在炉子后面热着，随时可以煎肉排。

吉姆从没有晚回来过。德拉把表链对折着握在手里，在他进来时必经的门口的桌子角上坐下来。接着，她听到楼下梯级上响起了他的脚步声。她脸色白了一忽儿。她有一个习惯，往往为了日常最简单的事情默祷几句，现在她悄声说："求求上帝，让他认为我还是美丽的。"

门打开了，吉姆走进来，随手把门关上了。他很瘦削，非常严肃。可怜的人儿，他只有二十二岁——就负起了家庭的担子！他需要一件新大衣，手套也没有。

吉姆在门内站住，像一条猎狗嗅到鹌鹑气味似的纹丝不动。他的眼睛盯着德拉，所含的神情是她所不能理解的，这使她大为惊慌。那既不是愤怒，也不是惊讶，又不是不满，更不是嫌恶，不是她所预料的任何一种神情。他只带着那种奇特的神情凝视着德拉。

德拉一扭腰，从桌上跳下来，走近他身边。

"吉姆，亲爱的，"她喊道，"别那样盯着我。我把头发剪掉卖了，因为不送你一件礼物，我过不了圣诞节。头发会再长出来的——你不会在意吧，是不是？我非这么做不可。我的头发长得快极啦。说句'恭贺圣诞'吧！吉姆，让我们快快乐乐的。我给你买了一件多么好——多么美丽的好东西，你怎么也猜不到的。"

"你把头发剪掉了吗？"吉姆吃力地问道，仿佛他绞尽脑汁之后，还没有把这个显而易见的事实弄明白似的。

"非但剪了，而且卖了，"德拉说，"不管怎样，你还是同样地喜欢我吗？虽然没有了头发，我还是我，不是吗？"

吉姆好奇地向房里四下张望。

"你说你的头发没有了吗？"他带着近乎白痴般的神情问道。

"你不用找啦，"德拉说，"我告诉你，已经卖了——卖了，没有了。今天是圣诞前夜，亲爱的。好好地对待我，我剪掉头发为的是你呀。我的头发也许数得清，"她突然非常温柔地接下去说，“但我对你的情爱谁也数不清。我把肉排煎上，好吗，吉姆？”

吉姆好像从恍惚中突然醒过来。他把德拉搂在怀里。我们不要冒昧，先花十秒钟工夫瞧瞧另一方面无关紧要的东西吧。每星期八块钱的房租，或是每年一百万元房租——那有什么区别呢？一位数学家或是一位俏皮的人可能会给你不正确的答复。麦琪带来了宝贵的礼物[①]，但其中没有那件东西。对这句晦涩的话，下文将有所说明。

吉姆从大衣口袋里掏出一包东西，把它扔在桌上。

“别对我有什么误会，德拉，”他说，“不管是剪发、修脸，还是洗头，我对我姑娘的爱情是决不会减少的。但是只消打开那包东西，你就会明白，你刚才为什么使我愣住了。”

白皙的手指敏捷地撕开了绳索和包皮纸。接着是一声狂喜的呼喊；紧接着，哎呀！突然转变成女性神经质的眼泪和号哭，立刻需要公寓的主人用尽办法来安慰她。

因为摆在眼前的是那套插在头发上的梳子——全套的发梳，两鬓用的，后面用的，应有尽有；那原是百老汇路上一个橱窗里德拉渴望了好久的东西。纯玳瑁做的，边上镶着珠宝的美丽的发梳——来配那已经失去的美发，颜色真是再合适也没有了。她知道这套发梳是很贵重的，心向神往了好久，但从来没有存过占有它的希望。现在居然为她所有了，可是佩带这些渴望已久的装饰品的头发却没有了。

但她还是把这套发梳搂在怀里不放，过了好久，她才能抬起迷的泪眼，含笑对吉姆说：“我的头发长得很快，吉姆！”

接着，德拉像一只给火烫着的小猫似的跳了起来，叫道：“喔！喔！”

吉姆还没有见到他的美丽的礼物呢。她热切地伸出摊开的手掌递给他。那无知觉的贵金属闪烁着仿佛反映着她快活和热诚的心情。

“漂亮吗，吉姆？我走遍全市才找到的。现在你每天要把表看上百来遍了。把你的表给我，我要看看它配在表上的样子。”

吉姆并没有照着她的话做，却坐到榻上，双手枕着头，笑了起来。

“德拉，”他说，“我们把圣诞节礼物搁在一边，暂且保存起来。它们实在太好啦，现在用了未免可惜。我是卖掉了金表，换了钱去买你的发梳的。现在请你煎肉排吧。”

那三位麦琪，诸位知道，全是有智慧的人——非常有智慧的人——他们带来礼物，送给生在马槽里的圣子耶稣。他们首创了圣诞节馈赠礼物的风俗。他们既然有智慧，他们的礼物无疑也是聪明的，可能还附带一种碰上收到同样的东西时可以交换的权利。我的拙笔在这里告诉了诸位一个没有曲折、不足为奇的故事；那两个住在一间公寓里的笨孩子，极不聪明地为了对方牺牲了他们一家最宝贵的东西。但是，让我们对目前一般聪明人说最后一句话，在所有馈赠礼物的人当中，那两个人是最聪明的。在一切接受礼物的人当中，像他们这样的人也是最聪明的。无论在什么地方，他们都是最聪明的。他们就是麦琪。

王永年 译

①麦琪：指基督初生时来送礼物的三贤人。一说是东方的三王：梅尔基奥尔（光明之王）赠送黄金，表示尊贵；加斯帕（洁白者）赠送乳香，象征神圣；巴尔撒泽赠送没药，预示基督后来遭受迫害而死。

⊙作品赏析

欧·亨利的短篇小说在世界上曾和莫泊桑、契诃夫并举，但总让人感觉虽然在情感的蕴含上似乎不相上下，但在结构体式上，欧·亨利比较于后两者更显自己的独特魅力，而这就是被历代评论家所津津乐道的欧·亨利式的结尾。

《麦琪的礼物》同样秉承了作家一贯的创作原则，我们在文章中也再次见证了这一传奇式的结构：文章中贫穷的夫妻德拉与吉姆在生活的苦难中挣扎着，却为我们展现出了陀思妥耶夫斯基式的相濡以沫的生活之爱。在圣诞节的前一天，仍在为生活奔波忧愁的他们，不是像普通的美国人那样，张罗着为这个伟大的日子欢庆。与之相反，出人意料的，他们双方把自己最珍贵的东西典当了，只为让爱人的生活能够更加安适一些，这即是文章的高潮部分。它既为我们展露了生命的高尚之爱，也同时让人在他们的凄美的爱恋中感伤不已，这大概就是爱的最绝美的误会。就像文章中所说的：让我们把礼物放在一起吧，保存一会儿吧，他们实在是太美好了，只是目前尚不可用。而这就是作者心目中的麦琪。这个结尾就是评论家所津津乐道的欧·亨利式的结尾。它的精妙处在于营造了文章前后情感意蕴的明显落差，引起读者思考对这一事件的促成因素，让人的阅读视觉从单一的文本走向更为广阔的现实社会，并且模糊了它们之间的界限，让文本在一定意义上具备了“含泪的微笑”这一传统的小人物式的悲哀。

如果再加上语言平淡中的忧伤，看似幽默的感叹，以及穷人生活中难堪的喜剧色彩，则将更让我们迷失在作者为我们营造的小说氛围中。

最后一片叶子 /［美国］欧·亨利

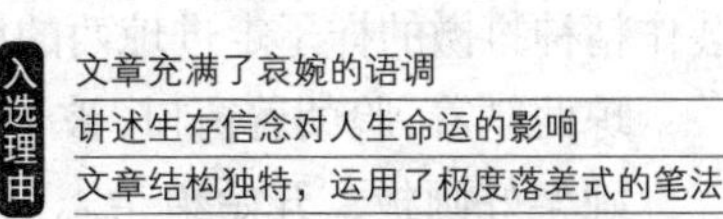

在华盛顿广场西边的一个小区里，街道都横七竖八地伸展开去，又分裂成一小条一小条的“胡同”。这些“胡同”稀奇古怪地拐着弯子。一条街有时自己本身就交叉了不止一次。有一回一个画家发现这条街有一种优越性：要是有个收账的跑到这条街上，来催要颜料、纸张和画布的钱，他就会突然发现自己两手空空，原路返回，一文钱的账也没有要到！

所以，不久之后不少画家就摸索到这个古色古香的老格林尼治村来，寻求朝北的窗户、十八世纪的尖顶山墙、荷兰式的阁楼，以及低廉的房租。然后，他们又从第六街买来一些锡蜡酒杯和一两只火锅，这里便成了“艺术区”。

苏和琼西的画室设在一所又宽又矮的三层楼砖房的顶楼上。“琼西”是琼娜的爱称。她俩一个来自缅因州，一个是加利福尼亚州人。她们是在第八街的“台尔蒙尼歌之家”吃份饭时碰到的，她们发现彼此对艺术、生菜色拉和时装的爱好非常一致，便合租了那间画室。

那是五月里的事。到了十一月，一个冷酷的、肉眼看不见的、医生们叫做“肺炎”的不速之客，在艺术区里悄悄地游荡，用他冰冷的手指头这里碰一下那里碰一下。在广场东头，这个破坏者明目张胆地踏着大步，一下子就击倒几十个受害者，可是在迷宫一样、狭窄而铺满青苔的“胡同”里，他的步伐就慢了下来。

肺炎先生不是一个你们心目中行侠仗义的年老绅士。一个身子单薄，被加利福尼亚州的西风刮得没有血色的弱女子，本来不应该是这个有着红拳头的、呼吸急促的老家伙打击的对象。然而，琼西却遭到了打击；她躺在一张油漆过的铁床上，一动也不动，凝望着小小的荷兰式玻璃窗外对面砖房的空墙。

一天早晨，那个忙碌的医生扬了扬他那毛茸茸的灰白色眉毛，把苏叫到外边的走廊上。

“我看，她的病只有十分之一的恢复希望，”他一面把体温表里的水银柱甩下去，一面说，“这一分希望就是她想要活下去的念头。有些人好像不愿意活下去，喜欢照顾殡仪馆的生意，简直让整个医药界都无能为力。你的朋友断定自己是不会痊愈的了。她是不是有什么心事呢？”

“她——她希望有一天能够去画那不勒斯的海湾。”苏说。

“画画？——真是瞎扯！她脑子里有没有什么值得她想了又想的事——比如说，一个男人？”

“男人？”苏像吹口琴似地扯着嗓子说，“男人难道值得——不，医生，没有这样的事。”

“哦，那么就是她病得太衰弱了，”医生说，“我一定尽我的努力用科学所能达到的全部力量来治疗她。可要是我的病人开始算计会有多少辆马车送她出丧，我就得把治疗的效果减掉百分之五十。只要你能想法让她对冬季大衣袖子的时新式样感到兴趣而提出一两个问题，那我可以向你保证把医好她的机会从十分之一提高到五分之一。”

医生走后，苏走进工作室里，把一条日本餐巾哭成一团湿。后来她手里拿着画板，装作精神抖擞的样子走进琼西的屋子，嘴里吹着爵士音乐调子。

琼西躺着，脸朝着窗口，被子底下的身体纹丝不动。苏以为她睡着了，赶忙停止吹口哨。

她架好画板，开始给杂志里的故事画一张钢笔插图。年轻的画家为了铺平通向艺术的道路，不得不给杂志里的故事画插图，而这些故事又是年轻的作家为了铺平通向文学的道路而不得不写的。

苏正在给故事主人公，一个爱达荷州牧人的身上，画上一条马匹展览会穿的时髦马裤和一片单眼镜时，忽然听到一个重复了几次的低微的声音。她快步走到床边。

琼西的眼睛睁得很大。她望着窗外，数着……倒过来数。

“十二，”她数道，歇了一会又说，“十一，”然后是“十”和“九”；接着几乎同时数着“八”和“七”。

苏关切地看了看窗外。那儿有什么可数的呢？只见一个空荡阴暗的院子，二十英尺以外还有一所砖房的空墙。一棵老极了的长春藤，枯萎的根纠结在一块，枝干攀在砖墙的半腰上。秋天的寒风把藤上的叶子差不多全都吹掉了，只有几乎光秃的枝条还缠附在剥落的砖块上。

“什么呀，亲爱的？”苏问道。

“六，”琼西几乎用耳语低声说道，“它们现在越落越快了。三天前还有差不多一百片。我数得头都疼了。但是现在好数了。又掉了一片。只剩下五片了。”

“五片什么呀，亲爱的。告诉你的苏娣吧。”

“叶子。长春藤上的。等到最后一片叶子掉下来，我也就该去了。这件事我三天前就知道了。难道医生没有告诉你？”

“哼，我从来没听过这种傻话，”苏十分不以为然地说，“那些破长春藤叶子和你的病好不好有什么关系？你以前不是很喜欢这棵树吗？你这个淘气孩子。不要说傻话了。瞧，医生今天早晨还告诉我，说你迅速痊愈的机会是——让我一字不改地照他的话说吧——他说有九成把握。噢，那简直和我们在纽约坐电车或者走过一座新楼房的把握一样大。喝点汤吧，让苏娣去画她的画，好把它卖给编辑先生，换了钱来给她的病孩子买点红葡萄酒，再给她自己买点猪排解解馋。”

“你不用买酒了，”琼西的眼睛直盯着窗外说道，“又落了一片。不，我不想喝汤。只剩下四片了。我想在天黑以前等着看那最后一片叶子掉下去。然后我也要去了。”

“琼西，亲爱的，”苏俯着身子对她说，“你答应我闭上眼睛，不要瞧窗外，等我画完，行吗？明天我非得交出这些插图。我需要光线，否则我就拉下窗帘了。”

“你不能到那间屋子里去画吗？”琼西冷冷地问道。

“我愿意待在你跟前，”苏说，“再说，我也不想让你老看着那些讨厌的长春藤叶子。”

“你一画完就叫我，”琼西说着，便闭上了眼睛。她脸色苍白，一动不动地躺在床上，就像是座横倒在地上的雕像。“因为我想看那最后一片叶子掉下来，我等得不耐烦了，也想得不耐烦了。我想摆脱一切，飘下去，飘下去，像一片可怜的疲倦了的叶子那样。”

“你睡一会吧，”苏说道，“我得下楼把贝尔门叫上来，给我当那个隐居的老矿工的模特儿。我一会儿就回来的。不要动，等我回来。”

老贝尔门是住在她们这座楼房底层的一个画家。他年过六十，有一把像米开朗琪罗的摩西雕像那样的大胡子，这胡子长在一个像半人半兽的森林之神的头颅上，又拳曲地飘拂在小鬼似的身躯上。贝尔门是个失败的画家。他操了四十年的画笔，还远没有摸着艺术女神的衣裙。他老是说就要画他的那幅杰作了，可是直到现在他还没有动笔。几年来，他除了偶尔画点商业广告之类的玩意儿以外，什么也没有画过。他给艺术区里穷得雇不起职业模特儿的年轻画家们当模特儿，挣一点钱。他喝酒毫无节制，还时常提起他要画的那幅杰作。除此以外，他是一个火气十足的小老头子，十分瞧不起别人的温情，却认为自己是专门保护楼上画室里那两个年轻女画家的一只看家狗。

苏在楼下他那间光线黯淡的斗室里找到了嘴里酒气扑鼻的贝尔门。一幅空白的画布绷在一个画架上，摆在屋角里，等待那幅杰作已经二十五年了，可是连一根线条还没等着。苏把琼西的胡思乱想告诉了他，还说她害怕琼西自个儿瘦小柔弱得像一片叶子一样，对这个世界的留恋越来越微弱，恐怕真会离世飘走了。

老贝尔门两只发红的眼睛显然在迎风流泪，他十分轻蔑地嗤笑这种痴呆的胡思乱想。

“什么，”他喊道，“世界上真会有人蠢到因为那些该死的长春藤叶子落掉就想死？我从来没有听说过这种怪事。不，我才不给你那隐居的矿工糊涂虫当模特儿呢。你干吗让她胡思乱想？唉，可怜的琼西小姐。”

“她病得很厉害很虚弱，”苏说，“发高烧发得她神经昏乱，满脑子都是古怪想法。好吧，贝尔门先生，你不愿意给我当模特儿，就拉倒，我看你是个讨厌的老——老啰鬼。”

“你简直太婆婆妈妈了！”贝尔门喊道，“谁说我不愿意当模特儿？走，我和你一块去。我不是讲了半天愿意给你当模特儿吗？老天爷，琼西小姐这么好的姑娘真不应该躺在这种地方生病。总有一天我要画一幅杰作，我们就可以都搬出去了。一定的！”

他们上楼以后，琼西正睡着觉。苏把窗帘拉下，一直遮住窗台，做手势叫贝尔门到隔壁屋子里去。他们在那里提心吊胆地瞅着窗外那棵长春藤。后来他们默默无言，彼此对望了一会。寒冷的雨夹杂着了雪花不停地下着。贝尔门穿着他的旧的蓝衬衣，坐在一把翻过来充当岩石的铁壶上，扮作隐居的矿工。

第二天早晨，苏只睡了一个小时的觉，醒来了，她看见琼西无神的眼睛睁得大大地注视着拉下的绿窗帘。

“把窗帘拉起来，我要看看。”她低声地命令道。

苏疲倦地照办了。

然而，看呀！经过了漫长一夜的风吹雨打，在砖墙上还挂着一片藤叶。它是长春藤上最后的一片叶子了。靠近茎部仍然是深绿色，可是锯齿形的叶子边缘已经枯萎发黄，它傲然挂在一根离地二十多英尺的藤枝上。

“这是最后一片叶子。”琼西说道，“我以为它昨晚一定会落掉的。我听见风声的。今天它一定会落掉，我也会死的。”

“哎呀，哎呀，”苏把疲乏的脸庞挨近枕头边上对她说，“你不肯为自己着想，也得为我想想啊。我可怎么办呢？”

可是琼西不回答。当一个灵魂正在准备走上那神秘的、遥远的死亡之途时，她是世界上最寂寞的人了。那些把她和友谊及大地联结起来的关系逐渐消失以后，她那个狂想越来越强烈了。

白天总算过去了，甚至在暮色中她们还能看见那片孤零零的藤叶仍紧紧地依附在靠墙的枝上。后来，夜的到临带来了呼啸的北风，雨点不停地拍打着窗子，雨水从低垂的荷兰式屋檐上流泻下来。

天刚蒙蒙亮，琼西就毫不留情地吩咐拉起窗帘来。

那片藤叶仍然在那里。

琼西躺着对它看了许久。然后她招呼正在煤气炉上给她煮鸡汤的苏。

“我是一个坏女孩子，苏娣，”琼西说，“天意让那片最后的藤叶留在那里，证明我是多么坏。想死是有罪过的。你现在就给我拿点鸡汤来，再拿点羼葡萄酒的牛奶来，再——不，先给我一面小镜子，再把枕头垫垫高，我要坐起来看你做饭。”

过了一个钟头，她说道：

“苏娣，我希望有一天能去画那不勒斯的海湾。”

下午医生来了，他走的时候，苏找了个借口跑到走廊上。

“有五成希望，”医生一面说，一面把苏细瘦的颤抖的手握在自己的手里，“好好护理，你会成功的。现在我得去看楼下另一个病人。他的名字叫贝尔门——听说也是个画家。也是肺炎。他年纪太大，身体又弱，病势很重。他是治不好的了；今天要把他送到医院里，让他更舒服一点。”

第二天，医生对苏说：“她已经脱离危险，你成功了。现在只剩下营养和护理了。”

下午苏跑到琼西的床前，琼西正躺着，安详地编织着一条毫无用处的深蓝色毛线披肩。苏用一只胳臂连枕头带人一把抱住了她。

“我有件事要告诉你，小家伙，”她说，“贝尔门先生今天在医院里患肺炎去世了。他只病了两天。头一天早晨，门房发现他在楼下自己那间房里痛得动弹不了。他的鞋子和衣服全都湿透了，冰凉冰凉的。他们搞不清楚在那个凄风苦雨的夜晚，他究竟到哪里去了。后来他们发现了一盏没有熄灭的灯笼，一把挪动过地方的梯子，几支扔得满地的画笔，还有一块调色板，上面涂抹着绿色和黄色的颜料，还有——亲爱的，瞧瞧窗子外面，瞧瞧墙上那最后一片藤叶。难道你没有想过，为什么风刮得那样厉害，它却从来不摇一摇，动一动呢？唉，亲爱的，这片叶子才是贝尔门的杰作——就是在最后一片叶子掉下来的晚上，他把它画在那里的。”

文美惠 译

⊙作品赏析

《最后一片叶子》讲述的是哀戚的人生信念，琼西这个身子单薄，被加利福尼亚的西风刮得没有血色的弱女子被可怕的肺炎感染了，并且据医生说只有百分之十的活下去的希望，但是正是窗外的常春藤的坚强的最后一片落叶和她的到意大利画那不勒斯的海湾的强烈愿望让她活了下来。这是一个哀婉的但却充满了人生信念的故事，虽然在文章中的琼西也有落寞的时候：当一个灵魂正在准备走上那神秘的、遥远的死亡之途时，她是世界上最寂寞的人了。可是最后一片叶子没有掉，这也成就了她的信仰。

文章同样也是运用了典型的欧·亨利笔法，因为在文章中，我们知道这个女孩病得很重，并且时刻会死，这也是预料中的结局。但是文章的最后，她却奇迹般地好了起来，因为楼下那个可怜的老画家冒着风寒为她画下了最后一片叶子，自己却因为感染风寒而死。这也是他的极度落差式的笔法。

当然，这篇文章的结尾和其他的单篇的意义也并不尽相同，不像《麦琪的礼物》或者是《警察与赞美诗》中所表达的对现实社会的关注，而宣扬的是人生信念在人的处世上所具备的不同的意义。

挂幅 /［日本］夏目漱石

日本著名作家夏目漱石的短篇小说名作

展现了一个动人的情感故事

在语言和人物形象的塑造上达到了相当高的境界

大刀老人决心在亡妻三周年忌辰之前，一定给她立一块墓碑。但是靠着儿子那点本事，只能勉强糊口度日，此外再也无力积蓄一文钱。春天又来到了，老人苦窘着脸对儿子道：“那忌辰也是三月初八呢。”儿子只回答说，“啊，是呀。”就不再做声了。大刀老人终于决定卖掉祖传的一幅珍贵的画来筹措费用，便和儿子商量道：“行吗？”儿子以冷淡到可恨的态度赞成道：“那行吧。”儿子在内务省社寺局工作，拿四十元的月薪，有妻子和两个孩子，而且还要奉养大刀老人，所以很吃力。老人若不在，这珍贵的挂幅早就变成通融的东西了。

这挂幅是一方尺左右的画绢，因为年深月久，颜色变得和熏过一般，如果挂在暗的房间里，就模糊到分辨不出画的是什么东西。老人说这是王若水①画的葵花，并且每月从壁橱里拿出两三次，拂去桐盒上的灰尘，恭恭敬敬地取出里面的东西，立即挂在三尺的墙壁上，凝望着。的确不错，定睛一看，那熏污的浊暗之中，确有淤血似的很大的花样。有的地方，还略微残留着疑是青绿色脱落的斑迹。老人面对这模糊的古画，就忘却了这个由于他活得过久简直住旧了的人世。有时候，一面注视着挂幅，一面吸烟或喝茶；不然就光是凝神看着。“爷爷，这是什么？”孩子走过来，说着就想用指头触。像刚想起时日似的，老人一面说：“不要碰。”一面轻轻地站起，去卷挂幅。于是孩子便问：“爷爷，

①王若水：中国元代画家王渊的字，号澹轩，钱塘（今杭州）人。尤精花鸟竹石，存世作品有《花竹集禽》、《秋景鹑雀》、《良常草堂》等图。

·作者简介·

夏目漱石（1867～1916），一个在日本文坛上具有崇高地位的专栏作家，据说在《朝日新闻》所作的千年日本文学作家排行中曾经独占鳌头。夏目漱石的名字据说是取自中国《晋书》中的漱石枕流，意在表达自己的对人生的坚强的信念。也正是这样的性格让他写下了日本文学史上不朽的文学，据评论家说，主要是因为他的深厚的中国文学和英国文学修养，特别是他在伦敦的那段时间的所见所闻，更是让他的文学之路展现出了希望的光芒。他以他的特立独行的批判的锋芒奔走在整个的日本的文坛上，写下了像《我是猫》、《草枕》以及《从此以后》这样的不朽的经典之作。他的文章在很早之前就由鲁迅和周作人兄弟介绍进入中国，也较早地就对中国读者产生了影响。

夏目漱石像

糖球呢？”“嗯，买糖球，可不要淘气了。”老人说着，慢慢地卷上挂幅，放进桐盒，送到壁橱里，然后上外面去散步。回来的时候，顺便到街上的糖店里买两袋薄荷糖球，递给孩子道：“喂，糖球！”儿子晚婚，小孩儿是六岁和四岁。

和儿子商量的第二天，老人拿包袱皮包上桐盒，一清早就出去了。到四点钟，又拿着桐盒回来了。孩子跑到房门口问道：“爷爷，糖球呢？”老人什么也不说，走进屋，从盒子里拿出挂幅，挂在墙上，失神地望起来，听说转了四五家古董店，有说无落款的，有说画剥落的，竟没有人像老人预期的那样对这挂幅表示敬重。

儿子说：“古董店别去了。”老人也说：“古董店是不成。”过了两个星期，老人又抱着桐盒出去了。这回是得到介绍，送请儿子的科长的朋友看一看。这回也没买回糖球来。儿子刚一到家，他便像儿子有失检点似的嗔怪说：“那种没眼力的家伙，怎能卖给他！他那里的都是些赝本！”儿子苦笑着。

二月上旬，偶然来了个高明的经纪人，老人把画卖给了好事家。老人立刻到谷中去，给亡妻定做了像样的墓碑，余下的钱存进了邮局。过了五六天，老人又照例出去散步，但比平常晚两小时才回来，两手抱着两大袋糖球。说是由于不放心卖掉的挂幅，又去看了一回，见到静静地挂在四叠半的品茗室里，前面插着透明似的腊梅。老人说他在那里被招待了茗茶。“说不定比收藏在我手里还放心呢。”老人对儿子说。儿子答道：“也许是这样吧。”一连三日，孩子们吃着糖球。

李明非 译

⊙作品赏析

文章主要是讲述了一位老人为了给自己死去的妻子修筑一个墓碑而出卖自己的一张祖传下来的珍贵古画，但却没有人愿意欣赏，最后只得在好心人的帮助下把画转让出去。但在另外一个方面，老人对此画却又有极深的感情，时刻担心着自己的珍贵古画是否得到了很好的珍藏。

这是一种情怀，很显然这也是作者的写作目的，探究人性的最为温润的成分。从老人的举动上，这确实是一种对艺术的痴迷，就像我们在文章中所看到的：每月从壁橱里拿出两三次，拂去桐盒上的灰尘，恭恭敬敬地取出里面的东西，立即挂在三尺的墙壁上，凝望着。而在此同时，老人的形象也在这份珍惜中呼之欲出，让我们看到一位老者的内心的矛盾，一方面是自己深爱着的妻子，另一方面是自己祖上的传宝，但是却无一例外地传达出了老者的心——这颗心充满了爱。不管是对妻子还是对艺术。

而在语言的表达运用上可谓拙朴，没有丝毫的夸饰，就好像一幅恬淡的中国山水画，在缓缓的叙事中勾勒出精神的绝对的映像。

无所不知先生 /［英国］毛姆

英国著名作家毛姆的经典短篇小说

展现了作家独特的叙事技巧

刻画了一个庸俗但仍保有善良天性的商人形象

我简直是在还没弄清麦克斯·开拉达是谁的时候，就非常讨厌他了。那时战争刚刚结束，远洋轮上的旅客十分拥挤。要想找到一个舱位非常困难，不论船上的工作人员给你找个什么地方，你都只好凑合着待下。你根本不可能找到一个单人舱。我算是很幸运，住进了一间只有两个床位的舱房。但我一听到我那位同伴的名字，就马上觉得心里凉了半截。它让我立即想起了紧闭着的窗孔和通夜严格密闭的舱房。我是从旧金山到横滨去的，同任何人在一间舱房里度过十四个昼夜就已经够受了，可要是我这位同行的旅客就叫个史密斯或者布朗什么的，那我的心情也不会那么沉重了。

我一上船，就看到开拉达先生的行李已经摊在下铺上。那样子我一看就讨厌：几个手提包上全挂满了各式各样的小牌子，装衣服的皮箱也实在太大。他已经打开了梳洗的用具，我看出他显然是上等"柯蒂先生化妆品"的一位老主顾，因为在脸盆边上我看到了他的香水、洗发膏和头油。开拉达先生用金色花纹刻着名字的各种乌木刷子，本身倒实在应该刷洗一番了。我真是丝毫也不喜欢这位开拉达先生。因此我跑到吸烟室去了。我到柜台边去要来一副纸牌，一个人摆着玩。我几乎是刚刚拿起牌，便忽然有个人走过来对我说，他想我的名字一定叫什么什么的，不知对不对。

"我是开拉达先生，"他接着补充说，并微微一笑，露出了一排闪亮的牙齿，接着他就坐下了。

"噢，对了，我想我们俩共住一个舱房。"

"我把这看成是一件很幸运的事。你事先永远不知道你将和什么人住在一起，我一听说你是英国人就感到非常高兴。我赞成咱们英国人在国外的时候，大家总抱成一团儿，你当然明白我的意思。"

我眨巴眨巴眼睛。

"你是英国人吗？"我问得可能有点不得体。

"没错。你难道觉得我看着像美国人吗？我可是彻头彻尾的英国人。"

为了证明这一点，开拉达先生从他口袋里掏出一张护照，在我的鼻子下面使劲晃着。

乔治英王治理下真是什么样奇怪的臣民都有。开拉达先生身材矮小，可非常健壮，黑黑的脸膛刮得干干净净的，一个很大的鹰钩鼻子，一双水汪汪的大眼睛。他的黑色的长发很亮，一缕缕拳曲着。他口齿流利，但丝毫没有英国人的口音，而且老不停地打着各种手势。我几乎十分肯定，要是把他那份英国护照拿来仔细检查检查，准会看出开拉达先生实际上是在一个比英国所能看到的更蓝的天空下出生的。

"你来点儿什么？"他问我。

我带着怀疑的神态看着他。当时禁酒令还没撤销，很显然这船上肯定一滴酒也不会有。不渴的时候，我也说不清我最讨厌的是什么饮料，是姜汁汽水还是柠檬汽水。可是开拉达先生却向我露出了一丝东方人的微笑。

“威士忌苏打水，或一杯什么也不掺的马丁尼酒，全都行，你只要说一声好了。”

说着他从他后面两个裤兜里各掏出一瓶酒来，放在我面前的桌子上。我愿意喝马丁尼，于是他向招待员要了一碟冰和两个玻璃杯子。

“这倒是很好的鸡尾酒，”我说。

“你瞧，这玩意儿我可有的是，船上要有你的什么朋友，你可以告诉他们，你结识了一个哥们儿，他那儿全世界所有的酒都应有尽有。”

开拉达先生很爱闲聊。他谈到纽约和旧金山。他喜欢讨论戏剧、绘画和政治。他非常爱国。英国国旗是一块颇能令人肃然起敬的布片儿，可是如果让一位从亚历山大港或贝鲁特来的先生去挥舞它，我却不能不感到它多少有点失去了原来的威严。开拉达先生很随和。我不喜欢装模作样，可是我仍然感觉到，在和一个完全陌生的人谈话时，他在我的名字前面加上一个先生之类的称呼，那还是必要的。开拉达先生无疑是为了让我不要感到生疏，对我并没有使用这类虚礼。我真不喜欢开拉达先生。当他坐下的时候，我已经把牌放在一边，可是现在，我想到我们才不过第一次见面，刚才这段谈话应该已经够长了，于是我又开始玩我的牌了。

·作者简介·

毛姆（1874～1965），一个中国韩非子式的英国文坛的经典作家，在他的一生中曾为自己的口吃无限苦恼过，但也同时正是这样的毛病让他将最后的精力转向了文学，并创作出了惊世骇俗的不朽文本，在世界文学史上占据了一席之地。他一直是个生活的冷静的旁观者，再加上他本身的对叔本华的迷恋，让他展现了他的独特的对世界的思索，这在他的系列传记文学中得到了很好地体现。包括以荷兰著名画家高更为原型的《月亮和六便士》，以托马斯·哈代为原型的《寻欢作乐》，以哲学家维特根斯坦为原型的《刀锋》。这些都是毛姆颇具个性化的对文学本身的理解。

毛姆像

“那个3应该放在4上，”开拉达先生说。

在你一个人玩牌的时候，你翻起一张牌还没看清是个什么点子，旁边却有一个人告诉你这张牌该往哪儿放，天下再没有任何比这更让人厌烦的事了。

“马上就通了，马上就通了，”他叫喊着，“这张10应该放在J上。”

我带着满腔愤怒和厌恶玩完了那把牌。他马上把牌抓了过去。

“你喜欢用牌变戏法吗？”

“不喜欢，我讨厌用牌变戏法，”我回答说。

“来，我让你瞧瞧这一手儿。”

他接连给我变了三种戏法。我对他说，我要到饭厅去占个位子。

“噢，那你甭操心了，”他说，“我已经替你占了一个位子。我想咱们俩既然同住一个舱房，那咱们完全可以就在一块儿吃饭吧。”

我可真不喜欢开拉达先生。

我不仅和他同住一间房，一天三次同在一张桌上吃饭，而且我要是想在甲板上散散步也没法甩掉他。你根本没有办法让他识趣点儿。他压根儿永远想不到别人不愿意跟他在一块儿。他始终认为你一定和他喜欢你一样喜欢他。要在你自己家里，你可以一脚把他踢下楼去，冲着他的脸砰的一声把门关上，他却还丝毫没想到，他是一个不受欢迎的客人。他跟谁都合得来，不出三天，船上所有的人他都认识了。他什么事都管，他帮助进行船上的清扫活动，他处理拍卖，他为比赛活动敛钱作奖金，他组织投环和高尔夫球比赛，组织音乐会，还管安排化装舞会。你不管什么时候，在任何地方，都能见到他。他在船上肯定无人不恨。我们都叫他无所不知先生，甚至当面也这么叫他。他把这看成是对他的一种恭维。而他最让人难以忍耐的，是在吃饭的时候。差不多足足一小时，他总让我们全都听着他的。他非常热忱，喜欢说笑，的确非常能言善辩。不论谈什么问题，他比谁都知道得更透彻，而且谁要是不同意他的意见，就会挫伤他那不可一世的虚荣心。不管谈一个什么哪怕是极不重要的问题，在他没有让你完全信服他的说法以前，他决不肯撒手。他永远想不到他也可能会出错。他仿佛就是什么都知道。我们和一位大夫同坐在一张桌子旁。开拉达先生当然可以让一切都按他的意思安排，因为那位大夫非常懒散，而我是对什么都完全无所谓的，倒只有一个也是坐在那张桌子旁的叫南塞的人比较麻烦一些。他和开拉达先生一样非常武断，而且对那种一味自以为是的态度十分痛恨。他们两人之间时断时续的争论已显得十分尖酸了。

南塞在美国使馆工作，驻地是神户。他是出身在美国中西部的一个块头很大的小伙子，多余的脂肪让他的皮肤绷得很紧，又因穿着一身买来的现成衣服，到处显着鼓鼓囊囊的。他这是又回到使馆去，因为他的妻子回家去待了一年，他不久前坐飞机回纽约去接他的妻子来了。南塞太太是一个身材矮小的女人，态度和蔼，讲话很幽默。使馆工作工资不多，她的衣服总穿得非常简单；但她很知道怎样打扮自己。她总让你看着感到有一种不同一般的味道。要不是因为她有一种也许一般女人都有，而现在在她们的言行中不常见到的那种气质，我也许根本不会注意到她了。你不论什么时候看她一眼，都不能不对她的谦虚神态产生深刻的印象。那神态简直像绣在她外衣上的一朵花一样。

有一天晚上，在晚饭桌边无意谈到了珍珠问题。那会儿的报纸上曾经大谈聪明的日本人正在用人工的办法培育珍珠。那位大夫说，这样将不可避免地使天然珍珠的价格下降。人工珍珠现在看来就已经很好了，不要很久肯定就完全可以乱真。开拉达先生，一如他对任何问题一样，马上对这个新问题大发议论。他对我们讲述了关于珍珠的各方面的知识。我相信南塞对那些知识恐怕根本一无所知，可是他一抓到机会就忍不住要刺他一下。就这样，不到五分钟，一场激烈的争论便在我们中间展开了。过去我已看到过开拉达先生情绪激烈、滔滔不绝地发表他的议论，可是还从来没见他像现在这样激烈过。最后南塞又讲了句什么激怒他的话，他一拍桌子，大叫着说：

“听着，我讲的话可全是有根据的。我现在就是要到日本去研究一下日本养殖珍珠的事业。我是干这一行的，你去问任何一个内行人，他都会告诉你我所讲的没有一句不是事实。世界上最好的珍珠我全都知道。关于珍珠，如果还有什么我不知道的问题，那些问题也肯定只是微不足道的。”

这对我们却是一个新闻，因为开拉达先生尽管非常健谈，可对谁也没讲过他是干什么的，我们只模糊地知道他到日本去是要进行某种商业活动。他这时十分得意地看着桌上所有的人。

“不管他们用什么办法培育，像我这样的专家永远一眼就能看出它是人工培育的。”

他用手一指南塞太太戴的一条项链。“听我的话，你就放心吧，南塞太太，你戴的那根项链将来就决不会因此少值一分钱。”

天性谦虚的南塞太太不免脸一红，顺手把那项链塞进衣服里去了。南塞向前探过头来。他对我们所有的人看了一眼，脸上含着微笑。

“南塞太太的项链真够漂亮的，是吗？”

“我一见就注意到了，”开拉达先生回答说。“嗨，我当时心里想，这几颗珍珠可真不错。”

“当然，这项链不是我买来的。可我倒很想知道你认为这项链值多少钱。

“噢，按正式价格大约在一万五千美元上下。可要是你们在五马路买的，你要说花了三万美元我也不会觉得奇怪。”

南塞皱着眉头笑着。

“我要一说，你可能会觉得奇怪了。这项链是南塞太太在我们离开纽约的前一天，在一家百货店里买来的，总共只花了十八个美元。”开拉达先生不禁满脸通红。

“胡扯。这不仅是真的，而且在这样大小的珍珠里，这串珍珠还是我所见到的最好的货色。”

“你愿意打赌吗？我跟你赌一百美元，这是假的。”

“说定了。”

“噢，艾尔默，你不能拿一件十拿九稳的事去跟人打赌啊，”南塞太太说。

她脸上露出一丝淡淡的微笑，话音虽然很温柔，但显然十分不愿意他那样干。

“为什么不能？既然有机会白捡一笔钱，我要是不捡，那可是天下最大的傻瓜。”

“可这又怎么去证明呢？”她接着说。“总不能光听我的，或光听开拉达先生的。”

“让我细看看这项链，要是假的，我马上就会告诉你们，输一百块钱我倒是不在乎的，”开拉达先生说。

“取下来吧，亲爱的。让这位先生好好瞅个够。”

南塞太太犹豫了一会儿。她把她的双手放在项链的卡子上。

“我打不开这卡子，”她说。“开拉达先生完全应该相信我说的话。”

我忽然感到恐怕一件很不幸的事马上要发生了，可我一时也想不出该说点什么。

南塞一跳，站了起来。

“我给你打开。”

他把那链子递给开拉达先生。那位自以为是的先生从口袋里掏出放大镜来仔细看了一会儿。在他光滑暗黑的脸上慢慢露出了胜利的微笑。他把项链交了回去。他正准备讲话。忽然间，他看到了南塞太太的脸。那脸色一片铁青，她似乎马上就要昏倒了。她圆睁着一双恐惧的大眼睛望着他，完全是一副苦苦哀求的神态；那神情是那样明显，我只能奇怪她丈夫为什么竟会没有注意到。

开拉达先生张着大嘴愣住了。他满脸涨得通红。你几乎可以看到他在内心进行的激烈斗争。

“我弄错了，”他说，“这是做得非常精巧的仿制品，可当然，我用放大镜一看就马上知道这不是真的。我想这破玩意儿大约顶多也就值十八块钱。”

他掏出他的皮夹子，从里面拿出了一张一百元的钞票。他一句话没说，把钱交给了南塞。

“这也许可以给你一个教训，让你以后别再这样自以为是了，我的年轻朋友，”南塞在接过钞票的时候说。

我注意到开拉达先生的手直发抖。

可以想象这件事马上在全船传开了，那天晚上他不得不忍受了许多人的冷嘲热讽。无所不知先生终于露了底儿，这可真是一件让人开心的大笑话。可是南塞太太却叫着头疼回到舱房里去了。

第二天早晨，我起床后开始刮脸。开拉达先生躺在床上，抽着一支香烟。忽然我听到一阵轻微的摩擦声，接着看到有人从贴地的门缝里塞进一封信来。我打开门出去看了看。门外什么人也没有。我捡起那封信，看到上面写的是开拉达先生。那名字是用印刷体字母写的。我把信交给了他。

“谁来的？”他把信拆开了。“噢！”

他从信封里掏出来的不是一封信，却是一张一百元的钞票。他看着我，又一次脸红了。他把那信封撕得粉碎，把它交给我。

“劳你驾从窗孔扔出去，好吗？”

我替他扔掉了，然后我笑着望着他。

“谁也不愿意让人瞧着像一个地地道道的大傻瓜，”他说。

“那些珍珠是真的吗？”

“我要有一个漂亮老婆，我决不会自己住在神户，让她一个人在纽约待上一年，”他说。

到这时，我不再那么不喜欢开拉达先生了。他伸手摸出他的皮夹子，小心地把那一百元钞票放了进去。

黄雨石 译

⊙作品赏析

《无所不知先生》描绘的是一个甚为低级而且相当庸俗的小商人形象，但在这个被否决的人物身上，作者却又一再地展现了他的尚未泯灭的人类的独特的良知。

文章的故事主要发生在一艘行船上。从“我”的眼光中来描述开拉达先生的形象：这个人见识极其有限，却又乐于夸夸其谈，死皮赖脸的一个典型的小心计较的商人本性。

作品也让我们看到了自雨果发表《克伦威尔序言》以来世人对人性不是单纯而是相当复杂的回应，这个人物虽然可恨，但同时也包含着可取的性格闪光点。而第二种方式则是我们经常在钱钟书的文论中看到的通感的笔法，就是借助不同的感知方式来达到对同一事物的不同角度的理解。这篇小说也是这样，他没有直接地塑造开拉达的形象，而是借助旁观者的感受来对这个人物做出评定。而最为典型的侧面就是文章中的“我”。“我”从还没开始出场前就已经厌恶起这个人来了，就像文章中所说的：我简直是在还没弄清麦克斯·开拉达是谁的时候，就非常讨厌他了。当然在作者看来这也只是理解的一部分，因为在文章的后面我们还将同时看到，虽然这人一无是处，但在鉴定商品的优劣上却有着极高的辨别能力，这一点是可取的，至少它在文章中的作用是逆转我们先前所产生的对他的不好的印象。

奥地利著名作家茨威格的短篇小说经典
刻画了一个真实的艺术收藏的形象
展现了他的一贯的一厢情愿式的爱

看不见的收藏
——德国通货膨胀时期[①]的一个插曲 /［奥地利］茨威格

列车开出德累斯顿，过了两站，一位上了年纪的先生登上我们的车厢，彬彬有礼地跟大家打招呼，然后抬起眼睛，像跟个老朋友问好似的再一次向我点头致意。我一下子想不起他究竟是谁；可是等他微微含笑地道了他的姓名，我立刻回忆起来：他是柏林最有名望的艺术古玩商之一，战前[②]和平时期我常常到他店里去参观并且购买旧书和作家手迹。我们起先东拉西扯，随便聊聊。接着他话锋一转，突然说道：

"我得跟您说说，我刚从哪儿来。因为这个插曲可以说是我这个老古玩商三十七年来从来没有遇见过的奇事。您大概自己也知道，自从钞票的价值像逸出的煤气似的转眼化为乌有，现在古玩市场上是个什么情况：暴发户们突然对哥特式的圣母像和古版书、古老的蚀刻画和画像大感兴趣；你怎么着也满足不了他们的要求，你甚至于得拚命抵拼，别让他们把你店里的东西一抢而光。他们简直恨不得把你衬衫袖口上的钮扣和桌子上的台灯都抢购了去。所以越来越需要源源不断地收进新货——请您原谅，我竟突然把这些我们一向说起来都带有敬畏之心的东西叫做货物——但是这帮家伙已经叫人习惯于把一部绝妙的威尼斯古版书看做是多少多少美金，把古埃齐诺[③]的素描看做是几张一百法郎钞票的化身。对于这些突然间抢购成瘾的家伙们无孔不入的钻劲儿，你怎么抵挡也是无济于事的。所以我一夜之间又给刮得一干二净。我们这家老店是我父亲从我祖父手里接过来的，现在店里只有一些极其寒伧的破烂货，从前连北方的街头小贩也不会把它们放到他们的手推小车上去。我羞愧已极，恨不得关上店门，停业不干。

"正在这种狼狈的境地，我忽然想到，不妨把我们过去的旧账本拿来查一查，找出几个往日的老主顾，说不定我又能从他们那儿捞回几个复本。这种老主顾的花名册总像一片坟地，特别在现在这个时候，实际上它也给我提供不了多少线索。我们大部分老主顾早就被迫把他们的收藏拍卖掉了，或者早已去世，对于硕果仅存的少数几个，也不能抱多大希望。这时我突然翻到一捆书信，大概是我们最早的一位老主顾写来的。他从一九一四年大战爆发以来从来没有向我们订购或者打听过什么东西，所以我压根儿把他给忘记了。他和我们的通信，几乎可以追溯到六十年以前，这可一点也不夸张。他在我父亲和我祖父手里就已经买过东西了，可是我记不得在我自己经手的三十七年里他曾经踏进过我们的店铺。所有的一切都表示出，他大概是个古怪的、旧式的滑稽人物，是门策尔或者斯比茨维克[④]笔下那种早已销声匿迹的德国人。这种人极少活到我们这个时代，作为稀有的怪人，有时散居在一些外省的小城市里。他的手书是书法的珍品，写得工工

①指20世纪20年代至30年代初。
②指第一次世界大战前。
③古埃齐诺(1591~1666)，意大利折衷画派画家。
④阿道尔夫·门策尔(1815~1905)，德国现实主义画家；卡尔·斯比茨维克(1808~1885)，德国画家，多取材于德国小城市的生活。

整整，钱数下面用尺子划上红线，而且每次总把数目字写上两遍，以免出错；除此以外，他还用从来信裁下来的没写字的白纸和翻转过来的旧信封写信。凡此种种表明一个不可救药的外省人生性小气和节约成癖。这些稀奇古怪的文件上面，除了他的签名之外，还签署着他全部复杂的头衔：'退休林务官兼经济顾问官，退休中尉，一级铁十字勋章获得者'。这位一八七〇年战争的老兵，现在如果还活着的话，想必至少已有八十岁了。可是这位滑稽可笑、节约成癖的老人作为古代蚀刻画的收藏家却表现出极不寻常的聪明才智、异常丰富的专门知识和高雅不凡的艺术趣味。我把他将近六十年的订单慢慢地加以整理，其中第一张订单还是用银币计价的呢。我发现，这个不显眼的外省人在花一个塔勒[①]还可以买一大堆最精美的德国木刻的时代，一定已经不声不响地收集了一批铜版画，这些藏画可以和那些暴发户的名气很大的收藏相比而无逊色。因为，单说半个世纪里他在我们店里每次用几个马克、几个芬尼买下的东西加在一起，在今天也已经价值连城了。除此之外，还可以料想，他在拍卖行里和其他商人手里也一定捞了不少便宜货。当然，他从一九一四年以来没有再寄来过订货单。可是我对古玩市场上的各种行情是十分熟悉的，这样一批版画如果公开拍卖或者私下出售，一定瞒不过我。所以说，这位奇人想必现在还依然健在，或者这批收藏现在就在他继承人的手里。

"这件事情引起了我的兴趣，所以第二天，也就是昨天晚上，我立刻跳上火车，径直前往一个在萨克逊[②]比比皆是的寒伧不堪的外省小城去。我走出小火车站，沿着这座小城的主要大街信步走着。我简直觉得难以置信，在这么一些外观平淡无奇、情调低级庸俗、按照小市民的口味修饰起来的房子当中，在某一个房间里面，居然会住着一个拥有伦勃朗[③]的无比精美的画幅、以及全套丢勒[④]和曼台涅[⑤]的铜版画的人。我到邮局去打听，有没有一个叫那个名字的林务官或者经济顾问官住在这里。使我惊讶的是，人们告诉我，这位老先生确实还活着。于是我在午饭之前便动身前去拜访——老实说，我心里多少有些紧张。

"我毫不费劲儿地找到了他的寓所，就在那种简陋的外省楼房的三层楼上。这种楼房大概是上世纪六十年代一位善于投机的蹩脚建筑师匆匆忙忙地盖起来的。二层楼上住着一位诚实的裁缝师傅。三楼的左侧挂着一块闪闪发亮的铜牌，刻着邮政局长的名字，在右侧终于看到了写着这位林务官兼经济顾问官姓名的瓷牌。我犹犹豫豫地拉了一下门铃，一位年纪相当大的白发老太太，头上戴着一顶干干净净的黑色小帽，马上把门打开了。我把我的名片递给她，并且问她，林务官先生是否见客。她先不胜惊讶地、有些怀疑地看了我一眼，然后看看我的名片。在这座与世隔绝的小城市里，在这么一幢旧式的房子里，从外地有客来访似乎是件大事。可是她和蔼地叫我稍等，便拿着名片，进屋去了。我听见她在屋里轻声耳语，接着突然听见一个洪亮的、大声喊叫的男人声音：'啊……柏林来的 R 先生，从那家大古玩店来的……请他进来，请他进来……我非常高兴看见他！'这

①塔勒，德国旧制银币，16 世纪以来流行于大部分德意志国家。
②萨克逊，在德国东部，原为德意志境内一个王国，帝国统一后为一个行省。
③伦勃朗 (1606~1669)，荷兰著名画家。
④丢勒 (1471~1528)，德国著名画家。
⑤曼台涅 (1431~1506)，意大利北部画家，文艺复兴早期的代表人物。

时老太太已经踩着碎步很快地走了回来，请我进起居室。

“我脱下衣帽，走了进去。在这间陈设简单的起居室当中，我看见一个年事很高但身体还很强健的老人直挺挺地站着，他蓄着浓密的口髭，穿了一身镶边的、半似军装的家常便服，十分亲切地向我伸出双手。这个手势显然表示出喜悦的、发自内心的欢迎，可他直挺僵硬地站在那里的神气似乎和这种欢迎有些矛盾。他一步也不向我迎过来，我只好凑上前去，握他的手。我心里有点不大自在。可等我去握他手的时候，我发现这两只手一动不动地保持着水平的位置，不来握我的手，而是等我去握它们。一下子我全明白了：这人是个瞎子。

“我从小看见瞎子，心里就觉得很不舒服。想到这种人好端端的是个活人，可同时又知道，他对我的感觉，不像我对他的感觉那样，总不免心里有些羞惭和不大自在。就是现在，我在这副向上翘起的浓密的白眉毛下面，看见了这双凝望着前方却一无所见的死眼睛时，我也得克服我心里最初的惊恐。可是这位盲人不让我有时间去感到不是滋味，我的手一碰到他的手，他就使劲儿地握起来，并且用一种猛烈的、高高兴兴地大声嚷嚷的方式重新向我问好：‘真是稀客！’他笑容满面地向我说道，‘的确是个奇迹，柏林的大老板居然会来光临寒舍……不过，要是这样一位商人先生坐上火车的话，咱们可得多加小心啊！……咱们家乡有句俗话：吉卜赛人来了，快关房门扎口袋……是啊，我可以想象，您干吗要来找我。在我们可怜的、日益衰败的德国，现在生意可是很不景气，没有买主了，于是大老板们又想起了旧日的老主顾，又来寻找他们的羊群了。不过我怕您在我这儿交不到什么好运，我们这些可怜的老退休人员要是有口面包吃就该心满意足了。你们现在的价格像发疯似的往上涨，我们可是没法奉陪啊……我们这号人是永远退出了。’

“我赶快向他解释，说他误会了我的来意。我到他这儿来，并不是想要卖给他些什么东西，我只不过是恰好路过这里，不愿错过这一机会来拜访他一下，他是我们这个字号的多年老主顾，并且是德国最大的收藏家之一。我刚把‘德国最大的收藏家’这几个字说出口，这位老人的脸上便发生了奇怪的变化。他依然还僵硬地直立在屋子当中，可是他的脸上突然发亮，表现出最内在的得意。他把脸掉向他估计是他妻子站着的那个方向，仿佛想说：‘你听见了吗！’接着转过脸来对我说话，声音里充满了快乐，丝毫也没有刚才讲话时的那种老军人的粗暴口气，而是温柔地，简直可以说是含情脉脉地说道：

“‘您的确太好了……不过您也不至于白跑一趟。我要让您看点东西，这可不是您每天都看得见的东西，即使在您那富丽豪华的柏林城里也不是每天都能看到的……给您看几幅画，就是在阿尔柏尔提那[①]和那该诅咒的巴黎也找不到比它们更为精美的东西……可不是，收集了六十年，就会收集到各式各样的东西，这些东西平时是不会随便放在马路上的。路易丝，把柜子的钥匙给我！’

“这时，却发生了一件出乎意料的事情。原来站在他旁边的老太太，一面客气地微笑着，一面亲切地静听我们谈话，这时她突然向我哀求似的举起她的双手，同时用她的脑袋做了一个激烈反对的动作。我起先还不明白，她这是什么意思。接着她就走到她丈

①阿尔柏尔提那，闻名世界的维也纳艺术陈列馆，内有丰富的收藏。

夫跟前，把两只手轻轻地放在他的肩上，提醒他道：‘可是赫尔瓦特，您也不问问这位先生有没有工夫看你的藏画，现在都是吃午饭的时候了。吃完饭你又得休息一小时，这是大夫再三嘱咐的。等吃完饭再把你那些东西给这位先生看，我们再一起喝咖啡，不是更好吗？再说阿纳玛丽那时候也在家，这些东西她比我懂得多，可以帮帮你的忙！’

“她刚说了这些话，又一次越过这个丝毫未起疑心的人的脑袋，向我重复她那急切的央求的手势。这下我明白她的意思了。她希望我拒绝马上参观他的画，所以我立即编出一个借口，说有人请我吃饭。当然能看看他的收藏，对我来说是件乐事，并且也是莫大的荣幸，不过得到下午三点以后，那时候我将乐于前来。

“老人像个被人把最心爱的玩具拿走了的孩子似的生起气来。他转过身去，嘟囔着说道：‘当然，这些柏林的大人先生们总是忙得没有工夫的。可是这一次您可得腾出时间来，因为我给您看的不是三五幅画，而是二十七本，每本专门收藏一位大师的作品，而且差不多每一本都是夹得挺满的。那好吧，下午三点；可是请准时，要不然我们就看不完了。’

“他又一次向空中把手伸出来等我握，‘您等着瞧吧，您会高兴——或者恼火的。而您越恼火，我就越高兴。我们这些收藏家就是这样：一切都为我们自己，什么也不留给别人！’他再一次和我使劲儿地握握手。

“老太太一直送我到门口。在整个这段时间里，我注意到她一直忐忑不安，显出一副又尴尬又提心吊胆的神气。可是现在刚走到门口，她就压低了嗓子，结结巴巴地说道：‘可以让……可以让……我的女儿阿纳玛丽在您到我家来之前去接您吗？由于种种原因这样比较妥当……您大概是在旅馆里用饭吧？’

“‘是的。令嫒来接我，我非常高兴，我将感到非常荣幸，’我说。

“果然，一小时以后，我在市集广场边上的那家旅馆的小餐厅里刚吃完午饭，一个不太年轻的老姑娘走了进来。她的衣着十分朴素，一进来就举目四下里找人。我向她走去，进行自我介绍，并且告诉她，我已准备就绪，可以马上跟她一起去看藏画。可是她的脸刷的一下子涨得通红，像她母亲一样，表现出慌乱和尴尬的神气。她问我能不能先跟我说几句话。我立刻发现，她有为难之处。每当她鼓鼓勇气，想要说话的时候，这片局促不安、飘忽不定的红晕便一直升到她的额角，她的手指摆弄着衣服。末了，她终于断断续续地说了起来，说的时候又一再重新陷入迷惘：

“‘我母亲打发我来找您的……她什么都跟我说了……我们有一件事要求您……我们是想趁您还没去见我父亲，先告诉您一下……我父亲当然要把他的收藏拿给您看，可是这些藏画已经不全了……缺了好几幅……可惜，甚至要说，缺了相当多……’

“说到这里，她又不得不喘口气，然后她突然凝视着我，急急忙忙地往下说道：

“‘我必须非常坦率地跟您说……您知道现在这时势，您什么都会明白的……大战爆发以后，我父亲的双目完全失明，在这以前，他的视力就常常出毛病。一激动他的视力就全都丧失了——原来一开始的时候，尽管他已是七十六岁高龄，他还一个劲儿地要参军去，和法国作战，后来军队没能像一八七〇年那样长驱直入，他就生气得不得了，于是他的视力便很快地一天不如一天。不过除了眼睛以外，他身子骨儿还是十分硬朗，不久以前他还能一连几小时地出去散步，甚至出去打猎，这是他喜爱的消遣。现在可是没法出去散步了，那他剩下的唯一的乐趣就是他的藏画。他每天都看……这就是说，他看是看不了啦，他现在什么也看不见，可是他每天下午都把所有的画夹拿出来，至少可以把这些画摸一摸，一张一张地摸，总是按照同样的顺序，几十年下来，他都背熟了……现在别的东西再也引不起他的兴趣了，我老得把报上各种拍卖的消息念给他听。他听见价钱涨得越高，他就越高兴……因为……可怕的就是这个：父亲对于物价和时势一点也不懂……他不知道，我们已经坐吃山空，靠他一个月的养老金，还维持不了我们两天的生活……再加上我妹夫又阵亡了，留下我妹妹拖着四个孩子——可是我父亲对于我们这些物质上的困难一无所知。我们起先省了又省，比从前更节省，可是无济于事。后来我们开始变卖东西——我们当然不碰他心爱的藏画……我们变卖了仅有的那点首饰，可是，我的天，这又值得了多少！六十年来，我父亲可是把能够省下来的每一个铜板全都花来买他的画了啊。有一天家里什么也没有了……我们真不知道这日子该怎么过下去。这时候……这时候，我母亲和我就卖了一幅画。父亲当然绝对不会答应我们卖画，他根本不知道，日子多么难过，他根本想象不到，要想在黑市市场上去弄点粮食回来有多么不容易，他也不知道，我们已经打了败仗，阿尔萨斯和洛林已经割让出去，我们念报的时候，再也不把这些消息念给他听，免得他生气激动。

"'我们卖掉的是很珍贵的一幅画，是幅伦勃朗的蚀刻画。商人给我们出价好几千马克，我们指望用这笔钱可以维持几年生活，可是您也知道，货币贬值得多么厉害……我们把剩下的钱存进了银行，可是两个月以后，这笔钱就一文不值了。我们只好再卖一张，又卖一张，商人总是迟迟不付钱，等钱寄来，已经值不了多少。后来我们就到拍卖行去试试，可是就是在拍卖行里，尽管人家出价几百万，我们也还是受骗上当……等到这几百万到我们手里，早已变成了一堆毫无价值的废纸。就这样，我父亲收藏中最好的珍品，包括几幅名画在内，全都慢慢地散失了，仅仅为了维持我们最可怜的生活。我父亲对此一点也不知道。

"'所以今天您一来，我母亲就吓得不得了……因为要是我父亲把那些画夹子打开给您看，那么一切就都败露了……那些旧的厚纸框子，我父亲一摸就知道，里头夹的是什么。我们把一些仿制品或者类似的画页塞在里面，代替那些卖掉的画页。这样他摸的时候，就不会有所觉察。只要他能摸能数这些画页（这些画的顺序他清清楚楚地记在脑海里），那他就跟从前看得见这些画的时候同样的高兴。而平时在这种小城市里，我父亲也认为没有什么人有资格看他的宝贝……他把每一张画都爱若至宝，我相信，如果他知道，他手里摸着的这些画都已经四下散失了，他一定会心碎的。自从德累斯顿蚀刻画馆的前任馆长逝世以后，您是这些年来他的第一个知音，他愿意把画夹子打开来给您看。所以我请求您……'

"这个不复年轻的姑娘突然举起双手，眼里闪着泪花。

"'……我们请求您……别让他伤心……别让我们难过……请您别把他这最后一个幻想给毁掉，请您帮助我们，让他相信，他将向您描绘的所有的画幅，还依然存在……要是他猜到了真情，他准保活不下去的。也许我们是做了一件对不起他的事，但是我们也是没有别的法子：人总得活啊……人的性命，我妹妹的四个孤儿，总比印了画的纸重要一些吧……到今天为止，我们一直也没有剥夺过他的这个乐趣；他很高兴，每天下午能把他的画夹子翻上三个钟头，跟每幅画都像跟个人似的说上一阵。今天……今天说不定会是他最幸福的日子。他盼了好些年，直盼着有朝一日能让一位识货的人看看他心爱的宝贝；我请您……我举起双手恳请您，别破坏了他的这个快乐。’

“她这番话说得这样动人心弦，我现在复述起来，根本不可能把这种感情表达出来。我的天哪，作为一个商人我曾经看见过许多人被人卑鄙地洗劫一空，被通货膨胀整得倾家荡产，他们上百年祖传的财宝被人用一个黄油面包的代价给骗走——但是命运在这儿创造了一个特别的例子，使我心里特别激动。不言而喻，我答应她守口如瓶，并且尽力帮忙。

“于是我们一起到她家去——路上我十分愤怒地听说，人们用便宜得吓人的价钱欺骗了这些可怜的无知的女人，但是这更坚定了我竭尽全力帮助她们的决心。我们登上楼梯，刚推开门，就听见起居室里传来老人高兴的大嗓门：‘进来！进来！凭着盲人敏锐的听觉，他一定在我们上楼的时候就听见我们的脚步声了。

“‘赫尔瓦特急于把他的宝贝给您看，今天中午都睡不着了，’老太太含笑对我说。她女儿的一个眼色已使她明白，我完全同意帮忙，老太太放心了。桌上摊了一大堆画夹子，像是在等人去看。盲人一摸到我的手，也不多打招呼，就一把抓住我的手臂，把我按在软椅上。

“‘好，现在我们马上就开始看吧！——要看的东西很多，而柏林来的先生们又老是没有工夫！第一个夹子里全是大师丢勒的作品，您自己马上就可以看出来，收集得相当齐全——而且一幅比一幅精美。喏，您自己可以判断，您瞧瞧！’——说着他打开画夹的第一幅，‘这是《大马图》①。’

“于是他轻轻地、小心翼翼地，就像人家平时拿一样容易打碎的东西似的，用指尖从画夹子里取出一个硬纸框，里面嵌着一张发黄的空白的纸，他热情洋溢地把这张一文不值的废纸举到面前，细细地看了几分钟之久，可是实际上什么也没看见。他又开手指兴高采烈地把这张白纸举到眼前，整个脸上十分迷人地表现出一个看得见的人的那种凝神注视的神情。他那瞳仁僵死、目光发直的眼睛，不知道是由于纸上的反光，还是来自内心的喜悦——突然发亮，闪烁着一种智慧的光芒。

“‘怎么样，’他颇为得意地说道，‘您曾经看见过比这幅更加精美的复印画吗？每个细部的线条印得多么清晰，轮廓多么分明——我把这张画和德累斯顿复印版的画比较过，德累斯顿版那张显得平板多了。再看看它的来历！瞧这儿——，他把画页翻了过来，用指甲极为精确地指着这张白纸的某些地方，使我不由自主地望了一眼，看那儿是不是真的还盖着图章——‘您看，这儿是那格勒藏画的图章，这儿是收藏家雷米和艾斯代勒的图章。这些在我之前拥有这幅画的著名收藏家大概一辈子也料想不到，这幅画居然有一天会跑到这间斗室里来。’

“听到这位丝毫没起疑心的老人这样热情奔放地夸耀一张空空如也的白纸，我背上起了一阵寒噤。看见他用指甲毫厘不差地指着只在他的想象中还存在的看不见的收藏家的图章，真叫人毛骨悚然。由于恐怖，我的嗓子眼堵得厉害，我不知道该怎么回答才好。

---

①丢勒的名画。作于1505年，画面是一匹骏马，旁边站着一个骑士。

我慌乱中抬起眼睛看了看那两个女人，又看见老太太浑身哆嗦，十分激动地举起双手，向我恳求。于是我振作了一下，开始扮演我的角色：

“简直叫人拍案叫绝！’我终于结结巴巴地说道。‘真是一张印得精美绝伦的画！’老人的脸上马上现出得意的神气，‘不过，这还根本算不了什么，’他洋洋得意地说道，‘您还得先看看《忧愁》[1]图，或者《基督受难》[2]图，这可是一幅精工印制的画。这种质量的画，还从来没有印过第二回呢。您瞧瞧，’说着他的手指又十分轻柔地抚摸着一幅他想象中的画——‘瞧瞧这颜色多么新鲜，笔力多么遒劲，色调多么温暖。柏林的老板们和博物馆的专家们见了，都要为之神魂颠倒呢。’

“他就这样滔滔不绝、洋洋得意地边说边让我看画夹，足足忙了两个小时。我和他一起共看这一百张或者两百张空白的废纸或者蹩脚的仿制品，而这些东西在这个可悲的丝毫没起疑心的盲人的记忆里还是真实存在的，以至于他可以毫无差错、按照准确无误的顺序精确人微地夸奖并且描绘每一幅画。啊，我没法向您描述，这是多么使人毛骨悚然！这些看不见的珍藏早已随风四散、荡然无存，可是对于这个盲人，对于这个令人感动的受骗者来说，还完整无缺地存在着。他从幻觉产生的激情是如此强烈，以至于我差一点也开始相信它们还依然存在。只有一次，他似乎觉察到什么，险些可怕地打破了他那梦游病患者的稳健，使他不能热情洋溢地说下去。他拿起一张伦勃朗的《安提俄珀》[3]（这是一幅试印的复制品，原来的确非常值钱），又在夸奖印刷的清晰，说着，他那感觉敏锐的神经质的指头，十分钟爱地顺着印刷的线条，重描这幅图画。可是他那已经训练得十分敏感的触觉神经在这张陌生的纸上没有摸到那些凹纹，于是他突然皱起眉头，他的声音也慌乱了：‘这不是……这不是《安提俄珀》吧？’他喃喃自语，神情有些狼狈。我马上采取行动，急忙从他手里把这幅夹在框子里的画取过来，热情洋溢地大事描绘我也熟悉的这幅蚀刻画的一切可能有的细节。盲人的那张已经变得颇为尴尬的脸松弛了下来。我越赞扬，这个饱经沧桑、老态龙钟的老人身上便越发显出快活的样子，显出一股发自内心的深情。‘总算找到了一个识货的行家！’他洋洋得意地掉转脸去冲着他的妻女欢呼起来，‘总算找到一个懂行的，你们也听听，我的这些画多么值钱。你们总是疑虑重重地怪我把所有的钱都拿来买了画。这话倒也不假，六十年来，我既不喝酒，也不抽烟，不旅行，不看戏，也不买书，总是省了又省，省下钱来买这些画。有朝一日，等我不在人间了，你们会看见……你们将成为富翁，比我们城里谁都有钱，就跟德累斯顿最大的阔老一样有钱。那时候你们就会对我干的这件傻事感到高兴了。可是只要我活一天，这些画就一幅也不许拿出我的房子……你们先得把我抬出去埋了，再把我的收藏拿走。’

“他说着，用手指温柔地抚摩一下那些早已空空如也的画夹，就像抚摩一些有生命的东西似的。这是一个既可怕又动人的场面，因为在进行大战的这些年里，我还从来没有在一个德国人的脸上看到过这样纯净的幸福的表情。他身边站着他的妻子和女儿，她

---

①《忧愁》是丢勒的名画，作于1514年，画面是一天使托腮沉思。
②《基督受难》是丢勒以基督被钉在十字架上这一故事为题材的绘画。
③安提俄珀：希腊神话中英勇善战的阿马宗人的女王，为忒修斯之妻。

们跟那位德国大师[①]的蚀刻画上的妇女形象十分神秘地相像。画上这些妇女前来瞻仰救世主的坟墓，在这已经打开的空无一物的墓穴前面，她们脸上既显出恐怖的表情，同时又显出一种虔信、高兴看见奇迹的狂喜。那些女门徒的脸上被救世主的神力感染得光芒四射，这两个日益衰老、饱经风霜、愁苦可怜的小资产阶级妇女的脸上则洋溢着老人的这种天真烂漫的幸福无比的喜悦，她们一面含笑，一面流泪，这样激动人心的景象，我还从来没有见过。可是这个老人听我的夸奖，真是听个没够。所以他一个劲儿地翻着画页，如饥似渴地听我说的每一句话。等到最后，人们终于把这些骗人的画夹推到一边，老人很不乐意地腾出地方来放咖啡的时候，我才松了一口气。可是和这位似乎年轻了三十岁的老人的激烈、高涨的欢快情绪，和他疯疯癫癫的高兴劲头相比，我这种含有内疚之意的轻松又算得了什么！他滔滔不绝地讲了成千上百个买画觅宝的小故事，一再站起身来，不要人家帮一点忙，自己去抽出一幅又一幅画来：他像喝了酒似的带有醉意，情绪高昂。可是等我末了说我得告辞了，他简直吓了一大跳，像个使气任性的孩子似的显出一脸不高兴的样子，赌气地跺着脚说：‘这不行，您还没有看完一半呢。’两个女人好说歹说，才让这个倔强的生气的老人明白，他不能多耽搁我，要不然我会误了火车的。

“经过绝望的挣扎，最后他终于顺从了。我们开始握别的时候，他的声音变得非常柔和。他握住了我的两只手，他的手指带着一个盲人的全部表达能力，爱抚似的沿着我的手一直抚摸到我的手腕，似乎想多了解我一点，并且向我表达言语所不能表达的感情。‘您光临寒舍，给我带来了极大的极大的快乐，’他开口说道，带着一种发自内心的激动情绪，这我永远也不会忘记。‘我终于又能和一个行家一起看一遍我心爱的藏画，这对我来说真是个幸福。可是您会看到，您不是白白地到我这个瞎老头子这儿来了一趟。我让我太太作证，我在这儿答应您，在我的遗嘱里加上一条，委托您那久享盛誉的字号来拍卖我的收藏。您应该得到管理这批不为人所知的宝藏的荣誉，’说到这里，他把手亲热地放在这些早已洗劫一空的画夹上面，‘一直管理到它四散到世界各地之日为止。请您答应我一件事：请您印个漂亮的藏画目录，这将成为我的墓碑，我也不需要更好的墓碑了。’

“我望了一眼他的妻子和女儿，她们两个紧紧地挨在一起，有时候一阵战栗从一个人的身上传到另一个人身上，仿佛两个人是一个身体，在那儿同受震动，一齐发颤。我自己这时的心情是十分庄严肃穆的，因为这位令人同情的毫无疑心的老人把他那看不见的、早已散失无存的收藏像个宝贝似的托我保管。我深受感动地答应他去办这件实际上我永远无法照办的事。老人的死沉沉的瞳仁又为之一亮，我感到，他从内心渴望真正感觉到我的存在：我从他对我的温柔情意，从他的手指带着感激和许愿的意思使劲握着我的手指时的亲热样子，感觉到了他的这种愿望。

“两个女人送我到门口。她们不敢说话，因为老人耳朵尖，每句话都会听见，但是她们一面望着我，一面流泪，她们的眼光是多么温暖，多么富有感激之情。我恍恍惚惚地摸索着走下楼梯，心里其实十分羞愧：我像童话里的天使似的降临到一个穷人的家里，使一个瞎子在一小时内重见光明，我用的办法是帮人进行了一次虔诚的欺骗，极为放肆

①指丢勒。这里说的蚀刻画就是丢勒的名画《基督受难》图。

地大撒其谎，而我自己实际上是作为一个卑鄙的商人跑来，想狡猾地从别人手里骗走几件珍贵的东西的。可是我得到的，远远不止这些：在这阴暗迟钝、郁郁寡欢的时代，我又一次生动地感觉到纯粹的热情，一种纯粹是对艺术而发的精神上的快感，这种感情我们这些人似乎早已忘怀了。我心里充满——我不能用别的方法表达——一种敬畏的感情，虽然我不知为什么，又一直感到羞惭。

“我已走在大街上了，上面咣啷一响打开了一扇窗户，我听见有人在叫我的名字：确实不错，老人不听劝阻，一定要用他失明的双眼，向着他以为我走的那个方向目送我。他把身子猛伸到窗外，他的妻女只好小心地扶着他。他挥动手绢，叫道：‘一路平安！’他的嗓音高高兴兴，像个少年人一样清新爽朗。这是一个令人难忘的情景：楼上的窗口上露出一张白发老人的高高兴兴的笑脸，凌驾于大街上愁眉苦脸、熙熙攘攘、忙忙碌碌的人群之上，由一片善意幻觉的白云托着，远远脱离了我们这个严酷的现实世界。我不觉又想起那句含有深意的老话——我记得好像是歌德说的——‘收藏家是幸福的人！’”

张玉书 译

⊙作品赏析

《看不见的收藏》以一个艺术家的审美的眼光，带领我们认识了这个可怜的收藏家的一生。虽然小说的结尾作者还一再地引用歌德的名言说收藏家是幸福的，但其实文章在整体的氛围倾向上却充满了悲戚的韵味，既为这些在通货膨胀的无辜的年代被以相当低贱的价格展卖的经典画作，也为这个可怜的收藏家在自己的生命的最后时刻，还拥着一堆废纸却还自娱自乐，并且很骄傲感到心酸。

文章以整个通货膨胀为大的社会背景，再现了整个社会对待艺术成果的态度，在“我”所看到的这个柏林古董商那里所谓的高雅的艺术已经完全地沉沦为商品，而真正的高贵的艺术品却遭遇了生活的悲剧，不得不以最低廉的价格转让。这是一种哀戚，很显然，特别是表露了这个古董商看待这个盲眼收藏家的画作被替换为废纸时所感到的痛心。

文章的结构也是相当独特的，是典型的陀思妥耶夫斯基式的，就是简单的相遇，再从这个相遇的人中引出一个感人的故事，这种结构就是前者的《诚实的小偷》的笔法。但这样的行文却更能让我们感受到，这样的文章不是一种刻意的生造，而是源自生活的点滴。

墙上的斑点 /［美国］伍尔芙

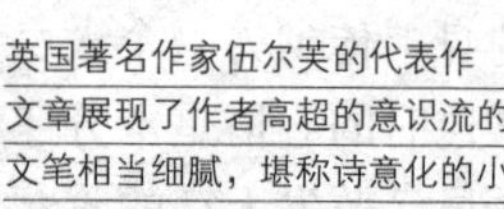

大约是在今年一月中旬，我抬起头来，第一次看见了墙上的那个斑点。为了要确定是在哪一天，就得回忆当时我看见了些什么。现在我记起了炉子里的火，一片黄色的火光一动不动地照射在我的书页上，壁炉上圆形玻璃缸里插着三朵菊花。对啦，一定是冬天，我们刚喝完茶，因为我记得当时我正在吸烟，我抬起头来，第一次看见了墙上那个斑点。我透过香烟的烟雾望过去，眼光在火红的炭块上停留了一下，过去关于在城堡塔楼上飘扬着一面鲜红的旗帜的幻觉又浮现在我脑际，我想到无数红色骑士潮水般的骑马跃上黑色岩壁的侧坡。这个斑点打断了这个幻觉，使我觉得松了一口气，因为这是过去的幻觉，是一种无意识的幻觉，可能是在孩童时期产生的。墙上的斑点是一块圆形的小印迹，在

·作者简介·

伍尔芙（1882～1941），一位意识流派的先驱人物。被称为和普鲁斯特、乔伊斯并驾齐驱的典型的意识流作家。在她的文学中展现了无处不在的对文学艺术形式的探索，我们看到在现代的大部分作家眼中所谓的现实不过是一种情绪的反映而已，这和19世纪的传统作家在思维方式上产生了极大的差异，也让他们看到单纯的临摹大自然是无论如何也不能完全表达出作者的心情的。而她更为关注的是寻找到这种更为新颖的文学表达方式。也就是所谓的抛弃理性，让文章随着意识的飘动一起飞舞。而这种典型的表达就在她的代表性作品《墙上的斑点》上，淡化情节，表达心灵的律动。

伍尔芙像

雪白的墙壁上呈暗黑色，在壁炉上方大约六七英寸的地方。

我们的思绪是多么容易一哄而上，簇拥着一件新鲜事物，像一群蚂蚁狂热地抬一根稻草一样，抬了一会儿，又把它扔在那里……如果这个斑点是一个钉子留下的痕迹，那一定不是为了挂一幅油画，而是为了挂一幅小肖像画——一幅鬈发上扑着白粉、脸上抹着脂粉、嘴唇像红石竹花的贵妇人肖像。它当然是一件赝品，这所房子以前的房客只会选那一类的画——老房子得有老式画像来配它。他们就是这种人家——很有意思的人家，我常常想到他们，都是在一些奇怪的地方，因为谁都不会再见到他们，也不会知道他们后来的遭遇了。据他说，那家人搬出这所房子是因为他们想换一套别种式样的家具，他正在说，按他的想法，艺术品背后应该包含着思想的时候，我们两人就一下子分了手，这种情形就像坐火车一样，我们在火车里看见路旁郊外别墅里有个老太太正准备倒茶，有个年轻人正举起球拍打网球，火车一晃而过，我们就和老太太以及年轻人分了手，把他们抛在火车后面。

但是，我还是弄不清那个斑点到底是什么；我又想，它不像是钉子留下的痕迹。它太大、太圆了。我本来可以站起来，但是，即使我站起身来瞧瞧它，十之八九我也说不出它到底是什么；因为一旦一件事发生以后，就没有人能知道它是怎么发生的了。唉！天哪，生命是多么神秘！思想是多么不准确！人类是多么无知！为了证明我们对自己的私有物品是多么无法加以控制——和我们的文明相比，人的生活带有多少偶然性啊——我只要列举少数几件我们一生中遗失的物件就够了。就从三只装着订书工具的浅蓝色罐子说起吧，这永远是遗失的东西当中丢失得最神秘的几件——哪只猫会去咬它们，哪只老鼠会去啃它们呢？再数下去，还有那几个鸟笼子、铁裙箍、钢滑冰鞋、安女王时代的煤斗子、弹子戏球台、手摇风琴——全都丢失了，还有一些珠宝，也遗失了。有乳白宝石、绿宝石，它们都散失在芜菁的根部旁边。它们是花了多少心血节衣缩食积蓄起来的啊！此刻我四周全是挺有分量的家具，身上还穿着几件衣服，简直是奇迹。要是拿什么来和生活相比的话，就只能比做一个人以一小时五十英里的速度被射出地下铁道，从地道口出来的时候头发上一根发针也不剩。光着身子被射到上帝脚下！头朝下脚朝天地摔倒在开满水仙花的草原上，就像一捆捆棕色纸袋被扔进邮局的输物管道一样！头发飞扬，就像一匹赛马会的跑马尾巴。对了，这些比拟可以表达生活的飞快速度，表达那永不休止的消耗和修理；一切都那么偶然，那么碰巧。

那么来世呢？粗大的绿色茎条慢慢地被拉得弯曲下来，杯盏形的花倾翻了，它那紫色和红色的光芒笼罩着人们。到底为什么人要投生在这里，而不投生到那里，不会行动、不会说话、无法集中目光，在青草脚下，在巨人的脚趾间摸索呢？至于什么是树，什么是男人和女人，或者是不是存在这样的东西，人们再过五十年也是无法说清楚的。别的什么都不会有，只有充塞着光亮和黑暗的空间，中间隔着一条条粗大的茎干，也许在更高处还有一些色彩不很清晰的——淡淡的粉红色或蓝色的——玫瑰花形状的斑块，随着时光的流逝，它会越来越清楚、越——我也不知道怎样……

可是墙上的斑点不是一个小孔。它很可能是什么暗黑色的圆形物体，比如说，一片夏天残留下来的玫瑰花瓣造成的，因为我不是一个警惕心很高的管家——只要瞧瞧壁炉上的尘土就知道了，据说就是这样的尘土把特洛伊城严严实实地埋了三层，只有一些罐子的碎片是它们没法毁灭的，这一点完全能叫人相信。

窗外树枝轻柔地敲打着玻璃……我希望能静静地、安稳地、从容不迫地思考，没有谁来打扰，一点也用不着从椅子里站起来，可以轻松地从这件事想到那件事，不感觉敌意，也不觉得有阻碍。我希望深深地、更深地沉下去，离开表面，离开表面的生硬的个别事实。让我稳住自己，抓住第一个一瞬即逝的念头……莎士比亚……对啦，不管是他还是别人，都行。这个人稳稳地坐在扶手椅里，凝视着炉火，就这样—— 一阵骤雨似的念头源源不断地从某个非常高的天国倾泻而下，进入他的头脑。他把前额倚在自己的手上，于是人们站在敞开的大门外面向里张望——我们假设这个景象发生在夏天的傍晚——可是，所有这一切历史的虚构是多么沉闷啊！它丝毫引不起我的兴趣。我希望能碰上一条使人愉快的思路，同时这条思路也能间接地给我增添几分光彩，这样的想法是最令人愉快的了。连那些真诚地相信自己不爱听别人赞扬的谦虚而灰色的人们头脑里，也经常会产生这种想法。它们不是直接恭维自己，妙就妙在这里；这些想法是这样的：

“于是我走进屋子。他们在谈植物学。我说我曾经看见金斯威一座老房子的地基上的尘土堆里开了一朵花。我说那粒花籽多半是查理一世在位的时候种下的。查理一世在位的时候人们种些什么花呢？”我问道——(但是我不记得回答是什么)也许是高大的、带着紫色花穗的花吧。于是就这样想下去。同时，我一直在头脑里把自己的形象打扮起来，是爱抚地、偷偷地，而不是公开地崇拜自己的形象。因为，我如果当真公开地这么干了，就会马上被自己抓住，我就会马上伸出手去拿过一本书来掩盖自己。说来也真奇怪，人们总是本能地保护自己的形象，不让偶像崇拜或是什么别的处理方式使它显得可笑，或者使它变得和原型太不相像，以至于人们不相信它。但是，这个事实也可能并不那么奇怪？这个问题极其重要。假定镜子打碎了，形象消失了，那个浪漫的形象和周围一片绿色的茂密森林也不复存在，只有其他的人看见的那个人的外壳——世界会变得多么闷人，多么浮浅、多么光秃、多么凸出啊！在这样的世界里是不能生活的。当我们面对面坐在公共汽车和地下铁道里的时候，我们就是在照镜子；这就说明为什么我们的眼神都那么呆滞而。未来的小说家们会越来越认识到这些想法的重要性，因为这不只是一个想法，而是无限多的想法；它们探索深处，追逐幻影，越来越把现实的描绘排除在他们的故事之外，认为这类知识是天生具有的，希腊人就是这样想的，或许莎士比亚也是这样想的——但是这种概括毫无价值。只要听听概括这个词的音调就够了。它使人想起社论，想起内阁大臣——想起一整套事物，人们在儿童时期就认为这些事物是正统，是标准的、真正的事物，人人都必须遵循，否则就得冒打入十八层地狱的危险。提起概括，不知怎么使人想起伦敦的星期日，星期日午后的散步，星期日的午餐，也使人想起已经去世的人的说话方式、衣着打扮、习惯——例如大家一起坐在一间屋子里直到某一个钟点的习惯，尽管谁都不喜欢这么做。每件事都有一定的规矩。在那个特定时期，桌布的规矩就是一定要用花毯做成，上面印着黄色的小方格子，就像你在照片里看见的皇宫走廊里铺的地毯那样。另外一种花样的桌布就不能算真正的桌布。当我们发现这些真实的事物、星期天的午餐、星期天的散步、庄园宅第和桌布等并不全是真实的，确实带着些幻影的味道，而不相信它们的人所得到的处罚只不过是一种非法的自由感时，事情是多么使人惊奇，又是多么奇妙啊！我奇怪现在到底是什么代替了它们，代替了那些真正的、标准的东西？也许是男人，如果你是个女人的话；男性的观点支配着我们的生活，是它制定了标准，订出惠特克的尊卑序列表；据我猜想，大战后它对于许多男人和女人已经带上幻影的味道，并且我们希望很快它就会像幻影、红木碗橱、兰西尔版画、上帝、魔鬼和地狱之类东西一样遭到讥笑，被送进垃圾箱，给我们大家留下一种令人陶醉的非法的自由感——如果真存在自由的话……

在某种光线下面看墙上那个斑点，它竟像是凸出在墙上的。它也不完全是圆形的。我不敢肯定，不过它似乎投下一点淡淡的影子，使我觉得如果我用手指顺着墙壁摸过去，在某一点上会摸着一个起伏的小小的古冢，一个平滑的古冢，就像南部丘陵草原地带上的那些古冢，据说，它们不是坟墓，就是宿营地。在两者之中，我倒宁愿它们是坟墓，我像多数英国人一样偏爱忧伤，并且认为在散步结束时想到草地下埋着白骨是很自然的事情……一定有一部书写到过它。一定有哪位古物收藏家把这些白骨发掘出来，给它们起了名字……我想知道古物收藏家会是什么样的人？多半准是些退役的上校，领着一伙上了年纪的工人爬到这儿的顶上，检查泥块和石头，和附近的牧师互相通信。牧师在早餐的时候拆开信件来看，觉得自己颇为重要。为了比较不同的箭镞，还需要作多次乡间旅行，到本州的首府去，这种旅行对于牧师和他们的老伴都是一种愉快的职责，他们的老伴正想做樱桃酱，或者正想收拾一下书房。他们完全有理由希望那个关于营地或者坟墓的重大问题长期悬而不决。而上校本人对于就这个问题的两方面能否搜集到证据却感到愉快而达观。的确，他最后终于倾向于营地说；由于受到反对，他便写了一篇文章，准备拿到当地会社的季度例会上宣读，恰好在这时他中风病倒，他的最后一个清醒的念头不是想到妻子和儿女，而是想到营地和箭镞，这个箭镞已经被收藏进当地博物馆的橱柜，和一只中国女杀人犯的脚、一把伊利沙白时代的铁钉、一大堆都铎王朝时代的土制烟斗、一件罗马时代的陶器，以及纳尔逊用来喝酒的酒杯放在一起——我真的不知道它到底证明了什么。

不，不，什么也没有证明，什么也没有发现。假如我在此时此刻站起身来，弄明白墙上的斑点果真是——我们怎么说才好呢？——一个巨大的旧钉子的钉头，钉进墙里已经有两百年，直到现在，由于一代又一代女仆耐心的擦拭，钉子的顶端得以露出到油漆外面，正在一间墙壁雪白、炉火熊熊的房间里第一次看见现代的生活，我这样做又能得到些什么呢？——知识吗？还是可供进一步思考的题材？不论是静坐着还是站起来我都一样能思考。什么是知识？我们的学者除了是蹲在洞穴和森林里熬药草、盘问地老鼠、记载星辰的语言的巫婆和隐士们的后代，还能是什么呢？我们的迷信逐渐消失，我们对美和健康的思想越来越尊重，我们也就不那么崇敬他们了……是的，人们能够想象出一个十分可爱的世界。这个世界安宁而广阔，在旷野里盛开着鲜红和湛蓝色的花朵。这个世界里没有教授、没有专家、没有警察面孔的管家，在这里人们可以像鱼儿用鳍翅划开水面一般，用自己的思想划开世界，轻轻地掠过荷花的梗条，在装满白色的海鸟卵的鸟窠上空盘旋……在世界的中心扎下根，透过灰黯的海水和水里瞬间的闪光以及倒影向上看去，这里是多么宁静啊——假如没有惠特克年鉴——假如没有尊卑序列表！

我一定要跳起来亲眼看看墙上的斑点到底是什么？——是个钉子？一片玫瑰花瓣？还是木块上的裂纹？

大自然又在这里玩弄她保存自己的老把戏了。她认为这条思路最多不过白白浪费一些精力，或许会和现实发生一点冲突，因为谁又能对惠特克的尊卑序列表妄加非议呢？排在坎特伯雷大主教后面的是大法官，而大法官后面又是约克大主教。每一个人都必须排在某人的后面，这是惠特克的哲学。最要紧的是知道谁该排在谁的后面。惠特克是知道的。大自然忠告你说，不要为此感到恼怒，而要从中得到安慰；假如你无法得到安慰，假如你一定要破坏这一小时的平静，那就去想想墙上的斑点吧。

我懂得大自然要的什么把戏——她在暗中怂恿我们采取行动以便结束那些容易令人兴奋或痛苦的思想。我想，正因如此，我们对实干家总不免稍有一点轻视——我们认为这类人不爱思索。不过，我们也不妨注视墙上的斑点，来打断那些不愉快的思想。

真的，现在我越加仔细地看着它，就越发觉得好似在大海中抓住了一块木板。我体会到一种令人心满意足的现实感，把那两位大主教和那位大法官统统逐人了虚无的幻境。这里，是一件具体的东西，是一件真实的东西。我们半夜从一场噩梦中惊醒，也往往这样，急忙扭亮电灯，静静地躺一会儿，赞赏着衣柜，赞赏着实在的物体，赞赏着现实，赞赏着身外的世界，它证明除了我们自身以外还存在着其它的事物。我们想弄清楚的也就是这个问题。木头是一件值得加以思索的愉快的事物。它产生于一棵树；树木会生长，我们并不知道它们是怎么样生长起来的。它们长在草地上、森林里、小河边——这些全是我们喜欢去想的事物——它们长着、长着，长了许多年，一点也没有注意到我们。炎热的午后，母牛在树下挥动着尾巴；树木把小河点染得这样翠绿一片，以至于使我们觉得当一只雌的红松鸡一头扎进水里去的时候，它应该带着绿色的羽毛冒出水面来。我喜欢去想那些像被风吹得鼓起来的旗帜一样逆流而上的鱼群；我还喜欢去想那些在河床上一点点地垒起一座座圆顶土堆的水甲虫。我喜欢想像那棵树本身的情景：首先是它自身木质的紧密干燥的感觉，然后感受到雷雨的摧残，接下去就感到树液缓慢地、舒畅地一滴滴流出来。我还喜欢去想这棵树怎样在冬天的夜晚独自屹立在空旷的田野上，树叶紧紧地合拢起来，对着月亮射出的铁弹，什么弱点也不暴露，像一根空荡荡的桅杆竖立在整夜不停地滚动着的大地上。六月里鸟儿的鸣啭听起来一定很震耳，很不习惯；小昆虫在树皮的褶皱上吃力地爬过去，或者在树叶搭成的薄薄的绿色天篷上面晒太阳，它们红宝石般的眼睛直盯着前方，这时候它们的脚会感觉多么寒冷啊……大地的寒气凛冽逼人，压得树木的纤维一根根地断裂开来。最后的一场暴风雨袭来，树倒了下去，树梢的枝条重新深深地陷进泥土。即使到了这种地步，生命也并没有结束。这棵树还有一百万条坚毅而清醒的生命分散在世界上。有的在卧室里，有的在船上，有的在人行道上，还有的变成了房间的护壁板，男人和女人们在喝过茶以后就坐在这间屋里抽烟。这棵树勾起了许许多多平静的、幸福的联想。我很愿意挨个儿去思索它们——可是遇到了阻碍……我想到什么地方啦？是怎么样想到这里的呢？一棵树？一条河？丘陵草原地带？惠特克年鉴？盛开水仙花的原野？我什么也记不起啦。一切在转动、在下沉、在滑开去、在消失……事物陷进了大动荡之中。有人正在俯身对我说：

“我要出去买份报纸。”

“是吗？”

“不过买报纸也没有什么意思……什么新闻都没有。该死的战争，让这次战争见鬼去吧！然而不论怎么说，我认为我们也不应该让一只蜗牛爬在墙壁上。”

哦，墙上的斑点！那是一只蜗牛。

文美惠 译

⊙作品赏析

作者常说，生活与意识本身是相互关联的，而小说家的职责就在于表达出人的心灵中这一页莫可名状的情绪，就要抛开文字本身的局限，进入一种新的界定形式中。

在文章中，这个墙上的斑点并不是最为主要的，而只是作者生发联想的一个偶然的凭借物，真正的症结在作者内心的游动和情绪的起落变化。文章完全打破了传统小说当中的逻辑性甚至是时空关系，而呈现出了颠倒、错乱甚至是纠结在了一起。也因此，小说才超越了文本的局限，进行了无所隔绝的心灵探索。

当然，文章的展开同样离不开斑点的存在，因为作者的思绪正是通过对斑点的注视才源源不断地流泻出来的，表面上这是超乎现实的，但实际上它又经常能回归到现在，或者历史的层次上去。从主体上讲，这个斑点的含义就完全是一种间接的象征，代表了作者的思绪回环往复的一个历程，从而产生了一种相应的辐射式的结构模式。

文章最为精彩的部分就是这种艺术上的对意识流的孜孜不倦的追求。

阿拉比 / ［爱尔兰］乔伊斯

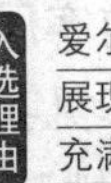

爱尔兰著名作家乔伊斯的短篇小说经典

展现了都柏林系列的精神层次

充满了作家一贯的意识流的追寻

北理查蒙德街的一头是不通的，除了基督兄弟学校的学童们放学回家那段时间外，平时很寂静。在街尽头有一幢无人住的两层楼房，跟一块方地上的其他房子隔开着。街上那些有人住的房屋则沉着不动声色的褐色的脸，互相凝视。

我们从前的房客，一个教士，死在这屋子的后客厅里。由于长期关闭，所有的房间散发出一股霉味。厨房后面的废物间里，满地都是乱七八糟的废纸。我在其中翻到几本书页卷起而潮湿的平装书：沃尔特·司各特所作的《修道院长》，还有《虔诚的圣餐者》和《维道克回忆录》。我最喜欢末一本，因为那些书页是黄的。屋子后面有个荒芜的花园，中间一株苹果树，四周零零落落地有几株灌木；在一株灌木下面我发现死去的房客的一个生锈的自行车打气筒。教士是个心肠很好的人，他在遗嘱中把全部存款捐给了各种慈善机构，又把家具赠给了他的妹妹。

到了日短夜长的冬天，晚饭还没吃完，夜幕就降临了。当我们在街上玩耍时，一幢幢房屋变得阴森森的。头上的夜空是一片变幻的紫罗兰色，同街灯的微光遥遥相映。寒气刺人，我们不停地玩着，直到浑身暖和。我们的喊叫声在僻静的街心回响。我们窜到屋子后面黑暗、泥泞的巷子里，玩粗暴的野孩子玩的夹道鞭打游戏；又跑到一家家幽暗阴湿的花园后门口，那里一个个灰坑发出难闻的气味。然后再到黑黝黝的满是马粪味的马厩去。马夫在那里梳马，或用扣着的马具，摇出铿锵的声音。当我们折回街道时，灯光已经从一家家厨房的窗子里透出来，把这一带照亮了。这时，假如我叔叔正拐过街角，我们便藏在暗处，直到他安抵家中。如果曼根的姐姐在门口石阶上呼唤弟弟回家吃茶点，我们就在暗中看着她对街道东张西望。我们等着看她呆住不走呢，还是进屋去。要是她一直不进去，我们就从暗处走出来，没奈何地走到曼根家台阶前。她在等我们，灯光从半掩的门里射出来，映现出她的身影。她弟弟在顺从她以前，总要先嘲弄她一番，我则靠着栏杆望着她。她一移动身子，衣服便摇摆起来，柔软的辫子左右摆动。

·作者简介·

乔伊斯（1882～1941），一位在现代世界史上举足轻重的伟大作家。虽然至今为止还几乎没有人能完全领会他的文本的精髓，就像他自己所说的，即使是一个学者不吃不喝，也许五十年也不一定就能参悟透其中的意思。但其实这样的文本虽然说它阻隔了读者的阅读，但一点也不能影响到读者对于他的偏爱。我们在他的文学中看到了他的执著，一个曾经不被理解的作家，在苦难的历程中却坚持着自己的文学信念，写下了像《尤利西斯》、《青年艺术家的肖像》、《芬尼根守夜人》等震撼世界整个文坛的意识流的绝唱。从某种意义上说，这是一个以自己的生命换取文学辉煌的典型作家，文学在他的眼里绝不是所谓的闲时的消遣，而是一种生命的冲动，所以我们才能看到他的表达的无序和杂乱，但这些却是他的明显的思维和情绪的印记，展现了他的真实的生命历程和对存在的深切的感悟。

乔伊斯像

每天早晨，我躺在前客厅的地板上，望着她家的门，百叶窗拉下来。只留一英寸不到的缝隙，那样别人看不见我了。她一出门走到台阶上，我的心就怦怦跳。我冲到过道里，抓起书就奔跑，跟在她后面。我紧紧盯住她穿着棕色衣服的身影，走到分路的地方，我便加快步子赶过她，每天早晨都是如此。除了随便招呼一下之外，我从未同她讲过话。可是，她的名字总是使我愚蠢地情绪激动。

她的形象甚至在最不适宜于有浪漫的想象的场合也陪伴着我，每逢周末傍晚，我都得跟姑姑上街买东西，替她拎一些包儿，我们穿行在五光十色的大街上，被醉鬼和讨价还价的婆娘们挤来挤去，周围一片喧嚣：劳工们的诅咒、站在一桶桶猪颊肉旁守望的伙计的尖声叫嚷，街头卖唱的用浓重的鼻音哼着的关于奥唐纳万·罗沙①的《大伙儿都来》，

①奥唐纳万·罗沙(1831~1915)，爱尔兰政治鼓动家与作家，青年时期曾为革命文艺团体“凤凰社”的领导者之一，1871年后移居美国。

或一支关于爱尔兰动乱的歌谣。在我看来，这些噪声汇合成一片熙熙攘攘的众生相。我仿佛感到自己正端着圣餐杯，在一群对头中间穿过。有时，在莫名其妙地做祷告或唱赞美诗时，她的名字几乎从我嘴里脱口而出，我时常热泪盈眶(自己也说不清为什么)。有时，一股沸腾的激情从心底涌起，流入胸中。我很少想到前途。我不知道自己究竟会不会同她说话，要是说了，怎么向她倾诉我迷茫的爱慕。这时，我的身子好似一架竖琴，她的音容笑貌宛如拨弄琴弦的纤指。

有一天，薄暮时分，我踅到教士在里面死去的后客厅内。那是一个漆黑的雨夜，屋子里一片沉寂。透过破碎的玻璃窗，我听到雨密密麻麻地泻在土地上，像针似的细雨在湿透了的泥地上不断跳跃。远处，有一盏街灯的光或是哪一家窗口透出来的光在下面闪烁。我庆幸自己不能看清一切。我的全部感官似乎想隐蔽起来，我觉得自己快要失去知觉了，于是把双手紧紧地合在一起，以致手颤抖了，同时喃喃自语："啊，爱！啊，爱！"

她终于跟我说话了。她一开口，我就慌乱不堪，呆在那儿，不知道说什么好。她问我去不去阿拉比，我记不起怎么回答的。她说那儿的集市一定丰富多彩，她很想去呐。

"为啥不去呢？"我问。

她不断转动着手腕上的银镯子说，她不能去，因为这一星期女修道院里要做静修。那时，她弟弟正在和两个男孩抢帽子。我独自站在栏杆旁。她手中握着一支熏衣草，低下头，凑近我。门对面，街灯的光照着她白嫩的脖子的曲线，照亮了披垂的头发，也照亮了搁在栏杆上的手。她从容地站着，灯光使她衣服的一边清晰可见，显出裙子的白色镶边。

"你真该去看看。"她说。

"要是我去的话，"我说，"一定给你捎点什么的。"

从那一晚起，数不清的愚蠢的怪念头充塞在我白天的幻想和夜半的梦中！但愿出发之前那段乏味的月子一下子过去。学校里的功课使我烦躁。每当夜晚在寝室里或白天在教室中读书时，她的形象便闪现在啃不进的书页之间。Araby（阿拉比）的音节在静谧中向我召唤，我的心灵沉溺在寂静中，四周弥漫着迷人的东方气氛。我要求让星期六晚上到阿拉比的集市去。我姑姑听了吃一惊，疑心跟共济会有什么勾搭。在课堂里，我很少回答得出问题。我瞧着老师的脸从和蔼变得严峻。他说，希望你不要变得懒惰。我成天神思恍惚。生活中的正经事使我厌烦，它们使我的愿望不能尽快实现，所以在我看来，都像小孩子的游戏，单调乏味的小孩子游戏。

星期六早晨，我对叔叔说晚上我要到集市去。他正在前厅的衣帽架边手忙脚乱地找帽刷子，漫不经心地说：

"行，孩子，我知道了。"

他呆在过道里，我就没法去前客厅，躺在窗边了。我悻悻地走出家门，到学校去。空气透骨地阴冷，我心里一阵阵忐忑不安。

我回家吃饭，叔叔还没回来。时光还早呢。我坐着望了一会儿钟，滴答滴答的钟声使我心烦意乱起来，便走出房间，登上楼梯，走到楼上。那些宽敞的空房间，寒冷而阴沉，却使我无拘无束。我唱起歌来，从一个房间跑到另一个房间。透过正面的玻璃窗，我看见伙伴们在街上玩。他们的喊声隐隐约约传到我耳边。我把前额贴住冰冷的玻璃窗，望着她住的那幢昏暗的屋子。大约一个小时过去了，我还站在那儿，什么都没看见，只在幻想中看见她那穿着棕色衣服的身影，街灯的光朦胧地照亮呈曲线的脖子、搁在栏杆上的手以及裙子下的镶边。

我再下楼时，看见当铺老板的遗孀莫塞太太坐在火炉边。这个长舌妇，为了某种虔诚的目的收集用过的邮票。我陪着吃茶点，得耐着性子听她嚼舌。开晚饭的时间早已过了一小时，叔叔还没回来。莫塞太太站起身来说，对不起，不能久等，八点过了，她不愿在外面呆得太晚，夜里的风她受不了。她走后，我在屋里踱来踱去，紧攥着拳头。姑姑说：

“兴许今晚去不成了，改天再去看集市吧。”

九点，我忽然听见叔叔用弹簧锁钥匙在开过道门。接着听见他在自言自语，听到衣架被他挂上去的大衣压得直晃荡。我很了解这些举动的含意。晚饭吃到一半，我向他要钱到集市去。他已把这件事给忘得一干二净了。

“人们早已上床，睡过一阵了。”他说。

我没笑。姑姑大声地说：

“还不给钱让他去？你已经叫他等得够长啦！”

他说非常抱歉，忘了这件事。然后又说他很欣赏那句老话：“只工作不去玩，任何孩子都变傻。”他又问我去哪儿，于是我再讲一遍。他便问我知不知道《阿拉伯人向骏马告别》。我走出厨房时，他正要给姑姑背诵那故事的开场白哩。

我紧紧攥着一枚两先令银币，沿着白金汉大街向火车站迈开大步走去。街上熙熙攘攘，尽是买东西的人，煤气灯照耀如同白昼，这景象提醒我快到集市去。我在一列空荡荡的火车的三等车厢找了个座位。火车迟迟不开，叫人等得恼火，过了好久才缓慢地驶出车站，爬行在沿途倾圮的房屋中间，驶过一条闪闪发亮的河流。在威斯特兰罗车站，来了一大群乘客，往车厢门直拥。列车员说，这是直达集市的专车，这才把他们挡回去。我独自坐在空车厢里。几分钟后，火车停在一个临时用木头搭起的月台旁。我下车走到街上。有一只钟被亮光照着，我瞅了一眼：九点五十分。我的面前矗立着一座大建筑物，上面闪亮着那魅人的名字。

我怎么也找不到花六便士就能进去的入口处。我生怕集市关门，便三脚两步穿过一个旋转门，把一个先令付给一位神情疲惫的看门人。我发现自己走进一所大厅，它周围环绕着只有它一半高的长廊。几乎所有的棚摊都关门了。大半个厅黑沉沉的。我有一种阒寂之感，犹如置身于做完礼拜后的教堂中。我怯生生地走到商场中间。那儿还有些人围着仍在营业的摊子。一块布帘上面用彩色电灯拼成“乐声咖啡馆”。两个男人正在一只托盘上数钱。我倾听着铜币落盘时发出的叮当声。

我困难地想起到这儿来是为什么，便随意走到一个搭棚摊前，端详着那里陈列的瓷花瓶和印花茶具。棚摊门口有个女郎，正在同两位年轻的先生说笑，我听出他们的英国口音，模模糊糊地听着他们交谈。

“噢，我从没说过那种事。”

“哎，你肯定说过。”

“不，肯定没有！”

“难道她没说过。”

“说过的，我听见她说的。”

“啊，这是……小小的撒谎。”

那位女郎看见我，走过来问我要买什么。她的声音冷冰冰的，好像出于责任感。我诚惶诚恐地瞧着两排大坛子，它们排在棚摊门两侧，好似东方卫士。我低声说：“不买，谢谢。”

那女郎把一只花瓶移动了一下，然后回到两个年轻人身边去了。他们又谈起同一个话题。那女人回头瞟了一二次。

我逗留在棚摊前，仿佛真的对那些货物恋恋不舍似的，尽管心里明白这样待着毫无意义。最后，我慢吞吞地离开那儿，沿着集市中间的小道走去。我把两个便士丢进口袋，跟里面一枚六便士的硬币碰响。接着，我听见长廊尽头传来熄灯的喊声。顿时，大厅上面漆黑一片。

我抬头凝视着黑暗，感到自己是一个受到虚荣心驱使和摆弄的可怜虫，于是眼睛里燃烧着痛苦和愤怒。

宗白译

作品赏析

作为一个意识流小说家，我们看到他的文学被一再地争论，但这也正同时表明了他的文学的复杂与深刻。就像评论家所说的，阅读他的文学就像在夜黑中行走，偶尔能看到光亮便会激动万分，但其实可能它却只是个幻想呢。

《阿拉比》节选自《都柏林人》，展现的是诗人一生成长中的一段生命的历程。在这里，这个少年已经在心灵上长大了，开始了对自己同伴的姐姐的朦胧的爱情，刻画了他的复杂的心灵流程：有漫长的等待的焦灼，也有爱情梦幻破灭的苦痛，反映了作者精湛的艺术心理分析，在小说当中到处留下了青春期的暧昧的痕迹。

小说在表象上看起来，可谓没有丝毫的行文逻辑性，近乎是漫不经心的，而这样同样是有作者的文学考量的，因为在文章当中展现的是迷离的爱情，只能是单相思的忧郁，甚至是狂乱的幻想，往往让人不着边际，而这也就是意识流小说的魅力所在了。这是一种行文的必要，因为它可以独自一个人回味，一个人哀愁。这种爱恋在这样的环境中很自然地萌生了，但却又很自然地凋落了，只是因为在作者看来这其中还包含着少年人的关于青春的游戏。

乡村医生 / ［奥地利］卡夫卡

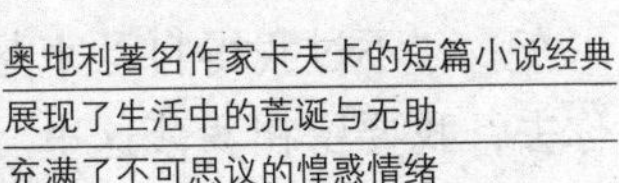

我感到非常窘迫：我必须赶紧上路去看急诊；一个患重病的人在十英里外的村子里等我；可是从我这儿到他那里是广阔的原野，现在正狂风呼啸，大雪纷飞；我有一辆双轮马车，大轮子，很轻便，非常适合在我们乡村道路上行驶；我穿上皮大衣，手里拿着放医疗用具的提包，站在院子里准备上路；但是找不到马，根本没有马。我自己的马就在头天晚上，在这冰雪的冬天里因劳累过度而死了；我的女佣现在正在村子里到处奔忙，想借一匹马来；但是我知道，这是不会有什么结果的，我白白地站着，雪愈下愈厚，愈

等愈走不了了。那姑娘在门口出现了，只有她一个人，摇晃着灯笼；当然，谁会在现在这样的时刻把马借给你走这一程路呢？我又在院子里走来走去，可是想不出一点办法；我感到很伤脑筋，心不在焉地向多年来一直不用的猪圈破门踢了一脚。门开了，门板在门铰链上摆来摆去发出拍击声。一股热气和马身上的气味从里面冒出来。一盏昏暗的厩灯吊在里面的一根绳子上晃动着。有个人在这样低矮的用木板拦成的地方蹲着，露出一张睁着蓝眼睛的脸。“要我套马吗？”他问道，匍匐着爬了出来。我不知道说什么好，只是弯下腰来看看猪圈里还有什么。女佣站在我的身边。她说：“人往往不知道自己家里还会有些什么东西。”我们两人都笑了。

·作者简介·

卡夫卡（1883～1924），一个奥地利文学的不可超越者，他的存在就是对这个异化世界的最无声的抗议。在他的文学中充斥着无处不在的罪恶与丑陋，但是当他将笔锋转向自我时，又极尽体现了他的对这个世界的不安与惶惑，不管是对人本身还是对待整个的历史，都表现出了他的深层的忧虑。而他也因为自己的出色而被追认为现代派文学的鼻祖，也是现代文学的先驱，这在于他的文学基本上没有主题，同时情节也是支离破碎的，具有极强的跳跃性，甚至让人以为他的文章表达的一切就是象征。主要的作品有《城堡》、《洞穴》和《变形记》。这些都展现了伯格森和尼采的深刻的影响，突出表现了现代人的一切困惑。

卡夫卡像

“喂，老兄，喂，姑娘！”马夫叫着，于是两匹强壮的膘肥的大马，它们的腿紧缩在身体下面，长得很好的头像骆驼一样低垂着，只是靠着躯干运动的力量，才从那个和它们身体差不多大小的门洞里一匹跟着一匹挤出来。它们马上都站直了，原来它们的腿很长，身上因出汗而冒着热气。“去帮帮他忙，”我说。于是那听话的姑娘赶紧跑过去，把套车用的马具递给马夫。可是她一走近他，那马夫就抱住她，把脸贴向她的脸。她尖叫一声，逃回到我这里来，脸颊上红红地印着两排牙齿印。“你这个畜生，”我愤怒地喊道，“你是不是想挨鞭子？”但是我马上就想到，这是个陌生人；我不知道他是从哪儿来的，而当大家都拒绝我的要求时，他却自动前来帮助我摆脱困境。他好像知道我在想什么，所以对我的威胁没有生气，只顾忙着套马，最后才把身子转向我。“上车吧，”他说。的确，一切都已准备好了。我注意到这确实是一对好马，我还从来没有用过这样的好马拉过车呢，我就高高兴兴地上了车。“不过我得自己来赶车，因为你不认识路，”我说。“当然，”他说，“我不跟你去，我要留在罗莎这里。”“不，”罗莎叫喊起来，并跑进屋里，预感到自己将遇到无可逃避的厄运；我听见她拴上门链发出的丁当声；我听见钥匙在锁孔里转动的声音；我还可以看到她先关掉过道里的灯，然后穿过好几个房间把所有的灯都关掉，别人就找不到她了。“你同我一道走，”我对马夫说，“否则我就不去了，即使是急诊也罢。我不想为这事把姑娘交给你作为代价。”“驾！”他吆喝道，同时拍了拍手；马车便像在潮水里的木头一样向前急驰而去；我听到马夫冲进我屋子时把房屋的门打开发出的爆裂声，接着卷来一阵狂风暴雪侵入我所有的感官，使我什么也听不见，什么也看不到了。但这只是一瞬间的工夫，因为我已经到了目的地，好像病人家的院子就在我家的院门外似的；两匹马安静地站住了；风雪已经停止；月光洒在大地上；病人的父母匆匆忙忙地从屋里出来，后面跟着病人的姐姐；我几乎是被他们从车子里抬出来的；他们七嘴八舌地嚷嚷着，我一句也听不清楚；病人房间里的空气简直无法呼吸；炉子没人管可是冒着烟；我想打开窗子，但是我首先得看看病人。这年轻的病人长得很瘦，不发烧，不冷，也不热，有一双失神的眼睛，身上没有穿衬衫，他从鸭绒被下坐起来，搂住我的脖子，对着我的耳朵轻声说："医生，让我死吧。"我向四周看了一眼；没有人听到这句话；病人的父母正弯身向前默默地站着，静候我的诊断；姐姐搬来一张椅子让我放手提包。我打开提包，寻找医疗用具；这孩子还是从床上向我摸过来，要我记住他的请求；我取出一把小镊子，在烛光下检查了一下又把它放回去。"是的，"我有些亵渎神明地想："上帝在这种情况下真肯帮忙，送来了失去的马，由于事情紧急还多送了一匹，甚至还过了分多送了一个马夫——"这时我才又想起了罗莎；我该怎么办，我怎样才能救她，离她有十英里之外，而且套的两匹马难以驾驭；在这种情况下，我怎样才能把她从马夫身下拉出来呢？现在，这两匹马不知用什么方法松开了缰绳，我也不知道它们是怎样从外面把窗户顶开的；每一匹马都从一扇窗户探进头来注视着病人，对于这家人的叫喊毫不在乎。"我最好马上就回去，"我想，好像那两匹马在要求我回去似的，但我还是容许病人的姐姐替我脱下皮大衣，她还以为我热得有些晕眩了。老人给我斟来一杯罗木酒，拍拍我的肩膀，他拿出心爱的东西来待客表明对我的亲切信赖。我摇了摇头；老人狭隘的思想，使我很不舒服；正是由于这个原因我谢绝喝酒。母亲站在床边招呼我过去，我顺从了，而当一匹马向天花板高声嘶叫的时候，我把头贴在孩子的胸口，他在我的潮湿的胡子下面颤栗起来。这就证实了我的看法：这孩子是健康的，只是血液循环方面有些小毛病，这是因为他母亲宠爱过分给他多喝了咖啡的缘故，但确实是健康的，最好还是把他赶下床来。我并不是个社会改革家，所以只好由他躺着。我是这个地区雇佣的医生，非常忠于职守，甚至有些过了分。我的收人很少，但我非常慷慨，对穷人乐善好施。可是我还得养活罗莎，所以这男孩想死是对的，因为我自己也想死。在这漫长的冬日里，我在这儿干些什么啊！我的马已经死了，村子里没有一个人肯借马给我。我只得从猪圈里拉出马来套车；要不是猪圈里意外地有两匹马，我只好用猪来拉车了。事情就是这样。于是我向这家人点点头。他们一点也不知道这些事，即使他们知道了，他们也是不会相信的。开张药方是件容易的事，但是人与人之间要互相了解却是件难事。好了，我的出诊也就到此结束，我又一次白跑了一趟，反正我已经习惯了，这一地区的人老是晚上来按我的门铃，使我深受折磨。但是这一次还得牺牲个罗莎，这个漂亮的姑娘多年来一直和我生活在一起，我几乎没有怎么管她——这个牺牲未免太大了。于是我必须在头脑里仔细捉摸一下，以克制自己不致对这家人训斥起来，他们无论如何也不可能把罗莎还给我了。但是当我关上提包，伸手去取皮大衣时，全家人都站在一起，父亲嗅着手里的那杯甜酒，母亲可能对我感到失望——是啊，人们还要期待些什么呢？她含着泪咬着嘴唇，姐姐摇晃着一条满是血污的毛巾，于是我打定主意作好准备，在某种情况下承认这孩子也许是真的病了。我向他走去，他朝我微笑着，好像我给他端去最滋补的汤菜似的——啊，现在两匹马同时嘶叫起来；这叫声一定是上帝特地安排来帮助我检查病人的——此时我发现：这孩子确实有病。在他身体的右侧靠近胯骨的地方，有个手掌那么大的溃烂伤口。玫瑰红色，但各处深浅不一，中间底下颜色最深，四周边上颜色较浅，呈微小的颗粒状，伤口里不时出现凝结的血块，好像是矿山上的露天矿。这是从远处看去。如果近看的话，情况就更加严重。谁看了这种情形会不惊讶地发出唏嘘之声呢？和我的小手指一样粗一样长的蛆虫，它们自己的身子是玫瑰红色，同时又沾上了血污，正用它们白色的小头和许多小脚从伤口深处蠕动着爬向亮处。可怜的孩子，你是无可救药的了。我已经找出了你致命的伤口；你身上的这朵鲜花[①]正在使你毁灭。全家人都很高兴，他们看我忙来忙去；姐姐把这个情况告诉母亲，母亲告诉父亲，父亲告诉一些客人，他们刚从月光下走进洞开的门，踮起脚、张开两臂以保持身体的平衡。“你要救我吗？”这孩子抽噎着轻轻地说，他因为伤口中蠕动的生命而弄得头晕眼花。住在这个地区的人都是这样，总是向医生要求不可能做到的事情。他们已经失去了旧有的信仰；牧师坐在家里一件一件地拆掉自己的法衣；可是医生却被认为是什么都能的，只要一动手术就会妙手回春。好吧，随他们的便吧：我不是自动要去替他们看病的；如果他们要用我充作圣职，那我也只好这样；我是个上了年纪的乡村医生，我的女佣都给人家夺去了，我还能希冀什么好事情呢！于是这家人和村子里的长者一同来了，他们脱掉我的衣服；老师领着一个学生合唱队站在房子的前面，用极简单的曲调唱着这样的歌词：

脱掉他的衣服，他就能治愈我们，
如果他医治不好，就把他处死！
他仅仅是个医生，他仅仅是个医生。

然后我的衣服被脱光了，我的手指捋着胡子，我把头侧向一边，静静地看着这些人。我镇定自若，胜过所有的人，尽管他们现在抱住我的头，拖住我的脚，把我按倒在床上，我仍然是这样。他们把我放在朝墙的一面，靠近孩子的伤口。然后他们从小房间里走出去；门也关上了；歌声也停止了；云层遮住了月亮；被褥使我的周身感到暖和；忽隐忽现的马头在洞开的窗户前晃动。“你知道，”我听到有人在我耳边说，“我对你很少信任。你不过是从那儿被抛弃掉的，根本不是用自己的脚走来的。你不但没有帮助我，还缩小我死亡时睡床的面积。我恨不得把你的眼睛挖出来。”“你说得对，”我说，“这的确是一种耻辱。但我是个医生。那我怎么办呢？相信我，我作为一个医生，要做什么事情也并不是很容易的。”“你以为这几句道歉的话就会使我满足吗？哎，我也只能这样，我对一切都很满足。我带着一个美丽的伤口来到世界上，这是我的全部陪嫁。”“年轻的朋友，”我说，“你的错误在于：你对全面的情况不了解。我曾经去过远远近近的许多病房，可以告诉你：你的伤口还不算严重。只是被斧子砍了两下，有了这么一个很深的口子。许多人都自愿把半个身子呈献出来，而几乎听不到树林中斧子的声音，更不用说斧子靠近他们了。”“这是真的吗，或者是你趁我发烧的时候来哄骗我？”“确实是这样，你安心地带着一个公家医生以荣誉担保的话去吧。”于是他相信了，他静静地安息了。可是现在我得考虑如何来救我自己了。两匹马还忠实地站在原处。我很快地把衣服、皮大衣和提包收集在一起；我不愿意把时间花费在穿衣服上；如果两匹马能像来时一样

①原文 Blume 为花朵，卡夫卡在这里把鲜红的伤口比做鲜红的花朵，具有一种象征意义。